# MEYER

## ALTGERMANISCHE RELIGIONSGESCHICHTE

RICHARD M. MEYER

# ALTGERMANISCHE RELIGIONSGESCHICHTE

MAGNUS-VERLAG

Unveränderter Nachdruck des unter der Nummer 5513 in der Stadtbibliothek Lübeck
katalogisierten Bandes

©Magnus Verlag
Gesamtherstellung: Stuttgarter Verlagsservice, Stuttgart
Druck und Bindung: Carl Ueberreuter Druckerei Ges. m. b. H., Korneuburg

# Vorwort.

Ich hätte dies Buch lieber nach altem gutem Brauch »Germanische Mythologie« genannt. Aber nun gibt es von Elard Hugo Meyer allein schon zwei Werke, deren eines »Germanische Mythologie« heißt, das andere »Mythologie der Germanen«. Sie sind schon schwer zu unterscheiden; wie sollte es erst werden, wenn noch eine dritte Meyersche Mythologie erschiene? Zumal ich gerade von diesem Namensvetter in den Grundanschauungen vielfach abweiche.

Vielleicht hat aber der Titel, den ich gewählt habe, auch seine sachliche Berechtigung; denn auf die spezifische Entwicklung der Religion habe ich überall auch die eigentliche Mythologie schon zu orientieren gesucht.

Was im übrigen die Arbeit Neues bringt, mag sie selber erzählen. Als Tendenzen, die mir besonders am Herzen lagen, möchte ich nur zwei hervorheben: ich habe immer lieber psychologisch erklären als symbolisch deuten wollen; und ich suchte nach Möglichkeit jede Einzelerscheinung von dem Boden größerer (historischer, kultureller, literarischer) Zusammenhänge zu verstehen. Gegen solche Bestrebungen, die mit einem gewissen Eigensinn isolieren, wie die naturmythologische Erklärung als alleinige Interpretationsform oder die modernste Religionsmengerei der unbegrenzten »Hypostasen«, mag ich deshalb wohl auch etwas zu lebhaft polemisiert haben.

Daß ich in jenen beiden Bestrebungen keineswegs etwas anderes bin, als der dankbare Schüler großer Meister, dessen bin ich mir natürlich bewußt. Wenn es für den deutschen Philologen so besonders beglückend ist, welche Heroen er im Gebiet seiner Forschung verehren darf, nicht als halbmythische Schattenbilder vergangener Tage, sondern als Menschen von Fleisch und Blut, die noch mit uns oder unsern Vätern gewandelt, so wird diese Freude bei mythologischen Studien zu besonderer Lebhaftigkeit gesteigert. Freilich aber erweckt diese Empfindung auch leicht ein mutloses Verzagen, auch nur als Ährenleser einem Jacob Grimm oder Uhland, Müllenhoff, Mannhardt, Usener folgen zu wollen.

Einige meiner Zeitgenossen scheinen dies Gefühl allerdings nie gekannt zu haben.

Doch habe ich nicht nur den großen Meistern zu danken, zu denen ich unter den Lebenden Axel Olrik geselle. Mündlicher und schriftlicher Anregung verdanke ich kaum weniger als dem Studium gedruckter Arbeiten. Neben Edward Schroeder, dem zweiten Paten dieses Buches, nenne ich hier vor allem meine Berliner Freunde und Kollegen: Aloys Brandl, Adolf Deißmann, Hugo Greßmann, Andreas Heusler, Eduard Meyer, Max Roediger, Erich Schmidt, Georg Wentzel; lebhaft habe ich während der Ausarbeitung das stets fördernde Gespräch mit Hermann Gunkel vermißt.

Bei der Drucklegung kamen mir mein Freund Albert Leitzmann und Herr cand. phil. Elkuß mit liebenswürdiger Ausdauer zu Hilfe. Aber auch den Herren Verlegern habe ich nicht nur für vielfaches Entgegenkommen, sondern auch für manchen guten Rat zu danken. Freilich wird mit all unserer Mühe der Druck nicht so fehlerfrei sein, wie wohl zu wünschen wäre; wie haben meiner guten alten »Altgermanischen Poesie« die Druckfehler geschadet! Daß der Exakteste der Exakten, der von mir hoch verehrte Richard Heinzel in den eben von S. Singer mitgeteilten Briefen von sich bekennt, er sei ein schlechter Korrektor, kann mich zwar trösten, aber nicht retten. Denn es kommt noch dazu, daß ich in orthographischen Fragen ein zu weites Gewissen habe. Zwar daß ich erst »Njörd« und dann »Njord« gesetzt habe, stört auch mich; aber über andere Inkonsequenzen in der Schreibung denke ich milder — als vermutlich mancher Kritiker. Meine Absicht war, mit der Schreibung zwischen dem Verständnis weiterer Kreise und dem lautsymbolisch gewordenen Lautbild bei den genaueren Kennern zu vermitteln. Im Zweifelfall bin ich meist Gerings Eddaübersetzung gefolgt.

Dies treffliche Buch habe ich für Textproben immer benutzt, da ja meine Schrift nicht bloß für solche bestimmt ist, die mit den Quellen vertraut sind. Sonst habe ich für solche Zwecke vor allem Mogks Darstellung der germanischen Mythologie zu Rate gezogen. Daß ich auch die Arbeiten, deren Anschauungen ich am fernsten stehe, redlich zu verwerten suchte, mögen die Zitate beweisen.

Über diesen wichtigen Teil der wissenschaftlichen Technik möchte ich noch einiges bemerken. Dies Buch ist nicht etwa nur für den Germanisten bestimmt: wie es von der allgemeinen Mythologie zu lernen sucht, möchte es gern ihr auch dienen. Deshalb habe ich nach Möglichkeit versucht, nichts vorauszusetzen, habe fremdsprachliche Worte oder Zitate übersetzt, vieles gesagt, was sonst als bekannt hätte gelten dürfen. Auf diesen Standpunkt habe ich auch die Zitate selbst gestellt. Man muß doch immer mit der ideellen Möglichkeit rechnen, daß nachgeschlagen wird. Ich habe deshalb alle Quellen in eine dem »Durchschnittsleser« zugänglichen Form zu bringen gesucht. Vier, fünf Bücher gemeinverständlicher Art, die bedeutendsten neueren Darstellungen der Mythologie, einige wichtigere Spezialuntersuchungen sollen ihm genügen, um die Belege in der Hauptsache nachzuprüfen. Neuere Ausgaben habe ich wohl benutzt, aber nur, wo es nicht anders anging, genannt. Überhaupt habe ich auch die bibliographischen Angaben auf zwei Kategorien von Schriften beschränkt: auf das historisch Bedeutende und das unmittelbar Brauchbare.

Wo es sich aber um diese beiden Gruppen handelte, habe ich, wie im Text so auch in den Zitaten, Wiederholungen nirgends gescheut. Es war meine Absicht, dem Leser an jeder einzelnen Stelle des Buches eine ausreichende Übersicht über das jedesmal gegebene Problem zu ermöglichen. Auch ohne das ganze Buch durchzusehen, sollte er die wichtigste Literatur für jede Frage beisammen finden — natürlich die wichtigste Literatur nur zur ersten Orientierung: weitere bibliographische Angaben findet er dann in den jedesmal wieder angeführten Handbüchern, deren Bibliographien ich nur mit den bedeutenderen Neuerscheinungen ergänzt habe.

Aber wie im Text, habe ich wohl auch in dem Vorwort in zu kategorischem Ton gesprochen. Ist es denn aber wirklich nötig, daß man jedesmal beteuert, man sei sich des Abstandes zwischen Wollen und Leistung bewußt? Aber da nun einmal die Hauptaufgabe eines Vorwortes die *captatio benevolentiae* ist, so sei es denn noch einmal für allemal ausgesprochen.

Berlin, 9. August 1909.

# Inhaltsverzeichnis.

## Einleitung.

Seite

**1. Aufgabe und Umgrenzung** .......................... 1
»Germanisch« S. 1. — »Religion« S. 3 (Verhältnis zur Mythologie). — »Religionsgeschichte« S. 5.

## Erstes Kapitel.
### Allgemeine Voraussetzungen.

**§ 2. Wesen und Begriff der Mythologie** .................. 6
Die Mythologie wurzelt in Erfahrungen, die zur Annahme wollender Wesen führen S. 8. Psychologie der Dämonen S. 10. Hilfsmittel der mythologischen Erkenntnis: mythologische Rangzeichen S. 11. Attribute S. 12.

**§ 3. Zur Formenlehre der Mythologie** .................... 12
Mythologie ist 1. Poesie S. 13 und als solche a) idealistisch S. 13 (Mythus und Märchen S. 14), b) anschaulich S. 15 (mythologische Schemata S. 17), c) an eine gewisse Technik gebunden S. 19.
Mythologie ist 2. Wissenschaft S. 20. Formen der mythologischen Erklärung: a) ätiologisch S. 20 (besitzerklärende, Erfüllungsmythen S. 21), b) ikonisch S. 21, c) etymologisch S. 21.
Mythologie verschieden von der Heldensage S. 23.
Formensprache der Mythologie S. 25 (psychologische Interpretation ebd.).

**§ 4. Typische Entwicklung der Mythologie** ............... 26
Psychologische und geographische Erklärung der Übereinstimmungen S. 27. Die Folkloristen S. 28.
Verlauf der typischen Entwicklung S. 29: I. Niedere Mythologie: 1. Augenblicksgötter. 2. Fetischismus S. 30. 3. Animismus S. 31 (Kategorien: a) Ahnen, b) Naturgeister, c) wilde Tiere). 4. Dämonismus. — II. Höhere Mythologie S. 36: 5. Götterverehrung S. 38 (Kennzeichen der Götter S. 38). 6. Ethisierung S. 43. 7. Kodifikation S. 43.
Typische Umbildungen S. 44.

## Zweites Kapitel.
### Spezielle Voraussetzungen.

Die Indogermanen S. 47.

**§ 5 Das indogermanische Erbe** .......................... 49
Mythologie der proethnischen Periode S. 49. Kult S. 53. Einzelne Mythen S. 55.

| | Seite |
|---|---|
| § 6. Der germanische Faktor | 57 |

Mittel der Erkenntnis S. 57: 1. Die altnordische Mythologie S. 58. 2. Die germanische Gesamtentwicklung S. 58.

## Germanische Religionsgeschichte.

§ 7. Die Quellen ............................................. 60
I. Unmittelbare Zeugnisse S. 60. II. Mittelbare Zeugnisse. III. Erschließungen S. 62.
Bewertung der Quellen S. 63.
Darstellungen S. 65.

### Drittes Kapitel.
### Niedere Mythologie.

§ 8. Die untersten Stufen ...................................... 66
1. Augenblicksgötter S. 66. 2. Fetischismus S. 67 (Kategorien der Fetische S. 68 f.).

§ 9. Die Seelen ............................................. 73
Begriff der »Seele« S. 73. Gestalten der Seele S. 75. Ihre Bewegung S. 77 (Schlaf, Traum, Rausch). Verdoppelung der Seele S. 79 (Fylgja). Die Seele nach dem Tode S. 80. Schicksale der freigewordenen Seele S. 81: Bergentrückung S. 82. Gespenster S. 83. Wiedergeburt S. 84. Seelenwanderung S. 85. — Präexistenz S. 85.

§ 10. Ahnengeister und Totenkult ............................. 86
Motive S. 86. 1. Pflichten gegen den Körper des Toten S. 87 (Beisetzung). 2. Sorge um die Seele S. 88 (Totenklage S. 88. Leichenwache, Totenkult S. 89. Erinnerungsfeste S. 90. Ahnenkult S. 90. Apotheose S. 91). Kein Totemismus S. 92.

§ 11. Naturgeister und Naturkult ............................. 93
»Naturgeister« S. 92.
I. Geister der unkultivierten Natur S. 94 (1. Waldgeister S. 94. 2. Windgeister S. 97. 3. Gewittergeister S. 99. 4. Wolkengeister S. 100. 5. Berggeister S. 101. 6. Wasser- und Meergeister S. 101. 7. Schneegeister S. 104. 8. Sumpfgeister. S. 104. 9. Gestirngeister S. 104).
II. Geister der kultivierten Natur S. 107 (1. Feldgeister S. 108. 2. Hausgeister S. 109. 3. Schiffsgeister S. 110. 4. Schatzgeister. 5. Bergbaugeister S. 110. 6. Tiergeister? S. 111.

§ 12. Die Dämonen ......................................... 111
Definition S. 111.
1. Traumgeister S. 112 (Alp ebd.). 2. Holden S. 114. 3. Elfen S. 115.

§ 13. Riesen und Zwerge ..................................... 119
1. Riesen S. 119 (Schonings Hypothese S. 121). 2. Zwerge S. 125.

§ 14. Zaubermenschen ....................................... 127
Definition S. 127. 1. Alpreiter. 2. Werwolf S. 128. 3. Berserker S. 130. 4. Gestaltentauscher. 5. Bilwis. 6. Hexen S. 131. 7. Zauberer S. 133 (a. allgemein zugängliche Zaubermittel S. 133: α) Rune, β) Zauberlied, γ) Zauberspruch, δ) Zauberhandlung, ε) Segen und Fluch [das Be-

Inhaltsverzeichnis. XI

rufen S. 139], ζ) Weissagung S. 141 [Mittel S. 141]; b. reservierte Zaubermittel S. 144 [Erlangen und Wirkung der Zauberkraft S. 144. Methode S. 146]: α) Ausrüstung, β) Handlung, γ) Abwehr S. 149). 8. Unfreiwillige Zauberer (böser Blick) S. 150 und Wahrsager S. 151. — Rückblick S. 151.

### Viertes Kapitel.
### Höhere Mythologie.

§ 15. **Halbgöttliche Wesen** .................... 153
Keine Heroen. — »Umgebungsgötter« S. 153. Gruppen S. 154. 1. Nornen S. 154. 2. Walküren S. 154 (a. gemeingermanische »weise Frauen« S. 158, b. individualisierte Schlachtgöttinnen S. 159, c. altnordisch-angelsächsische Walküren S. 161: Dienerinnen des Schlachtgottes). 3. Schwanenjungfrauen S. 162 (Schwanenjüngling? Entwicklung der Wielandsage S. 165). 4. Mimir S. 167. Keine »Scheingötter« S. 168 Anm.

§ 16. **Die Götter** ........................ 168
Allgemeine Charakteristik S. 169 (Rangzeichen S. 161. Tätigkeit; Geschlossenheit des Götterstaates S. 170). Gottesbegriff S. 171 (Bezeichnung S. 172). Gestalt S. 173. Leben S. 174. Wohnung; Zahl S. 176. Gemütsart S. 177. Verhältnis zu den Menschen S. 177.

§ 17. **Hauptgötter** ....................... 178
Ursprung S. 178.
1. Tyr S. 178: Entwicklung S. 179: indogermanisch S. 179, urgermanisch S. 180, germanisch: Verdrängung durch Wodan S. 181 (Speer und Schwert S. 182). — Hauptsitz der Verehrung S. 184. — Spezialisierung: Mars Thingsus S. 186. — Emanationen. Kult S. 189.
2. Ingvo. Isto. Irmino S. 189: Namen S. 190. — Mythus S. 191. Deutung: Irmin = Tiu S. 192. Ing = Frey S. 193 (Sceaf S. 193). — Isto = Wodan S. 194.
3. Saxnôt S. 196 = Tyr S. 196.
4. Frey S. 196: Name S. 197. Entwicklung S. 198. Sitze und Kult S. 199. Jüngere Mythenbildung S. 202 (Beli S. 202). — Emanationen S. 203 (Skirnir).
5. Njord S. 204: Njord und Frey S. 204. Njord und Nerthus S. 204. Name S. 207. Kult S. 208. Religionsgeschichtliche Stellung S. 209. — Emanationen S. 209.
6. Skadi S. 209: Name und Wesen S. 210. — Mythus S. 210. Weitere Sagen S. 211.
7. Freyja S. 212: Verhältnis zu Frey ebd. Chthonische Züge S. 212. Andere Züge S. 213. Kult S. 214. — Jüngere Mythen: Brisingamen S. 215 (Entwicklung der Sage S. 217. Vorgeschichte S. 221). Freyja als Odins Weib S. 223. — Emanationen S. 224.
8. Wodan S. 224: Nicht indogermanisch S. 224. Altgermanisch S. 225. — Umkreis der Verehrung S. 225 (Altgermanische Zeugnisse S. 226). — Name S. 227 (Wodan und Wode). — Grundanschauung S. 228 (Wodan—Mercurius S. 228). Erscheinung S. 229 (das Eine Auge S. 231). Attribute S. 232. — Namenreichtum S. 236. — Kult S. 237 (Menschenopfer S. 237. Ritus desselben S. 239. Bedeutung S. 240.

Opferstätten S. 243). — **Odinsreligion** S. 245 (Leben nach dem Tode. Aufkommen S. 246. Christlicher Einfluß? S. 247). — Entwicklung S. 248: Windgott; Emanationen: 1. Totengott; Hängegott; Gott des Schlachtodes. 2. Sonnengott? S. 252. 3. Kriegsgott S. 252. 4. Fürsten- und Staatsgott S. 253 (Heldenerzieher S. 254). 5. Gott der Weisheit S. 256 (Mythus der Runenfindung S. 257); Heilgott; Gott des Gedeihens S. 260; Gott der Dichtkunst S. 261 (Eroberung des Begeisterungstrankes S. 261. Entwicklung S. 265). 6. Allvater S. 266. — Rückblick S. 266. — Spätere Legendenbildung: Wallhall S. 268. — Liebesabenteuer S. 269. — Verbannung S. 270.

9. **Frigg** S. 271: Name S. 271. Verbindung mit Wodan S. 272. Funktionen S. 273. — Mythen S. 273. Heim und Kult S. 274. Emanationen S. 274 (Fulla S. 275. Sól S. 276. Gefjon S. 277).

10. **Thor** S. 279: Ursprung und Ähnlichkeiten S. 279 (Pushan S. 280). Urgermanischer Gott S. 281. — Wesen: Gewittergott S. 281. Attribute S. 282 (Alter der Thrymskvida S. 283). Erscheinung S. 285. Heim S. 286. Funktionen S. 286 (Ackerbau; nordischer Hauptgott S. 286; Weihen S. 287). Kult S. 288 (Opfer S. 289). — Thor-Religion S. 290 (Lokasenna ebd.). — Mythen S. 291: 1. Riesenkämpfe: Thjázi S. 292. Aurvandil S. 293. Hrungnir S. 295. Utgard S. 297. Geirröd S. 299. — 2. Heimkehrsagen S. 300: Thrym S. 301. Hymir S. 302. Alvíss S. 304. Hárbard S. 304. — 3. Christliche Berührungen S. 304. — Thors Verwandtschaft S. 305.

11. **Sif** S. 306: Name und Mythus.

12. **Thors Mutter** S. 307: Erdgöttin (Hlódyn—Fjörgyn S. 308. Rind S. 309).

Rückblick auf die alten Hauptgötter S. 309.

13. **Balder** S. 310: Alter S. 311 (urgermanisch S. 311). Wesen S. 312. Mythus S. 313: altdeutsch (Merseburger Spruch) S. 313; altnordisch S. 315 (Zeugnisse S. 316: Edda S. 316. Snorri S. 317. Saxo S. 319. — Kern der Sage S. 320. Entwicklung S. 324). — Ursprung Balders S. 325 (Hypothesen von Bugge, Detter, Kauffmann, Schück S. 327). — Attribut S. 331. — Balders Sippe: Nanna S. 331. Forseti S. 332.

§ 18. **Gegengötter** . . . . . . . . . . . . . . . . . . . . . . . . 332

Definition S. 332. Allgemeines S. 334. — 1. Hod S. 335. — 2. **Loki** S. 335: Wesen S. 337. Name S. 339 (Lopt, Lodur). Entwicklung S. 340 (Die Trias S. 341. Andvari S. 342. Thjázi S. 344. — Thor und Loki S. 345. — Loki der Umstürzer S. 346). Weitere Mythen S. 348. **Lokis Sippe** S. 349: Die Teufelsbrut S. 351 (a. Hel; b. der Fenriswolf; c. die Weltschlange S. 353). — 3. Nidhögg S. 355. — 4. Surt S. 355. — 5. Hrym S. 357. — 6. Hraesvelg? S. 357.

§ 19. **Eddische Nebengötter** . . . . . . . . . . . . . . . . . . . 357

1. **Heimdall** S. 358: nur nordisch: Name und Wesen S. 358. Mythus S. 359. Deutung S. 360. Entwicklung S. 361. Funktionen S. 362 (Rígsthula S. 365). — Attribute S. 366. Heim S. 367.
2. **Hönir** S. 369: Name S. 368. Mythen S. 368. Wesen S. 371.
3. **Widar** S. 372: Name S. 372. Alter; Mythen S. 373. Wesen S. 375.
4. **Wali** S. 376: Mythus S. 376. Name, Alter, Wesen S. 377.

Inhaltsverzeichnis. XIII

Seite
    5. Ullr S. 378: Zeugnisse S. 378. Attribute, Kult S. 379. Wesen S. 380.
    6. Forseti S. 381: Verhältnis zu Fosite S. 382.
    7. Bragi S. 383: Zeugnisse S. 383. Ursprung S. 385.
    8. Idun S. 385: Name, Attribute S. 385. Mythus S. 387.
    9. Loki und Hod S. 387.
  10. Die Wanen S. 388.

§ 20. **Nacheddische Gottheiten** .......................... 390
    1. Hel S. 390: Name S. 390; Hel und Walhall S. 391. 2. Ran S. 392. 3. Ägir S. 392. 4. Thorgerd Hölgabrud S. 393 (Irpa S. 394). 5. Sól S. 395.

§ 21. **Außereddische Gottheiten** .......................... 396
    1. Alces S. 397. 2. Tanfana S. 399. 3. Nehalennia S. 399. 4. Baduhenna S. 400. 5. Andere Göttinnen S. 401. 6. Requalivahanus S. 403. 7. Weitere Namen S. 403.

§ 22. **Angebliche Göttinnen** ............................. 404
    Eostra u. a.

### Fünftes Kapitel.
### Der Kultus.

§ 23. **Gebet und Opfer** ................................. 405
    Gebet S. 406 (Form. — Haltung und Zurüstung S. 407). — Spezifische Formen: Eid und Gelübde S. 408.
    Opfer S. 408: Entstehung S. 408. Ausdruck S. 409. — Wem opfert man? S. 409. Wer opfert? S. 411. Weshalb? S. 412. Was opfert man? S. 413 (Menschenopfer ebd. Tiere S. 414. Symbole S. 416). — Wo opfert man? S. 417. — Wie? S. 418. — Wann? S. 420 (Volksversammlung; Eid und Los — Namengebung — Jünglingsweihe — Landnahme — Opferzeiten S. 422).

§ 24. **Tempel und Kultstätten** .......................... 423
    Allgemeines. — 1. Heilige Stätten; 2. Heilige Haine S. 425. 3. Tempel S. 425 (Beschreibung S. 426. Eigenschaften S. 429). 4. Götterbilder S. 430 (Stufen der Darstellung S. 431). 5. Verhältnis zwischen Tempel und Götterbild S. 434.

§ 25. **Priester und Priestertum** ........................ 435
    Entwicklung des Priesterstandes S. 435. Benennung S. 436. Priesterinnen; Tracht; Sitte S. 437. — Nebentätigkeit der Priester S. 438. — Kultriten S. 438.

### Sechstes Kapitel.
### Weltanschauung.

§ 26. **Geschichte der Welt** ............................. 442
    Die Völuspá S. 442. Der Dichter und die Tradition S. 441. — 1. Die Lehre vom Weltuntergang S. 444: drei Varianten. Neuerungen der Völuspá S. 447. — 2. Die Lehre von der neuen Welt S. 451 (Schluß der Völuspá christlich). — 3. Die Lehre von der Weltschöpfung S. 453 (Zeugnisse; Ergebnis der Vergleichung S. 457).

§ 27. **Einteilung und Ordnung der Welt** .................. 459
  I. Äußere Ordnung der Welt S. 459: 1. Die Welten (a. Asgard S. 466: die Burgen; Walhöll S. 467. b. Hel S. 468. c. Midgard S. 468). — 2. Geographische Beziehungen der Welten S. 469 (a. Allgemeines. b. Grenze S. 476. c. Orientierung S. 471. d. Kartographie: Yggdrasil S. 474). II. Innere Ordnung der Welt S. 480. — Alltagsleben und große Momente in der Götterwelt S. 482.

### Siebentes Kapitel.
### Geschichte der altgermanischen Religion.
Vorarbeiten. Zeugnisse. Schwierigkeiten S. 485.

§ 28. **Religionsgeschichte** ............................ 486
  Vorstufen. — 1. Urgermanische Zeit S. 486. — 2. Junggermanische Periode S. 488: a) Rheinlande (Runenalphabet; Frey; Lockerung der lokalen Gebundenheit). b) Das übrige Deutschland S. 493 (Tyr und Wodan): altdeutsche Religion S. 495; angelsächsische Religion S. 496. c) Norden: altnordische Religion S. 496. I. Erste Phase: α) Schweden S. 498; β) Dänemark S. 498; γ) Norwegen S. 499; δ) Union S. 500. — II. Zweite Phase S. 502 (Neue Dichtung: Hárb., Lok., Völ., Háv., Vaf., Grím. S. 503): Problem der Vergeltung. Neue Mythenkreise: α) Loki S. 507; β) Odin S. 509; γ) Balder S. 514; δ) Ragnarok S. 516. — Rückblick S. 521 (Unsterblichkeitslehre S. 521). — III. Dritte Phase: Island S. 523.

§ 29. **Systembildung** ............................... 522
  Allgemeines S. 525. — 1. Genealogie S. 527. — 2. Zählung S. 528 (mythologische — theologische). — 3. Klassifikation S. 532.

### Achtes Kapitel.
### Altnordische Theologie.

§ 30. **Moralisierung** ............................... 536
  Treue. Gerechtigkeit. Weitere Ethisierung.

§ 31. **Namengebung** ............................... 538
  1. Altgermanische Götternamen S. 538 (12 Kategorien, die zugleich indogermanisch sind). — 2. Jüngere germanische Götternamen S. 542. — 3. Nordisch-theologische Götternamen S. 544 (Grímnismál S. 545. Vafthrúdnismál S. 550. Alvíssmál S. 551. — Snorri S. 551). — Namen der Götterlieder S. 554.

§ 32. **Charakteristik der Götter** ...................... 556
  Beinamen S. 557. Epitheta S. 558 (Snorri S. 560).

§ 33. **Kodifikation** ................................ 562
  Erste Ansätze. Kosmologische Gedichte S. 563. Snorri S. 563. Saxo S. 565. Quellen der Edda S. 566. Edda S. 567.

### Neuntes Kapitel.
### Geschichte der germanischen Mythologie.

§ 34. **Germanische Mythologie vor J. Grimm** ............. 569
  Priesterliche Tradition. Denkverse. Prosaische Traditionen. — Saxo S. 572 (seine Technik S. 574). — Pause in der Beschäftigung. Auffinden

Inhaltsverzeichnis.                                    XV

Seite

der Edda S. 579. — Elias Schedius S. 579. — Mallet S. 580. — Fortschritte der allgemeinen Religionsforschung: Spinoza, R. Simon, Astruc, de Brosses. — Deutschland: Leß S. 582. Rühs, Grundtvig und der Kampf um die Echtheit S. 583. Der Kampf um die Methode S. 584: Dupuis und Dulaure. Die Symboliker und J. H. Voß; Creuzer und G. Herrmann S. 589. — Ergebnisse in Deutschland: Mone, Uhland S. 590.

§ 35. **Germanische Mythologie seit J. Grimm** . . . . . . . . . . . . . . . . . 592
    1. Beschreibende Mythologie: J. Grimm S. 592 (was gegeben war — was er schuf). W. Müller S. 596. Die beiden Petersen S. 597. K. Simrock S. 597. — 2. Historische Mythologie: K. Müllenhoff S. 598. — 3. Vergleichende Mythologie (der linguistische Faktor S. 601): Max Müller S. 601 (Sagenvergleichung: J. G. v. Hahn, R. Köhler, J. Bolte). — 4. Folkloristische Mythologie: W. Mannhardt S. 608. Tylor S. 609. Kritik und Bedenken. (Die dynamische Gruppe S. 613.) — 5. Adaptionistische Mythologie: O. Gruppe S. 613. Vodskov S. 615. Goblet d'Alviella S. 615. — 6. Folkloristisch-adaptionistische Mythologie: Sophus Bugge S. 616. E. H. Meyer S. 618. — 7. Folkloristisch-historische Mythologie: Herrmann Usener S. 620. Ed. Meyer. Erwin Rohde S. 622 (Stilgeschichtliche Gruppe: U. v. Wilamowitz S. 622, Ker, Heusler S. 623). — 8. Psychologische Mythologie: Themata. W. Wundt S. 625. — 9. Umblick. Gegenwärtiger Betrieb (Überschätzung der niederen Mythologie S. 628. Überschätzung der ursprünglichen Gleichheit S. 630. Anwendung).

§ 36. **Chronologie** . . . . . . . . . . . . . . . . . . . . . . . . . . . . . . . 632

**Nachträge und Berichtigungen** . . . . . . . . . . . . . . . . . . . . . . 637

**Verzeichnis der besprochenen Stellen** . . . . . . . . . . . . . . . . . . 639

**Verzeichnis der besprochenen Mythen und Motive** . . . . . . . . . . . 642

**Register** . . . . . . . . . . . . . . . . . . . . . . . . . . . . . . . . . . . 643

# Literaturverzeichnis.

An dieser Stelle sind nur wiederholt benutzte Schriften angeführt.

Th. Achelis, Die Ekstase, Berlin 1882.
R. Andree, Ethnographische Parallelen, Braunschweig I. 1878, II. 1889.
E. Anwyl, Celtic Religion, London 1906.
C. A. Bernoulli, Die Heiligen der Merovinger, Freiburg 1897.
E. Bittlinger, Die Materialisation religiöser Vorstellungen, Tübingen 1905.
A. Brandl, Geschichte d. altenglischen Literatur, Straßburg 1906 (in Pauls Grundriß 2. Aufl. 2, 941 f.).
K. Breysig, Die Entstehung des Gottesgedankens und der Heilbringer, Berlin 1905.
B. ten Brink, Gesch. der englischen Literatur. Berlin 1877.
S. Bugge, Untersuchungen über d. germ. Götter- und Heldensage, übs. von O. Brenner, Berlin 1889.
Al. Castrén, Vorlesungen über Finnische Mythologie, übs. von A. Schiefner, St. Petersburg 1853.
H. M. Chadwick, The cult of Odin, London 1899.
Chantepie de la Saussaye, Religion of the Teutons, Boston 1902.
W. A. Craigie, Religion of Ancient Scandinavia, London 1906.
O. Dähnhardt, Naturwissenschaftliche Volkssagen, Leipzig 1908.
— Natursagen, Leipzig I. 1907, II. 1908.
H. Delehaye, La légende hagiographique, Bruxelles 1906.
M. Dibelius, Die Lade Jahves, Göttingen 1903.
H. Diels, Sibyllinische Blätter, Berlin 1890.
A. Dieterich, Mutter Erde, Leipzig 1904.
Edda, übs. von H. Gering, Leipzig und Wien o. J.
— her. von Heinzel und Detter, Leipzig 1903.
Eddica minora, her. von A. Heusler u. W. Ranisch, Dortmund 1903.
Ad. Erman, Die ägyptische Religion, Berlin 1905.
Festschrift für J. v. Kelle, Prag 1908 (Untersuchungen u. Quellen zur germ. u. rom. Phil., J. v. Kelle dargebracht).
J. G. Frazer, The golden bough, London 1890.
K. Geldner und Ad. Kaegi, 70 Lieder des Rígveda, Tübingen 1875.
A. van Gennep, Les rites du passage, Paris 1907.
H. Gering s. u. Edda.
Fr. Giesebrecht, Grundzüge der israel. Religionsgeschichte, Leipzig 1904.
Cte. Gobiet d'Alviella, La migration des symboles, Paris 1891.
W. Golther, Handbuch der germ. Mythologie, Leipzig 1895.
J. Grimm, Deutsche Mythologie, 4. Aufl. her. von E. H. Meyer, Berlin 1875.
V. Gronbech, Lykkemand og Niding, Köbenhavn 1909.
H. Gunkel, Genesis, Göttingen 1901.

Heinzel u. Detter s. u. Edda.
R. Henning, Die deutschen Runendenkmäler, Straßburg 1889.
A. Hillebrandt, Altindische Ritualliteratur, Straßburg 1898 (vgl. u. Macdonell).
J. Hoffory, Eddastudien I., Berlin 1889.
W. James, The varieties of religious experience, Leipzig 1902 (deutsch: Die religiöse Erfahrung; übs. von Wobbermin, Leipzig 1907).
O. Jiriczek, Deutsche Heldensagen I., Straßburg 1898.
Finnur Jónsson, Den oldnorske og oldislandske Literaturs historie, Köbenhavn 1894.
Ad. Kaegi, Der Rígveda, Leipzig 1881.
O. Kern, Anfänge der hellenischen Religion, Berlin 1902.
F. Kauffmann, Balder, Straßburg 1902.
Fr. Kluge, Etymologisches Wörterbuch d. deutschen Sprache, 5. Aufl., Straßburg 1894.
Axel Kock, Etymologisch-mytholog. Untersuchungen: I. F. 10, 90f.
R. Koegel, Gesch. d. altgerm. Literatur, Straßburg 1894.
K. Krohn, Finnisch-ugrische Forschungen, Helsingfors 1904 f.
Ad. Kuhn, Indogermanische Mythen, Gütersloh 1881.
L. Laistner, Nebelsagen, Stuttgart 1879.
— Das Rätsel der Sphinx, Berlin 1889.
B. W. Leist, Altarisches Jus gentium, Jena 1889.
Edv. Lehmann, Guder og helte (Götter und Heroen), Köbenhavn 1898.
— Mystik im Heidentum u. Christentum, Leipzig 1908.
Fr. v. d. Leyen, Märchen in den Göttersagen der Edda, Berlin 1899.
— Deutsches Sagenbuch I., Leipzig 1909.
Fr. Linnig, Deutsche Mythenmärchen, Paderborn 1889.
Fr. Lukas, Die Grundbegriffe der Kosmogonien alter Völker, Leipzig 1893.
A. A. Macdonell, Vedic Mythology, Straßburg 1897 (Grundriß der indoarischen Philologie III. 1. A.).
W. Mannhardt, Wald- und Feldkulte, Leipzig 1875.
C. Meyer, Der Aberglaube des Mittelalters, Leipzig 1884.
Eduard Meyer, Elemente der Anthropologie, Stuttgart 1907.
E. H. Meyer, Die eddische Kosmogonie, Freiburg 1891.
— Germanische Mythologie, Berlin 1891.
— Mythologie der Germanen, Straßburg 1903.
— Völuspá, Berlin 1889.
— Deutsche Volkskunde, Straßburg 1899.
— Badisches Volksleben im 19. Jahrhundert, Straßburg 1900.
R. M. Meyer, Die altgermanische Poesie, Berlin 1889.
— Kriterien der Aneignung, Leipzig 1906.
E. Mogk, Germanische Mythologie, in Pauls Grundriß, 2. Aufl. 3, 230 f.
— Deutsche Mythologie, Sammlung Göschen B. 15, Stuttgart 1907.
— Menschenopfer b. d. Germanen, Abhandlungen d. Sächs. Ges. d. Wissensch. 27, 17; Leipzig 1909.
R. Much, Der germanische Himmelsgott: Abhandlungen zur germ. Phil., Halle 1898, S. 189 f.
K. Müllenhoff, Deutsche Altertumskunde, Berlin 1870 f.
— De antiquissima Germanorum poesi chorica, Kiel 1843.
K. Müllenhoff u. W. Scherer, Denkmäler deutscher Poesie u. Prosa, 3. Ausg., Berlin 1892.

## Literaturverzeichnis.

Sophus Müller, Nordische Altertumskunde, übs. von O. L. Jiriczek, Straßburg 1897—98.
— Urgeschichte Europas, übs. von O. L. Jiriczek, Straßburg 1906.
W. Müller, Geschichte u. System d. altdeutschen Religion, Göttingen 1899.
— Mythologie der Heldensage, Heilbronn 1886.
G. Neckel, Beiträge zur Eddaforschung, Dortmund 1908.
J. v. Negelein, Germanische Mythologie, Leipzig 1907.
H. Oldenberg, Religion des Veda, Berlin 1894.
Axel Olrik, Sakses Oldhistorie, Köbenhavn 1892. 1894.
— Danemarks Heltedigtning, Köbenhavn 1903.
— Altnordisches Geistesleben, übs. von W. Ranisch, Straßburg 1909.
Fr. Panzer, Hilde-Kudrun, Berlin 1901.
H. Pfannenschmid, Germanische Erntefeste, 1888.
L. Preller, Griechische Mythologie, bearb. von C. Robert, Berlin 1893.
E. Rohde, Psyche, Freiburg u. Leipzig 1894, 2. Aufl. 1897.
W. Roscher, Ausführliches Lexikon d. griech. u. röm. Mythologie, Leipzig 1881 f.
Saintyves, Les saints successeurs des dieux, Paris 1906.
— Les vierges mères, Paris 1908.
Saxo, her. von E. Holder, Straßburg 1885.
Saxos erste neun Bücher, übs. u. erl. von P. Herrmann 1901.
W. Scherer, J. Grimm, Berlin 1885.
H. Schmidt, Jona, Göttingen 1907.
O. Schrader, Aryan Religion, in Encyclopedia of Religion and Ethics ed. by J. Hastings Vol. II, London 1910.
— Reallexikon der indogerm. Altertumskunde, Straßburg 1900.
— Sprachvergleichung und Urgeschichte, 3. Aufl., 1906 f.
Schoning, Dodsriger i Nordisk Hedentro, Köbenhavn 1903.
H. Schück, Studier i Nordisk Literatur- och Religionshistoria, Stockholm 1907.
Fr. Schultze, Psychologie der Naturvölker, Leipzig 1900.
H. Schurtz, Urgeschichte der Kultur, Leipzig u. Wien 1900.
— Altersklassen und Männerbünde, Berlin 1902.
B. Sijmons, Heldensage: in Pauls Grundriß, 2. Aufl.; 3, 606 f.
— Ontwikkelingsgang der Germaansche Mythol., Groningen 1892.
H. Usener, Dreiheit, Bonn 1903.
— Götternamen, Bonn 1896.
— Sintflutsagen, Bonn 1899.
A. Vierkandt, Naturvölker u. Kulturvölker, Leipzig 1906.
K. Weinhold, Altnordisches Leben, Berlin 1856.
O. Wissowa, Religion u. Kulten der Römer, München 1902.
W. Wundt, Völkerpsychologie, B. II, Leipzig 1905—09.
Ad. Wuttke, Der deutsche Volksaberglaube der Gegenwart, 3. Aufl. bes. von E. H. Meyer, Berlin 1900.

# Abkürzungen.

a. a. O.: am angeführten Orte.
ADB.: Allgemeine Deutsche Biographie.
Anz. f. d. Alt.: Anzeiger für deutsches Altertum.
Arch. f. Rel.-Wissensch.: Archiv für Religionswissenschaft.
Ark. for nord. Fil.: Arkiv for nordisk Filologi.
Berl. Sitzungsber.: Sitzungsberichte der Berliner Akademie der Wissenschaften.
Brag.: Bragaroedur (Gering S. 352f,).
Chantepie: Chantepie de la Saussaye, Religion of the Teutons.
D. Alt.: Müllenhoff, Deutsche Altertumskunde.
ebd.: ebenda.
Eddica minora: her. v. A. Heusler und W. Ranisch.
erl.: erläutert.
Fáf.: Fáfnismál (Gering S. 202).
Gering: Die Edda, übs. u. erläut. von H. Gering.
Germ.: Tacitus Germania (nach Müllenhoffs Germania antiqua zitiert).
Golther: Golther, Handbuch der germ. Mythologie.
Grim.: Grimnismál (Gering S. 68).
Gylf.: Gylfaginning (Gering S. 297).
Hamd.: Hamdismál (Gering S. 290).
Hárb.: Hárbardsljód (Gering S. 42).
Háv.: Hávamál (Gering S. 87).
Heinzel-Detter: Saemundar Edda, her. von F. Detter und R. Heinzel, Leipzig 1903.
Helg. Hjörv.: Helgakvida Hjörvardssonar (Gering S. 142).
Helg. Hund.: Helgakvida Hundingsbana (I. Gering S. 160, II. S. 171).
Helr.: Helreid Brynhildar (Gering S. 238).
Herrmann: Saxos neun erste Bücher, übersetzt und erläutert von P. Herrmann.
Hillebrandt: Altindische Rituallitteratur.
Hym.: Hymiskvida (Gering S. 23).
Hyndl.: Hyndluljód (Gering S. 117).
Ind. superstit.: Indiculus superstitionum (MSD. 2, 317).
I. F.: Indogermanische Forschungen, her. von W. Streitberg.
KHM.: Kinder- und Hausmärchen, gesammelt von den Brüdern Grimm. (Große Ausgabe, 7. Aufl., Göttingen 1857).
Kl. Schr.: Kleine Schriften.
Lok.: Lokasenna (Gering S. 29).
Macdonell: Vedic Religion.
MSD.: Müllenhoff und Scherer, Denkmäler deutscher Poesie und Prosa.

Nib. N.: Der Nibelunge Nôt.
Oddr.: Oddrúnargrátr (Gering S. 250).
Oldenberg: Religion des Veda, Berlin 1894.
Paul: Grundriß der germ. Philologie, her. von H. Paul.
PBB.: Paul und Braunes Beiträge.
Reg.: Reginsmál (Gering S. 195).
Schoning: Dódsriger i Nordisk Hedentro.
Sgdr.: Sigrdrífumál (Gering S. 210).
Skáldsk.: Skáldskaparmál (Gering S. 357).
Skírn.: Skírnismál (Gering S. 52).
s. o.: siehe oben.
s. u.: siehe unten.
Thr.: Thrymskvida (Gering S. 18).
Vaf.: Vafthrúdnismál (Gering S. 59).
Veg.: Vegtamskvida (oder Baldrs Draumar, Gering S. 15).
Völ.: Völuspá (Gering S. 3).
Vkv.: Völundarkvida (Gering S. 141).
Wissowa: Religion und Kultus der Römer.
Wuttke: Deutscher Volksaberglaube der Gegenwart.
Zs: Zeitschrift.
Ztschr. f. d. Alt.: Zeitschrift für deutsches Altertum.
Ztschr. f. d. Phil.: Zeitschrift für deutsche Philologie.
Ztschr. f. d. Wortf.: Zeitschrift für deutsche Wortforschung.
Ztschr. d. Ver. f. Volksk.: Zeitschrift des Vereins für Volkskunde.

# Einleitung.

## § 1. Aufgabe und Umgrenzung.

Der Ausdruck »germanische Religionsgeschichte« bedarf in allen seinen drei Teilen der Erläuterung. Die Germanen sind, welches immer ihr anthropologischer oder Rassencharakter sein mag, uns als ein Zweig der indogermanischen Sprachgemeinschaft bekannt, die zugleich eine Kulturgemeinschaft war. Sie haben sich aus dieser Gemeinschaft heraus zu einer eigenen Volksindividualität entwickelt und haben diese in eigentümlichen nationalen Lebensäußerungen bekundet, unter denen für uns Religion und Mythologie an erster Stelle stehen. Sie haben später großenteils zu einer neuen Kulturgemeinschaft, der »antiken« oder hellenisch-römischen, Beziehungen unterhalten, von denen ihre Eigenart hier und da gefärbt wurde. Aber auch andere Völkergruppen, die ihnen benachbart waren oder wurden, sind nicht ohne Einfluß geblieben; so die kulturell höher stehenden Kelten, die kulturell niedriger stehenden Finnen. Durch das sehr verschiedene Maß solcher Einwirkungen wurde ein Auflösungsprozeß beschleunigt, der aber längst vorbereitet war: die germanische Kultureinheit wich einer Vielheit von Gestaltungen; die germanische Nationalität ging in scharf geschiedene Stämme auseinander: Deutsche, Angelsachsen, Skandinavier usw. Als dann endlich eine dritte große Kulturgemeinschaft, die des Christentums, das Erbe der antiken antrat, waren es nicht mehr »die Germanen«, sondern die verschiedenen, sehr verschieden für die neue Religion vorgebildeten germanischen Stämme, die in großen zeitlichen Abständen erst äußerlich, dann auch innerlich in die neue Geisteswelt eintraten.

Diese verschiedenen Kulturgemeinschaften stehen aber zu dem Germanentum in ungleichen Beziehungen. Innerhalb der indogermanischen Volksbrüderschaft sind die Germanen einfach Teilnehmer am geistigen Gesamtbesitz, den sie jedoch unzweifelhaft früh zu vermehren und zu verändern begonnen haben. Auf diese ihre Entwicklung übt die Entwicklung der Gesamtheit keinen wesentlichen Einfluß, da die indogermanische Gemeinschaft schon stark auseinanderstrebt. — Dagegen hat die römische Kultur die Germanen, wo sie sie traf, sehr stark beeinflußt: sie stießen hier mit einer mächtig und organisch ausgebildeten Anschauungsgenossenschaft zusammen. So stark der Eindruck aber, etwa bei den germanischen Anwohnern des Rheins, intensiv sein mochte, blieb er extensiv gering, da die meisten germanischen Stämme und die vor allem, die das Germanentum in der Weltgeschichte weiterführen sollten (so die Niederdeutschen, die Nordgermanen), mit den Römern nicht unmittelbar zusammentrafen. Vielmehr wurde den meisten fortlebenden Germanenstämmen die antike Kultur, deren Einwirkung den Goten und Vandalen verhängnisvoll geworden war, erst mittelbar durch das Christentum übermittelt. — Dies nun hat auf alle noch vorhandenen germanischen Stämme sehr stark und bis ins Innerste gewirkt, ohne doch übrigens auch nur bei den am entschiedensten christianisierten Völkern die ererbte Eigenart völlig umzuformen.

Es folgt hieraus, daß der Ausdruck »germanisch« im Grunde nur für diejenige Periode angewandt werden kann, in der eine bestimmte Gruppe sich (durch sprachliche und kulturelle Neuerungen) aus der indogermanischen Gemeinschaft ausgesondert hatte und noch eine im wesentlichen gleichartige Einheit bildete. Es war jedenfalls die Zeit, in der das spezifisch germanische Wesen am deutlichsten hervortrat, nicht mehr dem der indogermanischen Nachbarn gleich, und nicht durch die partikularen Eigenheiten der Ost-, West- und Nordgermanen in seiner Einheitlichkeit bedroht. Damals hatte man sich der indogermanischen Kultur entwunden und der antiken oder christlichen noch nicht unterworfen. Damals und im Grunde nur damals muß es eine eigentlich germanische Kultur und mit ihr eine rein germanische Mythologie gegeben haben. Freilich, selbst damals kann diese Kultur, kann diese Mythologie von fremden Einwirkungen nicht unberührt geblieben sein: die Germanen lebten auf keiner einsamen Insel; aber die Selbständigkeit germanischen Wesens kann niemals größer gewesen sein als in jener Epoche.

Unser Ideal wäre also, die Kultur und damit auch Religion und Mythologie der ungetrennten Germanen zu ergründen. Leider aber haben wir dafür so gut wie kein Mittel; die unschätzbaren, aber kargen Nachrichten der ältesten antiken Berichterstatter, einige zweifelhafte Schlüsse aus der Sprache und zweifelhaftere aus dem archäologischen Material sind alles, was unserem Wissensdurst entgegenkommt!

Immerhin ist schon von vornherein nicht zu bezweifeln, daß von diesem germanischen Bestand vieles in die spätere Entwicklung übergegangen ist. Wie man auch die spätesten, von dem ursprünglichen Bestand der Religion am weitesten entfernten Konfessionen noch unter den Begriff des »Christentums« mitzufassen pflegt, so nennen wir auch die Religion der Isländer oder Angelsachsen noch »germanische Religion«. Es sind ja alles religiöse Lebensanschauungen von Germanen,

## § 1. Aufgabe und Umgrenzung.

weshalb der — ebenfalls oft verwandte — Ausdruck »Religion der Germanen« immerhin noch zutreffender ist. Diese »Religion der Germanen« ist stark genug, um die griechisch-römische Religion so ziemlich fernzuhalten, weil diese selbst kaum mehr im propagationsfähigen Alter stand. Dagegen mußte sie vor dem mächtigen Ansturm der christlichen Mission weichen und konnte nur noch in verhältnismäßig geringfügigen Resten, meist verkleidet und angepaßt, die Christianisierung überdauern.

Demnach verstehen wir unter »germanischer Religion und Mythologie« hier das gesamte Heidentum germanischer Nation und zwar erstens das gemeingermanische und zweitens das auf germanischem Boden partikular entwickelte, insbesondere das altnordische Heidentum. Das Ende ist uns überall mit dem Durchdringen des Christentums gesetzt, das bei den Angelsachsen um 597 beginnt und zuletzt um 1000 n. Chr. die Isländer erreicht.

Es kommt uns darauf an, diese germanische Religion in ihren Grundzügen darzustellen und in ihrer Eigenart zu charakterisieren. Deshalb wie aus methodischen Gründen ist eine gelegentliche Rücksicht auf allgemeine mythologische Begriffe und eine gelegentliche Vergleichung mit fremden Religionen nicht zu vermeiden. Natürlich aber gehen wir von dem einheimischen Material aus und benutzen das fremde nur zur Deutung und Ergänzung. —

Schwieriger ist es, über den Begriff »Religion« zu einiger Klarheit zu gelangen. Wir werden hierüber noch in einem eigenen Paragraphen zu handeln haben; für jetzt gilt es nur, das Verhältnis der Begriffe »Religion« und »Mythologie« näher zu bestimmen [1]).

Lange Zeit hat man sie lediglich der Anwendung nach unterschieden, indem man den Ausdruck »Religion« für die monotheistischen Bekenntnisse reservierte und für alle anderen lediglich von »Mythologie« sprach. Mit der Vertiefung des religionsgeschichtlichen Studiums hat sich das geändert; auch christliche Theologen reden jetzt ruhig von der altgermanischen oder japanischen Religion, und namentlich seit D. Fr. Strauß' Leben Jesu darf man auch von Mythen innerhalb des Christentums sprechen. Diese berechtigte Änderung im Wortgebrauch hat nun aber wieder vielfach zu einer nicht ebenso berechtigten Gleichsetzung anderer Art geführt, so daß man bald unter dem Begriff »Religion« auch die rein mythologischen Bestandteile, bald unter »Mythologie« auch die eigentlich religiösen mit versteht. Zumal die letztere Freiheit ist (in Anlehnung an jenen älteren

---

[1]) W. Bousset, Das Wesen der Religion, Halle 1907; G. Simmel, Die Religion, Frankfurt am Main 1907; H. Usener, Mythologie, Arch. f. Religionswissenschaft 8, 1 f.; W. Wundt, Völkerpsychologie 2, 3, 726 f.

Sprachgebrauch) sehr verbreitet, und fast alle die Werke, die »Mythologie der Germanen«, »Germanische Mythologie« u. dgl. betitelt sind, ziehen die Religion mit hinein. Dies ist auch eine durchaus läßliche Sünde; und wir werden in diesem Band nicht selten von dieser Bequemlichkeit Gebrauch machen. Daneben ist doch aber wichtig, sich gegenwärtig zu halten, daß die beiden Begriffe sich für die Religionen und Mythologien der Alten und der Primitiven so wenig wie für die der neueren Völker decken. In bestimmten Fällen kann man geradezu von einem Gegensatz ihrer Tendenzen sprechen.

Religion und Mythologie haben das gemein, daß sie sich auf Übersinnliches beziehen. In beiden wird eine Anschauung des nicht Anschaubaren erstrebt, in beiden eine Vergegenwärtigung des Unsichtbaren, ja fast eine Materialisation des Unfaßbaren. Aber die Mythologie beschränkt sich auf eine rein geistige Vorstellung, die Religion begehrt praktische Wirkung. Denn die Religion ist, trotz ihres allgemeinen, die Gemeinde oder den Stamm verbindenden Charakters, von allem Anfang an unlöslich an das individuelle Erlebnis und das individuelle Bedürfnis gebunden, während die Mythologie durchaus im Kollektivbesitz der Gemeinschaft ruht — so weit nicht eben persönliche Bedürfnisse sie religiös umformen.

Klingt dies etwas abstrakt, so sei es aus Beispielen verdeutlicht. Die Vorstellung von einem Gott Apollon, wie auch wir sie noch als poetische Fiktion besitzen, ist zunächst eine rein mythische. Gewisse geheimnisvolle Wirkungen werden von einer gemeinsamen Ursache abgeleitet, die personifiziert als der fernhintreffende Gott erscheint. Nun aber bleibt es im Altertum nicht bei dieser Vorstellung. Chryses, dem die Tochter geraubt worden ist, wendet sich an diesen Gott, zu dem er in einem besonderen Dienstverhältnis steht, und fleht ihn an, den Räuber mit seinen Pfeilen zu durchbohren. Hier haben wir einen Kultus: Chryses ist ein Priester des Apollo; eine Kulthandlung: das feierliche Gebet an den Gott; Religion: das persönliche Verhältnis, das sich in dem Kultus allgemein und in der Kulthandlung speziell offenbart.

Ich kann also die heute vielfach (besonders seit den Forschungen des Semitisten Robertson Smith) übliche geringe Einschätzung der Mythologie nicht billigen. Eduard Meyer[1] sagt etwa: »Die Mythologie ist ein Appendix der Religion so gut wie die Theologie, nicht die Hauptsache.« Nicht die Hauptsache, das gebe ich zu: die Hauptsache ist in der Tat die Religion, weil in ihr eine unendliche Entwicklungsfähigkeit und zugleich eine wunderbare Festigkeit liegt, die beide der Mythologie abgehen. Denn auf das persönliche Erlebnis und das individuelle Be-

---

[1] Geschichte des Altertums, 2. Aufl. I. 2. S. 780.

## § 1. Aufgabe und Umgrenzung. 5

dürfnis ist alle menschliche Evolution gestellt; und aus ihnen heraus ist die Religion, obwohl in ihren rein praktischen Anfängen niedriger zu bewerten, als die poetisch freiere, uninteressierte Mythologie, schließlich doch überall weit über ihre Schwester emporgestiegen. Sie ist die Hauptsache; ein Appendix aber ist die Mythologie schon deshalb nicht, weil sie von der Religion überall vorausgesetzt wird. Jedes Opfer setzt eine mythische Vorstellung voraus: ehe einem Fetisch oder einem Dämon Geschenke dargebracht werden können, muß sich die Anschauung von einem Wesen, das durch Geschenke beeinflußt werden kann, gebildet haben. Die Religion entwickelt sich auf Grund der Mythologie durch eine fortwährende Auslese aus dieser. Deshalb geht es auch nicht an, zwischen mythischen Gestalten mit und ohne Kultus einen prinzipiellen Unterschied zu machen. Es ist nur eine graduelle Verschiedenheit, etwa wie die katholische Kirche sie zwischen »Seligen« und »Heiligen« aufstellt: jene dürfen, diese sollen angerufen werden. In derselben Weise kann jeden Augenblick eine mythische Gestalt zu einer kultischen aufrücken. Unter den Göttern der Edda sind gewiß viele, von denen wir nicht bloß zufällig keinerlei Nachricht über Kult besitzen; das ändert nichts an ihrer Gleichartigkeit mit Thor und Freya.

Wir definieren also die Religion als die Summe derjenigen Vorstellungen und Handlungen, die auf einem persönlichen Verhältnis zwischen Menschen und mythischen Gestalten beruhen — Vorstellungen von zunehmender Innigkeit, die zuletzt zu der unbedingten Hingabe des Menschen an seinen Gott führen; Handlungen von anfangs grob praktischem Zuschnitt, die allmählich zu symbolischer Bedeutung geläutert werden. Diese einzelnen Handlungen nennen wir Kulthandlungen; setzen sich ihrer mehrere zu einer geschlossenen Kette zusammen, so entsteht ein Ritus; und die Gesamtheit der auf eine einzelne mythische Gestalt (oder auch Gruppe) bezüglichen Kulthandlungen heißt Kult. Somit ist schließlich, empirisch betrachtet, die Religion nichts anderes als die Gesamtheit der von einer bestimmten Gemeinschaft ausgeübten Kulte samt dem dahinter (mehr oder minder bewußt) stehenden Vorstellungskreis.

Wir geben aber zu, daß die eigentliche dauernde Bedeutung der Mythologie (von ihrer ästhetischen und kulturhistorischen Wichtigkeit abgesehen) in der Vorbereitung der Religion besteht. Die Mythologie ist die Lyrik, aus der die »höheren Gattungen«, Epos und Drama, erwachsen, von der sie fortwährend ernährt und getränkt werden müssen und deren Bedeutung doch nur ausnahmsweise die jener von ihr erzogenen Gattungen erreicht.

Wir wollen also vor allem die altgermanische Religion darstellen, halten aber dafür eine eingehende Schilderung der Mythologie für unerläßlich. Es kommt hinzu, daß von dieser ungleich mehr überliefert ist und sie auch durch die großartige Verschiedenheit ihrer Gebilde ein allgemeineres Interesse darbietet als die in ihren Erscheinungsformen wesentlich gleichartige Religion [1]). —

Ist es durchaus üblich, von germanischer Religion zu sprechen, so ist dagegen der Ausdruck Religionsgeschichte auf ihre Darstellung noch kaum angewandt worden. In welchem Sinne läßt er sich auf dies Thema anwenden?

Wie die moderne Naturforschung sich mehr und mehr der Anschauung nähert, alles Geschehen sei lediglich auf Bewegung zurückzuführen, und ein Dualismus von beharrendem Stoff und bewegender Kraft müsse abgelehnt werden (energetische Weltanschauung), so betonen die Philologie und die Geschichtswissenschaft immer stärker, daß alle Dinge in beständigem Fluß und jeder »dauernde Zustand« eine bloße Abstraktion sei. Wie die Sprache, wie das Recht, so ist die Religion in unaufhörlicher Entwicklung begriffen, die bei allen dreien erst aufhören kann, wenn sie selbst absterben. Wir sahen schon, wie die Religion sich fortwährend am Quell der Mythologie nährt, neue Kulte aufnimmt, ebenso aber auch alte aufgibt. Die Kultgebräuche selbst zeigen allerdings eine gewisse Festigkeit; doch wird auch sie überschätzt. So ist für den Kultus zu allen Zeiten das Opfer unentbehrlich; aber wir sehen, wie es sich von Menschenopfern zu Tieropfern und schließlich zu symbolischen Opfergaben (z. B. Gebäck in Tierform) mildert. Ebenso ändern sich die Texte der liturgischen Anrufungen. Die Kulte beeinflussen sich gegenseitig positiv oder negativ, wie z. B. der Bilderdienst, den die Evangelischen den Katholiken vorwerfen, zu einer weitgehenden Abneigung gegen jeden Schmuck im Gotteshaus führt. Kurz, von dem allgemeinen »Gesetz der Umwandlung« ist die Religion nicht befreit, so gern das auch die Priester zu allen Zeiten behauptet haben: die verhältnismäßig junge Sitte der indischen Witwenverbrennung sollte uralt sein u. dgl. m.

Wenn wir also von der Religion etwa des skandinavischen Nordens eine bestimmte Darstellung geben, so müssen wir immer mit der Möglichkeit rechnen, daß Dinge, die wir als gleichzeitig hinstellen, in Wirklichkeit verschiedenen Momenten der Entwicklung angehören. Vor allem aber müssen wir die religiöse Evolution innerhalb des weiten Zeitraumes, den unsere Darstellung zu umspannen hat, stärker betonen, als dies zumeist geschieht. Diesem Zweck dient eigens ein Kapitel über die Entwicklung der germanischen Religion; aber auch sonst suchen wir die Ansätze zu Fortentwicklungen nicht aus dem Auge zu verlieren und werden manches in historische Ordnung zu stellen suchen, was gewöhnlich als gleichzeitig behandelt wird.

[1]) Uber das Verhältnis von Mythus und Ritus vgl. meinen Aufsatz »Mythologische Fragen«, Archiv f. Rel.-Wissensch. 9, 418 f.; Wundt, a. a. O. S. 599; vgl. dagegen Kauffmann und Schück, Archiv f. Rel.-Wissensch. 11, 114.

# Erstes Kapitel.
## Allgemeine Voraussetzungen.

Die germanische Mythologie und die germanische Religion haben zunächst Anteil an den Eigenschaften aller Mythologien oder Religionen; sie sind weiterhin durch bestimmte historische Faktoren spezifisch bedingt. Wir müssen über diese beiden Gruppen von Voraussetzungen, die allgemeinen und die speziellen, sprechen, ehe wir in die Darstellung der germanischen Mythologie selbst eintreten [1]).

### § 2. Wesen und Begriff der Mythologie.

Wir pflegen die Gesamtheit der existierenden Dinge in zwei große Klassen zu scheiden: solche, die sinnlich wahrnehmbar sind — Konkreta —, und solche, die nicht sinnlich wahrnehmbar sind — Abstrakta. Diese Scheidung ist uralt; schon die Indogermanen erkennen die Sonderstellung gewisser Begriffe an, indem sie für dieselben besondere sprachliche Ausdrucksmittel (Abstraktsuffixe) verwenden. So sind Worte wie »Güte«, »Falschheit« (in verschiedenen Sprachperioden) gebildet worden, um gewisse Dinge zu bezeichnen, an deren Existenz niemand zweifelt, die aber mit Auge, Ohr oder Tastsinn nicht zu erreichen sind.

Auf der Grenze beider Klassen stehen nun aber in unendlicher Zahl die wichtigsten Erscheinungen. Zwar wir rechnen sie unbedenklich zu den Abstraktionen; der primitive Mensch aber empfand ihre Wirkungen so stark und unmittelbar, daß ihm die sinnliche Wahrnehmung dieser Wirkungen zu dem Glauben an sinnliche Wahrnehmung ihrer Ursachen wurde. Es handelt sich um das unbegrenzte Reich jener Dinge, die die modern-wissenschaftliche Mythologie als »Kräfte« bezeichnet; es handelt sich weiterhin um alle nicht wahrnehmbaren Ursachen starker Wirkungen. Der Blitz schlägt ein — wir erklären das irgendwie mit den Gesetzen der Elektrizität, der Naturmensch mit dem Willen irgendeiner Persönlichkeit, die den Blitz schleudert. Ein Mensch wird plötzlich krank — die Bazillen,

---

[1]) Vgl. allgemein M. Jastrow, The Study of Religion, London 1901.

sagen wir; Verzauberung durch einen Hexenmeister, glaubt noch heute abergläubisches Volk.

Die Mythologie ist weder geheimnisvolle Philosophie, wie die Romantiker glaubten, noch bloße Poesie, wie andere gemeint haben, noch bloße Torheit, wie die französischen Aufklärer annehmen mochten; sie ist primitive Wissenschaft, primitive Poesie und primitive Unfähigkeit im Denken auf einmal. Überall geht sie von Erfahrungen aus, von Erfahrungen des Einzelnen, die sich denen seiner Genossen angliedern. (Man muß aufhören, mit dem unwissenschaftlichen Begriff des »Ersten« zu operieren: es gibt keine »erste Erfahrung«; der Mensch, der den »ersten Sonnenuntergang« beobachtete, ist wie der »erste König« oder der »erste Schiffer« ein poetisch-philosophisches Phantom der Aufklärungszeit. Jede Erfahrung, die ein Mensch macht, hat Vorgänger in den Erfahrungen seiner Vorfahren.) Diese Erfahrungen geben uns ein Rätsel auf, ein durchaus praktisches: die angenehme Erfahrung, etwa einer erfolgreichen Jagd, weckt die Frage, wie er sie sich von neuem sichern kann; die schmerzliche, etwa ein Todesfall im Hause oder in der Familie, diejenige, wie er sich davor schützen kann. Nun kennt der primitive Mensch, wie im Grunde der moderne auch, die Ursache nur in einer begreiflichen Form: in der des Willens. Warum habe ich den Apfel gegessen? weil ich hungrig war und deshalb etwas essen wollte. Warum hat mein Herr meinen Mitsklaven getötet? weil er zornig war und ihn deshalb töten wollte. Es ist also ein unvermeidlicher Analogieschluß, daß hinter jedem Ereignis ein Wille gesucht wird. (Man sieht hier, wie primitiv der Grundgedanke in Schopenhauers Philosophie ist!) Dieser Wille verlangt einen Träger, einen Wollenden. So erzeugt jedes unbegreifliche Geschehnis mythische Wesen. Vor allem jede Störung des »normalen Verlaufs«, jedes Umbiegen der geraden Linie: der Schlaf und gar der Tod, Krankheit, Sonnenfinsternis.

Man darf nun aber nicht an einen langsamen logischen Prozeß denken. Vielmehr vollzieht sich diese Entwicklung mit größter Schnelligkeit. Der Primitive ist ganz auf Anschauung gestellt: hinter jeder Störung, hinter jedem unerwarteten Erfolg, schließlich hinter jedem Ereignis, das nicht von ihm oder seinesgleichen unmittelbar abhängt, sieht er eine irgendwie menschenähnliche Ursache [1]). Mythologie ist Anschauung des keiner Anschauung Fähigen und ist insofern auch Poesie, wie sie in dem Bestreben *rerum cognoscere causas* Wissenschaft ist. Vor allem ist sie Notwehr des Menschen gegen alles, was nicht seinesgleichen ist: indem er es sich verähnlicht, macht er es sich zugänglich. Nun kann er gegen den Dämon

---

[1]) Wundts Mahnung (3, 643), der Mythus entspringe aus der Anschauung, nicht aus dem Nachdenken, ist, wie so oft, durch eine Verbindung beider Begriffe zu ersetzen.

## § 2. Wesen und Begriff der Mythologie.

kämpfen, zu dem Gott beten; das ist s e i n e Art, die Natur zu bezwingen und ihre Gestalten sich untertan zu machen. In allen diesen Dingen stehen wir den »Naturmenschen« keineswegs so fern, wie unser Hochmut wohl glaubt. Unsere erste Deutung unbegreiflicher Phänomene ist auch heute noch mythologisch: das Kind schlägt den Tisch, an dem es sich gestoßen hat, als habe »der böse Tisch« es absichtlich gestoßen. Nur kommt bei uns die kontrollierende Tätigkeit des Verstandes hinzu. Wie die mythenbildende Phantasie des Indianers das Wunder der Schießwaffe zu anderen Wundern hinzudenkt, so »apperzipiert« heute unser Verstand eine Explosion, deren Ursache wir nicht kennen, zu anderen uns physikalisch verständlichen Phänomenen. Sobald aber diese Kontrolle fehlt oder versagt, gerät auch noch heute das Kind, der Schwärmer, der Geisteskranke unmittelbar in die vollste Mythologie hinein [1]).

Die Mythologie setzt also jedesmal zwei Dinge voraus: ein »erregendes Moment«, irgendeine (wirkliche oder vermeintliche) Tatsache als erstes, und eine zu ihrer Erklärung erdachte oder vielmehr »erschaute« Gestalt als zweites gerade wie jede menschliche Sprachäußerung zweierlei voraussetzt: eine Wahrnehmung — das Prädikat — und einen Träger der wahrgenommenen Erscheinung — das Subjekt. Diese beiden sind für einen »Mythus« unentbehrlich, aber sie genügen auch. »Es regnet«, das ist eine Beobachtung; »Zeus regnet«, das ist ein Mythus. Ein Mythus ist ein Eckchen Welt, angeschaut durch das Temperament eines primitiven Menschen. Aber eben deshalb bleibt er bei der Hinzuerfindung einer lebendigen Ursache zu einer unerklärlichen Erscheinung selten stehen.

Die unbekannten »Kräfte« sind von vornherein menschenähnlich, indem sie das besitzen, was wir als unser wesentlichstes Eigentum empfinden: einen bewußten Willen. Es ist weder richtig, wenn man von »Personifikation« spricht, noch wenn man behauptet, für den ursprünglichen Menschen sei alles belebt. Von Personifikation darf (in frühen Stadien; späte Gottheiten wie Victoria oder Justitia sind gewiß Personifikationen) nicht die Rede sein, denn der Neger »belebt« den Fluß nicht, sondern hält ihn für lebendig. Aber auch das dürfen wir uns nicht denken, daß

---

[1]) Über die psychologischen Bedingungen der Mythologie vgl. besonders das große Werk von W. W u n d t, Völkerpsychologie, Band II, Leipzig 1905. G. F. L i p p s, Mythenbildung und Erkenntnis, Leipzig 1909. F r. S c h u l t z e, Psychologie der Naturvölker, Leipzig 1900. Vgl. ferner V i e r k a n d t, Naturvölker und Kulturvölker, Leipzig 1906. Ed. M e y e r, Elemente der Anthropologie (Gesch. d. Altertums, 2. Aufl. I 1) Stuttgart 1907. H. S c h u r t z, Urgeschichte der Kultur, Leipzig und Wien 1900 (bes. S. 552 f.). — Meine Auffassung, daß sich die psychologischen Probleme der Mythologie fast nur negativ (durch das Fehlen der Verstandeskontrolle) charakterisieren lassen, habe ich näher begründet in einem (noch nicht erschienenen) Aufsatz des Arch. f. Rel.-Wissensch.

der Mensch der mythologischen Perioden alles für lebendig gehalten habe. Wohin hätte er sich retten sollen? er hätte kein Stück Holz anfassen, sich auf keinen Stein retten dürfen. Vielmehr unterscheidet er bewußt zwischen lebenden und unbelebten Dingen. Das tun manche Völker schon in der Sprache; es ist das wohl auch von Anfang an die Meinung unseres »Neutrums« gewesen: die Indogermanen scheiden, was lebt, in männlich und weiblich; was nicht lebt, gehört keinem von beiden Geschlechtern an. — Nun kann man in vielen Fällen wissen, ob es sich um lebendige (d. h. »wollende«) Gegenstände handelt: Menschen und Tiere zeigen bestimmte Entschlüsse, machen Angriffe, wehren sich, sind also lebendig. Von anderen Dingen kann man es nicht wissen: ob in einem Baum, einem Fluß, einem Berg Willen steckt oder nicht, das ist nur durch Erfolg auszumachen. Etwa wie die Gläubigen »Bilder ohne Gnad« von solchen unterscheiden, die der Heilige mit einer Ausstrahlung seiner Wunderkraft begnadigt — es gibt kein äußeres Kennzeichen; hat das Bild Wunder, so ist es eben ein Wunderbild [1]).

Wo nun aber einmal die Vermenschlichung durch Annahme eines Willens stattgefunden hat, da schreitet sie auch weiter. Wie die Heldensage verschiedene Abenteuer, die eigentlich mehreren Helden gehören, dem Einen Beowulf zuschiebt, oder auch wie unsere Wissenschaft verschiedene Phänomene Einer Ursache (z. B. der Elektrizität) zuweist, so findet auch hier eine Vereinfachung statt, indem die Beweger verschiedener Einzeltatsachen identifiziert werden. Es ist immer wieder derselbe Dämon, der das Vieh verhext, oder derselbe Gott, der die Feinde schlägt. So wird aus der immer noch ziemlich abstrakten lebendigen Ursache wirklich ein lebendiges Wesen, dessen Zeit mit allerlei (wenn auch gleichmäßiger) Tätigkeit ausgefüllt ist. Wir haben Gelegenheit, seine Taten zu vergleichen, und haben Grund dazu, denn es ist für uns ungemein wichtig, zu wissen, wann er das Vieh verhext, unter welchen Umständen er die Feinde schlägt. So treibt schon der Urmensch jene »*psychologie de Dieu*«, die P. Bourget den Gelehrten seines Romans »*Le disciple*« aufstellen läßt. Und so entsteht dann wirklich aus Beobachtung und Vergleichung eine Psychologie der Dämonen: einer ist boshaft, aber feig — man muß ihn schrecken; ein anderer ist dankbar, ein dritter höchst anspruchsvoll und empfindlich. So schreitet der anthropomorphische Prozeß weiter; die lebhafte Phantasie erschaut die Gestalten, bringt sie in Verbindung, läßt sie menschenähnliche Schicksale erleben — kurz, die poetische Anschauung bildet jenen elementaren Mythus »der Gott regnet« zu einem romanhaften Mythus von gestohlenen Regenkühen, Kampf und Befreiung aus [2]).

---

[1]) Mehr hierüber s. unter »Animismus«.
[2]) Vgl. hierzu § 4 »Formenlehre der Mythologie«.

## § 2. Wesen und Begriff der Mythologie.

Ferner aber bildet sich aus jener Beobachtung und Vergleichung auch die Lehre vom Umgang mit den Göttern heraus: es entstehen die Kulte und Riten. Und es bilden sich aus jener Psychologie der Dämonen gemütliche Beziehungen heraus: Haß, Furcht, Dankbarkeit, Liebe — Empfindungen, die in ihrer Anwendung auf übersinnliche Wesen religiöse Gefühle werden. Wo auch nur das erste stattfindet (wir bemerkten aber, daß es keineswegs immer stattzufinden braucht), da entsteht Religion[1]). Durch die Ausbildung der Kulte wird nun aber etwas weiteres gereizt und gefördert: die qualitative Vergleichung der »Kräfte«.

Wir kennen ja noch aus der Bibel von Moses und Pharao oder von dem Propheten Elia den Wettkampf der Schutzgötter; wir wissen, daß König Chlodwig seine Taufe von einer derartigen »Wette« abhängen ließ. Solche Vergleichungen können nie gefehlt haben. Wie die Diener in »Romeo und Julia« mit dem Ansehen ihrer Herren, so prahlen die Gläubigen mit der Macht ihrer Schutzpatrone. Ferner: die Macht der Verehrer strahlt auf die Verehrten aus. Ein Dämon, dem Häuptlinge dienen, wird ein Häuptling unter den Dämonen; solche Umstände haben noch in historischer Zeit die Vorherrschaft Wodans gefördert. Endlich wirkt als allgemeines Mittel zur Orientierung auch hier die Analogie menschlicher Verhältnisse mit. Auf Erden gibt es streng eingehaltene Rangverhältnisse, gibt es Freundschaften, Sippen, Staaten; es wird unter den übermenschlichen Wesen nicht anders sein. So bilden sich Rangstufen heraus, die für die Weiterentwicklung der Mythologie bedeutungsvoll sind; so entstehen Ansätze zur Legendenbildung, indem Gottheiten gruppenweise (etwa in Triaden) zusammengefaßt werden. Doch greift dies schon in den Inhalt des nächsten Paragraphen über.

Dabei bleibt aber immer die **Erfahrung** der Hauptfaktor im Leben der Mythologie. Ein jeder Kult, eine jede Kulthandlung ist ein Experiment. Es gilt festzustellen, wie weit die Macht eines göttlichen Wesens reicht. Es gilt festzustellen, welche Anforderungen ein jedes an seine Diener stellt. Daher wird es wichtig, zu erkennen, welcher Gruppe, welcher Klasse jeder Dämon angehört; zumal nachdem sich verschiedene Stufen überirdischer Wesen ausgebildet haben. Es ist Sache des Anrufenden, seinen Götzen richtig zu behandeln. Daher ist es wichtig, seine Klasse festzustellen. Dem dienen die »mythologischen Rangzeichen«[2]). Wie der Häuptling an seinem Federbusch, der Gemeindevorsteher an seinem Stab, so ist der Gott an bestimmten Eigenschaften zu erkennen;

---

[1]) Anderes über Religion im Verhältnis zur Mythologie M. Jastrow, The Study of Religion S. 247, Schück, Studier i Nordisk Litterater- och Religionshistoria, Stockholm 1904 S. 1 f.; vgl. Kauffmann, Arch. f. Rel.-Wissensch. 11, 113.
[2]) Vgl. meinen Aufsatz Zeitschr. für deutsche Philologie 31, 315, auch »Raub des Rangzeichens« Arch. f. Rel.-Wissensch. 10, 88 f.

gerade wie eine päpstliche Bulle bestimmte Bedingungen aufstellt, an deren Erfüllung ein Heiliger zu erkennen ist [1]). Sind diese Eigenschaften mehr abstrakter Art, weil sie nur die Klasse bezeichnen — Fähigkeit der Verwandlung, Unverwundbarkeit, Allwissenheit und andere experimentell festzustellende Gaben —, so dienen der Erkenntnis individueller Gestalten die Attribute, d. h. bestimmte konkrete Symbole: ein begleitendes Tier (Odins Raben, die Tauben der Venus), ein tragbarer Gegenstand (Apfel, Blitz, Schwert), eine körperliche Eigenheit (die Brüste der Fruchtbarkeitsgöttinnen, der Phallus der Fruchtbarkeitsdämonen) — genau wie solche Attribute auch zur Individualisierung der Kirchenheiligen dienen [2]). Denn zur Individualisierung treibt jener Prozeß der Beobachtung und Vergleichung mit derselben Notwendigkeit wie das Bedürfnis der Anschauung, und mit ihr erreichen wir die letzte Grenze der Mythologie, soweit sie volkstümlich, soweit sie Lebensäußerung einer großen Kulturgemeinschaft ist.

Die Entwicklung der Mythologie besteht also in einem beständigen Zuwachs von auf bestimmte Voraussetzungen gebauten Erfahrungen. Daneben hat aber jede mythische Gestalt wie jede poetische ihr eigenes Leben; praktische Rücksichten, z. B. das Interesse von Gemeinden und Priesterschaften, wirken ein; fremde Einflüsse machen sich geltend. So ist an eine logische Einheitlichkeit, an ein festes System nicht zu denken. Die Mythologie ist, um einen Ausdruck Herders anzuwenden, ein »System lebendiger Kräfte«, die denn auch gegeneinander wirken. Vor allem haben wir uns deshalb vor einem prinzipiellen Eliminieren aller Widersprüche zu hüten. Sie sind leicht wegzuinterpretieren, aber zum Schaden der Wahrheit. Der Gott Odin bringt sich selbst zum Opfer dar; ein anderer Gott stiftet die Klassen der »Gesellschaft«, indem er bei ihren ältesten Vertretern einkehrt. Solche mythologischen Paradoxien kann die Logik so wenig auflösen wie die Antinomien neuerer Religionen; wir haben anzuerkennen, daß sie da sind. Ja, es gibt Fälle, in denen die alte Überlieferung selbst sich am Spiel mit solchen Widersprüchen geübt zu haben scheint, indem sie die Verwundung des Unverwundbaren, den Tod des Unsterblichen, den Wettlauf der beiden schnellsten Tiere u. dgl. vorführte. Womit natürlich nicht jedem unerträglichen Widerspruch ein Freibrief ausgestellt sein soll.

## § 3. Zur Formenlehre der Mythologie.

Wir sind bei unserer Auseinandersetzung über das Wesen der Mythologie schon wiederholt in die »Entwicklung der Mythologie« übergeglitten;

---

[1]) Besonders die Wunderkraft; vgl. allgemein Görres, Christliche Mystik, Regensburg und Landshut 1836; H. Joly, Psychologie des Saints, Paris 1902.
[2]) J. v. Radowitz, Ikonographie der Heiligen, in seinen Schriften B 1, 1 f.

## § 3. Zur Formenlehre der Mythologie.

beides läßt sich nicht streng trennen, denn das Wesen der Mythologie ist wie das jeder lebendigen Macht Entwicklung. Ehe wir aber die Stufen betrachten, in denen diese Entwicklung sich vollzieht, müssen wir noch auf die Ausdrucksformen der Mythologie eingehen — ein Kapitel, das man, sehr zum Schaden unserer Erkenntnis, viel zu sehr vernachlässigt hat. Erst neuerdings zeigen sich in Dänemark Ansätze zum Studium der mythologischen Morphologie; denn was dort an typischen Ausdrucksmitteln der »Heldensage« beobachtet wird, gehört vielfach ebenso der Mythendichtung an [1]).

Es ist daran festzuhalten, daß die Mythologie, wie wir bereits betonten, zwar ihrem Ursprung nach »Wissenschaft«, aber ihrer Form nach »Dichtung« ist — womit durchaus nicht etwa metrisch geregelte Form gemeint ist; denn die »innere Form« der Poesie ist wohl um Jahrhunderte älter als die äußere. Die innere Form der Poesie aber wird dadurch bedingt, daß die Dichtung Ausdruck gehobener Stimmung ist. Daher ist dem naiven Menschen nichts weniger natürlich als der Naturalismus: die Ausbildung einer »poetischen Sprache« ist überall selbstverständlich. Sie gräbt sich so tief in das Bewußtsein des Volkes ein, daß man auf das Gedicht die Terminologie des ältesten Kunstgewerbes anwendet: ein Gedicht schmieden (ältestes Kunsthandwerk der Männer) oder weben (älteste Kunstfertigkeit der Frauen). Auch für die Eigenart der poetischen Sprache hat man eine so starke Empfindung, daß Hellenen und Germanen eine »Sprache der Götter«, das heißt doch wohl: in der man zu den Göttern spricht, von der Sprache der Menschen unterscheiden.

Auf die Einzelheiten, die diese poetische Sprache charakterisieren (Bewahrung veralteter Formen, Streben nach schmuckvollen Klangwirkungen, Durchführen symbolischer Nachbildung des Inhalts durch den Ausdruck) haben wir hier nicht einzugehen, wohl aber auf gewisse Eigenheiten ihrer Gesamthaltung, die für die Mythologie wichtig sind, weil oder insoweit sie Poesie, und zwar alte, zum Teil primitive Poesie sind [2]).

Primitive Poesie ist idealistisch, d. h. jeder Gegenstand, jede Person, die sie schildert, wird als in ihrer Art vollkommen dargestellt.

---

[1]) H. Gunkel, Genesis S. XVII f.: Kunstform der Sagen der Genesis (wichtig und neu); Axel Olrik, Episke Love i Folkedigtninger (Epische Gesetze in der Volkspoesie) Danske Studie 1908 S. 69 f.; deutsch: Zeitschr. f. d. Alt. 51, 1 f. — Für einige mehr äußerliche, aber doch nicht unwichtige Punkte R. Petsch, Neue Beiträge zur Kenntnis des Volksrätsels, Berlin 1899; ders., Formelhafte Schlüsse im Volksmärchen, Berlin 1900. Vgl. auch Müllenhoffs Einleitung zu seinen Sagen, Märchen und Liedern aus Schleswig-Holstein und Lauenburg, Kiel 1845.

[2]) Über den Charakter der altgermanischen poetischen Sprache im Verhältnis zu der altgermanischen Sprache überhaupt vgl. meine Altgermanische Poesie, Berlin 1889.

## Erstes Kapitel.

Die Poesie dieser Perioden hat es nur mit echten Repräsentanten des Gattungscharakters zu tun.

Also: der König ist von unbegrenzter Macht, der Held von unvergleichlicher Tapferkeit; der Berg reicht bis zu den Wolken; ein Roß läuft mit der Schnelligkeit eines Pfeils.

Hierher gehört vieles, was man als »märchenhaft« bezeichnet. Dieser Ausdruck ist aber nur dann am Platz, wenn aus der hyperbolischen Aussage Folgerungen gezogen werden, die überraschend wirken sollen. Ob das der Fall ist, muß in jedem Einzelfall geprüft werden. Wenn ein als Mensch verkleideter Gott acht Tage unverletzt zwischen zwei Feuern sitzt, so ist das die einfache Konsequenz seiner göttlichen Natur; wenn dagegen ein Riese eine Säule so wild ansieht, daß sie von seinem Blick zerbirst, so ist das ein märchenhafter Zug, an dem die ungeheure Kraft des Riesen frappant gezeigt werden soll[1]).

Es muß an dieser Stelle gleich einiges über das Verhältnis von Mythus nnd Märchen bemerkt werden. Es ist in neuerer Zeit (besonders von Wundt in seiner Völkerpsychologie) behauptet worden, das Märchen sei als Gattung älter als der Mythus. v. d. Leyen (Sagenbuch) setzt das als anerkannten Gewinn der Forschung voraus. Daß einzelne Märchen älter sind als einzelne Mythen, braucht heutzutage nicht mehr erst erörtert zu werden. Versteht man unter »Märchen« jede Erzählung mit »unglaublichem« Inhalt, so stempelt man eben einfach den größten Teil der Mythen zu Märchen; das aber darf man nicht, weil beide einen völlig verschiedenen Stilcharakter haben. Versteht man aber (mit Wundt) unter »Märchen« das, was wir noch heute darunter verstehen: eine absichtliche Erfindung unmöglicher Dinge oder Handlungen, so halte ich den Satz für durchaus falsch. Das Märchen als bewußte Erfindung gehört, wie ich glaube, erst einer verhältnismäßig (verhältnismäßig!) jungen Epoche an, als die Menschen aus dem träumerischen Glauben an die Wirklichkeit aller Sinneswahrnehmungen zur Kritik überzugehen begannen. Das Märchen setzt eine bewußte Unterscheidung des Möglichen und des Unmöglichen voraus; für den Primitiven und für den Mythus gibt es nichts Unmögliches. Das Märchen, das uns heute als Inbegriff der Naivität erscheint, ist vielmehr die älteste nicht rein naive Dichtungsgattung; es ist von Anfang an, was es bei unseren Romantikern noch ist: eine Übung der Phantasie, ein Spiel[2]). Charakteristisch ist für das Märchen unter allen Umständen, daß aus einer spezifischen Prämisse eine überraschende Folgerung gezogen wird. Jedes Märchen hat gewissermaßen seine eigene

---

[1]) Vgl. allgemein v. d. Leyen, Das Märchen in den Göttersagen der Edda, Berlin 1899; Gerland, Altgriechische Märchen in den Odyssee, Magdeburg 1869.
[2]) Vgl. meine Deutsche Stilistik § 180.

## § 3. Zur Formenlehre der Mythologie. 15

Mythologie, seine spezifischen Wunderwesen. Es gibt z. B. auch im Mythus Dummheit: dumme Riesen werden von dem schlauen Loki betrogen, törichte Weiber von anderen Göttern. Daß aber jemand so dumm ist wie der Hans im Glück des Volksmärchens (denn für das Volk ist er wirklich nur dumm, wenn er unserer gerührten Überbildung auch als der wahrhaft Glückliche und deshalb Allergescheiteste erscheinen mag!) — das ist außermythisch, das ist märchenhaft. Der Mythus will imponieren, das Märchen will verblüffen.

Daher ihre Stilverschiedenheit, die wir so energisch betonen müssen, weil wir sie späterhin öfters vorauszusetzen haben. Der Stil des Mythus ist einfach; er enthält die epische Verknüpfung zweier Momente (z. B. einer Not und einer Befreiung, einer Werbung und ihres Erfolges) und bezieht sein Interesse aus der handelnden Persönlichkeit. Der Stil des Märchens ist viel künstlicher; er enthält die epigrammatische Entwicklung eines Moments aus dem andern und bezieht sein Interesse aus der überraschenden Konsequenz seiner Prämisse. Der Mythus erzählt von einer Jungfrau, die ein Gott in langen Schlaf versetzt hat; endlich kommt der befreiende Held und erlöst sie vom Schlummer: der Mythus von der Walküre Brunhild. Das Märchen führt zwei spezifische Bedingungen ein: die Königstochter soll sich an einer Spindel stechen — und: sie soll hundert Jahre schlafen. Nun muß also erstens in überraschender Weise die Königstochter an die Spindel gebracht werden und zweitens das Jahrhundert des Schlafes vorgeführt werden (durch die verwilderte Hecke) — das Märchen von Dornröschen. Mythen sind nicht epigrammatisch; sie enthalten nichts, was nicht (vom Standpunkt ihrer Zeit!) als möglich gedacht werden könnte; ihre Entwicklung besteht in rein epischer Entfaltung, nicht in logischer Auswicklung. In all diesen Punkten ist der Stil des Mythus von dem des Märchens fundamental verschieden, was natürlich Berührungen und Vermischungen [1] nicht ausschließt, zumal mit dem Fortschritt der Zeit unaufhörlich Dinge »unmöglich« werden, die früher noch als »möglich« gedacht waren, bis schließlich kritischen Perioden die ganze Mythologie »märchenhaft« scheint [2]).

Der Mythus also ist idealistisch und hyperbolisch, aber nicht märchenhaft. Jene Tendenzen aber genügen, um ihn oft zu Superlativen gelangen zu lassen, so daß es gleichzeitig mehrere »stärkste« oder »weiseste« Riesen geben kann. —

Primitive Poesie ist ferner anschaulich, d. h. jeder Gegenstand, jede Person, die sie schildert, wird phantasiemäßig wahrgenommen und für das geistige Auge wahrnehmbar hingestellt.

[1]) Wie in Wundts überschätzten »Mythenmärchen«.
[2]) Unkritisch in der Verarbeitung guten Materials Fr. Linnig, Deutsche Mythenmärchen, Paderborn 1889.

Hieraus vor allem ergeben sich eine Reihe von Ausdrucksmitteln, die an den verschiedenen Enden der Welt mit überraschender Gleichmäßigkeit wiederkehren, weil sie eben im Charakter der Mythologie als einer primitiven Poesie begründet sind [1]).

Ich führe nur einige dieser Schemata an, die gerade auch für die allgemeine Mythologie bedeutungsvoll sind.

Für das naive Bedürfnis nach Anschauung genügt die Aussage über eine Eigenschaft nicht: man will Proben sehen. Wie es im modernen Roman nicht genügt, wenn der Autor versichert, sein Held sei ein geistreicher Mann, sondern der Leser Beispiele verlangt, so muß sich auch der starke oder weise Gott als stark oder weise legitimieren, und zwar natürlich mit überzeugenden Proben. Derartige Belege brauchen mit der eigentlichen Handlung nicht notwendig in Verbindung zu stehen. Die Riesenstärke des als Braut verkleideten Thor wird an seinem Riesenappetit illustriert, wie das auch bei dem griechischen Herakles oder dem indischen Pushan geschieht. Das ist eine Vorbereitung auf seine letzte Kraftleistung, aber eben auch nur das, ohne selbständige Bedeutung.

Gerade aber hier ist auch wieder auf die Abgrenzung gegen das Märchen hinzuweisen. Thors Appetit ist schon mit novellistischem Behagen der Grenze genähert; dies ist eben auch nur ein schmückender Zug. Wenn dagegen ein bekanntes Märchen die Zartheit der Prinzessin an der unter soundsoviel Matrazen und Betten versteckten Erbse offenbar werden läßt, so ist das märchenhafte Übertreibung; natürlich hat nie jemand das für möglich gehalten. So ist denn überhaupt ein Vergleich der Klugheitsmärchen mit den Weisheitsmythen lehrreich: die märchenhafte Klugheit der Weinschnüffler bei Cervantes oder des Juden Abner, der nichts gesehen hat, bei Hauff (bez. bei Voltaire) soll (wir wiederholen unsere Schlagworte) verblüffen, die Weisheit Odins, der allein das kranke Roß zu heilen weiß, imponieren.

Wichtiger noch als diese Proben einer Eigenschaft ist die Umsetzung einer Aussage in Handlung dann, wenn es sich um bestimmte wichtige Momente handelt. Ein gutes Beispiel geben die »Vorzeichen des jüngsten Gerichtes«.

Viele Völker haben die Vorstellung, daß ein Tag kommen werde, an dem sich alles lockern werde, was jetzt als unerschütterlich gilt; besonders auch (um es modern auszudrücken) in moralischer Hinsicht — eine Vorstellung, die als Konsequenz der unaufhörlichen Klage der nie fehlenden laudatores temporis acti leicht zu begreifen ist [2]). Diese Vorstellung wird

---

[1]) Vgl. meinen Aufsatz »Mythologische Schemata«, Arch. f. Rel.-Wissensch. 10, 88. Legendenschemata: Saintyves, Les dieux S. 238 f., auch S. 261 f.

[2]) Vgl. Delbrück, Die gute alte Zeit, in seinen Erinnerungen, Reden und Aufsätzen, Berlin 1902, S. 179.

## § 3. Zur Formenlehre der Mythologie. 17

nun aber nicht mit moderner Abstraktion ausgedrückt: »es lösen sich alle Bande frommer Scheu«, sondern konkret und anschaulich, indem diejenigen Dinge negiert werden, deren Existenz den ganzen moralischen Bau der Gesellschaft verbürgt. Sie ist auf die Sippe gegründet; also ist das der natürliche Ausdruck jener Vorstellung, daß die Edda sagt: »Es befehden sich Brüder und fällen einander, die Bande des Bluts brechen Schwestersöhne«. Das braucht also [1]) nicht aus Ev. Marc. 13, 12 zu stammen [2]). Vielmehr ist beidemal nur der gleiche Gedanke mit poetischer Anschaulichkeit ausgedrückt — der gleiche Gedanke, den Shakespeare im Lear [3]) dramatisiert. Und weil er nur eine furchtbare Möglichkeit als erfüllt setzt, kann er sich auch wirklich realisieren: der Papst, der Beatrice Cenci wegen ihres am Vater begangenen Mordes begnadigen wollte, soll sie zum Tode verurteilt haben, als ihm gleichzeitig von einem Vater gemeldet wurde, der sein Kind tötete und (irre ich nicht) von einem dritten Mord innerhalb der Sippe. »Sippe ist doch immer jedem das Liebste!« ruft noch ein später christlicher altenglischer Schreiber [4]).

Und hier wieder illustrieren wir den Abstand von Mythus und Märchen. Der Mythus setzt Dinge als wahr, die schwer glaublich, aber möglich sind. Das Märchen spielt mit erfüllten Unmöglichkeiten: der Wald von Birnam kommt auf Macbeth zu und ein sterblicher Mensch, den keine Mutter gebar, tötet ihn.

Aus dem Bedürfnis der Anschaulichkeit folgt ferner die große Bedeutung, die die Attribute im Mythus (und in der Heldensage) besitzen. Zahlreiche Mythen beschäftigen sich mit Thors Hammer oder dem wunderbaren Schmuck einer Göttin u. dgl. Nur aber wieder nicht so, wie im Märchen (z. B. Tischlein deck dich), daß das Attribut sozusagen Hauptperson wird, sondern so, daß es immer Objekt bleibt.

Speziell für die Mythologie wichtig ist eine bestimmte Form der Attributmärchen, die ich unter der Rubrik »Raub des Rangzeichens« [5]) zusammenfasse. Die Stellung jedes göttlichen Wesens ist durch seine Klasse bestimmt; diese wird durch ein Rangzeichen (d. h. ein generelles Attribut, ein Attribut nicht der göttlichen Person, sondern der Götterklasse) bezeichnet. Verliert der Dämon sein Rangzeichen, so verliert er seinen Rang. Davon handeln zahlreiche Mythen aller Völker: wie den Schwanenjungfrauen

---

[1]) Müllenhoff, Deutsche Altertumskunde 5, 21.
[2]) Wie E. H. Meyer, Völuspa, Berlin 1889, S. 184, annimmt: »Es wird aber überantworten ein Bruder den andern zum Tode, und der Vater den Sohn, und die Kinder werden sich empören wider die Eltern und werden sie helfen töten«.
[3]) Die Töchter wider Lear, Gloster wider seinen Sohn; Max Wolff, Shakespeare 2, 190.
[4]) Brandl, Altengl. Lit. S. 1079.
[5]) Arch. f. Rel.-Wissensch. 10, 88 f.

das sie charakterisierende Federhemd geraubt wird, oder den Göttern das Mittel unaufhörlicher Verjüngung u. dgl. Oder es wird ebenso das individuelle Attribut geraubt: Thor, dem der Hammer gestohlen ist, ist nicht mehr Thor [1]).

Gerade dies mythologische Schema (wie auch das vorige und das folgende) haben zu unberechtigter Identifikation verschiedener Mythen geführt, die eben nur eine gemeinsame Einkleidung besitzen. Es ist — ich muß mich selbst zitieren —, als erklärte man Johannisberger und Burgunder für denselben Wein, weil sie in gleichartigen Flaschen aufgetragen werden.

Häufig ist auch ein viertes Schema, bei dem wieder spezifisch mythologische Motive anschaulich zu machen sind. — Eine große Zahl mythischer Figuren verdankt ihre Eigenheit nicht allgemein ihrem Wesen, sondern spezifisch einer einzelnen Tat, etwa ihrem Anteil an der Weltschöpfung oder ihrer Tätigkeit in einem entscheidenden Moment (Noah). Es entspricht den Forderungen der primitiv-poetischen Anschaulichkeit, daß die bedeutsame Singularität noch besonders hervorgehoben wird. Dies geschieht durch die Formel: »Alle — außer«. Eine christliche Legende erzählt, daß die Espe zum ewigen Zittern verurteilt sei, weil sie allein von allen Bäumen Christi Tod nicht beklagt habe. Ebenso spielt in der altgermanischen Balderlegende der Umstand eine große Rolle, daß von allen Wesen eines (der verkleidete Loki) über den Tod des hellen Gottes zu klagen verweigerte.

Der Baldermythus enthält noch ein anderes Beispiel dieser mythischen Schablone. Sie wird besonders häufig angewandt, um jene mythischen Antinomien aufzulösen. von denen wir schon sprachen. Ein Held ist so stark, daß ihn eigentlich niemand überwinden kann — außer einem. Ein Gott kann eigentlich nicht sterben — außer wenn ... So entstehen die Formeln der **relativen Unverwundbarkeit**. Achilleus wie Siegfried sind nur an Einer Stelle verwundbar, ähnlich Isfendiar oder Frothos Drache [2]). Eine Tat kann nur mit Philoktets Bogen vollbracht werden; Balder kann nur durch eine Waffe, die keine Waffe ist, getötet und Christus nach einer spätjüdischen Sage nur an einem Baum, der kein Baum ist, gekreuzigt werden — alle außer diesem einen hat er »in Bann genommen«. Sigtrygg kann nur mit Gold getötet werden[3]).

Ein anderes mythisches Lieblingsmotiv ist das von dem **dienenden Gott**, der sich für seine Knechtschaft rächt. Es beruht auf der Erfahrung, daß einem mächtigen Herrn sein Lieblingsgott jahrelang fast unbedingt zu

---

[1]) Speziell hellenisch scheint dagegen das Mythenschema vom angemaßten Rangzeichen, vgl. u.
[2]) Saxo S. 38, Herrmann S. 77.
[3]) Saxo 1, 17; Herrmann S. 21.

## § 2. Zur Formenlehre der Mythologie.

gehorchen scheint — bis er ihn plötzlich umwirft. Napoleons Geschichte würde in mythischer Formulierung lauten: er fesselte den Kriegsgott in seinen Dienst, so daß Mars durch lange Jahre ihm gehorchen mußte; schließlich empörte sich der Gott aber und schleuderte den Fürsten auf eine einsame Insel, wo er zerbrach. — Übrigens kann auch dies mythologische Schema bereits unter dem Einfluß der Heldensage stehen, in der das Motiv vom dienenden und sich empörenden König naturgemäß beliebt ist [1]).

Endlich ist für jede Poesie unvermeidlich, daß sie eine Anzahl symbolischer Handlungen einführt, die (anders als etwa jene Umsetzung der moralischen Vorzeichen des Weltuntergangs in Handlung!) dem wirklichen Zeremoniell annähernd entsprechen. Dahin gehören gewisse feierliche Begrüßungen, Ratsversammlungen der Götter in entscheidenden Momenten, Verbrüderungen u. dgl. m. (Gerade solche rein typischen Handlungen, wie z. B. die Handwaschungen, hat Jensen in den ungeheuerlichen Mythenvergleichungen seines Buches »Gilgamesch in der Weltliteratur« wiederholt zum Angelpunkt von Gleichsetzungen zweier Erzählungen gemacht!). Oder es werden sonst typische Zustände durch symbolische Handlungen (Verhüllen des Hauptes, Pfandsetzen u. dgl.) ausgedrückt. —

Poesie, selbst primitive Poesie, ist aber auch ferner an die Entwicklung einer gewissen Technik gebunden. Soweit die Mythologie Poesie ist, unterliegt sie mit zunehmender Entwicklung in zunehmendem Grade den Gesetzen einer sich bildenden poetischen Kunst. Insbesondere kommen von früh ausgebildeten technischen Hifsmitteln in Betracht:

1. die Erregung von Spannung durch retardierende Momente, indem z. B. Thor den gestohlenen Hammer nicht sofort wieder erhält, nachdem der Räuber gefunden ist, sondern erst noch schwierige Bedingungen erfüllen muß;
2. die Steigerung durch zunehmende Verstärkung, z. B. die immer schwereren Proben des Herakles. Die Steigerung geschieht in der Regel in drei Stufen [2]). Jedenfalls aber ist von mehreren parallelen Handlungen die letzte die am stärksten betonte [3]);
3. die Zählung als Hilfsmittel wird gern auch da verwandt, wo es sich nicht um Stufen der Steigerung handelt, und zwar werden nur typische Zahlen [4]) verwandt.

Über den Ursprung und die Bedeutung der »heiligen Zahlen« ist

---

[1]) Saxo 1, 17; Herrmann S. 21.
[2]) Müllenhoff, a. a. O. S. XIII; vgl. auch Olrik, a. a. O. S. 81.
[3]) Olrik S. 83.
[4]) Über die typischen Zahlen der altgermanischen Dichtung — besonders 3 und 7 — vgl. meine Altgermanische Poesie S. 74 f.; allgemein Wundt S. 530 f., besonders S. 543.

in anderem Zusammenhang zu handeln; hier ist nur zu bemerken, daß alle primitive Poesie (besonders auch die germanische) gern Gruppen von drei Dingen (»Triaden«), von sieben Helden u. dgl. bietet. Ungerade Zahlen werden durchweg bevorzugt (neben den Triaden Heptaden, Enneaden mit 7 oder 9, d. h. dreimal drei u. a.).

Bei göttlichen Wesen ist die Zählung fast stets von allgemeiner mythologischer Bedeutung: sie stellt eine Etappe auf dem Wege von unbestimmter Massenhaftigkeit zu fest umschriebener Individualität dar. So heben sich aus zahlreichen Dämonen Gruppen wie die der drei Schicksalsschwestern, der neun Musen heraus (besonders charakteristisch die 7—8—12 Adityas [1]);

4. der Kontrast in der Zeichnung zweier Charaktere [2]. —

Die Mythologie ist aber nicht bloß Dichtung, sondern in gewissem Sinne auch Wissenschaft. Einige Hauptformen des Mythus sind von hier aus zu erklären.

Im allgemeinen führten wir den Ursprung eines Mythus auf eine rätselhafte Naturerscheinung (das Wort im weitesten Sinne genommen) zurück! Tod, Krankheit, Sieg sollen erklärt werden. Oft handelt es sich aber um kleinere Probleme, Probleme von mehr zufälliger Art. Dahin gehören drei Klassen von Mythen: die ätiologischen, ikonischen, etymologischen Mythen.

1. »Ätiologisch«, d. h. zur Begründung einer auffallenden Erscheinung »erfunden«, sind eigentlich alle Mythen. Speziell nennt man aber so diejenigen Mythen, die eine auffallende nicht typische Erscheinung, einen sonderbaren Brauch, kurz, etwas Singuläres erklären. Sie sind namentlich bei den Kulturvölkern sehr beliebt, z. B. um seltsame Eigenheiten von Tieren oder Pflanzen zu erklären, ebenso aber auch in der allgemeinen Mythologie: warum der Lachs am Ende schmal ist. Solche »naturwissenschaftliche Sagen« dauern in der Gegenwart reichlich fort [3].

Ebenso werden auch heute noch auffallende Eigenheiten mythisch gedeutet: mehreren Prinzen, die auffallend hohe Halsbinden trugen, wurde nachgesagt, daß sie eines Mordes wegen einen eisernen Ring um den Hals tragen müßten, den das Tuch verberge u. dgl. m.

---

[1] Macdonell, Vedic Mythology S. 130.
[2] Olrik S. 77. Für weitere Einzelheiten der mythologisch-epischen Formgebung verweise ich nochmals auf Olriks ausgezeichnete Studie.
[3] Dähnhardt, Naturwissenschaftl. Volkssagen, 2. Aufl., Leipzig 1908. Söhns, Unsere Pflanzen. Ihre Namenserklärung und ihre Stellung in der Mythologie und im Volksaberglauben, 4. Aufl., Leipzig 1907. v. d. Leyen, Sagenbuch, S. 77. — Ätiologische Legenden: Saintyves, Les dieux, S. 151. — Zur Methodik Wundt 3, 303, 314, der diese Mythen »explikativ-biologisch« nennt.

## § 3. Zur Formenlehre der Mythologie. 21

Eine besondere, gerade im Norden reich entwickelte Gruppe der ätiologischen Mythen bilden die **besitzerklärenden Mythen**, die angeben, wie die Götter zu ihren Schätzen gekommen sind: Odin zur Runenkraft und dem Dichtermeth, später auch zu Speer und Roß; Freya zu ihrem Brustschmuck, Sif zu ihren goldenen Haaren. Nach der Methode der Erklärung können sie freilich auch (wie vielleicht die beiden letzten) ikonische Mythen sein: das hängt davon ab, ob die Tatsache des Besitzes oder seine bildliche Darstellung zur mythischen Deutung gereizt hat.

Beliebt sind auch überall die **Erfüllungsmythen**, die eine Bedingung, einen Wunsch, eine Metapher in Wirklichkeit umsetzen[1]). Ein Vater spricht den Fluch aus, der Sohn solle sich nicht von der Stelle rühren können, und er bleibt durch Jahre an den Ort geheftet[2]); man sagt, jemand sei so geizig, daß er keinen Schuh verschenken könne, ohne die Riemen herauszuziehen — und das wird nun wirklich von einem König erzählt[3]). Es sind gewissermaßen umgekehrte ätiologische Mythen.

Die ätiologischen Mythen werden im großen und ganzen nicht den ältesten Perioden zuzurechnen sein, da sie schon ein eigentliches Nachdenken über Einzelerscheinungen, ein Unterscheiden von normalen und auffallenden Gestaltungen voraussetzen.

2. Das Gleiche gilt von den **ikonischen** Mythen schon deshalb, weil sie die Anfänge einer bildenden Kunst voraussetzen. Irgendein auffallendes Bild wird durch einen daran gehefteten Mythus erklärt. Auch dies dauert bis in die Gegenwart fort; Th. Fontane erzählt noch von einer Vergiftungssage, die durch ein Gemälde in einem märkischen Schloß entstand[4]).

Es ist aber nicht unmöglich, daß für die letzten Phasen der allgemeinen Mythologie (Yggdrasill?) die phantastische Ausdeutung von Skulpturen und anderen Bildwerken bereits produktiv wurde.

3. Da in allen frühen Perioden der Eigenname eine große Rolle spielt und Wortspiele mit Namen uralt sind[5]), so kommen denn auch **etymologische** Mythen vor, die zur Erklärung auffallender Namen ersonnen sind. Sie sind im Alten Testament nicht selten (vgl. auch im Neuen Testament die Worte Christi an Petrus, den »Felsenmann«), gehören aber doch erst

---

[1]) **Wundt**, »Wunschmärchen« 3, 89 f.; **Billiger**, Die Materialisation religiöser Vorstellungen, Tübingen 1905.
[2]) Deutsche Sagen I, 310.
[3]) Saxo: Hugletus S. 185; **Herrmann** S. 248; vgl. Eddica minora N. XXIII.
[4]) Vgl. **meinen** Aufsatz Ikonische Mythen, Zeitschr. f. deutsche Philologie 38, 169 f.; Legenden: **Delehaye**, Les légendes hagiographiques, Bruxelles 1905, S. 51, 92, 124 u. ö.; **Saintyves**. Les dieux, S. 122 f.
[5]) Vgl. Altgerm. Poesie S. 296 f.

einer fast »gelehrten« Epoche an, die freilich auch in altgermanischer Zeit schon hier und dort erreicht wurden [1]).

Die Etymologie besitzt übrigens auch außerhalb der Eigennamen mythenbildende Kraft. Nicht selten geht die Mythologie auf den Pfaden der Sprache, indem sie die wirkliche oder vermeintliche Urbedeutung eines Wortes als Schlüssel für den Ursprung der Sache benutzt [2]). Was man heutzutage »Volksetymologie« nennt: die Umbildung unverständlicher in verständliche Worte reicht ebenfalls bis in die Urzeit zurück [3]) und ist früh durch die »gelehrte« Tätigkeit der Mythologen unterstützt worden. (Berühmtes Beispiel *ragnarokkr* »Götterverfinsterung«, seit Simrock »Götterdämmerung«, für *ragnarọk* »Göttergeschick« [4]).

Diesen drei Gruppen von Mythen ist ein gewisses Maß von Erfindung gemein. Eine Vermutung muß als solche zuerst ausgesprochen sein, ist aber von späteren rasch als tatsächliche Begründung angesehen worden. Ich hörte heute morgen, wie ein etwa vierzehnjähriger Junge seinen vom Lande kommenden Eltern erklärte, der Berliner Tiergarten habe seinen Namen von den »Tieren« auf dem Floraplatz: dort liegen nämlich große Bronzefiguren vom Eber, Hirsch usw. von Siemering. Natürlich hat der Tiergarten seinen Namen von den früher darin gehegten Tieren; aber die neue etymologische Deutung kann rasch zu einem geglaubten Mythus werden. Solche Mythen haben daher auch in der Form meist etwas kunstmäßig Zugespitztes: sie schließen fast stets mit einem Satz wie: »und deshalb heißt die Stelle .... bis auf unseren Tag«, oder: »und deshalb haben die Ameisen ein zerbrochenes Kreuz, wie man noch heute sehen kann«. Die unmittelbare Erklärung eines Phänomens wird noch als Hauptsache empfunden, wogegen bei den älteren Mythen das Bedürfnis nach Deutung einer Erscheinung längst hinter dem Interesse an der mythischen Figur verschwunden ist. —

Dies dürften etwa die wichtigsten Eigenheiten der Formgebung in der Mythologie sein. Man sieht, daß vieles einfach daraus zu erklären ist, daß der Mythus eine Art Dichtung, ein Stück primitiver Wissenschaft — und eben ein Teil der Mythologie ist. Deshalb ist jene Manier, die jede Einzelheit ohne weiteres »deutet« und aus jedem Reflex der Kunstform sofort einen »wichtigen Zug« macht, prinzipiell als voreilig und unwissenschaftlich zu verwerfen.

---

[1]) Heiligenlegenden aus Lesefehlern: Saintyves, Les dieux, S. 97 f.; etymologische Legenden: Delehaye a. a. O. S. 235; H. Günther, Legendenstudien, Köln 1906 S. 72 (z. B. St. Expeditus!).
[2]) Vgl. Zeitschr. f. d. Alt. 37, 4 f.
[3]) »Sündflut«, Flut zur Bestrafung der Sünde, für Sintflut »große Flut«; vgl. allgemein Andresen, Deutsche Volksetymologie, Heilbronn 1883; O. Keller, Lateinische Volksetymologie 1891.
[4]) Vgl. z. B. Mogk S. 882.

## § 3. Zur Formenlehre der Mythologie.

Endlich ist noch das stilistische Verhältnis der Mythologie zur **Heldensage** zu skizzieren.

Wir verstehen unter »Heldensage« die Gesamtheit jener epischen Überlieferungen von den Taten und Schicksalen großer Vorfahren, die fast jedes Volk in einem bestimmten Moment seiner Entwicklung aus der Masse anders gearteter Traditionen heraushebt und als dichterische Kunde von der vergangenen Heroenzeit fortpflanzt [1]).

Die Heldensage hat mit der Mythologie dies gemein, daß sie ihrer inneren Form nach (auch sie nicht notwendig der äußeren Form nach!) Poesie ist und daß sie sich dennoch als Bericht über wirkliche Ereignisse gibt. Es ist ferner, wie beim Märchen, eine gewisse Berührung und Vermischung mit der Mythologie eingetreten: mythologische Gestalten haben (seltener als man früher annahm, aber in manchen Fällen zweifellos) Eingang in die Heldensage gefunden, heroische Schemata und Ausdrucksmittel (detaillierte Kampfschilderungen, höhnisches Anreizen vor der Schlacht, Festschilderungen u. a.; besonders auch erotische Momente) hat die Heldensage mythologischen Dichtungen geliehen. Obwohl als Ganzes (wie das Märchen) jünger als die Mythologie, ist die Heldensage doch wahrscheinlich früher als die Mythendichtung zu fester Form (in Gestalt epischer Einzellieder) gelangt; sie hat daher auf die uns erhaltene mythologische Poesie noch einen starken Einfluß ausüben können, der sich besonders in der Betonung moralischer Eigenschaften zeigt: treu und untreu; freigebig und geizig; tapfer und feige [2]).

Trotz diesen Berührungen bleibt der Stilcharakter auch hier verschieden. Insbesondere bleibt die Nähe der Heldensage zur **Geschichte** wichtig. Sie zeigt sich namentlich in folgenden Punkten, die sämtlich für die mythologische Erzählung im negativen Sinne charakterisiert sind:

1. die Heldensage haftet durchweg an einem bestimmten Ort, einer genau bezeichneten Örtlichkeit (Troja und das Schiffslager in der Ilias; zahlreiche Örtlichkeiten in der Odyssee; der Wasgenstein in der Waltharisage, die Halle Heorot im Beowulf usw.). Die mythologische Erzählung ermangelt zwar nicht durchweg lokaler Ausgangspunkte, gibt sie aber bald auf oder läßt sie jedenfalls ganz unbetont; die ungeheure Mehrzahl der Mythen aber besitzt überhaupt keinen lokalen irdischen Bodenpunkt·

---

[1]) W. Grimm, Die deutsche Heldensage, 2. Aufl., herausgegeben von K. Müllenhoff, Berlin 1867. B. Symons Heldensage: in Pauls Grundriß der germ. Phil., 2. Aufl. III 606 f. J. Grimm, Gedanken über Mythus, Epos und Geschichte, Kl. Schr. 4, 74. A. Heusler, Geschichtliches und Mythisches in der germ. Heldensage, Berl. Sitzungsber. 1909, XXXVII. Allgemein vgl. W. Wundt, Völkerpsychologie Bd. II.

[2]) Einfluß der heroischen Dichtung auf die mythologische auch sonst; vgl. z. B. Drerup, Homer, München 1903, S. 110.

Mythische Erzählungen, die an bestimmte Örtlichkeiten anknüpfen (wie z. B. die Bergentrückungssagen vom Kyffhäuser und dem Unterberg), sind von der Heldensage beeinflußt. Die einzige generelle Ausnahme bilden Tempelsagen, die an einen bestimmten »Gnadenort« anknüpfen; aber auch hier ist die Lokalisierung oft erst nachträglich eingefügt.

2. die Heldensage ist im gleichen Sinne auf einen bestimmten **Zeitpunkt** festgelegt — natürlich den Zeitpunkt einer heroischen Zeitrechnung. Gern wird durch Nennung von Namen, deren Träger an der Handlung selbst nicht beteiligt sind (wie Odoaker im Hildebrandslied, Walter von Aquitanien im Nibelungenlied) eine heroische Datierung angedeutet; oder sie wird durch die Nennung des damals regierenden Herrschers gegeben. Mindestens wird durch eine Einführung wie: »in alten Nachrichten steht« — »alte Lieder erzählen« — eine Zurückschiebung auf der zeitlichen Bahn betont. Dagegen spielt der Mythus im zeitlosen Raum. Die wenigen Fälle, wo auch hier eine Anknüpfung an historische Daten vorliegt, sind entweder durch Heroisierung geschichtlicher Persönlichkeiten (wie Hrólf Kraki) oder durch priesterliche Einfügung veranlaßt.

3. die Heldensage, als die heroisierte Erzählung von einer ganzen Geschichtsepoche, operiert mit einer **großen Zahl von Personen** und liebt es, auch das einzelne »Ereignislied« mit Namen zu füllen. Die mythologische Erzählung hat es dagegen nur mit wenigen Gestalten zu tun. Ausnahmen finden sich auf beiden Seiten, aber immer motiviert: eine »Götterparade« wie die Schilderung des letzten Kampfes muß natürlich viele Namen bringen, und wenn Siegfried in der Einsamkeit aufwächst, kann er nicht von vielen Helden umgeben sein.

4. die Heldensage hat überhaupt die Neigung zu **detaillierter Schilderung**, insbesondere zur Beschreibung von Waffen und Kleidungen, Festen und Unterredungen. Wohl ist von dem knappen Stil der ältesten Einzellieder noch weit bis zu der epischen »Breite« der Volksepen [1]), aber eine gewisse Neigung zum historischen Detail ist doch schon den frühesten Urkunden eigen. In dem kurzen Hildebrandslied steht mehr über die Ausrüstung der Helden als in der ganzen Edda über die der Götter; wie Thors Hammer aussieht, erfahren wir nie, oft, wie ein Schwert geschmückt ist. Es ist kein Zufall, daß fast überall heroische Epen entstanden sind (Ilias und Odyssee; das persische Schahnahme; Mahabhàrata; bei uns Beowulf, Nibelungenlied, Kudrun), aber nur einmal unter ganz besonderen Umständen ein mythisches Epos: Kalewala bei den Finnen durch die Redaktionstätigkeit des gelehrten **Lönnrot**.

5. die Heldensage legt auf die **gemütlichen Beziehungen** der

---

[1]) Vgl. **Ker**, Epic and romance, London 1897; **Heusler**, Lied und Epos, Dortmund 1907; **John Meier**, Wesen und Werden des Volksepos, Halle 1909.

## § 3. Zur Formenlehre der Mythologie.

Menschen viel mehr Wert als der Mythus: Freundschaft, Haß, vor allem aber Liebe sind in der Mythologie wohl überhaupt erst unter ihrem Einfluß (wie schon bemerkt) zu einiger Entfaltung gekommen. Eigentliche mythische Liebesgeschichten (Ares und Aphrodite in der Odyssee; Odins Liebesabenteuer in den Hávamál) stehen allemal unter dem Verdacht später Entstehung oder sind (wie das nordische Gedicht Skirnisför) völlig im heroischen Ton gehalten [1]).

Die Annäherung an den heroischen Stil würde in höherem Maße, als es bisher geschehen, zur Deutung mythologischer Dichtungen benutzt werden können — wenn wir nur über deren Entstehungszeit besser unterrichtet wären!

Einige Momente, die auch für die Formengebung der Mythologie nicht ohne Bedeutung sind, werden im nächsten Paragraphen noch zur Sprache kommen. Jedenfalls aber genügt wohl schon, was wir anzuführen hatten, um die methodische Wichtigkeit zu erweisen, die die viel zu wenig gewürdigte **Formensprache der Mythologie** besitzt. Statt gleich an die gefährliche »Deutung der Mythen« zu gehen, sollte man immer erst ihre wissenschaftliche Interpretation versuchen. Was bedeutet es, wenn eine bestimmte typische Handlung vorgenommen wird? was bedeutet eine bestimmte Zahl bei Götternamen für deren Stellung in der Religionsgeschichte? sind bestimmte äußere Ursachen der Mythenbildung wahrscheinlich? Derartige Fragen, im Einzelfall natürlich häufig gestellt und oft glücklich beantwortet, müssen generell gestellt und beantwortet werden, wenn wir zu einer wirklichen »Grammatik der Mythologie«, zu einer wissenschaftlich strengen Deutung der Mythen und Riten gelangen wollen, wie vor allem **Usener** sie anstrebte.

Von größter Wichtigkeit ist dabei auch hier die Interpretation der Texte — nicht bloß die sprachliche, sondern, wie gerade auch wieder Usener betont, die **psychologische**. Moltke Moe hat vor kurzem [2]) einen Aufsatz über die »mythische Denkweise« veröffentlicht; in diese Art des Denkens und mehr noch des Anschauens muß der Mythologe sich eingewöhnen. Mehr noch! es genügt nicht, daß er »mythisch denken« lernt — er muß sich auch die spezifische Anschauungsweise jeder einzelnen mythologischen Periode anzueignen suchen, der fetischistischen wie der animistischen oder götterverehrenden. Und endlich: er muß auch deren Mischungen verstehen; denn kaum ein Mythus ist uns ja in »reiner« Form erhalten — ganz »primitive Mythen« haben sich so wenig auf unsere Tage

---

[1]) Den Versuch, alle Heldensagen auf Mythologie zurückzuspitzen, machte W. **Müller**, Mythologie der deutschen Heldensage, Heilbronn 1886. Mythologisches im Epos vgl. z. B. W. **Schwartz**, Nachklänge prähistorischen Volksglaubens im Homer, Berlin; und besonders bei **Rohde**, Psyche.

[2]) In der Zeitschrift Maal og Minne, Kristiania 1909, S. 1 f.

hin gerettet wie »jungfräuliche Urwälder«. Oft enthält ein Mythus in sich bereits die Deutung, die eine spätere Epoche ihm gab: das animistische Moment wird im Sinne der götterverehrenden Zeit umgedeutet und umgebogen, so daß wir es vergewaltigen, wenn wir diesen inneren Entwicklungen nicht nachgehen.

Hierin liegt eine böse Klippe für die **Mythendeutung**. Zunächst verlangen viele Mythen überhaupt keine »Deutung«: sie sind ganz reine Produkte der epischen Gestaltungslust, die mit gegebenen Personen und Motiven erfinderisch schaltet. Soweit sie aber wirklich Deutung verlangen — und das bleibt wohl immerhin der häufigere Fall —, ist eben die ursprüngliche Meinung nur zu oft von der jüngeren zu scheiden. Auch im Altertum waren die Naturmythen einmal »Mode« und zwangen manches in ihre Analogie, was von vornherein mit Sonne, Mond und allen Sternen nichts zu tun hatte.

Edward Schröder hat seine epochemachenden Namenforschungen vor allem auf den Grundsatz gebaut, daß wir zunächst die Eigennamen nicht »erklären«, sondern ihre Gesetze ergründen sollten. Ähnliches gilt von der Mythendeutung. Hauptgedanke muß deshalb bleiben, nichts zu isolieren; aus dem Zusammenhang gerissen, verliert alles seine klare Erscheinung und organische Struktur, und dann erhalten wir die Mythenpräparate der Stucken und Jensen statt lebendiger Mythen. Dies Verankern in Ort und Zeit schützt auch vor dem allzu raschen Gebrauch der mythologischen und folkloristischen Parallelen, durch den etwa Schwally seine »Semitischen Kriegsaltertümer« sichtlich geschädigt hat[1]). Es gilt auch hier mit Entsagung die *ars nesciendi* zu üben und die Dilettanten, die in der »restlosen Erklärung« eines alten Denkmals einen Triumph ihrer Methode sehen, möge etwa H. Stuhls lustige »urdeutsche« Erklärung des altrömischen Arvalliedes[2]) darüber belehren, daß eine lückenlose Deutung fast stets ein Kriterium gegen die Richtigkeit der angewandten Methode ist!

## § 4. Typische Entwicklung der Mythologie.

Über einen der wichtigsten Punkte in der Entwicklung der Mythologie mußten wir schon sprechen: wir sahen, wie fortwährend neue Mythen entstehen und wie die Mythologie aus ihrem Vorrat beständig an die Religion abgibt. Jede mythische Gestalt, die einen Kult erhält, jeder Mythus, der zu einem Kult in feste Beziehung gebracht ist, ist von da an bis auf weiteres gefestigt, der inneren Evolution anderer mythologischer Gebilde entzogen. Freilich ist auch diese Festigkeit nur relativ; aber der kultisch gesicherte Mythus hat doch dem »freien« Mythus gegenüber etwa

---

[1]) Vgl. auch **Dibelius**, Die Lade Jahwes, Göttingen 1903, S. 6.
[2]) **Stuhl**, Ein 3000 Jahre altes deutsches Sprachdenkmal, Würzburg 1909.

## § 4. Typische Entwicklung der Mythologie.

so viel mehr Bürgschaft der Erhaltung und etwa so viel mehr Schutz vor Umformung wie das gedruckte Lied gegenüber dem nur mündlich überlieferten.

In diesem Sinne also gibt es unzweifelhaft eine typische Entwicklung der Mythologie. Ist sie aber auch sonst, innerhalb der »eigentlichen« Mythologie, vorhanden? Diese Frage ist ein Einzelfall des allgemeinen Problems, ob die Entwicklung innerhalb der Menschheit im wesentlichen parallele Wege verfolgt oder nicht. Sie wird (von vermittelnden Richtungen abgesehen) in zwei entgegengesetzten Meinungen beantwortet. Die psychologische Richtung glaubt, daß aus der wesentlichen Gleichheit der Anlage und der wesentlichen Gleichheit der umgestaltenden Faktoren sich für die nationale Entwicklung im wesentlichen gleichartige Wege ergeben. (Die Wiederholung des Wortes »wesentlich« soll die Relativität dieser Gleichheit und Gleichartigkeit unterstreichen.) Ihre Hauptvertreter innerhalb der Mythologie sind jetzt die sog. Folkloristen (Mannhardt, Tylor, Lang, Frazer u. a.). — Die geographische Richtung glaubt, daß jede eigentümliche Bildung das Produkt ganz spezifischer Bedingungen sei, die sich nur einmal und an einem Punkte finden, und daß von hier dann durch Wanderung die betreffende Bildung zu anderen Punkten gelangt sein müsse. Sie wurde durch den berühmten Geographen Ratzel zu großem Ansehen gebracht, ist jedoch in dieser Ausprägung innerhalb der mythologischen Forschung nur schwach vertreten[1]). In naiver empirischer Weise aber wird die Ansicht von der Ausstrahlung aller Religionen von einem Zentrum vielfach vertreten, wie früher durch die romantischen Religionsvergleicher (Creuzer, Kanne), so neuerdings besonders durch den »Panbabylonismus« der Assyriologen (Hugo Winckler[2]).

Zwischen beiden Ansichten steht die verhältnismäßig selten vertretene Meinung, daß zwischen den Religionen der verschiedenen Völker überhaupt keinerlei Beziehungen existieren, sondern jede an ihrem Ort bodenständig und selbständig erwachsen sei[3]). Dieser Theorie, so geistreich sie

---

[1]) Am scharfsinnigsten durch O. Gruppe, Die griechischen Kulte und Mythen in ihren Beziehungen zu den orientalischen Religionen, Bd. I, Leipzig 1887.

[2]) Vgl. allgemein Wundt, Völkerpsychologie; Edv. Lehmann, Die Anfänge der Religion und die Religion der primitiven Völker in der »Kultur der Gegenwart«, Berlin u. Leipzig 1906, Teil I, Abteilung III 1, S. 1 f.; Breysig, Die Entstehung des Gottesgedankens und der Heilbringer, Berlin 1905; dazu P. Ehrenreich, Götter und Heilbringer, Berlin 1906. — Für die methodischen Hilfsmittel zur Beurteilung der Streitfrage meine Kriterien der Aneignung, Leipzig 1906; Wundt 3, 508 f.

[3]) Vodskov, Rig.-Veda og Edda, Kopenhagen 1890; vgl. die analoge Ablehnung einer Vergleichung der verschiedenen Volksepen durch Nöldeke, Das iranische Nationalepos, Straßburg 1896.

verfochten worden ist, widersprechen zu laut die Tatsachen genauer Übereinstimmungen zwischen national getrennten Gemeinschaften, als daß wir auf sie einzugehen brauchten. Die geographische Erklärung ist in sehr vielen Einzelfällen unzweifelhaft allein berechtigt. Wanderungen von Kulten sind uns direkt bezeugt, wie aus dem römischen so aus dem germanischen Altertum. Eine jede Weltreligion ist durch Verbreitung von einem Zentrum entstanden, und gewiß hätten die Germanen so wenig das Christentum hervorgebracht wie die Chinesen den Buddhismus, zu dem sie sich jetzt bekennen. Aber es ist doch auch bei Stämmen, die sich nie berührt haben, eine solche Übereinstimmung in gleichen Glaubensformen bei gleicher Kulturstufe beobachtet worden, daß man mit der geographischen Methode allein nicht auskommt. Ferner hat man, was vor allem wichtig ist, eine überwiegende Analogie in der Entwicklung auf den verschiedensten Gebieten nicht nur behauptet, sondern auch erwiesen [1]).

Diese Analogien der Glaubensformen im Einzelnen sowie ihrer Entwicklung auf weitere Strecken sind für Mythologie und Religion durch die »Folkloristen« zur Evidenz gebracht worden, die in den volkstümlichen Überlieferungen der ganzen Erde wesentlich die gleichen Elemente und wesentlich die gleichen Tendenzen nachgewiesen haben [2]).

Es ist so eine »vergleichende Mythologie« neuen Stils entstanden, die sich zu der früher so benannten verhält wie die Sprachvergleichung seit J. Grimm und Bopp zu der vor diesen Meistern betriebenen: sie vergleicht nicht mehr die fertigen Mythen, sondern deren Elemente und Entwicklungstendenzen, wie jene nicht mehr die Worte, sondern die Wurzeln und die flexivischen und syntaktischen Regeln. — Freilich fehlt noch viel, daß die methodische Sicherheit der Linguistik erreicht wäre; Atavismen

---

[1]) Vgl. für frühe Stufen E. Grosse, Die Formen der Familie und der Wirtschaft, Leipzig 1895; Breysig, Der Stufenbau der Weltgeschichte, Berlin 1905; für die Durchführung bis zur Gegenwart Lamprecht, Deutsche Geschichte, Berlin 1891 f.; Breysig, Kulturgeschichte, Berlin 1900 f.; allgemein auch H. Schurtz, Urgeschichte der Kultur, Leipzig 1900.

[2]) Wichtig besonders W. Mannhardt, Wald- und Feldkulte, Leipzig 1875; E. B. Tylor, Anfänge der Kultur, Leipzig 1873; J. G. Frazer, The golden Bough, 2. Ausg., London 1900, 3. Ausg. im Erscheinen; Andrew Lang, Custom and myth, 2. Ausg. 1885; R. Andree, Ethnographische Parallelen, Braunschweig 1878 u. 1889; die Flutsage ebd. 1891; Gobiet d'Alviella, La migration des symboles, Paris 1891 (dem geographischen Standpunkt nahe). Für einzelne Erscheinungen z. B. Lukas, Die Grundbegriffe der Kosmogonien aller Völker, Leipzig 1893; P. Saintyves, Les dieux successeurs des Dieux; Paris 1906; Les Vierges mères, Paris 1908; A. van Gennep: Les rites du passages, Paris 1907. — Analyse der Grundelemente des religiösen Empfindens: W. James, The varieties of religious experience, London 1902, deutsch von Wobbermin, Die religiöse Erfahrung, Leipzig 1907.

## § 4. Typische Entwicklung der Mythologie.

falscher Vergleiche sind noch gar nicht ganz zu vermeiden, was auch für die oben genannten Schriften gilt [1]). Wir stellen uns also auf den Boden dieser vergleichenden Mythologie. Sie setzt im allgemeinen, wie schon betont, die überwiegende Gleichartigkeit sowohl der Völker als der Entwicklungsfaktoren voraus; im einzelnen ist natürlich jedesmal zu prüfen, ob diese vorausgesetzte Übereinstimmung nicht durch Störungen irgendwelcher Art (besonders durch Entlehnungen) getrübt ist. — Als besonderer Triumph der Methode ist es zu bezeichnen, daß schon wiederholt dunkle Punkte nationaler Mythologien durch Vergleichung mit stammfremden Mythologien aufgeklärt werden konnten [2]).

Von den neueren Darstellungen der germanischen Mythologie ist die von E. H. Meyer großenteils, die von Mogk durchweg im Sinne dieser Anschauungen gehalten.

Was läßt sich nun ungefähr über diese **typische Entwicklung der Mythologie** aussagen [3])?

Die folgende Entwicklung deckt sich mit keiner der von Wundt, Edv. Lehmann oder anderen gegebenen Darstellungen, stimmt aber in den Hauptpunkten mit diesen und der jetzt herrschenden Anschauung überein.

Es lassen sich etwa folgende Stufen der religiös-mythologischen Vorstellungen unterscheiden, deren Reihenfolge im ganzen eine Entwicklung von Dunkelheit zu Klarheit und von völlig isolierten, weil individuellen Konzeptionen zu zusammenhängenden Kollektivanschauungen darstellt:

[1]) Für die kritische Bearbeitung einzelner Mythen hat die klassische Philologie Bedeutendes geleistet; von hier gehen die wichtigen Schriften H. Useners zur Mythenvergleichung und Religionsgeschichte aus. Für die altgermanische Philologie ist die Bahn, trotz mancher bedeutender Vorläufer (Müllenhoff), eigentlich erst durch Axel Olrik eröffnet.

[2]) Natürlich nicht immer durch Studien zur vergleichenden Mythologie, sondern auch durch Werke nationaler Mythenforschung. Wichtig besonders Robertson Smith, Religion der Semiten, übs. von Stübe, Freiberg 1899; Wellhausen, Prolegomena zur hebr. Religionsgeschichte, Göttingen 1878, 1895; H. Gunkel, Die Genesis. 2. Aufl., 1902; Oldenberg, Die Religion des Veda, Bd. 94; W. Roscher (u. A.), Ausführliches Lexikon der griechischen und römischen Mythologie, Leipzig 1884 f.; Rohde, Psyche (zur griechischen Religionsgeschichte), 2. Aufl., Leipzig 1897; Usener, Götternamen, Bonn 1896, Die Sintflutsagen 1899, Dreiheil 1903; Diels, Sibyllinische Blätter, Berlin 1890; ferner die Schriften über antik-christliche Religionsmischungen von Usener, Dieterich, Reitzenstein, Wendland, Deismann u. a. Vgl. allgemein »Kultur der Gegenwart«, Teil I, Abteilung III, 1: »Die orientalischen Religionen«.

Für die allgemeine Geschichte der Religionen: C. P. Tiele, Geschichte der Religion im Altertum übs. von G. Gehrich, Gotha 1896; ders., Kompendium der Religionsgeschichte, 3. Aufl., bearbeitet von N. Süderblom, Breslau 1903.

[3]) Vgl. Schrader, Sprachvergleichung unz Urgeschichte, S. 420 f.

1. die ursprünglichste Gestaltung des religiösen Empfindens scheint zu sein, was Usener (»Götternamen«) entdeckt und »Augenblicksgötter« benannt hat. Irgendein beliebiger konkreter Gegenstand wird unter dem Druck einer momentanen Erregung als »göttlich« angeschaut: »in voller Unmittelbarkeit wird die einzelne Erscheinung vergöttlicht, ohne daß ein auch noch so begrenzter Gattungsbegriff irgendwie hineinspielte: das eine Ding, das du vor dir siehst, das selbst und nichts weiter ist der Gott«[2]). So eine Lanze, die den Feind getroffen hat; der Donnerkeil u. a.[3]). Diese höchst primitive Form resp. Verehrung darf mit dem äußerlich sehr ähnlichen Fetischismus nicht (wie es auch Usener tut) verwechselt werden: der Fetisch ist nur ein Sinnbild des Gottes, der als Augenblicksgott verehrte Gegenstand der Gott selbst.

2. Wird nämlich diese mythologische Auffassung eines konkreten Gegenstandes, mit der unmittelbar auch ein Kult verbunden ist, dauernd festgehalten, über den erregten Moment hinaus gewahrt, so muß die unmittelbare »Anschauung des Gottes verloren gehen, und der Gegenstand wird nur noch als Träger einer allverbreiteten geheimnisvollen göttlichen Kraft angesehen. In gleicher Weise entsteht aber auch sonst unmittelbar der Fetisch[4]). Als charakteristisch für den Fetisch erscheint mir[5]), daß er mit bewußtem Willen eingesetzt ist: ein konkreter Gegenstand wird zum Inhaber der göttlichen Kraft »gesalbt«[6]). Der Fetisch kann daher auch, was sehr wichtig ist, abgesetzt werden: tut er seine Schuldigkeit nicht, so wird er von dem Neger geprügelt und zerschlagen. — Allerdings wird man aber annehmen müssen, daß zu der »Fetischisation« immer ein besonderer Anlaß, eine Aufforderung vorlag: die merkwürdige Gestalt eines Baumstumpfes oder Steins, seine wunderbare Herkunft[7]), sein Alter (ererbte Werkzeuge).

Der Fetischdienst ist über die ganze Welt verbreitet; der Speer des Mars in Rom gehört hierher und wahrscheinlich auch der Hammer des Thor.

---

[1]) »Sondergötter« bei O. Schrader, Sprachvergleichung und Urgeschichte, S. 435. Den Ausdruck hat auf Useners Veranlassung Edv. Lehmann zur Wiedergabe des lat. *dei certi* geprägt.
[2]) Usener, S. 280.
[3]) S. 285 f.
[4]) Portugies. *feitiçao*, Götze = facticium; vgl. Schrader, Reallexikon der indogermanischen Altertumskunde I, 303; ders., Sprachvergleichung und Urgeschichte, S. 451; der Terminus wurde von dem geistreichen Franzosen de Brosses in der Aufklärungsepoche eingeführt.
[5]) Vgl. Arch. f. Rel.-Wissensch. 11, 320.
[6]) Das Salben der Könige stammt vielleicht von dem ursprünglichen Putzen des Fetisch; vgl. a. a. O.
[7]) Der schwarze Stein in der Kaaba zu Mekka wahrscheinlich ein Meteorstein; Steinkultus auch bei Griechen, Germanen, Hunnen, Schrader, a. a. O. 2, 862.

## §. 4. Typische Entwicklung der Mythologie.

Mit gereinigteren Empfindungen haben wir ähnlichen Kultus noch heute: Fahnen, Reichsinsignien u. dgl. m. scheinen etwas von ihrer symbolischen Bedeutung unmittelbar in ihren materiellen Bestandteilen zu bergen. Der Augenblicksgott war individuell, der Fetisch ist zu allgemeinerem Kult geeignet. Ein historisches Beispiel der Einsetzung eines Fetischs ist uns vielleicht[1]) in der altnordischen Geschichte vom Völsi [2]) erhalten. Die große Ursprünglichkeit des Fetischdienstes wird durch die niedrige Kulturstufe derjenigen Völker verbürgt, bei denen er (fast?) die einzige Form der Religion ist. Daneben erhält er in der gleichsam symbolischen Auffassung ein Element, das seine Fortdauer bis in die kultiviertesten Zeiten ermöglichte. Man darf aber natürlich nicht an unseren Symbolbegriff (die Ersetzung abstrakter oder doch nicht völlig realisierbarer Dinge durch konkrete) denken. Allerdings ist der angebetete Stein für den Neger nicht ein Gott, sondern ein Inhaber göttlicher Kraft, und diese wird angebetet; aber diese wird als ganz materiell in ihm anwesend gedacht. So kommt auch in psychologischer Hinsicht das Primitive des Fetischismus zum Ausdruck: eine gewisse Hilflosigkeit gegenüber den »Kräften«. Die zugrunde liegende mythologische Anschauung ist einfach die, daß es geheimnisvolle Mächte gibt — eine Erfahrung, die schon immerhin gegenüber der naiven Anerkennung einzelner Götterdinger einen Fortschritt bedeutet. Aber der Fetischist weiß nicht, wo dies geheimnisvolle Fluidum zu fassen ist, und deshalb bannt er es an eine konkrete Stätte. Auch hier die religiöse Paradoxie, daß der Gläubige sein eigenes Werk verehrt [3])!

3. Wenn in dem Fetisch unklar die Macht angebetet wurde, so kann eine weitergehende Abstraktion die Macht an sich verehren. Dies ist das Wesen der zeitlich wohl am längsten ausgedehnten Religionsperiode: das Wesen des vielfach ganz irrig beurteilten Animismus.

Wir sahen, daß die Scheidung des »Lebendigen« von dem »Unlebendigen« ein Urphänomen der Mythologie ist. Wert hat vor allem das Lebende. Die Kraft nun, die das Lebende vom Toten scheidet, wird verehrt. Das ist die mythologische Grundanschauung des »Seelenglaubens« und »Seelenkults«.

Diese Kraft, die etwa eben unserem Begriff »Seele« entspricht, hat viele Bezeichnungen. Sie versuchen eben alle, das Unfaßbare zu erfassen. Diese Kraft heißt »Name« (weil erst mit dem Namen das Leben anerkannt wird; vgl. die Benennung aller Tiere durch Adam oder die Namenverleihung an die Urmenschen) oder »Geheimnis« (altgermanisch *rûna*) oder »Seele»,

---

[1]) Gegen Heusler, Zeitschr. d. Ver. f. Volksk. 13, 30 vgl. Kauffmann, Arch. f. Rel.-Wissensch. 8, 126.
[2]) Heusler a. a. O. S. 25 f.
[3]) Vgl. auch Hebbels Fragment »Moloch«, wo dem Motiv der Fetischeinsetzung allerdings eine andere Wendung gegeben wird.

»Hauch«, »Atem«. In der Mythologie ist es vielfach üblich geworden, fremde Ausdrücke dafür zu verwenden, um die Mißverständnisse auszuschließen, die unsere einheimischen Benennungen erwecken. Zu einiger Berühmtheit hat es das *orenda* der Huronen gebracht[1]: »*L'orenda, c'est du pouvoir, du pouvoir mystique. Il n'est rien dans la nature et, plus spécialement il n'est d'être animé qui n'ait son orenda ... Les phénomènes naturels, comme l'orage, sont produits par l'orenda des esprits de ces phénomènes*«[2]). In Melanesien ist es[3]) das *mana*, das zugleich eine Eigenschaft (man könnte sagen: die Eigenschaft) und eine Substanz ist; es beherrscht die Dinge, läßt sich aber aus ihnen herausholen: »*il est par nature transmissible.*« In Indonesien gibt es eine Seele des Menschen, die identisch ist mit der »Lebenskraft, die die ganze Natur erfüllt«[4]). — Ebenso in den Religionen der alten Kulturvölker: »Den Unterschied zwischen lebenden Wesen und unbelebten haben die Ägypter sich von jeher so gedacht, daß jenen eine besondere Kraft eingeflößt sei, die sie den Ka nennen«[5]); sie trennen den allgemeinen Ka von der individuellen Seele, wie das früher für die Indonesier z. B. auch behauptet wurde[6]).

Diese »Kraft« also ist es, die den Menschen zum Wollen und zum Handeln fähig macht, ebenso aber auch alles, was sonst will und handelt, dazu befähigt. Die Kraft also, diese allgemeine mythologische Konzeption, wird eines Kultus gewürdigt, sobald besondere Gründe vorhanden sind, die »Kraft« eines einzelnen zu fürchten oder von ihr etwas zu erhoffen. So wird die animistische Mythologie zum religiösen Seelenkult namentlich bei folgenden Kategorien von »Geistern«:

a) die **Ahnen** und überhaupt die **Toten**, auf deren Kult einzelne Forscher (besonders J. Lippert) übertreibend alle Mythologie zurückgeführt haben. Die natürliche Ehrfurcht des abhängigen Kindes von dem Vater überdauert das Grab; gleichzeitig aber besteht zwischen dem lebenden Erben und dem gleichsam beraubten Vorbesitzer ein heimlicher Kampf. Die mythologische Grundanschauung ist die, daß die Seele den (durch ihr Entweichen leblos gewordenen) Körper noch längere Zeit umkreist; sie kann sich schwer von ihm trennen. Daraus entsteht unter dem Ein-

---

[1]) **Hubert et Mauss**, *Théorie générale de la magie*, in L'année sociologique VII, Paris 1904, S. 113; vgl. **Kauffmann**, Arch. f. Rel.-Wissensch. 7, 132.
[2]) a. a. O.
[3]) Ebd. S. 108 f.
[4]) **Juynboll** nach **Kruyl**, Arch. f. Rel.-Wissensch. 12, 127.
[5]) **Erman**, Die ägyptische Religion, S. 88.
[6]) Über die beiden Arten, wie die folkloristische Mythologie die »Kraft« deutet, vgl. **van Gennep**, Rites de Passage S. 8 (gegen Hubert und Mauss S. 3 Anm.; vgl. auch S. 181).

§ 4. Typische Entwicklung der Mythologie. 33

druck jener seelischen Störungen der aus Ehrfurcht und Furcht, ja fast etwas wie schlechtem Gewissen wundersam zusammengesetzte Kult der eigenen Ahnen und anderer für den Stamm wichtiger Toten. Unter den Kulturvölkern haben die Römer ihn am kräftigsten entwickelt und am treuesten bewahrt.

Der Ahnenkult ist von großer Wichtigkeit für die Fortentwicklung der Mythologie. Erstens wird hier zuerst eine regelmäßige Tradition eingeleitet: jede festliche Gelegenheit zwingt, den Ahnherrn mit Opfern zu ehren, während die Anrufung des Fetisches vom Zufall des Bedürfnisses abhängig bleibt. Zweitens tritt hier auch zuerst die Pflicht des Kultus ein: die Ehrung ist obligatorisch für den ganzen von dem Ahnen abhängigen Stamm. So früh treten die Ansätze einer eigentlichen »Staatsreligion« hervor und so früh die Abhängigkeit jeder Kirche vom Staat[1])!

Nur eine Spezialform des Ahnenkultes scheint der Totemismus zu sein: die weit verbreitete Sitte, allerlei Tiere als Ahnherren des Stammes mit Opfern und gesetzlichen Gebräuchen zu ehren. Die wahrscheinlichste Erklärung der seltsamen Erscheinung ist doch wohl die, daß hier die Vorstellungen von Totengeistern und Tiergeistern kombiniert sind: die Seelen der Ahnen nahmen Tiergestalt an, und eine jener wunderlichen Totemsäulen, auf denen von unten bis oben Wolf, Schlange, Adler usw. übereinander geschnitzt zusammenhocken, würde also gleichzeitig einen Stammbaum und einen Katalog der obligatorischen Totenopfer darstellen. — Wie sich das aber auch verhalte, jedenfalls haben wir kein Recht (wie das früher gern geschah), den Totemismus als eine mythologischreligiöse Durchgangsform anzusehen, die an innerer Notwendigkeit mit den anderen auf gleicher Stufe stände.

b) Die Naturgeister, d. h. die Kräfte solcher Naturerscheinungen, die für den Menschen wichtig sind. Zunächst sind das wohl die »kleinen«, die unmittelbaren Nachbarn und täglichen Besucher des primitiven Menschen: der Strom, der überschwemmen und den Besitz wegreißen kann; der Sturm, der die Hütte auseinanderreißt; die Regenwolke, der Blitz, das Feuer, d. h. nicht das »Element«, sondern das einzelne im Wald oder auf dem Heerd brennende Feuer. Erst später werden die »großen« Regulatoren verehrt: Sonne, Mond, Himmel, Erde; jedem Bauern ist der Landrat wichtiger als der Kaiser. Nach den Kompetenzgrenzen zwischen der Erde und ihren Strömen, dem Himmel und seinen Planeten fragt dabei noch keine überwitzige Theologie.

Durchaus muß aber betont werden, daß nicht die Naturerscheinungen angebetet werden, sondern die in und über ihnen waltenden Kräfte.

---

[1]) Vgl. Sir A. C. Lyall, Presential Adress: Transactions of the 3. Congress for the History of Religions, Oxford 1908, I 1 f.

Natürlich sind große Mißverständnisse möglich, wie sie noch heute im abergläubischem »Bilderdienst« begegnen: das Symbol wird für die Sache selbst genommen. Sonst aber möchte man unseren guten alten Brockes zitieren:

> Fast die meisten Menschen meinen,
> Wasser sei ein Element,
> Das wir zwar nicht ganz verneinen;
> Wenn mans aber recht erkennt,
> Muß ja die Vernunft gestehen,
> Daß, was wir von Wassern sehen,
> Nur der Körper, der den Geist
> Ganz verborgen in sich schleußt[1]).

Nur dieser »Geist des Wassers« wird verehrt. So bemerkt etwa J. Raum[2]) für ein primitives Volk in Deutsch-Ostafrika: »Die Dschagga sind nun aber keineswegs, wie man gemeint hat, Sonnenanbeter, sondern *Ruwa* ist ein geistiges Wesen, das auf der Sonne resp. auf dem Himmelsgewölbe seinen Sitz hat[3]).«

Schon deshalb führt von hier kein Weg zu dem Universalmittel der Erklärung aller Mythen als »Naturmythen«, wie C. F. Dupuis[4]) sie zuerst in großem Maßstab versucht und später Max Müller (für die Sonne), Schwartz (für das Gewitter), Laistner (für den Nebel) sie durchgeführt haben; augenblicklich macht es Siecke und seine Gesellschaft für vergleichende Mythenforschung mit dem Mond und wird dabei von anthropologischer Seite ermutigt[5]). — Ein Beispiel für die Gefahren der Naturmythologie auch bei verständigerer Handhabung! Die vedische Gottheit Apām napāt wird[6]) gedeutet als eine Wassergottheit — eine Feuergottheit — der Mond — die Sonne — der Blitz! Die »Naturgeister« sind eben völlig gleichartig mit anderen Geistern, und deshalb sind etwa die Laren oder Penaten so wenig auf Naturgottheiten zurückzuführen wie umgekehrt; und gar jene »großen Naturgötter« sind (trotz einigen auf die Sonne deutenden Spuren) schwerlich als Mittelpunkte nationaler Mythologien denkbar: die sind partikularistisch und nicht kosmopolitisch und verlangen individuelle Beziehungen.

---

[1]) »Irdisches Vergnügen in Gott«, »Das Wasser«, S. 301, Str. 19 der 4. Auflage.
[2]) Arch. f. Rel.-Wissensch. 10, 293.
[3]) Im Veda steht Sūrya, der Sonnengott, noch neben einer rein sachlichen Behandlung der Sonne (Macdonell S. 31).
[4]) Origine de tous les cultes ou Religion universelle 1809; Neudruck Paris 1869.
[5]) Vgl. Ehrenreich, Deutsche Literaturzeitung 1909, S. 753; s. dagegen über Sieckes Urreligion der Indogermanen, Breslau 1907, das sachverständige Urteil von Detter, Ark. for nord. Fil. 17, 93.
[6]) Macdonell S. 170.

## § 4. Typische Entwicklung der Mythologie.

c) Die wilden Tiere, zumal die gefährlichen, sind ebenfalls Besitzer von Willen und Kraft. Die in ihnen hausenden Geister müssen durch Kult besänftigt werden; zuerst gewiß wieder der Wolf, den man wirklich im Walde heulen hört, das Krokodil, das gestern ein Kind geraubt hat. In Ägypten, dem klassischen Lande des Tierkultus[1]) wird noch in der Römerzeit einer erschlagenen Giftschlange eine gefühlvolle Grabschrift gesetzt[2]), gewiß um ihren Geist zu versöhnen; und wenn Christus die Dämonen Besessener in die Säue fahren läßt, herrscht gewiß noch die Anschauung vor, daß die unruhigen, schmutzigen Tiere die Behausung von Dämonen sind.

Der Tierkult hat im allgemeinen schwerlich die gleiche Ausdehnung besessen wie Ahnen- und Naturgeisterverehrung. Er ist auch zumeist rasch überwunden worden: die Götter wurden (aus noch zu erörternden Gründen) vielfach in Tiergestalt verehrt und lösten so die Tiergeister ab[3]) wobei freilich Verwirrung nicht ausbleiben kann[4]). Die früheren Tierbilder der Götter sind dann später (s. u.) oft zu deren »Attributen« geworden[5]).

4. In diesen drei Stadien finden wir als gemeinschaftliche mythologische Grundanschauung die einer »Kraft«, die nützen und schaden kann und auf die deshalb eingewirkt werden muß, damit sie nützt, und vor allem, damit sie nicht schadet. Jede dahin zielende Tätigkeit wird zu einem Kult; jeder Bericht über eine Leistung, die eine jener Kräfte vollbracht haben soll, wird zu einem Mythus.

Ferner aber ist der Phase der Augenblicksgötter, derjenigen des Fetischismus und derjenigen des Animismus noch ein wichtiger Punkt gemein: die lokale Gebundenheit der Kräfte. Der Gott sitzt in dem Donnerkeil, in dem Pfahl, oder er ist mit dem Körper von Mensch oder Tier verbunden (auch noch nach dem Tode, denn er hält sich in dessen Bezirk); er wohnt im Strom. Aber schon so weit können wir doch eine zunehmende Lockerung erkennen. Der Augenblicksgott ist mit dem verehrten Objekt schlechterdings identisch; der Fetisch schon ist nur sein Aufbewahrungsort; der »Geist« aber hat eine relative Bewegungsfreiheit, die bei den Totengeistern am deutlichsten hervortritt.

Der für die ganze Entwicklung der Mythologie vielleicht folgenreichste Schritt geschieht nun, indem diese materielle Gebundenheit völlig

---

[1]) Vgl. Erman, a. a. O. S. 176.
[2]) Ebd. S. 220.
[3]) Ed. Meyer, Gesch. d. Altertums, 1. Aufl. 2, 98; Schrader, Reallexikon 2, 677.
[4]) Vgl. z. B. Erman, S. 25.
[5]) Eine sicher übertriebene Bedeutung legt dem Tierkult neuerdings Breysig, Entstehung des Gottesgedankens, bei.

aufgehoben wird. Wohl bleibt noch lange ein Substrat für die göttliche Kraft erwünscht; aber es erscheint als von ihr selbst willkürlich gewählt. Aber an sich werden sie nun als »reine Kräfte« gedacht, die unfaßbar in der Welt umherfahren: dies ist die Stufe des D ä m o n i s m u s. Es ist die höchste Stufe, die von a l l e n Völkern erreicht werden kann. Die nächste, die der Götter, unterscheidet kulturfähige von dauernd primitiven Völkern. Man faßt daher auch diese vier Stufen als die der n i e d e r e n  M y t h o l o g i e zusammen und stellt ihr die Götterverehrung als h ö h e r e  M y t h o l o g i e gegenüber. In der Tat liegt aber zwischen den drei ersten Phasen und dem Dämonismus eigentlich eine viel schärfere Scheidung als zwischen den beiden höchsten Stufen.

Es handelt sich um einen Prozeß, der sich bei allen höheren Lebensäußerungen wiederholt. Es ist kaum zu bezweifeln, daß der primitive Mensch wie das Tier nur sprach, wenn er auf eine Reizung unmittelbar reagierte. Die Loslösung der Mitteilung von ihrem unmittelbaren Anlaß, in der eigentlich der gesamte Vorzug der Menschen- vor der Tiersprache besteht, mußte erst langsam errungen werden. — Ebenso hat namentlich H e r d e r oft betont, daß alle Poesie der Vorzeit unmittelbar an einen bestimmten Anlaß gefesselt ist; erst die Bildungsdichter (auch schon des Altertums) besingen längst vergangene Ereignisse. — So also ist auch die Vorstellung der Kraft zunächst an einen bestimmten Träger gebunden, bis sie sich loslöst und eine »reine Anschauung« möglich wird.

Natürlich darf man sich diese Entwicklung nicht als eine rein gedankenmäßige, logische denken. Auch sie ist an bestimmte Erfahrungen gebunden. Unerklärliche Störungen des normalen Verlaufs werden beobachtet, die doch durch eine ganz bestimmte Verletzung hervorgerufen scheinen: beim »Hexenschuß« plötzlich eine Empfindung, als dringe ein Pfeil in die Schulter, und nichts in der Nähe, was ihn entsandt haben könnte; oder ein unerklärliches Geräusch u. dgl. Solche Dinge sind wohl zuerst auf unsichtbare Kräfte — auf D ä m o n e n — zurückgeführt worden.

Die unermeßliche Bedeutung dieser Neuerung liegt nun aber wieder in einer mythologischen Antinomie. Das Volk w i l l eben sehen; das Bedürfnis nach Anschauung liegt ja aller Mythologie zugrunde. Eine abstrakte Kraft, eine Ätherwelle etwa mag sich der zur Abstraktion erzogene Mensch unserer Zeit vorstellen können (Gottfried Keller konnte es nicht und sah die Begriffe der Anatomie, als er bei Henle in Heidelberg hörte, in Anschaulichkeiten verwandelt) — der Primitive kann es jedenfalls nicht. Die Kraft, die sich bewegt, einen Willen hat, uns verletzt, bedarf einer gewissen Körperlichkeit. So entsteht auf dieser Stufe zuerst die Aufgabe, den übersinnlichen Wesen eine anschaubare Form zu geben — die Aufgabe, aus der die höchste Kunstleistung der Welt, die

## § 4. Typische Entwicklung der Mythologie.

hellenische Skulptur, hervorgewachsen ist; freilich auch die Aufgabe, die einen rein geistigen Theismus nahezu undurchführbar macht.

Die an ein Substrat gebundenen »Überwesen« haben eben schon eine Form: die des Steins, des Stroms. Das ist freilich eigentlich nur ein Kleid, das ihre wirkliche Form nur verbirgt; aber es genügt der Vorstellung. Wie aber soll ich mir die Macht vorstellen, die mir plötzlich einen Schmerz in den Arm zaubert? Es bleibt nur möglich, zu den bekannten Gestalten anderer wollender Wesen seine Zuflucht zu nehmen: tier- oder menschenähnlich werden sie wohl sein. Aber gleichzeitig erwartet man doch, daß sich ihr Wesen deutlicher in der Erscheinung ausspricht. Einen bösen Dämon stellt man sich mit bösem Ausdruck vor, vielleicht wie ein tückisches Tier oder wie einen bösen Feind. Die Physiognomik beginnt zu arbeiten, bis sie in den Göttergestalten des Olymps für Weisheit, Jugendfrische, Kraft den denkbar höchsten Ausdruck — in Menschenform gefunden hat.

Noch aber wirkt solcher Gestaltung eine wichtige Tatsache entgegen. Unzählig drängen sich die Dämonen auf; sie erfüllen alles; nirgends ist man sicher, daß nicht einer von ihnen lauert. (Man denke wieder an unsere modernen Dämonen, die Bazillen!) Diese Massenhaftigkeit wirkt zunächst einer strengen Durchbildung der Form entgegen. Auch konkurrieren noch zu viele Versuche, das Unfaßbare zu fassen; sie finden ihren mythologischen Ausdruck in der Wandlungs- und Verwandlungsfähigkeit der Dämonen, wie ihre ursprüngliche Formlosigkeit ihn in der Annahme von Riesen- und Zwerggestalten findet.

Aber damit ist die Bedeutung des Dämonenglaubens für die Entwicklung der Mythologie noch nicht erschöpft. Auch diejenige Auffassung sprießt hier empor, die alle Religion umgestalten soll: die ethische Bewertung.

Die »Götter« der niederen Stufen sind wirklich »jenseits von gut und böse«: es kommt lediglich darauf an, ob sie dem Opfernden günstig sind oder nicht, und bei dem Fetisch noch darauf, ob er tüchtig ist, d. h. leistet, was von ihm verlangt wird. Aber bei den Dämonen beginnt eine objektive Scheidung: ganze Klassen werden als gütig oder bösartig angesehen (altgermanische Licht- und Dunkelalfen), auch wohl im Kampf miteinander gedacht — eine Anschauung, aus der schließlich ein Dualismus erwachsen kann (wie in der altpersischen Religion) oder die Vorstellung eines letzten Kampfes zwischen den (altgermanischen) menschenfreundlichen Göttern und menschenfeindlichen Riesen und Ungeheuern.

So sind wir in der Vorhalle zu der höchsten Form der Mythologie: zu der Götterbildung[1]).

---

[1]) Vgl. über den Ursprung der Göttervorstellungen Wundt 3, 403 f.

5. Aus der unendlichen Zahl der Dämonen treten allmählich einzelne deutlicher hervor. Sie gewinnen an Macht; sie werden in ihren »Ressorts« unbeschränkte, allgemein anerkannte Vorsteher. Gefördert wird diese Evolution besonders auch durch den noch zu besprechenden häufigen Prozeß der Kollektivierung, indem z. B. zahlreiche Walddämonen durch einen einzigen Waldgott vertreten werden. Aber die Umwandlung liegt überhaupt im Zug der mythologischen Entwicklung. Ihr Hauptkennzeichen ist die entschiedene Individualisierung der Gestalten, und wir sehen, daß bereits der Dämonenglaube diese Wege einschlägt. Ein äußeres Kennzeichen dafür ist dies, daß bereits Dämonen nicht selten mit persönlichen Eigennamen begabt werden. Der Augenblicksgott hat eine sachliche Benennung, der Fetisch und der Geist eine allgemeine (»Bei euch, ihr Herren, kann man das Wesen gewöhnlich aus dem Namen lesen« —), doch mögen schon Ausnahmen begegnen; bei den Dämonen tritt neben eine solche Benennung bereits öfters der eigentliche Eigenname, d. h. die Anerkennung der individuellen Persönlichkeit. Bei den Göttern aber ist dieser Besitz bereits etwas fast Selbstverständliches. Freilich kommen »unvollständige Namen« vor: Benennung nach dem Ort (»die Göttin von Pessinus«) oder der Art (»der Krieger«, oft: »der Herr«); dann sind die Götter eben erst frisch aus dem Dämonismus herausgewachsen. Bald erhalten dann aber auch solche Benennungen (altgermanisch Balder, Frey) die volle Geltung von Personennamen.

Endlich findet erst innerhalb der Götterwelt die Moralisierung der Religion ihre volle Geltung, indem die Menschheit ihrem Bedürfnis nach ethischen Idealen genügt.

Was unterscheidet nun die Götter von den Dämonen [1])?

a) Innerliche Charakteristika.

Hauptkennzeichen des Gottes ist die bestimmte Umschreibung seiner Tätigkeit. Der Augenblicksgott und der Fetisch können alles, der Dämon immer noch mancherlei. Aber eben deshalb kann dasselbe, was der eine Fetisch oder Dämon kann, auch noch manch anderer seinesgleichen. Für den Gott dagegen ist die Mitbewerberschaft entweder lokal oder, was der wichtigere Fall ist, beruflich ausgeschlossen. Er ist ein kosmischer Beamter, der dem Krieg, der Landwirtschaft, der Justiz, dem Handel vorsteht wie ein moderner Minister. Dies ist wahrscheinlich auch zumeist der Weg, wie der Dämon zum Gott wird: daß er alle Konkurrenten um die Kundschaft (man soll sich hier lieber zu realistisch ausdrücken als zu idealistisch!) aus dem Felde schlägt.

Hiermit hängt unmittelbar jene zunehmende Individualisierung zusammen, die gern durch Epitheta, Attribute, Eigenheiten im Kultus unterstrichen wird.

---

[1]) Für die Hellenen vgl. Preller I, 111; allgemein Wundt 3, 336; 395; 431.

## § 4. Typische Entwicklung der Mythologie.

Die ganze Entwicklung führt ferner zu einer zunehmenden **Annäherung an menschliche Formen**, die in vollständiger Vermenschlichung endet — für unsere Begriffe vielleicht eine Herabsetzung des »Geistes«, für die Völker das Höchste, was sie geben konnten: daß sie (wie Lichtenberg zuerst das Bibelwort umgekehrt hat) nach ihrem Bilde Gott schufen. Ein lehrreiches Beispiel ist die Entwicklung Thors und Lokis in der altgermanischen Mythologie [1]).

Ein höheres geistiges Vermögen wird im allgemeinen vorausgesetzt. Aber wenn ein Gott alles weiß wie Varuna [2]) und Frigg [3]) oder alles sieht wie Pushan [4]), so muß das besonders hervorgehoben werden.

b) **Äußerliche Charakteristika.**

Als Rangzeichen der Götter können etwa angesprochen werden:

**Der Besitz eines Eigennamens**, oder mehrerer, weil der Gott viele Dämonen aufzehrt; die Priester sind darauf stolz wie ein Herold auf den großen Titel seines Fürsten [5]).

**Der Besitz fester Kultusstätten.** Der Fetisch ist Kultgegenstand und Kultstätte zugleich; die Dämonen werden verehrt, wo man sie trifft; der Gott hat wie ein Fürst Paläste, in denen er anzutreffen ist.

**Der Gott steht in bestimmten Beziehungen zu seinesgleichen**, Gegenüber dem Anarchismus der Dämonen haben wir hier ein Abbild staatlich geordneter Verhältnisse. Zwar kann auf einem bestimmten Gebiet ein Gott zur alleinigen Anerkennung gelangen [6]); auch Jehovah ist wohl erst so zum alleinigen Gott geworden). Aber auch dann bleibt die Vorstellung, daß es andere Götter gibt, die ihm gleich-

---

[1]) Nicht notwendig, aber häufig scheint die Anthropomorphisierung auf dem Umweg über die **Tiergestalt** erreicht, so daß das formlose dämonische Wesen zunächst in die physiologisch deutliche Erscheinung eines wohlbekannten Tieres gebannt wird. So ist in Griechenland das zweite Jahrtausend vor Christi die Blütezeit theriomorpher Göttervorstellungen: Athene als Eule, Hera als Kuh, Dionysos als Stier, Zeus als Wolf verehrt (**Solmsen**, Zs. f. vgl. Sprachf. 42, 233). Es ist aber z. B. für die Germanen nicht nachzuweisen, daß etwa Thor je in Ziegengestalt verehrt worden wäre — von woher man seinen roten Bart deuten könnte. Für den Veda vgl. **Macdonell** S. 147.
[2]) **Macdonell** S. 26.
[3]) Lok. Str. 26.
[4]) **Macdonell** S. 35.
[5]) Re, »der Gott mit den vielen Namen ohne Zahl«: **Erman**, Ägyptische Religion, S. 61; die Namen Jehovas; Namen des keltischen Mars: **Anwyl**, Celtic Religion, S. 39; der Namenskatalog, den Odin in den Grimnismál hersagt; allgemein **Usener**, Göttliche Synonyme, Rheinisches Museum f. Philologie 1898, S. 323 f.
[6]) »Henotheismus« nach **Max Müllers** Ausdruck; das berühmteste Beispiel die Neuerung, durch die ägyptische Könige den Sonnengott über alle anderen hoben: **Ed. Meyer**, Gesch. d. Altertums, 2. Aufl., I 2, 192.

artig sind, nur daß man von ihnen kultisch keinen Gebrauch macht. Es ist gleichsam auf höherer Stufe eine Wiederholung der Fetischeinsetzung, der Ausstattung mit Machtfülle. Vielleicht hat in indogermanischer Zeit und schon früher auf weiten Bezirken der W a g e n als ein äußeres Kennzeichen des Gottes gegolten; wie die Fürsten der Erde werden die Fürsten der Götterwelt durch den »beweglichen Thron« geehrt. Wenigstens ist auffallend, daß wie ägyptische und persische Gottheiten, wie Jahve bei den Hebräern [1]) auch fast alle indischen Götter Wagen besitzen, die oft ausführlich geschildert werden [2]), ebenso viele hellenische und von den germanischen z. B. Odin, Thor, Frey. — Der Wagen scheint ursprünglich eine bewegliche Kultstätte zu sein [3]); dieser praktische Ursprung und die Vorstellung von der Vornehmheit solcher rein passivischen Ortsveränderung mögen zusammengewirkt haben, um ihn den Göttern fast so unentbehrlich zu machen, wie es den Königen der Thron ist. Allerdings scheinen nur die Inder dies Rangzeichen durchgeführt zu haben (doch haben auch sie in nachvedischer Zeit z. B. Vishnus Wagen durch den Vogelkönig ersetzt, auf dem er reitet [4]). Bei den Hellenen haben nur Elementargottheiten den Wagen: Eos Helios Nyx Selene [5]); gelegentlich aber fahren wohl auch andere [6]).

Ein besonderes Kennzeichen der indogermanischen Götter scheint ferner der Besitz einer eigenen Nahrung, eines **Unsterblichkeitstranks**, der ihre ewige Jugend verbürgt oder erneut. Unmittelbar erhalten ist er bei Hellenen [7]) und Indern [8]); aber daneben ist er bei den letzteren in den Opfertrank Soma [9]) verwandelt und scheint bei den Germanen in den Dichtertrank [10]) übergegangen *(in quandam similitudinem vini corruptus!)* zu sein. Vielleicht hat auch der Veda die ursprüngliche Art gewahrt, und der »Unsterblichkeitstrank« ist nur rationalistische Umdeutung des Opfergetränks für die Götter.

Die Vorstellung einer besonderen **Sprache** der Götter ist zwar Hellenen und Germanen gemein [11]) und fehlt [12]) auch den Indern nicht,

---

[1]) Dibelius, Die Lade Jahves, Göttingen 1906.
[2]) Macdonell S. 17; vgl. z. B. Savitri S. 32, die Açvins S. 50, Indra S. 55, Vâya S. 82.
[3]) Vgl. die methodologisch ausgezeichnete Studie von Dibelius.
[4]) Macdonell S. 152, vgl. 39.
[5]) Vgl. Preller 1, 431. 433. 441. 444.
[6]) Vgl. allgemein J. Grimm, Mythologie 1, 273.
[7]) Nektar und Ambrosia: Preller 113, 2.
[8]) amṛta: ebd.
[9]) Vgl. Macdonell, Vedic Mythology, S. 104f.
[10]) Vgl. unten.
[11]) J. Grimms Mythologie 1, 275f.
[12]) Nach v. Negelein, Germ. Myth. S. 23.

## § 4. Typische Entwicklung der Mythologie.

scheint aber¹) bloß eine Bezeichnung für Eigenheiten der poetischen Sprache zu sein²).

Abzulehnen ist die Vorstellung von einer besonderen Heimat, einem Land der Götter. Ich möchte zwar nicht mit J. v. Negelein³) glauben, daß sie für die Alten einfach auf Erden lebten — sie »erscheinen« ja immer erst und »verschwinden« wieder, wofür germanisch sogar ein besonderer Terminus zu existieren scheint⁴) —, aber man gibt sich keine Rechenschaft darüber, von wo sie kommen, wohin sie kommen — wie der Wind nach dem Wort des Apostels. Noch in der alten Dichtung bricht⁵) durch alle Lokalisierung in 'Asgard die alte Anschauung durch, daß sie eigentlich einfach »irgendwo«, in Utgard, außerhalb der Welt wohnen — gewiß nicht in einem geschlossenen Himmel, wie später⁶).

Alt ist dagegen ein anderer Zug, der der späteren Klassifikation und Ethisierung vorarbeitet: als ein ungemein häufiges Kennzeichen der Götter erscheinen **siegreiche Kämpfe mit Dämonen**. Da nun diese Dämonen den Menschen feindlich waren, und der gegen sie siegreichen, von den Menschen angerufenen Macht somit die Vertretung der »guten Sache« zufiel, so erscheinen sie hier bereits *avant la lettre* als Verfechter des »guten Prinzips«. In vielen Fällen wird geradezu die vermeintliche Vernichtung böser Götter dazu geführt haben, daß Dämonen zu Göttern »erhoben wurden«, etwa wie »Selige« nach der katholischen Terminologie ihrer Wundertaten wegen als Heilige kanonisiert werden. Solche »**überdämonische Leistungen**« scheinen insbesondere Indras Sieg über Vṛtra, Apollons Tötung des Python, Thors Riesenkämpfe. Natürlich dauert aber der Kampf mit den Unholden fort; Beowa ist trotz seiner siegreichen Kämpfe mit Grendel und Grendelin kein Gott geworden.

Ein eigentümlicher Zug solcher Dämonenkämpfe (der mythischen und zum Teil noch der heroischen) ist die **Verstümmelung**. Der älteste

---

¹) Nur eine Dichterfiktion nach Preller a. a. O.
²) Meine Altgerm. Poesie S. 484 f. — Ihr seid ja Menschen — wollt Ihr denn der Götter Sprache hören? (Platen.)
³) Germ. Myth. S. 26.
⁴) Altnordisch *hverfa*, Golther S. 198.
⁵) Vgl. Golther S. 200.
⁶) Bei den Juden scheint die Vorstellung von einem »Gottesberg im Norden« sehr alt zu sein (Gunkel, Genesis, S. 33). Sie ist es auch bei den Hellenen, wo aber dort nicht die Götter, sondern die seligen Heroen wohnen: »hoch über dem nie erklommenen Hauptberg, oder einfach: über den Bergen, im Himmel« liegt das Land der Hyperboreer, deren wahres Wesen Otto Schroeder (Arch. f. Rel.-Wissensch. 8, 69 f., speziell S. 83) so schön aufgedeckt hat, der verklärten Ahnen — der einzigen Götter einer noch götterlosen Zeit (vgl. auch Körte ebd. 10, 152).

Kampf wird ohne Waffen geführt, weil diese hier versagen[1]), was dann den Ruhm des Siegers steigert[2]). So zerreißen die Götter den Ymi[3]) wie in ungezählten Kosmogonien Götter oder Urmenschen zerteilt werden; so reißt Beowulf dem Grendel Glieder aus nach alter Sagenform[4]); so haut Hadding die Gespensterhand ab[5]); so spielt der abgehauene Drachenkopf u. dgl. noch in der Tristansage eine große Rolle. Aber auch Götter werden in solchen Kämpfen verstümmelt: von einem anderen Gott, wie Zeus den Kronos seines Gliedes beraubt, oder von den Dämonen, wie in der altnordischen Mythologie der einhändige Ty — was sich wieder in der Heldensage abspiegelt (Waltharius). Wie den Drachen, wird den Feinden der Kopf abgesäbelt[6]), was denn freilich in Wirklichkeit, wie noch neuerdings in den bosnischen Kämpfen der Österreicher, nicht selten geschehen sein mag[7]).

Mit den Kämpfen (oder auch mit der Wagenfahrt?) hängt es vielleicht zusammen, daß die Götter oft von **Dienern** oder **Dienerinnen** begleitet sind, die vorzugsweise Botendienste zu leisten haben (Iris bei Zeus, Matrisvan bei Vivasvat, Skirnir bei Frey), doch zuweilen auch als Schildhalter dienen (Thjálfi bei Thor). Einen ganzen weiblichen Hausstaat hat Frigg um sich. Doch sind das oft späte Nachbildungen nach dem Muster der Herolde und Waffenträger im Epos; so ist der altnordische Götterbote Hermod gewiß jung, Freys Diener Byggvir ist es wahrscheinlich. — Aber kein Dämon hat Diener; es ist wieder ein soziales Rangzeichen, wie der Wagen. —

Keins dieser Rangzeichen ist absolut unentbehrlich; doch wird das dritte kaum je fehlen, das zwischen der charakterlosen Gleichheit der Dämonenwelt und der strengen Isolierung des Monotheismus in der Mitte des Weges steht. Aber der Typus des Gottes ist doch kaum je verkennbar; zumal der gesamte Habitus der Mythologie in einer bestimmten Epoche uns zu Hilfe kommt.

Kennzeichen der **Epoche der Götterverehrung** sind nämlich innerlich (wie schon erwähnt) die beginnende Ethisierung; äußerlich die Entstehung eines Priesterstandes, der den spezifischen Kult des einzelnen Gottes beherrscht, womit dann allmählich auch der Bau von Tempeln, die Herstellung von typischen Weihegeschenken u. dgl. m. zusammenhängt.

---

[1]) Vgl. Brandl, Altengl. Lit., S. 995.
[2]) Ebd. S. 1014.
[3]) Gylf. c. 8, Gering S. 303.
[4]) Laistner, Rätsel der Sphinx, S. 39; vgl. Brandl S. 993.
[5]) Saxo S. 23; Herrmann S. 28.
[6]) Waltheof, vgl. Brandl S. 1084.
[7]) Saxo 1, 32, Herrmann, S. 40.

## § 4. Typische Entwicklung der Mythologie. 43

Hiermit ist eigentlich die Entwicklung der Mythologie abgeschlossen. Zwei Stufen, die noch folgen können, liegen im Grunde schon jenseits der Mythologie; die eine ist ganz religiöser Natur, die andere von gelehrter Art.

6. Die **Ethisierung** wird zwar nirgends (auch nicht im Alten Testament) vollständig, aber doch in weitgehendem Maße durchgeführt. Indem die Menschheit selbst sich moralisch entwickelt, erzieht sie ihre Götter. Auf die Einwirkung der Heldensage ist dabei schon hingewiesen. Auch die Durchführung staatlicher Organisationen fördert den Standpunkt der sozialen Moral, auf den außerdem[1]) der Priesterstand Einfluß gewinnt. Allerdings ist diese Ausbildung vielfach bestritten worden: die christliche Theologie glaubte eine Offenbarung der Moral annehmen zu müssen und sah deshalb in den ethischen Tendenzen der heidnischen Religionen nur Überreste älterer Vollkommenheit. Diese sogenannte »Dekadenztheorie« ist neuerdings von dem geistreichen **Andrew Lang**[2]) wieder aufgenommen worden; die Entwicklung mehr noch der »bösen« als der guten Götter (Loki) genügt fast allein zu ihrer Widerlegung.

7. Erst beim Absterben der Mythologie pflegt sich eine **systematische Kodifikation** mit festen Zahlen (die zwölf olympischen Götter), Aufteilungen der Reiche und Elemente (Zeus, Poseidon, Pluton), symmetrischem Aufbau der ganzen Götterwelt herauszubilden. Ansätze liegen weit zurück: in der Zählung als epischem Hilfsmittel (s. o.), in den Kämpfen der Götter usw. Trotzdem gelingt die eigentliche Systematisierung erst unter dem starken Einfluß der ausgebildeten Heldensage, durchgebildeter staatlicher und sozialer Verhältnisse und einer über rein praktische Bedürfnisse fortschreitenden wißbegierigen Wissenschaft. —

Dies mag ein ungefähres Bild der typischen Entwicklung geben, ohne daß wir alles so genau zu wissen glauben! Natürlich wird, wie überall eine völlig normale Entwicklung auch hier der seltenste Fall sein. Aber im großen und ganzen dürfte diese Stufenfolge historisch wie psychologisch so weit gestützt sein, als das einstweilen möglich ist.

Nun ist aber noch ein Satz zu betonen, auf dessen fundamentale Bedeutung man erst neuerdings (in der germanischen Religion besonders durch E. H. **Meyer**) aufmerksam geworden ist: diese Stufen schließen sich nicht etwa aus, sondern keine Phase der Mythologie kommt rein vor (außer natürlich der ersten). **Die älteren Stufen dauern fort** (wie in den höheren Metallkulturen noch Werkzeuge der früheren Zeiten). Die niedere Mythologie lebt noch heute; und in der Verehrung auch des einzigen Gottes fehlt es nicht an animistischen, sogar an fetischistischen Zügen.

---

[1]) Ed. **Meyer** a. a. O. S. 824f.
[2]) The Making of religion, London 1906.

Diese Mischungen sind (wie die Sprachmischungen und Mischsprachen) erst seit kurzem eingehender studiert worden. Den klassischen Fall bildet der »Synkretismus« der römischen Kaiserzeit[1]).

Doch liegen auch für die Mischung germanischen Heidentums mit dem Christentum interessante Zeugnisse und Untersuchungen vor, deren Analogie für ähnliche Legierungen in früheren Perioden merkbar ist[2]). Die Fortdauer überwundener mythologisch-religiöser Anschauungen in höherstehenden Epochen bezeichnen wir als »Aberglauben«[3]). — Aber die prinzipielle Übereinstimmung zwischen den verschiedensten Mythologien ist nicht auf den allgemeinen Gang der Evolution beschränkt. Auch innerhalb der Entwicklung wiederholen sich überall bestimmte **Umbildungen**, die nicht gerade jedesmal eine neue Stufe herbeiführen, sie doch aber vorbereiten helfen. Vorzugsweise gehören sie überhaupt erst der Stufe der Götterverehrung an. Die wichtigsten Prozesse dieser Art sind die folgenden, die ich zum Teil schon erwähnen mußte, hier aber noch einmal zusammenstellen will:

1. **Die Anpassung.** Mythen und mythische Figuren, die den Stempel einer früheren Kultur- und Religionsperiode noch gar zu deutlich tragen, werden selten aufgegeben, in der Regel vielmehr durch (unbewußte) Änderungen der jüngeren Empfindung angepaßt. Drei Hauptfälle sind:

die Umwandlung der ursprünglich verehrten Fetische oder Tiere in **Attribute** der Götter;

die Umwandlung der **Opfer** aus blutigen in unblutige, in der Regel in der Folge Menschenopfer, Tieropfer, symbolische Opfer[4]);

die Umwandlung von Symbolen[5]).

2. **Systole und Diastole** — um Lieblingstermini Goethes anzuwenden —. Gestalt und Zahl der Götter sind in Fluß, und zwar in beiderlei Richtung:

verschiedene Dämonen wachsen gleichsam in eine Gestalt zusammen — ein wichtiger, noch nicht genügend gewürdigter Prozeß, den wir eine Vorstufe zur Götterbildung nannten. Ich bezeichne diesen Vorgang als

---

[1]) Wendland, Die hellenisch-römische Kultur, Tübingen 1907.

[2]) Bernoulli, Die Heiligen der Merowinger (Fortdauer uralter heidnischer Vorstellungen im christlichen Kult), Freiberg 1897 (vgl. auch Trede, Das Heidentum in der katholischen Kirche, Gotha).

[3]) C. Meyer, Der Aberglaube des Mittelalters und der folgenden Jahrhunderte, Basel 1884; Ad. Wuttke, Der deutsche Volksaberglaube der Gegenwart, 3. Aufl. bes. von E. H. Meyer, Berlin 1900; Rochholz, Glaube und Brauch im Spiegel der heidnischen Vorzeit, Berlin 1867. — Viel Material in volkskundlichen Sammlungen und Zeitschriften, bes. Zeitschrift des Vereins für Volkskunde, Berlin.

[4]) Tiere in Gebäckform, Blumen u. a. vgl. Mogk, Menschenopfer, S. 607.

[5]) Vgl. Goblet d'Alviella, La migration des symboles, Paris 1891, S. 217 f.

## § 4. Typische Entwicklung der Mythologie. 45

**Kollektivierung.** Eine Zwischenphase ist die, daß ein Dämon sich als »Fürst« über seinesgleichen erhebt; oder ein Gott wird nach seinen Funktionen in verschiedene Gestalten zerlegt, z. B. der Kriegsgott in den des Fern- und den des Nahkampfes: **Spaltung der Göttergestalten**[1]. Begünstigt wird sie durch die verschiedenen Namen und Beinamen der Götter[2]. Die neuen Gestalten, die so entstehen, pflegt man (seit Usener) als »Hypostasen« zu bezeichnen; also etwa: der Heilgott ist eine Hypostase des Weisheitsgottes.

3. **Systematisierung:** die Beziehungen der Götter zueinander werden in immer deutlichere Formen gebracht, wobei (unter vorbildlicher Hilfe der Heldensage) besonders benutzt werden:

die **Genealogie**: ein Gott wird zum Vater oder Erben oder Bruder des andern; ebenso werden Ehen gestiftet[3]);

die **soziale Ordnung**: der Hauptgott wird »König der Götter«, kleinere Götter werden zu »Dienern« der größeren;

**Freundschaft und Gegnerschaft** (Thor und Loki).

4. **Historisierung:** die mythischen Gebilde werden immer näher an die heroischen und historischen herangebracht. Insbesondere kommen in Betracht:

die **historische Konzentration**: ein typischer oder periodischer Vorgang wird als einmaliges historisches Ereignis aufgefaßt. In gewissem Sinne ist das ja bei jedem Mythus der Fall, indem etwa der periodische Sonnenuntergang auf irgendwelche Flucht der verfolgten Sonne in eine dunkle Höhle gedeutet wird. Aber dabei bleibt man doch im Zeitlosen; neu ist, daß eine wirkliche Datierung, ein Unterbringen innerhalb der Geschichte versucht wird. Auf die Wichtigkeit dieses Prozesses hat zuerst wieder der große Erneuerer der Mythologie, H. Usener, hingewiesen[4]); so sind etwa mythische Vorstellungen mit der Sage von Ilions Fall[5]) kombiniert worden;

der **Euhemerismus**: so nennen wir nach dem Namen des griechischen Mythendeuters **Euhemeros** die Methode, die Götter für historische Persönlichkeiten zu erklären. So hat bei uns Saxo Grammaticus Odin für einen alten König ausgegeben. — Der Euhemerismus ist allerdings vorzugsweise gelehrten Ursprungs, doch kommt auch volkstümliche Umdeutung von mythischen in historische Gestalten vor[6]).

---

[1]) Vgl. z. B. Erman, Kultur der Gegenwart I, III, S. 31.
[2]) Vgl. Saintyves, Les dieux, S. 283f. (sehr lehrreich).
[3]) Vortrefflich hierüber im einzelnen Macdonell, Vedic Mythology, S. 11.
[4]) »Heilige Handlung«, Archiv f. Rel.-Wissensch. 7, 381 f.
[5]) Ebd. S. 333.
[6]) Vgl. Edv. Lehmann, Guder og helte Kjöbenh. 1898, S. 1 f.

5. Umgekehrt wieder kommt auch **Mythisierung der Religionsgeschichte** vor: ihre historischen Vorgänge werden dem mythischen Stil angepaßt.

Insbesondere werden Kämpfe oder Gegensätze zwischen religiösen Parteien als **Götterschlachten** gedeutet. So scheint der altgermanische Mythus vom Vanenkrieg entstanden. Ähnlich verfuhr z. B. auch der Gnostizismus, indem er die heidnischen Götter als wirklich existierende, aber von der christlichen Gottheit besiegte Wesen auffaßte (Mythen von Zeus und Kronos);

die Priester, die in symbolischen Handlungen den Gott zu vertreten haben, werden mit ihm völlig identifiziert, so daß z. B. der Vertreter des bösen, dunkeln Gottes wirklich getötet wird (altgermanischer Kult der Nerthus). Diese **Gleichsetzung von Gott und Priester** kann bis zu der Fetischverehrung des höchsten Priesters führen[1]).

6. Nochmals ist an die von uns schon betonte **Loslösung von der Gelegenheit** zu erinnern. Sie führt (wie überall in der Welt) dazu, daß das Mittel zum Zweck, die Hauptsache zur Nebensache wird. Insbesondere kommt hier der Kult in Betracht und zwar

mit der **Erstarrung des Rituals**. Kultgebräuche, Gebete, Feste, die ursprünglich an bestimmte Gelegenheit geheftet waren, werden zum ständigen Bestandteil anderer Riten; Lieblingszeremonien werden bei allen Gelegenheiten durchgeführt;

mit der **Periodisierung der Opferfeste**. Die großen Momente der Begegnung von Mensch und Gott werden ursprünglich nur bei bestimmtem Anlaß gefeiert, etwa nach einem Sieg, bei der Ernte. Allmählich wird (wohl ohne Zweifel durch die Priester) ein ewiger Festkalender eingeführt, der bestimmte Feiern ein- für allemal auf bestimmte Jahreszeiten oder (nach Durchführung eines allgemeinen Kalenders) auf bestimmte Tage festlegt. Dies ist erst möglich, wenn der Kultus eine nationale Bedeutung und die nationale Organisation eine gewisse Festigkeit erlangt hat. Die altgermanische Religion hat im Norden auch diese Stufe der Regulierung erreicht.

Halten wir uns neben dieser halben Zwölfzahl von mythologisch-religiösen Umbildungen noch die allgemeinen Tendenzen der Heroisierung, Ethisierung, Zählung und Kodifikation gegenwärtig, so dürften die Faktoren, denen die Mythengeschichte ihre Entwicklung verdankt, mit leidlicher Vollständigkeit aufgezählt sein, und wir können nun zu dieser selbst übergehen.

---

[1]) Klassisches Beispiel der Dalai Lama; vgl. z. B. **Grünwedel**, Der Lamaismus, Kultur der Gegenwart, Teil I, Abt. III, S. 147f.

# Zweites Kapitel.
## Spezielle Voraussetzungen.

Die typische Entwicklung ist natürlich überall durch ethnographische und historische Entwicklung modifiziert. So denn auch bei den Indogermanen und den Germanen.

Über die »arische Rasse«, wenn es eine (oder zwei) gab, wissen wir wenig; die Urheimat ist uns unbekannt, und damit die ältesten ethnographischen und geographischen Einflüsse; erst recht sind uns die ältesten Schicksale dieser Kulturgemeinschaft (und damit die frühesten historischen Einwirkungen) verborgen. Was wir etwa wissen können, hilft uns wenig: Ursprung in der gemäßigten Zone, große Wanderungen, Kämpfe mit fremden Völkern. Über die Eigenheit der Indogermanen können wir uns auch nur aus ihrer Sprache — und ihrer späteren Entwicklung einigermaßen deutliche Vorstellungen machen. Eine allgemeine Tendenz auf Vereinfachung, Konzentration scheint den beiden großen Sprachgemeinschaften, den Indogermanen und den Semiten, gemein; sie zeigt sich auch in der Mythologie als eine Richtung auf den Monotheismus (die aber auch sonst, z. B. bei den Ägyptern, den Indianern begegnet).

Die letzte Charakteristik der Indogermanen hat Ed. Meyer [1]) gegeben:

»Eine gewaltige schöpferische Kraft der Phantasie, welche bei aller Kühnheit doch Maß zu halten weiß, und daneben die Gabe des Enthusiasmus können als das charakteristische Erbteil der Indogermanen gelten. Auf ihnen beruht es, daß die Empfindungs- und Denkweise zwar schwerlich an Tiefe und Leidenschaftlichkeit, wohl aber an Innigkeit und Naturwahrheit den anderen Völkern überlegen ist, daß, wie die indogermanischen Sprachen vielseitiger ausgebildet und gestaltungsfähiger sind als irgendwelche andere, so auch in der Kultur, in der Fortentwicklung des geistigen Lebens der Menschen indogermanische Völker schließlich die Führung übernommen und weit ältere Kulturvölker überall zurückgedrängt haben. In diesem geschichtlichen Prozeß offenbart sich zugleich die Fähigkeit, fremdes Gut aufzunehmen und weiterzubilden, welche die Indogermanen vor anderen Völkern auszeichnet: sie haben zur Entwicklung der universellen Kultur

[1]) Gesch. d. Altertums, 2. Aufl. I 2 S. 782.

vielleicht ebensoviel durch diese Aneignung und schöpferische Assimilation fremder Anregungen, als durch unabhängige Neuschöpfungen beigetragen. Diese Freiheit und Beweglichkeit des Geistes, der sich nicht durch feste Schranken gegen das Fremde absondert, ebensowenig aber es sklavisch nachahmt, sondern es erwirbt und neu gestaltet, hängt aufs engste mit der universellen Richtung zusammen, welche die Gestaltung der indogermanischen Religion beherrscht.«

Aus dieser nationalen Charakteranlage geht denn auch der allgemeine Charakter der indogermanischen Religion hervor, den derselbe Kenner[1]) wie folgt charakterisiert:

»So stark auch oft in der Sonderentwicklung der Einzelvölker die Stammesgötter und die lokalen Kulte hervortreten, so behalten die indogermanischen Götter doch immer einen universellen Zug. Sie sind immer Mächte, die trotz des Lokalkultus, der eine bestimmte Gruppe an sie bindet, weit über diese hinaus greifen und in der ganzen Welt wirken, die man daher unbedenklich auch in den gleichartigen Gottheiten der anderen Völker wiederfindet, in scharfem Gegensatz z. B. zu der Exklusivität der semitischen Götter; daher finden die religiösen Bewegungen, welche von Indogermanen ausgehen, niemals an den Grenzen des eigenen Volkstums eine unübersteigbare Schranke, sondern setzen sich immer über diese hinweg und sind ihrer Tendenz nach durchweg universell.«

Ist hiermit für die Eigenart der indogermanischen Religion vielleicht das erlösende Wort gesprochen, so kann ich mich dagegen der weiteren Behauptung Ed. Meyers nicht anschließen, der indogermanischen Anschauung sei die Scheidung zwischen dem toten Stoff und der in ihm wirksamen Lebenskraft fremd, die uns in dem religiösen Denken der Ägypter und Semiten entgegentritt; für sie sei vielmehr jede Naturerscheinung die Manifestation einer göttlichen Kraft, »so daß Gott und Welt vollkommen identisch und in ihrer Entstehung eins sind«[2]). Dies scheint mir mit den Beseelungssagen nicht vereinbar, wie sie nicht nur in der (vielleicht christlich beeinflußten) altgermanischen Legende von Ask und Embla, sondern auch bei den Hellenen (Deukalion) und sonst begegnen. Diese Ansicht scheint mir überhaupt durch die Masse der animistischen Bekundungen widerlegt, die überall auch bei den Indogermanen die göttliche Lebenskraft von dem toten Stoff unterscheiden; ja schon die Existenz des Neutrums in der Grammatik scheint mir die Anerkennung unbelebten Stoffes zu erweisen.

Die Hauptsache bleibt, daß keine Mythologie eine gleiche Ausbildungsfähigkeit bewiesen hat wie die der Indogermanen. Wenn man gesagt hat, Genie sei Entwicklungsfähigkeit, so sind eben sie die Träger des Genies in der Weltgeschichte — in der Weltgeschichte wie in der Religion[3]).

---

[1]) a. a. O. S. 776.
[2]) a. a. O. S. 776.
[3]) Für die Religion der Indogermanen verweise ich nur auf O. Schrader, Reallexikon der indogermanischen Altertumskunde, Leipzig 1901, und Eduard Meyer, Geschichte des Altertums a. a. O.; kurze Übersicht vom indischen Standpunkt aus bei Macdonell S. 8.

## § 5. Das indogermanische Erbe.

Man hegte früher von dem indogermanischen Gemeinbesitz an Mythologie und Religion eine recht übertriebene Vorstellung, die teils durch allgemeine Spekulation [1]), teils durch Ausschreitungen der im Prinzip gar nicht unberechtigten »vergleichenden Mythologie« verursacht wurde — eine Wissenschaft, der J. Grimm und Adalbert Kuhn [2]) beachtenswerte Ergebnisse abgewannen, die aber schon bei ihren besten Nachfolgern wie Max Müller, Michel Bréal, E. H. Meyer [3]) sich durch Vernachlässigung der *ars nesciendi* auf gefährliche Bahnen verlor. Ihre beiden methodischen Hauptfehler waren die Überschätzung der Etymologie [4]) und der Mangel an analytischer Kritik der Sagen, die mit Haut und Haaren verglichen wurden [5]). Dazu kam noch die Manie der voreiligen Mythendeutung mit dem Universalschlüssel irgendeiner Naturerscheinung.

Auf eine weitgehende Skepsis folgte eine Erneuerung durch die von uns schon gewürdigte »vergleichende Mythologie« neueren Stils. Sie suchte ihre Resultate durch Analysen zu gewinnen, indem die Elemente der Mythen und ihre Zusammensetzung verglichen wurden. Auch diese Methode wird nun schon (wie in der Sagenforschung) übertrieben, indem man so weit analysiert, daß gar nichts Individuelles übrig bleibt. Auch bietet die unbegrenzte Möglichkeit, Analogien aus aller Welt herbeizuschaffen, große Gefahren, so lange ein gewisser Synchronismus von Kultur- und Religionsstufen noch nicht kritisch festgestellt ist. Aber im ganzen befindet man sich doch seit den Folkloristen und seit Usener wohl auf dem rechten Wege.

Ich folge in meiner Skizze der indogermanischen Mythologie im wesentlichen Otto Schrader [6]).

I. In der »proethnischen Periode«, d. h. der Zeit vor der Sonderung der indogermanischen Stämme, befindet sich die Kulturgemeinschaft der Indogermanen im wesentlichen ohne Zweifel auf der **animistischen** Stufe. Doch zeigen sich sowohl Überreste früherer Kultur (»*survivals*«, Überbleibsel) als auch Ansätze zu höherer Bildung.

Reste des Kults der **Augenblicksgötter** sind nur mühsam noch zu entdecken; auch bei den am weitesten zurückgebliebenen Slawen hat Usener seine Ausdehnung überschätzt. Aber Spuren zeigen sich noch bei den höchstkultivierten Indogermanen (Hellenen, Latinern), und mancher Fetisch wird nur ein umgewandelter Momentgott sein.

[1]) Creuzer, Kanne.
[2]) Mythologische Studien I — mehr nicht erschienen — Gütersloh 1886.
[3]) Indogermanische Mythen, Berlin, I 1883, II 1884.
[4]) Besonders bei Max Müller.
[5]) Wie es jetzt wieder Mode wird: Stucken, Jensen u. a.
[6]) Reallexikon der indogermanischen Altertumskunde, bes. 2, 669f.; vgl. desselben Sprachvergleichung und Urgeschichte 3, 1907, S. 415 f.

## Zweites Kapitel.

Reste des **Fetischismus** sind noch so deutlich in der Sonderkultur fast aller Indogermanen zu erkennen, daß an der weiten Ausdehnung desselben auch noch in der letzten Periode des Zusammenlebens nicht zu zweifeln ist. Und zwar darf man annehmen, daß nicht bloß der »natürliche Fetisch« (ein Baum oder Stein von auffallender Gestalt oder dergleichen) verehrt wurde, sondern besonders auch der »künstliche«, bei dem ein Pfahl oder Stein durch eine rohe Andeutung von Menschenähnlichkeit, die vermittelst Schnitzens oder Bemalens erzielt wurde, schon etwas vom »Gott« vorausnahm. Aus solchen Götzen haben die Hellenen ihre herrlichen Hermen entwickelt, wie schon Winckelmann erkannte[1]); bei den Germanen finden wir wenigstens die rohen *trémenn*, Holzmänner[2]). — Der Fetisch wird geschmückt und gesalbt, besonders aber auch mit Kleidern behangen. Diesen über die ganze Welt verbreiteten Brauch[3]) bezeugt für die alten Germanen ein eddischer Spruch von den mit Kleidern aufgeputzten Säulen; für die Römer die Nachricht, daß Götterpuppen beim *lectisternium*, der kollektiven Bewirtung von Göttern, »wie Menschen geschmückt und zugerichtet werden«[4]). — Auch im übrigen stimmte der Fetischkult der Indogermanen jedenfalls mit dem anderer primitiver Völker überein.

Den **Animismus** treffen wir in vollster Blüte. Zahlreiche Spuren weisen insbesondere auf den Totenkult und die Verehrung der Naturgeister. Dahin gehören[5]) die meisten indogermanischen Termini, aus denen sich später Bezeichnungen für »Gott« entwickelt haben: skr. *ásura*, gr. ϑεός, δαίμων (wohl nicht altn. *aesir*) scheinen auf den »Geist« des Verstorbenen, skr. *devá*, lat. *deus*, altn. *tívar* (zum Himmel — als Sitz der Mächte — gehörig) auf den Naturgeist bezüglich. Auch direkte Fortsetzung des Ahnenkultes[6]) und des Naturkultes liegt reichlich vor. Insbesondere scheinen Wind oder Sturm noch reine »Geister«; Flüsse und Gewässer dagegen, weil sie wahrscheinlich als ältere Gottheiten eine längere Entwicklung hinter sich sehen, werden vielfach bereits in individueller Anschauung verehrt. — Das Feuer hat seinen Kult als heiliges Feuer (germanisch »Notfeuer«) und als Herdfeuer; aber der in ihm waltende Geist wird zumeist noch als bloßer Naturgeist verehrt, und bei den Indern (Agni) und den Graecoitalikern (Hestia-Vesta) setzt die freie Ausbildung

---

[1]) Vgl. Meringer, Indogermanische Forschungen 18, 28.
[2]) Vgl. meine Altgermanische Poesie S. 69; Much in der Zeitschrift »Wörter und Sachen« 1, 39.
[3]) Vgl. Meltzer, Arch. f. Rel.-Wissensch. 10, 314.
[4]) Wissowa, Religion und Kultus der Römer, S. 357.
[5]) Schrader 1, 302.
[6]) Besonders bei den Römern; doch erklärt Wissowa S. 192 die Auffassung der Manes als Ahnengötter für verhältnismäßig jung.

## § 5. Das indogermanische Erbe. 51

einer Göttergestalt wohl schon für diese Periode die Erreichung der dämonistischen Stufe voraus. Der Dämonismus scheint nur erst bei den führenden Stämmen in reicherer Entwicklung, insbesondere bei den Indern (*rbhu*, den altgermanischen *Alfen* entsprechend). Eine Anzahl von Geistern sind, wie schon erwähnt, in der Fortbildung teils erst zu Dämonen, teils schon zu Göttern begriffen. Die frühesten Ansätze zur Götterbildung finden sich wohl bei Hellenen und Indern. Insbesondere sind einige Naturgeister schon auf der Pforte zum Tempel, vielleicht sogar wirklich schon als indogermanische Götter anzusprechen.

Zuerst und am allgemeinsten scheint der den Himmel (d. h. das Haus der Gestirne), regierende Geist zur Würde eines Gottes aufgestiegen zu sein. Er besitzt eine indogermanische Titulatur: indisch *Dyaus*, griechisch *Zeus*, lateinisch *Diespiter*, altnordisch *Týr*, althochdeutsch *Ziu* [1]): das ist der »lichte« Gott [2]); vielleicht noch genauer »unser lichter Vater«. Er entwickelt sich bei den Völkern zumeist zum Himmelsgott im vollen Sinne, bei den Germanen zum Kriegsgott (über den Himmelsgott hinweg). Nach meiner Auffassung dürfte er durch Kollektivierung der hellen Geister entstanden sein, wie denn solche Sammelgottheiten gern mit Benennungen wie »Vater«, »Mutter«, »Frau« ausgestattet werden. Bei dem Begriff »Vater« ist dabei viel weniger an die gemütlich-ethische Auffassung zu denken, die im Vaterunser ihren hohen Ausdruck findet, als vielmehr einerseits an die patriarchalische (der Vater als Inhaber der patria potestas; man denke an Aeolus und seine Kinder) und dann besonders die genealogische (der Vater als Erzeuger der kleineren Lichtgottheiten). Eine ethische Umdeutung war aber wie bei allen Helligkeitsdämonen kaum zu vermeiden.

Vielfach tritt daneben die Erde als seine Gattin [3]). Sie wird dann als Mutter der Menschen, als ihre beständige Gebärerin gedacht, von der, aus der heraus die Kinder geholt werden. Doch ist die Anschauung einer wirklichen Ehe zwischen Himmel und Erde erst nach Entwicklung der Gottesgestalt denkbar und wohl nie zu voller religiöser Bedeutung gelangt [4]).

Weiter als die Erde, nicht so weit als der Himmel scheinen Sonne und Mond der individuellen Bildung genähert. Ansätze auch zu genealogischen Mythen (Sonne und Mond als Geschwister, Ehegatten,

---

[1]) Vgl. Kögel, Gesch. d. altgerm. Lit., 2. Aufl. 1, 14 gegen Bremer, Indogerm. Forschungen 3, 30.
[2]) Ed. Meyer, Gesch. d. Altertums, 2. Aufl. I, 2, 775.
[3]) Dieterich, Mutter Erde, Leipzig 1905.
[4]) Für Himmel und Erde vgl. Schrader Sprachvergleichung und Urgeschichte S. 443; Macdonell S. 136.

## Zweites Kapitel.

Feinde) scheinen uralt, aber indogermanische Gottheiten hatten sich aus den Geistern noch nicht gebildet.

Eher ist es wahrscheinlich, daß **Morgen- und Abendstern** bereits zu der lebensvollen Anschauung zweier göttlicher Geschwister (indisch Açvinen, griechisch Dioskuren) fortgeschritten waren [1]). Die Vorstellung, daß sie den Tag bez. die Nacht heranführen, wird ihre besondere Wichtigkeit veranlaßt haben.

Das Gleiche gilt von der **Morgenröte** (indisch *ushas*, lateinisch *aurora*, germanisch *Austrô*), die es aber nie zu voller Plastik gebracht hat, wozu den himmlischen Brüdern früh die Annäherung an typische, heroische Brüderpaare geholfen haben mag [2]).

Der Dämon des **Gewitters** wird noch rein animistisch verehrt und scheint sich bei Germanen und Slawen gleichzeitig ziemlich spät zu einem Gott (germanisch Donar, Thor, keltisch Tanaros) entwickelt zu haben [3]), wogegen die Hellenen auch diese Funktion in die des Himmelsgottes aufgehen ließen.

Der Dämon des **Feuers** beschäftigt die Phantasie der Völker lebhaft, ist aber sogar in die Anfänge der germanischen Mythologie noch als Dämon, nicht als Gott, eingegangen [4]).

Die Götterbildung ist also vielfach angebrochen, nirgends, außer vielleicht bei dem Himmelsgott, durchgeführt. Die äußere Vollendung ist noch nirgends erreicht: statt der idealistischen Menschengestalt herrscht wohl noch die Tiergestaltung [5]) oder eine gewisse Begriffsverkörperung, Symbolisierung: die Erde etwa als »Brüste« dargestellt, so daß an dem Götzenbild alle anderen Teile des Körpers angedeutet, die nährenden Brüste aber hypertrophisch ausgeführt sind; der Fruchtbarkeitsgott ebenso lediglich ein Pfahl *cum ingenti Priapo*.

Man muß sich aber dabei gegenwärtig halten, daß proethnisch (d. h. vor der Trennung der Stämme) überall schon Sonderbildungen in fortwährendem Fluß begriffen sind; auch was Indern und Hellenen gemein ist, braucht nicht gemeinindogermanisch gewesen zu sein.

---

[1]) **Myriantheus**, Die Açvins, München 1876; **Macdonell**, Vedic Mythology, S. 49 f., bes. 53; für die Germanen **Müllenhoff**, Zeitschr. f. d. Altert. 12, 344 f; vgl. **Golther**, Handbuch d. germ. Myth., S. 214 f.; **Sijmons in Pauls Grundr. d. germ. Phil.**, 2. Aufl., 3, 679 f.

[2]) **Wundt** 3, 273 hält die Diskuren sogar für rein heroischen Ursprungs.

[3]) Vgl. **Schrader** 1, 29y, **Mogk in Pauls Grundriß** 3, 358 der 2. Aufl.

[4]) **Schrader**, Sprachvergleichung und Urgeschichte, S. 440. Vgl. allgemein Ed. **Meyer**, a. a. O. S. 777 f.; **Macdonell** S. 8.

[5]) Vgl. **Schrader** S. 681 f.

## § 5. Das indogermanische Erbe. 53

II. Der Kult ist überall gleichartig entwickelt[1]). Kultstätten sind bereits vorhanden[2]), und zwar an heiligen Stätten: Bergspitzen (Inder, Griechen) und Hainen (Germanen). Künstliche Kultstätten aber, Tempel (ältester Terminus wohl *nâvo*-»Schiff« = Baumstamm, wegen der Identität beider im alten »Einbaum«, ausgehöhltem Stamm als Schiff) haben erst die fortgeschrittenen Völker.

Es gibt auch schon Priester[3]) (indogermanischer Ausdruck indisch *brahman*, lateinisch *flamen*[4]); aber sie sind[5]) noch ganz an den Augenblick gebunden: es gibt Priester, wo es anzurufen und besonders wo es zu opfern gibt, aber noch keinen Priesterstand. Doch ist er schon im Anzug und bei Indern, Persern (*hotar, zaotar,* Opferpriester), Kelten (*Druide*) früh entwickelt[6]).

Mit den Priestern halten zwei Grundbegriffe aller Mythologie ihren Einzug, die denn auch schon als indogermanisch anzusprechen sind:

1. Der Begriff des »Weihens«, d. h. einer feierlichen Handlung, durch die göttliche Kraft auf eine Person oder einen Gegenstand geleitet wird — doch nicht mehr durch direkte Einsetzung im Sinne des Fetischismus, sondern indem die Handlung unter den Einfluß eines bestimmten, ausdrücklich anzurufenden Gottes gestellt wird[7]).

2. Der Begriff der »Heiligkeit«, d. h. eben der durch Weihe erlangten Eigenschaft. Die von göttlichem Einfluß berührten (Personen oder) Dinge werden »heilig«[8]) und damit unverletzlich. Eine weitere Steigerung des Begriffs führt zum »*Tabu*«: tabu (ein Negerausdruck) ist die Person oder der Gegenstand, die zu berühren todeswürdiges Verbrechen ist (der Baum der Erkenntnis im Paradiese). Auch diesen Begriff haben wir auf alten Runen: *Gutanio wi hailag* auf dem Goldring von Pietroassa, wodurch dies Prachtstück als unverletzliches »Nationaleigentum« des Gotenvolkes bezeichnet wird[9]).

---

[1]) Schrader, Sprachvergleichung und Urgeschichte, S. 430 f., 446 f.; vgl. allgemein Hillebrandt, Ritual-Literatur, vedische Opfer u. Zauber, Grundr. d. indo-ar. Phil. III 2, Straßburg 1897.
[2]) Schrader, »Tempel«, a. a. O. 3, 855 f.
[3]) Schrader, Sprachvergleichung, S. 448.
[4]) Von F.d. Meyer S. 779, 829 als »Zauberer« gedeutet.
[5]) Schrader 3, 637.
[6]) Schrader S. 641.
[7]) Bei den Germanen vorzugsweise durch Hängen an heilige Bäume: vgl. E. Berneker, Untersuchungen u. Quellen, Joh. v. Kelle dargebracht, Prag 1908 S. 1 f. — Die Anrufung »Thor weihe —« auf alten Runensteinen vgl. z. B. Olrik Nordisches Geistesleben übs. v. W. Ranisch, Heidelberg 1908, S. 31.
[8]) Vgl. v. Grienberger, Arkiv for nordisk Filologi 11, 127.
[9]) Vgl. Henning, Die deutschen Runendenkmäler, Straßburg 1889, S. 27 f., 43. — Über die deutschen Ausdrücke für »heilig« vgl. Kluge, Paul und Brauns Beiträge 35, 150; für die griechisch-lateinischen Delehaye, Sanctus, Bruxelles 1909.

## Zweites Kapitel.

Unzweifelhaft sind übrigens auch rituelle Formeln bereits urzeitlich gefestigt, z. B. die des feierlichen Schweigegebots (*favete linguis;* Anfang der Völuspá; *silentium per sacerdotes imperatur,* Tac. Germ. c. 11) und bestimmte Anredeformeln [1]); von hier mögen auch merkwürdige Übereinstimmungen in der Volkspoesie stammen, wie die griechisch-litauische Lobpreisung »schön anzusehen, freundlich im Gespräch«[2]), die etwa ursprünglich den Dioskuren gelten mochte[3]).

Aber unter dem Einfluß der Priester (s. o.) ist auch die **ethische Ausbildung** im Wachsen. Es herrscht die Vorstellung von einem über allen Gesetzen stehenden **Recht**[4]). Die Götter wollen das, was recht ist; daher hat griechisch νόμος den doppelten Sinn »Brauch« und »Recht« (»Die Bräuche muß man halten, sie sind gut!«, **Grillparzer,** Des Meeres und der Lieben Wellen). — Jünger entwickelt scheint der Begriff der **Ordnung**[5]), doch auch schon mit langer Vorgeschichte. Beide Begriffe kommen aber noch nicht auf gegen die mächtige indogermanische Vorstellung von einem blinden, dunkeln, unentrinnbaren **Schicksal**, von dem die ältesten festgeprägten Sprüche fast aller indogermanischen Völker zeugen[6]).

Dennoch sucht man wie in der ganzen Welt auf das Schicksal durch Zauberei, Gebet u. a. einzuwirken. Wie der religiöse Kult ist auch die **Zauberei** bei den Indogermanen in sehr früher Zeit in festen gemeinschaftlichen Formen entwickelt; und wie Gebetformeln[7]) sind auch Zauberformeln[8]) in sprachlicher Nachbildung der symbolischen Handlung proethnischer Gemeinbesitz.

Eine gemeinschaftliche Vorstellung endlich, daß ein bestimmter Kreis von Gedanken und Handlungen sich auf das Überirdische beziehe, ist natürlich noch lange nicht vorhanden. Ein Begriff »religio« für das ganze System ist erst von den Römern geprägt[9]), und zwar im Sinne der juristischen Verpflichtung gegen die göttlichen Personen: »*iustitia erga deos*«.

Über diese Grundlinien hinaus finden sich noch zahlreiche Über-

---

[1]) **Kaegi,** Der Rigveda, Leipzig 1881, Anm. 85.
[2]) W. **Schulze,** Zs. f. vgl. Sprachf. 42, 380.
[3]) Vgl. allgemein **Hirt,** Neuhochdeutsche Etymologie, München 1909, S. 259.
[4]) R. **Hirzel,** Ἄγραφος νόμος, Abh. d. Sächs. Ges. d. Wiss. XX, 49 f.; **Schrader,** »Recht«, a. a. O. 2, 656 f.
[5]) Ed. **Meyer** S. 832: indisch ṛta, **Macdonell** S, 11; vgl. das spätere κόσμος.
[6]) Vgl. meine Altgermanische Poesie S. 456, allgemein **Schrader,** Sprachvergleichung u. Urgeschichte, S. 456 f.
[7]) Altgermanische Poesie S. 391.
[8]) **Ebd.** S. 231.
[9]) **Schrader** S. 683.

## § 5. Das indogermanische Erbe.

einstimmungen zwischen den Mythologien nicht bloß benachbarter Stämme[1]), sondern auch zwischen getrennten, die auf gemeinsamer Praeformation beruhen mögen; aber ein weiterer wirklicher Besitz vor der Völkertrennung darf einstweilen schwerlich angenommen werden[2]).

III. Hat demnach die germanische Mythologie und die germanische Religion ein beträchtliches Erbteil aus indogermanischer Zeit antreten können, so bleibt doch noch die Frage, wie weit sie außer religiösen Vorstellungen, mythischen Gestalten, Kultgebräuchen einzelne Mythen übernommen hat.

Es ist die Grundfrage der »vergleichenden Mythologie« im älteren Sinne. — Denkt man an »Mythen« im weitesten Sinne des Wortes, so ist die Frage durch unsere bisherigen Ausführungen schon beantwortet. Denn schließlich ist jede Hinzudichtung einer belebten Ursache zu einer wahrnehmbaren Erscheinung ein Mythus, und also jede Vorstellung eines Dämons. Aber man nimmt das Wort gewöhnlich im engeren Sinne: als »Erzählung« ($\mu\tilde{v}\vartheta o\varsigma$). Erst wo zu dieser gradlinigen Verknüpfung eines Phänomens mit einer unbekannten Kraft noch Zwischenglieder treten, die, von vornherein nicht notwendig, aus den elementaren Tendenzen der Mythologie noch nicht abzuleiten sind, erst da pflegt man von einem Mythus zu sprechen. Wenn also z. B. der Sonnenuntergang dadurch erklärt wird, daß ein Ungeheuer die Sonne verschlingt, wäre das erst eine »mythische Vorstellung«: ein »Mythus« erwächst daraus, wenn etwa erzählt wird, wie das Ungeheuer erst gefesselt war und nun losbricht[3]).

»Mythische Vorstellung« und »Mythus« sind, wie man sieht, so eng benachbart, daß sie manchmal kaum zu unterscheiden sind; meist aber ist doch völlig klar, wo der Mythus beginnt.

Die Frage nun, ob mythologische Erzählungen dieser Art bereits in indogermanischer Zeit existierten, ist früher unbedenklich bejaht, dann eifrig verneint worden; gegenwärtig ist man auf den früheren Standpunkt, doch mit größerer Vorsicht, zurückgekehrt. Die herrschende Anschauung drückt Oldenberg[4]) aus: »Es hat wirkliche indoeuropäische Geister — ich meine auch Götter — und Mythen gegeben.« Eine Übersicht dieser indo-

---

[1]) Wie slaw. Perkúnas, germ. Fjorgyn für eine Erdgottheit; kelt. Tanaros — Thor s. o.
[2]) Für die kulturelle Entwicklung, die der indogermanischen Mythologie zugrunde liegt, vgl. außer Ed. Meyer besonders Sophus Müller, Urgeschichte Europas, übs. v. O. L. Jiriczek, Straßburg 1905; O. Schrader, Sprachvergleichung und Urgeschichte, 3. Aufl. B II, Jena 1906.
[3]) Vgl. v. d. Leyen, Der gefesselte Unhold: Untersuchungen und Quellen, Joh. v. Kelle dargebracht Prag 1908, S. 7f.
[4]) Vedaforschung, Stuttgart und Berlin 1905, S. 60.

germanischen Mythen versucht Ed. Meyer[1]), dem ich mich nicht in allen Punkten anschließen kann.

Es ist daran zu erinnern, daß die Macht übereinstimmender Vorstellungen fast mit Notwendigkeit zu gewissen Erdichtungen führte. Es ist ferner besonders zu betonen, daß die inneren Gesetze der mythischen Formgebung (vgl. § 4) diesen Erdichtungen vielfach eine stark übereinstimmende Gestalt verleihen mußte[2]), wofür ich nochmals an Schemata, wie »Raub des Rangzeichens« oder »Kampf zwischen Vater und Sohn« sowie an das Hilfsmittel der Zählung (die drei Stärksten u. dgl.) erinnere. Es gibt also Fälle, in denen eine sehr weitgehende Ähnlichkeit eine Verwandtschaft noch nicht beweist[3]). Auch die folkloristische Methode hat sich hier vor zu schnellen Verbrüderungen nicht immer genügend gehütet[4]).

Wirkliche Urverwandtschaft dürfen wir annehmen:

wo ganze Reihen von Übereinstimmungen vorliegen, wie z. B. die griechische Hestia und die römische Vesta den Mittelpunkt eines ganzen Zyklus religiöser Vorstellungen bilden;

bei auffälligen Übereinstimmungen in Nebenumständen, d. h. in solchen, die weder aus dem Inhalt noch aus der Form sich mit Notwendigkeit ergeben[5]).

Unter solchen Kautelen glauben wir als indogermanischen Besitz ansprechen zu dürfen:

gewisse kosmogonische Mythen oder Erzählungen vom Ursprung der Welt, insbesondere auch von der Schöpfung der Menschen[6]);

gewisse Jahreszeitmythen oder Erzählungen vom Kampf zwischen guter und böser Jahreszeit (Sommer und Winter), besonders zwischen Tag und Nacht. Insbesondere scheint die Symbolisierung des Lichtes, der Helligkeit als eines Goldschatzes und sein Raub durch einen Drachen, der ihn versteckt behütet, bis ein Held den siegreichen Drachenkampf ausführt, schon sehr früh ausgebildet zu sein[7]). Uralt scheint auch die Werbung der »Himmelsjünglinge« um die Sonne.

Reste weiterer Mythen liegen vielleicht hier und da verstreut; in noch

---

[1]) a. a. O. S. 781.
[2]) Vgl. Arch. f. Rel.-Wissensch. 10, 88 f., 97.
[3]) Ein Beispiel Zeitschr. f. d. Philologie 32, 137.
[4]) Z. B. Kauffmann, Balder, Straßburg 1902, in der Zusammenstellung verschiedenster Mythen vom »verborgenen Leben«.
[5]) Ein methodisches Musterbeispiel Heusler, Der Meisterschütze: Festschrift für Theodor Plüß, Basel 1905, S. 1 f. — Vgl. allgemein meine Kriterien der Aneignung, Leipzig 1906; Wundt 3, 508 f.
[6]) Doch dagegen Max Förster, Arch. f. Rel.-Wissensch. 11, 478 f.; für die germanische Mythologie bes. S. 393 Anm.; S. 521.
[7]) Vgl. Wundt a. a. O. S. 172.

größerer Zahl natürlich Keime und Ansätze, z. B. zu dem Mythus von dem verbannten Gott, der wieder heimkehrt[1]), der sich aber noch an keine einzelne Göttergestalt festgeheftet hätte. Oder einige Ansätze zur »dämonischen Novellistik«: Geschichten von Naturgeistern wie Daidalos-Wieland, von Nymphen in menschlicher Ehe u. dgl. (vgl. allgemein über »urmythologische Novellenschemata« Scherer, Poetik). — Nicht einmal diese Ansätze möchte ich (mit Schrader und Ed. Meyer) anerkennen bei dem berühmtesten aller angeblich indogermanischen Mythen, dem von der Herabkunft des Feuers und der Herabholung des Göttertranks, mit dessen Vortrag Adalbert Kuhn die vergleichende Mythologie eigentlich erst ins Leben rief; denn das eine Hauptglied der Vergleichung, den eddischen Mythus vom Dichtertrank, halte ich[2]) für ganz spät und künstlich.

## § 6. Der germanische Faktor.

Auf diese gemeinsame Grundlage baut nun jeder indogermanische Stamm seine nationale Mythologie auf. Die Volksseele, die Geschichte, das Klima, die Nachbarn — alles wirkt irgendwie modifizierend ein. So sehen sich denn zuletzt die vollentwickelten Mythologien kaum noch ähnlich: die plastische Klarheit der hellenischen, die nüchterne Geschäftsmäßigkeit der römischen, die phantastische Verschwommenheit der indischen Mythologie stehen so weit eine von der anderen ab wie alle von der gemeinschaftlichen Urform. Besitzt auch die germanische Mythologie einen solchen Grundzug?

Mit Einem Epitheton ist sie schwerlich zu charakterisieren. Wir haben auch zu wenig, und dies noch oft angeschaut durch die *interpretatio Romana*, sei es des alten, sei es des neuen Rom.

Auszugehen wäre natürlich von den ältesten Phasen. Aber jene gemeingermanische Mythologie, die allein den spezifisch germanischen Charakter rein offenbaren würde, ist für uns fast völlig verschollen, wenigstens gerade in ihren kennzeichnenden Zügen. Nur in der eigenartigsten Gestalt· der germanischen Mythologie, in Wodan, besitzen wir einen Anhaltspunkt; aber wissen wir, ob diese Verkörperung des *furor teutonicus* schon in gemeingermanischer Zeit dieselbe Physiognomie besaß wie später bei den Nordleuten?

Somit bleiben uns nur zwei Wege. Einerseits müssen wir die am besten ausgeprägte Stammesmythologie zum Ausgangspunkt nehmen und

---

[1]) Hephaestos: Preller-Robert, Griech. Mythol. 1, 174; Odin bei Saxo; novellistische und heroische Niederschläge in den eddischen Alvíssmál, in der Herzog Ernst-Sage?

[2]) Gegen Schück, Studier: Nordisk Litteratur- og Religionshistoria, Stockholm 1904, S. 29 f.

das unzweifelhaft oder wahrscheinlich nur ihrem Stamm — dem altnordischen — Angehörige ausscheiden; anderseits können wir aus der Gesamtentwicklung der Germanen gemeinsame Momente auszukörnen suchen. Die a l t n o r d i s c h e M y t h o l o g i e besitzt gewiß sehr viel Spezifisches. Schon ihre chronologische Stellung läßt sie mit den Resten besonders des angelsächsischen Heidentums nur vorsichtig vergleichen. In vielen Punkten zeigt sich eine Steigerung, in manchen eine Abschwächung der wahrscheinlichen Urform. Das Klima hat eingewirkt: starker Einfluß von Wald und Wind, Meer und Berg; geringer von Strom und Stadt. (In einzelnen Gedichten der Edda wird das Nordische noch stärker betont: Gletscher, Eis, vielleicht die Mitternachtssonne.) Eine gewisse Rauheit und Derbheit der Form, nicht bloß bei Thor, sondern auch gelegentlich bei Odin, kontrastiert scharf mit den weichen Formen der olympischen Götter. — Dagegen mag das verhältnismäßig starke Hervortreten des Zaubers sogar in der Götterwelt (Odin, Skirnir) mehr ein chronologisches Merkmal sein als ein ethnologisches; doch vielleicht auch das letztere, insoweit es auf den Einfluß der finnischen Nachbarn deutet.

Ziehen wir diese Einflüsse ab, und stellen wir die von anderen Punkten (Sprache, Metrik) bekannte Neigung der Skandinavier, altgermanische Tendenzen zu übertreiben, in Rechnung, so werden wir im übrigen die altnordische Mythologie wenigstens insoweit als Repräsentantin der altgermanischen gelten lassen dürfen, als ihre Art durch d i e g e r m a n i s c h e G e s a m t e n t w i c k l u n g bestätigt wird. Danach dürfen wir als bezeichnend vielleicht hervorheben: die Freude am Kampf, und zwar besonders auch am geistigen Kampf (Runen, Rätsel, Wettraten); Odins Anstrengung um den Besitz der Weisheit), die auch später in den größten Dichtungen der Deutschen blüht (Parzival, Simplizissimus, Nathan, Faust); die starke Entwicklung der genealogischen und gemütlichen Beziehungen sowohl zwischen den Göttern als (in letzterer Hinsicht) zwischen Göttern und Menschen; und eine gewisse Neigung zum Götterpartikularismus: getrennte Welten und Wohnsitze, Mangel einer durchgreifenden Einheitlichkeit in der Götterwelt — Dinge, die zu der politischen Geschichte Deutschlands mit ihrem sentimentalen Partikularismus nur zu gut stimmen. Aber als ein besonderer Vorzug ist dieser Mythologie noch die Richtung auf das Psychologische nachzurühmen, auf die Vertiefung der Göttercharaktere. Odin ist vielleicht die individuellste aller indogermanischen Göttergestalten: mit seinen inneren Widersprüchen steht er zu einem Zeus oder Indra wie Hamlet oder Hjalmar zu den Typen der französischen Tragödie.

In Bezug auf R e l i g i o n und K u l t u s können wir nur sagen, daß die Germanen zwischen der Verstaatlichung beider durch die Römer und ihrer »Verpriesterung« bei den Indern die Mitte halten. Endlich was die

## § 6. Der germanische Faktor. 59

Religionsgeschichte betrifft, so läßt sich aus der verhältnismäßig großen Zahl von Umwälzuugen in einer kurzen Spanne Zeit vielleicht ablesen, daß die Germanen allezeit die Traditionstreue der Romanen weniger kultiviert haben als die Anpassung der nationalen Lebensäußerungen an die individuelle Empfindung; modern ausgedrückt: sie waren eher »Protestanten« als »Katholiken«.

Greifbarer sind die historischen Einflüsse. Sie kommen erstens von den Kelten (heilige Wagen? kultische Momente?); zweitens von den Finnen (Skadi; Einzelheiten der Zauberei); drittens von den Römern (Matronenkult). Diese ethnologischen Einwirkungen betreffen jedesmal nur die Nachbarn, so die finnischen nur die Nordleute. — Dann dringt sehr früh bei den Angelsachsen, später bei den Deutschen, zuletzt bei den Skandinaviern das Christentum durch und macht sich (wenigstens im Norden) durch seine Einflüsse schon lange vor dem Sieg geltend [1]).

Ob starke Persönlichkeiten, wie später Martin Luther, an der Entwicklung der altgermanischen Religion beteiligt sind, wissen wir nicht. Sie sind schon in der ältesten Geschichte wiederholt bezeugt; nicht bloß Buddha und Zoroaster, auch ägyptische Könige[2]) und babylonische wie der so populär gewordene Chamurabi[3]) haben in die Entwicklung der Mythologie mit starker Hand eingegriffen. Olrik[4]) möchte dem Dichter der Völuspá einen sehr starken religiösen Einfluß zuschreiben, etwa wie ihn Rohde für Homer erwiesen hat; ich weiß doch nicht, ob wir nicht in der Dichtung noch mehr den Ausdruck vorhandener Tendenzen als so starke Neuerung annehmen sollten. — Einen großen Einfluß auf die Entwicklung der nordischen Mythologie schreibt besonders v. d. Leyen[5]) den Eddadichtern zu; wir vermögen nur in dem Verfasser der Vyluspá eine umschaffende Persönlichkeit zu erkennen. Auf den mythologisch-historischen Typus des »Heilbringers«[6]) deuten einige Züge (Ing im Runenliede; Scéaf im Beowulf?), die wohl aber mehr mythologisch als historisch aufzufassen sind.

Im übrigen müssen sich die Hauptzüge der germanischen Mythologie aus der Darstellung ergeben, die wir nun beginnen.

[1]) Vgl. Olrik, Nordisches Geistesleben, S. 103f.
[2]) Ed. Meyer S. 186f.
[3]) Ebd. S. 562.
[4]) a. a. O. S. 102.
[5]) Sagenbuch S. 203, 226, 239.
[6]) Vgl. Breysig, Entstehung der Gottesidee und der Heilbringer, Berlin 1905.

# Germanische Religionsgeschichte.

## § 7. Die Quellen.

Wie gelangt man zu der echten germanischen Mythologie? Vorhanden ist zahlreiches Material; seit J. Grimms epochemachender Deutscher Mythologie[1]) nicht eben wesentlich vermehrt. Wir besitzen etwa folgende Gruppen von Quellen[2]).

### I. Unmittelbare Zeugnisse.

Aus der germanisch-heidnischen Zeit: griechische und römische Schriftsteller[3]), insbesondere Caesar Bellum Gall. I 50; VI 21; Tacitus Germania, unser *liber aureus;*[4]); Tacitus, Annalen an mehreren Stellen. Ferner Plutarch. Strabo, Ammian, Prokop u. a.

Aus der ältesten christlichen Zeit: christliche Schriftsteller wie Jordanes, Gregor von Tours, Paulus Diaconus, Beda, Adam von Bremen[5]) Besonders wichtig der Indiculus superstitionum[6]) und das altsächsische Taufgelöbnis[7]). Ähnlich dem Indiculus der Brief des Bischofs Daniel von Winchester (723—725)[8]); auch des Abtes Helfric Predigt *de falsis deis,*

---

[1]) Zuerst 1835; vgl. W. Scherer, J. Grimm, Berlin 1885, S. 249f.
[2]) Vgl. Mogk in Pauls Grundriß, 2. Aufl. 3, 233f.; Golther, Handbuch der germanischen Mythologie, S. 54f.
[3]) Deren Zeugnisse gesammelt bei Müllenhoff, Germania antiqua, Berlin.
[4]) Am bequemsten die Ausgabe von Schweizer-Sidler, später Schwyzer, Halle 1902; überreich an Material die Kommentare von Baumstark: Urdeutsche Staatsaltertümer, Berlin 1873. Ausführliche Erläuterung des allgemeinen Teils der Germania, 1875. Ausführliche Erläuterung des besonderen völkerschaftlichen Teils der Germania, 1875.
[5]) Vgl. allgemein Wattenbach, Deutschlands Geschichtsquellen im Mittelalter; auch Hauck, Kirchengeschichte Deutschlands, Leipzig 1887f.
[6]) Müllenhoff und Scherer, Denkmäler deutscher Poesie und Prosa, 3. Aufl., Berlin 1892; 2, 317; vgl. dazu Leitzmann, PBB. 25, 587.
[7]) MSD. n. 41, vgl. Leitzmann a. a. O. S. 582.
[8]) Vgl. Kögel, Gesch. d. d. Lit. 1, 32f.; Brandl, Altengl. Lit., S. 959.

## § 7. Die Quellen.

gegen das Heidentum der skandinavischen Eindringlinge in England[1]. Einige Einzelheiten auch bei fremden Reisenden[2].

Aus späterer christlicher Zeit: die wichtigsten Zeugen aus dem Norden:
1. Saxo Grammaticus, an der Grenze des 12. und 13. Jahrhunderts[3].
2. die beiden Eddas, an sich und durch kritische Anmerkungen, durch die Art der Anordnung[4].

Die Vers-Edda, früher dem Saemund (1057—1135) zugeschrieben, bestehend aus 31 Lieder zur Götter- und Heldensage, in dem sog. Codex Regius zu Kopenhagen, die wir aus anderen Handschriften ergänzen; nach 1250 auf Grund einer um 1200 entstandenen Vorlage geschrieben[5].

Die Prosa-Edda (»Jüngere Edda«), verfaßt von Snorri Sturluson um 1241 als Lehrbuch der skaldischen Dichtung nach ihrer inneren Form (Mythologie und daraus entlehnte Terminologie)[6].

Es ist hier noch ein Wort über die Benutzung dieser Quellen zu sagen. Es versteht sich, daß die große und höchst verdienstvolle textkritische und literarhistorische Arbeit der letzten Jahrzehnte für die Mythologie von eingreifendster Bedeutung ist. Dennoch darf diese sich so wenig einfach zur Magd der Philologie machen, wie die Philosophie *ancilla theologiae* sein will. Nicht jede Interpolation, die auf philologischem Wege festgestellt ist, scheidet für uns aus. Sie kann zunächst als späteres Zeugnis von Bedeutung sein, oft auch gerade als Zeugnis einer bestimmten Entwicklung (wie z. B. die Emschiebsel in den Grim); aber sie kann unter Umständen für die Mythologie auch als gleichzeitiges Zeugnis in Betracht kommen, insofern die Ergänzungen oft mit dem Hauptbau aus demselben Bergwerk geholt sind (z. B. in der Völ.).

[1] Brandl S. 1103.
[2] G. Jacob, Ein arabischer Berichterstatter aus dem 10. oder 11. Jahrhundert über Fulda und andere deutsche Städte, Berlin 1890.
[3] Historia Danorum, hrsg. von Müller und Velschow, Kopenhagen 1838—58; von Holder Straßburg 1885; grundlegende Sonderung der dänischen Überlieferungen und der norwegischen »Märchensagen« bei Olrik, Kilderne til Sakses Oldhistorie, Kopenhagen 1892 u. 1894 (vgl. desselben Nordisches Geistesleben S. 160 sowie Heusler, Zeitschr. d. Ver. f. Volksk. 1902, 237, der Saxo wesentlich für einen Vertreter der isländischen Mythologie um 1200 erklärt. Ich zitiere jedesmal erstens nach Holders Ausgabe, zweitens nach der Übersetzung von P. Herrmanns Erläuterungen zu den ersten neun Büchern der dänischen Geschichte von Saxo Grammaticus, I, Leipzig 1901.)
[4] Vgl. meinen Aufsatz Zeitschr. f. d. Alt. 32, 402; dagegen Jónsson 1, 118.
[5] Ausgabe von Hildebrand 1876, neu herausgegeben von Gering; von Sijmons, Halle 1888 f., von F. Jónsson, ebenso. Übersetzung von K. Simrock, von H. Gering, Leipzig und Wien, o. J.; wir benutzen die von H. Gering. Literarhistorische Würdigung: F. Jónsson, Den oldnorske og oldislandske Literaturshistoria, Kopenhagen 1894, I, 39 f. Sonst vgl. besonders A. Heusler, Heimat und Alter der eddischen Gedichte, Arch. f. n. Sprachen 116, 242. — Die Datierungen gehen weit auseinander; die herrschende Ansicht gibt Jónsson (S. 41): 9.—11. Jahrhundert.
[6] Ausgabe von E. Wilken, Paderborn 1878 (im Auszug). Literarhistorische Würdigung: Mogk in Pauls Grundriß, 1. Aufl., II, 1, 95; Jónsson, II, 684 f.

## II. Mittelbare Zeugnisse.

Aus heidnischer Zeit: Kultstätten und Kultgegenstände[1]). Inschriften und zwar römische (besonders die große Nordendorfer Spange)[2]) und lateinische[3]).

Fortdauernde Überlieferungen, und zwar in Sagen und Märchen, früher stark überschätzt, wie jetzt wieder von den atavistischen Mythenvergleichern[4]), in Gebräuchen und Sitten (Johannesfeuer, Maifeier, Weihnachten?)[5]).

## III. Erschließungen,

d. h. Schlußfolgerungen aus nicht direkt berichtendem Material, und zwar aus den vorgenannten Quellen (auch aus dem, was sie nicht berichten), aus der Sprache (Ausdrücke für mythologische und religiöse Begriffe, Namen u. a.), aus der Vergleichung mit anderen Mythologien, und zwar mit denen der Nachbarn (Kelten, Slawen, Finnen)[6]), sowie allgemein aus dem Gesichtspunkt der vergleichenden Mythologie.

Wir besitzen also ein recht reichhaltiges, aber ungleichwertiges Material. Für die niedere Mythologie haben wir fast zu viel, für die Anfänge der höheren Mythologie fast nichts; und wieviel Zeugnisse sind unklar und zweideutig!

Um den Kern der echten Mythologie auszuschälen, scheinen zwei entgegengesetzte Wege möglich: entweder geht man von dem ältesten Material aus, oder von dem am besten erhaltenen. Der erste Weg scheint zuerst der methodisch richtigste; aber die antiken Nachrichten sind so unvollständig und durch die *interpretatio Romana*, die Übersetzung in den Kreis römischer Vorstellungen, so unsicher![7]) Die Inschriften sind so spärlich und zufällig überliefert! »Wie schwer sind nicht die Mittel zu erwerben, durch die man zu den Quellen steigt!«

[1]) Vgl. für den Norden Sophus Müller, Nordische Altertumskunde, s. o.; für Deutschland L. Lindenschmit, Handbuch der deutschen Altertumskunde, Braunschweig 1880—89, veraltet aber nicht ersetzt; allgemein Sophus Müller, Urgeschichte Europas, s. o.; R. Forrer, Urgeschichte des Europäers, Stuttgart o. J.
[2]) Zur Literatur vgl. Sievers in Pauls Gruudriß, 2. Aufl., I, S. 248.
[3]) Brambach, Corpus inscriptonum Rhenanarum, Leipzig 1867; weitere Literatur vgl. Mogk in Pauls Grundriß, 2. Aufl., S. 230 Anm. 3f.
[4]) Sinnig, Friedrichs.
[5]) Vgl. E. H. Meyer, Deutsche Volkskunde, Straßburg 1898; ders., Badisches Volksleben im 19. Jahrhundert, Straßburg 1900; R. Andree, Braunschweigische Volkskunde Leipzig 1896 u. a.; auch in Darstellungen der Mythologie, besonders bei E. H. Meyer, Mythologie der Germanen.
[6]) Vgl. W. Thomsen, Über den Einfluß der germanischen Sprachen auf die finnisch-lappischen, übersetzt von E. Sievers, Halle 1870; neuerdings die Studien von Olrik und Krohn.
[7]) Ein Beispiel der Hercules Saxanus: vgl. E. H. Meyer, PBB 18, 106; Golther S. 143 Anm. 3; Mogk S. 355.

## § 7. Die Quellen.

So hat sich denn tatsächlich allen Bearbeitern (wie uns schon § 6) nur der zweite Weg praktikabel erwiesen. Man geht von der altnordischen Mythologie aus rückwärts, indem man abzieht:

1. das offenbar oder wahrscheinlich Jüngere, insbesondere was der Systembildung und gelehrten Theologie angehört (wie die neun »Heime« der Götter, ihre Zwölfzahl),

2. das offenbar oder wahrscheinlich Nordische, insbesondere den Thor-Kultus in seiner norwegisch-isländischen Ausdehnung[1]).

Der Wert der Quellen hängt wesentlich von dem Grad ihrer Unbefangenheit ab. Am wichtigsten sind die, die ohne Absicht einer Mitteilung ganz unbefangen aussagen, wie die Runeninschriften. Die mit Absicht der Mitteilung gegebenen Zeugnisse sind zu bewerten: erstens nach dem Alter. Zweitens nach Glaubwürdigkeit und Unbefangenheit der Zeugen: Cäsar ist sachlicher als der moralisierende und politisch-pädagogische Tacitus, der mohamedanische Reisende freier als die christlichen Missionare; bei Snorri oder Saxo sind bestimmte Tendenzen zu berücksichtigen. Und drittens nach der Selbständigkeit der Mitteilung: eine primäre Quelle ist wichtiger als eine abgeleitete, eine isolierte von vornherein vertrauenswürdiger als das Glied eines Systems[2]).

Ungemein wichtig ist aber bei der Bewertung der Quellen auch die prinzipielle Frage nach deren Schichtung. Früher nahm man alle (prinzipiell, nicht im Einzelfall) als gleichwertig; in der Scheidung der Schichten liegt der größte Fortschritt der germanischen Mythologie[3]), wie wir ihn besonders nordischen Gelehrten (Henry Petersen, Axel Olrik) verdanken. Aber die Lagerung der Schichten ist nach deren Sonderung eine neue Aufgabe, in der ich z. B. nicht immer mit dem verehrten Meister Olrik zu gehen vermag.

Diese Schichten fallen mit den oben systematisch angeordneten Gruppen nicht völlig zusammen. Es handelt sich vielmehr wesentlich um ihrer drei:

1. reale Zeugnisse (Tempel, Götterbilder und ähnliche Funde), wozu wir auch alle Nachrichten von Kultstätten sowie theophore Ortsnamen und vielfach die Götternamen) rechnen,

---

[1]) Die Unterscheidung der nordischen Mythologie von der altgermanischen hat Henry Petersen (Om Nordboernes Gudedyrkelse og Gudetro i Hedenold, Kopenhagen 1876) zuerst systematisch angegriffen; ein besonders wichtiger Streitpunkt ist dabei die Stellung der Balder-Legende: vgl. Mogk S. 247f., »das Verhältnis der deutschen zur nordischen Mythologie«.

[2]) Bahnbrechend für die kritische Behandlung der germanischen Mythologie war K. Müllenhoff.

[3]) Vgl. z. B. v. d. Leyen, Germ. Rom. Monatsschrift 1, 291.

2. literarische Zeugnisse (Eddalieder),
3. volkstümliche Zeugnisse (Märchen und Volkslieder, aber auch Anspielungen bei Skalden).

Fraglich ist nun die Zugehörigkeit gewisser Zeugnisse und die chronologische Lagerung der drei Reihen. Insbesondere hat Olriks Forschung die Stellung der großen gelehrten Berichterstatter (Saxo, Snorri) zwar ungemein gefördert, aber doch nicht völlig klar gelegt. Welche Quellen insbesondere Saxo benutzt und wie sie zu zerlegen sind, wissen wir durch ihn ziemlich genau; aber welchen Platz die von Saxo benutzten norwegischen und dänischen Überlieferungen in der Überlieferungsgeschichte selbst einnehmen, nicht ebenso sicher. Wie weit sie literarisch, vor- oder nachliterarisch (wenn man so sagen kann) waren, darüber sind noch recht verschiedene Anschauungen möglich. Mir scheint das Alter seiner Vorlagen (wie der Snorris) zumeist überschätzt: ein Gelehrter des Mittelalters geht nicht auf die »Quellen« zurück, sondern konstruiert aus den nächst zugänglichen Berichten.

Wichtiger noch ist das andere Problem. Man verwechselt hier vielfach Zuverlässigkeit und Altertümlichkeit der Überlieferung; insbesondere beim Kult. Wo ein Tempel oder Ritus bestanden hat, da ist eben sicher der betreffende Gott verehrt worden; daß aber Nachrichten anderer Art nicht einen älteren Stand aufweisen können als der zufällig erhaltene Altertumsbefund, ist damit keineswegs erwiesen. — Den Hauptstreitpunkt aber bildet die Bewertung der (mehr oder minder) mündlichen Traditionen. Die Folkloristen sind geneigt, diesen immer den ersten Platz anzuweisen; die Durchführung dieses Standpunktes macht insbesondere v. d. L e y e n s Sagenbuch wertvoll. Er ist dazu gestimmt, in Märchen allemal die altertümlichste Anschauung verborgen zu sehen. Ich meine umgekehrt, daß die hohe literarische Durchbildung auch schon der ältesten Götterlieder eine lange, dahinter liegende Überlieferung voraussetzt und sie somit zu Zeugen von hoher Bedeutung macht. — Ganz gewiß freilich steht daneben auch viel gelehrte Zutat, die ich sogar für einige Gedichte (Grimnismál!) viel höher anschlage als die meisten. Der Vergleich mit Homers, nach Rohdes Nachweisen junger, Götterwelt ist nicht ohne weiteres gestattet, da eben Götterlieder und Epos zweierlei sind; viel eher darf man die Götterspuren in der Heldensage heranziehen. Die Märchen aber scheinen mir sehr oft aus vertrautem Umgang der Phantasie mit längst gefestigten Bildern erst herausgewachsen. Oder kann man das eigentliche Wesen des Petrus aus den Scherzlegenden des Mittelalters erkennen? Ist die Maria der zahllosen Madonnenlegenden altertümlicher als die der Evangelien?

Einstweilen mindestens scheint mir der Stil und Ton jedes Zeugnisses

## § 7. Die Quellen.

für sein Alter mehr auszusagen, als seine Zugehörigkeit zu einer bestimmten Schicht von Überlieferungen [1].

Im übrigen müssen wir für Auffassungen und Darstellungen der germanischen Mythologie auf unser Schlußkapitel verweisen. Wir selbst stellen uns etwa auf den Standpunkt eines aufgeklärten Heiden, der sich (wie der König in der Prosa-Edda) die Eigenart der allgemeinen Mythologie von einem Priester erklären läßt — für den wir freilich moderne Termini voraussetzen müssen!

[1] Nachstehend eine kurze Übersicht der wichtigsten heute noch brauchbaren Darstellungen. Grundlegend und unentbehrlich bleibt J. Grimm, Deutsche Mythologie. Von neueren Darstellungen scheint mir die vorzüglichste die von Mogk in Pauls Grundriß der germ. Phil., 1. Aufl. 1, 982 f.; 2. Aufl. 1, 230 f. Die beiden Bücher von E. H. Meyer, Germanische Mythologie, Berlin 1891 (Rec. Mogk, Indogermanische Forschungen, Anzeiger 3, 22) und besonders Mythologie der Germanen, Straßburg 1903, sind wertvoll namentlich in der Darstellung der niederen Mythologie, aber wegen ihres einseitigen Standpunktes (von dem aus der gelehrte Verfasser überall christliche und gelehrte Einflüsse wittert) nur mit Vorsicht zu bemerken. Diesen Standpunkt teilt die geschickte Materialsammlung von W. Golther, Handbuch der germanischen Mythologie, Leipzig 1895 (Rec. R. M. Meyer, Zeitschr. d. Ver. f. Volkskunde 1896, S. 87 f.). Oberflächlich ist seine populäre Schilderung Religion und Mythus der Germanen, Leipzig 1909. — Lehrreich durch den religionsvergleichenden Standpunkt Chantepie de la Saussaye, Religion of the Teutons (Handbooks of the History of Religion III), Boston 1902; in kürzerer Form holländisch erschienen: Geschiedenis van den Godsdienst der Germanen, Haarlem 1900. — Neue Gesichtspunkte bringt Fr. v. d. Leyen, Deutsches Sagenbuch I, Leipzig 1909 (Rec. A. Brandl, Arch. f. n. Spr. 121, 467). — Von den kürzeren populären Darstellungen scheint mir nur die von Mogk (in der »Sammlung Göschen«), obwohl zu »folkloristisch« gestimmt, empfehlenswert. Die nordische Mythologie allein stellt A. W. Craigie, The Religion of ancien the Scandinavia, London 1906, dar. Eine historische Entwicklungsgeschichte der germanischen Mythologie sucht außer Chantepie de la Saussaye und v. d. Leyen zu geben Noreen, Spridda Studier, Stockholm o. J., 1, 19 f.; vgl. auch Symons, Ontwikkelingsgang der Germaansche Mythologie, Groningen 1892.

# Drittes Kapitel.
## Niedere Mythologie.

Die niedere Mythologie reicht nach unseren Ausführungen bis zu den Anfängen des Götterglaubens. Ihre wichtigsten Quellen liegen in dem vorsichtig auszudeutenden »Aberglauben« und den damit zusammenhängenden Sitten und Gebräuchen, die sich (freilich überwiegend ohne Erinnerung an ihre ursprüngliche Bedeutung) oft merkwürdig treu bis in die neuere Zeit, wenigstens bis zu der Aufklärungspolizei des aufgeklärten Despotismus, erhalten haben. Daneben hat die Erschließung aus der Analogie gerade hier kräftig mitzuarbeiten, da die primitiven Völker der Gegenwart (»Naturvölker«) sich zumeist noch auf der Stufe der niederen Mythologie (besonders des Animismus) befinden und (s. o.) auch die Indogermanen vor der Völkertrennung dort gestanden zu haben scheinen.

### § 8. Die untersten Stufen.

1. »Augenblicksgötter« sind kaum nachzuweisen. Vielleicht kann man die Erzählung von dem Isländer Thorolf hier anziehen. Dieser Verehrer Thors wanderte aus Norwegen aus und brach dabei einen Thorstempel ab; den Pfeiler, in den das Bild des Gottes geschnitzt war, warf er voraus in die See, und wo dieser ans Land stieß, baute er sich an — die gleiche Form des Orakels wie oft in Kirchen- und Klostergründungssagen. Dort stand ein Vorgebirg und auf ihm ein Berg; »dem wandte Thorolf so große Verehrung zu, daß niemand ihn ungewaschen ansehen durfte, und weder Tiere noch Menschen sollten auf dem Berge getötet werden«[1]. Wahrscheinlich bedeutet das nur, daß der Berg »tabu« wurde, eine heilige Stätte, durch Thor geweiht; denkbar wäre aber auch, daß er als Haupt des Vorgebirges, das die Auswanderer aufnahm, selbst für göttlich erachtet worden wäre: dahin deutet das Verbot, ihn ohne Reinigung zu betrachten (gleichsam mit den Augen zu »betreten«)[2].

[1] Golther S. 122, 249.
[2] Über Brynhilds »Anrufung von Tag und Nacht« (Sgdr. Str. 3) vgl. u.

## § 8. Die untersten Stufen. 67

2. »Fetischismus« ist natürlich viel stärker vertreten, schon wegen der größeren Festigkeit der Überlieferung.

Albrecht von Halberstadt hat — freilich nicht aus wirklicher Kenntnis! — den Fetischismus und Animismus seiner Vorfahren anmutig geschildert:

> holze und steine
> ir oppher sie brachten ...
> sie wâren unversunnen
> und geloubten an die brunnen
> und an die boume in dem walde [1]).

Auch die Wissenschaft hat auf diese Fortdauer des Fetischismus sehr früh geachtet. Rühs [2]) sagt: »Es finden sich die unzweideutigsten Spuren, daß ungeachtet man bereits Hauptgötter und Nationaltempel hatte, manche Individuen noch ihre besonderen Fetische verehrten; so opferte z. B. ein norwegischer Stammkönig Rogwald einer Kuh, ein Isländer Brandr seinem Roß Freyfor ...«

Die ausführliche Schilderung der Einsetzung eines Fetisches sehe ich (gegen Heusler) in der Erzählung vom Völsi [3]).

Heusler [4]) möchte nur an einen alten Ritus glauben, bei dem der Phallus als Opfergabe herumgereicht wurde; der christliche Berichterstatter erst habe daraus einen Fetisch gemacht. Ist aber etwas, was täglich umhergereicht wird, eine Opfergabe? Mir scheint alles klar, wenn die Bauern das — etwa besonders starke — Glied zum Fetisch machen, es bekleiden und benennen (mit dem unverständlichen Namen »Mörnir«) und ihm jeden Abend eine Strophe als symbolische Opfer-

---

[1]) Prolog der Metamorphosen, vgl. Edw. Schröder, Gött. Ges. d. Wiss. 1909, S. 77 f.
[2]) Die Edda, 1812, S. 13.
[3]) Heusler, Zeitschr. d. Ver. f. Volkskunde, 13, 24 f. Im nördlichen Norwegen, in abgelegener Gegend, stand ein Bauerhof, bewohnt vom Bauer mit seiner Frau, mit Sohn und Tochter, Knecht und Magd; zu denen war der neue Glaube noch nicht gedrungen. Einmal ... starb der fette Lasthengst, und als man ihn ausbälgte, um nach der Sitte der Heiden sein Fleisch zu genießen, da schnitt ihm der Knecht das Zeugungsglied ab und wollte es wegwerfen; der Bauernsohn aber nahm es und wies diesen ‚Völsi' (»starkes Glied«? vgl. Heusler S. 34) unter Gelächter den drei Frauensleuten vor. ... Die Mutter nahm den Völsi an sich, trocknete ihn, wickelte ihn in ein Tuch und legte Kräuter dazu, damit er nicht faule. Durch die Kraft des Teufels wuchs der Völsi und erstarkte. Die Bäuerin wendete ihm all ihren Glauben zu und hielt ihn als ihren Gott; auch die Hausgenossen verleitete sie zu diesem Irrglauben. Jeden Abend wurde der Völsi hereingetragen, von dem einen zum anderen gereicht, und jedes sprach eine Strophe über ihn.« — Das erfährt dann der fromme König Olaf, geht verkleidet zu diesem Abendgottesdienst, und wirft schließlich den Völsi dem Haushund vor, zum Entsetzen der fanatischen Bäuerin.
[4]) a. a. O. S. 31.

gabe bringen. Phallische Züge fehlen keiner Mythologie[1]), auch nicht (wie Heusler selbst anmerkt) der altgermanischen. — Hier hätten wir also die bewußte Einsetzung eines zufälligen Gegenstandes, das als Symbol der Fruchtbarkeit zum Hausgott wird[2]). Fetischismus liegt wohl auch noch in einigen Fällen vor, in denen E. H. Meyer[3]) und Mogk[4]) Baumkult animistisch deuten. Die Übergänge sind ja sehr fein; der Unterschied liegt einerseits in der von uns kaum je kontrollierbaren Einsetzung, andererseits darin, daß nicht lokalisierte Geister (wie beim Animismus), sondern allgemeine Kräfte, die hier nur »deponiert« sind, Verehrung genießen. In diesem Sinne haben wir wohl Fetischismus, wenn verehrt werden:

Steine. Der heilige Eligius verbietet *ad petras luminarias facere;* der Indiculus superstitionum — ein Verzeichnis abergläubischer Gebräuche, auf deren Ausrottung die Geistlichen halten sollen — spricht *de his, quae faciunt super petras.* Die Steinfetische werden geschmückt und gesalbt. Burchard von Worms gegen die *vota ad lapides:* Gelübde, dem Steingötzen dargebracht.

In Giljá im Norden von Island stand ein Stein, in dem der Fetisch der Familie Codrans wohnte; er ließ sich erst taufen, als der Bischof den Stein durch seinen beschwörenden Gesang zerbrochen hatte. Ein anderer Isländer verehrte die »Kriegssteine«, die wohl einmal in einem Kriege Dienste getan hatten[5]).

Gewählt werden wohl besonders Steine von auffallender, besonders von menschenähnlicher Form. An solche knüpfen noch spät Sagen: sie sollen versteinerte Menschen darstellen[6]); so der bekannte Hans Heiling bei Karlsbad. Solche Versteinerungen (durch den Tagesanbruch) erzählten eddische Gedichte[7]).

Felsen erfahren gleiche Verehrung; sie sind ja große Steine. So das von Thorolf verehrte Vorgebirge Thorsnaes[8]). Vielleicht knüpfen die Brockensagen an solchen Kultus des seltsam gelagerten Berges an[9]).

[1]) Reiche, aber unkritische Aufzählung bei J. A. Dufaure, Des divinités génératrices, Neudruck Paris 1905.
[2]) Aufzählung der altindischen Fetische bei Macdonell S. 154 f.
[3]) So zitiere ich die Mythologie der Germanen; S. 151.
[4]) a. a. O. S. 387.
[5]) Craigie, Religion of Ancient Skandinavia, S. 37.
[6]) Wie die Salzsäule Lots Weib: Gunkel, Genesis S. 193.
[7]) Helg. Hjörv. Str. 3, Alv. 36.
[8]) Gother S. 122, 248; s. o. S. 66.
[9]) Könnte die ägyptische Göttin, die »die westliche Spitze« heißt (Erman, Ägyptische Religion S. 79) nicht ursprünglich wirklich der Fetisch eines Felsens gewesen sein? — Fetischismus von Steinen bei den finnischen Nachbarn beliebt: Castrén, Finnische Mythologie S. 223. — Von ferneren Beispielen nenne ich nur

## § 8. Die untersten Stufen. 69

Eine Hauptklasse der Fetische bilden die Pfähle und Baumstümpfe[1]). Von hier kommt vielleicht unser Wort »Götze«[2]). — Über den Zusammenhang der roten Pfahlfetische mit den geschnitzten Götzenbildern am Hauptpfeiler der Tempel[3]) ist später zu handeln[4]). Wohl die weiteste Ausdehnung hat der Kult der Bäume[5]). Er ist von der späteren Verehrung des Wald- und Feldgeistes zu scheiden[6]): nicht ein Geist im Baume wird verehrt, sondern dieser selbst[7]). Vielleicht ist der Wodanskult (s. u.) aus der Verehrung breiter laubreicher Bäume erwachsen. Besonders hohe und breite Bäume genossen jedenfalls besonderer Verehrung. Dahin gehört die berühmte sächsische Irminsul bei Eresberg (heute Stadtberge), das nationale Hauptheiligtum des Stammes[8]), das 772 von Karl dem Großen zerstört wurde; er fand dort Silber und Gold (Votivgaben? Schmuck? wie Xerxes einen prächtigen Baum, zum Hohngelächter der Hellenen, schmücken ließ). Als eine mythische Steigerung solcher Götterbäume faßt man gewöhnlich die Weltesche Yggdrasill auf, wie ich glaube, mit Unrecht.

Der heilige Baum heiligt seine Umgebung[9]). So entstammt die Heiligkeit des berühmten Haupttempels zu Upsala wahrscheinlich dem daneben stehenden Riesenbaum[10]), und er ist vielleicht nur an diesen angebaut,

die Kaaba in Mekka, den Nabel der Erde in Delphi, einen weißen Stein, J. Grimm, Kl. Schr. 2, 70; vgl. Goldziher, Kultur der Gegenwart I; III, 1, S. 90 und den *Lapis manalis* der Römer, Wissowa S. 106. Allgemein vgl. P. Saintyves, Les vierges mères, Paris 1908, S. 19 f. (unkritische Materialsammlung).

[1]) Über die »Säule« (d. h. den zurechtgestutzten Pflock) als indogermanisches Kultobjekt vgl. Schrader, Reallexikon 2, 860; Meringer Indogermanische Forschungen 18, 277 f., Much, Wörter und Sachen 1, 39 f.

[2]) Vgl. Meringer S. 280.

[3]) Vgl. auch Much a. a. O.

[4]) Der Pfahl ist Urform sowohl der griechischen Herme (s. o.) als auch wahrscheinlich der Totem-Säulen: die erst nur symbolisch verstandene Tier- oder Menschenähnlichkeit wird deutlicher ausgearbeitet. Der Kult geht vielleicht von den durch den Blitz abgestumpften und abgeschälten Bäumen aus, in die der Blitz hineingefahren war. Ein heiliger Pfahl neben dem Altar in Jerusalem 2. Könige 23, 6 (vgl. Giesebrecht, Grundzüge der israelitischen Religionsgeschichte, S. 31), den die Eiferer beseitigten wie die presbyterianische Generalversammlung das katholische Kreuz aus der Kirche: vgl. Brandl, Altengl. Lit. S. 1030.

[5]) Mannhardt, Baumkultus der Germanen, Berlin 1875, grundlegend; vgl. E. H. Meyer S. 20, 26, 30, 150 f., Mogk S. 293.

[6]) Golther S. 152 f.

[7]) Frazer, The golden bough 1, 64: »der Baum wird bald als der Körper, bald nur als das Haus des Baumgeistes betrachtet«; nur im ersten Fall haben wir Fetischismus.

[8]) E. H. Meyer S. 25, 312; vgl. Much S. 40.

[9]) L. Castrén, Finnische Mythologie, S. 206, 226.

[10]) Golther S. 598.

etwa um die Weihegaben[1]) aufzunehmen, wie man noch jetzt in der Nähe italienischer Wallfahrtskapellen (z. B. bei Brissago am Lago Maggiore) derartige Depothäuser findet. — Durch diese Emanation der Heiligkeit wird aus dem heiligen Baum ein heiliger Hain: die Irminsäule wird bald als »Idol«, bald als »Hain« bezeichnet. Doch ist es wohl möglich, daß der H a i n auch unmittelbar verehrt wurde. Jedenfalls stand er schon bei den Urgermanen in Verehrung[2]).

Ein Fortleben des Baumkultus nimmt man gewöhnlich in den »Maibäumen« der Frühlingsfeste an, indem ein ausgewählter Baum mit Bändern und anderem Schmuck behangen wird[3]); auch an den geschmückten Weihnachtsbaum hat man gedacht, der aber nicht vor 1605 nachzuweisen ist[4]). — Die mythologischen Beziehungen zwischen Mensch und Baum, auf die Much[5]) verweist, haben zu dem Baumkultus schwerlich beigetragen; denn die Auffassungen des Menschen als eines rein vegetativen, früchtetragenden Wesens sind der des Baumes als eines göttlichen, willensbegabten Wesens fast entgegengesetzt[6]).

Die zweite Hauptkategorie der Fetische sind wohl die W a f f e n; bei ihnen tritt wieder die Verwandtschaft mit den »Augenblicksgöttern« besonders deutlich hervor.

T a c i t u s[7]) erwähnt, daß die Germanen zum Kriege *effigies et signa quaedam detracta lucis in proelium ferunt.* Man hat die *effigies,* die T a c i t u s an anderer Stelle[8]) *ferarum imagines* nennt, als Symbole der den Göttern heiligen (Totem?) Tiere, die *signa* als deren Attribute aufgefaßt[9]). Aber die Aufbewahrung im heiligen Hain läßt an Fetische denken: Wodans Speer, Donars Hammer, Tius Schwert werden als wirkliche Helfer herausgebracht.

[1]) E. H. M e y e r S. 316.
[2]) T a c i t u s, Germ. 9: »*lucos ac nemora consecrant deorumque nominibus appellant secretum illud quod sola reverentia vident*«; vgl. M o g k S. 396.
[3]) So M o g k und M u c h, a. a. O.
[4]) T i l l e, Geschichte der deutschen Weihnacht, Leipzig 1893, S. 257; Kronfeld, Der Weihnachtsbaum, Oldenburg u. Leipzig 1907, S. 156 f.
[5]) a. a. O.
[6]) Primitiver Baumkultus: F r a z e r 1, 48 f.; Bei den Indern: M a c d o n e l l S. 154. Menschen als Bäume keine primitive Vorstellung, sondern erst aus den Anfängen des Götterkultes: so griechisch bei den als erste Menschen »wie Bäume von der Erde emporgetriebenen« Kureten (P r e l l e r 1, 641), so bei vielen anderen Völkern (P. S a i n t y v e s, Les Vierges Mères S. 56 f.). Diese Vorstellung von den Menschen als »Naturprodukten« scheint eine Scheidung der mechanisch arbeitenden »Natur« von der »Geisteswelt« vorauszusetzen, die schwerlich sehr frühen Kulturperioden zuzutrauen ist. Vgl. auch L u k a s, Kosmogonien S. 253.
[7]) Germ. c. 7.
[8]) Hist. 4, 23.
[9]) G o l t h e r S. 602.

## § 8. Die unterste Stufe. 71

Jedenfalls sind alle drei ursprünglich Fetische gewesen, besonders der Hammer — ob er nun ursprünglich als Waffe oder als Werkzeug verehrt wurde. Noch spät wird er als *signum*, als Amulet und Talisman verwandt [1]). Thor »weiht«, weil er den Hammer besitzt [2]). Eine phallische Bedeutung [3]) braucht man trotz seiner Verwendung zur Hochzeitsweihe nicht anzunehmen. Ebensowenig ist die Erklärung, daß der Hammer der Donnerkeil sei, weil er immer wieder in die Hand Thors zurückkehrt [4]), zwingend. — So häufig war die Verwendung des Hammers, daß später Verwechslung mit dem Kreuzeszeichen eintrat [5]).

Man hat für den heiligen Hammer ein vorgermanisches Alter angenommen. In Kreta war schon lange vor der mykenischen Kultur das Doppelbeil Symbol des Donnergottes und »auf seinem Wege nach dem Norden, wo er dreitausend Jahre später als Thorshammer erscheint« [6]). Die *labrys* [7]) »war nicht ein Symbol, sondern das unmittelbare Bild der Gottheit; die übernatürliche Macht wohnte in ihm« [8]). Also ein vorgermanischer Fetisch, und doch zugleich Sinnbild schon eines Gottes? Jedenfalls scheint es einfacher, anzunehmen, daß ursprünglich der heilige Hammer lediglich wirklich ein solcher mit Fetischeigenschaften war, der dann später auf den Donnergott und sein Symbol, den einschlagenden Blitz, bezogen wurde. Kann die gleiche Wandlung sich nicht aber im Norden selbständig vollzogen haben? Ist der Thorshammer notwendig von der kretischen Labrys abzuleiten? [9]) Kann nicht eben jeue Verwechslung mit dem Kreuz bedenklich stimmen? Ich möchte jedenfalls glauben, daß überall der Werkzeug- oder Waffenfetisch das Ursprüngliche ist und nicht die Symbolbeziehung. Ob die Amulette (Bernsteinhammer u. dgl.) schon auf Thor Bezug haben, bleibt gleichfalls fraglich [10]).

Die bedeutendste Rolle unter den Waffenfetischen spielt aber das

---

[1]) Golther S. 251, 2.
[2]) Thrymsk. Str. 30.
[3]) E. M. Meyer, Germanische Mythologie, S. 212.
[4]) Ders., Myth. d. Germ., S. 159.
[5]) Goblet d'Alviella, Migration des symboles, S. 21 u. ö.
[6]) S. Müller, Urgeschichte Europas, S. 59.
[7]) a. a. O. S. 69..
[8]) a. a. O. S. 151.
[9]) Ebd. S. 186; dagegen Much, Gött. Gel.-Anz. 1909, Nr. 2, S. 95 f.
[10]) Heilige Speere finden sich auch in Ägypten (Erman S. 214) und werden dort gleichfalls in verkleinertem Abbild als Amulette getragen. Heilige Waffen, besonders Bogen, im Veda Macdonell S. 155. Heilige Speere, ebenfalls in der Mehrzahl, und heilige Schilde (*ancilia*) bilden einen Hauptgegenstand im Kult des Mars (Wissowa S. 131). Über die heilige Lanze, ein Abzeichen des (deutschen) Reichs A. Hofmeister, Breslau 1908 — sie bezeichnet bereits den (häufigen) Übergang von Waffen zu Insignien.

Schwert. Der Schwertdienst ist bei den Quaden ausdrücklich bezeugt[1]; ebenso heißt bei den Sachsen die Hauptwaffe, das kurze Schwert, *sahs* und der Kriegsgott Saxnot — mag er nach dem Schwert oder nach dem Volk benannt sein oder dies nach dem Stammheiligtum. Auch sonst fehlt es[2] nicht an Spuren des Schwertkultes in der germanischen Mythologie. Eine ursprüngliche Beziehung des Schwertes auf die Sonne[3] möchte ich auch hier bezweifeln; später wird auch hier der Fetisch zum Attribut[4].

Sehr nahe liegt die Fetischisierung von Insignien, wie dem Szepter von Chaeronea[5], dem Mantel des Elia[6] und hebräischen Feldzeichen[7]. — Wir finden in der germanischen Mythologie keine Analoga; Thors Kraftgürtel ist von ganz anderer Art. — Zu den heiligen Opfergefäßen der Inder[8] ist an die altnordischen Namen mit -*ketill* »Kessel« zu erinnern.

Den Waffen stehen die Werkzeuge nah (s. o. zum Hammer Thors). Wir wissen nicht, ob von den zahllosen Grabfunden nicht manche Spindel u. dgl. eine Fetischbedeutung hatte; die Wundermittel des Grottasöngr[9] sind rein märchenhaft wie der Besen von Goethes Zauberlehrling.

Schon in der Geschichte vom Völsi trafen wir eine letzte Kategorie von Fetischen: Körperteile. »In der fabelhaften Erzählung von Þorstein Boejarmagn besitzt König Geirrøðr ein Trinkhorn, an dessen Spitze sich ein Menschenhaupt mit Fleisch und Mund befindet, das dem König zukünftige Dinge prophezeit. Ebenso besaß ferner nach einer alten Überlieferung ein Isländer namens Thorleifur den Kopf eines ertrunkenen Mannes (nach anderen den eines Kindes), den er in einer Kiste aufbewahrte. Dieser offenbarte ihm alles, was er zu wissen wünschte«[10]. Daß das Haupt

---

[1] Mogk S. 317.
[2] S. ebd.
[3] Mogk a. a. O.: »das Schwert kann nichts anders als die leuchtende Sonne sein.«
[4] Vgl. auch zur Etymologie von *hamar* und *sahs* Much, Abhandlungen zur germanischen Philologie, Festgabe f. Heinzel, Halle 1898, S. 232, Anz. f. d. Alt. 28, 306. — Schwertfetischismus zeigt sich z. B. bei den Chinesen in den Legenden von der Verwandlung der Seelen in Schwerter (Pfitzmaier, Sitzungsber. Wiener Akad. 1878). Auch die Sichel des Kronos ist »das gewöhnliche Krummschwert« (Preller 1, 53) und wohl erst später Attribut geworden; woraus sich dann äthiologische Mythen entwickeln konnten.
[5] H. Diels Berliner Rektorrede 1905.
[6] 2. Könige 2, 8; vgl. 1. Könige 19, 19.
[7] Schwally, Semitische Kriegsaltertümer, S. 16.
[8] Macdonell S. 154.
[9] Gering, Edda, S. 377; vgl. v. d. Leyen, Märchen in der Edda, S. 58 f.
[1] Mogk S. 306.

des Toten guten Rat erteile und die Zukunft künde, ist auch sonst alter Volksglaube[1]). Mit dem Mythus von Mimirs Haupt möchte ich das aber nur so weit in Verbindung setzen, als dieser alte Naturmythus vielleicht im Sinne jenes fetischistischen Aberglaubens gedeutet wurde[2]). Dagegen ist an das Märchen vom sprechenden Pferdehaupt (Falada) zu erinnern[3]). Nächst dem Kopf ist der Schädel zum Fetischdienst geeignet; die grausige Sitte, aus dem Schädel erschlagener Feinde zu trinken (Alboin!), stammt vielleicht von hier: der Fetisch wurde zunächst geschmückt, in Gold gefaßt, mußte dann den Trank weihen[4]).

Der Kult des Fetisches hat überall seinen Mittelpunkt in dessen Bekleidung[5]) und Ausschmückung. (Auch dies ist beim Völsi angedeutet).

## § 9. Die Seelen.

Animismus und Dämonismus sind ohne eine Auseinandersetzung über die Psychologie der Naturvölker, d. h. ihre Anschauungen von der Seele, nicht zu verstehen[6]).

Das Grundproblem aller Psychologie ist auch schon für die Primitiven (und gerade für sie) in aller Stärke vorhanden: das Rätsel, was das »Lebendige« von dem »Unbelebten« unterscheide. Wir sahen schon, daß der Begriff des Lebens für die primitive Erfahrung mit dem des Wollens zusammenfällt. Irgend etwas also ist da, das im Menschen, ebenso aber auch im Tier, im bösen oder guten Geist wirkt. Wir nennen es »Seele«.

Es entsteht ein weiteres Problem. Zunächst wird diese Seele als etwas rein Individuelles vorgestellt; jedes Wesen hat seine eigene Seele. Weiter aber wird auch die Gleichartigkeit dieser Seelen empfunden, so daß z. B. die Indonesier die Einzelseele nur als Teil der das Universum durchdringenden Lebenskraft ansehen[7]), wie der einzelne Bach ein Teil des Wassers ist. — Indeß scheinen solche Spekulationen den ältesten

[1]) Mogk S. 381.
[2]) Vgl. ebd. S. 374 f.
[3]) Man denke an die abergläubischen Gebräuche mit Körperteilen erhängter Verbrecher. — Die Medusa hat vielleicht auch fetischistische Züge (vgl. Preller 2, 641 f.).
[4]) Über Phallusdienst s. o. (Dufaure, Divinités génératrices; vgl. Florenz, Über shintoistischen Phalluskult: Kultur der Gegenwart S. 219; ebenso z. B. Arch. f. Rel.-Wissensch. 11, 549 über die Bavumba). Bei ityphallischen Gottheiten (Frey — Priapus) ist der Fetisch wieder zum Attribut umgewandelt. Ein ausgestopftes Robbenfell als Fetisch in Tanara, Kern, Arch. f. Rl.-Wissensch. 10, 82.
[5]) Godden, Zeitschr. d. Ver. f. Volksk. 1895, S. 100.
[6]) F. Schultze, Psychologie der Naturvölker; vor allem aber Frazer 1, 121 f.; Wundt 2, 1 f. — Ein Beispiel dieser Psychologie mein Aufsatz »Begriff des Wunders in der Edda«, Zeitschr. f. d. Phil. 31, 315.
[7]) Arch. f. Rel.-Wissensch. 12, 127.

## Drittes Kapitel.

Phasen und so auch der altgermanischen Religion auf animistischer und dämonistischer Stufe noch fernzuliegen.

Die germanischen Ausdrücke für die Seele sind denen anderer Sprachen analog: west- und ostgermanisch *saivala* wohl zu gotisch *saivs* — »See«: das Bewegliche (»Des Menschen Seele gleicht dem Wasser«, Goethe; »mein Herz gleicht ganz dem Meere«, Heine); altnordisch *önd* zu *an:* »hauchen«; altnordisch *hugr:* »Gedanke« [1]). Das Merkwürdigste wäre unser »Geist«, wenn es wirklich [2]) zu einem Verb »wüten, lebhaft erregt sein« gehört — wie der Name Wodan zu »wüten«.

Das Leben also ist an den Besitz dieser Seele gebunden — eine Konzeption, die in erneuter Form noch der junge Alexander v. Humboldt [3]) teilte und die der moderne »Neovitalismus« auffrischt. »Das physische Leben selber war ein Wesen das im Tode sich löste« [4]).

Die Seele hat zwei Hauptvermögen, die die mittelhochdeutsche Sprache als *muot* (Begehren, Wollen) und *sinne* (Denken, Verstand) unterscheidet. Sie ist also einfach eine Verkörperung der Kausalität: etwas geschieht, weil etwas gewollt wurde; etwas wurde gewollt, weil etwas gedacht wurde. Dieser Prozeß wird sehr oft vorgeführt, besonders in der Heldensage; man denke an die inneren Dialoge des Odysseus mit seinem göttlichen Herzen [5]). Oder er wird mythisch umkleidet, wie wenn die Gedanken Sigurds (in den Fafnismál) als sprechende Vögel verkleidet sind (Odins Raben heißen Sinn und Gedanke!). Oder eine besonders wichtige Überlegung wird in die symbolische Handlung einer ganzen Ratsversammlung umgesetzt: wenn Odin nicht weiß, was er tun soll, um die von Baldrs Träumen vorverkündeten Ereignisse abzuwehren, beruft er eine Götterversammlung — hier wird das Denken laut, — und befragt eine Seherin — hier soll das Wollen offenbart werden (Vegtamskvida). — Diese Grundanschauung hat nun aber eine wichtige praktische Konsequenz. Alles Wollen müßte eigentlich vernünftig, zweckentsprechend sein. Die tägliche Erfahrung aber von der unvernünftigen Vernunft, dem schädlichen Wollen ist da; sie kann nur so erklärt werden, daß die Seele nicht vollkommen leistungsfähig ist: Besessenheit, Verzauberung, Entfernung der Seelenkraft dienen der Erklärung.

Wie nun aber die Energie der Menschen (und anderer Wesen) verschieden ist, so müssen auch die Seelen verschiedene Kraft besitzen. Es

---

[1]) Meyer S. 72, Golther S. 89.
[2]) Nach Kluge, Etymologisches Wörterbuch, 5. Aufl. S. 132.
[3]) In seiner Fabel von der »Lebenskraft«, »Ansichten der Natur«.
[4]) Meyer S. 71.
[5]) Aus solchen inneren Zwiegesprächen ist, wie eben jetzt J. Leo dargetan hat, der Monolog in der dramatischen Weltliteratur hervorgegangen.

## § 9. Die Seelen.

sind also Rangstufen vorhanden von den blöden Toren späterer Eddalieder oder dem Knecht der Rígsþula bis zu göttlichen Wesen herauf. Die Seele handelt ein- für allemal nach Maßgabe ihrer Kraft — es sei denn eben, daß Trunkenheit, Müdigkeit, Verzauberung sie lähmen[1]). — Sie kann aber (und dies ist eine spezifisch altertümliche Vorstellung) auch durch ihr Übermaß behindert werden[2]). — Besonders die keltische Heldensage arbeitet mit dieser Kraftüberfrachtung der Helden. In der alten Mythologie tritt sie mehr bei Göttern hervor, insbesondere bei Thor: um nicht immerfort Schaden anzurichten, tut er den Überschuß für gewöhnlich ab und »fährt hinein«, sobald es nötig wird; gerade wie Aphrodite ihre Anmut zum Teil in ihrem Gürtel versteckt.

Dies also sind die Grundanschauungen der primitiven Seelenlehre. Wir haben auf Grund dieser Voraussetzungen von jetzt ab für jede Kategorie von Wesen die »Seele«, die »Kraft« zu prüfen.

Zunächst für den Menschen; denn von seiner inneren Erfahrung geht die ganze Vorstellung aus.

1. **Gestalten der Seele.** Sie ist ein »Geist« und deshalb normalerweise unsichtbar; das ist ja eben die Grundanschauung, daß hier etwas wirkt, das sinnlich nicht wahrnehmbar ist. Sie ist ferner an einen Ort gebannt, nämlich an den Körper des Menschen. Nur wenn sie ihr Gefängnis verläßt, wird sie sichtbar. Dann aber in vielen Formen, von denen jedoch jede elementare als die einzige, sei es dieser Seele, sei es der Seele überhaupt, gilt (anders ist es bei den Tiergestalten, s. u.):

Als leichte Elementarerscheinung: als Rauch (hebräisch *ruach*, lateinisch *animus*[3]). So steigt sie als schwarzer Rauch aus dem Halse der schlafenden (und träumenden) Magd. Dies »luftige Gebilde« steht an der Grenze der Wahrnehmbarkeit; man denke auch daran, wie bei scharfem Frost der Atem sichtbar wird (an »Rauch des Lebensfeuers« ist schwerlich zu denken); als Wind[4]), d. h. als unfaßbare, bewegende Kraft; als Wölkchen, gewissermaßen eine Kombination von Rauch und Wind: ein zusammengeballter, vom Wind getriebener Hauch. (Dies gibt zuerst Gelegenheit zu Differenzierungen: »nach dem neueren germanischen Aberglauben schwebt in Tirol die Seele eines Tugendhaften als weißes

---

[1]) In der Ritterzeit wird diese Lähmung des Wollens durch die Liebe ein beliebtes Thema; das »*verligen*« z. B. in Hartmans v. Aue Erec.
[2]) Mythologisch märchenhafter Ausdruck der schädlichen Überkraft im Grottasöngr, wo die Mühlen so viel Salz mahlen, daß die Schiffe sinken; man denke an die Erfahrung, die Chamissos Schlemihl im Anfang mit den Siebenmeilenstiefeln macht.
[3]) Vgl. Golther S. 80.
[4]) Mogk S. 255, Meyer S. 72.

## Drittes Kapitel.

Wölkchen aus dem Munde«)[1]; als Flämmchen[2]): Emanation der Lebenskraft, der »Seelenwärme«. Besonders beliebt ist die Vorstellung, »daß sich die Geister als Flammen auf den Grabhügeln oder in ihrer Nähe aufhielten, daß sie sich als Flammen in den Lüften zeigten. In der altnordischen Hervararsage wird erzählt, daß die Seele Angantys und seiner Brüder allnächtlich auf ihren Gräbern erschienen seien«. »Hierin wurzeln die vielen Erscheinungen, die die deutsche Volkssage als Feuermänner, Leuchtemännekens, feurige Mannen usw. kennt«[3]). Diese Lieblingsvorstellung wird durch Erscheinungen wie die Irrwische, durch allerlei unerklärliches Aufleuchten im Dunkel u. dgl. genährt, vor allem aber wohl durch die Analogie in dem plötzlichen Aufzucken und Erlöschen; ist doch noch uns dies Erlöschen der Lebensflamme eine unentbehrliche Metapher.

In Tiergestalt: Diese Gestalten sind den vorigen wahrscheinlich nicht völlig gleichzustellen. Jene einfachen Formen sind unmittelbarer Ausdruck der Lebensvorstellung; die Tiergestalt[4]) ist angenommen und setzt also die Verwandlungsfähigkeit der Seelen voraus[5]). Sie nehmen (wie die Verwandlungsmenschen, s. u.) die Gestalt an, die sie gerade brauchen. Die Seele erscheint: als Vogel, um davonzufliegen, und zwar wieder gern mit Differenzierung: dunkle Seelen als Raben und Krähen, helle als Tauben und Schwäne[6]); als Schmetterling, Motte, Biene, Käfer, um ihr altes Heim zu umflattern; als Schlange[7]) für einen Weg am Boden, wie in der berühmten Sage vom Frankenkönig Guntram[8]); als Maus oder Ratte, um sich unmerklich durchzuschleichen; so sind

---

[1]) Meyer S. 79; vgl. Golther S. 81.
[2]) Mogk S. 266, Meyer S. 75, Golther S. 81.
[3]) Mogk S. 260.
[4]) Golther S. 81.
[5]) Vgl. Meyer S. 82.
[6]) Ebd. S. 76.
[7]) Meyer S. 79.
[8]) Golther S. 83, Mogk S. 262 nach Paulus Diaconus 3, 34. Der König war auf die Jagd gegangen. Er schlief ein; nur sein treuer Diener war bei ihm. Als er nun entschlafen war, schlich aus Guntrams Munde ein Tierlein hervor in Schlangenweise, lief fort bis zu einem nahe fließenden Bach, an dessen Rand stand es still und wollte gern hinüber. Das hatte alles des Königs Gesell, in dessen Schoß er ruhte, mit angesehen, zog sein Schwert aus der Scheide und legte es über den Bach hin. Auf dem Schwerte schritt nun das Tierlein hinüber und ging zum Loch eines Berges, da hinein schlopf es. Nach einigen Stunden kehrte es zurück und lief über die nämliche Schwertbrücke wieder in den Mund des Königs. Der König erwachte und sagte zu seinem Gesellen: Ich muß Dir meinen Traum erzählen und das wunderbare Gesicht, das ich gehabt. Ich erblickte einen großen, großen Fluß, darüber war eine eiserne Brücke gebaut; auf der Brücke gelangte ich hinüber und ging in die Höhle eines hohen Berges; in der Höhle lag ein unsäglicher Schatz und Hort der alten Vorfahren. Da erzählte

## § 9. Die Seelen.

noch in der (späten) Sage vom Rattenfänger von Hameln die Ratten eigentlich Seelen, die in den Totenberg geholt werden [1]).

In anderen Formen. Was es bedeutet, wenn eine Seele einem Tannenzapfen oder einer Artischocke ähnlich sein soll [2]), weiß ich nicht; wohl etwas Allegorisches.

2. **Bewegung der Seele.** Diese Epiphanien der Seele »bei lebendigem Leibe« sind an bestimmte Bedingungen geknüpft. Die Seele wird nur sichtbar, wie wir schon sagten, wenn sie den Körper verläßt. Das tut sie immer beim Tod (»die Ratten verlassen das Schiff«); sonst aber in zwei Fällen: dem leichteren und regelmäßigen des Traums, dem schwereren und selteneren der Ekstase.

Der Schlaf ist ein rätselvolles Problem. Das Leben ist gleichsam suspendiert, und beim Erwachen ist alles, wie es gewesen. (Der Gedanke ist märchenhaft ausgemalt im Märchen vom Dornröschen: die erstarrte Ohrfeige des Kochs; poetisch vergegenwärtigt in den mythisch entsprechenden Sigrdrifúmál.)

Nun aber vollends der Traum verdoppelt das Rätsel: das Leben ist aufgehoben — und doch geht die Empfindung weiter; es ist, als wäre eine andere Walze in die Maschine eingeschoben. Das Rätsel des Traums beschäftigt ja heute noch die Psychologie fast unverändert, nur daß sie heute mit der Technik des Traums arbeitet wie einst mit seiner Symbolik [3]).

Es ist begreiflich, daß der Traum schon die Primitiven stark beschäftigt. Auf Traumerscheinungen wie den Alpdruck hat Laistner [4])

der Gesell ihm alles, was er unter der Zeit des Schlafes gesehen hatte, und wie der Traum mit der wirklichen Erscheinung übereinstimmte. Darauf ward an jenem Ort nachgegraben und in dem Berg eine große Menge Goldes und Silbers gefunden, das vor Zeiten dahin verborgen war.«

[1]) Alle diese Erscheinungsformen sind über die ganze Welt verbreitet, besonders die der Schlange (z. B. bei den Hellenen Meyer S. 77), deren sonderbare gelenklose Bewegung sie besonders unheimlich macht, und des Vogels (z. B. Frazer 1, 124).

[2]) Deutsche Sagen I, IV 186.

[3]) Artemidoros, Symbolik der Träume, übs. m. Anmerkungen von Fr. S. Krauß, Wien 1881; vgl. dazu Th. Gomperz, Traumdeutung und Zauberei, Wien 1866; Gotthilf Heinr. v. Schubert, Symbolik des Traumes, 1814; Sante de Sanctis, Die Träume, übs. v. O. Schmidt nebst Einführung von P. J. Möbius, Halle 1901; Sigm. Freud, Die Traumdeutung, Leipzig 1900. — In der altnordischen Literatur wird die Symbolik des Traums gern in den Dienst der gleichen Technik gestellt; vgl. meine Altgerm. Poesie S. 68; Henzen, Die Träume in der altnordischen Prosaliteratur.

[4]) Das Rätsel der Sphinx, Berlin 1889.

## Drittes Kapitel.

fast die ganze Mythologie aufgebaut[1]), und v. d. Leyen[2]) ist ihm darin gefolgt. Ich glaube aber, daß man hierbei das moderne, ich möchte sagen literarisch und künstlerisch gebildete Träumen zu unmittelbar in die einfacheren Verhältnisse der Urzeit überträgt. Nicht was er träumt — daß er träumt, ist für den Primitiven das Merkwürdige. Es läßt sich auf zweierlei Weise erklären. Entweder: die Seele wandert und sieht ferne Dinge[3]) — oder umgekehrt fremde Geister packen den (unverteidigten) Körper. Der letzte Fall gehört dem Dämonenglauben, der erste in die Seelenlehre: die Seele erzählt dem Körper, was sie auf ihren Wanderungen erblickt.

Es gibt aber Fälle, in denen die Trennung der Seele vom Körper unmittelbar gefühlt wird. Wir nennen solche Fälle die der Ekstase, d. h. des Aufenthalts der Seele außerhalb des Körpers[4]). Der Begeisterte ist »außer sich« und bleibt sich doch seiner Seele bewußt; sie tritt gleichsam nur an das Tor, ohne den Körper ganz zu verlassen, der aber doch in den stärksten Momenten mit seinen verglasten Augen, mit der Starrheit der Verzückung (»Trance« in der neueren Suggestionsliteratur) fast dem eines Toten gleicht.

Die Ekstase ist an bestimmte Momente geknüpft[5]). Es sind Momente, die auch auf uns noch »berauschend« wirken:

Der Rausch selbst, die Trunkenheit; durch vorbereitende Mittel (Einsamkeit, Fasten, rhythmische Bewegung) gesteigert das Hauptmittel der Zauberer, um sich in ekstasische Zustände zu versetzen[6]); der geistige Rausch, die Übermacht eines einzelnen Gefühls, besonders des Zorns[7]); die Nacht mit ihrer betäubenden Stimmung[8]) und besonders heilige Abende und Nächte wie der Jul-Abend[9]); der Tod als Abend des Lebens: dem Sterbenden verdoppeln sich die Kräfte[10]), besonders auch die des Geistes: der Fluch des Sterbenden hat wunderbare Macht[11]), der

---

[1]) Vgl. Golther S. 73.
[2]) Arch. f. n. Spr. 113, 249 f., 114, 1 f., 115, 1 f.
[3]) Wie in Guntrams Fall; vgl. allgemein Mogk S. 261.
[4]) Achelis, Die Ekstase, Berlin 1882; Edv. Lehmann, Mystik in Heidentum und Christentum, Leipzig 1908, S. 7 f.: Ekstase für den christlichen Heiligen; Görres, Christliche Mystik, S. 245 f.
[5]) Vgl. meinen Aufsatz Zeitschr. f. d. Phil. 31, 325.
[6]) Vgl. Edv. Lehmann a. a. O.
[7]) Berserker im Norden und ihre Weiber, Hárbardslied Str. 39; vgl. die wütende Raufsucht der bayerischen Dorfleute, Zeitschr. d. Ver. f. Volksk. 1897, S. 243.
[8]) Problematische Behauptungen über Mondzauber bei Falk, Arck. f. nord. Phil. 6, 276.
[9]) Helg. Hjorv. zu Str. 31; vgl. das christliche Pfingstwunder.
[10]) Sigurds Tod, Sigurd en skamna Str. 22—23.
[11]) Fáfn. zu Str. 2.

§ 9. Die Seelen. 79

Sterbende erblickt die Zukunft[1]; der Abend aller Abende, der letzte Tag[2].

Es sind Zeiten, in denen das Chaos, die Rückkehr des Lebens ins Ungeformte, einzutreten scheint: alle Formen verschwinden und die Seele nähert sich ihrer ursprünglichen Ungebundenheit.

3. **Verdoppelung der Seele.** Schon hier beobachtet der Mensch seine eigene Seele und sieht mit Staunen, wie sie über ihn herauswächst. Diese Erfahrung oder vielmehr dieser Eindruck kann sich aber noch steigern: es gibt Menschen, die beständig die Empfindung einer mehrfachen Seele haben. Sokrates sah die Eingebungen seines Geistes als Einflüsterungen seines »Dämoniums« an und ihm folgt Platen:

> Wie? mich selbst je hätt ich gelobt? Wo? wann? es entdeckte
> Irgendein Mensch jemals üble Gedanken in mir?
> Nicht mich selber, ich rühmte den Genius, welcher besucht mich,
> Nicht mein sterbliches, mein flüchtiges, irdisches Nichts!
> Weil ich bescheiden und still mich selbst für viel zu gering hielt,
> Staunt' ich in meinem Gemüt über den göttlichen Geist.

Von solchen Eindrücken geht die Vorstellung einer doppelten (oder noch mehrfachen) Seele aus[3]).

Diese zweite Seele kann nun, wie die erste, sichtbar werden, aber auch sie scheint hierin an die hohen Momente (besonders Fest und Tod) gebunden. Wir wissen von dieser Vorstellung Näheres nur aus dem Norden, wo sie sich in vollkommener Deutlichkeit kristallisiert hat. Sie heißt dort **Fylgja**[4]) oder **Fylgjukona**[5]). Sie ist weiblich (während sonst die innewohnende Seele, wenn überhaupt, als ein Miniaturbild des Körpers aufgefaßt wird)[6]) und kann wieder Tiergestalt annehmen, besonders die von Haustieren (Geißbock, Hengst) oder von wilden Tieren (Wolf, Bär). Sie besucht den Menschen, wenn er zugänglich ist: im Rausch wie Hedin[7]), kurz vor dem Tod: Thidrandi, sieht in einer mondhellen Nacht die neun Schutzgeister der Geschlechter in weißen Gewändern und auf weißen Rossen gegen neun andere in schwarzen Gewändern

---

[1]) Sig. sk. Str. 52f.; vgl. Altgerm. Poesie S. 51.
[2]) Vol. Str. 45; vgl. Helg. Hund. 2, 39.
[3]) Sie ist z. B. bei den Ägyptern kanonisiert: neben der Seele, die den Leib des Sterbenden in Vogelgestalt verläßt, noch das Ka, die Lebenskraft? (Erman, Ägyptische Religion S. 88, 109). — Die »Außenseite« wird oft märchenhaft materialisiert: in Meleagers Holzblock, in des Nisus Goldhaar steckt die Lebenskraft (Frazer 1, 305), während sie doch außerdem wie andere Menschen leben, denken, handeln.
[4]) Vgl. Mogk S. 271.
[5]) »Folgerin, Folgefrau«, E. H. Meyer S. 262.
[6]) Frazer 1, 122.
[7]) Helg. Hjorv. zu 31.

reiten, von denen er getötet wird¹). Hier haben wir gleich die weitere Spaltung: Gisli hat zwei Traumweiber, deren eine wohlwollend gesinnt ist, die andere ungünstig²) — das sind zwar keine eigentlichen Fylgjur, aber doch Traumgeister, die diesen angenähert sind. Übrigens könnte diese Einteilung in helle und dunkle Schutzgeister auf christlichen Einfluß zurückgehen (Bürgers Ballade vom wilden Reiter); freilich gibt es auch helle und dunkle Elfen.

Während die Fylgja nur eben die Verkörperung der entwickelten Seele ist, die Unglaubliches rät, ob nun Gutes oder Böses, hat die hamingja völlig den Charakter des »Schutzengels«. Mogk³) faßt die hamingja als identisch mit der Fylgja: sie sei nur die mit einer Hülle (altnordisch hamr), z. B. der Tiergestalt, bekleidete Fylgja⁴). Aber daß sie immer gütig scheint⁵), bedeutet doch wohl nur einen Unterschied: sie ist die ethisch umgedeutete Fylgja⁶).

Sie wird so persönlich vorgestellt, daß man über sie (wie über einen Schatten) stolpern kann⁷). Auf Denksteinen wird sie abgebildet⁸). Einen Kultus genießt sie nicht, sie ist ja ein Teil des eigenen Selbst. **Nicht jeder** besitzt eine Fylgja⁹): sie ist ein individueller Vorzug.

4. **Die Seele nach dem Tode.** Die Seele kann also bei Lebzeiten sichtbar werden und zwar auch Unbeteiligten: die *hugir* fremder Männer erscheinen[10]) als Wölfe, die den Träumenden überfallen. Damit ist ihr Benehmen nach dem Tod vorgezeichnet[11]).

Sie bleibt zunächst einen Augenblick in der Nähe des Leibes, namentilch so lange dieser noch warm ist[12]). Dann aber »kehrt sie in die ewig belebte Natur zurück«[13]), in die große Vorratskammer der Existenz. (Die Vorstellung, daß sie zur Wiedergeburt aufbewahrt werde scheint jünger und vereinzelt.) Sie kann einfach spurlos in die Natur aufgehen,

---

¹) Olafsaga Tryggvasonar K. 215, Golther S. 99.
²) Golther, ebd. nach Gislasaga Súrssonur 41.
³) S. 271.
⁴) Andere Etymologie bei E. H. Meyer S. 262.
⁵) Vigaglumssaga c. 9.
⁶) Den Unterschied sucht mehr in der allgemeinen Schicksalsbedeutung der *hamingja*, während die Fylgja »nur eben den Begriff der Begleitung« ausdrücke, Rieger, Zs. f. d. A. 42, 277f.; vgl. auch Grönbech, Lykkmand og Niding, S. 189.
⁷) Mogk S. 271.
⁸) Rosenberg, Nordboernes Aandsliv 1, 49.
⁹) Vgl. Golther S. 99f., Mogk S. 251, 271, Meyer S. 262.
[10]) Mogk S. 271.
[11]) Ebd.
[12]) Vgl. Meyer S. 71.
[13]) Ebd.

## § 9. Die Seelen.

wie der Chor in Goethes Helena[1]). Häufiger aber sucht sie eine neue »Haut«, eine Bekleidung, gewissermaßen eben als Schutz gegen dies Aufgehen[2]). Im ersten Fall bleiben die Seelen eben unsichtbar oder werden nur noch innerhalb einer Übergangsperiode vorübergehend in jenen Gestalten als Flamme, Rauch, Vogel, Schlange usw. erblickt. Im anderen fahren sie zwar in ganz ähnliche Kleider, aber in individuellerer Ausprägung. Die Tiergestalt wird dann symbolisch gefaßt, so daß sie das Wesen der darin hausenden Seele offenbart[3]): »es ist der Geist, der sich den Körper baut«. Dies geschieht im Sinne jener uralten Tierphysiognomik, die in dem Fuchs das Sinnbild der Schlauheit, in dem Adler das der Stärke erblickt. Diese Anschauung dauert bis auf die Gegenwart: listige Männer gehen als Füchse um, grausame als Wölfe, Geizhälse, Missetäter als schwarze oder feurige Hunde[4]). Dabei ist christlicher Einfluß nicht ausgeschlossen, die Grundlage aber uralt.

Nun aber, in solche Hüllen gekleidet, haben die Seelen völlige Freiheit der Bewegung. Demnach können sie schaden; und daß sie dem Erben schaden wollen, der in ihrem Bezirk wohnt, ist wahrscheinlich. Es gilt sich also zu schützen: der Totenkult wird erfordert.

Wir verfolgen zunächst die weiteren Schicksale der **freigewordenen Seele**.

Sie fährt umher, zunächst auf bestimmten Wegen und zu bestimmten Zeiten[5]): es sind wieder Nacht und Winter (die Nacht des Jahres); außerdem gibt es besondere Gespensterzeiten. Ebenso steht es mit den Örtlichkeiten: Kreuzwege (warum eigentlich?). Daher treffen sie sich und bilden dann ein Heer[6]): das »wilde Heer«[7]). Weniger[8]) sucht den Glauben an das wilde Heer schon für urgermanische Zeit zu erweisen, und nach Olrik[9]) war Odin von vornherein sein Führer; ich möchte im Gegenteil glauben, daß er das erst spät wird[10]). Er wird erblickt, wenn der Sturm die Wolken (= Seelen) umhertreibt; dann glaubt man auch Schlachten in der Luft zu sehen[11]), die in der Heldensage ein Abbild finden (Kampf zwischen Hagen und Hetel in der Kudrun) nnd vielleicht

---

[1]) Am Schluß des dritten Aktes von Faust, II. Teil.
[2]) Mogk S. 254, 263, Golther S. 80, Meyer S. 71f.
[3]) Vgl. Mogk S. 303.
[4]) Wuttke, Volksaberglaube, § 75.
[5]) Mogk S. 259.
[6]) Meyer S. 255.
[7]) Mogk S. 255, Meyer S. 66, 73, 180, 328, 383f., Golther S. 283f.
[8]) Arch. f. Rel.-Wissensch. 9, 221.
[9]) Nordisches Leben S. 22, 26.
[10]) Auch bei den Indern führt die Seelen kein Gott, sondern der erste Mensch, Yama: Macdonell S. 173.
[11]) Mogk S. 255, Golther S. 89.

auf den Mythus von dem beständigen Kampf der Einherier (Geister der auf dem Schlachtfeld Gefallenen) Einfluß geübt haben. (Auch besondere weibliche Heere mit Holle oder Perchta als Führerin werden gebildet, s. u.) Die Einherier also haben einen ganz bestimmten Weg: ihre Seelen ziehen nach Walhall [1]). Erst von hier aus, glaube ich, wird Odin Führer der wilden Jagd, der große Reiter Hackelberend [2]).

Schließlich also findet auch die »bekleidete« Seele ein neues Heim; aber es ist kein individuelles, wie der Menschenleib, sondern die neue Herberge ist ein Gesamtheim; ein Gesamtkörper gleichsam, der die ruhelose Seele aufnimmt [3]). Doch kamen auch hier wohl Differenzen vor. Ertrunkene müssen ihre Seelen im Wasser lassen [4]): der Seelenvogel mag in den Wolken, die Seelenschlange in Brunnen und Gewässern verschwinden [5]). Im allgemeinen ist aber diese Differenzierung abzulehnen: die Seelen gehen zur Ruhe in die Berge [6]). Das ist eine sehr natürliche Anschauung. Der Berg erscheint als großer Grabhügel, und der *horror vacui* der Volksphantasie will diese großen Hohlräume ausfüllen. Dazu kommt, daß «in Höhlen wohnt der Drachen alte Brut« [7]).

Nordische Sagen erzählen [8]) anschaulich von dem Leben der Seelen im Berg: ein Knecht sieht, wie ein Berg sich öffnet, er sieht darin Feuer, hört Lärm und Hörnerklang, und wie die drin im Berg seinen Herrn Thorstein begrüßen — er hat mit dem »zweiten Gesicht« die Ankunft von Thorsteins Seele in dem Totenberg vorausgesehen. An den Rattenfänger von Hameln wurde schon erinnert.

Selbst für die Einherier scheint der Berg zuweilen notwendiger Durchgang: so muß [9]) König Svegdir erst dorthin, um zu Odin zu gelangen. — Eine heroische Umdeutung dieses Eingangs der Helden ist die berühmte Sage von der Bergentrückung großer Fürsten [10]):

»Im Kyffhäuser sitzt Friedrich II., später Friedrich Barbarossa, derselbe Friedrich in einer Felsenhöhle bei Kaiserslautern, Wittekind in einem Hügel beim

---

[1]) Vaf. Str. 40f., Grim. Str. 18f., Mogk S. 256, Golther S. 313f., Meyer S. 292f.
[2]) Golther S. 286, s. u.
[3]) Mogk S. 256, Golther S. 83.
[4]) Golther S. 90.
[5]) Mogk S. 358 nach Mannhardt, Germ. Myth., S. 95, 271f. Allgemein vgl. Bastian, Die Verbleibungsorte der abgeschiedenen Seelen.
[6]) Mogk S. 287.
[7]) Ebenso z. B. indisch (Oldenberg, Religion des Veda, S. 242, 255), griechisch (Rhode, Psyche S. 104).
[8]) Golther S. 88.
[9]) Heinskringla S. 12.
[10]) Kampers, Die deutsche Kaiseridee in Prophetik und Sage; ders., Kaiserprophetien und Kaisersagen. München 1895, S. 133f.

## § 9. Die Seelen. 83

westfälischen Dorfe Mehnen, Siegfried im Bergschloß Geroldseck, Heinrich der Vogler im Sudemerberge bei Goslar, Karl im Untersberg bei Salzburg, Holger Danske unter dem Fels von Kronborg bei Kopenhagen, Olaf in Schweden usw. Die einzelnen geschichtlichen Gestalten sind meist spät und auf gelehrtem Wege in die Volkssage gelangt«[1]). — Solchen bergentrückten Helden widmen die Griechen einen Kult[2]).

Mit Odin haben diese Sagen nichts zu tun[3]); es ist eben nur vornehmen Herren ein eigener Berg eingeräumt worden. Die Erwartung ihrer Wiederkehr aber hängt mit einer anderen mythologischen Vorstellung zusammen, der nämlich, daß »die Geister der Verstorbenen zu gewissen Zeiten wieder die Oberwelt heimsuchen«[4]). Davon berichten manche Sagen; so die Chronik von Ursperg[5]) von den *animae militum interfectorum* bei Worms 1223. Oder es kehren wenigstens einzelne Seelen zurück, etwa zu Gedenktagen, oder durch Sehnsucht herbeigerufen (schönstes Beispiel in der Heldensage von Helg. Hund. Str. 38 f.; dazu die Sage vom Thränenkrüglein)[6]). Zu dieser Vorstellung haben unzweifelhaft die Träume viel beigetragen, die das Bild der Verstorbenen vor die Augen zaubern[7]), daneben aber auch die Erscheinung eines psychologisch-optischen »Nachbildes«, indem jemand, den man sich oft und viel vergegenwärtigt, plötzlich leibhaft dazustehen scheint[8]).

Diese Geister, die von der Totenheimat zu den Lebenden beurlaubt sind, werden objektiv »Wiedergänger« (dies auch der einheimische Titel von Ibsens »Gespenstern«; französisch *»revenants«*), subjektiv »Gespenster« (Trugbilder) genannt. Meist erscheinen sie in reduzierter Wirklichkeit, als Schattenbilder oder noch häufiger als Nebelgestalten (die Seelenwölkchen in menschenähnlicher Gestalt), oft »von Grabesdunst umwittert, entstellt oder verklärt, zuweilen ins Riesenhafte ausgereckt«[9]). Der Gespensterglaube hat sich mit großer Hartnäckigkeit bis in die Gegenwart behauptet und sogar durch den Spiritismus neue Nahrung erhalten. Die Gespenster erscheinen fast stets bei Nacht[10]).

Wenn die Toten periodisch wiederkehren, hat dies weniger Beunruhigendes, als wenn solche einzelnen Seelen anklopfen. Dies erregt

[1]) Golther S. 89.
[2]) Rohde, Psyche, S. 111.
[3]) Mogk S. 257.
[4]) So bei den Römern: Wissowa S. 188.
[5]) Mon. Germ. 8, 261.
[6]) Vgl. allgemein Meyer S. 91 f.
[7]) Vgl. Rohde, Psyche 679, 2.
[8]) Interessantes Zeugnis bei v. Krosigk, Generalfeldmarschall v. Steinmetz. Berlin 1900, S. 147; ich habe selbst kürzlich Verstorbene wiederholt auf der Straße zu erkennen geglaubt.
[9]) Meyer S. 93.
[10]) Helg. Hund. 2, 50.

Besorgnis; es entstehen ätiologische Mythen. Bei den Primitiven wie bei den Indern, Persern u. a.¹) glaubt man, die Toten wollten die Lebenden plagen. Besonders kehren die Seelen der Ermordeten wieder, um Rache zu fordern (Hamlet); das tun sie auch im »Bahrrecht«, wenn sie bei der Annäherung des Mörders an die Leiche das Blut fließen lassen, d. h. auf einen Augenblick den Körper wieder beleben²), um Anklage zu erheben. — Diese Vorstellungen steigern sich zu denen von den »Nachzehrern« oder »Neuntötern«, die erst beruhigt sind, nachdem sie eine heilige Zahl von Opfern ins Grab nachgezogen haben. Slawisch und erst im 18. Jahrhundert nach Deutschland gedrungen ist die spezifische Form, daß der Tote nach dem Blute des Lebenden verlangt, um sich noch eine kurze Lebenszeit zu sichern³).

Erst aus diesen Gespenstererscheinungen wird sich, glaube ich, die Vorstellung von der Wiedergeburt⁴) gebildet haben, d. h. der periodischen Wiederkehr der Seele in ihre Sippe. Sie wird durch allerlei Erfahrungen begünstigt: die Ähnlichkeit von Enkel und Großvater; wiederkehrende Gewohnheiten; selbst jene merkwürdigen Erinnerungsvorstellungen, in denen man noch nie Gesehenes wiederzuerkennen glaubt, und die schon bei Platon eine Rolle spielen. Die häufige (auch z. B. in Athen gefestigte) Sitte, den Enkel nach dem Großvater zu benennen, anfänglich eine Huldigung, kann später diesem Glauben Vorschub geleistet (und wiederum von ihm Förderung erfahren) haben. Daß aber diese Sitte den Glauben an die Wiedergeburt schon voraussetzt⁵), scheint mir so unwahrscheinlich, wie daß sie »der eigentlich heidnische Unsterblichkeitsglaube« gewesen sei⁶). Die Zeugnisse⁷) scheinen mir in doppelter Weise einer einschränkenden Interpretation zu bedürfen. Erstens sind die Zeugnisse fast ganz auf den Norden beschränkt; denn wenn Asinius Pollio von den Germanen des Ariovist als Ursache der Todesverachtung die ἐλπὶς ἀναβιώσεως angibt, kann diese Hoffnung auf Wiederbelebung sich allerdings auf Walhall und die Einherier⁸) beschränken. Wichtiger aber scheint mir, daß nirgends von einer allgemeinen Wiedergeburt die

---

¹) Meyer S. 93.
²) Meyer S. 85.
³) Stefan Hock, Die Vampyrsage und ihre Verwertung in der Literatur. Stuttgart 1900.
⁴) Mogk S. 257.
⁵) Olrik S. 17.
⁶) Ebd. S. 101.
⁷) Bei Golther S. 96; Mogk a. a. O.; allgemein vgl. Jiriczek, Seelenglaube und Namengebung, Mitteilungen d. Schles. Ges. f. Volksk. 1 (3) 30, mir nur aus dem kurzen Referat der Jahresberichte für germanische Philologie 17 (1895) S. 146 Nr. 37 bekannt.
⁸) Wie auch Golther anheim gibt.

## § 9. Die Seelen.

Rede ist. In der berühmten Eddastelle[1]) heißt es nur: »das war in alter Zeit Glaube, daß Menschen wiedergeboren werden könnten; jetzt aber heißt das alter Weiber Wahn«[2]). Ja, die wichtigen Stellen, in denen Geister »um des Namens willen kommen«[3]), d. h. bitten, daß einem erwarteten Kind ihr Name beigelegt werde, beweisen doch wohl, daß ohne besondere Veranstaltung die Wiedergeburt nicht erfolgte. Der Name ist ja mit geheimnisvoller Kraft verbunden; mit seiner Erneuerung (wie wenn Helgi Hundingsbani als Helgi Haddingjaskati wiedergeboren wird; seine Geliebte Sigrun allerdings als Kara) wird die Seele erneuert. Es ist eine Vorstellung, wie auch der alte Goethe sie hegte: daß die Natur auserlesenen Geistern ein Weiterwirken »schuldig sei«; gestützt durch metaphorische Vergleiche, wie wenn von einem »zweiten Judas« gesprochen wird, und vielleicht zuweilen auch von den Dichtern künstlich zur Verbindung zweier Sagen benutzt[4]). Dem widerspricht auch nicht, daß Hagen[5]) ausdrücklich der Brynhild die Wiedergeburt verwünscht: von ihr könnte man sich der Wiederkunft versehen. (Macbeth zu seiner Lady: »Gebär mir keine Töchter!«, gerade wie auch Lear den Schoß seiner undankbaren Tochter verflucht.)

Ich glaube also, etwa dies läßt sich annehmen: die Seelen begehren oft wieder zum Leben, aber nur wenigen wird die Wiedergeburt gewährt, und zwar scheint dabei zumeist noch Hilfe der Lebenden erforderlich. Der Name wird dabei als die Hülle, in die die Seele einschlüpfen kann, dargeboten.

Golther wirft[6]) die Wiedergeburt mit der Seelenwanderung zusammen. Aber unter »Seelenwanderung« versteht man die periodische Wiederkehr der Seele (nicht die einmalige), und zwar in einer geordneten Folge wechselnder Gestalten[7]). Für die Existenz dieses Glaubens bei den alten Germanen fehlt jeder Anhalt; die Tiergestalten der Totengeister haben in ihrem Mangel einer geordneten Folge durchaus nichts mit der Seelenwanderung zu tun.

Dem entspricht es, daß auch über die Präexistenz der Seele keinerlei Vorstellungen zu herrschen scheinen: ihre Existenz ist eben, wie die der Menschen selbst, ein einmaliges, durch Anfang und Ende begrenztes Faktum. Der Ammenglauben vom Holen der Kinder aus dem

---

[1]) Zu Helg. Hund. 50.
[2]) Gering, Edda S. 182.
[3]) Maurer, Ztschr. d. Ver. f. Volksk. 1895, S. 99.
[4]) Vgl. Heinzel und Detter, Saemundar Edda, Leipzig 1993; 2, 364.
[5]) Sig. sk. Str. 45.
[6]) a. a. O. S. 96.
[7]) Paradigma die buddhistische Seelenwanderung mit schon vedischen Ansätzen, Oldenberg, Religion des Veda, S. 561; in der Kultur der Gegenwart I, III, S. 61; vgl. allgemein Bertholet, Seelenwanderung, Tübingen 1904.

Teich[1]) ist nur die Umdeutung einer realistischen Tatsache; ebenso muß man[2]) jeden Zusammenhang des wohl erst aus gelehrten Reminiszenzen erwachsenen mittelalterlichen »Jungbrunnens« mit dem Seelenglauben abweisen. Soweit man sich in alter Zeit über diese Probleme Gedanken macht (welche geringe Rollen spielen sogar in der theologischen Spekulation des Christentums Theorien wie die des Traducianismus!), denkt man wohl einfach an eine vorherige Gestaltung der Körper, denen dann die Seele zuerteilt wird, durch die Götter[3]), durch die Paten bei der Namensverleihung[4]) oder wie sonst. Von einer Präformation oder Präexistenz der Seele findet sich keine Andeutung; es sei denn in der späten Spekulation von Utgard, dem Reich der Seelen[5]). Oder hat Hoenir die Verteilung der Seelen unter sich?

Dies dürfte etwa die altgermanische Lehre von den Seelen sein; sie stimmt in den wesentlichen Punkten, wo wir sie prüfen können, mit der anderer Völker auf gleicher Kulturstufe überein und hat, wie bei ihnen, zur praktischen Folge den Ahnen- oder Totenkult, den Animismus, und in weiterer Ausbildung den ihm eng verwandten Dämonismus.

## § 10. Ahnengeister und Totenkult[6]).

Wir haben schon die Anschauung abgewehrt, daß für die animistische Weltanschauung die ganze Welt belebt sei. Es ist vielmehr nur eine freilich unbegrenzte Anzahl von Seelen da, die sich irgendwo niederlassen oder niedergelassen haben können. Man kann neunundneunzig Bäume fällen — und im hundertsten sitzt plötzlich eine Hamadryade. Man kann Dutzende von Wölfen töten, aber einer ist ein Werwolf. Das kann man nie vorher wissen; so wenig, wie etwa heute, wo in einem Bergwerke Goldadern sind. Anzeichen besitzt man; Gewißheit gibt erst die Erfahrung.

Genau weiß man eigentlich nur an Einer Stelle, daß eine »freie« Seele da weilt: an der Leiche des eben Gestorbenen. Freilich ist sie nur relativ »frei«, aber doch fähig, uns zu schaden. Sie sieht zu, was wir tun; wir müssen ihre Empfindungen schonen[7]). Daher auch der Spruch: *de*

---

[1]) Mogk S. 358; vgl. auch Saintyves, Les Vierges mères, S. 39f.
[2]) Mit Mogk S. 259.
[3]) Vgl. Vol. Str. 18.
[4]) Vgl. Helg. Hjörv. zu Str. 6.
[5]) Gylfaginning Kap. 46f., 3. u.
[6]) Mogk S. 249f.; E. H. Meyer S. 68f.; Golther S. 72f.; Chanfepie de la Saussaye S. 289f.; W. Wundt 2, 142f.
[7]) Maupassants köstliche Satire »*En famille*« übersetzt die Situation in modernen Realismus.

## § 10. Ahnengeister und Totenkult.

*mortuis nil nisi bene;* die Pietät der natürlichen Menschen ist auf Furcht gegründet. Hieraus gehen wichtige Pflichten hervor — vielleicht die ältesten, bei denen dieser Begriff überhaupt erwachte und den Menschen zum Bewußtsein kam.

Zunächst hat man Pflichten gegen den **Körper** des Verstorbenen. Man muß ihn zur Ruhe bringen (altn. *hylja*). Vor allem muß dieser letzte und wichtigste Besitz des Toten vor jeder Verletzung gehütet werden. »Mit solcher Strenge wahrt das bajuwarische Volksrecht die Unverletzlichkeit der Toten, daß selbst derjenige, der beim Wegschießen der Aasvögel die Leiche mit dem Pfeil verwundete, in Todesstrafe verfiel«[1]). Es wird daher auch die äußerste Pietätlosigkeit durch symbolische Handlungen so ausgedrückt, daß der Sohn nach der Leiche des Vaters schießt (in einer Variante der Erzählung von den drei Ringen) oder die Witwe an dem Körper des Verstorbenen Leichenschändung begeht[2]). Die Zeremonien des Schließens von Auge und Mund, des Waschens und Kleidens sind genau geregelt[3]).

Diese Sorgen um den Körper schließen mit der **Beisetzung** ab, die in ihren beiden wechselnden Hauptformen — Verbrennen und Begraben — auf die völlige Unschädlichmachung des Seelenhauses abzielt[4]).

Die Gräber sind oft prunkvoll[5]); in späterer Zeit gilt ein Denkstein im Norden als unentbehrliche Ehre[6]). Die meisten uns erhaltenen Runeninschriften sind solche Denkmäler (nicht notwendig am wirklichen Grab).

Über die ganze Welt ist dabei der Brauch verbreitet, den Toten auszustatten: man gibt der Frau Schmuck und Werkzeuge der Handarbeit mit, dem Mann Waffen, dem Häuptling auch noch Gefolge und Roß[7]). Man erklärt diese Sitte — von der Spuren noch fortleben — zumeist dahin, daß dem Toten im Jenseits die Ausrüstung nicht fehlen soll[8]).

[1]) E. H. Meyer S. 96.
[2]) Motiv der «Matrone von Ephesus«; vgl. Grisebach, Die treulose Witwe, Berlin 1873.
[3]) E. H. Meyer, Deutsche Volkskunde, S. 370. — Am weitesten haben die Ägypter die Sorge um den Körper des Toten getrieben; vgl. Erman, Ägyptische Religion S. 115 f.; demnächst die Chinesen; vgl. de Groot, Kultur der Gegenwart a. a. O. S. 170. Von Griechen übernommen: Hackl, Arch. f. Rel.-Wissensch. 12, 195. Aber auch z. B. bei den Indern ist der Ritus sehr genau ausgearbeitet, vgl. Hillebrandt, Ritualliteratur S. 87 — wohl nicht ohne bewußte Mitwirkung einer interessierten Priesterschaft.
[4]) Über die indogermanischen Bestattungsformen Ed. Meyer S. 271, über die germanische Mogk S. 251, Meyer S. 107.
[5]) Meyer S. 111.
[6]) Hávamál Str. 72.
[7]) Vgl. z. B. Gudmundsson in Pauls Grundriß, 2. Aufl. 3, 427 f.
[8]) Vgl. auch Mogk S. 251 f.

und dieser Gedanke ist unzweifelhaft herrschend geworden; aber in der Urzeit, in der die Vorstellung von der scharfen Scheidung zwischen Körperlichem und Geist lebendig war, wird man wohl eher an eine symbolische Abfindung des Erblassers gedacht haben. Daher auch die genaue Bemessung der Totenaussteuer [1]. — Dem entspricht es auch, wenn Jünglingen und Mädchen, die vor der Ehe gestorben sind, symbolisch Bräutigam oder Braut angetraut werden, um die Forderungen des unvollendeten Lebens (die Braut von Korinth und das Lenorenmotiv; Klage der sterbenden Antigone) abzufinden [2].

Sodann haben die Überlebenden vielfach noch an sich selbst allerlei Zeremonien zu vollziehen, deren Grundgedanke der der Reinigung ist; sie sind wohl nur in priesterlich verwalteten Religionen — in denen der Kultus der Reinigungen immer besondere Ausdehnung findet — fest ausgebildet [3].

Auf einen längeren Zeitraum aber erstreckt sich der wichtigste Teil des Bestattungsritus: die Sorge um die Seele des Toten. Dies ist der Totenkult, der eine Zeitlang für die Wurzel aller Religion galt [4], und der jedenfalls wirklich den ersten festen, dogmatisch und rituell erhärteten Kern des Kultus überhaupt bildet.

Wenn schon der Moment des Sterbens besondere Kraft verleiht, wie viel mehr ist die ganz befreite Seele zu fürchten!

Man macht ihr den Weg frei, damit sie ja nicht im Heim bleibt: das Fenster wird geöffnet, die Töpfe umgekehrt, damit sie nicht in ihnen hängen bleibt oder sich versteckt.

Die Rückkehr wird ihr erschwert. Vielleicht gehört dazu auch das Schließen des Auges [5]. Die Leiche wird so herausgetragen, daß ihre Füße in der Tür bleiben; so wird sie den Rückweg nicht finden. So lag schon Patroklus' Leichnam mit dem Gesicht der Zelttür zugewandt [6]. Doch spielt auch der Gedanke mit, daß der Tote freiwillig aus dem Haus zu gehen scheint.

Öfters wird die Seele »gebadet«, indem man ihr Wasser ans Fenster setzt; soll sie damit für ihren Weg gerüstet werden?

Es folgt die Totenklage als Abschiedsgruß [7]. Dies ist ein besonders

---

[1] Meyer S. 114.
[2] O. Schrader, Totenhochzeit, Leipzig 1905. Vgl. Mogk S. 251 f., Meyer S. 103, Chantepie S. 306.
[3] Vgl. Hillebrandt a. a. O. S. 89.
[4] Vgl. Ed. Meyer, Register s. v.
[5] Golther S. 91.
[6] Meyer S. 104.
[7] Vgl. Müllenhoff, De antiquissima Germ. poesi chorica, Kiel 1845, Meyer S. 105.

## § 10. Ahnengeister und Totenkult.

wichtiger Akt. Vielerlei wirkt zu seiner Bedeutung zusammen. Zunächst ist es eine pflichtmäßige Huldigung, zugleich aber auch die Stilisierung einer naturgemäßen Empfindung; es ist weiterhin aber auch durch den Grad seiner Intensität ein Gradmesser der sozialen Stellung des Gestorbenen: Knechte werden noch im Mittelalter nicht beklagt, nur Ritter [1]). Endlich aber ist die Totenklage auch auf den Toten selbst berechnet, dem sie nachdrücklich den Abschied gibt. Sie wird deshalb nicht bloß durch die wirklich Beteiligten, sondern auch noch durch bezahlte Klageweiber ausgeübt — ein uralter, noch heute bestehender Brauch [2]). — Anderseits muß man sich vor zu wilder Klage hüten: sie beschwert den Toten [3]).

Der Tod wird verkündet: man sagt ihn den Haustieren, den Bienen an. Diese **Todesansage** ist ein Akt der Erbübernahme und zugleich der Courtoisie [4]).

Den Schluß bilden **Leichenwache** und **Leichenschmaus** (im Nibelungenlied drei Tage und drei Nächte der Wache, jetzt meist zwei Nächte). Die Wache bedeutet Abwehr des Geistes, der noch die Bahre umkreist; der Schmaus seine definitive Verabschiedung: »die Seele des Verstorbenen galt als anwesend, ja als der Gastgeber« [5]). Der Umfang des Schmauses [6]) entspricht wieder der dem Toten zuzumessenden Ehre [7]): 1000—1500 Gäste werden auf Island vermeldet [8]); Maßregeln gegen sie werden auch in Hellas und Rom erforderlich.

Nun werden die **Spuren vertilgt**: Leichenstreu und Leichenbrett (*rêbrett*) verbrannt [9]).

Hiernach beginnt erst der eigentliche **Totenkult**. Meyer unterscheidet »Seelenpflege« und »Seelenabwehr«, aber die Pflege dient auch der Abwehr: die Seele darf nicht erzürnt werden.

Der wichtigste Akt sind die nirgends fehlenden **Totenopfer** [10]): Stiere und Böcke [11]), erneutes Totenmahl; noch 1000 eifert Burchard von Worms gegen die *oblationes, quae in quibusdam locis ad sepulchra*

---

[1]) **Veldekes** Enit v. 6425; vgl. Allgemeine Deutsche Biographie 39, 569.
[2]) Vgl. z. B. E. H. **Meyer**, Badisches Volksleben S. 585, 594.
[3]) Ritter Aage u. a. Sagen, vgl. **Meyer** S. 100; als z. B. bei den Hellenen **Rohde**, Psyche S. 206, 2.
[4]) E. H. **Meyer**, Deutsche Volkskunde S. 269. — Wird so der Tod des großen Pan angesagt? vgl. **Preller** 1, 745, Anm. 6.
[5]) **Rohde** S. 213.
[6]) Vgl. **Meyer** S. 116.
[7]) **Mogk** S. 253.
[8]) Ähnliche Übertreibungen z. B. in der Oberpfalz; E. H. **Meyer**, Deutsche Volkskunde S. 274,
[9]) Ebd. S. 271.
[10]) **Meyer** S. 115.
[11]) Nach Bericht des Papstes Zacharias um 748.

*mortuorum fiunt.* Insbesondere scheinen am Ende der Trauerzeit[1]) die Zeremonien erneut zu werden.

Endlich folgen periodische **Erinnerungsfeste**, zunächst für den einzelnen am »Jahrestag«[2]), später in Form einer gemeinsamen Feier der Ahnen durch drei Generationen[3]).

Mit diesem Ritual ist die Seele »abgefunden«. Freilich braucht man sie unter Umständen noch einmal: sie behält die Gabe der Weissagung vom Tode her bei und läßt sich deshalb befragen[4]). Dazu dienen die *dadsidas*[5]). Sie begegnen öfters in der Edda (Grôagaldr) und altnordischen Sage (Hervararsaga) und haben auch eigenen Zauberritus:

> So kann ich ritzen und Runen färben,
> daß vom Stamme der Gestorbene steigt
> und Worte wechselt mit mir[6]).

Aber im ganzen ist und bleibt man gern von den Toten geschieden.

Indem aber dieser Totenkult durch Generationen fortgeführt und bei jeder Bestattung erneuert wird — die Toten werden, wie bei unseren Leichenreden, heraufbeschworen, bei den Römern sogar bildlich vergegenwärtigt — wird er zum **Ahnenkult**[7]). Besonders sollen die Seelen der großen Ahnen helfen (der tote Cid). Man läßt sie bei feierlichen Gelegenheiten[8]) begrüßen; etwa wie bei jedem Appell des Regiments dem Latour d'Auvergne, der »erste Grenadier Frankreichs«, angehört hatte, mit dem Aufruf begonnen werden mußte: «Latour d'Auvergne?» »*Mort sur le champ d'honneur*«. Man sucht das Leben des großen Toten fortzusetzen[9]).

---

[1]) Durch die Erbteilung bezeichnet: im Norden am 7. oder 30. Tage, **Meyer** S. 117; in Athen Opfer am 3., Opfermahl am 30. Tage, **Rohde** S. 214; in Indien nach der Person des Toten abgestuft **Hillebrandt** S. 89; andere Völker vgl. **Meyer** S. 118.

[2]) B. W. **Leist**, Alt-arisches Jus gentium, Jena 1889, S. 202; für die Hellenen vgl. **Rohde** S. 215.

[3]) **Meyer** S. 119, 121. Vgl. die periodische Verjagung der bösen Geister bei den Australiern, **Frazer** 2, 163.

[4]) **Mogk** S. 253; allgemein **Tylor**, Ursprung der Kultur 1, 436; 2, 23 u. a.; **Rohde** S. 313; Saul und der Geist Samuels. — Noch jetzt in der Bretagne? vgl. Ztschr. f. d. Ver. f. Volksk. 19 (1909) S. 202.

[5]) Indic. superstit: »*de sacrilegio super defunctos id est dadsidas*«; Burchard von Worms: *carmina diabolica qui supra mortuum nocturnis horis cantantur*. — **Kögel**, Gesch. d. altdeutschen Lit. 1, 50 f. faßt sie irrig als Bannlieder auf.

[6]) Háv. 156, **Gering**.

[7]) **Golther** S. 92 f.; **Meyer** S. 122 f.; **Chantepie** S. 300.

[8]) Z. B. bei der Vermählung durch das Brautpaar: indisch, griechisch, römisch, deutsch. **Meyer** S. 122.

[9]) König Svein als Knuts Erbe, **Meyer** S. 123; vgl. **Wilib. Alexis**, Der falsche Woldemar.

## § 10. Ahnengeister und Totenkult. 91

Schließlich werden hervorragende Ahnen ausdrücklich vergöttert[1]). Die Apotheose bleibt in der Regel auf Könige beschränkt und scheint bei den Ostgermanen am häufigsten vorgekommen zu sein[2]). Von den Schweden werden mehrfach Vergötterungen berichtet, darunter eine feierliche Einsetzung des Königs Erich auf eine Vision hin. Solche Apotheose kann unmittelbar an den Tod eines verehrten Fürsten anschließen[3]). Aber in der Regel gilt sie längst verstorbenen Königen: die Fürsten wollen von Göttern abstammen — entweder indem sie solche an die Spitze der Stammbäume setzten[4]) oder eben indem sie die wirklichen Ahnen vergötterten.

Als Kult sind bei König Olaf Fruchtbarkeitsopfer bezeugt[5]).

Ausnahmsweise wird Vergötterung auch von Nicht-Fürsten belegt: Thorolf, Thorsteins Sohn freilich, dessen Großvater Grim nach seinem Tode mit Opfern verehrt wurde[6]), war ein Häuptling. Aber der Dichter Bragi[7] könnte höchstens ein »König der Sänger« heißen; nur ist es nicht sicher, ob er mit dem Gott Bragi identisch ist[8]).

Solche, wenn auch vereinzelte, Fälle stützen dann den Euhemerismus der christlichen Mythologen, denen etwa (in der Ynglingasaga) Frey als vergötterter König gilt.

Schließlich geht die Abstraktion über die Ahnenpersönlichkeiten hinaus. Wie wir von einem »Geist der Hohenzollerndynastie« sprechen, so gibt es eine *kyn-* und *aettar-fylgja*[9]), einen Schutzgeist von Sippe und Geschlecht. So teilt schon Helgi Hjorvardsson in dem nach ihm benannten Eddagedichte seine Folgegeister mit Hedin: anders als durch solche Gemeinschaft ist es schwerlich zu erklären, daß Hjörvards *fylgjur* dem Hedin in einem verhängnisvollen Moment begegnen[10]). Schließlich

---

[1]) Dies sind die indischen »Väter«. worunter auch die Helden des Schlachtfeldes. Vgl. Macdonell S. 170.
[2]) Zeugnisse bei Golther S. 93: »Nach Jordanes werden die Ahnen der gotischen Königsgeschlechter als höhere Wesen beobachtet, ja geradezu als Götter bezeichnet«.
[3]) Ebd. S. 94.
[4]) Wie die Julier in Rom; angelsächsische Stammtafeln: J. Grimm, Mythologie 3, 379.
[5]) Golther S. 34, Mogk S. 385.
[6]) Golther S. 94.
[7]) Mogk S. 366, vgl. u.
[8]) Der angeblich 500 Jahre alte Riese Gudmund, Meyer S. 247, ist kein vergötterter Mensch, sondern genießt als Riese Kultus. Heroen bei den Hellenen: Rohde, Psyche S. 137 f.; bei den Indern: Macdonell S. 146; bei den Juden: Gunkel, Genesis S. 51. Vgl. allgemein Edv. Lehmann, Guder og helte Köb. 1898.
[9]) Meyer S. 264; Mogk S. 271.
[10]) Zu Str. 34 a. a. O.

verdünnt sich der Begriff ganz und verliert als bloße Abstraktion die Kultfähigkeit. Allerdings ist es auch möglich, daß derartige »abstrakte Ahnengeister« zur Verehrung gelangen, und zwar in Tiergestalt: im Totemismus. Die Meinung, daß die *effigies* der kämpfenden Germanen [1]), die *ferarum imagines* [2]) so aufzufassen seien, haben wir aber bereits abgelehnt. Nirgends ist eine Abstammung von einem Totem-Tier bezeugt; und die mit den Namen heiliger Tiere (wie Wolf und Rabe; beides vereint in mittelhochdeutsch Wolfram) gebildeten Eigennamen lassen sich auf keinen bestimmten Bezirk einschränken und sind deshalb als allgemein religiöse Namen anzusehen. Wir wissen nichts von einem altgermanischen Totemismus [3]).

Etwas anderes ist, daß aus den Waffen der Tiere Amulette gemacht werden: die Klaue des Bären, der Schnabel des Adlers: hier sitzt die Kraft des Tieres, seine Seele [4]); wer sie sich aneignet, besitzt sie [5]), v. d. Leyen [6]) denkt allerdings an Totemismus.

## § 11. Naturgeister und Naturkult.

Wir müssen nochmals auf gewisse durchgreifende theologische Verschiedenheiten der Naturgeister von den Totengeistern hinweisen: Die letzteren sind obligatorisch, die Naturgeister fakultativ zu verehren. Weder kann man von vornherein wissen, wo ein Naturgeist steckt, noch ob man zu ihm in ein bestimmtes Verhältnis treten muß: die meisten gehen den einzelnen gar nichts an und er hat zu ihnen nicht mehr Beziehungen als etwa ein frommer Katholik zu der überwiegenden Masse der Heiligen. Nur die »großen Heiligen« sind ihm wichtig — und sein persönlicher Schutzpatron.

Dafür liegt in dem Kult der Naturgeister von vornherein ein kollektives Element, das einen wichtigen Schritt in der gemeinschaftlichen (und schließlich staatlichen) Aneignung der Numina bedeutet. Denn das persönliche Interesse, das etwa ein Flußgott erweckt, ist allen Anwohnern des Flusses gemein: so entstehen hier »Amphiktyonien«, wenn auch im kleinsten Maßstab, Kult- und Gebetgemeinschaften, die über den Rahmen der Sippe herausgehen. Der Fetisch gehört dem einzelnen, die Manen

---

[1]) Golther S. 602; vgl. Müllenhoff, Poesis chorica S. 13, Lindenschmit, Handbuch d. d. Altertumskunde 1, 278.
[2]) Tacitus Hist. 4, 22.
und erst recht der semitische (vgl. z. B. Meinhold, Deutsche Literaturzeitung 1909 S. 2226).
[3]) Ebenso zweifelhaft ist der altindische Totemismus (Macdonell S. 153)
[4]) Vgl. Háv. Str. 15—18.
[5]) v. d. Leyen, Sagenbuch S. 69. vgl. 69.
[6]) a. a. O. S. 71

§ 11. Naturgeister und Naturkult. 93

dem Geschlecht, die Naturgeister einer »freien Gemeinde«; mit den Göttern wird die volle Nationalisierung der Religion erreicht.

Auch das glauben wir wiederholt betonen zu müssen, daß der Naturgeist an einem bestimmten Stück Natur haftet. »Der Mythus ist ein Stück Natur, angesehen durch ein primitives Temperament.« **Es gibt keinen allgemeinen Geist des Wassers, des Himmels, sondern nur einen Dämon, der über das Wasser gesetzt ist, einen göttlichen Herrscher über dem Himmel** — und auch das sind schon spätere Einrichtungen [1]). Erst bei den Göttern wird diese Bindung gelöst: Poseidon wohnt für gewöhnlich in seinem Element, kann es aber verlassen; Pluto kann auf die Erde kommen, um Proserpina zu rauben. — Eine Ausnahme macht vielleicht der Feuergeist; aber auch er ist wohl erst gebundener Dämon, später ungebundener Gott.

Naturgeister sind also Seelen, die in Wald, Feld, Wasser, Wind, Berg, Gesteinen usw. wohnen; diese Behausungen bedeuten für sie etwa, was der Körper für den Menschen. Aber sie sind stärker als die Menschenseelen, wie ihr »Haus« größer ist als das unserer Seele.

Der Ursprung dieser Vorstellung und des daraus resultierenden Kults liegt wieder in der Erfahrung (schädliche und günstige Winde usw.), die freilich bereits in der fertigen Form der Seelenlehre »apperzipiert« wird. Berührungen mit dem Fetischismus (heilige Steine, Berge, Bäume) sind unvermeidlich. Doch bleibt im ganzen der Unterschied bestehen, darin begründet, daß die Kompetenz des Naturgeistes viel stärker individualisiert ist. Der als Fetisch verehrte Baum kann im Prinzip alles leisten; der in einem Baum hausende Geist nur Dinge, die unmittelbar mit seinem Wesen zusammenhängen. So wenig wie man Trauben vom Dornbusch lesen kann, so wenig kann man etwa von einem Gewittergeist Heilung einer Krankheit erflehen.

Für die Psychologie der Naturgeister gilt der allgemeine Satz, daß sie den Charakter ihrer Behausung annehmen — man könnte von einer »Milieu-Lehre« sprechen. Windgötter sind wild, Wassergeister leicht elegisch, Hausgeister gemütlich usw.; gerade wie die poetische Einfühlung noch heute solche Wesen anschauen wird. Fouqués Undine und Andersens Seejungfer [2]) sind von Goethes Erdgeist (im »Faust«) elementar geschieden; und umgekehrt nehmen Gestalten wie Otto Ludwigs Erbförster oder Scheffels Mann in der Höhle infolge der Durchführung

---

[1]) Schon im alten Ägypten des 15. Jahrhunderts vor Christi betont Amenophis ausdrücklich, »daß man nicht das Gestein selbst verehre, sondern das Wesen, das sich in ihm offenbart« (Erman, Ägyptische Religion S. 66).

[2]) Über die in diesem Sinne G. Brandes sehr geistreich geschrieben hat: Moderne Geister«, Frankfurt a. Main 1882, S. 123 f.

ihrer Psychologie fast den Charakter vermenschlichter Wald- oder Höhlendämonen an.

Die Naturgeister treten einzeln auf (wenigstens in der Regel), setzen aber die Existenz von mehr ihresgleichen voraus. — Als ihre Rangzeichen lassen sich etwa angeben: besondere Neigung zum Gestaltentausch[1]), besonders aber der nahe Verkehr mit den Menschen. (Doch sind einige auch menschenscheu.)

Ich unterscheide erstens Geister der unkultivierten Natur: Wald, Wasser, Wind usw.; zweitens der kultivierten Natur: Feld, Haus usw. Daß die letzteren — herkömmlicherweise — unter den Begriff »Naturgeister« mitgefaßt werden, ist berechtigt, weil eben für die primitive Anschauung ein Haus so gut ein Stück »Natur« ist wie eine Höhle, und ein Feld wie ein Berg; aber aus der anderen Stellung der Menschen zu diesen Objekten ergeben sich doch sekundäre Verschiedenheiten in ihrem Verhältnis zu den »Kulturgeistern«[2]).

### I. Geister der unkultivierten Natur.

1. **Waldgeister**[3]). Sie wohnen zunächst im einzelnen Baum. Der Baum ist besonders leicht dem menschlichen Körper zu vergleichen[4]): die Äste als Arme, das »Haupt«, die Wurzeln als Füße. Daher wird die Menschenähnlichkeit besonders betont: der Baumgeist blutet, wenn sein Baum verwundet wird — Blut als Zeichen der Menschenähnlichkeit. Gedacht ist dabei wohl zunächst an das herausfließende Harz oder den heraustretenden Saft. — Sie werden meist weiblich gedacht[5]), wie auch das grammatische Geschlecht der Baumnamen meist weiblich ist: Ursache ist die Anschauung der Fruchtbarkeit. Das gleiche Verbum drückt in den indogermanischen Sprachen das »Tragen« des Baumes und des Weibes aus.

Vielleicht schon einen Schritt weiter bedeutet die häufige Benennung nach einer **Baumart**[6]): Hollunderfrau in Schonen, Eschenfrau[7]). Sie sind vielleicht bereits kollektiviert: Hüterinnen einer (aus irgendeinem Grunde

---

[1]) Der Robbengott Proteus als sprichwörtlicher Verwandlungskünstler; vgl. Preller 1, 609.
[2]) Reiches Material besonders bei Frazer, vgl. Register, s. v.
[3]) Mogk S. 293, Golther S. 152, Meyer S. 151 f., der sie mit Unrecht »Elfen« nennt.
[4]) Golther S. 153.
[5]) Wie die griechischen Hamadryaden, Preller 1, 723.
[6]) Mogk S. 294.
[7]) Anders die Urmenschen Ask und Embla, Esche und Erle, Vol. Str. 17.

## § 11. Naturgeister und Naturkult.

vielleicht besonders wertvollen?) Baumart; vielleicht aber haben sie einfach nach dem Baum, in dem man sie traf, ihren Namen [1]). Der Kult dieser Baumgottheiten besteht in Opfer und Gebet [2]). Daß er sich mit dem Ahnenkult verquickt habe und schwedische Familien sich nach einem Baum benannt hätten [3]), ist abzuweisen, weil von solchem Baum-Totemismus ältere Zeugnisse nicht vorliegen und die Benennung rein lokal zu fassen sein wird, wie etwa der Name des bekannten Bibliographen von der Linde (französisch Duchêne u. dgl.).

In der Regel aber werden sie dem ganzen Wald zugewiesen und danach Waldleute, Wild-, Holz-, Moosleute benannt, oder auch wieder mit Betonung des weiblichen Geschlechts Waldfänken in Oberdeutschland, Buschfräulein in Mitteldeutschland, Laubfrau in Schweden u. dgl. m. Beliebt sind auch enkomiastische Benennungen wie »salige Fräulein« (Tirol).

Die Waldfrau ist im Typus von der Baumnymphe durch geringere Zartheit unterschieden; daher begegnet auch hier viel öfter der männliche Geist neben dem weiblichen. — Ihre Erscheinung ist vorzugsweise der von alten, bemoosten Bäumen angeglichen: behaarter Körper, altes runzliges Gesicht, Moos als Bekleidung bei den männlichen, langes flatterndes Haar (Moosflechten), große herabhängende Brüste bei den weiblichen, zuweilen auch hohler Rücken [4]). Übrigens tritt auch hier das Gesetz der Anpassung in Wirksamkeit: »Im hochstämmigen, sturmbewegten, schaurigen Bergwald werden mehr Riesen hausen, im lichten, freundlichen, sonn- und mondbeglänzten Hain treiben Elbe ihr Wesen« [5]. Solche Waldriesen (diese häufiger als Waldriesinnen) erscheinen wie große Fichten, und haben wohl noch einen weiteren Baumstamm als Attribut in der Hand [6]). »Je höher wir in das Gebirge hinaufsteigen, desto übermenschlicher werden diese Gestalten der Volksdichtung« [7]).

Sie treten gern zu den Menschen in Beziehung: an dem lokalen Waldriesen Rübezahl aus dem Riesengebirge ist dieser Charakter des neckenden Dämons uns am meisten vertraut, weil Johannes Praetorius [8]) sein Homer und Musaeus (in den »Volksmärchen«) sein Virgil geworden

[1]) Eichen-Geister bei den Kelten: Anwyl, Celtic Religion, S. 32, davon die »Druiden« benannt, ebd. S. 44.
[2]) Meyer S. 90.
[3]) Wie die des Linnaeus nach der Linde, ebd.
[4]) Vgl. das Gespräch zwischen Mephisto und der Hexe in der Walpurgisnacht des »Faust«.
[5]) Golther S. 153 — wobei freilich der Hain etwas Matthissonisch sentimentalisiert ist!
[6]) Golther S. 188; die «wilden Männer« im Preußischen Wappen.
[7]) Ebd. 194.
[8]) Vgl. Zarncke, Allgemeine Deutsche Biographie 26, 250; über seine Vorläufer Zacher, Ztschr. d. Ver. f. Volksk. 16, 473.

## Drittes Kapitel.

ist. Im Grunde sind sie gutmütig; besonders empfehlen oder reichen sie heilende Kräuter[1]). Aber sie ärgern und necken die Menschen gern, sie führen sie in die Irre; auch daß sie Seuchen schicken, freilich auch besänftigen, wird ihnen zugetraut[2]). Sie können unsichtbar bleiben oder in allerlei Verwandlungen auftreten[3]), z. B. als Würmer, Schmetterlinge, Ungeziefer verkleidet[4]). Wie andere Naturgeister (besonders die des Wassers) begehren sie nach menschlicher Liebe und erzeugen Kinder mit den Sterblichen: ein Ausdruck ihrer Menschennähe. Mit anderen Naturgeistern teilen sie auch die Gabe der Weissagung[5]). Berührungen dieser scharenweise auftretenden Walddämonen mit den Seelen[6]) sind unausbleiblich. So erwächst aus dem Grab des Toten ein belebter Baum u. dgl. m. Doch fehlt ihnen im allgemeinen das Feierliche der Totengeister durchaus.

Wir sahen den Spielraum der Waldgeister sich ausdehnen: sie wohnen erst nur in einem bestimmten Baum, dann in den Bäumen einer bestimmten Art, dann in einem bestimmten Wald[7]). Nun tritt der mythologische Prozeß der **Kollektivierung** ein, und alle Dämonen des Waldes werden in der Gestalt Einer Waldfrau zusammengefaßt. Sie vertritt den »Geist des Waldes« als Ganzes. Sie existiert vielleicht schon in indogermanischer Zeit, wie **Meyer**[8]) anzunehmen scheint; ich halte vielmehr nur diese Evolution zur Zeit des berühmten vedischen Liedes an die Waldfrau[9]) schon für abgeschlossen, während sie bei uns erst in historischer Zeit dies Ziel erreicht: da haben wir z. B. eine schwedische Waldfrau. Übrigens schließt die Existenz dieses Kollektivgeistes (wie auch sonst in analogen Fällen) die von Einzelgeistern keineswegs aus.

Auch ein männlich kollektiver Waldgeist wird von Saxo[10]) bezeugt. **Kauffmann** hat einen »großen Waldgott der Germanen« nachzuweisen versucht[11]).

An die Waldgeister, wie an alle mit dem Menschen in engen Beziehungen stehenden Dämonen, knüpft die mythologische Novellistik an. »Überall verbreitet ist der Mythus, daß der Sturm, der wilde Mann oder

---

[1]) Wate hat Kudrun Str. 529 von einem *wilden wibe* die Heilkunst erlernt, vgl. Meyer S. 195.
[2]) Golther S. 294.
[3]) Golther S. 154.
[4]) Ebd. S. 194.
[5]) Mogk S. 294.
[6]) Golther S. 155.
[7]) Umgekehrte Entwicklung nimmt Thümmel, P.B.B. 35, 117, an.
[8]) S. 191.
[9]) Rigveda 10, 145; Rig-Veda, übs. von Graßmann, Leipzig 1887, 2, 415.
[10]) Vgl. Meyer S. 395.
[11]) P.B.B. 18, 157f., bes. 175.

## § 11. Naturgeister und Naturkult. 97

der wilde Jäger das Waldfräulein verfolgt«[1]): die »Windsbraut«. Es ist ein Einzelfall jener poetischen Kombination von mythologischen Einzelgestalten, wie wir sie schon besprochen haben.

Der »Waldkult«[2]) gilt nicht diesem Wesen, sondern unmittelbar dem fetischistisch verehrten Hain[3]).

Blumengeister kennt das Altertum nicht; die anmutigen Blumenmädchen des Alexanderliedes[4]) gehören erst dem Mittelalter[5]); antike Märchen ähnlicher Art sind allerdings vorhanden, aber gerade das charakteristische Moment, daß die Mädchen mit den Blumen sterben, fehlt ihnen. Die sentimentale Beseelung der Blumen in Freiligraths »Der Blumen Rache« ist aber ganz im Geiste solcher späteren ritterlichen Mythendichtung[6]).

2. Windgeister berühren sich vielfach mit den Waldgeistern; daher auch jener novellistische Mythus von der Windsbraut. Im ganzen sind sie aber natürlich lebhafter, wilder: »Im Riesengebirge stürzen sich die Rüttelweiber im Wirbelwind auf die Wiesen und werfen das Heu umeinander«[7]). Sie sind in der Mythologie vieler Völker stark vertreten; so spielen die Maruts, die Sturmgötter[8]) im Veda eine große Rolle; auch die Gandharven scheinen Winddämonen[9]). In der altgermanischen Mythologie sind sie weitverbreitet[10]); größere Bedeutung erwuchs dem Wind aber erst mit der lebhafter betriebenen Seefahrt.

Götter der einzelnen Winde sind kaum (oder höchstens als Augenblicksgötter) denkbar. Dafür ist z. B. bei den Hellenen, doch erst spät als »Seemärchen«[11]) die Verteilung der Windrichtungen an einzelne Götter aufgekommen (oder hing sie mit der Einteilung des Himmels zu Wahrsagezwecken zusammen?); sie hat keine gemeingermanische Entsprechung[12]). Die herrschende Vorstellung ist vielmehr die, daß eine Anzahl von Windgeistern ein- für allemal vorhanden sind, die sich in dem einzelnen Sturm nur offenbaren; denn da er sich auflöst, haben sie nicht, wie die Wald- oder Wassergeister, ein festes Heim.

[1]) Mogk S. 294.
[2]) Mogk S. 296.
[3]) Siehe o. S. 70.
[4]) Lamprechts Alexander her. K. Kinzel, Halle 1884, v. 5157f.
[5]) Vgl. ebd. S. 497; Rud. Ottmann, Das Alexanderlied, Halle o. J., S. 263.
[6]) Vgl. Golther S. 157, Mogk S. 293, Meyer S. 91; Koberstein, Weimarisches Jahrbuch 1, 72.
[7]) Meyer S. 193.
[8]) Macdonell, Vedic Mythology, S. 77f., vgl. S. 81.
[9]) Ebd. S. 137.
[10]) Mogk S. 307, Golther S. 180, Meyer S. 163f.
[11]) Preller 1, 630.
[12]) Vgl. Werle, Ztschr. f. d. Wortforschung 7, 61f.; 221f.

Die Anschauung wird. naturgemäß von dem **starken Wind**, dem **Sturm**, beherrscht. Sein psychologischer Eindruck, der des Schreckens, vermehrt die Berührungen mit dem Seelenglauben[1]), wie besonders im »Wütenden Heer« anschaulich wird. Es sind deshalb vorzugsweise **Windriesen** in der Mythologie tätig. Uhland faßte alle riesischen Gegner Thors so auf[2]), aber mit Unrecht, denn die Windriesen gehören zu Thors eigenem Geschlecht: *Vingnir* »der Schüttler«, *Hlora* »die Tosende«[3]). Denn neben den Riesen begegnen wieder die Riesinnen[4]). Die Namen, häufiger als bei anderen Naturgeistern individualisierend, haben durchweg Bezug auf die Sturmesnatur: der »Brecher«, der »Schaden«, der »Brüller« oder symbolische Tiernamen wie Hund und Wolf[5]). Ebenso werden sie in Märchen umschrieben[6]).

Einen Schritt weiter geht die Individualisierung bei dem **Wintersturm** *Kári,* dem Vater des Frostes und Schnees. Solche etwas frostigen Allegorien wiederholen sich noch später: so im Heldenlied die Riesen *Velsenstôz, Glockebôz, Klingelbolt*[7]) — Namen von der Prägung der »drei Gewaltigen« im zweiten Teil des »Faust«. Ähnlich wird es im Norden mit *Vindsvalr* »Wind kühl«, mit Lokis Vater *Fárbauti* »der gefährliche Schlagende« u. a. stehen: die früh eingeschlagene Bahn zu poetisch-charakterisierender Benennung wird mit Bewußtsein fortgesetzt.

Als den **Wirbelwind** faßt Meyer[8]) den Bilvis auf, den wir zu den Dämonen rechnen[9]). — Finnischen Ursprungs scheint die Göttin des eiskalten Nordwinds Skadi. Ein wilder Windgeist, der die Äste von den Bäumen schlägt, scheint Lokis Adoptivvater *Fárbauti*[10]).

Wie die indischen Maruts sich in dem Sturmgott *Rudra* (»der Heuler?«)[11]), die hellenischen Winde in *Aiolos* konzentrieren, so entsteht auch altgermanisch ein **kollektiver Winddämon**: der »wilde Jäger«, nach Mogk[12]) nicht immer als Wodan aufzufassen. Ich glaube aber, daß es sich um eine Zweiteilung handelt: der Sturmgott ist einerseits zu Wodan, andrerseits zum Anführer der vom Wind gepeitschten Wolken

[1]) Mogk S. 307.
[2]) Vgl. Mogk S. 309.
[3]) Vgl. Golther S. 282.
[4]) Meyer S. 236f.
[5]) Vgl. Golther S. 182.
[6]) Moltke Moe, Maal og Minne, Kristiania 1909, S. 6.
[7]) Virginal v. 732, vgl. Golther S. 184.
[8]) S. 164.
[9]) Vgl. Golther S. 184.
[10]) Siehe unten.
[11]) Macdonell, Vedic Mythology, S. 74f.; andere Auffassungen ebd. S. 77.
[12]) S. 302.

## § 11. Naturgeister und Naturkult. 99

geworden ¹). Denn er ist immer auf der Jagd: hinter dem Waldfräulein, hinter dem Wild (der Wolke). So ist er eine Lieblingsgestalt der ausmalenden Volksphantasie geworden, wie schon seine Namenfülle zeigt: als Schimmelreiter, Rodensteiner (oberdeutsch), Hackelbernd (norddeutsch), heroisiert als Dietrich von Bern usw. nähert er sich schon fast der Bestimmtheit eines Gottes. Und wie oft den Göttern, wird auch ihm ein weibliches Wesen zur Seite gegeben: die Windin (wie Freyja zu Frey), die Windesgenossin ²) — wobei an Dantes grandioses Gemälde des im Liebessturm dahinrasenden Paares Francesca und Paolo erinnert werden mag.

Die letzte Stufe ist endlich erreicht, wenn statt dieses Windgeistes wirklich ein **Windgott** erscheint, d. h. ein Herr über den Wind: der Riese *Hraesvelg* (der »Leichenverschlinger«, so mit einer Umschreibung für seine Adlergestalt benannt?), der in Adlergestalt am Rand des Himmels sitzt und mit seinen Schwingen den Wind erregt, wie auch der Sturmriese *Thjási* die Gestalt des mit Windesschnelle dahinfahrenden Königs der Vögel annimmt ³). Ob aber dieser nur in dem Gedicht Vafthrúdnismál ⁴) bezeugte Gott wirklich der lebendigen Mythologie angehört, bleibt fraglich: vieles in diesem Gedicht ist gewiß späte Spekulation ⁵).

Der Sturm empfängt Opfer zur Abfindung, wie noch in spätem Volksglauben ⁶). Oder »Windspenden und Windfütterungen« mit Getreide und Mehl »weisen auf einen Kult des unpersonifizierten Elements hin« ⁷).

3. Auch die **Gewittergeister** stehen mit den Windgeistern natürlich in Verbindung ⁸).

Die **Einzelgeister** sind auch hier Riesen und Riesinnen, die mit Thor, soweit er Gott des für die Ernte günstigen Gewitters ist, als schädlich tosende Unholde im Kampf stehen ⁹). Solche Riesenkämpfe sind mit Dietrich in die Heldensage gedrungen ¹⁰). — Doch wird das Gewitter

---

¹) Für die Parallele mit Rudra vgl. v. **Negelein**, Germanische Mythologie, S. 13.
²) Vgl. **Golther** S. 184.
³) Vgl. **Golther** S. 182. — Irrig glaubte man früher eine Anspielung hierauf noch bei Heinrich v. Veldeke zu finden: Minnesangs Frühling 66, 5.
⁴) Str. 37.
⁵) **Schoning**, Dodsrig, S. 13 erklärt Hraesvelg für einen an der Grenze des Totenreiches sitzenden Leichendämon; wie kommt der dazu, Wind zu machen?
⁶) **Golther** S. 182; **Schiller** im »Tell«: »da rast der — vom Wind gepeitschte — See und will sein Opfer haben«.
⁷) **Mogk**, Germanische Mythologie. Sammlung Göschen Nr. 15 S. 28.
⁸) **Meyer** S. 15; vgl. **Golther** S. 183f.
⁹) Thrymskvida; vgl. **Golther** S. 183.
¹⁰) **Sijmons** in **Pauls** Grundriß 2, 696.

## Drittes Kapitel.

auch von Menschen erzeugt: von Hexen, die den Donnerstein schießen und Wetter machen¹).

Auch hier scheint in dem Riesen *Hrungnir*²) ein **Kollektivdämon** entwickelt, dessen Ausmalung aber sicher späterer Zeit gehört. Sein Wettritt mit Odin ist Nachbildung heroischer Wettkämpfe³). Vielleicht ist es auch ein alter Sturmgott wie Odin selbst, der sich mit ihm mißt. — Die Mythen klingen fast parodistisch wie manches im Hárbardslied.

Ein **Kult** der Wetterriesen⁴) ist schwach bezeugt; man opferte ihnen für günstiges Reisewetter.

Der **Gewittergott** ist dann Thor, was Kämpfe mit übermütigen Vasallen nicht ausschließt⁵).

4. **Wolkengeister**⁶) sind den Seelen verwandt, manchmal auch wie die Baumgeister gestaltet. Ihre Hauptfunktion ist natürlich das Spenden des Regens, das freilich den alten Germanen nicht so wichtig ist wie der altindischen Mythologie. Wie in vielen Mythologien, wird auch bei uns der Regen in einem Gefäß aufbewahrt gedacht; ist es in dem berühmten peruanischen Volkslied, das schon Montaigne und Herder übersetzten, ein Krug, so ist es bei den Germanen ein Kessel (Hymiskvida).

Auch die Wolkengeister sind oft riesisch⁷): das sind die schweren dunklen Wolken, die Sonne oder Mond überziehen. Zumeist aber sind die Regengeister (wie überall) weiblich. Bezeichnend ist dann für sie der Schleier⁸).

**Kollektivgeist** der Wolken ist wohl *Hymir*, Gestalten wie dem Hrungnir analog; sein Kampf mit Thor scheint wieder eine theologische Dichtung, die den älteren (dem Animismus entsprechenden) Riesen mit dem jüngeren (dem Götterglauben angehörigen) Gott kämpfen läßt⁹).

---

¹) Meyer S. 155.
²) Vgl. Meyer S. 231; Golther S. 182.
³) Meyers Erklärung als Kampf zweier Gewitter scheint mir ein Musterfall der unrichtigen detaillierenden Mythendeutung.
⁴) Golther S. 190, Meyer S. 247.
⁵) Ein ursprünglicher Gewittergott ist auch Jahwe, vgl. z. B. Giesebrecht, Grundzüge der israelitischen Religionsgeschichte, Leipzig 1904, S. 30.
⁶) Meyer S. 168.
⁷) Meyer S. 229.
⁸) Meyers Versuche einer im einzelnen ausdeutenden Mythen-Interpretation kann ich wieder nicht folgen, wenn er in der Elfin, die sich mit goldenem Kamm die Haare strählt, die durch die »zinkenartig erglänzenden Regenstrahlen« scheinende Sonne erblickt. Ich kann in solchen mythologischen Genrebildern nur heroisch-novellistische Ausmalung älterer Situationen erblicken.
⁹) Hymiskvida, voll märchenhafter Motive, vgl. v. d. Leyen, Märchen in der Edda, S. 46 f.; Meyer S. 238.

§ 11. Naturgeister und Naturkult. 101

Endlich haben wir auch hier den Gott oder vielmehr zwei: den Gewittergott (Thor) und vor allem den Himmelsgott[1]).

5. Berggeister sind von anderer Art: es fehlt die für die bisherigen Kategorien bezeichnende Beweglichkeit; nur ausnahmsweise machen sie sich bemerklich: durch Steinfall, Bergrutsch, Lawine[2]). Sie sind auch mehr den »reinen Riesen« als den eigentlichen Naturgeistern zuzurechnen[3]). Doch faßt Meyer[4]) sie als ursprüngliche Sturmriesen, die in (Wolkenbergen oder wirklichen) Bergen hausen wie in der Edda Suttung, Thjázi, Skadi, und Steine schleudern oder brechen wie Hrungnir. Wie er rechnet auch Golther[5]) die Märchenriesinnen *Fenja* und *Menja* hierher, wenn sie sich wie Bergriesinnen gebärden, die Felsblöcke herabstürzen und Bergrutsche verursachen. Ich halte anderen Ursprung dieser Gestalten für wahrscheinlicher.

Über Bergformen, die als Versteinerungen (von Riesen) aufgefaßt wurden[6]) haben wir schon gesprochen; dahin gehören der Watzmann und die Frau Hitt in Tirol[7]), Hans Heiling in Böhmen. Das können aber nie Geister gewesen sein — Geister sterben nicht und kristallisieren nicht in Steinform —, sondern höchstens Zauberer und Hexen[8]).

Auf der Grenze zum Schneedämon steht *Bard*, der in den Snaefellgletscher auf Island einging und zum kräftigen, mit Gelübden anzurufenden Schutzgeist wurde[9]); er genoß also eines starken Kults. —

Eine höhere Stufe nehmen die eigentlichen »Elementargeister« ein, von denen einer — Loki, wenn Feuerdämon — sogar schon Gott geworden ist. Die Annäherung an die Menschengestalt und Menschenart ist bei ihnen noch weiter gediehen.

6. Wasser- und Meergeister[10]) gehören wieder zu den besonderen Lieblingen der Volksphantasie. An die merkwürdige Erscheinung des Fließens, das weder Stillstand noch Veränderung ist und deshalb allen Sprachen eine fast unentbehrliche Metapher für den (nach Goethe) dem Menschen versagten Begriff des Werdens darbietet, an die eigentümlichen leisen harmonischen Geräusche des bewegten Wassers, schließlich auch an die Spiegelbilder im Wasser (Narzissus) knüpfen volkstümliche An-

---

[1]) Vgl. allgemein Laistner, Nebelsagen, Stuttgart 1879, besonders S. 117f.
[2]) Vgl. z. B. Saxo S. 220; Herrmann S. 232.
[3]) Vgl. Mogk S. 308, Golther S. 185.
[4]) S. 240.
[5]) S. 187.
[6]) J. Grimm, Deutsche Mythologie S. 518, 3, 158; Ztschr. f. d. Alt. 4, 533 f.; Golther S. 185, Meyer S. 240.
[7]) Vgl. Laistner S. 15.
[8]) Vgl, Hrimgerd in Helg. Hjörv. III, Str. 12 f.
[9]) Golther S. 191.
[10]) Mogk S. 295, 301, Meyer S. 241, Golther S. 146 f.

schauungen schon so gern an, um märchenhaft fortzuspinnen, wie es noch moderne Dichter und Maler (Undine, Melusine, Andersens Seejungfrau) tun. Die Physiognomie der Wassergeister ist daher eine schon ziemlich bestimmt ausgeprägte. Sie sind sanft, leicht elegisch wie ihr Element, musikalisch (sie singen, spielen Saiteninstrumente, hören gern Musik); besonders wird auch das Erotische bei ihnen betont und zwar nicht, wie bei den wild überwältigenden Wald- und Sturmriesen, als rein animalische Gier, sondern mit einem früh sentimentalen Beigeschmack [1]. Das erotische Element wird durch die Zweigeschlechtigkeit der Wassergeister stark zum Ausdruck gebracht.

Geister der einzelnen Gewässer [2]. Männlich: der *Nök, Nix* [3]), auch *Meermännlein* und mit zahlreichen anderen, oft liebkosenden Namen benannt. — Sie besitzen die Gabe der Weissagung [4]), wohl weil das fließende Wasser sich besonders zum Befragen und Losen eignet (noch Goethe hat es so befragt, ob er Maler oder Dichter werden solle), und erteilen Rat. — Ihre Gestalt ist zwischen Mensch und Fisch: Fischschwanz, grüne Zähne [5]) — Mischformen, die noch Böcklin zum Weitergestalten anregten, wie denn seine »Meeresidylle« über die Eigenart dieser Elementargeister mehr lehrt als der ausführlichste Kommentar. Doch kommt auch Roßgestalt vor [6]).

Weiblich: die *Nixe,* die *Meerminne,* die *Wasserelbin* [7]). Ihre zaubermäßige Schönheit wird gern ausgemalt; sie kämmen die goldenen Haare, wie Mädchen, denen der Bach als Spiegel dient. Der Fischschwanz scheint gelehrte Entlehnung; »wenigstens weiß die unverfälschte Sage nichts davon [8]). Im übrigen teilen sie die Eigenschaften, die das feuchte, fließende Element symbolisieren, mit den männlichen Wassergeistern.

[1]) Höchst charakteristisch ist das bei den indischen Apsarasen ausgeprägt, die freilich schon im Rigveda »fast völlig von ihrer physischen Grundlage getrennt sind« (Macdonell S. 134). Nicht minder deutlich bei den griechischen Nymphen, die allerdings ebenfalls (Preller S. 718) nicht mehr ausschließlich an das feuchte Element gebannt scheinen. Midas zugleich Quelldämon und Flötenspieler: Jessen in Roschers Lexikon 2, 2, 2439. — Keltische Flußgeister Anwyl, Celtic Religion, S. 37.

[2]) Sarasvati, ursprünglich Göttin eines bestimmten Stroms: Macdonell S. 87.
[3]) Golther S. 146 f.
[4]) Golther S. 149, Mogk S. 297.
[5]) Golther S. 146.
[6]) Z. B. in den Alpen, Mogk S. 301. — Der Zusammenhang des Wassers mit dem Roß begegnet in vielen Mythologien; so hat auch Poseidon seine Rosse (Preller S. 568), Hufschlag weckt Quellen (Losch, Baldr und der weiße Hirsch, Stuttgart 1892, S. 46 f.), so der des Pegasos (Preller 2, 79) Die germanischen Küstenvölker erblickten die Rosse des Wassergottes (Tacitus Germ. cap. 45), wobei doch *interpretatio Romana* mitspielen kann.
[7]) Golther S. 146, Mogk S. 297.
[8]) Golther S. 147.

## § 11. Naturgeister und Naturkult.

Geister bestimmter Gestaltungen des Wassers. Allgemeiner ist die Verehrung der Quellen von der der Gewässer oft schwer zu unterscheiden; denn häufig wird einfach der Geist des Baches oder Flusses an seiner Geburtsstelle verehrt. Der Quellengeist geht dann auch als Brunnengeist[1]) in die Geister der kultivierten Natur über[2]). — Der Kult der Quellen mit Kränzen, Lichtern, Brunnenhäusern ist von den Hellenen am weitesten getrieben[3]), aber auch von den Germanen lebhaft und bis auf die Gegenwart gepflegt worden[4]). — Von einer Hindeutung auf die himmlischen Gewässer wie bei den Indern[5]) findet sich keine Andeutung[6]).

Die Quellengeister sind kollektiviert in dem großen Quellendämonen *Mimir*[7]), in dem deshalb auch die Gabe der Wahrsagung zentralisiert ist. Über ihn ist bei der Besprechung Odins weiter zu handeln.

Die Alemannen verehren nach Agathias die Flußwirbel[8]).

Ein Geist des Wasserfalls scheint *Andvari*[9]), der in Hechtgestalt in dem Wasserfall *Andvarafors* weilt und Schätze hegt; auch er spricht[10]) eine Weissagung aus.

Die kleineren Seen und Teiche haben, weil sie sich nicht bewegen, keine eigenen Dämonen; doch wohnen in ihnen oft die Geister der einfließenden Gewässer. Nur Seen, die aufkochen wie der Mummelsee, scheinen eigene Geister zu besitzen. — Ebensowenig haben die großen Meere eigene Herren: sie werden als Teile des »Wassers« überhaupt aufgefaßt, gerade wie die Wassergeister auch »Meermänner« und »Meerweiber« heißen.

Als Geist des Eismeers wird vielfach *Hymir* »der Dämmerer« aufgefaßt[11]) — schwerlich mit Recht, da der toten unbewegten Masse kein Geist zuzutrauen ist.

Kollektivgeist des feuchten Elements scheint *Ägir* (vgl. die Ägisdrekka in der Edda), mit der Göttin *Rán*, der Herrin des Seetodes[12]) vermählt[13]). Er ist heiter wie ein Kind und blinzt mit den Augen, wie

[1]) Mogk S. 297.
[2]) Vgl. S. 107 Anm. 5.
[3]) Preller 1, 553f.
[4]) Mogk S. 296.
[5]) Macdonell S. 85: āpah.
[6]) Bei den Hebräern ist die Verehrung der Quellen durch eine Verehrung Gottes an den Quellen ersetzt worden; vgl. Giesebrecht, Israel. Rel.-Gesch., S. 30.
[7]) Vgl. Mogk S. 305f., Golther S. 179f. 346f.
[8]) Golther S. 149.
[9]) Reginsmál Einleitung.
[10]) Reg. Str. 5.
[11]) Vgl. Golther S. 175, Mogk S. 303.
[12]) Meyer S. 291.
[13]) Spätere Ausführung: die Wogen, ihre Töchter usw.; vgl. Golther S. 175, 177.

der Zwerg Otr im Wasserfall, wobei wohl an das Spiegelbild im Wasser zu denken ist[1]); oder ist er nach den ihn verehrenden Fischern stilisiert[2])? Attribut des Wassergottes ist der Kessel, d. h. das Gefäß für feuchten Inhalt; ursprünglich ist das Meer selbst als dieser Kessel angeschaut. — Weitere Züge (Lokasenna, Einleitung) sind märchenhafte Ausschmückung[3]). In naher Beziehung zu den Wassergeistern scheinen auch die Schwanenjungfrauen[4]) zu stehen.

7. Geister für Schnee und Schneewirbel sind weiblich: die Riesin *Drífa* »Schneetreiben«[5]); später genrebildmäßig ausgeführt: wenn es schneit, macht Frau Holle ihr Bett[6]). — Eine späte Abstraktion ist der Riese *Jökull* »der Eisberg« samt seiner ganzen Sippe[7]).

8. Sumpfgeist ist nach der herkömmlichen Deutung *Grendel* im Epos von Beowulf[8]), der allnächtlich kommt und sich seine Opfer holt. Nach Mogk[9]) wäre eher an einen Einbruch des Meeres zu denken, der aber doch kein periodischer Vorgang ist[10]). Auch spricht die Analogie der von Herakles getöteten lernäischen Schlange[11]) für die übliche Interpretation. —

Wir kommen endlich zu denjenigen Naturgeistern, welche die Vorstellungen der früheren Mythologen beinahe ausschließlich beherrschten, während sie in der mythologischen Epoche selbst keineswegs Hauptpersonen waren: zu den Geistern der Gestirne und Tagzeiten. Golther sagt mit Recht: »Die nordischen Nacht- und Tag-, Mond- und Sonnenriesen sind jüngere poetische Gebilde ohne eigentlich mythisches Leben, weshalb auch in der Volksüberlieferung kaum Spuren davon zu finden sind«[12]). Nicht viel besser steht es mit den nicht riesischen Vertretern dieser Begriffe.

9. Gestirne[13]). Sonne und Mond: Sophus Müller[14]) leugnet die Verehrung der Sonne für die alten Germanen, soweit sie über die — fetisch-

---

[1]) Vgl. Mogk S. 303, Golther S. 172.
[2]) Golther faßte (S. 180) Mimir als Herrn der Brunnengewässer, was mir eine zu künstliche Abstraktion scheint.
[3]) Vgl. v. d. Leyen, Märchen in der Edda.
[4]) Siehe u. S. 162.
[5]) Meyer S. 139.
[6]) Mogk S. 279.
[7]) Meyer S. 227. Ähnlich griechisch Chione die Schneejungfrau, »das wahre Kind des stürmischen Nordwinds und der kalten Bergluft« Preller 2, 149; vgl. Laistner, Nebelsagen S. 113.
[8]) Meyer S. 242.
[9]) a. a. O. S. 302.
[10]) Vgl. auch Golther S. 172.
[11]) Preller 2, 192.
[12]) Golther S. 242.
[13]) Vgl. allgemein Preller 1, 429 f.
[14]) Urgeschichte Europas S. 117, 151.

§ 11. Naturgeister und Naturkult. 105

artige? — Sonnenscheibe hinausging. Hiergegen hat Much[1]) begründete Einwände erhoben. Zwar die Riesen *Sól* und *Máni*[2]) sind junge Bildungen[3]) und die *Sunna* des Merseburger Spruches[4]) hat ganz untergeordnete Bedeutung, wie die Sonnengöttin sie nicht haben könnte. Aber Cäsars Zeugnis[5]) läßt sich so einfach nicht abtun, um so mehr als es noch später durch volkstümliche Zeugnisse über Herr Sonne oder Frau Sonne gestützt wird[6]). Der heilige Eligius predigt im 7. Jahrhundert unter den Franken: *nullus dominos solem aut lunam vocet neque per eos iuret*. — Danach kann man vielleicht etwa folgende Evolution annehmen: für die älteste Zeit fetischistische Verehrung von »Sonnenscheiben« (wie von Amulett-Lanzen oder Hämmern), wobei die aus dem Süden eingeführten Sonnenwagen benutzt werden konnten[7]); Herausbildung der Vorstellung von einem die Sonne beherrschenden Geist (und ebenso einem Herrscher des Mondes) in der animistischen Periode; Abblassen in der Götterzeit; Versuch einer Neubelebung in der romantischen Restaurationsepoche, der Dichtungen wie Vafthrúdnismál gehören.

Daß eine indogermanische Sonnenjungfrau früh völlig in der Heldensage versinken konnte[8]), ist ein kräftiges Zeugnis gegen lebhaften Sonnenkultus. Man wird eben wohl von Geistern gesprochen haben, die die Gestirne beherrschten; aber zu göttlicher Verehrung kamen diese fernen Kräfte so wenig wie der Mann im Mond. — Wo das Gebiet der Germanen in das fremder Völker übergeht, im Land der Mitternachtssonne, glaubte man die Sonnenrosse und das strahlende Goldhaar des Helios zu sehen[9]) — die indogermanische Vorstellung, die einen Kultus nicht beweist, an dieser Stelle sogar ausschließt. Das Sonnenroß selbst ist urindogermanisch[10]). Aber die kühnen Hypothesen über die magische Absicht des Sonnenwagens von Trundholm, die Edv. Lehmann[11]) unter der Zustimmung Mogks[12]) ausspricht, muß ich für durchaus unerwiesene folkloristische Dogmen halten[13]). Und die späten Spuren eines höchst primitiven

[1]) Gött. Gel. Anz. 1909, Nr. 2, S. 95 f.
[2]) Vafthrúdnismál Str. 20, 37.
[3]) Mogk S. 310.
[4]) Vgl. Golther S. 437.
[5]) Bell. Gall. 6, 21: *deorum summos eos solos ducunt, quos cernunt et quorum aperte opibus iuvantur, Solem et Vulcanum et Lunam.*
[6]) Vgl. Golther S. 487.
[7]) Abbildung des berühmten Sonnenwagens von Trundholm bei S. Müller S. 117.
[8]) Vgl. u. S. 106.
[9]) Vgl. Tac. Germ. c. 45.
[10]) Vgl. z. B. für den Veda Macdonell S. 149.
[11]) Danske Studier 1, 75 f.
[12]) Menschenopfer S. 605.
[13]) Vgl. auch Much, Gött. Gel.-Anz. 1909 S. 96.

## Drittes Kapitel.

Sonnenkults in Norwegen[1]) können nicht mit irgendwelcher Sicherheit auf altgermanische Zeit zurückgeleitet werden; ob hier nicht etwa Einfluß der finnisch-lappischen Nachbarn anzunehmen ist?
Sterne[2]). Bis auf die seltsame Nachricht eines Arabers, die Bewohner der Stadt Schleswig beteten den Sirius an[3]), ist von einem Kultus der Gestirne oder auch nur von Vorstufen dafür nichts belegt. Was man dafür angezogen hat (besonders die Namen der Wochentage), hat nicht die geringste beweisende Kraft. Nur scheint sich jener vielleicht indogermanische Kult von **Morgen- und Abendstern**[4]) bei den Germanen (speziell bei den Vandiliern, mit dem religiösen Zentrum der Nahanarvali) lange erhalten zu haben, bis er später in die Heldensage aufging[5]). Doch schon in der Zeit des Tacitus[6]) war dieser Übergang eingeleitet und (wie in der Sage) mehr ihr Verhältnis als Brüder, mehr ihre Erscheinung als Jünglinge betont, denn das Göttliche. Es bleibt die Frage, ob diesem uralten Brüderpaar wirklich Sterne zugrunde lagen? Ob zwei nie gleichzeitig erscheinende Gestirne der naiven Phantasie Brüder sein konnten? Die Açvins wurden schon von den ältesten Kommentatoren auch als Himmel und Erde oder Tag und Nacht gedeutet[7]); die Dioskuren erklärt Preller[8]) als »streitende Mächte des Lichts«. In der Tat scheint mir dies das Wahrscheinlichste, daß sie Emanationen des Himmelsgottes sind: wie solche so oft als »Söhne« bezeichnet werden, heißen auch sie »Söhne des Zeus«. Jedenfalls aber sind sie schon in indogermanischer Zeit der Götterbildung sehr nahe, die sie nach der Völkertrennung bei Indern, Hellenen, Germanen innehaben[9]).

Vielleicht eine ursprüngliche Göttin der **Morgenröte**, ebenfalls auf indogermanischer Basis, ist die früh verschollene Frühlingsgöttin *Austrô*[10]).

Der »Panbabylonismus« hat alle Religionen der Kulturvölker von der babylonischen »Astralreligion« ableiten wollen — die selbst noch auf Überschätzung gewisser Einzelheiten gegründet scheint[11]) und im wesent-

---

[1]) Butteropfer: **Mortenssen** und **Olrik**, Danske Studier 2, 115 f.; im höheren Norden feierliche Begrüßung der wiederkehrenden Sonne.
[2]) Vgl. J. **Grimm**, D. Mythol. 2, 582 f., bes. S. 602 f.
[3]) G. **Jacob**, Ein arabischer Berichterstatter über Fulda usw., Berlin 1890, S. 12.
[4]) Siehe o. S. 52; **Preller** S. 447.
[5]) **Sijmons** in **Pauls** Grundriß 3, 677.
[6]) Germ. c. 43.
[7]) **Macdonell** S. 53.
[8]) 2, 91.
[9]) Vgl. u.
[10]) **Mogk** S. 374. Ushas noch durchsichtig als Göttin der Morgenröte **Macdonell** S. 46; ebenso Eos, **Preller** 1, 446.
[11]) Vgl. Ed. **Meyer** S. 529 f.

§ 11. Naturgeister und Naturkult. 107

lichen modern-wissenschaftliche Mythologie ist. Was aber von Gestirngeistern und Gestirnkult übrig bleibt, ist minimal; die Sterne haben ja auch erst für die ausgebildetere Seefahrt praktische Bedeutung! — Denkbar wäre ein indogermanisch-astraler Hintergrund immerhin bei Aurvandil, dem von Thor getragenen Riesen [1]).

Tag und Nacht als elementare Erscheinungen haben ebensowenig in der altgermanischen Mythologie kenntliche Spuren; denn die schöne Anrufung der erweckten Sigrdrífa [2]):

> Dem Tage Heil und des Tages Söhnen,
> der Nacht und der Tochter demnächst

scheint entweder ein poetischer Ausdruck der Formel: »alles, was da lebt, sei gegrüßt«, oder eine Anrufung dieser Erscheinungen als »Augenblicksgötter« [3]).

Der Tag als Raum der Tätigkeit scheint dagegen in Rig-Heimdall einen »Kulturgott« erweckt zu haben, der aber jung ist wie der etwa vergleichbare indische Savitar.

Im ganzen ist hier vor der Vermischung von poetischer Schöpfung mit mythologischer Gestaltung besonders zu warnen. Gerade was unserer »mythenbildenden Phantasie« das Nächstliegende scheint, ist es für die der Urzeit schwerlich, die von praktischen Bedürfnissen und täglichen Erfahrungen befruchtet wurde, nicht von sentimentalen Betrachtungen über das Weltgebäude [4]). —

Auf der Grenze zwischen beiden Kategorien der Naturgeister würden Brunnengeister stehen, wenn sie als besondere Klasse anzusehen sind [5]).

II. Geister der kultivierten Natur.

Natürlich sind die Beziehungen zwischen den verschiedenen Geisterkategorien enge; man sollte aber doch nicht (mit Mogk) Wald- und Feldgeister zusammenwerfen, Bäume und Gartenpflanzen. Es ist ein Unterschied wie zwischen Wolf und Haushund: diese Geister sind sozusagen die Haustiere unter den Dämonen. Daher tritt auch an Stelle des gelegentlichen Kultes ein regelmäßiger Dienst: neben dem Ahnenkult haben wir hier die zweite Wurzel des periodischen »Gottesdienstes«. — Besonders charakteristisch ist die Verschiedenheit zwischen den beiden Erdgöttinnen [6]).

---

[1]) Vgl. u.
[2]) Sgdm. Str. 31.
[3]) Siehe unten. Auch in die indische Mythologie dringen sie erst später durch theologische Systembildung, vgl. Macdonell S. 25.
[4]) Eine rein geographische Auswahl der Naturgeister ist für den nüchternen Geist der Chinesen bezeichnend; vgl. de Groot, Kultur der Gegenwart a. a. O. S. 166.
[5]) Vgl. Eddica minora S. LXXXIII.
[6]) Vgl. u.

## Drittes Kapitel.

1. **Feldgeister**[1]) sind in ihrer Bedeutung von Mannhardt[2]) für die griechische, lateinische, slawische, germanische Mythologie entdeckt worden[3]).

Sie berühren sich besonders mit den Windgeistern: »Das Innerfeldmandl sieht der Tiroler Hirte sich im Wirbelwind um die Füße der Rinder drehen und ihnen in die Ohren blasen, die Saligen Fräulen (Windgeister) helfen beim Heuen, beim Flachsjäten oder Kornschneiden«[4]); das ist dann der wohltätige kühlende Wind.

Die Feldgeister erscheinen meist in Tiergestalt: Roggenwolf, Korn-, Roggenhund, Heupudel, Haferbock, Roggensau; auch menschenähnlich: Kornfrau, Kornmutter, Korn-, Roggenmuhme, Hafermann, der Alte, und wieder Korn-, Ährenkind[5]). Erklärt sich dies aus Zusammenhang mit den Seelen[6])? Oder einfach aus der an das Tierreich gefesselten Phantasie der Ackerbauer? Sie werden auch einfach als Hasen oder Hirsche vorgestellt: Erfahrung an Tieren, die unter den Ähren auftauchen.

Sie machen zunächst den Eindruck **böser Geister**. Sie fordern Tribut: sie überfallen den Arbeiter (die Mittagsgöttin) und lähmen ihn; sie machen krank; auch tauschen sie Kinder um[7]), was denn wie Mythisierung kulturgeschichtlicher Anekdoten klingt. — Tatsächlich sind sie doch **gute Geister**: der Grundgedanke ist, daß sie **die Ähren vor dem Schnitter schützen**. Deshalb flüchtet der Feldgeist immer tiefer ins Getreide und wird mit dem letzten Halm gefangen und gebunden. Deshalb auch bekämpft er den Erntearbeiter oder sucht ihn abzuschrecken (der Bilvis). Man denke daran, wie noch Lenau die Art, wie der deutsche Ackerbauer die Mutter Erde würgt und ihr die Ernte abzwingt, grausam fand. — Deshalb also muß der Feldgeist als Herr des Getreides mit einer Gabe abgefunden werden, zumeist mit einer symbolischen Naturalleistung: der letzten Ähre. — Ein Dämon des vom Erntegott bedrohten Getreides scheint auch *Gerd*[8]).

Daneben ist aber auch der Standpunkt des Erntenden zu seinem Recht gekommen in **guten Geistern, die die Äcker und Wiesen gedeihen lassen**. Diese sind meist weiblich und haben gewöhnlich

---

[1]) **Meyer** S. 209f., **Mogk** S. 295, 308, **Golther** S. 156f.
[2]) Roggenwolf und Roggenhund 1865, Die Korndämonen 1867, Antike Wald- und Feldkulte 1877.
[3]) Für die indische Mythologie vgl. **Macdonell** S. 138.
[4]) **Meyer** S. 210.
[5]) **Golther** S. 156; unzureichende Erklärung der Tiernamen **Mogk** S. 308.
[6]) **Ebd.** S. 157.
[7]) **Br. Grimm**, Deutsche Sagen Nr. 90.
[8]) Skirnismál; vgl. u.

## § 11. Naturgeister und Naturkult. 109

Menschengestalt[1]). — Gehört hierher *Garmangabis*[2]), der Sueben um 250 n. Chr. als der »bereiten Reichtum Spendenden« einen Stein setzten? Als abstrakter Dämon des Getreides selbst kann *Sceáf*[3]) (»Garbe«) angesehen werden, wenn dieser »heroische Gründer des Ackerbaus« nicht zu dem Typus der »Heilbringer«[4]) gehört. »Als neugeborener Knabe, in einem steuerlosen Schiff auf einer Garbe schlafend, von Waffen umgeben, wurde er hilflos ans Land getrieben«: ein Mythus von der geheimnisvollen Ankunft eines segenbringenden Königs, der wohl[5]) auf uralte Vorstellungen zurückgehen kann[6]).

Zweifelhaft ist es, ob der Bilvis[7]) hierher gehört. Er reitet an heiligen Tagen mit Messern oder Sicheln an den Füßen durch die Felder und zieht so einen wellen- oder bockssprungförmigen Schnitt, einen fußbreiten Streifen der Verwüstung, durch das Getreide. Er ist doch wohl eher (mit Meyer) als ein Zauberer aufzufassen, der die Ernte schädigt; doch könnte er auch ein besonderer Feind der Schnitter sein[8]).

2. **Hausgeister**: Geister, die sich in dem Haus eine Heimat zurecht gemacht haben wie andere in Baum oder Feld[9]). Man darf natürlich nicht an unsere Mietshäuser denken: es sind Erbhäuser, die wie ein Stück Natur wirken[10]).

Die überall (auch in der Sprache) durchgeführte Analogie von Haus und Leib bringt auch diesen »Geist des Hauses« den Seelen nahe. Er wird wohl auch geradezu z. B. im Vogtland als Geist eines ungetauften Kindes gedeutet[11]). Wie die Totengeister erscheint er gern als Hausotter, Schlange[12]); sonst gern in Kindergestalt und Kinderart: zappliges, unruhiges Wesen ist für ihn bezeichnend, wie wir uns noch heute den

---

[1]) Meyer S. 213.
[2]) Vgl. Golther S. 470, Kauffmann, PBB 20, 526.
[3]) Vgl. Meyer S. 212.
[4]) Breysig, Die Entstehung des Göttergedankens und der Heilbringer, Berlin 1905; wie griechisch Kadmos und Erichthonios.
[5]) Wie der Runenvers von Ing, vgl. J. Grimm, Deutsche Mythologie 1, 286.
[6]) Vgl. u.
[7]) Mogk S. 272, Golther S. 157 Anm. 2, besonders Meyer S. 164, 202.
[8]) Landwirtschaftsdämonen in Tiergestalten wie die Kelten (Anwyl, Celtic Religion S. 24: Tarvos der Stier, Mocco das Schwein, Danona Göttin des Viehs; vgl. S. 27) scheint die altgermanische Religion nicht zu kennen.
[9]) Meyer S. 153 f., 213 f., auch S. 30, 65, 178 f., Golther S. 141, Mogk S. 291.
[10]) Die lateinischen Penaten wohnen ursprünglich in der Vorratskammer (Wissowa S. 145). — Der indische Vastos pati ist dagegen fast ganz seinem ursprünglichen engen Besitz entrückt (Macdonell S. 138). — In China sind die Hausgötter differenziert und jede Gottheit kann in ihre Zahl aufgenommen werden (de Groot, Kultur der Gegenwart S. 178).
[11]) Meyer S. 214.
[12]) Meyer S. 78.

Kobold[1]) vorstellen. Er führt diminutive menschliche Eigennamen: Hinze (zu Heinrich), Wolterken, Robin. Oder er ist von seinem lauten Wesen als Poltergeist onomatopoetisch benannt: Rumpelstilz, Bullermann; Butzemann, weil er Schreck erregt.

Hier zuerst tritt uns ein koloriertes Bild der Erscheinung entgegen. Er trägt Hütchen, wie die Kinder (danach wird er ebenfalls, wie in C. F. Meyers Gedicht, benannt), oft von roter Farbe, und Stiefel. Der Hut ist sein Rangzeichen: wer sich dessen bemächtigt, ist Herr über ihn. — Doch hat er oft auch dauernd jene Tiergestalt von Schlange, Marder, Katze und anderen das Haus umschleichenden Tieren; oder er bleibt unsichtbar.

Er ist ein guter Schutzgeist, verlangt aber Pflege, und seine Gunst muß dadurch erkauft werden, daß man allerlei kleinen Schabernack duldet. Er verlangt gute Behandlung und wandert sonst aus. Im ganzen sind Züge des Zwergs mit denen des treuen alten Dieners vermischt.

Er genießt einen regelmäßigen Kult: man setzt ihm trank- und speisebesetzte Tische, Spielzeug, Stiefel (wie für Kinder) hin[2]); im Norden einen Topf mit Grütze. Zu Weihnachten macht man ihm den Herd frei, damit er selbst kochen kann. Jeden Donnerstag erhält er Kuchen und Bier; ein sauber gemachtes Bett steht für ihn auf dem Boden bereit usw.[3]).

3. Schiffsgeister: Hausgeist des Schiffes ist der Klabautermann[4]). Er besteigt das Schiff, sobald das letzte Stück Holz angebracht ist; er reinigt, klopft, poltert — Vorstellungen, die wohl auf unerklärliche Geräusche zurückgehen. — Auch bei ihm wird die Verwandtschaft mit den Seelen betont; aber daß er aus der Seele eines zum Schiffsbau benutzten Baumes stamme[5]) klingt nicht ursprünglich.

Er empfängt als Kult ein Schälchen mit Milch. Kleider und Schuhe faßt er sonderbarerweise als consilium abeundi auf — vielleicht weil er auf dem Schiff unbekleidet und barfuß hantiert?

4. Schatzgeister, Hüter vergrabener Schätze sind die Alraunen (Wurzelmännchen »in Westdeutschland von der Schweiz bis nach Friesland herab, östlich dazu von Tirol bis nach Ostpreußen die feurigen Drachen«[6]). Ob diese mythischen Gebilde wirklich erst im Christentum entstanden, scheint doch fraglich.

5. Als Bergbaugeister amtieren die Zwerge[7]).

---

[1]) »Hüttenwalt«: Golther S. 141, oder Hausbold: Kluge, Etymologisches Wörterbuch, S. 206.
[2]) Meyer S. 30.
[3]) Meyer S. 214.
[4]) Mogk S. 292, Golther S. 149, Meyer S. 214.
[5]) Meyer a. a. O.
[6]) Mogk S. 293.
[7]) Vgl. Meyer S. 173.

§ 12. Die Dämonen.

Blicken wir zurück, so sehen wir die »Naturgeister« freilich nicht in dem vornehmen Glanz, in den die neuere Mythologie sie vielfach recht eigentlich »gehüllt« hat. Es sind im Gegenteil die Proletarier des Götterreichs; freilich eben darum in ihren schönsten Vertretern der Volksphantasie lieb und vertraut, sonst aber auch scheu gemieden:

> Berufe nicht die wohlbekannte Schar,
> Die strömend sich im Dunstkreis überbreitet,
> Dem Menschen tausendfältige Gefahr
> Von allen Enden her bereitet!

Anhangsweise versuchen wir noch die Frage der altgermanischen Tiergeister zu erledigen.

6. Ein »Tiergeist« wäre ein Geist, der in einem bestimmten Exemplar einer bestimmten Tiergattung seinen Sitz hatte; wie der Apisstier der Ägypter[1]) oder der weiße Elefant in Siam. Solche Tiergeister sind nicht zu verwechseln mit Seelen oder Naturgeistern, die nur vorübergehend Tiergestalt angenommen haben.

Wir haben keinen Anhalt für die Existenz solcher Tiergeister bei den alten Germanen. Die dichterische »Beseelung« von Roß oder Hund in der Heldensage ist von der etwa des Schiffes nicht zu trennen, oder sie geht (s. o.) auf Fetischismus zurück. Die mittelalterlichen Tierprozesse[2]) hat man ebenfalls zu unrecht herangezogen; es kann ja in jedes Tier, das Schaden angerichtet hat, ein Dämon gefahren sein. Übrigens gehen sie nicht auf älteste Grundlage zurück. — Die Wundergeschöpfe der eddischen Märchendichtung: sprechende Vögel, Wunderziege und Wunderhirsch u. dgl.[3]) werden eben als solche aufgefaßt; ihr Vorhandensein kann deshalb geradezu als ein weiteres Zeugnis gegen die Annahme altgermanischer Tiergötter dienen.

## § 12. Die Dämonen.

Unter »Dämonen« im spezifischen Sinne verstehen wir Geister, die den Naturgeistern sonst vergleichbar, aber an keinerlei greifbares Substrat gebunden sind.

Bezeichnend für sie ist die Unsichtbarkeit oder Verwandlungsfähigkeit: sie scheinen gar kein festes Kleid zu haben. — Bezeichnend ist ferner die unbegrenzte Zahl und die Neigung, bestimmte Klassen, oft unter einem Oberhaupt, zu bilden.

Wenn auch nicht an einen bestimmten Raum, sind doch einige an eine bestimmte Zeit oder eine gewisse Situation, eine Bedingung gebunden:

---

[1]) Erman, Ägyptische Religion, Register s. v.; besonders S. 176.
[2]) v. Amira, Tierstrafen und Tierprozesse München 1891.
[3]) Vgl. Ztschr. f. d. Phil. 31, 323.

so erscheinen die Traumgeister eben nur, wenn der Mensch schläft. — Übrigens ist der Grad der Ähnlichkeit mit anderen Geisterkategorien verschieden; die »Holden« sind von Naturgeistern oft kaum zu unterscheiden. Am freiesten sind die Elfen [1]).

## 1. Traumgeister.

Wir erinnern uns: im Traum verläßt die Seele den Körper. Dadurch wird er »frei« und andere Geister können in ihn, wie in ein leeres Gehäuse, hineinschlüpfen. Solche Schmarotzer, wie der Einsiedlerkrebs, sind die Traumgeister. Daß eigentlich doch wieder eine Seele nötig wäre, um den fremden Gast wahrzunehmen, kommt der naiven Psychologie nicht zum Bewußtsein.

Es gibt zwei Gruppen: die mehr körperlich beschwerenden (Alpgeister) und die mehr geistig beunruhigenden [2]).

Dem Alp [3]) zugrunde liegt eine Druck- und Angstempfindung, wie von einer körperlichen Last [4]) und schon den Indogermanen bekannt [5]), da »die überreichliche Mahlzeit in einem dumpfen Schlafraum« [6]) unseren wenig hygienischen Vorfahren solche üblen Schlafzustände erleichtern mußte. — Man erklärt sich den Druck einfach durch ein auf uns lastendes Wesen. Wir haben hier also die mythologische Antinomie eines »Geistes«, der doch körperliche Schwere besitzt; jedoch wird der Druck vielfach auch auf besondere Bewegungen des Dämons zurückgeführt.

In Mittel- und auch großenteils in Oberdeutschland heißt der Dämon »*Alp*«, «Quälgeist« (eigentlich wohl »Truggeist«). Mit den indischen *Ribhus*, ursprünglichen Elfen, die dann kunstgewandte Gnomen werden [7]), haben die Alpe höchstens den entfernteren Ursprung und den Namen gemein, nicht das Wesen. Anderseits ist ihr Name nicht mit »*alf*«, dem der »Elfen« zu verwechseln [8]). Alemannisch *trut*, ebenso österreichisch,

---

[1]) Wie Meyer S. 144f. irreführend alle Geister nennt; vgl. allgemein ebd. S. 28f. Zu vergleichen sind besonders die — bösen — indischen Rakshâsas, Macdonell S. 162f.
[2]) Literatur zum Traum vgl. o. S. 77, 3. Verkörperungen der Träume selbst und ihres Herrn Morpheus wie bei den Hellenen (Preller 1, 846) sind wohl erst dichterische Erfindung.
[3]) Meyer S. 128f., Mogk S. 266f., Golther S. 73f.; Überschätzung ihrer mythologischen Bedeutung bei Laistner, Rätsel der Sphinx, Berlin 1889; vgl. z. B. Golther S. 74 Anm., Mogk S. 268.
[4]) Gut beschrieben von Meyer S. 129.
[5]) Ebd. S. 130.
[6]) Ebd. S. 128.
[7]) Macdonell S. 131, 134.
[8]) Den Mogk S. 268 zu allgemein als »seelisches Wesen schlechthin» definiert.

## § 12. Die Dämonen.

gehört zu *trudan treten*¹), weil sie den Fuß lastend aufsetzen. Sonst herrscht oberdeutsch der Ausdruck *schrat*, Deminutiv *schratel* zu altnordisch *skratti* Gespenst, ahd. *scrati ‚pilvisus'*, behaartes Waldgespenst²)? Der altgermanische Name ist aber ahd. und altnordisch *mara*, zu *mar hindern, hemmen*³); dazu englisch *nigthmare*, französisch *cauchemar* (erste Hälfte wieder zu *calcare, treten*). — Ferner begegnen abwehrende Kosenamen: *Druckerle, Nachtmännle*; Tiernamen wie alemannisch *Lork*, Kröte. Zunehmende Vermenschlichung zeigen Namen wie *Nachtfräule* in Zürich, *Waldriderske* in Oldenburg⁴).

Der Alp wird in seiner äußeren Erscheinung anschaulich gemacht. Bezeichnend ist der breite Gaißfuß⁵), sonst noch der große schwere Kopf, die glühenden Augen⁶). So wird er ein rechtes Musterbild jener phantastischen Ungeheuer, die der geistig bildenden Kunst primitiver Menschen aus dem Dunkel, aus unklaren Umrissen, aus optischen Nachbildern erwachsen⁷). Sie erinnert an die wilden Nachtmahrphantasien unserer Romantiker, besonders E. Th. A. Hoffmanns, oder an die höllischen Figuren des »Höllenbreughel«.

Die Erscheinung gilt für sehr gefährlich: sie tritt dem König Vanlandi erst die Beine fast entzwei und drückt ihm dann den Schädel ein⁸), wohl indem sie ihn aus der Bettstatt stürzt⁹). Sie »reitet« oder »tritt« auch die Haustiere, so daß sie des Morgens schweißtriefend und zitternd dastehen; nur das Schwein bleibt (am Lechrain) unversehrt.

Als Schutz gilt prohibitiv: brennende Kerze, Waffe auf der Brust; so würde sie sich verbrennen oder schneiden; defensiv: Zaubersprüche, die zum Teil noch jetzt¹⁰) in Gebrauch sind¹¹). Im ganzen hilft schon das Erwachen, namentlich wenn es sich durch lauten Schrei verrät.¹²) Um den Alp dann dauernd unschädlich zu machen, packt und drückt man, was man irgend beim Erwachen in der Hand hält, Strohhalm, Faden, Bettfeder, und nagelt ihn fest, um damit sympathetisch die Trud zu bannen¹³).

¹) Meyer S. 131.
²) Vgl. Golther S. 125 und besonders Mogk S. 268.
³) Mogk S. 267.
⁴) Meyer S. 131.
⁵) »Drudenfuß«, Meyer S. 139.
⁶) Ebd. S. 133.
⁷) Vgl. Wundt, Völkerpsychologie, 2, 2.
⁸) Ynglingatal c. 16, Meyer S. 131.
⁹) Ähnliches droht die Hexe Hrímgerd dem Atli an, Helg. Hjörv. Str. 22.
¹⁰) Wie die im »Romanusbüchlein«, Meyer S. 132.
¹¹) Vgl. ebd. S. 134, 136. Ein ausführlicher Nachtsegen dieser Art bei Franck, Geschichte des Wortes Hexe, S. 28; Kern S. 29: »*Noch mich die mare drücke* . . . . .«.
¹²) Golther S. 79, Meyer S. 135.
¹³) Meyer ebd.

Zum gleichen Zwecke sucht man ihrer nach dem Erwachen habhaft zu werden; man sucht auf dem Heuboden, in Gräbern. Da stellt sich denn manchmal heraus, daß die Mar kein eigentlicher Geist war, sondern ein »Wiedergänger« (s. o.) in mancherlei Verkleidung, besonders auch als Katze, Hund, Maus[1]) — oder auch die Seele einer lebendigen Person[2]). Solche Personen müssen im Besitz einer bestimmten Disposition sein[3]); erkannt werden sie wohl, wenn Nachbarn uns im Traum in einer alpbedrückten Nacht erscheinen[4]). Solch eine »Mahrt« ist an den zusammengewachsenen Augenbrauen zu erkennen: sie ist ein »Rätsel« wie Goethes Freund Lenz. Mythologisch ist solche Persönlichkeit wohl zu erklären als ein Mensch, in dem ein Alpgeist Unterkunft gefunden hat[5]). Er gilt aber als mitschuldig[6]).

Der Kult beschränkt sich überwiegend auf die Abwehrmaßregeln; doch erhalten die Schretlein in der Dreikönigsnacht Speise[7]).

Die zunächst recht primitive Vorstellung hat eine reiche Entwicklung durchgemacht[8]). — Erotischen Charakter scheint sie erst in der Erhitzung der Hexenjagd angenommen zu haben (incubus); sie hat sich dann auch mit dem Vampyrglauben vermischt[9]).

Andere Traumgeister[10]) gibt es eigentlich nicht; denn was uns im Traum erscheint, sind die wandernden Seelen anderer, ihre *hugir*[11]). Sie sind da von Raum und Zeit frei; deshalb vermögen wir im Traum künftige Ereignisse zu erblicken. Das Auslegen der Träume ist Sache der geübten Wahrsager, wie im Altertum (Josef in Ägypten, Daniel), so bei den Germanen[12]).

2. Holden[13]) scheinen ihrem Ursprung nach freigewordene Seelen Verstorbener zu sein. »Aus dieser Schar der Holden ist in später, vielleicht erst in christlicher Zeit und zum Teil unter dem Einfluß fremden Volksglaubens eine Führerin entstanden..., die Frau Holle unserer Märchen«[14]). Also wieder eine Kollektivierung.

[1]) Mogk S. 267.
[2]) Ebd.; Meyer S. 138f., 141f.
[3]) Meyer S. 139.
[4]) Vgl. Golther S. 78.
[5]) Vgl. u. »Zaubermenschen«.
[6]) Prozeß gegen einen Alpmenschen, Mogk S. 267.
[7]) Meyer S. 222.
[8]) Vgl. Golther S. 76, nach Laistner; im jetzigen Aberglauben: Wuttke, Volksaberglaube, § 40 2f.
[9]) Vgl. Golther S. 78.
[10]) Mogk S. 268, Meyer S. 128f., Golther S. 74.
[11]) Vgl. o. S. 83.
[12]) Golther S. 659.
[13]) Meyer S. 278, Meyer S. 147, 195.
[14]) Mogk S. 279.

## § 12. Die Dämonen.

Sie wohnt im Berg wie alle ethnischen Wesen und hat ein Gefolge von Seelen, ist aber selbst ganz elfenartig gestaltet: sie macht ihr Bett (wenn es schneit), spinnt und prüft das Spinnen der Mädchen. Ihre Epiphanie fällt in die Zeit der Zwölfnächte. — Ähnlich herrscht in ganz Oberdeutschland Frau **Perchta, Bertha**; ihr Gebiet reicht im Vogtland und in Nordbayern in das der Holle hinein[1]; nach ihr ist Berchtesgaden benannt. Sie hat vorzugsweise Kinderseelen im Gefolge. — Andere ähnliche Gestalten heißen Fru **Harke**, Fru **Gode** usw.[2]. Sie werden gelehrt umgedeutet als Herodias u. a.[3]. Überall haben sie einen gutartigen, hausfrauenmäßigen Charakter.

**Kult**: es wird ihr das festliche Perchtenlaufen in Tirol und der Schweiz geweiht[4]: man läuft verkleidet durch die Straßen und ahmt so den Umzug der Frau Holle nach. Auch wird ihr Fastenspeise dargebracht. — Auch diese Feste gleichen den Totenfesten und beweisen, daß die Holden Totengeister sind, die zu frei treibenden Dämonen werden. Die Analogie mit dem (vorzugsweise männlichen) Wütenden Heer liegt auf der Hand.

3. **Elfen**[5]. — Altn. *álfr.* ags *aelf,* »Atem«, »Seele«?[6].

Die Elfen besitzen ein besonderes »Reich« wie die Zwerge, Riesen, Götter (vgl. Alvíssmál). Dies ist aber nicht in irdischer Räumlichkeit vorzustellen, sondern rein begrifflich als das Reich der **völlig ungebundenen Geister**[7].

Sie sind **nicht** Naturgeister, wie Meyer[8] will, sondern Geister schlechtweg, die allerdings[9] »die ganze Natur erfüllen«. Mit den Seelen sind auch sie verwandt[10], aber wir besitzen kein Recht, sie (wie die Holden) schlechtweg animistisch abzuleiten. — Eine gewisse Zartheit ist ihnen überwiegend eigen, doch nicht so ausgesprochen wie den Wasserfrauen. Man hat diese Feinheit sogar in den Benennungen gesucht, die in den Alvíssmál den Elfen zuerteilt werden: der Himmel heißt bei ihnen »das schöne Dach«, die Sonne »das schöne Rad« u. a.

Sie werden formelhaft den Göttern zugesellt (*aesir ok alfar* altnordisch — *ése and ylfe* angelsächsisch)[11], als zweite Haupt-

---

[1] Mogk a. a. O.
[2] Mogk S. 281.
[3] Vgl. Heine im Atta Troll.
[4] Mogk S. 280.
[5] Meyer S. 144, Golther S. 113, Mogk S. 285f., Chantepie S. 18.
[6] Mikkola vgl. Uhlenbeck, PBB 35, 163.
[7] Vgl. Mogk S. 287.
[8] a. a. O. S. 144.
[9] Golther S. 122.
[10] Ebd. S. 123.
[11] Golther S. 124.

## Drittes Kapitel.

kategorie der wirkenden Mächte — allerdings unter Mitwirkung des Stabreimes [1]).

Die Elfen sind klein, beweglich, meist schön, doch zuweilen auch häßlich. — Ihr Name althochdeutsch *alp*, mittelhochdeutsch *alp*, Plur. *elbe*, neuhochdeutsch *Elb* ist seit Wielands Shakespeare (Sommernachtstraum!) durch unser »Elf« ersetzt [2]). Als Seelen wohnen sie in Bergen und unter der Erde, aber auch in der Luft. Mit dieser Scheidung des Wohnorts — der aber nirgends fest lokalisiert scheint — hängt wohl auch die Zweiteilung in Licht- und Dunkelelfen zusammen [3]), die vielleicht erst nachträglich ins Moralische umgedeutet wurde.

Die Lichtelfen sind zart, schlank wie eine Lilie, weiß wie Schnee [4]), so daß es höchstes Lob wird: schön wie eine Elfin (wie wir sagen: schön wie ein Engel); vgl. in dem mittellateinischen Gedicht Ruodlieb [5]) die Charakteristik der Zwergin: *parva, nimis pulchra sed et auro vesteque compta* [6]). Die Stimme ist lieblich, verlockend [7]); die skandinavische Volksdichtung hat gern davon gefabelt. An göttliche Erscheinung mit vernichtender Wirkung (Semele: wer Gott sieht, stirbt) erinnert es, daß, wer sie sieht, sterben muß [8]). Man muß sich deshalb hüten, in den Elfenring zu treten, d. h. in die symbolische Bezeichnung ihres Reiches, die später realistisch als ein Kranz (weißlicher) Pilze aufgefaßt wurde.

Die Dunkelelfen heißen auch Wichte (gotisch *vaihts*, althochdeutsch *wiht*, »kleines Wesen« — zu einer Wurzel »bewegen«? [9]) oder einfach »Ding« [10]) (wie in unserem »nicht« = »kein« Ding). Diese Wichtelmännchen sind zwergartige »Teufelchen«, können aber auch gutartig sein: skandinavisch *hollar vaettir*, »gute Dinger« (dagegen »Bösewicht«).

Die Elfen haben keine feste Heimat; daher nehmen sie den Charakter ihres jeweiligen »Klimas« an und erscheinen als Licht-, Luft-, Erd-, Haus-, Wasserelfen [11]). Von den eigentlichen Geistern dieser Bezirke

---

[1]) Hübsche Gesamtcharakteristik bei Mogk, S. 285; auch Meyer S. 148 f.
[2]) Vgl. Br. Grimm, Deutsches Wörterbuch 3, 400; Mogk S. 286.
[3]) Snorra Edda, cap. 17; vgl. Mogk S. 281.
[4]) Golther S. 126.
[5]) her. v. Seiler, Halle 1882; 18, 27.
[6]) Auch bei vielen fremden elfenartigen Wesen wird die Schönheit gerühmt, so bei den Nereiden, vor allem den indischen Apsarasen (Meyer S. 149); germanisch ist sie aber spezifisch den eigentlichen Elfen eigen.
[7]) Wie bei den Sirenen, die aber Meerfrauen sind: Preller 1, 614.
[8]) Man vergleiche die Legende von Aktaeon, die allerdings Preller 1, 458. ganz anders erklärt; ist die Strafe für das Erblicken der Nacktheit nicht erst rationalistische Umdeutung?
[9]) Mogk S. 289.
[10]) Kluge, Etymol. Wb., S. 405.
[11]) Meyer S. 146, Mogk S. 287.

## § 12. Die Dämonen.

sind sie kaum zu unterscheiden, sobald sie in der Luft, in Höhlen, Wäldern, Gewässern wohnen. Sie sind ja auch schließlich nichts anderes als solche Geister mit Loslösung von deren charakteristischer Ortsgebundenheit. Aber eben aus dieser Freiheit erwachsen ihnen besondere Kennzeichen.

Äußeres Rangzeichen ist oft (wie bei den Hausgeistern) der Hut, mit dessen Ergreifen man sie in seine Gewalt bringt. Noch mehr aber kennzeichnet sie die Organisation: sie haben Könige (Alberich: Ortnit in der Nibelunge Not; Laurin Walberan Goldemar)[1]; sie arbeiten in guter geordneter Schar[2]. — Inneres Rangzeichen ist die häufige Übung des Zaubers[3]. Wahrscheinlich deshalb sind die Eigennamen mit Alf- so beliebt: Albhart, Albwin, altenglisch Älfred, Älfric u. a.[4] — weiblichen Eigennamen mit -rûn (Gudrun, Ortrun) entsprechend. Diese Namen sind protreptisch gemeint: sie sollen vor Bezauberung schützen. Denn die Elfen zaubern aus lauter Lust an der Sache; sie verwandeln sich auch gern (mythische *mimicry*: sie sind im Wald moosfarbig usw.)[5]. Auch der Hut wird hierher gezogen: er wird als Tarnkappe gedacht, als Mittel, sich unsichtbar zu machen.

Diese schwebende Mittelgattung hält sich aber nirgends ganz selbständig. Im Norden werden sie an die Wanen, überall an die Zwerge herangebracht. Beim Spiel der Volksphantasie werden sie z. B. auf Island immer menschenähnlicher[6]. Von den Zwergen erben sie auch die Kunstfertigkeit, die später als besonders charakteristisch gilt, und die sie als Zauberer nicht brauchen. Doch könnte sie dennoch ihr Urbesitz sein, denn auch den Ribhus eignet die Kunstfertigkeit und auch ihnen wird, wie den kunstfertigen Zwergen, sogar Wettkampf in der Kunstgewandtheit nacherzählt[7].

Keine Gruppe der Geister ist so schwer zu fassen wie diese; und vielleicht liegt eben in diesem Zerfließen ihr Wesen. Die Mythologen haben öfters[8] ihren Namen schlechtweg als einen Gesamtbegriff ge-

---

[1] Vgl. Golther S. 133; auch die indischen Ribhus haben einen guten König.
[2] Kollektivierung indischer Elfen ist vielleicht der Gott Tvastri, erst ihr König? vgl. Macdonell S. 116.
[3] Golther S. 123, 128; Heinrich von Morungen: *von der elbe wird entsên vil manic man;* das Lied vom Erlkönig, eigentlich Elfenkönig, Meyer S. 166.
[4] Golther S. 124, Meyer S. 150.
[5] Golther S. 127.
[6] Golther S. 133.
[7] Meyer S. 157f. Ist Wieland — den man mit Daidalos vergleicht, z. B. ebd. S. 163 — wirklich ein heroisierter Elf?
[8] So Meyer S. 152f.

nommen, unter den besonders auch die Zwerge fallen; aber es gibt Zwerge, die gar nichts Elfisches haben. Am besten charakterisieren wir sie vielleicht als ein vergeistigtes Menschenvolk (der Auffassung nicht dem Ursprung nach), zwischen den materielleren Zwergen und den immaterielleren Geistern in der Mitte; sehr geeignet, allerlei Märchen und, Spukgeschichten[1]) auf sich zu nehmen; arbeitsam und regelmäßiger Beschäftigung zugetan; den Menschen, denen sie nahe verwandt sind, überwiegend gewogen[2]). Allerdings ist dies Element und die erotische Seite der Elfennatur später von den Forschern und Dichtern[3]) öfters erst hineingetragen worden.

Elfenkult ist schon durch die Namengebung (s. o.) erwiesen. Man bringt ihnen Opfer: streut Speise, auch Salz und Brot, in die Luft, trägt Blumen in den Bach, legt Beeren auf den Stein, schenkt auch Puppe und Spielzeug[4]). Zuweilen haben sie feste Zeiten: in Schonen wird den guten Wichtern am Abend der drei hohen Feste am Herdfeuer geopfert; Hauptfeier aber während der Zwölfnächte zwischen Weihnachten und Dreikönigen: das Alfablót[5]). Man bewirtet sie, fast wie Gäste[6]).

In den Elfen ist die höchste Unbestimmtheit mythischer Gestalten erreicht, was durch ihre Zauberlust symbolisch ausgedrückt wird. Um so deutlicher ist die nächste Gruppe dämonischer Wesen: Riesen und Zwerge; freilich auch sie, wie wir schon sahen, vor Berührungen mit Naturgeistern, Dämonen usw. nicht zu schützen[7]).

[1]) Meyer S. 183f.
[2]) Ebd. S. 185f.
[3]) Z. B. Herder; vgl. Heinzel-Detter, Edda 2, 427.
[4]) Meyer S. 220.
[5]) Mogk S. 385.
[6]) Meyer S. 222, vgl. S. 30.
[7]) Gelegentlich streift die Art der Elfen (wie der Nymphen) schon an die jener hellenischen Dämonen, die ich Stimmungsgötter nennen möchte, weil sie weniger ein bestimmtes Substrat zu beseelen, als vielmehr die durch eine Naturgewalt erregte Stimmung auszudrücken scheinen. (Schön sagt Graf Keßler, Neue Rundschau, Mai 1909, S. 730: »So entstand eine Welt von Halbgöttern, von halbgeformten, halb noch nebelhaften Wesen, deren Gestalten unbestimmt waren, während die Stimmungen, die sie verkörperten, feststanden« . . . . . »das ist ihre Substanz, diese Stimmung, diese Gefühlsmasse . . .«). Dahin gehören die Graeen und Gorgonen, Keto »die personifizierte Ungeheuerlichkeit des Meeres und der Flut« (Preller 2, 62; Rán, die germ. Göttin des Meerestodes, hat eine viel konkretere Grundlage), auch die Chariten — erst viele, dann drei (ebd. 1, 482) — Gottheiten aller guten Dinge, und schließlich Pan; ja auch die Musen gehören in diesen Bezirk. Freilich können sie alle reine Elementargeister oder Dämonen gewesen sein, die erst später in diesen abstrakteren Charakter hineinwuchsen; fanden wir doch etwas davon auch bei uns, so daß die Nymphen elegische Temperamentsgottheiten wurden.

## § 13. Riesen und Zwerge.

Die alte Theologie (Alvíssmál) unterscheidet die Zwerge von den Elfen und macht aus den Riesen trotz allen Gewitter-, Wind- und Bergriesen eine eigene Kategorie. Man kann diesen späten Systembildungen alle Autorität absprechen; aber Riesen und Zwerge sind in der Tat eine Gruppe für sich, und von eigenem Ursprung. Geister können riesisch oder zwerghaft sein — ihr eigentliches Wesen steckt anderswo. Diese hier aber sind eben durch ihre Größe oder Kleinheit charakterisiert, und alles weitere erfließt von da.

Nicht das Größenmaß an sich ist entscheidend, sondern die Abweichung von der Menschengestalt als der natürlichen Norm. Wie Asyndeton und Polysyndeton durch ihren gemeinschaftlichen Gegensatz gegen die normale Fügung viel mehr als durch ihre augenfällige Verschiedenheit untereinander bestimmt sind, so auch hier. Riesenwuchs und Zwerggestalt sind zwei Fälle der Formlosigkeit, in der sich noch immer bis in die größte Menschenähnlichkeit hinein das Geisterwesen verrät. Sind die formlosen Menschen besonders stark, so sind sie Riesen (doch gibt es auch riesenstarke Zwerge wie Alberich im »Laurin«); sind sie besonders gewandt, so sind sie Zwerge. Es sind gleichsam Geister auf dem Weg zur völligen Menschwerdung.

Natürlich werden sie als Pendants empfunden, aber selten zusammengestellt. Auf der Stufenleiter der Wesen stehen die Riesen den Göttern näher, die Zwerge den Menschen. Zwischen Göttern und Riesen gibt es connubium (wogegen sich freilich das Gedicht Thrymskvida wehrt!), zwischen Göttern und Zwergen keineswegs (Alvíssmál). — Die Riesen sind natürlich vereinzelter, die Zwerge treten massenhafter auf.

1. Riesen[1]).

Die Riesen sind Lieblingsgestalten der kämpfenden Volksphantasie, die hier ebensosehr auf ihre Rechnung kommt wie ihre zartträumerische Seite bei Nixen und Wassermännern.

Wir sprechen an dieser Stelle nur von denjenigen Riesen, die keine Naturgewalt haben, nicht von den riesisch gedachten Geistern gewaltiger Naturerscheinungen. Früher erklärte man allerdings alle Riesen für solche

— Den vollkommensten Ausdruck solcher Verkörperung der Naturstimmung gibt Goethes »Fischer«; doch auch an den »Erlkönig« ist zu erinnern — der ja eigentlich ein Elfenkönig ist! — Der Zauber der unberührten Natur, wie ihn die Sagen vom Elfenring und Elfentanz andeuten, ist ein Lieblingsgegenstand auch in Tiecks Märchen.

[1]) Weinhold, Die Riesen des germanischen Mythos, Sitzungsber. Wiener Akad. XXVI S. 225 f., 1858; Meyer S. 226 f., Mogk S. 309 f., Golther S. 159 f., Chantepie S. 328.

Geister[1]). Diese einheitliche Erklärung ist ebenso abzuweisen wie die entgegengesetzte ethnologische, die in Riesen (und Zwergen) nur Überbleibsel vorindogermanischer Rassen sieht. Wir haben nach allen archäologischen Funden kein Recht, die Vorbewohner Europas (oder überhaupt der von den Indogermanen okkupierten Gebiete) den Germanen gegenüber für Riesen zu halten.

Rangzeichen der Riesen ist natürlich die Größe und die damit verbundene Kraft. (Diese letztere aber fehlt selbstverständlich dem nachgemachten Lehmriesen Mökkurkalfi, dem Koloß auf tönernen Füßen[2]). Freilich ist er wohl überhaupt ein nachgemachtes Gebilde; übrigens eine lustige Vordeutung der »künstlichen Menschen«, der Romantik, z. B. in Immermanns »Tulifäntchen«.) Ihr allgemeiner Charakter[3]) ist davon beherrscht. Später hat die altnordische Systembildung sich gerade auch dieser Lieblingswelt bemächtigt und sie genealogisch geordnet[4]); für die ältere Mythologie bedeutet das kaum mehr als moderne Klassifikationen auch[5]).

Die Benennungen gehen durchweg von ihrem charakteristischen Merkmal oder unmittelbar abgeleiteten Eigenschaften aus: altnordisch *jötun* (ins Lappische als *jetanas* übernommen, also sehr alte Bezeichnung), altenglisch *eoten*, altsächsisch *etan* (in Ortsnamen) »Fresser«; davon die altnordische Riesenwelt *jötunheimr;* altnordisch *thurs* (finnisch *tursas*), ein durch die Aufnahme unter die Runennamen in seiner Wichtigkeit anerkannter Ausdruck, angelsächsisch *thyrs*, mittelhochdeutsch *türse* (in Ortsnamen wie Tursinriut, Tirschenreut, des trefflichen Germanisten Schmeller Geburtsort) aus *thurisaz* zu sanskrit *turas,* »stark«[6]). — Mittelhochdeutsch ein neuer Name: *hiune,* neuhochdeutsch »Hüne« (»Hünengräber«) zu *huna*, altnordisch *hüna*, kräftig?[7]). Deutsch *Riese,* althochdeutsch *risi,* altsächsisch *wrisil,* zu sanskrit *vrsan*, stark. Bairisch *enz*, angelsächsisch *ent:* Präfix in der Bedeutung »ungeheuer«. Dazu früh das Fremdwort *gigant.* — Die große Häufigkeit der älteren Worte in Ortsnamen und Eigennamen (Turisind, Hunimund, Hunolt u. a.) erklärt sich aus der Beliebtheit der Riesensagen.

Die Gestalt ist die eines zur Formlosigkeit ausgewachsenen Menschen, wie in gewissen (nicht antiken) Herkulesfiguren; besonders werden die starke Nase[8]) und der Bart als Kennzeichen der Männlichkeit betont.

---

[1]) So Uhland im »Mythus von Thor«, Weinhold a. a. O.; vgl. Mogk S. 309.
[2]) Snorra Edda, Gering S. 359—360.
[3]) Vgl. Golther S. 159, der aber auch die Naturriesen mitnimmt.
[4]) Golther S. 169.
[5]) Vgl. Meyer S. 226.
[6]) Kögel, Anz. f. d. Alt. 18, 49 (in Völkernamen wie Hermunduri, Thur-ingi).
[7]) Anders Kluge, Etym. Wb. S. 75; Golther S. 161 Anm. 3; Berneker.
[8]) Golther S. 163.

## § 13. Riesen und Zwerge.

Zuweilen sind sie schön, was von ihren Töchtern Gerd (Skírn.) und Skadi, Gunnlöd (Hávamál) allgemein gilt; es erklärt sich hier einfach daraus, daß Mythen über Liebesgeschichten zwischen Göttern und Riesen entstanden [1]), und daß für den poetischen Stil des Altertums Liebe Schönheit voraussetzt; mythische Hintergründe braucht man dabei nicht zu suchen. Viel häufiger, und in der Tat ihrem Wesen angemessener, ist aber Mißgestaltung, besonders Hypertrophie einzelner Körperteile [2]): drei, sechs, neunhundert Köpfe, acht Hände [3]).

Eine ganz neue Riesenhypothese hat neuerdings Schoning [4]) aufgestellt. Er erklärt sie für — Leichendämonen; worin ihm verwunderlicherweise Mogk völlig zustimmt. Schoning geht von dem Namen *jötun*, Esser aus und vergleicht Nidhögg [5]), der doch kein Riese ist, und den Windriesen mit dem problematischen Namen *Hraesvelg* [6]), der allerdings »Leichenfresser« bedeutet. Überhaupt fällt bei ihm, wie bei vielen Folkloristen, neben der Energie der mythologischen die Schwäche der literarischen Kritik auf, mit der er jeden Namen in Grim. und jede Aussage in Gylf. gläubig annimmt, die Fjölsvinnsmál [7]), ein Gewächs der isländischen Schreibzeit [8]), wie eine echte Urkunde verwertet und nur gegen die — Thrymskvida [9]) vom Standpunkt seiner Hypothese aus Bedenken hegt. Und wenn er auf die (längst bekannte) Schilderung des Polarreiches [10]) hinweist, die unzweifelhaft von dem Bilde des Totenreiches angefärbt ist (nicht einmal die Goldbrücke fehlt, über die Hermod reitet!), so scheint es ihm natürlicher, diesen chthonischen Charakter von der Nähe des Riesenreiches abzuleiten, als von der dort herrschenden Kälte und Dunkelheit (die er doch selbst [11]) als Hauptkennzeichen der Unterwelt anführt!). Und die leichenfressenden indischen Pisâcas [12]) sind wiederum keine Riesen usw.

Ließe sich für jene Auffassung der Riesen noch einiges aufführen — zwar gewiß nicht, daß alle Riesen von vornherein Leichendämonen sind, wogegen der Typus der ungeheuren Mehrzahl in allen Mythologien spricht, wie auch das unentbehrliche und sie wieder fordernde Gegenbild der Zwerge; aber doch, daß die ursprünglichen Leichendämonen riesischer Natur sind, d. h. formlos, ungeheuer, bedrohlich —, so scheint mir der Gipfel der Konsequenzenmacherei erreicht, wenn [13]) auch Loki ein alter Leichendämon sein soll [14])! Hierfür bringt Schoning eigentlich nur zwei Argumente, denen beiden ich gern zugestehe, daß sie geistreich

---

[1]) Vgl. Gen. 6, 2: »Da sahen die Kinder Gottes zu den Töchtern der Menschen, wie schön sie waren, und nahmen zu Weibern, welche sie wollten«.
[2]) Golther S. 169.
[3]) Ebenso die griechischen Hekatoncheiren mit 50 Köpfen und 100 Armen: Preller 1, 48.
[4]) *Dódsriger i Nordisk Hedentro: Totenreiche im nordischen Heidentum,* Kopenhagen 1903.
[5]) S. 14.    [6]) S. 13.    [7]) S. 29.
[8]) Heusler, Arch. f. n. Spr. 116, 266.
[9]) S. 22.
[10]) Saxo S. 286, Hermann S. 384 f.
[11]) S. 4.
[12]) Macdonell S. 164.
[13]) S. 27 f.    [14]) S. 29.

sind, auf den ersten Augenblick sogar blendend — aber auch nicht auf länger. Das erste ist[1]) die Anrede des Wächters an Skirnir[2]): «Bist du zum Sterben bestimmt, oder ein zurückkehrendes Gespenst?« Schoning meint, dies beweise, daß Skirnir in das Totenreich eindringen will, in das nur Tote gehören. (Denn die Waberlohe S. 23 beweist nichts, da nirgends geschrieben steht, daß eine solche gerade nur die Unterwelt umgebe; es ist ja auch davon weder Vaf. Str. 3 noch Helr. die Rede, vgl. u.) Aber nun versetze man sich in die Situation: der Wächter sieht einen Reiter kommen — und soll in ihm einen Gast der Hel vermuten? Ja, wenn es noch zu Valhöll ginge! Ferner: wie soll man sich das vorstellen, daß der Dichter der Skirn, der sonst Gymirs Reich gewiß nicht mehr als Totenreich ansieht — wie wäre sonst der Fluch Str. 26 f. möglich! — und der »die alte Riesin« und Teufelsgroßmutter[3]) zu Gerd verjüngt hat, gleichzeitig durch diese Worte sich noch der alten Bedeutung des Riesenreiches bewußt zeigt? Wir werden also wohl dabei bleiben müssen, mit Heinzel und Detter[4]) zu übersetzen: »Du hast wohl kein Leben mehr zu verlieren?«, wozu allein dann auch Skirnirs Antwort paßt. — Nicht minder ist[5]) das Wettessen bei Utgardaloki[6]) aus dem Zusammenhang gerissen. Loki verzehrt alles Fleisch bis auf die Knochen, Logi aber hat auch noch die Knochen verschlungen. Ich kann es Schoning nachfühlen, daß er das gesperrt druckt und[7]) noch zweimal als Haupttrumpf ausspielt. Aber man darf doch diese Kraftprobe nicht von den beiden anderen isolieren! Es sind drei Wetten auf Schnelligkeit im Essen, Laufen, Trinken. Also: nicht daß Loki die Knochen übrig läßt, sondern daß er sie noch nicht gegessen hat, macht den Unterschied. Drei mythologische Persönlichkeiten werden drei Abstraktionen gegenübergestellt: dem Feuer, dem Gedanken (schneller als der Blitz; vgl. Lessings Vorspiel zum »Faust«), dem Alter. Thor ist durch Appetit und Stärke berühmt, und ursprünglich wird wohl auch er gegessen haben; da bleiben seinen Begleitern die typischen Tätigkeiten des Dieners: dem guten die Geschwindigkeit, dem bösen die Freßlust. In Ribbecks Lehre von den komischen Typen gehört das eher als in die eigentliche Mythologie.

Wenn also Schoning[8]) noch einmal versichert, die Riesen seien Leichendämonen, und alle »Doppelnatur« Lokis erkläre sich[9]) ebenfalls aus diesem Ursprung, so vermögen wir dieser so wenig wie in seinen Datierungen zu folgen, wenn Angrboda[10]) alt sein soll, die neun Töchter der Rán aber (die durch den «Heimdallszauber« gestützt scheinen) jung[11]) und wenn Idun[12]) als echte alte Gestalt behandelt wird; oder wie in seinen psychologischen Motivierungen, die den Ursprung von Valhöll[13]) in eine Auflehnung des Wikingerstolzes gegen die Herrschaft eines Weibes, der Hel, setzt — um sie dafür dann die submarine Unterwelt mit Rán als Herrscherin[14]) wählen zu lassen.

Wir werden also weder die Riesen unter die Dämonen noch Loki (der als »Schließer« einfach »der Tod« sein soll, wieder eine geistreich-anachronistische Deutung)[15]) unter die Riesen aufnehmen dürfen.

[1]) S. 22 f.   [2]) Skern. Str. 12.   [3]) S. 39.
[4]) Zur Stelle, nach Lüning.
[5]) S. 39.
[6]) Gylf. c. 46, Gering S. 338.
[7]) S. 33, S. 40 f. gegen Bugge, Olrik, Kock.
[8]) S. 48.   [9]) S. 32.   [10]) S. 39.
[11]) S. 45.   [12]) S. 52.   [13]) S. 43.
[14]) S. 44.   [15]) S. 31.

## § 13. Zwerge und Riesen.

Wie bei den Elfen lassen sich zwei Typen unterscheiden, die aber nicht, wie bei diesen, zu mythologischen Sondergruppen geworden sind: Da ist einerseits der weise (oder schlaue) Riese, mit eddischen Epithetis *hundvíss, fjölkunnigr*, Vafthrudnir heißt *alvíss* »allkundig«; hierher gehören auch die kunstfertigen Riesinnen Fenja und Menja. Da man ihnen hohes Alter zuschreibt (denn sie stammen aus den fernsten Perioden, wie hohe Bäume)[1], wissen sie viel. — Auf der andern Seite steht der törichte Riese, in dem allein die plumpe Masse zum Ausdruck kommt: Hymir (vgl. den altdeutschen Tumbo); sein Erbe ist der »dumme Teufel«. Man darf dies nicht schlechtweg[2] für eine jüngere Auffassung halten.

Durchweg haben sie in ihrem Wesen etwas Altmodisches, das auch in Kleidung und Waffen[3] hervortritt; dieser Typus wird konzentriert in dem (ursprünglich achthändigen Riesen) Starkad (s. u.). Ihre Formlosigkeit zeigt sich auch psychologisch: Neigung zu überschäumender Wut, zu toller Heiterkeit[4]. Sie tragen bezeichnende Eigennamen (etwa wie die Teufel der Fastnachtsspiele[5]); so Schwarzkopf, der Zottige, Eisenschädel u. dgl. m.[6]). Sie leben[7] auf einzelnen Höfen; aber das Riesenland (König Rother v. 767) ist doch wohl das älteste »Heim«, die älteste Vorstellung eines geschlossenen, von einer bestimmten Kategorie von Wesen bewohnten Gebietes außerhalb der Welt. Denn unter anderen Wesen könnten die Riesen nicht lange existieren.

Bei Frauen erscheinen die unsympathischen Eigenschaften der Riesen besonders mißfällig; daher sind (zwar nicht die Töchter der Riesen[8]), aber sonst) die Riesinnen schlimme hexenartige Ungeheuer *(flagd, skessa* altnordisch[9]).

[1] Golther S. 170.
[2] Mit Golther S. 164.
[3] Golther S. 163; vgl. S. 171.
[4] Vgl. Golther S. 163.
[5] Vgl. Weinhold in Gosches Arch. f. Lit.-Gesch. 1, 1; W. Arndt, Die Personennamen in den deutschen Schauspielen des Mittelalters, Marburg 1904.
[6] Golther S. 163.
[7] Wie die Zyklopen: Preller 1, 622.
[8] Siehe o. S. 121.
[9] Golther S. 168, Meyer S. 228. Aufs Genaueste entsprechen in den Grundzügen die griechischen Riesen. Auch sie sind formlose Überreste der frühesten Menschenbildung, gleichsam Entwürfe zum Menschen, bei Homer »ein wildes und riesiges, gewaltige Felsblöcke schleuderndes Urvolk« (Preller 1, 66; vgl. 621). Die mißgestalteten Zyklopen sind »übermütig, gewaltsam, riesig, fürchten nichts, selbst Zeus und die Götter nicht« (S. 622); Söhne der Erde (S. 635). Man sollte deshalb auch sie nicht (mit Preller 1, 49) durchweg als Naturgeister erklären. Solche riesischen Geister, z. B. von Strömen (ebd. S. 475) fehlen auch hier nicht; übrigens auch hier nicht (S. 77) die euhemeristische Deutung auf ein Riesenvolk (die Kelten).

## Drittes Kapitel.

An diese Gestalten schließt sich eine reiche **Sagenbildung**, die durchweg an ihre Stärke anknüpft. Sie treten in den Dienst der Menschen, was nicht sowohl in tiefsinniger Symbolik den Sieg des Menschen über die ungebändigten Naturgewalten ausdrückt, als vielmehr ein märchenhaftes Spiel mit der Vorstellung grenzenlos gesteigerter Kraft. Sie sind die primitiven Maschinen, die freilich noch nicht nach Pferdekraft, sondern nach Menschenkraft berechnet wurden. Besonders wünscht man sie sich als Hilfe beim Heben schwerer Lasten und realisiert diese Vorstellung in den beliebten Legenden von Riesenbaumeistern, den Schöpfern der alten Riesenmauern[1]. Phantastische Bergformen wie in der Sächsischen Schweiz, besonders aber große Brücken gelten als ihr Werk. Um den Lohn werden sie meist betrogen, wie schon Odin die Riesentochter betrügt; auch hierin beerbt sie der Teufel.

Diese Mythen vom Riesenbaumeister[2] haben noch vielfach altertümliches Gepräge; auch paßt das Zusammenfügen ungeheurer Steinmassen so gut zu dem Wesen der Riesen wie zierliche Handarbeit zu dem der Zwerge. Auch daß sie in den Dienst der Menschen treten (besonders in Tiroler Sagen)[3], erscheint echt und wird durch die Analogie von Herakles' Diensten bei Eurystheus gestützt. Sicher mythisch sind vollends (wie die hellenische Gigantomachie) die Erzählungen von ihren Kämpfen mit den Göttern, besonders dem Vertreter des riesischen Wesens unten den Asen: Thor; so kämpft Thjázi mit Loki gegen die Asen; so hat Thor den Hymir zu bezwingen. (Doch steht Thjázi schon selbst der Götternatur nahe[4]). — Die Verwandlungsfähigkeit[5] endlich teilen sie mit allen dämonischen Wesen, üben sie aber seltener, da ihnen für gewöhnlich die Kraft genügt.

Später aber sind mit der märchenhaften Logik der primitiven Fabulierkunst allerlei Hyperbeln aus ihren Grundeigenschaften herausgezogen worden. So in Bezug auf ihre Größe: die anmutige Sage vom Riesenspielzeug (Chamissos Burg Niedeck); auf die Härte ihres Körpers: er empfindet Mühlsteine als Sandkörner[6]; auf ihre Wut: »wenn die Riesen im Zorne entbrennen, so schleudern sie Felsen, reiben Flammen aus Steinen, drücken Wasser aus Steinen, entwurzeln Bäume«[7]; ihren Appetit[8], wie ihn Herakles und der indische Pushan ebenfalls entwickeln; ihre innere

---

[1] Golther S. 165; *enta geweorc* Beow. v. 2718: »zyklopische Mauern«.
[2] Golther S. 166 Anm., Meyer S. 234.
[3] Meyer S. 228, Golther S. 168.
[4] Mogk S. 312.
[5] Mogk S. 310, Meyer S. 229, Golther S. 169; Thjázi als Adler.
[6] Golther S. 167.
[7] Golther S. 163.
[8] Daher der Name *jötun*; vgl. Meyer S. 230.

## § 13. Zwerge und Riesen.

Härte: das steinerne Herz. (Daneben dauert freilich die Vorstellung von ihrer Gutmütigkeit[1]) und Treue[2]) fort.) Die Verkörperung aller dieser Hyperbeln ist der groteske Riese Hymir, ein Holofernes, halb von Hebbel und halb von Nestroy gezeichnet. — Solche Folgerungen ergeben sich für die anschauende Phantasie des Volkes so notwendig wie für Swifts Gulliver oder Voltaires Micromégas; mit der eigentlichen Mythologie aber haben solche Fortbildungen kaum mehr zu tun als Goethes »Faust« oder »Pandora«: sie sind nur Zeugnisse für die Auffassung der Charaktere.

Ein Riesenkult[3]) ist nur für die riesischen Naturgeister[4]) bezeugt; wo Riesen angerufen werden, geschieht es wegen ihrer sonstigen Qualitäten[5]). Tumbo, der in einem altdeutschen Segen[6]) angerufen wird, ist wohl nur eine Verkörperung des in das Innere der Hand (wie sich ein Kind in die Vaterarme verkriecht) hineingesteckten Daumens, den man so lange hält, bis er abstirbt (»einschläft«)[7]). —

Zu den Riesen gehören außerdem auch die Riesentiere, soweit sie nicht Verwandlungsprodukte sind: der Fenriswolf, die Midgardschlange und andere apokalyptische Ungetüme, die denn (Hymiskvida) mit den Riesen auch sonst in Verbindung stehen.

2. Zwerge[8]).

Hier geht die Formlosigkeit nach der anderen Richtung: als hätte der Stoff nicht gereicht, um ganze Menschen zu bilden. — Wie nahe sie den Elfen stehen[9]), wurde schon betont. Aber sie sind der Menschennatur am stärksten genähert und haben von allen Dämonen am wenigsten animistischen Charakter.

Wir sprechen also hier wieder nur von den »reinen Zwergen«, nicht von Hausgeistern oder Elfen in Zwergenformat. — Ihre Gestalt ist natürlich klein, oft von Daumengröße (»Däumling«); meist werden sie als weißbärtige Greise (mit flechtenartig hängendem Bart), grau, dickköpfig (nach Art der Embryonen?) gedacht[10]). Jünger ist die Anschauung von schönen Zwergen, so in dem mittelhochdeutschen Laurin.

[1]) Golther S. 167.
[2]) Ebd. S. 169.
[3]) Golther S. 190.
[4]) Siehe oben S. 119.
[5]) Vgl. Meyer S. 247.
[6]) MSD. IV 6; vgl. Golther S. 191.
[7]) Anders Helm, Hessische Blätter f. Volkskunde, 8, 133. — Über die Bedeutung der Riesenmythologie allgemein Meyer S. 247.
[8]) Mogk S. 289, Meyer S. 62 f., 173 f., Golther S. 134 f., Chantepie S. 318 f.
[9]) Zu denen Meyer sie rechnet; vgl. Golther S. 135.
[10]) Meyer S. 173.

## Drittes Kapitel.

Gemeingermanischer Name althochdeutsch *twerg*, mittelhochdeutsch *getwerg*, angelsächsisch *dweorh*, altnordisch *dvergre* zu *drug, trügen*? Vielleicht auch »der *Verschobene, Zusammengedrückte*«.

Sie wohnen, ihrer Figur entsprechend, der Erde nahe, in kleineren Bergen, auch gern unter der Erde (daher auch Bergbaugeister, s. o.); hiervon heißen sie Bergmännlein, Erdleute usw. Altnordisch heißt das Echo »Sprache der Zwerge«, weil es aus der Bergwand wiedertönt.

Rangzeichen ist neben der Kleinheit die Kunstfertigkeit und Gewandheit (schon in der Sprache verwandte Begriffe: neuhochdeutsch *klein*, englisch *clean*). Dazu gehört auch die besonders entwickelte Kunst, sich unsichtbar zu machen, der die Tarnkappe dient — wohl kein Zaubernebel[1]), sondern eben ein zauberkräftiges Attribut wie die Schwanenhemden der Schwanenjungfrauen[2]). Wer diese Mütze faßt, macht sie sichtbar und kann sich ihrer bemächtigen[3]). Zuweilen tragen sie als zweites äußeres Rangzeichen einen Kraftgürtel[4]), in dem die Stärke deponiert ist, für welche ihr schmächtiger Körper keinen Raum bietet.

Sie treten im Gegensatz zu den Riesen gern in Massen auf und haben wie die Elfen organisierte Staaten mit Königen (Nibelunc und Schilbunc im Nibelungenlied). Ihr unsichtbares Reich ist eine große Schatzkammer voll von Prunkstücken, besonders aus Gold — alles was unter der Erde wächst, gehört ihnen. An das Dunkel gewöhnt, sind sie oft (wie Matthissons Elfen) lichtscheu; ja man kann sie durch den Schein der Sonne erstarren lassen (Alvíssmál). Die Klassifikation der Alvíssmál kennzeichnet sie dadurch: der Mond ist (wie es im Räuberlied Schillers heißt) ihre Sonne[5]), die Sonne ihr »Verdruß«[6]).

Auch sie lieben, wenigstens vielfach, die Gemeinschaft der Menschen und verkehren mit diesen in der Art der Hausgeister. Doch gehen aus diesem Verkehr auch Wechselbälge hervor: alt aussehende Kinder, Mißgeburten; oder sie entführen Menschenkinder. Sollte hier an die kleingewachsenen Finnen als »Zigeuner« der altgermanischen Zeit zu denken sein[7])? Umgekehrt helfen die Menschen der zwergischen Kindbetterin[8]).

Wieder heftet sich ein Kranz von Sagen an diese Gestalten. Jung ist schon der eddische Mythus vom Ursprung der Zwerge: sie seien Maden in Ymis Fleisch gewesen[9]). Auch der lange Zwergkatalog[10]) zeugt

---

[1]) Golther S. 135.
[2]) Vgl. den Helm des Aidoneus, der den Perseus unsichtbar macht.
[3]) Meyer S. 173.
[4]) Ebd.; Golther S. 153.
[5]) Alv. Str. 15.   [6]) Alv. Str. 17.
[7]) Vgl. Meyer S. 181.
[8]) Ebd.
[9]) Golther S. 140, Mogk S. 292.
[10]) *dvergatal:* Völ. Str. 10 f.

von der Beliebtheit dieser Geisterchen; wie bei den Riesen fehlen auch hier nicht scherzhaft charakterisierende Namen wie »Erzdieb« und »Hügeldieb«. — Dann blühen die Zwergsagen besonders in den Alpenländern und dem mitteldeutschen Bergbaubezirk[1]). Den riesischen Baumeistersagen entsprechen zwergische »Schmiedesagen«[2]), die schon bei den indischen Ribhus Analogien haben. — Ein anderes Hauptmotiv ist der Kampf zwischen Menschen (oder Göttern) und Zwergen um Schätze (Reginsmál) und weiterhin ihre Verdrängung durch die Menschen[3]). Gern wird der geschmückte Saal ihres unterirdischen Hauses geschildert[4]), ihre Feste, ihre Schätze. Sie erhalten gern einen leicht komischen Zug[5]); man könnte noch eher tragikomisch sagen, besonders wenn man ihre Welt mit der elegischen der Wassergeister, der grotesk-komischen der Hausgeister und Riesen, der erotisch-sentimentalen der Elfen vergleicht.

## § 14. Zaubermenschen.

All diese Klassen von »Dämonen« sind menschenähnlich, aber doch von den Menschen unterschieden. Von Geburt (und Tod) ist höchstens bei der menschennächsten Kategorie, den Zwergen, die Rede; die anderen sind immer dagewesen und bleiben unsterblich. Vor allem aber sind sie alle von vornherein kraft ihres Wesens selbst im Besitz übermenschlicher Kräfte und Eigenschaften.

Diese übermenschlichen Kräfte und Eigenschaften kann nun aber unter Umständen auch der Mensch erlangen. Ich schlage für die sehr verschiedenen Kategorien solcher Menschen die Gesamtbenennung »Zaubermenschen« vor (die »Zauberer« sind nur eine einzelne Gruppe, wenn auch bei weitem die wichtigste). Sie setzen sich — für immer oder auf Zeit — in den Besitz dämonischer Eigenschaften; ein solcher Mensch kann weise wie ein Gott werden oder stark wie ein Riese oder verwandlungsfähig wie ein Elf; kann dem Wetter, dem Wasser oder Feuer wie ein Elementargeist gebieten[6]).

Durch irgend eine Handlung wird der Mensch in eine höhere Kategorie übergeleitet, so daß er gleichsam ein »relativer Dämon« wird; gerade so, wie durch Wunder Tiere der menschlichen Sprache teilhaftig werden. Es gibt dabei mancherlei Formen; wir ordnen nach der Ausdehnung des dämonischen Vermögens.

[1]) Meyer S. 173.
[2]) Meyer S. 175 f.
[3]) Ebd.
[4]) Golther S. 136.
[5]) Wie die Pygmäen: Preller 2, 219.
[6]) Vgl. Ztschr. f. d. Phil. 31, 317 f.

1. Zu den Traumgeistern stehen in naher Beziehung die Menschen, die andere mit Alpdruck plagen können ¹); man könnte sie **Alpreiter** nennen. Es ist eine angeborene Fähigkeit, für deren Ausübung aber der Mensch verantwortlich bleibt.

2. Prädestiniert ist man ganz entsprechend zum **Werwolf**: der siebente Sohn wird Werwolf, wie die siebente Tochter Mahrt ²). Dies aber ist eine viel wichtigere Form ³). Es ist eine schon indogermanische Vorstellung, wie die Übereinstimmung von $\lambda\nu\varkappa άν\vartheta\rho\omega\pi o\varsigma$ mit *werwolf* (= Mannwolf) beweist; dem entspricht genau der indische Tigermensch ⁴). Das Wort ist ein sogenanntes Dvandva-Kompositum und bezeichnet ein Wesen, das zugleich Mensch und Wolf ist. Die Vorstellung gehört auch den Kelten an ⁵), fehlt aber bei den asiatischen Indogermanen ⁶); dagegen trifft man sie nicht selten auch auf nichtindogermanischem Boden ⁷).

Die Grundvorstellung ist die der Ekstase ⁸): die Seele fährt aus dem Körper und macht der eines wilden Tieres Platz. Die psychologische Erfahrung von unerklärlichen Wutanfällen und anderen animalischen Momenten bei sonst friedlichen Menschen ⁹), die wir heute mit dem »Doppel-Ich« erklären (und die z. B. der englische Romanschriftsteller Stevenson in der fesselnden Erzählung Mr. Hyde and Mr. Jekyll schildert), wird von der primitiven Psychologie unter dem Gesichtspunkt der Verwandlungsfähigkeit angesehen. Eine ganz ähnliche Form ist die der Berserker ¹⁰), die aber die Menschengestalt bewahren.

Mitwirkend mag die Erfahrung wirklicher Verwilderung ¹¹) hinzuzuziehen sein; besonders bei Verbannten, die sprichwörtlich als »Wölfe« *(vargr i véum)* bezeichnet werden, wenn sie »in den Busch gehen« wie die sizilianischen Banditen oder die korsischen Männer der Vendetta (Sinfjötlalok). Schließlich kommen noch Wahnsinnsanfälle hinzu ¹²) Rationalistisch scheint

---

¹) Meyer S. 139, vgl. o. S. 112 f.
²) Meyer S. 139.
³) W. Hertz, Der Werwolf, 1862; Meyer S. 83 f.; Mogk S. 272 f.; Golther S. 101 f.; Carl Meyer, Aberglaube des Mittelalters, S. 286 f.; Andree, Ethnograph. Parallelen 1, 62 f.
⁴) Macdonell S. 153.
⁵) Vgl. Meyer S. 86.
⁶) Ebd.
⁷) Andree, Ethnograph. Parallelen; 1, 92 f.
⁸) Siehe o. S. 78.
⁹) Bekannt vor allem das Amoklaufen der Malaien; vgl. K. Fr. v. Klödens Jugenderinnerungen, Leipzig 1874, S. 27.
¹⁰) Siehe u.
¹¹) Rauber, Homo sapiens ferus.
¹²) Der Troubadour Peire Vidal lief in die Wälder und heulte dort wie ein Wolf; der rasende Roland; man denke auch an die Nebukadnezarfabel.

## § 14. Zaubermenschen.

die Deutung aus Maske und Wolfspelz[1]). Dagegen könnten Atavismen aus kannibalischen Perioden im Blut nachwirken[2]).

Die Gestalt hat ein grausiges Interesse bis auf unsere Tage hin[3]). Es ist der Zwang zum Übeltun, die »Wut zur Wut«, was hier als beunruhigendes Rätsel in die Erscheinung tritt. Wir haben hier durchaus das, was wir noch heute »das Dämonische« nennen[4]).

Der Werwolf ist also ein Mensch, den in bestimmten Zeiten die Wut packt. Es geschieht immer nur bei eintretender Dunkelheit, zuweilen auch nur in den Zwölfnächten, zumal wenn auch sein Geburtstag in diese Zeit fällt. Wenn es ihn packt, muß er Blut haben. Manchmal lebt er auch sieben oder neun Jahre als Wolf (vgl. das Märchen vom Bärenhäuter), wird aber geheilt, wenn er neun Jahre lang kein Menschenfleisch nahm[5]).

Der Werwolf wird wie die Hexe für seine Untaten verantwortlich gemacht. Noch im 16.—17. Jahrhundert begegnen uns Werwolfsprozesse; 1589 wurde Peter Stube, der Werwolf von Epprath, in Köln hingerichtet, weil er bekannte, in Wolfsgestalt 13 Kinder zerrissen und ihr Gehirn aus dem Kopf gefressen zu haben; 1610 ebenso in Lüttich zwei Werwölfe[6]). — Der Aberglaube besteht noch heute besonders in Nord- und Ostdeutschland[7]), ebenso in England[8]). Eine Abart ist der vampyrartig auftretende westfälische »Böxenwolf«, der Begegnenden aufhockt und ihr Gesicht zerfleischt[9]).

Der Übergang in den Tierzustand wird durch Zaubermittel bewirkt, besonders durch den »Wolfsgürtel«; dieser Zauber macht sie dann auch »gefroren«, d. h. für gewöhnliche Waffen unverletzlich[10]).

Schutz vor Werwölfen gewährt die Anrufung mit dem Taufnamen (vgl. die Vertreibung des Alps durch den Schrei); ein Wurf mit Stahl oder Eisen; eine Verwundung, an der der nicht verwandelte Mensch dann später wieder zu erkennen ist[11]).

An diese periodisch zu niederer Stufe herabsinkenden Werwölfe kann man diejenigen Menschen anschließen, die periodisch zum *ragr*, zum Weibmenschen, zu werden verdammt sind, wie jener Refr, der jede neunte

---

[1]) Vgl. Wundt 1, 379.
[2]) Vgl. Andree, Die Anthropophagie, S. 1885.
[3]) Prosper Mérimée, Lokis; vgl. Filon, Mérimée, Paris 1898; S. 148.
[4]) Zola, *la bête humaine*.
[5]) Meyer S. 85.
[6]) Vgl. Andree a. a. O. über moderne Fälle von Anthropophagie.
[7]) Wuttke S. 259 f.
[8]) Mogk S. 272.
[9]) Meyer S. 86, Mogk S. 272.
[10]) Mogk S. 272.
[11]) Meyer S. 85.

Nacht zum Weibe wurde[1]). Doch ist dies wohl nur eine Formel für ein Laster, dem der Unglückliche immer wieder unterliegt; man denke an »Quartalssäufer« wie den armen Fritz Reuter! Verzauberung von Menschen in Tiergestalt durch Götter oder Zauberer, in anderen Mythologien häufig, kommt in der germanischen Mythologie nie vor. — Die Berserker[2]) stehen den Werwölfen, wie schon erwähnt, sehr nahe; die Weiber der Berserker[3]) werden »Wölfinnen« genannt[4]). Sie sind aber eine spezifisch germanische Erscheinung, gleichsam eine Verkörperung des furor teutonicus. Allerdings begegnet der plötzliche Zustand wilder Wut, den wir nach seiner klassischen Vertretung bei den Malayen »Amoklaufen« nennen, auch sonst bei primitiven Völkern und Menschen[5]). Das Eigenartige bei den Berserkern aber ist, daß diese Wutanfälle in den Dienst des Krieges gestellt werden[6]).

Die Berserker »sind Menschen, stärker und wilder als andere, die in Berserkerwut geraten und über die Menschen wie wilde Tiere herfallen. Dann sind sie unwiderstehlich, sie scheuen weder Eisen noch Feuer«[7]). Sie beißen in der Wut in die Schilde und gebärden sich wie Wahnsinnige. Nachher sind sie machtlos und erschöpft, wie die Hexen nach dem Ritt. — Die »Berserker«, d. h. »Bärengewandskerle«, werden ursprünglich wohl wirklich als Bärenmenschen, den Werwölfen entsprechend, gedacht worden sein; sie heißen auch gelegentlich *úlfhednar*, »Wolfsgewandige«[8]). Später wird ein ekstatischer Krampfzustand nach dem Muster solcher fabelhafter Zaubermenschen systematisch erzielt worden sein. Könige halten sich eine Garde von solchen Bärenmützen; berühmt sind die zwölf Berserker Hrolf Krakis, die des Harald Schönhaar (um 900). Wiederum ist an Starkad[9]) zu erinnnern.

Die Sage lebt in Norwegen fort, sogar häufiger als die von der Wolfsverwandlung. Beides ist, wie man sieht, nicht ganz gleichartig: das Werwolfstum ist eine Krankheit, ein Fluch, das Berserkertum eine zweckdienliche Begabung. Auch unterscheidet sie, daß die Werwölfe nur ver-

---

[1]) Vgl. u., auch Lok. Str. 23. 33.
[2]) Mogk S. 273, Golther S. 102, Meyer S. 86f., 227.
[3]) Hárb. Str. 37.
[4]) Ebd. 39.
[5]) Vgl. o. S. 128; Ztschr. d. Ver. f. Volksk. 1897 S. 342f.
[6]) Schilderung bei Saxo S. 222, 223, Hermann S. 295, 297, vgl. Olrik, Danmarks Heltedigtning S. 201 f.
[7]) Mogk a. a. O.
[8]) Golther S. 103.
[9]) Siehe o. S. 123, auch Lok. Str. 23. 33.

## § 14. Zaubermenschen.

einzelt (oder höchstens paarweise wie Sigmund und Sinfjötli), die Berserker in geschlossenen Gruppen auftreten[1]). Werwolf und Berserker scheinen immer männlich zu sein[2]). —

**Gestaltentauscher** kann man die Menschen nennen, die freiwillig Tiergestalten annehmen können wie die Werwölfe unter dem Fluch; sie sind nach nordischem Ausdruck *eigi einhamir*, nicht eingestaltig, und fähig *at skipta hömum*, die Gestalten zu tauschen, *at hamask*, die Hülle zu wechseln usw.[3]). So sitzt der Jarl Fránmar[4]) in Adlergestalt verwandelt auf einem Haus, um die Frauen durch Zaubermacht zu schützen.

Der viel umstrittene **Bilwis**[5]) kann ebenfalls ein Zaubermensch sein, ein »männliches Gegenstück der Hexe«. Er reitet zu gegebenen Zeiten, namentlich in der Nacht vor Walpurgis oder (wie die Hexen) vor Johannisabend auf einem Bock durch die Saat, die er mit einer Sichel am Fuß zerschneidet. Das Dämonische besteht in der Unfaßbarkeit und dem seltsamen Reittier. — Schutzmittel: Knabenkleider am »Pilbisbaum« aufhängen[6]), was wohl eine Art Vogelscheuche vorstellt[7]). —

**Hexen**[8]). Althochdeutsch *hagazussa*, mittelniederländisch *haghetisse* (zu *hag* Wald)[9]) bedeutet ursprünglich »Gauklerin«[10]). Daneben kommt von anderen Terminis besonders *unholda*, »Feindin«, in Betracht[11]); altnordisch *túnriđur*, althochdeutsch *zunriten*, Zaunreiterinnen, weil sie auf dem Pfahl reiten; lateinisch zumeist *striga*.

[1]) Aus anderen Mythologien sind am ersten die Mänaden (Preller 1, 694) in ihren orgiastischen Exzessen vergleichbar: sie zerreißen lebende Tiere, überfallen auch Menschen. Doch sind diese Erregungen an bestimmte Feste gebunden (Schwally, Semitische Kriegsaltertümer, Leipzig 1901, 1, 101 vergleicht Simson, auch Tydeus und Polyneikes. — Die pathologischen Wutanfälle irischer Helden und ihrer nordischen Schüler wie Egill (vgl. Olrik, Nordisches Geistesleben, S. 81, 139) stellen einen Berserkerzustand dar, der aber keine allgemeine Eigenart der betreffenden Persönlichkeiten ausmacht.

[2]) Doch vgl. die zitierte Stelle aus dem Hárbardslied und Lex salica, Tit. 64 (bei Franck, Geschichte des Wortes Hexe S. 16): »si stria hominem comederit«, dagegen aber Kap. 376 (ebd. S. 17): »quod christianis mentibus nullatenus credendum est, nec possibile ut mulier hominem vivum intrinsecus possit comedere.« (Andere Parallelstellen ebd.)

[3]) Golther S. 100.
[4]) zu Helg. Hjorv. Str. 5.
[5]) Siehe o. S. 111, Meyer S. 164, Golther S. 158, Mogk S. 273.
[6]) Meyer a. a. O.
[7]) Eine römische Gottheit, die der Saat feindlich ist: Lua Mater (Wissowa S. 171).
[8]) Mogk S. 274, 278, Golther S. 116, Meyer S. 133.
[9]) Nach Kluge, Etym. Wb., S. 167.
[10]) Nach Francks (auch inhaltlich wichtiger) Geschichte des Wortes Hexe, Bonn 1900.
[11]) Kauffmann, PBB. 18, 151; Franck S. 14.

## Drittes Kapitel.

Die christliche Vorstellung ist von der heidnischen zu scheiden. Aber Hexen im spezifischen Sinne, d. h. Menschen mit dem Vermögen zu hexen, sind schon im 6. Jahrhundert bezeugt[1]). — Die Hexe der alten Anschauung ist ein Weib, das nach eigenem Willen sich den weiblichen Dämonen (Unholden) anschließt[2]), mit ihnen den Scharen des wilden Heeres sich zugesellt. Aus dieser Gemeinschaft kommen zunächst ihre bösen Kräfte: die Hexen machen Wetter, weil sie nun — zeitweilig — zu den Wettergeistern gehören; sie verderben die Milch, weil die Gewittergeister sie gerinnen machen; sie bringen Krankheit, wie die Dämonen den »Hexenschuß« verursachen. Auch die Fähigkeit, sich in Nachttiere (Katzen, Kröten, Eidechsen, Eulen, doch auch Hunde und andere Seelentiere) zu verwandeln[3]), haben sie von den Elementargeistern (daher isländisch *hamhleypa*, die in anderer Gestalt Laufende)[4]).

Erst später kommt statt der Aufnahme in das wilde Heer der Pakt mit dem Teufel und das widerlich pervers-erotische (»satanische«) Element in die Hexenvorstellung.

Die Hexe ist wie der Alpreiter vorbestimmt: zusammengewachsene Brauen, rote Triefaugen, watschelnder Gang sind Indizien[5]). Aber dazu muß sie doch eigenen Willen fügen, muß von alten Hexen lernen und sich salben lassen. Die Salbung ist eine Parodie der feierlichen Salbung von Priestern, Königen, Sterbenden: eine »schwarze Messe«. — Dann fährt sie in die Hexenkraft und kann nun (wie die Walküre) durch die Luft reiten. Dies ist an die Nacht und zumeist noch an bestimmte Nächte (Walpurgis) gebunden. Diese Feste sind für den Massencharakter der Hexe besonders charakteristisch; sie wählen dazu Berge, die ursprünglich wohl vom Wütenden Heer umtobte Totenberge sind (Brocken als Blocksberg)[6]). — Sonst ist die Hexe der Mahrt ganz ähnlich[7]).

Wie furchtbar sich der Hexenglaube entwickelt hat[8]), ist weltbekannt. Für die mittelalterliche Hexe ist dann — außer den teuflischen Zeremonien — bezeichnend, daß sie durch Zauber sich Dinge dienstbar machen kann: sie melken Milch aus Brettern, reiten auf Besen, doch auch (wie die Zwerge und der Bilwis) auf Böcken. Aber nur das Reiten auf Holzpfählen ist ursprünglich. Doch schon das isolierte Auftreten

[1]) Franck S. 18.
[2]) Vgl. Golther S. 656.
[3]) Mogk S. 276, Wuttke S. 155, 173, 217.
[4]) Golther, Mythus u. Rel. d. Germ. S. 16.
[5]) Mogk S. 277; nach späten Zeugnissen.
[6]) Vgl. Mogk S. 277f.
[7]) Meyer S. 133, Golther S. 117..
[8]) Vgl. z. B. Meyer S. 30f., 63f.; J. Hansen, Zauberwahn, Inquisition und Hexenprozesse, Bonn 1901.

## § 14. Zaubermenschen.

der christlichen Hexe widerspricht ihrem ursprünglichen Charakter. — Schutz vor dem Behexen gewähren Zauberrunen[1]).

Zauberer[2]). Das Wort und der Begriff sind in neuerer Zeit etwas mißbraucht worden; namentlich der um die Aufklärung mexikanischer Riten verdiente G. Th. Preuß neigt dazu, alle ursprüngliche Religion, ja fast alle ursprüngliche Tätigkeit unter die Rubrik »Zauberei« zu fassen, und W. Wundt ist ihm darin in bedenklichem Maße gefolgt. Ich habe meinen Widerspruch gegen diese mythologische Mode[3]) ausführlich begründet und darf mich hier auf die Erklärung beschränken, daß ich Wort und Bedeutung in dem früher üblichen Umfang gebrauche[4]). Ich verstehe also unter Zauber die Mittel, Dinge zu vollbringen, die eigentlich »über unsere Kraft« hinausgehen, indem man sich einen Anteil an der Kraft höherer Mächte verschafft.

Hierbei sind zu scheiden: allgemein zugängliche und nur einzelnen zugängliche Zaubermittel. Wer die ersteren besitzt, steht zeitweilig, wer die letzteren besitzt, dauernd den »Dämonen« nahe; die Besitzer der reservierten Zaubermittel, die Zauberer, sind (wie die Hexen) menschliche Dämonen.

1. Unter den allgemein zugänglichen Zaubermitteln sind zunächst die Runen zu nennen. Sie sind jederzeit verwendbar. »Der Besitz der Rune gibt eine ganz begrenzte, auf einen bestimmten Zweck eingeschränkte Wunderkraft«[5]). Die Rune als das Geheimnis der Dinge, die Seele auch der Gegenstände gibt dem, der sie kennt, Macht über das Ding oder die Person. Die wichtigsten Runen dieser Art werden aufgezählt in den *rúnatal*[6]).

Die Runen stehen unter Odins Schutz[7]), sind aber jetzt, nachdem er sie fand, allgemein zugänglich, etwa wie das Feuer seit Prometheus. Sie

---

[1]) Vgl. Golther S. 119, Háv. Str. 154: Einen zehnten (Spruch) kenn' ich, wenn Zauberweiber im Fluge durchfahren die Luft.
[2]) Vgl. Gering, Über Weissagung u. Zauber, Kiel 1902.
[3]) Arch. f. Rel.-Wissensch. 9, 418; 10, 88 f.
[4]) Vgl. Zeitschr. f. d. Phil. 31, 319.
[5]) a. a. O. S. 317.
[6]) Háv. Str. 145 f. (Sprüche gegen Kummer, Krankheit, Gefahr in der Schlacht, Brand, Streit an der Tafel — *crebrae ... rixae raro conviciis saepius caede et vulneribus transiguntur*, Tac. Germ. c. 22 —, Seesturm, Hexerei; am Ende ein paar positive Sprüche für Zauber, Patenschaft, Erwerbung von Gunst), Sgdm. Str. 6 f. (ebenfalls hauptsächlich defensiv gegen Gift, Seesturm, Krankheit; positiv für Sieg, Entbindung schwangerer Frauen, Beredsamkeit) und Rig. Str. 44 f. (defensiv gegen Waffen und Seesturm, Feuer und Krankheit; positiv zum Verständnis der Vögel, d. h. zur Mantik); vgl. auch Grípisspá Str. 17. (Allgemein vgl. meine Altgermanische Poesie S. 23 f.).
[7]) Golther S. 340.

müssen, wie die Hexenkunst, erlernt werden; die Hauptsache ist dabei ein bestimmtes Runenwort, ohne Zweifel oft identisch mit den als Runennamen verwandten Worten wie altnordisch *fé*, Besitz, *Týr* Name des Kriegsgottes. Der Spruch wird dann feierlich »gerauntß[1]: das ist ein *carmen*, ein feierlich vorgetragener Zauberspruch. (»Beschwören« heißt ursprünglich »besummen«.)[2] Vielleicht unterschied man Runen von vergänglicher und solche von dauernder Kraft[3]).

Die Rune als Zauberspruch besteht aus zwei Teilen: einem allgemeinen und einem speziellen, durch dessen Hinzufügung der Zauber erst »perfekt« wird. Ausführlich ist das in dem Eddagedicht Skirnismál[4]) beschrieben: der Götterbote Skirnir hat einen Zauberzweig, den er mit feierlicher Rede weiht; dabei schnitzt er in ihn ein Zeichen ein, das sich auf die zu bezaubernde Gerd bezieht, und wendet damit den Spruch gegen sie. Er kann aber den Zauber aufheben, indem er die auf sie bezügliche *nota* wieder wegschneidet[5]). Das eigentlich Zauberkräftige ist dabei die Rune; aber eine Verbindung von Wort und Tat — Spruch und symbolischer Gebärde — ist allem Zauber unentbehrlich. — Oder der Skalde Egil Skallagrimsson errichtet gegen den König Eirik eine »Neidstange« und spricht dazu Zauberworte, die den König aus seinem Reich treiben[6]): auch hier sind die Worte, und unter ihnen wieder die Rune mit der Anwendung auf Eirik, die Hauptsache, die Neidstange ist nur das Werkzeug der Übermittelung. Oder Thorleif will sich an dem Jarl Hákon rächen: »er kommt verkleidet in seine Halle und trägt ein Gedicht vor, das ‚das Nebellied' genannt wird. Infolgedessen wird es in der Halle dunkel, die Waffen rühren sich und töten viele Leute, der Jarl wird krank; Bart und Haupthaar fallen aus.« Man braucht das gewiß nicht mit Alexander Bugge[7]) auf irischen Einfluß zu schieben: es ist runischer Wetterzauber. So macht Thorgerd Hölgabrud[8]) Hagel — und eine Rune heißt »Hagel«; so ist der Gebetzauber für Regen besonders altertümlich[9]). Und die ägyptischen und hebräischen Zauberer vor Pharao[10]) werden es nicht anders gemacht haben, wenn auch nur der Stab erwähnt wird und weder der Spruch noch die symbolische Handlung. Dergleichen ist universaler Aberglaube, weder bei den Germanen spezifisch noch bei den Iren.

---

[1]) Vgl. Golther S. 629; zu griechisch ἐρεϝω.
[2]) Kögel, Gesch. d. d. Lit. 1, 81.
[3]) Vgl. Rig. Str. 44 (anders Heinzel-Detter z. d. St.).
[4]) Gering Edda S. 52f.
[5]) Str. 37.
[6]) Vgl. Olrik, Altnordisches Leben, S. 136; Golther S. 642.
[7]) Zs. f. d. Alt. 51, 33.
[8]) Golther S. 485.
[9]) J. Grimm, Kl. Schr. 2, 439f.
[10]) 2. Mos. Kap. 7.

## § 14. Zaubermenschen.

Nur eine Abart des Runenzaubers[1]) ist der Namenzauber[2]). Der Namen ist die individuelle Rune einer Person, er drückt ihr Wesen aus, was durch die ausnahmslos bedeutungsvollen Eigennamen erleichtert wird. Jeder Eigenname ist ein Wunsch: der Sohn soll ein Held im Kampf sein, die Tochter Friedens- und Zauberkraft besitzen; erst recht gilt das von denen der Götter: einer soll der »gnädige Herr«, eine andere »die Spenderin der Fülle« sein. Hier kann also z. B. der Segen oder die Verwünschung leicht anknüpfen. — Vielleicht hängt auch die Rune der Namengebung[3]) hiermit zusammen[4]).

Die Rune läßt sich verschenken und rauben[5]). Ohne ihren Besitz sind in bestimmten Fällen selbst die Götter ohnmächtig; so versteht nach dem Merseburger Zauberspruch nur Wodan das Roß zu heilen, weil nur er die richtigen Worte besitzt.

Schutz vor Runenzauber verleiht allgemein die Benennung mit -run (oder soll sie Runenkraft verleihen?). Sie wird nur bei Mädchen angewandt, da nur die Frau *sanctum quoddam et providum aliquid* besitzt[6]): die Tochter Sigrun, Hildrun, Ortrun, Friderun, Runhild schützt dann wohl das ganze Heim[7]). Spezieller wirken Gegenrunen, wie wir solche gegen Hexerei[8]) treffen[9]); daher können je nach der Art der Anwendung Runen schaden oder helfen[10]).

Der Runenzauber bedarf aber der Verbindung einer Handlung mit einem Spruch[11]). Dieser kann gesteigert werden zu dem Zauberlied[12]). Das Wort, feierlich gesprochen, macht erst das Zeichen lebendig, fügt das »Wort« zum »Werke«[13]). Aber das Zauberlied unterscheidet sich von dem Runenspruch dadurch, daß der Art des Vortrags, der Melodie mit ihrer

---

[1]) Vgl. Brandl, Altengl. Lit. S. 1129 allgemein.
[2]) Nyrop Navnets magt, Mindre afhandl. udg. af det phil.-hist. samf., Kopenhagen 1887, S. 118f.; vgl. Kahle, Anz. f. d. Alt. 29, 300.
[3]) Háv. Str. 157.
[4]) Der Namenzauber ist überall verbreitet, sehr stark z. B. bei den Hebräern: Zauber mit dem wundertätigen Namen Gottes (auf einen Zettel geschrieben und in die Gehirnschale gelegt, stattet er einen Menschen aus Lehm mit dem Schein des Lebens aus: »Golem«); Namenstausch, um den Todesengel zu täuschen usw.
[5]) Meine Altgermanische Poesie S. 48.
[6]) Tac. Germ. Kap. 8.
[7]) Vgl. Golther S. 643.
[8]) Háv. Str. 154.
[9]) Vgl. Golther S. 642.
[10]) Ebenda.
[11]) Vgl. Brandl, Altengl. Lit., S. 955f.
[12]) Vgl. Golther S. 644, Mogk S. 404.
[13]) Háv. Str. 141, also nicht mit Meyer S. 379 aus Ev. Joh. 1, 1—3 abzuleiten. Vgl. Müllenhoff und Liliencron, Zur Runenlehre.

symbolischen Auf- und Abbewegung eine selbständige zaubermäßige Bedeutung zugeschrieben wird. Es ist also hier die »Handlung«, das »Werk« in den Vortrag des Wortes selbst hineingetragen. — Hierfür haben wir feste Termini: *galdr*, angelsächsisch *gealder*, althochdeutsch *galster*, scheint mehr das gesungene, althochdeutsch *spell*, altnordisch *spjall*[1]) das rezitierte Zauberlied zu bedeuten[2]). — Wenn finnisch *runo* »Zauberlied« heißt[3]), so setzt dies wohl eine mittlere Form voraus.

Statt mit der Rune (die die Seele des Dinges selbst gibt), kann der Spruch oder Gesang mit einer symbolischen Handlung verbunden werden, die die gewünschte Besitzergreifung u. dgl. darstellt. Dies ist dann der eigentliche Z a u b e r s p r u c h, bei dem nicht mehr das eine Zauberwort, auch nicht mehr der zauberkräftige Vortrag, sondern die symbolische, von den Worten nur verdeutlichte Handlung den Hauptteil des Zaubers ausmacht[4]). Der Zauberspruch, die häufigste Form des Redezaubers, kann die Rune entbehren, weil er sie durch eine symbolische Handlung ersetzt. In Skirn.[5]) werden die Runenzeichen »Wollust, Wahnsinn, Wut« eingekerbt und gesprochen: das ist Runenzauber. Statt dessen wäre nun eine symbolische Handlung denkbar, die durch Gebärden die Wollust, den Wahnsinn, die Wut darstellte und dies durch die begleitenden Worte wiederum verdeutlichte: das wäre dann Spruchzauber. Einer der ältesten Zaubersprüche lautet z. B.: »Bein fügt sich zu Beine, als wenn sie geleimt wären.« Dabei fügt der Arzt die auseinander gerissenen Glieder in die richtige Ordnung. Für unsere Anschauung ist das die Hauptsache; aber der Primitive denkt nicht, daß eine Störung der Ordnung ohne göttliche Hilfe geheilt werden kann. Er tut also das nur scheinbar, was die Heilgötter in Wirklichkeit tun sollen, und verdeutlicht dies durch die Worte, deren genau berechnete Anordnung wieder seine Handlung nachbildet. Ich wenigstens vermag den »sympathischen Zauber«, der eine so ungeheure Ausdehnung — auch noch im heutigen Aberglauben[6]) — in allem Zauberwesen hat, nur so zu verstehen: es wird den Mächten, die allein das Gewünschte leisten können, vorgemacht, was sie tun sollen. Ein Bild des Verhaßten wird durchbohrt — damit sie ihn selbst durchbohren. Später freilich geht dies Zwischenglied verloren und man meint mit dem Abbild den Gegenstand selbst zu treffen[7]).

[1]) E d w. S c h r ö d e r, Ztschr. f. d. Alt. 37, 241 f.
[2]) Ein solches in der Herraudsaga, vgl. Mogk S. 405.
[3]) C o m p a r e t t i, Kalewala, Halle 1892, S. 240 f.
[4]) Allgemeines über »Sympathetic Magic« z. B. F r a s e r 1, 8 f.
[5]) Str. 37.
[6]) W u t t k e S. 185 f.
[7]) Solche Zaubersprüche besitzen wir schon aus indogermanischer Zeit, vielleicht gar aus noch früherer, denn sie begegnen zum Teil auch schon bei den

## § 14. Zaubermenschen.

Hauptzweck ist das **Heilen** (d. h. das Rückgängigmachen dämonischer Verletzungen) und das **Schützen** (d. h. ihre Verhinderung). Die typische Form ist die, daß ein epischer Bericht vorangeht, der von früherer glücklicher Anwendung der Formel erzählt und dadurch den vergangenen Moment erneuert: hierdurch wird der damals tätige Gott gleichsam herbeigezaubert, und nun folgt in seiner Gegenwart die Vornahme der symbolischen Handlung unter Begleitung der symbolischen Worte [1]). Der epische Bericht dient also ursprünglich nicht bloß zur Beglaubigung, sondern unmittelbar zur Übertragung der göttlichen Wunderkraft auf den Sprecher, der sich als Stellvertreter des Gottes gibt.

Der Zauberspruch setzt unmittelbare Anwendung voraus; daher die Praepositionen bei den betreffenden Worten: ἐπᾴδειν *incantare bigalan* [2]). Er wird durch seine Nominalform als Werkzeug bezeichnet: *carmen* hat das Suffix für selbsttätige Werkzeuge (wie z. B. die den Teig in die Höhe treibende »Bärme«). — Man muß sehr genau sein: nur wer den Spruch *uola conda,* genau gelernt hatte, konnte ihn heilkräftig anwenden. Während Rune und Zauberlied gern auch schlimmen Zwecken dienen, wird der Zauberspruch wenigstens vorzugsweise zur »weißen Magie« gebraucht.

Wird endlich die symbolische Handlung zur Hauptsache, der begleitende Text zur Nebensache, so entsteht die **Zauberhandlung** oder das, was man im engeren Sinne »Zauber« nennt.

Vorzugsweise ist das allerdings den eigentlichen Zauberern reserviert; doch kann viel davon auch der Laie erlernen und nachahmen. Übrigens sind auch hier die Grenzen flüssig. Bei Egil ist offensichtlich der Spruch noch die Hauptsache; später kann das Setzen der Schimpfstange (*nidstöng*) dafür gehalten werden. — Nun gibt es auch Fälle, wo die Wirkung durch einen weiten Zeitraum von der Handlung getrennt ist. Es wird z. B. in der »Judenbuche« von Annette v. Droste erzählt, wie in einen Baum eine Verfluchung gegen einen Mörder eingeschnitten wird: »Wenn du dich diesem Orte nahest, so wird es dir ergehen, wie du mir getan

---

Assyrern (vgl. Goedeke, Grundriß z. Gesch. d. d. Lit. § 10, 2; Kuhn, Ztschr. f. vergl. Sprachforschung 13, 49f., 113f.; Scherer, Gesch. d. d. Lit. S. 15; auch Kaegi, Der Rigveda, Leipzig 1881, Anm. 12, Anm. 105 und allgemein Anm. 82, Anm. 95). — Ein solcher Spruch auch Adams Gruß an Eva 1. Mos. 2, 23: »Bein von meinem Bein, Fleisch von meinem Fleisch.«

[1]) Treffliches Beispiel der erste Merseburger Spruch, Müllenhoff und Scherer, Denkmäler IV, 1. Beispiele der symbolischen Handlung: Fortwerfen des Pfeils, damit der Dämon den unsichtbaren Pfeil beseitigt, den die Hexe in den Körper geschossen hat; oder Loslösung eines Bandes, damit die Walküren einen gefesselten Freund befreien u. dgl. m.

[2]) Golther S. 628.

hast«[1]). Dies ist kein Runenzauber: es enthält kein Zauberwort; kein Lied oder Spruch trägt den Zauber, sondern die Handlung der Einkerbens selbst. Sobald der Mörder dem Baum naht, wird dieser sprechen und rächen. Das ist also reiner Zauber: der Baum wird mit der Kraft des Rachegottes ausgestattet. —

Jedem zugänglich, aber nur in erhöhten Momenten[2]) sind ferner solche Zauberkünste, die schon für die Vorbereitung (nicht bloß für die Vollendung) göttlicher oder dämonischer Unterstützung bedürfen. Sie haben statt an absolut bestimmten Zeiten: viele Zaubergebräuche haften an gewissen Nächten (seltener Tagen), Konstellationen usw., weil die Dämonen besonders in den Zwölfnächten zugegen sind oder zu bestimmten Fristen vorzugsweise gnädig scheinen[3]); oder an relativ bestimmten Zeiten, die wir schon aufgeführt haben und die die Ekstase begünstigen; sie haben die Kraft von Segen und Fluch, ja machen diese erst zauberkräftig[4]).

Hauptfälle der unter solchen Umständen allgemein zugänglichen Zauberformen sind erstens Segen und Fluch, zweitens Weissagung. Doch geht die letztere allmählich fast vollständig, die erstere in bestimmten Fällen an die Priester über.

Segen und Fluch sind von den übrigen »Zaubersprüchen« dadurch unterschieden, daß sie nicht etwas Einzelnes bezwecken, sondern ganz allgemein jemanden der Gunst oder dem Zorn der Götter anempfehlen. Oder vielmehr: für unsere heutige Empfindung handelt es sich nur um eine Empfehlung — für die primitive Anschauung um einen Zwang: der Gott muß erfüllen, was man in der richtigen Form erbeten hat[5]).

[1]) Vgl. das Motiv der Kraniche des Ibykus: der Täter wird — geistig oder wirklich — an den Tatort gezwungen und dort gleichsam *in flagranti* bestraft.
[2]) Vgl. o. S. 78.
[3]) Vgl. Wuttke S. 56 f.: »Die zauberischen Zeiten«. — Das Gleiche gilt von den »zauberischen Orten«, vgl. ebd. S. 89: Kreuzwege § 108; Schwelle, Herd usw.
[4]) Vgl. Golther S. 628 f.
[5]) Den stärksten Ausdruck findet diese Vorstellung von der zwingenden Macht des Gebets bei den Indern: die Götter zittern vor der Gebetskraft eines Frommen; ja die Kraft der Andacht wird sogar in einem eigenen Gott, Brhaspati (vgl. Macdonell, S. 104) verkörpert. Ebenso bei den buddhistischen Chinesen: »Wünsche, vorausgesetzt, daß sie ehrlich gemeint sind, haben wirkende Kraft« (de Groot, Kultur der Gegenwart, a. a. O. S. 189). — Aber es ist bekannt, daß noch z. B. Martin Luther die gleiche Anschauung hegte. Als er 1540 für den kranken Melanchthon betete: »mußte unser Herrgott herhalten, denn ich warf ihm den Sack vor die Tür und rieb ihm die Ohren mit allen Verheißungen des Gebets, die ich aus der heiligen Schrift zu erzählen wußte, so daß er mich anhören mußte, wenn ich anders seinen Verheißungen trauen sollte«. (Vgl. z. B.

## § 14. Zaubermenschen.

Segen und Fluch sind Zauberhandlungen, insofern ihre Wirkung auf höhere Wesen als sicher angenommen wird; im übrigen tritt das Zaubermäßige in ihnen so stark zurück, daß sie in abgeschwächter Form in der Religion der Gegenwart fortdauern. Freilich eben heute nur noch als Anrufungen der Himmlischen, während in der ältesten Zeit auch hier erstens eine das Wort stützende symbolische Handlung, zweitens eine bestimmte symbolische Wortfolge oder die Anwendung eines bestimmten »starken« Wortes erforderlich sind [1]).

In dieser Gefahr, durch einen unvorsichtigen Ausdruck Gutes in Böses zu verwandeln, liegt wohl auch eine der verbreitetsten und hartnäckigsten Formen des Aberglaubens begründet: die Vorstellung vom »Berufen« [2]). Indem man den einen Gott zu unbedingt lobt, verletzt man andere (Motiv der Hippolytos-Legende); man muß deshalb jedem lobenden Wort eine Verwahrung beifügen [3]). Die rationalistische Vorstellung vom Neid der Götter (Herodot) bringt gewiß erst eine jüngere Spekulation; ursprünglich zürnten Apollon und Artemis den Niobiden schwerlich, weil Niobe sich der Leto gegenüber überhoben hatte, sondern weil sie sich ohne Verwahrung gerühmt hatte [4]).

G. Freytag, Bilder aus der Vergangenheit, Werke 19, 131). Im Grunde hegt wohl jeder, dessen Gebet unerfüllt bleibt, die heimliche Vorstellung, er habe nicht richtig gebetet (vgl. auch James, Religious experience, S. 466f.; über die Wichtigkeit des richtigen Betens de Maistre, *Soirées de St. Pétersbourg*, N. VI).
[1]) Symbolische Handlung: Fast überall wird eine bestimmte Haltung beim Gebet vorgeschrieben; dazu kommen bestimmte Riten für jede Anrufung, z. B. bei den Ägyptern (Erman, Ägyptische Religion, S. 156), bei den Indern (Hillebrandt S. 171 f.), den Römern (Wissowa, S. 332, 6). Die unmittelbare Zaubergewalt der symbolischen Handlung beim Segen ausdrücklich bezeugt 2. Mose 17, 11: »Und dieweil Mose seine Hand empor hielt, siegte Israel; wenn er aber seine Hand niederließ, siegte Amalek.« — Das starke Wort: beim germanischen Segen scheint das Wort »*heil*« Kernwort zu sein (meine Altgermanische Poesie S. 384). Sonst ist die Reihenfolge die Hauptsache; so bei den lateinischen *indigitamenta* (Wissowa S. 333). »Das Wort kann in feierlicher Fassung zu Fluch oder Segen werden« (Hillebrandt S. 169): ein berühmtes Beispiel für die Wandlung der Fluch — Segen Bileams (4. Mose, Kap. 23), den freilich der biblische Geschichtsbericht rationalisierend in eine Änderung des gewünschten Textes verwandelt, während ursprünglich die Verfluchung wohl gegen den Willen Sprechenden durch die Art des Vortrags zum Segen wurde.
[2]) Vgl. Wuttke, Register s. v.
[3]) Wuttke, S. 282.
[4]) Die alte Vorstellung Háv. Str. 144: »Im Unmaß opfern ist ärger als gar nicht beten, Gabe schielt stets nach Entgelt«. Übrigens ist diese Vorstellung so fest in der menschlichen Ängstlichkeit begründet, daß noch eben Otto Ludwigs Tochter ihr auf Grund ihrer Verbreitung einen transzendenten Wert zuerkannt wissen wollte (»*quod semper, quod ubique, quod ab omnibus* . . .«): Ludwig Eccard, Erlebte Gedanken, Dresden 1909 Pierson, S. 15.

## Drittes Kapitel.

Beispiele von Segen und Fluch sind in der altgermanischen Literatur mehrfach und zum Teil sehr ausführlich erhalten[1]). Hauptfälle der wirksamen Anwendung sind: zunächst p r i v a t e r Anwendung in Verfluchung oder Segenserteilung durch den Geschädigten oder seine Gönner; entweder bei besonderer Gelegenheit (Segen beim Abschied) oder, in der Regel, bei bestimmendem Anlaß und unter dessen unmittelbarer Wirkung (so die feierliche Verfluchung Hedins)[2]) — im Typus mit dem großen Kirchenbann noch heute übereinstimmend[3]).

Ist zu Fluch und Segen so jeder berechtigt (und daher auch fähig), so bildet sich allmählich doch die Anschauung heraus, daß bestimmte Persönlichkeiten hierzu besondere Kraft besitzen[4]). Sobald ein Priesterstand entsteht, kann der Priester auch für den einzelnen diese Akte übernehmen[5]). Endlich wird der Priester, als zeitweiliger Vertreter der Götter, o f f i z i e l l damit betraut, Segen über die eigene, Fluch über die feindliche Volksgemeinde zu sprechen[6]).

Ich behandle Segen und Fluch an dieser Stelle, weil sie mir dem Zauber näher zu stehen scheinen als dem Kultus; eine Zwischenstellung ist nicht abzuleugnen. Aber während Kulthandlungen wirklich nur eine Anrufung des Gottes bedeuten, wird hier, wie bei anderen Zauberhandlungen, das unmittelbare Erzwingen der Wirkung vorausgesetzt. Wie beim Zauber, gibt es auch hier besonders geeignete Persönlichkeiten, symbolische Handlungen, endlich die charakteristische D ä m o n i s i e r u n g  d e r  D i n g e. Wie wir sahen, daß es für die Hexen charakteristisch ist, daß sie unbelebte Gegenstände in Dienst nehmen, so fordert Sigrun[7]), daß den Hedin die Eide, die er brach, beißen sollen, und daß das nicht Metapher ist, zeigen Analogien wie 5. Mose 28, 45: »Und werden alle Flüche über dich kommen und dich verfolgen und treffen, bis du vertilget werdest.« Ebenso gehen im Weingartner Reisesegen[8]) von jedem segnenden Finger elf Engel aus[9]).

---

[1]) M e i n e Altgermanische Poesie, S. 48 f.
[2]) Helg. Hund. Str. 29; G e r i n g, Edda, S. 178.
[3]) Analoge Fälle sind in der Bibel die Verfluchung Kains, der Segen an Jakob, die Verfluchung des Feigenbaums. — Noch Walther v. d. Vogelweide in seinem Dank an Ludwig (18, 15) bewahrt formelhafte Wendungen feierlicher Segenssprüche.
[4]) Klassisches Beispiel wieder Bileam, der 4. Mose, Kap. 22 zur Verfluchung der Israeliten eingeladen wird. — Vgl. B. D u h m, Die Gottgeweihten, Tübingen 1905, S. 8.
[5]) Vgl. M e y e r S. 303.     [6]) M e y e r S. 31—33; 58.
[7]) Helg. Hund. 2, 29.
[8]) M ü l l e n h o f f und S c h e r e r, Denkmäler IV, 8.
[9]) Die Erinnyen, vgl. P r e l l e r 1, 835, erscheinen als Verkörperungen dieser verfolgenden Flüche, gerade wie die Litai (ebd. 534) die Gebete verkörpern; ebenso der Ὅρκος selbst (vgl. R. H i r z e l, Der Eid, Leipzig 1901); und das

## § 14. Zaubermenschen.

Dem Fluch und Segen sind durch ihren Charakter von Anrufung und Beschwörung nach verwandt Eid und Gelübde[1]), die wir aber ihres feierlicheren Charakters wegen bei den Kulthandlungen besprechen. — Auch die **Weissagung** ist ursprünglich eine an relativ bestimmte Zeiten geknüpfte Form des Zaubers — wenn sie auch später gleichfalls, nachdem die Priester sich ihrer bemächtigt hatten, in den regelmäßigen Kultus aufgenommen wurde[2]). Schon Nietzsche hat mit Recht betont, daß Prophezeien nichts anderes ist als ein Binden und Festlegen der Zukunft, und daß es in alten Zeiten auch nicht anders aufgefaßt wurde[3]). Die Weissagung ist also gewissermaßen eine in die Zukunft verschobene Form von Segen oder Fluch.

Die ursprüngliche Vorstellung des Weissagens werden wir uns ganz körperlich vorstellen müssen. Der Mensch macht die Erfahrung, daß er etwas Herannahendes vorher wahrnlmmt, z. B. aus dem Staub auf der Straße heransprengende Reiter; oder daß von einem Wartturm her schon Dinge gesehen werden können, die man sonst erst später entdecken würde. Diese Erfahrung wird gesteigert: es hat jemand so scharfe Augen, daß er die Feinde schon sieht, während sie eben erst aufbrechen und erst in Tagen oder Wochen mit gewöhnlichen Augen wahrgenommen werden können; dann besitzt er eben das »zweite Gesicht«, die Gabe des Voraussehens. Sie gilt unter den schottischen und westfälischen Bauern — wo diese Leute Kieker heißen — als weit verbreitet[4]). Mit Recht wird diese Gabe, mit der Verborgenes zu erkennen (z. B. versteckte Schätze), zusammengestellt[5]).

Zunächst also erscheint das Voraussehen nur als eine gesteigerte körperliche Funktion (und das Voraussagen als der Bericht darüber). Nun soll erstens dies Voraussehen erzwungen werden und zwar auf unerhörte Entfernungen in Raum und Zeit; dazu ist ein Anteil an der prophetischen Gabe der Dämonen (besonders der Geister des fließenden Wassers; denn dies versinnbildlicht den ununterbrochenen Fluß der Dinge[6]) erforderlich.

häufige Sagenmotiv, daß ein böser Fürst, wie Kambyses oder Geiröd in den Grimnismál in sein eigenes Schwert stürzt, ist vielleicht nur Umsetzung einer Verfluchung wie Helg. Hund. 2, 31 — »nicht schneide das Schwert, das du schwingst im Streite, es singe denn, Mörder! dir selber ums Haupt!« — in epische Wirklichkeit (vgl. Saxo über Hading, S. 30, Hermann, S. 37).

[1]) Vgl. z. B. Vkv. Str. 33.
[2]) H. Gering, Über Weissagung und Zauber, Kiel 1902.
[3]) »Die fröhliche Wissenschaft«, S. 106; vgl. m e i n e Altgermanische Poesie, S. 50.
[4]) Vgl. Wuttke, S. 321 f.; über das Wahrsagen überhaupt ebd. S. 193 f.
[5]) Wuttke, a. a. O.; »Fernsehen im Raum und Vorschauen in die Zeit«, Görres, Christliche Mystik 2, 129 f.; Joly, Psychologie des Saints, Paris 1902, S. 77. — Eine prachtvolle Veranschaulichung des sinnlichen Voraussehens in C. F. Meyers Gedicht »Der Mönch von San Bonifacio«; im Märchen: Brüder Grimm 1, 375.
[6]) Vgl. Mogk, S. 400 f.; Meyer, S. 306 f., 327; Golther, S. 646 f.

## Drittes Kapitel.

Und zweitens soll das Erschaute festgelegt werden, so daß auch kein Gott es mehr ändern kann — und deshalb muß auch die Verkündigung in feierlicher Weise erfolgen.

Man ersieht aus dem allen, daß die Prophetie ein schwierigerer und zaubermäßigerer Akt ist als Segen und Fluch. Besonders gern überläßt man sie denn auch wirklich den Zauberern[1]). Auch überwiegt hier die öffentliche, sozusagen staatliche Anwendnng von allem Anfang an bedeutend. — Nötig aber ist beides nicht. Es gibt auch private Befragung der Zukunft, und sie steht jedem offen, freilich nur unter bestimmten Bedingungen. Eine völlige Loslösung von aller zeitlichen Gebundenheit, wie bei der Astrologie des 16. und 17. Jahrhunderts, ist noch nicht denkbar.

Die private Anwendung ist für die ältere Zeit nur aus dem Volksglauben belegt[2]). Aber schon früh wird man aus dem Rauhreif oder der Sternzahl die Ernte prophezeit haben, und gewiß sehr alt ist der Nacktheitszauber: vom Kreuzweg[3]) oder in der Stube[4]) sieht man in bestimmten Nächten die Zukunft, wenn man sich völlig entkleidet und bestimmte symbolische Handlungen vornimmt[5]). Die Bedeutung der Nacktheit ist trotz mancher Versuche nicht völlig aufgeklärt.

Eine Mittelstufe zwischen staatlicher und privater Prophetie ist das Befragen eines offiziellen Wahrsagers, eines Zauberers, bei den Skandinaviern gern eines zauberkundigen Finnen[6]).

Bei öffentlicher Anwendung[7]) befragt der Priester für das Volk die Götter und zwar durch

a) die Runen, d. h. durch ein allgemein zugängliches Zaubermittel, zu dessen richtiger Anwendung und Auslegung man aber der doppelten Weihe der Person (Priester) und des Moments bedarf[8]).

b) Loosen auf Ja oder Nein? auf bestimmte Personen[9]).

c) *Auspicia*[10]), d. h. Befragung von Dingen, auf deren Gestaltung der Mensch gar keinen Einfluß hat. Diese Form der Weissagung beruht ursprünglich wohl auf der Geisterbeschwörung[11]): die (selbst wahrsagenden)

---

[1]) Vgl. z. B. Meyer S. 42 306 f.
[2]) Vgl. Wuttke S. 329 f.
[3]) Meyer S. 327, vgl. 308.
[4]) Wuttke S. 350.
[5]) Vgl. Weinhold, Znm altgerm. Ritus.
[6]) Golther S. 306.
[7]) Mogk S. 400.
[8]) Über die Form der Befragung vgl. Müllenhoff und Liliencron, Zur Runenlehre; meine Altgermanische Poesie, S. 494 f.; Mogk, S. 401.
[9]) Mogk S. 176; vgl. z. B. bei den Chinesen: de Groot, Kultur der Gegenwart III 1, 176.
[10]) Tac. Germ., Kap. 10: *auspicia sortesque ut qui maxime observant*.
[11]) Vgl. Golther S. 65 Anm.

## § 14. Zaubermenschen. 143

Geister werden veranlaßt, sich zu äußern. Dies tun sie aber nur in feierlichen Momenten, nach Anrufung, die z. B. in der Handlung des Opfers an sich liegt, so daß die Befragung von Opfertieren (durch Deutung der Eingeweide: *haruspicm* [1]) möglich ist. Sie geschieht »nach einem komplizierten System vielfach sich auch kreuzender Lehrsätze und Regeln« und kann als die frühest ausgebildete wissenschaftliche Technik bezeichnet werden.

Bei den Germanen scheinen unter den vielerlei möglichen Arten der auspicia die akustischen über die optischen überwogen zu haben. Arten der Auspicien sind gerichtet auf:

a) das Wiehern heiliger Rosse (wie bei den Persern): wenn sie schnauben und wiehern, spricht der Gott aus ihnen [2]),

b) den Flug der Vögel, wohl besonders der heiligen Raben (sie fliegen etwa auf die Beute zu [3]),

c) Richtung und Geräusch des Windes,

d) den Klang des *barditus* [4]): *sunt illis haec quoque carmina quorum relatu, quem barditum vocant, accendunt animos futuraeque pugnae fortunam ipso cantu angurantur terrent enim trepidantve prout sonuit acies* [5]). Der angerufene Kriegsgott spricht aus dem Widerhall [6]),

e) die Träume: die Seele im freien Zustand gewinnt Geisteskraft [7]).

Durchaus aber sind all diese Weissagungen an den »pathetischen Moment« gebunden. Er kann sich von selbst einstellen, durch die Erregung vor der Schlacht, die Feststimmung, den nahenden Tod; oder er wird vorbereitet durch allerlei Mittel des Rausches usw. [8]).

---

[1]) Vgl. Wissowa, S. 470 f.
[2]) Tac. Germ., Kap. 10: *proprium gentis equorum quoque praesagid ac monitus experiri*. Solche heiligen Rosse werden in Drontheim für Frey gezüchtet. Mogk, S. 402.
[3]) Vgl. Tac.: *avium voces volatusque interrogare;* Indic. superstit. 13; Zeitschr. f. d. Phil. 16, 186. 191. — Vögelsprache Fàfnismàl Str. 32 f. und im Märchen. — Meyer, S. 306.
[4]) Tac. Germ., Kap. 3.
[5]) Trotz der letzten Auslegung von Bruckner, Festschrift zur Baseler Philologen-Versammlung 1907, S. 65 f., bleibe ich bei der alten Deutung «Schildgesang»; vgl. Hàv. Str. 155: »ich raun' in die Schilde«; Rambaud, Geschichte Rußlands, Berlin 1887, S. 44.
[6]) Psychologische Grundlage in der Stimmung des Heeres. Der blinde Harald erkennt die Niederlage aus dem traurigen Gemurmel der Seinigen (Golther, S. 331). — Zu Thor bringt den *barditus* in Beziehungen Mogk, Sammlung Göschen, S. 61.
[7]) Golther, S. 659.
[8]) Vgl. o. S. 78. Über Wahrsagerei wie über Zauber enthalten alle folkloristischen und mythologischen Werke ein unerschöpfliches Material, das aber doch

## Drittes Kapitel.

2. Aber neben den allgemein zugänglichen Zaubermitteln gibt es Zaubermittel, die nur Einzelnen zugänglich sind. Diese Einzelnen sind Priester oder Zauberer. Die Priester sind durch ihr Amt, die Zauberer durch persönliche Begabung oder Erwerbung im Besitz übernatürlicher Kräfte, weil sie Anteil an der Macht der Götter oder Dämonen empfangen haben. Bei dem Priester ruht die Kraft in der ein für alle Mal vollzogenen Weihe; sie bezieht sich zunächst nur auf einzelne Funktionen, greift dann immer weiter, bis schließlich die Lamas leibhafte Fetische werden [1]). — Der Zauberer empfängt entweder ebenfalls die Weihe, nämlich indem er von einem anderen eingeführt wird (»apostolische Sukzession«: dieser kirchlichen Lehre liegt noch die Vorstellung von der Unersetzbarkeit der unmittelbaren Übertragung zugrunde), oder er erwirbt sie selbst (wie sein Schutzgott Odin [2]). Er steht in der Mitte zwischen bösen Zaubermenschen (Werwolf, Hexe) und Priestern als Vertretern der weißen Magie: er kann seinen Zauber zum Guten und zum Bösen verwenden.

Die Priester also beziehen ihre Zauberkraft aus dem Kultus und sind deshalb an anderer Stelle zu besprechen. Der Zauberer aber ist eine Hauptfigur der niederen Mythologie [3]).

Über die ganze Welt ist die Vorstellung verbreitet, daß gewisse (meist männliche, doch gerade im germanischen Norden oft auch weibliche) Persönlichkeiten durch ihre besonderen Beziehungen zu den Dämonen auf diese einen (gewöhnlichen Sterblichen versagten) Zwang auszuüben vermögen. Man nennt sie »Medizinmänner« (weil sie besonders auch zur Heilung von Krankheiten berufen werden), Zauberer, vor allem mit einem von sibirischen Urvölkern stammenden Terminus »Schamanen« [4]).

Die Vorstellung hat mancherlei Wurzeln in Erfahrung und Psychologie: ekstatische, auch kranke Personen üben auf bestimmte Kranke einen »dämonischen« Einfluß aus [5]); deshalb stellt der altnordische Ausdruck *trolldom* für Zauberei den (gefährlichen) Zauberer mit den Unholden auf eine Stufe [6]). Dazu kommen zufällige Erfolge, vom Eigennutz aus-

---

fast immer nur die überall gleichen Hauptlinien bestätigt. Ich verweise hier nur des Beispiels wegen für Vorzeichen auf Hillebrandt, S. 183, und allgemein auf H. Schurtz, Urgeschichte der Kultur, S. 590 f. — Zeus wie Odin Schutzherr der Mantik: Preller 1, 142.

[1]) Vgl. Frazer 1, 42 f.
[2]) Háv. Str. 138 f.
[3]) Allgemein vgl. Edv. Lehmann, Kultur der Gegenwart, S. 10 f. und von der dort zitierten Literatur besonders H. Schurtz, Urgeschichte der Kultur, S. 595 f.
[4]) Vgl. Edv. Lehmann a. a. O. S. 15.
[5]) Björnson, Über unsere Kraft.
[6]) Golther S. 648.

## § 14. Zaubermenschen.

gebeutet[1]); überraschende Leistungen fremder Volksangehöriger (wie die Finnen); und das überall verbreitete Bedürfnis nach Mittelspersonen zwischen Himmel und Erde tut das Letzte. — Wir müssen uns das Zauberwesen überall sehr ausgedehnt vorstellen, etwa wie das Kirchenwesen im späteren Mittelalter und den Ländern der Gegenreformation; freilich auch nicht so alltäglich, wie Preuß annimmt, denn der Begriff des Zaubers setzt Ungewöhnliches voraus.

Germanische Benennungen[2]) beziehen sich besonders auf die Weissagekunst: althochdeutsch *wîzago*, altnordisch *spámadr* und *spákona*, *forspár;* auch das Loswerfen gehört dazu: althochdeutsch *hliozari* = lateinisch *sortilegus*. Vom Zauberlied ist der althochdeutsche *kalstarari* benannt. Unerklärt ist noch altnordisch *völva*, Prophetin. — »Zauber«[3]) scheint ursprünglich »Geheimschrift« zu bedeuten. Dazu altnordisch *taufr*, Amulet[4]).

**Wie erlangt man die Zauberkraft?** Manches ist angeboren, »dem Kind in die Wiege gelegt«[5]). Meist aber wird die Kunst erlernt: von den Schamanen der Lappen und Finnen[6]), von älteren Meistern; entweder durch wirklichen Unterricht oder durch Belauschen und Nachahmen, was aber mit Gefahren verbunden ist. Die Legende weiß auch von gewaltsamem Raub der Zauberkunst, wofür jedoch altgermanisch kein Beispiel bekannt ist. Man erlangt sie auch durch glücklichen Zufall: wer z. B. eine Schlangenkrone findet, kann zaubern[7]).

**Wirkung** der Zauberkraft ist allgemein die Ausstattung mit übermenschlicher Kraft, spezieller die Begabung mit der Kraft bestimmter Dämonen[8]). Sie besteht in dauernder Befähigung zu solchen Dingen, die sonst nur durch Runen oder andere Zaubermittel ermöglicht werden, wie Heilung von Kranken und Behexen von 'Gesunden, Erregung von Sturm, Bannung von Waffen[9]), Finden verlorener Dinge[10]). Sie besteht ferner in der Kunst Kunst des Wahrsagens und des Gestaltenwechsels.

Aber auch der Zauberer kann nicht aus dem Stegreif zaubern. Vorbereitung ist nötig und zumeist eine recht umständliche, in der das Be-

---

[1]) Humoristische Schilderung im Märchen von »Doktor Allwissend«, Br. Grimm, Kinder- und Hausmärchen Nr. 98.
[2]) Golther a. a. O.
[3]) Kluge S. 414.
[4]) Vgl. allgemein Golther S. 646 f.; Meyer S. 309 f.; Mogk S. 403 f.
[5]) Vgl. Golther S. 642.
[6]) Meyer S. 309.
[7]) Wuttke S. 521.
[8]) Vgl. Zeitschr. f. d. Phil. 31, 318.
[9]) Vgl. meine Altgermanische Poesie, S. 49 f.
[10]) Saxo S. 218, Herrmann S. 289; ebenso besitzt diese Kunst der hl. Antonius von Padua, vgl. Immermanns Gedicht (Werke, her. Boxberger, 11, 94).

## Drittes Kapitel.

dürfnis, sich selbst zu »montieren«, und die Notwendigkeit, dem Publikum zu imponieren, zusammentreffen. Man nähert sich in der Erscheinung den dämonischen Wesen oder sucht wenigstens die menschliche Erscheinung zu verbergen; man wählt feierliche Orte — man macht den Erfolg von bestimmten Hilfsmitteln [1]) und wieder von Wort und Handlung abhängig.

Was die Methode des Zaubers betrifft, so wird der Zauberer in der Regel erst herbeigeholt, gern aus einiger Ferne; der Prophet gilt nichts im Vaterlande. Er erscheint in einem abenteuerlichen Aufzug, in dem zu der Anähnlichung an die Dämonen gern noch eine Anpassung an fremdes Kostüm tritt, namentlich an das zauberkundiger Völker wie der Finnen [2]). Solches Kostüm wird uns genau in der Eirikssage beschrieben [3]):

»Gegen Ende des 10. Jahrhunderts herrschte in Grönland großer Notstand, Hunger und Siechtum. Infolge starken Unwetters waren Jagd und Fischerei wenig ergiebig gewesen. Da lebte eine weise Frau *(spákona)* mit Namen Thorbjorg, die kleine Völva genannt. Von neun Schwestern war sie allein am Leben geblieben. Thorbjorg pflegte im Winter auf Gastgebot umherzufahren. Diejenigen, welche Unterweisung über ihr Schicksal und über das bevorstehende Jahr wünschten, entboten sie zumeist zu sich. Thorkel, der größte Bauer der grönländischen Siedelung, wollte wissen, wann das herrschende Mißjahr zu Ende gehen werde. Da lud er die weise Frau zu sich ein und rüstete ihr guten Empfang, wie er beim Besuch solcher Frauen üblich war. Ein Kissen mit Hühnerfedern gefüllt wurde auf den Hochsitz gelegt, als sie abends mit dem ihr entgegengesandten Mann eintraf. Sie war also gekleidet: sie trug einen dunkelblauen Mantel, der am Rand von oben bis unten mit Steinen besetzt war. Um den Hals hatte sie Glasperlen. Auf dem Kopfe hatte sie eine Mütze von schwarzem Lammsfell, mit weißem Katzenpelz gefüttert. In der Hand trug sie einen Stab mit einem messingbeschlagenen, steinverzierten Knopfe. Sie hatte einen Gürtel um, an dem ein großer Beutel hing, der das nötige Zauberzeug *(taufr)* enthielt. An den Füßen hatte sie Schuhe aus rauhem Kalbsfell mit langen und starken Riemen, an deren Enden große Messingknöpfe saßen. An den Händen hatte sie Handschuhe aus Katzenpelz, innen weiß und zottig. Sie wurde ehrerbietig begrüßt und von Thorkel zum Hochsitz geleitet. Er bat sie, Herde, Vieh und Haus in Augenschein zu nehmen. Sie sprach bei allem nur wenig. Abends wurden Tische aufgetragen. Thorbjorg bekam Grütze mit Gaismilch gekocht; ihre Speise war aus den Herzen aller Tiere, die es an Ort und Stelle gab, zubereitet. Sie gebrauchte einen messingnen Löffel und ein ehernes Messer mit einem Heft aus Wallroßzahn; die Spitze war abgebrochen. Als die Tische abgetragen waren, fragte Thorkel, wie es ihr mit dem Haus und den Leuten schiene, und wann sie Offenbarung erhielte über das, worüber er sie getragt hatte und was das Volk zu wissen wünschte. Sie erwiderte, sie könne das nicht vor dem nächsten Morgen sagen, nachdem sie die Nacht darüber geschlafen. Andern Tags gegen Abend

---

[1]) Zauberstab: **Hillebrandt** S. 175.
[2]) Vgl. **Mogk** S. 404.
[3]) **Golther** S. 649.

## § 14. Zaubermenschen.

ward alles in Stand gesetzt, daß sie Zauber (*seiđ*) üben könnte. Sie verlangte, man solle ihr Frauen, die sich auf die zum *seid* nötigen Lieder (*froedi*), die sogenannten *vardlokkur* (d. i. Geisterlockungen?) verstünden, herbeischaffen; da fand sich niemand, der sie wußte, obschon in den nächstliegenden Höfen nachgefragt ward. Da sagte Gudrid: Zwar bin ich weder zauberkundig noch eine weise Frau; aber meine Pflegemutter auf Island lehrte mich Lieder, die sie *vardlokkur* nannte. Die Lieder und was dazu gehört, sind aber derart, daß ich sie als Christin nicht ausüben kann. Da bat Thorkel so lange und inständig, bis sis endlich doch einwilligte. Thorbjorg setzte sich auf den Zaubersessel (*seidhjallr*) und die Frauen bildeten einen Kreis darum. Gudrid sang das Lied so schön und gut, daß niemand von den Anwesenden jemals einen schöneren Gesang gehört zu haben glaubte. Auch die Wahrsagerin meinte, der Sang sei schön anzuhören, und dankte ihr, als sie zu Ende war; sie sagte, nun seien viele Geister (*natúrur*) erschienen, denen das Lied wohlgefiel, und die zuvor keinen Beistand noch Gehorsam hätten leisten wollen. Nun sind mir auch viele Dinge ersichtlich, die mir und anderen zuvor verborgen waren. Ich kann dir sagen, Thorkel, daß das Hungerjahr nur noch den Winter über dauern und im Frühling Besserung eintreten wird. Auch die Seuche, die hier geherrscht hat, wird sich über Erwarten schnell bessern. Der Gudrid weissagte sie eine ansehnliche Heirat. Dann gingen die Leute zu der Weissagerin und jeder fragte das, was er am meisten zu wissen verlangte. Sie war gut mit ihren Aussagen und es schlug wenig fehl, was sie sagte. Hierauf begab sie sich wieder auf einen anderen Hof, wo man ihrer Dienste bedurfte.«

Typisch ist hier der unentbehrliche Zauberstab; auch der Gürtel mit dem Zaubergerät fehlt selten. Drittens ist auch der Zaubersessel ein häufiges Requisit (der Dreifuß der Pythia in Delphi); er soll offenbar die Zauberin isolieren. — Andere Einzelheiten sind spezifischer Natur, wie denn z. B. manches Stück der Kleidung zufälliger Aufputz sein wird; dagegen ist es wieder ein ständiger Zug, daß Werkzeuge aus veraltetem Material — wie hier das Bronzemesser — benutzt werden [1]).

Eine Hauptform des Zaubers ist der **sympathetische** in zwei Formen: erstens ein passiver, indem einem Symbol etwas angetan wird, die häufigere Form; zweitens ein aktiver, indem das Symbol etwas tut. Im ersten Fall wird eine Art **negativer Fetisch** angefertigt: eine rohe Andeutung der gemeinten Persönlichkeit (Ähnlichkeit wird gar nicht erstrebt) [2]). Diesem tut man dann an, was dem Menschen geschehen soll: man macht es den Göttern vor. »So ritzte (*drô*) ein gewisser Tiörvi auf Island die Umrisse seiner Geliebten Astrid und des ihr aufgezwungenen Mannes auf seine Kammerwand, und jeden Abend spuckte er beim Schlafengehen dem Manne ins gemalte Gesicht und küßte das Bild der Astrid, bis sein Oheim Hroar diese Zeichnungen abkratzte, um Lärm und Streit zu verhüten« [3]).

---

[1]) Vgl. z. B. die Schilderung des sibirischen Schamanen bei Edv. Lehmann, Mystik, S. 11.
[2]) Yryö Hirn, Ursprung der Kunst, Leipzig 1904, S. 288.
[3]) Weinhold, Altnordisches Leben, S. 427.

— Im andern Falle wird das Symbol fetischartig mit einer Kraft begabt, die etwa ein an eine Stange befestigter Zettel mit Zeichen enthält[1]).

Um jenes Prachtstück einer Schilderung nicht zu zerreißen, haben wir gleich auch die Beschreibung der Zauberhandlung selbst mitgeteilt. Zunächst aber kommt es noch an auf

Ort und Zeit[2]), die natürlich bei allem Zauber eine große Rolle spielen. Besonders beliebt ist das *útiseta:* unter freiem Himmel, also den Dämonen zugänglich sitzen[3]). Sehr wichtig ist deshalb die »Tagwählerei«[4]). Alle diese Vorbereitungen sind geeignet, die Stimmung zu steigern, sowohl bei dem Schamanen wie bei der Zuhörerschaft. Nebenbei sichern sie dem Zauberer noch bei Mißerfolg einen Rückzug: es hat irgendetwas bei der Zurüstung nicht gestimmt. — Endlich kommt er zur Sache selbst.

Die Beschwörung bildet den Hauptteil der Zeremonie. Entweder wird wirklich ein Dämon angerufen, oder es wird der Ritus der Anrufung doch nachgeahmt. Der Vortrag und die Anordnung der Worte sowie die symbolische Handlung (Ausräuchern böser Geister, Herbeiwinken guter u. dgl.) sind natürlich von der gleichen Wichtigkeit wie beim allgemeinen Zauber (s. o.). — Besonders häufig wendet man sich an die Totengeister; daher *valgaldr* Totenlied, *haljaruna* gotisch, althochdeutsch *hellirúna*, Unterweltszauber[5]). — Die Beschwörung wird verstärkt durch die Anwendung von zauberkräftigen Dingen (altnordisch *taufr*, angelsächsisch *téafor* Amulet). Vor allem sind es Bestandteile des menschlichen Körpers[6]): Blut (was mit Blut bestrichen wird, erhält den Anschein des Lebens; dafür stellvertretend die rote Farbe, Mennige)[7]), Speichel, aber auch abgeschnittene Haare oder Nägel[8]).

Übrigens wenden die Zauberer auch einfach die allgemein üblichen Zaubermittel an: Raunen und Singen von Zaubersprüchen, Losen usw.[9]).

---

[1]) Vgl. z. B. ebd. S. 298 und zu der dazu gehörigen *nidvisa*, dem Lied des Hasses, S. 342.

[2]) Golther S. 656.

[3]) Vgl. Völ. Str. 28 »einsam saß ich außen«. Vielleicht liegt dem Nacktheitszauber ein ähnliches Motiv zugrunde.

[4]) Vgl. Meyer S. 20, allgemein Andree, Ethnograph. Parallelen 1, 1 f.

[5]) Golther S. 645; vgl. Diels Sibyllinische Blätter S. 69.

[6]) Wuttke S. 632 f.

[7]) Golther S. 648, Wuttke Register s. v., vgl. z. B. Hillebrandt S. 176.

[8]) Vgl. das Schiff Naglfari, Gylf. c. 51, Gering S. 348; die Hexen am Kessel in Shakespeares Macbeth.

[9]) Klassisches Beispiel die *Buslubaen*, Bitte der Busla, vgl. Golther S. 653: eine feierliche Verfluchung unter Anwendung von Runen und mit Angabe der wirksamen Zeit (»nicht ists erlaubt, sie nach Sonnenuntergang herzusagen«).

## § 14. Zaubermenschen.

Die Gesamtheit der Zauberkunst heißt im Norden *seidr*[1]; wer sie versteht, rühmt sich dessen und empfiehlt sein Können[2].
Abwehr des Zaubers[3] wird im allgemeinen durch Mittel gleicher Art geübt: Gegenbeschwörung[4]; Amulette, d. h. zauberkräftige Dinge, in der Regel durch Inschriften beseelt[5], so daß der Zettel gewissermaßen den Schutzsegen hersagt. Prohibitive Hauptform des Gegenzaubers ist die Benennung mit -rûn[6]. Vielleicht gibt es auch besondere Schutzgöttinnen: die Saitchammae[7]. Defensiv setzt man einen Gegenzauberer in Bewegung[8]; man gebraucht Schutzrunen[9]. Oder man wendet Gewalt gegen die Zauberer an, was freilich gewagt ist. Schon sie nicht aufzunehmen bringt Gefahr[10]. Schließlich wagt man es doch, sie zu vertreiben[11] oder gar zu töten. Harald hàrfagri soll den eigenen Sohn Röguvald und 80 Zauberer getötet haben[12]. Mit dem Träger der dämonischen Kraft erlischt dann auch diese. Man muß aber natürliche Helfer des Todes wählen, indem man steinigt[13] oder den ertränkt: Waffen können sie durch ihren Fluch schaden[14]. Auch sind sie oft »fest«, d. h. durch menschliche Waffen nicht zu töten. Die aggressive Abwehr endlich besteht darin, daß man die schwache Stelle des Zauberers herausfindet. Seine Unverwundbarkeit ist nur relativ: macht er die (gewöhnlichen) Waffen untauglich, so hilft die Keule[15]; oder man muß ihn mit Staub besiegen, den er getreten hat[16], oder mit Gold[17] usw.

Dies alles setzt bereits den allgemein üblichen Gegensatz von weißer und schwarzer Magie voraus[18]. Zunächst ist natürlich für den naiven Menschen

[1] Golther S. 654.
[2] Háv. 146 f., vgl. Mogk S. 404.
[3] Vgl. allgemein Wuttke S. 279 f.
[4] Hillebrandt S. 177.
[5] Wuttke S. 178 f.
[6] Vgl. o. S. 117.
[7] Much, Zeitschrift f. d. Alt. 35, 322; s. u.
[8] Der Kampf zweier Zauberer ist ein Lieblingsmotiv im Märchen; *solutus ambulat veneficae scientioris carmine* Horaz ep. 5, 71, vgl. Sudhaus Arch. f. Rel.-Wissensch. 9, 194.
[9] Z. B. gegen Gift als Zauber: Sinfjötlalök.
[10] Golther S. 651.
[11] Ebd. S. 657.
[12] Mogk S. 405.
[13] Vgl. allgemein R. Hirzel, Die Strafe der Steinigung, Leipzig 1909, wo das Steinigen überhaupt als schützende Abwehrmaßregel gefaßt wird.
[14] Vgl. Meyer S. 310.
[15] Saxo S. 219, Herrmann S. 291.
[16] Den Boden unter ihm wegziehen? Vgl. die Antäus-Fabel; ebd. S. 118, Herrmann S. 157.
[17] Ebd. S. 17, Herrmann S. 22.
[18] Vgl. Golther S. 655 f., der aber S. 657 das ethische und ethnologische Moment (*seidr*, »Hexerei«, als finnische Magie) zu stark betont.

der Zauber gut, der ihm dient, schlecht der, der ihm schadet. Allmählich entwickelt sich aber eine Empfindung für das Bedenkliche des Zaubers überhaupt: als eines Mißbrauches des Kults zu eigennützigen Zwecken und gegen Bezahlung — was man im Mittelalter »Simonie« nennt. Dann gilt fast aller Zauber — schon vor dem Christentum — als bedenklich; angerufen wird er deshalb doch. —

Neben den Zauberern von Beruf gibt es noch Menschen, die man gewissermaßen als »unfreiwillige Zauberer« bezeichnen könnte: sie sind zwar im Besitz von gewissen Zauberkräften, aber nicht Herr über deren Verwendung. In gewissem Sinne kann man schon Alpreiter, Werwölfe, auch Berserker hierher rechnen; doch sahen wir, daß diese von der Volksanschauung für ihre Taten verantwortlich gemacht werden. Dies ist dagegen wenigstens überwiegend nicht der Fall bei den Inhabern des »bösen Blicks«[1]).

Die Gabe, durch das bloße Hinsehen Schaden zu stiften, wird besonders in den romanischen Ländern sehr vielen Menschen (»*jettatori*«) zugetraut. Sie gilt allerdings ursprünglich als böse Zauberkraft, als zuerst bewußt z. B. zum Stumpfmachen der Waffen[2]) (was sonst Zauber tut)[3]), dann aber unbewußt ausgeübte Eigenheit. Nach deutschem Aberglauben gehört sie allerdings vorzugsweise bösen Menschen[4]); aber gerade in den Ländern, wo dieser Aberglaube den größten Umfang gewonnen hat, wird diese Kraft lediglich als eine unheimliche Funktion auch im Besitz von verehrten Persönlichkeiten (wie den beiden letzten Päpsten) angesehen. Sie dringt bis in die Mythologie: wenn Hymir[5]) einen Balken in Stücke blickt, bedeutet das schwerlich, wie Gering[6]) mit Uhland annimmt, die »zersprengende Gewalt des Frostes«, vielmehr nur eine hyperbolische Anwendung des bösen Blickes[7]); in Italien können Leute mit ihrem Blick Marmor spalten[8]). Die Vorstellung entspringt wohl Erfahrungen von der wirklichen psychologischen Kraft des Auges, z. B. über wilde Tiere. Kaum ein Aberglaube hat so viel Abwehrmaßregeln aufgebracht wie dieser[9]). Übrigens gibt es auch einen

---

[1]) Vgl. jetzt S. Seligmann, Der böse Blick und Verwandtes, 2 Bde., Berlin 1910.
[2]) Saxo S. 187, Herrmann S. 250, 297 f.
[3]) Ebd. S. 242, Herrmann S. 323.
[4]) Vgl. Wuttke S. 265.
[5]) Hym. Str. 12.
[6]) Edda S. 25.
[7]) v. d. Leyen, Märchen in der Edda S. 49.
[8]) Rud. Müller, Gartenlaube 1909, Heft 13, S. 267; vgl. z. B. M. Grunwald, Jettatura, Vosstsche Zeitung 27. März 1907.
[9]) Vgl. z. B. R. Müller a. a. O. S. 269.

§ 14. Zaubermenschen.

»guten Blick«, der z. B. den Kiebitz beim Kartenspiel erwünscht machen kann[1]).

Unfreiwillige Wahrsager ohne jede Verantwortung sind die Wahnsinnigen, die als solche besonders im Orient und bei den Slawen[2]) Verehrung genießen, zum Teil fast in den Formen des Dämonenkults. Offenbar beruht diese Anschauung auf der Verwandtschaft der prophetischen Ekstase mit der Gestörtheit, d. h. auf einer unwissenschaftlichen Verallgemeinerung von derselben Art wie heut die Lombrososche Gleichstellung von Genie und Wahnsinn. — In der altgermanischen Mythologie (oder Heldensage) spielt der Rasende keine Rolle; doch ist auch hier an die schillernde Gestalt Starkads zu erinnern. —

Werfen wir zum Schluß auf die »Dämonischen« einen Blick zurück, so treten als gemeinschaftliche Züge hervor:

1. als unterscheidend von den Menschen: unheimliche Macht, besonders des Gestaltwechsels und des Blickes in die Zukunft;
2. als unterscheidend von den Göttern: Formlosigkeit (Mißgestalten; auch das entstellende Kostüm des Zauberers gehört hierher) — kein eigenes »Reich« — kein allgemeiner Kult. Aber die Grenzen fließen; auch unter den Göttern begegnen dämonische Gestalten.

[1]) Wuttke S. 410. Allgemein vgl. W. Hertz, Die Sage vom Giftmädchen, Ges. Abhandlungen, her. Fr. v. d. Leyen, Stuttgart 1905, S. 180 f.; v. d. Leyen, Märchen in der Edda a. a. O.; R. Andree, Ethnograph. Parallelen 1, 45 f.
[2]) Vgl. z. B. Andree, Ethnograph. Parallelen, Leipzig 1889; 2, 41 f.

## Viertes Kapitel.
## Höhere Mythologie.

Wohl fehlt es auch bei den Göttern an völlig durchgreifenden Unterschieden; wie wäre das auch wohl bei dem langsamen Übergang [1] anders möglich! Aber tatsächlich wird eine bestimmte Anzahl übermenschlicher Wesen als zusammengehörige Aristokratie empfunden; diese göttliche Adelskaste bildet den Inhalt der höheren Mythologie. Wie der menschliche Adel ist auch dieser ungleichen Ursprungs, und neben Persönlichkeiten von uraltem Stammbaum (wie Tyr) stehen Parvenus und ein künstlicher »Briefadel« (Bragi, Idun); erst recht sind sie ungleich an Macht und Beliebtheit — aber nach außen bilden sie eine geschlossene Gemeinschaft mit nur selten Fremden gewährtem *commercium* und *connubium*.

Rangzeichen der Götter [2] sind besonders die idealisierte Menschenähnlichkeit; die feste Umgrenzung der Kompetenz; die Vielnamigkeit; später auch ein fester, von Priestern geleiteter Kult mit lokalem Mittelpunkt und einigermaßen fester lokaler (oder sozialer) Umgrenzung.

Ein Numen steht um so höher, je näher es dem Menschen steht — in der Form. Sonst aber sind sie exklusiver; der gemütliche Verkehr der niederen Geister mit den Menschen ist bei ihnen eingeschränkt. Gewöhnlich kommen sie nur, wenn gerufen: durch Beschwörung vermag man sie absichtlich, durch böse oder (seltener) gute Taten unabsichtlich herbeizurufen. Allerdings wandern Odin, Rig, vor allem Thor, aber sie besuchen fast nur Sterbliche, zu denen bestimmte Beziehungen bereits existieren. Deshalb werden Tempel und Priester nötig, wo man sie trifft und durch die man zu ihnen spricht. — Und diese Organisation eines festen »Reiches der Götter« wird dann das letzte und wichtigste Gesamtkennzeichen.

---

[1]) Vgl. S. Müller, Urgeschichte Europas, S. 149 f., dessen Anschauungen ich mir freilich im einzelnen nicht anzueignen vermag.
[2]) Siehe o. S. 38 f.; vgl. Zeitschr. f. d. Phil. 31, 320; J. v. Negelein, Germ. Mythologie, Leipzig 1906, S. 16 f., R. M. Meyer, Intern. Wochenschr. 3, 1581.

Wenn dagegen Negelein¹) geneigt scheint, die sonderbare Verstümmelung mehrerer Asen (Wodan hat nur ein Auge, Ziu eine Hand, Donar »zeichnet sich durch eine Schädelverletzung aus« —) als ein besonderes Kennzeichen aufzufassen, so ist nicht nur einzuwenden, daß das zum Teil jüngere Züge zu sein scheinen, sondern auch vor allem, daß sie verschiedenen Ursprungs und deshalb nicht als gemeinsames Merkmal verwendbar sind. Es sind ja nicht alles »im Kampf erworbene Abzeichen«, wenn sie auch zum Teil nach heroischem Muster (man denke an den Waltharius) so erklärt werden mögen.

Die Götter sind aber noch von Wesen umgeben, die selbst zu den »Dämonen« gehören, aber in die Götterwelt geraten sind, wie Ministerialen in den hohen Adel, und die wir deshalb an dieser Stelle behandeln.

## § 15. Halbgöttliche Wesen.

»Heroen« oder »Halbgötter« im antiken Sinne des Wortes²) bilden eine vermittelnde Kategorie zwischen Menschen und Göttern, und zwar in zeitlicher Sonderung: bis zum Tode Menschen, nach dem Tode Götter³). Bei den Germanen ist diese Kategorie nicht vorhanden; denn die vergöttlichten Menschen bilden hier in keiner Weise eine innerlich geschlossene Gruppe.

Dagegen ist die Kategorie der »Umgebungsgötter«, wie man diese halbgöttliche Umgebung der eigentlichen Götter nennen könnte, überall vorhanden. Gestalten wie die Moiren, die Musen, wie Hebe und Ganymed werden zwar zu den Göttern gerechnet, weil sie sich auf dem Olymp (wenigstens teilweise) aufhalten, auch die göttlichen Rangzeichen der festumschriebenen Kompetenz und der menschlichen Form teilen, unterscheiden sich aber dennoch von Gestalten wir Zeus, Hera, Aphrodite, Hermes deutlich durch geringere Wichtigkeit und untergeordnete Stellung. Zum Teil sind sie (wie Ganymed) nicht der Menschen, sondern lediglich der Götter wegen da; zum Teil besitzen sie wie die Dämonen, wenn auch in verminderter Zahl, den charakteristisch die Individualität abstumpfenden Massencharakter (drei Charitinnen, neun Musen); zum Teil sind sie ganz blasse Abstraktionen geblieben.

Die Sonderstellung der hierher gehörigen germanischen Gottheiten erkannte schon W. Müller⁴).

---

¹) a. a. O. S. 16; vgl. o. S. 41.
²) Vgl. allgemein Edv. Lehmann, Guder og helte, Kjobenhoven 1808.
³) Klassischer Typus Herakles.
⁴) Geschichte vom System der altdeutschen Religion S. 344; vgl. Meyer S. 249.

## Viertes Kapitel.

Wir können drei Gruppen unterscheiden: göttliche Wesen, die beinahe die göttliche Reife erreicht haben: Nornen; göttliche Wesen, die in das Gefolge der Götter gehören: Walküren, Schwanenjungfrauen; Mittelstufe zwischen beiden: Mimir.

1. Die **Nornen** oder Schicksalsschwestern [1]) sind gleichsam die Elementargeister des »Geschehens«; sie wohnen im Fluß der Dinge wie die Stromgeister im Strom. Bereits indogermanisch ist [2]) die Vorstellung des Schicksals, d. h. einer fest bestimmten Ordnung der Dinge. Aber wenigstens in der europäischen Kulturgemeinschaft [3]) scheint sich diese Vorstellung mit der Idee einer lebendigen, sie beherrschenden Kraft, eines »Geistes« zu erfüllen. Daneben tritt vielfach eine Mehrheit solcher Geister auf, so die hellenischen Moiren [4]); schließlich gelangt man zu der Dreizahl. Die herrschende Anschauung ist, daß ursprünglich nur Eine Schicksalsgöttin vorhanden gewesen sei. Sie scheint mir allen Analogien zu widersprechen.

Wir müssen von dem überall vorhandenen abstrakten Begriff des Schicksals ausgehen: altnordisch *urdr*, Geschick; althochdeutsch *wurt fatum*, besonders Tod; altsächsisch *werd*, Tod, todbringende Schicksalsmacht; angelsächsisch *wyrd*, Verhängnis; ferner angelsächsisch *meotod*, altnordisch *mjötudr*, messende, verhängende Macht [5]). — Diese Begriffe sind inhaltlich wie formell singularia tantum. Aber sie lassen, wie etwa der abstrakte Begriff des Wassers, unzählige Emanationen zu. So werden denn Ableitungen als pluralia tantum gebildet: *wurdigi-, metodo-giscapu, regano giscapu:* Bestimmungen der bestimmenden Macht [6]). Jeder hat sein eigenes Schicksal [7]). Daraus bildet sich die Vorstellung ungezählter Schicksalsgottheiten [8]), die in mythologischer Symbolik erst zu drei Scharen [9]), dann zu drei Gottheiten vereinfacht werden. Aber etwas von der alten Vorstellung lebt noch spät in dem Versuch fort, jedem Dämonengeschlecht, den Asen, Alfen, Zwergen eigene Nornen (nach Art der *aettarfylgjur*) zu geben [10]). Endlich entsteht wieder eine Kollektivgöttin, die den alten Namen Urd fortführt, als Geist des Werdens

---

[1]) Mogk S. 281. Golther S. 104, Meyer S. 251.
[2]) Siehe o. S. 54.
[3]) Meyer S. 259; vgl. S. 261.
[4]) Preller 1, 530 f.
[5]) Mogk S. 281, 283; vgl. Vilmar, Deutsche Altertümer im Heliand, Marburg 1845, S. 8 f.
[6]) Vgl. die *fylgjur*; s. o. S. 79 f.
[7]) Meyer S. 252.
[8]) Vgl. Mogk S. 284; man denke an Goethes »Mütter« im »Faust«.
[9]) Váf. Str. 49.
[10]) Fáfnismál Str. 13; vgl. Mogk S. 284, Meyer S. 253.

## § 15. Halbgöttliche Wesen.

über allen Wesen gebietend. Daneben dauert die Dreizahl fort, wie hellenisch die **eine** Moira neben drei oder vier Moiren[1]; und spät werden sie nun mit grammatischer Mißdeutung des Namens *Urd* als *Verdandi* und *Skuld* neben dieser benannt: Gegenwart und Zukunft neben der Vergangenheit[2] — eine kahle Allegorie, die von der gleichfalls wohl jungen, aber lebensvollen der drei Spinnerinnen Klotho, Lachesis, Atropos formlos absticht. Gelehrter Einfluß der Antike[3] ist mir aber nicht wahrscheinlich; denn da auch unsere Schicksalsgöttinnen »spinnen«, wären dann wohl die antiken Namen nachgebildet worden. Auch sind die drei *weird sisters* im englischen Volksglauben nachgewiesen[4], ebenso deutsch drei »*Heilrätinnen*«[5] — ohne jede Verteilung, als unteilbare Trias, wie das einer solchen mythologischen Übergangsformation entspricht.

Rangzeichen ist einfach die unbedingte, schon durch indogermanische Spruchweisheit anerkannte Macht. Daher sind sie auch schwer zugänglich; keinem Zauber unterworfen, außer dem der Wahrsagung, in keinen Tempel gebannt.

Sie »schaffen« zunächst der in den Körper geschlüpften Seele das Verhängnis, daher althochdeutsch *Skeffarun, Skephentu, Schepfen,* noch bei Michael Behaim »*Geschöpfen*«[6]: »es ist die alte Prädestinationslehre unserer Vorfahren«[7]; daher auch die Ergebenheit in das »Kismet«[8]. — Die von ihnen verhängte Vorherbestimmung wird angedeutet durch gewisse Zeichen, wie weiße Flecke auf den Nägeln: *nornaspur,* Nornenmarke[9].

In dem Moment, in dem sie schaffen, dem der Geburt, sind sie allenfalls noch zu beeinflussen, da erhalten sie deshalb Speiseopfer[10]; sonst sind sie beleidigt, wie das das Märchen oft in der Erzählung von den gekränkten Feen widerspiegelt. (Doch ist die Nornagestsaga mit ihrer entsprechenden Motivierung vielleicht von der Meleagersage beeinflußt[11]). Die Kindbetterin ißt auf den Faröern ihre »Nornengrütze« (Grütze mit Honig) als erste Speise, um sich die Nornen beim gemeinschaftlichen Mahl zu verpflichten[12].

---

[1] Preller 1, 533.
[2] Vgl. Golther S. 108, Meyer S. 254, Mogk S. 281.
[3] Vgl. Golther S. 108.
[4] Golther S. 104.
[5] Meyer S. 252 f.
[6] Meyer S. 252.
[7] Mogk S. 283.
[8] Vgl. z. B. Helg. Hjörv. Str. 33.
[9] Mogk S. 283.
[10] Meyer S. 257, Mogk S. 283.
[11] Meyer S. 256, Mogk S. 283.
[12] Vgl. Meyer S. 257, Golther S. 107.

## Viertes Kapitel.

Nachher spinnen die Nornen nur noch das Schicksal ab. Natürlich ist es unlogisch, daß man das feststehende Schicksal doch noch durch Gebet und Opfer, Entschluß und Gelübde zu ändern sucht; aber so unlogisch ist man überall bei Prädestinationsglaube und islamitischem Fatalismus. — Das Schicksal ist das Abgesponnene[1]). Sie begleiten so den Menschen mit ihren Bestimmungen, ihrem *urlagu*, dem jeden einzelnen »Auferlegten«; über jedem hängt ihr *gewiofu*, Gewebe[2]). Da sie das Geschick ungleich verteilen, sind sie dem Unterliegenden »böse Schicksalsgöttinnen«[3]): sie lassen den Krieger straucheln und fallen, sie entscheiden über seinen Ausgang. All das tun sie kollektiv; sie nach Art der Elfen[4]) in gute und böse Nornen zu teilen, sind wir nicht berechtigt.

Ihre Erscheinung ist die heiliger großer Frauen; »mächtige Mädchen« werden sie in der eddischen Weltgeschichte genannt, für die mit ihrem Erscheinen die prähistorische, schicksalslose Zeit aufhört[5]). Später wird ihr Sitz am Urdarbrunnen unter Yggdrasil, der Weltesche, ausgemalt[6]), eine charakteristisch junge Anschauung: während ursprünglich die Nornen (wie noch im Märchen die Feen) an die Wiege des Neugeborenen treten, so daß ihre Wohnung gleichgiltig ist wie die der Dämonen, richtet die ordnungsliebende Theologie der christlichen Periode ein Schicksalsbureau ein und zentralisiert die Verteilung der Geschicke! Eine solche zentrale »Weltpost« hat freilich Carl Spitteler, der Schweizer Dichter, geistvoll erfunden[7]) — aber das ist eben »kosmische Dichtung« modernen Stils; wie viel tiefer erfaßte der mythologische Sinn Goethes[8]) die Bedingungen der Schicksalsmächte, als er[9]) die »Mütter« »in ewig leerer Ferne« thronen ließ, dort, wohin man weder sinkt noch steigt — im raumlosen Raum. Weder die Moiren[10]) noch die leise umgehende Ate[11]) oder Aisa oder ihre römischen Nachbildungen[12]) haben einen festen Sitz; sie schweben in der Luft, wie noch für unsere Vorstellung ein Verhängnis »über uns hängt«, sie existieren sozusagen nur, wenn sie erscheinen und wirken. Und so werden sie natürlich nur in jenen

---

[1]) Vgl. Helg. Hund. 1, 2; Mogk S. 282, Meyer S. 256.
[2]) Golther S. 105.
[3]) *tdlar dísir*, Reg. Str. 24.
[4]) Mit Golther S. 105.
[5]) Völ. Str. 8.
[6]) Völ. Str. 20; vgl. Golther S. 106, Meyer S. 253.
[7]) »Balladen«, Zürich 1896, S. 9.
[8]) Vgl. Brunnhofer, Goethes Bildkraft.
[9]) Faust II v. 1627 f.
[10]) Preller 1, 530 f.
[11]) Ebd. S. 539.
[12]) Wissowa S. 213.

## § 15. Halbgöttliche Wesen.

pathetischen Momenten sichtbar, in denen auch wir das Schicksal am Werk sehen: Geburt, Hochzeit, Schlacht, Tod[1]); und dann in feierlicher Weise[2]).

Sie haben Verwandtschaft im Wesen mit den Fylgjur und mit den Walküren als Bestimmerinnen des Todes[3]), aber sie sind allgemeiner, gewissermaßen nur »Geister des persönlichen Schicksals«. An die Elementargeister, zu denen sie in gewissem Sinne gehören, erinnern sie durch ihre Formlosigkeit, an die Götter schon durch die moralische Anfärbung, mehr noch durch ihre Macht und deren Alleinbesitz.

Im Norden entwickelt sich Urd in weiterer Spezialisierung geradezu zur Todesgöttin; ebenso wird auch im Heliand ihr Name verwandt[4]). Andere Spezialisierungen begegnen im Volksglauben: in Bayern soll von ihnen eine weiß, eine halb weiß halb schwarz, eine ganz schwarz sein[5]). Besonders merkwürdig, aber gewiß jung ist jener Versuch, das erste Auftreten der Nornen zu datieren; mit dem Erscheinen der drei übermächtigen Mädchen aus dem Riesenlande beginnt eine neue Epoche der Weltgeschichte[6]): das Chaos wird durch eine strenge Folge der Ereignisse ersetzt. — Jung ist auch die Übertragung anderer Funktionen an die hohen Gottheiten: sie sollen für Fruchtbarkeit, Ehe[7]) u. a. sorgen.

Natürlich bemüht man sich, den Entschluß der Nornen zu erraten. Im Grund versucht das jede Wahrsagerei; speziell ist aber ein halbmondförmiger Schein an der Hauswand als Vorzeichen großen Sterbens[8]) als *Urdarmáni*, Urds Mond, benannt[9]).

2. Göttliche Wesen, die in das Gefolge der Götter gehören[10]) sind die Walküren.

Sie sind vielleicht erst eine jüngere Entwicklung aus den — noch ganz unbestimmt gefaßten, ungezählten — Nornen. Sie bilden ein besonders schwieriges Problem der altgermanischen Religionsgeschichte[11]). Wie die Nornen verhängen auch sie Schicksal — aber nur in Einer

---

[1]) Vgl. Preller S. 530.
[2]) Golther S. 106, Meyer S. 254.
[3]) Mogk S. 283.
[4]) Golther S. 107.
[5]) Meyer S. 252.
[6]) Vol. Str. 8.
[7]) Meyer S. 258 f.
[8]) Vgl. die feurige Schrift an der Wand bei Belsazars Festmahl.
[9]) Meyer S. 258.
[10]) Vgl. allgemein Preller 1, 475 f.: die Horen, Chariten, Musen, Nike, Iris, Hebe, Ganymedes u. a.: Wissowa S. 120 f.
[11]) Golther S. 109, 315, Meyer S. 267, Chantepie S. 304, Mogk S. 269; ferner Golther, Der Valkyrjenmythus, Abh. Münch. Akad. d. Wiss., Bd. 18; 2, 401 f., Schullerus, PBB. 12, 221 f.; vgl. Hoffory, Eddastudien, S. 126 f.

Form: als Tod, und zwar noch weiter spezialisiert: als Schlachtentod. Wie sie durch die Luft reiten und töten, erinnern sie an die Hexen[1]) und die Maren, die »*Walriderske*«, Totenreiterinnen, von denen Mogk[2]) sie ganz und gar — unter Bezugnahme auf die kriegerischen Frauen des germanischen Altertums — ableitet, wie Golther[3]) von den Nornen. Ich glaube, daß wir sie auf eine andere Entwicklungsbasis stellen müssen.

Es scheint möglich, folgende Entwicklung zu verfolgen:

a) Gemeingermanisch ist die Vorstellung von »weisen Frauen« vorhanden: altnordisch *dísir*, althochdeutsch *idisi*[4]). Sie sind Göttinnen des Heeres- oder Schlachtenschicksals, also Nornen für das Gesamtschicksal einer Heeresgemeinde. Wir verstehen sie als solche aus einer Zeit, die für jedes Einzelschicksal noch an besondere Nornen glaubte, wie für jeden Strom, jede Wolke an eine eigene Gottheit.

So schildert sie der berühmte erste Merseburger Spruch[5]) — eins der so ungemein spärlichen, ganz sicheren Denkmäler altgermanischen Heidentums auf deutschem Boden[6]). Sie werden hier vorgeführt, wie sie kollektiv jenes Gesamtschicksal entscheiden; sie weben dem Heer das Schicksal, genau wie anderwärts[7]) die Nornen dem Einzelnen[8]). Sie sitzen, jedenfalls über dem Heere, zu Haupt der Kämpfenden; wer sie erblickt, den schlagen sie mit panischem Schrecken[9]). Hier und dahin verteilt, bereiten sie den Sieg des einen Heeres vor (und zwar[10]) wohl des befreundeten), indem die eine Gruppe Fesseln bereitet, um die (am weitesten vorgedrungenen) Feinde zu fesseln, die zweite Gruppe die Masse des andringenden Heeres zum Stehen bringt, die dritte sich mit den Fesseln der (hinter der Front des feindlichen Heeres befindlichen) Gefangenen zu tun macht — woran dann der Segen anknüpft, der irgendeinem befreundeten, von den Feinden gefangenen Krieger zur Freiheit verhelfen soll[11]). Sie beschäftigen sich also mit drei entsprechenden

---

[1]) Mogk S. 271.
[2]) S. 269; vgl. Golther S. 119.   [3]) S. 109.
[4]) Golther S. 104f., Mogk S. 270.
[5]) Müllenhoff und Scherer, Denkmäler IV 1.
[6]) Vgl. Meyer S. 270, Golther S. 110, Koegel, Gesch. d. d. Lit., Straßburg 1894; 1, 85; v. Grienberger, Zeitschr. f. d. Phil. 27, 433 f.; Helm, PBB. 35, 312.
[7]) Helg. Hund. 1, 2 f.
[8]) Helgi, vgl. Eddica Minora S. L f.
[9]) Háv. Str. 128.
[10]) Gegen MSD. ³ Anm. S. 44 und Wallner, Zeitschr. f. d. Phil. 50, 214, wo übrigens eine interessante tschechische Parallele. Die schönste Schilderung in dem Walkürenlied der Njálssaga.
[11]) Háv. Str. 149. Dieser Zauber zur Befreiung Gefangener ist im Altertum so besonders beliebt, »daß sich ein eigener terminus technicus ($\delta\epsilon\sigma\mu\delta\lambda\upsilon\tau\alpha$) für sie bildete. Reitzenstein, Arch. f. Rel.-Wissensch. 8. 181.

§ 15. Halbgöttliche Wesen. 159

Gruppen: der Vorhut, dem Heer, der Nachhut mit den Gefangenen. Überall ist aber ihre Tätigkeit wesentlich von der gleichen Art: wie die Nornen »spinnen«, so »binden« sie, binden den Feind oder das Heer, binden die Fesseln des gefangenen Freundes los[1]; und so entscheiden sie die Schlacht. — Nach solchen Schlachtjungfrauen[2] heißt die älteste benannte Schlachtstätte der einheimischen deutschen Kriegsgeschichte: *Idisiaviso,* die Wiese, über der die Schlachtgöttinnen gewaltet haben — *campus Martius.*

b) Von diesen uncharakterisiert auftretenden — vielleicht dreimal drei[3] — weiblichen Dämonen, den Idisen, hat sich nun nach allgemeiner, unzweifelhaft zutreffender Meinung eine Gruppe später zu vollerer Individualität ausgebildet. Der Schaar nämlich, die das feindliche Heer hemmt, entspricht die altnordische Herfjötur, die Göttin des panischen Schreckens, der das Heer lähmt, wenn er plötzlich über einen kommt[4]. Sie ist also aus einer Idisengruppe oder aus diesen überhaupt kollektiviert; erst in späterer Zeit scheint aus den »Heerfesslerinnen« die eine »Heerfessel« geworden zu sein[5]. Solche Einzelgestalten scheinen aber schon früh mehrfach aus den Idisen entwickelt. Derartige individualisierte Schlachtengottheiten sind vielleicht die Vihansa (in Tongern), der Schild und Speer geweiht werden; die Hariasa (in Köln), die Harimella (am Hadrianswall); die Baduhenna, der die Friesen 28 n. Chr. im Hain 900 Römer schlachteten — Feinde, um deren Fesselung sich also die Idise erfolgreich bemüht hatten[6]. Von der gleichen Art ist aber auch im Norden Thorgerd, eine Göttin, die das feindliche Heer durch Gewittersturm hemmt[7].

Am wahrscheinlichsten ist es, daß dies die individualisierten Gottheiten einzelner Schlachten waren; etwa wie Epaminondas Leuktra und Mantinea als seine überlebenden Töchter bezeichnete. So werden bei den Römern die Victorien der einzelnen Feldherren »als Verkörperung ihrer persönlichen Siegesskraft gefaßt«[8], und so möchte jene Thorgerd Hölgabrud[9] ursprünglich »die Geliebte des Feldherrn Helgi« sein, einer *Victoria Sullana* genau entsprechend[10].

[1] Man denke noch an Schillers Jungfrau von Orleans im Gefängnis.
[2] Zur Ethymologie von *idis* vgl. v. Grienberger a. a. O. S. 440.
[3] MSD⁰ S. 44 vgl. Mythologie S. 392.
[4] Golther S. 113 f., Meyer S. 270.
[5] Problematisch sind die »Götter der zitternden Angst und des blassen Schreckens« bei den Römern, *Pavor* und *Pallor* (Wissowa S. 135).
[6] Vgl. für diese Gottheiten Meyer S. 267 f.; s. u.
[7] Vgl. Meyer S. 273; s. u.
[8] Wissowa S. 128.
[9] Golther S. 482.
[10] Napoleon nannte den Marschall Masséna *»l'enfant chéri de la victoire«.*

Diese Schlachtengöttinnen sind also Nornen, und man darf nicht mit Koegel[1]) sagen, sie seien Walküren. Denn die Idise sind ja noch nicht Todesbotinnen, vielmehr zum Teil sogar in rettender Tätigkeit dargestellt. Aber sie w e r d e n Walküren. Später allerdings treten die Walküren in diese individualisierte Funktion ein nnd werden in dem Liede von der Brávallaschlacht direkt nach Orten benannt[2]). Diese gemeingermanischen Gottheiten werden wie die Nornen[3]) nach der Analogie der weiblichen Handarbeit geschildert: daher heißt ihre Arbeit »Siegesgewebe«, »Speergewebe«. Mit irischem, phantastischem Realismus wird das in dem Liede auf die Schlacht von Clontarf zwischen Brian von Irland und seinem Sohn Sigtrygg[4]) geschildert:

»Ein Mann zu Caithnes in Schottland sah zwölf Frauen in eine Kammer reiten und darin verschwinden. Durch ein Fenster beobachtete er, wie die Frauen ein Gewebe aufgespannt hatten, wobei Menschenhäupter als Gewichte, Menschendärme als Aufzug und Einschlag, Schwerter als Spule und Pfeile als Kamm dienten. Bei ihrem Geschäfte sangen sie unter anderem: »Mit Schwertern schlagen wir dieses Siegesgewebe. Hildr, Hjorthrimul, Sangridr, Svipul kamen zu weben mit gezogenen Schwertern. Schaft wird zerkrachen, Schild zerbersten, die Axt in die Rüstung dringen. Winden wir, winden wir das Gewebe des Speeres! Folgen wir dem König (dem siegreichen Sigtrygg)! Blutige Schilde wird man sehen, da Gunnr und Gondull dem Könige halfen. Winden wir, winden wir das Gewebe des Speeres, das der junge König vor sich hatte! Voran wollen wir gehen und in die Schlachtreihe schreiten, wo unsere Freunde die Waffen kreuzen. Winden wir, winden wir das Gewebe des Speeres, wo die Fahnen kämpfender Männer wehen! Nicht lassen wir zu, daß sein (Sigtryggs) Leben vergehe. Die Walküren haben des Kampfes Kür *(eigu valkyrjur vals um kosti).* Die Nordleute sollen siegen und die Iren unterliegen. Das Gewebe ist gewoben, das Feld gerötet. Schrecklich anzusehen ziehen blutige Wolken am Himmel. Wohl sangen wir dem jungen König viele Siegeslieder. Nun reiten wir auf den Hengsten mit gezogenen Schwertern fort von hier.« Da rissen sie das Gewebe von oben herunter und jede behielt, was sie festhielt. Hierauf bestiegen sie ihre Hengste, sechs ritten südwärts, sechs nordwärts.«

Allerdings ist hier, wie schon die Benennung der Walküren zeigt, der Übergang zu dieser spezifisch nordischen Bildung bereits vollzogen. Schon für die Idise wird man als R a n g z e i c h e n annehmen dürfen, daß sie durch Luft und Meer reiten[5]), d. h. daß sie überall reiten können; wo sollten sich sonst die Gottheiten des Merseburger Spruches aufhalten? — Sie genießen als Kult die in den Sagas oft erwähnten dísablót,

---

[1]) a. a. O. S. 89. PBB. 16, 502.
[2]) Hœidr von Hedeby, Vebjörg von Viborg: Olrik, Ark. f. nord. Fil. 10, N. F. 6, S. 277. — Über antike Personifikation von Örtlichkeiten Steudig in Roschers Lexikon 2, 2, 2078.
[3]) Golther S. 111.
[4]) Ebd.
[5]) Mogk S. 270.

## § 15. Halbgöttliche Wesen. 161

Opfer an heilige Frauen¹), nicht selten, wie Thorgerd, grausige Menschenopfer.

c) Aus diesen Heer-Nornen, die auch nach der individualisierenden Hypostase einzelner (wie etwa der Harimella) fortdauern, entwickelt sich die altnordische *valkyrja*, angelsächsisch *waelkyrje*²); daneben auch angelsächsisch *sigewîf*, altnordisch *sigrmeyjar*, siegspendende Frauen, *geirvíf, hjálmvítr*, Speerschwingerinnen, Helmträgerinnen ³). — Es scheint mir nicht nötig, sie an Amazonen und weibliche Kämpferinnen⁴) anzulehnen. Vielmehr scheint einfach eine Entwicklung vorzuliegen, die derjenigen der reinen Nornen parallel läuft: wie diese aus Schicksalsgottheiten Todesgottheiten werden, so werden die Schlachtenjungfrauen Gottheiten des Schlachtentodes. Daß sie etwas nach den wirklich kämpfenden »Schildmädchen« der Norweger und Dänen⁵) stilisiert werden, ist damit gewiß nicht ausgeschlossen; ebenso erstreckt sich die Namengebung mit Kriegsworten *(-wig, -hild, -gund, hadu-)* und Waffenbezeichnungen *(gêr,* Speer, *brünne,* Panzer, *helm)* sowohl auf menschliche Jungfrauen wie auf Walküren.

Die Walküren verkünden (im Traum)⁶) und geben den Schlachtentod. In dieser Funktion sind sie erst der späteren Entwicklung der heroischen Zeit bei Angelsachsen und Skandinaviern eigen.

Erst nachdem der Wodankult herrschend geworden war, werden sie zu ihm als Dienerinnen des Schlachtgottes⁷) in nähere Beziehungen getreten sein. Freilich gehört Nike von Anfang an zu Zeus⁸) und soll Victoria nur eine Emanation des Juppiter sein⁹); aber diese allegorischen Abstraktionen sind eben mit den pluralischen »Siegesgöttinnen« nicht einfach gleichzusetzen. — Nachdem sich vollends das Dogma festgesetzt hat, nur der Schlachtentod führe zu den Göttern, werden sie Lieblinge der Sagenbildung; man könnte sie in diesem Sinne die Nymphen der Wikinger nennen. Das heroische Lieblingsmotiv von dem wegen Ungehorsam verbannten Helden (Cid, Herzog Ernst) wird nun (wie ich glaube) im Norden auf die Heldenmädchen übertragen, um den alten Mythus von der durch den Drachentöter befreiten Sonnenjungfrau ¹⁰) psychologisch zu verdeutlichen.

¹) Mogk S. 385.
²) Mogk S. 269; der altenglische Ausdruck vielleicht aus dem altnordischen entnommen, Golther S. 109.
³) Ebd.
⁴) Vgl. Mogk S. 269, Golther S. 323.
⁵) Meyer S. 268.
⁶) Golther S. 113.
⁷) Weinhold bei Golther S. 328 Anm.
⁸) Preller 1, 494.
⁹) Wissowa S. 127.
¹⁰) Hartland, The legend of Perseus.

Freilich war dieser für heroische Umformung besonders geeignete Mythus vielleicht schon vorher durch die Anpassung an die Sagen vom bergentrückten Helden *(lectulus Brunihildae,* der Feldberg) hindurchgegangen; aber das Ungehorsamsmotiv scheint spezifisch nordisch. (Eine religionsgeschichtliche Reminiszenz: Widerstand der ursprünglichen freien Göttinnen gegen den neuen Obergott, möchte ich in diesem Motiv nicht erblicken.) Ferner (oder gleichzeitig) hängt sich auch an sie (wie an die Nymphen) erotische Novellistik: sie kommen in Liebesabenteuer zu Helden[1]) oder Einheriern[2]). Wie die Riesen und andere Lieblingsgestalten der Volksphantasie erhalten sie bezeichnende Einzelnamen[3]). Im übrigen sind sie noch immer die alten Nornen und weben das Gewebe der Schlacht[4]); daher haben sie auch noch immer Verwandtschaft mit den Elementargeistern und träufeln Blutregen herab.

d) Jung scheint das Maß der Verehrung, durch das **Einzelwalküren** wie Thorgerd und Irpa (wenn sie so aufzufassen sind) fast zu göttlicher Höhe aufwachsen. Doch ist vielleicht schon die alte Gottheit Baduhenna[5]) so zu erklären. Zweifelhaft bleibt auch das Nachleben der Walküre in der heiligen Gertrud[6]), die freilich einen Walkürennamen trägt[7]). —

**Schwanenjungfrauen**[8]) sind halbgöttliche Wesen mit dem Rangzeichen des Schwanenkleids (das die Wanengöttin Freyja ebenfalls besitzt[9]), der Gabe des Gestaltentausches und der Wahrsagung, und mit großer Annäherung an Menschenart. Golther[10]) erklärt sie für Walküren, und unzweifelhaft stehen sie diesen nahe; aber während der Walküre die Gabe, durch Luft und Meer zu reiten, immanent ist[11]), bleibt sie bei den Schwanenjungfrauen an ihr zaubermäßiges Attribut gebunden. Da Gestalten dieser Art sich über die ganze Welt verbreitet finden[12]), wird man sie für

---

[1]) Sigdrm; vgl. Golther S. 320.
[2]) Helg. Hund. 1, 39; vgl. ebd. S. 323.
[3]) Mogk S. 271.
[4]) Valkyrjenlied der Njálssaga ebd.
[5]) Siehe u.
[6]) Meyer S. 271.
[7]) Eine streng systematische Anordnung müßte die Walküren den Schwanenjungfrauen nachstellen, weil sie näher in die Umgebung der Götter gehören; doch ist das Wesen der Schwanenjungfrauen nur zu verstehen, wenn man sich zuvor über dasjenige der Walküren klar geworden ist.
[8]) Mogk S. 284, Meyer S. 272, Golther S. 114 f., 321, Chantepie S. 304, Gering, Weissagung und Zauberei, S. 15.
[9]) Thrymskvida Str. 3 f.
[10]) S. 321.
[11]) Helg. Hund. 2 zu Str. 5.
[12]) Zeitschr. f. d. Phil. 32, 137; vgl. für den Raub des Rangzeichens Wundt, 2, 3, 149.

## § 15. Halbgöttliche Wesen. 163

älter als die spezifisch nordischen Walküren halten müssen. Dafür spricht noch manches: eben das Zaubermäßige; der Massencharakter [1]); endlich das Schwanken zwischen Tier- und Menschengestalt. Auch fehlt ihnen recht im Gegensatz zu den auf den Kampf eingeschränkten Walküren jede spezielle Kompetenz; es sei denn, daß es die der Wahrsagung wäre.

Man könnte sie vielleicht als ursprüngliche Wasserfrauen auffassen; wie denn auch die mit ihnen gewiß verwandten Hadburg und Siglint im Nibelungenlied, die Hagen durch Wegnahme des Vogelgewandes zum Prophezeien zwingt [2]),»Meerweiber« genannt werden [3]). Sie wären dann wohl Nymphen stiller, von den Schwänen belebter Gewässer; und auch der Schwan selbst gilt als Sänger und Verkünder [4]). Vielleicht sah man in den Schwänen Hypostasen der sonst unsichtbaren Wasserjungfrauen, die nur in diesem Kleid ihre volle Bewegungsfreiheit besaßen.

Jedenfalls aber sind sie früh in die stärkere Kategorie der Walküren aufgegangen; in der Prosa vor der Völundarkvida heißt es geradezu: »in der Nähe lagen ihre Schwanenhemden, denn sie waren Walküren« — und doch spinnen sie Flachs, was gewiß kein Geschäft für Walküren ist. Ebenso denkt sich der Dichter der Helreid Brynhild als Walküre, wenn er [5]) erzählt, wie ein König sie und ihre Schwestern zwang, indem er ihre Schwanenhemden verbarg. — Nur aus dieser Identifizierung ist es auch zu erklären, daß die drei Schwanenjnngfrauen der Vkv. (alle mit »Walkürennamen«) schließlich doch fortfliegen, obwohl ihnen das Schwanenkleid fehlt; oder soll man denken, es sei in sieben Wintern nachgewachsen [6])?

Auch das teilen sie mit den Walküren, daß sie in Liebesabenteuer mit sterblichen Männern verwickelt werden; doch auch hier wieder bleibt daneben ein Gegensatz: die Walküren werben, die Schwanenjungfrauen werden umworben und ergeben sich ungern. Zu den Göttern stehen sie nicht (wie Thorgerd zu Thor, die anderen Walküren zu Odin) in Beziehung. — Zusammenfassend definieren wir sie vielleicht am besten als ursprüngliche Flußnymphen, die wegen der Ähnlichkeit ihrer novellistischen Schicksale (Liebe, Verbannung, Befreiung) den Walküren angeglichen wurden.

---

[1]) Bei den Banks-Insulanern sind es »einige Frauen«, in unserer Völundarkvida in mythologischer Arithmetik drei, Helr. Str. 7 acht.
[2]) Wie Menelaos ähnlich den Meergeist Proteus, vgl. Preller 1, 609.
[3]) Vgl. Meyer S. 272; die Namen sind wohl »echte Walkürennamen«, aber doch vor allem den heroischen Namen der Krimhild und Brünhild angepaßt.
[4]) Müllenhoff, Deutsche Altertumskunde 1, 2.
[5]) Helr. Str. 7.
[6]) Vgl. Niedner, Ztsch. f. d. Alt. 33, 27.

Es wäre aber nicht unmöglich, daß in die gleiche Kategorie mit den drei Schwanenmädchen der Völundarkvida auch Völund selbst gehörte. Sind sie nämlich ursprünglich Elementargeister des fließenden Wassers, so ist für diese ja das Vorhandensein männlicher neben weiblichen Dämonen überall bezeugt. Für »Schwanenjünglinge« fehlt allerdings ein direkter Beleg. Denn die Sage vom Schwanenritter ist »für mythologische Zwecke unverwendbar«[1]), mag sie auch auf ältere Züge zurückgehen. Unter diesen sind nun freilich einige mythischen Ursprungs dringend verdächtig: der Ritter mit dem Schwan war vorher Ritter und Schwan zugleich[2]), wie bei solchen Attributgeschöpfen ja fast a priori zu behaupten wäre; und Märchen wie das schöne von den sieben Raben[3]) und besonders von den sechs Schwänen[4]) hängen wohl unzweifelhaft mit den Schwanenjungfrauen zusammen[5]). Und so könnte auch Wieland selbst ein Schwanenjüngling gewesen sein. Der »elfische« Ursprung[6]) ist ja unbestritten; die Kunstfertigkeit des Meisterschmieds hat man immer darauf zurückgeführt. Man kann, glaube ich, in der mythischen Rekonstruktion weitergehen.

Uraltes indogermanisches Motiv ist die Legende von dem dienenden Gott oder Halbgott, der sich rächt. Ich führe nur einige Beispiele an: Simson bei den Philistern, Jahve selbst bei ihnen[7]), Poseidon und Apollon bei Laomedon[8]) und Sigurd bei Regin. In der Regel wird die Knechtschaft durch eine Schuld motiviert, so bei Apollon[9]), oder die Knechtschaft ist vom Schicksal verhängt wie bei Herakles. Als Variante des Dienstes tritt die Gefangenschaft auf, wieder mit (späterer) Schuldsage kombiniert oder vielmehr motiviert bei Ares[10]), ohne sie bei der Verbannung des Hephaistos und seinem Höhlenleben[11]). Das letztere hat man ja mit Völunds Leben längst kombiniert[12]), und in der Tat sind die Übereinstimmungen schlagend und zahlreich: die gewaltsame Lähmung, der einsame Verbannungsort, die kunstreiche Arbeit des Verbannten, vielleicht (ich glaube es nicht) auch die Nachstellung, durch die er Athene überwältigt wie Völund die Baduhild. So wird eine uralte mythische Grundlage kaum zu bezweifeln sein. Aber welche Form besaß sie? und

[1]) Blöte, Ztschr. f. d. Alt. 42, 44.
[2]) Ebd. S. 20 Anm. 4.
[3]) Kinder- und Hausmärchen N. 25.     [4]) Ebd. N. 49.
[5]) W. Grimm ebd. B. 3 zu N. 49.
[6]) Vkv. Str. 11: »der Elbenfürst«.
[7]) Dibelius, Die Lade Jahves, Göttingen 1906, S. 18.
[8]) Preller 2, 234.
[9]) Wogegen sein Hirtenleben bei Admet nach starker Betonung der Freiwilligkeit als Freundschaft aufzufassen ist; ebd. 1, 270; 2, 316.
[10]) Ebd. 1, 105.     [11]) Ebd. 1, 175.
[12]) Vgl. z. B. Niedner, Zschr. f. d. Alt. 33, 46; Much, Himmelsgott, S. 235.

## § 15. Halbgöttliche Wesen. 165

gehörten Hephaistos, der Feuerdämon, und Wieland, der Elbenfürst und Schütze[1]), wirklich gleichem Ursprung an?

Einige wichtige Züge unterscheiden doch beide Mythen. Eins vor allem: bei Hephaistos (wie bei Ares) fehlt die Rache, die bei Poseidon, Ares, Sigurd, Völund die eigentliche Pointe bildet und in dem Erschrecken des Eurystheus vor dem von Herakles gebrachten Höllenhund wenigstens angedeutet scheint. Sie ist auch vorhanden in jenem anderen griechischen Mythos, den man oft mit dem von Wieland verglichen hat, dem von Daidalos[2]). Auch dieser kunstfertige Wundermann ist in der Verbannung bei König Minos, flieht von ihm und verursacht den Tod seines Verfolgers[3]). Und zwar entflieht er wie Wieland durch die Luft. Kann man zweifeln, daß die Wachsflügel späte rationalistische Antwort auf die Frage sind, wie er fliegen konnte? und weshalb er sich nicht eher rettete, wenn er es konnte? — dieselben Fragen, die die Völundarkvida aufwerfen läßt.

Ich glaube, die Urgeschichte Völunds[4]) läßt sich nunmehr rekonstruieren. Sie scheint mir durch folgende Phasen zu laufen:

1. Ein elfischer Goldschmied wird von einem König in seine Dienste gezwungen, indem dieser ihn seines Schwanenhemdes beraubt. Nun sitzt er auf der einsamen Insel und arbeitet für den König. Aber er kommt wieder in den Besitz der Flügel. Nun kann er sich an dem König rächen und dann entfliehen — indogermanischer Mythos.

2. Die Gefangennahme, die Rache, der Wiedergewinn der Flugkraft werden ausgemalt. So bei den Hellenen: Vorgeschichte des Daidalos. So bei den Germanen: Fesselung an den Sehnen — märchenhafte Rache (das Motiv des Machandelbooms; die Überwältigung der Königstochter in typischer Weise[5]), Schilderung des aufsteigenden Völund) urgermanischer Mythos[6]), (Daß Daidalos sowohl wie Wieland[7]) vorher einen Mord begehen, wird zufällige Übereinstimmung sein.)

3. Hinzutreten weiterer Märchenmotive. So bei den Hellenen[8]); so bei den Germanen: die Episode von den 700 Ringen[9]). — Insbesondere

---

[1]) Vgl. Niedner S. 34.
[2]) Preller 2, 498.   [3]) Ebd. 2, 122.
[4]) Zum Namen vgl. Much S. 238.
[5]) Vgl. Niedner S. 40; Háv. Str. 105.
[6]) Vgl. den angelsächsischen Bericht und dazu Niedner S. 36.
[7]) Vgl. ebd. S. 36. 38.
[8]) Kallimachos: Preller 2, 123 Anm. 2.
[9]) Vgl. Niedner S. 26. Ursprünglich war der eine geraubte Ring wohl ein vervielfältigender Zauberring wie der Andvaris (Reg. zu Str. 4) und die anderen werden abgestreift, um ihn ausfindig zu machen. Es läge dann das Märchenmotiv der Vervielfältigung eines gesuchten Gegenstandes vor, wie in der Ringparabel oder dem Märchen von der Bienenkönigin (KHM. N. 62; Parallelen bei Reinhold Köhler, Schriften 1, 403), wie mir J. Bolte nachweist.

werden verwandte Motive adoptiert: von dem Ikaros, der zum Himmel fliegen wollte; von dem Wunderschützen Egil — altnordische Legende. 4. Schließlich wird noch die alte Sage von dem **Schwanenjüngling** mit der von dem Schwanenmädchen kombiniert. Deórs Klage weiß noch nichts davon [1]), und so erklärt sich auch die Verwirrung in den Doppelnamen der Schwanenjungfrauen [2]) am einfachsten. Daß er »um eines Weibes willen« verbannt worden sei, ist im altgermanischen Lied nur eine Konjektur Greins, die allerdings auch Niedner [3]) billigt. Müssen wir nicht auch gestehen, daß das Motiv des in einsamer Sehnsucht nach dem Weibe sich verzehrenden Mannes, so stark es auch gerade auf uns wirkt und der Völundarkvida besondere Gunst sichert, schwerlich viel älter sein kann als die wunderschöne, aber doch entschieden (die Stoßseufzer!) romantisch sentimentale Völundarkvida selbst? Die Klage der Frau kennt das indische Gedicht Meghadhuta so gut wie das so benannte angelsächsische Gedicht; aber ein Held, der sich nach der Geliebten sehnt wie Epimetheus nach Pandora — kann das ein alter Sagenzug sein? Wie »Witwe« ein indogermanisches Wort ist, »Witwer« eine junge Nachbildung, so scheint die Sehnsucht des Mannes der der Frau nachgebildet — nachgebildet erst, als die Völundarkvida alte Lieder von den Schwanenjungfrauen und von Völunds Rache an Nidhod [4]) verschmolz; wobei noch besonders an den erotischen Ton der Legenden von Wasserdämonen zu erinnern ist, und für die Verführung der Baduhild noch besonders an die von den »Elfen« eingeschmuggelten Wechselbälge [5]). Und so also wäre als jüngstes Produkt der Bildung, in dem die Erzählungen von Schwanenjungfrauen sich merkwürdig genug wieder mit denen von einem ursprünglichen Schwanenjüngling zusammenfinden, unsere Völundarkvida entstanden.

Uns kommt es ja an dieser Stelle nur darauf an, in Wieland einen ursprünglichen Halbgott von der Art der Schwanenjungfrauen nachzuweisen: wie diese durch sein Rangzeichen (Schwanenhemd, Schwanenring, Schwanenflügel) des Fliegens fähig und wie sie nach der erzwungenen Verbannung unter den Menschen in die himmlische Heimat zurückkehrend; anderen Dämonen nahe verwandt wie Daidalos dem Hephaistos, aber von ihnen durch die starke Menschenähnlichkeit, durch die Individualisierung und psychologische Ausmalung und Ausdeutung der Schicksale (die doch typisch bleiben) [6]) unterschieden. — Zu den »Elfen« gehört Völund nicht: die sind nicht so stark und grausam; die Beziehung zum Element

---

[1]) **Niedner** S. 35.
[2]) Vgl. ebd. S. 26.   [3]) S. 38.
[4]) **Niedner** S. 44.
[5]) Vgl. z. B. **Meyer** S. 154. 181.
[6]) Vgl. **meine** Altgerm. Poesie S. 40, auch S. 477.

## § 15. Halbgöttliche Wesen. 167

ist ganz gelockert; heroische Motive (Liebe zur Königstochter; die neidische Königin) sind hineingetragen — aber das Entscheidende blieb: Verbannnug (d. h. Aufenthalt unter den Menschen wie bei Hephaistos und Othinus), Kunstfertigkeit, die Rache — und vor allem die Flugkraft. —
Die letzte hierher gehörige Figur ist vielleicht Mimir[1]). Der Name ist wohl mit *memor* verwandt: der »Denker« oder der »Sinnende«[2]), Er ist[3]) ursprünglich wohl ein Quellgeist, und zwar, da er bei Saxo als Quellgeist auftritt, der Geist der still rauschenden Waldquelle. Später, nur im Norden, wird seine Waldquelle an die Esche Yggdrasill (*Mimameidr*, Mimirs Baum) verlegt und er selbst wird der Aufbewahrungsort der Weisheit Odins — der Fetisch des Gottes. Auf die mythologische Dittographie wiesen wir schon hin, daß das »Haupt« des Flusses, die Quelle, also Mimir selbst, in das »Haupt Mimirs« verwandelt wird[4]). — Bereits gemeingermanisch aber ist seine Verehrung durch Ortsnamen wie Mimigerdaford (Münster), Mimileba (Memleben an der Unstrut) bezeugt[5]).

Neben diesem Mimir geht wieder ein Schmied Mime einher[6]); sind sie verwandt? wäre auch dieser Wassergeist ursprünglich kunstfertig gewesen?

Ein nordischer Mythus erzählt nun auch, wie Odin sich Mimirs Weisheit gesichert habe: indem er sein eines Auge hergab[7]). Aber ursprünglich hat er Mimirs Haupt ganz anders zum Sprechen gebracht[8]): durch Bedrohung mit Helm und Schwert. Man wird deshalb wohl die naturmythische Deutung auf die versinkende Sonne[9]) ebenso entschieden abweisen müssen wie die euhemeristische Erzählung der Heimskringla[10]), die den fetischistischen Charakter des Hauptes ausarbeitet: die Asen hätten dem ihnen feindlichen weisen Ratgeber der Wanen das Haupt abgeschlagen, Odin aber habe es einbalsamiert. Vielmehr wird in jener »Pfandsetzung« des Auges lediglich ein mythologisch-symbolischer Ausdruck für Odins Selbstaufopferung um der Runenfindung willen[11]) zu sehen sein.

Rekapitulieren wir, so erscheint als sicher, daß Mimir ein gemeingermanischer kollektiver Geist der wahrsagenden Waldquellen war, und daß er erst im Norden zum geistigen Schwerthalter oder Büchsenspanner Odins wurde. Wahrscheinlich mußte der höchste Gott ihn zum ersten

---
[1]) Meyer S. 275, Golther S. 179 f. 346, Mogk S. 305, Uhland, Schriften 6, 199.
[2]) Golther S. 179.   [3]) Siehe o. S. 103.
[4]) »Mimling«, Sohn des Mimo oder Mimilo, ein Flüßchen im Odenwald. Golther S. 179.
[5]) Ebd.
[6]) Golther S. 180, Meyer S. 280, Mogk S. 305
[7]) Vgl. Mogk S. 342.   [8]) Sgdr. Str. 14.
[9]) z. B. Mogk S. 342.   [10]) Ebd. S. 306.
[11]) Vgl. Háv. Str. 138 f.

Öffnen des Mundes zwingen, wie Proteus und andere prophezeiende Wassergeister durch Gewalt zum Reden gebracht werden müssen: Odin stand auf dem Berg (wo die Waldquelle entspringt?) in voller Rüstung und bedrohte den Geist wie Skírnir die Gerd [1]) mit dem Schwert bedroht [2]). — Meyer zieht [3]) auch Loki hierher; wir rechnen dies »absonderliche Mittelwesen« doch lieber zu den Göttern. Freilich hat er kein eigenes »Heim« in der Edda [4]); aber dies Rangzeichen der Götter ist jung und fehlt auch Nebengöttern wie Sif. — Dagegen wären Nebengötter wie Skírnir oder Fulla eigentlich hier zu behandeln, die wir aber übersichtlicher ihren Gottheiten zuordnen [5])

## § 16. Die Götter.

Die Götter [6]) heißen gelegentlich »allmächtig«, sind aber tatsächlich in bestimmte Grenzen gebannt, selbst abgesehen von der auch für sie unverbrüchlichen Herrschaft des Schicksals. (Wie diese mit dem »freien Willen« der Götter sich verträgt, darüber haben natürlich die altgermanischen Theologen noch nicht spekuliert!) Potentiell sind sie stärker als andere

[1]) Skirn. Str. 23 f.
[2]) Heinzel-Detter, Edda 2, 432, werfen sogar die Frage auf, ob Odin Mimirs Haupt abgeschlagen habe; aber sollte das Haupt eines sprachkundigen Dämonen im Augenblicke des Todes zum erstenmal reden? Anders wäre es bei nicht sprechenden Geschöpfen, wie Falada im Märchen. — An das Haupt der Medusa wurde schon insofern erinnert, als sein Gebrauch zu Zauberzwecken —. es versteinert den Gegner — zu der fetischistischen Auffassnng von Mimirs Haupt in der Heimskringla stimmt. Wenn das Medusenhaupt dann als »Kern der Aegis« (Preller 1, 193) der schreckende Brustschmuck der Athena wird, so liegt hier allerdings eine Verbindung zwischen dem Dämonenkopf und einer Hauptgottheit vor, die an die zwischen Mimirs Haupt und Odin merkwürdig erinnert, aber doch ohne daß eine innere Übereinstimmung vorhanden wäre.
[3]) S. 275.   [4]) Grim. Str. 4f.
[5]) Eine besondere merkwürdige Gruppe von halbgöttlichen Wesen fehlt der germanischen wie den meisten indogermanischen Mythologien. Der hellenischen Mythologie ist nämlich eine Kategorie eigentümlich, die man als die der Scheingötter bezeichnen könnte: Menschen, die sich Attribute der Gottheiten anmaßten und dafür zugrunde gehen: Ikaros (die Flugkraft), Semele (das Schauen der unverhüllten Gottheit), Kapaneus, diese seltsame komödiantische Figur mit ihrem Theaterdonner (Zeus' Donner und Blitz), Tithonos (Unsterblichkeit), Sisyphos und Ixion (die sich an Gottheiten vergreifen) — endlich als höchster Typus der Gattung Prometheus, für den auch Ad. Kuhn bei seiner Gleichsetzung mit dem indischen Mâtariçvan — an die wir schwerlich noch glauben dürfen — wenigstens eine geistigere Bedeutung nicht leugnet (Mytholog. Studien 1, 19). — Wenn uns früh von Religionsspöttern im Norden erzählt wird, so ist das natürlich etwas anderes.
[6]) Allgemeine Charakteristik bei W. Müller, Gesch. u. System der altd. Religion, S. 147f., J. v. Negelein, Germ. Mythologie, S. 12f.; vgl. J. Grimm, Mythologie 1, 81f.

## § 16. Die Götter. 169

Wesen, aber nur wenn sie im Vollbesitz ihrer Kraft sind; dazu muß insbesondere Thor in seine Asenkraft fahren [1]) — was die Berserker nur im Rausch der Wut erlangen, ist für die starken Götter eigentlich das Normale. Ebenso sind sie potentiell allwissend, aber auch hier muß zu der allgemeinen Anlage die Erfüllung einer speziellen Bedingung hinzutreten: sie müssen ihren Wartturm Hlidskjálf [2]) besteigen, dann übersehen sie die Welt wie der Schustermeister Pfriem im Märchen, wenn er am Himmelsfenster sitzt. — Aber auch diese allgemeinen Eigenschaften sind vorzugsweise in einzelnen Göttern domiziliert: die Kraft in Thor (und Widar), die (relative) Allwissenheit in Odin (und Heimdall).

Es gibt also kein ausschließlich den Göttern eigenes Rangzeichen (wie daß die indischen Götter nicht schwitzen, die hellenischen in Nebel erscheinen und verschwinden); denn Stärke, Wissen, Weisheit eignet auch Riesen und Dämonen, so daß sogar die Götter selbst zu ihnen Zuflucht nehmen (Mimir; Vafthrúdnir ist stark und weise zugleich). Aber ihre höchsten Leistungen übersteigen alles, was andere Wesen vermögen; so die Weltschöpfung, die Runenfindung, das Herstellen von wunderbaren Tieren (wogegen wunderbare Dinge auch von Elfen und Zwergen geschaffen werden). Vielleicht darf man sagen, daß ihnen das bewußte Neuschaffen vorbehalten ist; wie nach mittelalterlicher Anschauung der Teufel »auch keine Laus schaffen kann« [3]). Doch ist nicht jeder Gott schaffend; man könnte fast die indische Dreiteilung nachahmen und die Götter in schaffende (Odin, Frey); erhaltende (Thor) und zerstörende (Loki) einteilen. — Doch treffen unsere allgemeinen Regeln über Götterkennzeichen [4]) wenigstens für die meisten Götter zu. Insbesondere besitzen sie fast ausnahmslos Attribute, deren Bestimmtheit und Singularität sie charakterisiert. Doch macht auch hierin wieder Loki eine Ausnahme.

Die Götter werden nur in lebendiger Tätigkeit (oder deren Vorbereitung: in der Ratsversammlung, beim Festmahl) gesehen [5]). Diese Tätigkeit ist wie bei den Menschen vorzugsweise eine kriegerische sei es im Interesse des

---

[1]) Vgl. z. B. Gering, Edda, S. 362.
[2]) Vgl. z. B. die Einleitung zu Grim., Gering S. 69.
[3]) Vielleicht ist ein Nachhall dieser Anschauung darin zu sehen, daß die ägyptischen Zauberer nicht wie Moses als Gottes Vertreter Mücken schaffen können (2. Mos. 8, 14); freilich machen sie Schlangen und Frösche, aber das sind Thiere, die am Boden haften, gleichsam nur halblebendige Geschöpfe. — Heine, Schöpfungslieder (Werke her. v. Elster 2, 252):
        Und der Gott sprach zu dem Teufel:
        Ich der Herr kopier' mich selber . . . .
        Nach den Menschen mach ich Affen;
        Aber du kannst gar nichts schaffen.
[4]) Siehe o. S. 38 f.
[5]) Deshalb sind ihre Namen gern partizipial. Siehe u.

## Viertes Kapitel.

Götterstaates, sei es einzelner zu ihnen in Beziehung stehender Menschen. Doch sehen wir sie auch im geistigen Kampf, in heilbringender Tätigkeit, in Liebesabenteuern. Ihr Leben gleicht dem der Edelinge, und die Schilderung des Konr ungr[1]) umschreibt im wesentlichen auch ihre Arbeit: sie zaubern mit Runen und streiten um deren Kunde[2]), verstehen die Sprache der Vögel, stillen Meer und Feuer, heilen Schmerzen, ziehen umher (besonders Thor). Wenn Herman Grimm die Olympier mit den Aristokraten des *Ancien régime* verglichen hat, sind die Asen eher mit einem patriarchalischen Landadel zu vergleichen. Wie die Landedelleute (und überhaupt die freien alten Germanen des Tacitus) sind sie viel in beschaulicher Ruhe; nur Thor ist immer geschäftig, ist wie Uhlands Schenk von Limburg nie zu Hause, und Loki macht sich immer zu schaffen. Der moralische Grundzug ist viel stärker als bei den Göttern Homers ausgeprägt; wie auf Erden wurzelt er in dem Gedanken der Sippentreue, der freilich so wenig zwischen Odin und Thor wie zwischen Arminius und seiner Sippe Haß und Anfeindung ausschließt. — Die Vorstellung ihrer »Heime«, freilich gewiß jünger, ist ganz die eines adligen Geschlechts, das über ein weites Gebiet verstreut, jeder auf seinem eigenen Hof und doch alle in festem Zusammenhang, auf ererbtem Boden sitzt und seine Untergebenen regiert[3]).

Diese Geschlossenheit des Götterstaates ist ein letztes wichtiges Kriterium. Man gehört eben entweder dazu oder nicht — den einzigen unfaßbar hin und her schlüpfenden Loki ausgenommen. Die Götter eint bei schroffen inneren Gegensätzen doch ein starkes Stammgefühl — auch dies wie bei einem Adel mit lebhaften Intrigen innen und lebhafterem *esprit de corps* nach außen.

Immerhin werden jene Gegensätze stark gefühlt und »durch die ganze Eddamythologie geht das Bestreben, die wichtigsten Göttertypen zu charakterisieren: Thor ist durch seine Stärke ausgezeichnet, aber ihm fehlt Überlegung und Geistesgegenwart; Odin tritt dem gegenüber als Gott der Klugheit auf«[4]). Überall hat sich aus einer Reihe von Göttern allmählich ein einigermaßen geschlossenes System psychologischer Typen gebildet: der Starke, der Schlaue, der Schnelle; die Liebende, die Kühle; der Heitere, der Düstere — eine Gruppe, wie Goethe sie in den Römischen Elegien geschildert — eine Truppe, wie er in »Wilhelm Meister« sie als Abbild der menschlichen Gesellschaft angestellt hat[5]).

[1]) Rig. Str. 44 f.     [2]) Vaf., Alv.
[3]) Vgl. u. Kap. VI: »Weltregierung«.
[4]) Olrik, Danske Studier 1908, S. 135.
[5]) Im finnischen Epos heißt Lemminkäien immer »der frohe, der muntere« (J. Grimm, Kl. Schr. 2, 90). In der Edda heißen Ägir (Hym Str. 2) und, sonderbar genug, Eggthér (Völ. Str. 42) »heiter«. Vgl. auch u. §. 32 »Charakteristik der Götter«.

## § 16. Die Götter.

In ihrem Verkehr mit den Menschen gebrauchen sie vor allem ihre physische und geistige Überlegenheit; daneben aber auch wie die Menschen selbst menschliche Mittel: Kampf, Überredung, List [1]), Allianzen; zauberhafte Mittel [2]): Runen, Sprüche [3]). Vorzugsweise ist der Zauber bei ihnen auf die B e l e b u n g gerichtet: der Wundereber erneut sich selbst [4]), Andvaris Ring tropft seinesgleichen [5]), das Bier trägt sich selbst auf [6]), die Äcker werden einst unbesät tragen [7]).

Wie unter dem Adel sind auch hier noch Stufen zu unterscheiden und der engere Kreis des Odin, des Thor, des Frey dominiert so stark wie die Richelieu und Rohan im alten Frankreich oder die Mocenigo und Morosini im alten Venedig. Wir müssen deshalb hier nochmals Haupt- und Nebengötter scheiden, obwohl sich die Trennung nicht überall sicher durchführen läßt. Die Untergötter stellen wir, wie die Vasallen zu ihren Feudalherren, zu ihren Obergöttern.

Es bleibt noch einiges zur allgemeinen Charakteristik zu bemerken [8]).

Der vermenschlichte G o t t e s b e g r i f f ist gegenüber dem formlosen Geisterbegriff ein Fortschritt wie später der »reine« Monotheismus gegenüber dem anthropomorphisierenden Polytheismus. Dieser Gegensatz zwischen Göttern und bloßen Dämonen wird von den Germanen stärker empfunden als irgend sonst [9]); sei es, weil bei uns die Gestaltlosigkeit der Geister noch weiter hinter menschenähnlicher Form zurückbleibt als bei den Hellenen (aber freilich weniger als bei Indern und Römern), sei es, weil die Germanen immer scharfe Scheidung der Rangstufen lieben, im staatlichen und gesellschaftlichen Leben wie in der Sprache (Akzentgesetz!) Diese scharfe Scheidung zeigt sich vor allem in dem letzten Kampfe, wo die beiden »Ordnungsparteien«, Götter und Menschen, in bewußter Solidarität allein zusammenstehen, während die Dämonen teils feindlich, teils neutral sind [10]). Übrigens gilt es den Germanen nicht, wie später den Hellenen, als »Sünde«, dem kämpfenden

---

[1]) Odinschwank; Thrymskvida.
[2]) Vgl. Ztsch. f. d. Phil. 37, 323.
[3]) Merseburger Spruch; Háv.
[4]) Grim. Str. 18.
[5]) Reg. Str. 6.
[6]) Einleitung zu Lok.
[7]) Vol. Str. 62; anderes von märchenhaftem Charakter v. d. L e y e n S. 56 f.
[8]) Vgl. G o l t h e r S. 192 f., M e y e r S. 283 f., M o g k S. 312 f., C h a n t e p r i e S. 282 f., W. M ü l l e r s. o. Vgl. z. B. für die vedischen Götter M a c d o n e l l S. 15.
[9]) Verhältnis zu den Naturgeistern M e y e r S. 283.
[10]) Dagegen können die Olympier den Sieg über die Giganten nur mit Hilfe zweier von sterblichen Müttern geborenen Helden, Dionysos und Herakles, gewinnen; P r e l l e r 1, 73.

## Viertes Kapitel.

Gott kämpfend entgegenzutreten: *fas est belligerum bello prosternere divum* [1]).

Es gibt kein indogermanisches W o r t [2]) für »Gott« [3]); doch bringt Brugmann gotisch *guth*, althochdeutsch *god*, altnordisch *gud* mit θεός *deus* zusammen [4]). Andere stellen die germanische Benennung wohl besser zu sanskritisch *ghû anrufen* oder der Wurzel *hu opfern*. Die Götter als die, die man anruft — das wäre wohl die beste Bezeichnung, weil nur sie von Staatswegen angerufen werden: opfern kann jeder einzelne jedem Geist. — Das Wort hat ein sekundäres »motiviertes« Femininum, »Göttin«, von alter Zeit her neben sich.

Spezifisch germanisch ist sicher das vielumstrittene Wort Sing. *áss*, Plur. *aesir*, angelsächsisch Plur. *ése*, als gemeingermanisch aber auch durch Eigennamen mit *Ans-* hochdeutsch (Ansgar), *Os-* niederdeutsch (Oskar), *As-* altnordisch bezeugt. Es bezeichnet jedenfalls eine spezielle Kategorie von Göttern, die von den gleichfalls göttlichen Wanen (altnordisch *vanir* zu altsächsisch *wanamî, Tageshelle?*; jedenfalls bedeutet der Name »die Hellen«, »die Glänzenden«) [5]) scharf geschieden werden. Wir haben zwar die Nachricht, daß die Goten ihren Adel auf die »Halbgötter, die sie Asen nennen« (*semideos id est ansis,* Jordanis) [6]) zurückführen, aber diese Benennung ist wohl euhemeristisch zu verstehen: alle alten Hauptgötter gehören zu den Asen. Man stellt das Wort zu sanskritisch *ásu*, altpersisch *anhu*, »Lebensgeist« bez. »*Herr*« [7]), zu gotisch *ansts*, »Gnade«: »die Gnädigen«, oder auch zu gotisch *ans, Balken, Tragbalken* — sei es, daß dabei an ein wirkliches Tragen des Himmelsgewölbes [8]) zu denken wäre oder an den Tragbalken des Tempels. Aber die Asen tragen den Himmel nicht, und das Wort ist wohl älter als die festen Tempelbauten (und überdies waren die Götterbilder nicht an den Tragbalken angebracht).

Andere Bezeichnungen sind *tívar, die Glänzenden; regin, rögn, die Berater* (der Senat der Welt), *bönd, hapt, Fesseln* — was etwa das bedeuten soll, »was die Welt im Innersten zusammenhält«, und somit der metaphorischen Bedeutung von *ans* bedenklich nahe käme [9]). Vielleicht beziehen sich diese Skaldenausdrücke auch auf das Fesseln im

---

[1]) Saxo her. Holder 66, 23; vgl. meine Altgerm. Poesie S. 457.
[2]) Golther S. 195, Meyer S. 285; vgl. Mogk S. 312 f.
[3]) Vgl. o. S. 51 f.; Mogk a. a. O.
[4]) Vgl. auch Hench, PBB. 21, 562.
[5]) Vgl. Golther S. 220 Anm.
[6]) Vgl. ebd. S. 194; auch S. 93 Anm.
[7]) Mogk S. 313.
[8]) Wie bei Atlas, Preller 1, 561.
[9]) Vgl. Mogk S. 312—13, Meyer S. 285, Golther S. 194 f.

## § 16. Die Götter.

heiligen Hain[1]). Daneben herrschen allerlei Ausdrücke, die von ihrer Schicksalsmacht entlehnt sind wie *metod* u. dgl.[2]).

Die Gestalt[3]) ist ausgesprochen menschlich; kraftvoll, doch ohne riesische Formlosigkeit[4]). Dennoch stehen sie den Riesen und Dämonen nicht in göttlicher Schönheit gegenüber wie auf dem Fries von Pergamon; vielmehr ist ihre Gestalt öfters entstellt: »Wodan hat nur ein Auge, Ziu eine Hand, Donar zeichnet sich durch eine Schädelverletzung aus[5]), die Bewährung von Tapferkeit und Hingabe wird stärker gewertet als die Vollkommenheit der Erscheinung[6]), das Ethische höher als das Ästhetische[7]). Übrigens sind sie in Typen abgestuft, freilich nicht zu einer so vollkommen abgerundeten Tonfolge wie die Olympier[8]). Aber von dem trotzigen Bauernhelden Thor führt doch über den strengen Heerkönig Odin zu dem schönen Jüngling Frey und dem strahlenden Liebling Balder eine Stufenreihe auch des ästhetischen Empfindens; und zwar ist sie wie in aller Mythologie bei den Göttern stärker nüanciert als bei den Göttinnen — bei denen selbst in Hellas das Urteil des Paris die Schwierigkeit der ästhetischen Wertbemessung zeigt[9]).

Die Götter besitzen die Fähigkeit der Verwandlung; besonders treten sie in menschlichen Rollen auf: Odin als Kämpfer, Bettler, Ferge. Der eigentliche Verwandlungskünstler ist aber Loki. Diese Kunst wird humoristisch ausgebeutet in dem alten Mythus der Hamarsheimt. — Besonders Loki nimmt gern auch Tiergestalt an, mehr in märchenhaft freier Erfindung als in dämonistischer oder animistischer Symbolik. Häufiger aber tritt die Tiergestalt komitativ auf: begleitende Tiere werden zu Attributen (Odins Raben, Thors Ziegenbock, Freys Eber usw.), doch sind sie zuweilen auch von anderen Göttern begleitet[10]). Noch wichtiger aber als Attribute sind die belebten Gegenstände, die oft an ihre (fetischistische) Urgestalt er-

---

[1]) Tac. Germ. cap. 39; vgl. u.
[2]) Siehe o. S. 54.
[3]) Meyer S. 285, Golther S. 196.
[4]) Keine Mehrhäuptigkeit und Mehrarmigkeit (Meyer S. 283), wie sie doch bei indischen Gottheiten die Regel ist; hat sich doch selbst bei den Hellenen »das Wesen, an dem wir die Breite der Gottheit lesen« in seiner Vielbrüstigkeit erhalten.
[5]) Negelein S. 16.
[6]) Übrigens soll es auch einen Zeus ohne Ohren gegeben haben: Preller 1, 155.
[7]) Es sind typische Verluste in der heroischen Sage; vgl. Heinzel, Über die Walthersage, Wiener Sitzgs.-Ber. 1888, S. 86. Asmond lähmt Haddings Bein, Saxo S. 27 Herrmann S. 331.
[8]) Goethes elfte Römische Elegie.
[9]) Vgl. allgemein Golther S. 197.
[10]) Meyer S. 286.

innern: der Hammer Thors, Odins Speer, die Äpfel der (jüngeren) Idun. **Die Götter als die höchsten Erscheinungen der mythologischen Welt haben in der Regel auch die längste Vorgeschichte;** daher darf man sich nicht wundern, bei ihnen zuweilen Atavismen zu treffen, die in fernere Epochen zurückführen, als bei niedriger stehenden Geistern vorkommt. — Zuweilen dienen die Attribute auch einem theologischen Zweck: ein Teil der göttlichen Kraft ist in ihnen deponiert, Odins Schnelligkeit in seinem (ungestalten, achtbeinigen) Roß Sleipnir, Thors Stärke in seinem Gürtel und Handschuh, auch Odins Weisheit zum Teil in Mimirs Haupt[1]).

Was die **Erscheinungsform**[2]) der Götter betrifft, so gehen sie unter den Menschen zuweilen »inkognito« um, besonders Odin, auch Heimdall-Rig. Zumeist aber erscheinen sie »offiziell«; ein solches Offenbarwerden bezeichnen wir als »Epiphanie« des Gottes. Sie reiten oder gehen, nur Thor fährt. Ein besonderer Glanz geht von ihnen nicht (wie oft von griechischen oder indischen Gottheiten) aus; dagegen machen sie sich akustisch bemerkbar, und die Erde erdröhnt von ihrem Ritt oder ihrer Fahrt. Niemals, außer im letzten Kampf, treten sie in größeren Gruppen auf, selten (wie in der Thrymskvida) zu zweit; nur über die Brücke Bifröst reitet Odin mit großem — aber nicht göttlichem — Gefolge in die Totenhalle. Sie können wie alle Geister auf Anruf erscheinen oder aus eigenem Willen. Wenn sie verkleidet erscheinen, verschwinden sie plötzlich, ohne die von Lessing im Laokoon erörterten Hilfsmittel des Nebels usw. Wie Golther bemerkt, scheint es dafür einen gemeingermanischen Terminus gegeben zu haben: *hverfa* altnordisch, *eine kreisförmige Bewegung machen, sich wenden.*

Ihr **Leben** ist verschieden: nur zum Teil sind sie von vornherein da, zum Teil werden sie geboren (wie Zeus und viele Gottheiten). Aber sie wachsen nach der Geburt schnell und überspringen das Knaben- und Mädchenalter; sobald sie die $\dot{\alpha}\varkappa\mu\dot{\eta}$ erreicht haben, bleiben sie in ihr stehen. Sie schlafen — so Thor auf seinen Fahrten —: daß Heimdall fast keinen Schlaf braucht, wird besonders hervorgehoben. Sie leiden unter wechselnden Stimmungen, Zorn (Thor), Liebe (Frey), auch Furcht (Thor in Utgard) und Besorgnis (die Asen bei den Anzeichen des Weltgerichts); eigentliche Krankheiten aber schreibt ihnen wohl erst die Zeit des Snorri zu[3]). Sie brauchen Nahrung, und zwar dieselbe wie die Menschen: Thor verzehrt[4]) nicht Ambrosia, sondern einen Ochsen und acht Lachse nnd trinkt nicht

---

[1]) Vgl. Meyer a. a. O.
[2]) Golther S. 198.
[3]) Vgl. allgemein J. Grimm, Mythologie 1, 275.
[4]) Thrymskv. Str. 24.

§ 16. Die Götter. 175

Nektar, sondern drei Tonnen Met; und bei Ägirs Gastmahl trägt das Bier sich selbst auf. Heimdall trinkt in Behagen vergnüglich den guten Met¹). Auch die Einherier freuen sich an dem würzigen Speck des unsterblichen Ebers²). Hier aber wird für Odin eine Ausnahme gemacht: »doch von Wein allein lebt der waffengeschmückte Odin alle Zeit«³) — was schon unseren Strachwitz belustigte:

> Ihm dient zu Speis' und Tranke
> Der flüssige Rubin —
> Das war kein schlechter Gedanke,
> Du alter Herr Odin!

In der Tat ist das wohl ein jüngerer Zug, ersonnen, als eine theologisch angefärbte Epoche die Majestät des Obergottes glaubte erhöhen zu müssen; denn in dem wunderbaren Liede von der Runenfindung⁴) klagt der Gott, man habe ihm weder ein Horn zum Trinken noch Brot zum Essen gereicht⁵). Und es wird ihm ja sogar⁶) nacherzählt, er habe sich betrunken — wie Indra⁷) — und doch wohl in Bier⁸). Wohl scheinen diese Schwänke jünger, aber wenn Odin nur Wein tränke, hätten sie auf ihn so wenig erfunden werden können wie auf Johannes Baptista — es sei denn von einem ungeschickten Aufschneider wie in dem Heriger-Schwank⁹). — Wenn das Hárbardslied¹⁰) in burlesker Spottlust Thor Hafergrütze und Hering essen läßt, ist das natürlich kein ernstes Zeugnis.

Indra ist vom Opfertrank berauscht, und auch die hellenischen Götter sprechen gern von der Opfernahrung; bei den altgermanischen Göttern ist davon nicht die Rede.

Ihr Leben dauert viel länger als das der Menschen, ist aber nicht unbegrenzt; die Verjüngungsäpfel der Idun und den — problematischen — Verjüngungstrank Odrerir¹¹) halten wir für ganz junge Erfindungen. Denn auch die Götter stehen unter dem Spruch der Nornen und müssen einmal vergehen.

[1] Grim. Str. 13.
[2] Grim. Str. 18; vgl. Gering S. 329.
[3] Grim. Str. 19.
[4] Háv. Str. 138f.
[5] Dies bleibt doch wohl die natürlichste Auffassung, trotz Heinzel-Detter Edda 2, 141; der Einwand: »was bedarf ein Gehängter Speise und Trank?« wird ja schon durch die Passionsgeschichte beantwortet. — Nur bildlich heißt es Völ. Str. 38, Odin trinke Met aus Mimirs Quelle.
[6] Háv. Str. 14.
[7] Rigveda 20, 119: Geldner-Kaegi, 70 Lieder des Rigveda, S. 81.
[8] Háv. Str. 11.
[9] Müllenhoff und Scherer Denkmäler N. XXV.
[10] Str. 13.
[11] Vgl. Golther S. 197.

**Wohnung** haben sie im Himmel oder auf Bergen. Zunächst besitzen sie auch ein gemeinschaftliches Heim, Asgard, das inmitten der Erde steht wie der Olympos[1]; vielleicht dachte man es sich im Norden, wohin die Nordleute bei Gebet und Opfer schauten[2]) wie die Mohamedaner gen Mekka. — Jünger scheint die Verteilung auf »Heime« — das »heilige Land« der Götter wird[3]) »eine weite mit Burgen besetzte Landschaft von durchaus nicht isländischem oder norwegischen, sondern altirischen Stil«. Diese Götterstadt setzt bereits die Zwölfzahl der Hauptgötter voraus und kann schon deshalb erst in die Periode der Systematisierung fallen, was das höhere Alter eines oder des anderen »Heims« nicht ausschließt. So hat Heimdall, der Wächter der Götter, wohl früh sein eigenes Heim gehabt; für Thor wird es wenigstens durch die Alvíssmál vorausgesetzt. Die Heime sind nach dem Muster von Tempeln der betreffenden Götter stilisiert[4]). — Das Luginsland der Götter, Hlidskjálf, wird als allgemein zugänglich gedacht[5]), es ist wohl als ein Berg in Asgard vorzustellen[6]). Eine Übersicht der Heime gehört an andere Stelle[7]).

Die **Zahl** ist zunächst unbestimmt[8]), bis sich allmählich (wohl sicher nach antikem Vorbild) die Zwölfzahl durchsetzt[9]). Nach den Grímnismál sind es neun Götter und drei Göttinnen: Thor, Ullr, Frey, Odin, Balder, Heimdall, Forseti, Njörd, Widar — Sága, Freyja, Skadi, »wobei namentlich die Abwesenheit Tyrs und Friggs auffällt, wenn diese nicht in der Sága verborgen ist«[10]). Alt dagegen scheint (wie bei den Hellenen: Zeus, Athena, Apollon bei Homer[11]) die Dreizahl der »Schwurgötter«: Thor, Odin, Frey[12]), wie denn auch sonst (wie überall) Triaden begegnen.

Ebenso schwankt die Rangordnung[13]): Tyr ist vom Hochsitz verdrängt, Odin und Thor kämpfen um den Vorrang. — **Rangzeichen der Hauptgötter** ist Macht über die anderen; doch hat in der parti-

---

[1]) Golther S. 200.
[2]) Meyer S. 292.
[3]) Ebd.
[4]) Ztsch. f. d. Phil. 38, 174.
[5]) Einl. zu Grím, zu Skirn.
[6]) Vgl. Gylf. cap. 19; bei Gering S. 304.
[7]) Siehe u. § 27.
[8]) Meyer S. 289, Golther S. 199.
[9]) Siehe u. § 33.
[10]) Meyer S. 291. Das olympische System umfaßt sechs Götterpaare (Preller 1, 119); auch bei den Indern kommt die Zwölfzahl als Durchgang von sechs zur Vielheit vor (Meyer S. 291).
[11]) Preller a. a. O.
[12]) Meyer S. 290.
[11]) Golther S. 199.

## § 16. Die Götter.

kularistischen Anschauung der Germanen Odin entfernt nicht die Übermacht des Zeus und würde keinen Hephaistos aus dem Olymp entfernen können — von der goldenen Kette gar nicht erst zu reden. Entsprechend ist das **Rangzeichen der niederen Götter** ihr dienendes Verhältnis zu anderen: »Skirnir ist Freyrs Schutzknecht, Fulla der Frigg Kammermagd«[1]). Oft sind das aber nur frühere Gestalten der Hauptgötter.

Die **Gemütsart** der Götter wird von Meyer[2]) und Golther[3]) gut charakterisiert. Es sind freundliche Aristokraten, weise, aber nicht überweise; in ihren Gemütsäußerungen durchaus menschlich: Thor lacht und zürnt und hat Gesten des Unwillens wie die irischen Helden[4]); Frey sehnt sich[5]) wie ein verliebter Jüngling; Odin und Frigg zanken und intrigieren gegeneinander[6]). Überhaupt sind die im Himmel geschlossenen Ehen bei den Germanen so oft unglücklich wie bei den Hellenen (Zeus und Hera, Aphrodite und Hephaistos), was freilich bei der aus Staatsräson (wie am Ende der Kudrun- und sonst in der Heldendichtung) bewirkten Verbindung des Wanen Njörd mit der (finnischen?) Riesentochter Skadi[7]) nicht befremden kann. — Freundschaftsverhältnisse mit Menschen bringen es nicht (wie bei Apollon und Admet) zu hohen Jahren[8]).

Das **Verhältnis der Menschen zu den Göttern** darf man sich nicht zu romantisch vorstellen. Praktische Rücksichten und offizielles Pflichtgefühl haben gewiß hier schon ihren Anteil an Kult und Gebet. Enthusiasmus scheinen nur Odin und Thor, vereinzelt auch persönliche Patrone wie die Thorgerd erweckt zu haben. Dagegen ist ein gemütlich-despektierliches Verhältnis wie in den Scherzlegenden des Mittelalters, wo St. Petrus den Thor beerbt, nicht selten; mögen auch Hýmiskvida, Hárbardsljód, Lokasenna verhältnismäßig jung sein — sie waren doch wohl schon in heidnischer Zeit möglich (was von der Geschichte von Utgard schwerlich gilt). In der Thrymskvida (und auch den Alvíssmál) mischt sich diese heitere Vertraulichkeit echtgermanisch mit schöner Freude an der hohen Göttergestalt, etwa wie bei den Anekdoten von Friedrich dem Großen[9]).

[1]) Golther S. 199.
[2]) S. 287.
[3]) S. 197.
[4]) Olrik, Nordisches Leben, S. 81. 139.
[5]) Skirn.
[6]) Sage vom Ursprung des Langobardennamens; Grim.
[7]) Gylfag. cap. 23; bes. Gering S. 317.
[8]) Vgl. Grimnismál; Völsungensage.
[9]) Vgl. meine »Deutsche Charaktere« S. 25 f..

## Viertes Kapitel.

### § 17. Hauptgötter.

Wir versuchen die Hauptgötter in historischer Folge vorzuführen [1]). Von den **Indogermanen** stammt der Himmelsgott *Tiwaz; anderen germanischen Göttern kann indogermanischer Ursprung nur insofern zugeschrieben werden, als sie aus Fetischen oder Geistern der ältesten Periode hervorgegangen sein können.

Sicher **gemeingermanisch** sind außer Tiwaz-Tyr noch Wodan, Thonar, Frigg; wahrscheinlich ist es auch Balder, für den jedoch auch rein nordischer Ursprung behauptet wird.

Nur einem Teil der Germanen außerhalb des Nordens scheinen die Wanen gehört zu haben, die dann nach Skandinavien kommen.

Endlich spezifisch westgermanisch sind die (vermutlich vom römischen Kult beeinflußten) Gottheiten der Grenzgebiete (besonders die »Matronen«); spezifisch nordisch eine ganze Reihe von Gottheiten der Edda, die zum Teil sogar auf noch engere Gebiete beschränkt scheinen.

Es versteht sich, daß diese Angaben »nur bis auf Widerruf« giltig sind: so könnte eines Tags etwa Frey oder Heimdall auf westgermanischem Boden nachgewiesen werden. Doch scheint dies bei einigen Gottheiten fast undenkbar; besonders bei den von finnischem Einfluß nicht freien wie Skádi.

### Tyr [2]).

Urgermanisch *Tiuz. Fest steht zweierlei: der germanische *Tiuz ist identisch mit dem indischen Djaus, griechischen Ζεύς, lateinischen Ju-piter. Allerdings ist auch dies angefochten worden: Bremer [3]) setzt als germanische Urform *Tiwaz = lateinisch *divus,* indisch *déva* »Gott«, was Koegel [4]) mit gutem Grunde zurückweist [5]). Dies ist der indogermanische Gott des Himmels, vor allem des hellen Tageshimmels. Ferner steht fest daß bei den Germanen der entsprechende Gott zum Kriegsgott (altnordisch Týr) geworden ist. Schon Tacitus hat [6]) die Dreiheit Mercurius, Mars, Herkules, die kaum anders als auf Wodan, Tyr, Thor gedeutet werden kann. Hierzu stimmen auch alle Zeugnisse aufs beste; so auch besonders, daß der *dies Martis* (französisch *Mardi*) von den Germanen dem Tiu, althochdeutsch Zio, geweiht wurde: *Ziestag,* später Dienstag [7]).

---

[1]) Vgl. Mogk S. 312 u. s. u. Kap. VII.
[2]) Hoffory, Eddastudien, S. 144 f.; Golther S. 200 f.; Meyer S. 338 f.; Mogk S. 313 f.; R. Much, Der germ. Himmelsgott: Abhandlungen zur Germ. Phil., Halle 1898, S. 189 f.
[2]) Idg. Forsch. 3, 301 f.
[3]) Gesch. d. d. Lit. I, 14.
[4]) Ebs. Meyer a. a. O.; Much S. 190; vgl. Golther S. 200 Anm.
[5]) Germ. cap. 9.
[6]) Vgl. Deutsches Wörterbuch 2, 1119, Andresen, Ztsch. f. d. Alt. 30, 415, Golther a. a. O.

## § 17. Hauptgötter.

Wie vollzog sich diese keineswegs ohne weiteres verständliche Veränderung? Es ist damit nicht getan, daß man auf den besonders kriegerischen Sinn der Germanen hinweist. Denn davon abgesehen, daß die Römer und die Perser eben auch keine Friedensvölker waren, erscheint doch als die einfachste Art, solchen Sinn mythologisch zu betätigen, die, daß man den Kriegsgott zum Hauptgott macht (wie es Mars in gewissem Sinne in Rom war [1]). Weshalb aber dem Himmelsgott diese Funktion geben? Und entspricht es wirklich dem »besonders kriegerischen Sinn« der alten Germanen, daß dieser Gott dann vielfach (nicht überall, z. B. nicht bei den Sueben) hinter einem anderen zurücktritt?

Konstruktionen sind natürlich überall möglich, wenn man Göttergestalten so gewaltsam etymologisieren darf, wie ihre Namen es gewohnt sind [2]). Versuchen wir statt dessen die historische Entwicklung zu lesen und zu deuten.

Der indogermanische Himmelsgott ist überall zugleich Gewittergott, gekennzeichnet mit dem Attribut des Blitzes oder Donnerkeils, der als Versteinerung des Blitzes gilt [3]). Was ist also genau genommen seine Funktion? Wie kommt es, daß er sich überall zum »Vater« und weisen Hauptgott ausgebildet hat? Ich muß gestehen, daß ich an einen primären Himmelsgott (wie man ihn allgemein vorauszusetzen scheint) nicht zu glauben vermag. Der »Himmel« bewegt sich nicht, oder doch nicht für einfache Wahrnehmung; er kommt mit den Menschen nicht in Berührung; er ist dem naiven Menschen durchaus uninteressant. Aber aus ihm heraus wirken göttliche Wesen, die den Menschen sehr nahe angehen: Wolkengeister, Gewitterdämonen, vielleicht auch Herren der wichtigeren Gestirne Wie aus den Wald- oder Wassergeistern, so bildet sich (glaube ich) auch hier ein »König«, ein »Vater« (was, wie schon bemerkt, weniger ein moralisch-sentimentaler Ausdruck ist als ein rein genealogischer: er trägt die anderen in seinem Schoß) — und dieser Herrscher über den Himmel ist Zeus, der Strahlende.

Man wird einwenden, erstens sei das ja selbst »Konstruktion«, und zweitens käme es etwa auf die übliche Meinung heraus. Das letztere ist schließlich richtig: schon für die proethnische Periode der Indogermanen war dieser Gott der »Himmelsgott«; nur glaube ich, daß er das nicht von vornherein war, sondern erst wurde: daß auch er animistischen Ursprungs ist. — Und soweit das Konstruktion ist, stellt es sich wenigstens in eine Reihe gut bezeugter Analogien. Im übrigen leugne ich das

---

[1]) Vgl. Wissowa S. 129 f.
[2]) Vgl. meinen Aufsatz »Die Deutung von Göttergestalten«, Internat. Wochenschrift 3, 1581 f.
[3]) Vgl. Andree, Ethnograph. Parallelen 2, 30 f.

## Viertes Kapitel.

Hypothetische meiner Annahme nicht, die auch für das Folgende nicht absolut nötig ist.

Der »Himmelsgott« steigt zur Erde herab im Blitz (Zeus Keraunos)[1]). Seine Spur ist der Donnerkeil, der deshalb heilig ist: in der uralten römischen Kapelle des Juppiter feretrius steht der heilige Feuerstein *(silex)* als Abbild des Donnerkeils (weil er Feuer in sich hegt wie der Blitz) in göttlicher Verehrung: daher Juppiter Lapis[2]). Auch bei den Griechen wird der Blitz selbständig verehrt als »das stärkste göttliche Wesen neben Zeus«[3]). Zeus, der Gewittergott, ist also selbst nichts anderes als die Kollektivierung der einzelnen Blitz-Gelegenheitsgötter. Wir fassen demnach den indogermanischen Zeus-Jupiter-Tiu als den himmlischen (strahlenden) Herrn über die Himmelsgeister auf — womit seine Weiterentwicklung ganz anders verständlich wird, als wenn er ein Naturgeist wäre.

Urgermanisch steht er in höchster Verehrung nach Tacitus. Undenkbar wäre es nicht, daß er auch mit *Sol* bei Caesar[4]) gemeint wäre: Sol als Herr des hellen Tageshimmels, Luna als Herrin des dunklen Nachthimmels[5]) und zu ihnen vermittelnd der Feuergott. (Man könnte aber auch in Vulcanus den Thor — um des Hammers willen — sehen.). Aber Tyr genießt diese Verehrung bei uns von Anfang an — als Kriegsgott. Wie die Römer umschreiben ihn die Germanen auf ihren Opfersteinen[6]): *Mars Halamardus,* dem ein germanischer Centurio der 29. Legion unter Claudius einen Stein widmet, ist[7]) »der männerfällende Tiwaz«; auf römischen Votivsteinen im germanischen Gebiet steht er fast durchaus an erster Stelle[8]), aber nur als Mars. Als Mars beweist ihn jene Benennung des *Dienstag*[9]) oder *Ziestag,* bayrisch *Ertag* (zu *Er, Ear* sächsisch-bayrisch = *arya, »zugetan«?*)[10]). Noch im späten Mittelalter übersetzt ein Isländer *in templo Martis* mit *i Tys hofi,* im Tempel des Tyr[11]). Es. ist also nicht daran zu zweifeln, daß Tyr Kriegsgott war, ausschließlich Kriegsgott: nichts deutet mehr auf seine Funktion als Himmelsgott (es sei denn etwa jene *interpretatio Romana* Caesars als *Sol,* die ich nicht für wahrscheinlich halte).

Aber auch das steht fest, daß bei den Germanen der ältesten Zeit Tyr noch der Hauptgott war: *praecipuus deorum Mars*[12]); bei den

[1]) Vgl. Usener, Keraunos, Rheinisches Museum LX, S. 9.
[2]) Wissowa S. 103.
[3]) Vgl. Usener S. 2.    [4]) B. Gall. 6, 2.
[5]) Vgl. die Anrufung Sgdr. Str. 3.
[6]) Mogk S. 317.
[7]) v. Grienberger, Ztsch. f. d. Alt. 37, 389.
[8]) Zangemeister, Neue Heideb. Jbb. 5, 46 f.; Meyer S. 343.
[9]) Meyer S. 339, Golther S. 206, bes. S. 201 Anm.
[10]) Mogk S. 316.    [11]) Mogk S. 314.
[12]) Tac. Ann. 4, 64.

## § 17. Hauptgötter.

Skandinaviern war ebenso [1]) Ἄρης θεὸς μέγιστος [2]). Noch in einem Liede zur Erinnerung an die Schlacht bei Flodden (1513) soll ein Lied mit dem Kehrreim »Tyr habe uns, Tyr und Odin!« gesungen worden sein, so daß er noch hier durch Stellung und Doppelnennung vor Odin rangieren würde [3]); dies Zeugnis ist freilich schon deshalb bedenklich, weil es von dem Phantasten Stephens stammt. Wir haben also nun drei Stufen festgestellt: 1. Tyr Haupt- und Himmelsgott; 2. Tyr Haupt- und Kriegsgott; 3. Tyr Neben- und Kriegsgott [4]). Ich gehe von der letzten Tatsache aus: von der Entthronung Tyrs durch Odin. Wir haben für sie eine Parallele an der Verdrängung Thors aus dem Hochsitz durch Odin, die zu eigentlichen (vielleicht unblutigen?) Religionskämpfen geführt hat [5]). An einen solchen Kampf zwischen Tyr- und Odinverehrern muß man denken; und tut man das, so erhalten zwei Volksnamen neue Bedeutung. Zwar daß die Benennung der *Suápa* als *Ziuleute* alt ist, wird [6]) mit beachtenswerten Gründen angezweifelt; aber es wird durch ein Gegenstück gestützt: durch die Benennung der Sachsen. Daß diese von ihren Dolchschwertern benannt sind, steht fest und ward noch lange gefühlt, so daß sich Sagen daraus bildeten [7]). Fest steht aber auch der Zusammenhang dieses Volksnamens mit dem des Gottes *Saxnôt* und weiter dessen Identität mit Tyr [8]). Nur ist die Art des Zusammenhangs fraglich: nennt sich das Volk nach dem Schwert des Gottes [9]) oder heißt er nach seinem Volk [10])? Ich glaube: beides fällt zusammen. Nach einem heiligen Schwert, wie es uns mehrfach bezeugt ist [11]), hieß der Gott »Schwertgenoß«; nach diesem Fetisch, der gleichsam der Abgott ihrer Stammwaffe war, nannte sich das Volk: die Genossen des heiligen Schwertes. Man wählt in dieser Zeit keine Namen nach interessanten folkloristischen Eigenarten, und um zum Spitznamen zu dienen (wie die Hosen der *Gallia braccata*) war die Waffe zu ernst. Es ist ein Heiligtum wie das kreuztragende Schwert der mittelalterlichen Schwertbrüder. *Ziuwâri* und *Saxones* sind Völker, die zu Tyr gegen Odin stehen.

[1]) Nach Procop.   [2]) M o g k S. 314.
[3]) G o l t h e r S. 214.
[4]) Solche Verschiebungen sind nichts Außergewöhnliches. Dyaus scheint auch bei den Indern durch Indra verdrängt (M a c d o n e l l S. 66) oder dieser hat Varuna beiseite geschoben (S. 65).
[5]) Hárb.; vgl. u.
[6]) G o l t h e r S. 205; vgl. M o g k S. 314.
[7]) M u c h, Ztsch. f. d. Wortforschung 1, 326.
[8]) Vgl. z. B. G o l t h e r S. 213.
[9]) M o g k S. 317; vgl. M e y e r S. 344.
[10]) G o l t h e r S. 214.
[11]) M o g k S. 317; vgl. o. S. 72.

Gegen Odin? Allerdings; denn auch nach seiner heiligen Waffe nennt sich ein Volk: die Langobarden, das Volk der Streitaxt. *Barden*, nicht *Langobarden* ist der echte alte Name[1]), und von der althochdeutschen *barta*, der Hellebarde, ist er abzuleiten[2]). Die Sage von den »Langen Bärten« also ist erst aus dem späteren Namen herausgesponnen — gerade wie jene Legende von den verräterischen Dolchen der Sachsen[3]); und konnte man diese alte Anekdote[4]) je für etwas anderes halten als für eine etymologische Legende[5])?

Damals, als Sachsen und Langobarden Nachbarn waren, vor dem 5. Jahrhundert, da muß zwischen ihnen der religiöse Gegensatz bestanden haben, der sie veranlaßte, sich nach ihren Göttern zu nennen: hie Schwertdiener — hie Lanzknechte! ein Bekenntnis, das in dem Namen der Ziuwâri ein Echo fand. Odin erhob sich gegen Tyrs Vorherrschaft, das tatkräftige junge Langobardenvolk leistete ihm Gefolgschaft. Denn — er hatte ihm eine neue, furchtbare Waffe geschenkt[6]). Schon die alten Germanen besaßen einen Spieß, die »*framea*«: zu *fram*, *vorwärts;* der Name soll einen Spieß mit kurzem und schmalem, aber sehr scharfem Eisen bezeichnet haben, der zum Nah- und Fernkampf tauglich war. Wie sich davon der »*ger*« unterscheidet, ist unbekannt; das Wort ist auch gallisch, *gaesum*, also vielleicht von dort entlehnt«[7]). Dies ist die Auffassung auch von Schrader[8]), der aber gleichzeitig das Wesen des Gers erklärt: es ist der eiserne Speer, der von den Kelten kommt.

[1]) Bremer in Pauls Grundriß 1, 949.
[2]) Vgl. z. B. C. Meyer, Sprache der Langobarden, S. 294; anders Bruckner, Sprache der Langobarden, S. 276.
[3]) Much a. a. O.   [4]) z. B. bei Golther S. 299.
[5]) So Müllenhoff, D. A. 4, 462, gegen J. Grimm, Myth. S. 112.
[6]) An sich, als Jagdspeer, leichte Lanze, ist die Waffe ja schon uralt, wie die ältesten Felszeichnungen zeigen. — Ob nicht auch bei Apollon seine Fernwaffe, der Pfeil, eine ähnliche Bedeutung hat? Pfeil und Bogen sind (neben der Phorminx) seine gewöhnlichen Symbole (Preller 1, 289), und schon an dem ungeformten Fetischpfeiler sind Bogen und Lanze angebracht (S. 244). Er verjagt, als Lykios, den Wolf von der Herde (S. 253), der dann auch sein heiliges Tier wird (S. 292); oder ward er es, wie bei Odin, als der Waffengott Todesgott geworden war? (S. 274). Mit den Pfeilen, den ersten, die der Neugeborene erhält (S. 237), erlegt er den Drachen (S. 239) — gewiß eine bedeutungsvolle Sage! Die Deutung auf den Lichtgott (S. 230) könnte sekundär sein (»Strahlen« — »Pfeile« noch mittelhochdeutsch), und denkt man an die berühmten Verse, wie die Pfeile von des Zürnenden Schulter abschwirrten, so möchte man fast die Vermutung wagen, auch die Leier des Gottes sei ursprünglich nur der Bogen mit aufgesetztem Pfeil gewesen; ist doch so nach der Annahme der Ethnologen das Saiteninstrument überhaupt entstanden (vgl. z. B. Stumpf, Internat. Wochenschrift 3, 1607).
[7]) H. Fischer, Deutsche Altertumskunde, S. 124.
[8]) Reallexikon 2, 787.

## § 17. Hauptgötter.

Dies ist eine typische Erscheinung. Die Verbesserung der Wurfwaffen hat für die alte Kriegskunst die Bedeutung wie die der Kanonen für die moderne. Kaum ist das Eisen eingeführt, so werden schleunigst die alten Bronzeformen in Eisen nachgeahmt [1]). Neben die spezifisch germanische *framea* [2]) stellt sich das keltische *gaesum*. In der Zeit der Merowinger und Karolinger verdrängt der Spieß die alte Framea völlig [3]), »ohne Zweifel, weil die alte dürftige Waffe . . . allmählich durch eine bessere von vollkommenerer Technik verdrängt wurde« [4]). Denn die Wurfwaffe entscheidet den Krieg [5]). Die älteste Waffe aber, mit der man hauen und werfen konnte, war die Streitaxt, die Barte [6]); später erst (als »Hellebarte«) ward sie durch einen langen Stil zur reinen Stoßwaffe umgestaltet.

Nun ist Odin so unzweifelhaft der Gott des Speers wie Tyr der des Schwertes. Tyrs Rune ↑ *tir* ist gewiß anfänglich das Zeichen des Schwertes, später erst als Pfeil gedeutet; denn das Schwert ist sein Symbol [7]), nicht der Pfeil. Odins Opfer wird mit der Lanze durchbohrt; den Schaft schleudert er, um den Krieg zu eröffnen [8]). Ist es zuviel vermutet, wenn man sagt: der Sieg Odins über Tyr ward durch den Sieg der Lanze über das Schwert entschieden? Die ritterlichen Sachsen mochten sich als Schwertgenossen trotzig zusammentun wie die Polen vom vierten Regiment —

> In Warschau schwuren Tausend auf den Knien;
> Kein Schuß im heil'gen Kampfe sei getan,
> Tambour schlag an! zum Blachfeld laß uns ziehn,
> Wir greifen nur mit Bajonetten an! —

die Lanzentaktik der Langobarden war mächtiger. Ihnen hatte der Sturmgott die Waffe des Fernkampfes beschert, die sie (vermuten wir) erst einfach weiter als »Streitaxt« bezeichneten, wie sie ältere Form nachbildete; dann als »lange Streitaxt« — »Eisen am Spaten« möchte Schrader [9]) die *framea* übersetzen. Und nun hießen die Barden Langobarden . . .

Odin als Herr der *framea*, der Sturmgott, hatte über Tyr als Herr des *sahs*, den Gott des hellen Himmels, gesiegt, weil Tyr sich nicht des

---

[1]) K. Forrer, Urgeschichte des Europäers, Stuttgart, o. J., S. 505.
[2]) Müllenhoff, S. Alt. 4, 623.
[3]) Alwin Schultz in Pauls Grundriß 1, 124.
[4]) Müllenhoff, D. Alt. 4, 629.
[5]) »Es scheint, daß jede Waffe, deren Gewicht und Form nur einigermaßen dazu einlud, auch bald als Wurfwaffe gebraucht und dann entsprechend umgestaltet worden ist«: Schurtz, Urgeschichte der Kultur, S. 337.
[6]) D. Wb. 1, 1144.
[7]) Mogk S. 317.
[8]) Vol. Str. 24; vgl. u.
[9]) a. a. O.

Wurfspeers zu bemächtigen wußte wie Mars[1]: sobald eine wahre Kriegskunst entwickelt ist, muß der Kriegsgott die Lanze führen wie Ares[2]. Tyr aber blieb beim Schwert; mit ihm verharrten primitive Völker beim Kult des Schwertes: die Hunnen Attilas, die Quaden[3]; und so unterlag er dem Wodan, wie die römischen und germanischen Götter bei der Mulvischen Brücke und bei Tolbiacum dem Christengott[4].

Mag aber selbst unsere artilleristische Hypothese sich nicht behaupten — die Grundzüge der Geschichte Tyrs glauben wir festgelegt zu haben. Der indogermanische Himmelsgott wird überall zum Gott auch des Blitzes; und der Gott des Blitzes wird überall zum Siegesgott, d. h. zum Entscheider der Schlacht, die immer noch von anderen Göttern (Ares unter Zeus! Athene neben Ares!) geleitet werden mag. Dem Siegesgott werden bei den Germanen die Schwertfetische geheiligt: das Schwert ist ein kurzes Dolchmesser, kann zwar geworfen werden[5], ist aber doch eine ausgesprochene Nahwaffe. Die Kerntruppe seiner Verehrer bilden die süddeutschen, herminonischen Völker; darunter die aus den Semnonen erwachsenen Schwaben[6]. — Aber am Unterrhein, wohl unter römischem Einfluß, kommt ein neuer Kriegsgott auf. Die Istväonen[7] verehren den Wodan am innigsten — einen alten Sturmdämon, der als solcher zum Schutzherrn des Fernkampfes, der neuen Lanzentaktik geworden war. Aber nun greift der religiöse Gegensatz über die Stammesgrenzen. Die Langobarden nennen sich nach der Barte und stehen zu Langbardr[8] wie die Sachsen zu Saxnôt, wenn auch freilich Langbardr[9] nur der »Langbart« sein kann. Jedenfalls der Kampf entscheidet gegen Tyr: Odin wird Hauptgott, Tyr ihm untergeordnet als Kriegsgott wie Ares dem Zeus.

Der altgermanische Tyr also ist ungeordneter Kriegsgott. Der **Hauptsitz seiner Verehrung** ist bei den Semnonen[10]; wenigstens nimmt

[1] Wissowa S. 131.
[2] S. 337.
[3] Ammian. Marcell. 17, 17; vgl. Mogk S. 317.
[4] Ist es doch dem alten Kriegsgott Thersites (vgl. z. B. Gercke. Deutsche Rundschau, Juni 1909, S. 358) bei den Hellenen noch ärger gegangen — er ward eine Spottfigur, ärger als Thor in dem Lied der Odinspropaganda (Hárb.). Sein Nachbar Achilleus (Usener, Stoff des Griechischen Epos, Wiener Sitzungsberichte 1897, S. 57) ist ihm verhängnisvoll geworden (vgl. ebd. S. 47) — nach Usener (S. 58) der Sommer gegenüber dem Winter, aber, wenn die Deutung aus dem Namen recht behält (zu $\vartheta\acute{\epsilon}\rho\sigma\sigma\varsigma$), vielleicht ebenfalls ein stärkerer Kriegsgott, der den schwächeren besiegte und verächtlich machte!
[5] Vgl. Müllenhoff, D. Alt. 4, 622.
[6] Ebd. S. 523.
[7] Vgl. z. B. Golther S. 296.
[8] Müllenhoff S. 462.
[9] Vgl. Myth. 1, 123; 2, 796.
[10] Tac. Germ. cap. 39; vgl. Meyer S. 341, Golther 202, 2.

## § 17. Hauptgötter.

man allgemein an, daß der *regnator omnium deus,* der hier in einem heiligen Hain der heutigen Mark Brandenburg verehrt wurde, Tiuz war. Wahrscheinlich mit Recht; schon weil die Semnonen der vornehmste Stamm des tyrverehrenden Suevenvolkes sind. — Tacitus berichtet, daß dort in einem seit Alters heiligen Hain ein Menschenopfer dargebracht wurde; der Hain selbst aber werde noch in der Weise geehrt, daß man ihn nur gefesselt betreten durfte, und wer zu Boden fiel, durfte nicht aufstehen, sondern mußte sich auf der Erde herauswälzen. Was bedeutet dieser Brauch? Jedenfalls wohl zunächst, wie es z. B. auch Golther deutet, daß man sich völlig in die Gewalt eines Herren über Leben und Tod gibt. Aber es liegt wohl weiter eine »heilige Handlung« im Sinne Useners [1]) vor: die ganze Heergemeinde ergibt sich in ihren Vertretern dem Kriegsgott auf Gnade und Ungnade. Wer fällt, den hat er zum Opfer erwählt, und er muß sich gleichsam heimlich fortstehlen. Und vielleicht ist bei Tacitus ein Hysteronproteron anzunehmen: daß wirklich einer der Gefallenen (vielleicht auch einer, der vorher bestimmt war und deshalb einen Stoß erhielt, daß er fiel: *caeso homine)* als Ersatz für das ganze Heer geopfert wurde[2])?

Hierher könnte dann auch der nach allgemeiner Annahme dem Tiuz heilige »Schwerttanz« gehören[3]). Nackte Jünglinge tanzen zwischen Schwertern und aufgerichteten Lanzen; nachher bilden sie (wenigstens in mittelalterlichen Fortsetzungen des uralten Brauches) eine »Rose« aus ihren Schwertern, auf die der Anführer gehoben wird (wie Radetzky auf dem Prager Denkmal auf die Schilde). Daß dies Spiel ursprünglich »mimetischen« Charakter hat, bezweifelt seit Müllenhoff[4]) wohl kaum jemand. Sollte aber nicht ursprünglich auch hier eine kunstvolle Parade vor dem Schwertgott gemeint sein, bei der der Fallende als Opfer dem Gott dargebracht wurde? Man denke, wie noch im 18. Jahrhundert die Gäste des Kaisers von Persien ihm übermütig widersprechen durften; »zuletzt wurde denn freilich der überheitere Tischgenosse bei den Füßen weg und am Fürsten nahe vorbeigeschleppt, ob dieser ihn vielleicht begnadige? Geschah es nicht, hinaus mit ihm und zusammengehauen[5])!« Solche Probe kriegsfrohen Übermuts liegt vielleicht beidemal vor: wer bei dem gefesselten Gang fällt (man denke noch an das volkstümliche Spiel des Sackhüpfens), der gehört dem Gott, wenn er ihn nicht be-

---

[1]) Arch. f. Rel.-Wissensch. 7, 297 f.
[2]) Siehe o. S. 159. — An die Walküre »Heerfessel« ist nicht zu denken.
[3]) Tac. Germ. cap. 24; Müllenhoff, Über den Schwerttanz, Berlin 1871, in den Festgaben für G. Homeyer; J. Meier bei Paul 2, 1, 835; Golther S. 203.
[4]) a. a. O., bes. S. 8.
[5]) Goethe, Noten und Abhandlungen zum Divan: »Gegenwirkung«.

gnadigt. Später wird dann das Opfer abgelöst, und aus der Darbringung an den Himmelsgott ein symbolisches Präsentieren des Anführers.

Möglich ist aber, daß auch einfach nur die Heiligkeit des Raumes bezeichnet wurde. Man darf ihn nur in feierlich gebundener Haltung durchschreiten; wer den Boden mit dem Knie berührt, ist unwürdig, ihn weiter zu durchwandeln. Hierin freilich würde ein Bezug auf den Kriegsgott und den Stammesgott schwer zu erkennen sein. Oder sollte der Boden, der *tamquam initia gentis* aufgefaßt wurde, den mütterlichen Schoß darstellen und seinen Kindern hier nur eine gebundene, embryonenhafte Bewegung gestattet sein [1])?

Neben den Semnonen mit ihren suebischen Abkömmlingen[2]) und den Tencterern[3]) sind die Friesen[4]) eifrige Verehrer des Tyr. Wenn die Chatten einen Eisenring tragen, bis sie einen Feind niedergeschlagen haben[5]), so deutet Meyer[6]) auch das auf Tyrkultus — wahrscheinlich mit Recht; es wäre dann mit jener Fesselung im heiligen Hain zusammenzuhalten: Tyrs Verehrer sind seine Knechte, bis sie sich durch ein Menschenopfer losgekauft haben. — Von den Haruden leitet Olsen[7]) den Tyrkultus auf der großen Insel ab, die heute Tysnesoen genannt wird[8]). Aber daß Tyr damals noch als Himmelsgott neben der Erdgöttin Nerthus gestanden habe, ist ein zwar bestechend geistreicher Gedanke, gegen den aber doch alle anderen Zeugnisse von dem altgermanischen Tyr sprechen. — Als besondere Tyrverehrer sind ferner alle »Schwertvölker« anzusprechen: die Quaden, Sachsen, Thüringer[9]).

Eine Spezialisierung des Kriegsgottes Tyr scheint der viel umstrittene Mars Thingsus[10]). Man fand am Hadrianwall einen Altar, den Germanen aus Twenthe, die im *cuneus Frisiorum* standen, dem *Marti Thingso et duobus Alaisiagis Bedae et Fimilenae* stifteten. Ob das Marsbild mit dem Vogel (Gans? Schwan?) und zweier weiblichen Figuren auf sie zu beziehen oder römisch auszulegen ist[11]), bleibt

---

[1]) Vgl. allgemein Dieterich, Mutter Erde.
[2]) Zyuwâri, siehe o. S. 181; Augsburg: Ciesburg, vgl. Golther S. 205.
[3]) Tac. Hist. 4, 64.
[4]) Meyer S. 343.
[5]) Tac. Germ. cap. 31.    [6]) a. a. O.
[7]) Del gamle norske önavn Njardalög, Christiania 1905.
[8]) Vgl. Helm, Lit.-Bl. f. germ. u. rom. Phil. 1907, S. 268; siehe u.
[9]) Mogk S. 317.
[10]) Mogk S. 316 mit reichen Literaturangaben; bes. Scherer, Kleine Schriften, Berlin 1893, 1, 532; Heinzel, Wiener Sitzungsberichte 119, 50 f.; Hoffory, Eddastudien, S. 145; Kauffmann, PBB. 16, 206 f.; Siebs, Ztschr. f. d. Phil. 24, 433; Hirschfeld, Westd. Ztschr. 1898, S. 19. — Ähnliche Anpassungen an Mars bei dem keltischen Tontates: Wissowa S. 138 Anm. 7.
[11]) Golther S. 204 Anm. 2.

## § 17. Hauptgötter.

zweifelhaft. Sicher ist dagegen, daß *Mars Thingsus* ein einheimischer Gott der *cives Tuihanti* war; Kluge[1]) hat sogar — schwerlich mit Recht — von seinem Namen die Benennung *Dingstag* für Dienstag ableiten wollen, was denn auf weite Verehrung des Mars Thingsus deuten würde[2]). Da Heinzel nachgewiesen hat, daß es bei den Friesen zwei Formen der Volksversammlung gab, *Bedel-* und *Fimelthing*, so kann ein Zusammenhang zwischen diesen Benennungen und denen der beiden »Alaisiagen« des Thing-Gottes wohl nur von der Hyperkritik bezweifelt werden[3]). Wir trafen schon wiederholt auf Spuren, daß die Heeresgemeinde als Einheit gefaßt wird: *prout sonuit acies* wird aus dem *barditus* der Ausgang der Schlacht prophezeit; die Disen nahmen wir als Nornen des Heeres. So ist der Mars Thingsus der Gott der Heeresgemeinde, wenn sie zu richten hat, der richtende Gott des Kriegerthings in seiner regelmäßigen und außerordentlichen Gestalt; die *numina Augustorum* treten als Verkörperung der Gerechtigkeit der höchsten Kriegsherren zu ihm in eine natürliche Verbindung[4]). Der *cuneus Frisiorum* als ein Teil der *acies per cuneos composita*[5]) ist ein Teil des Things; nicht zufällig geht Tacitus[6]) von den *duces, qui ante aciem agunt,* zu der Strafgewalt der Priester über, die selbst nur eine Emanation der Strafgewalt der Volksgemeinde ist: die Heeresgemeinde wie die Volksgemeinde[7]) richtet in gegebenem oder gebotenem Thing, gerade wie noch spät das Freigericht der Feme[8]).

Indem wir also die Deutungen von Scherer und Hoffory (Gott der Volksversammlung) und Weinhold (Gott des Gerichts) kombinieren, erklären wir den Mars Thingsus für den germanischen Gott der Heeresgemeinde, den die *cives Tuihanti* dem römischen Mars anähnlichen, wie sie ebenfalls seine Begleiterinnen den traditionellen Genossinnen des Mars, den Victorien, angleichen. —

Tyr scheint im Norden als Kriegsgott anfangs in großem Ansehen gestanden zu haben: die Heerfahrt und das Treiben der Wikinger ward

---

[1]) PBB. 35, 141.
[2]) Ebenso erklärt Kluge a. a. O. die bayrische Benennung *Erchtag* (vgl. Golther S. 213) aus einem durch die Goten vermittelten Ἄρεως ἡμέρα.
[3]) Henning, Zschr. f. d. Alt. 42, 193.
[4]) »Die Versammlung der Krieger ist die politische Versammlung«; Hintze, Staatsverfassung und Heeresverfassung, Dresden 1906, S. 4. — Allgemein vgl. v. Domaszewski, Über die Religion des Römischen Heeres.
[5]) Tac. Germ. cap. 4.   [6]) a. a. O.
[7]) Vgl. v. Amira in Pauls Grundriß 2. Aufl. 1, 203.
[8]) Lindner, Die Feme, S. 407. — *bodthing* (Richthofen, Altfriesische Wb., S. 657) gebotenes Gericht; *fimelthing* (ebd. S. 740) »hieß das Gericht, welches die im bodthing nicht zu Ende gebrachten Sachen verhandelte«, also ordentliche und außerordentliche Tagung.

nach Zimmer[1]) von den Irländern »*Tjverk*«, Taten wie Tyr sie liebt, benannt. Danach wäre er im 9. Jahrhundert noch Hauptgott wenigstens der umherfahrenden Nordleute gewesen. Dann tritt er ganz zurück. — Wohl bleibt ihm die Siegesrune geweiht[2]) und die Waffenrune heißt nach ihm; aber wirksam erscheint er nur im letzten Kampf[3]). Hier knüpfen märchenhafte Züge an[4]): er soll zur Fesselung des Fenriswolfes die rechte Hand geopfert haben[5]), was wir wieder nur als mythologische Metapher deuten möchten, wie das von Odin zum Pfand gesetzte Auge. Man dichtet ihm Verwandtschaft an: eine namenlose buhlerische Gattin[6]), den riesischen Vater Hymir — was wohl nur den alten Gott von riesischer Abstammung kennzeichnen soll; man macht ihn zur Folie der Riesenstärke Thors bei dessen Fahrt zu Hymir (Hymiskvida)[7]). Das sind wohl alles spätere Züge; die von der verlorenen Hand allerdings immerhin so alt, daß sie auf den »irischen Mars« abfärben konnte, der im Kampf mit den Dämonen seine Hand verliert und durch eine silberne ersetzen läßt[8]).

Schließlich wird Tyr der bloße abstrakte »Kriegsgott«, von dem Könige abstammen[9]). Bei der Aufteilung der Götter im letzten Kampf wird er[10]) mit dem Höllenhund Gorm abgepaart, wie Thor mit der Midgardsschlange. Auf alten mythischen Drachenkampf etwa des lichten Himmelsgottes mit einem Sturmungeheuer wage ich das nicht[11]) zu beziehen, obwohl zu solcher Interpretation stimmen würde, daß auch dem Dämon Grendel von Beovulf ein Arm ausgerissen wird. Tyr mußte dann wohl aber ursprünglich das böse, etwa von Thor oder Odin besiegte Prinzip sein. Einfacher ist die Annahme, die Abenteuer Tyrs mit dem Fenriswolf und dem Höllenhund beide erst der späteren Zeit zuzuschreiben, die die Kollektivkämpfe der Dämonen gegen die Götter in heroische Zweikämpfe auflöst und ritterliche Anschauungen (Schonung des Wolfes aus Ehrfurcht vor heiliger Stätte)[12]) in den rücksichtslosen Kampf der Götter und Ungeheuer trägt. Einfluß jenes einhändigen keltischen Gottes

[1]) Vgl. Golther S. 212.
[2]) Sgdr. Str. 6.
[3]) Golther S. 211, Mogk S. 316, Meyer S. 344.
[4]) Vgl. v. d. Leyen, Der gefesselte Unhold, Festschrift für Joh. v. Kelle, Prag 1908, S. 1 f.
[5]) Lok. Str. 38, Gylfag. cap. 25: Gering S. 319.
[6]) Lok. Str. 40.
[7]) Vgl. v. d. Leyen, Märchen in der Edda, S. 46.
[8]) Meyer S. 346.
[9]) Golther S. 211 Anm. 2.
[10]) Gylfag. cap. 51: Gering S. 349.
[11]) Mit Meyer S. 346.
[12]) Gylfag. cap. 34: Gering S. 326.

§ 17. Hauptgötter. 189

Nuada[1]) ist nicht unwahrscheinlich. Allerdings hat Much[2]) in geistreicher Weise die Einhändigkeit des Kriegsgottes schon bei den Skythen nachzuweisen gesucht.

Wirkliche oder angebliche Emanationen Tyrs sind (außer den Spezialisierungen Mars Thingsus, Halamardus u. dgl.) Freyr und Heimdall[3]); vor allem aber Irmin, den wir mit seinen Brüdern zusammen besprechen müssen.

Kult des Tyr ist schon in indogermanischer Zeit bezeugt: er bevorzugt .Pferdeopfer, was in urgermanischer Zeit fortdauert[4]). Deshalb werden ihm heilige weiße Rosse gehalten, aus deren Wiehern geweissagt wird[5]). Die weiße Farbe braucht man nicht auf den »lichten Himmelsgott« zu beziehen: sie kann einfach die Unberührbarkeit des geheiligten Thors symbolisieren (wie bei dem »weißen« Elefanten in Siam?); aber es ist auch möglich, daß hier eine Erinnerung an Tyrs frühere Funktion fortlebt. Ferner gilt ihm der Schwerttanz[6]). — Tyr gilt, als Kriegsgott, nicht bloß für besonders stark, sondern auch für sehr klug[7]); Namen nach ihm zu geben ist nicht sehr häufig.

### Ingo. Isto. Irmino[8]).

Tacitus nennt drei Söhne des Urmenschen Mannus als Eponymi der germanischen Völkerschaftsgruppen: *e quorum nominibus proximi Oceano Ingaevones, medii Herminones, ceteri Istaevones vocentur.* Müllenhoff zuerst deutete dies so, daß Gruppen der westgermanischen Völker drei »Amphiktyonien« bildeten, Kultusbezirke unter dem Schutz je eines Hauptpatrons. Laistner[9]) hält allerdings umgekehrt den Volksnamen für primär[10]): die Ingvaeonen »die Einheimischen«, die Erminonen »das Großvolk«, die Istvaeonen »die Ersten«; daraus sei (wie oft z. B. bei den Hebräern) der Stammesgott herausgezogen[11]). Da wir von Kollektivnamen altgermanischer Stämme aus so früher Zeit kein Beispiel haben

[1]) Vgl. Much S. 217.
[2]) a. a. O.
[3]) Siehe u. — In einer Jugendschrift erklärte E. H. Meyer den Helden Roland für eine Emanation oder Parallelform Tyrs; vgl. Pfaff, Alemannia 1909, S. 76.
[4]) Golther S. 201; ebenso bei Frey und Heimdall, aber auch bei Balder, ebd. S. 203.
[5]) Tac. Germ. cap. 10; Golther S. 203.
[6]) Siehe o. S. 181.
[7]) Gylfag. cap. 25: Gering S. 319.
[8]) Golther S. 207; Mogk S. 314 nach Tac. Germ. cap. 2 vgl. Plinius hist. nat. 4, 99; Müllenhoff, D. Alt. 4, 519f., 587f.; Much, Himmelsgott, S. 198f.; Koegel, Gesch. d. d. Lit. 1, 13f.; andere Literatur bei Golther 207, 1.
[9]) Germ. Götternamen: Württemberg. Vierteljahrshefte f. Landesgesch. 1892, 1f.
[10]) Vgl. das Problem Saxnôt und die Sachsen, siehe o. S. 181.
[11]) Ähnlich Bremer bei Paul 21, 923.

(wohl später: Allemannen), so entscheiden wir uns¹) für Müllenhoff: Völkergruppen sind nach ihrem Zentralheros benannt wie später die Ziuwâri-Suapa²). Die Ingvaeonen auf der Halbinsel zwischen Ost- und Nordsee haben den Kult der Nerthus; die Ingvaeonen an der Küste, Angeln, Sachsen, Dänen³) verehren Ing; die Skandinavier Yngvi, nach dem sich die schwedischen Könige als Ynglinger benennen. — Die Irminonen, die Binnengermanen, Sueven, Marcomannen, Quaden haben in ihrer Mitte den Tyrdienst der Semnonen; bei den Hermunduren Wodan und Tiuz. — Die Istvaeonen am Rhein sind die Völker, die den Wodandienst aufbrachten. — Abseits stehen die Vandilier (also auch die Skandinavier)⁴) mit dem Heiligtum der Alces⁵).

Was bedeuten diese drei heiligen Brüder? Die Namen machen Schwierigkeiten. Müllenhoff erklärt⁶) Irmin als »erhaben«, Isto als »erwünscht«, »verehrt«⁷), Ing⁸) als den »Begehrten, Erwünschten« — was ihm aber selbst mit dem Namen Istos fast identisch scheint, und sollten gerade hier, wo drei Völkerschaften eine Trias zur Unterscheidung schaffen, so wenig bedeutende Namen gewählt sein? Er zieht deshalb selbst die Bedeutung »der Gekommene«⁹) vor, die zu der Strophe des angelsächsischen Runenliedes vortrefflich stimmt¹⁰). Scherer faßt Isto als den Gott des Herdfeuers, Hoffory als den Flammenden¹¹). Aber hier, wo drei Namen gleichsam als Waffennamen geschlossener Gemeinschaften bewußt gewählt zu sein scheinen, wird man von der Forderung eines inneren Zusammenhanges zwischen ihnen kaum absehen dürfen.

Auszugehen ist von folgenden Tatsachen: die drei Namen sind in urgermanischer Zeit als die göttlicher Stammväter überliefert, die gleichen Ursprung (von Mannus und Tuisco) haben¹²). Aus späterer Zeit ist der Name Irmin in unzweifelhaft mythologischer Verwendung und mit deutlichem Inhalt (als Name des Kriegsgottes) bezeugt. Der Name Ing ist in kaum zu bezweifelnder mythologischer Verwendung, aber ohne deutlichen Inhalt bezeugt, der Name Isto ist überhaupt nicht belegt.

---

¹) Trotz Kossinna, F. F. 7, 276.
²) Über die Art der grammatischen Ableitung vgl. Müllenhoff, D. A. 4, 598, doch auch Sievers, Ber. d. Sächs. Gesellsch. d. Wiss. 1894.
³) Die danach Beov. 1045, 1320 *Ingwine*, Ing-Freunde, heißen wie die Sachsen Sachs-Genossen.
⁴) Trotz Yngvi? siehe u.
⁵) Sijmons bei Paul 1, 678 f.
⁶) a. a. O. S. 590.
⁷) S. 595.    ⁸) S. 596.    ⁹) S. 526.
¹⁰) Auch zu Müllenhoffs Auffassung des Sceáf im Beovulf vgl. o. S. 59.
¹¹) Vgl. Golther S. 208; noch andere Deutungen bei Mogk S. 315.
¹²) Ähnlich in der Bibel Noahs Söhne Sem, Ham, Japhet (1. Mos. 9, 18); vgl. dazu Holzinger, Genesis, S. 92.

## § 17. Hauptgötter.

Tacitus also berichtet, *Tuisto, deus terra editus* habe zu seinem Sohn den Mannus, von dem wieder die Stammväter der Ingaevonen, Herminonen, Istaevonen stammen. Über Mannus herrscht kein Zweifel: er ist die Verkörperung der Menschheit, der Urmensch, wie der indische Manu, Vivasvants Sohn[1]). Tuisto oder Tuisco aber macht große Schwierigkeiten. Neuerdings hat ihn Kluge[2]) als Tiviskô, Sohn des Tiwas gedeutet: von Tivos stamme Tiviskô, von diesem Mannus, von ihm die Manniskônes, die Menschen. Schrader[3]) hat diese Erklärung durch den Hinweis auf den thrakisch-griechischen »Himmelssohn« Dionysos gestützt, der Sohn des Zeus und der Semele, einer thrakisch-phrygischen Erdgöttin, wäre[4]). — Aber ist Kluges geistreiche Erklärung nicht doch für so frühe Zeit zu »gelehrt«? Darf man den Parallelismus Tivos-Twisko-Mannus-Manniskones schon einer so systemlosen Zeit zuschreiben? Ferner: von Mannus stammen ja gewiß die Menschen, in dem Taciteischen Stammbaum aber doch zunächst drei Eponymi mit ganz anders gearteten Namen. Endlich glaubten wir Bremers Etymologie von Tivas, auf die Kluge sich stützt, nicht annehmen zu können. — Ich selbst habe[5]) Tuisco mit dem Ymi der nordischen Mythologie[6]) identifiziert, dem Urriesen und Vater der geformten Materie; aber auch hier bleiben Schwierigkeiten[7]). Es werden wohl irgendwie Mythendoubletten kontaminiert sein, wie im Veda die der Urmenschen Manu und Yama (der, wie vielleicht Tuisco und sein Sohn Tveggr-Odin »Zwilling« heißt[8]) oder wie in der Bibel die doppelte Fassung der Schöpfung der Menschen[9]).

Wir können also aus Tacitus nur dies mit Bestimmtheit herauslesen: die drei Völkergruppen führen ihre Stammväter unmittelbar auf den Urvater der Menschheit zurück — gerade wie die angelsächsischen Stammtafeln[10]).

[1]) Macdonell S. 214.
[2]) Bunte Blätter, Freiburg 1908, S. 119.
[3]) D. Lit.-Zg. 1909, 931.
[4]) Nach Kretschmer, Einleitung in d. Gesch. d. griech. Sprache, Göttingen 1896, S. 241.
[5]) Arkiv for nordisk Filologi 23, 247.
[6]) Grim. Str. 21, 40.
[7]) Vgl. ebd. 25, 333.
[8]) Oldenberg, Vedische Religion, S. 275.
[9]) Sollte nicht auch Adam das Weib ursprünglich selbst gezeugt haben? Wäre das nicht die einfachste Erklärung der »Rippe«, die auch Gunkel (Genesis, Göttingen 1901, S. 10) nur notdürftig erklärt? und die Verse, die er dann spricht — »Bein von meinem Bein und Fleisch von meinem Fleisch« — gehören zu der urältesten liturgischen Art. Auch die schaffende Namengebung stimmt dazu. Dann wäre die Analogie zu Ymi, der aus der Achselhöhle und den Füßen Menschen zeugt (Gylfag. cap. 5: Gering S. 302) und mit Yama, dem »Zwilling«, d. h. dem ursprünglich doppelgeschlechtigen Stammvater der Menschheit, noch stärker.
[10]) J. Grimm, Mythologie 3, 379.

## Viertes Kapitel.

**Was lehren die drei Namen oder Gestalten?**
Irmin[1]) ist sicher Tiu. »Hirmin Mars dicitur«, sagt Widukind[2]). Allerdings könnte in dem Bericht des Chronisten[3]) ein Umstand bedenklich stimmen: nach dem Sieg an der Unstrut über die Thüringer befestigen die Sachsen einen Adler an der Ostpforte (des Tempelraums): *ad orientalem portam ponunt aquilam.* Der Adler aber, Odins heiliger Vogel, ist am Tor der Odinsburg (d. h. des Odinstempels)[4]) angebracht, während westlich am Tor ein Wolf hängt[5]). Dennoch darf man den hier verehrten Gott nicht[6]) für Wodan halten. Ein Idol[7]) war aufgerichtet, von zwei »*columpnae*« umgeben, d. h. rechts und links ein *trémadr*[8]), eine pfahlartige Darstellung anderer Götter, wie in den Tempeln der Germanen, so oft der Hauptgott zwischen zwei anderen steht[9]). Dies Idol war die Irminsul, also auch eine *columna*, die den Hauptgott symbolisierte. Und da die andere Irminsäule an der Diemel auf dem Eresberg lag, so gehörte sie dem gleichen Gott wie der Ertag, dem Er-Tyr[10]). Es kann daher die an der Unstrut keinem anderen Gott geweiht gewesen sein. Irmin wird auch bei den Thüringern verehrt, deren letzter König Irminfried 531 von den Sachsen besiegt wird. — Wenn der Große Bär — das »alte Wahrzeichen der Germanen« in Gottfried Kellers letztem Gedichtentwurf — Irmineswagen heißen soll[11]) oder Hildebrand im alten Liede beim Irmingot schwört[12]), so ist beides nicht mit Sicherheit auf den Gott zu beziehen: es kann einfach »der Große«, »der Hohe« gemeint sein, welcher Gott das denn auch sein mag.

Ing[13]) ist ausdrücklich noch bezeugt durch die merkwürdige Strophe des angelsächsischen Runenliedes: »Ing wurde zuerst bei den Ostdänen gesehen, bis er darauf (ostwärts?) über das Meer zog; der Wagen rollte nach«[14]). So nannten die Helden — wohl die ostdänischen[15]) — den

---

[1]) J. Grimm, Mythologie 1, 290 f.
[2]) Golther S. 210, 1.
[3]) Den Müllenhoff, D. Alt. 4, 521, ausführlich bespricht.
[4]) Ztsch. f. d. Phil. 38, 172.
[5]) Grim. Str. 10.
[6]) Mit J. Grimm.
[7]) Vgl. Müllenhoff a. a. O.
[8]) Háv. Str. 49.
[9]) Nichts anderes werden die *Herculis columnae*, Tac. Germ. cav. 34, gewesen sein; doch vgl. Kauffmann PBB. 16, 223.
[10]) Müllenhoff S. 523.
[11]) Vgl. J. Grimm, Mythologie 1, 295.
[12]) Mogk S. 315.
[13]) J. Grimm S. 286 f.; Müllenhoff, D. Alt. 4, 595 f.
[14]) So ten Brink, Gesch. d. engl. Lit., Berlin 1877, 1, 83.
[15]) Doch vgl. Müllenhoff S. 597.

## § 17. Hauptgötter.

Heros.« — Ferner gibt es theophore Namen mit Ingu-[1]). — Endlich besteht kein Zweifel über die Identität des angelsächsischen Ing mit dem alten Yngvi, als dessen Nachkommen die schwedischen Könige Ynglingar (= Ingvaeones) heißen [2]), und wiederum, daß Yngvi mit Freyr zusammenfällt, geht aus dessen Bezeichnung als Yngvi oder Yngvi-Freyr hervor [3]). Wie Ing kommt Sceáf [4]) in steuerlosem Schiff auf einer Garbe schlafend, ans Land geschwommen, wird König der Angeln, und fährt als Leiche wieder auf seinem Schiff von dannen [5]). Müllenhoff erkannte seine mythische Natur: wir faßten ihn [6]) als Getreidedämon. Mit Ing hat er die Ankunft aus der Fremde und die geheimnisvolle Rückkehr gemein — die doch wohl mit dem Vers »der Wagen rollte nach« angedeutet ist; freilich sind das Züge, die auch den »Schwanenjünglingen« eignen, Wieland, Lohengrin [7]).

Weiter könnte man eine wunderliche Nachricht des Tacitus [8]) hierher beziehen:

*ceterum et Ulixem quidam opinantur longo illo et fabuloso errore in hunc Oceanum delatum adisse Germaniae terras Asciburgiumque, quod in ripa Rheni situm hodieque incolitur, ab illo constitutum nominatumque ... aram quin etiam Ulixi consecratam adiecto Laertae patris nomine eodem loco olim repertam, monumentaque et tumulos quosdam Graecis literis inscriptos in confinio Germaniae Raetiaeque adhuc extare.*

Allerdings hat für den Ulixes Müllenhoff [9]) an irgendeinen keltischen Ulohoxsis gedacht, Kauffmann [10]) dagegen an eine massiliotische Weihinschrift. Ich glaube aber, man muß die Nachricht doch germanisch deuten. *Asciburgium* heißt »Schiffstätte« [11]) und »Schiffstätte« heißt Noatún, das Heim Njörds [12]). Auch Njörd kommt aus der Ferne, von den Wanen, und kehrt nach drei Nächten in Noatún immer wieder nach Thrymheim zurück [13]). Ihm mag jener Altar errichtet sein, und die

---

[1]) Müllenhoff, Ztsch. f. d. Alt. 9, 250.
[2]) Golther S. 208; vgl. Helg. Hund. I, 56, Reg. Str. 14.
[3]) Henning, Ztschr. f. d. Alt. 41, 156; Olrik, Heltedigtning, S. 226f.
[4]) Sijmons bei Paul 2. Aufl. 1, 645; Kögel, Gesch. d. d. Lit. 1, 104.
[5]) Golther S. 209.   [6]) Siehe o. S. 109.
[7]) Auch Dionysos kommt »in dem durch keine menschliche Hand bewegten Schiffe« über das Meer (Usener, Sintflutsagen, S. 116): aber das gehört wohl zum Typus des »Heilbringers«. Sonst spielt das Fahren im steuerlosen Schiff in der Mythologie die größte Rolle bei ausgesetzten Kindern und Verbrechern (die Lade des Kypselos; germanische Beispiele bei J. Grimm, Rechtsaltertümer 2, 701; vgl. Brandl, Altengl. Lit., S. 1087). In der Moses-Sage treffen beide Motive zusammen: die Aussetzung des Kindes und die Ankunft des Heilbringers. Ähnliche Kombination im finnischen Epos J. Grimm, Kl. Schr. 2, 87.
[8]) Germ. cap. 3.    [9]) D. Alt. 2, 191.    [10]) PBB. 16, 223.
[11]) Müllenhoff a. a. O. — Auch *Bethania* heißt »Haus des Schiffes«; vgl. dazu Eisler, Südd. Monatsh. Dez. 1909 S. 651.
[12]) Grim. 16.    [13]) Gylf. cap. 23: Gering S, 317.

194 Viertes Kapitel.

Erzählung von seinen beständigen Irrfahrten kann den Anlaß zu einem Vergleich mit Odysseus gegeben haben — freilich war Skadi gerade keine sehnsüchtige Penelopeia! Noch wahrscheinlicher aber ist mir, daß Njörd und Frey [1]) ursprünglich identisch sind, und so wäre denn Yngvifreyr der Gast aus Wanaheim, der an der Flußmündung an der Schiffsküste landet und wieder verschwindet, und dessen Epiphanie ein Denkstein feiert, vielleicht schon mit Runen beschrieben. Denn wie leicht Runen für griechische Buchstaben gelesen werden können, hat noch zwei Jahrtausende später die Lesung $\chi\alpha\tilde{\iota}\varrho\varepsilon\; \varkappa\alpha\grave{\iota}\; \pi\tilde{\iota}\nu\varepsilon$ auf den Goldring von Pietroassa (statt *Gutanio wi hailag*) bewiesen [2]). Ein ähnliches Denkmal an einer anderen Schiffsstätte wären wohl jene »Herkulessäulen«, als die Tacitus [3]), gerade wie Widukind an der Irminsäule, zwei heilige Bäume oder Pfähle deutete.

Es liegt also ein segenspendender »Kulturgott« vor [4]), von dem verschiedene Mythen in leichten Varianten erzählen. Er kommt aus der Fremde (aus Wanaheim; von jenseits des Meeres) in seinem Fahrzeug (Ings Wagen, Sceáfs Wunderschiff; Njörds Wagen) [5]) angefahren und bringt einem germanischen Volk [6]) Segen. Von da geht er wieder geheimnisvoll (der Wagen rollt nach, das Schiff ist wieder an der Küste) in seine Heimat zurück — sei es für immer [7]), sei es, um periodisch wiederzukehren [8]). — Die älteste Form der Sage ist gewiß die mit dem Wagen, dessen Altertümlichkeit schon J. Grimm betonte: das eben ist den Wanderern eigen, daß sie über Meer fahren wie über trockenes Land. Das steuerlose Schiff [9]) im Märchen ist bereits eine Rationalisierung, ebenso wie das Altern des »Heilbringers«, der sich dann in heroischer Weise auf dem Schiff beisetzen läßt. Ing ist also Freyr, der Gott des Ackerbaues und des Friedens. Ob er eine Emanation von Tiuz ist, was wir bestreiten [10]), oder eine schwedisch-norwegische Hypostase [11]) ist an anderer Stelle zu prüfen.

Für Isto haben wir keinen direkten Anhalt als den, daß Wodan von den istvaeonischen Völkern herkam [12]). Daß der Name auf Tuisto reimt,

[1]) Siehe u.
[2]) Vgl. meine Runenstudien I; PBB. 21, 182.
[3]) Germ. cap. 34.
[4]) Vgl. allgemein Breysig, Gottesbegriff und Heilbringer.
[5]) Siehe u.
[6]) Ing den Ostdänen, Sceáf den Angeln: vgl. Golther S. 269; Yngvifrey den Schweden.
[7]) Sceáf; Ing?   [8]) Njörd.
[9]) In der Heldensage: Tantris kommt *swebende ûf dem wilden sê* nach Irland an: Trist. v. 7497. Noch George Eliots Romola muß auf steuerlosem Schiff treiben.
[10]) Golther S. 208.
[11]) Mogk, Menschenopfer, S. 365.
[12]) Vgl. Golther S. 210, Mogk S. 315.

## § 17. Hauptgötter.

deutet auf nähere Beziehungen zwischen Vater und Sohn[1]). — Da uns aber noch im Norden die Trias Thor, Odin, Frey mehrfach bezeugt ist[2]) und Thor als spezifisch nordischer Gott den Tyr verdrängt haben wird, ist auch von hier aus wahrscheinlich, daß der dritte Gott Wodan war. Wie ist nun das Verhältnis der drei Götter zu einander aufzufassen? Zumeist[3]) werden alle drei Brüder als Emanationen oder Spezialisierungen Tyrs aufgefaßt. Das ist an sich denkbar, wie denn z. B. bei den Chinesen jede Dynastie ihren eigenen Kriegsgott zu besitzen scheint[4]). So also stände neben dem Tyr-Irmin als Kriegsgott der Mittelgermanen ein Tyr der Angeln, Sachsen, Dänen: Ing, ein dritter anderer Völker: Ist. Aber Ing-Freyr läßt sich nicht von dem Himmels- oder Kriegsgott ableiten: er ist, wie Wodan, ein zum Gott gewordener Naturdämon. — Es sind also drei selbständige Götter zu Patronen der Verbände gewählt worden — was besondere Verehrung anderer Götter auf ihrem Gebiet so wenig ausschließt, als etwa in Bayern, das der Maria patrona Bavariae gehört, Wallfahrten zu anderen Heiligen verboten sind. Aber in den Anordnungen der drei Namen ist gewiß irgendein orientierendes Merkmal enthalten. Am einfachsten läßt sich ein geographisches vermuten, wie solche geographische Unterscheidungen denn bei den Germanen uralt sind[5]) und früh auch für Volksnamen und Eponymi verwandt[6]). Aber ich sehe keine Möglichkeit, auch nur den Namen Isto mit einer Himmelsrichtung zu verbinden. So muß man sich denn wohl dahin bescheiden, eine rein praktische Ursache der Benennung anzunehmen: unter den Namen der drei Götter wurden die gewählt, die alliterierten[7]); vielleicht wurde dazu auch »Isto« nach »Tuisto« neugebildet, wie bei der Dreiheit Wodan-Wili-We[8]) solche Umstände gewiß mitgewirkt haben.

Wir besäßen dann also in Ingo, Irmin, Isto drei urgermanische Hauptgötter[9]), die nur in ihrer Eigenschaft als Kultvorsteher spezifische Namen führen. Die Kultverbände haben sich früh aufgelöst[10]); dabei geht die Gründungssage (Tuisto-Mannus — die drei Söhne) verloren. Andere religiöse Interessen verdrängten die Dreiteilung in Ackerbau — Krieg — Runenweisheit (wenn man will: Nährstand, Wehrstand,

[1]) Vgl. meinen Aufsatz Ark. for nord. Fil. 23, 247.
[2]) Vgl. z. B. Golther S. 605.
[3]) z. B. von Golther.
[4]) de Groot, Kultur d. Gegenwart, S. 167.
[5]) Wehrle, Ztsch. f. d. Wortforschung 7, 61 f.
[6]) Ostrogotha: ders. ebd. 8, 337.
[7]) Vgl. meine Altgerm. Poesie S. 148 f.
[8]) Lok. Str. 26, Gylf. cap. 6: Gering S. 302.
[9]) Mercurius, Mars, Hercules (Tac. cap. 9) entsprechen allerdings eher Odin, Tyr, Thor als Frey, Tyr, Odin.
[10]) Mogk S. 315.

Lehrstand). Neben ihnen mag früh ein vandilischer Verband (mit Thor?) gestanden haben; als dieser sich löste, erbten Ing—Freyr (in Schweden) und Odin (überall sonst auf germanischen Boden).

### Saxnôt.

Auch hier liegt die Sache nicht so einfach, wie sie gewöhnlich[1]) dargestellt wird. Die Identität mit Tyr geht allerdings aus der altsächsischen Abschwörungsformel vom Jahre 772 hervor: der Täufling entsagt *Thuner ende Woden ende Saxnote*. Er ist also der sächsische Tyr, Tyr als Stammgott der Sachsen[2]). Aber in der ostsächsischen Stammtafel heißt er Wodans Sohn, was Tyr ursprünglich gewiß nicht ist. In späterer Zeit, wo die genealogischen Ämter der Theologen überall Filiationen herstellen, hätte das wenig zu sagen; aber die Stammtafel von Essex muß älter sein[3]). Immerhin ist an die Deutung der drei Eponymi als Söhne eines Tiu-Sohnes Tiuisco[4]) zu erinnern.

### Frey[5]).

Was seine ursprüngliche Bedeutung betrifft, so wird allgemein der Zusammenhang mit Tyr behauptet; Golther faßt ihn als eine Hypostase des alten Himmelsgottes auf[6]), Mogk nennt ihn[7]) einen Himmels- und Sonnengott (was schon zweierlei ist). Wäre Freyr aus dem Himmelsgott Tyr hervorgegangen, so müßte er älter sein als dessen urgermanische Geltung als bloßer Kriegsgott. Aber er gilt im Norden selbst als ein jüngerer Gott, was dadurch ausgedrückt wird, daß er Njörds Sohn heißt; und auch objektive Kriterien sprechen dafür, daß er erst an dem Ausgang der gemeingermanischen Zeit ein selbständiger Gott wurde. Denn in Taciteischer Zeit ist Ing-Freyr, wie wir gesehen haben, noch mit altertümlich-dämonischen Zügen ausgestattet: der Wagen hat fast fetischistischen Charakter, Sceáfs Schlaf auf der Garbe zeigt ihn noch als Naturgeist. Daher stimmt denn auch, daß wir von dem Gott Freyr nur aus dem Norden Kenntnis haben[8]); er galt sogar einst als ein schwedischer Gott[9]), allerdings mit Unrecht. Vielleicht zeugt die Benennung einer Gruppe von Runennamen nach ihm sogar für hohes Alter des urgermanischen Fruchtbarkeitsgottes Freyr[10]).

---

[1]) Meyer S. 344, Golther S. 213f.
[2]) Über den Namen siehe o. S. 181; Zweifel äußert Much, Himmelsgott, S. 225.
[3]) J. Grimm, Mythologie 3, 378.
[4]) Kluge, siehe o. S. 191.
[5]) Mogk S. 318f., Meyer S. 362f., Golther S. 218f.
[6]) Ebenso v. d. Leyen, Sagenbuch, S. 104.
[7]) S. 321.    [8]) Meyer S. 36—41, doch vgl. S. 362.
[9]) Vgl. Uhland, Schriften 7, 344.
[10]) Vgl. u. § 28.

## § 17. Hauptgötter. 197

Himmels- oder Sonnengott könnte Frey auch bei späterer Entwicklung sein. Was aber Mogk dafür anbringt, sind Züge von zweifelhafter Altertümlichkeit: das Wunderschiff, das sich in der Tasche tragen läßt, wenn man es nicht braucht, sonst aber Platz für alle Asen hat [1]), ist wohl nur eine märchenhafte Umgestaltung von Ings altem Wagenschiff, entstanden aus der Lust der Wikinger, sich eine einstweilen nur im Traum mögliche Vervollkommnung der Fahrgeschwindigkeit und Schiffsbeweglichkeit auszumalen. Daß ein Schiff, das man in die Tasche stecken kann (nach Mannhardt), als die Wolke aufzufassen sei, scheint mir ein Beispiel jener mythendeutenden Taschenspielerei, die es mit den Wunderschätzen der Götter [2]) wohl aufnehmen kann. Und darf man der Tracht der alten Germanengötter überhaupt Taschen zutrauen? — Alfheim ist, wie alle »Heime«, dem Gott erst spät zugewiesen [3]); er erhält es, weil er eben heiter und freundlich ist. Schirmgott und Schutzherr der Edelpriester [4]) wird er aber aus seiner Funktion als Friedensgott [5]).

Wir sehen also seine ursprüngliche Bedeutung in der Identität mit Ing und Sceáf verbürgt. (Das Verhältnis zu Njörd lassen wir einstweilen beiseite.) Frey ist zunächst ein Dämon des Getreidebaues, dessen Kult durch fremde Einwanderer mit der Einführung des Ackerbaues von den Schiffsstätten her sich verbreitete — ein ursprünglicher primitiver Dämon wie Erichthonius. der »Genius des fruchtbaren Bodens der Gegend von Athen« [6]), der altattische *deus terra editus*, der in seiner Schlangengestalt den dämonischen Ursprung noch so deutlich am Leibe trägt, wie in der lokalen Gebundenheit seiner Verehrung die Analogie mit dem Heim der Schiffsstätte. Seine Bedeutung wächst mit der des Ackerbaues und des durch ihn geforderten »Friedens«, d. h. staatlich garantierte Rechtsverhältnisse [7]).

Der Name Frey = gotisch *frauja*, althochdeutsch *Frô*, angelsächsisch *freá* bedeutet »Herr«, wie Balder und viele andere Götternamen bis zu unserem »Herr« für Gott. Dies bedeutet vielleicht, daß er einmal auf einem bestimmten Gebiet höchster Gott war, vielleicht auch das nicht; keinesfalls [8]) daß er je Tîwaz war.

Er hat wenig Synonyma. Dagegen erhält sein Name gern verdeutlichende Zusätze: norwegisch *Ingvifreyr, Ingunarfreyr* dänisch, angel-

---

[1]) Gylf. cap. 43: Gering S. 333.
[2]) v. d. Leyen, Märchen, S. 56f.
[3]) Grim. Str. 5.
[4]) »Goden«: Mogk S. 322.    [5]) Siehe u.
[6]) Preller 2, 138; vgl. 1, 169.
[7]) Haltlos scheint der Versuch von Detter und Heinzel (PBB. 18, 560), ihn mit Lödur (s. u.) zu identifizieren.
[8]) Mit Mogk S. 319.

sächsisch *fréa Ingwina* »Herr der Ingvaeonen«, *Ingvina árfreyr* »Gott der Fruchtbarkeit bei den Ingvaeonen«[1]): die Erinnerung an die lokale Gebundenheit des Dämons hat sich bei diesem ältesten Kultgott der Germanen merkwürdig lange erhalten. — Andere Ehrentitel heben seine besondere Beziehung zu der kollektiv gefaßten Menschheit (dem ackerbautreibenden Volk) hervor: *folkvaldi goda*[2]): »Herr, Vertreter der Menschen bei den Göttern«[3]); *veraldar god,* »Gott aller jetzt lebenden Menschen[4]). Dieser letztere Titel geht bei den Lappen angeblich auf Thor über[5]).

In seiner Entwicklung ist also Freyr eine vom Vegetationsdämon zum Gott aufgestiegene Gottheit. Er bildet mit Njörd und Freyja, die mit ihm aufs engste znsammengehören, die Gruppe der Wanen, der lichten Kulturgottheiten von westlichem Ursprung; die Verschiedenheit von den auf urgermanischem Boden wurzelnden Asen wird deutlich empfunden und bildet ein weiteres Argument gegen Freys Ableitung von dem urgermanischen Haupt-Asen Tyr. Der Ackerbaudämon wird zum Gott des Friedens und damit zum Spender von »Glück«, d. h. Wohlstand, Reichtum, Ordnung. Freys Friede ist in Schweden sprichwörtlich, wie der Fródis in Dänemark[6]). Als Gott der Erdkultur bringt er auch Regen und Sonnenschein und günstigen Wind[7]). — Gelegentlich wird er, wie alle Spezialpatrone, aus seiner schimmernden Funktion heraus auch Kriegsgott[8]), was man nicht auf eine ältere Funktion zurückbeziehen darf.

Der Gott der Fruchtbarkeit erscheint wie seinesgleichen in aller Welt, *cum ingenti priapo*[9]). Seine freundliche heitere Art wird besonders betont. — Unter seinen Attributen ist das älteste eben der Phallus selbst, nachgebildet in den »heiligen weißen Steinen« in norwegischen Distrikten[10]). Aber alt scheint auch das Schwert — womit meines Erachtens die

---

[1]) Kock; vgl. Mogk S. 320, Golther S. 233.
[2]) Skirn. Str. 3.
[3]) Denn »Fürst der Götter, wie Gering S. 52 übersetzt, ist er nie gewesen; Skírn. Str. 3 hebt eben hervor, daß der Gott — der nach Str. 6 eine Riesin liebt — unter den Göttern den Sterblichen am nächsten steht; *folk* bedeutet »Volk als politischer Verband« (Gering, Vollständ. Wörterbuch zu d. Liedern d. Edda, Halle 1903, S. 281).
[4]) Anders Mogk S. 322.
[5]) Krohn, Lappische Beitr. zur germ. Mythol.: Finnisch-ugrische Forschungen 1908, S. 169.
[6]) Mogk S. 322. — Auch Janus, dessen Tempelschließung für glückliche Zeiten bezeichnend ist, wird (Wissowa S. 95) mit Unrecht als ursprünglicher Sonnen- oder Himmelsgott gedacht.
[7]) Gylf. cap. 24 — Gering S. 318.
[8]) Lok. Str. 37; vgl. Mogk S. 322.
[9]) Adam von Bremen cap. 4.
[10]) Vgl. Mogk, Menschenopfer, S. 634.

## § 17. Hauptgötter.

Identität Freys mit Odin [1]) schon ohne weiteres ausgeschlossen ist: der Speergott ist nirgends auch Schwertgott! Dies Schwert schwingt sich (märchenhaft) von selbst [2]), womit wohl nur seine Trefflichkeit ausgedrückt ist. (Im Stil der alten Mythendeutung könnte etwa das automatisch wirkende Gesetz verstanden werden!) Wenn Loki [3]) behauptet, Frey habe sein Schwert verschenkt, um Gerd zu erlangen, so liegt möglicherweise nur eine falsche Interpretation von Skírn. Str. 25 vor [4]); oder aber wieder ein späterer Legendenzug, der Freys Opferbereitschaft in Form einer symbolischen Handlung ausdrückt. Die spätere Spekulation folgert dann daraus, daß er am jüngsten Tag ohne Schwert kämpfen muß [5]). — Mogk [6]) bezieht auch dies Schwert auf Tyr; aber von Tyrs Schwert wird nichts Zauberhaftes ausgesagt [7]).

Frey erscheint (wie Ing, aber auch wie Thor) im Wagen fahrend, von einem Eber mit goldenen Borsten *(Gullinbursti,* Symbol des fruchtbaren Ackers) gezogen. Doch ist er auch [8]) der beste aller Reiter, vielleicht auch, nachdem er eine Lieblingsgestalt der Wikingerphantasie geworden war.

Der Hauptsitz seines Kults ist Schweden, wo in Altuppsala sein berühmter Tempel steht mit seinem Götterbild zwischen denen von Thor und Odin: er also als Hauptgott über den anderen Hauptgöttern [9]). Seine besonderen Verehrer sind die schwedischen Könige; deshalb heißt er auch *Svía god*, Schwedengott. Die Schweden hatten die kulturelle Führung im Norden [10]) und zuerst feste staatliche Ordnung. Von hier geht seine Verehrung (d. h. sein Kult als des Hauptgottes) zu den Norwegern in die Provinz Drontheim, wo ein Tempel für die ganze »Amphiktyonie« [11]) mit geweihten Rossen (wie bei Tyr) steht [12]) und das Volk ihn um Frieden und Fruchtbarkeit anruft, sowie um die Zukunft befragt. Von Norwegen geht der Kult nach Island, wo Hrafnkell [13]) ihm

[1]) Mit der auch Mogk in seiner wichtigen Untersuchung über die Germ. Menschenopfer operiert: ebd. S. 635.
[2]) Skírn. Str. 9.
[3]) Lok. Str. 42. Wie die Zeile »*Mit Gold erwarbst du Gymirs Tochter*« direkt auf Skírn. Str. 19 zurückgehen kann.
[4]) Gylf. cap. 37: Gering S. 329, und cap. 51: Gering S. 349.
[5]) a. a. O. S. 321.
[6]) a. a. O. S. 224.
[7]) Vielleicht ist bei Frey an ein Sichelschwert zu denken, wie es Ammon-Re besitzt? Erman, Ägypt. Rel., S. 61.
[8]) Meyer S. 366.
[9]) Adam von Bremen beschreibt ihn kurz vor 1000; vgl. Mogk S. 367; Ph. W. Kohlmann, Adam von Bremen, Leipzig 1908, S. 1f.
[10]) Olrik, Nordisches Geistesleben, S. 1.
[11]) Mogk S. 319.
[12]) Golther S. 229.  [13]) Ebd. S. 226.

einen Tempel errichtet, Thorkell[1]) ihm einen Ochsen opfert, so daß Frey
in Familien mit Wodansreligion (Hrafnkell nach dem heiligen Raben benannt) und Thorverehrung (der theophore Name Thorkell; ebenso Thorgrim) den Sieg davongetragen zu haben scheint. Thorgrim opfert ihm
regelmäßig und Frey zeigt sich dankbar, indem er die Umgebung seines
Grabhügels vor Sonne und Frost schützt, d. h. fruchtbar erhält[2]). Überhaupt ist er der eigentliche »Opfergott«, weil seine Gunst der Einzelne
unmittelbar erprobt; seine Lieblinge bilden eine eigene Kategorie und
nennen sich selbst *Freys vinir* (angelsächsisch *Fréavine*, althochdeutsch
*Frówin*)[3]). Daher entwickelt sich auch gerade ihm gegenüber besonders
deutlich das naive Gegenseitigkeitsverhältnis. »Wir haben dem Frey
lang gedient«, sagen 998 die Männer von Throndheim zu König Olaf,
»und er hat sich uns gegenüber bewährt. Oft hat er mit uns gesprochen
und uns die Zukunft vorher gesagt; und Frieden und Fülle hat er uns
verliehen.«

Ihm gilt auch das große Winteropfer: an seinem Tempel[4]) wird dann
sein Bild umhergefahren[5]): in Form einer »heiligen Handlung« wird
seine ursprüngliche Ankunft (auf Ings Wagen in der Fahrt von West
nach Ost) nachgebildet[6]).

Ein Beweis für die Verbreitung seines Kultes sind die kleinen Frey-
bilder, wie das silberne, das ein nordischer Wiking von König Harald
geschenkt erhält und das sich dann einen Tempelplatz auf Island auswählt[7]).
Auch in Deutschland hat man Spuren seines Kultes[8]) finden wollen, mit
zweifelhaftem Recht[9]). Dagegen ist es sicher, daß sein Bild noch in
christlicher Zeit lebendig war und Wunder wirkte:

Gunnar Helmingr, ein des Totschlags beschuldigter Mann, flüchtete aus
Norwegen nach Schweden. Damals wurde noch den Göttern geopfert, vor allem
dem Frey. Das Götzenbild des Frey redete mit den Leuten, auf Eingebung des
bösen Feindes berichtet der Sagaschreiber, und hatte ein junges Weib zu seinem
Dienst. Sie galt als des Gottes Frau und war über Freys Heiligtum gesetzt.
Gunnar flehte sie um Schutz an. Obwohl der Gott dem Fremdling nicht günstig
schien, behielt ihn die Priesterin doch bei sich. Die Zeit kam heran, da die Frau
das Götzenbild auf einem Wagen im Lande herumführen sollte, damit Frey den
Leuten fruchtbares Jahr bringe. Die Priesterin saß beim Gott auf dem Wagen,
die Dienstleute, unter ihnen Gunnar, gingen zu Fuß voraus. Als sie einmal
übers Gebirge fuhren, erhob sich ein großes Unwetter. Nach und nach ließen

---

[1]) Ebd. S. 227, Mogk S. 322; ebenso Oddr: Golther S. 228.
[2]) Golther S. 227.
[3]) Ebd. [4]) Siehe u.
[5]) Mogk S. 322. 367.
[6]) Golther S. 208 Anm.
[7]) Golther S. 231.
[8]) Im Straßburger Blutsegen: **Müllenhoff und Scherer, Denkmäler IV, 6.**
[9]) Vgl. Golther S. 227 Anm.

alle bis auf Gunnar den Wagen im Stich. Gunnar führte die Zugtiere, als er aber müde wurde, setzte er sich auf den Wagen. Die Frau sagte: Sieh zu, sonst erhebt sich Frey gegen Dich! Gunnar versuchte noch einige Zeit zu gehen, als er aber wieder müde ward, sprach er: So will ichs versuchen, Frey zu widerstehen, wenn er mich angreift. Er ringt mit Frey und ist nahe daran, zu unterliegen. Da gelobt er, nach Norwegen zurückzukehren, mit König Olaf sich zu versöhnen und den wahren Glauben anzunehmen, und es glückt ihm, Frey zu fällen. Der böse Geist lief aus dem Götzenbild, das Gunnar in Stücke schlug. Dann ging er zum Wagen und befahl der Frau, sie solle ihn für den Gott ausgeben, wozu sie gern bereit war. So fuhr Gunnar als Frey zu den Leuten. Das Wetter hellte sich auf und sie kamen zu dem Gastgebot, das ihnen angerichtet war. Dort waren viele von den Leuten, die zuvor dem Wagen nachgelaufen waren. Dem Volke dünkte es viel wert, wie Frey seine Macht zeige, daß er in solchem Unwetter, wo alle ihn verließen, doch mit seiner Frau zu den Höfen käme, und daß er nun unter den Leuten wandle und wie andere Menschen trinke. So besuchten sie den Winter über die Gastereien. Frey redete fast allein mit seinem Weib, nur wenig mit anderen, er wollte kein blutiges Opfer annehmen, sondern nur Gold und Silber, schöne Gewänder und andere Kostbarkeiten. Mit der Zeit wurde Freys Weib schwanger. Das galt für ein gutes Zeichen. Die Witterung war gut und alles deutete auf ein fruchtbares Jahr. Weithin verbreitete sich die Kunde, wie mächtig der Schwedengott sich zeige. Auch König Olaf vernahm davon, ihm ahnte die Wahrheit. Er schickte Gunnars Bruder Sigurd nach Schweden, und der erkannte alsbald, wer Frey war. Bei Nacht und Nebel entwich Gunnar mit seinem Weib und allen Kleinodien nach Norwegen und ließ sich dort taufen[1]).

Wie Golther bemerkt, ist der Freykult der Umfahrt mit der Priesterin hier noch in der Erinnerung bewahrt, wenn auch in böswilliger Entstellung[2]).

Geopfert werden ihm (neben dem Pferd und dem Ochsen, den Haustieren des Landmanns) vorzugsweise Eber, als Sinnbild der Fruchtbarkeit. Im Spätwinter zum Opferschmaus wird der größte und schönste Eber dargebracht: *sonargöltr*, der »Herdeneber«[3]). Bei diesem feierlichen Hauptopfer werden Gelübde abgelegt, vorzugsweise wohl um »Glück«[4]). Auch diese Sitte dauert noch lange fort: in Schweden, England, Deutschland ist der Schweinskopf Weihnachtsgericht. »Alt scheint auch der Brauch, Juleber aus Kuchenteig zu backen« — symbolische Opfertiere — »und so unter die Frucht zu reiben, damit die nächste Aussaat kräftig aufgehe«[5]). Dagegen hat die berühmte Eberkopf-Phalanx,

[1]) Golther S. 229.
[2]) Kunstvolle Spekulationen über das »Frey-Ritual« bei Schück, Studier i nordisk Literatur- og Religionshistoria 2, 248f.; vgl. Kauffmann, Arch. f. Rel.-Wissensch. 11, 116.
[3]) Sievers, PBB. 16, 542; früher nach Analogie der »Sündenböcke«, vgl. Frazer 2, 194f., fälschlich als »Sühneber« gefaßt, während er doch nur um Fruchtbarkeit geopfert wird.
[4]) Helg. Hjörv. zu Str. 31.
[5]) Meyer S. 327.

haben die Eberhelme der Angelsachsen, haben Namen wie *Hildisvín* und *Hildigöltr, Kriegseber*¹), mit dem Friedensgott schwerlich etwas zu schaffen.

Später wird er noch als Schutzherr der Hügelgräber angesehen²); wohl weil er zum Gott der Erde geworden war. Schwerlich wird das Beisetzen unter der Erde mit dem Ausstreuen der Saat verglichen.

Von der jüngeren Mythenbildung wird Frey als Spender des Reichtums ein Liebling, auch der vom Ackerbau zum Raubzug flüchtenden Wikinger. In diesen Kreisen scheint sich der von Gold und Glanz starrende Schatz Freyrs angehäuft zu haben³). Der Eber, einst vielleicht Bild des Dämon Freyrs⁴), erhält goldene Borsten⁵), und sein Glanz, wie der von Freys Schwert, erhellt die Nacht. Das Schiff Skidbladnir⁶), von den Zwergen verfertigt und von Loki dem Freyr gegeben⁷), hat stets günstigen Fahrwind und jede gewünschte Form⁸). Schließlich wird ihm auch noch der tropfende Ring Draupnir zugeteilt⁹), den eigentlich Odin erhielt¹⁰), und die Äpfel der Idun¹¹) — der Reiche kann alles haben. Meyer¹²) deutet das ins einzelne naturmythisch aus; besser betont man wohl nur den Gesamtcharakter: es sind lauter »Glücksgaben« märchenhafter Art, die ein paradiesisches Schlaraffenland darstellen, in dem sich das Schwert von selbst schwingt, der Ring sich von selbst mehrt, das Schiff seinen Wind und seinen Raum selbst bestimmt, gerade wie auch die Ähren auf unbesäetem Acker wachsen werden¹³).

Nur aus Anspielungen wissen wir, daß Freyr »der weiße Würger des Beli«¹⁴) war. Er soll ihn mit der Faust erschlagen haben, weil er sein Schwert dem Skirnir gegeben hatte¹⁵). Dagegen streitet, daß Gerd¹⁶) in Skirnir, der auf dem Vorplatz steht, ihres Bruders Mörder fürchtet;

---

¹) Golther S. 224.
²) Chadwick, The cult of Odin, S. 59f.; vgl. die Legende von Thorgrim o. S. 200.
³) Vgl. v. d. Leyen S. 56f.
⁴) Wie des keltischen Moccus; Anwyl, Celtic Religion, S. 30, vgl. S. 24.
⁵) Gylf. cap. 49: Gering S. 345; vgl. Meyer S. 158.
⁶) Vgl. o. S. 197.
⁷) Gylf. cap. 43: Gering S. 333; Skáldskap. cap. 3: Gering S. 365.
⁸) Vgl. Meyer S. 159.
⁹) Skirn. Str. 21.
¹⁰) Meyer S. 158.
¹¹) Skirn. Str. 19.
¹²) S. 159.
¹³) Völ. Str. 62.
¹⁴) Völ. Str. 53.
¹⁵) Gylf. cap. 37: Gering S. 329.
¹⁶) Skirn. Str. 16.

## § 17. Hauptgötter.

oder ist ihr prophezeit, daß ihn ein Reiter töten wird[1]), und wehrt sie sich deshalb so heftig gegen den Fremdling, der sie mit goldenen Äpfeln bestechen will[2])? Beli war jedenfalls ein Riese, mit dem Freyr ringen mußte wie Thor mit Hrungnir[3]), woraus dann vielleicht die Legende entstand, er habe zweimal ohne Schwert kämpfen müssen. — Derartige Mythen, die die Götter noch in einem rohen Ringkampf zeigen[4]), haben immer die Annahme hohen Alters für sich. So muß auch Beowulf mit dem Ungeheuer ringen. Die älteste Vorstellung ist die, daß das Schwert gegen Dämonen versagt[5]); daraus entwickelt sich dann ein ätiologischer Mythus vom Verlieren des Schwertes bei Frey (wie bei Rüdiger von Bechelaren?), des Hammers bei Thor. So muß auch Tyr dem Fenriswolf in den Rachen greifen. — Da einmal der Mörder Belis besonders »der glänzende« heißt[6]), war wohl Beli ein dunkler Dämon, den der helle Fruchtbarkeitsdämon töten mußte.

Emanationen Freys sind seine Diener: Byggwir und Beyla[7]), wohl nichts anderes als der typische »Oberknecht« des Ackerbaugottes und die »mistbesudelte« Magd[8]).

Wohl nur aus der Anlehnung an die Heldensage ist Skirnir geboren[9]), der die Erntejungfrau Gerd aus der Gewalt der Reifriesen befreit(?): das Gedicht Skirnisför bringt jedenfalls den Mythus in rein novellistischer Form. Das erotische Moment lag bei dem Gott der Fruchtbarkeit nahe. — Nachher wird Skirnir allgemeiner Götterbote[10]). Olrik[11]) hält solche Götterdiener für eine typische Erscheinung und vergleicht Thors Thjálfi und Freys Byggwir, der aber doch nur schlecht bezeugt ist[12]).

[1]) Skirn. Str. 15.
[2]) Str. 19; wie Eriphyle durch Gold bestochen wird: Preller 2, 351.
[3]) Skáldsk. cap. 1: Gering S. 360.
[4]) Vgl. z. B. den Kampf Indras mit Vritra Macdonell S. 60; doch wandelt auch dieser sich in einen Fernkampf wie der Apollons mit Python, Preller 1, 239. 287.
[5]) Brandl in Pauls Grundriß ² 2, 995.
[6]) Vol. Str. 53; nicht in dem Fragment bei Heinzel-Detter 1, 195, wo sein Roß »mit blutigen Hufen« erwähnt wird.
[7]) Lok. Str. 43—46. 56; vgl. Golther S. 234.
[8]) Oder ist an Consus und Ops zu erinnern, die uralten römischen »Götter des Erntesegens« (Wissowa S. 166)? Daß der Altar des Consus unterirdisch war, weil man das Getreide unter der Erde bewahrte, könnte mit Lokis Spott (Str. 46) gemeint sein: »im Stroh des Estrichs lagst du versteckt, als die Krieger zogen zum Kampf«. Die Alliteration der Namen entspräche der von Consus und Ops Consiva (Wissowa S. 168).
[9]) Doch vgl. Mogk S. 321 nach Niedner, Zschr. f. d. Alt. 30, 135 f.
[10]) Gylf. cap. 34: Gering S. 324.
[11]) Danske Studier 2, 139.
[12]) Vgl. allgemein o. S. 42.

## Njörd[1].

Njörd bietet — vielleicht neben Balder — das schwierigste Problem der altgermanischen Mythologie, gerade auch deshalb, weil neben den dunklen Punkten völlig helle liegen. Dazu gehört vor allem der **Zusammenhang mit Frey**. »Njörds Wesen deckt sich mit Freyr«, wie Golther[2]) grammatisch anfechtbar, inhaltlich zutreffend sagt. Die alte Mythologie erkennt das noch in ihrer Weise an: sie macht Njörd zum Vater des Freyr, d. h. sie sieht die beiden Gestalten als wesensgleich an, Freyr aber als die jüngere Entwicklung. — Freyr und Njörd werden fast stets zusammengenannt und »durch prädikativen Singular gewissermaßen als Einheit aufgefaßt«[3]), wie indisch Mitra und Varuna. Sie sollen Reichtum spenden; sie werden bei Schwur und Gelübde gemeinschaftlich angerufen. Sie besitzen gemeinschaftliche Haine und Ortschaften[4]) »hauptsächlich in Uppland, in Schweden und den angrenzenden Gauen und einem großen Teile Norwegens, namentlich im Throndheimer Gebiete.« Natürlich gibt es auch Stätten, in denen (wie sonst der im Norden mächtigere Frey) Njörd dominiert, so[5]) die Insel Njardarlog mit einem heiligen See[6]). »Reich wie Njörd«, eine sprichwörtliche Wendung, bezeichnet auch ihn wie Freyr als Herrn des Reichtums. — Endlich bilden die beiden mit (der sekundären) Freya die Gruppe der Wanen, der Kulturgötter von Westen.

Njörd ist aber weiter auch ohne Zweifel **identisch** mit der **Nerthus des Tacitus**[7]). Dieser berichtet von einer Reihe die Langobarden umwohnender Stämme: »sie haben nichts gemein, außer daß sie einen gemeinschaftlichen Kult der Nerthus, d. h. der Mutter Erde, besitzen und meinen sie greife in die Angelegenheiten des Einzelnen wie der Völker ein. In einer Insel des Ozeans ist ein unberührbarer Hain (*castum nemus*: der Hain ist *tabu*); in ihm ein geweihter Wagen, mit einem Kleid überdeckt. Nur der Priester darf ihn berühren. Dieser erkennt die Herankunft der Göttin und folgt verehrungsvoll ihrer Umfahrt, die mit Kühen geschieht. Dann sind Festtage, und jeder Ort feiert, den sie ihrer Ankunft oder gar ihres Aufenthaltes würdigt. Dann wird kein Krieg begonnen, die Waffen ruhen; alles Eisen liegt versperrt; dann, nur dann kennt und liebt man den Frieden. Bis derselbe Priester die Göttin, die des Verkehrs mit den Sterblichen ersättigt ist, wieder in den Tempel bringt; dann werden Wagen und Kleider und, wenn man das glauben darf, die Gottheit selbst in einem verborgenen See abgewaschen. Sklaven leisten

---

[1]) Meyer S. 363; Mogk S. 323; Golther S. 218f., 238f.; M. Olsen, Det gamle norske önavn Njardarlog, Christiania 1905.
[2]) S. 225.    [3]) Mogk a. a. O.
[4]) Mogk S. 323.    [5]) Olsen S. 13.
[6]) a. a. O. S. 15.    [7]) Germ. cap. 40.

## § 17. Hauptgötter.

dabei Dienste, die dann gleich der See verschlingt. Das bringt einen geheimen Schrecken hervor und ein frommes Bangen: was das wohl sein möge, was man nicht sehen darf, ohne zu sterben [1]). An der Deutung der Nerthus als *Terra mater* liegt kein Grund vor zu zweifeln; das gleiche ist gemeint, wenn Tacitus [2]) einen Teil der Sueben der Isis opfern läßt. Auch ist die Bedeutung dieses Zeremoniells längst mit Sicherheit gedeutet. Nur muß man bei Isis, Nerthus, Terra mater nicht an eine Gottheit der abstrakten, dem »Himmel« adäquaten »Erde« denken, sondern an die »Göttin des Saatfeldes«, das den Samen aufnimmt und in seinem Schoße sich entwickeln läßt [3]).

Die Göttin der fruchtbaren Erde ist an irgendeiner Stätte zu den Menschen gekommen; diese Stätte ist dadurch geheiligt. Sie liegt an einem See, gewiß weil die Göttin mit ihrem Wagen über das Wasser an die »Schiffsstätte« [4]) gefahren kam — wie Ing-Frey. Dieser Wagen ist der Fetisch, dem zu Ehren Priesterschaft und Fest gegründet sind [5]). Aus bestimmten Merkmalen, etwa dem Sprossen des ersten Grün, schließt der Priester, die unsichtbare Gottheit habe sich auf den Wagen niedergelassen, der sonst unberührt dasteht, mit Kleidern (und Zierrat) bedeckt wie andere Fetische [6]). Sobald diese Zeichen sich gezeigt haben, wird in Form der heiligen Handlung der erstmalige Umzug der befruchtenden Göttin wiederholt. Wohin sie kommt, dahin bringt sie den Segen der Fruchtbarkeit [7]). Dies ist heilige Zeit: die Göttin bringt den Frieden Freys. Endlich ist der Umzug vollendet und im Allerheiligsten des Tempels findet eine Schlußzeremonie statt. Die Analogie anderer Kultusgebräuche läßt vermuten, daß ein Sklave als Stellvertreter des männlichen Fruchtbarkeitsgottes mit dem Symbol der Göttin — etwa einem Baumstumpf mit Andeutung

---

[1]) Mannhardt und nach ihm neuerdings Mogk (Menschenopfer S. 631) haben den Bericht des Tacitus beanstandet: er sei durch die römischen Opferfeste der Magna Mater beeinflußt. Mir scheint kein Grund, an der kultischen Übereinstimmung gerade hier zu zweifeln, wo an sich nicht unwahrscheinliche Berichte durch die Analogie der späteren Frey-Umzüge gestützt werden.

[2]) Germ. cap. 9.

[3]) Wissowa S. 159; Dieterich, Mutter Erde, scheidet beide Anschauungen nicht immer streng genug. Die abstrakte Erdgöttin z. B. indisch Prthivi (Macdonell S. 88), griechisch Gaea (Preller 1, 634); ihr entspricht altgermanisch Jörd (siehe u.).

[4]) Noatún Grim. Str. 16 = Asciburgium, siehe o. S. 193.

[5]) Es ist der »leere Götterthron«, auf den sie sich wieder niederlassen soll wie Jahve auf seine Lade (Dibelius, Die Lade Jahves, S. 5, vgl. 27; übrigens wird Jahves »tragbarer Thron« — S. 46 — auch »Wagen« genannt, vgl. S. 43).

[6]) Siehe o. S. 30.

[7]) Sie befruchtet das Land, wie der umherziehende Faunus die Frauen, die er berührt oder durch seine Diener berühren läßt; Wissowa S. 173.

weiblicher Geschlechtsteile — einen ἱερὸς γάμος [1]) vornehmen mußte, um die Göttin und durch sie das Land zu befruchten; danach wurde er getötet. Eine Reinigungszeremonie mag die Feier beendigt haben [2]). Der weiblichen Nerthus steht nun der männliche Njörd gegenüber, der aber noch immer einen femininen Namen hat und merkwürdigerweise eine Gattin mit masculinem Namen und Wesen — Skadi. — Olrik erklärte Njörd früher für einen alten Sturmgott, den lappischen Biggagalles [3]), den die ursprünglich nicht seefahrenden Lappen übernommen hätten [4]); doch scheint er ihn jetzt auch nur als »Gott der Seefahrer und des Wohlstandes« anzusehen [5]), und sollte ein solcher sich aus einem Sturmgott entwickeln können, der nur zu schaden versteht [6]), nicht zu nützen? — Endlich Mogk [7]) deutet den Ritus als Regenzauber, wozu meines Erachtens die ganze feierliche Haltung nicht paßt: der Regenzauber scheint überall einen fröhlichen Charakter zu haben und durchaus weder Priester- noch Menschenopfer zu erfordern. Sein Charakteristikum ist besonders die Nacktheit [8]).

[1]) Vgl. z. B. Eisler, Südd. Monatsh. Dez. 1909 S. 646.
[2]) Die letzten Vermutungen stützen sich auf die vielfachen neueren Beobachtungen über Befruchtungszauber; vgl. z. B. 1. Moses 30, 3, wo Bilha auf Rahels Schoß gebären soll, um sie fruchtbar zu machen, und allgemein Dieterich, Mutter Erde; dagegen wurde die Bedeutung des Umzugs auf Grund anderer solcher Umzüge von Vegetationsdämonen schon von Mannhardt, Wald- und Feldkulte 1, 567f. erkannt. — Schücks Auffassung der Nerthus als einer chthonischen Gottheit (Studier i Nordisk Literatur- og Religionshistoria 1, 115f.) kann ich mich so wenig wie den anderen Spekulationen seines Göttermets anschließen. Vgl. übrigens schon Koegel, Gesch. d. d. Lit. 1, 21f.: die Göttin der Fruchtbarkeit kehre in die Unterwelt zurück. Aber Persephone wird geraubt, Nerthus kommt und geht freiwillig. Allerdings stützt sich die chthonische Deutung auf beachtenswerte Etymologien: Noreen (Abriß d. urgerm. Lautlehre S. 209) und Kögel (Gesch. d. d. Lit. 1, 22) stellen Nerthus mit νέρτεροι, »untere Götter, Götter der Unterwelt«, zusammen. Dies hat Leitzmann (PBB. 32, 60f.) aufgenommen und von hier das dunkle angelsächsische Wort neorxnawong für das Paradies geistreich als »Wiese der Unterirdischen« gedeutet (S. 65). Nur wage ich einer Etymologie noch nicht beizustimmen, gegen die die Beziehungen von Nerthus—Njörd zu dem priapischen Gott Frey so kräftig zu sprechen scheinen. Die Erdgöttin ist freilich als solche in gewissem Sinne immer chthonisch; ihre Kraft wohnt unter der Erdoberfläche; aber im theologischen Sinn darf so bloß eine Gottheit heißen, deren Wirken an die Unterwelt gebannt ist.
[3]) Danske Studier 2, 51f., vgl. S. 42; dazu Olsen a. a. O. S. 27 Anm.
[4]) Vgl. K. Krohn, Finnisch-ugrische Forschungen 1908, S. 173.
[5]) Olrik, Nordisches Geistesleben, S. 36.
[6]) Lappischer Windzauber bei Krohn a. a. O.
[7]) Menschenopfer S. 632.
[8]) Weinhold, Zur Geschichte des heidnischen Ritus, Berliner Sitzungsberichte 1896, S. 1—50.

## § 17. Hauptgötter.

Der gemeinschaftliche Name altgermanisch *nerthus* ist noch nicht sicher erklärt; *nertu*, »guter Wille« [1]? keltisch *nerth*, »Kraft, Macht?« [2]. Wahrscheinlich ist es, wie *Frey*, ein eukomiastischer Titel. Die Göttin Nerthus hat einen Priester zur Seite, der Gott Frey eine Priesterin [3]. Offenbar war früh aus einem doppelgeschlechtigen Vegetationsdämon ein Paar geworden, wie gerade unter diesen häufiger [4]. Die ursprüngliche Einheit wird noch gefühlt, wenn »Frey und Njörd durch prädikativen Singular gewissermaßen als Einheit aufgefaßt werden« [5]. Nach der Spaltung muß jedesmal Priester oder Priesterin den fehlenden Teil ersetzen; in der Legende von Gunnar Helmingr [6] sitzt die Priesterin bei dem Gott auf dem Wagen, wie bei Tacitus der Priester die Göttin begleitet. Ursprünglich hatten wohl sie die heilige Hochzeit zu vollziehen, die dann wegen des privilegium odiosum der ihr folgenden Opferung auf Sklaven abgewälzt wurde.

Wir nehmen also an: Frey ist ursprünglich mit Njörd-Nerthus identisch. Wie kommt es aber zu der Spaltung [7]?

Es ist oft betont worden, daß wir hier den ersten ausgebildeten Kult bei den Germanen treffen. Bei Tacitus begegnen hier zuerst Priester und feierlicher Ritus; beides bleibt bei Frey gewahrt, weit über die allgemein üblichen Maifeste heraus. Besonders wichtig ist ferner die Zentralisierung

[1] Golther S. 219. [2] Mogk S. 367.
[3] Vgl. Golther a. a. O. Ähnlich durften dem Fest des Faunus keine Weiber, dem der Fauna keine Männer beiwohnen: Wissowa S. 147.
[4] Römisch Pales männlich und weiblich, Pomonus und Pomona: Wissowa S. 165; auch Isis und Osiris (Erman, Ägypt. Rel., S. 34) sind Geschwistergatten wie »Njörd mit seiner Schwester den Frey erzeugt« (Golther S. 219). Man denke auch an indisch Yama-Yamî.
[5] Mogk S. 323, wie Indravaruna indisch; schon urarisch: Ed. Meyer, Gesch. d. Alt. ² 1, 2; S. 580.
[6] Siehe o. S. 200.
[7] Axel Kocks Versuch, eine Entstehung des männlichen Njörd aus der weiblichen Nerthus auf rein grammatische Weise zu erklären (Ztschr. f. d. Phil. 28, 289 f.), ist wohl außer von Krohn (Finnische Beitr. zur Germ. Myth. S. 244) von niemandem gebilligt worden. Wie viele Eigennamen mit weiblichen Endungen führen z. B. bei den Römern Männer! Eher könnte man noch an eine ikonische Mythe denken: wie der *sacerdos muliebri ornatu* bei den Nahanarvalen (Germ. cap. 43) oder wie jenes Kultbild des in wallende Kleider gehüllten Christus, aus dem die Kümmernis-Legende entstand (vgl. Bernoulli, Heilige der Merowinger, S. 172) zu Umdeutungen aus dem männlichen ins weibliche Geschlecht, so könnte eine rohe alte Fetischgestalt zu entgegengesetzter »Motion« geführt haben. Indes wir haben hierfür keinen Anhalt; auch würde ich mich wohl trauen, einzelne Mythen, nicht aber ganze Göttergestalten so abzuleiten. — Ob der feminine Name neben dem masculinen, wie (mit anderer Entwicklung) Freyja neben Frey noch lebte, als Loki seine Schelte (Lok. Str. 32. 36) sprach?

des Kults bei Nerthus wie bei Frey in Uppsala — die anderen Tempel erscheinen nur als dessen Ableger, etwa wie im Frankenreich die Martinskirche von Tours dominiert [1]). Sollten diese sonst verfrühten Erscheinungen nicht auf fremden Einfluß zurückgehen? Olsen meint, daß die Charuden den Nerthuskult nach Hordeland getragen und dort die Ursprungstätte an einem heiligen See Vévatn [2]) nachgebildet haben; aber ebenso könnte schon der Taciteische Brauch Nachbildung sein. Sein merkwürdiges Fortleben — noch im 12. Jahrhundert fährt in den Niederlanden der Maiwagen um [3]) — beweist hohes Alter nicht für die rituellen Einzelheiten, nur für die Frühlingsfeier als solche. Seefahrer und Fischer rufen vorzugsweise Njörd an; Beherrscherin des Meeres und Beschützerin der Seefahrer ist Isis [4]), zu Tacitus Zeit längst in Rom rezipiert samt ihrem Frühlingsfest mit dem Prunkschiff an der Tibermündung. Ebenso fährt die Terra Mater am 27. März mit Rindern um. Weshalb also den Tacitus anzweifeln, der [5]) erzählt: »*pars Sueborum et Isidi sacrificat; unde causa et origo peregrino sacro parum comperi, nisi quod signum ipsum in modum liburnae figuratum docet advectam religionem?*« Irgendeine derartige Gottheit, deren Attribute, deren Wirksamkeit und deren mannweibliche Art an Ing-Frey erinnerten, wurde von den Germanen rezipiert und als weibliche Hypostase des Fruchtbarkeitsgottes verehrt. So wäre denn bei der altgermanischen »Erdgöttin« [6]) die Zentralisation des Kultes, die Bewahrung eines festen Rituals, und als beider Wirkung und Förderung zugleich die Einsetzung von Priestern zu erklären, wobei nochmals daran erinnert sei, daß die isländischen Goden sich nach Frey benannten.

Dieser Kult baut sich also auf alter dämonischer Grundlage (Umzug) unter Benutzung fremder Riten (Priestertum; ἱερὸς γάμος? Ablution) auf. Da Njörd und Frey identisch sind, ist ihr Kult es auch: Njörd ist nach unserer Meinung nur der Name, den Frey als Gatte der Nerthus führt, nachdem diese von ihm differenziert worden war. Daneben besteht der alte männliche Frey fort. Wie er in Uppsala seinen Tempel hat, besitzt Njörd seinen heiligen Hain als zentrale Kultusstätte [7]) vielleicht auf Seeland, der Insel der Gefjon [8]). Mogk [9]) deutet den Bericht des Tacitus auf Menschen-

[1]) Bernoulli, Die Heiligen der Merovinger, S. 222 f.
[2]) a. a. O. S. 23.
[3]) Für spätere Bräuche vgl. Meyer S. 331, Mogk S. 368.
[4]) Wissowa S. 295.
[5]) Germ. cap. 9.
[6]) Mogk S. 367, Golther S. 456, Meyer S. 420.
[7]) Nach Much, PBB. 17, 195 vgl. Mogk S. 367; ders. Menschenopfer S. 632 f.
[8]) Die starke Verbreitung seines Kults bezeugt die Interpolation Váf. Str. 38: *Njörd . . . der ob tausend Altaren und Tempeln waltet.*
[9]) S. 367.

## § 17. Hauptgötter.

opfer, was über das Opfer des Gottes-Stellvertreters heraus nicht richtig zu sein braucht[1]). Die **religionsgeschichtliche Stellung** der beiden Wanen ist durch den Mythus vom Wanenkrieg[2]) erhärtet. Dieser »älteste Kult, der sich im mittleren Skandinavien klar erkennen läßt«, ist dort jünger als die Thor-Religion, älter als die Odins und hat wohl auch eine nationale Färbung: Schwedengötter gegen norwegisch-dänische Gottheiten[3]). Daß der Kult von Njörd und Frey zu den Finnen gedrungen ist, hat zwar nichts Uuwahrscheinliches, ist aber meines Erachtens durch K. Krohn[4]) nicht bewiesen worden. Eher könnten die Beziehungen der Skadi[5]) auf einen mythologisch-kultischen Tauschverkehr schließen lassen. Beide Götter haben vielleicht auf eine Gestalt des finnischen Kalewala gewirkt[6]). Eine Emanation der Nerthus scheint **Nehalennia**[7]).

### Skadi[8]).

Skadi gehört wieder zu Njörd, wie dieser zu Frey. Nach altnordischen Berichten — und sie ist nur in Skandinavien verehrt worden — ist sie eine Tochter des Riesen Thjazi[9]); deshalb wohnt sie auch später in der Riesenwelt Thrymheim[10]). Sie ist als Geisel ausgetauscht worden, als die Asen ihren Vater getötet hatten. Aber in Wirklichkeit ist sie eine finnische Göttin[11]). Der norwegische Mythus läßt die als Mannweib gedachte und daher masculinisch, wohl im Sinne von altsächsisch *scatho*, angelsächsisch *sceada latro, hostis* benannte Göttin Skadi im alten Reiche ihres Vaters, des Riesen Thjazi, auf dem Gebirge ganz nach Finnenart als Jägerin auf Schneeschuhen hausen. Als Vertreterin des Finnentums wird sie angesehen, wenn sie mit Odin außer anderen Ahnen edler Geschlechter vor allem den Sämi.ig, den Ahnen der Herrscher von Halogaland, also derjenigen Landschaft, wo Lappen und Germanen zusammen lebten wie

---

[1]) Der berühmte Sonnenwagen aus der älteren Bronzezeit (S. Müller, Urgeschichte Europas, S. 117) könnte allenfalls auch den Wagen der Nerthus vorstellen und die vergoldete Scheibe die ährentragende Erde; nur ist das vorgespannte Tier ein Roß und keine Kuh.
[2]) Siehe u. § 28.
[3]) Vgl. Mogk S. 323, Golther S. 121 f.
[4]) Finnische Beitr. zur germ. Mythol., Helsingfors 1906, S. 244 f.
[5]) Siehe u.
[6]) K. Krohn, Finnische Beitr. zur germ. Mythol., Helsingfors 1906, S. 231 f.
[7]) Siehe u.
[8]) Golther S. 238. 480; Meyer S. 363; Mogk S. 311.
[9]) Mogk S. 311.
[10]) Ebd. S. 329.
[11]) Wie schon W. Müller (Mythol. der Heldensage, S. 101) und besonders Müllenhoff (D. Alt. 2, 55 f.; vgl. Golther S. 481) ausführten.

nirgendwo sonst, erzeugt haben soll. Denn altnordisch *Sámr* ... scheint durchaus dasselbe mit lappisch *Sabme* plur. *Samek,* wie die Lappen sich selbst benennen ... [1]). In diesen Mythen tritt uns unverkennbar die Ansicht entgegen, daß Lappen und Finnen die älteste Bevölkerung des Landes waren, die durch die im Dienste der Asen und Wanen stehende der Nordmannen zurückgedrängt wurde.« Ein Mythus aus dem Kampf zwischen finnischen und germanischen Gottheiten wäre dann also wohl mit dem Mythus vom Krieg zwischen Asen und Wanen kontaminiert worden.

Skadi begegnet auch als Windname [2]) und ist von Much [3]) gewiß zutreffend als die Verkörperung des aus dem Norden einfallenden kalten Windes gedeutet worden. Sie wäre also ursprünglich eine finnische Göttin, die dem wilden Eiswind gebietet, und vor der das Schiff geschirmt werden muß [4]), Frey aber gibt günstigen Fahrwind (Skidbladnir!). Nun ist mit ihr ein seltsamer Mythus verbunden: der von der Mißehe mit Njörd. Sie verträgt die Küste mit den krächzenden Vögeln nicht, er nicht die Berge mit dem Geheul der Wölfe. Deshalb vergleichen sie sich dahin, daß sie neun Nächte in der Riesenheimat wohnt und dann drei in Noatún. Ein seltsamer Ausgleich! Bliebe sie fort, wie die Schwanenjungfrauen, wäre es verständlicher. Denn wenn Persephone einen Teil des Jahres an die Oberwelt zurückkehren darf [5]), so ist das anders: die Teilung des Aufenthalts zwischen Ober- und Unterwelt begegnet auch sonst (man denke nur an die Dioskuren), aber Skadi ist keine chthonische Gottheit, und dieser Ortswechsel läßt sich nicht so auslegen. Ich habe deshalb [6]) an eine ikonische Mythe gedacht: Überführung eines Götzenbildes der Finnen nach Noatún, das dann nach einem Krieg die Residenz bei Finnen und Germanen teilte. Ursprünglich würde es sich wohl aber um einen Austausch gehandelt haben, wie Loki [7]) andeutet: Njörd wurde zu dem Eisriesen geschickt, dessen Töchter ihn verhöhnten [8].

Für singulären Ursprung der Aufnahme Skadis sprechen auch die märchenhaften Züge, die sich daran knüpfen [9]). Ihr Vater soll Idun — eine späte Gottheit — entführt haben; dafür wird er von den Asen getötet: ätiologischer Mythus als Urgeschichte. Nun hat Skadi eine Buße zu fordern: sie darf einen Asen als Gemahl wählen; aber sie soll nur

---

[1]) Doch vgl. Much, Zur Rígsthula, Festschr. f. J. v. Kelle 1, 235 f.
[2]) Mogk S. 307, Meyer S. 236.
[3]) Ztschr. f. d. Alt. 36, 127.
[4]) Háv. Str. 153.
[5]) Preller 1, 763, vgl. 784, auch 405.
[6]) Ztschr. f. d. Phil. 38, 171.
[7]) Lok. Str. 37.
[8]) Anders Golther S. 240.
[9]) Vgl. v. d. Leyen S. 35 f.

§ 17. Hauptgötter. 211

die Füsse der Auszuwählenden sehen. Bei dieser Kotillontour vergreift sie sich und wählt Njörd statt Balder: ätiologischer Mythus zur Erklärung der unglücklichen Ehe[1]). Außerdem werden Thjazis Augen[2]) an den Himmel versetzt. Aber noch bleibt sie finster[3]), bis Loki sie durch einen derben phallischen Schwank zum Lachen bringt[4]). Dies krause Durcheinander scheint sich erst zu lichten, wenn man in der einen Bedingung (Gattenwahl) eine Doublette der anderen (erstes Lachen) sieht. Die Wintergöttin, die die Tochter des strengen, die Götter selbst schaudern lassenden Winters (daher später die verjüngende Idun hineingezogen?) ist, soll zum Lachen gebracht werden: das Lachen der Sonne als Zeichen des Winterendes. Das ward nun wohl bei der heiligen Handlung an ihrem Fest durch groben Spaß bewirkt, der, jedesmal neu improvisiert, die Darstellerin der Skadi zum Lachen reizen mußte[5]); oder auch durch ein Spiel wie die Fußwahl, die vielleicht zuerst zum Bestimmen der »Mailehen« galt: noch jetzt wird die Maifrau im Amte Gifhorn ausgeloost wie sonst ersteigert[6]). Solche Festgebräuche wären dann in den Mythus geraten. »Thjazis Augen« aber waren wohl ein Sternbild, das die Jahreszeit des »Winteraustreibens« anzeigte.

Auf jeden Fall scheint die echte alte Gattin Njörds Gerd[7]) gewesen zu sein, ein riesischer Dämon des Erntefeldes.

Skadi, nach der schwerlich Scadinavia heißt[8]), hat noch weitere Verwandtschaft[9]): ihr Sohn Säming vertritt[10]) die finnische Urbevölkerung, »schwärzlich von Aussehen«.

Weitere Sagen knüpfen sich auch an diese Gestalt. Sie soll mit Loki gebuhlt haben[11]), was sich aber bei allen Göttinnen von selbst versteht; aber sie wird auch zu Lokis Bestrafung in besondere Beziehung gebracht: nur sie beteiligt sich daran (sonst werden nur »die Asen« genannt), indem sie die giftige Schlange über Lokis Antlitz befestigt, deren Gift wieder Sigyn auffängt[12]). Ich habe auch dies[13]) als einen Mythus aufgefaßt, der aus alten Götzenbildern herausgedeutet

[1]) Nach späterem Mythus wird Njörd einst ganz heimkehren, Vaf. Str. 19.
[2]) Wie Aurvandils Zeh, Golther S. 269.
[3]) Als Wintergöttin: Much, Ztschr. f. d. Alt. 36, 126 f.; Mogk S. 351.
[4]) Märchenmotiv von erzwungenem Lachen: v. d. Leyen S. 37. Man denke noch an Mörikes Schöne Lau!
[5]) Vgl. meinen Aufsatz a. a. O. S. 169. Lachen als Teil feierlicher Kultgebräuche kommt z. B. bei den Römern vor; vgl. Diels, Sibyllinische Blätter, S. 69, 2; Wissowa S. 173.
[6]) Meyer, Deutsche Volkskunde, S. 161, vgl. S. 145; ders., Badisches Volksleben, S. 224 f.
[7]) Meyer S. 365 f.
[8]) Müllenhoff, D. Alt. 2, 357 f.
[9]) Golther S. 481.
[10]) Siehe o. S. 210.    [11]) Lok. Str. 52.
[12]) Lok. nach Str. 35.    [13]) a. a. O.

wäre. Daß Loki[1]) bei Thjazis Tod der erste und letzte Angreifer gewesen wäre — er rühmt sich dessen mit trotzigem Hohn wie Hagen vor Kriemhild der Ermordung Siegfrieds — ist dann wohl wieder erfunden, um ihren besonderen Haß auf Loki zu motivieren. Denn bei jenem phallischen Spiel ist ihr ja der Schalk unter den verneinenden Geistern noch keineswegs verhaßt! Anzumerken ist, daß Skadi nicht die einzige Gottheit finnischer Herkunft ist: auch Ullr, Thorgerd, Irpa gehören vielleicht hierher. Viel stärker ist die umgekehrte Beeinflussung[2]).

### Freyja[3]).

Njörds zweites Kind, Freyja[4]), scheint ausschließlich norwegisch-isländisch[5]) und selbst bei den Norwegern noch wenig bekannt. Das Paar Freyr-Freyja ist gewiß nicht so alt wie das Paar Njörd-Nerthus; vielmehr ist Freyja eine sekundäre Bildung zu Frey (und zugleich eine Abspaltung von Frigg?); ihr Name *Freyja — frouwe, Herrin* ist einfach moviert wie *gydja Göttin* zu *Gott*.

So ziemlich alle Züge Freyjas sind solchen Freys nachgebildet. Man muß wohl annehmen, daß die Frauen ihre besondere Wohlstandsgottheit haben wollten; da ward sie denn dem Frey gesellt und an die erste charakterisierte Göttin Frigg angelehnt. So ward sie Göttin der weiblichen Fruchtbarkeit und der Liebe. Hilfsbereitschaft in Liebes- und Geburtsnöten[6]) sind ihr eigentliches Gebiet. — Doch deuten ihre unerklärlichen Beinamen[7]) wohl darauf, daß sie auch ältere selbständige Dämonen (weibliche Hausgeister?) in sich aufgenommen hat[8]). Auch mit walkyrischen Zügen ist ausgestattet: mit dem Falkengewand[9]), daß sie auch verleiht; mit dem Schenkenamt[10]).

Als Hauptgöttin oder als Erbin Friggs erhält sie in ihrem Heim Folkwang[11]) die Hälfte der toten Helden[12]). Daher heißt sie auch *vanadís,* Schicksalsfrau aus dem Wanengeschlecht, oder *vanabrúdr*. Mogk[13]) meint

[1]) Lok. Str. 50.
[2]) Olrik, Danske Studier 1905; 1, 39f.; Krohn a. a. O.
[3]) Golther S. 414, 437f.; Mogk S. 371; Meyer S. 362.
[4]) Gylf. cap. 24: Gering S. 318.
[5]) Mogk a. a. O., Golther S. 437.
[6]) Golther S. 437.
[7]) Gefn, Hörn u. a.: Mogk S. 373; vgl. Golther S. 447.
[8]) Doch schreibt Müllenhoff (Ztschr. f. d. Alt. 30, 218) diese der Frigg als alten Besitz zu.
[9]) Thrymskv. Str. 3.
[10]) Golther S. 439.
[11]) Grim. Str. 14; der Name ist dem des *folkvaldr goda* Frey nachgebildet.
[12]) Golther S. 437.    [13]) S. 373.

## § 17. Hauptgötter.

also mit Recht, Freyja habe von Frigg chthonische Züge ererbt. Nur kann ich diese weder in dem Namen Folkwang noch in dem ihres Saales *Sessrymnir* »der an Sitzen reiche« sehen; der erste charakterisiert sie als Freys Schwester, der zweite ist aus dem Vers: »Freyja entscheidet, wer die Sitze dort fülle im Saal« unter Anlehnung an die Namen Andhrimnir, Eldhrimnir, Sährimnir[1]) gebildet. Ebenso scheint es mir natürlich, daß der Weg, auf dem ihr Ottar zu der toten Hyndla[2]) folgt, der Todesweg genannt wird[3]); Tote zu erwecken aber ist nicht Aufgabe von Unterweltsgottheiten: die vermehren das Reich der Toten und mindern es nicht auch nur auf Zeit. Sonst wäre auch Orpheus eine chthonische Gottheit! Vielmehr funktioniert Freyja hier als Göttin der ehelichen Fruchtbarkeit. Gewiß war sie es ursprünglich selbst und nicht eine Seherin, die dem Ottar ein Register seines Geschlechtes gab mit dem Refrain: all die gehören mit dir dem gleichen Blute an — und du Schwachkopf kannst noch zweifeln, welches Geschlecht das vornehmste sei! Aber die Totenbeschwörungen waren eine Modeform geworden: etwa gleichzeitig mit dem Hyndlulied entsteht Grógaldr[4]); Balders Draumar[5]) gehören in denselben Kreis. So wird denn Freyja verdoppelt; sie scheint irgendwie den Beinamen »Hündin« geführt zu haben, der dann als Schelte gegen sie gewandt wird[6]), und danach heißt dann die Seherin, die Freyja höchst überflüssigerweise (oder vielmehr aus rein literarischen Gründen: damit die Gruselromantik der Totenbeschwörung, wie in den Ritterromanen des 18. Jahrhunderts, möglich sei!) aus dem Grabe heraufruft[7]), »Schwester Hyndla«, »Mithündin«[8]).

Wirklich chthonische Züge aber verbürgt neben der zweifelhaften Nachricht, daß ihr die Hälfte der Gefallenen gehört[9]), die Geschichte von Thorgerd, Egils Tochter[10]). Ihr Vater will sich tothungern; da erklärt sie gleichfalls: »Ich habe kein Nachtmahl zu mir genommen und werde keines mehr nehmen als bei Freyja«. Wie die Helden bei Odin zu Gast

---

[1]) Grim. Str. 18.    [2]) Siehe u. § 31.
[3]) Hyndl. Str. 6.
[4]) Nach 950: Jónsson, Oldnord. Lit. Hist. 1, S. 202 bez. S. 232.
[5]) Gegen 900: ebd. S. 148; ich möchte das Gedicht allerdings mit Heusler (Ztschr. f. d. Phil. 116, 269) für jünger halten.
[6]) Von dem Christen Hjallti vgl. Golther S. 439.
[7]) Anders Mullenhoff, D. Alt. 5, 9.
[8]) Nach Detter-Heinzel ist *systir* hier ein Schmeichelwort; mir scheint es hier wie in der angezogenen Stelle Vkv. Str. 3 nur bedeuten zu können »von der gleichen Art«. Wölunds Gattin war wie die Egils schön und trug wie die Slagfids ein Schwanengewand. Ebenso hier Hyndl. Str. 1: »erwache, die du wie ich benannt bist!«
[9]) Edda 2, 616.
[10]) Grim. Str. 14; vgl. u.
[11]) Golther S. 440.

sein wollen (eine Formel auf indogermanischer Grundlage)[1], so will sie zu der Totengöttin der Frauen. Ferner stammt wohl von Frigg das Brisingamen[2]. Schließlich tritt Freyja deren Erbschaft ganz an: sie wird Odins Gattin. Von dem Bruder Freys stammt (außer der Benennung »Folkwang«)[3] als Pendant zu dem Goldeber Gullinborsti ihr Goldeber Hildisvini. Wie Freyr fährt sie, aber mit Katzen, dem Sinnbild der Fruchtbarkeit[4]. War sie etwa noch besonders Herrin der Haustiere im engeren Sinne und deshalb auch »Hündin« genannt? Oder soll auch dies nur ihre Lüsternheit ausdrücken[5], wie sie ihr nicht nur Loki[6], sondern auch die Doppelgängerin Hyndla[7] nachsagt? — Man denke an Freys Phallus! Wie Frey Opfergott, ist sie Opfergöttin. Beiden wird der Erinnerungstrank geweiht und auch ein Eber dargebracht[8]. Wie er schön ist, so ist sie die schönste Göttin[9] — deshalb begehrt der Riese Thrym gerade sie zur Gattin — und bekommt den verkleideten Thor, wie Skadi den Njörd statt des begehrten Balder.

Ferner wird sie, wie er, mit kostbaren Kleinodien ausgestattet: das Brísingamen[10]), an das sich allerlei Sagen knüpfen[11]. Vermutlich ward das Bild der Liebesgöttin mit Votivgeschenken überhäuft: ihr Schmuckreichtum wird verkörpert in den Töchtern *Hnoss* und *Gersinni*, «*Schmuck*« und »*Kleinod*«[12]).

Ihr Kult ist dem ähnlich der Frigg[13]): sie wird in Kindesnot angerufen; Ottar verglast die Altarsteine für sie mit Opferblut[14]), wofür sie, wie Frey in gleichem Fall, sich dankbar erweist. Ihre besondere Beliebtheit schließt Golther[15]) daraus, daß der über vergebliche Bekehrungsversuche erzürnte Christ Hjallti Skeggjason in einem Schmähvers erst Freyja, dann nochmals Odin und Freyja beschimpft; aber er fügt selbst hinzu, daß dies wohl schon die spätere Auffassung von Freyjas Ehe mit Odin[16]) voraussetzt[17]). — Eine Emanation der Freyja ist vielleicht Gefjon[18]).

[1] J. Grimm' Kl. Schr.; vgl. Golther S. 327.
[2] Siehe u.   [3] Siehe o. S. 212.
[4] Much leitet diese in den Mitteilungen der Anthropol. Gesellsch. Wien XXXVIII 6 1908, S. 6, recht unwahrscheinlich von dem Löwen der Magna Mater ab.
[5] »Freyja als Venus vulgivaga«, Golther S. 443.
[6] Lok. Str. 30. 32.   [7] Hyndl. Str. 47—48.
[8] Hyndl. Str. 46.   [9] Mogk S. 372.
[10] Meyer S. 419, Golther S. 441.
[11] Siehe u.   [12] Mogk S. 372.
[13] Golther S. 445, Meyer S. 420.   [14] Hyndl. Str. 10.
[15] S. 439.   [16] Siehe u.
[17] Zu dem Schmähvers vgl. Golther a. a. O. Anm.
[18] Mogk S. 375, Golther S. 446; vgl. u. — In die christliche Legende soll sie als Frau Verena, die Patronin der öffentlichen Dirnen, eingegangen sein: Bernoulli, Die Heiligen der Merowinger, S. 189.

## § 17. Hauptgötter.

An die junge, aber rasch zu großer Beliebtheit gelangte Gestalt knüpfen sich zahlreiche Mythen. Vielleicht alt und auf sie dann erst später übertragen ist jener Mythus von Brísingamen, dem »Kleinod der Breisinger«[1]). Schon in dem alten Gedicht Thrymskvida besitzt Freyja diesen kostbaren Schmuck: er zerspringt[2]), als sie vor Zorn schnaubt. Es ist also ein Brustschmuck wie die Aegis der Athena[3]), das »funkelnde Sturmschild«, das ursprünglich die Donnerwolke war[4]), später aber ein Prunkstück des Hephaestos wird[5]). Doch wird bei Athena mehr das runde Mittelstück des Schmucks hervorgehoben, bei Freyja das »breite Halsband«, was vielleicht einige naturmythische Auslegungen[6]) gleich ausschließt[7]).

Der Schmuck hat nun eine Vorgeschichte, die J. Grimm[8]) für indogermanisch hielt, Müllenhoff[9]) wenigstens für urgermanische Ausbildung einer indogermanischen Grundlage, wobei der Mythus von der Sonnengöttin Frija-Frigg, der Gemahlin des Irmintiu-Zeus, auf Freyja übertragen worden wäre. Die indogermanische Grundlage und eine starke germanische Umbildung halte ich auch für bewiesen; im einzelnen aber hege ich gegen Müllenhoffs mit vollstem Recht berühmten Aufsatz mancherlei Bedenken. Gewiß ist nie ein kunstvolleres Gebäude mythologisch-heroischer Konstruktion aufgeführt worden. Nirgends zeigen sich die Gaben, die der große Forscher in unerreichtem Maße besaß, so wirksam vereint, wie hier: ungeheure, sichere Kenntnis des Materials; geniale Kombinationsgabe; einfühlende Phantasie. Was sonst etwa Jacob Grimm, Hermann Usener, Ludwig Laistner einzeln besitzen, vereint er — aber fehlt nicht ein wenig das Element Axel Olrik, die sicher scheidende Kritik?

Auch Müllenhoff scheint hier in der älteren Methode (die wieder die neueste geworden ist, noch mehr in der Heldensage als in der Mythologie) befangen: alle Motive als gleichartige Mosaiksteine zu verwerten und über den Unterschieden der äußeren Chronologie die der inneren zurückzustellen. Daher werden seine Gaben verhängnisvoll: der zu große Reichtum an Zügen läßt fast jede Annahme mit erwünschten Belegen ausstatten, die zu kühne Kombinationsgabe zu entfernte Dinge verbinden, die zu starke Phantasie eigene Mythen ersinnen. Freilich wirken sie mit

---

[1]) Müllenhoff, Ztsch. f. d. Alt. 12, 304 und 30, 320; Golther S. 441f., 452f.; Mogk S. 372; Meyer S. 419.
[2]) Thrymskv. Str. 12.    [3]) Preller 1, 191. 229.
[4]) Ebd. S. 119.    [5]) Ebd. S. 126.
[6]) Vgl. Mogk S. 372: Golther u. a.: die Sonne; W. Müller: der Mond; Uhland: Morgen- und Abendstern; Mannhardt: Morgenröte.
[7]) Dagegen wäre E. H. Meyers Deutung auf den Regenbogen so weit haltbar.
[8]) Mythol. 1, 284; Golther S. 452.
[9]) Ztschr. f. d. Alt. 30, 219.

bestechender Gewalt. Zumal die Forscher auf dem Gebiet der Heldensage haben kaum zu widerstehen gewagt: fast nur Heinzel[1]) hat gegenüber Müllenhoffs Geschichte der germanischen Dioskuren jenen methodischen Gesichtspunkt betont, den wir von ihm und ten Brink (in seinem »Beovulf«) als ein neues Hilfsmittel zu denen der Wolf-Lachmannschen Epenvergleichung hinzugelernt haben: daß es in der Mythengeschichte nicht nur ein Nacheinander gibt, sondern auch ein Nebeneinander, und neben den Filiationen (die freilich selbst zu Doubletten führen) primäre Doubletten.

Allerdings haben sich die Forscher gerade gegenüber dem mythologischen Unterbau, der doch für Müllenhoff die Hauptsache war, reservierter benommen. »Die Entwicklung des Dioskurenmythus zur Heldensage entzieht sich im einzelnen unserer Kenntnis; und ebensowenig läßt sich über die ursprüngliche Bedeutung des von Müllenhoff rekonstruierten Mythus mit Sicherheit urteilen«, sagt Sijmons[2]), der aber doch gleich hinzufügt, bei der Sage von den Harlungen sei alte Beziehung zum Himmelsgott noch erkennbar[3]). Jiriczek[4]) bezweifelt den mythischen Ursprung des getreuen Ratgebers Eckehart[5]). Panzer[6]) geht auf Heinzels Weg der Motivvergleichung weiter und gelangt dabei zu anderen Bedenken. Fundamental aber ist Jiriczeks Einspruch, wenn er[7]) die Verbindung der Ermanarichssage mit dem Dioskurenmythus lediglich auf Namengleichheit begründen will; und allgemeine Bedenken formuliert nicht übel Golther[8]): »Über Vermutungen gelangt der Versuch, germanische Tiuzsagen wieder herzustellen, nicht hinaus. Sehr gewagt scheint es, Sagenzüge, die längst alle Beziehungen und allen Zusammenhang verloren, wieder an den Himmelsgott anzuknüpfen. Denn keine Gewähr ist vorhanden, daß diese Stoffe einst wirklich . . . zu Tiuz und den Alkiz gehört haben.«

Ich glaube, daß in die dicht verzweigten Urwälder der germanischen Heldensage Licht erst dann kommen wird, wenn von der altgermanischen Literatur- und Stilgeschichte aus die Auffassungen und Formgebungen verschiedener Perioden strenger gesondert werden können; unsere Sagenkonstruktionen sind gewiß oft so anachronistisch zusammengeschweißt wie

---

[1]) Über die Walthersage z. B. S. 95; über die ostgotische Heldensage z. B. S. 7.
[2]) Bei Paul 1, 679.   [3]) Vgl. S. 685.
[4]) Deutsche Heldensage, Straßburg 1888; 1, 101.
[5]) Über andere Widersprüche Jiriczeks gegen Müllenhoff vgl. Sijmons S. 686; andere Einwände von Sijmons selbst, z. B. betreffs der Beowulfstelle, S. 684.
[6]) Hilde-Gudrun, Halle 1901, S. 153f.
[7]) S. 100.   [8]) S. 217.

## § 17. Hauptgötter.

Wilhelm Jordans Nibelungen. Hier wage ich nur die mythische Geschichte des Brísingamens zu skizzieren, wie sie sich mir aus den einigermaßen verbürgten Übereinstimmungen zu ergeben scheint. Nur Diaskeuast versuche ich zu sein — so schön es freilich ist, Homeride zu sein, auch nur als letzter[1]).

Festgestellt scheinen etwa folgende Tatsachen:
In indogermanischer Zeit werden zwei göttliche Jünglinge verehrt, die besonders dadurch gekennzeichnet sind, daß sie Brüder sind, als Reiter auftreten, atmosphärischen Charakter haben[2]).

Mit diesen indogermanischen »Dioskuren« sind — nach Müllenhoffs glänzendem Nachweis[3]) — die »Alces« identisch, die[4]) bei den Nahanarvalen verehrt werden[5]); sie gehen als Haddingjar[6]) in den Norden, als Harlunge in die Heldensage über.

Der Grundzug ihres Wesens ist überall, daß sie »reisige Jünglinge« sind; danach heißen sie bei den Indern »die Roßherrn«, danach[7]) ihre heroischen Deszendenten Sarus und Ammius bei den Germanen.

Bereits in indogermanischer Urzeit sind sie Träger eines Mythus: die beiden Reiter werben um die Sonne. Sie besteigt ihren Wagen und ist beider Gattin nach eigener Wahl: indisch[8]). Die Gottessöhne freien um die »Sonnentochter«, die nur eine Emanation der Sonne ist: lettisch[9]). Die Dioskuren sind vermählt mit den beiden Töchtern des Leukippos[10]),

---

[1]) Als eine wirkliche Fehlerquelle bei Müllenhoff ist seine Überschätzung der Namen zu bezeichnen. Mythische und heroische Eigennamen haben fast stets eine prägnante Bedeutung, die aber keineswegs immer appellativisch gefaßt werden darf: die wirklichen Menschen hießen eben damals auch Dietrich und Ermenrich. Vgl. allgemein meine Kriterien der Aneignung, Leipzig 1906, S. 35; Günter, Legendenstudien, S. 72.

[2]) Indisch sind es die Açvins (Myriantheus, Die Açvins oder arischen Dioskuren, München 1876; v. Bradke, Dyaus Asura und die Açvins; K. Jaisle, Die Dioskuren als Retter zur See bei Griechen und Römern und ihr Fortleben in christlichen Legenden, Tübingen 1907; vgl. auch Wundt S. 280f.). Die atmosphärische Natur wird angezweifelt von Geldner, sonst allgemein anerkannt (Macdonell S. 53). Lettisch: die »Gottessöhne, die auf ihren Rossen geritten kommen, um die Sonnentochter zu freien« (Oldenberg, Rel. d. Veda, S. 213; Macdonell a. a. O.). Griechisch: die Dioskuren (Preller 2, 91).

[3]) Ztschr. f. d. Alt. 12, 346.
[4]) Tac. Germ. cap. 43.
[5]) Vgl. u., wo auch weitere Literatur.
[6]) Hyndl. Str. 22.
[7]) Wie Roediger, Ztschr. a. Ver. f. Volksk. 1, 248, schön nachwies.
[8]) Macdonell S. 51. Daneben ist die Sonne noch mit dem Mond vermählt (Oldenberg a. a. O.).
[9]) Oldenberg S. 214.
[10]) Preller S. 94.

## Viertes Kapitel.

Lichtgöttinnen[1]); ihre Schwester Helena die Morgenröte oder der Mond[2]): griechisch[3]). Auch dieser Mythus ist von den Germanen übernommen worden. »Denn in der Tat scheint es uns nicht zweifelhaft, daß die Harlunge Ambrico und Fridila im Grunde die beiden Zeussöhne, die Açvins sind, die nicht nur die Sonne oder die Tochter im Wettlauf[4]) ersiegten, sondern auch prangend im Goldschmuck, die Brust bedeckt mit breitem Geschmeide, dieselben auf ihren Wagen nehmen«[5]). Beweisgründe sind folgende Übereinstimmungen: 1. Die Harlungen sind reisige Brüder von ausgeprägt jugendlichem Typus[6]). 2. Sie werben um die Besitzerin des großen Brustschmucks, d. h. die Sonnengöttin, und erlangen ihren Besitz[7]).

Eine jüngere, aber vielleicht noch immer indogermanische Entwicklung scheint[8]) die Sage, daß die Açvinen die Sonne nicht für sich, sondern für einen anderen Gott werben — wohl für den Mond, mit dem[9]) auch die lettische Sonnentochter vermählt ist[10]) Diese Entwicklung beruht wohl schon auf ethischen Einwirkungen: die Doppelehe der Göttin erschien verletzend. Dazu kam dann die inzwischen erfolgte Ausbildung deutlicherer Naturgötter. Es entstand nun aber eine doppelte Überlieferung: die Roßherren einerseits Freiwerber, anderseits selbst Freier. Sie wird, wie es scheint, erst auf germanischem Boden ausgeglichen, indem das uralte Novellenmotiv vom ungetreuen Werber eingeführt wird[11]).

[1]) Ebd. S. 98.     [2]) S. 109.
[3]) Die griechische Vorstellung ist wohl doch auch nur dureh die Ersetzung einer weiblichen Sonnengöttin mittelst des männlichen Sonnenbeherrschers zu erklären; vgl. Oldenberg S. 214.
[4]) Vgl. Müllenhoff S. 218.
[5]) Müllenhoff S. 223.
[6]) Müllenhoff S. 222; vgl. Wolfskehl, Germ. Werbungssagen, Darmstadt 1893.
[7]) Über die Besitzerin des Brustschmucks siehe u.
[8]) Macdonell S. 51.
[9]) Oldenberg S. 213.
[10]) Soma wird (vgl. Macdonell S. 213), allerdings nur mit zweifelhaftem Recht, als der Mond gedeutet: vielmehr hängt seine Beziehung zu den Açvinen vielleicht mit deren stark betontem Honig-Symbol (ebd. S. 49) zusammen. Ähnlich fällt von den Mähnen der Walküren fruchtbarer Tau in die Täler; vgl. Golther S. 316: die Açvinen schütten Honig aus.
[11]) Das Motiv vom ungetreuen Brautwerber wurzelt gewiß in historischen Erfahrungen. Der Verdacht, dem Wielands Kombabus ausweicht, konnte so manchen Boten treffen, als die Königstöchter aus weiter Ferne geholt und per procurationem vermählt wurden — gewiß ein alter symbolischer Gebrauch der Besitzergreifung (entartet zu den berüchtigten »Probenächten« deutscher Bauernmädchen?). Noch bei dem dramatisch oft behandelten Stoff der Elfride (Erich Schmidt, Charakteristiken, Berlin ², S. 442) kann man zweifeln, ob es sich um Wahrheit oder Legende handelt; und man denke noch daran, wie König

## § 17. Hauptgötter.

Hiermit war also erreicht, daß die Reisigen Freier und Freiwerber zugleich waren. Diese Gestalt des Mythus setzt die Harlungensage voraus[1]. Sie ist als altmythisch verbürgt durch die Benenung des alten Schatzes der Harlunge als Brisingamene[2]) und durch die weite Verbreitung von Bergen und Burgen, die nach ihnen benannt sind[3]). Dieser Mythus von den treulosen beiden Werbern um die strahlende Jungfrau wird schon vor dem siebenten Jahrhundert[4]) an die ostgotische Ermenrichsage geknüpft. Ursache der Verbindung waren doch wohl historische Ereignisse am Hof des Ermanaricus, etwa wie der Tod Attilas in die Nibelungensage hineinspielt[5]), denn ein mythischer Hermanarich ist nirgends bezeugt und weder von Müllenhoff noch von Rödiger[6]) mit Wahrscheinlichkeit erschlossen; die Möglichkeit, daß der Gott, für den sie werben, so geheißen hätte, genügt nicht. Dazu kommt, daß der Himmelsgott in k e i n e r alten Gestalt des Mythus eine Rolle spielt. Nicht für Irmintiu-Tyr wird geworben, denn nirgends entspricht dieser dem Mondgott[7]); nirgends haben wir bei den Germanen eine Spur von einer Gattin Tyrs; die Ehe des Zeus ist schwerlich proethnisch. Für die Identität der Umworbenen mit Dione-Juno[8]) sprechen keinerlei genügende Kriterien. Ebensowenig ist es ein ausweichendes Moment, daß die Alemannen, in deren Mitte sich der Verbreitungsherd der Sage befindet, *Ziuwâri* sind[9]).

Aus der Heldensage mit ihrer beliebten Formulierung ethischer Gegensätze[10]) stammt dann der gute Ratgeber[11]) und der böse Verleumder[12]) und die Ausmalung der Intrige. Weiterhin verschmilzt dann die zyklische Tendenz der Heldensage die Hartungensage mit der von den Nibelungen (Hamdísmál). — Ob die »nur äußerlich an die Geschichte geknüpften« Sagen von Walthari und Hilde wirklich »aus einem gemeinsamen Grund-

---

Karl VIII. von Frankreich die Braut Kaiser Maximilians trotz freiem Geleit »unterschlug«. — Ob nicht auch bei Apollos Werbung für Admet, deutlicher noch bei Siegfrieds für Gunther dies das ursprüngliche, später nach ritterlich-moralischer Anschauung umgebogene Motiv war?

[1]) Vgl. S i j m o n s S. 685.
[2]) M ü l l e n h o f f S. 221.       [3]) E b d.
[4]) M ü l l e n h o f f S. 221 nach d e m s. Ztschr. f. d. Alt. 12, 279.
[5]) Vgl. S i j m o n s S. 621.
[6]) a. a. O. S. 249.         [7]) Indisch; lettisch.
[8]) M ü l l e n h o f f S. 219.       [9]) E b d. S. 221.
[10]) Ekkehart-Sibiche usw. (M ü l l e n h o f f S. 242) wie Beovulfs Gefolgsmänner beim letzten Kampf; oder wie Keie im Erec, der betrügerische Seneschal im Tristan usw. mit ihren Gegenspielern; vgl. über Treu und Untreu im Epos U h l a n d, Schriften 1, 303.
[11]) Eckewart: M ü l l e n h o f f S. 225 f., 236.
[12]) E b d. S. 241.

mythus entwickelt sind«¹), stehe dahin; mir persönlich scheint das Motiv von der gemeinschaftlichen Flucht des heroischen Paares²) von dem der Werbung unterschieden.

Neben dieser Reihe von Mythen, die die **Eroberung** (oder Wiedereroberung) **der Sonne** (oder des Mondes) in die Form einer Werbung hüllen, geht nun ein anderer Stamm von Mythen, der sie als **Befreiung einer gebundenen oder sonstwie gefangenen Jungfrau darstellt**. An der indogermanischen Existenz ist nicht zu zweifeln: griechisch z. B. Perseus und Andromeda³); germanisch Brynhild in der Waberlohe — Dornröschen. Diese Reihe hängt mit der vorigen insofern zusammen, als in einem hierher gehörigen Mythus wiederum das Schmuckstück als Kennzeichen der Lichtjungfrau besonders betont wird. Es ist die alte Fabel von Menglöd: »die mit dem Halsschmuck Beladene«⁴) oder »Halsbandfrohe«⁵) wird von Svipdag befreit⁶). Ein näherer Zusammenhang mit der Werbungssage besteht jedoch nicht. Alle Eigenheiten der Açvinen fehlen dem Befreier, der nur Einer ist, zu Fuß kommt⁷), bei dem die Schwierigkeiten des Weges (in märchenhafter Ausmalung) das Hauptinteresse bilden usw. Man hat also auch kein Recht, Svipdag aus Tiuz abzuzweigen⁸), da nirgends Zeus oder Jupiter oder Tyr mit der Mission betraut sind, die gefesselte Jungfrau zu befreien: der »Sonnenheld« ist mit dem »Himmelsgott« nirgends identisch.

In beiden Reihen dient der Schmuck lediglich (gerade wie in nachvedischer Zeit der Brautschmuck *kaustubha* bei Vishnu)⁹) als kennzeichnendes Attribut; es mag wohl auf der Brust des rohen Holzbildes, das die Sonnengöttin etwa vorstellte, eine Sonnenscheibe befestigt gewesen sein, und warum sollte die bei besonders geehrten Figuren nicht kostbaren Glanz besessen haben? ¹⁰) Das Prachtstück wäre dann der »Schmuck der Breisinger«¹¹) gewesen.

Nun heftet sich aber in einer bestimmten Epoche ein Hauptinteresse an die kostbaren Besitztümer der Götter¹²). Damit gewann Brisingamen eine neue Wichtigkeit: es wurde der Göttin des Reichtums zugeteilt, während es vorher der Frigg gehört hatte, **wenn** diese Sonnengöttin

---

¹) Sijmons S. 621 gegen Müllenhoff S. 235 f.
²) Vgl. schon Jakobs Flucht vor Laban 1. Mos. 31.
³) Preller 2, 72.   ⁴) Mogk S. 373.
⁵) Golther S. 451.
⁶) Vgl. Golther ebd. und S. 237 nach Müllenhoff S. 219.
⁷) Fjölsv. Str. 1.   ⁸) Mit Golther S. 453.
⁹) Macdonell S. 39.
¹⁰) Vgl. Saxo bei Müllenhoff S. 220.
¹¹) Vgl. ebd. S. 221.
¹²) Vgl. für diese v. d. Leyen, Märchen, S. 221.

## § 17. Hauptgötter.

war[1]). Nun heißt sie auch Mardöll, »die Meeresperle«[2]), »die über das Meer Glänzende«[3]), weil ihr Schmuck widerstrahlt wie die Sonne über dem Meer? Die isländische Märchenjungfrau Maerthöll, die goldene Tränen weint, wird man mit Golther[4]) gegen Mogk[5]) nicht heranziehen dürfen, nicht zwar weil sie gelehrten, aber weil sie rein märchenhaften Ursprungs zu sein scheint. — Die Thrymskvida setzt (wie erwähnt) bereits Freyjas Besitz des Schmuckstücks voraus.

An den **Erwerb des Schmucks** knüpfen fabulierende Vorgeschichten an wie an Sifs goldenes Haar oder das Schiff Skidbladnir.

Wohl die älteste Sage vom Brisingamen ist die, die im zehnten Jahrhundert die Húsdrapa bezeugt[6]): Loki stiehlt den Schmuck und verbirgt ihn auf einer Meeresklippe, aber Heimdall schlich in Robbengestalt hinzu und nimmt ihn dem in gleiche Gestalt verwandelten Loki ab. — Die Legende ist leicht naturmythologisch zu deuten[7]), aber ihr hohes Alter ist damit noch nicht bewiesen, und Müllenhoffs Sagenparallelen[8]) scheinen es mir ebensowenig zu verbürgen. Die Gegenüberstellung Loki-Heimdall darf auch der von Sibech und Ekkehart schwerlich gleich gestellt werden, obwohl Eckart-Eckewart[9]) **vielleicht** eine heroische Hypostase Heimdalls[10]) ist. Loki vertritt wohl das »dunkle Prinzip«, aber nie die Dunkelheit, wie die sonnenraubenden Mächte.

Liegt es nicht näher, an eine Dublette jener Lokifabel zu denken, die den Prolog zu Reg. bildet (d. h. die Einleitung zu den eddischen Einzelliedern der Nibelungensage)? Andvari und Otr erscheinen in Fischgestalt, allerdings einer als Hecht, der andere als Otter, wie Loki und Heimdall in denen von Robben. Loki fängt den Hecht Andvari und raubt ihm seinen Schatz; also: Loki (das scheint die Grundgestalt) in Fischgestalt raubt einen Schatz, den er aber wieder hergeben muß. Auf diesem geraubten Schatz nun aber, das ist das Merkwürdigste, liegt ein **Fluch** — wie auf dem Goldenen Vließ, wie auf dem Schatz von Tolosa. Nach dem Prolog zu Reg.[11]) soll er zwei Brüdern und acht Fürsten Verderben bringen — nach dem Prolog des Sörlatháttr[12]) soll er zwei gleich mächtige Fürsten in ewigen Streit verwickeln. Beidemal scheint der Fluch, der in irgendeiner typischen Form vorlag, der Situation angepaßt, im Sörlatháttr

---

[1]) Müllenhoff S. 217.
[2]) Gylf. cap. 35: Gering S. 326.
[3]) Mogk S. 373.    [4]) S. 445 Anm. 1.
[5]) Mogk a. a. O.    [6]) Müllenhoff S. 228.
[7]) Müllenhoff a. a. O.    [8]) S. 230.
[9]) Müllenhoff S. 225. 236.
[10]) Ebd. S. 228. 236. 245. 251 f.
[11]) Reg. Str. 5, isolierte Strophe.
[12]) Müllenhoff S. 227.

freilich noch »von der auf Island herrschenden euhemeristisch-historisierenden Auffassung der Göttersage«[1]) beeinflußt.

Ursprünglich lag also wohl nur eins jener Loki-Märchen[2]) vor, in denen sich die Phantasie des Volkes an Lokis Gewandtheit, Verwandlungskunst und schließlichem Mißerfolg ergötzte; hier ist das berühmte Schmuckstück der Gegenstand wie in Reg. der wunderbare tropfende Ring.

Ganz ähnlich ist wohl die märchenhafte Erzählung aufzufassen, wie Loki den Schmuck von Freyja zu Odin schaffen soll und als Fliege und Floh eindringt[3]); die halb schwankhafte Verwandlung begegnet auch sonst[4]). Noch Offenbach hat in seinem »Orpheus in der Unterwelt« das skurrile Motiv[5]) in Musik gesetzt.

In beiden Legenden spielt Freyja eine rein passive Rolle. Anders in der dritten, die nun die eigentliche Vorgeschichte des Halsbandes gibt. Wie die Ägis ein prachtvolles Werk des Hephaestos sein soll[6]), so muß auch das Brisingamen von Zwergen kunstvoll geschmiedet sein und zwar, um seine besondere Kostbarkeit auszudrücken, von deren vier; denn Sindri, der für Frey Schiff und Eber geschmiedet hatte[7]), muß überboten werden[8]). Dafür gewährt sie jedem eine Nacht und muß sich nun von Loki[9]) nachsagen lassen, sie habe nicht nur von den Asen, sondern auch von den Elfen jeden beglückt. — Bei dieser Halsbandgeschichte tut wohl, wie bei einer berühmteren anderen, Verleumdung das Beste: das Motiv, daß ein weibliches Wesen für einen kostbaren Besitz ihre Ehre hingibt, ist auf Freyja übertragen, weil sie eben den kostbarsten Besitz ihr eigen nennt.

Müllenhoff[10]) und nach ihm z. B. Panzer[11]) halten diese Fabel für übertragen. Saxo erzählt nämlich, Frigg habe sich durch einige Schmiede des Goldes bemächtigt, mit dem eine dem Odin geweihte Bildsäule geschmückt war; Odin läßt die Schmiede hängen und richtet die Säule (mit dem Goldschmuck) wieder auf; Frigg gibt sich *uni familiarium* hin, um den Schmuck wieder für sich zu erlangen. — Das Grundmotiv ist offenbar das gleiche: eine Göttin opfert ihre Ehre um eines Schmuckes willen. Bedenkt man aber, wie in der Lokasenna der nordische Momus

---

[1]) Ebd.    [2]) Siehe u.
[3]) Müllenhoff S. 226, ebenfalls nach dem Sörlatháttr.
[4]) Panzer, Hilde-Kudrun, S. 163.
[5]) E. Th. A. Hoffmanns »Meister Floh«.
[6]) Preller 1, 20.    [7]) Golther S. 224.
[8]) Späten Ursprungs mindestens der Zwergnamen beweist ihre alphabetische Anordnung: Alfrigg, Berlingr, Grerr — statt Crerr —, Dvalin. Schwerlich heißt der Schmuck nach diesen »*brísingar*«, »Zusammenflechtern«. Golther S. 442 Anm. 2.
[9]) Lok. Str. 30.    [10]) S. 220.
[11]) a. a. O. S. 163.

## § 17. Hauptgötter. 223

eigentlich alle Göttinnen mit der gleichen Schelte beehrt, so wird man auf seinen Anwurf[1]) wenig Gewicht legen, zumal er vielleicht nur mit verschiedenen Namen Odins spielt. Ich möchte glauben, daß hier umgekehrt einmal Frigg von Freyja geerbt hat[2]). — Gruppiert sich so der größte Teil der Mythen von Freyja um das Brustband, so gibt es doch noch einige, die aus anderen Quellen stammen. Freyja gilt als die schönste Göttin; deshalb begehren sie die Riesen[3]): Thrym, der Riesenbaumeister, Hrungnir, was immer abgewendet wird, Eine spezifische Andeutung dieser Götternovellen scheint mir nicht berechtigt.

Schließlich geht Freyja ganz in Friggs Stellung über und wird *Fjölnis vif*, Odins Weib[4]). Das führt nun aber zu weiteren mythischen Auseinandersetzungen. Die Doppelehe beunruhigt, und deshalb wird aus Odin ein Odr als Gatte Freyjas abgezweigt, der nur diesem Zwecke dient[5]). Da man aber von ihm wenig zu sagen weiß, geht Odr wieder davon und seine Braut[6]) weint goldene Tränen und zieht ihm suchend nach[7]). Mogk (mit andern) möchte hierfür fremden Einfluß annehmen (man hat an Adonis gedacht). Könnte nicht einfach das Motiv der untröstlichen Witwe in märchenhafter Weise hyperbolisiert sein: weint Sigrun um Sevafjöll, die glänzende Sonne im goldenen Schmuck (d. h. die irdische Freyja) bittere Tränen[8]), so muß die goldene Göttin wohl goldene Tränen weinen!

Der Abwesenheit Odrs ist vielleicht die Odins erst nachgebildet, während derer ein anderer Vize-Odin, Mitodin, herrscht[9]) — eine abenteuerliche Geschichte, die, so wie Saxo sie erzählt, nicht alt sein kann[10]) und wahrscheinlich auf irgendein religionsgeschichtliches Intermezzo hinweist, etwa die vorübergehenden Erfolge eines finnischen Zaubergottes[11]).

Dieser Parallelismus Freyja : Odr — Frigg : Mitodin führt schließlich zu weiteren Verwechselungen, so daß auf die unangenehme, aber sittenstrenge Ehegöttin Frigg (die hierin der homerischen Hera gleicht) die eigentlich der Liebesgöttin Freyja gehörige Fabel von dem Ehebruch der Göttin mit dem Diener[12]) übergeht.

Weitere üble Nachrede mögen die eifersüchtigen Frigg-Verehrer auf Freyja gehäuft haben, die schließlich auch die Schwächen der Venus auf sich nehmen muß[13]); dies Veneris war schon Freyjas Tag geworden. —

[1]) Lok. Str. 36.   [2]) Vgl. u.
[3]) Golther S. 432.   [4]) Vgl. Mogk S. 373.
[5]) Vgl. Mogk S. 90.   [6]) So schon Völ. Str. 25.
[7]) Golther S. 444.   [8]) Helg. Hund. 2, 44.
[9]) Golther S. 307, Mogk S. 349.
[10]) Vgl. Müllenhoff S. 220.   [11]) Siehe u.
[12]) Müllenhoff S. 220.   [13]) Vgl. Golther S. 433.

**Viertes Kapitel.**

Rekapitulieren wir, was wir über Freyja festgestellt zu haben glauben. Auch diese Göttin scheint uns klein angefangen zu haben; sie war vielleicht eine einzelne Walküre (worauf Falkenhemd und Schenkenamt deuten könnten) oder auch eine chthonische Gottheit; doch glaube ich, ihre dahin weisenden Züge könnten aus der Walkürennatur schon genügend erklärt werden. Vielleicht um ihres Namens willen kommt sie zu Frey in enge Beziehungen, erbt mancherlei Attribute u. dgl. von ihm, erhält anderes von der älteren Hauptgöttin zur Ausstattung, nachdem sie (im Gebiet der Frey-Religion?) selbst die Hauptgöttin geworden war. Schließlich wird sie als solche die Gattin Odins — worauf wohl auch jene Stelle Hjalltis geht. — So scheint sie vorzugsweise zu jenen späten Gebilden zu gehören, die den (relativ) einheitlichen Charakter des alten Götterhimmels zersprengen, wie Dionysos bei den Hellenen.

Als eine Emanation der Freyja ist vielleicht Gefjon[1]) aufzufassen.

Diese Gottheiten, Tyr und die drei Wanen, bilden (auch wenn der Mythus von Freyjas Schmuck mit Tyr nichts zu tun hat) einen zusammenschließenden Kreis der aus indogermanischer Wurzel oder fremden Einflüssen sich entwickelnden Dämonen. Die zunehmende Akklimatisation macht aus dem Himmelsgott einen Kriegsgott, aus der Erdgöttin einen oder zwei Fruchtbarkeitsgötter, denen dann in Freyja eine neue Göttin angebildet wird. Himmel, Fruchtbarkeit, Kultur, Liebe — das ist immer noch das Gebiet des uralten Zeus; in eine ganz andere, spezifisch germanische Gruppe treten wir mit dem Zyklus Wodans.

## Wodan.

Innerhalb der uns besser bekannten Periode bildet Wodan den eigentlichen Mittelpunkt der altgermanischen Mythologie[2]).

Wodan ist keine indogermanische Gottheit. Mit keinem Gott des griechischen, indischen, römischen Olymps (und, so viel ich weiß, auch mit keiner slawischen oder keltischen Gottheit) zeigt er so viel Beziehungen, wie Thor mit Indra, Heimdall mit Savitri, oder gar Tyr mit Dyaus-Zeus-Juppiter. Daß die Römer ihn mit Mercurius vergleichen konnten, beweist natürlich noch keine Wurzelgemeinschaft; es sind nur partielle Ähnlichkeiten vorhanden, wie ebenfalls mit dem indischen Arjuna und dem (auch im Namen verglichenen) Väla.

---

[1]) Golther S. 446; vgl. u.
[2]) Mogk S. 331f.; Meyer S. 367f.; Mogk S. 293f.; Chantepie S. 221f.; v. d. Leyen, Sagenbuch, S. 55f.; H. M. Chadwick, The cult of Othin, Oxford 1899; vgl. die Rezension von A. Heusler, Anz. f. d. Alt. 27, 204. Schon 1775 erschien ein Schriftchen »Wodan, der Sachsen Held und Gott«, das Goethes Freund Behrisch zum Verfasser haben soll.

## § 17. Hauptgötter.

Auch dem Wesen nach wie nach Attributen, Kompetenz, Entwicklung ist er von anderen Gottheiten der Indogermanen charakteristisch verschieden. Man kann fast behaupten, daß Wodan dem Jahve der Hebräer eher ähnlich sieht als den Hauptgöttern der nichtgermanischen Indogermanen. Mit ihm teilt er die starke Betonung der geistigen Eigenschaften, den Typus des nationalen Heerführers, den *impetus*, den andere ursprüngliche Sturm- oder Gewittergötter nicht so ungebrochen bewahrt haben. Selbstverständlich stammt diese Ähnlichkeit aber nicht aus ursprünglicher Gleichheit; sondern in beiden Hauptgöttern haben ebenso kriegerische wie nachdenklich-religiöse Völker ihr Ideal verkörpert.

Möglich wäre allerdings, daß seine Anfänge den Germanen und ihren keltischen Nachbarn gemein gewesen wären [1]); der voll entwickelte Gott gehört jedenfalls nur den Germanen. Er ist **altgermanisch**, d. h. die Germanen besitzen ihn vor der Trennung der Stämme; aber es ist unsicher, ob er gemeingermanisch war, d. h. allen Stämmen gehörte. Wahrscheinlich war er **nicht oberdeutsch** [2]): auf diesem Gebiet findet sich in Orts- und Personennamen, Benennungen von Pflanzen u. dgl. kein Bezug auf ihn. Die Nordendorfer Spange, die ihn nennt, ist auf oberdeutschem Gebiet gefunden, braucht aber nicht dort entstanden zu sein [3]). Immerhin bleiben einige fragliche Zeugnisse. Das Wort *wôtan* wird [4]) als »tyrannus« glossiert, wahrscheinlich rein appellativisch: »ein wütender Herr«. Doch könnte mit *Wotan*, »*Herr*«, eben auch sein appellativischer Name (vgl. Frey, Rig, Balder) gemeint sein. Jonas von Bobbio (Langobarde, kurz nach 620) erzählt in der Vita Columbani, daß die Alemannen ihrem Gotte Vodano Opfer gebracht hatten: das könnten sie aber von den Franken haben. Entscheidend ist schließlich die Beurteilung des »Wode« und des wütenden Heers [5]).

Jedenfalls wird Wodan verehrt in »Niederdeutschland, bis tief nach Mitteldeutschland hinein«; die Rheinlande, das Gebiet der Istvaeonen (Isto = Wodan) [6]), sind hier das Zentrum, wie weiterhin Dänemark und der skandinavische Norden »die eigentliche Stätte der Wodansverehrung« werden [7]). Für ein verhältnismäßig spätes Beginnen des Wodankultes bei den Angelsachsen spricht, daß dort keine Eigennamen mit »Rabe« (seinem heiligen Thier: in Wolfram, Hrabanus usw.) gebildet werden [8]).

---

[1]) **Chadwick** S. 2.
[2]) **Mogk** S. 329; anders **Chadwick** a. a. O.
[3]) **Henning**, Die deutschen Runendenkmäler, Straßburg 1889, S. 102 f.
[4]) Mythol. 1, 110.
[5]) Siehe u.
[6]) Siehe o. S. 193.
[7]) **Golther** S. 210.
[8]) **Edw. Schroeder**, Die deutschen Personennamen, Göttingen 1907, S. 19.

## Viertes Kapitel.

Altgermanische Zeugnisse sind reichlich vorhanden[1]). Vor allem gehört hierher das Zeugnis des Tacitus[2]): *deorum maxime Mercurium colunt, cui certis diebus humanis quoque hostiis litare fas habent.* Ebenso wird nach Ann. 13, 57 im Krieg zwischen Hermunduren und Chatten das feindliche Heer dem Mars und Mercur (Tiuz und Wodan) geweiht[3]). Daß Mercurius nur Wodan sein kann, beweist der Name des vierten Wochentages (französisch *Mercredi*, englisch *Wednesday*) und Angaben wie *Mercurium, Voden anglice appellatum* u. dgl. m.[4]). — Die interpretatio Romana geht vielleicht von der »Geschäftserfahrung« des klugen Gottes aus, die vermittelnden Kaufleuten[5]) besonders wichtig war; dazu kommen das Attribut des Hutes, die Seelenführung und andere Momente[6]). — Die Cimbern weihen auf dem Krainberge bei Miltenberg dem Mercurius Cimbrianus eine Reihe von Widmungen[7]). Bei den Batavern im zweiten Jahrhundert hat sich bereits die Trias Mercur—Mars - Herkules (Wodan—Tyr—Thor) ausgebildet; das bedeutet kein Sinken des Gottes, sondern im Gegenteil Ausarbeiten der Hierarchie[8]). — Er wird auch allein genannt: *Mercurio regi* setzt der Bataver Blesio einen Stein[9]) mit der Inschrift *Mercuri Channini* (dem Totengott Wodan?)[10]) im oberen Ahrtal bei Blankenheim[11]).

Aus frühchristlicher Zeit zeugen Gregor von Tours, Kapitulare, Bußordnungen für die Franken. — Von niederdeutschem Gebiet aus verbreitet sich die Benennung *Wódnes dag*[12]), die noch spät bei Sachsen, Friesen, Niederfranken herrscht; aber nur zum Teil mitteldeutsch ist: dafür (schon bei Notker) der Name Mittwoch[13]).

Von diesem Zentrum aus[14]) dehnt sich der Wodanskult aus. Besonders eifrig scheinen die Sachsen gewesen zu sein, die alten Tyr-

---

[1]) Mogk S. 331; Meyer S. 9f., 368; Golther S. 298f.; vgl. Kauffmann, Ztschr. f. d. Phil. 38, 289.
[2]) Germ. cap. 9.
[3]) Golther S. 295 Anm.
[4]) Mogk S. 331.
[5]) Vgl. Kauffmann a. a. O. S. 296.
[6]) Die Übereinstimmung ausführlich dargestellt bei Meyer S. 368.
[7]) Kauffmann a. a. O. S. 293.
[8]) Die Stellung zwischen den beiden Nebengötter ist nach dem Ausdruck von Dibelius, Lade Jahves, S. 84, nach dem »glorifizierenden symmetrischen Schema« gebildet.
[9]) Mogk S. 331.
[10]) Vgl. Siebs, Ztschr. f. d. Phil. 24, 146f.
[11]) Golther S. 296, 2.
[12]) Varianten bei Golther S. 297, 1.
[13]) Golther a. a. O ; Mogk S. 329.
[14]) Mogk S. 329.

## § 17. Hauptgötter.

Verehrer: von ihnen (aus Saxland) soll Odin über Dänemark nach dem Norden gekommen sein. Wie Frey *Svia god*, Schwedengott, heißt er *Saxagud*. Die Sachsen müssen ihm [1]) noch im achten Jahrhundert abschwören. Ihre Nachbarn, die Langobarden, kennen ihn als Himmelsgott und Siegesherren [2]), die Thüringer als Heilgott [3]). Für die Angelsachsen wird er Stammvater [4]), ebenso vielleicht später für die Gauten, die heutigen Goten in Schweden [5]): *Gaut*, angelsächsisch *Géat*; ebenso für den dänischen Stamm der Skjöldungenkönige. — Im Norden scheint er schon Anfang des sechsten Jahrhunderts bekannt zu sein; seinen Kult bei den Schweden aber setzt Chadwick [6]) nicht vor 500 n. Chr. an. Später ist er dort (nach Ortsnamen) sehr verbreitet; nicht ganz so stark in Norwegen (weil Thor ein stärkerer Nebenbuhler war als Tyr und Frey).

Über den Kampf der Wodansreligion mit anderen Kulten wird noch später zu handeln sein.

Der Name [7]) wird schon von Adam von Bremen gedeutet: *Wodan id est furor* [8]). Kluge stellt Wodan zu lateinisch *vates, Seher*, ebenso Chadwick: *wodinaz inspired* [9]).

Neben Wodan begegnet in nicht sicheren Beziehungen dazu (nach Golther wie Odr zu Odin) Wode; bedeutet dies eine bestimmte Art von Geistern, so könnte Wodan dazu stehen wie *thiudan* gotisch zu *thiud*: »Wodenführer« [10]). Zimmer, Mogk, Meyer vergleichen den indischen Windgott *Vâta*, was jedenfalls etymologisch nicht stimmt. Ein Winddämon scheint allerdings auch Wodan, aber Vâta vertritt [11]) fast nur das Element, gerade die geistige Seite ist in ihm unentwickelt; auch Macdonell [12]) hält die Identität für zweifelhaft, die Oldenberg [13]) gar nicht in Betracht zieht.

[1]) **Müllenhoff und Scherer**, Denkmäler IV 1.
[2]) Paulus Diaconus 1, 8.
[3]) **Müllenhoff und Scherer**, Denkmäler IV 2.
[4]) **Golther** S. 242. 298 Anm. 2.
[5]) **Golther** S. 301.
[6]) S. 65; mit Argumenten besonders aus der Heldensage S. 50 f. und von den Runen.
[7]) **Meyer** S. 370; **Golther** S. 293. 357; **Chadwick** S. 66.
[8]) »Wütendes Heer« für »Wotans Heer« (**Meyer** a. a. O.) ist dafür nicht beweisend, siehe u. v. d. **Leyen**, Sagenbuch S. 55, erklärt seltsam: »Darnach verdankte der Gott seinen Namen den Zuständen des Zauberers, der wütigen Besessenheit.«
[9]) **Siebs** (Ztschr. f. d. Phil. 24, 157) hält **Henno** (vgl. u.) für den ältesten Namen des Gottes Wodan.
[10]) Vgl. **Golther** 293, 1.
[11]) **Macdonell** S. 81 f.
[12]) S. 83.
[13]) Religion des Veda S. 225.

Für die Beurteilung von Wodans **Wesen**[1]) ist die Grundfrage, ob Wodan mit Wode zusammenhängt[2]). Sehen wir von diesem Wode zunächst ab, so haben wir für sein Wesen[3]) folgende Schlüssel: den römischen Vergleich mit Mercurius, die Erscheinung, die Opfer und den Kult, die spätere Entwicklung.

Man erklärt ihn für einen Wind-, Himmels-, Totengott; für eine Vergöttlichung des Zauberers[4]); daneben hat er in Deutschland als Heilgott, im Norden als Weisheits- und Kriegsgott funktioniert.

Was ist zentral? — Ich werde versuchen, zu zeigen, daß die **Grundanschauung** (»Grundbegriff« sollte man hier so wenig sagen wie bei der sprachlichen Etymologie) die der **mächtigen Bewegung** ist: im Rauschen der heiligen Bäume wie im Sturm, im Fernkampf wie in der geistigen Konzentration; in der weitüberschauenden Herrschaft wie in dem plötzlichen Eingreifen im entscheidenden Augenblick. — Man findet ‚*furor*' zu abstrakt; aber »Fruchtbarkeit« ist das auch und »Weisheit« ebenfalls. Es ist doch nicht zu vergessen, daß es uralte indogermanische Abstrakta in der Sprache tatsächlich gibt und besondere Abstraktsuffixe, daß »Schicksal« ein höchst abgezogener Begriff ist und »Tugend« oder »Zeit« auch.

Mir scheint die Grundanschauung im Wesen des Gottes Wodan, daß er Herr über alle starken, zum Vorteil führenden Bewegungen ist. Sollte ich Ein Wort wählen, so würde ich doch sagen: der Sturmgott — der Gott aller Stürme, auch der stürmischen Bewegung jenes »Windes« oder »Hauches«, den wir »Seele« nennen. Nur von hier aus scheint mir Einheit in das Bild zu kommen; eben wie der christliche Gott in Gunst und Strafe, Überlegung und Tat als »Gott der Liebe« aufgefaßt werden soll. Und auch die Entwicklung scheint mir von diesem Mittelpunkt am besten zu übersehen[5]).

**Wodan-Mercurius.** Die Umdeutung gehört so wenig wie die des Tyr in Mars nur dem Tacitus: *Mercurius mercator, negotiator, nundinator* heißt Wodan als »Gott der Händler, der reisenden Kaufleute« in römischen Inschriften[6]). »Dieser Mercurius ist der Wodan der deutschen Völker«[7]), ist der »Mercurius Cimbrianus« jenes Steins aus der

---

[1]) Vgl. besonders Uhland bei Golther S. 357; Golther S. 294; für den deutschen Wodan speziell S. 303, für den nordischen S. 357; vgl. Snorri ebd. S. 309.
[2]) Ja Golther S. 292, Meyer S. 382; ja, aber nur mit dem ursprünglichen Winddämon: Mogk S. 332, oder gar nicht: S. 334.
[3]) Golther S. 296, Mogk S. 332, Meyer S. 367.
[4]) v. d. Leyen.
[5]) Um ihre Aufklärung hat sich nach Henry Petersen (und Uhland, der aber allzu stark der Naturmythologie und Ausdeutung huldigte) Chadwick die größten Verdienste erworben.
[6]) Kauffmann, Ztschr. f. d. Phil. 38, 296.
[7]) Ebd. S. 297.

## § 17. Hauptgötter.

Gegend von Miltenberg[1]). Der Vergleich wurzelt[2]) in der Betonung der Klugheit, ja der Schlauheit, der überlegenen Einsicht vor allem in die menschlichen Geschicke. Wie Mercurius mit seinen schalkhaften Zügen[3]), so ist auch Wodan vor allem (wie Frey und Thor und mehr noch als dieser) ein »Menschengott«, in seiner Art den Erdensöhnen näher verwandt als ein Apollon, Mars, Tyr. Wissowa[4]) scheint zu vermuten, daß Wodan überhaupt als römischer Gott des Handels und Verkehrs zu (Kelten und) Germanen gekommen sei, gerade wie die Römer selbst von den verschiedenen im Wesen des griechischen Hermes vereinigten Seiten nur seine Eigenschaft als Handelsgott in Betracht kommen ließen[5]); aber von dem Handelsgott aus sind der Fürstengott und der Kriegsgott nicht verständlich. Auch wäre schwerlich gerade der Verkehrsgott bei den alten Germanen zum Hauptgott geworden. — Der Eindruck der Übereinstimmung wurde verstärkt durch innere Ähnlichkeiten (der Totengott) und äußere (der Hut)[6]). Anderes mußte zurücktreten: die subalterne Stellung des Götterboten, die Heroldszeichen, das lautlose gewandte Wesen.

Vom Mercurius aus sind also nur gewisse Seiten des ausgebildeten Wodan zu erklären; in eine der vermuteten Zentraleigenschaften oder Hauptfunktionen (Wut, Begeisterung; Himmelsgott, Kriegsgott) führt der Vergleich nicht — auch nicht in die des Totengottes, die für die römische Anschauung von Mercur gewiß nicht wesentlich ist[7]). Immerhin finden wir uns schon hier auf mehr **intellektuelle** Eigenschaften hingewiesen, wo Freys Priapus oder Thors Kraft mehr nur animalisch wirken.

Die **Erscheinung** Wodans ist mit charakteristischer Vorliebe ausgearbeitet[8]). Durchaus dominiert das »Windhafte«; dagegen bietet sich äußerlich keine Spur von einem »Himmelsgott« dar.

Vorzugsweise erscheint er als Reiter (auf Sleipnir[9]), dessen acht Füße aber nirgends hervorgehoben werden) mit dem großen Schlapphut[10]). Beides, Roß und Hut, gehören auch dem »wilden Jäger«[11]). Oft erscheint er einäugig, verkleidet auch als blind (*Gestr inn blindi*). Die Deutung

---

[1]) Ebd. S. 289f.
[2]) Siehe o. S. 226.
[3]) Hermes als Meisterdieb, Preller 1, 391, wie Odin in dem einen Odinschwank der Edda.
[4]) S. 250.   [5]) S. 249.
[6]) Siehe o. S. 226.
[7]) Vgl. Wissowa S. 249 Anm. 2.
[8]) Vgl. Mogk S. 336, Meyer S. 368 f.
[9]) Siehe u.
[10]) Meyer S. 370.
[11]) Meyer S. 370. 383.

## Viertes Kapitel.

der Einäugigkeit ist strittig, da der Mythus von der Verpfändung in Mimirs Quell[1]) wohl sekundär sein wird[2]).

Meyer[3]) versucht auch für die Erscheinung Schichten und Bezirke abzugrenzen: gemeingermanisch tritt er als älterer Mann mit einem breiten Graubart auf, ferner mit dem Speer bewaffnet. Gemeingermanisch scheint auch, daß er vorzugsweise reitet: so deutsch und dänisch; isländisch geht er meist, norwegisch und schwedisch kommt beides vor. Die begleitenden Hunde teilt der Gott wieder mit dem »wilden Jäger«; die Raben (oder Vögel überhaupt) sind zweifelhaft.

S. Müller[4]) sucht ein frühes Odinbild nachzuweisen. Aber schwerlich kann dieser Reiter den Gott darstellen, der beim letzten Kampf[5]) mit eingelegtem Speer auf den Fenriswolf losreitet (mit der Midgardsschlange kämpft Thor) und nie, wie hier, eine Schlange oder einen Drachen bekämpft. Macht die eigentümliche Bildung der Schlange nicht die Nachbildung einer antiken Gottheit wahrscheinlich, so möchte ich eher an einen drachenkämpfenden Heros denken; der begleitenden Vögel wegen[6]) an Sigurd, der allerdings nicht zu Pferde kämpft[7]). —

Was bedeuten die Einzelheiten dieses Bildes? Dominierend erscheint der **Ausdruck höheren Alters**. Roß und Waffe sind an sich nichts Auffallendes; wohl aber, daß ein Gott als älterer Mann erscheint. Wie für den indischen Indra[8]) die Betonung seiner Geburt, ist für Odin das reife Alter charakteristisch. Nur dies soll wohl auch der graue Bart ausdrücken, der freilich in die ganze stürmische Erscheinung trefflich hineinstilisiert ist. Aber an sich ist ein Bart keineswegs, wie viele Mythologen (von dem Wodanbild fasziniert) anzunehmen scheinen, ein Sturmsymbol: bei den Indern hat der Sturmgott Rudra[9]) keinen Bart[10]), aber der (problematische) Sonnen- oder Gewitterdämon Pushan trägt einen solchen[11]) und daneben, wie Rudra, geflochtene Haare. Boreas[12]) hat »langes struppiges

[1]) Völ. Str. 29, Gylf. cap. 15: Gering S. 309.
[2]) Vgl. o. S. 167. Ob nicht der ganze Mythus aus dem zweideutigen Verspaar Völ. 29, 1—2 (vgl. Heinzel-Detter z. St.) erst herausgesponnen ist? Odin »birgt« sein Auge in dem Quell, wie wir noch sagen: er »versenkt« es? Allerdings setzt die Völ. (vgl. Str. 28 und den Parallelismus mit Heimdalls Horn Str. 27) die »Verpfändung« schon voraus. Aber sie benutzt auch sonst älteres Gut (wie Str. 3).
[3]) S. 370f.
[4]) Urgeschichte Europas S. 186.
[5]) Gylf. cap. 51: Gering S. 349.
[6]) Reg. Str. 31 f.
[7]) Doch scheinen solche Bilder vorzukommen; vgl. Säve, Siegfriedbilder, Hamburg 1870, S. 73; von ihm freilich S. 77 anders erklärt.
[8]) Macdonell S. 56.
[9]) Macdonell S. 77.   [10]) S. 74.
[11]) Ebd. S. 35.   [12]) Preller 1, 471.

## § 17. Hauptgötter.

Haar«, aber bärtig ist er nicht. Das eignet vielmehr den Wasser- und Waldgeistern[1]). — Der Bart ist vielleicht noch Zeichen des vornehmen Mannes und daher des »Fürstengottes«[2]); aber der lange graue Bart kann wohl eben nur das Alter symbolisieren, oder vielmehr die Erfahrung des reifen, weisen Mannes — wie bei Zeus, bei dem indischen Dionysos — oder Platon. Odin darf nicht jung sein, denn er hat lange Erfahrungen hinter sich und ist in Anstrengung gereift[3]). Deshalb wird auch gern in mythischen Andeutungen von seiner Vorzeit gesprochen[4]). Aber eine eigene Vorgeschichte des jungen Wodan (wie des jungen Zeus oder Indra) besitzen wir nicht: die germanische Anschauung scheint die Vorstellung des göttlichen Kindes nicht zu besitzen; sie ist zu ernst, vielleicht auch ein wenig zu feierlich dazu.

Das Eine Auge — wenn es ein alter mythischer Zug ist — läßt sich nicht so leicht deuten. Natürlich hat man es auf die Sonne bezogen[5]). Ich muß gestehen, daß mir dies mythologisch nicht unbedenklich scheint. Der Mythus wäre doch nur ätiologisch zu verstehen: als Antwort auf die Frage, warum es nur Eine Sonne gebe; eine Frage, der ich noch nie begegnet bin. Sonst ist es wohl natürlich, die Sonne als Auge des Himmels zu bezeichnen, weil sie auf uns »herabsieht«[6]); damit ist aber noch nicht gesagt, daß eine klare primitive Vorstellung das menschlich gedachte Auge als Symbol der Sonne hätte brauchen können. Die Sonne ist eine goldene Scheibe, ein Wagen, ein Tierfell, ein Schild; aber ein Gott mit einer ins Gesicht geklemmten Sonne wäre vermutlich unseren Altvordern höchst seltsam vorgekommen. Bei dem Rundauge auf der gewölbten Stirn (einer nicht nur bei den Kyklopen begegnende Vorstellung) wäre das Bild immer noch denkbar; aber wenn von dem untrennbaren Dual der Augen das eine fehlt, kann das andere schwerlich als das *singulare tantum* Sonne zu denken sein. Eine Möglichkeit sehe ich noch dafür: die in einigen Mythologien auftauchenden Vorstellungen von zwei Sonnen, einer Tag- und einer Nachtsonne: das fehlende Auge wäre dann die verschwundene Nachtsonne. Aber ist dieser Mythus bei den Germanen je vorhanden gewesen?

[1]) Besäßen wir nur eine Ikonographie der Götter und Dämonen, wie wir solche von den katholischen Heiligen besitzen!
[2]) Vgl. Ríg. Str. 15 und die vielen »barttragenden« Beinamen nordischer Fürsten wie Svend Gabelbart u. dgl.
[3]) Wie Háv. Str. 58—59 fordert.
[4]) Lok. Str. 9.
[5]) Ebenso bei anderen Völkern; vgl. Stahn, Die Simson-Sage, Göttingen 1908, S. 55.
[6]) So heißt die Sonne in vedischen Hymnen Varuna und Mitras schönes Götterauge (Geldner-Koegi, 70 Lieder des Rigveda, S 15), oder noch obendrein Agnis (ebd. S. 55) — was doch jede Anschauung ausschließt.

Müllenhoff[1]) deutet die Sage als einen Naturmythus, »und zwar das Abbild eines alltäglich sich wiederholenden Vorganges: daß die Sonne im Wasser wiederscheint«. Aber er selbst führt[2]) Ortsnamen mit Mimi nur bei Flüßchen und Quellen an; jener Mythus würde dann doch wohl die Sonne eher mit einem Gott breiter Wasserflächen verbunden haben. Ich möchte die Einäugigkeit (ich wiederhole: wenn sie ursprünglich ist) viel eher aus irgendeinem Mythus epischer Art ableiten als aus dem Mimirs; wenn sie nicht vielleicht einfach einem ikonischen Mythus entsprungen ist. Der Schlapphut Odins verdeckt oder verdunkelt doch ein Auge — sollte von solchen Darstellungen nicht die Vorstellung herstammen?

Über die Attribute — Hut, Mantel; Speer, Roß; Hunde, Raben — handeln wir besonders. Auf den reichen Waffenschmuck jüngerer Darstellungen[3]) brauchen wir nicht einzugehen. Besonders ist dagegen noch auf Odins Neigung zu Verkleidungen hinzuweisen[4]). Doch ist zweierlei zu unterscheiden: die Verwandlung in Tiergestalt, erst in späteren Mythen beliebt, aber wohl (wie in Zeus' Verwandlungen in Stier, Wolke, goldenen Regen usw.) auf dämonische Erbschaft zurückgehend; und die eigentliche Verkleidung (als Bettler, Steuermann, Greis usw.), die mehr mit seiner Funktion als Fürstengott zusammenhängt: er geht wie Harun al Raschid in unscheinbarer Form einher, um die Menschen und besonders die Gewalthaber zu prüfen (Grim). — Wer will, mag auch hier Wolken sehen und an Hamlets Wolke, die bald ein Kamel ist und bald ein Ungeheuer, erinnern.

Wir finden also als Kern der Anschauung von Wodans Persönlichkeit das Alter oder besser die Reife. Dies selbst aber wiederum bedeutet nichts anders als Erfahrenheit, Weisheit. »Alter« ist die mythologische Chiffre für Weisheit, wie etwa im Hildebrandslied oder der Nibelungenart der *wîse* dem *tumben* gegenübersteht. — So kommen wir auch hier auf die Betonung intellektueller Macht. —

Kein Gott besitzt so viele Attribute wie Odin und keiner so viel Namen, die er in den Grim. selbst stolz aufzählt. Wichtig sind vor allem die Attribute. Es sind drei Paare: zwei gehören zur Kleidung, zwei zur Ausrüstung, zwei zur Begleitung. Der Hut[5]) und der Mantel haben es gemein, daß sie der Verhüllung, Vermummung dienen[6]). Natür-

[1]) D. Alt. 5, 102.
[2]) S. 106.
[3]) Uppsala: vgl. Mogk S. 336; die Bildsäule, die Frigg berauben ließ, s. o. S. 222.
[4]) Vgl. Golther S. 330.
[5]) Meyer S. 368. 383.
[6]) Nach der er Grímr heißt, vgl. Meyer S. 370.

## § 17. Hauptgötter.

lich kann aber dies nicht die ursprüngliche Funktion sein. Eher noch könnte man hier Zeichen des großen Zauberers sehen: der Hut der Zwerge und Elfen ist ein Zaubergerät, und Odins Mantel wirklich gelegentlich ein Zaubermantel, in dem er sogar andere in fremde Länder trägt[1]). Indeß läßt sich beobachten, daß Attribute, die zur eigentlichen Kleidung gehören, fast stets elementarische Symbole sind — sei es, daß sie ursprünglich Fetische von symbolischer Art sind (wie die Ägis), sei es, daß sie das Element andeuten, in dem die Gottheit sich bewegt, wie Skadis Schneeschuhe, der *caduceus* des antiken Götterboten. Ich glaube, daß Hut und Mantel allerdings einen alten Naturdämon anzeigen. Führen nun verschiedene Erwägungen zu der Vermutung, er sei ursprünglich der Geist des in den Baumkronen stürmenden Windes, so passen dazu diese Attribute vortrefflich. Der sonderbare große Schlapphut ist der metaphorische Ausdruck des über das Gesicht des Gottes hin und her wehenden Laubes am Gipfel, der Mantel des übrigen im Sturm hin und her wehenden Laubes. — An sich ist gewiß die Erklärung beider Attribute mit der verhüllenden Wolke gut möglich; aber Odin scheint eben kein Wolkengott zu sein.

Der **Speer** und das **Roß** gehören nicht ganz so eng zusammen. Das Roß ist nur mythologische Umschreibung der raschen Bewegung und deshalb gewiß alt[2]). Wie der Speer hat es seinen eigenen Namen: Sleipnir, der Springer; aber die für die germanische Mythologie (wenigstens durch ihre Beliebtheit) bezeichnende Benennung der Waffen und Tiere stammt wohl erst aus der Heldensage: Sigurd, ebenso Roland, der Cid u. a. haben benannte Rosse. Auch sehen die drei Namen Sleipnir—Gungnir (der Speer)—Draupnir (der Tröpfler, Odins Wunderring) sich so verdächtig ähnlich wie Andhrimnir—Eldhrimnir—Saehrimnir[3]) — sollte es nicht späte Fabrikarbeit sein? Auch der Name Mjölnir, der Zermalmer, für Thors Hammer gehört in dieselbe Kategorie. Später haben dann, wie alle »Heime«, auch alle Götterrosse Namen bekommen[4]); zuerst vielleicht Heimdalls Roß Gulltopp »mit goldenem Stirnhaar«.

Für das Roß des Sturmgottes ist natürlich seine ganz besondere Schnelligkeit bezeichnend. Wie der Apoll von Amyklae zum Ausdruck seiner besonderen Wahrhaftigkeit (oder eher wohl: Aufmerksamkeit) und wirksamen Hilfe vier Ohren und vier Arme besaß[5]), so hat Sleipnir acht

---

[1]) Saxo 1, 40; vgl. Mogk S. 335.
[2]) Vgl. Meyer S. 371, Golther S. 312, Mogk S. 335.
[3]) Grim. Str. 18.
[4]) Grim. Str. 30; Gylf. cap. 15: Gering S. 310.
[5]) Preller 1, 294.

Füße: »damit soll wohl die große Geschwindigkeit angezeigt werden« [1]. Grau von Farbe ist Sleipnir wohl, weil Odin selbst grau ist. An dies Roß knüpfen später weitere Märchen: es soll von dem Riesenhengst Swadilfari und Loki abstammen [2], So wäre denn das edle Kampfroß des vornehmen Gottes eine reelle »Spottgeburt von Dreck und Feuer«! eine jener unsauberen Bastardlegenden, an denen die theologische Spekulation sich vergnügt wie die vom Ursprung des Erichthonios [3]) oder des Typhon [4]). Wieder von Sleipnir soll dann Sigurds Grani abstammen; wahrscheinlich war es umgekehrt!

Zweifelhafter ist schon das Alter des Speers. Ein Speerkult, der dem Schwertkult (Tyr) und dem Hammerkult (Thor) entspräche, ist nicht bezeugt; freilich ist Wodan als Gott vielleicht jünger als beide, sicher als der indogermanische Tyr, wahrscheinlich als der keltisch-germanische Thor. In der deutschen Überlieferung ist der Speer wohl nicht belegt. Wenn im Merseburger Spruch Thor und Wodan *ze holze* fahren, werden sie wohl mit Jagdspeeren bewaffnet sein; aber das wird nicht erwähnt, und läge ja auch nur in der Situation als solcher. In der altnordischen Dichtung aber ist der Speer ganz eigentlich Odins Kennzeichen geworden [5]); er schleudert ihn feierlich zur Kriegserklärung wie der römische Flamen [6]). Mogk [7]) faßt den Speer als den Blitz, den der Gott aus dunkler Wolke schleudert. Aber Gewittergott ist Thor und sein Hammer der Donnerkeil; der Wind schleudert keine Blitze.

Ich habe schon früher ausgeführt, daß mir gerade auf der Einführung des Speers (oder seiner neuen taktischen Verwertung [8]) der Sieg Odins über Tyr zu beruhen scheint. Wie er aber dazu kam, Speergott zu werden, das erkläre ich so wie die Erfindung der Runen [9]). Der Windgott hat den Holzspeer [10]) vom Baum geweht und ihn so den Menschen geschenkt. Eine schwache Erinnerung daran lebt vielleicht noch in der merkwürdigen Sage, wie Odin dem Starkad den Rohrstab gibt, der zum Speer geworden König Wikar durchbohrt [11]), wenn nicht gar noch Hods

---

[1]) Golther S. 312.
[2]) Meyer S. 234. 278; Golther S. 273; v. d. Leyen, Märchen, S. 38.
[3]) Preller 1, 198.
[4]) Ebd. 64, 3. Nicht der Adler des Zeus, aber der des Prometheus hat ähnlichen Ursprung: er stammt von Typhon und Echidna (Preller 1, 99 Anm. 4). — Selbst Mogk S. 351 scheint das Märchen noch für alt und echt zu halten.
[5]) Siehe o. S. 183; Golther S. 311.
[6]) Völ. Str. 24.     [7]) S. 336.
[8]) Vgl. z. B. für die Zulus Schurtz, Urgesch. d. Kultur, S. 337.
[9]) Altgerm. Poesie S. 494.
[10]) Schurtz a. a. O.
[11]) Golther S. 325.

## § 2. Wesen und Begriff der Mythologie. 235

Mistelzweig ein Nachklang des ursprünglichen Speers ist¹). Odin schenkte den Speer, und deshalb stehen Runen auf dem seinigen. — Natürlich ist das nur eine Hypothese; der Sturmdämon mag auch Kriegsgott geworden und als solcher mittelst seiner fernhin treffenden Lanze von dem alten Kriegsgott differenziert sein.

Auch an den Speer knüpfen einige Mythen eine märchenhafte Vorgeschichte. Wie alle wunderbaren Fortschritte der Technik wird auch er den Zwergen zugeschoben, wie Freys Schiff Skidbladnir²). Der Gott trifft sicher wie Apollon³): seine Lanze hält nie im Flug inne⁴). Sympathischen Zauber bedeutet es daher, wenn Erik den Speer über seine Feinde schwingt⁵), unmittelbaren Sieg, wenn Odin⁶) dem Dag seinen Speer leiht.

Die Raben halte ich für alt: sie holen die für den Odinskult charakteristischen Opfer des »Hängegottes« aus dem Baum: sie sind Galgenvögel. Ursprünglich aber waren sie wohl einfach die Vögel, die in den vom Wind durchheulten Baumkronen auf und ab flogen⁷). Aber erst spät sind sie zu seinen »Gedankenboten« gemacht worden⁸). Man nennt sie dann Hugin »Gedanke« und Munin »Gedächtnis«, ein Paar wie Prometheus und Epimetheus⁹).

Der Rabe wird das Zeichen der dämonischen Schlachtfahne¹⁰), was glücklicherweise noch niemand totemistisch gedeutet hat. — Neben den Raben kommt der Adler als ein anderer Vogel des Schlachtfeldes vor¹¹);

---

¹) Sgdr. Str. 17. Eine ähnliche Fiktion wird noch von den Fehmrichtern angewandt, wenn sie einen Strang von der nächsten Eiche machen lassen (Lindner, Die Veme, Paderborn 1872, S. 211): die Eiche vollzieht gleichsam die Strafe an dem Verbrecher.
²) Meyer S. 157f.
³) Preller 1, 274.
⁴) Vgl. v. d. Leyen S. 57.
⁵) Mogk S. 337.
⁶) Helg. Hund. 2, 27.
⁷) Meyer S. 371, Mogk S. 336. — Die Raben Barbarossas im Kyffhäuser sind wohl jung.
⁸) Immerhin haben auch Mitra und Varuna »Spione«, Kundschafter, die vom Himmel die Welt durcheilen und alles sehen; Macdonell S. 23.
⁹) Vögel als Boten sind uralt in Mythen, wie besonders der semitischen Sintflutsage (nicht in hellenischen Berichten echten Ursprungs: Usener, Sintflutsagen, S. 254; vgl. auch Macdonell S. 152); vgl. allgemein Kluge, Die Heimat der Brieftaube: Bunte Blätter, Freiburg 1908, S. 145, und dazu Edw. Schroeder, Anz. f. d. Alt. 1908, 226f.: sie stammen aus dem wirklichen Gebrauch. — Auffallender ist, daß auch in dem heiligen Baum des Zeus sich heilige Tauben wiegen (Preller 1, 124).
¹⁰) Meyer S. 374.
¹¹) Raubvögel und Wolf als typische Tiere des Schlachtfeldes: J. Grimm Andreas und Elene, S. 25; Brandl, Altengl. Lit. S. 1078.

der ebenfalls die Gipfel hoher Bäume umkreist[1]). An eine Übertragung des Adlers[2]) des Zeus ist gewiß nicht zu denken; wohl aber (wie bei diesem?) an eine ursprüngliche Adlergestalt des Dämons, die bei allen am Himmel tätigen Naturgeistern vorzukommen scheint[3]); er heißt auch selbst noch *Oern*, Adler[4]).

Auch die Wölfe begleiten den Kriegsgott[5]) und begleiten Odin wohl erst, seit er das geworden ist, denn sie haben keine alte Analogie. Die Aristeia Odins[6]) schildert den Gott, wie er als vornehmer Herr zwischen seinen beiden gezähmten wilden Tieren sitzt wie der König im Ruodlieb[7]) mit seinen je zwei Leoparden, Löwen, Bären; »*c'est une belle magnificence de roi*«, wie noch Victor Hugos König Ludwig XI. von seinen Löwen im Käfig sagt. Die Situation ist populär geworden und Bücher wie Golthers »Religion und Mythus der Germanen« bilden Odin in dieser Gala-Haltung ab, in der der einfache Gläubige ihn sich schwerlich in der Regel vorstellte: damals war der Wanderer in Hut und Mantel gewiß populärer.

Die große mythologische Requisitentaufe erstreckt sich natürlich auch auf die Wölfe: sie heißen[8]) Freki, der Gefräßige, und Geri, der Gierige[9]) womit wohl nur der Gegensatz der futterbedürftigen Tiere und des asketischen Gottes in maiorem dei gloriam akzentuiert werden soll.

Während auf dem Pergamonfries die Göttertiere eifrig am Kampf gegen die Giganten teilnehmen, werden die doch hierfür sehr geeigneten Wölfe und Raben Odins beim Ragnarök[10]) nicht erwähnt, vielleicht weil schon auf der Gegenseite ein Wolf steht. — Die Namen der Odinstiere werden gern als »Wappennamen« verwandt[11]); in dem Namen unseres größten mittelalterlichen Dichters, Wolfram, haben sie sich zusammengefunden, wie Wolfgang sowohl Goethe als Mozart heißen.

Der große Namenreichtum[12]), mit dem die Grim.[13]) prahlen, entstammt, nur sehr zum Teil den verschiedenen Funktionen des Gottes (so Sieg-

---
[1]) Grim. Str. 10.
[2]) Oder der Adler: Preller 1, 127.
[3]) Ebenso z. B. bei Indra, Macdonell S. 152; doch vgl. u. über den Raub des Unsterblichkeitstranks.
[4]) Mogk S. 340.
[5]) Golther S. 312; ebenso hat Mars den Wolf, nach dem sich die Hirpoiner benennen: Wissowa S. 137.
[6]) Grim. Str. 19.
[7]) Her. v. Seiler 5, 84f.
[8]) Grim. Str. 79.
[9]) Gylf. cap. 38: Gering S. 329.
[10]) Gylf. cap. 5: Gering S. 348.
[11]) Vgl. meinen Aufsatz »Copulative Eigennamen« Ztschr. f. d. Alt. 43, 161.
[12]) Golther S. 355f.
[13]) Str. 46—50, 54.

vater, Walvater; aber die meisten gerade hierher gehörigen Titel wie
»Hängegott«, »Rabengott« fehlen in dieser vorsichtig auf Effekt ge-
arbeiteten Dichtung). Viele Titel sind beschreibender Natur (»Breithut«,
»Langbart«, »Graubart« »Stabträger«) oder enkomiastisch (der Erhabene,
Kampffrohe, Wahre, Wachsame); andere spielen auf einzelne Abenteuer
an (der Truggewandte, der Verlarvte) oder auf seine Vielgestaltigkeit selbst
(der Gestaltentauscher). Einige wird auch der Preisdichter selbst erfunden haben, und vielleicht sind Namen wie *Thud* und *Ud*[1]) nur
mythische Klänge ohne Inhalt. Aber die Menge der Namen bleibt doch
bezeichnend[2]).

Diese charakteristische Erscheinung wird nun noch weiter ausgemalt,
wobei der Weg, der von Hut und Mantel des Sturmgeistes zu Roß und
Speer des Gottes und wohl weiter zu Raben und Wolf des Totengottes
führte, mit immer weiteren Einzelheiten gewandelt wird. Natürlich reitet
auch er, wie seine Walküren, durch Luft und Meer[3]) und trägt, nach
späterem Skaldenbericht, zündende Flammen in der Hand[5]). Anderseits
macht es seinen Bewunderern Freude, ihn in unscheinbarer Gestalt auftreten zu lassen, als Fergen (Hárb.) oder Kleinbauern (Einleitung zu Grim.):
um so wirkungsvoller läßt dann der Gesang des Landstreichers im feurigen
Ofen am Schluß »den Ordensstern sehen«. — Hier allein[5]) ist auch seine
rein flüssige Diät erwähnt[6]). Es liegt in der Linie märchenhaft steigernder
Phantasie; so hat auch der große Chemiker Berthelot mit der Idee
gespielt, die Zukunft werde nur noch chemische Destillate als Nahrungs-
mittel kennen. Aber der alte Opfergott hatte einen kräftigen Appetit und
will auch als Gast bei Geirröd selbst[7]) nicht hungern.

Neben dem Vergleich mit Mercurius und der Erscheinung des Gottes
bildet sein Kult ein wichtiges Mittel, die ursprüngliche Natur Odins zu
ergründen — ein Mittel, dessen sich besonders Chadwick mit kluger
Methode und sicherem Erfolg bedient hat. Der Kult Odins unterscheidet
sich durch bestimmte Eigentümlichkeiten[8]).

Auszugehen ist von dem Menschenopfer[9]). Es ist von Tacitus[10])
bezeugt; und die Fortdauer beweisen zahlreiche nordische Berichte[11]).

[1]) Str. 46.
[2]) v. d. Leyen, Sagenbuch S. 132, schiebt sie ausschließlich auf die Liebhaberei der Skalden für Odin.
[3]) Mogk S. 335.   [4]) Ebd.
[5]) Grim. Str. 18.   [6]) Siehe o. S. 175.
[7]) Einl. zu Grim.
[8]) Chadwick a. a. O.; Mogk S. 337; Meyer S. 315. 388.
[9]) Vgl. Mogk, Menschenopfer bei d. Germanen.
[10]) Germ. cap. 9: *Mercurium colunt, cui certis diebus humanis quoque hostiis
litare fas habent;* Mogk bei Paul S. 345; Meyer S. 335; Golther S. 327.
[11]) Vgl. Golther a. a. O

## Viertes Kapitel.

Tiuz und Donar geben sich mit Tieropfern zufrieden — Wodan erhält noch spät neungeteilte Opfer von Menschen und Tieren[1]). Einar, der Jarl der Orkneys, opfert den Hálfdan in grausamer Weise dem Odin für Sieg[2]): er läßt ihm »den Blutadler ritzen«[3]), d. h. die Rippen zerbrechen und die Lungen herausziehen: der Mensch wird in ein heiliges Tier Odins gewandelt. — Ebenso opfern die Sachsen Menschen[4]).

**Weshalb bringt man ihm Menschenopfer?** Bei dem Kriegsgott scheinen sie begreiflich, wie sie denn auch in freilich viel geringerem Maße bei Tyr nachzuweisen sind[5]). Man will sein Gefolge vergrößern[6]), indem man ihm neue Einherier schickt: so gelten auch die toten Feinde, wenn sie in der Schlacht gefallen sind, als Opfer[7]). Deshalb opfert man ihm zunächst Könige und Helden[8]), dann als deren Stellvertreter Gefangene und Vertreter[9]). Aber Tyr ist doch auch Kriegsgott und empfängt nur bei den höchsten Festen ausnahmsweise Menschenopfer! Ich glaube: Odin war in höherem Grad als Tyr »Staatsgott«, und Menschenopfer sind Staatsopfer, wie z. B. in Rom keine alten Menschenopfer bezeugt sind[10]), aber nach voller Festigung des Staates bei schwerer Notlage desselben Menschenopfer dargebracht werden — und zwar aus feindlichen Nationen[11]). Bei den Indern sollen Menschenopfer bei der Errichtung eines Backsteinaltars bezeugt sein[12]): auch dies ist ein offizieller Akt wie das Bauen eines festen Hauses mit wirklicher oder symbolischer Einmauerung von Menschen[13]). — Tyr scheint der Kriegsgott, den der Einzelne um Sieg anruft, für den der Einzelne Siegesrunen ritzt[14]), aber Wodan ist der Herr der Heerscharen

---

[1]) Meyer S. 335: in Uppsala alle neun Jahre neun Menschen geopfert, im dänischen Lethra alle neun Jahre sogar 99 Menschen — Pferde — Hunde — Hähne. Die Neunzahl auch bei der Runenfindung die Dreierreihe vornehm: meine Altgerm. Poesie S. 83. 85.

[2]) Mogk bei Paul S. 339.

[3]) Solche Grausamkeiten können wohl historisch sein; vgl. Mogk, Menschenopfer, S. 609.

[4]) Vgl. Olrik. Nordisches Geistesleben, S. 73; ähnliche scheußliche »Umformungen« des Menschenkörpers durch chinesische Henker schildert Mirbeau, Le jardin des supplices.

[5]) Tac. Germ. cap. 39; vgl. o. S. 185.

[6]) Chadwick S. 13. 24.

[7]) Ebd. S. 8.

[8]) Beispiele aus Schweden: Golther S. 327; vgl. die athenische Sage von König Kodrus.

[9]) Chadwick S. 27.

[10]) Wissowa S. 31, vgl. 109, 3.

[11]) Ebd. S. 54.

[12]) Oldenberg S. 363; Hildebrandt S. 9, vgl. 161 f.

[13]) Oldenberg a. a. O.; Andree, Ethnograph. Parallelen 1, 18.

[13]) Sgdr. Str. 6.

## § 17. Hauptgötter. 239

wie jener Gott Zebaoth, dem das ganze Volk der Amalekiter geopfert werden soll[1]). Deshalb treten auch zu ihm die Walküren in engste Beziehung, die wir als Kollektiv-Fylgjen des Heeres glaubten auffassen zu sollen.

Aber es sind Gründe da, anzunehmen, daß das Menschenopfer für Wodan uralt ist, vielleicht älter als jene Einsetzung zum »Staatsgott«, die die nach römischem Muster sich organisierenden Rheingermanen bis in den hohen Norden verbreitet zu haben scheinen was dann auch die natürliche Erklärung für den ersten Religionskrieg bei den Germanen wäre: die organisierte Religion der Wodansverehrer hätte die freiere der Tyrverehrer besiegt[2]).

Wie wurde geopfert? Die Benennung als *Hangagod* und namentlich als *Hangatyr*[3]), Hängegott, könnte eine alte Schelte seiner Gegner sein; aber das Hängen selbst ist eine uralte Form der Tötung: an die *arbor infelix* wird der römische Hochverräter gefesselt[4]) und aus der »Säule« oder dem »Stamm« entwickelt sich der Galgen der Germanen[5]). So schon in den ältesten Berichten alter germanischer Menschenopfer[6]). Die Urform dieser Opferung war wohl die, daß der Mensch dem fetischistisch verehrten Baumstamm dargebracht wurde, wie in Afrika die Knochen geopferter Pferde um den »Lappenbaum« geschichtet werden[7]). —

Aber als charakteristische Eigenform des Odinkult erscheint[8]) nicht das bloße Hängen, sondern die Verbindung von Hängen und Speeren. Charakteristisch ist besonders die Geschichte von Wikars Tod[9]):

> Wikar und seine Schiffsgefährten müssen wegen widrigen Windes einmal lange liegen. Da befragen sie das Losorakel. Es ergibt sich, daß Odin einen Mann aus ihrer Schar verlangt. Das Los trifft den König Wikar selber, wodurch alle bestürzt sind. Starkad schlägt vor, das Opfer nur andeutungsweise zu vollziehen. Er steigt unter einer Föhre auf einen hohen Block, biegt einen schwanken Ast herab und knüpft daran dünne Kalbsdärme. »Nun ist Dir hier ein Galgen bereitet, König, der nicht lebensgefährlich bedünken wird.« Wikar steigt auf den

---

[1]) 1. Sam. cap. 15; vgl. allgemein Schrader Reallexikon S. 604.
[2]) Vgl. noch die Schilderung des Wanenkriegs Völ. Str. 23.
[3]) Mogk S. 337.
[4]) Schrader, Reallexikon, S. 834.
[5]) Ebd. S. 837.
[6]) Bei Mogk, Menschenopfer, S. 608.
[7]) Andree, Ethnograph. Parallelen 1, 62. — G. Keller (Gedichte S. 363; in den Werken 2, 96) hat in dem grausam-humoristischen Gedicht »Weihnachtsmarkt« geschildert, wie eine alte Frau sich selbst als Geschenk an den Baum hängt. Vgl. Háv. Str. 138; siehe u.
[8]) Chadwick S. 14f.
[9]) Chadwick S. 4, Golther S. 325.

## Viertes Kapitel.

Block und legt sich die Schlinge um den Hals, Starkad nimmt einen Rohrstab den ihm sein Pflegevater Hrossharsgrani, der verhüllte Odin, in der Nacht gegeben, stößt damit nach dem König und spricht: »Nun geb' ich Dich dem Odin!« Alsbald wird der Stab zum Speer, der den König durchbohrt, der Block fällt unter seinen Füßen, die Kalbsdärme werden zum starken Weidenstrang, der Ast schnellt empor und hebt den sterbenden König ins Gezweig.

Während der Gehängte vom Speer durchbohrt wird, wird gesagt: »Ich weihe dich dem Odin!«[1]).

Diese Zeremonien fehlen auch nicht bei Odins Selbstopferung[2]):

> Ich weiß, daß ich hing am windbewegten Baum
> Neun Nächte hindurch,
> Verwundet vom Speer, geweiht dem Odin,
> Ich selber mir selbst.

also Hängen, Speeren, Weihen. Es werden oft auch noch Gefolgstiere aufgehängt: Hunde[3]), Pferde, Hähne. So in Uppsala; so Hund und Habicht neben Broderus[4]); ebenso hängt ein Wolf am Tor von Odins Saal[5]).

Dies Mithängen ist nicht obligatorisch, aber doch beachtenswert: der Geopferte wird durch die Begleitung der heiligen Tiere gleichsam zu einem Abbild Odins gemacht, der mit den Vögeln (zu denen die Hunde dann gleich zugedacht werden) in der Baumkrone haust. Und so wäre es möglich, daß jedes Odinsopfer nur eine »heilige Handlung« wäre: eine mimische Wiederholung der einmaligen Tat des Gottes, der sich selbst mit dem Speer am Baum durchbohrte. — Doch ist Odins Runenfindung nicht so sicher ein ganz alter Mythus, daß wir diese (an sich nicht unwahrscheinliche) Hypothese wagen dürften.

Dann also müssen wir uns die Entstehung des Odin-Ritus als wohl so denken: das Ursprüngliche ist das Hängen — die natürliche Art, diesem Gotte zu opfern. Vielleicht genügte es auch anfangs, wie später das Durchbohren mit dem Speer, um den Krieger der Ehren des Heldentodes teilhaftig zu machen: Germanen, die den Schild verloren, hängen sich auf[6]): *multique superstites bellorum infamiam laqueo finierunt*[7]). Sollte der Odinstod den Tod auf dem Schlachtfeld ersetzen? oder war er schon damals (wie etwa für die ungetreuen Mägde der Penelope) ein schmachvoller Tod für den, den des Feindes Schwert verschont? — Dann

---

[1]) Chadwick S. 7—8, 24; vgl. Golther S. 328.
[2]) Háv. Str. 138.
[3]) Meyer S. 335.
[4]) Saxo 8, 414; vgl. Chadwick S. 424.
[5]) Grim. Str. 15. Ob das im Mittelalter beliebte Aufhängen von Ketzern und Verbrechern zwischen Hunden und Katzen ein Rudiment dieses Brauches ist, bleibt mindestens zweifelhaft.
[6]) Tac. Germ. cap. 6.
[7]) Vgl. allgemein Hirzel, Arch. f. Rel.-Wissensch. 11, 79 Anm. 6.

## § 17. Hauptgötter. 241

aber wird Odin der Gott des Speers. Diese Waffe wird sein heiliges Symbol. Seine Anhänger, dürfen wir annehmen, »zeichnen« sich mit dem Speer[1].

Und so ist denn auch Odins Selbstopferung wohl nur (in ihren äußeren Formen) eine Nachahmung der Aufnahme in den Odinskult[2]. Nun ist es allgemein üblich, mit der heiligen Waffe Todesurteile zu vollstrecken. Die Assassinen tun es mit dem Dolch[3]), die Camorra tut es mit dem Messer[4]); die Freischöffen »zeichnen« den Frevler[5]) — und die Wodanverehrer tun eben das mit dem Speer. Nur wer so gezeichnet ist, gehört sicher dem Gott; deshalb werden Greise mit dem Speer getötet[6]), um zu ihm zu kommen. Es ist dasselbe, wie wenn fromme Katholiken sich in einer Franziskanerkutte begraben lassen, um der geistlichen Vorteile der Zugehörigkeit zum Orden teilhaftig zu werden. Wir müssen annehmen, daß beide Riten nebeneinander fortdauerten: das Hängen für den »Galgengott«[7]), das Speeren für den Speergott; zunächst ist alles Hängen an sich ein Opfern für Odin[8]) und so wohl auch alles Durchbohren mit dem Speer; denn so ist wohl das »Zeichnen für Odin«[9]), des Njörd in der Ynglingasaga c. 11[10]) zu verstehen: er »zeichnet sich selbst mit dem Speer« und opfert sich so dem Odin, wie dieser sich selbst opfert.

[1]) Solche religiösen Tätowierungen sind nicht ganz selten; das berühmteste ist das »Kainszeichen«, ursprünglich das Wappen der alten echten Jahve-Verehrer (Holzinger, Genesis, S. 50f. nach Stade), später ein *signum reprobationis*. (Und so stimmt dann in jedem Sinn Freiligraths berühmter Vers: »Das Mal der Dichtung ist ein Kainsstempel!«) — Ein Zeichen auf der Stirn als Legitimation zum Eintritt in die Seligkeit bei den Chassidim: M. Buber, Die Legende des Baalschem, Leipzig 1908, S. 213. — Tätowieren schon in der Steinzeit wahrscheinlich: Schwantes, Aus Deutschlands Urgeschichte, Leipzig 1909, S. 31.

[2]) Knabenweihe mit Fasten und Peinigen ist eine häufige Erscheinung bei fast allen Naturvölkern, Aufhängen der Täuflinge z. B. bei einigen Indianerstämmen (H. Schurtz, Altersklassen und Männerbünde, Berlin 1902, S. 98). Wir dürfen solche Zeremonien den alten Germanen sicher ebensogut zutrauen wie die »Kopfjägerei« (ebd. S. 99: das *nisi hoste caeso exuere votivum obligatumque virtuti oris habitum*, Tac. Germ. cap. 31).

[3]) Heckethorn, Geheime Gesellschaften, übs. v. L. Katscher, Leipzig 1900, S. 99.

[4]) S. 211.

[5]) Lindner, Die Veme, S. 575.

[6]) Allerdings bei den Herulern auch mit dem Dolch? Chadwick S. 33.

[7]) Chadwick S. 9. — Olrik, Nord. Geistesleben, S. 34, erklärt das Hängen als allgemeine Form der Seelenlösung.

[8]) Ebd. S. 16. 20. 36f., vgl. 35.

[9]) Hyndl. Str. 27; doch vgl. Heinzel-Detter, Edda 2, 628, allgemein: »für die Götter gezeichnet«.

[10]) Vgl. Chadwick S. 14.

## Viertes Kapitel.

Diese Selbstopferung bildet überhaupt einen charakteristischen Zug der Odinsreligion. König Erik verlobt sich dem Odin, nach zehn Jahren als Opfer zu sterben[1]; Eyvind ist von Kind auf dem Odin (und dem Thor) geweiht[2], ebenso Wikar zum Hängetod bei Odin geweiht[3] und beide nehmen das Gelübde dann selbst auf sich. Besonders merkwürdig ist die Geschichte aus der Gautreksaga[4], wo zweimal Angehörige eines Geschlechts sich ins Meer stürzen, um zu Odin zu fahren, der dafür die Familie begünstigt. Es ist ein Bondengeschlecht, des Speertodes nicht würdig, weshalb noch besonders die Hoffnung ausgesprochen wird, Odin werde auch den Knecht annehmen[5].

So also ist zunächst eine doppelte Art des Odinsritus anzunehmen, und beide bleiben dauernd möglich. Aber als die höchste Form des ersten Opfers erscheint doch ihre Kombination: erst gehangen und dann gespießt[6].

Man wird annehmen dürfen, daß für die theologische Vorstellung beide Vorgänge unterschieden bleiben: das Hängen als Opferhandlung, das Speeren als Übergabe an Odin,

> Daß der Orkus vernehme: wir kommen,
> Daß gleich an der Türe
> Der Wirt uns freundlich empfange,

wie Goethe singt[7].

Die zu Odin geschickt werden, sollen auch nicht mit leeren Händen kommen. Statt am Baum werden sie auf dem Scheiterhaufen »beigesetzt«, umgeben von Gefolge, Schmuck und Tieren, nach ältester Sitte; dann wird der Scheiterhaufen angezündet und die Leiche verbrannt nach uralter Sitte wie im brennenden Palast. So Harald Hilditönn[8]); so erhält Balder selbst Roß und Ring mit[9]. Die Leichenverbrennung als Opfer wird bezeugt bei den Herulern (verbunden mit *suttee*, der »freiwilligen«

---

[1] Golther S. 259.
[2] Ebd. S. 326.   [3] Ebd.
[4] Mogk, Menschenopfer, S. 615.
[5] Ebd. S. 616.
[6] Der Umstand, daß auch Absalon, während er am Baume hängt, von Joab mit dem Speer durchbohrt wird (2. Sam. 8, 9—14), brachte mich auf den Gedanken, es könne ein ältester Ritus bewahrt sein. Dies ist aber abzulehnen: wie mir Prof. Graf Baudissin mitteilt, ist an der historischen Geltung dieses Berichts nicht zu zweifeln, obwohl später sich Volkssagen an Absalons Gestalt geheftet haben (vgl. Schwally, Hebräische Kriegsaltertümer).
[7] Schwager Kronos. — Vgl. Thorsteins Empfang im Berge: Golther S. 88, vgl. ebd. S. 317—318; Brynhild Sig. sk. Str. 69—70. — Ebenso hebräisch: Bertholet, D. israel. Vorstellungen vom Zustand nach dem Tode, Freiberg 1899, S. 20.
[8] Saxo 8, 391; Chadwick S. 22.
[9] Gylf. cap. 49: Chadwick S. 33.

## § 17. Hauptgötter.

Verbrennung[1]), ebenso bei den ‚Rus'[2]). Deshalb wird Odin Patron des Leichenbrands wie Frey des Hügelgrabs[3]). — So wird denn schließlich auch Odin selbst[4]) nach eigenem Ritus beigesetzt (in Saxos euhemcristischem Bericht): »als es zum Sterben ging, ließ er sich mit der Speerspitze bezeichnen«, und dann ward er mit großer Pracht verbrannt. Soll man diese Verbindung des Leichenbrandes mit dem Odinsopfer als eine Fortsetzung des früh geübten Brauchs, die Toten auf dem Schlachtfelde zu verbrennen, auffassen? Oder ward ursprünglich der Baum mit der Leiche verbrannt?

**Wann wird geopfert?** Zu relativ und absolut bestimmten Zeiten. Das erstere ist der Fall, wenn dem Kriegsgott für Sieg geopfert und bei Beginn des Krieges ihm[5]) das ganze Heer der Feinde geweiht wird[6]); dann wieder bei Beginn der Schlacht und nach deren Vollendung[7]). Das Opfer vor der Schlacht dient zugleich als Orakel[8]). — Dem Staatsgott wird bei großer gemeiner Not geopfert: bei Hungersnot wird der Königssohn Angantyr zum Tode bestimmt[9]), Heidrek schickt dann aber als dessen Stellvertreter den König Harald mit seinem Sohn und dem ganzen Heer dem Odin zu[10]).

Es gibt aber anch drei **absolut** bestimmte Opfer[11]): bei Winterbeginn für den Gott der Fruchtbarkeit Frey; in der Mitte des Winters dem Thor (?) für die Saat; im Sommer Odin »Siegesopfer«, d. h. Opfer für allgemeines Gedeihen.

**Wo wird geopfert?** Diese großen Opfer setzen **Kultstätten** voraus, deren viele im Norden bezeugt sind[12]), so in Lund, Wiborg, Odinsvé (jetzt Odense) in Fünen; viele theophore Ortsnamen beweisen das Gleiche. Die Haupttempel sind in Uppsala und Hleidra.

Den Tempel von Uppsala beschreibt Adam von Bremen[13]), den von Hleidra Thielmar[14]). In Upsala steht sein Bild: *sculpunt armatum sicut nostri Martem*, d. h. mit dem Speer gerüstet. Dort wird zur Frühlingswintersgleiche, in Leire (Hleidra) im Januar geopfert[15]). Vor dem Tempel steht

---

[1]) Wie sie, gleich Dido, Brynhild in Sig. sk. Str. 65 f. allerdings ausübt.
[2]) Ibu Foszlans Bericht um 922—923 vgl. J. Grimm, Kl. Schr. 2, 289 f.; Chadwick S. 43 f.
[3]) Snorri bei Golther S. 311.
[4]) Ebd.    [5]) Siehe o.
[6]) Chadwick S. 6f. 31; Golther S. 325.
[7]) Chadwick S. 6; vgl. Mogk S. 339.
[8]) Golther S. 313.    [9]) Hervarars. cap. 11 f.
[10]) Chadwick S. 5.    [11]) Chadwick S. 5 f.
[12]) Golther S. 305; vgl. Thümmel. PBB. 35, 96: keine Odinstempel auf Island.
[13]) IV. 27.    [14]) Chron. 1, 9; vgl. Mogk S. 338.
[15]) Chadwick S. 6.

ein Riesenbaum[1]), dem ohne Zweifel der Tempel den Ursprung verdankt: er war die Stätte der Epiphanie und erzeugte so den Tempel wie die Stätte von Lourdes die Kirche. Ihm wird Yggdrasill nachgebildet sein[2]). Wie man im Mittelalter für besonders verehrte Heilige Johannisminne und St. Gertrudensminne trank, so wird die **allgemeine Verehrung** Odins durch das symbolische Alltagsopfer des Zutrinkens bezeugt, das ihm mit Thor und Freyja gemeinschaftlich dargebracht wird[3]): es bedeutet eine symbolische Gastgemeinschaft, bei der die vornehmsten Gäste geehrt werden.

Natürlich bringt man auch ihm kleinere Gaben wie die Nordendorfer Spange[4]). Und man verehrt seine Spur: Hufeisenabdrücke des Wodansrosses werden gezeigt, ein Hufeisen noch im schwedischen Wexiö[5]): als Kurschmied tritt er ja auch im Merseburger Spruch[6]) auf.

Schließlich entwickelt sich ein besonderer Typus des **Odinsverehrers**[7]), durch die leichte Bewaffnung (für den Fernkampf) im Krieg charakterisiert[8]) und nach Chadwicks nicht völlig überzeugender Beweisführung[9]) in der Gestalt Starkads, des riesischen Kämpfers (und typischen Recken der Wikingerzeit[10]); etwa wie Wate in der Kudrun) verkörpert. Odin gehören auch die Berserker[11]). Auch Dag[12]) ist nach Kauffmanns schönem Beweis[13]) ein eifriger Odinsverehrer, dem deshalb Odin seinen Ger leiht[14]); ein anderer ist Franmar[15]).

[1]) Vgl. Fjöl. Str. 13—16, **Chadwick** S. 74—75.
[2]) **Chadwick** S. 79; siehe u.    [3]) **Golther** S. 313.
[4]) **Golther** S. 245.    [5]) **Meyer** S. 388.
[6]) Verbreitung des Hufeisenaberglaubens: **Wuttke** s. v., bes. S. 176; der göttlichen Fußspuren: **Andree**, Parallelen 1, 94f. 301. Problematischer urzeitlicher Kult des (menschlichen?) Fußes: **Schwantes**, Aus Deutschlands Urzeit, S. 71. — Auch »Siegessteine« trägt man als (Odin geweihte) Amulette, wie Thors Hammer: vielleicht Steine aus Rabennestern (**Petersen**, Gudedyrkelse, S. 87, Anm. 2).
[7]) **Chadwick** S. 21.    [8]) **Ebd.** S. 39.    [9]) **Ebd.** S. 71.
[10]) **Olrik**, Nord. Geistesleben, S. 68f.
[11]) **Golther** S. 310.
[12]) Helg. Hund. II.    [13]) PBB. 18, 127.
[14]) Unrichtig scheint mir **Olriks** Satz: »Der Odinsglaube ist Sache des Einzelmenschen, während im Gegenteil die Verehrung Thors die Menschen zu einer Gemeinschaft zusammenschließt« (Nordisches Geistesleben S. 30). Wir haben auch bei Thorsverehrern innige Beziehungen ganz persönlicher Art und glaubten Odin gerade auch als Staatsgott auffassen zu sollen, wie es fast alle Götter sind, von denen die Herrschergeschlechter sich herleiten: Ares bei den Römern, Poseidon in Athen (**Preller** 1, 577). Und hätte ein »Gott des Einzelnen« König des Götterstaats werden können? — Seine Klugheitsmoral aber (ebd.) geht doch wohl aus dem Begriff der Welterfahrenheit hervor und hat zum Gegensatz weniger Thors Uneigennützigkeit, als vielmehr seine rohe Kraft.
[15]) Eddica minora S. 83, vgl. S. LXXIV.

## § 17. Hauptgötter. 245

So kommen wir denn zu der entscheidenden Frage, was das Wesen dieser spezifischen Odinsreligion war? was der unterscheidende Besitz nicht des Gottes, sondern seiner Anbeter? Ich glaube, Sieg und Erfolg der Odinsreligion hängen mit einer Wandlung in der Vorstellung vom Leben nach dem Tode zusammen[1]). Bedenken wir jenen charakteristischen Zug des Rituals: das »Zeichnen« mit dem Speere — für das, wohl zufällig, derselbe Ausdruck verwandt werden konnte wie für das Bekreuzen. Es hat nur Sinn, wenn ein Erkennen und Anerkennen der Speerwunde im Jenseits vorausgesetzt wird. Der alte Nordmann hat nicht den massiven Glauben des päpstlichen Legaten zu Albi: »schlagt nur Alle tot — der Herr wird die Seinen schon herausfinden!« Er will dem Gott die Seinen ordnungsgemäß durch ein Eigentumszeichen überweisen — gerade wie die Kreuzfahrer sich durch ein Kreuz als Soldaten Gottes zeichneten. (Man darf aber nicht etwa in Siegfrieds Schulterkreuzchen eine Erinnerung an seine Weihe an Odin sehen wollen!) Die Seelen, oder mindestens diese Seelen, gehen also in eine neue Existenz über und zwar in eine erwünschte Existenz. Dem entspricht dann auch die Einrichtung der Walküren, die die Begnadeten zu Odin holen, entspricht Walhall und das Leben der Einherier.

Erwin Rohde hat in seiner berühmten »Psyche« nachgewiesen, wie erst ganz allmählich und von einem bestimmten Zentrum aus[2]) der Unsterblichkeitsglaube die hellenische Religion durchdringt. Sie war bis dahin auf bestimmte Zeremonien beschränkt gewesen; nun »wird nicht eine gesteigerte Moral« gefordert, wohl aber ein ganzes dem Gott geweihtes Leben[3]). So entsteht ein Mysterienkult, »die einzige Kirchenbildung, die das Altertum entwickelt hat«[4]). Auf Ähnliches deuten die Anfänge der Wodansreligion hin. Sie hat nicht den ersten festen Kult auf germanischem Boden hervorgebracht — der kam, wie wir sahen, mit Nerthus, wohl nicht ohne fremden Einfluß; aber sie ist die erste wirkliche »Religion« mit Bekennern, die sich Einem Gott und seinem Kultus ganz ergeben. Nicht daß sie deshalb nicht auch Thor und Frey geopfert hätten: strengen »Henotheismus« im Sinne Max Müllers anzunehmen, haben wir gar kein Recht. Aber nur Einem fühlen sie sich persönlich verbunden — gerade wie wir auch solche Thorverehrer treffen. — Ich will darauf kein Gewicht legen, daß Odins Erzählung von der Runenfindung[5]) leicht als die Übertragung mystischer Initiationszeremonien auf den Gott selbst gedeutet

---

[1]) Vgl. u. § 28.
[2]) a. a. O. S. 295 f.
[3]) Rohde, Die Religion der Griechen, Heidelberg 1895, S. 23.
[4]) Kern, Über die Anfänge der hellenischen Religion, Berlin 1902, S. 31.
[5]) Háv. Str. 138 f.; siehe o.

werden kann. Aber deutlich ist zu erkennen, daß in dem Kult Odins eine Leidenschaftlichkeit des Gefühls sich entwickelt, der die biedere praktische Treue anderer Verehrungen nicht verglichen werden kann. Ein im eigentlichen Sinne religiöses Moment muß es hier wie anderwärts gewesen sein, was die Menschen zu der Ekstase der Selbstweihe hinriß: was kann das besser gewesen sein als der Glaube an ein Jenseits?

Freilich — an eine Fortdauer der Seelen glaubten, mit allen Primitiven, die Indogermanen schon auf animistischer Stufe [1]). Aber es war, wie in den alten hellenischen Anschauungen, ein bloßes Fortvegetieren, obendrein meist zeitlich begrenzt; nur die Substanz der Seele, möchte man sagen, blieb erhalten — nicht ihre individuelle Prägung, die nur in äußerstem Umriß (die Tierphysiognomien böser Totengeister!) noch eine Zeitlang dauerte. Nun aber, scheint es, verspricht Odin den Seinen wirkliches Fortleben jenseits des Grabes: eine individuelle Weiterexistenz mit Essen und Trinken [2]) — und Kämpfen. Erst von da an, denke ich mir, konnte man im Sinne des Unsterblichkeitsglaubens *de causis a barbaris contemptae mortis* reden. Wer mit dem Speer gezeichnet war, der brauchte die Vernichtung nicht mehr zu scheuen — und die alten Germanen scheuten sie [3]).

Man kann sich vorstellen, wie diese Offenbarung wirken mußte. Irgendwo am Rhein, wo auch das Runenalphabet entstand (nicht zwar, wie ich glaube, die Runenschrift), dort wird den Istvaeonen die Vorstellung der persönlichen Unsterblichkeit vermittelt — in ziemlich massiver Form, aber um so verständlicher und packender. Man braucht nicht mit Gruppe dem Adaptianismus zu huldigen, um fremden Kultureinfluß so wahrscheinlich zu finden wie etwa bei den modernen indischen Sektenbildungen (Babuismus). Wie der Islam die Beduinen durch feste Formen des Lebens — und lockende Vorstellungen des Jenseits band, so mochte nun der Glaube an diesen »Höchsten«, den »Wunschherren« [4]) seine Anhänger begeistern, daß sie die Tyrverehrung und später noch den (an sich jüngeren) exklusiven Thorkult über den Haufen warfen.

Es gibt vielleicht noch Spuren, die das **Aufkommen der Odinsreligion** andeuten. Zwar zuviel möchte gewiß gerade ich aus der Namensliste der Grim. nicht ablesen; aber auffällig sind doch so schwer zu erfindende Namen wie Jafnhár, der »ebenso Erhabene« [5]) und Thridi [6]). Der Gebrauch, den die Gylf. [7]) von diesen Namen macht, steht gewiß unter dem Einfluß der

---

[1]) Vgl. allgemein Wundt S. 551 f.      [2]) Grim. Str. 18.
[3]) Olrik, Nordisches Geistesleben, S. 40.
[4]) Oski, Grim. Str. 49.
[5]) Str. 49, allerdings in einer Interpolation.
[6]) »Der Dritte«, Str. 46.
[7]) Cap. 2: Gering S. 299.

§ 17. Hauptgötter. 247

christlichen Dreieinigkeit; aber die Namen selbst? Könnte Odin sie nicht errungen haben, als der ursprünglich nur dämonischer Ehren teilhaftigen junge Gott von seinen Verehrern erst neben Tyr, dann neben Tyr und Thor gestellt wurde? Werden wir doch solchen »Kompromißgruppen« von Göttern noch wiederholt begegnen.

Eine wirkliche Religion mit persönlichen Adepten setzt auch der Ritus voraus, dessen Umständlichkeit und Feierlichkeit unter den germanischen Opfergebräuchen nicht seinesgleichen hat — denn bei dem Umzug der Nerthus handelt es sich um eine einmalige heilige Handlung. Die vielen liebkosenden Namen, die reiche Legendenbildung — alles stimmt dazu.

Und es stimmt auch dazu, was wir aus Odins Erscheinung hervorhoben: die Betonung intellektueller Momente. Odin hat die Runen gefunden, die Schutzmittel wider alle Gefahren; er auch das Kraut wider den Tod. Der Totengott ist Lebensgott geworden — gerade wie in der Predigt des Paulus der gekreuzigte Gott. Nur daß diese Entwicklung — gegen Bugges allzukühne Gleichsetzungen — christlichem Einfluß lange vorausliegt.

Gegen die neuerdings besonders von Olrik und v. d. Leyen vertretene Anschauung, der neue Glauben sei bereits vom Christentum mitbestimmt, scheint mir der barbarische Stil des Odinsrituals entscheidend zu sprechen; nicht minder die echt heidnische Schilderung des Walhallalebens. Mir scheint es im allgemeinen methodisch bedenklich, einer in voller Blüte ihrer Propaganda befindlichen Religion zugleich so viel und so wenig Einfluß zuzuschreiben, wie es in solchen Fällen dem Christentum gegenüber geschieht. Hätte die christliche Predigt den Unsterblichkeitsglauben vermittelt, so müßte er christlicher aussehen, — so etwa wie am Schluß der Völuspa! Uns scheint die altgermanische Speerreligion — von einer solchen kann man fast so gut wie von der »Religion des Kreuzes« sprechen — durchaus mit altheidnischen Entwicklungen (Eleusinische Mysterien, auch noch Mithraskult) auf Einer Stufe zu stehen; und die Neuerung ist lange nicht so groß als die Amenophis IV [1]). Übrigens mögen wie bei diesem politische Rücksichten mitgespielt haben, denn das nationale oder vielmehr staatliche Moment tritt bei Wodan deutlich hervor; er ist nicht umsonst Gott der Könige, hat es nicht zufällig auf Island zu keinem rechten Ansehen und Kult gebracht.

Vor allem: vertragen sich Menschenopfer mit einer christianisierenden Religion? Sie sind nicht etwa eine Entartung: gerade der ältere Odin ist finsterer und grausamer als der in der Edda, wie auch v. d. Leyen [2]) mit vollem Recht betont. Diese obligatorischen Menschenopfer sind das Ergebnis einer leidenschaftlichen heidnischen Gier nach Fortexistenz, wie

[1]) Erman, Ägypt. Rel., S. 66.
[2]) Germ.-Rom. Monatsschrift 1, 286.

sie sich auch bei den Germanen (wie bei den alten Hebräern an der Schwelle des Monotheismus) in den Sagen von unendlich lange lebenden Helden [1]) ausspricht. Die Menschenopfer sind schließlich im letzten Sinne doch, wie in der Geschichte König Auns (der neun Söhne — mit Odins heiliger Zahl — um langes Leben opferte) [2]) Ersatzopfer: um nicht selbst zu sterben, schickt man dem Totengott andere Opfer [3]).

Denn das ist wohl sicher: wie die Wiedergeburt [4]), so ist auch die individuelle Fortdauer nur als möglich gedacht, keineswegs als selbstverständlich. Hierin liegt ja eben der besondere Anreiz aller Mysterienkulte, daß sie der Seele eine erwünschte Zukunft verbürgen: Seligkeit der Mithraskult, Nirvana der Buddhismus in seiner strengsten Ausübung. — Schon von der Frau im Jenseits ist nur in spärlichen Andeutungen [5]) die Rede; Helgi kann Sigrun kein Wiedersehen im Jenseits versprechen [6]). Aber auch die Höllenstrafen für Verbrecher werden (wie überall) [7]) jung sein. Wer die Seele nicht irgendwie »einbalsamiert«, dem geht sie verloren; sie verwest wie der Körper. Der Speerstich Odins rettet sie: nun empfängt Er die Seelen in seiner Halle und sie sind für immer geborgen. Aber die Knechte kommen zu Thor, wie der Odinsverehrer höhnisch ruft [8]) — zu Thor, der nicht einmal ein »Heim« hat, um sie aufzunehmen, denn Bilskirnir [9]) ist von einem Thorverehrer nur schlecht der Walhallstrophe nachgedichtet. Die Einherier begleiten Odin zum letzten Kampf [10]) wie die Guten den iranischen Heiland [11]) — Thor kämpft allein.

Als letzten Schlüssel zum Verständnis Wodans suchen wir die **Entwicklung seines Bildes** zu nutzen. Als Wurzel der ganzen Bildung haben wir mit größter Wahrscheinlichkeit einen **Windgott** anzusehen [12]). Dafür sprechen noch Namen wie Geigudr und Váfudr, die auch den Wind bezeichnen [13]); denn daß Elementarnamen nachträglich verliehen werden, ist nicht üblich. Hier findet aber auch seine gesamte Entwicklung ihren wahrscheinlichen Kernpunkt.

[1]) Methusalem — Starkad.
[2]) Golther S. 84.
[3]) Noch für Papst Leo XIII. hat eine Nonne Jahre ihres Lebens im Gebet geopfert, die ihm zuwachsen sollten.
[4]) Siehe o. S. 213.
[5]) Freyja siehe o. S. 213.
[6]) Helg. Hund. 2, 44f.
[7]) Vgl. z. B. für die Griechen Rohde S. 57f. 284f. 291f.
[8]) Hárb. Str. 24.
[9]) Grim. Str. 24.
[10]) Grim. Str. 23.
[11]) Oldenberg, Kultur der Gegenwart, S. 85.
[12]) Mogk S. 333, Meyer S. 370. 375.
[13]) Mogk S. 335.

## § 17. Hauptgötter. 249

Daß er nicht von vornherein ein Gott ist, sondern noch bei den Germanen ein Dämon war, dafür spricht die elementare Gebundenheit. Der Hängegott empfängt seine Opfer am hohen Baum; ein solcher weiht den Tempel zu Upsala. Dafür spricht weiter die starke Betonung der Verwandlungsfähigkeit: er kommt als Erntearbeiter, Fährmann, Fahrender, alter Mann; aber auch als Schlange zu Gunnlöd, als Adler zu ihrem Vater. Besonders nimmt er auch[1]) die Gestalt seiner Schützlinge an: Gestr inn blindi[2]). Snorri[3]) hebt besonders hervor, »daß er Gestalt und Aussehen wechseln konnte, wie er nur wollte«. — Im Norden teilt er diese starke Lust zum Gestaltentausch nur mit dem alten Feuerdämon Loki, mit dem er wirklich von altersher zusammengehört[4]). Bei den Hellenen tauscht freilich der große Zeus nicht minder häufig und noch seltsamer die Gestalt, der doch schon in indogermanischer Urzeit ein Gott war — aber doch fast nur in seinen Liebesgeschichten, die wohl zumeist entweder später Fabulierkunst entstammen oder Übertragungen sind. Übrigens zeigt zwar nicht der ursprüngliche, wohl aber der »fertige« Odin manche Ähnlichkeit mit Zeus, zumal von der Weltregierung her.

Daß er gerade ein Winddämon war, zeigt sich in einigen Spezialfunktionen: er haucht dem Menschen den Atem ein[5]); er gibt günstigen Fahrwind[6]); er beschwichtigt den Sturm[7]); er heißt deshalb auch Vidrir, »Wettermacher«. Er macht das Wetter allerdings durch Runen[8]) wie die finnischen Zauberer[9]) oder durch Zauber überhaupt wie die Hexen; aber es ist doch eine spezifische Kompetenz, die ihm in sein Weltreich hinein geblieben ist. Dagegen sind die Wandererlegenden[10]) wohl nicht mit Mogk[11]) von hier abzuleiten: der *viator indefessus*[12]), Gangleri, »Wanderer«, Gangradr »Wegewalter«, Vegtamr »Weggewohnte« macht diese »Inspektionsgänge« als Herrscher und Prüfer: er ist überall, ohne allwissend zu sein. Dazu kommen die vielen Heiligtümer. (Auch Thor ist immer unterwegs.) Daher ist er besonders auch Gast der Könige[13]).

Der Winddämon war wohl ursprünglich ganz »Augenblicksgott«, streng lokalisiert: der Geist, der in einem besonders hohen Baum hauste und seine Wipfel schüttelte. (Eine besondere Baumart scheint ihm nicht, wie dem Zeus die Eiche, gehört zu haben.) Wahrscheinlich infolge starker Verehrung (wie in Upsala) wird er zum Windgott überhaupt: zum

---

[1]) Wie christliche Heilige: Georg, vgl. z. B. »Sankt Georgs Ritter« von Uhland; Maria, vgl. z. B. G. Kellers Sieben Legenden.
[2]) Vgl. Golther S. 342.
[3]) Ebd. S. 309.   [4]) Lok. Str. 9.
[5]) Völ. Str. 18.   [6]) Hyndl. Str. 3.
[7]) Reg. Str. 16f.   [8]) Háv. Str. 152.
[9]) Vgl. allgemein Mogk S. 336.
[10]) Golther S. 340f.   [11]) S. 335.
[12]) Saxo 1, 128.   [13]) Golther S. 341f.

## Viertes Kapitel.

Herrn der Sturmgeister, zum König der Winddämonen — zum Führer des Wilden Heeres, der hoch oben stürmenden Windgeister [1]).

So kommen wir zu den Emanationen: Der Windgott war schon in urgermanischer Zeit über seine alte Bedeutung hinausgewachsen; wahrscheinlich ging von irgendeinem Heiligtum eine mächtige Propaganda aus, seit er irgendwo zum Speergott geworden war.

Dem Windgott steht der Totengott[2]) nahe: wir hatten schon mehrmals zu betonen, wie Wind- und Totengeister sich berühren, besonders während diese in der Luft einherfahren. Als Psychopompos nimmt er dem Sigmund seinen toten Sohn ab und führt ihn ins Meer[8]). Ebenso ist bei den Hellenen »Zagreus, der wilde Jäger, nun auch Totengott und Seelenfänger geworden«[4]).

Die umgekehrte Meinung, der Totengott sei die Urform, wird insbesondere von Mogk vertreten; aber von hier aus scheint mir der Weisheits- und Staatsgott ebenso schwer abzuleiten, wie leicht aus dem Windgott der Totengott. Ich kann deshalb auch nicht mit Siebs' geistreicher Argumentation[5]) die von ihm erschlossene Benennung *Henno* für primär halten, sondern nur für den spezifischen Titel Wodans als Totengott. Das ist er also schon zur Zeit jenes dem *Mercurio* Channini gesetzten Steins[6]).

Diese Eigenschaft wird nun weiter spezialisiert, beidemal im Auschluß an frühere Art des Gottes: Odin gilt als Gott der Gehängten, Hangagod, Hangatyr[7]). Der Gott, dem die Opfer an den Baum gehängt werden, erscheint als Herr aller, die gehängt sind. Später freilich, als nur noch der Schlachttod für rühmlich galt, müssen sie noch nachträglich mit dem Speer durchbohrt werden[8]).

Odin gilt als Gott der in der Schlacht Gefallenen[9]). Nach der älteren Anschauung empfängt er sie alle (sie sind ja auch zumeist durch den Speer »gezeichnet«!); später erhält angeblich Freyja die Hälfte[10]) und Thor die Knechte[11]). Die letztere Nachricht hat R. v. Liliencron[12]) als einen Ge-

---

[1]) Über den Anteil des Windgottes an der Menschenschöpfung vgl. u. Die Trinität ist eine Stufe auf dem Wege zur Alleinherrschaft, doch halte ich nur die Dreiheit Odin—Hönir—Loki für alt (über Odin—Wili-Wé vgl. u.).
[2]) Meyer S. 375, Mogk S. 337.
[3]) Sinf; Gering S. 184.
[4]) Deubner, Arch. f. Rel -Wissensch. 10, 80; vgl. auch Weniger, ebd. 9, 217.
[5]) Ztschr. f. d. Phil. 24, 157.
[6]) Vgl. ebd. S. 146 f.
[7]) Mogk S. 337.      [8]) Siehe o. S. 241.
[9]) Golther S. 315 f. 325 f.
[10]) Grim. Str. 14; vgl. o. S. 213.
[11]) Hárb. Str. 24.
[12]) Vgl. Gering, z. d. St., S. 47, 7.

§ 17. Hauptgötter. 251

danken von hoher und schöner Milde gerühmt:»daß, während die schon hier vom Glück begünstigten, die ruhmgekrönten Söhne Odins, nach Walhall übersiedelnd, zu neuen glänzenderen Freuden eingehen, doch auch für den fleißigen und mit ruhmloser Treue sich abmühenden Diener des Thor nach seinen irdischen Mühen eine freundliche Stätte bei seinem hohen Schirmherrn bereitet ist«. So fein das gedacht ist, bleibt doch zweifelhaft, ob wir einen so milden Gedanken den stolzen Odinverehrern zuschreiben dürfen. Die Alternative wird wohl stehen wie bei Achilleus: ruhmvoller Tod — oder Vergessenheit; selbst Hjalli, der als Ersatz für Högni stirbt[1]), wird durch keine Aussicht auf das Jenseits getröstet. Ferner sieht man nicht recht, was die Anschauung hierbei befriedigen soll; die Seele bleibt unverklärt, und so hätten wir ein Heim des Thor mit lauter arbeitenden Knechten erfüllt. (»Die andern trinken Bairisch Bier, und unterdessen donnern wir,« wie Hoffmann v. Fallersleben den Kontrast der Hohen und Niedern im Jenseits drastisch ausdrückt)[2]). Kampf und weise Ruhe sind der Verklärung fähig, aber subalterne Tätigkeit auf dem Schlachtfeld oder im Haus? Immerhin könnte man sich noch immer Thor als einen Trostgott für die bei Odin nicht hoffähigen Krieger denken (mit der Wendung, die Goethe seiner Indischen Legende gab) — wenn nur Thor überhaupt Gott der Knechte wäre und nicht vielmehr der freien Bauern. Es wird wohl also nur eine Hohnrede Hárbards sein: ich bekomme die Edlen; magst du den Abhub haben![3])

An Freyjas Deputat glaube ich auch nicht. Einherier erster und zweiter Klasse mit oder ohne Speck, Ziegenmeth und ewigem Kampf — es ist ein schwer auszudenkender Gedanke. Ich denke mir, die Göttin hatte ursprünglich einfach[4]) den kommenden Gästen die Sitze im Saal anzuweisen, sie als Hausfrau zu »setzen«, etwa wie Hygd[5]) unter den Kriegern waltet. Daraus machte dann der »Weltenbaumeister« der Grim. eine zweite Halbstrophe (denn die hatte er fast immer mühsam nachzufüllen[6]), nachdem vorher die «Heime« wohl höchstens eine trockene *nafnathula* gebildet hatten, wie wir sie etwa Grim. Str. 44 noch unverändert besitzen[7]).

[1]) Atlm. Str. 60.
[2]) Übrigens nach einer alten Anekdote vgl. H. Normann, Österreichische Senfkörner, Leipzig 1833, S. 75. — Die Vorstellung realisiert in Hundings Knechtsdiensten in Walhall, Helg. Hund. 2, 38.
[3]) Die schönste Schilderung des Empfanges in Walhall in den Eiriksmál W. Hertz' Übersetzung bei v. d. Leyen, Sagenbuch, S. 142.
[4]) Nachdem sie die Geltung von Odins Göttin erhalten hatte: Frigg fehlt, trotz ihrer Rolle in der Prosa — Einleitung, in den Grim.
[5]) Beow. 1927f.   [6]) Vgl. etwa Str. 13!
[7]) Müllenhoff (D. Alt. 2, 362) bezieht diesen Zug auf die Identität von Freyja mit (Mardöll Gefn) Gefjon: »die die Hälfte der Sterbenden (die Frauen)

Als Gott der Kriegshelden wählt Odin seine Gäste (durch die Walküren) aus oder gibt ihnen Urlaub, wie dem Starkad, dem Schwedenkönig Aun, solange er den Zehnten gibt u. a.[1]). Daß er Tote erwecken kann, berichtet nur Snorri[2]) — er tut es durch Zauber; durch Zauber kann er auch Tote sprechen lassen[3]). Sonst aber ist er nur Herr der Toten[4]) in ihrem Reich und kann den getöteten Balder nicht wieder beleben (oder wenigstens nicht unmittelbar)[5]). Die Funktion als Totengott wird für die Sagenbildung von Odin entscheidend. Er wird zum Führer des Heeres ruheloser Seelen (Wode), obgleich das seiner ursprünglichen Aufgabe, den Seelen Aufnahme in der Totenhalle zu gewähren, widerspricht; aber schließlich wird das Tosen der heimatlosen Geister zum geordneten Ritt über Bifröst stilisiert, während eigentlich die Regenbogenbrücke nur für die Asen bestimmt ist, die vom Himmel zur Erde reiten wollen[6]).

Man pflegt Odin auch als **Himmels-** und **Sonnengott** zu bezeichnen[7]). Als Sonnengott soll er aufzufassen sein, wenn er die Welt alle Morgen von Osten durch ein Fenster überblickt; aber ist das nicht Herrscherfunktion? und im Osten wird es eben zuerst hell. Auch Frigg und Frey sehen von der Himmelswarte herab, wie Zeus vom Olympos. Dann sein Eines Auge[8]); aber diese Götterverstümmelungen schienen uns nur mythologische Metaphern: wie Tyr, der Starke, eine Hand, hat Odin, der Aufseher der Welt, ein Auge »verpfänden« müssen. Auch der Goldhelm, der übrigens mehr gelegentlicher Schmuck als wesentliches Attribut scheint, ist ein Fürstenzeichen. Kurz, er scheint mir wohl »Herr des Himmels«, da er eben Fürst der Götter ist, nicht aber Himmelsgott im elementaren Sinn, und Sonnengott überhaupt nicht. Übrigens pflegen echte Sonnengötter zu den Menschen naturgemäß selten in engere Be-

zu sich nimmt und die unter vielfältigen Namen als fahrende Frau einmal mit umher wanderte« (gestützt von Much, Himmelsgott, S. 262; vgl 269). Aber daß unter der Hälfte der Sterbenden die Frauen zu vermuten seien, ist nur auf den Ausruf von Egils Tochter gegründet; auch ist ja in Grim. nur von den auf dem Schlachtfeld Gefallenen die Rede, und da damit die Zahl der sterbenden Männer keineswegs erschöpft ist, waren die Frauen nicht die andere Hälfte der Sterbenden. Müllenhoff hat wohl aber überhaupt die Grim. durchaus — nach ihrem mythologischen wie nach ihrem poetischen Wert — überschätzt.

[1]) Golther S. 327.
[2]) Vgl. ebd. S. 310.     [3]) Veg. Str. 4—5.
[4]) Mogk S. 337.     [5]) Siehe u.
[6]) Mogk, Sammlung Göschen 4, 47; vgl. 51; Menschenopfer, S. 612, v. d. Leyen, Sagenbuch, S. 127, u. A. halten Wodan von vornherein für einen chthonischen Gott, aber eine Analogie für solche Entfaltung eines Unterweltgottes dürfte nicht aufzufinden sein; vgl. o. S. 250.
[7]) Mogk S. 345.     [8]) Vgl. o. S. 231.

## § 17. Hauptgötter. 253

ziehungen zu treten — von Helios gibt es kaum eigentliche Mythen in diesem Sinn, von Sûrya [1]) erst recht nicht. Odin aber ist ein Menschengott im vollsten Sinn, wie Apollon, der denn auch nicht im eigentlichen Sinn Sonnengott heißen darf [2]).

Der Gott der in der Schlacht Gefallenen wird dagegen unvermeidlich zum Kriegsgott [3]).

Eine Abgrenzung von Tyr versuchten wir schon: sie beginnt mit der Verschiedenheit der Waffen (Schwert und Speer, Taktik und Strategie) und gipfelt wohl in der Unterscheidung Tyrs als Gott des einzelnen Kriegers von Odin als Gott des Königs und des gesamten Heeres. — Der Führer der Winddämonen leitet die ewige Schlacht in den Lüften [4]), ein trefflicher Heeresmann, mit trefflichen Waffen gerüstet (»der kampfgewohnte Heervater«, der seine Wölfe — mit Leichen? — füttert) [5]); deshalb heißt er Heervater, Heerteiler, der Heerfrohe usw.

Als Schutzherr des staatlichen Krieges (wogegen Tyr auch privaten Fehden als Unparteiischer vorsitzen mag) eröffnet er den ersten Kampf durch Speerwurf [6]) und wird so Vater der Schlacht, wie die Nornen das Leben eröffnen [7]). Vor allem aber gehört ihm die Entscheidung des Krieges, wie sie Zeus zukommt und nicht Ares. Deshalb heißt er *Sigfadr, Siggautr*, und ihm wird für Sieg geopfert; so schon früh bei den Südgermanen, Wandalen, Sachsen, Langobarden. — Dies ist der Kern der meisten heroischen Wodanslegenden.

Vielleicht hieran knüpft die moralisierende Auffassung des Gottes. Die Erkenntnis, daß »der schlechtere Mann gewinnt«, mußte von der Lokasenna [8]) bis zu Heines Romanzero mit dem Bedürfnis des Menschen hadern, den Kampf als ein Gottesurteil aufgefaßt zu sehen. Irgendwelche Entschuldigungen werden erdichtet, mit denen die Theodicee aller Epochen gearbeitet hat. Jedenfalls ist man geneigt, die Helden, zu denen er sich gesellt, als die Besseren anzusehen (Völsungen).

Als besonders wichtig erscheint mir eine Funktion Odins, die meist übersehen wird [9]): Odin als der besondere Fürsten- und Staatsgott.

---

[1]) Macdonell S. 30 f.
[2]) Preller 1, 231.
[3]) Mogk S. 338, Meyer S, 37.
[4]) Mogk a. a. O.
[5]) Grim. Str. 19.
[6]) Völ. Str. 21. Mittelst des ins feindliche Gebiet oder ins Meer geschleuderten Speers ergreifen noch im Mittelalter deutsche Kaiser (Otto I. am Sund!) Besitz.
[7]) Mogk S. 339.
[8]) Str. 22.
[9]) Doch vgl. Mogk S. 339.

## Viertes Kapitel.

Den »offiziellen« Charakter der Odinsreligion haben wir mehrfach schon hervorzuheben gehabt. Lamm und Stier, auch Menschenopfer unerhört mag der Einzelne (Fürst oder freier Bauer) seinem Gott schlachten — ein ganzes Heer kann nur von Staatswegen geweiht werden. Als Vertreter des Volkes wird Wikar [1]) in Norwegen, Domaldi [2]) bei den Schweden geopfert [3]).

Vielleicht ist auch der Mangel an theophoren Namen nach Odin damit zu erklären, daß nach ihm sich nur Völker nennen durften (Langbardr und die Langobarden?) [4]), nicht Einzelne?

Keineswegs können wir aber die neuerdings öfter (z. B. v. d. Leyen) ausgesprochene Meinung teilen, Odin sei überhaupt nur sozusagen ein esoterischer Gott gewesen, mit dem das Volk sich gar nicht befaßte. Gewiß war der tägliche Kult vor allem den kleineren Gottheiten und Geistern geweiht, aber die großen Tempel setzen Wallfahrer und Pilger voraus; und die uns so gut bezeugten Götterbilder sind so wenig wie das des Olympischen Zeus von armen Dichtern errichtet. Aber sein Kult bleibt für die wichtigsten Fragen reserviert.

Njörd ist die offizielle Gottheit einer Amphiktyonie, Frey, der Herr der Goten, der Theokrat isländischer Kultusbezirke — Odin ist der Staatsgott als solcher, der Gott der staatlichen Ordnung. Als solcher ist er zunächst **Erzieher der Fürsten und Helden** [5]). Es ist eine unter den Göttern vielbegehrte Stellung: Starkad wird sein Zankapfel dem Thor, Geirröd der Frigg gegenüber, weil auch diese ihre Lieblinge haben. Später wird Odin als Erzieher der Menschen und des Fürsten von Heimdall beerbt, wenn nicht umgekehrt er dem Standesgott der »Wächter über dem Volk« diese Funktion [6]) abgenommen hat.

Odin leitet Geirröds Kindheit [7]) »und belehrt ihn aus dem Schatze seiner Weisheit«: er gibt ihm Lehren wie der macchiavellistische Fürstenspiegel der Háv. [8]) mit seiner spezifisch dynastischen Warnung vor dem Kronprinzen [9]); er erteilt ihm Runen wie Rig dem jungen Jarl [10]). Wie

---

[1]) Vgl. Golther S. 325.
[2]) Ebd. S. 327.
[3]) Negelein (Germ Mythol. S. 105) bringt diese Königsopfer mit uralten Sühneopfern zusammen, die später durch die Verhöhnung und Tötung eines Scheinkönigs abgelöst wurden — ein Ritus, der besondere Aufmerksamkeit erregt, seit Reich (Der Mimus) ihn zur Erklärung der Verhöhnung Christi herangezogen hat.
[4]) Vgl. auch Aldagautr, Valgautr, Siggautr; Golther S. 301: Gaut ist der Ahnherr der Amaler.
[5]) Vgl. Golther S. 328 f.
[6]) Vgl. Rig.
[7]) Anschließende Märchenzüge siehe u.
[8]) Str. 83 f.   [9]) Str. 88.   [10]) Rig. Str. 36.

## § 17. Hauptgötter. 255

er so für das Leben rüstet, so auch besonders für den Kampf: er macht den Harald Hilditönn für den Kampf fest, lehrt ihn die keilförmige Schlachtordnung (den »Eberkopf«) und die Anordnung des Seetreffens — Dinge, die nicht er erfindet[1]), aber die nur er kennt: Alleinbesitz einer Einzelweisheit ist eine besondere Eigenheit des Runengottes; so weiß nur er das Zauberwort des Merseburger Spruches, nur er das geheime Auferstehungswort für Balder. — Um die Prinzen zu erziehen und zu heben, stiftet er den Krieg.

Er ist aber auch der **Aufseher über die Könige**[2]). Daher wandert er umher, um sie zu prüfen[3]) und kehrt als Gast bei ihnen ein wie Christus und die Heiligen in mittelalterlichen Legenden[4]).

Die Aufgabe der plötzlichen Rettung aus Gefahren, eine Hauptfunktion alter Götter, ist im Norden fast ganz auf Odin als Fürstengott übergegangen[5]). Odin rettet die Fürsten und Helden durch plötzliches Eingreifen, oft in Verkleidung und mit Zaubermitteln[6]), wie das ähnliche Wundermärchen bei allen Völkern gern erzählen (Ilias; christliche Legenden). Vorzugsweise rettet er aus Kampfesnot, doch auch (wie die Açvins) aus Seenot[7]), und umgekehrt stößt er (oder Geirröd auf seinen Rat) die Nebenbuhler in die See zurück[8]).

Ein merkwürdiger typischer Zug des nordischen Fürstengottes ist aber, daß er seine Lieblinge am Schluß regelmäßig verläßt und sie dann besiegt fallen[9]). Hauptbeispiele sind die Siegfriedsage[10]) und die von Harald Hilditönn[11]), wo er ganz novellistisch eine Intrigantenrolle in Lokis Stil spielt. Andere Fälle: Hrolf[12]), der Berserker Franmar, der deshalb Vorwurf er hebt, wie Loki[13]), Thor[14]), Egill[15]): der »bessere Mann«, den der

---

[1]) Schon die Heruler haben die *svinfylking* (Chadwick S. 21); doch schreiben ihm die Skandinavier allerdings ihre Erfindung zu (ebd. S. 39. 54.
[2]) Golther S. 342f.
[3]) Grim. Str. 1.
[4]) Sehr hübsch über Odin als Wanderer und Gast Golther S. 344. Ebenso besuchen die Himmlischen den Abraham (Gen. 18, 1—15) um ihn zu prüfen, und werden aufgenommen, wie Odin—Grim es von Geirröd erwartet.
[5]) Indische Rettungsgötter: Indra (Macdonell S. 62) und die Açvins (S. 59); ihre berühmteste Tat die Errettung des Bhûjju aus den Wogen.
[6]) Golther S. 333f.
[7]) Hnikar der Fährmann: vgl. Golther S. 332.
[8]) Einl. zu Grim.; zu der Devotionsformel vgl. Hárb. Str. 60, zu der Anekdote Tell, wie er Geßlers Schiff zurückstößt, und altnordische und lappische Märchen v. d. Leyen S. 52.
[9]) Golther S. 329f.    [10]) Ebd. S. 330.
[11]) S. 331.    [12]) Ebd. S. 331.
[13]) Lok. Str. 22.    [14]) Hárb. Str. 25.
[15]) Golther S. 329, 1; Chadwick S. 12.

Gott dazu gemacht hat, fällt. Gründe, diesen Zug zu erklären, sind wohlfeil wie Brombeeren. Es könnte die (auch bei den Hellenen gerügte) Unzuverlässigkeit des Schlachtenglücks angedeutet sein; oder die psychologische Erfahrung vom Wankelmut der Fürsten (Deórs Klage!) wäre auf ihren Gott übertragen; oder eine Warnung vor unbedingter Hingabe läge darin; oder schließlich gar die üble Nachrede der Gegner Odins. Wichtiger wäre es, einen Zusammenhang zwischen diesem typischen Zug und dem Bilde des Gottes herauszufinden. Ob darin eine Mißbilligung der Versuche liegt, den Gemeinschaftsgott zum persönlichen Gönner zu machen? Oder ob er ursprünglich nur seinen Günstling mit großem Gefolge holte und dies später zur Niederlage des Heeres umgedeutet wurde? Es könnte auch, wie oft, das Opfer auf den Gott abgefärbt haben. Verräter und Fahnenflüchtige hängt man an die Bäume[1]) und weiht sie also dem Wodan — so wird er zum »Verrätergott«.

Der Gott der Könige aber, der König der Götter ist, wird Gott der Weisheit[2]). Auch von hier gehen zahlreiche Mythen und Legenden aus[3]). v. d. Leyen[4]) läßt diese Seite ganz in Odins Zaubertätigkeit wurzeln und sieht in ihr den Mittelpunkt des ganzen Wesens: Odin als Patron und Verkörperer der Medizinmänner (wie Bragi der Sänger). Aber ich bezweifle, ob ein spezieller »Zaubergott« vorkommt. Dieses Amt ist fast überall auf den Hauptgott übergegangen; so hat Zeus an der nationalen Mantik einen bedeutenden Anteil[5]), und Jupiter muß die Wahl der Auguren genehmigen[6]). Oder ein Gott, dessen Kompetenz nah angrenzte, ward mit der Obhut der Zauberei betraut, wie bei den Ägyptern Thott, der Schreiber der Götter[7]), das Zauberbuch über den Re liest[8]). Schwerlich war es bei den Germanen anders. Auch ist Odin keineswegs bloß über den Zauber gesetzt, sondern über alle Weisheit, auch über die Lebensweisheit des erfahrenen Mannes[9]), über die Erfahrung des Erziehers[10]) und besonders noch über die Liebeserfahrung — keineswegs bloß über den Liebeszauber. Aber allerdings fällt der Zauber so notwendig unter die Kompetenz des Weisheitsgottes, wie die Heilkraft

[1]) Tac. Germ. cap. 12.
[2]) Mogk S. 341, Meyer S. 378.
[3]) Golther S. 338f. Odin waltet des »Rats« in dem ganzen vieldeutigen Sinne des Wortes (vgl. Grönbech, Lykkemand og Nidig, S. 170.
[4]) Sagenbuch S. 129f. 132f.
[5]) Preller 1, 143.
[6]) Wissowa S. 452.
[7]) Erman, Ägypt. Rel., S. 18.
[8]) Ebd. S. 159.
[9]) Hávamál.
[10]) Einl. zu Grim.

## § 17. Hauptgötter.

unter die des Zauberers: der Zauber ist nur ein Einzelfall seiner »Kunst«, d. h. seines Gelernthabens[1]).

Ich sehe also den Ursprung dieser Funktion vor allem in seiner allgemeineren Stellung als Gott der Ordnung, als Herrschergott begründet. Aber vielleicht brachte schon der Dämon des Windes in den Baumgipfeln einen starken Ansatz zu dieser Begabung mit; zauberkräftig sind ja viele Elementargeister.

Hierher ziehe ich die tiefsinnigste aller germanischen Mythen: die von Odins Runenfindung[2]). Diesen vielumstrittenen Mythus[3]) wollte Bugge für christlich erklären (und nach ihm z. B. Golther). Hierüber hat eingehend Chadwick gehandelt. In zwei Punkten, meint Golther, zeigt sich der christliche Ursprung: in der Selbstopferung des Gottes, und in der Erhebung des Galgenbaumes zum Weltsymbol. Ich kann Chadwick nicht folgen, wenn er[4]) die Selbstopferung Odins in Frage zieht und meint, gesagt sei nur, daß Odin zugleich Opfer und Opferempfänger sei. Die Analogie der für den Odinskult so charakteristischen Selbstweihen scheint mir entscheidend. Diese beseitigt aber zugleich die Analogie mit dem Opfertod Christi, denn er gibt sich für die Menschen hin — Odin opfert sich, wie sich seine Anhänger opfern[5]): um ihres eigenen Vorteils willen. — Völlig stimme ich dagegen Chadwick bei, wenn er[6]) die Identität des Galgenbaumes mit der Weltesche bezweifelt, die freilich früh ein Interpolator[7]) annahm. »Yggdrasill«, Odins Roß, heißt der Weltenbaum, weil er die heiligen Odinsbäume nachbildet[8]), auf denen die Gehängten »reiten«. Nirgends wird erwähnt, daß Odin an der Weltesche hing[9]).

Aber wie in diesen beiden Zügen, so scheitert eine Vergleichung der Kreuzigung mit der Runenfindung in allen Punkten. Das Kreuz ist eben kein »windbewegter Baum«, was aber die heiligen Bäume Odins sind. Christus hängt nicht neun Nächte; neun aber ist Odins Zahl. Der Speerstoß, dort ganz nebensächlich, ist hier ein rituelles Hauptmoment. Und endlich — »geweiht dem Odin!« Hätte man in christlicher Zeit einen Mythus noch geduldet, der den Tod Christi parodiert hätte?

Zum Schluß: der Mythus ist wahrscheinlich schon gemeingermanisch. Chadwick hat auf den angelsächsischen Dialog *Salomon and Saturn* hin-

---

[1]) Über die Arten des von Odin geübten Zaubers vgl. Golther S. 339; sie beziehen sich naturgemäß vorzugsweise auf den Krieg, dann auf die Wiederherstellung der Ordnung in jedem Sinn: Haß versöhnen, Liebe zur Erfüllung bringen, Krankheit heilen.
[2]) Mogk S. 342f., Golther S. 343f., Meyer S. 378, meine Altgerm. Poesie S. 494f., Chadwick S. 72f; allgemein vgl. Wundt S. 479.
[3]) Háv. Str. 138f.   [4]) S. 80f.
[5]) Vgl. o, S. 245f.   [6]) S. 73f.   [7]) Str. 138.
[8]) Nicht umgekehrt: S. 77.   [9]) S. 75.

gewiesen[1]), wo es heißt, »Mercurius der Riese« habe die Buchstaben erfunden, was immerhin auf den römischen Mercurius gehen kann, wenn er auch mit weniger Recht als der Dämon Odin »riesisch« heißen würde; und auf den Beginn des Runengedichts: »Os, der Ase, ist der Anfang aller Rede«. Schwache Spuren, die doch aber durch andere[2]) aus Zaubersprüchen gestützt werden. Auch ist zu beachten, daß Tacitus[3]) von der römischen Wahrsagung in unmittelbarem Zusammenhang mit der Hauptverehrung des Mercurius-Wodan spricht. Die Runen standen wohl von Anfang an unter Odins besonderem Schutz — weil er sie gefunden hatte (oder umgekehrt!).

Der Mythus ist also altheidnisch; und das ist er seinem ganzen Zuschnitt nach in so ausgesprochener Weise, daß wohl nur die spezifisch nordische Neigung, überall christlichen Einfluß zu sehen (die jetzt K. Krohn bis zur Christianisierung des Merseburger Spruches hat gelangen lassen), die Auffassung des großen Meisters altnordischer Forschung erklärt, auf die Müllenhoff[4]) so leidenschaftlich antwortete. Man könnte in der Tat ebensogut in Helgis Erscheinung vor Magd und Gattin[5]) einen Nachklang der Auferstehungsgeschichte sehen!

Was erzählt der Mythus von der Runenfindung?[6]) — Der Gott hängt am Baum wie ein Odinsopfer, mit dem Speer gezeichnet. Er wird gleichsam selbst eine Frucht der *frugifera arbor*, von der die Runen kommen: nach neun Nächten fällt er ab[7]): sein eigener Sohn, von sich selbst wiedergeboren — wie denn jene primitiven Jünglingsweihen oft als Neugeburt, Wiedergeburt aufgefaßt werden[8]). In dieser Zeit hat er gefastet und in ekstatischer Konzentration nach unten geblickt. Dort, am Baum, aber unterhalb des Gipfels, fand er die Runen, die zauberhaften *surculi* der *frugifera arbor*[9]) — und nun war er reif und gedieh und besaß Wort und Werk — gerade wie Kon der Junge wuchs und gedieh und die Runen kannte[10]). Denn später, scheint es, erfand man für jede »Welt« einen besonderen Runenhüter[11]); aber der Erste

---

[1]) S. 29.   [2]) Vgl. ebd.
[3]) Germ. cap. 10.
[4]) D. Alt. V.
[5]) H. Hund. 2, 39 f.
[6]) Mogk (Sammlung Göschen 15, 45) hat ihn mit dem Glauben zusammengebracht, die Götter bedürften der Verjüngung. Aber der Mythus von Odins Äpfeln ist jung; auch sieht man nicht, daß eine Verjüngung Odins erfolgt.
[7]) Wie ein neuer Ring vom Draupnir, Skirn. Str. 21.
[8]) Schurtz, Altersklassen und Männerbünde, S. 104 f.
[9]) Germ. cap. 10.
[10]) Rig. Str. 36.
[11]) Háv. Str. 142.

blieb Odin. Nun besitzt er das Geheimnis der Dinge, nun ist er Herr: »Wissen ist Macht«[1]).
Der Mythus ließ sich euhemeristisch auf die Erfindung der Runenschrift deuten, mit der sein Kult gewandert ist[2]). Aber es ist hier doch nicht an Schriftrunen, sondern an Zauberrunen gedacht, wenn auch in letzter Linie beide identisch sein mögen[3]). Die Runen geben dem Gott Herrschaft über alle Dinge, denn Runen stehen überall[4]): man muß sie nur lesen können.

Der Gott also hat in furchtbarer Anstrengung (deren Schilderung den zur Ekstase reizenden Vorbereitungen der Zauberer und den analogen Mysterien der Jünglingsweihe nachgebildet ist) die Weisheit e r w o r b e n — eine echt germanische Vorstellung. Er besitzt sie nicht von Geburt, wie Hermes nach dem vierten Tag (ihm war die Vierzahl heilig, wie dem Odin die Neunzahl)[5]); sie ist ihm nicht geschenkt. — Dies ist echt germanische Anschauung, daß der höchste Besitz errungen, erarbeitet werden muß. Und zwar in geistigem »Sturm«, in der »Wut« leidenschaftlicher Hingabe — im *furor poeticus* eines Shakespeare, im *furor teutonicus* eines Luther.

Die gleiche Grundanschauung liegt dem Mythus zugrunde, daß Odin sich Weisheit aus M i m i r s Q u e l l trinkt und dafür sein Auge gibt[6]). Hier schöpft der Gott den Zauber aus dem rinnenden Wasser, wie er ihn dort vom Baum pflückt.

Eine dritte Variante scheint die Legende von O d i n u n d S a g a[7]). In dem Saal *Sökkvabekk* »Sinkebach«, Ort, wo sich ein Bach hinabstürzt, einem von Odins überflüssigen Nebenpalästen, trinkt Odin dort alle Tage vergnügt aus goldenem Gefäß. Der trunkfrohe Dichter der

---

[1]) Fast die gleiche Auffassung finde ich nachträglich bei v. d. L e y e n, Sagenbuch, S. 59. Ein solcher Kampf um die Weisheitsmacht begegnet auch sonst. Die ursprüngliche Großtat des Mose ist (E d. M e y e r, Berl. Sitzungsberichte 1905 XXXI, S. 4) nicht, daß er das Volk aus Ägypten geführt hat, sondern daß er mit Jahve um die Gewinnung der Losorakel (Runen!) gekämpft hat. »Mose hat Jahve im Kampfe gezwungen, ihm seine Geheimnisse (darunter ursprünglich wohl vor allem seinen Namen) zu offenbaren; diese hat er dann weiter den Priestern überliefert, deren Stellung und Einkommen auf diesem kostbaren Besitz beruht.« Der Mythus ist dem unsern so nah verwandt wie dem von Jakobs Kampf mit Jahve (Gen. c. 32, vgl. Ed. M e y e r a. a. O.); nur ist der Kampf mit dem Gott in eine Selbstaufopferung des Gottes gewandelt, aus dem Geist des Mysteriums heraus.
[2]) M o g k S. 330.
[3]) PBB. 21, 177.
[4]) Sgdr. Str. 15—17, vgl. Háv. Str. 142.
[5]) P r e l l e r 1, 391.
[6]) Vgl. o. S. 167, M o g k S. 342, G o l t h e r S. 346.
[7]) Grim. Str. 2; vgl. G o l t h e r S. 345.

Grim., dem für die zweite Halbstrophe gern ein Trinkspruch einfiel [1]), dachte dabei schwerlich an Weisheitstränke; und »Sökkvabekk«, Sturzebach, ist wohl nur ein Gegenstück zu »*Fensalir*« [2]) Meergrund. Aus der unbekannten Saga machte dann Snorri eine vornehme Göttin, die zweite nach Frigg; aber wenn sie nicht diese selbst ist, so ist sie doch die späte Herrin der Wahrsagekunst [3]): irgendeine Egeria in einer Grotte, in der der Bach herunterrauscht, und von der Odin-Numa sich seine Inspiration holt. Es wird wohl aber einfach Frigg sein. Auch den älteren Mythus vom Göttertrank hat man zur Erklärung von Odins Weisheit benutzt [4]).

Wiederum von der Runenherrschaft ist die Heilkunst abgezweigt, **Heilgott** [5]) ist Odin aber schon im Merseburger Zauberspruch, also in gemeingermanischer Zeit; ebenso im angelsächsischen Zaubersegen [6]). Nur er kennt die Heilrunen für das verletzte Götterroß genau, wie sein Hypophet in den Háv. [7]). —

Der Runengott wird auch **Gott des Gedeihens**. »Gott der Fruchtbarkeit« [8]) ist schwerlich richtig: das ist Frey, der die Erde segnet; Odin aber segnet die Arbeit an der Ernte, hierin Erbe der Feldgeister, die ja [9]) mit den Winddämonen eng zusammenhängen [10]). Man läßt ihm die letzten Halme für sein Pferd (Mecklenburg, Schweden):» *Wode, Wode, hale dinem Rosse nu Foder, nu Distel und Dorn, tom andern Jahr beter Korn*« [11]). Denn das Gedeihen der Saat ist zauberbedürftig, und deshalb macht man den Gott darauf aufmerksam, daß er seines Rosses wegen selbst an dem Gedeihen der Saat interessiert sei. So kann er auch ein Getreidefeld in einer Nacht wachsen lassen [12]) — eine mythologische Hyperbel, die auch Schiller seinen König Karl VI. anwenden läßt:» wächst mir ein Kornfeld auf der flachen Hand?«

Natürlich tritt auch Vermischung ein: wenn er Menschenopfer gegen Mißwachs empfängt [13]), hat er Frey wirklich beerbt. — Er spendet auch Reichtümer [14]) wie Frey.

Dem Gott des Gedeihens opfert man aber gern für bestimmte Zwecke: Dag um Vaterrache [15]), Gest um Straflosigkeit [16]). —

[1]) Grim. Str. 3, motiviert; Str. 13, unmotiviert; Str. 19. 25.
[2]) Vol. Str. 34; Gylf. cap. 35: **Gering** S. 326.
[3]) **Meyer** S. 381. 414; dagegen **Müllenhoff** H. Z. 30, 218, **Mogk** S. 371.
[4]) Háv. Str. 140; vgl. u.
[5]) **Meyer** S. 377.
[6]) **Chadwick** S. 29.   [7]) Str. 145.
[8]) **Mogk** S. 338.   [9]) Siehe o. S. 103.
[10]) Vgl. **Meyer** S. 332.
[11]) **Meyer** S. 390.   [12]) **Mogk** a. a. O.
[13]) **Golther** S. 327.
[14]) Ebd. S. 336.
[15]) **Golther** S. 325.   [16]) Ebd. S. 342.

### § 17. Hauptgötter.

Die letzte Ableitung des Runengottes ist die, daß er **Gott der Dichtkunst** wird[1] — was man ihm einst schon für die indogermanische Urzeit zuschob. Aber die Findung des Dichtertranks wenigstens ist so wenig indogermanisch, wie die der Runen christlich ist. Die Dichtkunst bedarf eines eigenen Patrons erst, wenn es einen eigenen Dichterstand mit kunstvoller Technik und hohen Ansprüchen gibt. Dann mag man sich einen neuen Heros schaffen wie Bragi oder Linus[2]), oder einen Gott um das Patronat bitten, wie etwa die heilige Barbara Schutzpatronin der Artillerie geworden ist. Wird irgend jemand Snorris spöttische Aussage für alt halten[3]): »Eine andere Kunst war die, daß er beredt und glatt sprach, daß das allein allen, die es hörten, wahr deuchte. Er redete immer im Versmaße, so wie man jetzt das spricht, was Skaldenkunst heißt. Er und seine Hofgoden heißen Liederschmiede, weil von ihnen diese Kunst in den Nordlanden ausging«? Wenn Snorri das nicht aus Gedichten wie Háv. abstrahiert hat, so wird es eben auf Renommage der Hofdichter beruhen, die schon als solche den Fürstengott zum Schutzgott wählen mußten.

Gewiß jung ist der berühmte, arg verkünstelte Mythus von der **Eroberung des Begeisterungstrankes**, auf den Ad. Kuhn die vergleichende Mythologie begründet und den jetzt eben H. Schück[4]) vom Standpunkt der folkloristischen Mythenvergleichung aus mit wahrhaft skaldischer Künstelei zu retten und zu deuten unternommen hat; jung mindestens in der Form, wie er uns aus dem Norden überliefert ist — alte Elemente scheint er zu enthalten.

Einen echten **folkloristischen** Kern darf man allerdings annehmen: in der Vorstellung von einem **Begeisterungstrank**, wie die Medizinmänner ihn wirklich nehmen und Gott Indra ihn leidenschaftlich, bis zur Berauschung, liebt[5]) — gerade er, einfach wohl weil er der Lieblingsgott der Inder war[6]). Soma ist ja auch selbst ein indischer Hauptgott geworden[7]), nach echt indischer Abstraktion, die die Kraft des Trankopfers in ihm wie die des Gebets in Brihaspati verkörpert.

Nachdem Odin besonderer Patron der Zauberer geworden war, mochte ein Mythus von der Erfindung dieses Begeisterungstrankes an ihn geknüpft werden: denn an einem solchen, aus mancherlei Bestandteilen gemischten »Zaubermeth« wird es im Norden wohl auch nicht gefehlt haben, da die

---

[1]) Mogk S. 344, Meyer S. 235 f., Golther S. 350.
[2]) Preller 1, 461.
[3]) Ynglingas. cap. 6; vgl. Golther S. 309.
[4]) Studier i nordisk litteratur- og religionshistoria, Stockholm, 1, 29 f.
[5]) Macdonell S. 56.
[6]) S. 54.
[7]) Ebd. S. 104.

Zauberin Thorbjörg eine Speise zu sich nimmt »aus dem Herzen aller Tiere, die es an Ort und Stelle gab, zubereitet«[1]). Nach einem derartigen Zaubertrank schmeckt dies seltsame Gemisch aus dreifach destillierter Weisheit[2]): erstens Götterspeichel (und dieser wieder von Asen und Wanen gemischt!)[3]), zweitens Blut des daraus geschaffenen Kvasir, drittens Honig von den Zwergen. Das kann reine Allegorie sein; etwa: göttliche Weisheit — Leben — Süße. Aber als Vorbild hat gewiß solch ein Zaubertrank gedient wie etwa die Zauberspeise, nach deren Genuß man die Sprache der Gänse versteht: man haut einer weißen Schlange den Kopf ab, spaltet ihn, verbirgt darin eine Erbse, vergräbt ihn dann in die Erde; daraus wächst eine Erbsenstaude; wenn man deren erste Schote ißt, versteht man die Gänsesprache[4]). Die Hauptsache ist eben immer, eine recht merkwürdige Köcherei in die Hexenküche zu bringen. Ebenso bei Zaubertränken anderer Art, z. B. Liebestränken wie dem berüchtigten in Immermanns »Cardenio und Celinde«, über den Platen und unser trefflicher Goedeke[5]) sich so lebhaft entsetzten.

Ein solcher Begeisterungstrunk für die Zauberer liegt also wohl zugrunde[6]). Er ist nun auf die Dichtung übertragen, sei es, daß das durch die Dichter selbst geschah, sei es, daß erst der fromme Snorri die schwarze Magie durch weiße ersetzte — worauf vielleicht das sehr »moderne« Epigramm auf die Afterpoesie schließen läßt[7]).

Nun heftet sich an jedes Element eine novellistisch ausgeschmückte Vorgeschichte. Zunächst an den Trank selbst: er kommt natürlich von Odin — aber woher hat ihn der? Worauf die Antwort, wie in einer analogen Fragenkette bei Goethe, lautet: »Der hats genommen!« Solche »besitzerklärende Mythen« haben wir schon oben[8]) als eine nordische Lieblingsgattung bezeichnet. Um zu erklären, wie Odin zu dem Zaubertrank kam, scheint die »gelehrte«, d. h. gewiß in den Kreisen der Sänger[9]) entstandene und gepflegte Legende zwei wirklich uralte Fabeln verschmolzen zu haben.

---

[1]) Golther S. 650; vgl. den Hexenkessel im Macbeth.
[2]) »Mythologische Bilder für Gärung und Alkohol«, wie Much (Gött. Gel.-Anz. 1908, S. 369) sich hübsch ausdrückt.
[3]) Vgl. v. d. Leyen S. 65.
[4]) Wuttke S. 316.
[5]) Grundriß zur Gesch. d. d. Lit. 3, 491.
[6]) Vgl. Achelis, Die Ekstase, S. 11.
[7]) So schon Kuhn selbst, Mythol. Studien 1, 193. v. d. Leyen (Sagenbuch S. 145 f.) hält dagegen einen primitiven Mythus vom Wasser, das aus dem Gewahrsam eines Riesen und seiner Tochter geholt wird, für den Kern der Sage (vgl. ebd. S. 79).
[8]) S. 21.
[9]) Die Anspielungen darauf besonders lieben: Golther 351, 1.

## § 17. Hauptgötter.

Den **mythologischen** Kern des bei Snorri zusammengewobenen Sagenkomplexes scheint ein indogermanischer Mythus von der Gewinnung des Zaubertranks zu bilden, auf den zuerst Wolfgang Menzel[1]) hinwies. Adalbert Kuhn, viel vorsichtiger als seine meisten Nachfolger[2]) bringt doch zwei sehr beachtenswerte Übereinstimmungen zwischen der Herabkunft des Soma und des Suttungmeths bei: der Trank ist in einem Berge verschlossen, und er wird durch einen Adler geholt — mag das nun der Adler des Gottes sein oder der Gott als Adler[3]). — Zu diesen von Kuhn[4]) behandelten Punkten möchte ich noch einen dritten stellen, der allerdings in den indischen Berichten nicht ausdrücklich formuliert ist, aber wohl unbedingt angenommen werden muß; Háv. Str. 106 dagegen ist es direkt ausgesprochen. Der Trank wird nämlich geraubt, indem der göttliche Räuber ihn austrinkt und in seinem Bauche mitbringt — in seiner barbarischen Roheit gewiß ein alter Zug.

Auf andere Übereinstimmungen wie die drei Tränke des Meths mit den — bei anderer Gelegenheit! — von Indra ausgetrunkenen drei Kufen Soma[5]) vermag ich kein Gewicht zu legen. Aber auch bei jenen drei Punkten bleiben noch immer Bedenken. In dem indischen Bericht ist der Trunk selbst im Berg verschlossen, d. h. der Regen in der Wolke; in dem eddischen ist es die Jungfrau, die ihn behütet — das häufige Sagenmotiv von der im Berge eingeschlossenen Frau[6]), das sich mit jenem nicht völlig deckt: soweit es mythisch ist, scheint es die Sonnenjungfrau zu meinen. — Ferner raubt Odin **nicht**, wie gewöhnlich angegeben wird, in Adlergestalt, sondern in Schlangengestalt, d. h. in einer Gestalt, in der er durch das Bohrloch kriechen kann — wie Loki als Fliege oder Floh zu der eingeschlossenen Freyja kommt[7]). Er flieht nur in Adlergestalt, d. h. als schneller Vogel und wird von Suttung in Adlergestalt verfolgt — eine Dublette zu Thjázis Adlergestalt in der Idunfabel[8]), ein altes Märchenmotiv. Kann das wirklich ein alter Zug sein? — Anderseits bemerkt Macdonell[9]),

[1]) Odin, Stuttgart 1855, S. 49; mit der berühmten Gleichsetzung von altnordischem *Kvasir* mit deutschem *Käse* und russischem *Quas* — wobei noch außerdem Kvasir »Ausdruck der absoluten Harmonie« sein soll!
[2]) Nur den Kern hält er für echt und alt, S. 133.
[3]) Wie Gylf. cap. 4: Gering S. 356. — Macdonell (S. 52) scheint es für die ältere Fassung zu halten, daß Indras Adler, der Blitz, den Trank (das Amrta) holt; doch da es sich um einen sicher elementarischen Mythus handelt (ebd. S. 62), ist die Vogelgestalt des Naturgeistes wohl sicher primitiver als der Adler, der bloß das Attribut eines Gottes ist.
[4]) S. 135 und 130.
[5]) Kuhn S. 131.
[6]) Kuhn S. 135.
[7]) Vgl. o. S. 222.
[8]) Brag. cap. 2: Gering S. 353; cap. 4 ebd. S. 356.
[9]) S. 152.

daß dieser Adler (oder Falke) die einzige Verwendung eines Vogels im Veda darstellte; das macht doch auch bedenklich, obwohl sogar v. d. Leyen, sonst so märchenfreudig, dies für einen uralten indogermanischen Mythus hält [1]).

Neben dem Magenraub scheint früh ein (indischer) Becher oder (altnordischer) Kessel verwandt zu sein; Odrerir selbst (»der Trank, der das Altern verhindert«)[2]) bezeichnet bald den Trank[3]), bald den Kessel[4]). Und für das Alter des Kesselraubs spricht neben eddischen Analogien (Hymiskv.) und der durch Eigennamen verbürgten Heiligkeit des Mischgefäßes im Norden auch der finnische Mythus von Sampo.

Man sieht — wo man genauer hintastet, weicht der Boden unter den Füßen! Übrig bleibt schließlich nur ein indogermanischer Mythus (oder ein Schema indogermanischer Mythen), wonach ein Gott den Zaubertrank aus einem Versteck holt — gerade wie sonst andere Schätze (Brisingamen, Iduns Äpfel) geholt werden. Dieser Mythus braucht mit Indra nicht von Anfang an verbunden gewesen zu sein und ward auf ihn vielleicht nur übertragen, weil er der Soma-Gott *par excellence* ist[5]). Er gehörte zu Odin gewiß nicht von Anfang an, da keine seiner Grundfunktionen zu dieser Gewinnung des Zaubertranks in Beziehung steht. (Anders wäre es, wenn er, wie v. d. Leyen will, vor allem Zaubergott wäre.) Ursprünglich ist es gewiß ein Elementarmythus und von Naturgeistern getragen.

Odin hätte ja einfach wie Loki zu Freyja dringen und wie Indra den Trank holen können. Aber die Liebhaberei einer bestimmten Epoche für Liebesfabeln der Götter (vgl. das Netz des Hephaistos in der Odyssee!) erweitert seine Fahrt um ein Liebesabenteuer. Es wird auf Odin, wie der Mythus vom geraubten Zaubertrank, so auch ein weitverbreitetes novellistisches Motiv von der **betrogenen Retterin** übertragen: eine Jungfrau hilft einem Gott oder Helden aus größter Gefahr zu einem wunderbaren Schatz, und wird von ihm später grausam verlassen. (Es kann als Nachgeschichte noch eine Rache angehängt werden (wie in der Medeafabel), die dann — wie Kriemhilds Rache — späteren Generationen zur Hauptsache wird; oder die Fabel wird ins Versöhnliche umgebogen: so gehören vielleicht auch die Legenden von Ariadne und Psyche in diesen Zusammenhang.) Diese Liebesgeschichte, ein Gegenstück zu der von Billings Tochter[6]),

---

[1]) Märchen S. 54.
[2]) Nach Bugge.
[3]) Háv. Str. 106. — Brag. cap. 3—4: Gering S. 355.
[4]) Gering S. 99, 3. — Ganz moderne sexualpathologische Erklärung der Prometheusmythen bei Abraham Traum und Mythus, Leipzig 1909, S. 30f., 56f., 61 f.
[5]) Vgl. Macdonell S. 56.
[6]) Háv. Str. 95f.

§ 17. Hauptgötter. 265

in der ein Mägdelein den Gott nasführet, wird den Fahrenden das Interessanteste. So erzählen sie, wie Gunnlöd den Meth dem Gott überliefert, der sie dafür sitzen läßt — ein Motiv, das aus täglicher Erfahrung immer wieder geschöpft werden konnte[1]). Und wie an die Gewinnung, so heften sich wieder an ihre Vorgeschichte und Nachgeschichte allerlei in der Luft flatternde Motive, deren Märchenhaftigkeit schon Kuhn zugab[2]): von dem Knecht, um dessen Wetzstein die anderen sich die Hälse durchschneiden[3]); von der Lohnforderung für die Arbeit mit neun Knechtskräften, und, wie schon erwähnt, von dem Schlüpfen durchs Schlüsselloch und dem Wettfliegen der beiden Adler. — Der Bohrer mit dem appellativischen Namen Rati »der Nager«[4]) hat gewiß auch noch irgendeine märchenhafte Vorgeschichte wie so viele wunderbare Werkzeuge. Andere Züge[5]) übergehe ich.

Wir glauben also etwa folgende Geschichte des Mythus vom Zaubertrank annehmen zu sollen: erstens indogermanischer Mythus vom Raub des Göttertrankes; zweitens der Opfertrank der Götter wird zum Begeisterungstrank der Zauberer — eine Vorstellung, die noch nachzuleben scheint, wenn ein abgesprengtes Stück der Odrerir-Legende[6]) mit der Runenfindung kombiniert ist. Von hier stammt die bunte Mischung der Flüssigkeiten. Die folkloristische Erklärung ging hier irre: weil diese Bestandteile — Speichel, Blut, Honig — an sich alle mythologische Requisiten sind und zu den primitiven Zaubermitteln gehören[7]), hielt man auch dies Konglomerat für alt. Aber solches Zusammengießen und Zusammenbacken aus altem Bauschutt ist für die Epochen der archaisierenden Mythenfabrikation bezeichnend[8]).

Der göttliche Begeisterungstrank wird drittens von dem Dichter in

---

[1]) So machte im 18. Jahrhundert die Geschichte von Inkle und Yariko großes Aufsehen: ein englischer Offizier sollte seine Lebensretterin, eine Indianerin, als Sklavin verkauft haben. Aus den englischen Wochenschriften drang der Stoff nach Frankreich und Deutschland: Gellert dichtete ihn in eine moralische Erzählung um, der junge Goethe wollte ihn dramatisieren. — Eine wirkliche Tatsache scheint zugrunde zu liegen.
[2]) Golther S. 354 und bei v. d. Leyen S. 54f.
[3]) Vgl. die Erzählung vom Wettmäher Lityerses Roschers Lexikon 2, 2, 2066 (Crusius).
[4]) Brag. cap. 4: Gering S. 356.
[5]) Vgl. v. d. Leyen a. a. O.
[6]) Háv. Str. 140.
[7]) Vgl. z. B. Wundt, Völkerpsychologie 2, 2, 18f.
[8]) Man vgl. z. B. die Geschichte von Orions Erzeugung, auf die zu Kwasir J. Grimm hinwies (Golther S. 353): er wird aus dem Wasser der Götter und dem Staub der Hütte erzeugt — auch ist er so recht eine Spottgeburt von Dreck und — Wasser. Die Fabel ist wohl etymologisch zu erklären (ebd. Anm. 2).

»gelehrter« Weise[1]) auf den Dichtermeth umgedeutet. Ein allegorischer Grundgedanke scheint den Kern zu bilden; zum Dichter gehört göttliche Weisheit — Herzensblut — Süße; so kommen der Mischkrater — Kvasirs Blut — der Honig zusammen[2]).

Viertens: Odin wird zum Prometheus dieses Feuertranks. Deshalb wird auf ihn die Fabel von der betrogenen Helferin übertragen oder, wenn das schon früher geschehen war, wird sie in diesen Kontext gebracht; und natürlich ist die Geliebte des Gottes eine Riesentochter wie Freys Gerd: so hat sie auch das Dumm-Gutmütige mancher Riesen.

Märchen von dem Riesen, den die Zwerge ertränken, von Odins Dienst[3]), von Verwandlungen in Schlange und Adler schließen sich endlich an.

Das scheint mir ungefähr die Literaturgeschichte von Suttungs Meth. Sie ist kompliziert, aber doch noch viel einfacher als die Herstellung des Tranks, der, aus drei Destillaten zubereitet, durch 3 + 1 Hände geht[4]): Götter — Zwerge — Riesen — Odin allein; und zwar unter Anwendung von: erstens Weisheit (bei der Versöhnung: Anknüpfung an den Wanenkrieg); zweitens Gewalt (der Zwerge); drittens Zauber (der Mühlstein); viertens List (Odin bei Gunlöd). So ist der ganze Mythus zusammengebraut, mit blutigem Schweiß; nun hat der Zaubertrank alle Elemente, durch die die berufsstolzen Sänger die Wunderkraft ihrer Dichtung motivieren können! —

Immer mehr an Macht gewachsen[5]), wird Odin schließlich fast henotheistisch zum Allvater, *Alfadir, Aldafadir*[6]), *Veratyr,* Gott der Männer[7]). Einen christlichen Einfluß bei dieser monarchischen Zuspitzung zu sehen, ist nicht erforderlich: auch bei den Indern und sonst zeigt sich diese Tendenz. Bei den Benennungen aber mag das christliche Muster mitgewirkt haben.

Von hier aus wird er auch Schöpfer der Menschen[8]) und der Welt[9]), worüber in dem Kapitel »Kosmogonie« zu handeln ist. —

Bei der Betrachtung der Erscheinung, bei der Prüfung der Zeugnisse, bei der Interpretation der Entwicklung ergab sich überall dasselbe Bild: eine leidenschaftliche, aber sich selbst weise zähmende Herrschernatur,

[1]) Golther a. a. O.
[2]) Ähnlich die Bestandteile des — wirklichen — Biers im Kalewala: J. Grimm, Kl. Schr. 2, 92.
[3]) Vgl. o. S. 18 über die Mythen vom dienenden Gott.
[4]) Ähnlich wie Gusts Gold, Reg. Str. 5.
[5]) Háv. Str. 141.
[6]) Vgl. Freys Benennung als Weltgott.
[7]) Mogk S. 346.
[8]) Vol. Str. 18.
[9]) Ebd. Str. 4; vgl. Mogk a. a. O.

## § 17. Hauptgötter.

mehr auf geistige als auf körperliche Kraft gestellt, mehr Ehrfurcht als Liebe erweckend — das ist Wodan. Ganz individuell steht seine Gestalt unter denen der Götter, fast wie eine menschliche Persönlichkeit: keineswegs ein idealer Charakter, sondern launisch, hinterhältig, den Weibern geneigt bis zur Schwäche, ruhm- und spottsüchtig; aber ein überlegener Geist, immer tätig im Dienst seiner Aufgabe, strengster Arbeit fähig, herrschgewaltig und siegesbewußt. So haben die Germanen allmählich das Bild ihres höchsten Gottes herausgearbeitet. Ein weltschmerzlicher Ton klingt aus den Bekenntnissen der Háv., eine charakteristische Mischung von Scheu und Vertraulichkeit aus den Zeugnissen seiner Verehrer. Ehrlichen Haß konnte er wohl so gut erwecken wie unbedingte Hingabe. — Den freien Bauern auf Island blieb er fremd, den Fürsten, Heerführern, Sängern ward er zum Hausgott und Herzensfreund. Sieht man die großen Gestalten typischer Deutscher an, so mag man sich hier an Luther (in der verhaltenen Leidenschaftlichkeit), dort an Friedrich den Großen (in seiner harten Regententätigkeit) oder an Bismarck (der beides vereint) erinnert fühlen; auch der Humor der großen Deutschen fehlt dem Erzähler der Liebesabenteuer so wenig wie die Resignation. Aus primitivsten Ansätzen ist im Laufe der Jahrhunderte von einem verehrungsvollen Volk eine Göttergestalt herausgemeißelt worden, in der der Germane sich selbst erkennen konnte, wie der Hellene in Apollon, der Inder in Indra.

Craigie[1]) meint, wo in den Mythen Odin mit Christus um die Seelen kämpft, klinge das mehr legendarisch — wo es Thor tut, volkstümlicher. Das mag wohl sein; denn die sich von Odin trennten, waren nicht einfache Leute aus dem Volk: es waren die führenden Geister. —

Ich wiederhole[2]) die treffliche Charakteristik des Hyndluljóds[3]):

Laßt uns Heervater bitten,    seine Huld zu gewähren,
Der gern dem Gefolge    sein Gold spendet;
Dem Hermod gab er    Helm und Panzer,
Ein schneidiges Schwert    schenkt er dem Sigmund.

Dem einen gibt Sieg er,    dem andern Schätze,
Weisheit vielen,    und gewandte Rede;
Dem Seemann Fahrwind,    dem Sänger Dichtkunst,
Männliche Tatkraft    manchem Helden. —

Wir haben die Entwicklung seiner Funktionen und die damit unmittelbar verbundenen Mythen im Zusammenhang behandelt; wie gewöhnlich wenden wir uns jetzt der weiteren Legendenbildung zu. Doch ist hier ein Glied derselben spezieller Prüfung bedürftig: der Sitz, das Heim des Gottes.

---

[1]) Religion of Ancient Scandinavia, London 1906, S. 10.
[2]) Mit Golther S. 357.
[3]) Hyndl. Str. 2.

Der Sturmgott hat sein Heim in den Bergen[1]), der Heimat der Windgötter. Er nennt sich selbst[2]) den »Alten vom Berge« — wie nach Jahrhunderten das Haupt der Assassinen sich wieder nennen sollte! Er heißt auch »Felsengott«; und Wodansberge sind über ganz Deutschland, England, Skandinavien verbreitet[3]). — Mag der Dämon immerhin im Gipfel großer hochbelaubter Bäume erscheinen — sein eigentliches Heim sind die Berge, aus denen er plötzlich stürmend hervorbricht.

Aus diesem Geisterversammlungsort, wo der Winddämon mit den Totengeistern[4]) haust, entwickelt sich Valhöll, das Totenreich[5]) — zunächst also als allgemeines Heim der ruhelosen Geister[6]). Nachdem aber um den Schlachtengott eine besondere Garde der Speertoten gebildet war, wird dies Heim für sie reserviert und ganz dem Odin zugeeignet: die Totenhalle wird nach dem Muster seiner Tempel[7]) stilisiert mit goldenem Schmuck, mit Speeren und Schilden an den Wänden, Brünnen auf den Bänken, einem Wolf am westlichen Tor und darüber ein Adler — seine heiligen Tiere als Hausmarke am Tor, Votivgaben der Krieger ringsumher[8]).

Weshalb das Heim 540 Tore hat[9]), weiß ich nicht zu erklären. Neun ist Odins Zahl; aber was bedeutet 9 × 60? zumal 60 keine heilige Zahl ergibt[10]). Ebensowenig ist die Zahl der 800 Einherier[11]) zu erklären oder mit der der Tore in Übereinstimmung zu bringen. (Daß Bilskirnir[12]) 540 Räume hat, wie Valhöll soviel Tore, ist natürlich nur unverständige Nachbildung.)

Es ist wohl das älteste unter den »Heimen« der Götter, die die Grimnismál kodifizieren. Hier leben die Einherier, die Helden, und werden von den Walküren bedient[13]), Wundertiere märchenhafter Natur stehen ihnen[14]) zur Verfügung. Es ist das märchenhafte Gemälde eines heroischen Schlaraffenlandes (denn auch der ewige Kampf der Unsterblichen ist ja

---

[1]) Mogk S. 336, Golther S. 289.
[2]) Reg. Str. 18.
[3]) Myth. 1, 128f.; Golther S. 297.
[4]) Siehe o. S. 82.
[5]) Golther S. 289f., Meyer S. 292f.
[6]) Vgl. Mogk S. 339.
[7]) Grim. Str. 8f.
[8]) Zschr. f. d. Phil. 38, 175.
[9]) Grim. Str. 23; Gylf. cap. 40: Gering S. 331.
[10]) Vgl. meine Altgerm. Poesie S. 86f.
[11]) Str. 24.
[12]) Schullerus: Bestreitung des echtgermanischen Ursprungs des Valhollglaubens (PBB. 12, 122f.) hat Hoffory (Eddastudien S. 126f.) siegreich widerlegt.
[13]) Chadwick S. 47.
[14]) Grim. Str. 18; vgl. Gylf. cap. 38: Gering S. 330.

§ 17. Hauptgötter. 269

nur Sport), wie schon der Sterbende »bei Odin zu Gast« sein will[1]). Wie in Mohameds Paradies sind die Einzelheiten realistisch ausgemalt: Odin weckt die Einherier, um die Bänke mit Polster zu belegen und die Bierkrüge zu scheuern, und läßt die Wunschmädchen Wein auftragen[2]); nur das erotische Element scheint gänzlich zu fehlen.

Daneben wird dem Hauptgott noch Sökkvabekk[3]) im gemeinschaftlichen Besitz mit Saga zugeschrieben; *Gladsheim*, Welt der Freude[4]) ist vielleicht ursprünglich der heilige Bezirk um Walhalla, dann aber[5]) selbst als goldener Saal aufgefaßt, als Gegenstück zu dem silbernen *Valaskjálf*[6]), in dem sich der Hochsitz *Hlidskjálf*[7]) befinden soll; doch ist Valaskjálf wohl selbst erst aus Valhöll und Hlidskjálf aufgebaut.

So ist der Gott mit Landbesitz reichlich ausgestattet wie ein deutscher Fürst des Mittelalters; doch nicht nur in Valhöll oder auf der allgemeinen Warte Hlidskjálf sieht ihn die Phantasie des Volkes. Denn zumeist ist auch er auf der Reise; und an seine Wanderungen knüpfen sich **weitere Legenden**.

Wir können sie in drei Gruppen teilen: Liebesabenteuer — Prüfungen, die er durchmacht — Prüfungen, die er vornimmt.

**Odins Liebesabenteuer**[8]) sind an Buntheit nur mit denen des Zeus zu vergleichen. Wenn aber der Don Juan des Olymps immer siegreich ist, so ist Odin bald glücklich, indem er überlistet[9]), bald erfährt er Demütigung wie bei Billings Tochter[10]). Es ist kein symbolischer Mythus, sondern an dem höchsten Gott wird der Kirke-Zauber der Verliebtheit illustriert, gerade wie das Mittelalter ihn an Aristoteles, der die Geliebte auf seinem Rücken reiten läßt, darstellt. Der Gott der Weisheit wird von einem namenlosen Mädchen gefesselt, die ihn von bewaffneten Kriegern oder von einer ans Bett gebundenen Hündin erwarten läßt — alte Liebesschwänke, wie sie Ulrich von Liechtenstein oder Henricus der Schreiber im Korb (im Volkslied) oder Falstaff wieder erleben. — Auch im Hárb. wird Odin[11]) als der gewissenlose Lebemann hingestellt und Thors Worte: »Da hast du mit falschem Herzen die gute Gabe gelohnet«[12]) passen genau

---

[1]) Golther S. 327; schon in den Eiriksmál ebd. S. 317.
[2]) Ebd.
[3]) Grim. Str. 7.   [4]) Str. 8.
[5]) Gylf. cap. 14: Gering S. 307.
[6]) Grim. Str. 6.
[7]) Gylf. cap. 17: Gering S. 313.
[8]) Golther S. 336.
[9]) Gunnlöd. Háv. Str. 102f.; Golther S. 337; siehe o. S. 263.
[10]) Háv. Str. 95f.
[11]) Vgl. Golther S. 337.
[12]) Hárb. Str. 21.

auf sein Verhältnis zu Gunnlöd. Ein gewisser Einfluß des höfischen Liebeslebens auf dasjenige des Hofgottes wird nicht abzustreiten sein. Die Demütigung (zweimaliger Backenstreich) und der Sieg durch List (und Zauber) sind in dem Roman von Odin und Rinda verbunden [1]). Daß aber Rinda mit Billings Tochter identisch sei, ist nicht anzunehmen: dann dürfte Odin den schließlich errungenen Triumph nicht verschweigen. Ebensowenig vermag ich v. d. Leyens Kombination mit Frey und Gerd [2]) mir anzueignen. Rindas Geschichte ist ein heroischer Roman von langer Werbung, Verkleidung als Goldschmied [3]), Verkleidung als Mädchen (wie in der Wolfdietrichsage), widerwärtiger Vergewaltigung. Doch spielen mythische Züge mit: Erzeugung des Rächers, Zauberrunen (wie in Skirn.).

Mit Recht lehnt Golther [4]) eine mythische Ausdeutung ab. Auf den Liebling der Dichterphantasie werden Romanzüge übertragen: er fängt sich in der Schlinge der Billingstochter wie Ares im Netz des Hephaistos, er überwindet allen Widerstand wie Zeus bei Danae (wo noch eher ein mythischer Hintergrund denkbar ist). —

Odins Verbannung [5]) wird mit der Rinda-Fabel zusammengebracht, indem diese ätiologisch verwandt wird: die Götter verstoßen Odin wegen unwürdigen Benehmens. Daneben eine ätiologische Dublette: Odin geht aus Scham über Friggs Ehebruch [6]). Man wird sich hier zu der religionsgeschichtlichen Deutung bekennen müssen: der eindringende Gott wird von Anhängern der älteren Kulte zurückgedrängt, seine Verehrung vielleicht auf Jahre verhindert [7]); vielleicht auch sein Götzenbild versteckt oder vergraben [8]). —

Einen Mythus von Odins siegreicher Fahrt in das »Pelzland«, wo er die finnischen Zauberer besiegt, konstruierten Detter [9]) und Boer [10]); doch

[1]) Saxo 3, 126 f.; Golther S. 306.
[2]) Sagenbuch S. 137.
[3]) Zu diesem Motiv vgl. Panzer, Hilde-Kudrun, S. 268 f.
[4]) S. 338.
[5]) Golther S. 306 f., Meyer S. 376.
[6]) Golther S. 307.
[7]) So auch Golther S. 308.
[8]) v. d. Leyen (Sagenbuch S. 130, vgl. 103) führt den Mythus auf den älteren vom Tod des Sonnengottes zurück. Eine naturmythologische Deutung auf »das uralte Motiv vom Auszug und der Wiederkehr des Gottes des Naturlebens«, wie sie schon bei den Irrfahrten des Odysseus Ed. Meyer (Hermes 30, 241 f.; vgl. Solmsen, Ztschr. f. vgl. Sprachf. 42, 229) gegeben hat, ist abzulehnen, da eben nichts bei Wodan auf Altertümlichkeit solcher Mythen deutet. Über den letzten Kampf siehe u.
[9]) Ztschr. f. d. Alt. 32, 449.
[10]) Ark. f. nord. Fil. 8, 105.

§ 17. Hauptgötter. 271

kann dieser Mythus von einem Mythus durch Heusler und Ranisch[1]) für erledigt gelten.

Auch sonst hat der Gott viele **Prüfungen** zu bestehen: er gibt sein Auge zum Pfand, wird bei Geirröd gefoltert[2]), hat mit Frigg zu streiten. Auch hier tritt die starke Vermenschlichung hervor: auf sein Leiden wies schon der Mythus von der Runenfindung.

Odin selbst prüft besonders die jungen Könige[3]) in mannigfacher Weise, zumeist auf Tüchtigkeit im Kriege, wozu eigentlich auch die werbende *milte* des Königs gehört; deshalb wird Geirröd auf Geiz geprüft.

Weitere Abenteuer deutet das Hárbardslied an; so die Überlistung eines Riesen Hlébard[4]), der ihm den Zauberzweig gab und dem er dafür den Verstand nahm; oder sollte hier ein Parallelmythus zur Suttungmythe vorliegen?

Über Odins **Verwandtschaften**[5]) ist später zu handeln. Alt und mythisch wichtig ist nur die Ehe mit Frigg.

### Frigg[6]).

Frigg ist die einzige sicher gemeingermanische Göttin[7]), aber keine indogermanische Gottheit. Germanisch *Frija* (Merseburger Zauberspruch), althochdeutsch *Fria*, altnordisch *Frigg*, »die Geliebte«, »das Weib« schlechthin = *priyā*, sanskritisch Gattin[8]), braucht nicht von Anbeginn Wodans Gemahlin gewesen zu sein[9]). Indessen ist eine elementare Grundbedeutung schwer zu ermitteln; und wir glauben heute, daß ebensowenig jede Gottheit auf einen Naturmythus zurückgeführt zu werden braucht, wie jeder Kasus auf eine lokale Grundbedeutung. — Müllenhoff hält Frigg für eine Lichtgöttin; aber weder daß sie die Mutter Balders ist (und muß wirklich die Mutter eines Lichtgottes eine Lichtgöttin sein?) noch daß ihr Heim Fensalir »die Meersäle« heißt, sind notwendig alte Züge. Auch daß sie eine alte Erdgöttin sei, hat man vermutet[10]), als Erde also dem Himmel gesellt; aber daß Odin ein Himmelsgott sei, glaubten wir eben ablehnen zu müssen. In Friggs Mythologie sehe ich nirgends elementarische

[1]) Eddica minora S. LXVIII.
[2]) Grim.       [3]) Vgl. o. S. 254.
[4]) Hárb. Str. 20.
[5]) Golther S. 355; vgl. allgemein Meyer S. 381.
[6]) Müllenhoff, Zschr. f. d. Alt. 30, 217; Golther S. 306f. 430f.; Mogk S. 369; Meyer S. 413f.
[7]) Mogk S. 312, anders Much (Himmelsgott S. 24f.), dessen urgermanische Bellona mir nicht bewiesen scheint.
[8]) Mogk S. 369, vgl. ebd. S. 358, Golther S. 421 Anm.
[9]) Nach Müllenhoff a. a. O.
[10]) Ebd. S. 249.

Züge. Vielmehr scheint mir mit jener Deutung des Namens, sie sei »die Gemahlin«, »die Geliebte« schlechtweg, der Kern getroffen: alles deutet darauf, daß sie von Haus aus die Schutzgöttin der Frauen (im Gegensatz zu den spezifisch »männischen« Gottheiten, Tyr, Odin dem *Veratyr*, Frey dem *veraldar god*) gewesen ist. Dafür zeugt der Name, die Funktionen, die stete spätere Verbindung mit dem obersten Gott. Wir gehen von dieser Beziehung aus, die für ihren Mythenkreis allein produktiv ist.

**Ist die Verbindung mit Wodan ursprünglich?** Oberdeutsch sind keine Spuren davon erhalten, mitteldeutsch nur der Merseburger Spruch [1]), in dem sie immerhin unter anderen Gottheiten in Wodans Umgebung erscheint. Hauptsitz ihrer Verehrung sind überhaupt die Wodanvölker. Bei den Langobarden ist der Mythus von dem Wettstreit des göttlichen Ehepaares wohl schon an der unteren Elbe entstanden, wenn auch später als die historischen Kämpfe mit den Winilern [2]). Im Norden ist sie immer mit Odin verbunden. Es ist eine Ehe wie die des Zeus mit Hera: bald glückliche Gedankengemeinschaft (Veg), bald Zwist und List wie in dem Langobardenmythus [3]) oder der Agnar-Sage (Grimnismál) [4]).

Ein alter Mythus scheint sie [5]) mit **drei Göttern** zu verbinden: mit der Trias Odin—Wili—Wé, die freilich selbst von zweifelhaftem Alter ist. Frigg war eben zu der Zeit, als man die Götter zu zählen und zu ordnen anfing, die einzige Göttin, deren Rang dem der höchsten Götter glich. Daß sie je dem Tiuz gehört habe [6]), ist unbeweisbar. Dagegen scheint sie in der schwedischen Sitte, den Donnerstag zu heiligen (man spinnt nicht und erwartet göttlichen Besuch), dem Thor verbunden: das heißt *helga Thoregud och Frigge*, den Gott Thor und Frigg heilig halten [7]). Aber das bedeutet wohl auch nur eine begriffliche Gemeinschaft: Arbeit in Haus und Hof unterlassen. Thor ist hier ursprünglich: sonst gehört der Frigg der Freitag [8]). Sie ist also mit Wodan, Thor, Tyr in den Kreis der Hauptgottheiten aufgenommen. Auch diese Übersetzung von *dies Veneris* kam aus Niederdeutschland nach Skandinavien, deshalb *Frjádagr* statt *Friggjardagr*.

Jedenfalls spricht dies alles für eine gewisse ursprüngliche Selbständigkeit. Gewiß ehrte man sie, indem man sie zur Gattin des Hauptgottes

---

[1]) Mogk S. 369.
[2]) Müllenhoff, D. Alt. 2, 97f.
[3]) Meyer S. 372. 381, Mogk S. 369, Golther S. 431.
[4]) Vgl. Golther S. 431.
[5]) Golther S. 433 nach Lok. Str. 26.
[6]) Müllenhoff, Ztschr. f. d. Alt. 30, 217; Golther S. 433. 452.
[7]) Mogk S. 371.
[8]) Golther S. 429 Anm.

§ 17. Hauptgötter. 273

machte — es war, wie die Ehe des Zeus, eine staatlich-religiöse Sanktion der Monogamie —, aber wäre sie das immer gewesen, so hätte sie es nicht zu solcher Bedeutung gebracht.

Ihre **Funktionen** sind dementsprechend von doppelter Art: primär und sekundär, diese nämlich aus der Verbindung mit Odin abgeleitet. **Primäre Funktionen** der Frauengöttin sind **Liebe und Ehe** (mit Einschluß der ehelichen Fruchtbarkeit). König Rerir[1]) erhält von ihr Fruchtbarkeit (wie sie Ríg-Heimdall den Standesvertretern schafft)[2]). Das isländische *elskugras Liebesgras* heißt auch *Friggjargras*. Hierher gehört ferner häusliche Arbeit und häuslicher Fleiß[3]). Der Gürtel des Orion heißt in Schweden ihr Gespinst: Rocken, auch Spindel der Frigg[4]). Überhaupt ist sie in dem kulturell führenden Schweden besonders beliebt; in Norwegen, dem am meisten »männischen« der nordischen Lande, sind Ortsnamen nach Frigg nicht nachzuweisen[5]).

In ihren **sekundären Funktionen** ist sie als Gattin des höchsten Gottes die »trefflichste der Göttinnen«; aber überall einen Schritt hinter ihm. Zukunftskundig wie er[6]) greift sie doch nicht wie er in die Geschicke ein. Auch sie ist zauberkundig — aber erst er heilt[7]).

Dennoch kann sie ihn überlisten: auf ihren schlauen Rat hin verschaffen sich die Langobarden Sieg von dem Siegesgott[8]); durch ihre betrügerische List wird Geirröd veranlaßt, den landfremden Gast zu mißhandeln[9]) — wie Odin ja auch sonst von Frauen überlistet wird (Billings Tochter).

Dies führt zu den Sagen von ihrer Untreue: der wunderlichen Novelle von dem Ehebruch mit dem Diener[10]), die vielleicht die weibliche Gier nach Schmuck ebenso illustrieren soll wie das eine Odinsabenteuer die männliche Verliebtheit. Loki[11]) und Saxo[12]) werfen ihr Buhlerei vor; ist die Erzählung, daß sie einst drei Göttern gehörte (wie Heimdall neun Mütter hat), alt, so kann der Vorwurf von hier stammen. Er paßt recht schlecht zu dem Bild der Ehegöttin; aber deshalb braucht sie noch nicht[13])

[1]) Golther S. 432.
[2]) Mogk S. 371.
[3]) Mogk S. 371.
[4]) Vgl. auch oben (S. 27) über die Heiligung des Donnerstags.
[5]) Mogk S. 371. — Im übrigen vgl. u. über ihre Emanationen.
[6]) Lok. Str. 29, Golther S. 430, Mogk S. 370.
[7]) Merseburger Spruch; Meyer S. 393.
[8]) Golther S. 360. 431, Meyer S. 372. 381, Mogk S. 369.
[9]) Grim.
[10]) Meyer S. 377, Golther S. 306.
[11]) Lok. Str. 26.
[12]) Vgl. Golther S. 432.
[13]) Mogk S. 370.

## Viertes Kapitel.

die Himmelsgöttin zu sein, die mit dem Bruder oder den Brüdern des Gemahls während der Abwesenheit der Sonne buhlt. — Als Obergöttin ist sie auch die Mutter Balders, die den Eid abnimmt und Nannas Kopftuch empfängt [1]).

Spätere Legenden fehlen fast ganz; die Volkssagen von Fru Frick [2]) sind verdächtig [3]). — Als Göttin des Spinnens (Arachne!) und wegen ihrer Weisheit wird sie später mit Minerva gleichgesetzt. Nahe Berührungen mit Freyja [4]) und entferntere zu Nerthus [5]) und den chthonischen Göttinnen Hlódyn und Fjörgyn [6]) sind bei dem verhältnismäßig wenig ausgeprägten Charakter der Göttinnen begreiflich.

Ihr Heim *Fensalir*, Meersäle [7]) wird von Mogk [8]) als nordgermanisches Indizium aufgefaßt. Ist es aber überhaupt sicher, daß das ihr »Heim« ist? Der Sammler der Grim. hätte es sich dann gewiß nicht entgehen lassen; aber er scheint Frigg (als Saga) nach Sökkvabekk zu versetzen. Gylf. Kap. 35 [9]) kann einfach aus Völ. 34 gefolgert sein: daß der Saal »überaus stattlich« ist, scheint eine verzweifelt leere Angabe gegenüber denen, die schon Glitnir oder Walaskjálf [10]) betreffen. Offenbar bildet Friggs Weh [11]) ein Gegenstück zu dem Sigyns [12]); und wie diese im Hain sitzt an Lokis Schmerzenslager, so weint Frigg in Fensalir an dem Scheiterhaufen Balders. Dieser aber ward auf dem Schiff errichtet, das dann nach alter Fürstensitte die Leiche ins Meer fahren soll — und dort, denke ich, in den Meersälen, sitzt seine Mutter und beweint an dem ins Meer hinabgesunkenen Holzstoß Walhalls Unglück. — Jedenfalls sehen wir sie in Tätigkeit nur auf Hlidskjálf (Langobarden- und Agnarsage).

Vom Kult der Frigg [13]) sind nur bekannt Anrufung, Heiligung des Donnerstages, und Zauber: dazu legt man die Wurzel des Frigg-Grases unter das Kopfkissen.

Zu ihren Emanationen rechnet Meyer [14]) die Freyja, die man [15]) wohl besser aus Frey ableitet. Aber wie Skirnir bei Frey, sind bei Frigg »Dienerinnen«, die wir als selbständig gemachte Einzelfunktionen ansehen [16]).

---

[1]) Mogk S. 370.
[2]) Meyer S. 424f.
[3]) Mogk S. 369, Golther S. 329 Anm.
[4]) Siehe o.; vgl. Golther S. 440, Meyer S. 361.
[5]) Mogk S. 370.     [6]) Ebd.
[7]) Golther S. 431.     [8]) S. 371.
[9]) Gering S. 327; vgl. cap. 49 ebd. S. 343.
[10]) Gylf. cap. 17: Gering S. 312.
[11]) Völ. Str. 34.     [12]) Str. 35.
[1?]) Meyer S. 417.
[14]) S. 418.     [15]) Siehe o.
[16]) Gylf. cap. 35: Gering S. 326; Golther S. 413f.; Mogk S. 370; Meyer S. 414.

## § 17. Hauptgötter.

**Fulla**[1]) ist im Merseburger Spruch Frias Schwester, später[2]) ihre Dienerin und Botin. Nach Gylf.[3]) ist sie Jungfrau, geht mit flatterndem Haar und hat ein goldenes Band um das Haupt; sie trägt Friggs Truhe und bewahrt ihr Schuhzeug; auch ist sie in ihre heimlichen Pläne eingeweiht. Deshalb erhält sie einen goldenen Fingerreif als Andenken Nannas[4]). Mythische Tiefen sind hier schwerlich zu suchen. Die Schuhe haben vielleicht rechtssymbolische Bedeutung[5]). Einfacher aber ist es, die Göttin eben als die der Fülle aufzufassen. »In Fulla wird die Göttin Frija nach ihrer Reichtum und Segen spendenden Tätigkeit persönlich«, wie in lateinischen Gottheiten, Copia, Abundantia[6]). Es ist der häusliche Wohlstand in ihr verkörpert:

> Sie mehrt den Gewinn
> Mit ordnendem Sinn
> Und füllet mit Schätzen die duftenden Laden
> Und dreht um die schnurrende Spindel den Faden
> Und sammelt im reinlich geglätteten Schrein
> Die schimmernde Wolle, den schneeigten Lein ...

**Lofn**[7]) erhört gern die Gebete und ist mild; sie hat von Allvater und Frigg die Erlaubnis erhalten, Ehen zwischen den Menschen zustande zu bringen, denen vorher ein Hindernis im Wege stand; nach ihrem Namen heißt die Erlaubnis »*lof*«[8]). Natürlich ist es umgekehrt. — Gering[9]) vergleicht die Juno pronuba, die aber nach Wissowa[10]) nur dichterische Benennung der göttlichen Brautführerin, der Juno Juga, ist[11]). Sie ist Emanation der Frigg als Göttin der Liebenden.

**Sjöfn** (man beachte den Reim auf Lofn) »ist eifrig bemüht, die Menschen zur Liebe zu entflammen, Männer sowohl wie Frauen«[12]). Die Gottheiten der Stimmungen und Leidenschaften sind wohl immer jünger als die offizieller Tätigkeit; auch Sjöfn wird zu Lofn erst hinzuerfunden sein.

---

[1]) Golther S. 431. 432. 435; Meyer S. 392. 414. 424; Mogk S. 370.
[2]) Einl. zu Grim.
[3]) cap. 35.
[4]) Gylf. cap. 49: Gering S. 346.
[5]) Golther S. 432.
[6]) Ebd. S. 435.
[7]) Mogk S. 371; Golther S. 432. 435; Meyer S. 414.
[8]) Gering S. 327.
[9]) a. a. O.     [10]) S. 119.
[11]) Eher wäre noch die Ehegatten versöhnende Viriplaca (Wissowa S. 195) vergleichbar.
[12]) Gering S. 327: »die nordische Venus«; Golther S. 435, Mogk S. 371, Meyer S. 414.

276    Viertes Kapitel.

Eir ist die Ärztin unter den Asen[1]), eigentlich die Göttin der häuslichen Krankenpflege. Sie wird auch[2]) mit einem Geschwader anderer meist einsilbiger Mädchen zu Menglöds Füßen gesehen; jedenfalls ist dabei an Friggs Dienerinnen gedacht.

Gná[3])»wird von Frigg in ihren Angelegenheiten nach verschiedenen Orten entsendet, sie hat ein Roß, das durch Luft und Meer zu schreiten vermag und *Hófvarpnir* (wohl »der Hufwerfer«) heißt«. Von einer ihrer Botschaften muß ein Gedicht gehandelt haben, aus dem ein Dialogfragment[4]) mitgeteilt wird. Möglicherweise spielte diese Iris eine ähnliche Rolle wie Skirnir. In ihr den Regenbogen zu sehen, sind wir schwerlich berechtigt. Vielleicht verkörpert sie die rasche Aufsicht der Herrin.

Sól die Sonne[5]), auch als *Sunna* im Merseburger Spruch, und Bil die Mondabnahme, mit Hjúki dem »Zunehmenden« als Mondkinder[6]) genannt. Bil ist wohl mit *Sinthgunth* der Wegerkämpferin, der Genossin[7]) im Merseburger Spruch identisch. Sie sind in dieser Gesellschaft wohl nicht rein elementarisch zu verstehen, sondern Bil steht hier für beide Mondphasen (ab- und zunehmenden Mond), Sinthgunth (Klopstocks »stiller Gefährte der Nacht«) für den Mond, und dies Paar, Sonne und Mond, vermutlich gemeinschaftlich zum Ausdruck der unvermeidlichen Arbeit (der »Plackerei bei Tag und Nacht«, wie Frau Marthe Schwertlein klagt).

Vár[8]) hört auf die Eide und heimlichen Abmachungen der Menschen, der Männer wie der Frauen. — »Vár ist auch weise und wißbegierig, so daß ihr nichts verborgen bleiben kann«. Das Letztere scheint etymologische Spielerei; aber als Vertragsgöttin wird Vár schon[9]) bei der feierlichen Verlobung angerufen. Also die Göttin des Liebesvertrags.

Vör, die Vorsicht, ist von Meyer[10]) aus Vár abgespalten.

Syn[11])»hütet die Türen in der Halle und schließt sie vor denen, die nicht hineingehen sollen. Auch ist sie bei den Thingversammlungen in solchen Streitsachen zur Schützerin bestellt, wo Männer etwas zu leugnen haben. Daher stammt die Redensart: Syn ist vorgeschoben, wenn jemand leugnet«. Die »Ableugnung« (zu *synja* leugnen) könnte eine hübsche Gottheit der häuslichen Notlüge sein (die heilige Elisabeth mit den Rosen!) Doch

---
[1]) Gering S. 326, Golther S. 435, Meyer S. 414, Mogk S. 371.
[2]) Fjöl. Str. 38.
[3]) Gering S. 326, Mogk S. 370, Meyer S. 415, Golther S. 436.
[4]) Etwa im Stil von Helg. Hund. 2, 38—39.
[5]) Golther S. 437, Meyer S. 415.
[6]) Gylf. cap. 11: Gering S. 305.
[7]) Mogk S. 374.
[8]) Gering S. 327, Golther S. 435.
[9]) Thrymskv. Str. 30.
[10]) S. 414.
[11]) Gering S. 327, Golther S. 436, Meyer S. 415.

## § 17. Hauptgötter.

könnte auch die Obhut über die wirklichen Türen ihre ursprüngliche Funktion sein, wie bei dem uralten Janus der Römer[1]; es gibt vielfach besondere türhütende Gottheiten[2].

Hlin[3]), die Schützerin, »ist angewiesen, die Menschen zu schützen, die Frigg vor irgendeiner Gefahr behüten will«, also etwa die Vorsicht, auf die denn auch die Weisheit folgt: Snotra[4]), die Kluge, «ist weise und von feinem Anstand«; die Gottheit der feinen häuslichen Sitte macht den Schluß.

Sie sind wohl nicht alle von gleicher Art; obwohl die einfach charakterisierenden Namen — fast alle von Snorri auch etymologisch gedeutet — auf ein hohes Alter deuten, wie die der vergleichbaren, besonders römischen Numina. — In unmittelbarer Beziehung zu Frigg stehen ihre Dienerin Fulla, ihre Botin Gná, ihre Beamtinnen Söf (zugleich von Odin bevollmächtigt) und Hlin, ihre Verwandten Sol und Sinthgunt. Aber auch die anderen haben meist ähnliche Funktionen und sind auf das häusliche Leben bezogen oder auf die Liebe. Von jungen Abstraktionen im Stil der Idun[5]) sind[6]) diese Verkörperungen realer Tätigkeiten voll zu unterscheiden[7]): der Pflege von Kranken und Liebeskranken, der Obhut über Eide und die häusliche Ruhe, der vorsichtigen Haltung und des gesitteten Benehmens stehen sie vor[8]). Die Reimpaare verraten alte nafnathulur: Lofn und Sjöfn, Hlin und Syn[9]).

Auch Gefjon könnte eine Emanation der Frigg sein. Wahrscheinlich aber ist sie die ursprüngliche Göttin des Landgewährens (vgl. die isländische Landnáma). Dafür spricht die »Didosage«[10]):

König Gylfi herrschte über das Land, das jetzt Schweden heißt. Von ihm wird erzählt, daß er einem fahrenden Weibe zum Dank für das Vergnügen, das

---

[1]) Wissowa S. 96.
[2]) van Gennep, Rites de passage, S. 28.
[3]) Gering S. 327, Golther S. 436, Meyer S. 415.
[4]) Ebd.
[5]) Wie z. B. griechisch Metameleia; vgl. Höfer in Roschers Lexikon 2, 2, 2846; über römische Personifikationen Deubner ebd. 3, 2, 2145.
[6]) Gegen Meyer S. 415, Mogk S. 371; vgl. Golther S. 447.
[7]) Eine hübsche allgemeine Charakteristik bei Meyer (S. 415); den ganzen Typus vergleicht mit indischen Verkörperungen wie Savitar v. Negelein (Germ. Mythol. S. 30). Indische Göttinnen von ganz demselben Typus spenden ebenfalls wie Fulla »Überfluß«, oder speziell (Idâ) Fülle von Milch und Butter: Macdonell S. 124.
[8]) Man könnte lange Strecken der Háv. unter ihren Schutz stellen: Háv. Str. 1 unter Syn, 3—4 unter Eir, 5 f. unter Snotra, 7 unter Hlin usw.
[9]) Meyer S 237. 415; Golther S. 446; Mogk S. 312. 375; Much, Himmelsgott, S. 261.
[10]) Golther S. 447, wo auch volkstümliche Analogien; Meyer S. 416; Tolstois Volkserzählung: »Wie viel Erde braucht der Mensch«.

sie ihm durch ihre Künste bereitet hatte, so viel Ackerland zugestand, als vier Ochsen in einem Tage und einer Nacht umpflügen könnten. Das Weib aber war vom Geschlechte der Asen und hieß Gefjon; sie nahm vier Ochsen, ihre eigenen Söhne, die sie fern im Norden in Jotunheim einem Riesen geboren hatte, und spannte sie vor den Pflug. Der Pflug ging so scharf und tief, daß er das Land herausriß, und die Ochsen schleppten es gen Westen in das Meer hinaus, bis sie in einem Sund stehen blieben. Hier festigte Gefjon das Land und gab ihm den Namen *Selund* (Seeland). Dort aber, wo das Land herausgerissen war, entstand ein See, der jetzt in Schweden *Log* (der Mälarsee) genannt wird; und es liegen so die Buchten im Log wie die Vorgebirge im Selund. Davon erzählt der Skald Bragi der Alte.

Gefjon wäre also vielleicht auf Seeland besonders verehrt worden, als die Göttin, die dies Land mit seinen abgerissenen Ufern dem Meer abgerungen und den Menschen geschenkt hätte. Schwedischen Ursprungs ist diese Sage wohl sicher[1]).

Diese lokale Gottheit von Seeland wäre dann später etwa als eine weibliche Göttin des Ackerbaus (der Land gewinnt) aufgefaßt worden[2]). So wäre sie in den Kreis der Haus- und Fleißgottheiten eingerückt. Da man aber wenig von ihr wußte, stattete man sie mit entlehntem Gut aus, und auch Freyja mußte hergeben, wie sie von Frigg geerbt hatte. Von ihr hat Gefjon die Herrschaft über diejenigen, die als Jungfrauen sterben — wunderlich genug bei der Mutter dieser Söhne von einem Riesen; von Frigg, daß sie die Weltgeschichte so gut wie Odin kennt[3]). Dazu der übliche Vorwurf der Buhlerei, hier vielleicht ebenfalls an Friggs Ehebruch mit dem Diener um des Schmucks willen angelehnt[4]) — und eine Göttin ist fertig.

Gering hält die landumpflügende Riesin und die Göttin auseinander; dann bleibt dieser aber eigentlich nichts[5]). Meyer führt sie auf die Gabiae römischer Inschriften[6]) zurück, die »Geberinnen«, die auch bei Kelten und Litauern vorkommen, und zu denen er auch Garmangabis rechnet[7]). Gefjon wäre dann[8]) »Frigg als gütige Geberin«. Aber die Gewährung von Land geht über Friggs Kompetenz weit hinaus. Dagegen sind die volkstümlichen Parallelen zu Gefjons Land- und Landrechtsgewähr, die er[9]) mitteilt, sehr beachtenswert; die (von uns vorausgesetzte) Göttin der Landgabe wäre demnach auch in Deutschland und England verehrt worden. — Ihr Kult besteht darin, daß sie von den Mädchen zur Beteuerung angerufen wird.

[1]) Müllenhoff, D. Alt. 2, 361; Mogk S. 375. Much (PBB. 17, 196; vgl. Himmelsgott S. 262) setzt ihre Heimat in die Nähe des Tempels von Lethra.
[2]) v. Negelein (Germ. Mythol. S. 67) hält sie überhaupt für ein Sinnbild des Ackerbaues, der das umgepflügte Land erobert.
[3]) Golther S. 447.    [4]) Lok. Str. 20.
[5]) Golther S. 448; vgl. Mogk S. 312.    [6]) S. 213, vgl. S. 417.
[7]) Siehe u.    [8]) S. 415.    [9]) S. 416.

§ 17. Hauptgötter. 279

Nachdem sie Frigg genähert war, wird ihr Name zur Umschreibung der Frau allgemein benutzt wie der Tyrs zur *kenning* (appellativischen Umschreibung) der Götter (Veratýr).

Gefn [1]) ist vielleicht eine Seegöttin [2]) und als solche ein Pendant zu der Landgöttin Gefjon. Uns aber ist der Name nur als Beiname der Freyja [3]) überliefert; vielleicht hat erst ihr Aufgehen in diese die Berührungen der Gefjon zu Freyja verursacht. Weinhold erklärt sie geistreich für eine Meerriesin: die der Sturmflut, die Seeland vom Festland losriß; so würde sie dann ganz zu Gefjon gehören. Wie sie von Freyja aufgesogen wurde, bleibt in jedem Fall dunkel.

Auch hinter anderen — unerklärten — Namen der Freyja wie Horn und Sýr [4]) können ursprüngliche Gottheiten stecken, etwa Lokalgottheiten wie Gefjon; aber es ist uns nichts von ihnen bekannt.

### Thor.

Thor ist die am deutlichsten charakterisierte Gestalt der nordischen Mythologie. Er gibt keine Probleme auf wie Wodan, Freyja, Balder; er ist eine durchsichtige, einfache Natur, die neben dem »Genie« Wodan fast philiströs wirkt. Klar ist auch seine Geschichte: die Entwicklung vom Naturdämon durch den Berufsgott hindurch zum moralischen Wesen liegt hier wunderschön klar vor.

Mit Wodan zusammen ergibt er den deutschen Nationalcharakter — keiner von beiden allein. Luther, Friedrich der Große, Bismarck haben Züge von beiden: das heftige Losbrechen, die Verachtung der Gelehrsamkeit, Bismarck auch die Liebe zur Landarbeit; Goethe hat mehr von Wodan, Lessing, Schiller, selbst Nietzsche mehr von Thor — alle freilich nicht von seiner »philiströsen«, sondern von seiner elementaren Seite [5]).

Thor ist kein indogermanischer Gott wie Tyr, aber mit indogermanischen Gottheiten näher als Wodan verwandt. Der Himmelsgott der Indogermanen ist vielfach zugleich Gewittergott (Zeus, Jupiter); und alle Mythologien entwickeln an dem Repräsentanten der Kraft gern moralische Funktionen (der Hilfe, der Reinigung und Befreiung: Herakles, Apollon), aber auch gern komische Züge (Herakles, Pushan). Es ist ferner in den atmosphärischen Eigenschaften des Gewittergottes eine Tendenz auf gewisse moralische Eigenschaften (Heftigkeit, Plötzlichkeit, Versöhnlichkeit) gegeben, die durch den Gegensatz zu anderen Himmelsgöttern noch lebhafter

---

[1]) Golther S. 446, Mogk S. 375, Meyer S. 418.
[2]) Zu *geofon* Meer? Much, Ztschr. f. d. Alt. 35, 327, nach J. Grimm.
[3]) Gylf. cap. 35: Gering S. 326.
[4]) Gering a. a. O.
[5]) Uhland, Schriften 6, 4 f.; Mogk S. 357; Meyer S. 347; Golther S. 242 f. — J. Grimm, Über die Namen des Donners, Kl. Schr. 2, 402.

herausgetrieben wird: Varuna als Herrscher über die regelmäßigen Erscheinungen am Himmel gerät zu Indra als dem Gewittergott in einen ähnlichen Kontrast[1]), wie Odin als Sturmgott zu Thor, dem Gott des dem Ackerbau so wichtigen Gewitters. Freilich hat sich bei den Indern nur Indra zum »*sovereign of the warrior type*« entwickelt; bei den Germanen waren dagegen zwei kriegerische Typen zu unterscheiden. Es sind die beiden, die durch unsere Kriegsgeschichte in so scharfer Trennung durchgehen wie durch keine andere: der Stratege und der Draufgänger, der »Generalstäbler« und der Reitergeneral, Friedrich der Große und Seydlitz, Gneisenau und Blücher, Moltke und Steinmetz — auch sie oft genug im Konflikt, selten sich ergänzend wie Wellington und Nelson.

Mit Pushan[2]) sind die Übereinstimmungen allerdings auffallend. Pushan ist kein Naturgott[3]), was ihm gewisse Züge Thors nimmt; er ist[4]) von Haus aus Gott der Wege, etwa wie Janus, ebenfalls keiner physikalischen Deutung fähig, der Gott der Türen und Tore ist[5]); aber er ist von da, wie Thor auf seinem Wege, zum Gott des Ackerbaues geworden. Er ist ein »Mehrer der Nahrung«[6]). Er ist der beste Wagenfahrer[7]) und sein Wagen wird von Ziegen gezogen[8]). Er vertreibt die Bösen vom Wege[9]). Und was ließe sich nicht gar aus dem Umstande machen, daß Pushan[10]) mit zahnlosem Munde Haferschleim mummelt, wie Thor[11]) Grütze ißt! Es ist aber einfach an die Nahrung des Bauern (und die entsprechenden Opfer für ihre Gottheiten: Grütze für die Hausgeister u. dgl.) zu denken; auch in der Ríg. fängt das Fleischessen erst bei dem Freibauern an, ist aber schon bei ihm ein Sonntagsmahl. Man sieht hier, wie leicht die gleiche Funktion zu nachträglichen Ähnlichkeiten führen kann! So fehlt denn auch beidemale die Spottrede der Verehrer vornehmerer Götter nicht: wie Odin-Hárbard den Thor, neckt etwa ein Indra-Diener den Pushan:

> Wer höhnend zu dem Pushan spricht:
> ‹Ein Grützeesser bist du ja›,
> Nicht duldet dessen Hohn der Gott[12]).

[1]) Macdonell S. 28.
[2]) Oldenberg, Rel. d. Veda, S. 230; Macdonell S. 35.
[3]) Oldenberg S. 232; vgl. Macdonell S. 37.
[4]) Nach Oldenberg S. 230.
[5]) Wissowa S. 96; vgl. auch Syn (siehe o. S. 275): »Syn hütet die Türen in der Halle«.
[6]) Macdonell S. 35. [7]) Macdonell S. 35.
[8]) Sonderbar erklärt von Oldenberg S. 232.
[9]) Ebd. S. 231. [10]) Ebd.
[11]) Hárb. Str. 3.
[12]) Rigveda 6, 56; Graßmann 1, 285. Etymologisch scheint der Name Pushan mit dem des Pan (alt Paōn) identisch (Schulze, Ztschr. f. vgl. Sprf. 42, 81;

## § 17. Hauptgötter.

Völlig sicher steht Thor auf urgermanischem Boden[1]). Überall ist er Herr des Donnerstags[2]) und somit eine Hauptgottheit. Tacitus[3]) nennt ihn als Herkules neben Mercurius-Wodan und Mars-Tyr; in analogen Triaden kehrt er in Abschwörungsformeln wieder. Zufällig nicht belegt ist er bei den Bayern, wo auch der Donnerstag Pfinztag heißt[4]) — wie »Mittwoch« oberdeutsch gegen den »Wodanstag« der Angelsachsen u. a. steht. Ausdrücklich bezeugt ist er bei den Sachsen[5]) und sonst bei den Deutschen (Nordendorfer Spange); bei den Angelsachsen, wo er aber (wie bei allen Niederdeutschen) gegen Wodan zurücktritt[7]). Die Normannen hielten lang am Thordienst fest[6]); noch heute sind in der Normandie zehn *Turville*, Thorstadt (gegen zwei *Freville*, Freystadt) nachzuweisen[8]). Ebenso in Irland: der erste dort genannte Normanne heißt Turgeis = Thorgisl; das Königshaus der Normannen auf Dublin leitet sich von Thor ab und besitzt einen heiligen Thonarsring[9]).

Zum Hauptgott wird er ferner bei den Schweden (neben Frey) und Norwegern; vor allem aber auf Island[10]). Hier sind unter den Eigennamen 51 mit Thor, 3 mit Frey, keiner mit Odin[11]) gebildet. Ohne Zweifel würde Thor die anderen Göttergestalten (außer Odin) weniger überragen, wenn nicht unsere Überlieferung vor allem von seiner Insel stammte.

Von Norwegen kam der Thorkult sogar über die germanischen Grenzen hinaus zu den Finnen[12]). Vielleicht auch zu den Kelten, wenn ihr Donnergott Tanaros[13]) nicht urverwandt ist. —

Sein Wesen ist klar: er ist ursprünglich Gewittergott[14]) wie der indische Lieblingsgott Indra[15]). Nach unserer Anschauung wird er durch

vgl. 374). Auch Pan ist ein Ackerbaugott (vgl. Preller 1, 738 f.), doch hat er sich durch die malerische Betonung der landschaftlichen Stimmungen, wie sie die hellenische Mythologie so einzig auszeichnet (doch vgl. unsere Elfen; siehe o. S. 118 Anm.), von etwa gemeinsamen Grundlagen weit fortentwickelt.

[1]) Mogk S. 354.
[2]) Ebd.; Golther S. 253.
[3]) Germ. cap. 9.   [4]) Mogk S. 355.
[5]) Taufgelöbnis: Müllenhoff und Scherer, Denkm. LI.
[6]) Mogk S. 356.
[7]) Golther S. 253.
[8]) Ebd. S. 247, 3.
[9]) Meyer S. 348.
[10]) Golther S. 251.
[11]) Doch vgl. dazu oben S. 253.
[12]) Mogk S. 356; Krohn, Finnisch-Ugrische Forschungen, S. 164 f.
[13]) Golther S. 243, 1.
[14]) Golther S. 242, Mogk S. 357, Meyer S. 347. 359.
[15]) Macdonell S. 54; vgl. ebd. S. 59 f. — Auch Jahve wird vielfach als ursprünglicher Gewittergott gedeutet.

## 282 Viertes Kapitel.

Kollektivierung der Augenblicksgötter, der Herren der Einzelgewitter, entstanden sein; doch ist die Vorstellung eines einheitlichen Gewittergottes vielleicht auch primär, da sie fast überall sehr alt zu sein scheint. Daher sind seine Attribute der Hammer, der rollende Wagen: Donnerkeil und Donner; er fährt im Sturm, daß die Berge brechen und die Erde flammt. Dies ist eine allgemeine Volksvorstellung bei Angelsachsen, Schweden, noch jetzt bei den Dithmarschen: »Nu feert de Olde all wedder da bawen un haut mit syn Ex (Axt, Hammer) anne Räd«[1]). Dazu stimmt die interpretatio Romana: entweder Jupiter, weil dieser den Blitz schleudert (daher erhält er den *dies Jovis,* englisch *Thursday*) oder Herkules, wegen der ganzen Erscheinung und der Schlagwaffe. (Der Herkules, der bei den Friesen seine »Säulen« hat[2]) und der, der einmal bei den Germanen war und noch heute als Tapferster der Männer gepriesen wird[3]), sind nicht auf Thor zu beziehen.) Jupiter[4]): *Thor autem cum sceptro* (Donnerkeil-Blitz) *Jovem simulare videtur* (Adam von Bremen). Herkules[5]) liegt noch näher wegen Körperkraft, Tatenlust und Eßlust!, Bekämpfung der Riesen und Ungeheuer, schließlich auch wegen des moralistischen Anstrichs. So nennen ihn Inschriften der batavischen Gardereiter in Rom[6]); so finden wir ihn, in Einzelerscheinungen oder nur durch Epitheta gekennzeichnet: als *Hercules barbatus, magusanus*[7]), *invictus*. (Dagegen ist Hercules Saxanus römisch, nicht germanisch)[8]). — Thor der Gewittergott ist vielleicht ursprünglich identisch mit Fjörgynn[9]).

Der Hammer[10]) ist sein wichtigstes Attribut[11]), er heißt *Mjölnir,* Zermalmer[12]). Der Name gehört wohl nicht mit Odins Speer Gungnir, Ring Draupnir und Roß Sleipnir in dieselbe Kategorie der heroisierenden Waffentaufe, da er schon in der Thrymskvida begegnet. Vielleicht darf man annehmen, daß dies der Name des Augenblicksgottes[13]) oder des fetischistisch verehrten Donnerkeils war; daß er nie sein Ziel verfehlt und[14]) nach

---

[1]) Mogk S. 357 nach Müllenhoff.
[2]) Germ. cap. 34; siehe o. S. 194.     [3]) Ebd. cap. 3.
[4]) Mogk S. 354, Meyer S. 348, Golther S. 243.
[5]) Mogk S. 355, Meyer S. 347, Golther S. 243.
[6]) Mogk S. 355.
[7]) Kauffmann, PBB. 15, 533, erinnert an Thors Sohn Magni.
[8]) Meyer ebd. 18, 106.     [9]) Siehe u.
[10]) Much, Himmelsgott, S. 231 f.
[11]) Meyer S. 349; vgl. Golther S. 245. 262. 276.
[12]) Anders Mogk, I. F. 29, 110: der glänzende (Blitz).
[13]) Vgl. Keraunos: Usener, Rhein. Museum 60, 1 f.
[14]) Wie gewisse Waffen der Primitiven (Schurtz, Urgeschichte der Kultur, S. 335 f.), der Bumerang, mit denen ihn aber sonst zu vergleichen folkloristischer Überschwang scheint!

## § 17. Hauptgötter.

dem Wurfe in die Hand des Wing-Thor, Schleuder-Thor, zurückkehrt, konnte freilich auch dem göttlichen Werkzeug nachgerühmt werden [1].

Ist aber die Thrymskvida, wie jetzt einige vermuten, jünger als man sonst annahm, so würde der Name Mjölnir wohl nicht aus jener Gruppe appellativischer Benennungen für göttliche Requisiten entfernt werden dürfen. Gegen die Altertümlichkeit der Thrymskvida sprechen allerdings zwei Momente. Zunächst spielt Freyja hier eine Hauptrolle, eine Göttin, die wenigstens ich erst für einen späten Gast am Asenhimmel halten möchte. Und zweitens — ist das Gedicht von allem Anfang an für besonders altertümlich gehalten, von Chamisso als Probe ältester germanischer Poesie übersetzt worden usw. Das mag ein befremdendes Argument scheinen, ist aber ein sehr ernsthaftes. Immer wieder kann man es beobachten, daß bei der Entdeckung neuer literarischer Gebiete Stücke am meisten ins Auge fallen, die nicht zu den »echtesten« gehören. Was galt den alten Sammlern alles als »rechtes Volkslied«! Wie lange war die Laokoongruppe das Muster antiker Skulptur! Und hat nicht sogar der große Mabillon seine glänzende Urkundenlehre aus einem unechten Dokument herausgesponnen? — Das ist nun keineswegs etwa ein »neckischer Zufall«, sondern geht ganz natürlich zu: Nachahmer arbeiten die charakteristischen Züge, wo sie sie richtig erkennen, übertrieben heraus und gelten deshalb späteren als beste Vertreter der Art. Aus Macaulays »Lays of ancient Rome« läßt sich weniger der Ton alter historischer Balladen erlernen, als die Vorstellung, die Niebuhr und seine Schüler von diesen hegten. Und so könnte auch die Thrymskvida[2]) uns deshab besonders »echt« scheinen, weil sie Merkmale der Altertümlichkeit in kunstvoller Häufung brächte!

»Einen so echten Rembrandt hat Rembrandt nie gemalt!«, urteilte ein feiner Kunstkenner über eine Fälschung. — Aber archaisierende Gedichte sehen doch anders aus.

Natürlich knüpfen spätere Sagen besitzerklärender Art an; der Hammer ist Arbeit der Zwerge[3]) und zwar trotz Wodans Draupnir und Freys Gullinbursti die vortrefflichste; nur der Handgriff sei etwas kurz, aber dafür könne man ihn unter dem Rock verborgen tragen[4]) — das plötzliche Aufzucken des Blitzes etwas schneidermäßig symbolisiert. Der Zusammenhang mit Zeus' Doppelbeil[5]) scheint abzulehnen. Der Donnerkeil ist in der ganzen Welt ein beliebter Fetisch; er wird zur Waffe umgeformt. Als Doppelaxt erscheint er in der Dichtung nie: es ist eine Keule mit kurzem Griff, glühender Stahl, auch feurige Axt bei den Angelsachsen benannt[6]), ursprünglich aber ein steinerner Hammer.

---

[1]) Über den Donnerkeil: Andree, Ethnograph. Parallelen 2, 30f. In Birma nimmt das Volk an, daß der in den Boden einschlagende Blitzstrahl sich wieder in die Höhe arbeitet: S. 37.
[2]) Für die freilich sogar Neckel (Eddaforschungen S. 51) hohes Alter zugibt.
[3]) v. d. Leyen S, 58, Mogk S. 351.
[4]) Skáldsk. cap. 3: Gering S. 366.
[5]) S. Müller, Urgeschichte Europas, S. 151; vgl. o. S. 71.
[6]) Golther S. 245.

Thor braucht die Eisenhandschuhe, um den glühenden Hammer anzufassen [1]). In Wirklichkeit sind sie vielleicht nur aus irgendeiner Dichterstelle gefolgert, wo von Thors eiserner Faust (oder »eisengepanzerter Faust«) die Rede war. Es ist aber zuzugeben, daß der Handschuh in Thors Mythenkreis eine Rolle spielt: im Handschuhdaumen Skrymirs steckt er [2]).

Der Kraftgürtel verdoppelt die Asenkraft [3]). Eigentlich ist sie vielmehr in ihm nur zum Teil deponiert, weil er sonst zu stark wäre (vgl. die Erzählungen von Kämpfen mit gebundenem Arm, oder die Siebenmeilenstiefel, die den Peter Schlemihl erst zu rasch davonjagen). Der Gürtel ist also eine Art Sparbüchse der göttlichen Kraft, gerade wie Aphrodites Schönheitsgürtel auch. Wird der Gott gereizt, so fährt er in seine Asenkraft: er tut den Stärkegürtel an — ein mythologischer Ausdruck für die Verdoppelung der Kraft durch die Wut, die die Irländer [4]) bizarr physiognomisch ausdrücken [5]).

Sein Wagen ist kein Schiffswagen, wie Ing-Freys, sondern ein solider Bauernwagen, ein *plaustrum*, mit knirschenden Rädern, der die Berge dröhnen läßt [6]). Vor den Wagen sind Böcke gespannt, deren Namen *Tanngniost* und *Tanngrisnir*, Zahnknisterer und Zahnknirscher [7]) wir wieder für gelehrte Erfindung halten [8]); in der Thrymskvida [9]) heißen sie einfach die gehörnten Böcke, die schnellen Renner. Sie repräsentieren wohl einfach, wie bei Pushan, die Landwirtschaft; denn einen Ochsen-

[1]) Gylf. cap. 21: Gering S. 316, Golther S. 262.
[2]) Gylf. cap. 45: Gering S. 336 — Lok. Str. 60; vgl. auch die Schelle mit dem Lederschuh: Hárb. Str. 35. Im Mythus kommen sie nur bei Thors Höllenfahrt (Skáldsk. cap. 2: Gering S. 363; vgl. u.) vor, nicht notwendig in ursprünglicher Form.
[3]) Gylf. a. a. O.
[4]) Olrik, Nord. Geistesleben, S. 81; vgl. 139.
[5]) Solche Vorstellung von der »Asenkraft« ist weit verbreitet. So bei der jüdischen Sekte der Chassidim ganz primitiv formuliert: »Und er versammelte seine Kraft und holte sie aus allen Dingen, denen sie gegeben war, und band sein Leben los von allen Wesen und Mächten« (M. Buber, Das Rufen: Neue Deutsche Rundschau, Juni 1907, S. 727). »Wenn der Zulu einen verlorenen Gegenstand nicht finden kann, nimmt er Zuflucht zur inneren Eingebung und bemüht sich zu fühlen, wo der Gegenstand steht. Fast alle wilden Völker kennen diesen Akt des unbedingten Willens; sie nennen das ‚die Tore der Entfernung öffnen'. Es ist eine unbewußte Gehirntätigkeit, die an Ekstase grenzt« (L. Deubner, Arch. f. Rel.-Wissensch. 9, 461). So haben wir uns Odins Konzentration bei der Runenfindung vorzustellen; und was er mit geistiger Kraft leistet, tut Thor, wie immer, mit körperlicher.
[6]) Lok. Str. 55; vgl. Thrymskv. Str. 21.
[7]) Gylf. cap. 21: Gering S. 316.
[8]) Anders Mogk S. 357, der sie auf den zackigen Blitz bezieht.
[9]) Str. 21.

## § 17. Hauptgötter.

wagen könnte man dem raschen Polterer doch nicht geben! Auch die Bauernbraut im Hochzeitswagen [1]) trägt ein Kleid von Ziegenfell. — An die erotische Bedeutung des Bocks (wie bei Lokis Spiel vor Skadi) ist bei unserem tugendhaftesten Gott nicht zu denken; eher könnte noch die Ähnlichkeit der roten Bärte nachgeholfen haben. Mit der Freude des Bauern an schönem Vieh hat man ihre Hörner mit Silber bedeckt [2]) wie der Riese Thrym und der Bauer Renner es taten [3]). Auch werden diese Böcke ein Lieblingsgegenstand der volkstümlichen Phantasie. Der Gott lebt von ihnen, indem er sie schlachtet und wiederbelebt [4]), woran sich weitere Fabeln knüpfen [5]). Vorbild ist wohl der Eber, den die Einherier nie fertig bekommen [6]), und beidemale wurzelt die Vorstellung in einem kräftigen natürlichen Bauernwunsch: ach wenn doch dies Tier nie ein Ende nähme! — Natürlich läßt sich auch jeder Bock oder Eber, der wieder lebendig wird, naturmythologisch erklären [7]).

Als sein Zeichen dient, wie für Odin das des Speers, das Hammerzeichen oder Hakenkreuz [8]), das leicht zu Verwechslungen mit dem christlichen Kreuz führen konnte [9]). Im Norden werden Waffen, Geräte, Schmucksachen — Grabsteine, Urnen — Zauberringe (wie der runentragende von Körlin), Speerspitzen [10]) — Hausmarken damit signiert. Ein Nephritbeil wird als Donnerkeil unter die Dachsparren gesteckt: Thor ist [11]) besonders der Weihegott.

Seine Erscheinung [12]) ist »von großem Wuchse, schönem Antlitz, jung, hier und da barsch, überall aber mit rotem (flammendem) Bart«: ein schöner junger Bauer. — Der Bart wird besonders betont als Zeichen des kräftigen freien Mannes, daher der Hercules barbatus einer römischen Inschrift — man denkt an die mohamedanische Gewohnheit, beim Barte des Propheten zu schwören. Eben dahin gehört das flatternde Haar; auch der Bauer der Rig. [13]) trägt Bart und eine Locke vor der Stirn — die berühmte »Schwedenlocke«, die noch Gustav Adolf trägt?

Dazu stimmen seine Namen [14]): *Donar* (wozu keltisch Tanaros), der Donnerer; *Vingnir Schwinger* (des Hammers), *Reidartýr Oekuthor*

---

[1]) Rig. Str. 21.   [2]) Mogk S. 356.
[3]) Weinhold, Altnord. Leben, S. 40.
[4]) Golther S. 276.
[5]) Gylf. cap. 44: Gering S. 334.
[6]) Grim. Str. 18; Gylf. cap. 38: Gering S. 329.
[7]) Falk (Ark. f. nord. Fil. 5 [NF. 1] S. 259 Anm.) vermutet, daß auch der Bär dem Thor heilig war; er wird auch selbst so genannt.
[8]) Meyer S. 356.
[9]) Goblet d'Alviella, Migration des symboles, S. 22.
[10]) Sgdr. Str. 17.   [11]) Siehe u.
[12]) Mogk S. 356.   [13]) Str. 15.
[14]) Meyer S. 248, Golther S. 243.

*Vagnaverr:* Wagen- oder Fahrgott (er reitet nie); *Hlorridi* »der brütende Wetterer« [1]). Sie ergeben nicht, wie bei Wodan, eine vervielfachte Tätigkeit, sondern eine bestimmte Konzentration; ebenso die skaldischen Benennungen [2]). Er hat weniger *heiti* (eingliedrige Benennungen) als Odin, aber fast noch mehr *kenningar* (umschreibende Benennungen).

Sein **Heim**[3]) heißt *Thrudheim* oder *Thrudvang*, *Heim* oder *Feld* der *Stärke*, wie er *Thrudvaldr*, der Hammer *Thrudhamar* heißt. In diesem Land steht die Halle *Bilskirnir*[4]), über deren Unechtheit wir uns schon ausgesprochen haben[5]). — Übrigens ist er selten zu Haus; und wenn er (wie in Alv.) zurückkommt, wird sein Heim nicht genannt.

Seine **Funktionen** geben ein einheitliches Bild:

Der Gewittergott ist höchstens noch daran zu erkennen, daß er guten Fahrwind gibt, wenn das Gewitter die Luft gereinigt hat[6]); doch wenden sich die Wikinger mit der Bitte um diese Gunst fast an alle Götter.

Der Gewittergott ist **Gott des Ackerbaus** geworden. Sein Verhältnis zu anderen Fruchtbarkeitsgöttern ist wohl ähnlich wie das Odins zu anderen Göttern des Gedeihens aufzufassen: Frey macht die Erde fruchtbar, Thor schützt die Landarbeit (vor den riesischen Feinden) — doch Vollenden ist des Odin Werk.

Von hier aus wird er **Gott der Bonden**, der freien Bauern. Als solcher empfängt er von den Schweden bei drohender Seuche Opfer, gibt auch Heilquellen und Heilkräuter[7]): die Heilung des Bauernarztes gegenüber der Zauberkur des gelehrten Arztes Odin. Besonders heilt er am Donnerstag. — Er schützt den Hirten und das Vieh, macht den Boden urbar, und seine Donnerkeile oder Julkuchen in Form hammerverzierter Böcke machen das Saatkorn fruchtbar[8]).

Im Norden wird er zum Hauptgott des Volkes[9]); ein Kompromiß vielleicht mehr noch der Priester als der Gläubigen bildet die offizielle Dreizahl Thor—Odin—Frey[10]), die also die alte Odin—Thor—Tyr ersetzt.

---

[1]) Mogk S. 357 nach Gering, Ztschr. f. d. Phil. 26, 25; vgl. Golther S. 282, 1.
[2]) Golther S. 264.
[3]) Mogk S. 358, Golther S. 262.
[4]) Grim. Str. 24; Gylf. cap. 21: Gering S. 316.
[5]) Nach Noreen ist es eigentlich ein Name des aufleuchtenden Blitzes, und von dem »Herrn Bilskirnirs« hat die Halle den Namen durch Rückschluß (Golther a. a. O. Anm. 2).
[6]) Meyer S. 358.
[7]) Meyer S. 357.
[8]) Ebd. S. 359.
[9]) Mogk S. 364, Meyer S. 360, Golther S. 247. 255.
[10]) Meyer S. 348.

## § 17. Hauptgötter. 287

Aber Thors Tag ist der höchste Feiertag im Norden[1]), und auch in Deutschland eifern die Geistlichen bis ins Hexenzeitalter hinein gegen den Donnerstag als Festtag »und eigenartige heidnische Festgebräuche hafteten bis heut namentlich am Donnerstag, Gründonnerstag, Himmelfahrtsdonnerstag und an den Adventsdonnerstagen«[2]).
Von dieser Stellung scheinen weitere Funktionen auszustrahlen. Uralt ist Thors Amt zu weihen[3]), d. h. Handlungen rechtsgültig zu machen, besonders die Ehe, weshalb er *Veór*[4]), der »Weihende«, heißt. Doch könnte diese Funktion auch noch unmittelbar von dem Donnergott stammen, der durch Donnerschlag weiht (vgl. noch die große Prüfungsszene in Schillers Jungfrau von Orleans).
Er wird durch den Hammer vertreten (wie Christus durch das Kreuz): der Hammer wird dem Brautpaar in den Schoß gelegt[5]). Er ist, wie auch sonst, der göttliche Gode, der himmlische Gemeindevorsteher der Freien, wie Odin der Fürst. So soll er schon auf dem Virringstein in Jütland ein Grabmal, auf dem Glavendrupstein in Fünen Runen weihen, d. h. untadlig machen[6]). Das sind Funktionen des Goden, des halbpriesterlichen Gemeindevorstandes: er legitimiert, unterschreibt gleichsam, indem er im Blitz herabsteigt[7]). — Auch Balders Scheiterhaufen wird[8]) mit Thors Hammer geweiht.
Aus der »Goden-Funktion« geht weiter hervor Thors Tätigkeit als Gerichtsleiter, während die analoge Stellung Tyrs aus seinem Amt als Gott der Heergemeinde zu resultieren scheint. Der Donnerstag ist wie der beliebteste Tag für Hochzeiten, so auch für Gerichtstage der angezeigte Tag[9]): »am Donnerstag werden die wichtigsten nordischen Thinge eröffnet; zum isländischen Althing hatten alle Goden in der Donnerstagsnacht vor Sonnenaufgang sich einzustellen. Das norwegische Frostuthing fand im berühmten Thorstempel zu Moeri statt«. Thor ist insbesondere auch der Schutzherr der Landnahme (wie vielleicht ursprünglich auf Seeland Gefjon dieser gebietet)[10]): »wo die mit seinem Bild beritzten Holzschnitzpfeiler, die der Ankömmling angesichts der isländischen Küste über Bord warf, antrieben, da umlief derselbe mit dem Thorsbilde oder mit

---

[1]) Meyer S. 360.
[2]) Ebd.
[3]) Meyer S. 359, Golther S. 251; über den Begriff vgl. o. S. 53.
[4]) Thrymskv. 30, Hym. 11.
[5]) Thrymskv. 30; soll man an phallische Bedeutung denken?
[6]) Golther S. 251, 2.
[7]) Usener, Keraunos.
[8]) Gylf. cap. 49: Gering S. 345.
[9]) Meyer S. 359.
[10]) Siehe o. S. 276.

Feuer das Land, um es zu seinem Eigen zu weihen«[1]): da spricht also Thor als Gerichtsherr herrenloses Land dem Bewerber zu[2]).

Deshalb ist er auch Herr der Strafe[3]): auf dem Thorstein wird dem Verbrecher der Rücken gebrochen. Und so hilft er auch den Bösewicht ermitteln, wenn Zaubernägel, die auf Island in den Kopf eines Thorhammers geschlagen werden, dem Dieb ins Auge dringen sollen. — Auch bei der Götterdämmerung (wie am Schluß der Lokasenna) ruht der Strafvollzug in seinen starken Händen.

Endlich wird Thor auch, wie jeder Schutzgott, Schlachtpatron. Mit Herkulesliedern ziehen die Deutschen in die Schlacht, die Normannen mit dem Ruf ‚*Tur aie*‘, Thor helfe[4]). — So kann er auch auf dem Schlachtfeld mit Odin in Konflikt geraten, wie wenn Styrbjörn gegen den schwedischen König Eirik vor der Schlacht bei Fyrisvellir ihn anruft; aber Odin, dem sich Eirik angelobte, war stärker[5]).

Auch Thors Kult[6]) ist zunächst an heilige Bäume geknüpft; etwa an solche, in die der Blitz eingeschlagen hatte? Bonifatius fällt um 730 bei Geismar in Hessen eine *arbor Jovis*: nach der herrschenden Meinung eine dem Thor heilige Eiche[7]). Ebenso werden ihm dann auch ganze Haine und Wälder geweiht:»jenseits der Weser, d. i. an ihrem östlichen Ufer, befand sich ein dem Herkules geweihter Wald, in dem Arminius die Bundesgenossen gegen Germanicus zusammenscharte«[8]).

Allmählich werden die Haine wieder durch Tempel ersetzt[9]). Viele sind in Schweden, in Norwegen nachzuweisen; eine seiner heiligsten Stätten liegt dort zu Moeri im Drontheimschen, wo der Frostuthing stattfand, andere in den Bezirken von Akershus, Hedemarken, Stavanger, Bergenhus. Ebenso auf Island[10]); den ersten hat Thor selbst bestimmt[11]), wie das christliche Heilige auch so häufig tun.

Im Tempel steht sein Bild[12]); so in Moeri auf dem mit Böcken bespannten Wagen; im norwegischen Gudbrandsdal mit dem Hammer in der Hand, mit Gold und Silber geschmückt, und täglich mit vier Broten

---

[1]) Ebd.
[2]) Das Landnámabók nennt von allen Gottheiten nur ihn: Thümmel, PBB. 35, 95.
[3]) Ebd. S. 360.
[4]) Doch vgl. Golthers kritische Bedenken S. 253, 2.
[5]) Meyer S. 358, Golther S. 254.
[6]) Meyer S. 355 f.
[7]) Ebd.; Mogk S. 356.
[8]) Mogk S, 355 nach Tac. Ann. cap. 12.
[9]) Mogk S. 356, Meyer S. 358, Golther S. 247. 255.
[10]) Aufzählung bei Thümmel, PBB. 35, 95.
[11]) Golther S. 248, Meyer S. 358, Mogk S. 356.
[12]) Vgl. o.; Golther S. 255, Mogk S. 356.

## § 17. Hauptgötter.

und Fleisch bewirtet. Vier ist eine altertümliche Zahl, sonst aber nicht mit heiligen Dingen verbunden)[1], außer in komischer Verwendung; so auch Thrymskv. 24, wo er mit Überbietung seiner heiligen Zahl acht Lachse verzehrt; auch in Gudbrands Tempel läßt er nie etwas von den Opferspeisen übrig[2]. — Er steht aber natürlich auch in Kollektivtempeln, so in Altuppsala, und oft als *mest tignadr*, der am meisten verehrte. So eben dort[3]: Thor *praesidet in aere, qui tonitrus et fulmina ... gubernat* (Adam von Bremen); im Gudbrandsdal, mit dem Schwurring am Finger, zwischen Thorgerd und Irpa[4].

Wir besitzen frühe Thorsbilder auf Felsen und sonst, Darstellungen von Opfern vor Thor, vielleicht auch schon aus der Thorsepik[5]; ebenso frühe lappische Bilder des Gottes[6]. — Diese Thorsbilder werden verkleinert als Amulet getragen, so ein aus Zahn geschnitztes im Beutel des Skalden Halfred[7]. Symbolisch tun Hammeramulette[8] denselben Dienst[9]; das Hammerzeichen wird als Segnen, dem Bekreuzigen analog empfunden[10].

Vor den Bildern und Bäumen werden ihm Opfer gebracht[11]. Bei den Normannen sind Menschenopfer bezeugt, mit Prophezeiung aus den zuckenden Herzen[12] verbunden[13]; die Kämpfer heiligen sich, indem sie das Gesicht mit dem Opferblut beschmieren, wie sonst die Tempelsäulen blutig gemalt werden[14]. Sonst sind es vorzugsweise Opfergaben, die dem Ackerbaugott zukommen: Brot und Fleisch, Rinder und Rosse[15]. Auch Tempelgaben werden dargebracht wie die ihm und Wodan geweihte (?) Nordendorfer Spange aus dem siebenten Jahrhundert[16].

Das Opfer wird wieder symbolisch durch Zutrinken angedeutet[17]. Bei der Hochzeit gebührt dem Thor der erste Becher; bei Gelagen teilt er die Ehre mit Odin (und anderen Asen). So wird denn auch besonders

[1] Meine Altgerm. Poesie S. 83.
[2] Golther S. 254.
[3] Mogk S. 356.
[4] Golther S. 482, Meyer S. 273.
[5] Rosenberg, Nordboernes handsliv 1, 45.
[6] Krohn, Finnisch-Ugrische Forschungen, S. 164.
[7] Golther S. 247, 3; ebd. über Thorsbilder überhaupt.
[8] Ebd. S. 252.
[9] Mogk S. 364.
[10] Ebd. S. 357.
[11] Meyer S. 355. 357; Golther S. 245. 253.
[12] Wie bei den Azteken? Vgl. Högni und Budli Akv. 22—24.
[13] Golther S. 253.
[14] Ebd. S. 254.
[15] Über die Grütze Hárb. Str. 3; vgl. o. S. 279.
[16] Vgl. Golther S. 245, 3.
[17] Golther S. 252. 254.

## Viertes Kapitel.

das Trinkhorn mit dem **Hammerzeichen** geweiht, das dann mit dem Kreuzeszeichen verwechselt wird.

Dem **Orakeldienst** dienen auch Blitz und Donner[1]; zu einer regelrechten Lehre von diesen Orakeln, wie die Etrusker sie den Römern vererbt haben, ist es aber nicht gekommen. Am nachhaltigsten zeigt die Macht des Thorkultes sich in der lange festgehaltenen Feier des Donnerstages[2]. In der alten Zeit besaß Thor aber auch, wie Frey und Odin, **große Opferfeste** an bestimmten Zeiten[3], besonders im Mai, vielleicht auch die etwas später fallende Hagelfeier. Dagegen hat er an den drei großen Opfern **nicht** (wie Odin, Frey, Tyr) Anteil[4]: diese Regulierung muß älter sein als sein Aufsteigen zum nordischen Volksgott.

Der **Thorsdienst** stellt, wie nur noch der Odinsdienst, im Norden eine wirkliche **Religion** dar. Typus des **Thorverehrers** ist jener Thorolf[5], der auf den Rat seines Freundes Thor nach Island fährt und ihm dort sofort die Stätte heiligt. Die Thorverehrer benennen ihre Kinder nach ihm[6]: »in den Namen der fast 4000 Personen, welche die Landnáma aufzählt, kommen Thor 980 mal, Frey 4 mal, andere Gottheiten überhaupt nicht vor«[7]; es heißt also etwa der vierte Isländer nach ihm! Ebenso werden Örtlichkeiten nach Thor benannt, doch gehören ihm nicht alle Donnersberge, -brunnen, -hügel[8].

Das glänzende Denkmal dieser einseitigen Thorverehrung scheint mir die eddische **Lokasenna** — eine Auffassung, die mir so nahe zu liegen scheint, daß ich stolz darauf bin, sie meines Wissens zuerst auszusprechen. Das Gedicht ist in vergrößertem Maßstab nach dem gleichen Schema angelegt wie der Wodans Preis dienende Merseburger Spruch: alle Gottheiten versuchen, was nur »Unser Gott« vollbringen kann. Loki ist in die Halle eingedrungen, in der die Götter tafeln[9]; niemand weiß ihm gegenüber zu bestehen. Denn alle sind sie sich eigener Schuld und Schande bewußt, die Loki vornimmt: die neuen Modegottheiten der Dichter, Bragi und Idun, vielleicht auch Gefjon; die alten Hauptgottheiten, Odin, Frigg, Freyja, Njörd, Tyr, Frey. Aber dann erscheint, wie in Bürgers ähnlich angelegter christlicher Chronique scandaleuse »Frau Schnips« (die wieder

---

[1] Meyer S. 360.
[2] Mogk S. 356.
[3] Meyer S. 361, Mogk S. 355.
[4] Vgl. Meyer S. 361.
[5] Mogk S. 356, Golther S. 248, Meyer S. 348.
[6] Meyer a. a. O., Golther S. 248. 251. 264.
[7] Thümmel, PBB. 35, 96.
[8] Mogk S. 355 gegen Meyer S. 355.
[9] Über den Mythus, denn einen solchen nehme ich an, vgl. u.

## § 17. Hauptgötter.

an Hayneccius' »Meister Pfriem« aus der Reformationszeit ein älteres Vorbild hat) Christus, so hier Thor. Wohl ist auch er nicht ohne Fehl: die Schlappe bei Skrymir muß sein Verehrer gestehen [1]). Aber von der Feigheit und der Unsittlichkeit, die der Thorsdiener wie ein christlicher Priester der übrigen Walhalla vorwerfen kann, ist er rein; begeistert wie Hippolytos zu dem Bilde der Artemis wendet sich der Dichter zu diesem Bild der Reinheit und Kraft. Und Loki weicht: dieser weiß zu kämpfen [2])! — Es wäre nicht unmöglich [3]), daß sogar [4]) liturgische Formeln des Thorritus in dieser Aristeia des Donnerers bewahrt wären, der der Odinfreundliche Sammler der Edda freilich das Hárbardslied als Gegengewicht anhing!

Eine so tief in der Volksanschauung wurzelnde Persönlichkeit lebt natürlich auch in der Volkssage fort, und zwar lange: christliche Heilige beerben ihn, besonders im Norden der Nationalheilige Olaf [5]), gelegentlich auch Petrus [6]), mit dem er das rauhe Wesen und das rasche Zuschlagen gemein hat [7]). Wir dürfen deshalb die reiche Sagenbildung, die sich an seinen Namen knüpft, großenteils für echt volkstümlich halten; freilich aber wird eine solche Gestalt auch die mythologische Phantasie des isländischen Gelehrten angeregt haben, so gut wie die Odins die eines Saxo [8])!

Diese Sagen beziehen sich überwiegend auf Thors Fahrten und Riesenkämpfe. Er ist immer unterwegs, wie der Herr eines großen Unternehmens; wie der Inspektor eines ausgedehnten Gutes immer in Bewegung. Diese Tätigkeit wird ganz realistisch angeschaut, daher auch (wie bei Herakles) seine charakteristische Eßlust [9]).

Auf seinen Fahrten begleitet ihn oft Thjálfi, vielleicht [10]) »der Arbeiter« — eine Personifikation des Blitzes [11])?, wenn er nicht eben einfach der Diener und Gefolgsmann des Gottes ist, wie Frey und Frigg solche Boten und Botinnen bei sich haben; eine frühe Hypostase Thors könnte er freilich deshalb so gut sein wie Skirnir eine solche Freys. Daß

[1]) Die Str. 60 und 62 sind wohl Doubletten; selbst die stärkere Str. 60 — etwa von einem Gegner Thors eingelegt? — braucht man nur mit Hárb. Str. 26 zu vergleichen, um zu erkennen, wie hier alles für Thor gestimmt ist!
[2]) Str. 64.   [3]) Vgl. u.   [4]) Str. 55.
[5]) Meyer S. 361, Mogk S. 361.
[6]) Meyer S. 232.
[7]) Ev. Marc. 14, 47, Luc. 22, 50, Matt. 26, 51 nach Ev. Joh. 18, 10 auf Petrus zu beziehen; Völ. Str. 26: »Nur Thor schlug zu voll trotz'gen Mutes — selten sitzt er, wenn er solches vernimmt.«
[8]) v. d. Leyen (Sagenbuch S. 160) sieht viel zu viel Hohn der Dichter in diesen gemütlichen Scherzlegenden.
[9]) Mogk S. 357: Thrymskv. Str. 24—25.
[10]) Uhland 6, 33.
[11]) Mogk S. 358; Much, Himmelsgott, S. 234.

die Figur alt ist, macht Olrik[1]) aus lappischen Mythen, die sich auf den — von den Germanen entlehnten — Thor beziehen, wahrscheinlich; er kommt[2]) auch in Schweden vor[3]).

Olrik ist[4]) geneigt, auch Thjálfis Schwester *Röskwa* für alt zu halten, als eine Fruchtgöttin, wie Fauna; doch gesteht er selbst die geringe Beglaubigung ein.

Auch Loki begleitet ihn gern; als Feuer?, als einfacher untergeordneter Dämon[5]) oder aus jenem Behagen der Legendenerzählung heraus, das Kraft und Schlauheit so gern kontrastiert[6])? Auf jeden Fall wird man gerade bei diesen liebevoll ausgesponnenen Erzählungen der frei erfindenden Phantasie einiges Recht zugestehen müssen und nicht jede Einzelheit (wie besonders Uhland tat) als mythologisch gebunden ansehen dürfen.

Die Riesenkämpfe zeigen ihn als Wohltäter, der böse Dämonen verscheucht[7]), wie Herakles und Theseus auf ihren Streifereien tun; auch sie sind aber nicht alle ins Einzelne auszudeuten[8]). Man denke doch nur an das höfische Epos des Mittelalters: aus den unumgänglichen Voraussetzungen der Erzählungskunst ergeben sich auch da Kontrastfiguren wie der feige Keii, wie der betrügerische Drachentöter im Tristan, oder wie anderseits die tölpelhaften Riesen, Wate, Ilsant. Auch dort streift der Held durch die Welt, um edle Taten zu verrichten, tötet Drachen, befreit Jungfrauen, wird von Zauberern genarrt. So gewiß diese Motive sich an der Quelle der Mythologie nähren, so gewiß sind sie doch an sich dem Epos unentbehrlich, und Goethe hat nicht lauter einzelne Allegorien im Sinn, wenn er in seinem »Neuen Amadis« die Kinderträume schildert: »und ich ward ein warmer Held.... und durchzog die Welt; warf mein blinkendes Geschoß Drachen durch den Bauch.... Ritterlich befreit' ich dann die Prinzessin Fisch....«.

Vielleicht die älteste Tat Thors ist die Tötung des Thiázi[9]). Thiázi ist nach Hellquist[10]) ein Kurzname, der einem mächtigen Sturmriesen

[1]) Danske Studier 2, 129; vgl. 3, 65.
[2]) Ebd. 2, 136.
[3]) Vergleichbar ist vielleicht der indische Matarisvan (Macdonell S. 71), der Bote und Diener Vivasvants, doch auch zu Agni in nahen Beziehungen; er ist wohl sicher der Blitz (S. 72).
[4]) a. a. O. S. 137.
[5]) Vgl. Olrik, Danske Studier 1905, S. 140f.; bes. S. 145; hier auch entlehnte Mythen der Esthen.
[6]) Vgl. Mogk S. 358.
[7]) Mogk S. 360.
[8]) Golther S. 265f.
[9]) Golther S. 2. 449, Mogk S. 350, Meyer S. 229f.
[10]) Ark. f. nord. Fil. 21, 132f.

## § 17. Hauptgötter.

*Alvaldi* der Allgewaltige beigelegt wurde; später machte man ihn zu dessen Sohn. Ein Sturmdämon wird es wohl sein, den der Donnergott bändigt: dahin weist auch die Adlergestalt und die Entführung in der (im übrigen, wie schon die Verbindung mit Odin zeigt, stark überarbeiteten) Sage der Bragaroedur [1]). Die älteren Quellen melden, daß Thor »der erste und letzte bei einem (gemeinschaftlichen) Angriff anf Thjázi war [2]); daß er den trotzigen Riesen, Alvaldis Sohn, erschlug und seine Augen an den Himmel warf [3]); daß er böse war [4]); ferner übereinstimmend, daß Thjázi der Vater der Skadi war, die seinen Tod rächen wollte. (Deshalb machen die Grim. Str. 11 Thjázi zum Vorbesitzer von Skadis Burg Thrymheim, obwohl solche Immobilienerbschaft an Töchter problematisch ist.) Altertümlich sind zwei Züge: die Bildung des Sternbildes [5]) und der gemeinschaftliche Angriff (wie er Brag. auch geschildert wird). Aber auch die ganze Art, wie von dem Abenteuer gesprochen wird, scheint einen alten, uralten Mythus vorauszusetzen, auf den man sich gern Anspielungen erlaubte. — Nun ist in Brag. das von der isländischen Freude an Bränden diktierte abscheuliche Verbrennen des Adlers gewiß jung — alt aber wohl daß Thjázi »innerhalb des Gitters von Asgard« fiel. Dies also war wohl die Urform: ein gewaltiger Riese bricht in die Götterburg ein (und raubt eine Göttin? vgl. Thryms Begehr nach Freyja). Die Hauptgötter greifen ihn nun an — aber dann schlägt Thor trotzigen Mutes zu [6]) und wirft als Zeichen des Triumphes die Augen des Riesen an den Himmel. Es wäre die älteste Form des Provokationsmythus [7]) und später (durch Skadi-Njörd) mit dem Wanenkrieg verbunden. — Diese Tat Thors ist dann sein Haupttitel, Sieg und Rettung zugleich; wie Indra der Töter Vritras, Apollon der des Python, wie die Açvinen die Retter Bhujyns, ist er der Besieger Thjázis.

Alt und mythisch scheint auch die Legende von Aurvandil [8]): Thor trägt den Riesen Unverzagt über die Eiswogen von dem kalten Riesenland im Nordosten her. Diesem erfriert ein Zeh, der aus dem Korb hervorgeblickt hatte; der Gott bricht ihn ab und wirft ihn an den Himmel, so daß »Aurvandils Zeh« ein Sternbild wird: der Name Aurvandil wird mit sanskrit *usra*, lateinisch *aurora* zusammengebracht [9]).

[1]) Brag. cap. 2: Gering S. 353.   [2]) Lok. Str. 50.
[3]) Hárb. Str. 19.   [4]) Hyndl. Str. 31, d. h. Vol. h. sk.
[5]) Vgl. u. zu Aurvandils Zeh; über solche »Verstirnung« allgemein H. Schmidt, Jona, Göttingen 1907, S. 63.
[6]) Völ. Str. 26.
[7]) Siehe u.; eine altgriechische Analogie bei Bethe, Hektors Abschied, Leipzig 1909, S. 428 f.
[8]) Golther S. 269, Mogk S. 360.
[9]) Auch Mogk (Sammlung Göschen S. 69) hält ihn für einen etymologischen Mythus aus dem Namen des Morgensterns, angelsächsisch *earendel*.

Soweit mag der Mythus noch auf den ursprünglichen Gewittergott zurückgehen, der den dunklen Himmel reinigt und, indem er von Nordosten dahergefahren kommt, die Sternbilder wieder sichtbar macht. Aurvandil wäre dann ein alter Helligkeitsdämon, wozu die sehnsüchtige Erwartung seiner Göttin Gróa[1]) recht wohl passen würde, ebenso auch die selbständigen Legenden, die Saxo[2]) von dem Kampf des Horvendillus gegen den norwegischen König Collerus, »die personifizierte Kälte«[3]) auszufechten hat, und vielleicht doch auch ein Kern der mittelhochdeutschen Orendelsagen.

Für die Form dieses Mythus ist zu bemerken, daß Legenden vom tragenden Gott oder Heros typisch sind. Abgesehen von dem Typus des umklammernden, quälenden Alps (Sindbadtypus) haben wir einerseits den ruhenden Träger (Atlas), anderseits den schreitenden (Christophorus). Dies Bild wird ausgeschmückt, indem der Träger allerlei stützende Grundlagen unter die Füße erhält (er steht auf der Schildkröte usw.), der Schreitende dagegen durch Unterschieben unter die Last erleichtert wird[4]). In dieser Weise, denke ich mir, ist der Gewittergott, der den Morgenstern (?) über die dunklen (Himmels-)Wogen herüberträgt, zu seinem Tragekorb gekommen.

Doch ist der ursprüngliche Mythus Aurvandils nicht zu rekonstruieren. Es kann sich um das Schema der »relativen Unverwundbarkeit« handeln: das Gotteskind wird durch die Kälte getragen, nur der Zeh erfriert, wie etwa bei den sieben Rabenbrüdern ein Arm als Rabenflügel »unerlöst« bleibt. Doch scheint es mir wahrscheinlicher, daß ursprünglich ein Kampf zwischen dem Götterdämon und dem Frostriesen vorliegt, dem Thor dann eine Zehe abbricht (wie Grendel den Arm, Tyr die Hand verliert), um sie als Trophäe an den Himmel zu werfen. Zumal Hrungnirs Fuß[5]) erinnert stark an Aurvandils Zehe. So droht auch[6]) Thor dem Loki, er werde ihn »aufwärts gen Osten« schleudern, wo keine Seele ihn mehr sehen werde. Ebenso sollen Burs Söhne Ymirs Gehirn an den Himmel geschleudert haben[7]). — Also eine Dublette zu dem andern alten Mythus: Thor wirft Thjázis Augen als Gestirn zum Himmel[8]).

[1]) Skáldsk. cap. 1: Gering S. 360.
[2]) 1, 135f.
[3]) Mogk a. a. O.
[4]) Das Kissen des Herakles (Preller 2, 220); vgl. die breit auslagernden Säulenkapitelle.
[5]) Siehe u.
[6]) Lok. Str. 59.
[7]) Gylf. cap. 8: Gering S. 303.
[8]) Hárb. Str. 19. Das Schleudern an den Himmelsraum als triumphierendes Vernichten des Gegners ist wohl die ältere Form für das spätere »Versetzen an den Himmelsraum«, wie bei der Oriongruppe (Preller 1, 466).

## § 17. Hauptgötter. 295

Wie die Geschichte von **Hrungnir**[1]) bei Snorri[2]) vorliegt, ist sie offenbar ein Konglomerat verschiedener Mythen. Wir können zunächst aus Anspielungen der Edda feststellen, daß (erstens) Thor Hrungnir getötet hat[3]) und zwar (zweitens) mit dem Hammer[4]), weil (drittens) Hrungnir ein Riese[5]) mit steinernem Haupt[6]) war. Alles Übrige bleibt hypothetisch. Doch lassen sich aus Snorris Erzählung etwa folgende Elemente aussondern[7]):

Es scheint eine alte Legende gegeben zu haben, wie der aufs Höchste gestiegene Übermut der Giganten die Götter in ihrem eigenen Heim herausforderte. Hiervon haben wir drei Lesarten:

1. Thjázi (raubt eine Göttin? und) wird »innerhalb des Gitters von Asgard« getötet — gewiß keine Erfindung Snorris!
2. Hrungnir kommt nach Asgard und droht Walhall nach Jötunheim zu schaffen.
3. Loki kommt zu Ägirs Gastmahl und fordert alle Götter und Göttinnen durch Hohnreden heraus.

Beiden letzteren Varianten ist gemein, a) daß der fremde Gast auf sein Verlangen mit den Göttern zum Trinkgelage zugelassen wird, b) daß er sie durch Spott reizt, c) daß die Rückkehr Thors der Frechheit des Zudringlings ein Ende macht[8]). Beide dienten wohl ursprünglich als Vorspiele zur Götterdämmerung, mit der die Lok. ja noch jetzt Lokis Lästerungen verbindet. Auf eine ins Einzelne gehende Ausarbeitung deutet, daß beidemal eine Göttin[9]) dem Fremden einzuschenken wagt und dafür (Lok. zu Str. 52 Sif, Skáldsk. cap. 1 Sif und Freyja) ausgenommen wird von der allgemeinen Verwünschung.

Alt ist gewiß auch jener Kampf mit Hrungnir dem Lärmer, dem Vertreter riesischen Übermuts[10]), der wie ein Doppelgänger Thors mit Kraft und Durst prahlt: wir werden dem Motiv der Herausforderung Thors noch öfter begegnen. Es kommt zu einem Zweikampf, bei dem Thor wohl auf den steinernen Kopf zunächst vergeblich schlug, bis irgendein Zaubermittel angegeben ward (wie es bei der Tötung »gefrorener« Zaubermenschen üblich ist). Dann stürzt er und würgt sterbend Thor

---

[1]) Golther S. 267f., Mogk S. 361, Meyer S. 231.
[2]) Skáldsk. cap. 1: Gering S. 357.
[3]) Hárb. Str. 14.
[4]) Lok. Str. 61.
[5]) Hym. Str. 16.
[6]) Hárb. Str. 15.
[7]) Anders v. d. Leyen, Sagenbuch, S. 179.
[8]) Vgl. auch Vol. Str. 23: Frage des Anteils am Opferschmaus, und cap. 26: Thors Zuschlagen.
[9]) Lok. zu Str. 52 Syl, Skáldsk. cap. 1 Freyja.
[10]) Meyer a. a. O.

## Viertes Kapitel.

mit seinem Fuß, bis dieser von dem Hals des Gottes heruntergeworfen — und wohl an den Himmel geschleudert wird.

Dieser Kampf mit Hrungnir erinnert wohl an den mit Hymir in der Betonung der rohen Unverwundbarkeit des Riesen; aber das charakteristische Merkmal der Hymirlegende, das Holen des Kessels, fehlt, so daß Hrungnir und Hymir nicht als Dubletten zu betrachten sind.

Diese beiden Mythen: von dem Herausforderer vor der Paradiespforte und von dem Herausforderer Thors zum Zweikampf sind vielleicht erst durch Hrungnirs Namen verbunden. Der Kampf zwischen Thor und Hrungnir mag noch elementar zu deuten sein, zwar schwerlich als ein Kampf zweier Gewitter[1]), denn jedes Gewitter gehört Thor; aber etwa als der Kampf des luftreinigenden Gewitters gegen böse Dämonen und Dienste (Beowulf gegen Grendel). — Sie werden nun weiter mit der Aurvandil-Legende verbunden: Thor erzählt diese der Gattin Aurvandils, damit sie ihm einen Dienst leistet (oder zum Dank für ihren Dienst) — und infolgedessen mißlingt Gróas Bemühung, und der verwundete Thor bleibt ungeheilt! Das ist gegen alle mythologische Logik und kann in dieser Form unmöglich ursprünglich sein.

Wir hätten soweit in Snorris Hrungnirbericht erstens den Kampf zwischen Thor und Hrungnir (auch von Thjodolf von Hvin besungen); zweitens damit verbundene, gleichfalls alte Mythen: die Herausforderung der Götter, und Aurvandil. Dazu kommt weiter drittens eine Vorgeschichte, die Hrungnirs Ankunft vor Asgard motiviert; vielleicht enthält sie in dem Wettritt zwischen Odin und Hrungnir ein altes mythologisches Moment: man denke an Beowulfs Wettschwimmen, an Thors Kraftproben! Viertens folgt eine Ausmalung des Zweikampfes. Da Thor seinen Thiálfi hat, erhält auch Hrungnir seinen Sekundanten Mökkurkalfi: einen künstlichen Lehmriesen mit dem Herz einer Stute. Man deutet auch ihn elementar: »der umnebelt aus dem Lehmgrund aufragende Fels«[2]) oder die Dünste des feuchten Lehmbodens, die sich als Wasser niederschlagen. Ich möchte in diesem Riesen, der vor Angst Wasser läßt (was Thor bei Fjalar nicht wagt)[3]) nur ein komisches Gegenbild der Tapferkeit sehen und in seinem Kampf eine jener beliebten alten komischen Kampfepisoden, wie die von Jorcus und Zivelles. Oder sollte ein Götterspott der Thorverehrer auf einen asischen Bundesgenossen dahinter stecken? Fünftens kommt dann eine Ausmalung der Verwundung, bei der der märchenhafte fliegende Wetzstein, den Odin als Riesenknecht gebraucht[4]), noch einmal zur Verwendung kommt; sechstens wird ein Mythus von dem riesenstarken

---

[1]) **Meyer** S. 231, der **Jeremias Gotthelf** heranzieht.
[2]) **Golther** S. 183.
[3]) Hárb. Str. 27.
[4]) Brag. cap. 4: **Gering** S. 356.

## § 17. Hauptgötter. 297

Götterknaben M a g n i (vgl. Herakles in der Wiege!) hineingeschmuggelt, indem die Befreiung von dem Riesenfuß ihm zuerteilt wird.

Ungefähr so, scheint mir, wird Hrungnir bei genauerer Analyse seinen Mythus behalten; wie Snorri die Erzählung gibt, ist sie selbst ein künstlicher Lehmriese, aus mythischen Elementen, märchenhaftem Schmuck (das steinerne Herz; der Wetzstein) und seltsamen Motivierungen künstlich zusammengebacken. —

Eine ähnliche Lagerung verschiedener Schichten wird man wohl bei einem der berühmtesten Thorabenteuer annehmen müssen: bei den E r l e b n i s s e n  T h o r s  i n  U t g a r d [1]). Ich war früher geneigt, die ganze Geschichte für eine junge Fabel zu halten; aber es sind doch einige Punkte, die das zweifelhaft machen.

Als wesentlich alter Kern scheint ein Mythus auszuschälen, wonach Thor auf einer Fahrt sich vor Riesen flüchten muß und zwar in den Handschuh eines Riesen [2]); weil Skrymir seinen Ranzen fest zugeschlossen hatte, mußte der heißhungrigste der Götter hungern [3]). Auch die Finnen erzählen, wie der Donnergott bei den Riesen eingesperrt und gefesselt, dann aber durch einen seiner Knechte befreit ward [4]).

Vermutlich liegt einer jener Mythen vom gefangenen Gott vor, wie bei Njörds Vergeiselung [5]) oder in der Simsonsage. Man könnte denken, daß sie als Gegenstück zu der von Hrungnir angelegt war: wie dort der Riese seinen Bezirk verließ, um die Götter herauszufordern, so mag hier Thor aus seiner Welt herausgegangen sein, um die Riesen (oder den stärksten der Riesen) herauszufordern. Denn dies Motiv der Ausforderung zum ›Zweikampf [6]) scheint wesentlich; es ist vielleicht auch noch für die Rahmenfabel der Vaf. benutzt (der Gott kommt zum Riesen und ist dem Tod verfallen, wenn er in einer Wettprobe nicht siegt; ähnlich umgekehrt wieder Alv.). Der Zweikampf war vermutlich ursprünglich eben nur ein solcher und zwar um Kraft: Thor konnte den von dem Riesen zugeschnürten Sack nicht öffnen usw. — Aher wie Mökkurkálfi um des Thjálfi willen erfunden scheint, sind dann neue Kraftproben nötig, als dieser und Loki Begleiter Thors geworden sind [7]). Nun werden

[1]) G o l t h e r  S. 276 f., M e y e r  S. 243 f., M o g k  S. 363. — Gylf. cap. 45 f.: G e r i n g  S. 335.
[2]) Lok. Str. 60, Hárb. Str. 26.
[3]) Lok. Str. 62.
[4]) K. K r o h n, Lappische Beitr. zur germ. Mythol., S. 166.
[5]) Vgl. Lok. Str. 34.
[6]) Vgl. Loki und Bragi Lok. Str. 15.
[7]) Eine Spur seiner ursprünglichen Einsamkeit zeigt vielleicht noch Gylf. cap. 45, indem nur Thor herüberschwimmt, und seine Begleiter — hier noch Röskwa — dann auch drüben sind.

märchenhafte Kraftproben erfunden[1]) oder vielmehr übertragen: die Virtuositäten Thors, Stärke, Schnelligkeit, Appetit, werden auf drei Personen verteilt — immer aber unterliegt der Gott. Dies muß seine Verehrer verdrossen haben. Der Gott sollte nicht unterlegen sein. Dazu gibt es drei Wege:

1. Er wird befreit und siegreich — dies wird die ältere, bei den Lappen bewahrte Form sein.

2. Er wird besiegt — aber nur in der unwirklichen Welt. Jenseits der Welt, in Utgard, da hört seine Kraft auf — da wo die reinen Formen wohnen, die »Ideen«, der Gedanke, der schneller als alle Tat ist[2]) — das Alter, das den Stärksten bezwingt. Daß dies sinnige Spiel mit Allegorien jung sei, hat niemand bezweifelt. v. d. Leyen[3]) erinnert sehr gut an das Ausmalen der Unterwelt, wo Hunger die Schüssel, Schwund das Messer, Träghans der Knecht ist. Oder man mag an Fontenelles »*Empire de la poésie*«[4]) erinnern, wo es etwa heißt: »Die große Provinz ‚Nachahmung' ist unfruchtbar, und bringt nichts hervor. Ihre Einwohner sind arm, und holen sich die Nahrung von den Feldern der Nachbarn — wobei allerdings einige zu Wohlstand gekommen sind[5]).« Ähnliche geistreiche Entwickelungen allegorischer Begriffe findet man bei mittelalterlichen Poeten, oder bei Ferdinand Raimund — volkstümlich ist das nicht, sondern gelehrt wie ein spanisches Auto.

Aber diese allegorische Ausdeutung von Thors Niederlagen muß relativ früh vor sich gegangen sein, denn das Märchen kam als solches nach Island[6]) und ward in Island populär[7]).

3. Er wird nur scheinbar besiegt — alles war nur ein Spiel[8]); sonst hätte Thor nicht alle niedergeschlagen.

Utgard, die unwirkliche Welt, wird nun ein Lieblingsgegenstand spekulativer Phantasien. Für Saxo ist es einfach »das Jenseits«, das er mit einem seltsamen Aufwand mythologischer Gelehrsamkeit ausstaffiert[9]); noch einfach der großartige Herr einer Welt, in der Thor »nix to seggen

---

[1]) Vgl. v. d. Leyen, Märchen, S. 40 f.
[2]) Übrigens eine uralte Metapher, schon auf Indras Wagen angewandt (Macdonell S. 55). Ebenso begegnet das alles bezwingende Alter schon früh im angelsächsischen Rätsel (Brandl Altengl. Lit., S. 1092); selbst Saxos Personifikation des Hungers (S. 39; Herrmann S. 48 f.) klingt volkstümlich.
[3]) PBB. 33, 384.
[4]) Œuvres 5, 1.  [5]) S. 9.
[6]) v. d. Leyen, PBB. 33, 382 f.
[7]) Ebd. S. 384. — Anderer Art ist das »schwere Kind« der Deutschen Sagen I. N. 14.
[8]) Gylf. cap. 47.
[9]) Vgl. Golther S. 279. Thorkil-Thor sieht Geruth-Prometheus und den Herrn der Hölle an Händen und Füßen mit eisernen Ketten gefesselt — Loki-

§ 17. Hauptgötter. 299

hat«, einer Welt von ungeheueren Dimensionen, deren weitere Märchenzüge v. d. Leyen[1]) hübsch aufgewiesen hat.

Wie viel hypothetisch bleibt, ist zu sehen; klar scheint mir doch, daß der alte Mythus von Thors üblen Erlebnissen bei einem Riesen (dessen alter Name wohl der auf Ymir und Hymir reimende Skrymir ist)[2]) von den späteren Fabeleien über Utgard und Utgardaloki (der Name »Pförtner von der Hölle« kommt noch in Deutschland vor) zu scheiden ist. Mit der Utgardfabel hängt irgendwie die durchaus märchenhaft gehaltene Erzählung von Thors Höllenfahrt[3]) zu Geirröd zusammen[4]). Auch hier scheinen Bruchstücke sehr alter Mythen mit junger Ausschmückung in gewaltsamer Weise zusammengeleimt. Die weite Verbreitung dieser gleich der Utgardsage sehr beliebten Fabel[5]) hat gewiß zu diesen Amalgamierungen viel beigetragen; das letzte hat aber wohl auch hier der große Mytholog Snorri selbst getan[6]).

Der Kern der Sage scheint darin zu stecken, daß Thor den Loki aus der Gefangenschaft befreit — ein ähnliches Motiv wie in der vor den Reg. verwerteten Erzählung, wie die Götter sich aus der Gefangenschaft der Zwerge lösen mußten. Auch hier scheint als Bedingung der Freilassung[7]) ein Kampf zwischen Gott und Riesen aufgestellt gewesen zu sein und zwar mit der erschwerenden Klausel, daß der Gott von seinen Attributen — Hammer, Kraftgürtel, Handschuh — keinen Gebrauch machen dürfe — Kampfbedingungen, wie sie im Epos auch begegnen. Hierdurch erhält also die Geschichte den gleichen Reiz wie die Utgardfabel: der Held glaubt selber nicht mehr Thor zu sein[8]). Das Ende ist natürlich Thors Sieg und die Tötung des Ungeheuers, das Loki gefesselt hat.

Satanas. Bei Snorri dagen (vgl. v. d. Leyen, Märchen, S. 46) ist Utgarda-Loki der Beschließer der jenseitigen Welt, den Gering S. 337 Anm. mit Loki indentifiziert, während ich jede auch nur etymologische Berührung ablehnen möchte.

[1]) Märchen S. 40 f.
[2]) Lok. Str. 62.
[3]) v. d. Leyen S. 45.
[4]) Golther S. 274, Meyer S. 232, Mogk S. 361. — Skáldsk. cap. 2: Gering S. 361.
[5]) Vgl. Mogk S. 362.
[6]) Die Geschichte war im Norden besonders beliebt: »König Harald hardradi von Norwegen (1047—66) ging einmal mit Skald Thjodolf über die Gasse und hörte, wie sich in einem Hause ein Gerber und ein Schmied zankten. ‚Mach mir augenblicklich ein Gedicht hierauf', rief er dem Skalden zu, ‚der eine der Kerle sei der Riese Geirröd, der andere Thor'« (Weinhold, Altnord. Leben. S. 234). Der Schmied mit seinem Hammer soll natürlich den Thor vorstellen.
[7]) Wie bei Hymir, siehe u.
[8]) Lok. Str. 60.

## Viertes Kapitel.

Ein ursprünglicher Naturmythus [1]) mag (wie bei dem Hymir-Mythus, s. u.) vorliegen; vielleicht eine Erzählung, wie das Feuer von den Riesen zurückgeraubt wurde (»Feuersnot« im Sinne Richard Strauß'!) und von den Göttern zurückerobert werden mußte. In der vorliegenden Form aber konzentriert die Erzählung ihr Interesse auf zwei Punkte:

1. Thor ist ohne seine Attribute. Ob wohl die illoyale Lösung, daß der Gott sich gleichwertige Werkzeuge von einem freundlichen Riesenweib borgt, ursprünglich ist? (Die wohlgesinnte Riesin begegnet auch in der Hym.), Das Ältere war wohl, daß auf wunderbare Weise ihm die Kräfte zuflossen, die sonst in Hammer, Gürtel (und Handschuhen) verborgen waren, wie dies durch den alten Vers, den Snorri [2]) zitiert, noch angedeutet scheint: mit dem Wachsen der Flut wächst ihm die (sonst im Gürtel deponierte) Kraft, wie dem Völund die Flügel (vielleicht) und dem Simson die Haare der Kraft wieder wachsen. Wie der Fluß die Kraft, gab vielleicht der Vogelbeerbaum den Stab (vgl. Balders Mistelzweig!).

2. Die Vorgeschichte von Lokis Gefangenschaft ist ganz märchenhaft, nicht ohne Anstücken alter Reste: zu Lokis Verkleidung in Freyjas Falkengewand ist an die Thrymskvida zu erinnern, und wenn Loki in der Kiste drei Monate hungern muß, liegt hier vielleicht in primitiver Art das Motiv vor, das wir rationalistisch in Utgard haben, wo Thor hungert, weil er den Ranzen nicht öffnen kann.

An diesen beiden »Leimstangen« ist nun weiter noch anderes hängen geblieben, wie Loki an dem Stocke [3]). Die Töchter Geirröds mit zerbrochenem Rückgrat [4]) begegnen in Saxos Bericht von Utgard (um eine vermehrt), wo auch der vom Eisen durchbohrte Geirröd nicht fehlt. (Daß der Geirröd der Grim. durch sein eigenes Schwert durchbohrt wird, ist wohl nur zufällige Übereinstimmung.)

Undenkbar ist es nicht, daß auch die rein märchenhaft anmutenden Bestandteile auf alte Mythen zurückgehen. Vielleicht hat ursprünglich der »Speerröter« den Loki getötet, indem er seine Seele (den Seelenvogel) fing und Thor mußte ihn beleben; der glühende Eisenkeil, den Geirröd nach ihm schleudert, war wohl ursprünglich sein eigener Donnerhammer, so daß die Bedingung vom Fehlen der Attribute Thors auf einen ursprünglichen Raub aller Rangzeichen zurückzuführen wäre. —

Eine andere Reihe von Legenden knüpft an die Heimkehr Thors an. Es ist seine typische Situation, auswärts zu sein oder eben

---

[1]) Meyer S. 233.
[2]) Gering S. 362.
[3]) Mit dem automatischen Zauber des Klebens spielt die Volksphantasie auch sonst gern: Halli begießt seine Locken mit Teer, damit Silber darin kleben bleibt (Weinhold, Altnord. Leben, S. 339).
[4]) Gering S. 363.

auswärts gewesen zu sein. Sie scheint sogar von seinem Ritual vorausgesetzt: in der Lok.¹) klingen die Verse:

> Es dröhnen die Berge, der Donnerer, mein ich,
> Fährt von Hause hierher.

wie eine leichte Variation jener liturgischen Formeln, mit denen besonders Savitar in dem Rigveda begrüßt wird:

> Im Wagen fährt herauf der Gott Savitar,
> Aufs neue sein Werk zu tun²).

oder auch Indra:

> Auf unsere Andacht merkend, komm, o Indra,
> Und lenke hierher das Gespann der Falben³).

Die Anrufung feiert die Heimkehr des Gottes zu den Seinen. Nur von besonders geliebten Gottheiten heißt es so: er kommt wieder!

Statt der Fahrt steht der Schlaf in der echten alten, wundervoll erzählten Legende von Thrym⁴). Der Gott kommt aus dem Schlaf »zu sich« und vermißt seinen Hammer: er hat sein Hauptattribut verloren und muß den Donnerkeil wieder erobern⁵). Das Motiv fällt also unter unser Schema »Raub des Rangzeichens«⁶), und der Reiz der Erzählung besteht darin, Thor zu zeigen, wie er aussieht, wenn es nicht »er selbst« ist — ein ähnliches Thema wie bei »Thor in Utgard«, aber wie durchaus anders aufgefaßt!

Es ist nicht ein natursymbolischer Mythus mehr, sondern völlig in anschauliche Dichtung aufgelöst⁷). Die mythische Grundlage wird etwa gelautet haben: ein Riese raubte dem Thor den Hammer (denn das »Stehlen« ist eigentlich Sache der Zwerge!) und wollte ihn nur herausgeben, wenn man ihm dafür die schönste Göttin überließe; auf Lokis Rat verkleidete sich Thor als Freyja, drang so bei den Riesen ein und erschlug sie, nachdem er den Hammer geholt hatte. Aber mit welchem novellistischen Behagen ist die Situation erfaßt! das uralte Lieblingsmotiv des weiblich eingekleideten Mannes⁸) wird ausgekostet an dem weiber-

---

¹) Str. 55.
²) Geldner-Kaegi S. 46.
³) Ebd. S. 76, ähnlich in homerischen Hymnen.
⁴) Thrymskv.: Golther S. 266; Mogk S. 361; Meyer S. 232f.; v. d. Leyen, Märchen S. 50, Sagenbuch S. 197.
⁵) Kauffmann (Ztschr. f. d. Phil. 36, 135) vergleicht ein esthnisches Märchen.
⁶) Siehe o.
⁷) Vgl. auch Golther S. 267.
⁸) Achill auf Skyros; Herakles bei Omphale; vgl. auch das Verbot 5. Mos. 22,5: »ein Weib soll nicht Mannsgeräte tragen, und ein Mann soll nicht Weiberkleider

feindlichen Gott; der Gegensatz der schlauen »Kammerzofe« Loki und des unbehilflichen Helden, die Enttäuschung der plumpen Riesen wird nicht minder gemessen. — Der Schluß mag eine Vorstellung davon geben, wie das Abenteuer mit Hrungnir in seiner »versöhnlichen« Form schloß; der Knecht, der den Gott rettet, mag Loki entsprochen haben.

Eine Dublette der Thrym-Erzählung ist die Legende von Hymir[1]). Zwar wird eigentlich ein Gegenstück erzählt: während dort die Riesen sich eines dem Thor gehörigen Gegenstandes bemächtigen, holt hier Thor umgekehrt Thor einen Kessel von den Riesen. Indessen spricht die typische Anlage solcher Mythen dafür, daß ursprünglich auch hier die Götter die Besitzer, die Riesen die Räuber sind. (Freilich kommt das umgekehrte Schema unzweifelhaft vor, wie bei den Mythen vom Raub des Feuers u. dgl.) Jedenfalls aber schließen die Endzeilen der Hym. die Erzählung an den Typus der »Nostoi« Thors an. v. d. Leyen[2]) hat gezeigt, daß die Gylf. hier einen einfacheren Text hat als das eddische Gedicht, an dessen Jugend schon wegen der schwülstigen »kenningar« nicht zu zweifeln ist[3]). Die Prosa erzählt nur, daß Thor auf der Heimfahrt zu dem Riesen Hymir kommt, den er auf den Fischfang begleiten will. Hymir weist ihn höhnisch ab, worauf der Gott durch die ungeheuersten Leistungen seiner Asenkraft sich legitimiert. Schließlich gibt der Riese der von Thor gepackten Mitgardschlange die Freiheit wieder, worauf der Gott ihn mit dem Hammer tötet. — Dieser Kern der Geschichte, wenn es der Kern ist (von dem Kessel ist in der Gylf. gar nicht die Rede!) ist in der Hym. märchenhaft erweitert, indem den Riesenleistungen Thors solche Hymirs gegenübergestellt sind — der gleiche Wettkampf[4]) wie in Utgard[5]). Außerdem ist neu eine motivierende Vorgeschichte: Thor wird zu Hymir geschickt, um den Kessel zu holen, und zwar auffallenderweise in Begleitung Tyrs, der diesmal statt Loki die Rolle

antun; denn wer solches tut, der ist dem Herrn, deinem Gott ein Greuel« — das vielleicht religiöse Umkleidungen im Auge hat, wie wir sie im Kult der Alces (*praesidet sacerdos muliebri ornatu,* Tac. Germ. cap. 43) und in manchem orientalischen und orientalisierenden Kult finden: Erinnerungen an die Leidenszeit eines erniedrigten Gottes? Simson und Dalila!

[1]) Hym.; Gylf. cap. 48: Gering S. 342. — Golther S. 270f., Meyer S. 238f., Mogk S. 362, v. d. Leyen S. 46.
[2]) Märchen S. 48.
[3]) Jónsson (Norsk Lit. Hist. 1, 159) setzt es, gewiß zu früh, in das Ende des 10. Jahrhunderts, Jessen freilich wohl zu spät in das 12—13. Jahrhundert.
[4]) a. a. O. S. 47.
[5]) Die Freude der Heldenzeit an Kämpfen mit Seeungeheuern spielt mit, wie bei Beowulfs Schwimmabenteuern (vgl. Brandl, Altengl. Lit., S. 992; Weinhold, Altnord. Leben, S. 311); ebenso der am Trinken — beides kombiniert in der Örvaroddssaga (vgl. Eddica minora S. LXII).

## § 17. Hauptgötter. 303

des Listigen[1]) übernimmt. Die Angst und das lächerliche Versteck Thors sind mit Motiven in dem Mythus, der der Erzählung von Thor in Utgard zugrunde liegt, zu vergleichen. Endlich ist noch eine Nachgeschichte hinzugedichtet, in der Thor die nachstürzenden Riesen tötet und sein einer Bock, von Loki gelähmt, hinstürzt. In dem letzten Zug mögen alte Momente stecken: Loki und nicht Tyr war wohl ursprünglich auch hier Thors Begleiter; die Lähmung des Bocks erinnert an die Geschichte, wie vor der Utgardfabel Thjálfi (unabsichtlich) einen Bock des Gottes lähmt. Die Hauptfrage bleibt wohl die nach dem Kessel; und hier möchte ich der poetischen Fassung den Vorzug geben. Eine der vielen Legenden von Thors Riesenkämpfen liegt sicher zugrunde[2]) und fast nie fehlt echten alten Legenden ein konkreter Mittelpunkt, ein zentraler Gegenstand, wie es in der Thrymskvida der Hammer ist, in Skirn. die Zauberrute. Hymir hatte wohl den Kessel geraubt, den Thor wieder holen sollte; der Riese forderte Kraftproben, die der Gott bestand, und schließlich erschlägt Thor, wie in der Thrymskv., den Räuber und bringt das Besitzstück zurück, dessen Wert — von seiner rituellen Verwendbarkeit abgesehen — hier wie bei homerischen Kampfpreisen uns eine sehr frühe Kulturstufe vergegenwärtigt.

Mit naturmythologischen Erklärungen ist schwerlich viel anzufangen. »Hymir ist die personifizierte Dunkelheit in der Luft, die über dem winterlichen Meere lagert, die noch heute der Norweger unter gleicher Bezeichnung kennt und die schwer auf der Seele des Norwegers liegt. Auf der einen Seite steht dieser Dämon mit dem Winter in engster Verbindung, auf der anderen mit dem Meere«[3]). Es ist sehr wohl möglich, daß Hymir dereinst ein solcher Dämon war, mit dem der Gewittergott Thor zu kämpfen hat wie Indra mit Vritra[4]); hat doch ein anderer Dämon, den dieser bekämpft, 99 Arme, ein anderer 3 Köpfe und 6 Augen[5]), wie Hymirs Mutter[6]) 900 Köpfe hat. — Aber die Seele der Erzählung, wie sie uns nun einmal vorliegt, ist nicht mehr ein elementarer Kampf (wie noch so oft deutlichst im Veda), sondern ein Messen der Kraft zwischen Gott und Riesen — und an dies Motiv hat sich die Weiterentwicklung gehängt, nicht an die naturmythische Urbedeutung.

Über den Gesamtcharakter dieser Thorslegenden[7]) läßt sich das Gleiche sagen: mögen sie ursprünglich Thor als den »Wiederbringer«, nämlich der guten Jahreszeit, gefeiert haben — jetzt ist dieser Sinn ihnen ganz

---

[1]) Hym. Str. 6.
[2]) Über die Namen Hymir—Skrymir vgl. o.
[3]) Mogk a. a. O.
[4]) Macdonell S. 60.
[5]) Ebd. S. 61.
[6]) Hym. Str. 8; vgl. v. d. Leyen S. 47.
[7]) Vgl. Meyer S. 350, Mogk S. 363.

verloren und die Freude an dem fahrenden Ritter Thor, an seinen Nöten und Siegen, ist die gestaltende Kraft geworden. —
Eine künstliche Nachbildung sind die **Alvíssmál**[1]). Auch dies Gedicht ist auf den Kontrast zwischen Thors Riesenstärke und einer idyllischhäuslichen Situation gebaut, wie die Thrymskv.; doch zeigt die Rahmenerzählung bereits Entfremdung von sicherer Anschauung: es ist gewiß einem Thorverehrer nie eingefallen, seinen Gott ein Examen über geistigen Besitz abhalten zu lassen! — Schon dies scheint mir die Meinung Jónssons[2]) zu widerlegen, daß die Rahmenfabel alt sei; sie benutzt nur ein altes Märchenmotiv, das von dem heimkehrenden Helden, der gerade recht kommt, um eine Ehe zu verhindern (Herzog Ernst-Sage). Eine Anlehnung an die Rahmenfabel der Vaf. (Gott und Zwerg im Examen wie dort Gott und Riese) macht weiter Jónssons frühe Ansetzung des Gedichts[3]) unmöglich.

Den eigentlichen Inhalt des Gedichts bildet ja die Belehrung über poetische Ausdrücke für die wichtigsten Dinge[4]); es war eine ganz nette Idee, das trockene Thema durch den Kontrast des ungeheuren Schwiegervaters und des kleinen zappeligen Schwiegersohnes zu würzen — nur durfte man eben nicht »den Landwirtschaftsminister über Unterrichtsfragen prüfen lassen«[5])!

Eine Heimwegsgeschichte führt auch das **Hárbardslied** vor: Thor wird bei der Heimfahrt von einem Fluß aufgehalten, den Odin vielleicht hoch hat ansteigen lassen[6]), und Hárbard-Odin will ihn (kann man hinzudenken) nur herüberlassen, wenn er bei einem Wettkampf siegreich bleibt: sie haben ihre Taten aneinander zu messen, und wer mehr »Points« hat, muß nachgeben. Thor unterliegt. — Die Hauptsache ist aber auch hier die Ausfüllung: eben die Aufzählung der Taten Odins und Thors; man mag hier an einen wirklichen, auf Grundlage feststehender Formeln improvisierten Wettstreit zwischen einem Odinverehrer und einem Thordiener denken. Daß aber Odin wirklich einmal seinem Nebenbuhler den Heimweg versperrt hat, kann gute alte mythische Überlieferung sein.

**Weitere Legenden** entstehen, als die festsitzende Thorsreligion vom Christentum bedrängt wird[7]). Thor verlangt von dem Konvertiten

---

[1]) Golther S. 282, Mogk S. 361.
[2]) Den oldnord. Lit. Hist. 1, 166.
[3] 900—950: a. a. O. S. 167; dagegen Heusler, Arch. f. n. Spr. 116, 266 um 1200! — Riese und Gott im Zwiegespräch: vgl. allgemein Wundt 3, 488. —
[4]) Vgl. meine Altgerm. Poesie S. 469.
[5]) Heusler (Arch. f. n. Spr. 116, 265) betont übrigens mit Recht, daß das Gedicht nicht bloß eine Sammlung ist, sondern zugleich ein an Neubildungen reiches Spiel mit der alten Form der Thula.
[6]) Vgl. Gjalp bei der Fahrt zu Geirröd Skáldsk. cap. 2: Gering S. 363.
[7]) Golther S. 258f.

### § 17. Hauptgötter.

Thorgisl sein Eigentum, einen ihm einst verheißenen Ochsen; er erbittet — vergeblich — von Svein, dem Sohn seines abgefallenen Verehrers gleichen Namens, Rettung vor dem Beil der glaubenseifrigen Neuchristen; er wird im Zweikampf mit Christus bald siegreich, bald besiegt gesehen. Für all diese Mythen ist ein inniger herzlicher Ton charakteristisch: das Volk trennte sich ungern und nicht ohne Gewissensbisse von dem lieben Gott, der so ganz Geist von seinem Geist war. Man fühlte sich ihm verpflichtet.

Die große Bedeutung des Thorkultes liegt auf der Hand. Sein natürlicher Charakter, die größere Intimität mit dem Gott — Odin bleibt erhaben —, die reine rohe Kraft machen aus Thor in der Tat den reellen Repräsentanten des Heidentums. Odin ließ sich umtaufen; Thor blieb auch als Elias oder heiliger Olaf ein »großer Heide« wie Goethe. —

Thor erdrückt seine Verwandtschaft wie Odin die seine [1]).

Spät ist seine Verwandtschaft mit Odin: daß »Jupiter« der Sohn des »Mercurius« sein sollte, fiel schon dem Abt Helfric auf [2]); ebenso dem Saxo [3]).

Nur Ableitungen aus seinem Wesen scheinen die Söhne Módi, *Zorn* (Thors Asenzorn) und Magni, *Kraft* (vgl. den Beinamen des Hercules Magusanus). Magni erscheint bei Hrungnir als Thors Doppelgänger; doch kann die Legende von der Riesenkraft des Kindes alt sein. Daß Thor den Magni mit *Jarnsaxa*, *Eisenschwert* erzeugte, ist Allegorie im Wikingergeschmack. — Die beiden Söhne werden in der neuen Welt den Hammer an Stelle ihres Vaters handhaben [4]), was sie vielleicht nur dem Vorteil verdanken, wie Widar und Wali ein alliterierendes Paar zu bilden. Übrigens eignen sie sich für die neue Zeit, da beide, insbesondere Módi, noch ein völlig unbeschriebenes Blatt sind wie die unkompromittierten Götter, der schweigsame Widar und der einnächtige Wali [5]).

Es werden ihm ferner beigelegt eine Tochter Thrud, die Kraft, ein Bruder Meili, von dem man gar nichts weiß; ein Vingnir (Schwinger des Hammers) und eine Hlóra (zuckende Flamme, nämlich des Blitzes) werden zu ihm in künstliche Verwandtschaft gebracht. Dies könnten alte Opfergottheiten sein, Verkörperungen ritueller Funktionen, wie z. B. der indische Soma [6]).

Die Riesin Jarnsaxa, Magnis Mutter, »Eisenschwert« oder »Eisengestein« (wie der Feuerstein als niedergeschlagener Blitz aufgefaßt wird),

---

[1]) Vgl. Mogk S. 358f., Meyer S. 349, Golther S. 263.
[2]) Vgl. Craigie, Mythology of Ancient Scand., S. 14.
[3]) S. 185; Herrmann S. 247.
[4]) Vaf. Str. 51; Gylf. cap. 53: Gering S. 351.
[5]) Veg. Str. 11.
[6]) Macdonell S. 104f.

fällt durch ihren Namen etwas aus diesem Kreis heraus; sie könnte ein alter Bergdämon etwa des eisenhaltigen Gesteins sein[1]). Jedenfalls ist wohl aber ihre Verbindung mit Thor Magni Módi jung. Einige Bedeutung haben aus Thors Sippe nur eine andere Gattin und die Mutter.

### Sif[2]).

Der Name ist nicht mit Sicherheit gedeutet: »die Erfreuende« (zu gotisch *sifan*)? »die Sippe«[3]). Von ihr handelt nur Ein Mythus — denn Lokis selbstverständliche Behauptung, auch sie besessen zu haben[4]), darf keine mythische Geltung beanspruchen. — Es wird erzählt, Loki habe aus Bosheit Sifs Haar abgeschnitten, und Thor habe ihm dafür alle Knochen im Leib knicken wollen[5]); Loki löst sich durch das Gelübde, Sif neue Haare zu schaffen und läßt ihr von den Zwergen goldenes Haar schmieden. — Man erklärt den eigentümlichen Mythus naturmythologisch: die Haare seien die Ähren des sprossenden Erdreiches. Diese aber werden doch nicht vom Feuer verzehrt; und Loki ist kein Getreidedämon. Viel näher scheint mir[6]) die ikonische Deutung zu liegen: das Feuer hat die Haare einer Bildsäule verzehrt, die nun durch goldene Haare, im Feuer (und also auf Lokis Geheiß) kunstfertig (durch Ivaldis Söhne) hergestellt, ersetzt werden; oder die Bildsäule besaß eben goldene Haare, an die sich nun das Märchen knüpfte — wie Helios goldene Haare trägt.

Mythisch bedeutsam müssen ihre Haare wohl jedenfalls sein; das Wahrscheinlichste bleibt deshalb wohl, daß auch sie, wie Jarnsaxa, ein alter Naturgeist war, den man dem Ackerbaugott nachträglich antraute; und so werden die goldenen Haare wohl doch die Ernte symbolisieren. Bedenkt man, daß Ceres, die Göttin des pflanzlichen Wachstums[7]), als Weihegabe den ersten Ährenschnitt, das *praemetium*, erhielt[8]), so könnte man versucht sein, an einen kultischen Ursprung des Mythus zu denken: der Göttin wird »das Haar abgeschnitten«, damit es künftig um so reicher und goldener wachse, und ihr wird das neue »Goldhaar« dargebracht. Loki wäre dann erst später, in der Blütezeit der Loki-Abenteuer, hineingezogen; denn die Geschichte von seiner Loslösung hat durchaus den üblichen Typus (wie in der Einleitung zu Reg. usw.) und ist mit der Sitte, bei der Ernte jemanden zu binden und zur Lösung zu zwingen[9]), schwerlich in Verbindung zu bringen.

[1]) Vgl. u.: Dea Sandraudiga.
[2]) Golther S. 262. 419, Meyer S. 349, Mogk S. 359. — Skáldsk. cap. 3: Gering S. 364.
[3]) Meyer a. a. O.     [4]) Lok. Str. 54.     [5]) Lok. Str. 61.
[6]) Ztschr. f. d. Phil. 38, 176.
[7]) Wissowa S. 150.     [8]) S. 151.
[9]) Pfannenschmid, Germ. Erntefeste, Hannover 1888, S. 93 f.

Für rein märchenhaften Charakter des Goldhaars tritt v. d. Leyen[1] ein. Ein Kult der Sif ist nicht nachgewiesen[2]) und die Identität mit jener Haiva, »die Geliebte«[3]), die einen batavischen Altar zusammen mit Hercules Magusanus hat, ist zweifelhaft[4]); zu unserer Deutung würde sie nicht übel passen.

## Thors Mutter.

Die alten Götter haben selten Vater oder Mutter — oder sie haben deren mehr als nötig. Dem Thor werden zugesprochen *Jörd*, die Erde; *Fjörgynn*, gotisch *fairguni*, Gebirge; *Hlódyn*, in Nordwestdeutschland als Hludana verehrt und angelsächsisch mit Latona gleichgesetzt, die deshalb *Thunres módur* heißt[5]).

Auf jeden Fall ist klar, daß die Erdgöttin Thors Mutter sein soll[6]). Das ist nun seltsam: der Gewittergott Sohn der Erde! Doch ist auch Indra, dessen Mutter oft genannt wird[7]), Sohn des Dyaus und der Erde, daneben allerdings auch der »Kuh«, d. h. der Regenwolke[8]); und Zeus, der ja bei den Hellenen auch Gewittergott ist, hat Gaea zur Mutter[9]). Immerhin zeigt schon die Unfestigkeit dieser Angaben, daß die Geburt des Gewittergottes aus der Erde schwerlich als indogermanischer Mythus angesehen werden darf: als die Physikertheologie sich zu regen begann, wurde diese Genealogie erdacht, bei der vielleicht die im Erdboden gefundenen »Donnerkeile« mitwirkten. In Thors Mythenkreis aber spielt seine Mutter so wenig eine Rolle wie in dem des Zeus — mit Indra steht es anders, weil für ihn, wie für Dionysos, die wunderbare Geburt wesentlich scheint; wie denn die Vorstellung der Göttermutter nur mit Götterkindern oder Götterjünglingen verträglich scheint (Leto mit Apollon und Artemis), nicht mit dem reifen stürmischen Mann.

Wenn aber die Verwandtschaft jung sein wird, ist doch Thors Mutter gewiß nicht, wie vermutlich seine Söhne, eine späte allegorische Erdichtung; sondern wie die Gattin, ist die Mutter eine uralte Gottheit, die mit dem Lieblingsgott nachträglich verbunden wird. Die Erdgottheit wäre dann eben die Herrin der Erde schlechtweg — nicht wie Nerthus—Isis—Tellus die der fruchtbaren Erde. Doch sind Berührungen unvermeidlich, und vielleicht ist die letztere überhaupt erst aus der anderen abgezweigt.

---

[1]) Märchen S. 57.
[2]) Vgl. Mogk, PBB. 14, 91f.
[3]) Much, H. Z. 39, 51; vgl. Siebs, Ztschr. f. d. Phil. 24, 461.
[4]) Vgl. Mogk S. 359f.
[5]) Mogk S. 358, Meyer S. 349, Golther S. 461. — Siebs (Ztschr. f. d. Phil. 24, 457 f.) trennt Hludana und Hlódyn und hält jene für eine Meeresgottheit, die er ferner der — chthonisch aufgefaßten — Nerthus gleichsetzt.
[6]) Golther S. 454f.   [7]) Macdonell S. 56.
[8]) Ebd.   [9]) Preller 1, 637.

Die **Erdgöttin** erscheint unter verschiedenen Namen:
In angelsächsischen Segen [1]) wird **Erce**, Erce, Erce, *eorthan móder*
angerufen: also wieder die Herrin der Erde, nicht die Erde selbst. Das
Gebet an sie wirkt [2]) Sdgr. Str. 4 nach:

Heil euch Asen! euch Asinnen Heil!
Heil dir, fruchtbare Flur! [3])

**Hlódyn**, Hludana, wird von friesischen Pächtern der Fischerei verehrt [4]) — weil die Erdgötlin auch die Bäche beherrscht? Der Name zu *hlód*, Erdhaufe [5]).

Problematischer ist **Fjörgyn** [6]). Neben diesem Feminimum haben wir einen männlichen **Fjörgynn**, der einmal Frigg zur Geliebten oder Gattin hat [7]) und dem ein litauischer Donnergott *Perkunas* genau entspricht. Der Name gehört zu lateinisch *quercus: fergunjaz* der Eichengott; gerade wie auch Zeus [8]) der »Eichengott« ist. So ward auch Thor [9]) bei einem *robur Jovis* verehrt, wohl weil die Eiche den Blitz anzieht [10]). Fjörgyn wäre etwa die Eichengöttin oder »die im Eichenwald Verehrte« [11]).

Wir haben also [12]) in Fjörgynn und Fjörgyn ein androgynes Paar wie in Njörd und Nerthus, Frey und Freyja. Dergleichen begegnet bei Vegetationsdämonen öfter [13]) und ist vielleicht prinzipiell aus der späteren Geschlechtsverleihung an ursprünglich ungeschlechtige Geister zu erklären. Doch können auch verschiedene Nomina sich begegnet sein: die Analogie der Eschenfrau u. dgl. [14]) läßt denken, daß die Eichenfrau eine alte Dryade des Eichenwaldes war, die mit dem Eichengott, d. h. dem alten in der Eiche verehrten Gewittergott nur durch ihren Namen zusammengeführt wurde. Die Annahme, daß die Erdgöttin nach ihrem Gemahl benannt worden sei [15]), scheint uns zu stark von der Analogie moderner Namen-

---

[1]) **Grein-Wülker**, Bibl. d. ags. Poesie ² 1, 312f.; vgl. **Wülker**, Grundriß d. ags. Poesie, Leipzig 1885, S. 347; **Kögel**, Gesch. d. altd. Lit. 1, 139f.
[2]) Nach **Golthers** hübscher Beobachtung, S. 455.
[3]) Vgl. *hál weas thu, folde fára moder* im Segen.
[4]) **Meyer** S. 349.
[5]) **Mogk** S. 359.
[6]) Vgl. **Much**, Himmelsgott, S. 204f.
[7]) Lok. Str. 26; vgl. **Golther** S. 454, 2.
[8]) **Preller** 1, 123.
[9]) Siehe o. S. 288.
[10]) Dagegen scheint der indische Regengott Parjanya nicht identisch: **Macdonell** S. 84.
[11]) **Hirt**, J. F. 1, 480.
[12]) **Mogk** S. 358.
[13]) Faunus und Fauna, vielleicht auch Pomonus und Pomona; **Wissowa** S. 165 u. a.
[14]) Vgl. o. S. 94.
[15]) **Golther** S. 455.

§ 17. Hauptgötter.    309

gebung in der Ehe beherrscht. Auch ist ja gar nicht bezeugt, daß Fjörgyn je Thors Gattin war — der auch gar nicht (wie Golther voraussetzt) der »Himmel« war. — Denkbar ist aber, daß Fjörgynn, der Eichengott, ursprünglich nicht mit Thor identisch, sondern ein anderer Gewittergott war, der dann in Thor (bis zum Vergessen seines Namens) aufging; und von einem alten Elternpaar (wie oft werden so entthronte Götter auf den Altenteil gesetzt! man denke an Zeus' Vater!) blieb nur die Mutter übrig, da Odin der Vater ward. So wäre denn auch die Beziehung Friggs zu Fjörgynn erklärt. —

Als Erdgöttin wird auch Rind [1]) verehrt. In der Edda wird erzählt, daß sie im Westen Wali, den Rächer Balders, gebären wird [2]); daß sie einst vor Rán ein Zauberlied sang, das lehrte: Jeder sorge für sich (man vergleiche etwa den Oddrúnargrátr!), bringt erst der späte Grogaldr [3]) hinzu. Endlich Snorri notiert [4]), daß Rind, Walis Mutter, wie Jörd, Thors Mutter zu den Asinnen gehören.

Eine alte Erdgottheit mag wohl vorliegen: die harte Erdrinde, meint Golther, der durch Odins, des Gottes gedeihlicher Arbeit, Werben der Sohn Bíu, der Bebauung, abgewonnen wird; während Wali dann aus der harten Erdrinde geboren sein könnte wie die neuen Menschen nach der Sintflut aus den »Gebeinen der Mutter«, den Steinen Deukalions und Pyrrhas [5]). Jenes hausbackene Zauberlied aber soll wohl nur durch den mystischen Klang geheimnisvoller Götternamen geadelt werden.

Tanfana wird [6]) ebenfalls für eine Erdgöttin gehalten; wohl mit zweifelhaftem Recht [7]).

### Die alten Hauptgötter.

Die bisher besprochenen Gottheiten bilden einen einigermaßen geschlossenen Kreis: Tyr und Frey, Odin und Frigg, Thor und ihr unmittelbarer Anhang. Diese fünf sind auch (neben Sonne und Mond) Herren der Wochentage: Dienstag Tiu, Mittwoch Wodan, Donnerstag Thor, Freitag Frigg—Freyja. Sonnabend freilich ist dem Frey nicht zugefallen. Sie sind die Inhaber der großen Tempel mit zentralisiertem Kult (Frey—Njord, Tyr, Thor, Odin), die Führer eigener »Religionen« mit besonderem Verehrertypus (Odin, Thor); sie sind auch durch Götter-

---

[1]) Golther S. 456, Meyer S. 370. 401; über den Roman von Odin und Rind siehe o. S. 270.
[2]) Veg. Str. 11.    [3]) Str. 6.
[4]) Gylf. cap. 36: Gering S. 328.
[5]) Preller 1, 865. Auch die Söhne von Kadmos' Drachensaat, durch den Stein erregt, erheben sich sofort zum furchtbaren Kampf wie Wali (Veg. Str. 17).
[6]) Golther S. 459.
[7]) Vgl. u.

kämpfe (besonders zwischen Odin und Thor, doch auch Njord und Skadi?) als Individualitäten charakterisiert. Man könnte sie etwa in folgendem Stammbaum anordnen:

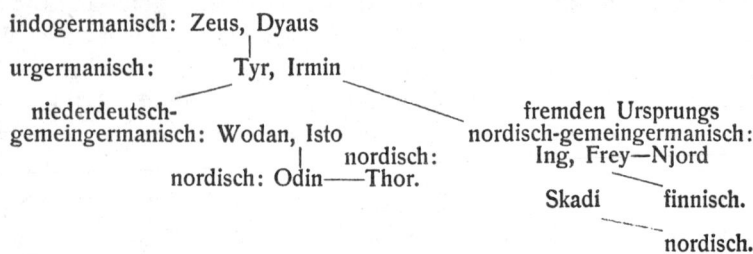

Aber zu diesem im Norden zu einem gewissem Abschluß gelangten Kreis tritt nun das große Rätsel, das Hauptproblem der germanischen Mythologie: Balder, ein Hauptgott, und doch zu diesem Kreis der Hauptgötter exzentrisch; ein eigener Typus, und doch, so viel wir sehen, ohne eigene Gemeinde; der Held eines aufregenden Mythus von merkwürdiger Eigenart, und doch der Liebling nivellierender Göttergleichmacherei.

### Balder[1].

Golther und Kauffmann halten von den beiden stark abweichen Erzählungen Saxos Bericht, Meyer und Mogk sowie besonders Olrik und Heusler den der Edda für ursprünglicher; Niedner hält Snorris Bericht für eine hübsche Kombination[2]. — Ebenso umstritten ist das Alter Balders: indogermanisch—urgermanisch—nordisch?

Vielleicht liegt die Sache bei allen Schwierigkeiten doch nicht ganz so verwickelt, wie es nach den neuesten Aufklärungen scheinen könnte. Man muß sich nur bemühen, Überlieferung, Erschließung und deutende Hypothese recht fest auseinanderzuhalten; denn zu vermeiden sind die letzteren beiden Hilfsmittel allerdings nicht — wenn man auch von ihnen bescheidener und analogiegemäßer Gebrauch machen sollte, als gerade in Balders Angelegenheiten wiederholt geschehen ist.

[1] Kauffmann, Balder. Mythus und Sage, Straßburg 1902; doch vgl. Heusler, D. Lit.-Zeitg. 1903 S. 488; Kauffmann, Ztschr. f. d. Phil. 35, 524; Mogk, Lit.-Bl. f. rom. u. germ. Phil. 1905 S. 190. — Schück, Studier i nordisk Litt. og Religionshistoria T. II. — Döhring, Kastors und Balders Tod, Arch. f. Rel.-Wissensch. 5, 38f. 27f.; Meyer S. 278f. 391f.; Golther S. 364. 420; Mogk S. 323. 351; Chantepie S. 253; v. d. Leyen, Märchen, S. 20; Detter, PBB. 19, 493f.; Niedner, H. Z. 41, 3035; andere Literatur bei Mogk und Golther (wie gewöhnlich). — Wiedergabe des eddischen Berichts bei Meyer S. 397, desjenigen Saxos ebd. S. 395; vgl. Olrik, Sakses Oldhistorie: Ref. bei Golther S. 377; Vergleich beider Berichte übersichtlich bei Meyer S. 398. 401; vgl. ferner z. B. Golther S. 373. 738f., Detter S. 495, Niedner S. 324.

[2] S. 433.

## § 17. Hauptgötter.

**Was steht fest?**

Zunächst: was in bezug auf das Alter? Balder unmittelbar für eine indogermanische Gottheit anzusprechen, sind wir nicht berechtigt, d. h. die germanische Überlieferung hat unzweifelhaft Züge, die sich so bei keiner einzigen indogermanischen Gottheit einzeln oder gar vereinigt wiederfinden. Auch der Name steht isoliert, was zwar allein nicht beweisend wäre. — Eine andere Frage ist, ob in der germanischen Gestalt nicht indogermanische Grundzüge weiter entwickelt sind; diese häufig bejahte Frage (Balder der lichte Gott, der von dem dunkeln Gott getötet wird) ist aber erst später zu erörtern.

Für den **urgermanischen** Ursprung sprechen folgende außernordische Anhaltspunkte[1]): Für die **Deutschen** beweist der Merseburger Spruch[2]). Hier wird Phol in einer Weise erwähnt, die zu der nordischen Gestalt Balders trefflich stimmt, und sein Name wird im dritten Vers durch »Balder« aufgenommen. Phols Identität mit Balder wird ferner gestützt durch zahlreiche Ortsnamen[8]): *Phuolsouua*, *Pholesbrunno* in Thüringen, *Pholespiunt* in Österreich und Bayern u. a.

Allerdings ist die Identität von Phol und Balder angefochten worden. Unhaltbar sind die Versuche, fremde Namen einzusetzen: Apollo[4]) oder gar Paulus[5]), für deren Platz in diesem Zauberspruch schlechterdings nichts spricht[6]). Oder man hat gar eine Göttin daraus gemacht[7]) oder wenigstens ein männliches Pendant zu Volla[8]). Aber der Gott, der vor Wodan genannt wird, muß schlechterdings ein Hauptgott[9]) und kann nicht ein unbekanntes kleines Göttlein sein. — Viel haltbarer war früher der Versuch, den Namen Balder, wie er im dritten Vers des Merseburger Spruchs begegnet, appellativisch aufzufassen: in angelsächsischen und nordischen Dichtungen bedeutet er »Herr«. Aber dieser Möglichkeit ist durch Edward Schroeders glänzenden Aufsatz über Belisars Roß[10]) der Boden entzogen: die appellativische Bedeutung ist sekundär, zunächst im zweiten Teile von Kenningen *(mannbaldr, folkbaldr)*[11]), dann auch allein verwandt.

[1]) Vgl. Golther S. 382 f.
[2]) MSD. IV. 2.
[3]) Mogk S. 324, Golther S. 385.
[4]) Gering, Ztschr. f. d. Phil. 26, 145.
[5]) Bugge, Studien, S. 301 f.
[6]) Golther S. 384 m. Anm.
[7]) Golther, Gesch. d. d. Lit., S. 39, nach Andern.
[8]) Kauffmann a. a. O. S. 221.
[9]) Vgl. meine Rezension Anz. f. d. Alt, 19, 210.
[10]) H. Z. 35, 241 f.
[11]) a. a. O. S. 243, wie *öl-Gefjon* Golther S. 447.

Der Phol des Merseburger Spruches also, dessen Roß Balders Roß heißt, ist Balder[1]).

Fast in ganz Deutschland[2]) kommen ferner Sagen vor, die zu dem Baldermythus Beziehungen zeigen. Doch steht dies schon an der Grenze der Erschließung.

Für die Angelsachsen spricht: Die Königslisten von Wessex und Bernicia nennen *Baeldaeg*, Vodens Sohn, der ebenso in isländischer Genealogie begegnet[3]) und schon von altenglischen Chronisten sowie von Snorri[4]) mit Balder gleichgestellt wird. Der Name[5]) bedeutet »der lichte Tag«[6]) und kann wohl nur einen Gott bezeichnen.

Für Deutsche und Angelsachsen gemeinsam spricht jenes aus dem Götternamen abgeleitete Appellativum angelsächsisch bealdor, althochdeutsch Paltar[7]), das jedenfalls ein besonderes Ansehen des Gottes beweist[8]).

Wir halten also den gemeingermanischen Ursprung Balders für zweifellos erwiesen; was selbstverständlich eine spezifisch nordische Weiterentwicklung so wenig wie bei Thor oder Frey ausschließt[9]). —

Für das Wesen dieses gemeingermanischen Gottes steht der Name zu Gebot, der jetzt durch Edw. Schroeder zweifellos festgestellt ist. Es kommt von einer Wurzel *bal-*, zu litthauisch und baltoslawisch *baltas, weiss* und bedeutet »licht«, also: der »helle, glänzende Gott«[10]). — Die frühere Deutung »der Kühne« (zu dem Namen der gotischen Balthen[11]) muß als erledigt gelten; ebenso Meringers geistreiche Vermutung, der Name gehöre zu einem Appellativstamm »behauener Baum, Klotz«, wie »Asen« vielleicht zu »Balken«, und bedeute ein altes Fetischbild[12]); übrigens ist uns von

---

[1]) Much (Himmelsgott S. 255) vermutet, daß Balder auch *Dagaz*, »Tag«, geheißen habe. Kögel (Gesch. d. d. Lit. 1, 262 f.) wollte auch den Straßburger Blutsegen (MSD. IV. 6) heranziehen, wobei Vrô-Frogerus des Saxo dem Balder entspräche (vgl. Detter S. 511 f.); was mehr als problematisch ist (vgl. Golther S. 384 Anm.).
[2]) Vgl. Kuhn, Der Schuss des Wilden Jägers auf den Sonnenhirsch, Ztschr. f. d. Phil. 1, 89 f.; Losch, Balder und der weiße Hirsch, Stuttgart 1892.
[3]) Mogk S. 324, Golther S. 366, 3.
[4]) Golther S. 382.
[5]) Vgl. Schroeder S. 342. 343.
[6]) Meyer S. 392.
[7]) Golther S. 382, Mogk S. 324.
[8]) Vgl. meine Rezension a. a. O. S. 211.
[9]) Die Versuche, Balders Tod in der Kalewala nachzuweisen (Ohrt, Kalewala, Kopenhagen 1908, S. 139) wage ich nicht für das hohe Alter des Mythus zu verwerten.
[10]) Vgl. Mogk S. 324, Golther S. 366.
[11]) Vgl. Schroeder S. 241.
[12]) I. F. 18, 285, vgl. »Wörter und Sachen« 1, 201 f.

## § 17. Hauptgötter. 313

Balderbildern nichts Zuverlässiges überliefert. — Ferner haben wir die
Legende: ist auch der nordische Mythus (der hier allein unzweideutig
belehrt; der Merseburger Spruch kann nur durch Erschließung fruchtbar
gemacht werden) unzweifelhaft spezifisch entwickelt, so wird man doch
annehmen dürfen, daß er (wie in anderen Fällen, z. B. dem Thors) nur den
urgermanischen Charakter fortbildet. Danach ist Balder unzweifelhaft ein
Lichtgott[1]); was sich also mit der Benennung deckt. Weiter ist von
Bedeutung die Analogie verwandter Götter- und Sagengestalten, die
gleichfalls das »helle Prinzip« vertreten: es ist der so häufige als merkwürdige Typus des getöteten Gottes: Osiris, den Set durch List tötet[2])
und der wiederbelebt wird[3]), nachdem er lange tot gewesen[4]); Adonis,
der stirbt und wiederkehrt[5]) u. a. Ebenso ist in der Heldensage der entsprechende Typus des lichten Helden, der durch Verrat von dem dunklen
Widerpart getötet wird (Siegfried, Rustan usw.) unverkennbar.

Der gemeingermanische Gott muß eine ansehnliche Geltung gehabt
haben; die Mythen, die sich an ihn knüpfen, zeugen für seine Beliebtheit, die Art der Erwähnung[6]) für sein Ansehen. Daß dagegen Spuren
seines Kults nicht mit Sicherheit bezeugt sind[7]), ist kein Gegenbeweis:
nirgends stellt man sich gern unter den Schutz eines unterliegenden Gottes,
mag man seinen Tod auch noch so leidenschaftlich beklagen. Erst die
Epoche des Christentums mit ihrer ganz anderen Auffassung von Tod
und Leben konnte das ändern. Übrigens hat Winifred Faraday[8]) treffend
bemerkt: wenn das Fehlen des Kults bewiese, müßte man auch Tyr aus
den nordischen Götterlisten streichen: nur Odin, Thor, Frey, Njord,
Frigg, Freyja werden in den isländischen Sagas mit Opfern geehrt.

Hiermit ist etwa die Summe dessen gegeben, was wir von Balder
zuversichtlich als alt überliefert verzeichnen können. Wir kommen zu
den mythischen Fortentwicklungen.

Wie steht es mit dem altdeutschen Baldermythus[9])? Betrachten wir den Merseburger Zauberspruch als Zwischenglied zwischen
der urgermanischen Vorstellung des lichten Gottes und der nordischen

---

[1]) Mogk S. 325, Meyer S. 392, Golther S. 366.
[2]) Erman, Ägypt. Rel., S. 34.
[3]) Ebd. S. 36. [4]) Vgl. ebd. S. 156.
[5]) Preller 1, 359.
[6]) Merseburger Spruch.
[7]) Doch vgl. Golther S. 381.
[8]) Popular Studies in Mythology Romance Folklore N. 12: The Edda I;
London 1902; S. 19.
[9]) Vgl. Kuhn und Losch a. a. O. sowie meine Rezension von Losch:
Anz. f. d. Alt. 19, 211, deren Gedanken zum Teil weiter (und wie ich fürchte,
zu weit) geführt sind von Niedner, H. Z. 41, 101 f. (vgl. S. 104).

## Viertes Kapitel.

Überlieferung von dem durch Lokis Schuld und Hödurs Ungeschick getöteten Lichtgott, so ergeben sich Beziehuugen in folgenden Punkten: Balder erscheint inmitten anderer Göttergestalten: eine charakteristische Situation. Thor steht immer isoliert: »der Starke ist am mächtigsten allein« —, Odin allein oder an der Spitze der geordneten Göttergemeinde, Balder aber wird auf dem Hintergrund einer ungeordnet festlichen Götterversammlung sichtbar, wie in der nordischen Überlieferung. So stellt auch die spätere Kunst den lichten Apollon am liebsten dar.
Balder fährt mit anderen Gottheiten auf die Jagd [1]. Ein Zusammenhang mit dem Schuß, der in der Edda seinen Tod bringt, ist wenigstens denkbar (Siegfried wird nach einer Überlieferung auf der Jagd ermordet).
Wichtiger ist, daß dem Roß Balders ein Fuß verrenkt wird. Wir werden dies wohl mit nordischen Mythen zusammenbringen dürfen: Loki lähmt einen Ziegenbock Thors [2] oder dieser wird auf andere Weise unfähig zum Laufen gemacht [3]. Ein Göttertier wird nicht plötzlich unwohl. es muß etwas dahinterstecken und wohl sicher eine Bosheit des Gegenspielers [4]. Auch Wäinämoinens wunderbares Roß wird im Kalewala durch den Pfeil eines bösen alten Lappen tödlich getroffen [5]. — Alle Gottheiten bemühen sich um die Heilung, die aber nur Wodan gelingt. Ebenso finden wir in der nordischen Sage alle Gottheiten um seine Rettung bemüht; Odin hat das letzte Wort [6]. —

Wir dürfen also, wenn wir das merkwürdige Denkmal in die Entwicklungsreihe von den ältesten zu den ausführlichsten Zeugnissen einschalten, mit einiger Wahrscheinlichkeit behaupten:
1. Balder besaß schon in der gemeingermanischen Mythologie einen Gegenpart, der ihn schädigt.
2. Die Schädigung hing vermutlich mit Jagd und Schuß zusammen.
3. An sie knüpfte sich eine Bemühung aller Gottheiten um Balder, die von Wodan abgeschlossen ward.
Mit Hilfe der Sagenvergleichung können wir aber noch erheblich weiter kommen und auch für die altdeutsche Mythologie allein schon einige Entwicklung feststellen.
Der Merseburger Spruch ist ein Zauberspruch zu Heilzwecken. Er dient der mythologisch-epischen Empfehlung einer uralten Sympathie-

---

[1] Die natürlichste Interpretation vgl. Niedner a. a. O. S. 103.
[2] Hym. Str. 37.
[3] Gylf. cap. 44: Gering S. 335.
[4] Ähnlich vielleicht in der dunkeln alten Sage, in der der Sonnenwagen ein Rad verliert (Macdonell S. 63).
[5] J. Grimm, Kl. Schr. 2, 87; charakteristisch für die Altertümlichkeit des finnischen Epos, daß bei dem ersten Auftreten des Gottes gleich schon Menschen da sind!
[6] Vaf. Str. 54—55.

### § 17. Hauptgötter. 315

formel: sie ist einmal von einem Gott in einem kritischen Augenblick erfolgreich angewandt worden. (In psychologischer Hinsicht ist solch ein ehrwürdiges Denkmal des höchsten Altertums mit den Reklame-»Referenzen« moderner Heilmittel aufs engste verwandt.) Das Wichtigste ist also in der Zauberformel, daß eine Heilung erfolgt. Ursprünglich aber braucht sie nicht erfolgt zu sein. Kuhn und Losch haben es nämlich höchst wahrscheinlich gemacht, daß die Einleitung des Zauberspruchs einen uralten Mythus in starker Abschwächung enthält. Weit verbreitet ist eine Sage, nach der »der wilde Jäger« oder irgendein Bösewicht auf den »Sonnenhirsch« geschossen und ihn verwundet hat — wobei der Sonnenhirsch selbst den ursprünglich verwundeten Gott[1]) vertritt (wie die Hirschkuh für Iphigenie untergeschoben wird). Der Hirsch ist ein Symbol der Sonne und zwar des Gestirns in seiner Veränderlichkeit, weil die Hörner (nach denen er benannt ist) periodisch abgeworfen und erneuert werden. Es handelt sich also um einen uralten Sonnenmythus[2]), der wahrscheinlich die tägliche Überwältigung der Sonne darstellt, die in dem Blutmeer der Abendröte versinkt.

Ich kann weder Kuhns Gleichsetzung des Jägers mit Wodan[3]) billigen noch die des verwundeten Gottes mit Frey; vielmehr scheint Losch mir erwiesen zu haben, daß in der germanischen Fassung der Legende eben Balder von dem bösen Jäger getroffen ward[4]). Diese Legende hat sich dann Stufe für Stufe abgeschwächt. Statt des Gottes ward[5]) sein Hirsch getroffen; dann dieser durch das geläufige Roß ersetzt; endlich die Heilung hinzuerdichtet. Und zwar ist der letzte Schritt[6]) wohl erst durch die eifrigen Wodansdiener geschehen: Wodan sollte auch hier helfen können und ward deshalb, befremdend genug, an zweiter Stelle eingeschoben. (Ursprünglich mag es etwa geheißen haben; Phol und die Seinen fuhren zur Jagd.) Nun war man so weit, daß man aus der alten Legende vom täglichen Ritt des Lichtgottes und seinem Fall[7]) einen Heilspruch für verletzte Reitpferde machen konnte! —

Wir wenden uns zum altnordischen Baldermythus. Ich gebe zunächst eine chronologische Übersicht der nordischen Zeugnisse.

[1]) Kuhn S. 99. 106.
[2]) Vgl. Kuhn S. 115.
[3]) A. a. O. S. 99.
[4]) Niedner (S. 110) nennt es die mythische Schilderung eines nordischen Hochsommertages, geht aber zu weit in der Einzeldeutung besonders der begleitenden Göttinnen.
[5]) Wie vielfach, vgl. Kuhn.
[6]) Vgl. R. M. Meyer S. 211.
[7]) Vgl. E. H. Meyer S. 392.

### Viertes Kapitel.

1. Ortsnamen sind in Dänemark besonders verbreitet[1]), so daß Saxos Andeutung, der Balderkult habe sich von hier aus verbreitet, zutreffen mag. Denn überhaupt ist die Erinnerung an Balder in Dänemark am lebhaftesten, nächstdem in Island und Norwegen, am geringsten in Schweden[2]), wo vermutlich der Balder ähnliche Frey ihm das Wasser abgrub. Doch ist gemeinnordisch die Benennung *Baldrsbrá* für die Hundskamille, wegen ihrer weißen Farbe[3]), und Ortsnamen finden sich auch in Norwegen[4]).

2. Eddische Zeugnisse: Die Eddalieder bringen nur Eine wichtige Nachricht: Völ. Str. 32—34 wird erzählt, daß Odins Sohn, der edle Balder, von Hod mit einem schlanken Mistelzweig erschossen und von seinem Bruder (Wali) rasch gerächt wurde. Die rasche, sprungartig andeutende Erzählung setzt den Mythus als bekannt voraus. — Str. 62 erzählt im gleichen Stil, daß nach der Wiedergeburt der Welt Balder und Hod zusammen in Odins Burg wohnen werden. — Das Gedicht Baldrs draumar oder Vegtamskvida scheint im Wesentlichen nur diese Verse zu glossieren und eine verhüllte Andeutung der Klage um Balder beizufügen. Allerdings hält Jónsson[5]) das Gedicht der Völ. für etwa gleichzeitig; Heusler[6]) erklärt es dagegen wohl mit größerem Recht für jung. Jedenfalls fügt es unseren Kenntnissen nichts Wesentliches zu, denn die bösen Träume Balders — allerdings auch in der finnischen Legende und ähnlich bei Saxo, wo Hel dem Balderus erscheint — und Odins Orakel-Ritt sind gewiß Fiktionen der Rahmenfabel. — Lok. Str. 27—28 beklagt Frigg, daß ihr Sohn Balder nicht da sei, um Loki zum Zweikampf herauszufordern, und Loki, trotzig-herausfordernd wie Hagen vor Kriemhild, rühmt sich, an Balders Tod schuld zu sein. — Neue Momente: erstens Balder, der gütige Gott, war auch tapfer; zweitens: Loki ist die Ursache seiner Ermordung. — Grím. Str. 12 weist dem Balder die Halle in *Breidablik,* »Breitglanz«, zu; »kein anderes Land in aller Welt ist so von Freveln frei«. Ich glaube an diese isolierte Angabe so wenig wie an die übrige Topographie der Grím.; Name und Charakteristik ließen sich für Balder leicht erfinden, wenn nicht etwa Völ. 64[7]) benutzt ist. — Hyndl. Str. 30—31 bringt die auf der späten Zählung der Asen fußende Aussage, Balder sei einer von den

---

[1]) Baldrs Quelle, Baldrs Grab u. a.; vgl. Mogk S. 327. Ein Grab des Zeus auf Kreta, euhemeristisch ausgedeutet: Preller 1, 133. 135.
[2]) Ebd. S. 325.
[3]) Ebd. S. 327.
[4]) S. 327.
[5]) Oldnord. Lit. hist. S. 148.
[6]) Arch. f. n. Spr. 116, 269.
[7]) Gimlé und das unvergängliche Glück nach Balders Wiederkehr.

zwölf gewesen, und wiederholt die Nachrichten, daß Odin Balders Vater, Wali sein Rächer war; noch berichtet die Strophe, daß Balders Leiche auf den Holzstoß kam.

Die Eddagedichte berichten also folgendes: erstens Balder ist der Sohn von Odin und Frigg; zweitens, er wird auf Lokis Veranlassung durch Hod getötet und zwar durch einen Schuß mit dem Mistelzweig; drittens, Wali rächt ihn — ob an Hod oder Loki, wird nicht gesagt; viertens, Balder wird auf dem Scheiterhaufen beigesetzt; fünftens, er kommt einst wieder und herrscht mit Hod zusammen, das Opfer mit seinem Töter.

Diese Nachrichten können sehr wohl auf Eine Überlieferung zurückgehen; jedenfalls hat es kein Bedenken, sie zu kombinieren. Im Gegenteil bleibt es auffällig, wie nahe sich diese Belege fast alle im Wortlaut stehen. Sind sie auch zeitlich durch keinen allzugroßen Abstand getrennt — von Völ. bis Hyndl. etwa 75 Jahre —, so würde doch bei der starken Veränderung zu Saxo hin einiges Zuströmen von Varianten oder Zwischengliedern zu erwarten sein. Weshalb fehlt so viel, was bei Snorri steht?

3. Der Bericht der Snorra Edda ist in sich geschlossen und lückenlos. Balder ist (nach Thor) Odins zweiter Sohn, schön; ein heller Glanz geht von ihm aus; er ist weise, spricht schön, ist milde: »doch ist das Eigentümliche dabei, daß keiner seiner Urteilsprüche in Kraft bleibt«[1]. Er hat die Halle Breidablik und ein (ausnahmsweise anonymes) Roß, das mit ihm verbrannt wird[2]. Er ist mit Nanna vermählt und hat den Forseti zum Sohn[3] — dies letztere wohl nur eine Konjektur Snorris, weil auch Forseti ein milder Richter ist. Skadi wollte ihn freien, bekam aber den Njord[4].

Nach der eigentlichen Balderlegende[5] hat Balder böse Träume (auch Veg., wo aber nichts von deren Wirkung gemeldet wird); weshalb Frigg alle Dinge, die ihm schaden könnten, in Bann nimmt. Übermütig schießen und werfen nun alle Götter nach dem Liebling. Aber Loki erfrägt bei Frigg (wie Hagen bei Kriemhild), wie Balder verwundet werden kann: ein Mistelzweig war noch nicht im eidfähigen Alter. Nun verführt Loki den blinden Asen Hod[6], mit diesem Schößling auf Balder zu schießen; und der Gott wird durchbohrt. Seine Leiche wird auf einen Scheiterhaufen auf ein Schiff gelegt. Aber noch versucht man ihn zu retten.

[1] Gylf. cap. 22: Gering S. 317.
[2] cap. 15 S. 310.
[3] cap. 32 S. 321.
[4] Bragar. cap. 2: Gering S. 354.
[5] Gylf. cap. 49: Gering S. 343—46; dazu cap. 53: S. 351.
[6] Vgl. Gylf. cap. 22: Gering S. 321.

## Viertes Kapitel.

Hermod, nur hier genannt (und vielleicht aus der Heldensage übernommen)[1], reitet zur Unterwelt, um Balder zu lösen. Dies soll gewährt werden, falls alle Dinge, lebende und tote, um Balder weinen. Hermod bringt den feierlich mit allen Attributen um den Scheiterhaufen versammelten Asen die Botschaft; doch Loki, als altes Weib *Thökk* (die Schweigerin) verhüllt, macht die Bedingung unerfüllbar[2]. — Es folgt die Rache und schließlich die Wiederkehr Balders und Hods aus dem Reiche der Hel. (Also ist auch Hod dort hingekommen, jedenfalls durch Wali getötet.)

In dieser Darstellung Snorris ist nichts, was dem früheren Befund widerspricht. Wir haben auch hier denselben gütigen Gott, während er bei Saxo[3] kriegerisch ist — was doch noch ganz etwas anderes ist als seine Tapferkeit nach Friggs Lob! Ferner finden wir die Keime entwickelt, die wir im Merseburger Spruch aufspürten: den Feind, die fröhliche Versammlung (dort Jagd, hier Spiel auf dem Thingplatz), den Schuß, die Heilungsversuche. — Auch stimmen zahlreiche Sagenparallelen[4], nach denen der sonst unverwundbare lichte Gott oder Held durch Verrat mittelst der einzigen Waffe, die ihn fällen kann (oder an der einzigen Stelle, an der er verwundbar ist)[5], getötet wird.

Wir dürfen also, denke ich, annehmen, daß Snorri im Wesentlichen zuverlässig die Sagengestalt wiedergibt, wie sie im Volk (oder in außereddischen Quellen) auf Island lebte. Denn auch was er mehr hat, als die Edda, sieht nicht nach Erfindung aus.

Neu den Gedichten gegenüber sind nämlich folgende Züge: erstens die Bannung aller schädlichen Dinge durch Frigg; zweitens der Ritt Hermods; drittens der Versuch der Lösung und seine Vereitelung. Dagegen ist Lokis Anfrage bei Frigg nur eine unvermeidliche Konjektur: er muß eben irgendwie erfahren, wo die Achillesferse bleibt; das Spiel ist nur eine genrebildliche Ausmalung eines an sich schon bezeugten und kaum entbehrlichen Motivs — die todbringende Waffe wird auf dem Hintergrund der unschädlichen gezeigt —; und selbst Hods Blindheit braucht kein neuer Zug zu sein, da schon früh Loki als der eigentliche Täter (Lokasenna) und Hod als der unfreiwillige Mörder unterschieden scheinen.

Jene Züge nun aber sind märchenhafte Zusätze, wie wir sie an so vielen echten alten Mythen hängen sahen wie die Miesmuscheln. Märchen-

---

[1] Hyndl. Str. 2; Mogk S. 327.
[2] Um die in der Sintflut untergehenden Menschen weinen nach dem Keilschriftbericht alle Götter (Holzinger, Genesis, S. 87); die ganze Natur erzittert bei Indras Geburt, auch die Götter (Macdonell S. 56).
[3] Meyer S. 404, Mogk S. 325, Niedner S. 305.
[4] Vgl. Heusler in seiner Rezension von Kauffmann S. 493.
[5] Vgl. über die »relative Unverwandelbarkeit« o. S. 18.

§ 17. Hauptgötter. 319

haft, aber aus echtem altem mythologischen Märchenstil ist es, daß alle Dinge in Eid genommen werden[1]); märchenhaft sind die Einzelheiten von Hermods Ritt; typisches Mythenmärchen ist die Klage der ganzen Natur[2]). Nur Ein Motiv bleibt übrig: daß die Wiedergabe des Toten an eine — unerfüllt bleibende — Bedingung geknüpft wird: ein Zug, der ja auch typisch ist (Orpheus und Eurydike und das verbotene Umsehen, vgl. Lots Weib; Persephone, die durch den Granatkern die Heimat verscherzt). Es scheint aber schon älter, da der Schluß der Veg. dies Motiv nach der Völ. nachzuholen, für nötig hält[3]).

Auf Snorris persönliche Rechnung könnte man höchstens jene ironische Bemerkung setzen, daß Balders Sprüche nicht zur Erfüllung kommen; soll sie etwa einer zu nahen Vergleichbarkeit des milden Richters mit Christus entgegenwirken?

4. Im Bericht Saxos[4]) erblickt Balders Sohn Odin Nanna, die Tochter des norwegischen Königs Gevarus, beim Baden — ein biblisches Motiv (Bathseba, Susanna) von orientalischer Lüsternheit, dem germanisch alte Parallelen nicht zur Seite stehen: ganz anders sieht Frey (Skirn. Einleitung) Gerda, wie sie »vom Wohnhaus ihres Vaters zum Frauengrund« geht, etwa wie Faust Gretchen erblickt. Doch könnte diese Einzelheit gelehrte Zutat sein. — Nanna liebt den schwedischen Königssohn Hotherus. In zwei Ansätzen — erst von walkürenhaften Waldmädchen, dann von Gevarus selbst — erfährt Hotherus die relative Unverwundbarkeit des *semideus* Balder: dieser kann nur mit dem Schwert des Waldgeistes Miming getötet werden. Diesem lauert Hotherus auf, fesselt ihn und zwingt den *satyrus,* das Schwert auszuliefern. Es kommt zur Schlacht, wobei die Asen auf Balders Seite fechten; trotzdem siegt Hotherus, und Balder flieht; Mimings Schwert bleibt außer Aktion. Hotherus vermählt sich mit Nanna und wird in einer neuen Schlacht seinerseits zur Flucht genötigt. Im Elend trifft er von neuem die prophetischen Frauen, die ihm den Rat geben, von der kraftvermehrenden Speise Balders zu essen. Nun durchbohrt er Balder, der nach drei Tagen an der Wunde stirbt. Es folgt die Rache durch Bous.

Dieser Bericht enthält sicher alte Einzelheiten. So wird von einer Quelle erzählt, die Balder erweckt, um sein Heer zu stärken, und ein solches »Baldersbrunn« gibt es bei Roeskilde. Auch die seltsame Doppelprophezeiung der Waldnymphen könnte man mit jener Eigenheit Balders,

---

[1]) Wie im Dornröschen-Märchen; v. d. Leyen, Märchen, S. 22.
[2]) v. d. Leyen S. 26; R. M. Meyer, Mythologische Schemata, Arch. f. Rel.-Wissensch. 10, 88.
[3]) Muchs naturallegorische Deutung des Weinens der ganzen Natur aus den Harztropfen (Himmelsgott S. 258) muß ich ablehnen: weder Harz noch Tau können von der ganzen Natur abgesondert werden.
[4]) Golther S. 273f.; Olrik, Kilderne 1, 141f. 2, 13f.

daß seine Sprüche nicht erfüllt werden, in Verbindung bringen; nur daß diese Angabe Snorris selbst [1]) bedenklich ist. Das wichtigste Moment aber in Saxos Bericht bildet das Schwert Mimings [2]). Andere Einzelheiten sind alt, aber schwerlich von vornherein mit der Balderlegende verbunden; so der Wunderring oder die Schlange, die Gift in die Speise tropft — was zu Lokis Fesselung sehr gut, zu Balders Götterspeise sehr schlecht paßt. Im übrigen sieht die Erzählung, wie sie bei Saxo steht, nicht nur (wie seine Geschichte von Rind auch) mit ihren mehrmaligen Peripetien mehr romanhaft aus als mythisch oder episch; es ist auch nichts von dem alten Charakter geblieben. Balder, der helle, friedliche Gott, ist zum dunklen, kriegerischen Zauberer geworden; der Gatte der Nanna muß seine Gattin einem Nebenbuhler überlassen; Loki ist ausgeschaltet und das uralte Motiv des Spiels mit den Waffen beseitigt. Es bleibt überhaupt nur erstens Balders Unterstützung durch die Asen, zweitens sein Tod durch eine prädestinierte Waffe; sonst ist es ein historischer Roman auf die Namen Balder, Hother, Nanna mit reichlicher Vorführung von interessanten kulturhistorischen Details (Waldnymphen, Götterspeise, Thors Keule, Hotherus als vom Berg herab Urteil erteilender Musterfürst) [3]).

Aber — es bleibt der wichtige Einzelzug des verhängnisvollen Schwertes. Offenbar müßte dies zwar gleich bei der ersten Schlacht die Entscheidung bringen; auch ist seine Eroberung nach dem üblichen Schema (Fesselung, Lösung) wahrscheinlich Zusatz, da eine solche besitzerklärende Mythe sonst für die verhängnisvollen Waffen nicht nachzuweisen ist. Aber manche Spuren in anderen Sagen scheinen auszusagen, daß Balder durch ein solches Schicksalsschwert fallen mußte [4]).

Es wäre also wohl etwa so zu urteilen: daß Saxo auch hier gute Quellen besitzt, sie aber eigenmächtig in seiner ironisch-antikisierenden Art zu einem Roman verarbeitet [5]). —

Was den Kern des Baldermythus betrifft, so herrscht Einigkeit [6]) über folgende Punkte: Balder ist [7]) ein lichter Gott, der nur durch Eine Waffe getötet werden kann, d. h. der durch diese Waffe getötet wird. Es ist soweit ein uralter indogermanischer, wenn nicht unvermeidlich-menschlicher Elementarmythus: die helle Sonne stirbt, obwohl sie doch eigentlich *Sol invictus* ist; also muß sie doch eine geheimnisvolle Verwundbarkeit besitzen.

[1]) Siehe o. S. 318.   [2]) Siehe u.
[3]) Vgl. Olrik, Danske Studier, 1909, S. 1 f.
[4]) Aufgezählt bei Mogk S. 326.
[5]) Der persönlichen Eigenart Saxos ist Olrik bei seinen glänzenden Quellenscheidungen doch wohl nicht ganz gerecht geworden.
[6]) Wenn man von Kauffmanns folkloristischen Irrwegen absieht.
[7]) Mogk S. 327. 377, Heusler a. a. O.

## § 17. Hauptgötter.

Dieser Naturmythus wird erstens in typischer Weise historisiert, d. h. der tägliche Vorgang wird in einen einmaligen verwandelt[1]); zweitens im Einzelnen anschaulich episch gestaltet. ·Hierbei entstehen drei Fragen: wie wird der Held getötet? durch wen? wie wird er wieder belebt? Die Art der Tötung ist es, die diesen Mythen ihre eigenartige Silhouette gibt. Wie wird Balder getötet? Nach der Edda durch den Mistelzweig; nach Saxo durch ein fatales Schwert.

Man hat beide Aussagen geistreich kombiniert: »*Mistiltein*«, *Mistelzweig* sei der alte Name des Schwerts, mit dem Balder getötet wird, wie denn tatsächlich dieser Schwertname in Sagen begegnet[2]), und es liege[3]) ein irreführendes Orakel vor; etwa wie Kaiser Friedrich II. Florenz vermied, weil ihm der Tod in der Blumenstadt prophezeit war, und in Firenzuola starb; oder ein Mißverständnis (ähnlich wie bei Mimirs Haupt und in andern Fällen).

Für das Schwert als Balders Todeswaffe sprechen einige mythische Analogien. Heimdall fällt durch das eigene Schwert, das Loki führt, Frey steht dem letzten Kampf schwertlos gegenüber[4]). Ferner jene späteren Mythenzüge, die aber alle auf eine spätere Ersetzung der Schußwaffe durch das Schwert zurückgehen können; ebenso kann natürlich der Schwertname »Mistelzweig« umgekehrt aus der Baldersage entstanden sein.

Gegen das Schwert sprechen folgende Argumente: Die ältesten Sagen lassen den lichten Helden durch einen Schuß verwundet werden, und diese Spur trafen wir auch in dem urgermanischen Baldermythus. Auch entspricht die tückische Verwendung aus dem Hintergrund der in diesem Mythus überall und unvermeidlich früh eingetretenen Ethisierung besser als das tapfere Schwert. Noch bei Saxo fehlt die organische Verbindung zwischen Waffe und Mord, die bei Snorri unmittelbar vorhanden ist.

Gegen die Kombination beider Varianten spricht, daß wir alte Namen der mythischen Waffen nirgends glaubten annehmen zu dürfen; ferner, daß die Benennung für ein Schwert höchst seltsam scheint und der Analogie entbehrt. Ein Schwert mag ‚Balmung‘, Sohn des Glanzes, heißen wie Siegfrieds Schwert[5]), oder Durandarte, oder Alteclere; aber nach einer Schmarotzerpflanze benennt ein Germane seine Waffe schwerlich, ehe deren Name mythisch geheiligt ist.

---

[1]) Vgl. o. S. 45.
[2]) Golther S. 379, 1.
[3]) Nach Niedners sinnreicher Vermutung S. 308. 321 f. Spruch der *völva*; vgl. Golther S. 368.
[4]) Niedner S. 307, vgl. Mogk S. 326.
[5]) Schroeder a. a. O. S. 244.

Gegen den Mistelzweig spricht, daß dieser sonst Glück und Abwehr des Bösen bedeutet[1]; ferner die berühmte Analogie des Toledoth Jeschu[2]. — Konrad Hofmann hat in seiner unendlichen Gelehrsamkeit weit, weit ab von Balders Landen eine eigentümliche Parallele entdeckt, die dann vor allem Bugge betonte. Eine Schmähschrift aus jüdischen Kreisen stellt Jesus als einen Meister der schwarzen Magie dar. Christus hatte alles Holz in Eid genommen, so daß er vor dem Galgentod sicher schien, »denn er wußte sein Urteil wohl, daß er zum Hängen würde verdammt werden«. Aber Judas hat in seinem Garten einen großen Krautstengel; an den wird Jesus gehängt. — Von hier, meinte Bugge, stamme der Mistelzweig. Aber ein Krautstengel als Kreuz und eine Mistel als Pfeil sind doch zweierlei: gemeinsam ist eben nur das Motiv der relativen Unverwundbarkeit. Ebenso ist auch das gemeinsame Motiv, daß um Christus wie um Balder einer sich weigert zu klagen, ein mythologisches Schema[3].

Für den Mistelzweig spricht: Eine finnische Rune, in der der Held »mit einem giftigen Wasserpflanzenstengel« durchbohrt und ins Wasser geworfen wird[4]. Die Altertümlichkeit des letzten Zuges verdient besondere Beachtung: auch der getötete Osiris wird ins Wasser geworfen, und bei Balder deutet Friggs Klage in Fensalir[5] vielleicht noch auf das gleiche Motiv. Weiter die Analogie der Hinrichtung Wikars[6], die jedenfalls größer ist als mit der Geschichte in Toledoth Jeschu. Ein Rohrstab wird in der Hand des Verräters zum Speer, der den König durchbohrt: »alles sterbe den, der sterben soll«[7]. Ferner weitere Sagenparallelen in dem Sinne, daß der Stärkere mit den schwächsten Waffen bezwungen wird — eine beliebte mythische Paradoxie (wie ein Ungeheuer mit Haarfäden gefesselt wird)[8]. Oder die Schwäche der Waffe wird auf den Schützen übertragen: so kann Ilion nur durch die Pfeile des kranken Philoktet erobert werden. Auch anders geartete und dem Sinne der Baldermythen noch näher kommende Parallelen außerhalb der germanischen Mythologie sprechen dafür; so die (späte) Sage, daß Gaia ihre Söhne, die Giganten, durch ein Zauberkraut auch gegen Sterbliche feien will (denn diesen gegenüber erlischt ihre relative Unverwundbarkeit, wie umgekehrt Macduff durch keinen, den ein Weib gebar, fallen kann),

[1] Niedner S. 321.
[2] Vgl. v. d. Leyen, Märchen, S. 23 f.: Niedner S. 334.
[3] Vgl. v. d. Leyen S. 25; meine Mytholog. Schemata Arch. f. Rel.-Wissensch. 10, 88 f. Die Christianisierung des Mythus ist dann noch weiter fortgeführt worden von K. Krohn, Finnische Beiträge zur Germ. Mythol., S. 118 f.
[4] Krohn S. 112.
[5] Vgl. o. S. 274.
[6] Vgl. o. S. 239; Golther S. 325.
[7] Fáf. Str. 11; vgl. Detter S. 500.
[8] Vgl. v. d. Leyen, Festgabe für Kelle 1, 7 f.

## § 17. Hauptgötter.

während Zeus, nachdem er der Sonne, dem Mond und der Morgenröte zu scheinen verboten hat, das Kraut abschneidet[1]). Immerhin hängt also auch hier das Leben des Festgemachten von einer kleinen Pflanze ab. — Endlich besonders wichtig scheint uns: daß der Zweig **geschossen** werden kann; einen Schuß setzt aber auch die deutsche Fassung voraus[2]). Somit fürchte ich auch hier gegen den Strom schwimmen zu müssen, indem ich den Mistelzweig für das Ursprüngliche halte[3]). Wir kommen zu der Frage nach dem, der Balder tötet.

Die älteren Berichte wissen von Hod dem **Mörder Balders**; aber daß er nicht aus Bosheit sündigte, machen schon hier die Verse wahrscheinlich, die Balder und Hod in der goldenen Zukunft als Freunde zeichnen. Immerhin ist wahrscheinlich, daß in der ältesten Zeit einfach Hod Gegner und Mörder zugleich war.

*Hod* heißt »der Kampf«; also ein Feind des milden Friedensgottes. Er soll blind sein, was wohl ursprünglich nur seinen Gegensatz zur Helligkeit ausdrückt: er lebt im Dunkeln; vielleicht ist es aber auch nur eine Erfindung aus der Zeit, in der er Lokis blindes Werkzeug geworden war. Denn trotz Johann von Böhmen kann ein Gott, der »Krieg« heißt, schwerlich blind gewesen sein, wie Niedner[4]) betont: es wäre eine frostige Allegorie. — Die kriegerische Natur ist bei Saxo gewahrt[5]), aber der charakteristische Gegensatz verwischt.

Später ward dem üblichen Schadenstifter Loki auch hier die Hauptschuld zugeschoben. Daß jemals Odin der Anstifter gewesen wäre, wie Detter[6]) will, ist durchaus abzuweisen: gerade er zeigt sich ja um Balders Schicksal besorgt[7]). »Blind« ist nicht »einäugig«[8]), was Odin ja allerdings ist; und weshalb sollte Odin seinen Sohn umbringen wollen?

Sobald nun Loki, die spätere Kausalität alles Bösen, zur treibenden Kraft geworden war, sinkt Hod, von dem eben nur diese Eine Tat bekannt war, zum blinden Werkzeug herab — zu jenem »blinden Hödur«, dem Sinnbild unverständiger Nachgiebigkeit gegen böse Einflüsse, den **Fürst Bismarck** den Deutschen ebenso unvergeßlich wie erfolglos als Warnungsbild hingestellt hat. — Die Rache an Hod, erst nur eine unentbehrliche Genugtuung der Sippenehre, wird nun in die ethisch geforderte furchtbare Bestrafung Lokis gewandelt. —

[1]) **Preller** 1, 79; vgl. die Darstellung der Baldersage bei Saxo.
[2]) Ebenso wird Kanut beim Spiel aus dem Hinterhalt erschossen: Saxo S. 321, **Hermann** S. 434.
[3]) Über die Entwicklung zum Schwert siehe u.
[4]) S. 315.
[5]) **Mogk** S. 325; vgl. **Meyer** S. 394.
[6]) a. a. O. S. 506.
[7]) **Niedner** S. 311.
[8]) **Detter** S. 502.

Die Wiederbelebung wird in manchen alten Mythen ausführlich beschrieben: die Glieder des zerschnittenen Osiris werden zusammengefügt und (unter Zaubersprüchen) belebt — was wohl den mythologisch epischen Vorspruch zu der uralten Heilformel *bên se bêna, bluot zi bluoda, lid zi geliden sôse gelîmida sîn* bildete[1]); ähnlich ist es in der Fabel von Absyrtus. — Von Balder wird nur gemeldet, daß er wiederkomme. Dennoch haben wir einen Fingerzeig, wie die Belebung zu denken ist. Odin flüstert dem Balder ein Wort ins Ohr, ehe man ihn auf den Holzstoß hob[2]). Natürlich weiß ein moderner Mytholog das Wort so wenig wie der arme Vafthrúdnir. Aber an eine bloße Vexierfrage möchte ich in diesem feierlich-ernsten Gedicht doch nicht[3]) glauben. Das Zauberwort schläft mit dem Toten nnd geht, wenn die Zeit erfüllt ist, auf wie eine Saat: dann weckt es den toten Gott[4]). Doch wird diese Huldigung an den Totenerwecker Odin, wie sein Heilruhm im Merseburger Spruch, jüngeren Datums sein: ursprünglich heilte wohl die Zeit, wie sie Wölund[5]) die Flügel und Simson die Haare wieder wachsen läßt. —

Wir können somit den alten Mythus wie folgt aus seinen Gliedern aufzubauen suchen:

Balder hat als lichter Gott den dunklen Hod zum Feind. Er ist nur durch eine Waffe zu töten, die keine Waffe ist (man denke an Macbeths Tod durch den ungeborenen Macduff). Bei einem fröhlichen Waffenspiel schießt Hod die schwächste Pflanze auf den Gott und tötet ihn[6]). Als ein gewiß alter Zug folgt (wie noch, mit Beseitigung aller mythischen Zutat, im Nibelungenlied) die Klage[7]), nicht christlich[8]), sondern den Adonisklagen vergleichbar: ein Versuch, die chthonischen Gottheiten zu rühren und dann ein ritueller Akt. Er wird in einen **Versuch der Wiederbringung** (Hermod-Thökk) umgedeutet. Auf das Mißlingen folgt die **Rache** und jenseits der Weltgeschicke die **Wiedergeburt**.

Die literarische Entwicklung des Mythus kennen wir vor allem durch Olrik. Die rein mythische Auffassung haben wir in den Eddagedichten und bei Snorri (deren Differenzen Niedner übertreibt).

---

[1]) **Erman**, Ägypt. Rel., S. 36; vgl. Merseburger Spruch MSD. IV. 2, 7.
[2]) Vaf. Str. 54.
[3]) Wie in den Heidreksrätseln; Eddica minora S. XCIII.
[4]) Wiederbelebung übt Odin sonst nur an Gehängten, weil sie ihm geweiht sind, Háv. Str. 156; doch da Balder wie Wikar eine Art Speertod stirbt, fällt auch er unter Odins Zauberbereich.
[5]) Siehe o. S. 165.
[6]) Ein realistisch-heroisches Motiv vgl. Beov. v. 2435f., **Detter** S. 499; so ist König Heinrich II. von Frankreich wirklich im Turnier erstochen worden.
[7]) **Mogk** S. 326, **Niedner** S. 329.
[8]) **Meyer** S. 401.

## § 17. Hauptgötter. 325

Daraus entwickelte sich eine rationalisierende isländische Saga, und schließlich schreibt Saxo eine »Rettung« Hothers[1]). Die ältesten Zeugnisse fallen um 900[2]); um 950 ist die Sage fertig entwickelt[8]). — Die Entwicklung nimmt einen charakteristischen Gang: vom Mythischen zum Märchenhaften[4]) und dann wieder ins Aufgeklärte. Später schrumpft der Gott wieder in der volkstümlichen Überlieferung zu einem Kleinkönig auf Seeland ein, dessen Gegner Hoder in der Nähe saß[5]). — Rein literarisch ist dagegen wieder der späte Versuch der Frithjofsage, den Kult Balders in den glänzendsten Farben zu schildern: ein Baldertempel am Sognefjord mit großer Heiligkeit[6]). Das beweist nur, daß man sich im 13.—14. Jahrhundert von neuem für Balder interessierte. Natürlich hat dabei die vielleicht vom Christentum geförderte, jedenfalls jetzt vom Christentum gewürdigte Ethisierung Balders beigetragen[7]). —

Erst jetzt dürfen wir die Frage aufwerfen, **woher die mythische Gestalt Balders selbst stamme**. Man leitet ihn in der Regel von dem Himmelsgott ab; Detter[8]) setzt ihn mit Frey gleich, weil er wie dieser mild und kriegerisch zugleich ist. Gewiß steht er Frey nahe, wie er ein spendender Gott[9]). Bedenkt man aber die große Zahl mythischer und sagengeschichtlicher Parallelen[10]), so erscheint es schwer glaublich, daß von Zeus, Tyr usw. jedesmal im Sonderleben der betreffenden Völker eine fast gleiche Gestalt abgespalten sein soll; eine wirkliche Identität aber, die Balder als eine schon indogermanische Hypostase des Himmelsgottes dartun würde, ist nicht zu erweisen. Das Wahrscheinlichste ist vielmehr wohl, daß all diesen Gestalten eine gleiche Bildung vorausliegt, nämlich ein **Dämon des Lichts**, der von dem Sonnengott unabhängig ist. Berührungen konnten bei seinem Anwachsen zu göttlicher Bedeutung gewiß nicht ausbleiben (der Sonnenhirsch); entscheidend aber scheint, daß dieser Gott von eigentlichen **Funktionen** fast ganz frei bleibt. Wir erfahren nirgends, daß ihm eine spezielle Aufsicht anvertraut ist wie dem

---

[1]) Vgl. Heusler S. 492.
[2]) Wohin Niedner S. 311 das alte Vegtamslied setzt.
[3]) Mogk S. 325; vgl. Niedner S. 317.
[4]) Vgl. Meyer S. 400.
[5]) Mogk S. 327.
[6]) Meyer S. 406.
[7]) Gegen die Annahme, daß der Mythus überhaupt christliche Elemente berge — Bugge, Studien 1, 83f.; vgl. Golther S. 378, Meyer S. 401 — Olrik, Sakses Oldhistorie 2, 13f.; vgl. Mogk S. 324. Nacheddische Balderlegenden: Olrik, Kilderne 2, 38f. 44.
[8]) S. 513.
[9]) Mogk S. 325.
[10]) Detter S. 514; Niedner S. 334; Kauffmann; Schück; v. d. Leyen passim.

Frey oder Thor; eine solche Spezifikation müssen wir aber theoretisch fordern, wo eine Hypostase angenommen werden soll. Ebensowenig ist es trotz den scharfsinnigen Bemühungen Kauffmanns gelungen, einen Ritus nachzuweisen — es sei denn eben jene eine wichtige Zeremonie des Klagens, die die Götter und alle Wesen im Mythus üben, wie auf Erden Adonis oder Osiris oder Balder beklagt wurde. Unverkennbar ist bei dieser Gestalt das frühe Eingreifen der Heldensage und der Epik überhaupt. Ihre Einwirkung verrät sich schon in der starken Ethisierung der Charaktere; dann aber auch in den Situationen. Der Traum — wenn er alt ist —: das ritterliche Spiel, die Absendung eines Boten, die prunkvolle Beisetzung — das sind alles epische Lieblingsmotive, wie wir sie im Nibelungenlied oder Iwein, Achilleis oder Beowulf in charakteristischer Ausprägung wiederfinden. Nun ist ja in der Tat die Verwundung und der Tod ein Gegenstand mehr für die Heldendichtung als für die Götterdichtung. Und hier liegt wohl die Achse des Stückes. Kern des Mythus ist überall, wie wir sahen, daß der lichte Gott von dem dunklen getötet wird — so möchte ich es ausdrücken; die Helligkeit und das Dunkel scheinen mir hier die herrschenden Vorstellungen, n i c h t Sonne und Wolke oder Nacht. So also stirbt die Helligkeit, das Lichte, Osiris, Adonis, Balder — eine tägliche Erfahrung. Sie deckt sich mit der kaum minder häufigen Erfahrung von der Tötung des hellen, jungen Lieblingshelden durch den feindlichen und also bösen, tückischen Kämpfer. So treffen sich hier notwendig Mythus und Stammesepik, und Siegfried oder Isfendiar, Achilleus oder Helgi werden Helden des Volksepos; Osiris aber und Balder (und in früheren Epochen wäre es Antinous ebenso gegangen) werden Hauptpersonen eines mythischen Epos. Dies ist getränkt von Wirklichkeitsmalerei: der Traum, die Sorge, die leidenschaftliche Klage, der Scheiterhaufen — wo fände man so realistische Züge auch nur in der Anschaulichkeit der Thrymskvida? sie stammen aus der Analogie des wirklichen Heldenschicksals. Ist nicht auch uns Theodor Körner nahezu eine mythische Gestalt geworden? ist er es nicht schon in Uhlands »Wenn heut ein Geist herniederstiege, zugleich ein Sänger und ein Held —«? Und zugleich ist hier mehr Dunkles, Mystisches als in den meisten Mythen: die geheimnisvolle Waffe, das blinde Werkzeug, das Zauberwort ins Ohr des Toten geraunt. Sie stammen aus der mythischen Stimmung einer Periode, die der klaren Götterbildung vorausliegt — der dämonistischen, mit zerfließenden Gestalten und Zauberspuk arbeitenden Epoche.

Hierin liegt der besondere fesselnde Reiz der Erzählung: sie hat allen Zauber einer längst historisch gewordenen Stilmischung — den Zauber der Volksepen, den Zauber des Straßburger Münsters. Die Stilreinheit von Skírnisför oder Thrymskvida fehlt — nicht etwa bloß den Berichten, nein, schon dem Mythus selbst; die sympathische Hauptgestalt

§ 17. Hauptgötter. 327

entbehrt der scharfen Umrisse Thors oder Odins. Aber zwei Epochen haben ihr Bestes auf die Bahre des sterbenden Gottes gelegt: die dumpfe Befangenheit des indogermanischen Dämonismus, und die frische Lebenslust der überall anhebenden weltlichen Epik. Die Helden weinen über den toten Gott; und so ist die Intensität dieser Klage denn auch religionsgeschichtlich wichtig: konnte wirklich, wie Olrik meint, an eine allgemeine Unsterblichkeit auch nur der Helden geglaubt werden, als sogar ein Gott in Hels Reich eingehen mußte? Denn seine späte Wiederkehr löst den Schmerz um seinen wirklichen Tod nicht. —

Unter den vielen Hypothesen, die bei Deutung der Rätsel von Balder vorgebracht sind, möchte ich nur vier der scharfsinnigsten kurz erwähnen: die von Bugge, Detter, Kauffmann und Schück. Sie mögen auch dem Kritiker zeigen, wie zurückhaltend ich noch in mythologischen Vermutungen bin.

1. Bugge hat die **dänische** Baldersage fast ganz in ein Mosaik mittelalterlicher Reminiszenzen aufgelöst[1]): Saxos Hotherus ist Paris, der den Achilles tötet[2]); Nanna ist Oenone[3]); Gevarus deren Vater Cebren[4]) Hothers Begegnung der drei Waldmädchen entspricht der des Paris mit den drei Göttinnen[5]), wobei des Dares Excidium Trojae vermittelt hat[6]); doch muß noch Bénoits Roman de Troie[7]) hinzugezogen werden. Der Eingriff der Götter in den Kampf muß wieder unmittelbar auf den Trojanischen Kampf zurückgehen[8]) — obwohl Bugge selbst den entscheidenden Unterschied hervorhebt, daß dort die Götter geteilt sind, die bei Saxo geschlossen auf Balders Seite kämpfen. Und wenn die drei Waldmädchen dem Balder stärkende Speise bringen, Athene aber dem Achill Nektar und Ambrosia in die Brust gießt, so ist das[9])»eine unverkennbare Übereinstimmung«, bei der Saxo gar Ausdrücke des Homer noch bewahrt haben soll.

Bugges Werk[10]) ist uns heute nur noch das Denkmal einer ehrwürdigen Persönlichkeit und einer überwundenen Epoche. Den großen Forscher zog eine unendliche Gelehrsamkeit in ihre Netze; er wußte ihr nicht zu gebieten. So ist sein Buch verhängnisvoll geworden: von ihm ging jene böse Manier der Motiven-Mosaikkunst aus, die nun in Boers Sagenforschungen wohl ihre tragische Höhe erreicht hat[11]). Denn nun ist

---

[1]) Studien 1, 83f.; vgl. z. B. Golther S. 380; gegen Bugge Olrik, Sakses Oldhistorie, S. 46.
[2]) S. 85.   [3]) S. 89, vgl. 177f.   [4]) S. 89.   [5]) S. 94.
[6]) S. 95.   [7]) S. 101f.   [8]) S. 108.   [9]) S. 124.
[10]) Studien über d. Entstehung d. nordischen Götter- u. Heldensagen, übs. v. O. Bremer, München 1889.
[11]) Vgl. meinen Aufsatz »Der Sprung aus dem Fenster« Ztschr. f. d. Alt. 51, 292.

ganz verloren, was Bugge doch noch besaß: eine vereinheitlichende Gesamtauffassung. Zwar realisieren läßt sich auch dieser Saxo nicht: ein hochgelehrter Mönch, der die entlegenste Literatur, Scholien zu Tzetzes gar, so gut kennt wie die einheimische Sage oder die großen epischen Dichtungen des Mittelalters, und der nun wahllos bald hierhin, bald dorthin greift, um der alten Sage ein neues Kleid zu sticken. Aber Bugge bemüht sich doch wenigstens, in jedem Einzelfall die Möglichkeit der Übermittlung nachzuweisen, wo die Epigonen einfach Steinchen aus zehn Baukästen aneinanderlegen. Indes ist doch vor allem in den Einzelzügen Bugges methodische Schwäche zu suchen. Es ist vergleichende Sagengeschichte ohne Vergleichung der Sagen; es ist einerseits ein weltenweites Umgreifen nach Ähnlichkeiten, und anderseits ein Übersehen der stärksten Übereinstimmungen. Aufgebaut ist die ganze Vergleichung auf der relativen Unverwundbarkeit von Achill und Balder — daß dies Motiv auch sonst so oft begegnet, wird ignoriert. Immer müssen literarische Beziehungen aufgedeckt werden; selbst wenn Balder eine Quelle öffnet, soll das auf — Lykophron zurückgehen, obwohl Bugge selbst[1]) auf den Ortsnamen Baldersbrunn hinweist. Dazu dann die überkühnen Etymologien wie Gevarus — Cebren oder Oenone — Nanna. Ein bedeutender Gelehrter wühlt freudig in der Fülle von Anklängen und wagt nicht, sie methodisch zu vereinfachen, wie daß vor allem Adalbert Kuhn lange vor ihm getan hatte. Aber es half doch immer neue Beziehungen zu finden: zu Irland, zur mittelalterlichen Literatur. Die modernen Bugges ohne seine Kombinationsgabe, dafür mit einer mechanisierten »Methode« (der das Beste aller Methode fehlt: der gesunde Menschenverstand) schreiben über die alte Dichtung neue Prosadichtungen, die nicht einmal heuristische Bedeutung haben, und bringen uns von dem in gesunder Verbindung von Analyse und Synthese bei Olrik, Jiriczek, Panzer erreichten Wege wieder ab.

Viel einfacher beurteilt Bugge die isländische Baldersage. Sie ist christianisiert, was Saxos Bericht nicht ist[2]). Balder ist in Christus umgedeutet, Loki ist Luzifer, der, wie Goethes Mephisto, seinen Schwanz verloren hat[3]). Hödur ist Longinus[4]), der Christus mit der Lanze durchbohrt, und der Krautstengel des Toledoth Jeschu ist[5]) das Kreuz. — Diese Anschauungen hat K. Krohn[6]) fortgeführt[7]).

Über die Einzelpunkte haben wir schon gehandelt: über den Krautstengel, das Weinen der Natur[8]). Hier ist noch einmal das Ganze zu

---

[1]) S. 111.  [2]) S. 84.
[3]) S. 53. 73.  [4]) S. 55. 85.
[5]) S. 47f.  [6]) Siehe o. S. 322, 3.
[7]) Vgl. Kauffmann, Arch. f. Rel.-Wissensch. 11, 117.
[8]) S. 87f.

§ 17. Hauptgötter. 329

prüfen. Wie soll man sich die Entstehung der christianisierten Baldersage vorstellen? Soll ein Christ den nordischen Christus vom Teufel überwältigen und in die Unterwelt mit seinem Mörder fahren lassen? Soll ein Heide den Feind seiner Götter verherrlichen? Gewiß entstand ein religiöser Synkretismus auch auf Island; aber wie er aussah, zeigen jene Legenden von Thors Erscheinen bei den Neuchristen, zeigt vielleicht selbst der Schluß der Völuspá. Wer aber aus Balders »mildem« Wesen schon christlichen Einfluß folgert, der muß den Helgi der Helg. Hjörv für einen reinen Christen erklären. Und wie urheidnisch ist die Rache für Balder!

2. Detter[1]) knüpft mit kühnster Kombination die Baldersage an das über die ganze Welt verbreitete Motiv vom Brüderkampf an. Odin verhetzt die Brüder Balder und — Wali zum Kampf und spielt den Mistelzweig dem Mörder Balders in die Hände, der dann (wie bei Wikar) zum tötlichen Speer wird. — Von der Unhaltbarkeit einzelner Kombinationen abgesehen, ist auch hier ein erstaunlicher Mangel an Gefühl für die Seele eines Motivs, wenn man so sagen darf, zu beobachten. In einer auf den Mord in der Sippe begründeten Fabel wird natürlich vor allem das genealogische Motiv betont. Wie nachdrücklich stößt Hildebrand seinen Schrei aus: »Nun wird mich mein eigenes Kind mit dem Schwert erschlagen!« Hier aber wäre gerade der Kern der Fabel verloren! Etwa, wie wenn einer die Ödipusfabel so vortragen würde: »Nachdem Ödipus den Laios (seinen Vater) erschlagen hatte, vermählte er sich mit Jokaste, die übrigens auch seine Mutter war.«

3. Kauffmanns schwieriges, weil allzugelehrtes Buch hat Much[2]) übersichtlich analysiert. Kauffmann, der überhaupt jeden Mythus mit einem Ritus in doktrinäre Verbindung bringt[3]), findet den Schlüssel zur Erklärung des Baldermythus (den er vorzugsweise nach Saxo aufbaut) in dem Ritus des Sühneopfers. Balder wird von den Göttern geopfert, damit die Gefahr von ihnen abgewandt wird; die Kultsitte des Todaustragens oder vielmehr das ihr vorausgehende Menschenopfer sei in den Himmel übertragen. — Diese wesentlich von Frazer angeregte folkloristische Auffassung wird mit dem Motiv des »verborgenen Lebens«, d. h. der in irgendeinem Gegenstand deponierten Lebenskraft (Meleagermotiv) kombiniert, in weitgehender Ausdeutung einer gewaltsam gedeuteten Stelle[4]).

Daß diese interessanten Kombinationen unhaltbar sind, haben die Rezensionen von Heusler, Mogk und Much ausführlich dargetan. Wir haben hier — mit diesen Kritikern — hervorzuheben, wie auch Kauffmann dem Mythus das Herz ausbricht, indem er gerade den bezeich-

[1]) PBB. 18, 82f. 18, 495f.; vgl. Golther S. 380.
[2]) Gött. Gel-Anz. 1908 S. 361 f.
[3]) Vgl. z. B. Arch. f. Rel.-Wissensch. 11, 113. 115.
[4]) Völ. Str. 32.

nendsten Eigenzug (was Heyse den »Falken« einer Novelle nennt) in den Hintergrund schiebt: die relative Unverwundbarkeit des Helden.

4. Schück lehnt sich zum Teil an Kauffmann an [1]), geht doch aber bei folkloristischen Ausgangspunkten (wie auch dieser selbst bemerkt) mehr literarhistorisch vor. Er löst Saxos Baldersage in zwei sich folgende Parallelberichte [2]) auf, die norwegische und die dänische, kompliziert aber die Grundidee von Bugge und Olrik durch mancherlei Filiationen [3]), schlingt ebenfalls die Dioskurensage [4]) und ein kühn erschlossenes Frey-Ritual [5]) hinein und kommt schließlich zu einem vereinfachten mythologischen Roman in Saxos Art: Odin hat Balder festgemacht, außer gegen eine Waffe, deren Gebrauch von dem Brechen eines Mistelzweiges abhängt. Hoder bricht den Zweig, holt die Mistel, kämpft gegen Balder, wobei Odin und Loki mitkämpfen..... Wir haben hier den äußerlichen Synkretismus, wie er etwa in gewissen irenisch-harmonisierenden Bestrebungen der Theologie seine Triumphe gefeiert hat; ein Mythus entsteht, der wegen der Häufung der Motive nicht ursprünglich sein kann und mit seiner breiten Ausgleichungsmanier die Pointen der Sage zerbricht. —

Man schelte diese Kritik nicht »überheblich«. Sie geschieht nur, um auf die Notwendigkeit einer spezifisch mythologischen Behandlungsweise mythologischer Probleme hinzuweisen. Wenn Bugge mit seiner vielseitigen Bedeutung, Detter mit seinem Scharfsinn, Kauffmann mit seiner Gelehrsamkeit, Schück mit seinem Geist am Schwarzen vorbeischießen — und daß sie das tun, haben für alle vier schon andere erwiesen —, dann ist das eine Mahnung für alle Mythologen. Kauffmann hat das folkloristische Moment überspannt, wie die anderen das sogenannte geschichtliche; alle haben aber die Sage zwar mit Motiven aus aller Welt (und so auch aus der Mythologie der Edda) zusammengebracht, sie aber dennoch isoliert gelassen, wo es sich um ihren Zusammenhang mit der germanischen Gesamtmythologie, um ihre Stellung innerhalb der Religionsgeschichte handelt. In diesen Dingen ist von J. Grimm, ja von W. Müller und erst recht von den beiden Petersen mehr zu lernen als von der virtuosen Analyse Schücks und Kauffmanns oder der geistreichen Synthese Bugges und Detters. Deshalb habe ich diesen brennenden Punkt zur Exemplifikation mythologischer Methodologie gewählt — obwohl ich weiß, daß nun jeder Kritiker bemerken wird, ich »fühle mich glücklich im Besitz der allein seligmachenden Methode«. Doch nein; das Wort, das Odin dem toten Balder ins Ohr geraunt, wissen wir alle nicht.

---

[1]) Vgl. Kauffmann, Arch. f. Rel.-Wissensch. 11, 113.
[2]) I: S. 31; II: S. 41, vgl. S. 92. 93.
[3]) Diagramm S. 102. 240.
[4]) S. 103.   [5]) S. 248 f.

§ 17. Hauptgötter. 331

Ergänzend können wir vermuten[1]), daß Balder, nachdem er ein Gott geworden war, wohl auch sein Attribut erhielt: als solches ist wohl sein Roß anzusehen[2]), das mit ihm verbrannt wurde[8]). Losch[4]) geht in der Deutung von mancherlei Fußspuren auf dies Fohlen zu weit, hat aber wohl recht, wenn er das Pferd für eine Ersetzung des Hirsches[5]) ansieht. Daß die Quellenerweckung, später realistisch als Quellenfindung umgedeutet, zu den besonderen Kräften Balders und seines Rosses gehörte, dafür spricht noch jene Quellenfindung Balders bei Saxo; aber dies sind übertragene Züge[6]). —
Wir kommen nun zu Balders Sippe. Als seine Gattin bezeichnen Edda und Saxo (der zwar daraus die von Balder nur begehrte Gattin des Hotherus macht) übereinstimmend Nanna. Die Eddagedichte wissen nichts von ihr; eine andere, sterbliche Nanna (mit anderem Vater: Nökkwi) wird in einem späten Gedicht[7]) erwähnt. »Es kommt sonst sehr selten vor, daß Menschen die Namen von Göttern führen«[8]). Die Prosaedda zählt[9]) Nanna an letzter Stelle in einer wilden Liste der Asinnen auf, die durchaus abgeleiteter Natur ist. Ferner erzählt Snorri bei dem ausführlichen Bericht über Balder von ihr zweierlei: erstens, als die Leiche des Gottes auf den Scheiterhaufen gebracht wurde, brach der Gattin das Herz[10]); zweitens, aus der Unterwelt sendet sie als Abschiedsgruß an Frigg ein Kopftuch, an Fulla einen goldenen Fingerreif, während Balder dem Hermod den Ring Draupnir mitgibt[11]). — Endlich nennt Snorris Götterkatalog[12]) Nanna Neps Tochter noch als Mutter Forsetis.

»Nanna die Kühne[13]) ist eine Frauengestalt wie etwa Hilde, die Streit unter tapferen Helden veranlaßt«, meint im Anschluß an Saxos Bericht Golther[14]). Indeß bezeugen die eddischen Belege nichts von einer solchen Bedeutung Nannas, und selbst bei Saxo bleibt sie ganz im Hintergrund, obwohl doch in seinem Roman (selbst wenn man von Bugges Verweisen auf Paris absieht) eine Helena-Rolle nahegelegen hätte. — Vollkommen

---

[1]) Von weiteren Hypothesen erwähne ich nur noch die Muchs, der (Ztschr. f. d. Alt. 46, 309) Balder und Hod mit den beiden Brüdern der Grímnismál und Hod noch mit Heidrek kombiniert.
[2]) Merseburger Spruch.
[3]) Gylf. cap. 15: Gering S. 310.
[4]) S. 28.    [5]) S. 46 f.
[6]) Über *elgr sól jr* in der Runenreihe vgl. meine Rezension von Losch S. 112 Anm.
[7]) Hyndl. Str. 20.    [8]) Gering z. d. St.
[9]) Brag. cap. 1: Gering S. 352.
[10]) Gylf. cap. 45: Gering S. 345.    [11]) Ebd. S. 346.
[12]) Gylf. cap. 32: Gering S. 321.
[13]) Vgl. zum Namen Golther S. 378 Anm.; Hellquist, Ark. f. n. Fil. 21, 137.
[14]) a. a. O.

stimme ich dagegen Golther bei, wenn er[1]) ihre stimmungsmäßige Aufgabe betont:»Die Wirkung des rührenden Bildes vom Morde des reinen Gottes wird erhöht, wenn das liebende Weib ihm zur Seite steht, dessen Herz vom Todesstoße mitgetroffen wird[2]).« Von hier, glaube ich, ist die ganze Figur zu verstehen. Wie die Szenen, denen sie gesellt ist: die umständliche Bestattung, der Botenritt Hermods, so gehört sie selbst zu den Anleihen der Baldersage bei der Heldendichtung, und ihr Name sogar, wie der Hermods, mag von dort stammen. In jener Epoche, da eine fast sentimentale Erweichung den starken Helden eine treue Liebe zur Seite gab, in der Zeit der nordischen Helgilieder, gab man dem Götterliebling ein treuergebenes Weib, wie sogar seinem Widerpart Loki in Sigyn[3]) ein solches beschert ward. — Aus der Epik stammen denn wohl auch die singulären Abschiedsgeschenke[4]). Sie sind individualisiert und gelten zunächst Odin und Frigg, den Eltern; Fulla ist dann wohl als Schatzverwalterin dazugekommen, oder einfach in einer Strophe durch den Stabreim mit Frigg. Auch im Merseburger Spruch füllt Fulla den Vers so schön aus.

Forseti[5]) ist wohl dem Balder nur durch künstliche Verwandtschaft[6]) verbunden, wie denn auch zu dem Bild des jugendlichen Gottes solcher Sohn nicht recht paßt und man Odin ungern als Großvater sieht. — Wer der Schwiegervater Nep war, wissen wir auch nicht; seine Lebensaufgabe ist, mit Nanna zu allitterieren, wie es auch Nökkvi tun muß. —

Mit der — in vielfacher Hinsicht — exzentrischen Gestalt Balders verlassen wir den Kreis der Hauptgötter, müssen aber nochmals daran erinnern, daß man sich diese nicht etwa als eine geschlossene Gruppe denken darf; das Goldene Buch bleibt offen, Namen werden neu eingetragen, andere gelöscht.

## § 18. Gegengötter.

Es ist eine höchst merkwürdige religionsgeschichtliche Tatsache, daß, sobald Göttergestalten gebildet werden, bald auch Gegengötter entstehen. Mit diesem Terminus bezeichne ich nicht solche Götter, die zu einzelnen anderen im Gegensatze stehen — eine Erscheinung, die ebenfalls unvermeidlich eintritt, sobald sich ein Henotheismus entwickelt, d. h. die entschiedene Vormachtstellung eines einzelnen Gottes, wie wir

---

[1]) S. 379.
[2]) Zu dem Zerspringen des Herzens vgl. v. d. Leyen, Märchen, S. 27.
[3]) Gylf. cap. 50: Gering S. 347.
[4]) Vgl. Sig. sk. Str. 49.
[5]) Gylf. cap. 32: Gering S. 321.
[6]) Vgl. u.

## § 18. Nebengötter.

solche Kämpfe zwischen Thor und Odin so deutlich beobachten können. Unter »Gegengöttern« aber verstehe ich solche Gestalten, die, im übrigen den Göttern nahe verwandt oder völlig gleichartig, zu ihrer **Gesamtheit** in Feindschaft stehen, ja geradezu ein der Götterwelt feindliches Prinzip darstellen[1]).

Das Phänomen ist kein zufälliges, sondern mit dem Wesen des Götterglaubens selbst unlösbar verbunden[2]). Denn die Stufe der Götterverehrung ist, wie wir sahen, mit einer zunehmenden Ethisierung der übermenschlichen Wesen identisch; mindestens werden die Götter als diejenigen Mächte betrachtet, die die physische wie die ethische Welt aufbauen und schützen, für das Recht, den Eid, die Heiligkeit des Hauses eintreten und selbst im Verkehr mit den Menschen eine größere Zuverlässigkeit erweisen, als sie von den fahrigen Geistern und Dämonen erwartet werden darf. (Natürlich bleiben alle diese Züge relativ: Odin genügt den ethischen Ansprüchen des Thorverehrers in der Lokasenna keineswegs.)

Der Typus der Gegengötter weist nun aber mancherlei Varianten auf. Sie können einerseits ganz auf der Stufe der Dämonen gehalten werden: formlose, wilde Vertreter der ursprünglichen Ordnung oder Unordnung, die gegen das neue Prinzip des ‚Kosmos' revoltieren, Raubritter, die »schon vor den Hohenzollern im Lande waren« (wie Herr v. Waldow-Steinhövel im Preußischen Herrenhause sagte), Romantiker des Chaos. So bei den Hellenen die Titanen und Giganten: der hellenische Geist versagte diesen Barbaren die volle Gunst der hellenischen Götterbildung. Anderseits können sie zu einer vollständigen Gegenwelt ausgebildet werden, so daß jeder wohltätige Geist sein gleichsam parodistisches Gegenbild hat und dem höchsten Gott ein höchster Herr der bösen Geister gegenübersteht — eine Form, die die vollkommenste Ausbildung in dem Dualismus der persischen Religion gefunden hat. Zwischen beiden Extremen stehen zahlreiche Mittelformen. So ist der indische Vritra[3]) — bei dem Noreen[4]) mit geringem Recht eine genaue Übereinstimmung mit Loki findet — noch immer ein bloßer gestaltloser Dämon, dessen Wesen sich besonders auch wieder darin verrät, daß er[5]) auch im Plural vorkommt, in unbestimmter

---

[1]) Freilich können in diese Klasse auch echte alte Götter durch die Feindseligkeit der Verehrer der neuen gedrängt werden und umgekehrt; man denke nur an die Polemik, die in C. F. Meyers der im Kult von St. Felix und Regula ergraute Domherr gegen die Verehrung des hl. Thomas von Canterbury ausübt! Aber der metaphysische Ursprung führt häufiger zu Gegengöttern.

[2]) Vgl. allgemein Wundt S. 473.

[3]) Macdonell S. 158.

[4]) Vgl. Golther S. 410.

[5]) Macdonell S. 359.

## Viertes Kapitel.

Zahl oder mit der märchenhaften Dämonenzahl 99. Aber zugleich wird er doch als Repräsentant der bösen Mächte in so hohem Grade betrachtet daß seine Fällung als diejenige Tat erscheint, durch die Indra seine Stellung begründet hat [1]) — gerade wie Apollon der Pythontöter [2]), ist Indra der Vritratöter. — Die germanische Mythologie finden wir im Norden auf einer Stufe, die etwa zwischen der primitiveren indischen und der reiferen persischen steht: Dämonen, aber doch schon unter der bestimmten Führung Eines götterartigen Wesens; keine völlige Gegenwelt, aber doch beim geringsten Kampf die Möglichkeit einer fast vollständigen Aufteilung zwischen beiden Heerscharen, so daß jeder Gott seinen teuflischen Gegner hat. Teuflisch — denn diese Vorstellung ist in der Tat aus denselben Anschauungen hervorgegangen, die das böse Prinzip orientalischer Religionen noch im Christentum lebendig halten konnten. Der Widerstreit zwischen dem Postulat einer geordneten, gerechten Weltordnung und den Erfahrungen, die nach Hamlets Monolog eigentlich jeden zum Selbstmord treiben müßten — dieser dem ursprünglichsten Menschen wie dem Dichter des Hiob oder dem Verfasser der Theodicee empfindliche Widerstreit wird durch die Annahme böser Kräfte erklärt. »Der Teufel ist das Alibi Gottes« und Ahriman ist die Entschuldigung für Ormuzd. Dazu kommt, daß ja schon auf den frühesten Stufen die persönliche Erfahrung von der feindlichen Gesinnung einzelner Dämonen bestand, die bei den Elfen sogar schon in eine völlige (wenn auch wohl nicht von vornherein ethische) Zweiteilung in dunkle und helle Geister geführt hatte.

Als allgemeine Regel kann wohl aufgestellt werden, was sich unter diesen Umständen leicht begreift, daß die Vertreter des bösen Prinzips nicht neu geschaffen werden, sondern diese Funktion auf mächtige, längst gefürchtete, vielfach auch bereits im Interesse ihrer irdischen Klienten von den Göttern bekämpfte Dämonen übergeht.

Diese aus vergleichender Religionsbetrachtung gewonnenen Prolegomena helfen die sehr interessante Erscheinung des nordischen Gegen-Odin verständlich machen und sind wohl auch für die Wahrscheinlichkeit einer bestimmten Entwicklungsgeschichte Lokis nicht ohne Nutzen. Denn um diesen konzentriert sich die Nebengötterschaft: nur Ein Glied derselben ist vielleicht von Haus aus selbständig: Hod.

An die Riesen, mit denen Thor zu kämpfen hat, ist nur kurz zu erinnern: wie die Giganten der griechischen Mythologie sind es Vertreter der früheren, vorkosmischen Zustände, die wieder überhandnehmen würden, wenn nicht Thor viele Riesenweiber tötete [3]). Aber sie treten in den Götterkreis nicht wie Hod und Loki ein. —

---

[1]) Ebd. S. 60.   [2]) Preller 1, 239.
[3]) Hárb. Str. 23.

## § 17. Gegengötter.

Von Hod[1]), dem Mörder Balders, erfahren wir sonst in der Prosa-Edda nur noch, daß er stark war, wofür sonst kein Anhaltspunkt gegeben ist. Hotherus bei Saxo[2]) ist noch stark, kunstfertig, ein Meister im Saitenspiel — was eben nur bedeutet, daß er ein vollkommener Ritter ist wie Tristan. Nach unserer Auffassung des Baldermythus können wir Hod nur als einen dunkeln Dämon ansehen, der den lichten Geist ursprünglich wohl selbständig tötete und zwar durch einen Schuß. Er könnte schon gemeingermanisch sein, da wir einen solchen Schuß schon im Merseburger Spruch angedeutet glaubten; dagegen ist eine völlige Gleichsetzung mit analogen Tötern lichter Helden abzulehnen; sie sind nur alle gleichen Ursprungs. — Die Blindheit halten wir[3]) für spätere Erdeutung. Seine Wiederkehr dagegen könnte allenfalls alt sein, da es sich um periodische Naturvorgänge handelt; freilich widerspräche diese Idee der des ewigen Friedensreiches der Zukunft[4]). — Später wird noch die Geschichte der Rache angeknüpft: Wali[5]) oder Bous-Búi tötet ihn, was also immer noch die Vorstellung einer Schuld Hods voraussettzt. —

Über die Auffassung Lokis[6]) in der Edda ist kaum Streit; das Problem ist hier vor allem sein Ursprung und seine Entwicklung bis zu dieser Auffassung als »Teufel der nordischen Götterwelt«. Da handelt es sich zunächst um das Alter des Loki.

Auch wenn die Benennung Vritras als »der Bedecker«[7]) mit der Lokis als »der Schließer« zur völligen Deckung zu bringen wäre, würden die Gestalten sich nicht decken. Vritra hält das der Menschheit nötige Regenwasser zurück und ist deshalb als eine spezifische Schöpfung der verlechzende heißen Zone anzusehen; von dem in Loki unverkennbaren Feuerwesen besitzt er nichts.

Muchs Vergleich Lokis mit Prometheus[8]) hat bestechende Einzelheiten: das Schmieden an den Felsen[9]), die Beziehung zum Feuer. Im ganzen scheint sie mir den Kern beider Gestalten zu verfehlen: Loki ist ein

---

[1]) Gylf. cap. 28: Gering S. 321. — Mogk S. 325f. 351, Golther S. 368f.
[2]) Vgl. z. B. Golther S. 373.
[3]) Siehe o. S. 321.
[4]) Über etwaigen Zusammenhang zwischen Hod und Hönir siehe unten; Much (Himmelsgott S. 277) bringt ihn mit Tyr zusammen.
[5]) Siehe u.
[6]) Mogk S. 346, Meyer S. 275, Golther S. 363f. 408f., Chantepie S. 259; Weinhold, Die Sagen von Loki, H. Z. 7, 1f.; Wislicenus, Loki, Zürich 1867; Wisén, Oden och Loke, Stockholm 1873; Warnatsch Beitr. zur germ. Mythol., Beuthen 1895. — Für die Namen Lokis und seiner Sippe Kock, Kuhns Ztschr. 10, 90f.
[7]) Macdonell S. 159.
[8]) Himmelsgott S. 240.
[9]) Das aber auch sonst begegnet: v. d. Leyen, Festschrift für Kelle, S. 7f.; Kaarle Krohn, Der gefesselte Unhold, Finnisch-Ugrische Forschnngen 7, 127.

Dämon, Prometheus ein Heros seinem Ursprung nach; der hellenische Halbgott durchaus menschlich, in festen Zügen, der nordische Gegengott eine fast gestaltlose Erscheinung in charakteristischem Wechsel der äußeren Form. — Über Schonings Deutung Lokis als eines ursprünglich leichenfressenden Dämons [1]) haben wir schon [2]) ausführlich gehandelt. — v. d. Leyen [3]) will den listigen Götterdieb zur Urform machen, was aller Analogie zu widersprechen scheint. Ebensowenig sind andere böse Dämonen anders, als eben in dem Besitz dieser Eigenschaft mit Loki zu vergleichen. Noch weniger läßt sich Bugges Herleitung aus Luzifer [4]) aufrecht erhalten, schon weil Luzifer nie zu Gott in einem solchen Verhältnis von Gleich zu Gleich gestanden hat, wie Loki zu den Asen.

Bei den Deutschen oder Angelsachsen ist von Loki keine Spur zu finden; die Teufelslegenden können, soweit sie überhaupt heidnischen Ursprung haben, auch auf andere Dämonen zurückgehen. Auch zeigt der nordische Loki noch so viel Rudimente der älteren, rein dämonischen Stufe, daß er gewiß erst bei den Skandinaviern zu seiner Entfaltung als »dämonischer Gott« gelangt ist. Wir können deshalb nur sagen: der ursprüngliche Dämon kann gemeingermanisch gewesen sein; der eigentliche Loki gehört ausschließlich dem Norden an und ist fast vor unsern Augen in der Umwandlung begriffen. Möglich wäre immerhin, daß die in England und Deutschland strengere Mission die Spuren des heidnischen Teufels — der durch seine Existenz die heidnischen Götter moralisch hebt — schärfer ausgerottet hätte, als im Norden geschah.

Allgemein wird, unzweifelhaft mit Recht, zugestanden, daß Loki in seiner ursprünglichen Natur nicht der Böse, daß er nicht der »Lügner von Anbeginn« ist. Über sein ursprüngliches Wesen stehen sich aber zwei Hauptauffassungen gegenüber: Loki ein ursprünglicher Feuerdämon [5]), und Loki »der Schließer« (zu *lúka*, schließen, beendigen) [6]). Wir betrachten die letztere, jüngere Auffassung zunächst und glauben sie ablehnen zu müssen. Der Name Loki ist allerdings nicht, wie man früher annahm, von *Logi*, Lohe, Feuer abzuleiten [7]) und auch nicht aus Lucifer [8]), woraus sich ein Licht- und Feuerbringer ableiten ließe, der wie Prometheus zu den Göttern in Gegensatz gerät, und wie er gefesselt und befreit wird. Aber die Deutung »der

---

[1]) Dödsriger S. 27f.   [2]) Siehe o. S. 121 f.
[3]) Sagenbuch S. 223.   [4]) Siehe o. S. 328.
[5]) Golther S. 408f, vgl. 417; Meyer S. 161, hübsche Charakteristik S. 276; abgelehnt von Mogk S. 347.
[6]) Isländisch als männlicher Beiname; Weinhold a. a. O.; vgl. Mogk S. 347, Golther S. 406.
[7]) Mogk S. 346, Golther S. 406, Meyer S. 276.
[8]) J. Grimm, Mythol. 3, 82 skeptisch, Bugge, Studien, S. 73f. zuversichtlich.

## § 18. Nebengötter.

Beschließer» paßt durchaus nicht zu seinen feststehenden Hypostasen, vor allem nicht zu seinem andern Namen Lopt. Loki schließt aber auch nirgends ab; im Gegenteil wird durch ihn erst immer erregt, was dann Odin und Thor abschließen müssen[1]). Auch die besonders häufige Verwandlung in Tier- und Menschengestalt (Kuh, Stute, altes Weib, Magd, Vogel usw.), die allerdings nicht in jedem Einzelfall alter Legende angehört, spricht für die alte Dämonennatur, verträgt sich aber nicht mit der einheitlichen Funktion des Beschließers. Endlich ist der ganze Begriff zu künstlich, selbst für eine jüngere Abstraktion. Daß Loki aber eine solche überhaupt nicht ist, beweisen[2]) schon seine alten eigentümlichen Beziehungen zu Thor und Odin — zwei Göttern, die sich aller Wahrscheinlichkeit nach selbst erst in urgermanischer Zeit aus Dämonen entwickelt haben. Und zwar aus verwandten Dämonen: Gewitter und Sturm haben Beziehungen zum Feuer.

Wir halten also Loki nicht für eine junge Abstraktion[3]). Vielmehr halten wir ihn für einen uralten Feuerdämon oder vielmehr, da hier eine Vereinzelung kaum möglich ist und nirgends existiert zu haben scheint, für den Feuerdämon, der dann zum Feuergott wird[4]).

Aus der Sage, wenn er sich vor Schmerzen umwerfe, sobald ihn die Gifttropfen treffen, dann entstehe ein Erdbeben[5]), ist nicht zu schließen, daß er etwa vulkanischer Natur sei: das sind die andern Götter auch nicht, deren Bewegungen[6]) die Erde beben lassen. — Auch als der Riese in Utgard schnarcht, glaubt man an ein Erdbeben.

Loki scheint schlechtweg der Gott des Feuers zu sein, der Herr des Elements, und wie des Feuers Macht wohltätig, aber auch gefährlich —

[1]) Schoning deutet ihn als »Tod« — ein zu metaphysischer Name für den Töter.
[2]) Gegen Mogk S. 347. 348.
[3]) Übrigens brauchte eine solche Abstraktion nicht durchaus jung zu sein: bei Römern und Slawen begegnen sie früh; aber sie entsprechen nicht dem Typus der germanischen Gottheiten. Auch der Urbegriff Wodans steht noch weit ab.
[4]) Die germanische Konzeption des Feuers deckt sich nicht mit der anderer Indogermanen. Agni (Macdonell S. 88 f.) ist die spezifisch indische Verkörperung des heiligen Opferfeuers (vgl. ebd. S. 99), und diese Vorstellung bleibt lebendig, sobald von ihm gesprochen wird. Übrigens zeigt sich in diesem Gott das Dämonische noch in der besonders beliebten Vergleichung mit Tieren: Kuh, Pferd, Adler (Macdonell S. 89) — Tiere, in die Loki sich wirklich verwandelt. — Hephaestos scheint dagegen (was bei Preller 1, 174 allerdings nicht hervortritt) wenigstens in erster Linie der Gott des Werkfeuers zu sein, des Feuers, das schmiedet und formt. — Einen Feuergott haben z. B. auch die Chinesen (de Groot, Kultur d. Gegenwart, S. 167).
[5]) Vgl. allgemein Losch, Ursache u. Bedeutung der Erdbeben im Volksglauben und Volksbrauch, Arch. f. Rel.-Wissenschaft. 5, 236 f. 369 f.
[6]) a. a. O. S. 239 f. 369 f.

denn die Elemente hassen das Gebild der Menschenhand. Je mehr die Germanen in geordnete Verhältnisse hinein wuchsen, desto größer ward die Scheu vor dem Häusern und Wäldern gefährlichen Feuer. Einst der Begleiter Thors — denn das aus Blitz erzeugte Feuer ist das heiligste — wird er nun zum Gegner des Bauerngottes und dann auch des Staatsgottes, Widersacher der Schutzgötter von Stadt und Land; und so fällt ihm, mit Ibsen zu sprechen, die Aufgabe des »großen Verneiners« zu. Da nun aber das alte Wesen auch vielfach (selbst in der Lokasenna) durchscheint, so entsteht ein interessanter problematischer Göttercharakter. Wie er auch die Neuesten zu psychologischer Behandlung gereizt hat[1]), so hat er die Seelenkunde schon der Alten angezogen, wie Brynhild und Gudrún, wie Völund und Dag. Charakteristisch ist Snorris Beschreibung[2]): »Zu den Asen wird auch der gerechnet, den manche den Verläumder der Asen oder den Urheber des Trugs und die Schande aller Götter und Menschen nennen. Sein Name ist Loki oder Lopt. Loki ist schön und anmutig von Aussehen, aber böse an Gemütsart und höchst unbeständigen Wesens (was übrigens nirgends bezeugt ist!)[3]). Er brachte die Asen oft arg in Verlegenheit, hat sie aber auch oft durch seine List aus schlimmer Lage befreit ...« Das Bild ist durch Kontamination gewonnen; um so schärfer treten die inneren Widersprüche dieser ältesten germanischen »problematischen Natur« hervor.

Daß ziemlich früh die Antithese Gott-Teufel an der Ausarbeitung der Gestalt mitgearbeitet hat[4]), ist keineswegs unmöglich; in der Hauptsache handelt es sich aber doch um eine parallele Entwicklung. Übrigens gewinnt Loki erst beim Jüngsten Gericht die Miltonischen Züge eines überlegten Götterfeindes; bis dahin ist er mehr ein übermütiger und neidischer Gesell — eine Gestalt, die wohl auf Island volkstümlich werden konnte[5]).

Wir versuchen, die Mythen und Legenden von Loki einigermaßen nach ihrer inneren Chronologie zu ordnen. Einen Kult hat der böse Loki, wie es scheint, nicht (undenkbar wäre es an sich keineswegs); doch sollen ihm Kinder, die einen Zahn verlieren, diesen opfern: »gib mir einen Beinzahn, hier hast du einen Goldzahn«. Soll das den Zerstörer (z. B. von Sifs Haaren) abfinden? oder stammt es noch aus dem Kult des Feuerdämons, der neue Zähne »schmieden« soll?

[1]) Jacobowski, Loki. Der Roman eines Gottes, Berlin 1899.
[2]) Gylf. cap. 33: Gering S. 322. — Golther S. 411; vgl. Mogk S. 346. 353; Meyer S. 275.
[3]) Hölderlins Charakteristik: »Das Feuer geht empor in freudigen Gestalten, aus der dunkeln Wiege, wo es schlief, und seine Flamme steigt und fällt, und bricht sich und umschlingt sich freudig wieder, bis ihr Stoff verzehrt ist« (Hyperion; Werke her. v. B. Leitzmann 2, 98).
[4]) Meyer S. 54. 401.
[5]) Golther S. 409.

## § 18. Nebengötter.

Wie ist denn wohl der Name zu erklären? Irgendeine Umdeutung aus Logi, als das Feuerwesen vergessen war? Oder ob es einfach ein alter, an sich »sinnloser« Dämonenname war, wie wir deren wohl viele werden annehmen müssen [1])? — Lokis andere Namen [2]) sind: Lopt [3]),»Luft«, der Luftige?, auch als Personenname (und erster Bestandtteil von Frauennamen) im Norden gebräuchlich [4]). Mogk [5]) möchte es als »den persönlich aufgefaßten Luftkreis« deuten. Das scheint mir zu abstrakt. Ich glaube eher, das Lopt und Lodur [6]) die Gestalt des Feuerdämons von verschiedenen Seiten beleuchtet zeigen: Lodur das Feuer nach seiner erstickenden Wirkung, Lopt nach seiner unfaßbaren, luftartigen Natur (den »Feuerstoff«, das Phlogiston der vorklassischen Chemie). — Die Bezeichnung wird in den eddischen Liedern nur gebraucht, wo Loki als böser Gott in seinem Gegensatz zu den Asen, als Zauberschmied, als Vater der Unholde bezeichnet wird; sie scheint einen gewissen feierlich-dunkeln Klang angenommen zu haben.

Lodur [7]) wird von Noreen [8]) mit indisch Vritra zusammengestellt: *Vlódurr*, ältere Form = Vritra. »Unverkennbare Ähnlichkeit herrscht zwischen dem indischen Vritra, dem Dämon der Sonnenhitze, welcher das himmlische Gewässer einschließt und daher von Indra bekämpft und endlich getötet wird, worauf er in Gestalt eines Wurmes niederstürzt, und dem nordischen Loki, dem Gott der Hitze, der von Thor (dem Donnerer gleich Indra) beständig feindselig betrachtet und schließlich auch gefangen genommen wird, dem Vater des gleicherweise einst von Thor bekämpften Midgardwurmes.« Ich glaube, wir haben auch hier eine jener mythologischen Vergleichungen, die an die Etymologien vor Beobachtung der Lautgesetze erinnern: Anklänge müssen Identität beweisen, auf die Chronologie der Entwicklungsstufen wird keinerlei Rücksicht genommen. Der Vater des Wurms und der Wurm sind dasselbe, Tötung und Gefangennahme gleichbedeutend; der Dämon des Feuers ist der der Hitze (die den Nordländern schwerlich so bösartig vorgekommen wäre wie den Indern; als ein Missionar den Eskimos von der Hölle erzählte, sagt Lichtenberg, sehnten sie sich alle nach der schönen Wärme dort). Nirgends steht Loki mit den Gewässern in solchem Zusammenhang wie Vritra mit

---

[1]) Vgl. meinen Aufsatz »Isolierte Wurzeln« in der Ztschr. »Wörter und Sachen« 1, 34f., bes. S. 63.
[2]) Kock S. 99.
[3]) Lok. Str. 6, Hyndl. Str. 43, Fjöl. Str. 26, Gylf. cap. 33: Gering S. 322; vgl. Golther S. 410 Anm.
[4]) Ebd. [5]) S. 348. [6]) Siehe u.
[7]) An der wichtigen Stelle Völ. Str. 18.
[8]) Nord. Tidskr. for Fil. N. R. 12. 4, 28f.; Vgl. Golther S. 410.

den Regenwolken; und die Feindschaft mit Thor scheint sekundär. So ist jedes Wort in Noreens Parallele mehr als anfechtbar; denn wenn sie Mythologie treiben, verlassen gerade die strengsten Grammatiker und sorgfältigsten Hüter der Lautlehre am unbesorgtesten den Pfad der Gesetzmäßigkeit.

Bliebe also selbst Noreens lautliche Gleichung bestehen, so würde sie doch für Lodurs Wesen weniger besagen als die heut so oft verspotteten Parallelen Gandharven: Kentauren und Hermes: Sarameya. Der »Verschließer« wäre dann vielleicht wegen seiner Listen und Heimlichkeiten ebenso benannt wie der Wolkenverschließer der Inder.

Detter und Heinzel [1]) leiten den Namen von altnordisch *löd* »Bodenertrag« ab: Lodur wäre also etwa der Dämon des vom Erdfeuer erwärmten Landes? Was man allenfalls mit Odins [2]) Schelte von Lokis acht Monaten unter der Erde verbinden könnte.

Beide Deutungen scheinen mir zu der Stelle nicht zu passen, an der der Ausdruck pathetisch und jedenfalls mit bestimmter Absicht verwandt wird; ich glaube, daß der Name nur irgendwie den Geist der Feuerwärme bedeuten kann. Aber eine äußere Etymologie weiß ich dieser inneren nicht beizugeben, so erwünscht auch ein Zusammenhang mit neuhochdeutsch »*lodern*« wäre ... [3]). —

Ich will versuchen, eine Entwicklungsgeschichte Lokis zu geben. Zahlreiche Spuren volkstümlicher Vorstellungen von dem Feuergott Loki verzeichnet Golther [4]): »Loki fährt über die Äcker«, heißt es, wenn Brand oder Hitze die Wiesen versengt. Knistert das Feuer, so heißt es: Loki prügelt seine Kinder. Doch spielt auch hier der Teufel mit, wenn der Schwefeldampf Lokis Geruch heißt. — Noch spät wird Lokis Name zur Bezeichnung des feurigen Elements denen von Wasser (Hlér) und Luft (Kári) gesellt [5]). Altertümliche Mythen zeigen ihn, von seiner späteren Rolle noch weit entfernt, in ähnlichen Verbindungen. Da sie aus der später herrschenden Anschauung von dem großen Übelstifter durchaus nicht erklärt werden können, müssen wir von diesen Rudimenten einer älteren Auffassung ausgehen.

Viermal wird Loki in eine Trias mit Odin und Hönir gebracht: in einer gewiß altertümlichen und feierlichen Strophe [6]) und an drei von vornherein nicht unbedenklichen Stellen [7]).

---

[1]) PBB. 18, 560.    [2]) Siehe u.
[3]) Hofforys geistvollen Versuch, einen alten Luftgott Lodur von Loki zu trennen (Eddastudien S. 117) vermag ich nicht gut zu heißen.
[4]) S. 409.
[5]) FAS. 2, 3f.; vgl. Golther S. 408 Anm.
[6]) Völ. Str. 18.
[7]) Einl. zu Reg.; Brag. cap. 2: Gering S. 352; Skáldsk. cap. 4: Gering S. 366.

## § 18. Nebengötter.

1. Über die Stelle von der Menschenschöpfung[1]) ist später ausführlicher zu handeln. Hier sei nur bemerkt, daß mir zwar eine leise Anlehnung an die biblischen Namen Adam und Eva bei Ask und Embla möglich scheint, nicht aber christlicher Ursprung der ganzen Stelle; denn sie steht altheidnischen Anschauungen viel näher als dem Bericht der Genesis, indem ja dort auch von der Dreieinigkeit durchaus nicht die Rede ist; und welcher Christ oder Halbchrist hätte Loki in die christliche Trinität hineinzuschmuggeln gewagt?

> Da kamen zum Meeresstrand     mächtig und hold
> Aus diesem Geschlecht     drei der Asen;
> Auf freiem Felde     fanden sie kraftlos
> Ask und Embla     unsichern Loses.
>
> Hauch und Seele     hatten sie nicht,
> Gebärde und Wärme     noch blühende Farben;
> Den Hauch gab Odin,     Hönir die Seele
> Lodur die Wärme     uud leuchtende Farben.

Daß die Schöpfung lebender Wesen ein solches »Symbolum« mehrerer Götter sei, ist eine durchaus beliebte kosmologische Vorstellung zahlreicher Völker. Ich führe hier nur zwei griechische Parallelen an: Prometheus und Athena bilden neue Menschen aus Erde, denen die Winde dann den Geist einblasen [2]): der Adler des Prometheus ist von Hephaistos gefertigt und von Zeus beseelt[3]).

Wir haben hier also die Trias Odin—Hönir—Loki[4])', in der Hönir »die dritte stumme Person« ist[5]); wir haben über ihn noch eigens zu handeln. Wer nun jede Dreiheit mit Odin für christlich beeinflußt erklärt, muß auch die Götzengruppen mit Odin, Thor und Frey in den heidnischen Tempeln dafür halten, was wir lieber lassen wollen [6]).

Wenn nun den noch leblosen Menschenbildern der Windgott den Hauch gibt, der Feuerdämon Wärme und leuchtende Farbe, so wird der Seelenspender wohl jedenfalls auch ein vergöttlichter Elementargeist (vielleicht

---

[1]) Völ. Str. 18.     [2]) Preller 1, 473.
[3]) Ebd. S. 99 Anm. 4.
[4]) Mogk S. 350, Golther S. 412. 416, Meyer S. 278.
[5]) Mogk a. a. O.
[6]) Die Dreiheit ist hier fast unvermeidlich. »Luft, Licht, Wärme — diese drei sind wie der Geist, der Sohn, der Vater«, sagte Herder zu seinem Schüler J. G. Müller. — Der »Lebenshauch« fehlt zur Unterscheidung von den Menschen den Tieren: Gunkel, Genesis, S. 9. — Wie nah solche Aufteilung liegt, beweist eine wirklich merkwürdig ähnliche altbiblische Stelle: Jes. 42, 5 heißt es von Gott: »Der Odem gab dem Menschenvolk auf der Erde, Und Lebenshauch denen, die auf ihr wandeln«, woraus dann Irenaeus eine Unterscheidung von Odem und Hauch gefolgert hat (Bittlinger, Materialisierung religiöser Vorstellungen, Tübingen 1905, S. 117).

## Viertes Kapitel.

ein Wolkendämon) sein. Jedenfalls ist er wohl eine alte, der Erinnerung fast entschwundene Gestalt: warum hätten spätere Mythologen nicht lieber Thor mitgehen lassen sollen? er hätte das neue Werk so schön mit dem Hammer weihen können! Deshalb besteht auch für die andern Abenteuer dieser Dreiheit wenigstens der Verdacht der Altertümlichkeit; freilich können sie dem Mythus von den drei menschenbelebenden Elementargöttern nachgebildet sein. Es sind die folgenden:

2. Loki tötet, als die drei über Land fahren, eine Otter, die des zauberkräftigen Bauern Hreidmar Sohn ist. Die Götter müssen Buße leisten; dazu nimmt Loki alles Gold Andvaris und zuletzt noch seinen Wunderring. Andvari legt seinen Fluch auf das geraubte Kleinod, das Loki wieder holt[1]).

Es ist nicht zu bezweifeln, daß Snorris schon angezogene Charakteristik Lokis[2]) sich vor allem auf dies berühmte Abenteuer bezieht. Man wird ihr auch fundamentale Bedeutung für die Erkenntnis Lokis nicht absprechen dürfen.

An ihrer Altertümlichkeit kann zunächst irre machen, daß sie in manchen Punkten an solche Loki-Legenden erinnert, denen man schwerlich ein hohes Alter zuschreiben darf. Auch in der Geschichte von Sifs Haaren wird Loki zu einer goldenen Buße gezwungen; auch von Geirröd wird er gefangen und zu einer Buße genötigt. Auch machen die vielen Verwandlungen einen märchenhaften Eindruck, und in der »Hypothesis« zu den Reginsmál ist in der starken Ausnutzung mythologischer Kuriositäten (das Netz von Rán geborgt) so wenig wie in den Skáldskaparmál (Freyjas Falkenhemd) überflüssiger Prunk eines gelehrten Bearbeiters zu verkennen. (In der Thrymskv. braucht Loki das Falkenkemd wirklich, um bis in das Riesenland zu fahren, wohin sogar Odin einen Reisesegen braucht[3]); aber zu Geirröd kommt Thor zu Fuß.) — Sieht man aber genauer zu, so stehen die Dinge doch hier anders. Die Verwandlungen sind viel einfacher: Otr und Andvari sind wohl Dämonen[4]) des Wasserfalls und des goldhaltigen Wassers und deshalb in Fischgestalt. Charakteristisch ist ferner, daß hier nicht Loki allein gefangen wird, sondern alle drei Asen, was auf jenes uralte Mythenmotiv von dem gefangenen Gott, der sich lösen muß[5]), schließen läßt.

Dennoch mag die Erzählung, wie sie vorliegt, manche Phasen hinter sich haben: die beiden im Wasser gefangenen Dämonen sind wohl

---

[1]) Hypothesis zu Reg. und Reg. Str. 1—12 = Skáldsk. cap. 9: Gering S. 366. — Golther S. 416, Meyer S. 279. Aufwiegen der Leiche mit Gold: Saxo S. 24 (Hermann S. 30).
[2]) Gylf. cap. 23: Gering S. 322.
[3]) Vaf. Str. 4.
[4]) So auch Mogk S. 297.    [5]) Vgl. o. S. 18.

## § 18. Nebengötter.

Dubletten, der Wunderring kann später eingefügt sein. Aber der Grundgedanke des Mythus scheint alt und deutlich: es ist jene Vorstellung von der Verderblichkeit des Goldes, die fast alle Kulturvölker beim Eintritt in den »Industrialismus« zu symbolischen Mythen gebracht hat. Die Weltumsegelung der Argonauten bringt das fatale Goldene Vließ, wie Prometheus, der Begründer der Kulturmenschheit, mit Pandora, der Göttin des Unheilschatzes, verwandt ist; andere Mythen verwandter Art erwähnten wir schon und verweisen vor allem auf die tiefsinnige Legende von Gullveig[1]), der »Goldheit«[2]): sie ist die Botin der Kulturgötter, der Wanen, die die patriarchalischen Asen vergebens zu vernichten suchen[3]). Ein ätiologischer Mythus für die verderbenstiftende Kraft des Goldes liegt vor. Wie kommt es, daß das Gold Unheil bringt? es liegt ein Fluch auf ihm. Sein Herr wird getötet und gerächt und schwere Buße für die Tötung geleistet (Formeln, die Gullveig wie Otr-Andvari treffen). Vielleicht war das Otterfell — wie das heilige Robbenfell in Hellas[4]) — ein Fetisch, ein Golddämon, oder das Abzeichen reicher (finnischer?) Vornehmer.

Aus der Völsungasaga kann der Fluch schwerlich stammen, der vielmehr dort erst als epischer Faden eingeflochten ist[5]); aber daß dies möglich war, zeugt für das Alter des Mythus. Daß er aber spezifisch nordisch ist, beweist die Situation des Fischfangs am Wasserfall[6]).

Also Loki ist mit Odin und Hönir beteiligt an der Einbringung des Goldes, das eigentlich nur den Zwergen gehören sollte: als man es ihnen raubte, verfluchten sie es. Die alte Trias steht noch am Eingang der neuen Weltepoche; der Feuerdämon aber ist bei der menschlichen Verwertung des Goldes am stärksten beteiligt. — Man beachte wohl, daß

---

[1]) Wie Angelus Silesius im »Cherubinischen Wandersmann« (her. von W. Bölsche, Jena 1905, S. 34 N. 249 u. 256) sagt.
[2]) Völ. Str. 23. *Argentum et aurum propitiine an irati dii negaverint dubito,* sagt (Germ. cap. 5) schon der Geschichtsphilosoph Tacitus. Silber und Gold haben die Götter den Germanen versagt — vielleicht im Zorn, vielleicht aus Liebe.
[3]) Schon Tacitus bezeugt Germ. cap. 5 eine instinktive Scheu der Germanen vor dem gleißenden Golde: *argentum magis quam aurum sequuntur,* was er allerdings rationalistisch erklärt; aber geschah es wirklich *nulla affectione animi?* Die volkstümliche Anhänglichkeit an die alte Silbermünze läßt noch Maurus Jokái in seinem in kulturarmen Verhältnissen spielenden Roman »Schwarze Diamanten« eine Rolle spielen. Doch ist natürlich an sich das Gold schlechtweg als Sinnbild des Besitzes gemeint; nur vertritt das fremde Gold diesen Begriff noch anschaulicher. — Diese Scheu vor dem Gold macht auch Roethes geistreiche Argumentation über Abhängigkeiten in der Heldendichtung (Nibelungias und Waltharius S. 671) anfechtbar.
[4]) Siehe o. S. 73 Anm. 4.
[5]) Vgl. auch Mogk S. 350.
[6]) Vgl. Völ. Str. 59.

hier von seiner Bosheit nicht die Rede ist, was doch so nahe gelegen hatte; er ist nur voreilig, wie bei der Hexe Gullveig Thor es ist[1]). Aber er ist mit der schlimmen Geschichte in erster Linie verbunden; unmöglich wäre es nicht, daß seine Wendung *in peius* von hier ihren Ursprung genommen hätte.

3. Nur eine Nachbildung dieser berühmten Fabel scheint mir die Geschichte von der Trias und Thjazi [2]) — ein seltsamer abenteuerreicher Mythus, der seine Unursprünglichkeit schon in der Häufung der Motive verrät (etwa wie der von Suttungs Trank, oder wie ein überfülltes modernes Märchen)[3]). Märchenhafte Elemente sind unverkennbar [4]). Der Zweck der ganzen Erzählung scheint, Skadis Bußforderung eine Vorgeschichte zu geben. Diese läuft nun im Wesentlichen der Hreidmar-Legende parallel. Wie dort die Otter, wird hier der Ochse »gejagt«. (Man denke übrigens für das Motiv der verhängnisvollen Tötung geweihter Tiere z. B. an Hyperions Sonnentiere in der Odyssee.) Nun »rächt« ihn der Adler, nachdem er vorher (etwa wie die Riesin Hyrrokin bei Balders Bestattung) den Willen der Götter zauberisch gehemmt hatte. Wie bei Gullveig Thor und bei Andvari Loki, greift nun auch hier dieser ein, wobei die Stange wohl kaum noch auf sein Element — die Schürstange beim Herdfeuer? — bezogen werden darf; und muß sich wieder lösen, was diesmal durch die Äpfel der (späten Göttin) Idun geschieht. Loki muß diese schaffen, wie er die Schätze des Andvari schaffen muß. Dann entzünden die Götter (d. h. ursprünglich er) ein Feuer, in dem der Adler-Riese verbrennt. — Thjazi mag wohl ein alter Gegner des Feuergottes sein, etwa [5]) der Sturmwind, der das Feuer verlöscht — auch der Winddämon Hraesvelg [6]) hat Adlergestalt. Auch die seltsamen, an indische und keltische Götterfabeln erinnernden Verwandlungen — der Adler holt die in eine Nuß verwandelte Idun — könnten altertümlich sein. Das ganze Gewebe mit Freyjas obligatem Falkenkleid ist es gewiß nicht, und lehrt übrigens in keinem Fall Neues für Lokis Erkenntnis.

4. Das faröische Märchenlied von Odin, Hönir, Loki, die einem Bauern den Sohn vor einem Riesen retten[7]), geht wohl schwerlich auf alte Überlieferung zurück. Vielleicht enthält die Stelle über Hönir alte Tradition [8]), und die beiden anderen Götter der Trias sind hinzugekommen.

5. Möglich ist es, daß auch am Ende der Völuspá [9]) ursprünglich die Trias stand (Odin durch seine Waffen vertreten); so vermutet Hoffory [10]):

[1]) Völ. Str. 26.
[2]) Brag. cap. 2: Gering S. 352. — Golther S. 412, Meyer S. 233.
[3]) Vgl. z. B. Mitteilungen aus dem Quickborn 2, 123.
[4]) v. d. Leyen, Märchen, S. 32f.
[5]) Gering S. 353.   [6]) Váf. Str. 37.
[7]) Golther S. 397.   [8]) Vgl. u.
[9]) Str. 63.   [10]) Eddastudien S. 107.

## § 18. Nebengötter.

»dann mag Hönir den Looszweig kiesen, Lodur Labsal jedem gewähren, und die Söhne von Odins Brüdern sollen wohnen im weiten Windheim«[1]). Doch ist mir im Ganzen wahrscheinlicher, daß die ganze erste Halbstrophe Hönir allein gehörte[2]). — Dem unter die Asen versetzten Feuerdämon wachsen durch die Verbindung mit Thor persönlichere Züge. **Der Feuergott wird individuell gestaltet.** Loki scheint auch außerhalb der Trias früh mit anderen Asen gepaart worden zu sein. Es ist kein Grund, seine Berufung auf urzeitliche Blutbrüderschaft mit **Odin**[3]) für Fiktion zu halten[4]). Die Vertreibung und Verbrennung böser Geister ist wahrscheinlich die älteste Aufgabe des Opferfeuers[5]) und auch Loki hat gewiß einmal diese Aufgabe gehabt. (Sie könnte in dem Verbrennen Thjazis noch durchschimmern: »Lokis Späne heißen die zum Feueranzünden verwendeten Späne«[6]) und auf einem Feuer aus Spänen wird der Adler angebrannt.) Bei dieser apotreptischen Tätigkeit mochten Feuer und Sturm (als reinigender Wind; anders Thjazi als schädlicher Wind) sich wohl zusammenfinden.

Viel näher aber noch liegt die Verbindung von **Thor und Loki**, Gewitter und Feuer[7]). Doch wird das neuisländische Sprichwort: »Lange gehen Loki und Thor« bei langandauerndem Gewitter[8]) abgeleitet sein. Das Feuer fliegt dem Donner voraus: Loki sucht als Späher die Stätte,

---

[1]) Für die Art der Ersetzung Odins vgl. Tac. Germ. cap. 20, wo es sich allerdings um *sororum filii* handelt.

[2]) **Hoffory**, der Lodur von Loki trennt, läßt nur den ersteren in die Dreiheit (Eddastudien S. 117): der brausende Wind, die eilige Wolke und die labende Wärme (vgl. S. 109). Uns macht schon die alte Blutbrüderschaft zwischen Odin und Loki die herkömmliche Anschauung wahrscheinlicher. Noch stärker lösen **Detter** und **Heinzel** (PBB. 18, 560) die Trias auf: Lodur sei Frey, Hönir identisch mit Odin, und diese Zwei-Dreiheit erst das Resultat des Wanenkrieges — ein durch die unglaubwürdigsten Identifikationen gewonnenes Resultat eines Krieges fast mit dem gesamten Stand unserer Überlieferung.

[3]) Lok. Str. 19.

[4]) Noch weniger mit **Niedner** (H. Z. 36, 290) für Parodie des Freundschaftverhältnisses zwischen Frey und Skirnir. Man müßte dann eine feierliche Stelle wie Ex. 4, 25 auch für parodistisch erklären, in der Mosis Gattin im Kampf mit Jahve ihre frühere Blutbrüderschaft anruft (vgl. Ed. **Meyer**, Berl. Sitzungsber. 1905, XXXI. S. 5). Sie wird einmal den Gott mit Opfern zum Blutsfreund gemacht haben, wie Abraham die Engel; und ebenso waren Loki und Odin Blutsfreunde durch gemeinschaftlichen Opfergenuß, wie Asen und Wanen nach dem Bunde (Völ. Str. 23).

[5]) **Macdonell** S. 95.
[6]) **Golther** S. 409.
[7]) **Visén** a. a. O., **Mogk** S. 348. 352, **Golther** S. 414.
[8]) **Meyer** S. 277.

ehe Thor einschlägt. (Unserer Empfindung erscheint freilich der Blitz als Herr, der Donner als Diener.) So wird Loki zu Thrym (und zu Geirröd) vorausgeschickt, ehe Thor selbst kommt[1]). — Loki begleitet den Thor auch nach Utgard und hat sich dort mit Logi, dem Feuer, im Verzehren zu messen[2]); auch Thjálfi, der Blitz, geht mit und unterliegt der Schnelligkeit des Gedankens. — Wir vermögen diesen geistreichen Kombinationen kein hohes Alter zuzuschreiben; auch tritt Loki sonst nirgends als besonders gierig auf, wie Thor. Aber das Duell zwischen Loki und Logi mußte einer in Reimkünsten schwelgenden Zeit Vergnügen machen.

In der Thrymskvida bereits werden Lokis Schlauheit und Thors plumpe Kraft kontrastiert[3]). In Utgard wird ihre Verschiedenheit noch stärker betont. Schließlich, als Thor der Schutzherr der Gehöfte geworden, wird sein natürlicher Begleiter ihr Feind. Er lähmt Thors Bock bei der Heimkehr von Hymir[4]) und in der Urform der Geirröd-Erzählung[5]) wird er dem Thor wohl die Kleinodien gestohlen haben, um ihn waffenlos den Dämonen auszuliefern.

Daß Loki in der gleichen Weise auch Odins Nebenbuhler und Feind geworden sei, ist nicht wahrscheinlich; auch scheint er mit Mitodin[6]) und Ollerus-Ull, einem anderen Stellvertreter Odins, sich nicht[7]) im Wesen, sondern nur in Äußerlichkeiten (Schönheit?, Buhlerei) zu decken. —

Loki entwickelt sich zum Umstürzer und Feind aller göttlichen Ordnung. Der mit dem Feuergeist verbundene Begriff der Beweglichkeit und Lebhaftigkeit war nie verloren gegangen. Je stärker die Ordnung als Werk der Götter betont wird, desto entschiedener gerät er zu ihr in Gegensatz. Einzelne Mythen konnten diese Tendenz beglaubigen und stärken. Er erhält nun auch seinen persönlichen Gegner in Heimdall[8]). Der Schutzherr menschlicher geregelter Tätigkeit[9]) heißt ausdrücklich »Feind des Loki«[10]) und kämpft mit ihm um Freyjas Halsgeschmeide[11]).

Als Gegengott hat Loki auch in der Lokasenna die Anklage gegen die Götter zu führen, wobei Thor — wie sonst Heimdall — als sein spezieller Gegner und Bezwinger auftritt.

---

[1]) Meyer deutet dies auf das Wetterleuchten.
[2]) Gylf. cap. 46: Gering S. 348.
[3]) Vgl. zu dem Motiv Olrik, H. Z. 51, 6.
[4]) Golther S. 414.
[5]) Vgl. o. S. 299f.   [6]) Siehe o. S. 270.
[7]) Wie Mogk S. 349 meint.
[8]) Golther S. 363. 415, Meyer S. 279, Mogk S. 325.
[9]) Siehe u.
[10]) *Lokadólg;* vgl. Golther S. 363.
[11]) Ebd. S. 415.

## § 18. Nebengötter.

Der Feind der göttlichen Ordnung kommt nun allmählich zu der »bösen Welt« in ein festes Verhältnis: zu Unterwelt und »Hölle«, zu den Ungeheuern des Abgrunds. Er wird der Gegen-Odin, der Herr aller bösen Geister. Er wird Vater der Hel[1]) und in allen Dingen der äußerste Gegensatz zu den Göttern oben. Sind diese auf ihre Männlichkeit stolz, so wirft ihm Odin[2]) vor, er habe acht Winter unter der Erde als Magd Kühe gemolken und selbst Kinder geboren[3]). Zwar gibt Loki[4]) dem Odin die Schelte zurück, die auch sonst im Norden als härteste Beschimpfung weibischer Haltung bekannt war[5]), aber von ihm erzählt eine andere Fabel geradezu, er habe als Stute mit einem Hengst Odins Roß Sleipnir erzeugt[6]). So ist denn wohl auch jener Aufenthalt als Weib unter der Erde nicht naturmythologisch zu deuten[7]), sondern eben nur als ein äußerster Schimpf. So wird einem gewissen Refr nachgesagt, jede neunte Nacht sei er Weib geworden und habe einen Mann gebraucht[8]) — also eine Art Werwolftum mit periodischer Verwandlung[9]). Wie dieser Refr immer acht Tage Mann ist, so ist — noch schlimmer — Loki acht große Tage (Monate) Weib. An eine androgyne Gottheit ist deshalb gewiß nicht zu denken, auch nicht an ein altes Paar wie Njord: Nerthus[10]). Loki nimmt jetzt teil an dem formlosen Fratzencharakter der Unterweltsdämonen[11]), an der Verkehrung aller Dinge, die dann in Utgard auf die Spitze getrieben wird.

Mit Utgardaloki wird er von Mogk und Gering[12]) identifiziert; aber Loki wohnt eben nicht in Utgard, sondern in der von den Asen beherrschten Welt; ein eigentlicher Unterweltsgott ist er nie geworden.

Den Gipfel dieser Funktion als Gegengott bezeichnet die Beteiligung an Balders Tod[13]) und am Weltuntergang[14]). —

Loki geht schließlich als grotesk-grausige Gestalt in die Volkssage über — als Träger der bösen wie Thor als Träger der guten Rolle.

[1]) Mogk S. 352.
[2]) Lok. Str. 23; Golther S. 416.
[3]) Vgl. Str. 33.   [4]) Str. 24.
[5]) Vgl. Golther S. 417 Anm. 2.
[6]) Hyndl. Str. 42; Gylf. cap. 42: Gering S. 332.
[7]) Was auch Golther S. 417 ablehnt.
[8]) Much, Zur Rígsthula, Festschr. f. J. v. Kelle, 1, 228.
[9]) Vgl. o. S. 129.
[10]) Eine tolle Erklärung für Lokis Mutterschaft — nun gar aller Unholde — gibt Hyndl. Str. 43: Loki wird von einem Frauenherz schwanger, das er halb verkohlt in der Asche findet; vgl. für die abergläubische Grundlage Heinzel-Detter S. 631 mit Lit.
[11]) Vgl. allgemein Wundt, Völkerpsychologie 2, 2, 372.
[12]) z. d. St.   [13]) Siehe o. S. 317.
[14]) Golther S. 533. 535. 427 (siehe u.), bei denen er wirklich eine Art Antichrist wird.

Hierbei sind zu scheiden ätiologische Mythen, in denen ihm die Schuld an irgendeiner störenden Einrichtung zugeschoben wird, und Charakterrollen, in denen lediglich das aus behaglichem Schauder und Freude an seiner Beweglichkeit zusammengesetzte Interesse an seiner Gestalt sich auslebt. Man denke etwa an die Räuberromantik von Robin Hood bis Rinaldini und leider bis zur neuesten Gegenwart!

1. Ätiologische Mythen: Loki wird Ursache des Bösen, auch des Unbegreiflichen in der Welt. Weshalb hat Sif goldene Haare [1])? Eine Novelle, bei der in ganz realistischer Weise Thor der polternde Hausherr, Loki der boshafte Hausfreund ist [2]).

2. Charakterrollen: Wie liebevoll (im ästhetischen Sinn) ist schon sein Anteil an Balders Ende [3]) ausgemalt, oder die Zänkereien mit Gefjon [4]), wie überhaupt sein ganzes Spiel in der Lokasenna! Zu beachten ist auch hier die Proteusnatur: wie er als altes Weib Thökk [5]) das Freibitten Balders verhindert.

Hierher gehört ferner das Märchen vom Riesenbaumeister und seinem Roß Svadlifari [6]). Vielleicht liegen alte Motive zugrunde: daß der Feuergott Vater des Rosses »Gewitterwolke« ist. Doch ist es wohl einfach ein volkstümliches Märchen dem Typus der Lokifabeln (Loki bringt die Götter in Gefahr — wird zur Lösung gezwungen — Thor macht mit dem Hammer ein Ende) nahegebracht werden. Immerhin ist auch die Verführung der gefährlichen menschlichen Tüchtigkeit oder Frömmigkeit ein altes mythologisches Motiv, besonders bei den Indern, wo die Apsarasen diesem Zwecke dienen.

Ein später Nachklang solcher Mythen scheint die Angabe, daß Lopt das Verderbensschwert *Lävatein* geschmiedet habe, durch das der Hahn Widofnir getötet werden kann [7]). Man hat die Angabe zur Rekonstruktion des Baldermythus benutzen wollen [8]); es ist aber wohl nur eine Nachbildung desselben: auch hier muß der Bringer alles Bösen ein »Zweig« genanntes Schwert verderblicher Art liefern. Aber Loki schmiedet nie selbst; dafür hat er bei Sifs Haar und beim Brisingamen die Zwerge.

Endlich muß Loki auch die **phallischen Mythen** übernehmen.

---

[1]) Golther S. 419, Meyer S. 157; siehe o. S. 306.
[2]) Pope, Rape of the lock; das Abschneiden der Haare als Beschimpfung: Weinhold, Deutsche Frauen.
[3]) Mogk S. 351, Meyer S. 157. 397f., Golther S. 419.
[4]) Meyer S. 417.
[5]) Gylf. cap. 49.
[6]) Mogk S. 351, Golther S. 413, Meyer S. 234, v. d. Leyen S. 38.
[7]) Fjölsv. Str. 25—26.
[8]) Schück, Studier 2, 106f.

## § 18. Nebengötter. 349

Ob sie in der germanischen Mythologie so selten waren oder nur so sorgfältig ausgerottet wurden?)[1].

Merkwürdig sind Lokis weitere Schicksale in der Volkssage, die Olrik verfolgt hat. In den Ländern, wohin Nordmänner die Kunde von ihm gebracht haben, England, Shetlandsinseln, aber auch Faröer und Island selbst (die Überlieferungen der Insel sind oben zum Teil benutzt) hielt sich die alte Anschauung: er wird mit Odin zusammen genannt, überlistet die Riesen, begleitet Thor usw.[2]. In den »echtnordischen Ländern« dagegen weiß das Volk nichts von dem Gott Loki: es kennt nur einen Dämon Lokke, der in Dänemark als Geist des in der heißen Luft flimmernden Lichtes auftritt[7]), in Schweden und Südnorwegen als Geist des Herdfeuers[4], im südlichen Norwegen auch als neckender nächtlicher Unhold[5]. Ob diese Gestalten des Volksglaubens unmittelbar von dem alten Feuerdämon herstammen? Ob sie wirklich schon auf die Ausbildung der Göttergestalt eingewirkt haben[6])?

Auch als Personennamen kommt Loki im Norden und in England vor[7].

Auch in Lokis Verwandtschaft[8]) lassen sich zwei Schichten scheiden: die alte Sippe des Feuerdämons und die junge des bösen Gottes. Eine alte Gottheit könnte Sigyn sein[9]). Ihr Name ist nicht gedeutet; daß sie[10]) unter den Asinnen aufgezählt wird, hat nichts zu sagen. Eigentümlich aber ist der Zug, daß sie über den gefesselten Loki eine Schale hält, um das von der Schlange tropfende Gift abzufangen. Das erinnert an die Funktion der »Dienerinnen Friggs« wie Hlín, Syn und besonders Eir[11]. Vielleicht war sie ursprünglich die Schutzgöttin, die vor Gift behütete, und ihre Schale das Attribut[12]. Durch eine ikonische Mythe wäre sie dann mit Lokis Bestrafung verbunden worden. Doch ist bei der etymologischen Verwandtschaft von Feuer und Gift (»Eiter«) eine ältere Beziehung denkbar. — Zur Gattin Lokis ward sie wohl aber jedenfalls erst in der Epoche der treuen Frauen in der nordischen Dichtung[13]): sie ist lediglich Gattin des gefesselten Loki.

Jung ist vermutlich Lokis zweite Gattin Angrboda »die Schadenbotin«[14]). Sie soll die Mutter des Höllenwolfs sein (»den Wolf zeugte

---

[1]) Die Geschichte von der Göttin, die nicht lachen kann (v. d. Leyen, Märchen, S. 37; Mörikes Märchen von der schönen Lau) wird auf ihn und Skadi übertragen (vgl. o. S. 211).
[2]) Danske Studier 1909 S. 69; vgl. ebd. 1908 S. 193 f.
[3]) Danske Studier 1909 S. 77.
[4]) S. 78 f.     [5]) S. 80 f.     [6]) S. 83.     [7]) S. 83.
[8]) Mogk S. 347. 352.
[9]) Vol. Str. 35; Schluß zu Lok. = Gylf. cap. 50: Gering S. 347. — Meyer S. 236. 400, Golther S. 421 f.
[10]) Brag. cap. 1: Gering S. 352.     [11]) Golther S. 435 f.
[12]) Vgl. den gesegneten Becher Sgdr. Str. 8.
[13]) Vgl. Nanna S. 331. — Eine ganz ähnliche Funktion hat in der Bibel Rizpa 2. Sam. 21, 10 f. (vgl. Greßmann, Schriften des A. T. in Auswahl, Göttingen 1910, S. 148).
[14]) Golther S. 425, Mogk S. 347.

Loki mit der wilden Angrboda«)[1] oder der gesamten »Höllenbrut« [2]): Fenriswolf, Midgardschlange und Hel[3]). Natürlich muß sie eine Erzriesin (»eine Riesin in Jötunheim«)[4]) sein. — Wie in der Mythologie so oft, ist auch hier wohl die Mutter die Tochter ihrer Kinder: als man die apokalyptischen Ungeheuer an Loki heranschleifte, ward eine Mutter für sie nötig. — Oder wäre sie eine alte Götterbotin und Schadenstifterin wie Eris, die später auch Ate das Verhängnis[5]) und den furchtbaren Eid[6]) zu Töchtern erhält, und dem Ares, so weit er als Unheilstifter gilt, zugesellt wird[7])?

Seine Brüder Helblindi[8]) »der Unterweltsblinde« und Býleipt oder Býleist[9]) faßt Mogk als Hypostasen Lokis auf. — Beide werden in dem bedenklich vollständigen Götterkatalog Snorris[10]) genannt, Býleipt noch in Gedichten[11]), doch nur so, daß Loki Býleipts Bruder heißt. — Ich hege den Verdacht, daß der »Blinde der Hel« einfach Hod ist, der blinde Ase, der zur Hel herabsinkt, und den man wegen seines Zusammengehens mit Loki bei Balders Tötung diesem angebrüdert hat. Býleipt aber ist nur in der späten und abgeleiteten Stelle des Hyndl. sicher Loki; in der Völuspa kann mit seinem Bruder sehr wohl ein anderes Ungetüm gemeint sein, um so mehr, als Loki bereits genannt ist:

> Es segelt von Norden über die Erde ein Schiff.
> Mit den Leuten der Hel, und Loki steuert;
> Dem Wolfe folgen die wilden Gesellen,
> Mit ihnen ist Býleipts Bruder im Zuge.

Kann Loki zugleich steuern und im Gefolge des Wolfs hinterhergehen[12])?

Ich denke also, man muß Lokis Brüder streichen, wie er denn »einsam hier in seiner Größe, groß in seiner Einsamkeit« sich viel besser ausnimmt[13]). Daß Býleipt aus Beelzebub entstellt sei[14]) und Helblindi der

---

[1]) Hyndl. Str. 42.   [2]) Golther S. 425.
[3]) Gylf. cap. 34: Gering S. 323.
[4]) Ebd.   [5]) Preller 1, 534 Anm. 2.
[6]) Ebd. S. 836.   [7]) Ebd. S. 338.
[8]) Golther S. 410, Mogk S. 347.
[9]) Kock, I. F. 10, 100. Nach Wadstein (Ark. f. nord. Fil. 11, 77) zu *bylr* Sturm: »der Sturmblitz«.
[10]) Gylf. cap. 33: Gering S. 322.
[11]) Völ. Str. 51, Hyndl. Str. 42.
[12]) Wenn Snorri (Gylf. cap. 51: Gering S. 348; vgl. Heinzel-Detter, Edda 2, 67) eine gute Quelle hat, kann Hrym gemeint sein; dann stimmt aber Völ. Str. 50 wieder nicht.
[13]) Auch den buddhistischen Versucher Mâra wird solche Verwandtschaft beschert: Durst, Unruhe, Verlangen als Töchter (Windisch, Mâra und Buddha, Leipzig 1895, S. 197).
[14]) Bugge, Studien, S. 75 f.

## § 18. Nebengötter. 351

blinde Teufel in der Hölle, damit der christlichen Dreieinigkeit eine höllische gegenüberstehe[1]), wird durch den Umstand, daß uns Snorri sie zusammen nennt, nicht eben wahrscheinlicher. — Ein Kind Lokis von dem Hengst Swadilfari soll Odins Roß Sleipnir sein[2]), wie er denn noch andere Kinder geboren hat[3]).

Vor allem aber gilt in der späteren nordischen Mythologie die »Teufelsbrut«[4]) als seine Nachkommenschaft, der Weltdrache, der Fenriswolf und die Unterweltsgöttin, die drei Verschlinger für Erde, Sonne und Menschen (samt den sterblichen Göttern) — eine Gruppierung, die mit der der apokalyptischen Reiter nur die Vollständigkeit der Vernichtung gemein hat. Sie sind[5]), sicher zum Teil, wahrscheinlich alle älter, als Loki (mindestens soweit er Gott ist) und erst später an ihn geknüpft. Loki wird eben der »Vater aller Hindernisse«, wie Typhon[6]) »der Vater aller mythischen Ungetüme« wird[7]).

1. Über Hel ist später eigens zu handeln. In ihrer Passivität paßt sie schlecht zu den beiden andern Ungeheuern. Diese entstammen uralten dämonischen Vorstellungen[8]).

2. Der Fenrisúlf[9]) hat einen dunkeln Namen, der vielleicht mit »Meer« oder »Sumpf« zusammenhängt[10]). Die Analogie zu dem Namen des Midgardsorms ließe erwarten, daß Fenrir ursprünglich eine Benennung der Sonne gewesen wäre; aber in der Edda wird Fenrir auch allein zur Bezeichnung des Fenriswolfes gebraucht. Vielleicht ist er ursprünglich mit dem von Indra getöteten Drachen Vritra[11]) identisch. Er ist ein chaotisches Ungeheuer wie der — mit Loki zufällig nicht zusammengebrachte — Drache Nidhögg[12]).

[1]) Golther S. 410.   [2]) Siehe o. S. 233.
[3]) Solche Fabeleien über den Ursprung von Wunderrossen sind indogermanisch: Achills Rosse sind von Zephyr und der Harpye Podarge — Schnellfuß — erzeugt, und noch näher kommt es, wenn Boreas in Gestalt eines Rosses mit dunkler Mähne mit den Stuten des Erichthonios zwölf windschnelle Füllen erzeugt (Preller 1, 473) — eine Parallele, die Bugge (Studien S. 270; vgl. v. d. Leyen, Märchen, S. 39) entging. Oder Pegasos stammt von Gorgo nnd Poseidon (Preller 1, 80, vgl. 65). Die indischen Götterrosse (Macdonell S. 148f.) scheinen keine solche Allianzsagen veranlaßt zu haben. — Auf Loki aber ist der Mythus wohl nur übertragen.
[4]) Olrik, Om Ragnarok; Golther S. 425; Mogk S. 310. 347.
[5]) Mogk a. a. O.
[6]) Preller 1, 65.
[7]) Vgl. Zacher, Ztschr. f. d. Phil. 30, 289f.: Loki und Typhon.
[8]) Vgl. v. d. Leyen, Märchen, S. 28f.
[9]) Olrik S. 2346.   [10]) Mogk S. 311.
[11]) Macdonell S. 138.
[12]) Der Leichen frißt wie die indischen Pisâcas (Macdonell S. 164). Much (Himmelsgott, S. 220) hält ihn für ein Wesen vulkanischen Charakters.

Daß er erst später an Loki angeschoben ist, wird schon durch seine starke eigene Familie wahrscheinlich. Von ihm hat[1]) die »Alte im Eisenwalde« zwei Söhne geboren, die Wölfe Skoll und Hati, von denen Hati einmal die Sonne verschlingen wird. Nur andere Namen für Skoll und Hati scheinen Wali und Narfi (oder Nari, allein genannt als Sohn des Sigyn)[2]). Von diesen ist Wali[3]) ebenfalls ein Wolf, wenn auch nach schlechter Nacherklärung durch göttliche Verwandlung — eine solche Verzauberung in Tiergestalt, hellenisch so beliebt (Aktäon! Metamorphosen), kommt in echter altgermanischer Mythologie nie vor[4]). Wali zerreißt dann seinen Bruder (In der Nachrede der Lok. ist es gerade umgekehrt und mit den Därmen des Zerrissenen wird Loki gefesselt). Hier gilt besonders Mogks Wort[5]): »Dies ganze Verwandtschaftsverhältnis Lokis zeigt das bunteste Gemisch von Gestalten mit physischem Hintergrund und subjektiven poetischen Gebilden, denen sich Mißverständnisse des Verfassers der Snorra Edda zugesellt haben mögen.« Auf die beiden Sonnenwölfe wird der Fluch des Sippenmordes[6]) angewandt: statt daß einer die Sonne erwürgt[7]), muß er den Bruder töten. Warum ließen denn die Asen nicht wenigstens die beiden Wölfe sich gegenseitig ermorden wie die Männer der Kadmeischen Saat?

Für das Alter des Namens Narfi spricht, daß er noch einmal[8]) für den Vater der Nacht vorkommt. (Ebenso heißt Hati auch der riesische Vater der Hexe Hrimgerd: Helg. Hjörv.) Auch scheint der einfache Typus von Namen wie Narfi und Hati zu dem von Loki zu stimmen. Doch nennen nur spätere Mythologen[9]) die Namen Skoll und Hati und machen über die Mutter — natürlich eine Riesin — und die Stellung der Wölfe zur Sonne nähere Angaben. Wahrscheinlich liegen Sagenparallelen vor: entweder verschlingt der Fenriswolf selbst die Sonne[10]), oder zwei Wölfe verfolgen sie, von denen sie dann einer verschlingt; diese werden dann zu seinen Söhnen gemacht[11]). Nun war eine Mutter nötig, wie Angrboda. Am Ende der Welt, wo die Sonne versinkt, ist der »Eisenwald«[12]) — wohl nicht einfach ein Urwald[13]), sondern das Land

[1]) Völ. Str. 40.
[2]) Gylf. cap. 33: Gering S. 322.
[3]) Gylf. cap. 50: Gering S. 347.
[4]) Vgl. o. S. 130; doch vgl. Gering, Ztschr. f. d. Phil. 41, 488.
[5]) S. 348.   [6]) Völ. Str. 45.   [7]) Völ. Str. 40.
[8]) Gylf. cap. 10: Gering S 304.
[9]) Grím. Str. 39; Gylf. cap. 12: Gering S. 306.
[10]) Vaf. Str. 47.
[11]) Als Vater der Wölfe heißt Fenrir (Grim. Str. 40, Gylf. cap. 12) *Hródvitnir* der berühmte Wolf.
[12]) Völ. Str. 40; Grím. Str. 39.
[13]) Wie »Iserlohn«: Gering S. 19.

§ 18. Nebengötter. 353

des Sonnenuntergangs, des dämmernden Glanzes —, wo Helios am ehernen Himmel emporsteigt und seine Rosse in dem wie blankes Erz strahlenden See der Äthioper tränkt ¹). Dort also, wo die Sonne untergeht, sitzt die Alte ²) und wartet auf das Ende der Sonne. Diese namenlose und vielleicht gerade deshalb uralte Gottheit des Sonnenuntergangs ward zur Mutter der Wölfe, die nach manchen primitiven Mythologien die Sonne fressen ³). — Oder ist die Alte die Verkörperung der bösen Hexen, der »Weiber am Eisenwald« *(járnvidjur)?* Das deutet Snorri ⁴) an, der diese von dem Wald der Alten benennen läßt.

Die ursprüngliche Funktion des Wolfes ist unzweifelhaft seine eschatologische ⁵): er verschlingt die Sonne. Daran knüpfen ätiologische Mythen. Wenn der böse Wolf die Sonne auffressen kann, warum tut er es nicht? Weil er gefesselt ist ⁶) — eine uralte Erklärung, für die samt ihren Einzelheiten v. d. Leyen ⁷) die merkwürdigsten Parallelen aufgefunden hat. Bei Snorri selbst steht sie in zwei Varianten ⁸) mit drei Fesseln, deren letzte — wie der Göttermeth — eine zauberhafte Quintessenz unmöglicher Dinge darstellt; mit dem üblichen Botenritt (Skirnisför) und den kunstvollen Zwergen. Die letzte Fessel heißt Gleipnir — eine Benennung vom Typus Mjölnir Sleipnir Gungnir. Weiter: wie kommen die Götter dazu, ihn zu fesseln? Orakel warnten sie ⁹), denn er wuchs bei ihnen auf (!) und nur Tyr wagte ihn zu füttern. (Bessere Variante: alle drei Ungeheuer wachsen in Jötunheim auf ¹⁰).

3. Jörmungand ¹¹), die Weltschlange, der Midgardsormr ¹²), ist das riesische Meerungeheuer, das die Menschenerde umspannt wie Okeanos und sie verschlingen möchte. Sie ist aber auf den Meeresgrund gebannt, wo sie ohne Ende wächst ¹³), bis auch sie einmal frei wird und die Erde verschlingt. — Der Mythus von Thor bei Hymir spielt mit ihr, wie die Hiobsdichtung mit dem Leviathan: Thor angelt sie in die Höhe, da speit die Schlange Gift (wie die zu Lokis Pein über seinem Haupt befestigte Schlange ¹⁴).

¹) Preller 1, 434. Anders über Jarnvidr und seine Synonyma Kauffmann, PBB. 18, 163.
²) Wie Thökk in der Höhle, Gylf. cap. 49: Gering S. 346.
³) Über »Verschlingungsmärchen« Wundt 2, 3, 230.
⁴) Gylf. cap. 12.   ⁵) Siehe u.
⁶) Gylf. cap. 25: Gering S. 319.
⁷) Märchen S. 28, Festschrift für J. Kelle 1, 1 f.
⁸) Gylf. cap. 25 und ausführlicher cap. 34.
⁹) Gering S. 323.
¹⁰) Ebd. S. 322.   ¹¹) Völ. Str. 50.
¹²) Olrik S. 25; Gylf. cap. 34: Gering S. 322.
¹³) Gylf. cap. 34: Gering S. 322.
¹⁴) Ein ähnliches dämonisches Tier war vielleicht ursprünglich die Schlange des biblischen Paradieses; vgl. Holzinger, Genesis, S. 33: der Fluch, ihre Bestrafung.

## Viertes Kapitel.

Diese eschatologischen Ungeheuer sind viel furchtbarer als Loki und haben ihm erst den grausigen Charakter gegeben, den er zuletzt annimmt. Lokis Eltern[1]) werden schon in alten Strophen erwähnt[2]). Nur bei Snorri[3]) heißt er der Sohn des Riesen *Fárbauti*, »des gefährlich Schlagenden«, d. h. des Sturmwinds, da dieser das Feuer in dem Holze entfacht[4]). Mogk meint: »Es mag bei der Schöpfung dieser Verwandtschaft Vermischung alter Naturmythen mit dem jüngeren Lokimythus stattgefunden haben, denn hier scheint schon Loki als das vernichtende Feuer aufgefaßt zu sein, das der Sturmwind auf bewaldeter Insel vom Himmel herabbrachte. Das wäre dann ein Parallelmythus zu dem Mythus von der Entstehung des Lichts und der Wärme auf Gotland[5]).« Nach Bugge[6]) bedeuten dagegen die Namen von Lokis Eltern ein dichterisches Bild: daß der Sturmwind die flammende Lohe aus dem Gehölz schlägt. Aber das kann er doch nur, wenn das Feuer schon da ist! Der Blitz kann Feuer entzünden, nicht der Sturm.

Stände der Name *Laufey*, »die Laubinsel«, nicht in der Thrymskv., so würde ich unbedenklich auch hier Adoptiveltern Snorrischer Faktur zu sehen glauben. Anderseits genügt er doch nicht (mit dem Hammer Mjölnir, s. o.), um das Gedicht umdatieren zu lassen; und für Interpolationen sind die beiden Belege zu gut verankert. Aber der durchsichtig komponierte Name bleibt verdächtig und gewinnt nicht dadurch, daß Snorri[7]) ihm die Variante *Nál* »die Nadel«, d. h. der Nadelbaum, beigibt. Ob vielleicht Laufey ursprünglich eine Ortsbezeichnung war, dem »Eisenwald der Alten» entsprechend? dort der Punkt des Herabgehens der Sonne[8]), hier etwa die Stelle des Aufgangs, des Auftauchens des himmlischen Feuers? »Sohn der Laufey« wäre dann erst lokal gemeint[9]), später metonymisch verstanden worden und schließlich der allegorischen Deutung verfallen. Loki der Sohn der Laubinsel? aber Nadelholz brennt doch nicht weniger gut! — Fárbauti, ein alter Winddämon, der die Äste herunterschlägt, war dann der gegebene Vater[10]).

Da Skoll und Hati Lokis Enkel vom Fenriswolf sein sollen, hätten wir hier glücklich einen dämonischen Urgroßvater. Indessen pflegt die mythologische Anschauung über zwei Generationen nicht herauszugehen. —

[1]) Vgl. Kock S. 101.
[2]) Thrymskv. Str. 17. 20, Lok. St. 39; ebenso Skáldsk. cap. 3: Gering S. 364 heißt Loki der Sohn der Laufey, der »Laubinsel« (Golther S. 184. 409, Mogk S. 347).
[3]) Skáldsk. a. a. O.     [4]) Gering S. 21.
[5]) Säve, Gutinska Urkunder, S. 31.
[6]) Golther S. 184. 409.
[7]) Gylf. cap. 33: Gering S. 322.
[8]) Freilich später Völ. Str. 40 nach Osten verschoben!
[9]) Etwa wie Sigrun von Sewafjöll, Helg. Hund. 2, 44.
[10]) Vielleicht ist er auch Völ. Str. 52 mit dem »Mörder der Zweige« gemeint.

## § 18. Nebengötter. 355

So hat Loki durch die beherrschende Stellung, die er gewann, einen ganzen Familienstaat um sich gebildet. Die Vorstellung einer geschlossenen »Hölle« ist aber nicht entstanden: nur während ihrer Unmündigkeit leben die drei Ungeheuer zusammen in Jötunheim [1]). Später sind sie getrennt: die Schlange allein trifft Thor bei Hymir, und sie kommt zu Ragnarök von Osten [2]); Loki, die Leute der Hel, der Wolf von Norden [3]); Hel selbst von Süden [4]), »Feinde ringsum«!

Zu diesen dämonischen Ungeheuern gehört ferner der Drache Nídhögg [5]). Der »schadengierig Hauende« [6]) scheint ein alter Dämon: der »Leichenzehrer«, der die Toten schädigt [7]). Später ist er zu der Weltesche Yggdrasil in weltumstürzende Beziehung gebracht worden, vielleicht weil die Wurzeln des Weltbaums schlangenförmig gezeichnet waren [8]); und so ist denn [9]) dem einen Drachen ein ganzes Nest von Schlangen untergelegt worden. — Natürlich wird er [10]) zum letzten Kampf in einer wenn auch nur äußerlichen Beziehung gedacht. —

Viel stärker [11]) ist Surts Anteil an diesem Kampf. Surt [12]) gilt geradezu als das Haupt der götterfeindlichen Heeres [13]). Das Feuer des Weltenbrands heißt Surts Lohe [14]) und somit ist er ein Feuerdämon [15]). Das berichtet die Prosa Edda [16]) auch ausführlich: »Zuerst bestand die Gegend, welche Muspellsheim heißt; diese ist hell und heiß, und sie kann von niemandem, der dort nicht zu Hause ist, betreten werden. Surt hat dort die Herrschaft, der an der Grenze seines Reiches sitzt; in der Hand hält er ein glühendes Schwert, und am Ende der Welt wird er kommen, und alle Götter besiegen und die Welt mit Feuer verbrennen. So heißt es in der Völuspá [17]).« Das wäre ganz schön, wenn nicht der Verdacht bestände, daß das alles abgeleitet ist [18]).

[1]) Gylf. cap. 33: Gering S. 322.
[2]) Völ. Str. 50.   [3]) Str. 51.   [4]) Str. 52.
[5]) Völ. Str. 39. 66; Grím. Str. 32. 35 = Gylf. cap. 15: Gering S. 309, cap. 16 ebd. S. 311; ebd. cap. 52: Gering S. 351 = Völ. Str. 39. — Müllenhoff, D. Alt. 5, 36. — Golther S. 536 Anm., Mogk S. 379. 381.
[6]) Bugge S. 480 f.
[7]) So an der ältesten Stelle Völ. Str. 39.
[8]) Denn wir halten dies (siehe u.) für einen ikonischen Mythus.
[9]) Gylf. cap. 16.
[10]) Völ. Str. 66.   [11]) Olrik S. 227 f.
[12]) Völ. Str. 47. 52, Vaf. Str. 17. 51, Fáf. Str. 14 (= Vaf. Str. 17); wertlos Fjöl. Str. 18. — Gylf. cap. 4: Gering S. 300, cap. 7 ebd. S. 313, cap. 51 S. 349 f., aus Völ. Str. 47 f. abgeleitet.
[13]) Vaf. Str. 17; Fáf. Str. 14.
[14]) Vaf. Str. 51; Gylf. cap. 16.
[15]) Golther S. 189, Mogk S. 382; Phillpott (Ark. f. nord. Fil. 21, 14 f.) spezialisiert wahrscheinlich mit Recht: ein vulkanischer Dämon.
[16]) Gylf. cap. 4.   [17]) Str. 52.   [18]) Vgl. Olrik S. 221 f.

356                    Viertes Kapitel.

Zunächst: *Múspell*[1]) = *Muspilli* hat es natürlich gegeben; und die an dem Erdbrand beteiligten Dämonen können wohl »Múspells Söhne« heißen[2]) — etwa wie Loki Sohn der Laufey heißt. Nun aber diesem vermeintlichen Vater Múspell ein Múspellheim zu dedizieren[3]), das sollte doch auch die stutzig machen, die an alle »Heime« aller Edden sonst willig glauben! Das Land der Weltvernichtung — ein kurioses Land fürwahr! Und die Funken, die vom Weltbrand sprühen[4]), könnten echt sein — aber ein feuersprühendes Land ist denn doch eine zu große technische Rarität[5]).

Daß das Land hell und heiß ist, konnte Snorri sich selbst sagen; sonst aber bringt seine Schilderung des Königs von Feuerland nur Einen neuen Zug: daß er an der Grenze seines Reiches sitzt; und dies kam wohl zustande, indem Snorri zwei Strophen der Völ.[6]) kombinierte und deshalb Surt zum Pendant Heimdalls machte.

Ich würde also aus der so oft auch uns verblendenden Augentäuschung Gylfis nichts, aber auch gar nichts für Surt zu schließen wagen. Dann bleibt übrig 1. er ist ein Hauptführer im Kampf gegen die Götter; 2. er hat mit dem Weltbrand zu schaffen; 3. ein anderer Hauptfeind der Götter (nach der herrschenden Annahme Fenrir[7]) heißt »sein Blutsfreund«[8]) — wie Loki und Odin Blutsfreunde waren[9]). — Wahrscheinlich ist er also ein alter Dämon des vulkanischen Erdfeuers[10]), und sein Blutsbruder ist dann doch wohl[11]) der Feuerdämon Loki.

Die Versuchung, aus *Myrkwid*, »*Dunkelwald*«, das Muspells Söhne[12]) durchreiten, etwas für Múspell und Surt zu gewinnen, muß man wohl aufgeben. Detter und Heinzel[13]) denken an den deutschen Schwarzwald; aber andere Stellen[14]) lassen wohl kaum Zweifel übrig, daß mit dem Fliegen, Reiten, Senden durch den dunkeln Tann lediglich ein un-

---

[1]) Lok. Str. 42.
[2]) Ebd.; Gylf. cap. 13: Gering S. 307, cap. 37 ebd. S. 329, cap. 43 S. 333, cap. 51 S. 349.
[3]) Gylf cap. 4: Gering S. 300, cap. 5 S. 301, cap. 8 S. 303, cap. 11 S. 305.
[4]) Gylf. a. a. O. cap. 8 und 11.
[5]) Heinzel-Detter (Edda 2, 66) möchten Muspell und Muspellheim trennen: Muspell wäre eine Person, der Herr von Muspellheim.
[6]) Str. 46 und 47; vgl. Gylf. cap. 51: Gering S. 350.
[7]) Gering z. St.; vgl. Heinzel-Detter 2, 63.
[8]) Völ. Str. 47.
[9]) Lok. Str. 9.
[10]) Vgl. Golther a. a. O.
[11]) Vgl. Heinzel-Detter a. a. O.
[12]) Lok. Str. 42.
[13]) S. 66.
[14]) Vkv. Str. 1; Helg. Hund. 1, 52; vgl. Oddr. Str. 23.

bestimmter dunkler Weg gemeint ist. Wie gern brächte man sonst den Dunkelwald mit dem Eisenwald der Alten [1]) zusammen [2])!

Surt, ein speziell isländischer Dämon des verderblichen Erdfeuers, mag wohl der **ursprüngliche Heerführer der götterfeindlichen Scharen** gewesen sein, als man in Island die Legende vom Ragnarök ausbildete; daher nahm [3]) dort die Schilderung des Weltbrandes den Charakter eines vulkanischen Ausbruchs an, wogegen Loki gemeinnordisch ihr Leiter ward [4]). Und so stehen diese beiden noch jetzt mit unklaren Kompetenzen nebeneinander. Daß Surt den Frey erschlägt [5]), hat schwerlich besondere Bedeutung.

Der letzte Gegengott ist **Hrym**. Die Versedda nennt ihn nur einmal [6]):

Von Osten fährt Hrym, im Arm den Schild,

Snorri [7]) schließt aus dem Schlußvers dieser Strophe noch, daß Hrym das Schiff Naglfár steuert; sonst wird er [8]) nur beiläufig noch einmal erwähnt. — Meyer [9]) bringt Hrym als den Totenschiffer mit Charon zusammen; es ist aber nicht einmal sicher, ob das Totenschiff Naglfár [10]) ihm von vornherein gehört. Der Name (»erschöpft, kraftlos«?) [11]) hilft nicht weiter. Der Name klingt alt. Ob bei Hryms Schild an den Sonnenschild [12]) zu denken ist, den er geraubt hätte?

Summa: er ist noch irgendein alter Dämon, der beim Generalappell der Weltzerstörer mit aufgeboten wird [13]). —

Der Windgott **Hraesvelg** [14]) ist schwerlich mit Gering [15]) als Teilnehmer der teuflischen Scharen anzusehen; mit Heinzel-Detter [16]) wird man an der Stelle der Völuspá einfach an den Adler des Schlachtfelds denken müssen, der die Leichen verzehrt, gerade wie der Sonnenwolf, weil er eben Wolf ist, sich vom Fleisch gefallener Männer [17]) nährt. — Es sind auch so schon der Gegengötter genug [18]).

## § 19. Eddische Nebengötter.

Eine Reihe von Göttergestalten gehören noch zu dem offiziellen Kreis der »großen Götter«, ohne doch in Kult oder Mythus so stark wie Odin,

---

[1]) Vgl. Müllenhoff, D. Alt. 5, 122.
[2]) So auch in der Saga: Hervararsaga; vgl. J. Grimm, Kl. Schr. 2, 39.
[3]) Phillpott S. 24.
[4]) Über Surts isländischen Ursprung vgl. Phillpott S. 27.
[5]) Gylf. cap. 51: Gering S. 349.    [6]) Völ. Str. 50.
[7]) Gylf. cap. 51: Gering S. 348.    [8]) Ebd. S. 349.
[9]) S. 469.    [10]) Golther S. 534 Anm.
[11]) Gering S. 12.    [12]) Grím. Str. 38.
[13]) Müllenhoff (D. Alt. 5, 149) hält ihn für eine neue Erfindung.
[14]) Siehe o. S. 99.    [15]) Zu Völ. Str. 50.
[16]) Edda 2, 65.    [17]) Völ. Str. 41.
[18]) Vgl. über Ragnarök überhaupt u.

Thor, Tyr, Frey, Njord, Frigg, Freyja hervorzutreten, obwohl ihre Bedeutung gelegentlich schon an die Balders streift. Einige sind auch ganz untergeordneter Natur, wenigstens nach unseren Quellen.

## Heimdall.

Heimdall[1]) ist lediglich nordisch[2]) und sogar nur norwegisch-isländisch[3]). Er scheint jung; sein Name[4]) ist singulär, ein Kult nicht belegt. Eine Aristie des später beliebten Gottes, »Heimdallargaldr« (von Snorri auch in den Skáldsk. erwähnt) ist bis auf zwei Verse[5]) verloren. Außerdem nennt der Skald Ulf Uggvason ihn in seiner Húsdrapa[6]). — Von Eddaliedern nennen ihn Völuspá, Thrymskvida[7]), Lokasenna[8]), Grimnismál[9]) und nach der herrschenden Ansicht (die auch die eddische Hypothesis ausdrückt) die Rígsthula. Ohne ihn zu nennen, schildert ihn die in die Hyndluljód eingelegte kleine Völuspá[10]), die die neun Mütter aufzählt und von Heimdalls Jugend mystisch berichtet. Allerdings ist diese Quelle nicht einwandsfrei: die Angaben über die Nahrung des jungen Gottes[11]) berühren sich verdächtig mit dem Zaubertrank der Grimhild[12]), und da beide Gedichte etwa gleichzeitig sind[13]), so liegt der Gedanke einer Entlehnung nahe, die dann wohl für die Priorität des Zaubergemisches[14]) spricht. Aber die anderen Strophen lassen noch genug übrig; zumal wenn man sie durch die Rígsthula[15]) ergänzt.

Der Name[16]) steht unter den eddischen Götternamen insofern isoliert, als er ein durchsichtiges Kompositum ist: »über die Welt leuchtend« oder »über die Welt gefeiert« (zu angelsächsisch *deall, stolz, berühmt*)[17]) oder »der hell Leuchtende«[18]). Daneben aber steht das einfache, aber vielleicht entlehnte Appellativum *Ríg* »der König«[19]).

Sein Wesen ist mannigfaltig gedeutet worden. Daß er eine Art Lichtgott ist, wird schon wegen seines Namens kaum bezweifelt[20]).

---

[1]) Uhland, Schr. 6, 14; Müllenhoff, H. Z. 30, 245; Mogk S. 317. 352. 379; Golther S 359; Meyer S. 408; Much S. 357; v. d. Leyen, Märchen, S. 6; R. M. Meyer, Ark. f. nord. Fil. 23, 250.
[2]) Meyer S. 42.
[3]) Ebd. S. 408; Mogk S. 317.   [4]) Siehe u.
[5]) Gylf. cap. 27: Gering S. 321.
[6]) Zwischen 975 und 980 (Golther S. 359).
[7]) Str. 14.   [8]) Str. 47—48.   [9]) Str. 13: Heim.
[10]) Hyndl. Str. 36f.   [11]) Hyndl. Str. 39.   [12]) Gud. 2, 22.
[13]) Gegen 950: Hyndl. Jónsson S. 202, Gud. 2: ebd. S. 297.
[14]) Golther S. 362 Anm. 2.
[15]) Siehe u.   [16]) Golther S. 360.
[17]) Wie in *Mardöll*; Bugge.
[18]) Kögel, I. F. 5, 313.   [19]) Mogk S. 318.
[20]) Nur v. d. Leyen (Sagenbuch S. 221) schreibt ihm elfischen Ursprung zu wie mir scheint, durchaus gewaltsam.

## § 19. Eddische Nebengötter.

Außerdem haben wir als Anhaltspunkte die Mythen und Snorris Auffassung[1]).

Bei Snorri stammen aus der Völ.[2]) das Horn Heimdalls (mit dem wohlfeilen Namen *Gjallarhorn* »das gellende Horn«); aus der Lok. der Wächter der Götter; aus Grim. die Burg des Gottes. Daß er *der hellste Ase* heißt und zukunftskundig ist[3]), hat Snorri hier nicht benutzt. Zitiert werden die Grim. und der für die neun jungfräulichen Mütter maßgebende Heimdallargaldr[4]). — Von sonst unbelegten Angaben bringt Snorri in der Gesamtcharakteristik Heimdalls[5]) zwei weitere Namen des Gottes: *Hallinskidi*, »der gebogene Schlittschuhe trägt«, und *Gullintanni*, »Goldzahn«; den Namen seines Rosses *Gulltopp*, »mit goldenem Stirnhaar«[6]) und die Lokalisierung von Heimdalls Burg bei der Brücke Bifröst[7]). — Sodann Einzelzüge aus dem Bild des Wächters: er sitzt am Rand des Himmels — er sieht und hört mit märchenhafter Schärfe.

An anderer Stelle berichtet Snorri: Heimdall reitet auf Gulltopp zu Balders Begräbnis[8]) — ebenso bei Ulf Uggvason. — Beim Ragnarök töten sich Heimdall und Loki[9]). Dies geht bei der Aufteilungstendenz der guten und bösen Mächte wohl aus der besonderen Feindschaft zwischen dem Unheilstifter und dem Wächter[10]) hervor.

Der Mythus gibt folgende Hauptzüge: 1. Wunderbare Geburt. Dieser — in der germanischen Mythologie bei Urwesen häufige, bei Göttern singuläre — Zug scheint besonders Lichtgottheiten eigentümlich: Athene[11]), Dionysos[12]), Indra[13]). 2. Besondere Angaben über die Erziehung. Auch diese eignen vorzugsweise atmosphärischen hellen Gottheiten: Zeus[14]), wieder Dionysos[15]). Beide Züge scheinen also auf einen Gott des Lichts oder der Helligkeit zu deuten: das immer neue Rätsel, wie aus dem Dunkel Licht wird und sich die Schöpfung gleichsam täglich wiederholt, reizt zu solchen Mythen, die etwa rein terrestrischen oder chthonischen

---

[1]) Gylf. cap. 27: Gering S. 320.
[2]) Str. 27. 46.    [3]) Thrymskv. Str. 14.
[4]) Vgl. allgemein Golther S. 361.
[5]) a. a. O.
[6]) Aus Grim. Str. 30, wo die Götterrosse aber nicht verteilt sind.
[7]) Aus Grim. Str. 44.
[8]) Gylf. cap. 49: Gering S. 345.
[9]) Gylf. cap. 51: Gering S. 350.
[10]) Kampf um Brísingamen; siehe o. S. 215f.
[11]) Preller 1, 188; vgl. 190.
[12]) Ebd. 661.
[13]) Ähnlich wie Dionysos: durch die Seite, allerdings der Mutter (Macdonell S. 56). Sekundär dagegen bei Mars: Wissowa S. 134.
[14]) Preller 1, 133.
[15]) Ebd. 1, 662. — Von Apollon, Hermes, Herakles wird wohl aus der Jugend, nicht aber von Ernährung und Aufziehen berichtet.

## Viertes Kapitel.

Gottheiten oder »Berufsgöttern«[1]) mangeln. 3. Das Amt als himmlischer Wächter. Auch dies kann nur einem mit Himmel und Helligkeit verbundenen Gott gehören; so ist Varuna, der indische Himmelsgott, von seinen Spähern umgeben[2]), so ist Helios »der allgemeine Späher der Menschen und Götter, vor dem nichts verborgen bleibt«[3]). Soweit hätten wir also nur einen am Himmel wohnenden Lichtgott. Aber Himmels- oder Lichtgötter sind Tyr und Balder auch. Was unterscheidet Heimdall von anderen Helligkeitsgöttern?

Er wird mit der Entstehung der Stände in mittelbare Beziehung gebracht (Rígsthula) — denn daß das Gedicht von der Bildung der Kasten wirklich ihm gehört, wird meines Erachtens schon durch den Parallelismus der kleinen Völuspá unzweifelhaft. Wie von Odin, dem Pflegevater junger Fürsten[4]), berichtet wird, wie er zum Machthaber ward (in der Erzählung von der Runenfindung), so wird von Heimdall-Ríg, dem Stammvater der Stände — »der allen Geschlechtern vereint durch Verwandtschaft[5]) — erzählt, wie er selbst aufwuchs und, gleich dem Konungr, zum mächtigen Herrn ward.

Hiernach können wir zu einer näheren Bestimmung Heimdalls kommen. Uhland[6]) faßt ihn allgemein als den Gott, dem die Frühe und der Anfang gehört — und so stände er denn zu seinem Gegner Loki, dem »Schließer«, in natürlichstem Gegensatz[7]). Aber eine so abstrakte Konzeption ist mit den individuellen Zügen des Bildes schwer in Einklang zu bringen; auch stimmt die dauernde Funktion des Wächters nicht recht zu der des bloßen Anfangverkünders. — Nach Müllenhoff[8]) wäre er eher der Gott der Morgenröte, vielleicht sogar des Regenbogens (an dem seine Burg steht). Aber seine Beziehungen zu den Menschen werden so stark betont! an der feierlichsten Stelle der Edda[9]) heißen die nach Ständen geordneten Menschen Heimdalls Kinder! Er ist ein »Menschengott« wie Frey; was aber hat[10]) der Gott der Frühe mit der Schöpfung der Stände zu tun? Gewöhnlich bezeichnet man ihn als den **Gott des anbrechenden Tages**. Er hat neun Schwestern zur Mutter (sonderbare Geburtsverhältnisse bilden seine Spezialität). Ihre Namen[11]) helfen uns nur insofern weiter,

---

[1]) Wie Mars (Wissowa S. 130): von Anfang an Kriegsgott; oder Frigg: Göttin der Frauen.
[2]) Macdonell S. 23.
[3]) Preller 1, 433; »die Sonne bringt es an den Tag«.
[4]) Siehe o. S. 254.    [5]) Hyndl. Str. 40.
[6]) Schr. 1, 64.
[7]) Müllenhoff, H. Z. 30, 229; Mogk S. 318.
[8]) Vgl. Golther S. 366.
[9]) Völ. Str. 1.
[10]) Trotz Mogks gekünstelter Verbindung S. 319.
[11]) Hyndl. Str. 38.

## § 19. Eddische Nebengötter. 361

als sie zeigen, daß auch der Nomenclator die neun Schwestern[1] für Wellen hielt. Übrigens ist es gewiß kein Zufall, daß unter diesen neun Namen vier auch sonst vorkommen: *Gjalp*, auch Geirröds Tochter[2], *Greip* ebenso[3], *Imd* als Mutter des (gleich Loki) zum Weib verwandelten Gudmund[4], *Járnsaxa*[5] als Gattin Thors und Magnis Mutter. Nun haben Rán und Ägir neun Töchter[6]; die Übereinstimmung ist verführerisch. Daß deren Namen zu Hyndl.[7] nicht stimmen[8], hat nichts zu sagen, da hier wie dort nachträglich getauft ist. Somit wäre also Heimdall »der am Himmelsrand übers Meer aufleuchtende Tag«[9], von den Meereswogen am Rand der Erde (wo auch der Regenbogen aufsteht) geboren. Das würde auch gut zu dem isländischen Ursprung des Gottes stimmen: für Ost- oder Südisland taucht der Tag wirklich aus den Meereswogen auf[10]; doch ist die rein mythische Vorstellung auch anderswo denkbar. Und wenn man die neun Schwestern als Wolken faßt[11], wäre auch diese Vorstellung mit der des jungen Tages vereinbar. Besser bleibt man doch bei der der Wogenmädchen, schon wegen der Zahl: die dritte Welle gilt überall als die stärkste, so daß die Neunzahl besonders motiviert ist[12].

Aber der Gott des jungen Tages ist immer noch zu wenig Wächter und Herr der Stände; deshalb möchte ich seine Funktion genauer als die des hellen Tages nüancieren.

Hierzu stimmt alles vortrefflich. Er ist der weiseste, hellste der Asen; sein Roß hat goldene Stirnhaare: der goldene Glanz des aufleuchtenden Tages, wie ihn die antike Skulptur an Helios symbolisiert; er selbst hat goldene Zähne, wie Eos Rosenfinger hat. Die ganze Gestalt ist auf den Begriff der Helligkeit gestellt: weiße Farbe; Ton des Horns; »helle«, aufgeweckte, weise Art; strahlende, goldene Attribute. Auch die Entwicklung der Gestalt stimmt hierzu:

In seiner Entwicklung ist Heimdall also zunächst ein Himmelsgott — vielleicht, wie man in der Regel annimmt[13], eine Emanation Tyrs; freilich müßte er älter sein, als wahrscheinlich ist, weil von dem Kriegsgott kein Taggott mehr emanieren konnte. Ich halte ihn eher für eine jüngere Schöpfung. Denn für die späteren Götter ist es bezeichnend,

---

[1] »Die Brausende«, »die Umkrallende«, »die rasch Dahinstürmende«, die kalt ist wie ein eisernes Messer«: Gering S. 124 Anm. 5.
[2] Skáldsk. cap. 2: Gering S. 303.
[3] Ebd.   [4] Helg. Hund. 1, 44.
[5] Siehe o. S. 305.   [6] Golther S. 478f.
[7] Str. 38.   [8] Heinzel-Detter 2, 630.
[9] Golther S. 363, Meyer S. 408.
[10] Golther a. a. a. O.   [11] R. M. Meyer S. 252.
[12] Früh verdunkelt ist auch der indische (oder vielmehr indoiranische) Gott des Tagesanbruchs, Vivasvant (Macdonell S. 43).
[13] Z. B. Mogk, Sammlung Göschen 15, 76.

daß sie mit den Einzelerscheinungen des menschlichen Lebens enger befaßt sind als die älteren (Was, beiläufig bemerkt, für Balders Ursprünglichkeit zeugt).

Der Tagesgott ist also nicht ein abstrakter »Herr der Helligkeit« — wie die griechische Hemera[1]), die deshalb auch ihr Pendant Nyx neben sich hat —, sondern der lebensvolle Vertreter des hellen, erfüllten Tages. Als solcher erhält er, er allein unter den Asen, eine durchaus menschliche Funktion, eine wirkliche Beamtenstellung; er wird Wächter der Götter, worüber der boshafte Loki wohl spotten mag. — Es ist nicht undenkbar, daß hier eine Verschmelzung stattgefunden hat. Wir finden vielfach irdische Wächtergottheiten: Pushan, an der Grenze von Himmel und Erde geboren, überwacht die irdischen Wege[2]); Janus, ebenfalls als »Gott des Anfangs« bezeichnet, ist ursprünglich der Gott der Türen und Grenzwege[3]); auch an unsere Syn[4]) ist zu erinnern. Diese Funktion, an der Grenze menschlicher Gebiete zu wachen, die bei den Römern noch in der Kaiserzeit aus dem Fest der Terminalia einen Gott Terminus, Schutzherrn der Grenzsteine, erwecken ließ[5]), wird nun in den Himmel projiziert; und ebenso erhält die Unterwelt in Eggthér[6]) und das Totenreich in Módgud[7]) analoge Wächtergottheiten. So könnte sich mit dem hellen Tagesgott ein irdischer Grenzgott vereint haben. Dies Bild des Himmelswächters wird nun in doppeltem Sinn ausgeführt: einerseits heroisch, anderseits märchenhaft.

Die märchenhaften Züge hat schon J. Grimm[8]) hervorgehoben: er bedarf weniger Schlaf als ein Vogel — weil er eben der wache Tag selbst ist; er sieht bei Nacht so gut wie bei Tag, hört das Gras wachsen — Züge, aus der Übertreibung des »Wachens« herausgesponnen oder an Märchenmotive angelehnt.

Weniger hat man auch hier die (bei einer relativ jungen Gottheit fast unvermeidlichen) Einwirkungen der heroischen Sage und Dichtung beachtet. Zwar die Analogie mit Wächtern und Markgrafen der Heldensage hat man hervorgehoben und in dem Eckewart der Nibelungenot einen mythischen Niederschlag vermutet[9]). Aber der »Markwart des Himmels[10]) ist umgekehrt selbst diesen Wächtern angeglichen, die im Beowulf[11]), im Nibelungenlied[12]), ja auch in der heroischen Lyrik des Tageliedes ihre unentbehrliche Stellung haben. (Und Eckewart schläft ja gerade an der Grenze, während Heimdall nie schläft!) Irdische Heere und Burgen

---

[1]) Preller 1, 37. 39. 440.
[2]) Macdonell S. 35.   [3]) Vgl. Wissowa S. 96.
[4]) Siehe o. S. 276.   [5]) Wissowa S. 125.
[6]) Siehe u.   [7]) Golther S. 371.   [8]) Myth. 1, 193.
[9]) Mogk S. 318.   [10]) Golther S. 360.
[11]) v. 668f.   [12]) v. 279, 6.

## § 19. Eddische Nebengötter. 363

brauchen einen Wächter, und die epische Technik braucht eine Ankündigung des heranrückenden Feindes; Götter können auch so auskommen. So ist Heimdall nach dem Modell der Hagen und Hildebrand stilisiert, wenn er[1]) trotz seiner »Frische« der alte, wackere, weise Ase heißt; von hier stammt sein Horn (wie die Posaune der Engel vor dem Jüngsten Gericht von hier stammt) und sein Amt vor dem Beginn des Götterkampfes; von hier stammt seine, freilich auch mythologisch deutbare, Pflicht, täglich die Wache an der Grenze zu beziehen. Auch bei dem Kampf um Freyjas Geschmeide[2]) ist er mehr der schlaue Götterpolizist als der mit dem dunklen Dämon ringende Tagesgott.

Der Wächter am Himmel wird durch eine sehr naheliegende Ausdehnung seines Amtes zum **Aufseher der menschlichen Tätigkeit**. Er wird für die in ein Zeitalter der Arbeitsteilung tretende Gemeinde der »Gott aller Tätigkeiten« (wie Goethe[3]) Viktoria die »Göttin aller Tätigkeiten« nennt).

Solche Arbeitsgötter entstehen vielfach in einem bestimmten Stadium der Kultur. Götter der menschlichen Gesellschaft wie Mitra, der »die Menschen zusammenbringt«[4]); Götter der Tätigkeit wie Savitri[5]), von dem es im Gebet heißt[6]):

> Es streckt der Gott die breite Hand, die Arme
> Dort oben aus — und alles hier gehorcht ihm —

gerade wie Heimdalls Horn über alle Welt gehört wird. Auch Savitri besitzt das Attribut des Goldglanzes: er hat goldene Arme[7]). Und wie nahe sich die Funktionen von Licht- und Tätigkeitsgott stehen, wird hier deutlich: auf Savitar sind Attribute des Sonnengottes übertragen worden[8]), wie man umgekehrt Heimdall von Tyr abgeleitet hat. Dabei sind Savitar wie Heimdall junge Götter, was bei beiden auch die zu deutlich klassifizierenden Namen sagen[9]). Es kann sich also nicht etwa um Verwandtschaft handeln, nur eben um Analogie[10]).

Der Aufseher der Tätigkeit wird zum Ordner der »Gesellschaft«, der jedem seinen Platz anweist: zum **Patron der ständischen Gliederung**. Daß Heimdall dies ist, beweist die Eröffnung der Völ., wo die Menschen »die heiligen Geschlechter« heißen, weil von Heimdall-Rig er-

---

[1]) Ríg. Str. 1.
[2]) Siehe o. S. 221; Golther S. 415, Meyer S. 409, Mogk S. 319.
[3]) Faust 2, 5455.    [4]) Macdonell S. 29.
[5]) Der auch mit Mitra identifiziert wird, ebd.
[6]) Geldner und Kaegi, 70 Lieder des Rigveda, S. 46.
[7]) Kaegi, Der Rigveda, S. 70.
[8]) Oldenberg, Religion des Veda, S. 64.
[9]) Savitar »der Antreiber«, Macdonell S. 34.
[10]) R. M. Meyer a. a. O. S. 253.

zeugt, und Heimdalls Kinder, die hohen und niederen, weil von ihm gegliedert[1]); beweist auch[2]) der Parallelismus zwischen Heimdalls Erziehung[3]) und der, die er seinen Kindern gibt. Gewiß mit Recht hat deshalb Meißner[4]) die Ansicht Mogks bestritten, Rígr sei nicht Heimdall, sondern Odin. Dieser wehrt ja[5]) hochmütig alle Beziehungen zu den Knechten ab!

Als Rígr also[6]) stiftet er die Ordnungen der Menschen: die Primogenitur der Jarle usw.[7]); und wieder aus den Jarlen geht als ihre höchste Blüte der König hervor (*kuning*, *konungr* mit patronymischem Suffixe, »der Sohn des Geschlechtes«, wie etwa »*phennic*, der Sohn der Münzpfanne«). Auf die Tendenz der Verherrlichung des Königtums ist, wie zuletzt Niedner schön gezeigt hat, das ganze Gedicht gestellt, so daß man es danach in die Zeit des Harald Hárfagr[8]) ansetzen kann[9]). Der König wird zum irdischen Abbild des Gottes: der weise Wächter, der Patron aller Stände, der Antreiber.

Die Paradoxie, daß die erst zu stiftenden Stände doch schon von Rig angetroffen werden, hat nicht viel zu sagen: erst der Gott macht aus den (gleichsam zufälligen) Urpaaren die fruchtbaren und sich mehrenden, die Welt sich unterwerfenden Klassen. Seine mystische Beiwohnung gibt ihnen dazu Kraft und Samen, wie die Dreiheit[10]) den Urmenschen Atem, Seele und Lebenswärme verleiht. Ist doch fast in allen alten Kosmogenien die »Schöpfung« nur eine Beseelung schon vorhandener Materie! Das zweite Mal wird Rígr zum gütigen Vater des Königs, indem er ihm[11]) den eigenen Namen verleiht (auch der König heißt ja »Häuptling«, vgl. unten) und ihm seinen Geist einhaucht[12]). Ähnlich erzählt auch ein vedisches Gedicht den Ursprung der Kasten, und 1. Mos. 4, 20—22 nennt die Stammväter der Viehzüchter, Spielleute und Schmiede.

Diese Stellung zum Königtum mag zu seiner besonderen Verehrung führen, wie sie[13]) die in das genealogische Kataloggedicht eingelegte kleine Völuspá[14]) ausdrückt — so stark, daß der Aufzeichner[15]) durch einen Hinweis auf Christus seinen Ruhm glaubte einschränken zu müssen.

---

[1]) Vgl. Heinzel-Detter 2, 1.
[2]) Siehe o. S. 358.   [3]) Völ. h. sk. im Hyndl.
[4]) Jahrb. f. germ. Phil. 26, 27.
[5]) Hárb. Str. 24.   [6]) Rígr. passim.
[7]) Mogk S. 319, Golther S. 365, Meyer S. 409.
[8]) 890—920: Jónsson 1, 186. 193.
[9]) Über die Einführung von »*konungr*« vgl. Heusler, Arch. f. n. Spr. 116, 223.
[10]) Völ. Str. 18.   [11]) Rig. Str. 36.
[12]) R. M. Meyer a. a. O. S. 255.
[13]) Hyndl. Str. 39. 40. Vgl. über Helios als spezifischen »Imperatorengott« Wundt 2, 3, 412.
[14]) Str. 45.   [15]) Heinzel-Detter 2, 632.

## § 19. Eddische Nebengötter.

Gegen die Altertümlichkeit der Rígsthula hat allerdings Heusler[1]) höchst beachtenswerte Bedenken geäußert, die Neckel[2]) mit formellen Erwägungen gestützt hat. Heusler will »das mit Ríg verbundene Versvokabular«[3]) als gelehrtes isländisches »*carmen philosophicum*«[4]) ins 13. Jahrhundert setzen. Mir wieder scheint dieser einfache Stil, diese Formelhaftigkeit von altepischem Gepräge, diese Naivität der Voraussetzungen für so späte Zeit schwer glaublich. Hätte ein Grübler jenes mythologische Paradoxon geschaffen und nicht vielmehr jeden Stand aus der Verbindung des Gottes mit einem weiblichen Wesen hervorgehen lassen? Ist wirklich die Zuspitzung auf das Königtum von Gottes Gnaden einer Zeit zuzutrauen, der der *konungr* etwas Selbstverständliches war? — Die Schwierigkeiten, die Heuslers Scharfsinn aufdeckt, sind beträchtlich: zahlreiche Fremdworte; gewisse Momente in der ständischen Gliederung selbst; vor allem die Namenhaufen, die mit ihrer appellativischen Durchsichtigkeit nicht alt sein können. Aber die Fremdwörter können dem Versuch realistisch eingehender Schilderung entstammen: man benannte Gebrauchsgegenstände wohl auch damals (wie stets) gern mit solchen Ausdrücken, wie wir unsere »Möbel«, während die Poesie sie vermeidet; die Vereinfachung (und Zuspitzung) der sozialen Scheidung gibt Heusler[5]) selbst zu; und die Namenhaufen brauchen dem später nach ihnen benannten Gedicht so wenig von Anfang an gehört zu haben wie manche in der Völuspá. Allerdings will ich gerade diesen Einwand damit nicht für erledigt halten; auch Dan und Danpr[6]) sind ein Stein im Wege.

Daß übrigens schematische Charakteristik der Standestätigkeit alt ist, beweist die sicher alte Strophe Helg. Hund. 2, 38, die dem Hunding den Knechtsberuf zuweist; wohl auch das Bild des Knechts in Saxos Starkather-Versen[7]).

Die Hauptsache bleibt für uns hier, daß auch Heusler[8]) das »mythologische Rätsel« hereinragen läßt. Sollte selbst das Gedicht jung sein — der Mythus ist es wohl sicher nicht in gleichem Grade; und weder der zweite Vers der Völuspá noch die Verse über Heimdalls Aufwachsen scheinen mir ohne ihn erklärlich.

Olrik[9]) erklärt den Mythus für entlehnt: »der Ríg, der darin auftritt, ist der uralte Großkönig (Ríg—Mór) der Iren, der Gott Dagde, von dem die drei Stände ihren Ursprung haben ... Die doppelte Vaterschaft — ein irdischer und ein göttlicher Vater — ist, wie andere phantastische Arten der Empfängnis, ein Lieblingsmotiv im irischen Heldengedicht; der Wettkampf im Wissen mit dem dazu gehörenden Namenwechsel ist so recht ein Zug aus dem wirklichen Leben und der Sagenerklärung der Kelten. Anderseits ist der Menschenschlag in der Rígsthula in überraschender Weise rein nordisch.« Es wäre dann also auf Heimdall — der übrigens selbst wunderbar von neun Müttern geboren ist — ein irischer Mythus übertragen; daher auch die irischen Lehnworte[10]). Zwingend scheint mir die Beweisführung nicht; und jedenfalls würde die Durchführung des nordischen Lokalkolorits eine ziemlich frühe Einwirkung der keltischen Legende voraussetzen, die ja bei der irischen Benennung des Ríg gewiß nicht absolut abzulehnen ist.

---

[1]) Arch. f. n. Spr. 116, 270 f.
[2]) Beitr. zur Eddaforschung, S. 104 f.
[3]) S. 272.    [4]) P. E. Müller.
[5]) S. 279.    [6]) S. 273.
[7]) Hermann S. 272. 363.    [8]) S. 274.
[9]) Nordisches Geistesleben S. 85.
[10]) Ebd. S. 83.

Für eine Art Geheimdienst des zum Königsgott gewordenen Herrn der Stände spricht die geheimnisvolle Art der Erwähnung in der »kleinen Völuspá« und das Pseudonym des Gottes in der Rigsthula; schon die Geburt von den neun Riesentöchtern am Rand des Meeres gab dazu einen stimmungsvollen Akkord. Diese Geheimnistuerei umgibt auch seine Attribute und anderen Namen.

Die Bedeutung, zu der dieser Gott aufwuchs — vermutlich durch die isländischen Hofskalden norwegischer Könige —, zeigt sich auch in seinen Attributen, die von derselben Art sind wie solche der Hauptgötter. Das älteste Attribut Heimdalls dürfte der Widder sein. *Heimdall* und *Hallinskídi* heißt, wie der Gott, auch der Widder [1]), d. h. der Widder war sein Substitut oder vielmehr wohl das alte Sinnbild des Tagesgottes selbst, oder erst des Arbeitsgottes? Der Widder hat ja auch sonst solche Bedeutung: das goldene Vließ symbolisiert den Reichtum, wohl wegen der dichten Wolle des Widders. Nur als Ersatz des Widders wird das Roß *Gulltopp* anzusehen sein, das die goldenen Haarstrahlen des Tagesgottes erbt.

Wichtiger ist sein Schwert. Dieses hieß Höfud, *Haupt;* Snorri berichtet: »Heimdalls Schwert heißt Haupt. So ist gesagt: daß er von einem Manneshaupt durchbohrt wurde. Davon wird im Heimdallargaldr gesprochen und seitdem heißt das Haupt »Heimdalls Tod«, da ja das Schwert des Mannes Tod ist«[2]). Dies kann nun schwerlich anders erklärt werden, als wie es gewöhnlich geschieht[3]): Heimdall fällt, von einem Schwert durchbohrt, das »Haupt« heißt; und zwar war das sein eigenes Schwert — das also dem Loki beim Ragnarök in die Hand geraten muß (vgl. den Zweikampf zwischen Hamlet und Laertes). — Denkbar wäre ja auch, daß der Zaubergesang von Heimdall berichtet hätte, ein zauberhaftes Menschenhaupt hätte ihn getötet; und deshalb wäre der Kopf »Heimdalls Schwert« genannt worden — solche Spiele mit dem Namen lieben die Skalden allerdings[4]) —, nämlich: das Schwert, das Heimdall tötet. Aber die übliche Interpretation ist doch viel ungezwungener, und sie führt auch weiter.

»Haupt« wäre ja freilich ein Schwertname von altertümlicherer Prägung als die meisten Waffen- und Werkzeugnamen der Edda. Dennoch bleibt er befremdend und singulär. Aber für den »Gott des Anfangs«, für den Tagesgott wäre »Haupt« ein sehr geeigneter Name, der nicht nur dem »Loki« nach Weinholds Auffassung entspräche, sondern auch andern edlen, alten Götternamen wie Dyaus »Glanz«, Nerthus »guter

---

[1]) Golther S. 360, 1.
[2]) Vgl. Golther S. 364 Anm.; zur Stelle selbst Müllenhoff, H. Z. 30, 252 f.
[3]) Golther a. a. O., Meyer S. 409.
[4]) Vgl. Golther S. 365.

## § 19. Eddische Nebengötter. 367

Wille«[1]). Das wäre dann der echte alte Name des Gottes, ersetzt durch ein Kompositum vom Typus Bäldäg für Balder oder — übersetzt mit dem keltischen [2]) Äquivalent Ríg [3]). Wie aber wäre dieser Übergang zu erklären? Wir wiesen schon auf eine eigentümliche Geheimniskrämerei hin, die den Schutzgott der »Tyrannen« zu umgeben scheint. Undenkbar wäre es nicht, daß er zu den Gottheiten gehört hätte, deren Namen man nicht auszusprechen wagte (wie Jehova). Deshalb wurde der Name »Haupt« ersetzt; da mögen denn »Gullintanni«, »Goldzahn« und das dunkle Hallinskidi [4]) wirklich noch andere Euphemismen gewesen sein. Oder man wählte das Fremdwort; war ja doch bei den Kelten die Alleinherrschaft früher und strenger ausgebildet als bei den Germanen.

Nun wird der »weise Ase« einmal auch *»heimskastr ása«* genannt[5]): der törichtste, unerfahrenste der Asen. Man vermutet Wortspiel mit Heimdall; aber um eines Wortspiels willen konnte der weise Gott nicht dumm genannt werden. Auch die Erklärung, er sei »*heimskr*«, weil er als Wächter immer zu Haus sitzen mußte[6]), verkennt die Bedeutung des Gottes, der [7]) sogar die Zukunft so gut wie die Wanen erkennt[8]). Es muß einen Mythus gegeben haben, der dies Epitheton motiviert. Vermutlich gab Heimdall sich durch eigenen Leichtsinn in den Tod; wie Frey fällt, weil ihm sein Schwert fehlt[9]), hatte er das seine in Lokis Hände kommen lassen. Deshalb hieß es: »Höfud ist Höfuds Mörder«[10]), und das ward dann auf sein Schwert gedeutet[11]).

Jedenfalls konnte auch Heimdall, wie Balder, nur durch Eine Waffe gefällt werden, die wohl gewiß seine eigene war. Das »Haupt« aber wäre durch »mythische Dittographie« verdoppelt worden, wie Mimir, das Haupt der Quelle, noch sein besonderes abgetrenntes Haupt erhielt [12]).

Sein Heim ist *»Himinbjörg«, Himmelberg,* »in Norwegen die steil über das Meeresufer sich erhebenden Berge« [13]), aus denen das Frühlicht

---

[1]) Vgl. Golther S. 219.
[2]) Oder aus byzantinisch Rex angepaßten: Heinzel-Detter 2, 592.
[3]) Man denke auch an romanische Wortentwicklungen wie italienisch *capo*; R. M. Meyer S. 254.
[4]) Gylf. cap. 27: Gering S. 320.
[5]) Vgl. Golther S. 363, 2.
[6]) Vgl. Háv. Str. 51.   [7]) Thrymskv. Str. 14.
[8]) Vgl. Golther S. 360, 1.
[9]) Lok. Str. 42 = Gylf. cap. 49: Gering S. 351.
[10]) Wie es etwa Háv. Str. 73 heißt: »die Zunge ist der Mörder des Hauptes«.
[11]) Anders, wie mir scheint künstlicher, Müllenhoff; vgl. Golther S. 365.
[12]) Mogk (PBB. 7, 300) hält den Kampf mit Loki für ein Machwerk Snorris, was Kauffmann (ebd. 18, 189) billigt.
[13]) Mogk S. 318.

kommt. Dort trinkt er vergnügt seinen Meth: den Morgentau[1]). Aber Schloß und Trank gehören wohl erst dem Dichter der Grím. — Eine sekundäre Rolle, die des klugen Ratgebers, hat er[2]) wegen seiner Weisheit erhalten. — Über die Kämpfe mit Loki vgl. oben.

So, denke ich, schließen sich die scheinbar disparaten Züge zu einem geschlossenen Bilde zusammen. Heimdall ist kein Wane, sondern nur zukunftskundig wie sie; aber ein »Kulturgott« ist auch er: ein Gott der sich verschärfenden sozialen Gliederung. So bildet sich die Figur wohl zuerst bei den kultivierteren Nordgermanen, fand eifrige Vertreter, die ihm ein Hohelied sangen, drang aber doch nicht durch wie die Götter der alten Stände, Odin und Thor. Nur die Könige, denen die Standesgliederung am meisten zugute kam, widmeten ihm einen esoterischen Kult, und ihre Skalden freuten sich an einer Gestalt, die ihrer Rätselfreude so viel Anknüpfungspunkte gewährte.

### Hönir[3]).

Gleich bei dem Namen fängt die Dunkelheit an. Uhland dachte an die Wurzel von lat. *canere*[4]), Hoffory an ein urgermanisch *hohnijaz* = griech. κυκνεῖος »der Schwanengleiche«[5]), eine bedenkliche Erklärung, obgleich einiger Zusammenhang mit dem Schwan möglich ist; Kauffmann[6]) deutet ihn als »Hüter«, was inhaltlich ginge, aber wenig besagt. — Die Unverständlichkeit des Namens spricht für das Alter des Gottes, das auch sonst wahrscheinlich ist[7]).

Überliefert sind von Hönir folgende Mythen: Zunächst diejenigen, in denen er als Mitglied der Dreieinigkeit Odin—Hönir—Loki erscheint[8]). Hier allein tritt Hönir wirkend auf. Er gibt den Leblosen *óth*[9]) Seele. Odin gibt *önd*, Atem, Fähigkeit zu leben; Hönir *óth*, »die Grundbedingung des geistigen Lebens« wie Jahve[10]), Loki *lo*, Lebenswärme[11]). Der Sturmgott gibt den Lebenshauch; aber damit allein kann man noch leblos und stumpf sein, wie Helgi, ehe ihn die Walküre begnadete[12]). Hönir gibt

---

[1]) Golther S. 361.    [2]) Thrymskv. Str. 14.
[3]) Weinhold, H. Z. 7, 24 f.; Hoffory, Eddastudien, S. 101 f.; Kauffmann, PBB. 18, 175. 189; Heinzel-Detter, ebd. S. 542 f.; Roediger, Ztschr. f. d. Phil. 27, 9 f.; Golther S. 397 f.; Mogk S. 350; vgl. o. S. 341 f.
[4]) Wogegen Hoffory S. 108; ähnlich Detter-Heinzel S. 547.
[5]) S. 113.    [6]) S. 175.
[7]) Hoffory S. 118.
[8]) Völ. Str. 18; Einl. zu Reg.; Skáldsk. cap. 4: Gering S. 366; vgl. o. S. 341 f.; Hoffory S. 103 f.
[9]) Vgl. Hoffory S. 103. 113; Heinzel-Detter 2, 16.
[10]) 1. Mos. 2, 7.    [11]) Hoffory a. a. O.
[12]) Zu Helg. Hjörv. Str. 6; es ist das germanisch-slawische Motiv des späten Erwachens aus der »Dumpfheit«; vgl. Beov. v. 2177 f. und allgemein Kauffmann, PBB. 18, 171.

## § 19. Eddische Nebengötter.

Seele, d. h. die Fähigkeit zu denken, zu reden, zu handeln; aber so könnte man noch immer ein belebtes Ding sein, ein sprechendes Totenhaupt (wie das Mimirs), ein zurückkehrender Hammer (wie Mjölnir). Da gibt der Feuerdämon Lebenswärme und mit ihr »die Fähigkeit sich zu bewegen«[1]) und die blühende Farbe der Gesundheit. Nun erst sind Ask und Embla unter das Gesetz des Menschen gestellt[2]). — Immerhin tut hier Hönir fast das beste. Der belebte Körper ist ein bloßer »Golem«, ein menschenähnliches Gespenst wie die beiden Holzmänner in Kleidern[3]); erst die Seele gibt wahre Existenz, eigentliches Leben. — Hier haben wir Hönir als Seelenspender. Ist er ein alter »Seelenführer«, aber in umgekehrter Richtung? der die Seelen im »Depot« hat und aus dem unermeßlichen Vorrat in die Körper einführt[4])?

Die Völuspá erzählt ferner[5]), in der goldenen Zeit werde Hönir sich den Wahrsagezweig auswählen[6]). Die alte schuldbedeckte Göttergeneration wird durch die schuldlose, junge ersetzt. Für die Kriegsgötter ziehen Bálder und Hod, die unschuldigen Opfer Lokis (mag auch ursprünglich Hod selbst schuldig gewesen sein!) in die Siegerburg ein: sie übernehmen seine Leitung der irdischen Dinge. Als Himmelsgott, d. h. als Leiter der Götter, wird Odin von den Söhnen Wilis und Wés(?) beerbt. Endlich seine Runenkunst übernimmt Hönir, zunächst weil auch er unschuldig ist[7]), dann aber jedenfalls auch, weil er ein Wahrsagegott war.

Auf seine Beziehung zur Prophetie deutet wohl auch die seltsame Fabel von seinem Verhältnis zu Mimir[8]), die Hoffory[9]) allzu naturmythologisch deutet.

Drittens besitzen wir den merkwürdigen Bericht von Hönirs Vergeiselung[11]).

[1]) Hoffory a. a. O.; d. h. sich nach Belieben zu bewegen: handelnde Waffen sind immer noch »zwangsläufig«.
[2]) In Rig. ist die Reihenfolge anders: das Neugeborene hat natürlich Atem; dann wird gleich die Lebensfarbe genannt (Str. 7. 21. 34), die Seele aber zeigt sich erst nach dem Wachsen und Gedeihen.
[3]) Háv. Str. 49.
[4]) Vgl. Hoffory S. 116.   [5]) Str. 63.
[6]) Vgl. Hoffory S. 118.
[7]) Was nach Heinzel-Detters schwerlich zutreffender Vermutung böswillig zu der Nachrede seiner Dummheit führte, 2, 78.
[8]) Der Wahrsagezweig ist wohl einfach ein Runenstab; mit den vielen Zauberzweigen der Edda—Hods *mistiltein*, Hlébards *gambantein* (Hárb. Str. 20), Lopt—Lokis *laevatein* (Fjöl. Str. 26) hat er schwerlich etwas zu tun. — Anders Kauffmann, PBB. 18, 189.
[9]) Siehe u.   [10]) S. 111.
[11]) Hoffory S. 103; Weinhold, D. Mythus vom Wanenkriege, Berl. Sitzungs-Ber. 29, 611 f.; der Bericht Gylf. cap. 23: Gering S. 317 weitergeführt an anderen altnordischen Stellen; vgl. Hoffory a. a. O.; Golther S. 398.

Zunächst wird uns gemeldet, daß nach dem Wanenkrieg die Wanen Njord, die Asen Hönir als Geisel schickten. Dann wird das motiviert; und zwar, wie es scheint, ursprünglich durch eine Parallele zu dem Mythus von Skadi und Njord. Dort soll sich die Göttin selbst einen Asen aussuchen — sie meint Balder und bekommt Njord, was unglücklich ausläuft. Hier (was zwar nicht ausdrücklich erzählt wird) wollen die Wanen sich den schönsten und klügsten holen; man täuschst sie, indem man ihnen zwar den schönsten gibt (den Skadi nicht erhält), aber auch den einfältigsten; man gab ihm deshalb den berufsmäßigen Ratgeber Mimir mit (»*nu habe du die gebaerde — diu werc wil ich begân*«)[1]. Natürlich geht das nicht lange: Hönir soll Häuptling sein, sagt aber nur immer (wie Schillers Tell): »Mögen die andern raten«. Im Zorn köpfen die Wanen den Mimir und schicken sein Haupt den Asen. So kann das nicht ursprünglich sein. Wenn Mimir mitging, konnte er Hönir nicht im Stich lassen. Die Sage soll nur erklären, wie Mimirs bloßes Haupt zu den Asen kam. Und diese sollten seine Hinrichtung ungerächt gelassen haben? und was wird aus Hönir? Überdies ist noch, ein höchst bedenkliches Symptom, der Kwasir eingemischt, den die Wanen zum Dank für Hönir hergegeben haben sollen. Dieser Tausch scheint später Mythologenwitz, weil jetzt der Begeisterungstrank »Seele einhaucht«[2].

Aus späterer Zeit haben wir jenes färöische Lied[3], in dem allerdings wieder Hönir den Göttern Odin und Loki gesellt ist, aber mit zweifelhafter Berechtigung der Dreiheit. Indes hat grade der Hönir beschäftigende Mittelteil am ehesten einige Wahrscheinlichkeit der Echtheit. Ein Bauer hat im Bretspiel seinen Sohn an einen Riesen verspielt. Er ruft die Götter zur Hilfe an. Sie kommen. Odin läßt ein Ährenfeld auf der flachen Hand wachsen[4] und birgt das Kind in einer Ähre; Hönir wandelt es in eine Feder im Gewand eines von sieben Schwänen; aber beidemal findet der Riese Korn und Feder. Endlich verzaubert Loki den Knaben in ein Korn des Rogens einer von drei frisch gefischten Flundern (auch in der Andvari-Legende fischt Loki), und als der Riese ihn auch so fassen will, wird er von Loki getötet. — Der allgemeine Märchencharakter steht außer Frage; ebenso daß Odin nichts mit dem Ackerbau zu tun hat, und daß in einem echten alten Mythus nicht Loki der beste Helfer sein würde. Aber Zusammenhang Hönirs mit Schwänen hat Hoffory[5] immerhin wahrscheinlich gemacht. Sollte hier ein echter Kern stecken?

---

[1] Nib. N. 429, 3.
[2] Anders Detter-Heinzel S. 548, bei denen er ein Dichter sein soll und Kwasir auch einer; und doch zweifeln sie selbst an der Ursprünglichkeit des Kwasirtausches!
[3] Hoffory S. 104f., Golther S. 397; vgl. o. S. 260.
[4] Vgl. Völ. Str. 62.    [5] S. 106.

§ 19. Eddische Nebengötter. 371

der »Schwanengott« hätte ein Kind aus Bedrängnis gerettet, etwa indem er ihm ein Schwanenkleid zur Flucht lieh? — Aber man wagt nicht, auf dieser entfernter Möglichkeit weiterzubauen [1]. Auf weitere Mythen weisen vielleicht die seltsamen Beinamen [2]; doch sind sie zum Teil auch so verständlich [b]).

Was ist nun Hönirs Wesen? Über keinen Gott sind so viele abweichende Meinungen geäußert worden; »soviel Erklärer, soviel Erklärungen«, sagt Golther [4]) mit Recht. Uhland hält ihn für einen Dichtergott, ähnlich Detter und Heinzel; Weinhold für einen Sonnengott, Müllenhoff für einen Wassergott, Hoffory für einen zum Wolkengott spezialisierten Himmelsgott [5]), Roediger für einen Wolkengott; Bloete [6]) erklärt das Epitheton »aurkonung« als »König des Frühlingsglanzes« [7]) und Meyer leitet ihn von Henoch ab [8])... Viel mehr Interpretationen sind in der Tat kaum denkbar [9]); aber vorhanden sind sie doch; ein Lichtgott nach Finn Magnusen, ist Hönir nach N. M. Petersen gar der »Herrscher über den materiellen Stoff«! und nach Kauffmann [10]) ist er identisch mit Heimdall, Tyr und Njord.

Die meisten Stimmen sind doch für den Wassergott, und Stimmen gerade von Meistern der mythologischen Anschauung: J. Grimm [11]), Müllenhoff [12]), Simrock [13]). Dafür spricht ja auch fast alles: die Stellung in der Trias der beweglichen Elemente (Odin Wind oder Luft, Loki Feuer, Hönir Wasser; die unbewegliche Erde ist als Stoff in den Körpern von Ask und Embla ja ohnedies vertreten); der Wahrsagezweig (denn die Wasserdämonen fanden wir überall vorzugsweise prophetisch): die Freundschaft mit dem Wassergeist Mimir; endlich eventuell die Herrschaft über die Schwäne.

Ich möchte nur vorschlagen, den Begriff noch weiter zu spezialisieren. Wie Surt das unterirdische Feuer, so vertritt m. E. Hönir das unterirdische Wasser, das Wasser unter der Erdoberfläche, das sich verbirgt und nur stellenweise sichtbar wird [14]).

Hierzu passen denn auch weiter die vielen auffallenden Beinamen des Gottes [15]) vortrefflich. Zwar »Odins Gefährte, Begleiter, Freund« heißt er wohl einfach wegen jener alten Dreiheitsmären. Aber der schnelle As, der Langfuß, paßt das nicht trefflich auf das Wasser, das schnell ent-

[1]) Vgl. Golther S. 398. [2]) Golther S. 399.
[3]) Falk (Ark. f. nord. Fil. 6, 259 Anm.) erklärt um dieser Beinamen willen den Kranich für Hönirs heiliges Tier.
[4]) S. 400. [5]) Vgl. S. 109. [6]) H. Z. 38, 287.
[7]) Statt »König der Nässe«, Meyer S. 411.
[8]) S. 469. [9]) Vgl. Hoffory S. 109, Golther S. 400.
[10]) S. 178. [11]) Myth. 1, 200.
[12]) D. Alt. 1, 34. [13]) Vgl. Hoffory a. a. O.
[14]) Vgl. Meregarto: MSD. XXXII. 2a.
[15]) Hoffory S. 104. 109, Golther S. 399.

schwindet und erst nach einem langen Schritt wieder sichtbar wird?
»Der feigste Ase«[1]) heißt er dann, weil er sich fortwährend flüchtet;
»töricht«, aber nicht in Verwechslung mit Hod, sondern weil er immer
im Winkel sitzt[2]). Vor allem aber paßt dann *aurkonungr* der »Lehmkönig«[3]) oder Nässekönig«.

Von hier erklärt sich denn auch die Verbindung mit Mimir. Das
unter der Erde rauschende Wasser kann nicht deutlich reden — das tut
es erst, wenn es als (weissagende) Quelle aus dem Boden hervortritt. Und
die Vergeiselung könnte ein symbolischer Ausdruck des langen Verschwindens sein, wenn nicht diese ganze Sage — die man freilich zumeist als Kern des Hönir-Mythus behandelt — sekundär ist. Vor allem
aber erkläre ich von hier Hönirs Funktion als Seelenspender. Zwar die
Altertümlichkeit des Aberglaubens von dem Teich, aus dem die kleinen
Kinder geholt werden[4]), glauben wir ablehnen zu müssen. Aber daß
gerade aus der Mischung von Erde und Wasser Leben entsteht, ist eine
verbreitete Vorstellung alter Kosmogonien[5]). So liegen denn auch Ask
und Embla[6]) am Meeresstrande auf dem Felde, d. h. wo Wasser und
Erde sich berühren[7]).

### Widar[8]).

Auch Widar ist, wie Wali[9]), nur nordisch[1]). Auch um ihn sind
ganze Erklärungsnetze gewebt worden, ohne daß man ihn sicher eingefangen hätte. Der Name wird bunt erklärt: von Roediger aus *vid*

---

[1]) Detter-Heinzel S. 548 merkwürdig genug gedeutet.
[2]) Háv. Str. 26.   [3]) Golther a. a. O.
[4]) Meyer S. 432.
[5]) Die ältesten griechischen Philosophen sind darin noch ganz mythologisch;
vgl. Lukas, Kosmogonien, S. 238.
[6]) Völ. Str. 17.
[7]) Besonders wichtig Gen. 2, 5—8: Jahve schafft seine Geschöpfe aus
feuchter Erde: »aus feuchter Erde ‚bildet‘ er den Menschen und die Thiere,
wie auch der Töpfer seine Gefäße aus feuchter Erde formt (die gleiche Metapher
vom Töpfer Háv. Str. 83); und nur auf befeuchteter Erde können Bäume wachsen«:
Gunkel, Genesis, S. 5. Entsprechend werden im Koran die Toten wieder belebt,
indem Regen auf die Gräber fällt (7. Sure; Der Koran, übs. v. L. Ullmann,
Bielefeld und Leipzig 1877, S. 118); doch vgl. auch Goldziher, Arch. f. Rel.-Wissenschaft. 13, 20 f. — Im Gegensatz zu diesen hebräischen und germanischen
Anschauungen bezeichnet der Veda das Schöpfen als ein »Bauen« (Macdonell S. 11). — Den Mythus, daß Belos sich selbst den Kopf abschneidet, um
die Menschen zu beleben (Lukas S. 26, nach Berosus) will ich nicht heranziehen, obwohl mir nicht undenkbar scheint, daß Hönir wenigstens ursprünglich
selbst den Kopf verlor.
[8]) Kauffmann, PBB. 18, 157 f. 174; Roediger, Ztschr. f. d. Phil. 27, 5. —
Mogk S. 365, Golther S. 394, Meyer S. 42, Much S. 222.
[9]) Siehe u.   [10]) Meyer a. a. O.

## § 19. Eddische Nebengötter. 373

*Wald*, woraus Kauffmann[1]) seinen »großen Waldgott der Germanen« gesponnen hat; von Mogk zu der Ebene *Vidi*, in der er wohnt: *vidi* das niedrige Gestrüpp der Heide; von Meyer[2]) zu *vidr, wiederum* (wie *Idun*[3]) von einer Partikel stammt).

Das Alter ist nicht minder umfochten. Kauffmann identifiziert ihn[4]) mit Váli und Búi, mit Heimdall, Tyr, Hymir und Hönir[5]) und gelangt über diesen Göttersalat glücklich zu dem ungenannten Gott im Germanenwald. Indessen Widar hiernach mit Zeus zusammenfällt, ist er nach E. H. Meyer[6]) Balder-Christus; wozu wiederum stimmt, daß er nach Kauffmanns Ansicht mit dem höchsten Richtergott[7]) identisch ist. Man sieht, es ist für einen altgermanischen Gott oder Halbgott schwer, nicht für Widar gehalten zu werden[8]).

In den Mythen ist Widar fast ganz auf den Letzten Kampf gestellt, weshalb ihn auch Mogk unter die jungen isländisch-norwegischen Götter rechnet: er scheine nur erdichtet, um Odins Rächer zu sein. Aber wir haben Ortsnamen wie *Vitharshof*[9]); und wir haben folgende Erwähnungen in der Edda[10]):

> Widar kommt dann, Walvaters Sohn,
> Der gewaltige Held, mit dem Wolf zu kämpfen:
> Die Klinge stößt er dem Kinde des Riesen
> Durch den Rachen ins Herz und rächt den Vater[11]).

Danach wird er mit Wali im Wohnsitz der Götter schalten (und Odin vertreten, wie Modi und Magni den Thor)[12]). Widar und Wali haben also hier dieselbe Stellung wie Hod und Balder[13]).

Leer ist die Angabe Grím. Str. 17:

> Unterholz und üppiges Gras
> Füllt Widi, Widars Land;
> Dort springt der Recke vom Rücken des Pferdes,
> Den Vater zu rächen bereit[14]).

Auch die Lokasenna[15]) ergibt nur, daß Widar Odins Sohn ist; er muß Loki Platz machen und bleibt ungescholten — offenbar weil der

---

[1]) a. a. O. 168. [2]) Völuspá S. 202. 231.
[3]) Siehe u. [4]) S. 169. [5]) S. 173.
[6]) a. a. O. [7]) Völ. Str. 58.
[8]) All dies wird nach dem Verfahren bewiesen, durch das der Meteorolog Falb und andere die Gleichheit aller Sprachen dargetan haben: partielle Gleichheit bedeutet Identität, und wenn jene noch so unvermeidlich ist.
[9]) Kauffmann S. 157 Anm.; vgl. Mogk S. 395.
[10]) Völ. Str. 54. [11]) Ebenso Vaf. Str. 52.
[12]) Vaf. Str. 51. [13]) Völ. Str. 62.
[14]) Über den formelhaften Charakter der ersten Zeile vgl. meine Altgerm. Poesie S. 401. 409; Háv. Str. 118.
[15]) Einl. und Str. 10.

## Viertes Kapitel.

Dichter nichts Schlimmes von ihm wußte. (Wie Hod der blinde Ase eigentlich wohl nur der ist, der nicht gesehn wird, so könnte Widar »der schweigsame Ase« vielleicht nur heißen, weil von ihm nicht gesprochen wird: die bekannte Verwechslung von Aktiv und Passiv, wie wenn wir von einer »tauben Nuß« sprechen, d. h. einer Nuß, in der man beim Schütteln nichts hört, oder von einem »blinden Schuß«, bei dem keine Kugel gesehen wird)[1].

Ferner haben wir folgende Angaben Snorris: »Widar nennt man den schweigsamen Asen. Er besitzt einen dicken Schuh und ist beinah so stark wie Thor. In allen Gefahren setzen die Götter großes Vertrauen auf ihn[2]. Nachdem der Wolf Odin verschlungen hat, eilt Widar herbei und tritt mit einem Fuße dem Wolfe in den Unterkiefer. Er besitzt nämlich den Schuh, zu dem das Leder allezeit zuvor gesammelt ist, und zwar aus den Flicken, die die Menschen vor den Zehen und an der Ferse aus ihren Schuhen schneiden; und darum soll ein jeder, der gewillt ist, den Asen zu Hilfe zu kommen, diese Flicken fortwerfen. Mit der einen Hand faßt nun Widar den Oberkiefer des Wolfes und reißt ihm den Rachen entzwei, und dadurch findet der Wolf seinen Tod«[3].

Die Mutter Widars des Schweigsamen ist die Riesin Grid, bei der Thor auf der Fahrt zu Geirröd freundschaftlich einkehrt, und die ihn warnt und ihm ihre Zauberwaffen gibt: Kraftgürtel, eiserne Handschuh, den Stab Gridarvöl[4]. — Gürtel, Handschuh, Stab kennzeichnen die Zauberin, vgl. z. B. Thorbjörg[5]); auch deren Schuhe sind von eigner Art.

Von diesen vier Stellen ist die dritte deutlich und die zweite leicht zu erklären. Offenbar ist sie nur Beschreibung eines Bildes, das Widars Kampf mit dem Wolf darstellte; er setzt den beschuhten Fuß in den Rachen des Ungeheuers, wie Artemis auf dem Gigantenfries in Pergamon, und reißt ihm den Rachen auf, wie Schadows Herkules, oder wie der biblische Simson dem Löwen: offenbar die einzig mögliche Art, mit solchen Geschöpfen im Nahkampf fertig zu werden[6]. — Die Fabel von

---

[1] Vgl. übrigens über diese charakterisierenden Epitheta der Götter unten.
[2] Gylf. cap. 29: Gering S. 321.
[3] Gylf. cap. 51: Gering S. 350. Ebd. 53: Gering S. 351, haben wir nur eine Paraphrase Vaf. Str. 51.
[4] »Stab der Grid«; Skáldsk. cap. 2: Gering S. 302.
[5] Golther S. 649.
[6] Ich bemerke erst nachträglich, daß solche Darstellungen tatsächlich im Norden existieren: auf dem Gosforth-Kreuz in Cumberland, vielleicht aus dem 9. Jahrhundert; Olrik (Om Ragnarok S. 161) hat das Bild auf den Umschlag seines berühmten Werkes über die »Götterdämmerung« gesetzt. Ebd. andere Darstellungen des Kampfes mit Wolf und Drachen. — Ganz entsprechend tritt auf einem christlichen Vasengemälde der Held in das Maul des Meeresungeheuers (H. Schmidt, Jona, Göttingen 1907, S. 9 Anm. 1).

## § 19. Eddische Nebengötter.

den Flicken der menschlichen Sandalen (denn die werden doch beschrieben) ist der von den Nägeln für Naglfár[1]) parallel. Ward dem Gott ein Riesenschuh zugeschrieben, so mochte man beim Wegwerfen sagen: »Für Widars Schuh!« Ob aber der Schuh[2]) lediglich einer ikonischen Mythe verdankt wird, ist nicht zu bestimmen; Roediger[3]) hat ihn feinsinnig aus der dicken, schwellenden Gras- und Moosschicht der Heide gedeutet. So würde Widars Schuh wie Skadis Schrittschuh sein Heim symbolisieren.

Noch bleiben drei Züge bei Snorri. Die Schweigsamkeit erklärt Roediger gleichfalls aus der lastenden Stille der Heide, Mogk aus dem auf die Vaterrache ausschließlich konzentrierten Sinne. Riesenstark mußte der Töter des Wolfes natürlich sein. Aber wie kommt er zu der Zauberriesin als Mutter? Kauffmann[4]) hält sie für eine Abzweigung der Erdgöttin Hlódyn[5]); aber so scharfsinnig seine Konjekturen hier sind, glaube ich[6]) den »Sohn der Hlódyn«[7]) nach wie vor auf Thor beziehen zu müssen, da sonst die Ökonomie der Kampfschilderung zerstört wird. Übrigens bliebe die Ausrüstung auch der Hlódyn-Grid noch immer merkwürdig. Vielleicht ward das Riesenweib einfach um seiner Attribute willen dem Gott mit dem Wunderschuh zur Mutter gegeben.

Ein Kult ist[8]) nicht erwiesen: die Ortsnamen können ja eventuell später nach ihm gebildet sein.

Die Edda erzählt von Zügen, die für das Wesen des Gottes charakteristisch sind, nur die Vaterrache und (vielleicht! aber Hod und Balder sind wohl als Reichsverweser älter) die Herrschaft im Zukunftsreich. Eigentümlich tritt ein Zug bei Widar hervor: die Stellvertretung. Er vertritt (mit Wali) Odin, wie er in der Lok. Loki Platz macht; und seine Mutter gibt Thor Ersatz für die Attribute, die der nicht bei sich hat. Vor allem ist die Rache ja auch eine Tat der Stellvertretung. Wenn Widar nun ursprünglich der Schutzgott der Gefolgsleute wäre[9]), durch den schweren Schuh des Kriegers (und das Roß in den Grím.) symbolisiert und zur Rache für den Heeresgott (der dann sein Vater wird) vor allem berufen? Es wird gewiß solche Standesgötter gegeben haben, etwa wie Quirinus[10]) der Gott »der auch im Frieden stets kampfbereiten Bürgerschaft« oder Feronia[11]) die Göttin der Freigelassenen ist. — Auch die Schweigsamkeit würde dazu stimmen.

---

[1]) Siehe u.   [2]) Gylf. cap. 29 und 51.
[3]) a. a. O.; vgl. Golther S. 395.
[4]) PBB. 18, 135.   [5]) Was Golther S. 395, 1 billigt.
[6]) Mit Heinzel-Detter 2, 73.   [7]) Völ. Str. 55.
[8]) Mogk S. 365 gegen Kauffmann, PBB. 18, 157 und Golther S. 395.
[9]) Vgl. Tac. Germ. cap. 13.
[10]) Wissowa S. 139.   [11]) Ebd. S. 233.

Sucht man doch auch hier einen alten Naturdämon, so könnte man an den Wirbelsturm denken, der auf der Weide sein Roß tummelt, von der Erde zum Himmel reicht (wie Widar das vom Himmel zur Erde reichende Maul des Wolfes ausfüllt)[1]) und mit seinem schweren Tritt die Dächer abdeckt. Freilich paßt dazu die Schweigsamkeit schlecht! aber zu der Vaterrache könnte er als Sohn des Sturmgottes gekommen sein.

### Wali[2]).

Auch Wali ist nur als Rächer da.

Von ihm wird der Mythus erzählt[3]), daß Rind »im westlichen Saal« den Wali gebiert, der einnächtig mit Balders Mörder — Hod — kämpft und ihn nun auch auf den Brandstoß bringt; daß Wali in dieser Einen Nacht sich weder das Haupt kämmt, noch die Hände wäscht, ist mehr formelhaft als auffallend[4]).

Weiter heißt es: »Widar und Wali schalten im Wohnsitz der Götter, wenn die Lohe Surts erlischt«[5]).

Die Kommentare berichten: »Ali oder Wali heißt ein Sohn des Odin und der Rind. Er ist kühn in den Schlachten und kann vortrefflich schießen«[6]). — »Rind, die Mutter des Wali, wird zu den Asen gerechnet«[7]).

Den einfachsten Bericht hat die Völ. h. sk.:

> Rasch war Wali zur Rache entschlossen,
> Zu Boden streckt er des Bruders Mörder.

Auch entspricht nur dies der Situation: alle Götter sind versammelt — aus ihrer Mitte muß sofort die Strafe erfolgen[8]). Ferner setzen Völ. Str. 33 und Veg. Str. 11 voraus, daß Balder noch auf dem Holzstoß liegt, als man Hod zu ihm bringt. Somit wird eine märchenhafte Steigerung darin zu sehen sein, daß der Rächer erst eben geboren ist; und in der Umsetzung des epischen Rachegelübdes[9]) in einen hier schlecht passenden Bericht — »das Haupt nicht kämmt er, die Hände nicht wäscht er« — eine heroische Reminiszenz. Ebenso hat Saxo (oder schon seine Quelle) die Verbindung Odins mit Rind, aus der Balders Rächer hervorgeht, zu dem

---

[1]) Vgl. v. d. Leyen, Märchen, S. 51.
[2]) Kauffmann, PBB. 18, 167 f.; Golther S. 395; Mogk S. 325. 327. 365; Meyer S. 376. 397.
[3]) Veg. Str. 11.
[4]) Wiederholt aus Völ. Str. 33—34; verkürzt wiedergegeben (doch siehe u.) Völ. h. sk. (Hyndl. Str. 30).
[5]) Vaf. Str. 51. Wiederholt Gylf. cap. 53: Gering S. 351.
[6]) Gylf. cap. 30: Gering S. 321.
[7]) Ebd. cap. 36: Gering S. 328.
[8]) Wie Völ. Str. 26.
[9]) Parallelen bei Heinzel-Detter 2, 46; vgl. J. Grimm, Kl. Schr. 2, 87: kaum geboren, schmiedet Väinämöinen sich ein Pferd.

## § 19. Eddische Nebengötter.

Roman ausgesponnen, der des Bous Geburt zur Folge hat[1]). Snorri bringt nur hinzu, daß Wali kühn war (aber von seinen Schlachten verlautet nichts) und ein guter Schütze — denn er trifft den Hod sofort, der ja selbst ein nur zu guter Schütze ist. — Es bleiben also: die Rache für Balder und die Zukunftsherrschaft an Stelle von Odins Rächer.

Detter hat seinen Namen Vali, Ali höchst unwahrscheinlich aus *Wanilo* der kleine Wane gedeutet; der Ase hat durchaus nichts von den Wanen[2]). Sievers[3]) stellt ihn zu altsächs. *wanom*, strahlend, was aus dem Mythus auch keine Bestätigung findet. — Der Name kommt, zusammen mit Narfi, noch für einen Sohn Lokis vor[4]).

Nichts spricht für ein hohes Alter Walis. Kauffmann findet es[5]) mit Recht auffällig, daß der Name nicht bloß in der Götterversammlung der Lok. fehlt, sondern »auch in Völ. und in den an Götternamen so reichen Grím., woselbst ihm nicht einmal eine Unterkunft angewiesen ist«. Die Völ. erzählt ja allerdings von dem Rächer, dessen Namen sie nur nicht nennt.

Mit Recht pflegt man das Wesen Widars und Walis[6]) zu vergleichen[7]). Beide sind auf die Rache gestellt, beide sollen in dem entsühnten Zukunftsreich herrschen. Dennoch liegt wohl eine gewisse Verschiedenheit vor. Widar scheint ein alter Gott; die merkwürdigen Attribute, die offenbar alten Abbildungen, die uns hier ausnahmsweise etwas altnordische »Kunstmythologie«[8]) geben, vielleicht auch der Name deuten darauf[9]). Aber Wali scheint wirklich nur für die Rache erfunden zu sein.

Bei beiden Gestalten ist der heroische Einfluss mächtig gewesen, der einen alten Dämon zum Rächer des Siegesgottes machte und einen Gott für die Rache des lichten Gottes vielleicht erst schuf. Der Begriff der Rache ist wesentlich der Heldensage eigen, wie der der Strafe der Göttersage. In der Zeit der Helgisagen, die von Vater- und Bruderrache erfüllt sind — der Sagen, nicht gerade der uns erhaltenen Gedichte —, wird man dem heldischen Gefühl durch diese Einfügung der Rächer genug getan haben. Ob irgendwo ein tapferer Sohn Wali hieß und seinen Namen sowohl auf Balders Bruder als auf Odins Rächer vererbte? — Snorri hat augenscheinlich von ihm, nichts weiter gewußt; und schwerlich gab es weiter etwas von ihm zu wissen.

---

[1]) Siehe o. S. 270; Golther S. 306.
[2]) PBB. 19, 503.  [3]) PBB. 18, 589.
[4]) Epilog zu Lok. = Gylf. cap. 50: Gering S. 347; vgl. Kauffmann a. a. O.
[5]) a. a. O. S. 169.  [6]) Wie Vaf. Str. 51.
[7]) Golther S. 396.
[8]) Vgl. Preller 1, 18f.
[9]) Man könnte sie als »Gegengötter gegen die Gegengötter« bezeichnen.

## Viertes Kapitel.

### Ullr[1].

Auch Ullr gehört zu den Hauptgottheiten der altnordischen Mythologie des 19. Jahrhunderts. Kauffmann nimmt ihn in seinen Sammelgott Tyr—Heimdall—Hönir—Widar—Njord auf und setzt ihm noch insbesondere die Krone des allgewaltigen Herrschers und Richters[1]) aufs Haupt[2]). In der altnordischen Mythologie des Mittelalters scheint er eine bescheidenere Rolle gespielt zu haben.

Sein Name gehört wohl zu got. *vulthus,* Herrlichkeit, wie in got. Namen[3]): der Herrliche, der Majestätische[4]).

Von Nachrichten finden wir folgendes in den Eddaliedern. Grím.[5]) nennt gleich als zweites Heim (nach dem Thors und vor dem Freyrs) *Ydalir:* »dort hat Ull sich vormals die hohe Halle gebaut.«

In demselben Lied stehen die dunkeln Verse[6]):

> Ullrs Huld und aller Götter
> Hat er, der zuerst ins Feuer faßt;
> Vor den Asensöhnen liegt offen die Heimstatt,
> Wenn man vom Haken den Kessel hebt.

In einem späten Nibelungengedicht, der Atlakvida, erwähnt Gudrun[7]), daß Atli die Eide gebrochen habe, die er geleistet bei der Sonne, bei Sigtyrs (d. h. Odins) heiligem Berge, bei des Ehebetts Pfosten, bei Ulls Ring.

In Snorris Prosa im Götterkatalog finden wir: »Ull heißt ein Sohn der Sif, Thors Stiefsohn. Er ist im Bogenschießen und im Schneeschuhlaufen so tüchtig, daß niemand darin mit ihm wetteifern kann. Schön ist er von Ansehen und besitzt alle Vorzüge eines Kriegsmannes; darum ist es gut, ihn in Zweikämpfen anzurufen[8]).

Daß er auf der Tischliste Ägirs steht[9]), können wir, wie wir es bei Widar, Wali usw. getan haben, vernachlässigen.

Saxo erzählt: nach der Verstoßung Odins[10]) wird Ollerus (Uller) mit seiner Macht und seinem Namen bekleidet, König zu »Byzanz«; nach zehn Jahren kehrt Odin wieder und vertreibt Ollerus. Dieser sucht sich wieder auf den Thron zu erheben, wird aber in Schweden von den Dänen erschlagen[11]).

---

[1]) Kauffmann, PBB. 18, 188; Much, ebd. 20, 35; Schück, Studier 2, 214 f. — Mogk S. 349, Golther S. 307. 390, Meyer S. 410.
[2]) Völ. Str. 65. Die fragmentarische Strophe ist wohl sicher christliche Interpolation; vgl. z. B. Heinzel-Detter 2, 88.
[3]) Golther S. 390, 2.    [4]) Kauffmann a. a. O.
[5]) Str. 5.    [6]) Str. 42.    [7]) Str. 31.
[8]) Gylf. cap. 31: Gering S. 321.
[9]) Brag. cap. 1: Gering S. 352.
[10]) Siehe o. S. 270.    [11]) Golther S. 307.

## § 19. Eddische Nebengötter. 379

In Anspielungen bei Skalden heißt er Schneeschuh-Gott, Bogen-Gott, Jagd-Gott, Schild-Gott; der Schild heißt Ulls Schiff[1]).

In Ortsnamen sind in Norwegen und Schweden zahlreiche »Tempel, Heiligtümer, Haine, Hügel, Gehöfte, Äcker, Vorgebirge, Inseln, Ströme und Wasserfälle« nach Ull benannt[2]). Ulls Attribute sind der Schneeschuh und der Bogen. Wichtig ist besonders der erste; da ‚skid' auch *Brett* bedeutet, und der Schild ebenfalls *Brett* genannt wird, ward erzählt, Ulls Fahrzeug sei sein Schild[3]). Daher heißt es auch bei Saxo, Ull habe die Zauberkunst besessen, auf einem Knochen wie auf einem Schiff übers Meer zu fahren: der Knochen steht für den primitiv daraus bereiteten Schlittschuh[4]), und da dieser »Ulls Schiff« heißt, d. h. sein Fahrzeug (als Gott fährt er durch Luft und Wasser), so fährt er damit eben auch übers Meer.

Ullr ist also neben Widar und Skadi die dritte nordische Gottheit, die durch ihre Fußbekleidung charakterisiert wird; und zwar ist es bei ihm wie bei Skadi der Schneeschuh. Der Verdacht finnischen Ursprungs liegt deshalb nahe[5]). Aber Bogenschießen und Schlittschuhlaufen liebt der Nordländer noch heut im Winter[6]), und der germanische Name sowie die Verbreitung des Kults sprechen gegen fremden Ursprung.

Daß Ulls Schützenkunst gerühmt wird, hat wohl mehr zu bedeuten als bei Wali[7]). Denn er heißt ja, wie der Schild- und Schneeschuh-Gott, so auch der Bogen- und Jagd-Gott. Weil die besten Bogen aus Eibenholz gefertigt wurden, heißt sein Heim *Ydalir,* Eibentäler[8]) — recht bezeichnend für die Namengebung des Dichters, der aus Asgard eine Villenkolonie mit lauter sinnig anmutenden Hausnamen macht, etwa wie sie in unsern modernen Vororten beliebt sind: Monbijou, Margaretenruhe[9]), Waldfrieden und Birkenschlößchen. Doch beweist der Name immerhin, daß der Gott wesentlich als göttlicher Schütze galt, wie bei den Hellenen Orion[10]), der wie Ull durch eine archaische Waffe, die eiserne Keule, gekennzeichnet wird.

Bei seinem Kult ist nochmals an die vielen Ortsnamen zu erinnern. Dann der Schwur in der Atlakvida: Atli hat bei den heiligsten, unantastbarsten Dingen geschworen: bei der Sonne, die alles sieht; bei dem heiligen Berg,

---
[1]) Vgl. Much a. a. O.
[2]) Golther S. 392.
[3]) Siehe Much; doch könnte die Fahrt eines Kindes im Schild, ähnlich wie die Sceáfs, auch ein alter oder aus der Sage entlehnter Zug sein.
[4]) Golther S. 391.     [5]) Golther S. 393.
[6]) Mogk S. 349.     [7]) Siehe o. S. 377.
[8]) Gering zu Grím. Str. 5.
[9]) Thrudheim Grím. Str. 5, für den weiberscheuen Thor.
[10]) Preller 1, 448.

von dem aus Odin regiert[1]); bei der Heiligkeit des Ehebetts- und des Schwurrings[2]). Auf drei Zeugen folgt das sozusagen offizielle Instrument der Eidesleistung: Ulls Ring vertritt den heiligen Eidesring.

Odins Anrufung[3]) ergibt sicher nur eins: daß Ull an erster Stelle angerufen wird. Der Wortlaut ist dunkel und wird durch den Zusammenhang mit Str. 45 nicht aufgehellt: Gering sieht darin eine unmittelbare Aufforderung, den Kessel zu beseitigen, damit die Asen durch das (sonst von dem Kessel verdeckte) Randloch hineinblicken können, und bezieht die ersten Verse auf Agnar: aber dieser hat doch nicht ins Feuer gefaßt, und nicht die andern Asen bringen Hilfe. (Freilich rettet ihn auch nicht[4]) ein Zufall, sondern durch Odins zauberkräftigen Fluch[5]), den er durch plötzliche Epiphanie unterstützt, wird Geirröd geblendet und in sein Schwert geworfen.) Heinzel und Detter lesen ein allgemeines Lob des Herdfeuers heraus.

Ich glaube, es handelt sich auch hier um ein Gelübde. Der Heilgott verspricht dem, der das Feuer auseinanderwerfen hilft, die Huld aller Götter, die dann ja auch dem Agnar zuteil wird. Deshalb wird hier der Eideshelfer Ull zuerst genannt (bei Gunnars Marterung vielleicht ebenso nachdrücklich zuletzt): der höchste Gott selbst schwört bei Ulls Namen, der allerdings »in die Konstruktion gezogen wird«: statt: »bei Ulls Huld! alle Götter gewähren ihm Huld!« heißt es: »Ull und alle Götter —«.

Auf die Verdrängung Odins durch Ull wird man ja wohl seine Nennung an erster Stelle durch Odin nicht deuten wollen.

Wir hätten also einen Schwurgott; was zu seiner Verwandtschaft mit Thor gut paßt.

Über das Wesen herrscht Einstimmigkeit, nämlich darüber, daß Ull ein Wintergott ist[6]). Mogk möchte ihn[7]) feinsinnig als den Gott des Winterhimmels neben Odin, den Gott des leuchtenden Sommerhimmels, stellen, und von hier beider Kämpfe erklären; er nimmt übrigens außerdem[8]) Beziehungen zu Thor und Loki an. Ull wäre dann wohl der Gott des klaren prächtigen Winters; aber wie sollte der mit Gewitter und Feuer verwandt sein?

---

[1]) Vgl. allgemein über das »Sitzen auf dem Hügel« Olrik, Danske Studier 1909, S. 1 f.
[2]) Vgl. Wölunds Eideszeugen in seiner feierlichen Anrufung Vkv. Str. 33 und allgemein über das germanisch-nordische Ritual des Eides Olrik, Nord. Geistesleben S. 35.
[3]) Grím. Str. 42.
[4]) Wie Heinzel-Detter 2, 188 f. meinen.
[5]) Str. 53.
[6]) Hübsche Charakteristik bei Meyer S. 410.
[7]) S. 346.   [8]) S. 349.

§ 19. Eddische Nebengötter. 381

Wenn er nun wirklich der ›Jagdgott‹ wäre, der im Winter auf Schneeschuhen in den Bergen umherfährt und auf seinem großen Schild wie in einem Schlitten über das gefrorene Meer fährt? Daß er einmal weites Ansehen genossen hat, beweisen die Ortsnamen; und wenn Saxos byzantinischer Roman auch (wie bei seiner Balderfabel) mit billigen Peripetien arbeitet, so wird dem Bericht von Odins Verbannung durch Ull doch wohl eine religionsgeschichtliche Tatsache zugrunde liegen, zumal er sie ethnologisch stützt: die Schweden könnten für Ull, die Dänen für Odin eingetreten sein. Ob wilde Jägerstämme einen alten Gott propagierten und vorübergehend zur Herrschaft brachten, so daß er auch Schwurgott wurde? ob er vielleicht deshalb gerade in der Atlakvida und gerade wo es sich um den Barbarenkönig Atli handelt, angerufen wird? Vielleicht galten auch seine Heiligtümer dem Opfer für gute Jagd. — Bei alledem bleibt das winterliche Kolorit auffallend.

### Forseti [1].

Nur die Grim. erwähnen [2] Forseti, der in seiner gold-silbernen Halle gütlich die Fehden begleicht. Snorri fügt [3] hinzu, er sei ein Sohn Balders und der Nanna; im übrigen umschreibt er nur die eddische Strophe. Er fügt ihn auch [4] in die Götterliste ein; auf dem weißen Fleck der Landkarte, bei den unbekannten Göttern Widar, Wali, Ull und Hönir steht auch er — dann macht Loki den Schluß. Doch zeugt ein Hain *Forsetalund* in Norwegen für seine Verehrung [5].

Ein Gott Fosite, Fosete oder Foseti [6] herrscht über »Fosetisland« nach dem Bericht der Vita Willibrordi von Karls des Großen Freund Alcuin; aus ihr sind zwei andere Berichte abgeleitet, insbesondere auch der des Adam von Bremen (um 1050) [7]. Wie Siebs erwiesen hat, stammt erst von Adam die Behauptung, Fositesland sei Helgoland, zu der ihn etymologische Gründe [8] veranlaßten. Helgoland kann es aber nicht sein; vielleicht lag Fositesland »in Frisia citerior, dem friesischen (seit dem neunten Jahrhundert von den Dani in Besitz genommenen) Küstengebiet westlich der Zuidersee«, vielleicht auf der ‚insula' Axel [9]. — In diesem heiligen Land Fosites standen Heiligtümer; aus einer heiligen Quelle durfte man nur schweigend schöpfen, und als Sanct Willibrord

---

[1] Golther S. 386, Mogk S. 327. 389, Meyer S. 392. 407; Siebs, PBB. 35, 535.
[2] Str. 15.    [3] Gylf. cap. 32: Gering S. 321.
[4] Brag. cap. 1: Gering S. 352.
[5] Golther S. 387, 1.
[6] Golther S. 387, Mogk a. a. O., Meyer 23f. 407.
[7] Vgl. Siebs S. 539.
[8] a. a. O. S. 543.    [9] Ebd. S. 545.

aus ihr Heiden taufte, ließ König Radbod dreimal über ihn das Los werfen.

Mit diesem »Hauptgott der Friesen« stellt man seit v. Richthofen [1]) den Helden einer schönen, aber jungen Sage [2]) zusammen. Karl der Große befragt die zwölf Asegen (Gesetzsprecher) der friesischen Seelande nach ihrem Recht. Als sie es trotz der Bedrohung mit Todesstrafe nicht finden können, werden sie in einem Schiff ohne Ruder, Segel und Tau ins Meer gestoßen. Da sitzt auf ein Gebet an Gott plötzlich der dreizehnte bei ihnen, mit einer Achse oder Axt auf der Achsel. Er steuert sie damit ans Land, weckt eine Quelle am Ufer und lehrt sie das Recht. Dann verschwindet er (wie Odin nach seinen irdischen Hilfeleistungen).

Siebs ist geneigt, diese Erzählung für eine rein christliche Erfindung zu halten: »diese Erzählung der westfriesischen Rechtsquellen lehrt uns für die Mythologie nichts. Nach Art der mehrfach erscheinenden Traktate und Einleitungen zu den Rechten sind hier in gelehrter Weise die verschiedenartigsten Stücke vereinigt« [3]). Mir scheint doch wahrscheinlich, daß unter diesen Stücken Überreste alten Volksglaubens stecken. Erklärt man selbst die goldene Axt mit ihm [4]) als etymologische Mythe zur Erklärung des Ortsnamens *Axenshove*, so bliebe doch immer die auffällige Nachbarschaft von *Eswei*, das v. Richthofen ansprechend mit *Götterweg* erklärt hat. Auch erinnert die Art der Erscheinung und das Unterrichten auf dem im Schiff erreichten Ufer mehr an die Epiphanie heidnischer Götter [5]) als an die Parusien Christi oder der Heiligen. Und hätte man diesen, vor allem aber Christus jenes Attribut zugemutet?

Ich glaube also, wir dürfen diese Legende dem Fosite anrechnen.

Die Gleichheit von Forseti und Fosite hat zuerst J. Grimm angenommen, dem Mogk folgt; Golther [6]) zweifelt, ebenso Siebs [7]); Meyer [8]) verwirft die Gleichsetzung. Gegen die Identität spricht die Verschiedenheit der Namen [9]). Sie würde sich erklären, wenn Fosete (zu schwedisch *fasa*, angelsächsisch *fésian* schaudern? nach Siebs zu *fos Nahrung?*) der rechte Name, Forseti »der Vorsitzer« (nämlich im Gericht) volksetymologische Umdeutung [10]) wäre. Für die Identität spricht die Ähnlichkeit oder vielmehr die wahrscheinlich ursprüngliche Gleichheit des Namens und die Gleichheit der Funktion: Forseti ist in der Edda der beste der Richter, Fosite ist (wenigstens nach jener Legende) verkündender Gott.

[1]) Vgl. Siebs S. 550 f.   [2]) Golther S. 389.
[3]) S. 551.   [4]) S. 552.
[5]) Einl. zu Grim.; vgl. auch Ríg in der Ríg.
[6]) S. 389.   [7]) S. 546 f.   [8]) S. 407.
[9]) Meyer und Siebs a. a. O.; Golther S. 387, 2.
[10]) Mogk S. 328.

§ 19. Eddische Nebengötter. 383

Diese Gründe lassen wohl die Wagschale zugunsten der Gleichheit sinken. Es entsteht dann die Frage nach Ursprung und Entwicklung des Gottes.

Golther sieht in ihm eine Emanation des Tiuz[1]), wofür schlechterdings nichts spricht. Mogk[2]) leitet ihn von Balder ab. Hierfür würde ich die Ähnlichkeit ihrer Burgnamen Breidablik und Glitnir nicht in Anschlag bringen, da solche Helligkeitsnamen wenig besagen und jung sind. Aber daß man ihn zum Sohn des Balder und der Nanna machte (gewiß spät, da wir Nanna selbst nicht für alt halten können und lebendige Anschauung dem jugendlichsten Gott schwerlich einen Sohn gab), spricht dafür, daß man zwischen beiden eine Verwandtschaft zu fühlen glaubte. — Das Attribut endlich, immer die Verwendbarkeit jener Sage vorausgesetzt, könnte für hohes Alter eines selbständigen Gottes zeugen. Dies ließe sich mit Mogks Meinung vereinigen, der friesische Hauptgott sei durch Handelsbeziehungen nach Norwegen gekommen und dort in den »Vorstand« umgedeutet worden: die Friesen in ihrem strengen Rechtssinn hätten den Rechtsgott zum Hauptgott gemacht[3]).

Es wären noch mancherlei Anknüpfungen möglich. Der silber-goldene Saal erinnert an das silber-goldene Grab des Königs Hölgi, des Vaters von Thorgerd Hölgabrud[4]). Die »Axt« würde an Donar erinnern[5]), die »Achse« an einen Schiffswagen wie den Ings, wozu die Rettungslegende paßt. (Doch wird solche Rettung aus Seenot auch den indischen Açvins nachgerühmt; christlicher Einfluß kommt hinzu.)

Mir wäre eine frühe Hypostase Odins noch am wahrscheinlichsten: der Gott der staatlichen Ordnung wäre speziell zum Rechtsgott geworden; die Rettung aus Seegefahr kommt auch ihm zu; die Achse wäre das umgedeutete Zepter des Gerichtsherrn . . .

**Bragi**[6]).

Eine ganz klare, aber auch ganz junge Gestalt: der Gott der Dichtkunst. Nur der Ursprung und die Entwicklung sind unsicher.

Sein Name: *bragi der Fürst*, der *Erste* (so ist Thor *ásabragr*)[7]); daher auch in Helden- und Ortsnamen[8]).

An Zeugnissen haben wir aus den Eddaliedern: Loki begrüßt alle Götter, verweigert aber dem Bänkedrücker Bragi den Gruß. Dieser will ihn mit Roß und Armring versöhnen[9]), aber Loki meint höhnisch:

[1]) S. 388.      [2]) S. 327.      [3]) Vgl. Mogk S. 328.
[4]) Golther S. 483; siehe u.      [5]) Ebd. S. 390.
[6]) Uhland, Schr. 6, 277; Mogk, PBB. 12, 383 und 14, 81 f. — Mogk S. 365, Golther S. 400, Meyer S. 419, Chantepie S. 192. 267.
[7]) Golther S. 404.
[8]) Ebd. Anm.; auch in der Edda: Bragi (Helg. Hund. 2, 18).
[9]) Vgl. Heinzel-Detter 2, 252.

wer so feige sei, der komme nicht zu solchen Ehrengaben. Bragi droht, Loki höhnt, Idun mahnt Bragi um aller Kinder und Wunschkinder willen zur Ruhe¹). Schließlich gibt Idun selbst den bierberauschten Bragi preis²). Außer Thor kommt kein Gott Loki gegenüber so ausführlich zum Wort. — In einem Katalog der besten Dinge heißt Bragi der beste Skald³). — Bragis Zunge wird in einem andern Denkvers⁴) neben des Bären Tatze, den Pfoten des Wolfs, des Fischaars Schnabel unter den stärksten natürlichen Waffen genannt⁵).

Snorri schildert ihn⁶) als weise, klug in der Rede, am meisten in der Dichtkunst erfahren, und nennt Idun seine Gattin (was auch die Lok. vorauszusetzen scheint). Außerdem sind die Bragaroedur und Skáldskaparmál dem trefflichen Erzähler und Meister der Poetik in den Mund gelegt.

Skáldische Belege: »In den Eiriksmál, die ein begabter Skalde nach 935 auf König Eirik Blutaxt dichtete, treffen wir Bragi in Valhöll bei Odin als dessen Ratgeber neben Sigmund und Sinfjötli, jenen Gestalten der Heldensage»⁷). Ebenso steht er in den Hákonarmál⁸) als Odins Hauptskalde neben dem aus der Heldensage in den Götterkreis übernommenen Hermod⁹). Kenningar mit Bragis Namen fehlen nicht, auch nicht Anspielungen, so bei dem großen Egill Skallagrímsson, auf das Auge des vielschauenden Dichters und seine Verbindungen mit dem Dichtermeth¹⁰).

Kann an der letzterwähnten Stelle nur eine späte Anknüpfung vorliegen, so scheint dagegen Lok. Str. 17 auf eine weitere Sage zu deuten, nach der Bragi den Bruder Iduns getötet hätte¹¹).

Nach seiner **Erscheinung** wird er als alt geschildert, mit langem weißen Bart, wie Odin selbst¹²), d. h. als erfahrener Meister der Dichtkunst. Dabei ist er Gatte der Verjüngungsgöttin. — Der Dichter der Lok. zeigt ihn, in seiner parodistischen Manier, vom Begeisterungstrank berauscht; da gebärdet er sich wie ein reicher, kampflustiger Recke.

Ein **Attribut** fehlt, was gegen das Alter des Gottes um so mehr spricht, als irgendein Saiteninstrument ihm so leicht hätte in die Hand gegeben werden können. Ein **Kult** ist erst recht nicht anzunehmen.

---

¹) Lok. Str. 11—16.   ²) Str. 18.
³) Grím. Str. 44.   ⁴) Sgdr. Str. 16.
⁵) Wiederholt Gylf. cap. 41: **Gering** S. 331.
⁶) Gylf. cap. 25: **Gering** S. 320.
⁷) **Mogk** S. 366.   ⁸) Aus dem Jahr 951.
⁹) **Ebd.**   ¹⁰) **Golther** S. 403.
¹¹) **Heinzel-Detter** 2, 253; vgl. Helg. Hjörv., wo freilich unentschieden bleibt, ob Sváva sich mit Hedin vermählt, worauf doch Str. 33 deutet.
¹²) **Mogk** S. 366.

## § 19. Eddische Nebengötter. 385

Für den **Ursprung** stehen zwei Hypothesen sich gegenüber: 1. Odin, der eigentliche Dichtergott, habe sein Bild bestimmt; Bragi sei eine Emanation Odins, erst sein *thulr*, sein Spielmann, dann sein Sohn [1]). 2. Bragi sei lediglich das vergöttlichte Abbild einer historischen Persönlichkeit, des **Bragi Boddason**, der im 9. Jahrhundert der erste nachweisbare Hofskalde war [2]) — die herrschende Anschauung [3]) Es wäre also dieser Altmeister der Kunst von den Skalden als ihr Vertreter in den Himmel erhoben worden, wie er denn auch ihr Liebling ist [4]).

Klar scheint eins: daß auch hier die heroisch angeschaute Wirklichkeit in die Göttersage hineingewachsen ist. Der Fürst hat seinen Sänger; auch Odin muß seinen Demodokos, seinen Volker haben. Dieser Stimmung kam dann das neu erwachte Standesbewußtsein der Skalden entgegen. (Die ganze Entwicklung legt für unsere Annahme nordischer Standesgötter Zeugnis ab). Aber Bragi konnte doch wohl in den Olymp erst gehoben werden, nachdem er selbst schon eine halbmythische Persönlichkeit geworden war [5]).

An Sänger heften sich rasch Legenden, besonders bei den Germanen: man denke an das Proömium des altsächsischen Heliand, an den Wartburgkrieg, die Neithartlegende, Tanhäuser, den Möringer, vor allem den Brennenberger, der ja sogar Stoff zu sagengeschichtlichen Untersuchungen gegeben hat [6]). Ich glaube aber, daß man zwischen den historischen Bragi und den Gott der Dichtkunst Sagen von Bragi wird einschieben müssen, vielleicht auch Lieder, die von ihm erzählten wie von den Dichterverkörperungen Deór und Widsid, Traugemunt usw. Irgendein Loblied auf den alten Sänger mag nach dem Muster von König Sveigdirs Eingehen zu Odin [7]) oder ähnlicher Sagen erzählt haben, wie Odin sich freut, den Skálden bei sich zu begrüßen — und der Anstoß zur Sagenbildung war gegeben.

### Idun [8]).

Auch sie gehört unzweifelhaft zu den jüngsten Gestalten des nordischen Götterglaubens. Gerade diese aber haben es bei der Neubelebung des nordischen Altertums den Deutschen angetan, und die ältesten germani-

---
[1]) Meyer S. 409.
[2]) F. Jónsson, Ark. f. nord. Fil. 6, 141 f.
[3]) Z. B. die Mogks; Golther S. 403 vorsichtiger. Dagegen z. B. Chantepie.
[4]) Grim. Str. 44.
[5]) Ähnlich ist das wirkliche Klagelied in einem Dichter Linos verkörpert worden, »der bei allen Göttern hochgeehrt war, weil es ihm zuerst gegeben worden, im hellen Laut den Menschen ein Lied zu singen« (Preller 1, 462).
[6]) Kopp, Brennenberg-Lieder, Wien o. J. (1909).
[7]) Golther S. 289.
[8]) Uhland, Schr. 6, 69; Bugge, Ark. f. nord. Fil. 5, 1 f. — Mogk S. 375, Golther S. 448, Meyer S. 420.

schen Zeitschriften hießen »Bragi« und »Iduna und Hermode«. Diese Erscheinungen wiederholten sich immer; als Sir William Temple klassische Meisterstücke des Altertums auswählte, nahm er gerade die Briefe des Phalaris, und wenn Winkelmann, Lessing, Goethe das Höchste der echten Antike nennen wollten, war es — der »Laokoon«. Die spätesten Produkte stehen oft dem Charakter späterer Zeiten am nächsten (nicht notwendig, nicht immer); der Stimmung, die dem Ossian entgegenkam, entsprach die sentimentale Mache der absterbenden Mythologie.

Der Name[1]) erklärt sich aus altnordisch *id, iterum* mit dem Suffix *un*: die *Erneuerung;* es kommt als Frauenname auf Island vor[2]).

Als Attribute bewahrt sie in ihrer Truhe[3]) die Äpfel, welche die Götter genießen müssen, wenn sie anfangen zu altern; davon werden sie wieder jung, und so wird es bleiben bis zum Untergang der Götter[4]). Dieser Äpfel wegen begehrt der Adler in der Thjázi-Fabel[5]) ihren Besitz, und deshalb muß Loki sie wieder schaffen. — Nun kommen Äpfel auf Island nicht vor, auf Norwegen höchstens in Klostergärten; deshalb haben Bugge und Golther[6]) die Äpfel aus christlicher und antiker Saat (Paradies; Hesperidenäpfel) hergeleitet. Mit den Äpfeln des Paradieses seh ich keine Ähnlichkeit; aber mit denen, die die Hesperiden in ihrer Hut haben[7]), ist allerdings die Ähnlichkeit unverkennbar. Dennoch hält Mogk[8]) den Mythus für rein nordisch, da die verjüngenden Äpfel auch sonst in der deutschen Sage vorkommen[9]). Der Apfel vertritt die runde Frucht an sich und ist urgermanisch[10]). Auffallend ist auch, daß den drei Hesperiden[11]) die Eine Idun entspricht. Trotzdem bleibt bei der Jugend der ganzen Gestalt die Anlehnung wahrscheinlich. —

Idun bewahrt die Äpfel in der Truhe, wie Fulla Friggs Besitz. Dies kann natürlich kein alter Zug sein — Göttinnen haben keine Aufbewahrungsgeräte im Haus, und Odin hängt seinen Speer nicht über Nacht in den Waffen-

---

[1]) Golther S. 448.
[2]) Schon der Name ist ganz abstrakt: eine Art *nomen actionis,* noch abstrakter als die griechische Hebe (Preller 1, 498), die doch einen bestimmten Beruf hat: Mundschenkin der Göttin zu sein — so wußten die Griechen die Idee des Darreichens eines Verjüngungstranks plastisch auszubilden! — Die lateinische Juventus ist trotz ihrem abstrakten Namen einfach die Schutzgöttin der heranwachsenden Jugend (Wissowa S. 125).
[3]) Vgl. auch allgemein über »Truhenmärchen« Wundt 2, 3, 259.
[4]) Gylf. cap. 26: Gering S. 328.
[5]) Brag. cap. 2: Gering S. 353; vgl. o. S. 344.
[6]) S. 450.
[7]) Preller 1, 563, wo auch auf Iduna Bezug genommen wird.
[8]) S. 375.
[9]) Vgl. v. d. Leyen, Märchen, S. 33.
[10]) Kluge, Etymol. Wörterbuch, S. 15.
[11]) Preller S. 564.

## § 19. Eddische Nebengötter. 387

schrank —, aber zu beachten ist es doch; denn gerade die rationalistische, allzu gut bürgerliche Vorstellung macht auf ein weiteres Bedenken gegen die Echtheit der Äpfel aufmerksam, ein so zu sagen mythentechnisches Bedenken. Echte alte Attribute sind mit der Erscheinung ihrer Träger untrennbar verbunden: sie gehören zur Kleidung (Hut, Mantel, Schuh), zur Ausrüstung (Speer, Hammer, Bogen), zur ständigen Begleitung (Roß, Böcke, Raben, Katzen). Ablegen kann der Gott seine Attribute nur, wenn er sich überhaupt verwandelt; wie der König im Märchen Krone und Szepter nur abtut, wenn er sich verkleidet [1]. Ja selbst dann guckt noch oft der Pferdefuß hervor, und Odin hat auch als Wandersmann noch Hut und Mantel des Gottes. (Leitet man Hut und Mantel selbst erst von dem Wanderer ab, so ändert das nichts an der Sachlage). — Diese Äpfel aber sind mit der Gestalt nicht natürlich verbunden — man kann sie ablegen und in die Truhe legen; ja man muß es für gewöhnlich tun. Solch ein Parade-Attribut verhält sich zu dem Lebens-Attribut eines alten Gottes (das oft älter als er selbst, ein ursprünglicher Fetisch ist), wie der Schutzengel des christlichen frommen Glaubens zu Immermanns berühmtem »Engel, den man auch fortlassen kann« in Platens Romantischem Ödipus. Attribute, die aus der Entwicklung oder der Anschauung heraus erwachsen sind, können nicht wie Marionettensäbel an- und abgehängt werden. — Ach hätten wir doch eine zusammenhängende Untersuchung über die Attribute der Götter vom Standpunkt der vergleichenden Mythologie! wir könnten ein paar folkloristische Varianten zum »Todaustreiben« gern dafür hergeben.

Iduns Funktion ist die Verjüngung der Götter — ein rationalistischer Gedanke.

Im Mythus wird sie mit Bragi vermählt, wohl weil dieser mit dem Begeisterungstrank in Verbindung gebracht war; an die erneuernde Kraft der Poesie ist schwerlich zu denken. — Loki [2] schilt sie [3] die Buhlin des Mörders ihres Bruders, worüber wir nichts wissen. Endlich haben wir die Thjázi-Geschichte [4], von märchenhaftem Charakter [5] — junge Sprößlinge eines jungen Mythenkreises.

### Loki und Hod.

Loki und Hod, die wir unter die »Gegengötter« eingereiht haben, müssen doch auch in diesem Zusammenhang noch einmal erwähnt werden, da sie früh in den Kreis der Asen aufgenommen worden sind. Ebenso

[1] Vgl. z. B. Thimme, Lied und Märe, Gütersloh 1876, S. 96.
[2] Lok. Str. 17.
[3] Siehe o. S. 348.
[4] Naturmythologisch ausgedeutet von Uhland; vgl. Golther S. 650.
[5] v. d. Leyen S. 34.

müssen hier noch einmal jene Götter erwähnt werden, die als Gruppe eine kleine eigene Welt von Nebengöttern darstellen, von denen freilich die wichtigeren persönlich zu Hauptgöttern emporgestiegen sind:

## Die Wanen [1].

Zu den Wanen gehören: Njord, die Geisel der Wanen bei den Asen; Frey, sein Sohn, ihr eigentlicher Repräsentant [2]); Freyja, die *Vánadís*, Wanengöttin [3]); nach Heinzel-Detters Etymologie auch Váli, »der kleine Wane«, was aber abzulehnen ist [4]). Nach gewissen Indizien hat man auch Nehalennia [5]) ihnen zugesellen wollen, die sich aber früh von Nerthus differenziert zu haben scheint. — Nur in Bezug auf die Kenntnis der Zukunft wird Heimdall [6]) mit den Wanen verglichen. Er gehört zu den Asen, deren am meisten charakteristische Repräsentanten Tyr, Wodan, Thor, Frigg sind. (Auch Skadi, obwohl vermutlich fremden Ursprungs, wird zu den Asinnen gerechnet.)

Der Mythus vom Wanenkrieg [7]) hat sicher religionsgeschichtlichen Hintergrund. Die Wanen werden dargestellt als ein gegen die Asen eindringendes Göttergeschlecht. Angeführt werdeu sie von Gullveig-Heid [8]). Diese könnte also eine Wanengöttin sein; aber von Freyja [9]) werden nirgends Mythen auch nur angedeutet, die zu Gullveigs Schicksalen stimmten; auch ist sie viel jünger. Freilich könnte sie von Gullveig Züge angenommen haben: sie ist zauberkundig, sie reitet auf dem Goldeber. Indeß ist doch wohl wahrscheinlicher, daß Gullveig-Heid keine eigentliche Göttin ist, sondern eine bloße Abstraktion: die Verkörperung der »Goldkraft«, der neuen Kultur. In diesem Sinn würde sie so wenig zu den Wanen selbst gehören wie etwa die Nornen zu den Asinnen.

Der Gegensatz zwischen Asen und Wanen ist ein doppelter: Er ist zunächst regional. Schon ursprünglich verrät vielleicht der Name der Winiler ein besonderes Bekenntnis zu den Wanen [10]). Der Kult Njords und Freys ist im mittleren Skandinavien der älteste; Frey steht als »Schwedengott« dem auf dem Seewege aus Deutschland eindringenden Odin, dem »Sachsen-

---

[1]) Meyer S. 451, Mogk S. 322, Golther S. 220, Much S. 260. — Über den Mythus vom Wanenkrieg Hoffory. Eddastudien, S. 141 f.; Weinhold, Sitzungsber. d. Berl. Akad. 1890 S. 611 f.; Mogk S. 323.
[2]) Mogk S. 322.
[3]) Gylf. cap. 35: Gering S. 326.
[4]) Siehe o. S. 377.
[5]) Siehe u.; vgl. Golther S. 460.
[6]) Thrymskv. Str. 14; vgl. Golther S. 360 Anm.
[7]) Bes. Völ. Str. 21 f.; Gyl. cap. 23: Gering S. 317; vgl. Brag. cap. 2: Gering S. 354. — Golther S. 220 f. 305 f.
[8]) Vgl. o. S. 343.   [9]) Golther S. 221. 444.
[10]) Mogk, Sammlung Göschen 92 S. 82.

gott« gegenüber. Über Dänemark kommt der Odinskult nach Schweden und Norwegen: den uralten Stätten wie Lund, Ringsted, Hleidra, Wiborg traten neue ausschließlich Odin geweihte zur Seite, *Odinsvé*, jetzt *Odense* in Finnen und *Onsved* in Seeland. In Schweden sind viele Orte nach Odin benannt: *Odenswi, Odensnäs, Odensjö, Odensberg, Odensala* usw. Weniger volkstümlich wurde Odin in Norwegen, weshalb verhältnismäßig nur wenige Ortsnamen dort für ihn zeugen. Um so siegreicher erhob er sich im Skaldenlied. Die Zeit der Einwanderung des deutschen Wodansglaubens in Dänemark und Skandinavien, welche in den halb gelehrten Berichten [1]) noch nachklingt', läßt sich nicht bestimmen. Nur im allgemeinen darf behauptet werden, daß Odin längere Zeit vor den ältesten Skalden, also etwa um 800, bereits in Norwegen bekannt gewesen sein muß. Das Heldenzeitalter des norwegischen Stammes stellte Odin, den Gott des Krieges und des Geistes, in den Mittelpunkt der Dichtung [2]). — Es liegt also »ein uralter Kultkrieg zwischen den Anhängern eines festgewurzelten altheiligen Glaubens und den Vertretern einer neuen aus der Fremde stammenden Religion« [3]) vor.

Freilich sind nach der Edda die Wanen die Angreifer. Man könnte das als Entstellung vom Standpunkt der Asenverehrer betrachten, wenn die Darstellung den Asen nicht ziemlich ungünstig wäre. Man muß also wohl annehmen, daß die anfänglich [4]) im Norden kulturell führenden Schweden sich zu einer Reaktion erhoben und für ihre alten Götter gegen die neuen »Sachsengötter« eintraten; bis dann ein gewisser Ausgleich stattfand und die Dreiheit Odin, Thor, Frey gleichsam die nordische Union in der Götterverehrung abbildete [5]).

Es entstand ein Synkretismus, wie in der ersten Christenheit: Thor neben Christus [6]). Die Gegensätze glichen sich stärker aus als zwischen Odin und Thor.

Der Gegensatz ist aber auch ein religiöser: die Vanir, die »Glänzenden« (zu altsächsisch *wanom*) [7]) segnen mit Reichtum: sie sind Kulturgötter gegenüber den kriegerischen Asen. Zu dem Kampf um den Anteil an den Opfern [8]) trat der um die ganze Lebensanschauung — das Wort ist kaum zu meiden, wenn man an die Hávamál denkt. Es ist vielleicht bezeichnend, daß zwar Odin den Vorrang vor Frey behauptet,

---

[1]) Bei Saxo und Snorri, bes. Ynglingasaga cap. 1—5.
[2]) Golther S. 305; vgl. Olrik, Nord. Geistesleben, S. 36.
[3]) Golther S. 222.
[4]) Olrik S. 1f.
[5]) Solche offizielle Aufnahme fremder Gottheiten begegnet oft; vgl. z. B, für Rom Wissowa S. 239f,
[6]) Vgl. o. S. 291; Golther S. 261.
[7]) Golther S. 220, 2.      [8]) Völ. Str. 23.

Freyja aber Frigg zurückdrängt: für Gold und Schmuck hat die Frau doch noch mehr übrig[1]).

## § 20. Nacheddische Gottheiten.

Hierher rechne ich die Gottheiten, die in der Edda nicht in den Götterkreis aufgenommen sind, mögen sie auch nahe daran sein, die aber in der Prosa-Edda eine Darstellung finden. Diejenigen, die überhaupt nicht im Norden vorkommen, unterscheide ich von ihnen als »Außereddische Gottheiten«[2]); besonders gehören dazu die nur lateinisch überlieferten Namen.

**Hel**[3]).

Der Name ist gleichbedeutend mit gotisch *halja*, altnordisch *hel*, angelsächsisch *hell*, althochdeutsch *hella* (von der Wurzel von »*hehlen*«): »die Verbergende« — gemeingermanischer Ausdruck für den Aufenthaltsort abgeschiedener Seelen. Der Begriff ist zunächst rein heidnisch. »Im Norden finden wir denselben räumlichen Begriff in Redensarten, die zum Teil noch fortdauern«[4]).

»Im Norden entwickelt sich aus der örtlichen *hel* die persönliche Hel«[5]). Es ist nicht völlig deutlich, wie diese Entwicklung sich vollzog. Bei den Hellenen scheint das »unerreichbare Totenland«[6]) von allem Anfang an das »Haus des Hades« zu heißen[7]); und in der Tat ist der Totenherr (oder die Totengöttin) wohl älter als die Vorstellung eines bestimmten »Landes der Seelen«. Aber von einer gemeingermanischen Unterweltsgöttin wissen wir nichts. Es muß wohl eine unmittelbare Verkörperung des femininen Appellativs angenommen werden, etwa in der Epoche der neuen Elementargottheiten: zu Surt, dem unterirdischen Feuer, und Hönir, dem unterirdischen Wasser (nach meiner Auffassung), die

---

[1]) Später wiederholt sich der Gegensatz der Weltanschauungen, wie ihn poetisch stilisiert etwa Grillparzers Libussa malt, in Starkads Kapuzinerpredigten; vgl. Olrik a. a. O. S. 90f. — Eine ähnliche Gruppe wie die Wanen bilden vielleicht das uralte indische Doppelpaar der Adityas (Macdonell S. 43): die Himmelsgötter Mitra und Varuna — die am frühesten genannten arischen Götter —, der »Spender« Bhaga (S. 45) und der »Genosse« Aryaman (ebd.). Zu ihnen wurde später eine Mutter Aditi »die Ungebundenheit« erschaffen (vgl. ebd. S. 120), die sogar wiederum eine böse Göttin Diti »Gebundenheit« (S. 123) erzeugte. Ursprünglich waren die vier wohl aber einfach (vgl. S. 122) die »Söhne der Freiheit«, d. h. »Herren der Freiheit«, die den Menschen durch ihre Gaben und Hilfe lösten: Spender des Gedeihens wie Frey und Njord.
[2]) § 21.
[3]) Mogk S. 375, Golther S. 471, Meyer (der sie zu den höheren Dämonen rechnet) S. 246. 463.
[4]) Golther S. 471.   [5]) Ebd.
[6]) Rohde S. 34.   [7]) Preller 1, 807f.

## § 20. Nacheddische Gottheiten. 391

beide nur nordisch sind, würde Hel, das unterirdische Land, wohl stimmen. Doch sind zu diesen keine Beziehungen nachzuweisen. Die Unterwelt ist also zunächst einfach. Früh aber bildet sich eine Scheidung der Seelenländer heraus. Wie bei den Hellenen Elysion, die Insel der Seligen [1]), allmählich zu der Vorstellung der »Höllenstrafen« in der übrigen Unterwelt geführt haben muß [2]), so hat Walhall, als es der Sitz der Odinsdiener geworden war, Hel heruntergewürdigt. Höchst merkwürdig ist es, daß bei den Hellenen [3]) gerade wie bei den Germanen [4]) der Meineid die erste Untat ist, die im Jenseits bestraft wird. Es könnte hier eine indogermanische Vorstellung erhalten sein: wer die Götter bekriegt, begibt sich in die Gewalt der außerhalb der Götterwelt lebenden Peiniger.

Je mehr nun dieser Gegensatz von Hel und Walhall empfunden wird, desto stärker bildet sich der Parallelismus aus. Der feierliche Empfang Balders [5]) entspricht dem der Helden bei Odin: »daß der Orkus vernehme: ein Fürst kommt, drunten von ihren Sitzen sich die Gewaltigen lüften«. Natürlich ließ sich der Gegensatz auch christlich ausdeuten, was wohl früh geschah [6]). Zunächst aber malt man sich ganz abstrakt eine Umgebung der Hel aus, die zu der glänzenden Odins überall das Gegenbild ergibt (nur daß natürlich auch hier die Tore weit sein müssen) [7]). Zwar die Unterweltsflüsse scheinen uralt [8]). Sonst aber betont Snorri [9]) nicht zufällig den Gegensatz von Gimlé und Náströnd, dem Heim der Seligen und dem Totenstrand. Wie dort alles Glanz von Gold und Edelstein, ist hier alles (mit Rückert zu reden) »leichenfarber als Rhabarber«: der Saal heißt Plage, die Schüssel Hunger, das Messer Schwund, Knecht und Magd (die Walküren der Hel) heißen die Faulen, die Schwelle macht müde, das Bett krank, das Bettuch ist aus bleichem Unglück gewebt [10]). —

Erst aus diesem Gegensatz zwischen Walhall und Hel scheint sich ihre genealogische Beziehung zu den Gegengöttern zu entwickeln: sie wird Lokis Tochter oder Gattin [10]), nimmt aber am Ragnarök nicht selbst

[1]) Preller 1, 815.
[2]) Vgl. Preller 1, 821; Rohde S. 59.
[3]) Rohde a. a. O.
[4]) Völ. Str. 39; auch »morthvarg« bezeichnet den verräterischen, meineidigen Mörder, wie etwa Akv. Str. 32 Atli einer ist.
[5]) Golther S. 475.
[6]) Vgl. Golther S. 477.
[7]) Wie auch bei Aidoneus; Preller 1, 807.
[8]) Völ. Str. 39: Preller 1, 816.
[9]) Gylf. cap. 52: Gering S. 350.
[10]) Eine ähnliche Sippe bilden Märas Töchter (siehe o. S. 350, 13 Anm) oder noch in Kaiser Maximilians Theurdanck: *Unfallo, Furwittich, Neidelhart.*

teil: nur »die Leute der Hel« kämpfen mit¹) — ein Beweis, wie wenig die Verkörperung der Unterwelt bei den Nordleuten lebendig geworden ist. Auch ihre Erscheinung ist »gedacht« wie jene Allegorien im Stil von mittelhochdeutsch Freudenstadt und Reuenthal: halb schwarzblau, halb fleischfarben wie ein verwesender Leichnam²). Endlich erhält sie auch ein Attribut: wer ihre Äpfel genießt, muß bei ihr bleiben³) — wohl gewiß eine Nachbildung der Proserpinasage. Doch mag auch an die »Totenäpfel«, die inwendig Asche bergen, gedacht sein.

### Ran⁴).

Ran⁵): die »Räuberin« ist die Göttin des Seetodes oder die verderbliche Göttin des Meeres neben dem heiteren Meergott Ägir. In Heldenliedern der Edda kommt sie nur in sprichwörtlicher Verwendung vor: Männer zur Ran senden⁶), das Schiff befreit sich aus Rans Krallen⁷). Schon die Hypothesis zu Reg. geht weiter in der Vermenschlichung: Ran hat ein Netz als Attribut, das Loki sich leiht, um Andvari zu fangen. Mit diesem Netz geht dann die Mythenbildung weiter: Niemand kann seinen Maschen entschlüpfen. — Die Skalden malen dann ihr Wesen, besonders aber die junge romantische Frithjofsage, die von dem »Weib ohne Herz im Leibe« spricht.

Auch sie wie Hel ist wohl ursprünglich lokal gedacht; möglich wäre aber auch, daß sie ein alter Wasserdämon von weiblicher und verderblicher Art wäre. Sie erhält Ägir zum Gatten; ihre Kinder sind die (älteren) neun Wellen, von denen Heimdall geboren wird. Diese werden dann entsprechend stilisiert: sie führen der Mutter die Schiffer zu.

### Ägir.

Ägir selbst⁸) ist wohl unzweifelhaft der kollektivierte Wassergott, der kindlich frohe Herr des (stillen) Meeres; auch sein Name scheint zu gotisch *ahwa*, lateinisch *aqua* zu gehören⁹). Er hat lediglich die Funktion, den Göttern das Mahl zu bereiten¹⁰); dazu dient ihm der Kessel, den Thor von Hymir holt¹¹). Dazu gibt ihm die Prosa der Lok. zwei Diener: *Fimafeng, der Behende* und *Eldir, das Feuer*. Nur der letztere kommt

---

¹) Siehe o. S. 350.  ²) Völ. Str. 51.
³) Golther S. 474.
⁴) Nach einer jungen Sage: Golther S. 477.
⁵) Golther S. 478, Mogk S. 303.
⁶) Helg. Hjörv. Str. 18.
⁷) Helg. Hund. 1, 31.
⁸) Siehe o. S. 251; Golther S. 174f; Mogk S. 302, Meyer S. 237f.
⁹) Golther S. 174 Anm.
¹⁰) Lok.; Grím. Str. 45.
¹¹) Oder zurückholt; Hym. Str. 39.

## § 20. Nacheddische Gottheiten.

im Text vor; der erstere ist ein beliebig hinzuerfundener Helfer. Aber das Feuer ist nötig, damit der Kessel seine Schuldigkeit tun kann. Ägirs Braukessel (der Gott heißt geradezu »Bierkünstler aller Lichtgötter«)[1]) wird als das Meer gedeutet; wenn es gefroren ist (aber friert das Meer?), ist es in der Gewalt der Eisriesen[2]). — Die Deutung des Kessels auf das Meer ist fast unvermeidlich: wie ein Kessel hängt es zwischen den Küsten; der Sturm »braut« in dem Wasser, daß es überkocht. Aber wie kommt Ägir dazu, der Wirt der Götter zu sein? Meerwasser ist doch kein Nektar! Bei Ran bekommen die Ertrunkenen Hummer und Dorsch[3]); und was spendet Ägir für Hunger und Durst der Götter? Vielleicht klingt hier ein uralter Mythus nach. Poseidon wandelt[4]) zum Mahl zu den Äthiopen, die zwiefach geteilt sind, teils am Untergang des Helios, teils am Aufgang. Dort also, wo die Sonne ins Meer versinkt oder aus dem Meer aufsteigt, hält er sein Mahl. Ob es einen Mythus gab: die Lichtgötter (*tivar*) — mit denen sich Poseidon im Wesen vielfach berührt, z. B. in der Art seiner Rosse und seiner Fahrt[5]) — nehmen im Meer ihr Mahl ein, wenn sie hinabtauchen? — Jedenfalls scheint mir wahrscheinlicher, daß aus jener Vorstellung die des Meereskessels entstand, als umgekehrt. Man denke auch an die alte Formel, wieder griechisch und germanisch, vom »Abendessen in der Unterwelt«.

### Thorgerd Holgabrud[6]).

Von dieser Halbgöttin wissen wir verhältnismäßig viel. Wir hören fast nur von Einem Diener der Thorgerd, aber dies war der mächtige Jarl Hákon im norwegischen Halogaland (970—995), der das Heidentum wieder aufrichtete. Er erbaute ihr mehrere Tempel, im Gudbrandsdal, im Gebiet von Drontheim; dort stand in Lebensgröße in der Mitte Thor auf seinem Wagen, rechts Thorgerd, links ihre Schwester Irpa; alle drei mit Goldringen an der Hand. In dem zweiten Tempel standen sogar viele Götzenbilder, Thorgerd aber quer vor dem Eingang, prächtig geschmückt. Hákon betet zu ihr auf den Boden hingestreckt; als eine Art Orakel erscheint es, daß er ihr den Ring vom Finger ziehen will: da es nicht gelingt, weint er und versucht es nochmals, diesmal mit Erfolg. Vor der Schlacht aber opfert er ihr gar einen siebenjährigen Sohn. — Doch hat sie auch auf Island einen Tempel; diesen verbrennt Grimkell, als sie ihn verlassen will, und stirbt dafür noch am selben Tage.

[1]) Vgl. Golther S. 174.
[2]) Hymirs; Gering S. 29.
[3]) Mogk S. 303.    [4]) Odyssee 1, 22 f.
[5]) Preller 1, 568.
[6]) Golther S. 482, Meyer S. 273, Mogk S. 275. — Storm, Ark. f. nord-Fil. 2, 124; Detter, Ztschr. f. d. Alt. 32, 394.

Thorgerd hilft dem Jarl, indem sie ein Hagelwetter über seine Feinde wirft: man sieht sie hinter ihm stehen, wie von jedem ihrer Finger tödliche Pfeile auf die Feinde fliegen. Als das Gewitter nachläßt, ruft Hákon nochmals Thorgerd und Irpa an; das Hagelwetter erneut sich, und der Feind flieht vor den bösen Hexen [1]). Sie ist also wohl eine lokale Elementargottheit, der der rohe Charakter ihrer Verehrer etwas Hexenartiges gegeben hat; für eine aus dem nordischfinnischen Grenzgebiet entlehnte Zaubergöttin braucht man sie deshalb noch nicht mit Golther [2]) zu halten; auch nicht für eine vergöttlichte Hexe: »Daß Hákon Trollen anbetete, ist wenig wahrscheinlich« [3]), denn er verehrt auch Odin und Thor, hat aber zu Thorgerd das meiste Vertrauen.

Thorgerd ist nach ihrem Beinamen und nach Saxos Bericht [4]) die Gattin, nach der Sage aber die Tochter des Königs Hölgi, nach dem Halogaland genannt ist [5]). Dieser nun genoß augenscheinlich selbst göttlicher Ehren. Sein Grabhügel soll aus zwei Schichten bestanden haben: Gold und Silber, dann Erde und Stein. Golther [6]) verweist auf einen ähnlichen Opferhügel des finnischen Gottes Jumala; doch ist wohl nur gemeint, daß viel Gold und Silber mit dem Heros (das Grab im Busento!) beigesetzt wurde. Aber der Speer Hölgis war im Tempel aufbewahrt und Hákon nahm ihn von da [7]), gewiß damit er ihm helfe wie dem Dag Odins Speer [8]); denn mit diesem Speer durchbohrt ein Holzklotz (*trémadr*), dem die Zauberei der Göttinnen (durch das Herz eines getöteten Mannes) ein Scheinleben gab, Hákons Feind Thorleif [9]). Der Zauber, der mit den Attributen (Hölgis Speer, Thorgerds Ring) verbunden scheint, deutet in fetischistische Verehrung zurück. Aber daneben macht sich, wie bemerkt, die Annäherung an den Hexentypus geltend: für die Hexe ist [10]) ja gerade dies bezeichnend, daß sie tote Dinge in ihren Dienst nimmt. —

Irpa oder Yrsa ist eine Doppelgängerin der Thorgerd. Wahrscheinlich war ursprünglich sie Hölgis Geliebte und der Name ging auf seine Tochter Thorgerd über. Es scheint fast, als würde sie neben ihrer Schwester nur angerufen, wenn diese allein nicht hilft.

[1]) Gewitterzauber in der Schlacht durch Zauberer erregt, von Odin bekämpft; Saxo S. 32, Hermann S. 40.
[3]) S. 486.
[4]) Vgl. Storm S. 127.
[5]) Oder der nach Halogaland heißt: der Name — mit Helgi nicht zu verwechseln — kommt sonst nicht vor: Storm S. 128.
[6]) S. 483.
[7]) Golther S. 484; ebenso holt sich David sein Schwert ans dem Tempel (1. Sam. 21, 21); vgl. auch C. F. Meyers Gedicht »Das verlorene Schwert«.
[8]) Helg. Hund. 2 zu Str. 28.
[9]) Ebd. S. 485.    [10]) Siehe o. S. 132.

## § 20. Nacheddische Gottheiten. 395

Diese Gottheit, deren berühmtesten Verehrer wir kennen, die in einer genau bestimmten Schlacht[1]) eingreift wie etwa die Dioskuren in die von Salamis, scheint noch einmal religiöse Kämpfe entfacht zu haben. Hákons Feind Sigwaldi entflieht, weil er nicht gegen die Hexe kämpfen will; Grimkell verbrennt den Tempel; ebenso Vigatrappr, nachdem er sie ihrer Attribute beraubt hat[2]). Sie erregt aber auch bei ihren Verehrern Fanatismus bis zum Sohnesopfer. — Später schmückt die Sage den Tempel[3]) in der Weise christlicher Kirchen aus: die fremden Kulte werden zusammengeworfen.

### Sól[4]).

Als eine Naturgottheit könnte Sunna-Sól neben Thorgerd und Ran stehen; aber sie ist vermutlich nur ein gelehrtes Produkt. Eine indogermanische Sonnengöttin, wie die indische Sûrjâ[5]), der Freyja nicht entspricht, hätte wohl stärkere Spuren hinterlassen. Freilich behauptet Caesar[6]): *deorum numero eos solos ducunt, quos cernunt et quorum aperte opibus iuvantur, Solem et Vulcanum et Lunam;* aber von einem alten Kult des Feuers haben wir kaum, von einem solchen des Mondes gar keine Spuren. Vielleicht meinte Caesar auch mit Sól den Tyr, mit Luna Frigg als Sóls Gemahlin, wenn sie nämlich (nach Müllenhoff) ursprünglich Tyrs Gemahlin war. Wahrscheinlicher noch ist, daß das Opfer ohne Götzenbild und ohne Tempel auf die Sonne oder den Mond bezogen wurde, je nachdem, ob es bei Tag oder bei Nacht stattfand, und daß das Opferfeuer als Symbol des Vulkan gedeutet ward. — Immerhin läßt der Sonnenwagen[7]) zur Vorsicht mahnen.

Sunna im Merseburger Spruch ist wohl nur Begleiterin der Himmelskönigin[8]).

Später haben wir[9]) eine phantastische Legende, die aus den selbst schon bedenklichen Angaben der Vaf. herausgesponnen scheint. Dort heißt Mundilföri »der Beschützer«[10]), der Vater des Mondes und der Sonne; zur Verwandtschaft gehören auch noch Tag und Nacht mit alliterierenden Vätern[11]). Die Sonne wiederum hat eine unbenannte Tochter[12]), die sie ersetzen soll, wenn Fenrir die alte Sonne verschlungen hat. Sól muß auf dem Sonnenwagen rasch fahren, weil die Wölfe sie

---

[1]) Hákon gegen die Jómsvikinger 987 oder 988.
[2]) Golther S. 482; außer dem Ring trägt sie noch ein Kopftuch, wie Fulla ein Band um das Haupt trägt; anders, wenn Nerthus in Tücher gehüllt wird.
[3]) Golther S. 484.     [4]) Golther S. 486f.
[5]) Vgl. Golther S. 215.     [6]) BG. 6, 2.
[7]) Vgl. o. S. 105, 7.     [8]) Vgl. o. S. 276.
[9]) Gylf. cap. 11: Gering S. 305; vgl. auch cap. 35: S. 328.
[10]) Mogk S. 311.
[11]) Delling und Nor; Vaf. Str. 25.
[12]) Vaf. Str. 47.

verfolgen (die Pferde heißen *Arwakr* Frühwach und *Alswid* Allklug), und damit diese sich nicht erhitzen, haben sie zwei Blasebälge (*Járnkol* Eisenkühle) unter sich; ebenso steht ein Schild vor der Sonne. Andere, vielleicht volkstümliche, Fabeln beziehen sich auf den »Mann im Mond«[1]), während der Mythus von dem dritten Paar, Sommer und Winter[2]), gewiß nur gelehrtem Systemzwang entspringt. Sind doch ebenso bei den Griechen Tag und Nacht in die verschiedensten Kombinationen eingegangen: sie wohnen an den Grenzen der Welt zusammen mit Tod und Schlaf[3]) und begrüßen sich nur flüchtig auf der Schwelle — haben aber doch Eros zum Sohn[4]). Denn Hemera ist gewiß[5]) doch nur eine gelehrte Ersatzgöttin für Eos, gerade wie Dag für Heimdall.

Wir werden also, glaube ich, die Existenz einer urgermanischen Sonnengöttin nur mit Vorsicht abstreiten (denn außer dem Zeugnis Caesars hat sie immerhin, samt der Luna, noch Verbote der Mission für sich[6]); aber einen Zusammenhang dieser etwaigen Sonnengöttin mit der altnordischen Sól und ihrer Sippe müssen wir ablehnen. Wie es eine rein »literarische Kanonisation« gibt[7]), so gibt es eine rein literarische Deifikation, und ihr verdanken wir diese heidnischen Kalendergottheiten, während schon Sunna und Sinthgunt viel eher gegen als für einen Kultus der Himmelslichter zeugen.

## § 21. Außereddische Gottheiten.

Während für die niedere Mythologie uns die Quellen außerhalb des Nordens ebenso reichlich fließen wie dort, sind wir (hauptsächlich wohl wegen der anderen Form der Bekehrung) für die Götterwelt beinahe ausschließlich auf die skandinavischen Quellen angewiesen. Was bei Deutschen und Angelsachsen durch Caesar und Tacitus, durch Zaubersprüche und Missionsanweisungen bezeugt ist, bleibt unschätzbar für das Verständnis nordischer Mythologie (Idisi, Balder, Sceáf), aber Neues lehrt es uns nicht in dem Sinne, daß nur ein einziger in der Edda und ihren Anhängen fehlender Gott so nachzuweisen wäre — die Alces etwa ausgenommen. — Isolierte Zeugnisse in lateinischer Sprache besitzen wir allerdings, aber eben so versprengt, daß sie uns nur Schatten an die Wand werfen und fast durchweg die Etymologie unser einziges, ach so zerbrechliches Werkzeug zur Deutung dieser vorüberhuschenden Bilder bleibt.

Hauptquelle sind hier lateinische Inschriften. Wir versuchen auch hier von weitem eine innere Chronologie zu erreichen.

---

[1]) Vgl. Golther S. 524.
[2]) Vaf. Str. 26.     [3]) Preller 1, 37.
[4]) Preller 1, 501.     [5]) Doch vgl. ebd. S. 440.
[6]) Vgl. Golther S. 487.
[7]) Delehaye, Sanctus, S. 189.

## Alces[1].

Tacitus[2]) berichtet, daß bei den Nahanarvalen ein Hain voll alter Verehrung gezeigt werde *(antiquae religionis lucus ostenditur)* »Den Vorsitz führt ein Priester in weiblicher Tracht. Aber die Götter nennen sie nach römischer Deutung Castor und Pollux. Diese Bedeutung kommt der Gottheit zu, ihr Name ist »Alcis«. Götterbilder sind nicht vorhanden noch irgendeine Spur fremden Aberglaubens: wie Brüder und wie Jünglinge werden sie verehrt.«

Auffällig kann in diesem Bericht scheinen zunächst das »*ostenditur*«, das im Zusammenhang fast auf ein Abkommen der *antiqua religio* deuten könnte; dann die negative Aussage, die einen Gegensatz zu dem *vehiculum* in dem *castum nemus* der Nerthus[3]) zu enthalten scheint.

Tacitus bezeugt im übrigen hier: erstens den Kult zweier Gottheiten, die den Dioskuren gleichen, weil sie zweitens jugendliche Brüder sind; drittens, sie werden in einem Hain verehrt; viertens mit anikonischem Ritus; fünftens, sie besitzen einen eigenen Priester, der sechstens weibliche Tracht trägt, und siebentens sie heißen Alcis.

So viel wissen wir sonst nur von den Hauptgottheiten. Dennoch ist so vieles problematisch. Über das Alter bestehen kaum Zweifel. Die Existenz eines ritterlichen Brüderpaares in der indogermanischen Götterwelt wird[4]) kaum zu bezweifeln sein. Die Açvins[5]) und die Dioskuren stehen zu Himmel und Sonne in Beziehung; sie sind menschenfreundliche, helfende, tapfere Gottheiten. An beide Paare hat sich früh ein weiterer Legendenkreis, besonders betreffs ihres Ursprungs, geknüpft. — Es liegt kein Grund vor, all diese Züge den Alces abzusprechen. Zwar Rosse werden nicht erwähnt; aber da keinerlei *simulacrum* im Hain steht, ist eben auch für kein Attribut Platz[6]).

Fest steht seit Müllenhoff: der Kult der Dioskuren umfaßte die Amphiktyonie der Vandilier, und von den Alces leiteten sich[7]) die Könige der Vandalen ab: sie nannten sich deshalb *Asdingi*[8]). — Ferner begegnen die Dioskuren im Norden als Haddingjar[9]), die dort auch im Dual auftreten, und endlich heroisiert in der Heldensage als Hartungen.

---

[1]) Müllenhoff, Ztschr. f. d. Alt. 12, 304f.; 30, 320f; vgl. o. S. 215f.; Sijmons in Pauls Grundriß ² 1, 677. — Golther S. 214f., Meyer S. 394, Mogk S. 677.
[2]) Germ. cap. 34.   [3]) Germ. cap. 40.
[4]) Siehe o. S. 217f.   [5]) Macdonell S. 51.
[6]) Literatur zu den Açvins siehe o.
[7]) Jord. cap. 22.
[8]) Ebenso heißt bei Dio ein Stamm der Vandilier: älter *Hasdingos* zu *hazdi*, wie es gotisch heißen würde, altnordisch *haddr* »Haar einer Frau«: also »Männer mit weiblicher Haartracht« — man denke auch an die Stammsage der Langobarden.
[9]) Hyndl. Str. 23.

398  Viertes Kapitel.

Die Hasdinge waren »jugendliche streitbare roßbändigende Helden« wie Açvins und Dioskuren [1]). Von ihnen leitet Müllenhoff Balder und Wali, Meyer Balder und Hother ab. Aber das Heldische und Hilfebringende ist in keinem aller dieser Götter sichtbar. Dagegen ist durch das Wesen der Hasdinge die wirkliche Existenz urgermanischer Dioskuren, somit die Richtigkeit der Taciteischen Angabe sichergestellt [2]). Ein Fortleben der Alces in der Edda ist außer in jener flüchtigen Erwähnung der beiden Haddingjar nicht zu erweisen. Daß sich die Unzertrennlichen zu selbständigen Göttern wie Balder, oder etwa Loki und Heimdall (als Vertreter von Nacht und Tag, Unter- und Oberwelt) entwickelt hätten, widerspricht aller mythologischen Logik: zwei Brüder, deren wesentlichstes Kennzeichen ihre Zusammengehörigkeit ist, verlieren diese Zusammengehörigkeit nicht. Mit dem symbolischen Galgen Dokana in Sparta und dem Wort *ans* Querbalken ist auch nichts anzufangen, zumal eine Zugehörigkeit der Alces zu den Anses nicht beweisbar ist [3]).

Wir bleiben somit für das Wesen der A l c e s, soweit es sich germanisch von dem der indogermanischen »Ritter« etwa differenziert hat, auf Tacitus angewiesen. Da der bilderlose Kult und der Hain nichts Spezielles bedeuten [4]), vielmehr nur ein zeitliches Moment sind, bleibt als Novum nur der weiblich aufgefaßte Priester. Einem solchen begegnen wir ja öfter, und an den Priester der Nerthus neben der Priesterin des Frey [5]) ist auch zu erinnern. Da nun für Açvinen und Dioskuren die Werbung um die Sonne bezeichnend ist, so wird unter dem »*praesidet sacerdos muliebri ornatu*« (wovor ein Satz ausgefallen sein könnte) wohl die Tätigkeit eines Priesters zu verstehen sein, der bei einer »heiligen Handlung« die Sonne vorstellt, während vermutlich Jünglinge die Alces vertraten. Der »weibliche Haarschmuck« ist dann einfach Hauptzeichen der Frauentracht für die »Frau Sonne«. — Auch des Tacitus »*ostenditur*« ist dann vielleicht so zu deuten, daß der Schauplatz gezeigt wird, auf dem das Mysterium stattfand — wie bei der Nerthusfeier auch gewiß derselbe, an dem die Epiphanie der Götter sich ereignet hatte [6]).

[1]) Sijmons S. 679.
[2]) M e y e r sucht den Zusammenhang zwischen den indogermanischen und den germanischen Gottheiten noch durch den Hinweis auf die spartanische Dioskurenpriesterin zu stärken. — Über das Brísingamen siehe o. S. 215 (G o l t h e r S. 216).
[3]) Im Beowulf sucht die Dioskuren N i e d n e r (Ztschr. f. d. Alt. 42, 229) nachzuweisen.
[4]) Germ. cap. 9.
[5]) G o l t h e r S. 229; siehe o. S. 207.
[6]) Bei den Dioskuren wird die Geburtsstätte gezeigt (P r e l l e r 1, 93); es gibt Feste zu ihren Ehren (vgl. S. 105). Wie schade, daß zwischen ihrer Benennung als *Ἄνακτες* (ebd.) und *Alces* keine Verbindung herzustellen ist!

§ 21. Außereddische Gottheiten. 399

## Tanfana[1].

Tanfana ist nach Tacitus[2]) die Hauptgöttin der Marsen: Germanicus überfiel diese 14 n. Chr. beim Opferfest, ließ alles niederhauen und *celeberrimum illis gentibus templum, quam Tanfanae vocabant*, zerstören. Der Name[3]) gehört nach J. Grimm zu *tapas* sanskritisch *Hitze*, nach Müllenhoff zu altnordisch *tafn* Opfertier, lateinisch *dapes*, griechisch ϑάπνω; nach Kögel[4]) zu isländisch *thamb Fülle*. Das Fest im Spätherbst, vielleicht auch der Name deutet auf eine Göttin der Fruchtbarkeit, die Meyer[5]) mit Nerthus und Isis identifiziert. Golther erinnert an Namen wie Fulla, Gefjon und deutet sie als Mutter Erde[6]). Undenkbar wäre nicht, daß Tanfana gar kein Göttername wäre, sondern die Bezeichnung eines religiösen Bezirks, einer »Amphiktyonie«; doch ist dies weniger wahrscheinlich.

## Nehalennia[7].

Tacitus[8]) nennt gleich nach der Trias Wodan—Donar—Tiu die Isis, aber nur als lokal anerkannte Hauptgottheit: *pars Sueborum et Isidi sacrificat unde causa et origo peregrino sacro parum comperi, nisi quod signum ipsum in modum liburnae figuratum docet advectam religionem.* Es handelt sich also um eine Gottheit, die an die Isis erinnert[9]) und deren Attribut ein Schiff ist (nicht, wie bei Ing, ein Schiffswagen). Sie ist mit Nerthus[10]) gleichzusetzen und der sie verehrende Teil der Sueben mit den Semnonen[11]), die die Nerthus verehren[12]); auch der Haarschmuck der Sueben[13]) konnte durch das Aufbinden des ganzen Haars in einen Knoten auf dem Scheitel an die kahlgeschorenen Köpfe der Isisdiener[14]) erinnern.

Mit der Nachricht des Tacitus ist früh[15]) ein Fund zusammengebracht worden: das Bild der Isis, gefunden in Deutz am Rhein und auf der batavischen Insel Walcheren[16]) mit der Altarinschrift *Deae Nehalenniae*[17]). Die Göttin hat den Fuß auf den Steven eines Schiffs gestützt und hält

---

[1]) Mogk S. 373, Golther S. 458, Meyer S. 422; Kögel, Gesch. d. d. Lit. 1, 19.
[2]) Ann. 1, 51.
[3]) Müllenhoff, H. Z. 9, 258; 23, 23.
[4]) Gesch. d. d. Lit. 1, 19.   [5]) S. 422.
[6]) Andere Deutungen ebd. S. 459 Anm.
[7]) Kauffmann, PBB. 16, 210, Mogk S. 374, Golther S. 463, Meyer S. 420, Much, PBB. 35, 324.
[8]) Germ. cap. 9.
[9]) Nicht durch das Schiff allein: M. Haupt, Moritz von Craun, S. 4.
[10]) Siehe o. S. 204 f.   [11]) Germ. cap. 39.
[12]) Germ. cap. 40.   [13]) Germ. cap. 38.
[14]) Wissowa S. 297 Anm. 3.
[15]) Kauffmann S. 219.
[16]) a. a. O. S. 219.   [17]) a. a. O. S. 211.

ein Ruder[1]) — wie Isis, die Beschützerin der Seefahrer[2]). An der Identität ist in der Tat um so weniger zu zweifeln, als in den Rheingegenden noch spät[3]) volkstümliche Bräuche, ein Umzug mit einem festlich geschmückten Schiff, Nachklänge des Isisdienstes verraten[4]). Auf Walcheren hatte der heilige Willibrord noch 694 ein Heiligtum, wohl das der Nehalennia[5]), zu zerstören.

Der Name[6]) wird am besten zu urgermanisch *nawo* Schiff (mit einem Suffix wie in *Baduhenna*) gestellt: »zu den Schiffen gehörig«. Andere haben es zu griechisch νέκυς gestellt, was Wahrscheinlichkeit nur hätte, wenn Nerthus, wie man ja auch vermutet hat, eine chthonische Gottheit wäre. Sie könnte die »Göttin der Schiffstätte« sein, wie Njord in Noatún wohnt; dazu paßt das, allerdings dem Isiskult entlehnte, Bild.

Bei ursprünglicher Identität mit Isis-Nerthus muß man aber doch eine Differenzierung annehmen, schon wegen des Namens. Die Gottheit des Verkehrs ist einerseits eine Schutzgöttin des Gedeihens und der Fruchtbarkeit, anderseits der **Schiffahrt** geworden.

Ihr Kult war verbreitet: es opfern ihr die Schiffer von der Nordseeküste[7]) und zwar nicht bloß die germanischen: wie Germanen rein römische Gottheiten, so verehren[8]) Fremde diese (freilich von antiker Färbung nicht freie) germanische Gottheit, weil sie die Schutzherrin der Küstenschiffahrt an diesen Küsten ist. Aber sie fassen sie eben als Isis auf: deshalb wird sie wie diese mit Serapis[9]) vereint, aus spezifischen Gründen noch mit dem großen Weltreisenden Herkules. Wenn aber Kauffmann damit den Bericht des Tacitus[10]) von der Ankunft des Herkules und den Herkulessäulen an der Rheinmündung in Verbindung bringt und auch noch den Ulixes[11]), dessen Irrfahrten mit denen des Herkules identifiziert worden seien, kann ich nicht mehr folgen[12]). Noch weniger bei dem Versuch, Nehalennia mit Mardöll[13]) zusammenzubringen[14]).

## Baduhenna[15]).

Bei Tacitus[16]) heißt es: *apud lucum quem Baduhennae vocant* (Ausdruck wie bei *Tanfana*) sind 28 n. Chr. 900 Römer gefallen. Der *lucus* und die Analogie der Tanfana lassen auf eine Göttin schließen.

[1]) Golther S. 465. [2]) Wissowa S. 395.
[3]) 1133 Jülich, Maestricht.
[4]) Golther S. 467f. Auf suevischem Boden in Ulm noch 1530.
[5]) Kauffmann S. 229, Golther S. 476.
[6]) Kauffmann S. 215f. [7]) Ebd. S. 224.
[8]) Ebd. S. 226. [9]) Ebd. S. 221. [10]) Germ. cap. 34.
[11]) Germ. cap. 3. [12]) Vgl. o. S. 193.
[13]) Vgl. o. S. 221. [14]) Kauffmannn S. 234.
[15]) v. Grienberger, PBB. 19, 531; Golther S. 459; Meyer S. 268; Mogk S. 374; Much, Himmelsgott, S. 247.
[16]) Ann. 4, 73.

§ 21. Außereddische Gottheiten. 401

Der Name¹) gehört jedenfalls zu *badu* Kampf, komponiert oder mit demselben Suffix wie Nehalennia; nach Grienberger zusammengesetzt mit *winna* Streit, Eifer, also ein Walkürenname wie Baduhild. Es ist wohl eine zu besonderer Verehrung aufgestiegene Idis.

### Dea Sandraudiga²).

Ein Stein in Nordbrabant, von den *cultores templi* (althochdeutsch *haragari*)³) gestiftet, ist der Dea Sandraudiga geweiht. Man leitet den Namen von *sandr* »wahrhaft« — sehr abstrakt — und gotisch *audags*, *reich* ab: »Göttin des wahren Reichtums« (im Gegensatz zu welchem anderen?). Ich habe⁴) vorgeschlagen, vielmehr die Bestandteile *sand* und *raud* anzunehmen: die Göttin, die den Sandstein rötet (aus dem der Tempel gebaut sein wird).

### Dea Vercana⁵).

Der Name stimmt genau zu dem Beinamen ἐργάνη der Athene — die Wirkerin, die Göttin des Spinnens und Webens⁶). — Sie könnte aus Frigg abgeleitet sein; doch ist es vielleicht auch eine selbständige Göttin der Steinarbeit (vgl. Sandraudiga)⁷).

### Alaisiagae⁸).

Trotz Siebs und v. Amira kann der von Heinzel aufgedeckte Zusammenhang mit *bodthing* und *fimelthing* nicht zufällig sein. — Weinhold⁹) deutet *alaisagiis* »Gesetzsprecherinnen« (vgl. den Terminus *ësago*). Anders Kauffmann¹⁰): »die Allhilfreichen«, Siebs »die gewaltig Einherstürmenden«. Es sind wohl die Rechtsgöttinnen der Heergemeinde, für regelmäßige und außerordentliche Thinge.

### Die Mütter¹¹).

Hier steht es umgekehrt wie bei Nehalennia: die Germanen nehmen den römischen Matronenkult an, zu dem ihre Verehrung der Frau sie

¹) Müllenhoff, H. Z. 29, 240.
²) Much, H. Z. 35, 328 f.; v. Grienberger, H. Z. 35, 389. — Golther S. 470.
³) Golther S. 614.
⁴) Ark. f. nord. Fil. 19, 249.
⁵) Much, H. Z. 31, 357; Golther S. 476: auf dem Rande einer Brunnenschale und auf einem Stein bei den Nemetern (Enstweiler bei Zweibrücken);
⁶) Pieller 1, 121; nicht symbolisch zu deuten ebd. 209, 2.
⁷) Ein chinesischer Gott des Baugewerbes: Groot, Kultur der Gegenwart, S. 177. Mexikanischer Gott des Obsidianmessers: Seler, Verh. d. Berl. Anthropol. Ges. 1898 S. 169 f.
⁸) v. Amira in Pauls Grundriß 1, 58. 207; Siebs, Ztschr. f. d. Phil. 24, 433. — Golther S. 460; weitere Literatur siehe bei Mars Thingsus. — Henning, Ztschr. f. d. Alt. 42, 193.
⁹) Ztschr. f. d. Alt. 21, 1.    ¹⁰) PBB. 16, 201.
¹¹) Kauffmann, Ztschr. d. Ver. f. Volksk. 1892, S. 24 f.; Golther S. 468.

hinführte. (»Sie glauben, daß die Frau ein besonderes Verhältnis zu den Göttern und daher einen Blick in die Zukunft besitze«: *inesse quin etiam sanctum quoddam et providum putant*)[1]. Man könnte jene von ihnen verehrten Seherinnen, Veleda, Albruna[2]) geradezu als Übergangsstufen auf dem Wege zum Matronenkult bezeichnen. — Heilige Frauen werden angerufen und mit germanischen Beinamen versehen. Golther faßt diese Beinamen lokal auf, Much[3]) als spezialisierend: Afliae, zu altnordisch *afl, afli* Kraft, vgl. lateinisch *Ops*, die Verkörperung des schweren Erntesegens[4]), nach Much[5]). Vatviae (Dat. Vatvims): zu gotisch *vato* Wasser, die Bewässernden[6]). Nersitenae, zum Flüßchen Neers, einem Nebenfluß der Maas[7]). Gabiae[8]), Alagabiae, die Schenkenden, Reichschenkenden. Aufaniae (besonders häufig), zu althochdeutsch Präposition *ûf* (wie Iduna zu id)? die Emporbringenden[9]). Vapthiae, Vaftiae, Vahtiae (mit niederhochdeutsch ht = hochdeutsch ft) »Hüterinnen«[10]).

Suleviae (nie mit dem Zusatz »Matronae«, ziemlich häufig): mit *su-* »gut« wie in Sugambri und *lev* gotisch »Gelegenheit«: »gute Gelegenheit schaffend« (?)[11]).

Alaterviae, zu *terwa, dru* »Holz«, Treue[12]),»die Allkräftigen«[13]). Arvagastis, die freigebig Begastenden[14]). Annanept(i)ae zu *neptiae* Verwandte? Saitchamae zu *seidr* Zauber und altnordisch *hamja* »hemmen«, die Zauberschwächenden[15]). Matres Gavadiae zu *wadan*: Göttinnen der Furt[16]). Gelten diesen Göttinnen die *dísablót* der nordischen Sagen[17]), die Opfer an heilige Frauen[18])?

[1] Tac. Germ. cap. 8.
[2] Ebd.
[3] Ztschr. f. d. Alt. 31, 354; 35, 315 im Anschluß an Kern.
[4] Wissowa S. 168.
[5] H. Z. 31, 387; vgl. 35, 316.
[6] a. a. O. 35, 317.
[7] Much, Himmelsgott, S. 262.
[8] Meyer S. 213 vergleicht Gefjon.
[9] Much S. 317.
[10] Ebd. S. 318.   [11] Ebd. S. 319.
[12] Vgl. Osthoff, Etymologische Parerga I.
[13] Much.   [14] Ebd. S. 320.
[15] Ebd. S. 322; vgl. o. S. 149.
[16] Golther S. 470.
[17] Mogk S. 385.
[18] Über die römischen Matronen vgl. Ihm, Mütter und Matronenkult, *Bonner Jahrbuch* 1887, Heft 83, S. 1 f.: es sind spendende Gottheiten.

## § 21. Außereddische Gottheiten.

### Requalivahanus[1].

Ein Stein aus dem zweiten Jahrhundert, 1883 in der Nähe von Blatzheim bei Cöln gefunden, trägt die Inschrift *Deo Requalivahano Q. Aprianus fructus ex imperio pro se et suis v. s. l. m.* Der erste Teil des Namens ist sicher *rekvaz*, gotisch *riqis*, altnordisch *rökkr* Dunkelheit[2]). Der zweite Teil wird verschieden gedeutet: zu altnordisch *lifa* Leben[3]); oder *liwa* Hinterlassenschaft; oder *liwaz lividus*[4]); oder *liwa* Gewässer: Gott des dunklen Gewässers[5]). Eine chthonische Gottheit wird wohl gemeint sein; doch besitzen wir keine Spur von einem germanischen Pluto[6]). Meyer rät auf Mimir; Kauffmann nimmt ihn in den Komplex seines großen Waldgottes auf. Haben wir Mimir richtig gedeutet, so könnte der Stein ihm gelten; aber wir tappen eben im Ungewissen.

### Vermischte weitere Namen[7].

Eine batavische Inschrift nennt *Haiva* im Verein mit Hercules Magusanus; vielleicht Sif[8])?

Dea Garmangabis[9]):»die aus der immer bereiten Fülle des Reichtums Spendende«[10])? oder zu Garmani-Germani[11])?

Dea Vagdavercustis zu »wirken«: »die Lebenskraft Wirkende«[12])?

Dea Hariasa[13]) und Dea Harimella[14]), von Cöln und vom Hadrianswall; die Namen zu *hari* Meer (Meyer: »die Verheerende« und »die Meerglänzende«) sind wohl Walküren, Göttinnen bestimmter siegreicher Heere)[15].

Vihansa[16]) ist wohl ebenfalls eine Kriegsgöttin.

[1]) Holthausen, PBB. 16, 342; Much und Schroeder, H. Z. 35, 375; Kauffmann, PBB. 18, 190; Roediger, Ztschr. f. d. Phil. 27, 12; v. Grienberger, PBB. 19, 528. — Golther S. 405, Meyer S. 281.
[2]) Wie in gotischen Namen: *Reccared, Recceswinth:* Koegel, Anz. f. d. Alt. 18, 59.
[3]) Holthausen, Kauffmann.
[4]) Much.
[5]) Vgl. Ortsnamen wie Schwarzleo, Schwarzbach: Grienberger.
[6]) Golther S. 406.
[7]) Vgl. allgemein Mogk S. 374, o. S. 159.
[8]) Much, H. Z. 39, 51; Siebs, Ztschr. f. d. Phil. 14, 461; Mogk S. 374; vgl. o. S. 306.
[9]) v. Grienberger, H. Z. 38, 189; Golther S. 470 Anm. 3; Kauffmann, PBB. 20, 526.
[10]) Kauffmann, der sie der Nerthus gleichsetzt.
[11]) Vgl. Bremer bei Paul 1, 379.
[12]) v. Grienberger, H. Z. 35, 393.
[13]) Golther S. 470, 3. [14]) Meyer S. 13. 268.
[15]) Ebd.; Hariasa auch S. 289; siehe o. S. 159.
[16]) Meyer S. 13, Mogk S. 374.

Fortuna, neben Donar-Herkules, Victoria, neben Ziu-Mars, Felicitas, neben Wodan-Mercurius auf den Votivtafeln der batavischen Reiter[1]) sind wohl einfach die römischen Gottheiten (wie Serapis neben Nehalennia)[2]). Sonst könnte man auf Sif, Fulla und eine Walküre raten. —

## § 22. Angebliche Göttinnen[3]).

J. Grimm erschloß eine Göttin Eostra Morgenröte = Austrô, indisch Ushas, Eos Aurora nach Baeda de temporum ratione cap. 13. Meyer[4]) ist geneigt, daran festzuhalten; Mogk[5]) hält sie für eine aus der Aurora entwickelte Frühlingsgottheit. Da aber alle weiteren Spuren fehlen, bleibt wahrscheinlicher, daß Baeda sein *Eostre* aus dem *Eostarmonath* nur abstrahiert hat; auch heißt sonst kein Monat bei den Germanen nach einer Göttin.

Ebenso sind von J. Grimm[6]) andere Göttinnen (*Hrudda*, *Ricen*, *Zisa*: aus Cisburg Augsburg oder Zistag gefolgert)[7]) vermutet worden, die »aus den Glaubensvorstellungen der alten Deutschen zu streichen sind«[8]).

Über die Möglichkeit, daß Tanfana ein Bezirksname wäre, siehe oben[9]).

Mehrfach sind auch bloße Dämonen und Wettergeister wie Frau Holle, Berchtha u. a.[10]) mit Unrecht für alte Göttinnen erklärt worden.

[1]) Mogk a. a. O.   [2]) Siehe o. S. 159.
[3]) Golther S. 488, Meyer S. 424.
[4]) S. 423; ebenso Kluge, Ztschr. f. d. Wortf. 2, 42f.
[5]) S. 374.   [6]) Mythol. S. 266f.
[7]) Vgl. Golther S. 489, 2.   [8]) Golther S. 489.
[9]) Siehe o. S. 399.   [10]) Golther S. 489f.

# Fünftes Kapitel.
## Der Kultus[1].

Kult kommt[2]) schon auf den untersten Stufen vor, beim Fetischismus sogar wahrscheinlich lebhafter als beim Animismus, die Ahnengeister ausgenommen, und Dämonismus. Aber der festorganisierte, früher oder später Tempel und Priester fordernde Kult ist nahezu ein Rangzeichen der Götterverehrung. Es handelt sich wesentlich um folgende Dinge: zunächst Opfer (und andere Darbringungen), dann Tempel (und Kultstätten).

Die allgemeine Entwicklung skizziert Mogk[3]): Gebet und Opfer sind als Bestechungsmittel den Überirdischen gegenüber uralt; es entwickelt sich aus diesem Gebrauch ein Stand von Fachmännern: die Priester. (Etwa wie der Verkehr mit Gerichten und anderen Behörden die Anwälte nötig macht.) Ebenso wird aus dem beliebigen Platz der Anbetung der Tempel, aus der beliebigen Gelegenheit das offiziell bestimmte Fest; vor allem aus der individuell gefärbten Art der Darbietung der feste Ritus. Diese Dinge stützen sich gegenseitig: die Priester kontrollieren das Ritual; der Tempel gehört den Priestern; der Tempel und die Priester halten das Fest aufrecht[4]).

Die Riten sind je nach der Natur der Gottheit verschieden gefärbt, doch bleiben unvermeidliche Grundformen: Anrufung — Opferhandlung — Annäherung an den Gott, dessen Erscheinen vorausgesetzt wird — Entlassung (»*ite missa est*«, die Formel, aus der das Wort »Messe« erwachsen ist). Ferner wirkt natürlich jeder frühere Kult auf jeden späteren ein, so insbesondere auch der heidnische auf den christlichen[5]).

---

[1]) Mogk S. 383 f., Golther S. 544 f. (»der Kultus und die gottesdienstlichen Formen«), Meyer S. 295 f. — Vgl. auch Chadwick. The cult of Odin; siehe o. S. 239 f. — Indogermanischer Kultus: O. Schrader, Aryan Religion, S. 40 f.

[2]) Siehe o. S. 35.     [3]) S. 383.

[4]) Bei den akkuraten Römern ist der Umgang mit den Göttern rechtlich geordnet: das *ius sacrum* erheischt, bei Verletzung seiner Vorschriften eine Buße, wie das weltliche Recht seine *multa* (Wissowa S. 329). — Vgl. allgemein über *religio* W. Otto, Arch. f. Rel.-Wissensch. 12, 533; vgl. o. S. 64.

[5]) Über die Umwandlung und das Fortleben des heidnischen Kultus christlicher Zeit die berühmte Anweisung des Papstes Gregor an den Erzbischof Augustin (Golther S. 544; allgemein Meyer S. 434 f.), die freilich zu viele christliche Umformungen und Mischungen annimmt.

## § 23. Gebet und Opfer [1]).

Das Gebet ist das *prius*: die unmittelbare Bitte, an den gerichtet, von dem man die Erfüllung eines Wunsches erhofft [2]). Aber auch für das Gebet bilden sich feste Formen, mindestens für das feierliche Gebet, das aber wohl auf Fälle beschränkt ist, in denen die Ergänzung durch eine Opferhandlung durch *vis maior* ausgeschlossen ist: in dringender Not, z. B. in der Schlacht, wie Hákon Jarl die Thorgerd anruft; bei plötzlichen Anlässen wie dem Anblick einer göttlichen Erscheinung; oder wenn die Art des Opfers erst festgestellt werden soll [3]).

Wie wird das Gebet formuliert [4])? Die einzige Stelle, in der ein wirkliches Gebet in der Edda wiedergegeben scheint, ist Sgdr. Str. 3—4. Es ist das Gebet der aus dem Schlaf geweckten Walküre, ein feierliches, zweiteiliges Morgengebet [5]). Die erste Strophe begrüßt wohl nicht [6]) die (späten) Gottheiten Tag und Nacht samt ihrer Abstammung — die würden nicht vor den Asen genannt werden. Und eine Umstellung der beiden Strophen ist nicht möglich, da die Interpolation der Heilrunen an den Schluß der zweiten anknüpft. Vielmehr begrüßt die Erwachende ganz eigentlich den Tag, der sie ins Leben einführt, und die darauf folgende Nacht (eine durch die Situation geforderte Umstellung von Tac. Germ.: *nox ducere diem videtur*). Ihre Kinder (auch *nipt* pluralisch zu fassen) [7]) sind die Stunden und Abschnitte des Tages. Also eine Art Augenblicksgott: dieser Tag und seine Sippe, zu der auch die Nacht, gleichsam seine Frau, gehört, sollen segnend herabschauen. — In der zweiten Strophe folgt dann das (wahrscheinlich herkömmliche) Gebet an Asen und Asinnen und die ihrem Schutz unterworfene Erde [8]).

---

[1]) Mogk S. 384f., Golther S. 559. — O. Schrader a. a. O. S. 42.
[2]) Es ist möglich, daß sogar der eine Modus des indogermanischen Verbs, der Konjunktiv, unmittelbar die Gemütsstimmung des Menschen ausdrückt, der von höheren Mächten eine Gewährung erbittet.
[3]) Wie Helg. Hjörv. Str. 7. — Opfer ohne Gebet hält für das älteste J. Grimm, Kl. Schr. 2, 468.
[4]) Vgl. allgemein meine Altgerm. Poesie S. 389.
[5]) Für das hohe Alter der Form zeugen finnische Parallelen; s. Ohrt, Kalewala, S. 138, vgl. S. 125.
[6]) Wie z. B. Gering z. d. St. oder Heinzel-Detter S. 425 annehmen.
[7]) Vgl. Heinzel-Detter a. a. O.
[8]) Außerhalb der Edda finden wir ein Gebet bei dem Araber Ibn Fadhlan wiedergegeben. Die Nordgermanen liegen vor den Göttersymbolen und sprechen sie an:»Mein Herr, ich bin aus fremden Landen gekommen, führe so und soviel Mädchen mit mir usw.« (Mogk S. 398; vgl. u.); was aber doch nicht als authentischer Text gelten kann. — Eine allgemeine Angabe auch Hyndl. 2: »Laß uns Heervater bitten, seine Huld zu gewähren —«. — In andern alten Dichtungen sind dagegen ausführliche Gebete überliefert, so gleich im Anfang der Ilias die feierliche Anrufung des Apollon durch Chryses.

## § 23. Gebet und Opfer.

Dies Gebet hat die Form, die wir nach allen Analogien beinahe a priori erwarten dürften. Man kann sie definieren als **die Form des Zauberspruchs mit Weglassung derjenigen Elemente, die auf symbolischer Nachahmung der rituellen Handlung beruhen**[1]).

Die feierlichen Schmuckmittel der pathetischen Rede sind dem Gebet und dem Segen gemein: Anapher, Parallelismus, zeremonielle Anordnung, formelhafte Rede.

**Was die Haltung beim Gebet betrifft**[2]), so neigte man sich; daß Hákon sich vor Thorgerd niederwirft, scheint Übertreibung der üblichen Art. Die Hände werden vors Gesicht gehalten oder der Blick zum Himmel gerichtet — symbolische Gebärden der Demut der Gebundenheit. Üblich scheint die Wendung nach Norden (die der Christen nach Osten)[3]).

Das Haupt wird wohl entblößt,»wenigstens heißen gotische Priester ausdrücklich *pileati*, mit Hüten versehen, weil sie bedeckten Hauptes opferten[4])«.

Vielfach werden besondere Zurüstungen vor dem Gebet erfordert, insbesondere Waschungen, zuweilen auch teilweise Entkleidung (Ablegen der Schuhe, der Waffen u. dgl.). Hierüber ist uns bei den Germanen nichts überliefert; doch kann die alte Formel beim Rachegelöbnis: vorher sich nicht das Haupt zu kämmen, noch die Hände zu waschen[5]), hier angezogen werden[6]).

Ein **regelmäßiges Gebet** ist nicht vorauszusetzen: wo regelmäßige Anrufung der Gottheit üblich ist, geschieht sie wohl in der Form des Opfers.

[1]) Form der Segens- und Zaubersprüche: Ebermann (siehe u.). Besonders altertümlich Gebete um Regen: J. Grimm, Kl. Schr. 2, 439f.
[2]) J. Grimm, Mythol. 1, 28f.; Golther S. 559.
[3]) Vgl. allgemein — für die Anlage der Tempel — Nissen, Orientation, Berlin 1906.
[4]) Golther a. a. O. — Die römischen Priester verhüllen das Hinterhaupt durch die hinaufgezogene Toga (Wissowa S. 331, 1), nur der Flamen Dialis und die Salier tragen beim Opfern altertümliche Kopfbedeckungen (ebd. S. 429) — also die gleiche Verschiedenheit.
[5]) Völ. Str. 39.
[6]) So muß sich der indische Opferer baden (z. B. Hillebrandt S. 105); Aaron und die Priester werden bei der Einsetzung gewaschen (3. Mos. 8, 6). — Bedenkt man die alte Wichtigkeit der Haartracht (Hillebrandt S. 7, wo auch auf die Hazdingen Bezug genommen wird; vgl. Germ. cap. 38 über die Sueven, siehe o. S. 399), so wird man auch ein festliches Zurechtmachen des Haares vor dem Opfer erwarten dürfen. Das Gebet ist aber eben nur ein kleines Opfer. Jene Formel also bedeutet, daß der Beschimpfte als unrein nicht vor die Götter treten will, ehe er sich »den Fleck von der Ehr« weggewaschen hat; wie die Chatten (Germ. cap. 31) sich erst Haar und Bart schneiden, wenn sie sich mit Feindesblut gereinigt haben. Man denke noch an das »Decrassieren« der studentischen Füchse.

Eine spezifische Form des Gebets, d. h. der Anrufung der Götter stellen **Eid** und **Gelübde** gar, in der Edda nicht selten erwähnt[1]). Es sind dafür auch symbolische Riten aufgekommen, die man als **Eventual-Opfer** bezeichnen kann. »Der Krieger geht hinaus aufs freie Feld, er legt Schwert und Schild vor sich nieder und wünscht, daß, wenn er seinen Eid breche, seine Waffen ihm nicht hilfreich sein, sondern sein Verderben werden möchten«[2]). Also: falls der Schwörende lügt, sollen seine Waffen nicht mehr ihm gehören, sondern seinen Feinden[3]).

Feierliches Aussprechen von Segen und Fluch, an sich[4]) zaubermäßig, kann durch begleitende Anrufung von Göttern Gebetscharakter erhalten[5]).

Das **Opfer**[6]), obgleich rein psychologisch aus der Anrufung erst entwickelt, die es voraussetzt, ist doch in dem Leben aller Primitiven so durchaus herrschend geworden, daß eben schließlich das Gebet nur als verkürztes Opfer erscheint. (Es ist etwa ein Verhältnis wie zwischen Metapher und Gleichnis: das ausgeführte Gleichnis ist uns jetzt so unbedingt die natürliche Form der Vergleichung geworden, daß die Stilistik die Metapher schlechtweg als »verkürztes Gleichnis« erklärt, obwohl die unmittelbare Metapher, auf die Scherer zuerst hinwies, gewiß ursprünglicher ist.) Mindestens haben wir aus den alten Überlieferungen diesen Eindruck. Auch wird er schwerlich täuschen; denn es ist dem Wilden undenkbar, eine Gabe zu erwarten, wo dem Gebenden nichts geboten wird[7]). »Gabe« und »Hoffnung« sind ein Paar Runennamen[8]).

Da aber die Götter schenken sollen, muß der Mensch spenden[9]):

> Mann mit zugeknöpften Taschen,
> Dir tut keiner was zu lieb;
> Hand wird nur von Hand gewaschen —
> Wenn du nehmen willst, so gieb.   (Goethe.)

---

[1]) **Meine** Altgerm. Poesie S. 51.
[2]) Olrik, Altnord. Geistesleben, S. 35; daher auch der Eid erschüttert mit alten Götterglauben, ebd. S. 111.
[3]) Saxo läßt bei Licht und Luft schwören (S. 142: **Herrmann** S. 189). Vgl. allgemein R. **Hirzel**, Der Eid, Leipzig 1902; besonders: Der Eid als Bürgenstellung S. 23, Der Eid ein Fluch S. 137, Der ὅρκος als Dämon S. 142, Zur Entstehung des Gelöbniseides S. 214f.
[4]) Siehe o. S. 138.
[5]) Über die Form **meine** Altgerm. Poesie S. 384.
[6]) **Mogk** S. 385f., Hillebrandt S. 14: Wissowa S. 28f. 344f.
[7]) Vgl. **meinen** Aufsatz Zur Geschichte des Schenkens, Arch. f. Kulturgesch. (1897) 5, 17f.
[8]) Vgl. über die Natur des Opfers o. S. 11. Die Behauptung, das Opfer sei zuerst Zauber (Mogk, Menschenopfer, S. 694) muß ich für einen Einzelfall der augenblicklich herrschenden Unterschätzung des Zaubers halten; vgl. Arch. f. Rel.-Wissensch. 9, 10f. 10, 88f.
[9]) Vgl. J. **Grimm**, Über Schenken und Geben, Kl. Schr. 2, 174.

## § 23. Gebet und Opfer.

Demnach ist auch Maß und Art des Opfers wichtig, wie bei jeder Bestechung:

Im Unmaß opfern ist ärger als gar nicht beten.
Gabe schielt stets nach Entgelt[1].

Wer zu viel gibt, fordert zu viel; wer zu wenig spendet, beleidigt, wie König Olaf, der dadurch seinem Volk ein Mißjahr zuzieht[2]), während dem fleißigen Opferer Ottar[3]) die Göttinnen verpflichtet sind. — Jünger scheint die Verwendung des Opfers als reine Dankesgabe. — Die Wichtigkeit der richtigen Form beim Opfer versteht sich von selbst[4]).

Gemeingermanischer Terminus gotisch, angelsächsisch *blôtan*, altnordisch *blôta*, althochdeutsch *pluozan*, opfern, »einen mit Opfer ehren«[5]). Daneben früh das Fremdwort *opferôn* zu lateinisch *operâri* Almosen spenden, altsächsisch *offrôn*, angelsächsisch *offrian* zu lateinisch *offerre*[6]) — sonderbar, daß zwei ganz verschiedene lateinische Worte germanisch in so ähnlich aussehende Worte von gleicher Bedeutung münden sollen! — Für »Opfer« ist ein gemeingermanischer Ausdruck althochdeutsch *kelt*, angelsächsisch *gield*, neuhochdeutsch »Geld«, eigentlich etwa »Tribut«. Gewisse Arten des Opfers werden gotisch mit *hunsl* und *sauths*, altnordisch *húsl*, altnordisch *forn*, angelsächsisch *lâc*[7]) bezeichnet.

Es ist zu fragen: wem opfert man? weshalb? wer opfert? was wird geopfert? wo? wie? wann?

Wem wird geopfert? Allen übermenschlichen Wesen[8]): dem Fetisch, den freigewordenen Seelen, den Dämonen (und zwar besonders den Elfen im Norden, überall den Quellen-, Wald-, Berg-, Hausgeistern, sowie den Fruchtbarkeitsdämonen)[9]). So reicht noch heute das erzgebirgische Mädchen den Wassergeistern die erste von ihr gearbeitete Spitze, der österreichische Bauer spendet noch jetzt den Winddämonen; Spuren von Berg- und Hügelkult[10]) leben vielleicht noch in den Höhenfeuern fort, Sonnensymbole vielleicht in den Rädern der Festfeuer[11]). Ebenso bedeutet das Feuer von vornherein etwas Festliches, wie man zum

---

[1]) Háv. Str. 144.
[2]) Golther S. 564.     [3]) Hyndl. Str. 10.
[4]) Vgl. o. S. 134 f.; vgl. Hillebrandt S. 18 f.
[5]) Golther S. 559.
[6]) Kluge, Etymol. Wörterbuch[5], S. 276.
[7]) Eigentlich wegen der damit verbundenen Bewegung? Mogk S. 384.
[8]) Siehe o. S. 30 f.
[9]) Vgl. Mogk S. 385.
[10]) Meyer S. 387.
[11]) Dagegen muß man sich nach Höflers berechtigter Warnung (Arch. f. Rel.-Wissensch. 12, 345) hüten, in jedem runden Kringel ein Sonnensymbol zu erblicken.

Gruß für den Gast das Herdfeuer auflodern läßt. Doch weil das Feuer bei vielen Opfern als reinlichste Form der Zurichtung benutzt wird, gilt es an sich als gottesdienstlich, so daß jede auffallende Verwendung des Feuers mindestens die Frage legitimiert, ob nicht ein alter Opfergebrauch vorliegt[1]. — Vor allem aber wird den Göttern geopfert.

Oft steht die Auswahl frei; in anderen Fällen ist nur Ein Gott kompetent, sei es nach sachlicher Beschränkung (Odin für Sieg, Frigg für eheliches Glück), sei es nach lokaler Begrenzung (Gefjon, Forseti) oder regionaler Vorliebe (Frey in Schweden, Thor auf Island). Wo mehrere Götter zur Verfügung stehen, liegt die Gefahr nahe, daß man den beleidigt, den man nicht lädt, was besonders griechische Mythen zeigen[2]).

Man kann sich besonders auch einen Patron für das Leben wählen, wie Thors Verehrer Thorolf in Norwegen und Island, Thorhall in Grönland, oder wie Hrafnkell und Thorkell den Frey wählen[3]); das Patronat ersetzt dann, wie bei katholischen Heiligen, alle speziellen Kompetenzen. Solche Verehrer weihen dann auch ihre Kinder, namentlich die Söhne, dem Schutzpatron: Thorolfs Sohn heißt Thorstein, dessen Sohn Thorgrim[4]). Ebenso benennt man Orte nach den Lieblingsgöttern: Thorolf nennt ein Vorgebirge Thorsnes, wie die spanischen Conquistadoren Trinidad oder Vera Cruz auf die Landkarte brachten. — Für die Könige ist Odin fast selbstverständlich Patron. Eine besonders persönliche Wahl scheint in Hákons Verhältnis zu Thorgerd vorzuliegen. — Für die Mädchen und Frauen ist Freyja da, zu der Thorgerd Egills Tochter fahren will[5]).

Dies persönliche Verhältnis kann einen fast fetischistischen Charakter annehmen, wie bei Hákon, und kann deshalb auch umschlagen: Grindell legt Feuer an Thorgerds Tempel, weil sie ihn verläßt[6]); Hjalli Skeggjason schilt als Christ seine früheren Hauptgottheiten[7]).

Natürlich gibt es auch hier Moden: Gottheiten kommen in Vergessenheit wie Hönir, treten in den Hintergrund wie Tyr, gewinnen neue Bedeutung wie Frey (wie etwa St. Expeditus ein ganz moderner Lieblingsheiliger ist[8]). Religiöse Parteiungen bilden sich; man versucht es dann wohl auch mit verschiedenen Patronen oder begnügt sich mit den Dreiheiten, die einen offiziellen Kompromiß darstellen (Odin, Thor, Frey)[9]).

[1]) Vgl. allgemein Golther S. 560.
[2]) Streit um den Opfergenuß zwischen Zeus und Poseidon (Preller 1, 94--95); vgl. Asen und Wanen Völ. Str. 23.
[3]) Golther S. 557.
[4]) Ebd.; über solche »theophore Namen« überhaupt Golther S. 247, 3, Mogk S. 356.
[5]) Golther S. 440.   [6]) Golther S. 484.   [7]) Ebd. S. 439.
[8]) Vgl. Delehaye, La légende hagiographique, S. 54; vgl. Vossische Zeitung 24. Okt. 1908.
[9]) Vgl. z. B. die attische Kompromiß-Zweiheit Athena-Poseidon Preller 1, 203.

## § 23. Gebet und Opfer.

**Wer opfert?** Von vornherein: Jeder, der göttlichen Beistand braucht. Für die Familie tritt ihr natürlicher Vertreter, der Vater, ein[1]), wie bei den Römern[2]) und überall. Dies dauert bei den Germanen bei den **privaten** Opfern fort; daneben aber treten **öffentliche** ein[3]): schon auf der dämonistischen Stufe beim Ahnenkult, später bei Stammgottheiten und Patronen gemeinschaftlicher Angelegenheiten (Ernte, Krieg). Für die Germanen scheinen in dieser Verstaatlichung des Gottesdienstes Epoche zu machen: erstens altgermanische Gottheiten verschiedener Art, von den Amphiktyonien frei gewählt (Ing, Isto, Irmin). Zweitens ebenfalls noch in altgermanischer Zeit Gottheiten, deren Feste werbende Kraft besaßen: Nerthus, die Alces. Es sind wahrscheinlich — bei Nerthus beinahe sicher — Stätten lokaler Epiphanie, gerade wie an solchen auch heute noch Wallfahrtskirchen entstehen. Hier bilden sich zuerst Tempel und an diesen ein Priesterstand. Drittens in dialektischer Zeit in Deutschland Wodan und Tyr-Saxnot, im Norden Frey, auch Thor, — Kriegs-, Staats- und Landgötter. — Sobald der Kult zentralisiert ist, opfert der Priester, in Staatsangelegenheiten auch der Fürst.

Priesterinnen kommen schon früh vor (im Dienst des Frey); auch in Island gibt es neben dem *godi* die *gydja*. Als der Missionär Thorvald in Hvanum predigte (um 984, im Westen von Island), war Fridgerd im Tempel und brachte ein Opfer dar — Priester und Priesterin konnten sich gegenseitig hören[4]).

Craigie schließt aus dem lang andauernden Fehlen eines eigenen Priesterstandes auf eine große Religiosität des ganzen Volkes[5]); es ist auch der umgekehrte Schluß zulässig. Doch läßt die Existenz einer starken Priesterschaft (wie bei Ägyptern und Kelten) wohl eher auf die Art als auf die Intensität der religiösen Empfindungen im Volk schließen. Die Völker mit der größten Leidenschaftlichkeit religiöser Empfindung scheinen sich übrigens fast überall an St. Bernhards »*in ecclesia taceat mulier*«, im Tempel hat die Frau nichts zu sprechen, gehalten zu haben[6]).

---

[1]) Mogk S. 388.
[2]) Wissowa S. 345.
[3]) Golther S. 560. 573, vgl. 610; Meyer S. 296; Mogk a. a. O.
[4]) Craigie S. 66.
[5]) S. 67.
[6]) Bei den Indern sind vom Opfern ausgeschlossen eine Frau, außer in bestimmten Fällen, wo sie ihren Gatten vertritt, und ein nicht geweihter Opferer; aber auch statt des Hausherrn wird öfters ein Brahmane, wenigstens im Symbol gefordert (Hillebrandt S. 70). Auch das Judentum schließt die Frau vom Opferdienst aus (Löhr, D. Stellung des Weibes zu Jahves Religion und Kult, Leipzig 1908, S. 51, nach Bertholet, D. Lit.-Zeitg. 1909 S. 1939). — Während die Feierlichkeit der Opferhandlung bei den Indern weitaus am weitesten getrieben ist, nähert sie sich bei den Römern nüchterner Alltäglichkeit (vgl. Wissowa

**Weshalb wird geopfert?** Vor allem, wie schon ausgeführt, zum Zweck einer Einwirkung auf die höheren Mächte: Bittopfer; selten sind Dankopfer, dagegen begegnen später auch Sühneopfer[1]), die eine göttliche Strafe abkaufen sollen und also eigentlich nur einen Einzelfall der Bittopfer darstellen[2]).

Am häufigsten sind Opfer für Fruchtbarkeit und Sieg; daneben wird für andere Zwecke in entscheidenden Momenten geopfert: bei gebärenden Frauen, bei schwerer Krankheit oder Seuche, für Vaterrache, für glückliche Fahrt, Reise, Unternehmung[3]).

**Was opfert man?** die Hauptfrage. Man bringt dar: Menschenopfer, Tieropfer, Naturalien, symbolische Opfer. Das **Menschenopfer**[4]) ist überall in der Welt das vornehmste Opfer[5]). Menschenopfer sind germanisch bezeugt für Nerthus, Tiuz, Wodan, Donar, Frey, Fosite, Thorgerd Hölgabrud[6]) — also merkwürdigerweise für keine chthonische oder verderbliche Gottheit. Hauptgott ist auch hier Odin mit Opfern auf dem Schlachtfeld[7]). Statt der vornehmen Krieger werden Kriegsgefangene, Sklaven und Verbrecher geopfert[8]). Die Opferung geschieht[9]) vielfach in grausamer Weise, worin mehr eine kannibalische Lust als ein mythologischer Gedanke zu sehen ist (vgl. z. B. die martervollen Opferungen im alten Mexiko); nur wird manchmal eine Anähnlichung an das heilige oder Opfertier erstrebt (»den Blutaar schneiden«). — Für das ganze Volk tritt im Notfall der König als Opfertier ein (Olaf Trételgja, König der Schweden, in seinem Haus verbrannt; Vikar)[10]).

S. 345; doch vgl. auch Hillebrandt S. 74); für die Germanen wird man eine »mittlere Region« voraussetzen dürfen. — Bei den Indern hat sich nie ein eigentliches Gemeinschaftsopfer entwickelt (Hillebrandt S. 14).

[1]) Mogk S. 388.
[2]) Sühnopfer im Alten Testament 3. Mos. Kap. 16 u. o.; im Kult des Apollon Preller 1, 286, des Zeus ebd. 143; allgemein vgl. auch Frazer 2, 182 f.
[3]) Aufzählung der indischen Opferanlässe in Hillebrandts Ritualliteratur, der römischen Wissowa S. 344 f. Indogermanische Bräuche (?) Leist, Alt-Arisches Jus gentium, Jena 1889, S. 177 f.
[4]) Golther S. 561, Mogk S. 388. 390, Meyer S. 395. — Mogk, Menschenopfer siehe Anm. 5.
[5]) Vgl. ursprüngliche Menschenopfer bei den Semiten Greßmann, Die Ausgrabungen in Palästina und das Alte Testament, Tübingen 1908, S. 36. Auch bei den Römern ist trotz gegenteiliger Tradition der Gebrauch vorauszusetzen (Wissowa S. 345). — Für das Menschenopfer bei den Germanen speziell Mogk, Abh. Sächs. Ges. d. Wissensch. XXVII. 17 (Leipzig 1909).
[6]) Golther S. 561.
[7]) Zahlreiche Beispiele bei Mogk S. 389; über den Ritus siehe o. S. 233 f.
[8]) Golther S. 562.
[9]) Ebd. S. 564.
[10]) Vgl. die Kodrussage; siehe o. S. 238.

## § 23. Gebet und Opfer.

Zuweilen ist das Opfer zugleich Strafe. Der Fall der Königsopfer kommt dem schon nahe. Tempelschänder werden nach friesischem Gesetz entmannt (der Menschenrechte beraubt) und dann getötet (während das Alte Testament fordert, daß ein Opfer hier ganz sein soll)[1]. Allerdings leugnet Mogk[2]) mit beachtenswerten Gründen das Bestehen der sakralen Todesstrafe, und dieser überhaupt, bei den alten Germanen; aber »in der Sache kommt es auf dasselbe heraus«!

Zuweilen bringt eine bestimmte Absicht eine bestimmte Form des Opferns mit sich. Um ein Schiff mit Blut zu weihen, läßt man es über einen Menschen rollen[3]): man vergleiche die Sagen vom Einmauern unter Gebäude[4]). Das Schiff wird als ein Ungeheuer behandelt (es ist ein »Drache«) und durch einen Tribut abgefunden. — Oder man läßt den Gott selbst das Opfer vollziehen, indem an seinem Stein auf Island den Opfern der Rücken gebrochen wird[5]).

Am häufigsten steht das Menschenopfer mit dem Krieg in Zusammenhang, als Gelübde vor dem Kampf, als Erfüllung nach dem Sieg[6]). Diese Opfer sind oft mit völliger Zerstörung der *spolia opima* verbunden: »die Kleidung wurde zerrissen, Gold und Silber in den Fluß geworfen, die Brunnen zerhauen, die Pferdegeschirre zerbrochen, die Pferde selbst ins Wasser versenkt«[7]). So geschieht es auch nach dem Sieg im Teutoburger Walde. — Selten wird schon vor der Schlacht das Opfer vollzogen[8]). — Aber auch vor der Seefahrt[9]) finden Menschenopfer statt, um Rán abzufinden (?). Die Friesen opfern deshalb am Meer[10]). »Die Menschenopfer bei Mißwachs werden später durch Aussetzen von Greisen und Kindern ersetzt«[11]). Früher sind diese die vornehmsten: hier werden Könige geopfert[12]). Mogk[13]) weist hübsch auf Worte Gustav Wasas (1527) hin: »Bekommen sie keinen Regen, so geben sie dem Könige die Schuld.« So sagt das italienische Sprichwort: »Es regnet — schlechte Regierung«.

Bei Seuchen: noch 1350 sollen die Bewohner von Westgotland zwei Bettelkinder beim Schwarzen Sterben geopfert haben[14]). — Aus diesen Notopfern leitet Mogk[15]) erst die periodischen Menschenopfer

---

[1]) 3. Mos. 9, 1 u. o.
[2]) Menschenopfer S. 638f. Dagegen Bethge-Loewe, Handbuch der deutschen Geschichte, 4. Aufl.; 1, 40.
[3]) *hlunrod*, Rollenrötung; Golther S. 562, Meyer S. 337.
[4]) Ebd.; häufig in Sagen.
[5]) Über die Selbstopferungen im Odinsdienst vgl. o. S. 245 f.
[6]) Mogk S. 607.
[7]) Ebd. S. 608: der Sieger gibt dem Opfer alles mit, er darf nichts behalten, was geweiht ist (vgl. Saul und Samuel).
[8]) S. 610.   [9]) S. 618.   [10]) Ebd. S. 620.
[11]) Vgl. ebd. S. 626; Mogk S. 628.
[12]) S. 623.   [13]) S. 625.   [14]) S. 629.   [15]) S. 632.

ab. Auch das für Nerthus sei [1]) jährlicher Regenzauber, also prophylaktisch gegen Mißwachs, was mir doch durch das Abwaschen der Gottheit nicht genügend verbürgt scheint: ich glaube, daß man die Zeremonie vielmehr als die einer »heiligen Hochzeit« und Reinigung auffassen muß [2]). —

Im allgemeinen opfert man jedem Gott die ihm heiligen Tiere. Es ist nicht ohne weiteres klar, wie dieser allgemein als selbstverständlich angenommene Brauch zu erklären ist. Vielfach scheinen ja die heiligen Tiere ursprünglich den Gott selbst in Tiergestalt vorgestellt zu haben, was innerhalb der germanischen Mythologie höchstens für Thors Böcke und Balders Hirsch (?) wahrscheinlich ist. Was bedeutet es nun, wenn man dem Gott sein Ebenbild opfert? Es unverletzlich zu machen wie in Ägypten scheint doch viel natürlicher. Und wenn es das Lieblingstier des Gottes ist, begreift man auch ein Pflegen und Züchten [3]) weit besser als dies »Zuschicken«; denn der Gott liebt doch das Roß und nicht das Pferdefleisch! Es wird sich um eine Art von Übertragung handeln, etwa etwa um jenen Akt, den man in der Syntax «Attraktion« nennt: da nun einmal Tiere geopfert wurden, gab man dem Gott mit den Rossen gerade Rosse usw. Viel weniger wahrscheinlich ist es, daß die Zuweisung der Tiere an die Götter umgekehrt erst aus dem Opfergebrauch stammen würde: es hätte sich eine gewisse Verteilung herausgebildet (aber wie?), die dann aus dem mit Pferdeopfern geehrten Gott den rossezügelnden gemacht hätte usw.

Die Tieropfer vertreten überall außerdem ursprüngliche Menschenopfer. So schon in der Zeit des Tacitus: *»Martem et Herculem concessis animalibus placant«* [4]).

Es werden also vor allem Rosse dem Odin, Stiere und Ochsen (besonders der Haupteber, der *sonargölt*)[5]) dem Frey geopfert; der Freyja Eber und Katzen (vgl. im übrigen oben jedesmal unter »Kult«). Das beliebteste Opfertier ist, wie überall, das Schwein »als das häufigste und billigste

---

[1]) In Fällen großer Not griff man überall zum Menschenopfer, bei Römern und Griechen wie bei Kelten und Germanen (Diels, Sibyllinische Blätter, S. 85f.).
[2]) Golther S. 565, Mogk S. 390.
[3]) Wie der Rosse Germ. cap. 10, der heiligen Herden des Helios Preller 1, 432.
[4]) Germ. cap. 9. — Die Römer behaupteten, der älteste römische Gottesdienst sei durchaus unblutig gewesen und habe das Tieropfer verschmäht, was unglaubhaft ist (Wissowa S. 345); es gehört wohl zu den Ausschmückungen der »goldenen Zeit«, wie vielleicht auch die altnordische Mythologie für die Altäre der reinen Götterzeit nur symbolische goldene Opfer voraussetzt (Völ. Str. 7). — Die römische Regel, daß männlichen Gottheiten männliche, weiblichen weibliche Opfertiere geschlachtet werden (Wissowa S. 348, 7), scheint anderwärts nicht zu gelten (für die Inder vgl. Hillebrandt S. 73).
[5]) Helg. Hjörv. zu Str. 31; Sievers, PBB. 16, 540; vgl. o. S. 201.

## § 23. Gebet und Opfer. 415

Schlachttier«[1]).»Ferkel« wird geradezu im Sinne von lateinisch *hostia*, *holocaustum* gebraucht[2]).

Die mannigfaltigsten Opfer erhält Odin: neben den Menschenopfern auch Rosse und Hunde[3]). Ein weiterer Gesichtspunkt ist die Eßbarkeit[4]). Die Opfer sollen Speise für die Götter sein[5]). Auch deshalb ist das Roßfleisch besonders beliebt; so beliebt, daß die Kirche gegen seinen Genuß überhaupt eifert[6]); die Isländer behalten sich bei der Annahme des Christentums das Pferdefleischessen ausdrücklich vor.

*Concessa animalia*, erlaubte Opfertiere, haben ihren eigenen Terminus: althochdeutsch *zebar*, angelsächsisch *tifer* (negativ: »Ungeziefer«, unreines Getier). Dafür altnordisch *tafn*, zu lateinisch *dapes* Opfermahl (vgl. den Namen Tanfana?). Der Ausdruck scheint jedoch[7]) auf die Tiere beschränkt, die von den Göttern genossen werden; Hunde und Wölfe Odins, obwohl Opfertiere, wären also nicht damit zu bezeichnen, ebensowenig die Menschenopfer.

Im Ganzen scheint das Opfer auf vierfüßige Haustiere beschränkt (Roß, Stier und Kuh, Schwein, Ziege, Hund; bei den Römern gern auch Schafe, bei den Indern vereinzelt Esel)[8]), wozu noch Odins Wolf kommt; eine Beschränkung aus der Nomadenzeit. Vereinzelt kommt auch Geflügel vor: Hahn und Habicht in Hleidra nach Dietmar von Merseburg[9]). Die Götter schmausen dann behaglich, wie bei Homer und im Veda[10]): der Eber der Einherier, die Böcke als Thors Nahrung[11]) entsprechen natürlich dem Opfergebrauch[12]). —

[1]) Wissowa S. 346; deshalb verschmäht es der Staat für seine feierlichen Opfer (S. 347). Natürlich wird es nirgends geopfert, wo es für unrein gilt, wie besonders bei den Hebräern, den Indern (Hillebrandt S. 73).
[2]) Golther S. 566. — Die Häufigkeit des Schweineopfers schließt Negeleins geistreichen Versuch aus, nach Analogie indischer Sakralgebräuche das Pferdeopfer deshalb für besonders heilig zu erklären, weil für profanen Brauch das Roßfleisch verboten gewesen sei (Germ. Mythol. S. 90). Gar von hier totemistische Vorstellungen abzuleiten, scheint völlig untunlich.
[3]) Bei den Römern ist die Verbindung von Schwein, Schaf und Rind offiziell geworden: *Suovetaurilia* (Wissowa S. 349f.); über die schwierige Auswahl der jeweiligen Opfertiere ebd. S. 348. — Zusammengesetzte Thieropfer auch bei den Indern und sonst.
[4]) Golther S. 565.
[5]) Was nach Robertson Smith ja ihr erster Begriff ist; lebhaft ausgeführt in den römischen *lectisternia*, »Götterbewirtungen« (Wissowa S. 355).
[6]) Golther S. 359. [7]) Golther S. 566.
[8]) Hillebrandt a. a. O. [9]) Golther S. 566.
[10]) Grím. Str. 18: Gering S. 329.
[11]) Gylf. cap. 44: Gering S. 334.
[12]) Über Odins Verweigerung der Fleischnahrung vgl. o. S. 175.

Das Opfertier wird geschmückt[1], in die Versammlung[2] geführt und nach uralter Sitte[3] von den Opfergästen feierlich berührt[4], damit seine Weihe auf die Spender übergehe[5]). Besprengen des Opfertiers[6]) ist wahrscheinlich[7]). Das Tier wird getötet[8]), ausgeweidet, das Fleisch verzehrt, das Blut[9]) oft in einem Kessel gesammelt, das Haupt angenagelt. Zuweilen wird auch bloß dies geopfert, so von den Langobarden ein Ziegenhaupt. Odins Weingenuß könnte auf die Trankopfer[10]) deuten. Die Alemannen sitzen am Bodensee um die Bierkufe (6. Jahrhundert), wie früher die Cimbern am Blutkessel[11]), aus dem geweissagt — aber wohl auch getrunken wird[12]). Das Blut des Opfertiers gibt Kraft; daher das Bluttrinken. Anderseits ist überall der »Zehnten« des Genusses an die Götter üblich[13]); dies schwächt sich ab zu dem beliebten »Zutrinken«, das wir fast bei allen Hauptgottheiten zu erwähnen hatten: der Gott wird als Trinkgenosse begrüßt. Besonders feierlich geschieht das beim Gebrauch des »geweihten Bechers«[14]).

Die gleiche Abschwächung führt dazu, statt der Opfertiere Symbole zu spenden: Teigfiguren[15]).

[1]) Goldgehörnte Kühe Helg. Hjörv.; Golther S. 565.
[2]) Siehe u. [3]) Hillebrandt S. 73.
[4]) Hedin: Helg. Hjörv. zu Str. 31.
[5]) Die sonderbaren beiden Blasebälge unter dem Bauch der Sonnenrosse (Gylf. cap. 21: Gering S. 305) könnten auf besonders vorgeschriebene Werkzeuge beim großen Tieropfer gehen; wahrscheinlicher ist indes die falsche Auslegung der »Stützen« bei irgend welchen etwa antiken Skulpturen (vgl. die Kolosse von Monte Cavallo).
[6]) Wissowa S. 352.
[7]) Vgl. Helg. Hjörv. a. a. O. Für die Hebräer vgl. z. B. Gressmann, Schriften des Alten Testaments in Auswahl, Göttingen 1910, S. 43.
[8]) Durch wen? Vgl. Wissowa a. a. O.
[9]) Siehe u. [10]) Meyer S. 321. [11]) Strabo 7, 2.
[12]) Golther S. 567. — Diels bringt das Trankopfer in unmittelbare Verbindung mit dem Blutopfer (Sibyllinische Blätter, Berlin 1890, S. 72). Vielleicht ist es auch eine Milderung des alten, z. B. bei den Cimbern bezeugten Trinkens von Opferblut.
[13]) Wissowa S. 345.
[14]) Gering S. 156, 5; vgl. Uhlands »Glück von Edenhall«.
[15]) Indiculus superstitionum N. 26 im 8. Jahrhundert; Meyer S. 322: *simulacra de consparsa farina.* So erwähnten wir schon die Jul—Eber, die in unseren Weihnachts-, Lichtmeß- und anderem Festgebäck fortleben (vgl. Höflers Forschungen z. B. Ztschr. d. Ver. f. Volksk. 15 [1905] S. 312 f.; über Nachbildung von Körperteilen u. dgl. im Gebäck auch Kleinpaul, Gastronomische Märchen, Leipzig o. J., S. 123 f.). — Die psychologische Entwicklung ist wieder nicht einfach ersichtlich. Ein Versuch, die Götter zu betrügen, liegt gewiß nicht vor; auch schwer-

## § 23. Gebet und Opfer. 417

Kuchen, Früchte u. dgl. werden den Dämonen, besonders den Hausgeistern, von vornherein (und nicht erst als Ersatz für andere Opfer) dargebracht: diese sind eben Genossen des täglichen Mahls[1]. — Getreideopfer werden ebenfalls anzunehmen sein, wie die letzte Ähre dem Ackergeist bleibt. Doch gehört das schon zu den Zehnten, d. h. Anteil an dem Ertrag der Ernte, in Naturalien geopfert: Wode erhält eine mit kleinen Steinen bedeckte Garbe[2]) als seinen symbolischen Anteil an der Ernte, an der er mit geholfen hat.

Rein symbolische Opfer sind die Notfeuer[3]). Sie werden nach altertümlicher Sitte[4]) durch Reiben entzündet[5]), zuweilen durch zwei reine Jünglinge unter gebotenem Schweigen. Dann wird das Vieh durchgetrieben, Burschen und Mädchen springen durch: Tier- und Menschenopfer symbolisch angedeutet. Später wird es rationalistisch umgedeutet: das Feuer solle bei drohender Seuche die Luft reinigen; aber das Notfeuer findet, wie große Opfer, auch bei Viehseuche und Dürre statt. Die Asche soll gegen Raupenfeuer und Mißwachs auf den Feldern schützen; sie wird auch mit Viehfutter gegeben.

Der Brand lebt fort im Johannisfeuer[6]). Eigentliches Notfeuer ward noch 1855 im Braunschweigischen angezündet. —

Wo opfert man? Während für den Zauber fast stets eine bestimmte Stätte erfordert wird[7]), kennt das gottesdienstliche Opfer zunächst keine solche: die Götter lassen sich da nieder, wo ihnen der Platz bereitet wird[8]). Doch sind zweierlei Stätten besonders geeignet, unter Umständen sogar allein geeignet: die, an denen die Götter entweder wohnen oder wirken[9]):

1. Den Göttern opfert man an »heiliger Stelle«, d. h. an einer Stätte, die sie durch Erscheinungen geheiligt haben: am Fetisch, im Hain, später

lich die rationalistische Erwägung, daß blutiges Opfer den Göttern nicht angenehm sei (die nicht einmal bei den Propheten des Alten Bundes durchgedrungen ist). Man könnte an einen Sympathiezauber denken, an eine Aufforderung an den Gott, die Eber aus Mehl in solche aus Fleisch und Blut zu verwandeln (vgl. Christi Versuchung durch den Teufel), wie Vikar durch das in einen Speer gewandelte Rohr durchbohrt wird.

[1]) Vgl. Wissowa S. 345; Butteropfer Hillebrandt S. 72; auch in Norwegen der Sonne dargebracht (Mortenssen und Olrik, Danske Studier 2, 115f.).
[2]) Meyer S. 399.
[3]) Mogk S. 359, Golther S. 570, Meyer S. 334.
[4]) Vgl. z. B. Hillebrandt S. 69 u. bes. S. 14.
[5]) Daher schwedisch *Vrideld Drehfeuer:* Meyer a. a. O.
[6]) E. H. Meyer, Deutsche Volkskunde, S, 139. 259; Badisches Volksleben, S. 103f. 225f.
[7]) Hillebrandt S. 174. [8]) Ebd. S. 14.
[9]) Vgl. auch Wissowa S. 29.

## Fünftes Kapitel.

im Tempel[1]). Historische Epiphanien heiligen eine Stelle zum Nationalheiligtum[2]); ebenso die Stätte ihres Verschwindens[3]).

2. Eine »unsichtbare Theophanie« heiligt die Stelle ihrer Wirksamkeit: das Schlachtfeld, den Acker, die Meeresküste, das Schiff, wo sie anwesend gedacht werden; das Bett des Kranken, wo sie erwünscht werden. Es kann aber jede Stätte geheiligt werden: die Weihe[4]) ersetzt die Göttererscheinung. Die Zauberin bereitet sich den Platz; der geweihte Eber wird[5]) in den Saal getrieben und macht diesen vorübergehend zu einer heiligen Stätte. — Oder die Einsetzung vervollständigt die Epiphanie wie bei dem Vorgebirge Thorsnes[6]).

Verboten wird wohl jede verunreinigte Stätte sein; sicherheitshalber geht oft eine wirkliche oder symbolische Reinigung vorher[7]). Natürlich bringt die Einrichtung der Tempel genauere Vorschriften über den Ort des Opfers mit sich: Altar, Steine Thors usw. Ebenso wird nach Einführung der Götterbilder die Stelle vor ihnen in der ganzen Welt naturgemäß zu einer für Gebet und Opfer besonders geeigneten Stätte (Hákon vor Thorgerd): man steht dem Gott unmittelbar gegenüber. Ein Götterbild ist nichts anderes als eine versteinerte Epiphanie.) —

Wie wird geopfert? Ziemlich früh bildet sich nicht bloß Ein festes Ritual, sondern deren viele[8]). Jeder Gott hat seine eigenen Umgangsformen. Von diesen spezifischen Riten kennen wir nur den Odins genauer[9]). Es ist auch wohl möglich, daß dieser (wegen seines mysterienhaften Beigeschmacks) sich von den Grundformen des urgermanischen Ritus[10]) stärker abhob, als diese Riten Tyrs, Freys, Freyjas usw. untereinander differierten.

Der erste Schritt ist die Versammlung, die den Gott empfangen soll. Es wird dann in irgend einem Vor- oder Außenraum (dem

[1]) Siehe u.
[2]) Nerthus; Erechtheus: Preller 1, 198.
[3]) Grab der Sarenta (Wissowa a. a. O.), Grab des Balder, wohl auch die Stelle, au der Ing Abschied nahm.
[4]) Siehe o. S. 53.
[5]) Helg. Hjörv. zu Str. 31.   [6]) Siehe o. S. 66.
[7]) Bei den Indern wird dle Gottheit durch gesalbtes Opfergras vom Bodei isoliert (Hillebrandt S. 14), ebenso bei Griechen und Lateinern durch eii heiliges Lager, κλίνη, *pulvinar* (Wissowa S. 356). Da von einem Thron ode Lager der germanischen Götter nirgends die Rede ist — sie sitzen wie all Menschen — wird dies bei uns gefehlt haben.
[8]) Hillebrandt S. 14 nach Bergaigne.
[9]) Chadwick, The cult of Odin; vgl. o. S. 239f.; phantastisch Kaufi mann über den Kult des Balder, Schück über den des Frey, siehe o. S. 20 allgemein vgl. U. Jahn, D. deutschen Opfergebräuche, Breslau 1889; auch Pfanr schmidt, Deutsche Erntegebräuche, Hannover 1878.
[10]) Mogk S. 393, Golther S. 562. 566, Meyer S. 337.

## § 23. Gebet und Opfer.

*sacrarium*, »Sakristei« des spätern Tempels)[1] das Opfertier (altnordisch *hlaut*) angerichtet, geschmückt usw. (wie bei den spanischen Stiergefechten). Bei vielen Opfern, besonders den Menschenopfern, bildet das aber schon einen Teil der eigentlichen Opferhandlung, besonders wenn es mit Weissagung verbunden ist[2]; namentlich bei Odinsopfern[3]. Das Schlachten findet jedenfalls erst im heiligen Raum statt, gewiß unter Hersagen bestimmter Formeln (die die Wendung enthalten: »ich weihe dich —«). So werden auch Menschenopfer am Altar vollzogen[4]. Hieran schließt sich noch öfter Orakelbefragung. Das Blut wird in einem Kessel gesammelt und mit dem *hlautteinn*, Opferwedel[5] auf die Menge gesprengt[6]. Für die Wichtigkeit dieser Opferhandlung sprechen häufige altnordische Namen wie Thorketill u. dgl.[7]. Ebenso werden die Götterbilder, Altäre oder Opfersteine und Säulen besprengt[8]. Die geschlachteten Menschenleiber werden aufgehängt oder versenkt, die Tierleiber ganz[9] oder symbolisch, durch den Kopf vertreten, angenagelt. Das Opferfleisch der Tiere wird gesotten (weil das altertümlicher ist) nie gebraten[10], daher heißen die Opferteilnehmer schwedisch *sudnautar*. Ein Opferpriester, der diese Handlung vollzog, wird zum Modell des Andhrimnir (des »Rußgesichtes«) in Walhöll[11] gedient haben. — Auch Fremde werden genötigt, mitzuessen: so 40 Christen von den Langobarden[12]. Die Wichtigkeit der Opfergemeinschaft bezeugen auch Namen wie Steinn, Thorsteinn, Freysteinn[13]; solche Opfergerätnamen mit *ketill* und *steinn* scheinen spezifisch isländisch. Ehrlose sind vom Opfermahl ausgeschlossen[14]. An das Opfermahl[15], bei dem Fleisch, Brühe und Fett genossen und Bier getrunken wurde, schließt sich ein allgemeines Gelage.

Der Opferschmaus findet in einem besonders festlich geschmückten Haus statt[16]: ohne Zweifel dem alten Festhaus der Jugend[17], das dem (jüngeren) Tempel angegliedert wurde. Zuweilen wurde eine eigene Festtracht angelegt: es wird erwähnt, daß der Isländer Thorstein im Tempel vor Thor im Leinenkleid — Sinnbild der Reinheit — trat. Das Mahl wird von dem Leiter des Opfers, König, Jarl, Gode auf Island geleitet,

---

[1] Wissowa S. 29.  [2] Golther S. 562.
[3] Ebd. S. 313; vgl. Wissowa S. 353.
[4] Golther S. 562.  [5] Mogk S. 394.
[6] Golther S. 567.  [7] Vgl. etwa »Johannes a Cruce«.
[8] Vgl. Hyndl. Str. 10.  [9] Grím. Str. 10.
[10] Vgl. Grim. Str. 18; Gylf. cap. 44: Gering S. 334.
[11] Grím. a. a. O.
[12] Golther S. 567; man denke an König Antiochus und die Makkabäer, oder auch an die Urchristen.
[13] Golther S. 568.  [14] Meyer S. 319.
[15] *blótveizla;* Mogk S. 394.  [16] Mogk a. a. O.
[17] Schurtz, Altersklassen und Männerverbände, S. 202 f.

das Horn zum Preise der Götter geleert *(full signa)* und dann zum Gedächtnis Verstorbener getrunken *(minni signa)*: Aufnahme des Seelenkults. Wie nah aber beides zusammenhängt, beweist das Schmausen der Einherier in Walhall, wobei der König, Odin, nur das Horn leeren soll. — Zuweilen schließt sich das Opfergelübde an: *bragarfull*, ursprünglich wohl das Fürstengelübde beim Totenopfer für den verstorbenen König[1]). Gesang und Tanz fehlen nicht, zum Ärger des heroischen Pedanten Starkad[2]). All dies dauert in den Kirmesessen fort, auch das Eifern der Geistlichkeit[3]).

Im ganzen scheint man es[4]) mit dem Opfern bei den alten Germanen nicht gar so ängstlich genommen zu haben. Legenden von der Rache der Götter für falsches oder zu geringes Opfern (wie bei den Griechen) scheinen nur im märchenhaften Nachklang (die böse Fee im Dornröschenmärchen) erhalten. —

**Wann opfert man?** Damit stehts wie mit der Stätte: erst geschieht es jederzeit bei drängender Gelegenheit, und das dauert fort; daneben aber wird das Einhalten bestimmter **Opferzeiten** üblich[5]).

Dazu gehören vorab die **großen Zeiten**: der Krieg[6]) mit fortwährenden Opfern und Weissagungen. Bei ihm werden die **Lieder**[7]) besonders erwähnt, die wir aber auch beim Totenfest bezeugt finden, beim Erntefest voraussetzen müssen usw. Tacitus berichtet, die Germanen gingen mit Anruf des Hercules Thonar in die Schlacht: dem Odin wird der **Barditus**[8]) gegolten haben, da sein Klang zugleich Orakel ist. —

1. Dazu gehören ferner **die feierlichen Momente** im Leben des Stammes: vor allem die **Volksversammlung**[9]), an Dienstagen oder Donnerstagen (zu Ehren des Tyr oder Thonar) gehalten, durch Menschenopfer, Mahl und Trunk eingeweiht, worauf die Heiligung des Things durch die Priester folgt[10]). Es herrscht dann Tempelfrieden, den die Schnüre um die Dingstätte *(vébond)* markieren. Auch das Gebot der Stille[11]) ist geistlich.

Wie vor der Schlacht werden die Götter beim **Eid** angerufen. Ein Eid ist eine Aussage mit einem Gott als Bürgen; sie verlangt Zeugen. Der Eid wird zumeist auf das Schwert, das Evangelium des alten Ger-

---

[1]) Mogk S. 394.   [2]) Golther S. 509.
[3]) Beispiel eines freigebigen Gastgebers beim Opfermahl Sigurd Jarl; siehe Golther S. 600.
[4]) Trotz Háv. Str. 143—144.
[5]) Mogk S. 390, Golther S. 580, Meyer S. 322. — Allgemein vgl. über die Ordnung des Festjahrs Wundt 3, 6 30.
[6]) Golther S. 550.   [7]) Ebd. S. 553.
[8]) Siehe o. S. 34.   [9]) Golther S. 547.
[10]) Vgl. Tac. Germ. 11.   [11]) Völ. Str. 1.

## § 23. Gebet und Opfer. 421

manen, geleistet. Goten und Nordgermanen schwören auf Ringe, die das Opferblut heiligt, Odin selbst vielleicht[1]) auf Ulls Ring. Eine nordische Eidformel ist überliefert[2]): »Ich schwöre auf den Ring einen gesetzlichen Eid, so wahr mir Frey, Njörd und der allmächtige Ase (Thor) helfen, zu klagen, zu verteidigen, zu zeugen, Wahrspruch oder Urteil zu fällen nach bestem Wissen und Gewissen und nach Rechtsbrauch.« (Sollte das wirklich eine ursprüngliche Formel sein?) Loos und Gottesurteil stehen ebenfalls unter göttlicher Bürgschaft. Deshalb werden Tempelschänder und andere Verbrecher, die Neidingswerke getan, unmittelbar den Göttern überliefert[3]): ein Gesetz zum Schutze des Kults[4]). Wer die Heiligkeit der Götterbefragung schädigt, wird geopfert.

2. Dazu gehören ferner die feierlichen Momente im Leben des Einzelnen: vollständige Aufzählung nach indischem Ritus bei Hillebrandt. Wichtig ist auch bei den Germanen die Namengebung[5]), mit Geschenken (Patengeschenken) verbunden[6]). Regeln über die rituelle Beschaffenheit der Namen, wie die indische Pedanterie sie erschaffen hat[7]), fehlen natürlich. — Die Namengebung ist die offizielle Rezeption des Kindes[8]). Das Begießen mit Wasser braucht nicht dem christlichen Ritus zu entstammen: es ist nur eine symbolische Andeutung des feierlichen ersten Bades[9]).

Wichtig ist die Jünglingsweihe[10]); sie ist die zweite Rezeption; wie das erste Mal in die Sippe, wird der Knabe nun in das Heer aufgenommen. Christliche Fortsetzungen in der Konfirmation oder Firmelung, der Ritterweihe usw. Bedeutungsvoll sind natürlich auch die Hochzeit[11]) mit feierlichen Zeremonien und Opfern an den Fruchtbarkeitsgott[12]), und der Hausbau[13]), zum Teil mit Menschenopfern[14]); entsprechend[15]) die Weihe eines neuen Schiffs.

[1]) Grim. Str. 42; vgl. Akv. Str. 31; siehe o. S. 380.
[2]) Golther S. 548.   [3]) Ebd.
[4]) Golther S. 550.
[5]) Hillebrandt S. 46f.; allgemein von Gennep, Rites de passage, S. 88.
[6]) Vgl. Helg. Hjörv. Str. 6—7.
[7]) Hillebrandt S. 47.
[8]) Vgl. zum Zeremoniell Maurer, Über d. Wasserweihe d. germ. Heidentums, Sitzungsber. München 1880, und dagegen Müllenhoff, Anz. f. d. Alt. 7, 404; ferner Bugge, Studien, S. 399; Golther S. 455; allgemein van Gennep S. 109f.
[9]) Vgl. Hillebrandt S. 46.
[10]) Vgl. Schade, Weim. Jahrb. 6, 241; allgemein Schurtz, Altersklassen und Männerbünde, S. 95ff.; van Gennep S. 93f.
[11]) Hillebrandt S. 63, van Gennep S. 165f.
[12]) Golther S. 556.
[13]) Hillebrandt S. 80.
[14]) Ebd. S. 8.   [15]) Siehe o. S. 413.

## Fünftes Kapitel.

Hierher gehört weiter die **Landnahme** mit Weihen durch Feuer und Umzug (wie Nerthus von dem Land Besitz nimmt, das sie umzieht) und endlich **Tod** und **Begräbnis**[1]). Öfter haben sich alte Opfergebräuche in Rechtsgebräuche verwandelt, für die auf J. Grimms Rechtsaltertümer[2]) zu verweisen ist; so könnte das bekannte »Pfetzen« oder Schlagen der Kinder bei der Grenzbefestigung[3]), rationalistisch im Sinne der berühmten Jahnschen »Dachtel«[4]) ausgedeutet, eine letzte Abschwächung ursprünglichen Kinderopfers (wie beim Einmauern in den Grundstein) sein.

Neben diesen »beweglichen Festen« gibt es unbewegliche: ein für allemal gesetzte **Opferzeiten**, die allerdings auch an die großen Momente des Jahreslaufs anknüpfen. Sie bezeichnen den uralten Anfang einer Entwicklung, die schließlich zu einem vollständigen Festkalender führt[5]).

Bei den Skandinaviern gibt es **drei große Opfer**[6]): zu Wintersanfang (gegen Mitte Oktober) für ein gutes Jahr, mit Opfer für Frey; Mittwinter (Mitte Januar) für Wachsen und Gedeihen (Thor), Sommeranfang (Mitte April) für Sieg (Odin).

**Mogk**[7]) hat in scharfsinniger Weise die großen Opferfeste zu Lethra auf Seeland und zu Uppsala als Fortsetzungen des uralten Nerthusfestes zu erklären versucht, bei denen nur die Periode von einem auf neun Jahre verschoben und der Umzug zurückgetreten sei[8]). Aber da dieser eben den eigentlichen »*clou*« der Feier bildet, auch später noch bezeugt ist, hat das Bedenken[9]). Das Hauptfest scheint das Mittwinterfest: *jul* englisch *yule*, gewesen zu sein, nach dem Monate (gotisch November und Dezember, angelsächsisch Januar und Februar) benannt werden. In Deutschland haben wir kein echtes altes Zeugnis[10]). Der Name Jul ist unklar[11]); das Fest ist später in das Weihnachtsfest auf-

---

[1]) **Hillebrandt** S. 87f.; vgl. o. S. 86f.
[2]) 4. Aufl.; bes. v. **Andr. Heusler** und **R. Hübner**, Berlin 1899.
[3]) 2, 79.
[4]) Vgl. dazu z. B. **C. v. Wurzbach**, Historische Redensarten, Prag 1863, S. 70.
[5]) Indogermanische Ansätze zu zwei großen Festen O. **Schrader**, Sprachvergleichung und Urgeschichte, S. 453f. — Vgl. bes. **Chantepie** S. 379f.
[6]) **Mogk** S. 390, **Golther** S. 581.
[7]) Menschenopfer S. 632f.
[8]) S. 633.
[9]) **Mogk** (a. a. O. S. 637) sucht sie zu lösen, setzt dabei aber das Paar Erde—Himmel oder Nerthus—Tiwaz voraus, an das ich nicht zu glauben vermag. — Über das Festwesen sonst vgl. **Golther** S. 580, **Meyer** S. 323.
[10]) **Tille**, Yule and Christmas, London 1899; ders., Geschichte der Deutschen Weihnacht, Leipzig 1893; vgl. ferner **Weinhold**, Über die deutsche Jahrteilung, Kiel 1862; **Pfannenschmidt**, Erntegebräuche, S. 326f., die für Zwei- und Vierteilung des Jahres gegen die Dreiteilung sind.
[11]) Vgl. **Golther** S. 582 Anm., **Mogk** S. 391.

gegangen (schon seit König Hakon im Norden)[1], das seinerseits antike Festzeiten erneuert[2]).

Andere Stämme mögen ihre großen Feste zu anderer Zeit gehabt haben: ein Sachsenfest am 1. Oktober[3]); zu unbekannter Zeit das große Opfer der Semnonen usw.

Auch Feste mit längerer Frist (im »großen Jahr«) kennen wir: in Hleidra alle neun Jahre im Januar nach Dietmar von Merseburg, ebenso in Uppsala nach Adam von Bremen[4]). — Diese Feste setzen also schon eine Art geregelter Kalenderführung (durch die Priester) voraus. Über den Modus der Ladung ist uns nichts bekannt.

An die Einführung des christlichen Kalenders haben sich noch altgermanische Erinnerungen geheftet: die Namen der Wochentage und die alten Monatsnamen[5]). Auch in den Festgebräuchen herrscht vielfach ein naiver Synkretismus[6]).

## § 24. Tempel und Kultstätten[7]).

Die Indogermanen haben die Stufe des Tempelbaus noch nicht erreicht[8]), sind aber fast durchweg ihr schon nahe: die Neigung, der Gottheit ein künstliches Haus zu bauen, zeigt sich vielfach. Wie die Römer[9]) sind auch die Germanen in ältester historischer Zeit im Übergang begriffen. Tacitus bestreitet zwar[10]) mit Argumenten, die aus den alten Germanen Rousseausche Urmenschen machen[11]), daß sie die Götter in Häuser bannen; aber schon der Nerthus-Kult[12]) scheint ein Haus vorauszusetzen, und in den Annalen (1, 81) erwähnt er selbst den Tanfana-Tempel. Jedenfalls sind beim Anzug des Christentums die Deutschen wie die Nordleute im Besitz von Tempeln und Bildsäulen[13]). Thümmel[14]) unterscheidet drei

[1] Golther a. a. O.
[2] Usener, Das Weihnachtsfest, Bonn 1889; P. de Lagarde, Altes und Neues zum Weihnachtsfest, Göttingen 1891.
[3] Golther S. 585 f.
[4] Golther S. 587; für die Abstände vgl. die hebräischen Jobeljahre, allgemein die katholischen Jubiläen.
[5] Weinhold, D. deutschen Monatsnamen, Halle 1869; Kluge, D. deutschen Namen der Wochentage, Beiheft 8 des D. Sprachvereins 1898; Golther S. 589.
[6] Vgl. z. B. o. zum Johannisfeuer.
[7] Mogk S. 394, Golther S. 540, Meyer S. 313. — A. Thümmel, Der altgermanische Tempel, PBB. 35, 1. Über die allgemeine Entwicklung siehe o. S. 53; Schrader, Aryan Religion, S. 44 f.
[8] Vgl. Schrader, Reallexikon 2, 861.
[9] Wissowa S. 29.   [10] Germ. cap. 9.
[11] Vgl. O. Schrader S. 856.   [12] Germ. cap. 40.
[13] Für die Altertümlichkeit der Tempel spricht auch der Mythus von der Erbauung der ersten durch die Götter (Völ. Str. 7).
[14] S. 118.

## Fünftes Kapitel.

Perioden: »1. in den letzten Jahrhunderten des südgermanischen Heidentums (400—800) hat es zwar schon Tempelhäuser gegeben, doch ist diese Form des Kultes allem Anschein nach zu jener Zeit durchaus nicht allgemein; 2. im Norden (auf Island) begegnen noch um 900 relativ einfache Formen des Heiligtums: dachloser Steinbau und Steinhegung mit einem großen Stein innerhalb, der vermutlich als Altar gedient hat; 3. der junge nordgermanische Tempelbau seit dem Ende des 9. Jahrhunderts bis 1000.« Daneben haben sie vielfach noch 1. heilige Stätten, d. h. Orte, die lediglich durch die Götter selbst ohne menschliches Zutun geweiht sind. Dahin gehören[1]) die heiligen Berge, Quellen, Fußspuren, vor allem aber heilige Bäume wie vor dem (späteren) Tempel in Uppsala. 2. heilige Haine, um den Ort der Epiphanie eingezäunte(?) Waldbezirke, die »heilig«, d. h. unverletzlich erklärt sind[2]).

Gemeingermanisch ist der Ausdruck altnordisch *vé*, angelsächsisch *weoh*, altsächsisch *wîh* »Kultstätte«[3]). Daneben altnordisch *hörg*, angelsächsisch *hearh*, althochdeutsch *haruc* »Steinhaufen«, geschichteter Altar(?)[4]), woneben altnordisch mit unklarer Scheidung *hof* Tempel steht[5]); althochdeutsch *lôh lucus*, oft in Namen (Heiligenloh) *Hain;* ebenso altnordisch *lundr*. — Die Umzäunung der geweihten Stätte scheint ursprünglich zu bezeichnen gotisch *alhs*, althochdeutsch *alach* »Ringwall«[6]). Den heiligen Hain der Nahanarvalen, in dem die Alces verehrt werden[7]), den der Semnonen, den man nur gebunden betreten darf[8]), und das *castum nemus* der Nerthus[9]) erwähnt schon Tacitus.

Daß unter Umständen auch geweihte Wiesen die Stätte bezeichnen können, auf der ein göttliches Wesen waltet, macht der Name Idisiaviso[10]) wahrscheinlich; die Mattiaci, die[11]) von denselben Matten den Namen haben, nach denen noch heut Wiesbaden heißt, könnten von einer solchen heiligen Wiese (etwa der wiesenliebenden Elfen) ihren Namen haben.

Häufig werden die heiligen Haine durch die Missionäre zerstört; Unwan von Bremen hat noch im 11. Jahrhundert solche Kultstätten auszurotten[12]). Spuren des Hainkultes sucht Mogk[13]) noch weithin nachzuweisen.

[1]) Vgl. Schrader a. a. O.
[2]) Golther S. 590, Meyer S. 310.
[3]) Golther S. 591, 6.
[4]) Ebd.; Meyer S. 30.
[5]) Vgl. Thümmel S. 100f.
[6]) Meyer S. 912. Über die nordischen Termini vgl. Thümmel S. 100.
[7]) Germ. cap. 43.   [8]) Germ. cap. 39.
[9]) Germ. cap. 40.   [10]) Siehe o. S. 159.
[11]) Nach Müllenhoffs Wort.
[12]) Golther S. 593.   [13]) S. 396.

## § 24. Tempel und Kultstätten. 425

3. Von Tempeln[1]) werden am frühesten kleine Schutztempelchen um Fetisch, heiligen Baum, heiligen Stein vorhanden gewesen sein[2]). Dieser umkleidete Baum lebt vielleicht in den Hauptsäulen der Tempel wie in den freistehenden Säulen[3]) fort (altnordisch *öndvegissúlur*), an denen die Götterbilder eingeschnitzt werden. Eigentliche Tempel, d. h. Gebäude zur Beherbergung erst des Gottes selbst, dann seiner Bilder, sind[4]) aber auch schon früh nachzuweisen und haben sich lange[5]) gegen die Missionen gehalten. Sie setzen Priester schon beinahe voraus, wenn auch noch nicht einen Priesterstand. — Zu fragen ist: 1. wer errichtet den Tempel? 2. wem gehört er? 3. wie sieht er aus? a) Anlage, b) Schmuck; 4. welche Eigenschaften besitzt er? 5. wie wird er benutzt? 6. was gehört ihm? 7. wie wird er unterhalten?

Wer errichtet den Tempel[6])? In der Regel ein Einzelner wie Hrafnkell, Thorolf, Hákon[7]). Aber schon der Tempelbau der Asen[8]) setzt eine gemeinschaftliche Tätigkeit voraus[9]). Ein Nationalheiligtum wie der Tanfana-Tempel wird von Vielen errichtet sein. Dann gehört der Tempel dem oder den Erbauern. Doch hat das Eigentumsrecht Grenzen: er muß die Heiligkeit des Baues auch selbst respektieren. Er darf ihn abbrechen, wenn er ihn verpflanzen will[10]); sonst wird es Tempelschändung sein. — Zwischen dem Tempel und seinen Pflegern bestehen bei frommen Leuten dauernde Beziehungen. Loft der Alte fuhr jeden dritten Sommer von Island nach Norwegen, zugleich in seines Oheims Flosi Namen, um dort in dem Tempel zu opfern, dessen Pfleger sein Muttervater Thorbjörn gewesen war[11]).

Die Zentralheiligtümer gehören dem Stamm; ihr Bezirk bildet den Anfang eines Nationalvermögens[12]). Die großen Opfer können nicht in Privattempeln stattfinden. Übrigens bringt das Wesen der Gottheit Scheidungen mit sich: Odin, der Staatsgott, scheint keine Privattempel zu besitzen wie Thor. — Auf Island bleibt der Gode[13]) in seiner halb privaten, halb öffentlichen Stellung erblicher Herr des Tempels[14]); hier

---

[1]) Thümmel a. a. O., Golther S. 593, Meyer S. 313, Mogk S. 396; über die Beziehungen zum Baumkult und Hainkult Schrader, Reallexikon, S. 856f.; Aryan Religion, S. 44f.
[2]) Indic. supertit. N. 4: *de casulis id est fanis;* Golther S. 593.
[3]) Irminsul; doch vgl. o. S. 69.
[4]) Mogk S. 396.    [5]) Golther S. 595f.
[6]) Golther S. 610; vgl. Thümmel S. 622.
[7]) Siehe o. S. 393.    [8]) Völ. Str. 7.
[9]) Vgl. die Sage vom Riesenbaumeister z. B. Golther S. 413.
[10]) Golther S. 599.    [11]) Craigie S. 55.
[12]) Vgl. allgemein Golther S. 610f. — Man denke an Mekka und seinen Schatz.
[13]) Siehe u.    [14]) Mogk S. 400.

und auch auf Gotland scheint es eigentliche Sprengel mit je einer »Pfarrkirche« gegeben zu haben [1]). — Vielfach dauert der »Eigentempel« auch in Deutschland bis in die Missionszeiten fort [2]).
Wie sieht der Tempel aus [3])? Die Lage: vorzugsweise auf Bergen [4]) — was auch Thümmel mit der Nebenabsicht der schönen Lage und Fernsicht motiviert. Wir haben kein Recht, den alten Völkern (oder auch nur unsern Erbauern mittelalterlicher Wallfahrtskirchen) so viel Landschaftsromantik zuzuschreiben; vielmehr ist es umgekehrt: die heilige Stätte soll von weither sichtbar sein (gewiß, neben einem begreiflichen Ehrgeiz auch ein Hauptgrund für die Höhe der Kirchtürme und Kuppeln!). »Es mag die Stadt, die auf dem Berge liegt, nicht verborgen sein [5]).«
Die Orientierung [6]) scheint besonders häufig von Osten nach Westen [7]) zu gehn. Bedenke ich die starke Betonung der Himmelsrichtungen in der Völuspá, besonders bei der »Götterdämmerung«, so möchte ich eine bestimmte Absicht doch nicht mit Thümmel in Abrede stellen.
Der Tempel [8]) selbst besteht aus zwei Teilen, dem *afhús* [9]) und dem Langraum für den Opferschmaus. Der Tempel von Ljárskogar hatte folgenden Grundriß:

Das Allerheiligste und der Festsaal sind [10]) durch einen Querwall getrennt, der immer ohne Tür ist. Im übrigen ist die Lage der beiden Teile nicht allgemein zu bestimmen [11]). Die typische Grundform ist bei beiden die länglich-viereckige [12]). Das *afhús* [13]) ist immer kleiner, etwas über ein Drittel der Gesamtanlage. Der Langraum hat seine Eingänge nie gegenüber dem

[1]) Vgl. Golther S. 610. — Der Gode wird dann nach seiner Residenz *(Tungugodi)* oder seinem Kirchspiel *(Ljodsvetningagodi)* benannt (Craigie 6, 85).
[2]) Vgl. allgemein Stutz, Internat. Wochenschr. 3, 1569f.; ein lehrreiches Beispiel bei Schnürer, Bonifatius, Kempten 1909, S. 86.
[3]) Genaue Beschreibungen (nach Quellen und Ausgrabungen) Meyer S. 397, Golther S. 599 und besonders Thümmel (für den isländischen Tempel speziell S. 88).
[4]) S. 21. 88. 114. (Die Berge sind häufig nach ihm benannt.) — S. 23.
[5]) Matth. 5, 14.
[6]) Vgl. allgemein Nissen, Orientation, Berlin 1906; Greßmann, Ausgrabungen in Palästina, S. 30.
[7]) Thümmel S. 27.
[8]) Mogk S. 397, Golther S. 601.
[9]) Thümmel S. 49.
[10]) S. 50. — Ähnlich hebräisch: Greßmann, Schriften d. A. T. in Auswahl, S. 6f.
[11]) a. a. O. S. 37.  [12]) S. 43.
[13]) S. 35. Über die Größenverhältnisse vgl. Thümmel S. 44f., Golther S. 599.

## § 24. Tempel und Kultstätten. 427

des Allerheiligsten; jeder Teil hat seine besondere Tür (da der Querwall ja geschlossen ist[1]). Das Material[2]) ist auf dem skandinavischen Festland Holz, auf Island Gras- und Erdtorf, zuweilen mit Feldsteinen kombiniert. »Der Tempelbau (auf Island) folgt in seiner äußeren Form der völlig analogen Entwicklung, die an den isländischen wie nordischen Häusern überhaupt stattfindet«[8]). Dies gilt auch insbesondere für die Form des Daches[4]) und die Dachdeckung[5]). Irgendeine spezifische Gestaltung ist nur an Hákons Tempel im Drontheimschen zu beobachten: viele Glasfenster; man hat deshalb hier auch eine Nachahmung christlicher Kirchen (in der Erzählung) vermutet[6]). Die einfachen Tempelbauten eignen sich deshalb auch nicht zum Umbau in christliche Kirchen[7]).

Der Tempel liegt (auf Island) zumeist innerhalb des gedüngten Wiesenlandes, das zu jedem Gehöft gehört, auf dem *tún*[8]), selten entfernt von dem Gehöft des Erbauers — also wie heute die katholischen Kapellen auf dem Lande. Der unmittelbar umgebende Rasen ist durch einen Zaun umhegt, der in derselben Weise wie die Mauern ausgeführt ist[9]) und etwa von gleicher Höhe; vielleicht verschließbar[10]).

Der eingeschlossene Bezirk ist heilig: wer um 700 den Fosite-Tempel oder sein geweihtes Land ohne Verehrung betritt, verfällt in Raserei[11]), wer in dem Bezirk des Semnonen-Heiligtums fällt (ihn durch Berührung verunreinigt?), gehört dem Gott. — Dies sind die angelsächsischen *fana cum septis*, Tempel mit Einhegungen[12]).

Der ursprüngliche Wasser- und Waldkult bringt es mit sich, daß Quellen und Bäume oft in der Nähe des Tempels zu finden sind[13]), (die »Weltesche« zu Uppsala); doch schränkt der dürftige Baumbestand der Insel dies auf Island ein[14]).

Die notwendige Einrichtung besteht natürlich aus den rituell erforderlichen Gegenständen[15]). 1. Im afhús: zwei »nach Art der Außenwände aufgeführte«, aber nicht so hohe Querwälle *(stallar)*, auf deren höherem die Götterbilder[16]) stehen, während auf dem niedrigeren Ring und Opfer-

[1]) Thümmel S. 51.  [2]) Thümmel S. 28. 89.
[3]) Thümmel S. 89.  [4]) S. 68 f.  [5]) S. 90.
[6]) Golther S. 484.  [7]) Vgl. Thümmel S. 27.
[8]) Thümmel S. 74.  [9]) S. 52.
[10]) S. 74. Über die rituelle Bedeutung der Pforte vgl. van Gennep, Rites de passage, S. 26.
[11]) Golther S. 587.
[12]) Golther S. 595. — Man kann zu dem Semnonenhain vielleicht daran erinnern, daß der Abtei St. Claude in der Bourgogne jeder Mann, der auf ihrem Gebiet schlief, als Leibeigener gehörte, bis Voltaire die Aufhebung des bösen Privilegs bewirkte.
[13]) Meyer S. 315.  [14]) Thümmel S. 23.
[15]) Thümmel S. 79 f.  [16]) Siehe u.

schale liegen, in der Mitte aber[1]) der Altar sich befindet: eine Feuerstätte für das heilige Feuer[2]). Der höhere Wall scheidet zugleich, wie die Ikonostase in griechisch-katholischen Kirchen, den Priesterraum vom Gemeinderaum. — Die Feuerstätte steht auf Stein. Der Eidring, »ein nicht völlig geschlossener Ring von 538 gr Gewicht, war zweifellos aus Gold«. Die Opferblutschale *(hlautbolli)* war 10—20 cm weit, 6—12 cm tief[3]) und wohl auch aus Stein. Außerhalb des Opferraums scheint sich dagegen zuweilen die Stätte für Menschenopfer befunden zu haben: der Opferstein mit dem Opfersumpf *(blótkelda)*[4]) für die Leichen (die ja anders als die zu verzehrenden Tierkörper behandelt werden müssen)[5]). Daß in ältester Zeit die Menschenopfer im Tempel stattfanden, machen Strabos Nachrichten von den Cimbern[6]) wahrscheinlich. 2. Im Langraum: Einrichtung und Schmuck der weltlichen Festsäle (Heorot im Beowulf); Getäfel und inneres Dachwerk gern mit gemalten oder geschnitzten Bildern mythologischen und heroischen Inhalts geschmückt (Balders Beerdigung in der Húsdrapa). Pfosten teilen ihn in einen Hauptraum *(gólf)* und zwei kleinere Seitenschiffe. In der Mitte grenzen vier Säulen *(öndvegissúlur)* ein mittleres Querfeld ab; sie sind mit Bildern (besonders von Thor) geschmückt, deren Zweck es ist, Götter und Helden beim Gastmahl (und Zutrinken) gegenwärtig sein zu lassen. — Im *gólf* steht der Herd, unter dessen Feuer Trinkhorn und Becher geweiht werden. An den Wänden stehen Bänke mit je einem Hochsitz[7]).

Einen solchen Festsaal haben auch die Götter: Wingolf die Weinhalle[8]); ebenso der Riese Brimir die »Wärmehalle« Okólnir[9]).

Reiches Holzschnitzwerk hatten wir schon zu erwähnen. Tücher und Teppiche für die Feste[10]) und Goldplatten verkleiden die Wände: der Tempel in Uppsala soll ganz »aus Gold« gewesen sein, was in den Götterhainen der Grimnismál[11]) und vielleicht in der »Edelsteinhalle« Gimlé[12]) nachgebildet wird. Wie der Eidring[13]), ist auch der Türring als Symbol des Eingangs (Legende von dem Türring des heiligen Wenzel am Prager Dom) von Gold. — Eine Reihe Nägel *(reginnaglar* »Nagelreihe«)[14]) zieren die Hochsitzpfeiler, von Verehrern eingeschlagen, wie unsere Fahnennägel? (Stock im Eisen in Wien, in den die Handwerks-

---

[1]) Gegen Müllenhoffs Zweifel bei Golther S. 596, 1.
[2]) Thümmel S. 83, vgl. 86.     [3]) S. 87.
[4]) Vgl. Thümmel S. 55.
[5]) Über die Glaubwürdigkeit der betreffenden Berichte vgl. Thümmel S. 74f.
[6]) Golther S. 567.
[7]) Thümmel S. 79f.
[8]) Gylf. cap. 14: Gering S. 307.     [9]) Völ. Str 37.
[10]) Golther S. 606.     [11]) Str. 8. 15, vgl. 6.
[12]) Völ. Str. 64: mit Gold gedeckter Saal.
[13]) Vgl. Meyer S. 14.     [14]) Golther S. 535.

## § 24. Tempel und Kultstätten.

burschen Nägel einschlagen.) In Uppsala soll [1]) gar auch die einhegende Schnur eine goldene Kette sein. Dazu kommt die Ausschmückung der Götterbilder mit Gewändern und Schmuck [2]).

Neben diesen allgemeinen Zügen sind **spezifische** der einzelnen Kulte vorauszusetzen; ein genaueres Bild dieser individuellen Ausrüstung geben uns [3]) die Haine der Götter:

Grim. Str. 9: Odins Saal mit Speeren und Schilden und Brünnen behangen: Weihgaben siegreicher Helden oder Trophäen von gefallenen [4]). Über dem Eingang Wolf und Aar: geschnitzte Signa, Wappen des Gottes (kein Totem!).

Grim. Str. 15: der Palast des Forseti [5]) auf Goldsäulen und mit Silber gedeckt.

Auch die **Umgebung** wird entsprechend gezeichnet: Odins Halle liegt an der Quelle [6]); Widars an der Wiese [7]). — Der Festsaal in Heimdalls Haus [8]) fordert besondere Beachtung. —

Eine **Verbindung zwischen Tempel und Umgebung** stellen die festlichen Umzüge *(pompae)* her [9]): die Götterbilder werden umhergetragen (Nerthus), umschreiten erst den Tempelbezirk und gehen dann übers Land oder das zu weihende Feld *(Indiculus superstit)*. Auch der Kriegszug ist eine Prozession [10]), der barditus eine Art Litanei. — Auch Dank- und Bittprozessionen [11]) wird man voraussetzen dürfen.

Über die Entwicklung des Tempelbaues im Einzelnen vergleiche man Thümmels Studie [12]). Er hält römischen Einfluß [13]) für wahrscheinlich und »die volle Ausbildung des Tempelkultes für eine spezifisch nordgermanische Entwicklung«. (Daß aber der Privattempel, weil im Süden nicht nachzuweisen, jünger als das Stammesheiligtum sei, ist mir recht unwahrscheinlich.) —

Welche **Eigenschaften** besitzt der Tempel? Er ist unverletzlich [14]) und deshalb soll man ihn unbewaffnet betreten (Extrem: die gebundenen Semnonen). Tempelschänder [15]) werden schwer gestraft: mit Rechtlosigkeit [16]). Dennoch kommen merkwürdig oft Tempelverbrennungen

[1]) Golther S. 598.
[2]) Ebenso bei den Finnen: Castrén S. 221.
[3]) Ztschr. f. d. Phil. 38, 174 f.
[4]) Bei den Römern gibt es nur drei Gottheiten *quibus spolia hostium dicare ius et fas est,* denen man Trophäen weihen darf (Wissowa S. 171).
[5]) Vgl. Fosetis Tempel auf Haligoland Golther S. 558.
[6]) Grim. Str. 7.   [7]) Ebd. Str. 17.   [8]) Ebd. Str. 13.
[9]) Golther S. 578.   [10]) Ebd. S. 579, 2.
[11]) Vgl. Wissowa S. 358 f.   [12]) S. 118 f.   [13]) S. 122.
[14]) Mogk S. 398.   [15]) Golther S. 562.
[16]) *vargr i véum;* vgl. Meyer S. 315; Kauffmann, PBB. 18, 166.

auf Island vor¹). — Er macht unverletzlich: er hat Tempelfrieden *(hofshelgi, Tempelheiligkeit)*²). Daß er als *asylum* gedient hätte, wie christliche Kirchen, ist aber nicht bezeugt.

**Wie wird der Tempel benutzt?** Er ist um der Opferfeste willen da; Privattempel dienen auch stillem Gebet (Hákon vor Thorgerd). Als eine Art ritueller Handlung findet auch die Eidabnahme auf den geweihten Ring hier statt; ob auch Sühnehandlungen? Er dient auch als Dingstätte³), aber nicht zu Privatfesten (Hochzeit, Totenfeier), die nach uralter Sitte dem Haus verblieben.

**Was gehört dem Tempel⁴)?** Zunächst der unmittelbare Tempelbezirk, der sehr weit ausgedehnt werden kann: dem Fosite gehört⁵) ganz »Helgoland«. Weihgeschenke⁶) machen den Anfang des Besitzes, besonders wohl eroberte Feldzeichen, Waffen, Tempelsilber der Römer. Dazu kommen Stiftungen an Gold und Silber von Einzelnen und Gemeinden⁷). Doch ist Besitz und Deponierung zu scheiden; was dem Volk gehört, wird wohl im Tempel aufgehoben wie der berühmte Armring von Pietroassa mit der Aufschrift »Unverletzliches Tempeleigen der Goten«.

**Wie wird der Tempel unterhalten?** Im allgemeinen gewiß durch freiwillige Gaben. Auf Island, wo staatliche Kirchspiele bestehen, hat der Gode Tempelzoll zu erhalten und muß damit als eine Art Kirchenvogt für den Tempel sorgen. — Im übrigen liegt die Pflege natürlich bei den Priestern⁸). —

Der eigentliche Mittelpunkt des Kultus werden mit der Zeit die **Götterbilder**⁹). Die älteste Religion, hierin wie in vielem den jüngsten Phasen verwandt, kennt keine festen Götterbilder, wie sie keine Tempel kennt; die Götter sind noch unpersönlich, und heilige Haine oder andere Naturgegenstände werden nur als Sitz der göttlichen Kräfte gedacht. Dies ist der Stand der Religion im nordischen Broncealter¹⁰), wie es überall der primitive Stand ist: der anikonische Kult, den wir für alle Indogermanen teils erweisen können, teils voraussetzen müssen¹¹), finden wir z. B. auf griechischem Gebiet¹²) noch spät vor.

¹) Thümmel S. 67f.  ²) Golther S. 607, vgl. 567.
³) Meyer S. 316.  ⁴) Golther S. 608.
⁵) Golther S. 597.  ⁶) Meyer S. 316.
⁷) Golther S. 608.
⁸) Tempelsteuern in Israel: Giesebrecht, Israel. Rel.-Gesch., S. 117f.
⁹) Thümmel S. 99. 122; O. Schrader, Reallexikon 2, 859. — Golther S. 602, Mogk S. 396, Meyer S. 317, Chantepie S. 360f.
¹⁰) Olrik, Danske Studier 1905, S. 39f.
¹¹) Schrader, Reallexikon 2, 860.
¹²) Karo, Arch. f. Rel.-Wissensch. 12, 374. — Der Parallelismus zwischen religiöser und künstlerischer Entwicklung interessierte schon Gutzkow, als er seinen Jugendroman »Maha Guru« schrieb.

## § 24. Tempel nnd Kultstätten. 431

Die Entwicklung des Götterbildes hat sich auf zwei Wegen vollzogen, von denen nur der eine Beachtung zu finden pflegt: erstens durch die Dichtkunst, zweitens durch die Plastik. Der Anteil der Poesie an der Ausbildung eigentlicher Götterbilder muß sehr hoch angeschlagen werden. Was Gustav Freytag in seinem berühmten Aufsatze über Otto Ludwig über das Verhältnis der poetischen Phantasie zur tatsächlichen Darstellung allgemein ausführt, das gilt hier insbesondere: daß die Dichter sich Kunstwerke bereits realisiert denken, denen die Technik noch nicht entfernt die Wirklichkeit verleihen kann. Wie der Schild des Achilleus leichter zu beschreiben als zu schmieden war, so hat man Luftschiffe lange geträumt, als noch dieser Traum (bis zu Helmholtz hin) rein phantastisch schien [1]). Der plastischen Darstellung der Götter geht die **dichterische Darstellung** voraus. Wir werden für sie etwa dieselben drei Stufen voraussetzen dürfen [2]) wie für die plastische:

1. Die Darstellung ist rein **symbolisch**: es wird nur von denjenigen Gliedern gesprochen, die für die Bewegungs- und Handlungsfähigkeit der Götter unentbehrlich sind — gerade so, wie jetzt wieder der Fromme nur vom Auge Gottes, von Gottes Hand, von dem Schemel seiner Füße spricht. Eine solche Annäherung an die Menschengestalt ist nicht etwa »Metapher«, sondern selbstverständlicher Analogieschluß. Wenn der Dämon Opferspeise verzehrt, so muß er einen Mund haben usw., was Goethe in einem bekannten Spruch [3]) höchst drastisch ausgedrückt hat. Eine deutliche Vorstellung ist mit solchen Ausdrücken noch nicht verbunden. — Auf dieser Stufe finden wir uralte, in Eddalieder verarbeitete Verse wie Völ. Str. 5 (die Rechte der Sonne) oder alte Beinamen der Götter wie für Odin der Rufer, der Weggewohnte, der Schnellreitende [4]) — natürlich aber können auch später (erst recht!) solche Namen entstehen. Es ist die Stufe, auf der der Jahve des Pentateuchs steht; bis die Propheten gegen den natürlichen Anthropomorphismus auftreten (schon Elia 1. Könige 18, 27 [5]).

2. Sie wird **typisch**: allmählich erwächst den Priestern und Gläubigen ein Bedürfnis, ihren Gott »zu schauen«, vor allem: ihn von anderen zu

---

[1]) Vgl. Minor, Die Luftschiffahrt in d. d. Literatur; Ztschr. f. Bücherfreunde 1909.
[2]) Siehe u.
[3]) »Totalität«; Weim. Ausg. 2, 263.
[4]) Golther S. 356.
[5]) Die Erwähnung von Hand und Arm der Sonne bei Kelten oder Germanen (v. d. Leyen, Sagenbuch, S. 84) ist also nichts spezifisches. Auch bei den Griechen tut vor allem die »Hand Gottes« Wunder (O. Weinreich, Antike Heilungswunder, Gießen 1909, S. 1f.). Noch die alexandrinischen Anachoreten glauben, man wolle ihnen Gott rauben, als der Patriarch Theophilos ihm Füße, Hände, Augen und Ohren abspricht (Prat, Origène, Paris 1907, S. XLVIII).

unterscheiden. Als Leitmotiv dient dabei natürlich die Betonung derjenigen Eigenschaft, um derentwillen gerade er verehrt wird: Stärke, Weisheit, Freigebigkeit. Eine große Rolle spielt dabei das Attribut, das als Exponent des Charakters dient: Thors Hammer symbolisiert seine Stärke, Apollons Pfeil oder Odins Speer die Herrschergewalt des weithintreffenden Gottes. Damit hängt ein wirkliches Ausmalen jener wichtigsten Glieder zusammen: ein Gott erhält nun viele Hände, ein anderer ein leuchtendes Gesicht, ein dritter riesenschnelle Füße. — Es ist der Standpunkt, auf dem der Rigveda sich fast durchweg befindet: die Götter werden durch Attribute und Epitheta individualisiert, ohne daß doch ein anschauliches Gesamtbild entstände; denn die Glieder, die der Gott sozusagen für seinen Beruf nicht braucht, werden gänzlich ignoriert. Wer wird etwa von Freys Augen sprechen? wohl aber spricht man von denen Odins.

Diese zweite Stufe der dichterischen Darstellung wird zeitlich etwa mit der ersten plastischen zusammenfallen, die ebenfalls an den »Götzen« lediglich betont, was ihr Wesen unmittelbar ausspricht: den Phallus des Fruchtbarkeitsgottes, die Brüste der Erdgöttin.

3. Die Darstellung wird endlich ikonisch: man bildet sich eine wirkliche Gesamtanschauung von der Erscheinung, wobei die bereits vorhandenen symbolischen Götterfiguren als Anhalt dienen, gewiß aber auch Visionen eifriger Beter mitgewirkt haben. In diesem Sinn durfte man sagen, daß Homer die griechischen Götter geschaffen habe — nämlich die des Phidias. Ein Homervers war ja die Vorzeichnung für den olympischen Zeus.

Die Götter der Edda zeigen die Entwicklung von der zweiten zur dritten Stufe; doch halten sie sich überwiegend auf der ersten. Je stärker der Kult, desto eher wird volle Verpersönlichung erreicht. Balder bleibt äußerlich eine blasse Idealgestalt, Frey ist schon etwas deutlicher; Odin, Thor, auch Heimdall aber haben den Dichtern völlig greifbar vor Augen gestanden mit ihrer Ausrüstung, mit dem gütigen oder grollenden Blick des Gesichts, mit Gesten und Stimmklang. Eine Plastik und Individualität der Darstellung wie die Thrymskvida, ja wie die Skirnisför sie zeigt, hat die altgermanische Kunst nicht von ferne erreicht. So finden wir denn auch eine Einwirkung der Plastik auf die Mythendichtung nur in späten, nacheddischen Legenden[1]). — Wichtig für die Ausbildung dieser Stufe war die Mitwirkung der Heldendichtung (Völundarkvida!), bei der wiederum die reale Beobachtung von tapferen Helden, treulosen Ratgebern, edlen Königen die Evolution erleichterte. —

---

[1]) Widar und der Fenriswolf, auch noch anders gedeutet von Olrik H. Z. 51, 9; Sifs Haare; Einzelheiten in Skadis Erscheinung; Yggdrasill.

## § 24. Tempel und Kultstätten. 433

Von unmittelbarer Wichtigkeit aber ist für die Entwicklung der Götterbilder natürlich die der hieratischen Plastik[1]). Wir unterscheiden die gleichen drei Stufen, die durch die psychologische Entwicklung gefordert scheinen: symbolisch sind die fetischartigen »Götzen« der fetischistischen und dämonistischen Stufe: Wodans Speer, Thors Hammer, Tius Schwert[2]); die *effigies* und *signa* des Tacitus[3]): Tierbilder. Sie scheinen nach Einführung der Bilder nur noch dann eine wirkliche Verehrung zu genießen, wenn sie (wie die Lanze des Mars auf dem Kapitol) durch unmittelbare Epiphanie historisch beglaubigt sind. — In die gleiche Kategorie gehört wohl auch das älteste erhaltene Kultbild: der Sonnenwagen von Trundholm[4]), der bereits fremden Import bezeugt. Es ist ein »leerer Thron«: der Phantasie bleibt es überlassen, die Gottheit hinzuzudenken.

Typisch sind Stein- und Holzpfähle, zum Teil ursprüngliche Fetische; sie werden leicht angeschmückt und mit Attributen versehen. So fährt in der zweiten Hälfte des 4. Jahrhunderts Athanarich eine Bildsäule *(trémadr)* bei den Goten umher, vor der geopfert werden soll[5]), und diesen Bericht ergänzt der des Arabers Ibn Fadhlan, der 921 von den Nordgermanen erzählt: sobald sie ans Land kommen, begeben sie sich »zu einem aufgerichteten hohen Holze, das wie ein menschliches Gesicht hat und von kleinen Statuen umgeben ist (wie die Figur der Thorgerd im Drontheimischen Tempel), hinter welchen sich noch andere hohe Hölzer aufgerichtet finden«. Vor den »Hölzern« werfen sie sich nieder und begrüßen »ihren Herrn«[6]). — Eine solche Figur ist bei Viborg aufgefunden worden: »eine hohe, stark phallische Holzfigur, die zweifellos ein Götterbild (des Frey) gewesen ist. Sie hat einen sorgfältig geschnitzten Kopf, aber keine Arme und endet unten in zwei zugespitzten Stücken«[7]). — Das ist also die Stufe auch der ältesten hellenischen Kultbilder, aus denen die Form der Herme entwickelt wurde[8]).

Ikonische Statuen hätten die Germanen unter Anleitung ihrer Dichter wohl auch von sich aus erreicht, so gut wie etwa die Azteken; tatsächlich hat man aber in den nordischen Mooren römische Bronzestatuetten von Mars, Jupiter und Venus gefunden[9]) und nimmt deshalb an, die Germanen

---

[1] Vgl. allgemein Weinhold, Altn. Leben, S. 421.
[2] Golther S. 602.
[3] Germ. cap. 7; siehe o. S. 70.
[4] Siehe o. S. 105; vgl. Arch. f. Rel.-Wissensch. 8, 120.
[5] Golther S. 604.
[6] Mogk S. 398, O. Schrader a. a. O.
[7] Thümmel S. 99.
[8] Vgl. o. S. 50. 69. Solch ein Götzenbild ist wohl der *trémadr*, die moosbewachsene Rolandfigur, die der alte Dichter eine Ansprache halten läßt (Eddica minora S. LXXXII).
[9] Meyer S. 318.

hätten erst von den Römern die »Sitte der eigentlichen Götter in Menschengestalt« erhalten [1]).

Solche ikonischen Bilder, d. h. Statuen, die ein Götterporträt zu geben suchen, sind vielfach bezeugt [2]) und von uns für die »Erscheinung« der Götter regelmäßig benutzt: in Uppsala Thor zwischen Odin und Frey, in Hof und Hofstadir (Island) Thor mit anderen Göttern, auf dem Tempel in Gudbrandsdal Thor auf seinem Wagen zwischen Thorgerd und Irpa, in Hrafnkells Tempel Frey und andere Götter — oft, wie in den *santi conversazioni* der katholischen Kirchen, in jener typischen Anordnung einer Hauptfigur mit zwei kleineren Begleitern [3]).

Über die Herstellung der Götterbilder wissen wir nichts. (Bei den Finnen werden sie durch die Schamanen auf göttlichen Befehl angefertigt) [4]). Man wird sie erst bezogen haben (wie vielleicht die Bildsäule der Skadi); dann haben die einheimischen Schmiede sie hergestellt. Die Anfertigung eines Tonmodells schildert Snorri [5]), wenn er die Herstellung des Lehmriesen Mökkurkalfi beschreibt; neben ihm steht Hrungnir wie eine fertige Bildsäule mit hartem Kern, steinernem Kopf und vorgehaltenem Schild — etwa wie unsere Rolandsfiguren. Auch bei der in Stein als Hafenzeichen verwandelten Hrimgerd [6]) haben wohl Statuen wie die der Wetterhexe Thorgerd der Anschauung nachgeholfen. —

Über das Verhältnis von Tempel und Götterbild ist wohl im allgemeinen [7]) zu sagen, daß der Tempelbau voranging. Die freistehende Götterstatue wird sich erst im Anschluß an die Götterbilder entwickelt haben, die gleichsam als Hausmarke in die Säulen geschnitzt waren. Doch kann auch hin und wieder eine Statue unter Dach und Fach gebracht sein.

Sobald sich die Gewohnheit des Kultbildes herausgebildet hat, wird das Götterbild die Seele des Tempels. Eh Vigahrappr den Tempel der Thorgerd in Brand steckt, beraubt er die Götterbilder ihrer Attribute [8]) — wohl nicht bloßer Tempelraub, sondern zunächst der Versuch, die Kultfigur ihrer Heiligkeit zu entkleiden und dadurch die Weihe auch des Hauses aufzuheben. — Ursprünglich repräsentiert das Götterbild natürlich den Gott, der nunmehr in seinem Hause dauernd anwesend ist. Das Tempelbild wiederum wird [9]) durch kleinere Nachbildungen vertreten, wie ein wundertätiges Marienbild; und solche symbolischen Götterbilder werden auch auf den Säulen des Privathauses, der Stuhllehne, dem Vordersteven des Schiffes angebracht. Kleine Bilder von Ton und Teig trägt man als

---

[1]) Thümmel S. 122.  [2]) Golther S. 604.
[3]) Vgl. Dibelius, Lade Jehovas, S. 84: »glorifizierendes symmetrisches Schema«.
[4]) Castrén S. 229.   [5]) Skáldsk. cap. 1: Gering S. 359.
[6]) Helg. Hjörv. Str. 30.   [7]) Mit Thümmel S. 122.
[8]) Golther S. 483.   [9]) Mogk S. 398.

Amulette und »Reisealtäre« in der Tasche. Es ist nicht undenkbar, daß in einigen der vielen Götterbeinamen alte lokale Bezeichnungen stecken, so daß man ein besonders wundertätiges Götterbild nachformte. — Wie die symbolischen Opfer werden auch diese Göttersymbole aus Teig und Thon gefertigt. Schließlich werden ganze Darstellungen der Göttersage, wie schon früher aus der Heldensage[1]), geformt: Ulf Uggason dichtet nach 950 seine Húsdrapa auf den Fries im Hause des Olafr pá, das Balders Beerdigung darstellte. Eine andere Kollektivdarstellung hat vermutlich das Vorbild für Yggdrasil mit Zubehör gegeben. Die Götterbilder werden gekleidet und geschmückt[2]). Zuletzt entartet der Bilderdienst: die Götzen tun Wunder[3]). »Dem Thorsbilde zu Hunthorp in Norwegen setzte man Speise vor und meinte, daß es sie verzehre. Vom Thorsbild zu Raudsey meinte man, es gehe spazieren[4]) und lasse sich auf einen Kampf mit dem christlichen König ein.« Solche Verwechselung von Gott und Götterbild macht es dann (wie bei den Baalspriestern vor Elisa) begreiflich, daß die straflose Zerstörung von Götterbildern durch die christlichen Ikonoklasten sofort von der Schwäche der Götter überzeugte.

## § 25. Priester und Priestertum[5]).

Gab es schon bei den Indogermanen Priester? O. Schrader[6]) kommt mit Entschiedenheit zu dem Schluß, daß sie in der Urzeit »noch keine gottesdienstlichen Personen« kannten; ja auch in historischer Zeit noch weder die Slaven, noch die Germanen[7]). Diese haben aber zur Zeit des Tacitus schon Priester und Priesterinnen.

Ein Priesterstand scheint sich auf zwei Wege zu entwickeln: erstens aus den Zauberern, worauf die Verwandtschaft vom altindischen *brahman* und lateinisch *flamen* gedeutet wird[8]); zweitens durch Erblichkeit in »heiligen Familien«, wie in Indien, Hellas, Israel[9]). In beiden

[1]) Vgl. Säve, Siegfriedsbilder im Norden, Hamburg 1870.
[2]) Golther S. 606. Vgl. allgemein z. B. Weinreich a. a. O. S. 45. — Chinesische Götterbilder von deren Seelen bewohnt: de Groot, Kultur der Gegenwart, S. 168. 175.
[3]) Ebd.
[4]) Wie die des Petichos; vgl. Weinreich a. a. O. S. 138.
[5]) Ritterling, Historisches Taschenbuch 7, 195. — Mogk S. 399, Golther S. 612, Meyer S. 295.
[6]) Reallexikon 2, 639; vgl. Aryan Religion S. 42f.
[7]) Nach Caesar B. Gall. 6, 21: *neque druidos habent, qui rebus divinis praesint, neque sacrificiis student,* »sie haben keine Druiden zur Leitung des Gottesdienstes und legen keinen sonderlichen Wert auf Opfer«, was aber im Gegensatz zu den keltischen Zuständen gesagt ist (Ebd.).
[8]) Schrader S. 637.
[9]) Die Leviten; vgl. ebd. S. 640; Schrader, Aryan Religion, a. a. O.

Fällen ist ein intimes Verhältnis zu bestimmten Gottheiten vorauszusetzen. Der Patron, der Hausgeist wird Stammgott und seine Verehrer bleiben die geeignetsten Persönlichkeiten für den Verkehr zwischen ihm und den Menschen. So hätte etwa Thorgerd eine Lokalgottheit werden und der Kult der Familie Hákons anvertraut werden können.

In der Regel gilt wohl beides nebeneinander; so bei den Israeliten die erblichen Leviten, Nachkommen des runenkundigen Urzauberers Mose, im Besitz der Tora und daher im Amt des *êwarto*, des *âsega*[1]), und die Kohanim, besoldete Priester im Besitz der Wahrsagekunst der Loosorakel[2]). Die Druiden sind wesentlich Zauberer; die ägyptischen Priester, zuerst nur Beamte des Königs[3]) bilden später einen erblichen Stand[4]).

Urgermanisch haben wir bereits sowohl Wahl- als Berufspriester. Die Könige, Häuptlinge, Familienväter opfern; oder die Besitzer der Tempelstätte *(*althochdeutsch *harugari)*. Solange sie ein heiliges Werk vollziehen, sind sie geweihte Personen. — Daß der «Priesterkönig« als Inkarnation der Gottheit gegolten habe[5]), scheint nicht beweisbar. Tempelpriester sind bei Nerthus bezeugt, eine Priesterin bei den Cimbern[6]). Es gibt aber auch Staatspriester (oder sind einfach die Tempelpriester hierfür verwandt?): *sacerdotes civitatis*, die den öffentlichen Gottesdienst leiten, das Losen in die Hand nehmen, Schweigen gebieten und während des Things (und wohl auch während des Gottesdienstes) Strafgewalt (im Namen der Götter) haben[7]).

Was die Benennung betrifft[8]), so heißt der burgundische Opferpriester *sinisto*, πρεςβύτερος »der Älteste«. Gotisch *gudja*, altnordisch *godi* bedeutet »Gottesdiener«; gotisch *blostreis*, althochdeutsch *pluostrari* »Opferer«; althochdeutsch *harugari, parawari* Tempelhüter[9]); als Verkündiger der heiligen Gesetze *êwarto, êsago*. Auch der isländische Gode hat ganz spezielle Funktion: aus dem dänisch-norwegischen Priester ist der opfernde Tempelbesitzer auf Island geworden.

Der Stand ist lange dem Adel reserviert[10]), wie bei Athenern und Römern vielfach. Im Norden leiten wohl die Herrscher selbst das Opfer[11]) und degradieren den Priester zum Küster.

---

[1]) Ed. Meyer, Berl. Sitzungsber. 1905 XXXI. S. 10.
[2]) Ebd. S. 9; anders Giesebrecht, Israel. Rel.-Gesch., S. 116.
[3]) Erman, Kultur d. Gegenwart, S. 32.
[4]) Erman, Ägypt. Rel., S. 181. — Indische mythische Priestergeschlechter vgl. Macdonell S. 143f., allgemein vgl. O. Schrader
[5]) Mogk, Sammlung Göschen 15, 110.
[6]) Siehe o. S. 411.    [7]) Germ. cap. 11.
[8]) Golther S. 614.
[9]) Vgl. die *cultores templi* der Sandraudiga; siehe o. S. 401.
[10]) Golther S. 617f.
[11]) Ebd. S. 619.

## § 25. Priester und Priestertum.

Während bei den Indern[1]) eine Frau nicht opfern darf, treffen wir bei den Germanen früh Priesterinnen[2]): eine Opferpriesterin bei den Cimbern; später hat Frey nur Priesterinnen[3]). Das ursprüngliche Verhältnis war wohl dies, daß den Göttern Priester, den Göttinnen Priesterinnen (wie die Vestalinnen) dienten. — Die Frau gilt ja bei den Germanen von Haus aus für geweiht[4]). Sie erlosen den Schlachtausgang[5]) und entarten leicht zu Zauberinnen[6]). Ihre Hauptaufgabe ist die Wahrsagung, wie sie unter den Brukteren zu Vespasians Zeit Veleda übt. Tacitus nennt[7]) noch die Albrûna, was leicht ein Amtsname (wie Pharao) sein könnte[8]). Die Priesterin hat wohl gewöhnlich nur das Amt ohne die Gewalt. Im Norden gibt es aber auch weibliche Goden, Tempelpflegerinnen[9]).

Als Tracht[10]) ist für die Priesterin der Cimbern wie für den gotischen Priester ein weißes Gewand bezeugt. Der Priester der Nahanarvalen trägt weibliche Haartracht. Die gotischen Priester sind *pileati*[11]): sie tragen wenigstens während der Opferhandlung den spitzen Hut — in Nachahmung Odins? Eine Annäherung der priesterlichen Tracht an die Ausrüstung der Götter läßt sich öfters beobachten (Brustschild des hebräischen Hohepriesters und Ägis, Sonnenschild?). Als Abzeichen oder Amtszeichen tragen sie[12]) vielleicht den Eidring am Arm[13]).

Den angelsächsischen Priestern war es verboten, Waffen zu tragen und anders als auf einer Stute zu reiten[14]). Ähnliche sondernde Verbote treffen wir vielfach, so bei den Ägyptern (sie dürfen keine Fische essen, Bohnen nicht einmal sehen)[15]), bei den Hebräern (sie müssen die Sitte der Nomaden archaisierend nachahmen)[16]). Der spezielle Sinn des angelsächsischen Verbotes ist offenbar, die Entfernung des Priesters vom Kriegs-

---

[1]) Siehe o. S. 411, 6.
[2]) Mogk S. 900, Golther S. 620, Meyer S. 307.
[3]) Vgl. o. S. 207.     [4]) Germ. cap. 8.
[5]) Bell. Gall. 1, 57.     [6]) Golther S. 620.
[7]) Germ. cap. 8. — S. Cassel, Prophetinnen und Zauberinnen mit Bezeichnung auf d. deutsche Altertum, Weimar. Jb. 2, 357f.
[8]) Andere Beispiele bei Golther S. 621.
[9]) Ebd. S. 622.
[10]) Golther S. 617, Meyer S. 301.
[11]) Vgl. o. S. 407.
[12]) Golther S. 618, Meyer S. 302.
[13]) Die ägyptischen Priester, im Altertum die Priester *par excellence*, tragen leinenes Kleid und geschorenen Kopf (Erman, Ägypt. Rel., S. 74. 222); ihr Ornat ist durch zwei charakteristische Tendenzen bestimmt: Reinlichkeit und Altertümlichkeit (ebd. S. 181).
[14]) Beda; vgl. Golther S. 618.
[15]) Erman, Ägypt. Rel., S. 181.
[16]) Vgl. Ed. Meyer a. a. O.

handwerk zu illustrieren, die allerdings den früheren Germanen und den nordischen auch später noch fern lag. Nur um die Ohnmacht der Heidengötter seinem König Edwin recht augenscheinlich zu beweisen, sprengte der schon für das Christentum gewonnene Oberpriester auf dem Streithengst des Königs gegen den heidnischen Tempel und schleuderte einen Speer durch den Zaun ins Heiligtum[1]).

Die Priester haben auch ihre **Nebentätigkeit**: sie haben amtlich die Weissagung beim öffentlichen Opfer sowie das feierliche Losen zu leiten[2]). Ebenso liegt das Gottesurteil in ihrer Hand; doch kann ein Fürst auch hier priesterliche Funktion ausüben[3]). Natürlich üben sie privatim gern Weissagerei und Zauber, vorab Beschwörung[4]).

Sie haben die **kultische Tradition** zu erhalten. Diesem Zweck dient natürlich vor allem die mündliche Unterweisung; aber auch die Herstellung und Überlieferung von Denkversen (mit Götternamen, Götterbeschreibungen u. dgl.), von ritualen Sprüchen und Gesängen. Wie bei vielen Völkern geschieht dieser Unterricht gern in katechetischer Form, d. h. durch Abfragen[5]); Nachbildungen dieser Übung sind Gedichte wie Vaf. und Alv. (Die Heldensage mit einem Lied wie der Gripisspá ist hier sekundär.)

Aus dieser Tätigkeit wie ihrer sonstigen Praxis werden sie aber auch die ersten Pfleger der Wissenschaft[6]), wie bei den Indogermanen überhaupt[7]). Insbesondere die poetische Form schult sich an der festen Form des Ritus; heroische Denkverse folgen den mythologischen[8]). Das Zauberlied[9]) gehört aber wohl mehr den eigentlichen Zauberern, Gnomik und Rätsellied[10]), Sprüche[11]) den Erfahrenen überhaupt. Spezifisch eignet ihnen dagegen[12]) die Rechtsüberlieferung[13]). —

Bei Völkern, die auf Opfer mehr Wert legen als die Germanen[14]), pflegt auch der **Ritus selbst Gegenstand der Mythologie** zu werden. Götter haben ein Opfer eingesetzt, eine Ritualhandlung vorgeschrieben usw.

---

[1]) E. H. Meyer S. 302; vgl. Völ. Str. 24.
[2]) Schon in Taciteischer Zeit; Mogk S. 400, Golther S. 631, Meyer S. 303. 306. Über das Verfahren im einzelnen vgl. Müllenhoff und v. Liliencron, Zur Runenlehre, Braunschweig 1852.
[3]) Gud. 3, 7, spät; christliche Einführung des Gottesurteils durch Olaf den Heiligen, gest. 1030 (Gering z. St.).
[4]) Mogk S. 405, Golther S. 641.
[5]) Vgl. allgemein Meyer S. 303.
[6]) Golther S. 622.
[7]) Ed. Meyer, Gesch. d. Altertums 1, 2 S. 779f.
[8]) Vgl. allgemein Golther S. 623.
[9]) Ebd. S. 621.   [10]) S. 626.   [11] S. 628.
[12]) Wie den Leviten; siehe o.
[13]) Golther S. 624.
[14]) Nach dem römischen Zeugnis S. 435, 7; vgl. auch o. S. 411.

## § 25. Priester und Priestertum.

Wie die Kulthandlung einer einmaligen Gelegenheit entspringen kann, so wird sie von der Sage[1]) gern wieder in einen einmaligen Vorgang umgesetzt[2]). Die göttliche Handlung (z. B. die Heilung von Balders Roß durch Odin) wird wiederholt, das Götterbild episch in Bewegung gesetzt (Ankunft und Umzug der Nerthus; Werbung der Alces?) unter begleitendem Gesang und ritueller Handlung[3]).

Solche Umwandlungen, Mythisierungen des Ritus, haben wir also auch bei den Germanen; hat doch Kauffmann die ganze Baldersage so zu deuten versucht und wir wenigstens die Sagen von Skadis Bräutigamschau und erstem Lachen. Die höhere Stufe der Kultsage aber, die Mythisierung von Opfer und Priester, haben die Germanen nicht erreicht. Sie haben keine göttliche Einsetzung von Opfern oder Kultstätten, wie etwa die des Delphischen Orakels durch Apollon selbst[4]); unter den Göttern gibt es einen Wächter (Heimdall) und spät auch einen Sänger (Bragi), aber keinen Priester wie Brihaspati[5]). Die Götter schaffen Altäre und bauen Tempel[6]) — aber sie setzen keinen Priester ein, und an einen bestimmten irdischen Tempel ist nicht zu denken. Schon deshalb ist Kauffmanns geistreicher Einfall, daß die Götter selbst den Balder opfern, zu verwerfen: nirgends vollziehen die germanischen Götter selbst rituelle Handlungen wie etwa der büßende Apollo[7]) oder der im Opferdienst und den Riten erfahrene Agni[8]). Im Veda sind Priester- und Kultsagen sehr häufig[9]).

Die Stellung der Priester in der alten Dichtung ist ja überhaupt besonders wichtig. In den Runen des Kalewala begegnen nur Schamanen; in der altgermanischen Poesie nicht ganz selten Zauberer[10]) und Hexen (wie

---

[1]) Vgl. o. S. 45.
[2]) Vgl. allgemein Usener, Heilige Handlung, Arch. f. Rel.-Wissensch. 7, 281.
[3]) So bei der Wasserweihe Usener S. 197. Die *caterva* führt den Kampf zwischen Sommer und Winter auf S. 313; Ilions Fall als Brechen der Regenburgen S. 338; die Aegisdrecka als dramatische Vorführung von Lokis letzter Herausforderung. Oder der (vermeinte) einmalige Vorgang wird als Ursache eines Gedenkfestes aufgefaßt (Purimfest und Buch Esther).
[4]) Preller 1, 285; allgemein vgl. Wundt S. 297.
[5]) Macdonell S. 101.
[6]) Völ. Str. 7. Ebs. Jesaia 28, 16 (vgl. H. Schmidt, Jona, Göttingen 1907, S. 88).
[7]) Preller 1, 287.    [8]) Macdonell S. 97.
[9]) Ebd. S. 138f. — Es ist Zeit, daß man den überreich fließenden Vergleichungen auch solche Kontraste gegenüberstellt. Wie für die Lexikologie ein »negatives Wörterbuch« gefordert wird (vgl. z. B. Teuchert, Anz. f. d. Alt. 1909; 26, 36), d. h. ein Verzeichnis der fehlenden Ausdrücke, so muß die Mythologie einen Fehlkatalog haben; wir haben auf dessen erstmalige Aufstellung besondere Aufmerksamkeit verwandt.
[10]) Wie Jarl Franmar Helg. Hjörv. zu Str. 5.

Hrímgerd)[1], aber nirgends Priester, nicht einmal bei dem Gottesurteil der Gud. III; in der homerischen Dichtung opfernde, wahrsagende Priester (Kalchas), beschwörende Priester (Chryses), aber keine Zauberer. Neben den Priestern und Zauberern gibt es vielfach noch eine dritte Klasse von Menschen, die zu den Göttern in näherer Beziehung stehen: die »Heiligen«, d. h. Persönlichkeiten, die um ihrer Vortrefflichkeit willen Lieblinge der Götter oder zumeist Einer Gottheit sind, die ihnen gern etwas zu liebe tut[2]. Dieser Art nähern sich nach Tacitus Zeugnis die Frauen bei den Germanen überhaupt; aber mit auszeichnender, individueller Begabung, wie sie etwa Tantalus vor dem Sturz genoß, scheinen solche Persönlichkeiten bei den Germanen so wenig wie im Alten Testament[3] bekannt zu sein. Doch ist immerhin, wie für dies an die Himmelfahrt des Henoch, an die angebliche Apotheose von König Erich in Schweden und an Thorolf auf Island[4] zu erinnern. Die Kanonisation wird nur bei Lebenden vermieden. — Zu den analogen Gestalten, die Preller[5] »Heroen der Kunst« nennt, Träger von den Kultsagen vergleichbaren Legenden über die Anfänge von Wahrsagekunst, Gesang, bildender Kunst kann ebenfalls nur auf den späten Bragi verwiesen werden.

[1] Ebd. Str. 12 f.
[2] Die Vorstellung ist gewiß schon ethisch angefärbt; doch nicht so, daß jeder Götterliebling ein Mustermensch im Sinne jüdischer oder christlicher Heiligkeit sein müßte; vgl. Duhm, Die Gottgeweihten in d. Alttestamentlichen Religion, Tübingen 1905. Es genügt eine gewisse Verwandtschaft mit dem Wesen des Gottes, die etwas von seiner Art mitteilt. — Etwas ganz anderes ist jene Günstlingschaft, bei der der Gott unmittelbar selbst hilfreich erscheint, wie Odin bei seinen Lieblingen.
[3] Delehaye, Sanctus, S. 162.
[4] Golther S. 94; vgl. o. S. 91.    [5] 2, 470 f.

# Sechstes Kapitel.

## Weltanschauung.

Das Leben im Tempel vertritt überall (wie für den Katholiken das Leben im Kloster) das Ideal, ja es stellt dessen Realisierung dar: ein gesicherter Frieden, unmittelbarer Verkehr mit Gott, Zusammenschluß der Gemeinde, Fernhalten aller Störung. Aber jede Opferhandlung, ja jeder mythologische Gedanke erinnert an die Realität, an persönliche Forderungen, menschliche Leiden, Gegensätze, Freundschaften. Das Bewußtsein dieser nie endenden Bedürfnisse, Nöte und Hoffnungen liegt hinter aller Mythologie; es bewirkt so gut die Vorstellung von bösen und guten Mächten wie den phantastischen Wahn eines letzten durch Kampf zum Sieg, *per aspera ad astra* führenden Krieges — ein Gedanke, der sich in dem Namen »Siegfried« kondensiert.

Aus der steten Berührung zwischen diesem Bewußtsein und diesen Wünschen erwächst schließlich die ganze Mythologie. Sie setzt höhere Mächte voraus, die große Kraft und starken Eigenwillen besitzen; auf die man einwirken kann, und zwar durch bestimmte Mittel; die aber sonst nach eigenem Belieben regieren. Die Mythologie, jede Mythologie ist **Ausdruck einer Weltanschauung** so gut wie irgendeine spätere Religion oder Philosophie.

Wir müssen aber auch nach dem selbständigen Gehalt dieser Anschauung fragen, der unkontrolliert von jedem übernommen wird oder in ihren Veränderungen Veränderungen auch der Riten (z. B. Abschaffung der Menschenopfer) und Mythen (z. B. Humanisierung der Götter) bewirkte.

Die Weltanschauung der alten Germanen können wir nur für die Nordleute einigermaßen rekonstruieren, da anderweitig das Material zu spärlich oder zu zweifelhaft ist. Sie zeigt sich in zwei Hauptformen: 1. historisch, vertikal in der Geschichte der Welt (Kosmogenie und Eschatologie), 2. empirisch, horizontal in der Kosmologie [1].

---

[1] Von den isländischen Sagas aus hat V. Grönbech (Lykkemand og Niding Köbenhavn 1909; etwa:»Liebling und Feind der Götter«: man denke an Ibsens Kronprätendenten) die Weltanschauung der alten Germanen aufzubauen unter-

## § 26. Geschichte der Welt.

Was wir »Weltgeschichte« nennen, ist auch bei der umfassendsten Interpretation höchstens eine Geschichte der Menschheit; eine Geschichte der Welt aber, wie sie etwa Bossuet oder gar Görres geben wollte, eine Geschichte der großen Momente im Leben der Welt (wobei gerade die historischen Zeiten zurücktreten) entwirft die altnordische Völuspá[1]).

Vor allem um dies Gedicht handelt es sich bei dem Kampf um die »Echtheit der Eddalieder«, der seinerzeit besonders zwischen dem Dänen Bang und dem Norweger Bugge auf der einen, Müllenhoff auf der andern Seite mit der Heftigkeit einer Götterschlacht durchgefochten wurde, wobei freilich Müllenhoffs »Asenzorn« allzu leicht von wissenschaftlicher in moralische Verwerfung überschlug und der Bedeutung eines Sophus Bugge mit einem an kleinen Nibelungen-Gegnern geübten Überlegenheitsgefühl verletzend begegnete. Im wesentlichen hat Müllenhoffs Anschauung wohl unbedingt gesiegt. Die schönste Charakteristik vom heutigen Standpunkt gibt Olrik[2]).

Der Dichter der Völuspa war ein grübelnder und suchender Geist, der seine Entwicklung der gärenden Wikingerzeit verdankt. Er hat versucht, das Problem zu lösen, wie die ererbte Mythenwelt mit den neuen Gedanken sich vereinen ließe. Er schuf ein Werk voll Schönheit, Begeisterung, Tiefsinn. Es ist nicht ein Versuch, die Asenlehre zu verteidigen, und auch nicht ein Versuch, christliche Wahrheiten in heidnische Tracht zu kleiden. Es ist die selbständige Arbeit einer ernsten Natur, die den innersten Zusammenhang des Daseins erfassen wollte.

»Der Dichter der Völuspá«, sagt Olrik an anderer Stelle[3]), »hat wirklich auf dem Standpunkt gestanden, von dem er die Welt der Asen überschauen konnte[4].«

nommen. (Edv. Lehmann hatte die Freundlichkeit, mich auf das Werk aufmerksam zu machen). Es handelt sich in Band I. besonders um das Verhältnis des Einzelnen zur Gesellschaft (Frieden und Ehre) und zum Schicksal (Glück, d. h. Übereinstimmung zwischen Charakter und Leben); vgl. bes. S. 123 f. über die fast Schopenhauerische Lehre von der Bedingtheit des Schicksals.

[1]) Andreas Heusler, Völo spó, übersetzt und erläutert Berlin 1887; E. H. Meyer, Die Völuspá, Berlin 1889; F. Detter, Völuspá, her. und erklärt Wiener Sitzungsber. CXL, V, Wien 1899. — Man setzt sie zumeist ins 10. Jahrhundert: Hoffory nach 950, Finnur Jónsson ins 9—10. Jahrhundert: Oldnord. Lit. Hist. S. 133. — Für die Analyse des großen Gedichts tat das Wichtigste Müllenhoff, D. Altertumskunde 5, 4 f; ergänzend Hoffory, Eddastudien, S. 17 f.

[2]) Nord. Geistesleben S. 102.

[3]) a. a. O. S. 98.

[4]) Boer (Ztschr. f. d. Phil. 36, 289) hat den Dichter natürlich in zwei Teile gespalten (vgl. S. 357); aber seine — hiermit nicht zusammenfallende — Einteilung nach Strophen, in denen in erster oder dritter Person erzählt wird (S. 325), ist ein rechtes Beispiel äußerlicher »höherer Kritik«.

## § 26. Geschichte der Welt.

Das Gedicht genoß bei der Nachwelt kanonisches Ansehen[1]) und wurde in der Edda an den ersten Platz gestellt. Eben deshalb ist ihm, wie ich mit Vielen[2]) annehme, eine eigentümliche Auszeichnung widerfahren: der christliche Sammler empfand die Macht dieses heidnischen Bekenntnisses so stark, daß er durch einen christlichen Schluß ihm die Spitze abbrechen zu müssen glaubte. Bei einem kryptochristlichen Gedicht, wie Bugge und E. H. Meyer es aus Reminiszensen aufbauen, die ein so einheitliches Werk nie hätten ergeben können, wäre diese Verwahrung überflüssig gewesen.

Das Gedicht ist also die Tat eines Einzelnen, und wir dürfen es nicht ohne weiteres als nationales Zeugnis in Anspruch nehmen. Aber nur die Durchdringung der gesamten Weltentwicklung, die individuelle »Bearbeitung der Welt« (im Sinn der deutschen Naturphilosophen) gehört dem Dichter allein. Der allgemeine Glaube kannte schwerlich die Verknüpfung von Anfang und Ende, sondern nur beides für sich. Zwischen den beiden Polen stand ohne besondere Würdigung die Gegenwart, d. h. die ganze Weltgeschichte in unserem Sinne: fängt doch jenseits der dritten Generation für den Primitiven die mythische Zeit an[3]).

Wir werden also annehmen müssen, daß in bezug auf jene beiden Hauptmomente; Schöpfung und Weltuntergang (oder, vom Standpunkte mindestens des Gedichtes, besser: Schöpfung der ersten und der zweiten Welt) der Dichter sich wesentlich rezeptiv verhält. Dies bestätigt sich auch bei näherer Prüfung; doch nur in dem Sinne, daß er unter verschiedenen vorhandenen Mythen teils die ihm am meisten zusagende wählt (bei der Kosmogonie), teils einen Zusammenhang kombinatorisch herstellt (bei der Eschatologie). In beiden Fällen aber hat er wirklich ältestes Gut geborgen, zum Teil direkt eingearbeitet (wie die vielleicht schon in indogermanischer Zeit geformten Verse vom Chaos), zum Teil eigenartig verwandt (wie vermutlich den als Kehrreim benutzten Vers von dem bellenden Hunde Garm). — Die Frage endlich, wie weit er auch bei seiner eigentlichen Tat, der Zusammenfügung beider Mythen zu einer pragmatischen Biographie der Welt, sich auf ältere Anschauungen oder Vorarbeiten stützen konnte, werden wir am Schluß dieser Darstellung zu erörtern haben.

Es ist hier noch besonders daran zu erinnern, daß wir vom mythologischen Standpunkt zu interpretieren haben, nicht vom literarhistorischen. Sichere Interpolationen haben wir natürlich auszuscheiden, im übrigen aber das Gedicht im Wesentlichen als Einheit zu behandeln.

---

[1]) Vgl. Olrik S. 102.
[2]) Gegen Hoffory S. 119.
[3]) Wie erinnern an die jungen Gebilde der drei Nornen: siehe o. S. 154.

Von jenen beiden Motiven oder Motivkreisen nun ist der Weltuntergang das *prius*: was aus ihnen werden wird, interessiert die Leute immer mehr, als wie sie geworden sind. Die rückwärts schauende Prophetie ist erst ein später Urenkel der vorausschauenden. Dies gilt überall in so starkem Maße, daß vielfach die Weltschöpfung nach dem Muster des Weltuntergangs geformt ist¹); doch kommt vereinzelt auch das Gegenteil vor. — Allerdings kennen viele Mythologien und Religionen (z. B. die der Bibel) wohl die Schöpfung, aber nicht den Weltuntergang; aber das liegt, glaube ich, daran, daß sie den ursprünglichen Weltuntergangsbericht, die Sintflut, schon historisiert und sozusagen in den geschichtlichen Verlauf eingeschluckt haben. Dies aber ist eine persönliche Ketzerei.

### Die Lehre vom Weltuntergang²).

Es gab eine urgermanische Lehre vom einstmaligen Untergang der Welt, wie in vielen primitiven Mythologien (wenn nicht in allen). Ihre Urform war wahrscheinlich die vom **Verbrennen** der Erde (wie im entscheidenden Augenblick der Gigantomachie) ³), jedenfalls aber irgendeiner elementaren Zerstörung der Erde. Eben das bedeutet wohl doch *mudspello*, *muspilli* — nach Olrik ein ursprünglich christlicher Ausdruck, der aus Deutschland in den Norden *(muspell)* übernommen sei. — Wärme erscheint als Bedingung des Lebens⁴); der Untergang des Lebens wird also entweder durch Überhitze oder durch Kälte herbeigeführt — zwei Möglichkeiten, die noch die physikalische Eschatologie unserer Tage erwägt⁵).˙

---

¹) **Frobenius**, Weltanschauung der Naturvölker, Weimar 1898, S. 358: »eine primitive Schöpfungsmythe (sic.) gibt es nicht«.
²) **Mogk** S. 381, **Golther** S. 531, **Meyer** S. 456f. (der alles für Nachbildung christlicher Mythen hält, wie gemäßigter auch **Chantepie** S. 202. 353); vgl. **Meyer** S. 501. Epochemachend für unser Verständnis der eddischen Berichte **Olrik**, Om Ragnarok, Kopenhagen 1902 (kritische Referate von **Ranisch**. Ztschr. d. Ver. f. Volksk. 1904 S. 457; **Golther**, Lit.-Bl. f. germ.-rom. Phil. 1904 S. 59; **Much**, Anz. f. d. Alt. 49 (1908) S. 153f.; **Kahle**, Arch. f. Rel.-Wissensch. 8, 431f. 9, 61f.). — Zeugnisse: zweifelhaft das althochdeutsche Gedicht Muspilli (MSD. N. I. III.), reinchristlich auch nach der sorgfältigen Untersuchung von G. **Grau**, Quellen u. Verwandtschaften d. älteren germ. Darstellungen d. Jüngsten Gerichts, Halle 1908, S. 219f., vgl. Lit. S. 280f.; in der Edda (**Golther** S. 531) Völ., dazu Vaf. und Völ. h. sk. (in den Hyndl.); Gylf. cap. 35—51 (**Gering** S. 348f) ist ganz unselbständig. — Ich folge hier nach Möglichkeit **Olrik**, dem unerreichten Meister der Quellenscheidung; in der mythologischen Interpretation müssen wir ihm allerdings öfters widersprechen. — Für die Theogonie und Eschatologie allgemein vgl. **Wundt** S. 432f. 453f.; Leo **Frobenius**, Aus d. Flegeljahren d. Menschheit, Hannover 1901, S. 300f; für die Inder noch bes. **Deussen**, Allg. Gesch. d. Philologie, Leipzig 1909; 2, 282f.
³) **Preller** 1, 58.   ⁴) Völ. Str. 18.
⁵) **Svante Arrhenius**, Die Vorstellungen vom Weltgebäude im Wandel der Zeiten, Leipzig 1908.

## § 26. Geschichte der Welt.

Im Einzelnen sind drei Varianten vorhanden: 1. Der **Weltbrand** wird von Olrik[1]) wohl mit Unrecht[2]) geleugnet. Für ihn sprechen nicht nur die — von Olrik wohlbeachteten — Analogien anderer Mythologien, sondern auch — trotz seinen scharfsinnigen Ausführungen — die einfachste Deutung des Unholdes Surt, der freilich auf die Völ. beschränkt ist. Aber er kommt dort in einer Weise vor, die bei einer neuen Erfindung so schwer erklärlich wäre, wie sie bei Verwendung einer alten Figur leicht verständlich ist.

2. Die zweite Variante ist der *Fimbulvetr*, Schreckenswinter[3]), eine spezifisch nordische Sage[4]). Es entsteht unter lokalen Bedingungen eine Art nordischer Sintflutsage, wobei zwei Menschen, Lif und Lifthrasir[5]) (zu *lifa leben*) sich im Gehölz verbergen (wie das Feuer im Rohr) und Ahnherren des Menschengeschlechts werden, nach der Vergletscherung wie Deukalion und Pyrrha nach der großen Flut.

Die »Rettung« der beiden ersten Menschen unserer Urgeneration ist, mythologisch betrachtet, nichts anderes, als eine wiederholte Schöpfung der Menschen. Eine rationalistische Kombination verschiedener Schöpfungssagen ist bei dem typischen Vorkommen der »zweiten ersten Menschen« nicht wahrscheinlich. Vielmehr brachte wohl ursprünglich die Erde nach der Zerstörung die neuen Menschen selbst hervor, etwa wie dem Wölund die Flügel wieder zu wachsen scheinen. Und nur hierauf, glaube ich, bezieht sich die vielverbreitete Sage vom Ursprung der Menschen aus Baum oder Stein[6]). In primären Schöpfungssagen kommt der Baum nur bei den Ariern vor[7]) und wohl auch nur bildlich[8]). Die alte Frage aber: οὐ γὰρ ἀπὸ δρυὸς ἔσσι οὐδ' ἀπὸ πέτρης, von Baum oder Stein stammst du doch wohl nicht ab?, bezieht sich auf die neue Entstehung. Spuren der gleichen Sage bei den Juden: »die Israeliten sagen zum Holz ‚du bist mein Vater' und zum Stein ‚du hast mich gezeugt'«[9]). Überall diese Doppelung: Holz und Stein; vielleicht auch, weil beide Feuer hegen können? — Kleine Variante in Indien: ἱερὸς γάμος zwischen Stein und Staude, eines (donnerkeilartigen) runden Kiesels und einer heiligen Staude (deren Form vielleicht an Genitalien erinnert?)[10]).

Deshalb nennen sich altersstolze Völker Kinder der Bäume und Gesteine[11]): nur Baum und Stein bleiben nach der Flut übrig; aus ihnen bringt die Schöpfungskraft Menschen hervor. — Wenn also Usener[12]) mit vollem Recht sich selbst ver-

---
[1]) S. 195f.    [2]) Vgl. Ranisch S. 458.    [3]) Olrik S. 167f.
[4]) Much (a. a. O. S. 156) sieht gewiß mit Unrecht in dem Gott Ull eine Verkörperung dieser götterfeindlichen Macht.
[5]) Vaf. Str. 45. Die Namen sind gewiß jung.
[6]) Vgl. z. B. Golther S. 526 und bes. Müllenhoff, D. Alt. 5, 15.
[7]) Lukas, Die Kosmogonien, S. 253.
[8]) Ebd. S. 91.
[9]) Jer. 2, 27; anders gedeutet Giesebrecht, Israel. Rel.-Gesch., S. 31.
[10]) J. Grimm, Kl. Schr. 2, 377; vgl. Eißler, Südd. Monatshefte, Dez. 1909, S. 646, und bes. Kuhn, Mytholog. Studien 1, 92.
[11]) Vgl. J. A. Frantzen in Kuhns Ztschr. 42, 330.
[12]) Sintflutsagen S. 245.

bessert: »das Menschengeschlecht zu erneuern oder vielmehr zu erschaffen«, so hat er dabei mit Recht gerade auf die uralte Sage von Deukalon und Pyrrha verwiesen (man denke auch an die Drachensaat des Kadmus). Wohl melden auch Indianermythen die Neuschöpfung durch Werfen von Steinen [1]; ursprünglich aber warfen wohl die Steine den neuen Adam und die neue Eva aus. Und ebenso, um zum Schluß zu kommen, bedeutet das »Verbergen im Gehölz« nichts anderes als ein Wachsen an den Bäumen. »Du, Erde, warst auch diesesmal beständig«: die gerettete Erde schafft weiter. (»Allah braucht nicht mehr zu schaffen — wir erschaffen seine Welt« [2]).

3. Das Chaos kehrt wieder. Zwei Urformen sind zu scheiden: die Erde sinkt ins Meer — nachdem die Götter sie im Anfang, wie auch die Sonne [3]), befestigt hatten [4]) oder die Sonne wird verschlungen [5]). Dies ist ein häufiger Zug am Atlantischen Ozean und bei vielen Inselvölkern, auch Kelten. Die Sonne sinkt ja täglich ins Dunkel: am Ende der Tage versinkt sie dabei endgiltig.

Diese drei Mythen: Untergang der Welt durch Feuer — Kälte — Rückkehr ins dunkle Chaos (denn das ist doch gemeint) [6]) können nebeneinander laufen; gerade in solchen Gebieten sind Doubletten häufig (wie bei der Schöpfung: Genesis!). Jede von ihnen läßt die Möglichkeit einer Neubildung der Welt zu. Jede ist weiterer mythologischer Einkleidung fähig. Das Feuer verkörpert sich in einem (feuerspeienden) Drachen, die Auflösung des Himmelsgewölbes und der sie tragenden Erde in Sonnenwölfen und Midgardsschlange; oder die Dämonen des verzehrenden Feuers und der erschöpfenden Kälte erhalten ihre Kollektivdämonen in Surt (später zum Teil durch Loki verdrängt) und Hrym. In jedem Fall müssen die erhaltenden und zerstörenden Mächte sich in einer letzten großen Schlacht messen, wie in der hellenischen Gigantomachie oder dem letzten Krieg der Ormuz-Religion. Das fordert die mythologische Logik, so gut wie die heroische einen letzten Entscheidungskampf verlangt, eine Bravallaschlacht oder eine Nibelungennot.

Im Einzelnen bleibt also noch Raum genug zur Gestaltung; und so wird es wohl zutreffen, was Olrik [7]) ausführt: daß die entsprechende keltische Mythe von der Götterschlacht auf die germanische eingewirkt hat [8]). Ebenso oder noch bestimmter wird man jedoch einen Einfluß der Heldensage annehmen müssen; so vor allem in jener Auflösung der Schlacht in Zweikämpfe, auf die Roethe in seiner geistreichen Erschließung des

---

[1]) Usener a. a. O.; Andree, Die Flutsagen, S. 182. 183.
[2]) Olrik führt die Erneuerung auf Wiedergeburt zurück; vgl. Ranisch S. 460.
[3]) Völ. Str. 4—5. [4]) Völ. Str. 57.
[5]) Völ. Str. 40; vgl. Vaf. Str. 56.
[6]) Vgl. Saxo S. 262, Hermann S. 350.
[7]) S. 212.
[8]) Einschränkungen im einzelnen bei Much S. 155.

## § 26. Geschichte der Welt. 447

lateinischen Nibelungenliedes [1]) so großes Gewicht legt, die aber typisch zu sein scheint [2]). Wenn die letzte Entscheidung [3]) durch das Feuer gegeben wird, die Lohe zum Gewölbe aufschlägt und die Götter (muß man annehmen) ersticken, so mag hier das im Epos (und der isländischen Saga) beliebte Motiv des Saalbrandes einwirken [4]). Wenn ferner außer Hönir (mit dem es seine eigene mythologische Bewandtnis hat) nur zwei junge, bisher unbekannte Götter Ragnarok überleben (denn Balder und Hod kommen ja aus Hel zurück), so erinnert das an den typischen Zug der Heldensage, daß bei der Ausrottung des ganzen Geschlechts Ein Knabe am Leben bleibt [5]): so bei den Völsungen, den Fabiern, bei dem vornehmen venetianischen Patriziergeschlecht der Giustiniani [6]).

Diesen Stand: Kombination der Mythen (Surt und das Feuer, Fenriswolf und die Sonne) in gleichsam annalistischer Aufzählung zeigt etwa das Gedicht Vafthrudnismál [7]), das sehr alte Überlieferung mit jedenfalls junger Sage vereint zeigt [8]). Die Völ. aber ersetzt nicht nur das Staccato durch ein Legato, sie bringt auch Neues hinzu.

Mit Wahrscheinlichkeit können wir dem Dichter der Völ. zuschreiben: erstens die Ausmalung der Götterschlacht; insbesondere die Ausführung der — an sich wohl größtenteils alten — Vorzeichen. Das Ungeheuerste geschieht: die Sippe löst sich [9]), der Weltbaum bebt [10]). Dazu akustische Signale: außer Heimdalls Horn noch die Harfe seines Gegenbildes, des Unterweltwächters Eggthér, — wobei die Absicht, die Musik zu vervielfältigen, recht deutlich wird; die beiden Hähne krähen

[1]) Nibelungias und Waltharias, Berl. Sitzungsber. 1909 S. 673.
[2]) Man vgl. z. B. in der Ilias den entscheidenden Kampf an den Schiffen, auf den übrigens auch wie im Nibelungenlied der Brand folgt. — Olriks Meinung, die Kämpfe zwischen Loki und Heimdall, Frey und Surt seien Erdichtungen Snorris, hat trotz Muchs Widerspruch (S. 160) viel für sich: die pointierte Gegenüberstellung des Schließers und Eröffners (die freilich schon in der Volkssage persönliche Gegner geworden waren), der milden Wärme und der versengenden Hitze schmeckt nach gelehrter Theologie. Aber Snorri vervollständigt damit nur die Völ. Str. 53—55 gegebene Tendenz — gerade wie in Ilias oder Nibelungenlied solche Anregungen pedantisch fortgeführt werden.
[3]) Völ. Str. 67.
[4]) Vielleicht deutet der Endreim in der hierher gehörigen Str. 52 (vgl. Heinzel-Detter 2, 70) auf Benutzung volkstümlicher Dichtung; vgl. auch ebd. S. 76 zu Str. 57.
[5]) Das Schema »alle außer —« vgl. o. S. 18.
[6]) Kretschmayr, Geschichte Venedigs I, Gotha 1905, S. 257.
[7]) Ranisch S. 461.
[8]) Daher auch das Schwanken der Datierung: 930—950 Sijmons, 10. Jahrhundert Finnur Jònsson S. 141, 1030—1050 Heusler, Arch. f. n. Spr. 116, 270. Alle gute Tradition aus der Völ. abzuleiten, geht meines Erachtens durchaus nicht an.
[9]) Völ. Str. 45.     [10]) Völ. Str. 47.

sich im Kampf an; und all dies übertönt in kunstreicher Fuge[1]) der Hund der Hel. Zweitens die **Auflösung des Einen dämonischen Heeres** in drei Haufen unter Surt, Hrym, Loki mit Verteilung auf drei Weltrichtungen[2]). Drittens die Verknüpfung der Vorbereitungen auf den Weltuntergang mit Balders Tod. Wir vermuteten wenigstens, daß ursprünglich eine dämonische Provokation unmittelbar zu diesem Kampf geführt hatte[3]), was wohl auch mehr dem Geist alter Mythologie entspricht: Balder wird ja gerächt, was brauchts da mehr? Nun aber wird Balders Tod zum Angelpunkt der Entwicklung gemacht, wie etwa in der Ilias der Zorn des Achilleus. Gleichzeitig wird damit zu der ersten Provokation, der der Wanen durch Thor[4]), ein wirksames Gegenbild geliefert.

4. Was das Wichtigste ist: die **ethische Motivierung**. Ganz braucht sie nicht von ihnm zu stammen; denn fast bei allen Sintflutsagen hat sie sich eingestellt[5]). Aber die strenge Verbindung von Schuld und Strafe gehört wohl erst diesem Denker; früheren genügte eine Provokation der Bösen. Die Völ. erst gibt wie die biblische Schöpfungsgeschichte[6]) »die Durchdringung eines gegebenen Stoffes mit theologischen Gedanken«. — Wie der Dichter überhaupt gern nach der Dreizahl gliedert[7]), was besonders der Garm-Gegenrefrain[8]) markiert, so gibt er auch den Sündenfall der Götter in drei Abteilungen:

1. Die Götter verletzen das Recht im Wanenkrieg, und zwar wiederum dreimal: erstens durch die Tötung der — freilich verderblichen — Gullveig-Heid; alle Asen beteiligt. Zweitens Odin schleudert voreilig den Speer; drittens Thor schlägt voreilig zu: beide Hauptgötter unterbrechen eigenwillig die Verhandlungen der Götter. — Hier ist zweierlei kaum zu verkennen: zunächst der Versuch, den Wanenkrieg überhaupt auf ein höheres Niveau zu heben. Ursprünglich war es[9]) ein Konkurrenzkampf um den

---

[1]) Vgl. die Refrainzeilen in den Ríg.
[2]) Olrik S. 278; vgl. Ranisch S. 462. Philpotts (Ark. f. nord. Fil. 21, 29) will Surts Kommen von Süden geographisch deuten: im Süden Islands liegen die Hauptvulkane.
[3]) Lok.; vgl. o. S. 295.
[4]) Völ. Str. 26, vgl. Str. 24. Ebenso dient der Schuß des Pandaros lediglich der epischen Entwicklung (Bethe, Hektors Abschied, Leipzig 1909, S. 415f.); wobei auch an wirkliche Erfahrungen zu denken ist, wie etwa an die Schüsse vom 18. März 1848 und ihre Wirkung. Noch Bismarck weist (bei M. Busch) darauf hin, wie aus den Schüssen von ein paar Vorposten eine große Schlacht entsteht.
[5]) Vgl. Usener a. a. O. S. 201f.
[6]) Holzinger, Genesis, S. 17.
[7]) Vgl. Olriks Gesetz Zschr. f. d. Alt. 51, 4.
[8]) Str. 44. 49. 58.
[9]) Wie Str. 23 noch verrät.

§ 26. Geschichte der Welt. 449

Opfergenuß: der Dichter verbindet den Krieg mit der uralten Legende vom Fluch des Goldes[1]) und macht aus den Asen berechtigte Vertreter einer nur in den Mitteln sich vergreifenden Abwehr. Ferner: die Schuld soll auf möglichst viele Schultern verteilt werden; es ist denkbar, daß ursprünglich nur Thors Heftigkeit den Vertrag hinderte — er mag den Wanen wie in der Lok. dem Loki gedroht haben. Dies ist die erste Sünde: der Vertragsbruch, der Meineid — schon in der Urzeit[2]) die schwerste Schuld — und nun von den Gesetzeshütern, den Göttern, begangen[3])!

2. Die Götter verletzen das Recht bei Balders Ermordung: Brüder fällen einander, denn mindestens als Asen sind Hod und Balder versippt. Dies ist die zweite Sünde: die Zerstörung der Sippe. Die erste Schuld wird durch Frieden beglichen; kein böser Dämon ist unmittelbar beteiligt, denn Gullveig ist nur Opfer. Die zweite wird durch Rache getilgt; aber die bösen Dämonen haben schon ihren Weg ins Innerste der Ordnung gefunden und Loki muß gefesselt werden[4]).

3. Die Götter verletzen endlich das Recht bei Beginn der Wolfzeit: sie hüten nicht mehr die ihnen anvertraute Menschheit, lassen als »schlechte Hirten« Unzucht, Verwandtenmord, Lösung aller Bande frommer Zucht zu[5]).

Das ist die dritte Sünde: der Gefolgsherr läßt seinen *comitatus*[6]) im Stich. Die Schlechtigkeit ist in das Herz der Welt, in die Göttergemeinschaft, eingedrungen. Da gibt es weder Vertrag mehr noch Rache: jetzt gilt es den endgültigen Kampf zwischen Gut und Böse; und nur die Austilgung aller Beteiligten kann eine neue Welt ermöglichen. Die alten Götter leben dann fern von unserer Welt in den Elysischen Feldern

[1]) Vgl. o. S. 343. Man denke auch an Pandora.
[2]) Vgl. Str. 39.
[3]) Die seltsame Nachricht Saxos, daß Tosto als Erster beim Würfelspiel einen Gegner erschlug (S. 35, Herrmann S. 43; vgl. allgemein Tacitus Germ. cap. 22), mit Völ. Str. 8 kombiniert, ergibt vielleicht einen alten Mythus daß Gullveig die Götter zum Spiel um Gold reizte und hierbei der erste Mord geschah (Sigtrygg kann nur »mit Gold getötet werden«: Saxo S. 17, Herrmann S. 21.
[4]) In der Schilderung der Fesselung Lokis (Völ. Str. 35) hat der Dichter bewußt vereinfacht, denn die Gestalt der Sigyn setzt jene märchenhafte Ausmalung der Gefangenlegung wohl schon voraus, die wir bei Snorri (Gylf. cap. 50: Gering S. 347; vgl. Golther S. 351. 421; Meyer S. 399. 454; v. d. Leyen, Festschr. f. Kelle, S. 1 f.; Kaarle Krohn, Finnisch-Ugrische Forschungen 7, 129) finden. — Merkwürdig, daß bei Sigyn noch niemand an christlichen Einfluß gedacht hat, den wir allerdings (vgl. o. S. 349) auch hier ablehnen müßten. — Über das Erdbeben als Folge der schmerzhaften Umwälzungen Lokis vgl. o. S. 337.
[5]) Str. 45.
[6]) Germ. cap. 13—14.

und träumen ihre Jugend noch einmal[1]); die Menschenwelt aber gehört den Opfern der zweiten Katastrophe[2]) und der reinen Götterjugend.

Dieser tiefgreifend durchdachte Aufbau kann nur Einem gehören; aber Vorstufen zu seinem Tempel liegen überall: in der moralischen Entrüstung über Geld und Habsucht — zu der in der Zeit der nach Schatz gierigen Wikinger Anlaß mehr als genug war[3]); in der ethischen Ausbildung des Baldermythus; in dem wachsenden sozialen Verantwortlichkeitsgefühl, das[4]) Odins Ungerechtigkeit schilt und die Könige zu Odin und Heimdall in die Lehre gibt.

Die wichtigste Frage freilich ist die, wie weit überhaupt die ἀποκατάστασις, die Wiederbringung der verlorenen Güter, volkstümliche Anschauung war. Doch läßt sich kaum bezweifeln, daß sie es war. Vaf. Str. 39 läßt Njord zu den Wanen heimkehren; Vaf. Str. 54 läßt Odin das Wort in Balders Ohr raunen, was nur bei seiner dereinstigen Wiederkehr einen Sinn hat; und beides kann kaum Erfindung der Vaf. sein. Ferner spricht die Analogie der zahllosen Sintflutsagen dafür, die alle nach der Weltzerstörung ein neues Geschlecht beginnen lassen; schließlich das psychologische Bedürfnis der Menschen nach Versöhnung und die Erwartung besserer Zeiten überall[5]).

Eine Reihe weiterer Eigenheiten der Völ., besonders auch in Bezug auf die Kampfschilderung, deckt Olrik[6]) auf; insbesondere rechnet er[7]) Heimdalls Horn hierher, dessen Ton er für Nachahmung des christlichen Posaunenstoßes vor dem jüngsten Gericht erklärt — schwerlich mit Recht, wie Ranisch[8]) gut zeigt.

Schließlich bleibt noch das Problem, **wodurch** der Dichter der Völ. in seinen Neuerungen beeinflußt wurde? Olrik stellt[9]) eine etwas beängstigende Liste der heidnischen (zum Teil persischen, keltischen), heidnischchristlichen und christlichen Bestandteile auf und unterschätzt, wie ich glaube, überall die Möglichkeit ursprünglicher Übereinstimmungen. Dem Dichter der Völ. insbesondere schreibt er christliche Gedanken zu bei dem Verderbnis der Menschheit, dem Hornstoß Heimdalls, dem Verlöschen der Gestirne, dem Weltbrand — alles Punkte, in denen wir ihm[10]) nicht folgen können — und endlich in zwei Momenten, die sich auf die

---

[1]) Str. 60.
[2]) Denn seit Loki der Urheber der Tat ward, ist auch Hod ein Opfer.
[3]) Olrik (Altnord. Leben, S. 74) erinnert an San Francisco oder Klondyke.
[4]) Lok. Str. 22.
[5]) Scholl, Die Messiassagen, Hamburg 1852, bes. S. 47.
[6]) S. 267f., bes. S. 271f.      [7]) S. 274.
[8]) a. a. O. S. 462.      [9]) S. 289.
[10]) Zum Teil gegen Golther; Ranisch S. 463.

## § 26. Geschichte der Welt.

neue Welt beziehen: die Halle der Seligen und die Ankunft des Mächtigen. Und damit stehts wohl anders als mit den anderen Punkten.

### Die Lehre von der neuen Welt.

Die Lehre vom Weltuntergang scheint also urgermanisch, ist jedenfalls urnordischer Besitz. Das alte Wort dafür, *ragnarök, Schicksale der Götter*[1]) wird früh in *ragna rökkr*[2]) *Finsternis der Götter* (»*Götterdämmerung*« nach Simrocks verhängnisvoller Übersetzung) verdrängt[3]): die Paradoxie, daß die hellen Götter in die Finsternis stürzen, war verlockend.

Die Lehre vom Auftauchen einer neuen Welt haben wir für alt gleichfalls erklären zu müssen geglaubt — nicht wegen des Glaubens an die Wiedergeburt[4]), die hier übrigens schon deshalb ausgeschlossen scheint, weil die alten Götter ja noch leben, wenn auch »emeritiert« auf Idafeld. Auffallend, wenn auch motiviert, bleibt immerhin, daß gerade die Lieblingsgötter — außer Balder — in der künftigen Welt verschwinden. Aber Balders Wiedergeburt war durch seinen Mythus (wie durch den des Osiris, Adonis usw.) gefordert; sonst käme wohl überhaupt eine neue Götterwelt.

Daß aber diese neue Götterwelt selbst von Einem allgewaltigen höchsten Herrscher und Gerichtsherrn regiert werden soll, folgt so wenig aus den mythologischen Voraussetzungen der Völ., daß es ihnen vielmehr widerspricht. Wir müssen hier[5]) an den christlichen Gott denken. Er tritt die Herrschaft an — Nidhögg, der alte Drache[6]), vertilgt die Leichen des Kampffeldes, und auf reiner Erde wird ein anderer Gott herrschen. Christlicher Einfluß ist wohl auch in der Halle der Seligen *Gimlé* (»Edelsteindach«) zuzugeben. Es ist gewiß ein Gegenbild zu Walhöll, aber[7]) in christlicher Auffassung als Belohnung für die Guten[8]). Diese Strophe spricht man[9]) dem Dichter ab; mit gutem Recht, nur muß man dann auch die anderen christianisierten Strophen für Zusatz eines vorsichtigen Sammlers halten[10]). Olrik war früher geneigt, sie dem

[1]) Völ. Str. 44, Veg. Str. 14 u. ö.
[2]) Lok. Str. 39; Snorra Edda.
[3]) Vgl. Müllenhoff, H. Z. 16, 146; Golther S. 537, 1.
[4]) Vgl. Ranisch S. 461 gegen Olrik.
[5]) Wie Hyndl. Str. 45; vgl. Heinzel-Detter 2, 80.
[6]) Str. 66—39.
[7]) Vgl. Heinzel-Detter 2, 81.
[8]) Vgl. Gylf. cap. 3: Gering S. 300. Immerhin ist darauf hinzuweisen, daß auch die vedische Mythologie einen Himmel für die Guten und eine Hölle für die Bösen entwickelt hat (Macdonell S. 167), unter priesterlichem Einfluß, der das schließlich auch bei den Germanen bewirken konnte.
[9]) Heinzel-Detter a. a. O.
[10]) Bedenken äußert Heusler, Ztschr. d. V. f. Volksk. 1902 S. 237.

Dichter zu belassen, spricht sich jetzt aber auch für dessen Heidentum aus.

Endlich ist noch die viertletzte Strophe zu bedenken. Über die jungen Götter der Zukunft herrscht Unsicherheit; nach Vaf. Str. 51 sind es die Rächer Widar und Wali neben Thors Söhnen Modi und Magni[1]); aber Widar und Wali sollen Söhne Odins sein, und Thor ist kein Bruder Odins. Daß die beiden Hauptgötter, obendrein die Hauptschuldigen am Wanenkrieg, durch ihre Söhne ersetzt werden[2]), leuchtet ein; was aber bedeutet Völ. Str. 63: »die Söhne von Tveggis (d. h. Odins) Brüdern«?

Brüder Odins gibt es nur nach Snorri[3]), denn in der offenbar von ihm benutzten Strophe Lok. 26 steht kein Wort von ihrer Brüderschaft; da stehen beliebige Buhler, und gleich zwei, um die Schmach zu häufen — wie Freyja mit ihrem Bruder und Njord mit seiner Schwester gebuhlt haben soll. (Die Namengruppe Frey-Freyja half; und sollte zu Njord das alte Feminium nicht auch noch gelebt haben?). — Aber der Dichter von Völ. Str. 63 hat wohl sicher an Wili und Wé gedacht, die er um des Gleichklangs willen zu Eltern Walis und Widars machte, während von Neffen Odins nichts bekannt ist. Und somit dürften auch diese Verse ein Zusatz Snorris sein, der mit der Dreiheit Odin—Wili—Wé zu dem christlichen Gott überleitet und vielleicht schon den Namen Tveggi für Odin absichtlich wählte, um auf den Einen Gott in drei Personen vorzubereiten.

### Die Lehre von der Weltschöpfung [4]).

Tacitus berichtet: »die Germanen feiern in alten Liedern . . . den Tuisto, einen aus der Erde hervorgewachsenen Gott *(deum terra editum)* und seinen Sohn Mannus als Ursprung und Begründer ihres Volkes«. Manno hat dann weiter drei Söhne, Ing, Irmin, Isto [5]). — Daß der erdgeborene Begründer und Ahnherr der Germanen zugleich als der erste Mensch galt, hat man mit Recht bezweifelt.

---

[1]) Vgl. Gylf. cap. 53: Gering S. 351.
[2]) Mit »Zwillingsbildung«, vgl. Olrik, H. Z. 51, 6.
[3]) Gylf. cap. 6: Gering S. 302; Ynglingas cap. 3 vgl. Golther S. 306. 355; Heimskr. S. 5 vgl. Heinzel-Detter 2, 256.
[4]) Mogk S. 376f., Golther S. 509, Meyer S. 441f., Chantepie S. 338f. Allgemein vgl. Lukas, Die Grundbegriffe in den Kosmogonien aller Völker, Leipzig 1893; Gunkel, Genesis, S. 113f.; Holzinger, Genesis, S. 19f. — Für wesentlich verfehlt halte ich E. H. Meyer. Die eddische Kosmogonie; vgl. auch Bugge. Ark. f. nord. Fil. 19, 9f. — Zeugnisse: die wichtigsten sind der Bericht des Tacitus (Germ. cap. 2); eddische Berichte und zwar in der Lieder-Edda (Völ., Vaf. Str. 20f., Grím. Str. 40f.) und der Prosa-Edda (Gylf. cap. 4f.: Gering S. 300f.; cap. 14: S. 308).
[5]) Vgl. o. S. 189.

## § 26. Geschichte der Welt. 453

In den Eddaliedern finden wir, und zwar in der Völuspá folgendes: Auf die Schilderung des Chaos — »als Ymir lebte« — folgt die Schöpfung durch »Burs Söhne«. Wer ist das? Snorri antwortet[1]): Odin, Wili und We; und er hat für Bur noch einen Vater Buri, den Sohn der Kuh Audumla. Außerdem wird noch in der Völ. h. sk.[2]) Odin »Burs Erbe« genannt. Aber »Bur«, der Erzeugte, hat nach Golthers treffender Bemerkung[3]) »gar nicht den Wert eines Eigennamens«. Bur ist der Erzeugte $\varkappa\alpha\tau'$ $\dot{\varepsilon}\xi o\chi\dot{\eta}\nu$, *primigenitus*; wer das ist, bleibt noch zu untersuchen. Die drei aber sind offenbar jene drei, die Str. 18 als bekannt vorausgesetzt werden: Odin, Hönir, Lódur. Von Snorris Dreieinigkeit können wir ruhig absehen. — Burs Söhne also heben die Erde empor — gewiß eine spätere Nachbildung, ihrem schließlichen Versinken korrelat — und befestigen die Gestirne, eine Schilderung, bei der auf urindogermanischer Grundlage[4]) spezifisch nordische Einwirkungen[5]) folgen; christliche sind dagegen nach Lukas' einsichtiger Auseinandersetzung[6]) abzulehnen. — Die »Götter alle« sind nun auf einmal da; beraten, bauen, erschaffen[7]) die Menschen, indem sie die aus Meer und Erde gewordenen (»am Meerstrand auf freiem Felde gefundenen«) noch leblosen Vormenschen Ask und Embla beseelen).

Die Vafthrúdnismál Str. 20 f. erzählen: aus dem Fleisch des Urriesen Ymir wird die Erde geschaffen, die Berge aus seinem Gebein, der Himmel aus dem Schädel, das Meer aus seinem Blut. Ausführlicher noch Grímnismál Str. 40:

> Aus Ymis Fleisch ward die Erde geschaffen,
> Aus dem Blute das brausende Meer,
> Die Berge aus dem Gebein, die Bäume aus den Haaren.
> Aus dem Schädel das schimmernde Himmelsdach.
> Doch aus seinen Wimpern schufen weise Götter
> Midgard dem Menschengeschlecht,
> Aus dem Hirn endlich sind all die hartgesinnten
> Wetterwolken gemacht.

Neu ist also in Grím. gegen Vaf. die Schöpfung der Bäume sowie der ganze Inhalt der zweiten Strophe (mit unzweifelhafter Verderbnis mindestens

---

[1]) Gylf. cap. 6: Gering S. 302.
[2]) Hyndl. Str. 31.   [3]) S. 355.   [4]) Vgl. o. S. 56.
[5]) Str. 5; vgl. Hoffory, Eddastudien, S. 73 f,: Schilderung der Mitternachtssonne, wo Sonne und Mond sich berühren.
[6]) a. a. O. S. 234 f.
[7]) Erst die Zwerge, einer Interpolation Str. 9—16 zufolge, und dann die Menschen, »Esche und Ulme«; ob zufällig Ask und Embla mit dem Anlaut von Adam und Eva? Christlicher Einfluß wird vielfach behauptet. Aber ähnlich wird auch Pandora aus Erde und Wasser von mehreren Gottheiten gebildet (Weizsäcker in Roschers Lexikon 3, 1, 152.

in dem unsinnigen Epitheton der Wolken)[1]. — Dagegen nennt das Hyndlalied Str. 34 Ymir nur als Stammvater der Riesen neben den (erfundenen) Ahnherren der Wahrsager, Wahrsagerinnen, Zauberer.

Der Bericht Snorris lautet: Im Anfang war *Niflheim*, das Reich des Unbestimmten; in seiner Mitte liegt der Brunnen *Hvergelmir*, »der in kesselförmiger Vertiefung rauscht«[2]. Aus ihm ergießen sich 10 + 1 Flüsse (deren Namen von überall zusammengesucht sind; es handelt sich wohl um eine überbietende Nachahmung der vier Paradiesesströme). Daneben, oder noch früher, war die Welt der strahlenden Hitze, die Welt Surts. — Nun strömen die Flüsse, die *Eliwagar* heißen[3], weit von *Muspelheim* fort; sie wälzen Gift[4]. Dies Gift aus Muspelheim gefriert (und daraus entsteht[5]) der erste Riese); das Eis aus Niflheim seinerseits schmilzt und so füllt sich *Ginnungagap*, die gähnende Kluft. Wie nun das Rauhe aus Niflheim und das Heiße aus Muspelheim sich begegnen, entsteht in stiller lauer Leere das erste lebende Wesen (außer den Göttern): Ymir, der Vater der Reifriesen[6]. Im Schlaf gerät er in Schweiß[7]. Unter der Wirkung dieses Schweißes wachsen ihm unter dem linken Arm Mann und Weib[8]. Sein Fuß zeugt ebenso mit dem anderen einen Sohn »und so erwachsen ihm Nachkommen«. Weiter nun schmolz der Reif in Ginnungagap und es entstand die Kuh *Audumla*, »die Saftreiche«[9].

»Vier Milchströme rannten aus ihren Zitzen, und damit nährte sie den Ymir; die Kuh aber fristete dadurch ihr Leben, daß sie die Reifsteine

[1] Vgl. Heinzel-Detter z. St.
[2] Auch Apollons Dreifuß ist ursprünglich ein Kessel (Preller 1, 291), der in Delphi im Nabel der Welt (ebd. S. 266) steht. Auch hier vielleicht ursprünglich die Vorstellung eines zentralen Weltwirbels, in dem es wie im Kessel brodelt, aus dem die Nebel aufsteigen und das Wasser überfließt? — Man denke auch an die altnordischen Namen mit -*ketill!*
[3] »Stürmische Wogen«; erwähnt als Grenzen der Welt Hym. Str. 5.
[4] Wie die Unterweltflüsse; vgl. auch Völ. Str. 38.
[5] Nach Vaf. Str. 31.
[6] Vgl. Hyndl. Str. 34.
[7] Nach slowenischer Sage gerät Gott in Schweiß; ein Schweißtropfen fällt auf die Erde: der erste Mensch (Dähnhardt, Natursagen, Leipzig 1907, S. 113, mit Parallelen). Auch Adam wird in »einen wunderbaren Schlaf« versenkt, als ihm Gott die Eva geben will (Gen. 2, 21), die er vielleicht ursprünglich selbst erzeugte. Allegorisch erklärt von Gunkel S. 9: »Gottes Schaffen und Wirken bleibt stets Geheimnis«.
[8] Ebenso wird bei den Irokesen ein Zwilling unterhalb der Armhöhle geboren (Breysig S. 36). Ist nicht vielleicht auch des Dionysos Geburt aus Zeus' Hüfte ähnlich zu erklären?
[9] Gering z. d. St., der sie nach indischer Analogie für eine Verkörperung der Regenwolke erklärt. Indra mit einem von der Kuh belecktem Kalb verglichen: Geldner-Kaegi, 70 Lieder des Rigveda, S. 63, Str. 9. — Über Ungetüme des Chaos Wundt S. 441.

beleckte, welche salzig waren. Am ersten Tage nun, als sie leckte, kam eines Mannes Haar zum Vorschein, am zweiten Tage der Kopf und am dritten der ganze Mann«. Sein Name war *Buri*, der Geborene; er war der Vater des *Bur*, gleicher Bedeutung, der *Bestla*[1]), die Tochter des Riesen *Bölthorn*[2]), zur Frau nahm. Deren Kinder waren Odin, Wili, Wé. Sie töten Ymir und in seinem Blut ertrinken alle Reifriesen außer Bergelmir (der anderwärts[3]) als Urriese genannt wird). Wir haben da drei »Brüller«: *Bergelmir* brüllt wie ein Bär, sein Vater *Thrudgelmir* brüllt mit Kraft, der Ahn *Hvergelmir*, der mit Macht brüllt, ist entweder[4]) Ymir selbst, oder[5]) wahrscheinlich Ymirs Sohn. Bergelmir rettet sich im Boot (gewiß eine Variante der urgermanischen, sonst nicht überlieferten Sintflutsage). Nun schaffen die (drei) Götter aus Ymirs Körper Erde, Meer, Berge, Gestein und Himmel[6]). — Hiermit ist also der Anschluß an den Bericht der beiden anderen Eddalieder (außer der Völ.) erreicht.

Es ließe sich mit Leichtigkeit über diese Kosmogonien ein dickes Buch schreiben; man brauchte nur von überall Analogien anzuschleppen und könnte mit einem der jetzt so beliebten Kreuz- und Quer-Stammbäume triumphierend schließen, die mich wenigstens immer an den famosen Reiseplan im zweiten Buch der Jobsiade erinnern. Da ich mich hier kurz fassen muß, bitte ich für den dadurch erzwungenen apodiktischen Ton nochmals um Entschuldigung.

Zunächst behandeln wir die Frage der Echtheit. Der Bericht des Tacitus ist im Ganzen nie verdächtigt worden. Einen *deus terra editus* kennt die germanische Mythologie zwar nicht[7]), und auch sonst bleiben kleine Bedenken. Aber Tuisto als Erster Mensch, daran ist nicht zu rütteln; auch schwerlich an der Bedeutung des Namens: er ist[8]) »gleich dem Ymir von zweifachem Geschlecht«, der Zwitter, so daß er einer männlichen Parthenogenese fähig ist.

Der Bericht der Völuspá ist[9]) von antiken, öfter noch von biblischen Berichten hergeleitet worden; wir glauben mit Mogk u. a. ihn für gemeinnordisch halten zu sollen, schon weil gegen den Schöpfungsbericht der Genesis Welt und Menschen in weit getrennten Zeiträumen entstehen[10]).

[1]) Die »Bastflechterin«? Gering z. d. St.
[2]) »Unglückshorn«; bcide noch genannt Háv. Str. 140.
[3]) Vaf. Str. 19.    [4]) Nach Gylf. cap. 5.
[5]) Nach Vaf. Str. 19.
[6]) Vgl. o. Vaf. Str. 20 und Grím. Str. 40.
[7]) Wohl z. B. die griechische: den Erichthonios (Preller 1, 298).
[8]) Mogk S. 376    [9]) Vgl. Mogk S. 378.
[10]) Eine interessante Parallele zu Völ. Str. 17. 18 bei Dähnhardt S. 89: »die jüdische Tradition sagt, daß Adam zuerst als lebloser Körper erschaffen wurde, daß Gott erst später ihm die Seele einhauchte.«

## Sechstes Kapitel.

Über den Ymirmythus gibt es eine ganze Literatur. Nachdem zuletzt ich[1]) und Schütte[2]) den echt heidnisch-volkstümlichen Ursprung behauptet hatten, ist Max Förster[3]) in lehrreicher Untersuchung dafür eingetreten, daß der weit verbreitete Text von der (umgekehrt verlaufenden) Erschaffung Adams aus acht Teilen[4]) in die eddische Kosmogonie eingetreten sei[5]). Ich möchte doch mit Mogk[6]) wiederholen: »Wie die Wilden auf solche Gedanken kommen konnten[7]), so konnten es unstreitig auch die alten Germanen, ohne daß sie von außen dazu angeregt wurden.« Der Vergleich von Mikrokosmos und Makrokosmos liegt dem Menschen im Blut; und die Etymologie[8]) hilft nach.

Daß Snorris Bericht nicht authentisch ist, bezweifelt wohl niemand[9]): daß er echte Elemente enthält, ist noch sicherer. Diese wilden phantastischen Umrisse konnte kein später christlicher Theolog zeichnen; dagegen stimmen sie im Charakter durchaus zu vielen anderen primitiven Kosmogonien[10]). Ich habe schon meinem Referate gelegentliche Verweise auf vermutliche Quellen und Vorstufen Snorris beigefügt und halte seinen Luxus an Eigennamen (die Flüsse!) für sein persönliches Verdienst. Ich glaube etwa folgende Urform seines reichlich ausgemalten Berichtes herausschälen zu können:

1. Im Anfang war das Chaos, erfüllt von Nebel und Feuer. Aus der brodelnden Bewegung der Massen (Hvergelmir, der zentrale »Wirbel«?) entsteht der Urriese[11]). Von Ymi werden, wo er als Ganzes zeugt, die Riesen, von seinen gepaarten Gliedern die Menschen geboren[12]).

2. Einen anderen Ursprung haben die Götter[13]). Sie stammen von einem anderen Urwesen, der Weltkuh Audumla. Sie entspricht der hellenischen

---

[1]) H. Z. 37, 1 f.    [2]) I. F. 17, 444.
[3]) Arch. f. Rel.-Wissensch. 11, 477 f.; vgl. bes. auch S. 492.
[4]) Vgl. auch Dähnhardt S. 111 f.
[5]) a. a. O. S. 493 Anm. 2.
[6]) S. 377.
[7]) Nach J. Grimm von mir u. a. nachgewiesen.
[8]) Vgl. meinen Aufsatz für Schädel und Himmelsgewölbe.
[9]) Vgl. z. B. Mogk a. a. O.
[10]) Vgl. Lukas a. a. O.
[11]) Vaf. Str. 31; Snorri schiebt noch eine atmosphärische Bedingung ein. — Ebenso entsteht bei den Indern nach einem späten Lied, aber mit primitiver Anschauung (Macdonell S. 12) das Urwesen Purusha, aus dessen Körper Sonne und Mond, Wälder und Dörfer, außerdem auch die vier Kasten gebildet wurden (Lukas S. 80). Riesen setzt auch die Bibel Gen. 6, 4 als Vermittlung zwischen den ersten Menschen und der Menschheit ein (vgl. Gunkel S. 54).
[12]) Vielleicht auch bei Ymi eine Scheidung der abstammenden Völker in höhere und niedere; Ark. f. nord. Fil. 23, 248.
[13]) Die Zwerge läßt Snorri eigenhändig aus Maden in Ymirs Fleisch hervorgehen (Gylf. cap. 14: Gering S. 308).

## § 26. Geschichte der Welt.

Wunderziege Amaltheia, dem Sinnbild der überfließenden Fruchtbarkeit [1]), die den Zeus mit ihrer Milch nährt wie Audmula den Ymi [2]). Identität nehme ich nur in der Wurzel an: die ursprüngliche Lebenskraft unter dem Sinnbild eines nährenden Tieres vorgestellt [3]). Audumla ruft den ersten in der Materie noch schlafenden »Erzeugten« hervor; oder, wenn das zu philosophisch klingt, sie macht den noch eingefrorenen Menschengott lose. Von ihm stammen die drei Urgötter, die nun aus Ymirs Körper, der ungeformten Materie, die Dinge der Welt schaffen.

Offenbar liegen hier zwei Parallelmythen vor:
1. Chaos — Urriese — Riesen und Menschen;
2. Audumla — Buri — Odin, Hönir, Loki-Lódur.

Hierzu aber kommt noch drittens der Bericht des Tacitus. Denn wenn Mogk [4]) den Mythus von der Menschenschöpfung für rein nordisch erklärte, habe ich [5]) die Identität von Tuisto und Ymi [6]) zu erweisen versucht. Dann haben wir also:
3. Terra — Tuisto — Isto-Odin mit zwei (abweichenden) Brüdern.

Mannus, der Urmensch (= indisch Purusha) entspräche dann dem zwischen Buri und der Trias einzuschiebenden Bur. Nehmen wir die Doppelung Buri-Bur als alt, so hätten wir demnach folgende Parallelen:
1. Chaos — Ymir — Mann und Weib — Menschen;
2. Audumla — Buri — Bur — drei Götter;
3. Terra — Tuisto — Mannus — drei Götter [7]).

Mag nun das *terra editus* des Tacitus auf einem Mißverständnis beruhen (die Erde ist ja aus Ymirs Fleisch geschaffen; Umkehr wie im Adams-Mythus!), mag es einfach die Entstehung aus dem ungeformten Stoff bedeuten — die Übereinstimmung, gestützt noch dadurch, daß Odin den vom Vater ererbten Namen Tveggi = Tuisto führt, genügt wohl, um den Kern des Mythus als urgermanisch zu erweisen.

Welche Grundlage der so rekonstruierten Berichte dürfen wir danach annehmen? Die Sagenform der Völ. läßt sich mit den anderen nicht kombinieren. Vielmehr bleiben [8]) zwei verschiedene Berichte über die Schöpfung des Menschen [9]): 1. es werden Embryonen von den Göttern

---
[1]) Preller 1, 35.   [2]) Preller 1, 133.
[3]) Hierher auch die Wölfin des Romulus; doch vgl. die Heldensage. Über Odins Ziege Heidrun Grim. Str. 25; vgl. u.
[4]) S. 378.   [5]) Ark. f. nord. Fil. 23, 246.
[6]) Die schon Mogk verglich.
[7]) Meine zwecklose Vermutung, Tuisto sei zum Sohn des Mannus zu machen (Ark f. nord. Fil. 25, 333), nehme ich natürlich zurück. — Unhaltbar scheint mir auch Kögels Versuch (Gesch. d. d. Lit. 1, 14f.), die drei Götter von Mannus' Vaterschaft loszulösen.
[8]) Wie in der Genesis; viel mehr Varianten z. B. griechisch (Preller 1, 23f.).
[9]) Vgl. Mogk S. 377, Golther S. 526.

belebt[1]); 2. der Urmensch stammt direkt vom Chaos ab. Im ersten Falle werden die Götter, wie oft, vorausgesetzt, im zweiten sind sie ebenfalls Sprößlinge des Urriesen[2]). Die ursprünglichste Alternative drängt sich eben schon dem primitiven Denken auf: wie die Sprache, so ist der Mensch selbst im eigentlichsten Sinne $\varphi\acute{v}\sigma\epsilon\iota$ oder $\vartheta\acute{\epsilon}\sigma\epsilon\iota$, durch natürliche Entwicklung oder durch äußere Einsetzung, entstanden[3]). — Aber auch die Varianten der Ymir-Version sind nicht schlankweg unter Einen Hut zu bringen. Audumla ist nicht der Urzustand, sondern eine Verkörperung der ersten Lebenswärme und Lebenskraft, soweit solche primitive Urgebilde überhaupt mit modernen Zungen gedeutet werden können[4]).

Dazu kommt die zweite Abweichung: einmal stehen die Menschen (und Riesen), das andere Mal die schaffenden Götter am Ende des Stammbaums, und zwar so, daß diese Verschiedenheit mit der anderen nicht zusammenfällt[5]). Den primitivsten Eindruck macht der Audumla-Bericht (und, wie bei dem Purusha-Lied, kann ja sehr alte Überlieferung in junger Form geborgen sein). Doch direkt aus ihm lassen sich auch die anderen Lesarten nicht ableiten.

Die weiteren Einzelheiten, z. B. die merkwürdigen Giftfluten (die wohl ursprünglich Feuerfluten waren) und den Kessel Hvergelmir lassen wir billig ungedeutet. Nur das ist noch anzumerken, wie die ganze Namengebung mit den Brüllern, vier -gelmir[6]), ganz auf den Grundton des »Rauschers« Ymir gestellt sind: alles braust, rauscht, brüllt da.

Von hier geht Snorris Bericht zur Darstellung der gegenwärtigen Welt[7]) über. Sie zerfällt in folgende Akte[8]): erstens: Orientierung des Himmels durch Einsetzen der vier Zwerge Austri, Westri, Nordri, Sudri[9]).

[1]) Vgl. z. B. die Prometheussage, die Genesis.
[2]) Die Schöpfung der Zwerge wird Völ. Str. 9 wie Gylf. cap. 14 nachgeholt (vgl. Golther S. 525, Mogk S. 577); die Elfen bleiben unberücksichtigt, wie bei Snorri neben Niflheim und Muspellheim und allenfalls Midgard die andern »Welten«.
[3]) Über die Beschränktheit der kosmogonischen Phantasie, die selbst bei neueren Gelehrten die ältesten Mythen erneuen läßt, vgl. meinen Aufsatz Arch. f. Rel.-Wissensch. 1910.
[4]) Zu dem Herauslecken Buris ist an die Sage zu erinnern, daß der Bär unförmlich auf die Welt komme und von seiner Mutter erst in Form geleckt werde. — Vor der rationalistischen Interpretation, es seien eingefrorene Leichen herausgeschmolzen, möchte ich warnen.
[5]) Chaos am Anfang: 1 und 3; Götter am Ende: 2 und 3.
[6]) Vgl. die drei -hrimnir Grím. Str. 18.
[7]) Siehe u.
[8]) Gylf. cap. 9: Gering S. 303.
[9]) Alle auch im Zwergenkatalog Völ. Str. 4. — Merkwürdigerweise erscheinen die »vier Punkte des Kompasses« auch im Ríg-Veda schon sehr früh (Macdonell S. 9).

Zweitens: Die Götter machen die Gestirne aus Funken von Muspelheim[1]). (Dieser ganze Abschnitt der Kosmogonie entspricht einigermaßen der Kant-Laplaceschen Hypothese: Nebel — abgesprengte Teile der heißglühenden Erdkörper werden Planeten.) Drittens: Sie festigen jedes Gestirn an seiner Stelle — abgeleitet aus der zitierten Strophe Völ. 4, die selbst vielleicht aus dem schließlich erfolgenden Loswerden der Gestirne abzuleiten ist. — Ich zweifle, ob man hier viel altes Gut vermuten darf[2]).

## § 27. Einteilung und Ordnung der Welt[3]).

Es handelt sich erstens um den Kosmos selbst: die »Welten«, die die Welt bilden (»Heime«) und ihre Anordnung, die Gestirne und die Bewegung; zweitens um die innere Einrichtung der Welt.

### Äufsere Ordnung der Welt.

Die Vorstellung eines geordneten Kosmos ist gewiß jung. Ursprünglich lagen die Welten ohne topographische Übersicht nebeneinander: nach dem Wo ward nur bei Himmel und Erde gefragt, wo die Antwort gegeben war (indogermanische Formel: »Erde und Himmel darüber«; im christlichen Teil des Muspilli charakteristischerweise umgestellt). So ist ja z. B. auch die Lokalisierung der Unterwelt bei den Hellenen jung und unsicher[4]), bei den Germanen gar nicht näher versucht worden. Die Unterwelt tritt einfach, sehr früh, zu den beiden anderen, und so ist die große Mysterienbühne fertig, die in indogermanischer Zeit mindestens schon präformiert war. Sie genügt späterer Zeit von neuem: Dante hat wieder nur die drei Welten; dazwischen hat man stärkeren Bedarf: man könnte von einer primitiven »Mehrheit der Welten« reden, die in uralter Zeit Giordano Bruno und Fontenelle vorausnimmt.

1. Zunächst erhält jedes »Geschlecht« seine eigene Welt. Man wird zuerst ganz anspruchslos von der Elfenwelt, dem Riesenheim gesprochen haben, etwa wie wir wieder von einer »Zauberwelt« sprechen, ohne sie lokalisieren zu wollen. Dann kommt die Zählung und Systembildung, die aber nicht ausgeglichen werden. Denn man spricht mit einer heiligen Zahl von den neun Welten[5]), die aber nicht aufzufinden sind[6]). Gemeint sind

---

[1]) Caeculus aus einer vom Herdfeuer gesprungenen Kohle gebildet (Wissowa S. 186).
[2]) Vgl. Mogk S. 380.
[3]) Mogk S. 378, Golther S. 519 f. — »Kosmologie« im Gegensatz zur »Kosmogonie«; vgl. z. B. Macdonell S. 8. — Vgl. für die Hebräer G. Westphal, Jahves Wohnstätten (Gießen 1908, Töpelmann; Rez. Weinhold, D. L.-Z. 1910, 465); für Griechen und Römer Bergers Ergänzungsband zu Roschers Lexikon.
[4]) Preller 1, 812.
[5]) *niu heimar:* Völ. Str. 2, Vaf. Str. 43.
[6]) Mogk S. 378, Golther S. 519.

natürlich jene Welten, die die — junge — Dichtung Alvíssmál sondert; die Heime der Götter, Wanen, Riesen, Elfen, Zwerge, Menschen, Unterirdischen — was aber nur sieben ergibt. Zudem wohnen für die naive Vorstellung die Zwerge unter der Erde in den Bergen, die Elfen in Bäumen usw., also inmitten anderer Welten; die Zusammenballung ist also jung. In geschlossenen Welten wohnen nach der Vorstellung der Eddalieder nur Götter, Wanen (denn es werden Geiseln hin und her geschickt; Njord soll wiederkehren; aber im Ganzen hat man sich doch Frey und Freyja einfach in Asgard zu denken), Riesen (vgl. die Fahrten Thors und die Thrymskvida insbesondere), Menschen (Midgard, wohin die Götter sehen und gehen), Unterirdische. Faßt man also, wie es der eddischen Anschauung entspricht, die Götterwelt als einheitlich (mit Einem Wächter usw.), so bleiben vier Welten, von denen die der Riesen in ihrer Lage zu den anderen unbestimmt bleibt.

2. Man geht weiter zu einer speziellen Einteilung der beiden Nachbarwelten.

### Asgard.

Von Asgard baut der Dichter der Grim. eine vollständige Topographie auf, in der zwölf Burgen von Göttern aufgezählt und im Anschluß an das Wesen der Göttlichen und das Aussehen ihrer Tempel[1]) charakterisiert werden.

In dem heiligen Lande[2]) liegen die Hallen folgender Gottheiten: 1. Thor (Thrudheim), 2. Ull (Ydalir), 3. Frey (Alfheim; der Wane wohnt unter den Asen, obwohl nicht, wie Njord, Geisel), 4. Odin (Walaskjálf, mit Hlidskjálf nach Gylf. c. 17; nach anderen = Walhall); ferner Sökkvabekk, wenn dies nicht Saga gehört, und endlich Gladsheim mit Walhall); 5. Skadi (Thrymheim); 6. Balder (Breidablik); 7. Heimdall (Himinbjörg); 8. Freyja (Folkwang); 9. Forseti (Glitnir); 10. Njord (Noatún); 11. Widar (scheint kein Haus sein eigen zu nennen, sondern nur ein Wiesengrundstück). Also elf oder (mit Saga-Frigg) zwölf Gottheiten mit vierzehn Heimen (Odin hat drei, Widar keins).

Diese Partie der Grim. ist in den Mythologien sehr beliebt; es ist so angenehm zu sagen: der Gott X wohnt in —; seine Halle ist —. Ich fürchte aber, wir müssen auf den Gebrauch dieses himmlischen Baedeker verzichten. Von den sämtlichen Heimen ist nur eins auch sonst bezeugt[3]).

---

[1]) Vgl. o. S. 429; Mogk S. 378.
[2]) Grím. Str. 4.
[3]) Wenn man natürlich von Snorris abgeleiteten Belegen in seinem ganz analogen Götterkatalog (Gylf. cap. 21f.: Gering S. 316f.) absieht. Übrigens verändert er Thrudheim in Thrudwang und gibt die Halle Bilskirnir (vgl. die Interpolation Grím. Str. 24) hinzu.

## § 27. Einteilung und Ordnung der Welt.

Dies eine aber, Noatún[1]), liegt gar nicht im Heiligen Lande, sondern, wie schon der Name sagt, am Meer[2]). — Ebenso ist von den »Hallen« nur Eine sonst bezeugt: Valhöll[3]); nicht aber Bilskirnir (und das nur bei Snorri nach Walaskjálf verlegte Hlidskjálf).

Es bleiben 13 Heime mit nichtssagenden oder zu deutlich sprechenden Namen, deren Ableitung wir fast jedesmal nachweisen konnten; die meisten einfach mit -*heim* schematisch gebildet: *Thrud-, Alf-, Glads-, Thrymheim;* dann eine Gruppe von drei anderen Kompositis: »Breitglanz«, »Himmelsburg«, »Volksgefilde« und an anderer Stelle, ebenso gebildet, »Eibentäler«. Als einigermaßen wahrscheinliche Namen bleiben nur *Walaskjálf* und *Sökkvabekk,* die man gerade beseitigt, wenn man die Strophen 6—7 mit 11—20 ausscheidet; mir scheint die Athetese nicht, wie die von Strophe 24, begründet.

Sprechen schon die Namen eine bedenkliche Sprache — auch *Glitnir* von dem beliebten Typus *Sleipnir* usw., der freilich das ältere *Mjölnir* zum Ausgangspunkt hat —, so entsprechen dem die »Schilderungen«. Eine ist individuell: die von Odins Saal[4]), und eine hat vielleicht noch eine motivierte Eigenart: Forsetis Halle[5]); auch das Heim Widi ist anschaulich gezeichnet. Sonst aber nur leere Lobpreisung, die in einen heiteren Trunk[6]) oder eine leere Phrase[7]) ausläuft.

Endlich die Auswahl der Götter! Sehr verdächtig ist schon die Zwölfzahl; aber die könnte durch Interpolationen erreicht werden. — Selbstverständlich sind Odin, Thor, Frey, Njord, Freya, allenfalls auch Balder. Frigg mag in Saga stecken. Skadi und Heimdall sind wohl weniger wichtig als Tyr, doch noch begreiflich. Aber Forseti, der sonst gar keine Rolle spielt? und gar der für die nächste Welt aufgesparte Widar! Und wenn er da ist, wo bleibt Wali?

---

[1]) Str. 16.
[2]) Vgl. Gylf. cap. 23: Gering S. 318.
[3]) Str. 8.
[4]) Str. 9—10. — Freilich werden auch andere Tempel mit Schilden behängt sein, so daß der angelsächsische Dichter den Himmel geradezu »Schildburg« nennt (Myth. S. 583). Merkwürdigerweise hat Kralik (Neue Kulturstudien, Münster 1903, S. 232), während er dies zitiert, sich gleichzeitig zu seiner allzu geistreichen Kombination von Odins »Schildburg« mit den — Schildbürgern verleiten lassen! — Hlidskjálf ist hierher gesetzt, weil Odin der Königsgott geworden ist; früher konnte ebensogut Frey dort sitzen (Einl. zu Skírn.). Es war ein Hügel im Götterland, irgendwo, ein »Hügel in der Mitte des Reiches«, von wo man »das ganze Land überschaut« (so bei Martin Buber, Die Geschichten des Rabbi Nachmaun, Frankfurt a. M. 1906, S. 98). — Allgemein über die Lokalisierung des Himmelsherrn Ehrenreich, Ztschr. f. Ethnol. 38, 589.
[5]) Str. 15; vgl. o. S. 383.
[6]) Str. 7. 13.   [7]) Str. 16.

## Sechstes Kapitel.

Man darf wohl also in dieser Teichoskopie von unten herauf nichts weiter sehen, als einen an die organisch im Gedicht begründete Schilderung Walhalls[1]) unorganisch und mühsam angestückelten Katalog von später Erfindung, wie etwa der Zwergkatalog der Völ. Außer den zwölf Burgen enthielt aber diese Schilderung der Götterwelt noch einige Einzelheiten. Die Entfernung von Midgard wird[2]) durch den Flug der Raben gut gezeichnet. Wie steht es aber mit den andern topographischen Anmerkungen über Walhall: dem Fluß *Thund*, den die Einherier durchwaten müssen[8]) und der Pforte der Toten *Walgrind?* Sollte all dies nicht sehr der späten topographischen Detailmalerei angehören, die Yggdrasils Bild ausführte wie einen Atlas?[4])

Aber auch die weiteren Einzelheiten zu Walhall stehen auf demselben Blatte. An die beiden Wölfe — als Attribute alt, aber wohl neu benannt[5]) und die beiden Raben, von denen das Gleiche mit noch größerer Wahrscheinlichkeit gilt[6]) —, ist noch der Eber angeschlossen, den die Einherier verzehren. Es kann wohl volkstümliche Erfindung sein, wie die tägliche Erneuerung von Thors Böcken[7]); aber die drei Namen auf — *hrimnir?*

Andhrimnir siedet in Eldhrimnir
Des feisten Sätrimnir Fleisch.

Etwa: »der mit dem Ruß im Gesicht siedet in dem von dem Feuer Berußten, den, der von Ruß schwarz ist«[8]). Sicher hat das der Dichter so verstanden wissen wollen, wie wir es zu verstehen pflegen: Andhrimnir Name des Kochs, Eldhrimnir des Kessels, Sährimnir des Ebers. Aber ursprünglich dürfte der Halbvers ein Volksrätsel gewesen sein, von dem Typus wie das über die ganze Welt und besonders auch im Norden verbreitete: »Es flog ein Vogel Federlos auf einen Baum Blattlos, da nahm ihn Fräulein Handlos —«[9]). Ebenso verbreitet ist das Sprichwort: »Der Kessel straft den Ofentopf, und sind doch beide schwarz«[10]). Ein solches Rätsel, ganz allgemein gehalten, lag wohl vor: »Schwarzgesicht brät in

---

[1]) Str. 4—10. 18—25, soweit hier nicht jüngere Zusätze vorliegen.
[2]) Vgl. u.
[3]) Pendant zu dem Unterweltsfluß Völ. Str. 39?
[4]) Heinzel-Detter (S. 180) vergleichen Thund mit dem Fluß Ifing, der nach Vaf. Str. 16 die Reiche der Götter und Riesen trennt; aber die Einherier kommen doch nicht vom Riesenland her!
[5]) Str. 19; vgl. o. S. 236.
[6]) Wegen der abstrakten Namen »Gedächtnis« und »Gedanke«; vgl. den mit Thjálfi in Utgard um die Wette laufenden Gedanken Gylf. cap. 46: Gering S. 341.
[7]) Vgl. o. S. 285.
[8]) Vgl. dazu Heinzel-Detter 2, 176.
[9]) Vgl. MSD. VII, 4; Anmerkungen S. 59.
[10]) Wander, Deutsches Sprichwörterlexikon 2, 1256 mit zahlreichen, auch skandinavischen Varianten.

## § 27. Einteilung und Ordnung der Welt. 463

Schwarzgesäß (oder dergl.) den Schwarzkittel« — Auflösung: der Koch siedet den Eber im Kessel. Und das hatte der Dichter, seiner Neigung zu parallelen Namen gehorchend, individuell gemacht, wie etwa Walthers von der Vogelweide »*her stoc*« (der Opferstock) von Gleim zu einem Peterspfennige sammelnden Legaten »Herr Stock« gemacht wurde.[1]) Den Eber selbst hält Meyer[2]) für entlehnt: »die nordische Vorstellung vom Kriegerparadies scheint zu einem guten Teil irische Wikingerbeute zu sein«. »Der Ire Kormak tritt im Lande der Verheißung in eine schöne Burg, wo ein in einem Kessel gekochtes Schwein am andern Morgen wieder lebendig wird; und zum frischen Schwein gibt es dort Bier und Milch . . .« (Schon 8. oder 9. Jahrhundert, also vor Grím.; freilich deshalb nicht notwendig älter als deren Quellen.)

Endlich haben wir noch den Hahn *Gullinkambdi*, »Goldkamm«[3]), auch *Salgofnir*[4]) genannt, der die Einherier des Morgens weckt — die älteste Form vielleicht des »Wächters«, und möglicherweise mit einem alten Mythus von der Erstürmung Asgards[5]) verknüpft; die durchsichtigen Namen sind jung.

An eine andere Stelle der himmlischen Arche Noaeh sind die immer Met spendende Ziege *Heidrún*[6]) und der Sonnenhirsch *Eikthyrnir*, von dessen Hörnern die Ströme quellen[7]), zu setzen. Beide nähren sich von den Zweigen des »Schattenspenders« *Lärad*, womit gewiß Yggdrasil (s. u.) gemeint sein soll[8]). *Heidrún* heißt etwa »Gattungszauber« und ist von Müllenhoff so gedeutet worden, daß die Ziege durch den Meth den Einheriern ihre Art und ihr eigentümliches Wesen erhielt und nährte« — bedenklich abstrakt. »*Eikthyrnir*«, *Eichendorn*, »dessen borniges Geweih wie eine Eiche sich verästet«, wäre die Wolke, die die Ströme nährt[9]).

Ich denke: der Dichter hat auch hier altes Gut zusammengesucht, wie in dem ganzen Gedicht. Der Hirsch hat zwar einen bedenklich »verständlichen« Namen; aber für ihn und die Ziege spricht — daß sie

---

[1]) Andere Beispiele ähnlicher Art für das »Gebrechen«, »aus denen Büchern und Schriften Menschen zu machen« in des alten Jacob Friedrich Reimmann köstlichem »Versuch einer Einleitung in die Historiam litterariam insgemein«, Magdeburg 1708, S. 133 f., ebenso »aus denen Sachen Personen zu machen, aus denen Nominibus appellativis propria« (ebd. S. 136 f.), was besonders in der Hagiographie geschehen: Undecimilla Virgo; vgl. Delehaye, La légende hagiographiqur, S. 53 über Fasciola. — Vgl. über Karls des Großen angebliche Gemahlin Desiderata Hellmann, N. Arch. f. ält. Gesch. 34, 208 f.
[2]) S. 293.     [3]) Völ. Str. 43.
[4]) »Der geduckt im Saal sitzende?« (Gering S. 182).
[5]) Vgl. o. S. 295; man denke an die Gänse des Kapitols.
[6]) Str. 25.     [7]) Str. 26.
[8]) Gering z. d. St.; anders Heinzel-Detter 2, 181.
[9]) Gering a. a. O.

augenscheinlich Doubletten sind. Wie aber hätte ein Mytholog zweimal hintereinander das Gleiche gesetzt? Die beiden Tiere nähren sich von den Zweigen des gleichen Baumes; sie strömen beide unversieglich Naß aus [1]); sie stehen beide »auf Heervaters Halle«, wobei eine kleine Variante des Textes direkt für getreue Benutzung umlaufender Halbstrophen Zeugnis ablegen könnte. — Ich muß doch noch einmal an Amalthea [2]) erinnern, deren Wunderhorn überquellende Fülle symbolisiert — wie die Hörner Eikthyrnirs altertümlich genug überquellen; allerdings wird sie von Preller-Robert [3]) als die »Quelle als nährende Mutter« gedeutet. Sollten es nicht uralte Symbole des fruchtbaren Lebens sein, wie Audumla, die sich ähnlich nährt, um ähnlich zu nähren?

Hvergelmir und die Flüsse all [4]) sind ja gewiß jung. Aber zwei Denkverse können alt sein, die in der Art der Antworten in Vaf. beide entschieden, wo der Urquell alles Wassers sei. Dafür gab es zwei Antworten: entweder war es ein uraltes mythisches Gebilde von der Art der Audumla und Amalthea, in Snorris Bericht (zufällig oder wegen dieser Stelle) nicht aufgenommen — oder der Sonnenhirsch, der ja überall Quellen erweckt. Und wieder: wenn Eikthyrnir das Gestirn ist (man weiß, daß ich nicht dazu neige, die Elementarmythen unendlich zu vermehren) — kann nicht auch Heidrún ein Gestirn sein, an den Himmel versetzt wie Amalthea [5])? d. h. eine alte Gestirngottheit, vielleicht identisch mit der »Einfüßigen Ziege« der Inder, die auch ein Sonnendämon scheint [6])? oder doch jedenfalls [7]) zu den Himmelsgottheiten gehört? — Dann hätten zwei verschiedene uralte Hypothesen des Sonnengottes fortgelebt, beide noch aus der »tiergestaltigen Epoche« des Dämonismus, beide noch immer als Gestirne aufgefaßt, die »auf Odins Haus stehen«, was freilich ursprünglich nicht Walhall meinte, sondern das Himmelsgewölbe. —

### Hel.

Aelter ist sicher die Schilderung der Unterwelt, die zum Teil auf indogermanischen Ansätzen beruht. (Der Höllenfluß; vielleicht auch der Höllenhund? [8]) Die Topographie der Unterwelt entwickelt sich von unsern Augen [9]).

[1]) Wie das Ölkrüglein der Witwe, wie die Züge im Märchen (vgl. Heinzel-Detter z. St.), wie der Äpfel des Condla (Thurneysen, Sagen aus dem alten Irland, Berlin 1901, S. 75.
[2]) Preller 1, 35. [3]) 1, 36.
[4]) Str. 27f.; abgekürzt Gylf. cap. 4: Gering S. 300; vgl. o. S. 454.
[5]) Preller 1, 133.
[6]) Macdonell S. 75. [7]) Ebd.
[8]) Vgl. allgemein Rohde, Psyche; A. Dieterich, Nekynia,
[9]) Vgl. allgemein Golther S. 473, Meyer S. 456f. 463f. u. ö.. Für die Griechen Preller 1, 807f. Auch M. Landau, Hölle und Fegefeuer, Heidelberg 1900.

## § 27. Einteilung und Ordnung der Welt. 465

**Eddalieder.** Die Völ. gibt (Völ. Str. 38—39) eine Schilderung des Heims der unter die Erde gebannten Ungeheuer. Ein Saal, fern von der Sonne, die Pforten nach Norden, auf *Nástrand* (Totenstrand); durch die Öffnung nach oben, das Rauchloch, strömt ein Giftregen [1]), die Wände sind von Schlangen umwunden; durch reißende Ströme waten Meineidige und verräterische Mörder. Dort weilen der Drache Nidhögg und der Fenriswolf und nähren sich von den Leichen. — Also: unter der Erde ein Ort des Schreckens, dunkel, kalt; dort nur Leichen und Ungeheuer und, zwischen beiden, bestimmte Verbrecherkategorien. Die Strafflüsse sind wohl durch den sich ansammelnden Giftregen gebildet. — Typische Schilderung eines grauenvollen unterirdischen Gefängnisses mit den dafür sprichwörtlichen Schlangen, der Dunkelheit und Kälte [2]).

Für unecht halte ich die vorhergehenden Strophen. Str. 36:

> Es ergießt sich von Osten durch giftige Täler
> Mit Schwertern und Dolchen die schäumende Slídr.

Das scheint nur eine Doublette der zweiten Halbstrophe von Str. 38, wo aber besser der Giftregen von oben hereinströmt. Verdächtig ist ferner der Name, *Slídr*, mit seiner Schreckensbedeutung gewiß eine Neuerung wie der Pyriphlegethon »Feuerstrom« und der Kokytos »Heulstrom« [3]), ja wie der Name der (an sich uralten) Styx selbst. Gerade deshalb wird der Name besonders betont: »*Slídr* heißt er«, wie nur noch ein einziges Mal in der Edda, in der Rigsthula [4]). — Endlich ist die Charakteristik des Feuergiftstroms, daß er kleine und große Schwerter wälzt, auffallend; mag das nun [5]) die schneidende Kälte bezeichnen sollen, oder die Schärfe des Giftes — was mir wahrscheinlicher ist [6]). Der Vergleich mit Artefakten ist der alten Poesie fremd, die nur den Vergleich mit der künstlichen Herstellung kennt [7]). Es klingt durchaus christlich (die sieben Schwerter im Herzen der Mater dolorosa!) — Sind hier Zweifel möglich, so scheinen sie mir bei Str. 37 ausgeschlossen:

> Im Norden erhob sich auf dem Nidagefilde
> Ein Saal von Gold für Sindris Geschlecht;
> Auf Okólnir stand ein andrer
> Biersaal des Riesen, der Brimir heißt.

[1]) Die *Elivágar* des Chaos; vgl. o. S. 454.
[2]) Die »aus Schlangen geflochtene Wand« ist von der finnischen Kalewaladichtung übernommen worden (Heinzel-Detter 2. 53).
[3]) Preller 1, 817.
[4]) Str. 28; über altgermanische Einführung von Namen vgl. meine Altgerm. Poesie S. 372.
[5]) Gering z. St.; Heinzel-Detter 2, 50.
[6]) Vgl. Lokis Schmerz Gylf. cap. 50: Gering S. 347.
[7]) Vgl. meine Altgerm. Poesie S. 440, wo aber dieser wichtige Unterschied noch nicht erkannt ist.

Sindri kommt[1]) als Zwergname vor; Brimir nur noch in einer interpolierten Strophe[2]). Unzweifelhaft sollen sie Zwerge und Riesen bedeuten; wie kommen die aber nach Nástrand? Es sind die Schwarzelben, antwortet Gering[3]); aber sie werden bei dem Generalappell der Götterfeinde[4]) nicht erwähnt[5]). — Ferner: ein Goldsaal und ein Biersaal an diesem Ort des Schreckens! Sie müssen von wo anders her versetzt sein wie Aladdins Palast[6]). Und man ahnt auch, weshalb. Das Haus der Hel steht nach Norden gerichtet, also im Süden; die Alte[7]) sitzt nach Osten zu. Die Pedanterie holt die anderen Himmelsrichtungen nach: Slídr kommt von Osten — dem Eisenwald, der nach Osten schaut, entsprechend: dem Südsaal werden Nordsäle gegenübergebaut. So ist ein unterirdisches Asgard fertig[8]).

In der Unterwelt leben noch weitere »Leute der Hel«[9]); oder sind es (wie in der Zoroastrischen Religion) die in die Unterwelt gebannten Verbrecher selbst[10])?

Veg. Str. 2—3: Odin reitet nach *Niflhel* (»Nebelhölle«). Als Wächter ein (namenloser) Hund mit blutiger Brust. Hel wohnt in einer Burg mit Toren auch nach Osten.

Str. 6—7: Zum Empfang Balders steht der Meth bereit, von einem Schild bedeckt; die Bänke sind mit blitzenden Ringen, die glänzenden Dielen mit Gold belegt. — Offenbar ist diese Schilderung den Walhallschilderungen nachgebildet; wiederholt wird ja dort die Vorbereitung des Empfanges geschildert, die Walküren kredenzen Meth — und zu den Schildjungfrauen paßt der Schild, nicht zu Hel oder dem unkriegerischen Balder —; die Wände sind mit Gold bedeckt. Also eine Art Walhall in Niflheim — offenbar eine Erfindung erst des Dichters von *Baldrs Draumar*. Aber sie kann weiter gewirkt haben: von hier wird die seltsame goldbedeckte Brücke zur Unterwelt[11]) stammen und vielleicht auch noch der abgeschmackte unterirdische Trinksaal[12]).

[1]) Skáldsk. 3: Gering S. 364; als zugeschriebene Randnotiz?
[2]) Vgl. zu dem Namen Heinzel-Detter 2, 51.
[3]) Z. d. St.  [4]) Str. 50 f.
[5]) Später nennt Snorri den Saal selbst Lindri; vgl. Heinzel-Detter z. St.
[6]) Vgl. Meyer S. 458.  [7]) Str. 40.
[8]) Besonders gut gewählt ist noch der Name des Biersaals: »Okólnir«, »der nicht kalte« — »ein seltsamer Name für einen Berg in dem eisigen Riesenlande« (Gering z. St., der also die beiden Säle an die Grenzen von Niflheim verlegt; sie müssen wohl aber nach dem Zusammenhang innerhalb des Reiches der Hel gedacht werden). Vermutlich, damit das Bier schön warm bleibt!
[9]) Str. 47. 51.
[10]) In Str. 44. 49. 58 vgl. u.
[11]) Gylf. cap. 49: Gering S. 349; siehe u.
[12]) Völ. Str. 37.

## § 27. Einteilung und Ordnung der Welt. 467

Vaf. Str. 43: die letzte Welt ist *Niflheim*, »die Tiefe, die die Scharen der Toten verschlingt«.

Helr. Str. 1 (und Einleitung): ein Weg, der durch felsige Pforten eines von einer Riesin (als Wächterin?) bewohnten Hauses führt. Doch das interessante Lied (ein Parricida-Dialog) ist jung und ohne Autorität. Für eine Nachbildung der Höllenschilderung, die an eine falsche Stelle geraten ist, halte ich auch Grim. Str. 39: Thor hat Flüsse zu durchwaten (vgl. Hárb. und Thor auf der Fahrt zu Geirröd)[1]) und die Brücke brennt. — Allerdings sind tiefe Flüsse wohl überall als Grenzen zu denken; aber die Vereinigung des Durchwatens und Feuers mit heiligen brennenden Wassern[2]) riecht verteufelt chthonisch! —

Fassen wir all dies zusammen. In einem Lande Niflheim oder Niflhel, am Strand der Toten, ein unterirdisches Verließ mit Feuerfluten (auf die Berührungen von »Gift« und »Feuer« war schon öfters hinzuweisen), Schlangen und Ungeheuern — ein fortlebendes Stück Chaos, von den Feinden der Menschen bewohnt. Umgrenzt wohl eben durch jene Flüsse, von einem Höllenhund bewacht, der mit Kerberos so gut wurzelverwandt sein kann wie die germanischen und griechischen Höllenflüsse untereinander[3]). —

Snorri berichtet: Nach Balders Tod reitet[4]) Hermod neun Nächte; dann kommt er zu dem Flusse *Gjöll*[5]), über den eine goldbelegte Brücke (?) führte. *Módgud, die mutige Kriegerin*, bewachte die Brücke... Darauf ritt er zu dem Höllentor... Beibehalten ist hier der Grenzfluß, das Tor; umgewandelt der Wächter: statt des Hundes eine Kriegerin — gemeint ist wohl die Riesin der Helreid. Neu die goldene Brücke, die ganz aus dem Stil fällt, und der Name des Flusses[6]).

Selbständige Schilderung von Hels Reich Gylf. cap. 3[7]): Odin hat die Hel nach Niflheim geschleudert; dort herrscht sie und hat eine große Wohnstätte, die Wälle sind hoch und die Türe weit. (Folgt die alle-

---

[1]) Skáldsk. cap. 2: Gering S. 363.
[2]) Vgl. die Styx, bei der geschworen wird; anders Heinzel-Detter 2, 183.
[3]) v. d. Leyen (S. 87) hält den Höllenhund für eine alte Doublette des Sonnenwolfs. Aber der Hund, das gezähmte Haustier, eignet sich mehr zum Wächter als zum Räuber. — Herakles holt den Kerberos (Preller 1, 809) wie Thor (Hym. Str. 22 f.) die Midgardsschlange.
[4]) Gylf. cap. 49: Gering S. 345.
[5]) Aus dem Katalog Grim. Str. 28.
[6]) Dieser bezeichnet ein andermal (Gylf. cap. 34: Gering S. 325) den Felsstein, mit dem die Loki fesselnde Schnur verankert wird. — Die Riesin *Hyrrokin*, die vom Feuer Verrunzelte, die mit Leichentieren — ein Wolf mit Schlangen aufgezäumt — Balders Leichenschiff ins Wasser zieht, mag eine Doublette der späten riesischen Unterweltswächterin sein (Gylf. cap. 49: Gering S. 344).
[7]) Gering S. 323.

gorische Ausmalung ihres Gesindes)¹). — Hierher kommen nach Snorri alle Bösen²) — was gewiß christlich gedacht ist³).

Man sieht also deutlich die Zunahme von typischer zu »ikonischer« Haltung: Nomina propria, Epitheta (die goldbelegte Brücke; oder war sie etwa nur zu Balders Empfang vergoldet worden?), schließlich das Hausgesinde. — Diese selbe Richtung zeigt sich aber auch schon in dem berühmten Refrain der Völ.⁴), wo der Hund seinen Namen hat, *Garm*, und seine eigene Höhle, *Gnipahellir;* wie denn hier auch die Ersetzung des Wächterhundes oder vielmehr seine Verdoppelung vorgenommen ist: wie dort Módgud, ist hier⁵) Eggthér der »Hüter der Riesin«, der Hel (oder sollte er Módguds Diener sein?)⁶).

Die Topographie schlägt also hier ganz dieselben Wege für Hel ein wie (in Grim.) für das Heilige Land; Anhäufung von Namen und fast philologische Ausnutzung von Andeutungen (Helreid); uraltes Gut (die Höllenflüsse) mit jüngster Allegorie verbrämt. Was für unsere Auffassung und Bewertung der Grim. spricht⁷).

### Midgard.

Über **Midgard** besitzen wir lediglich eine späte Angabe⁸), im rein geographischen Stil: »Die Erde ist kreisrund, und um sie herum liegt das tiefe Meer (die antike Erdscheibe mit dem Okeanos), an dessen Küsten die Götter den Riesen Wohnplätze anwiesen. (Wohl weil Snorri den Okeanos mit Wimur, dem mächtigsten aller Ströme, gleichsetzt, der Geirröds Reich abschließt)⁹). Weiter rückwärts auf der Erde aber errichteten sie wegen der feindlichen Gesinnung der Riesen einen Burgwall rund um die Erde und benutzten dazu die Wimpern Ymirs und nannten den Burgwall Midgard. (Falsche Auslegung von Völ. Str. 4 und besonders Grím. Str. 41: Midgard ist vielmehr die von dem angeblichen Wall umschlossene Erde selbst, wie althochdeutsch Meregarto.) — Somit wäre aus dieser Erdbeschreibung nichts weiter zu gewinnen¹⁰).

---

¹) Siehe o. S. 391.   ²) Gylf. cap. 3: Gering S. 300.
³) Golther S. 474, vgl. 472. — Systematisierte Schilderung bei Saxo (S. 31, Herrmann S. 38), christianisierte in Gottschalks Vision (Müllenhoff, D. Alt. 5, 113.
⁴) Str. 44. 49. 58.   ⁵) Str. 42.
⁶) Der Name Garm findet sich auch in dem Katalog der besten Dinge Grím. Str. 44, was bei der Nachbarschaft Bragis nichts für hohes Alter beweißt.
⁷) Schoning Dódsriger sucht nachzuweisen, daß auch das Riesenreich Jötunheim (S. 9f) ein ursprüngliches Totenreich ist, was wir mit seiner ganzen Auffassung der Riesen (vgl. o. S. 121) ablehnen müssen.
⁸) Gylf. cap. 8: Gering S. 303.
⁹) Skáldsk. cap. 2: Gering S. 362.
¹⁰) Ihr Ergebnis, das altnordische Weltbild, bei Weinhold, Altnord. Leben, S. 358.

## § 27. Einteilung und Ordnung der Welt.

3. Der dritte Schritt ist der Versuch, die einzelnen Welten zueinander geographisch in Beziehung zu bringen. Dazu gibt es zwei Wege: Bestimmung der Entfernung und Bestimmung der Lage.

a) Das Messen der Entfernung bezieht sich auf den Weg von Mittelpunkt zu Mittelpunkt, da im übrigen alle Welten einander benachbart scheinen oder wenigstens dazwischen liegender Welten nie gedacht wird. Zunächst fehlt jede Angabe über den Abstand: von Asgard zu Niflheim [1]), von Asgard zu Thrymheim [2]) und in umgekehrter Richtung [3]), wo bei Hrungnirs und Odins Ritt nur gesagt wird, daß die Rosse schnell liefen. Besonders charakteristisch scheint mir die eine Stelle bei Snorri [4]), wo es einfach heißt: »die Hel schleuderte er nach Niflheim herab« — doch wohl aus Asgard, da man die Teufelsbrut ja erst aus Jötunheim hatte holen lassen. Dagegen fällt Hephaistos vom Olymp nur bis zur Erde [5]) einen vollen Tag lang — ein episches Zeitmaß, das auch in der Hym. [6]) begegnet. — Die andere Stelle in der Prosa [7]) geht [8]) wohl auf sehr alte Grundlage zurück.

b) Die Entfernung wird durch gewisse symbolische Züge verdeutlicht. Es wird auf die Schwierigkeiten der Fahrt hingewiesen [9]). Es ist die gleiche Methode, die außerhalb der Reisen von Götterwelt zu Götterwelt typisch dadurch ausgedrückt wird, daß die Gestalten »durch den dunklen Tann« [10]) reiten. Es ist die lediglich symbolische Andeutung eines langen, schweren Weges [11]). In höhnischer Form findet man dasselbe in Odins Wegbeschreibung für Thor [12]). — Oder die Länge des Weges wird durch Aufenthaltsstationen bemerkbar gemacht: Thor hält Rast bei der Grid [13]), was freilich (wie die Unterbrechung von Brynhilds Fahrt bei der Riesin in Helr.) auch durch die Handlung motiviert ist. — Anders ist es, wenn die Station erst unmittelbar vor dem Ziel gemacht wird wie Skirn. Str. 11 [14]).

[1]) Veg. Str. 2; auch Gylf. cap. 34: Gering S. 322; vgl. u.
[2]) Thrymskv. Str.·4, denn »bald erreicht er der Riesen Heimat«, gehöhrt wie das »fern im Osten« Hárb. Str. 29 nur Gerings Übersetzung an; Str. 8. 21 — beiläufig bemerkt, spricht auch dies für die Altertümlichkeit der Hamarsheimt; ferner Skírn. Str. 10, Vaf. Str. 4.
[3]) Skáldsk. cap. 1: Gering S. 357.
[4]) Gylf. cap. 34.   [5]) Preller 1, 174.   [6]) Str. 7.
[7]) Skáldsk. cap. 1.   [8]) Siehe o. S. 299.
[9]) Skirn. Str. 20, mit Verstärkung durch metrische Hilfsmittel: das »feuchte Gestein« auf dem Wege von den Göttern zu den Riesen.
[10]) Myrkwid Lok. Str. 37 — wo es Gering aber als Grenze gegen Muspellheim faßt —; Vkv. Str. 1; auch in der Heldensage: Helg. Hund. 1, 52; Akv. 3—5; gesteigert Str. 13: »auf wüsten Felsenpfaden durch den wilden Forst von Myrkwid«. Vgl. auch Helg. Hund. 1, 17.
[11]) Vgl. Grógaldr Str. 4.   [12]) Hárb. Str. 55.
[13]) Skáldsk. cap. 2: Gering S. 362.
[14]) Vgl. u.

c) Endlich folgt auch hier die »ikonische« Stufe: genaue Angaben. Den Übergang bildet es, wenn Thor einen vollen Tag lang scharf fahren muß, um zu Hymir zu gelangen [1]). Volle Genauigkeit (immer natürlich erst mit heiligen Zahlen!) haben wir erst bei Snorri, wo Hermod [8]) neun Nächte [2]) bis zur Unterwelt reitet. —

1. Zur Bestimmung der gegenseitigen Lage der Welten ist das erste Mittel das uralte Betonen einer Grenze zwischen beiden Welten [4]). Zuerst ganz allgemein: »den Fluß verteidigte ich, als Svarangs Söhne den Angriff versuchten« [5]). Also: ein Fluß als Grenze. In der Regel ist es ein Wald [6]); sogar der Begriff ist von hier entlehnt [7]). So bei Tacitus die *silva Hercynia* [8]). — Die deutlichste Unterbrechung wäre freilich, wie zwischen den Häusern [9]), so zwischen den Welten ein leerer Raum.

Der Begriff der Grenze wird nun weiter durch Staffage belebt. So haben wir schon in der alten Skírnísför [10]) den Hirten, der wachsam auf dem Hügel sitzt (ins Heroische übertragen mit Eggthér, dem Hirten der Riesen, der auf dem Hügel die Harfe schlägt) [11]). Dann ist es [12]) der Herrscher Surtr selbst, der mit dem Schwert in der Hand an der Grenze seines Reiches sitzt [13]). — Der nächste Schritt ist wieder die geographische Namengebung. Der Fluß, der Hárb. Str. 29 noch einfach der anonyme Grenzfluß war, heißt nun [14]) *Ifing;* und man weiß von ihm ein Naturwunder im Stil des althochdeutschen Meregarto: er friert nie zu — weil er dann aufhören würde, eine Grenze zu bilden. — Endlich hat man sogar für das ganze Grenzgebiet einen Namen entdeckt: bei *Grjótunagard,* dem Bezirk der Steingehege [15]), ist die Länderscheide zwischen dem Götter- und dem Riesenland [16]).

[1]) Hym. Str. 7.
[2]) Gylf. cap. 49: Gering S. 345.
[3]) Die alte Zählung, nicht nach Tagen, die schon Tacitus Germ. cap. 11 auffiel; bei der Fahrt ins Nachtreich besonders motiviert!
[4]) Vgl. allgemein J. Grimm, Deutsche Grenzaltertümer, Kl. Schr. 2, 30 f.
[5]) Hárb. Str. 29; mit Angabe der Weltrichtung (s. u.) kombiniert.
[6]) Wie Gering (S. 37) auch hier voraussetzt.
[7]) J. Grimm S. 33.
[8]) cap. 28. 30; vgl. bes. cap. 43.
[9]) Nach Tacitus Germ. cap. 10.    [10]) Str. 11.
[11]) Völ. Str. 42; vgl. Heinzel-Detter 2, 58.
[12]) Gylf. cap. 4: Gering S. 300.
[13]) Über die Wächter der Unterwelt, Garm, Mödgud, Eggther, vgl. weiter o. S. S. 468.
[14]) Vaf. Str. 16.
[15]) Vgl. die feuchten Steine Skírn. Str. 10.
[16]) Charakteristisch für die zunehmende Detailmalerei ist, daß die Prosa zu Skírn. Str. 10 dem Grenzzaun böse Hunde — im Stil Garms — zu Wächtern gegeben hat. Ebensolche bellende Hunde auch Fjöl. Str. 19—20. — Heinzel-

## § 27. Einteiluug und Ordnung der Welt. 471

Eine weitere Verdeutlichung der Grenze ist das Erbauen einer **Grenzburg**[1]), recht aus dem Leben genommen, wie in dem Märchen vom Riesenbaumeister[2]), während früherer Anschauung der »Grenzwall der Asen«[3]) genügte. Dies heroische Detail wird erweitert durch die vom Himmel zur Erde geschlagene **Brücke**[4]). Allerdings führt sie nach Midgard, wo die Götter täglich in Geschäften zu tun haben; aber einmal werden doch die aus der Unterwelt über sie hinwegstürmen, so daß sie bricht[5]). Dennoch ist sie die beste der Brücken[6]), denn wenn die Feinde kommen, **soll** sie brechen. Also eine Art automatischer Zugbrücke, märchenhaft, aber doch noch ganz realistisch von dem Wächter Heimdall[7]) am Brückenkopf bewacht. — Natürlich wird die Vorstellung des Regenbogens als einer Brücke zwischen Himmel und Erde volkstümlich sein; sie festzulegen und zu benennen (»*Bifröst*«, »der schwankende Weg«), blieb wohl den späteren Göttertopographen vorbehalten. — Dagegen tragen wir Bedenken, der Zaunpforte vor Walhall ein »Vexierschloß« zuzuschreiben, »wie das Tor in Fjölsv. Str. 9—10 eine Art Selbstschloß ist«[8]).

2. Man schreitet von da zu einer genaueren Orientierung nach der Windrose fort. Das Land der Riesen liegt im Osten[9]); aber wo spielt sich eigentlich der Dialog der Hárb. ab? Doch wohl zwischen Asgard und Jötunheim[10]). Nach Osten zu liegt auch[11]) das Land der Ungeheuer, also Niflheim[12]). Endlich die Götterfeinde kommen von Osten[13]), Norden[14]), Süden[15]). Da die Dreiteilung der Scharen wohl erst dem Dichter der Völ. gehört[16]), ist wohl nur die erste Angabe als echt anzusehen; Surt, der Dämon der Hitze, kommt von Mittag her, und für Loki bleibt dann der Norden. Westen ist also die gute Gegend. Die germanischen Tempel sind auch

Detter (2, 196) vermissen das Durchreiten der Waberlohe; aber eine solche scheint nur zauberisch Gebannte zu umzirkeln: Svipdagsmál, Sigdrifumál; auch Gerd, die Skírnir nur nach Durchreiten der Waberlohe (Skírn. 8. 9. 17. 18) erreichen kann, scheint durch einen Zauber geschützt (vgl. Str. 7).

[1]) Himinbjörg, Heimdalls Berg, Grím. Str. 13.
[2]) Gylf. cap. 42: Gering S. 332.
[3]) Völ. Str. 24.
[4]) Ausführlich über die Gylf. cap. 13: Gering S. 308.
[5]) Faf. Str. 15.
[6]) Grím. Str. 44; vgl. Gylf. cap. 13.
[7]) Gylf. cap. 27: Gering S. 320.
[8]) Heinzel-Detter 2, 180.
[9]) Hárb. Str. 29.
[10]) Vgl. auch Grím. Str. 29, welche Angaben wir aber (siehe o. S. 469) für unecht halten.
[11]) Völ. Str. 40.
[12]) Vgl. Str. 36 und über die Säle im Norden Str. 37 o. S. 466.
[13]) Hrym: Völ. Str. 50.   [14]) Loki: Str. 51.
[15]) Surt Str. 52.   [16]) Siehe o. S. 448.

überwiegend von Osten nach Westen schauend orientiert[1]), während im Alten Reich Ägyptens, in den römischen Lagern, in den Straßen von Peking die Richtung auf Sonnenaufgang genommen ist[2]). Ob auch das jener alten Anschauung[3]) entspricht, daß die Nacht den Tag herbeiführe[4])?

J. Grimm[5]) spricht von »mehrfachen, freilich verdunkelten Vorstellungen von drei oder vier Wegen, welche, den Himmelsgegenden nach, von bestimmter Mittelsäule aus ... das gesamte Land zu teilen scheinen«. Diese wären dann hier einzuschalten, wenn sie nicht schon urgermanisch sein sollten. — Schoning verlegt das ursprüngliche »Totenreich« Jötunheim in den Norden, weil er die »Reifriesen«[6]) einfach mit den »Riesen« schlechtweg identifiziert; dabei führt er die nach Osten führenden Stellen selbst[7]) an. Damit soll nicht geleugnet werden, daß manches für den Norden spricht, soweit eben überhaupt eine bestimmte Orientierung anzunehmen ist[8]).

3. Snorri gibt schon kleine Atlanten mit partieller Aufzeichnung der ganzen Lagerung. Wie ausführlich ist schon die Reiseroute nach Utgard[9]) beschrieben! Zunächst hat Thor einen ganzen Tag zu fahren, wie zu Hymir. Dann folgt die Fahrtunterbrechung bei dem Bauern, mit Abendmahlzeit und Morgentoilette; wie ein reisender Grandseigneur nimmt der Gott sich ein paar Einheimische zur Bedienung mit. Nun kommt als Grenze statt des Flusses das Meer, denn Utgard liegt ja jenseits aller Welt, also auch jenseits des Meeres. (Ginge es wirklich[10]) nur nach Jötunheim, so käme er rascher an!) Neues Nachtquartier; Mahlzeit mit der unheimlichen Reisebekanntschaft Skrymir; dritte Nachtruhe; Weg nach Osten zu der Burg. — Die Absicht, durch eine ausführliche Schilderung im Reisestil die Entfernung Utgards anschaulich zu machen, liegt hier klar zutage. Um den Rückweg auszufüllen, wird die Begegnung mit Hymir eingeschoben.

Noch mehr ins Einzelne gehen andere Angaben. Snorri weiß[11]), daß Idafeld auf der Stätte des ehemaligen Asgard liegt, wovon in der Völ.[12]) nichts gesagt ist. (Vielmehr ist Idafeld nach Völ. Str. 7 ja schon früher

---

[1]) Was zwar Thümmel (PBB. 35, 27) für Zufall hält; siehe o. S. 426.
[2]) Nissen, Orientation, Berlin 1906, I, S. 59. 90.
[3]) Tac. Germ. cap. 11.
[4]) Diese Anschauung ist noch in der späten Mythenmache (Gylf. cap. 10: Gering S. 304) gewahrt.
[5]) Kl. Schr. 2, 57.   [6]) a. a. O. S. 10.   [7]) Ebd.
[8]) Persische Analogie: Ebd. 21 Anm. nach Edv. Lehmann.
[9]) Gylf. cap. 49: Gering S. 334.
[10]) Vgl. cap. 45.
[11]) Gylf. cap. 53: Gering S. 351.
[12]) Str. 60.

§ 27. Einteilung und Ordnung der Welt.

dagewesen!) Und er weiß, daß dies Asgard in der Mitte der Welt lag[1]); daß die Weltwarte Hlidskjálf (in keinem Gedicht benannt) dort liegt, versteht sich allerdings von selbst. — Endlich ist die Reihenfolge der Heime[2]) wohl gewiß als eine geographische Folge zu denken. — Als ein getrenntes Gebiet wird mit besonderem Nachdruck mehrmals[3]) das Gebiet der Schwarzelfen hervorgehoben[4]): der Topograph ist hier in Verlegenheit, ob er sie bei den Elfen oder bei den Unterirdischen einlogieren soll.

Wir haben uns die Arbeiten zur Topographie des altheidnischen Kosmos als ernst wissenschaftlich gemeinte vorzustellen, etwa wie die Karten, die man zu Dantes Commedia entworfen hat (wo denn freilich wirklich lokale Anschauung des Dichters zugrunde liegt). Snorri hat hier nicht, wie gewiß oft bei der Namengebung, willkürlich erfunden, sondern nur kombiniert und ausgeführt. Daß man sich lange vor ihm schon auf diesem Wege befand, zeigt die Angabe über das Schlachtfeld des Götterkampfes (eigentlich hieß es wahrscheinlich *Völlr*)[5]):

> Das Feld heißt »Kampfesfeld«, wo sich finden zum Kampfe
> Die seligen Götter und Surt,
> Der Meilen hundert mißts im Gevierte —
> Die Stätte ist ihnen bestimmt[6]).

Das kann nicht alt sein, schon weil hundert keine altgermanische Zahl ist[7]), sondern beinahe ein Exponent jüngerer Entstehung[8]); und auch das quadratische Feld wird schwerlich volkstümlicher Phantasie verdankt[9]). Und wenn bei den Hellenen Phlegra, die Stätte der Gigantomachie, an vielen Stellen lokalisiert wurde[10]), ist uns von solcher Lokalisierung von *Wigrid* nichts bekannt, während doch Balders Grab, die von ihm erweckte Quelle (und vermutlich die Ankunftsstelle der Nerthus) gezeigt werden. (Anderswo wird denn auch die Benennung abgelehnt: auf Sigurds Frage antwortet[11]) die Fafnir-Interpolation: »das Feld heißt ‚Noch gar nicht geschaffen‘, wo alle Asen kämpfen werden«!)

Hier ist freilich überhaupt auf einen charakteristischen Unterschied germanischer und hellenischer Mythologie hinzuweisen. Wie lebendig ist

---

[1]) Gylf. cap. 10: Gering S. 304.
[2]) Gylf. cap. 14: Gering S. 307; cap. 17: S. 312.
[3]) Gylf. cap. 17: Gering S. 312; Skáldsk. cap. 4: Gering S. 367.
[4]) Das Gering Völ. Str. 37 finden wollte.
[5]) Siehe u.
[6]) Vaf. Str. 18 = Gylf. cap. 51: Gering S. 349.
[7]) Meine Altgerm. Poesie S. 84.
[8]) Vgl. die Belege ebd. S. 81.
[9]) Der spätere Comment steckt solche Felder zum Duell ab: Saxo S. 118 (Herrmann S. 157).
[10]) Preller 1, 75.    [11]) Faf. Str. 15.

bei den Hellenen das ganze Götterleben mit bestimmten irdischen Stätten verbunden! Wie ungreifbar schwebt es bei uns (wie bei den Indern) fast in der Luft! Wie höchst merkwürdig ist es, daß bei den Germanen die lokale Gebundenheit vieler Kulte, die sich schon in zahllosen Beinamen verrät[1]), ganz zu fehlen scheint oder doch gar keine erkennbaren Spuren hinterlassen hat! Solche Beinamen sind in der Prosa zur Kennzeichnung von Personen sehr beliebt[2]) und kommen so auch in der Heldendichtung vor[3]). Die Mythologie aber bot dazu keine Gelegenheit. Nicht einmal Njord und Skadi, bei denen so nachdrücklich auf die Heimat hingewiesen wird, werden danach benannt. (Eine Ausnahme macht nur vielleicht der Staatsgott Odin als *Gaut*, Gotengott)[4]). Eine volkstümliche, primitive Ortsgebundenheit fehlte; so blieb nur übrig, sie statt auf Erden im Himmel zu schaffen. Dies Fehlen der Lokalbezeichnungen spricht aber kräftig gegen die Annahme, die ältere germanische Mythologie habe nur lokale Kulte gekannt, die jetzt vielfach vertreten wird[5]).

4. Nur im Licht dieser gelehrten Himmelskarten scheint mir die höchste (und schlimmste) Leistung dieser kosmischen Geographie völlig verständlich: Yggdrasil, der gewaltige Baum.

### Yggdrasil.

Die Weltesche[6]) ist, wie ich glaube, wenigstens in ihrer ausgebildeten Form nichts als der Gipfel dieses Versuchs, die äussere Einrichtung der Welt anschaulich zu machen. Der Ursprung dieses Mythus scheint in den großen Bäumen zu liegen, die sich vor den Göttertempeln befanden und oft ihnen erst ihre Entstehung verschafft hatten. Nach Mannhardt hat besonders Chadwick erwiesen, daß die Folge so zu denken ist und nicht umgekehrt diese Bäume den Weltbaum abbildeten. So wird auch Walhall als Tempel Odins mit solchem heiligen Baum geschmückt: Laerad, von dem Heidrún und Eikthyrnir sich nähern[7]) muß dort gedacht werden; durch einen isolierten Vers[8]) ist uns weiter ein Hain *Glasir* (»der

---

[1]) Artemis Kynthia, Hephaistos Aeitnaios, Aphrodite Amathusia usw.; vgl. das Register bei Preller 1, 941f.

[2]) Vgl. F. Jónsson, Tilnavne i den islandske oldliteratur, Kobenhavn 1908, S. 173f.

[3]) Sigurd der hunnische Held: Sig. sk. Str. 4, Atlm. Str. 97; Sigrun von Sewafjöll: Helg. Hund. 2, 44, vgl. 35, 110; die Helg. Hjörv. hat eine besondere Vorliebe für Ortsnamen.

[4]) Vgl. Golther S. 301; doch vgl. auch Tyr als Saxnôt: immerhin Benennung nach Stämmen, nicht nach Orten; vgl. n. S. 106.

[5]) Z. B. von Bethge-Loewe in Gebhards Handbuch der deutschen Geschichte, 4. Aufl., Berlin 1910; 1, 53.

[6]) Chadwick S. 72f., Golther S. 527, Mogk S. 376, Meyer S. 453.

[7]) Grím. Str. 25—26; vgl. o. S. 463.

[8]) Skáldsk. cap. 36; vgl. Gering S. 150.

## § 27. Einteilung und Ordnung der Welt. 475

Glänzende«) bezeugt, der mit goldenem Laub vor Odins Palast steht[1]). Wir sahen schon, daß die Göttersitze durch solche Übereinstimmungen mit den irdischen Stätten des Gottes gekennzeichnet werden. Ein solcher Baum wird als die eigentliche alte Wohnung Odins vorgestellt[2]); deshalb kann er, weil Odin in seiner Krone wohnt, *Yggdrasil*, *Odins Roß* heißen, — Daß der Baum, an dem Odin die Runen fand, damit bezeichnet wurde, ist[3]) nirgends gesagt.

1. Dieser Baum, der vor Walhall steht, weil er vor irdischen Odinstempeln stand, wird, wie es scheint, der Ausgangspunkt des Mythus. Schon früh, schon gemeingermanisch knüpfen Mythen an Odins Baum: er ist immer grün[4]); denn er steht unter dem Schicksalsbrunnen. Niemand kennt seine Wurzeln[5]) und ihre Äste breiten sich über die ganze Welt[6]). Yggdrasil war nur sein einer Name; er hieß auch *Mimameid*[7]), nach der Anschauung (die wohl die ältere ist), daß die Quelle, an der er steht, die des Mimi (Mimir), nicht die der Urd sei. Dagegen klingt die Angabe, Feuer und Stahl können ihm nichts anhaben[8]), bedenklich, wie eine Abwehr der beliebten Fällungen heiliger Bäume durch Missionare. — So mögen denn auch Laerad und Glasir Synonyma des heiligen Baumes sein; obwohl solche Polyonymie für Gegenstände vereinzelt wäre. Aber es ist zu beachten, daß Laerad mit (wahrscheinlich alten) mythologischen Tieren zusammenhängt, und Glasir, wenigstens nach unserer Vermutung, mit göttlichen Frauen[9]).

Also: es bildet sich die Vorstellung, wie vor den Tempeln stehe vor Odins Halle ein wunderbarer Baum an einer rauschenden Quelle, die wohl ursprünglich die Mimirs war.

2. Die Völuspá ist schon weiter fortgeschritten: erstens hat sich die (vermutliche) Quelle Mimirs in die Urds verwandelt. Daß die Schicksalsgöttin eine Quelle besitzt, ist schwerlich alt, da diese nur Sonnengottheiten und natürlich Wassergottheiten gehören. — Zweitens am Stamm des Baumes steht ein Saal — aber nicht, wie an Glasir oder Laerad, der Odins,

---

[1]) Darauf scheint sich auch Helg. Hjörv. Str. 1 zu beziehen: Hjörvards schöne Frauen werden den Walküren verglichen; vgl. auch Heinzel-Detter 2, 346.
[2]) Siehe o. S. 249.
[3]) Chadwick S. 74f.
[4]) Völ. Str. 19 = Adam von Bremen über den Baum von Uppsala *aestate et hieme semper virens;* Chadwick S. 75.
[5]) Fjöl. Str. 14 = *cuius illa generis sit nemo scit* bei Adam von Bremen.
[6]) Fjöl. Str. 13; bei Adam von Bremen nur *late ramos extendens*.
[7]) Fjöl. Str. 14.   [8]) Fjol. Str. 14.
[9]) Es ist auch zu beachten, daß von den Mähnen der Walkürenrosse (Helg. Hjörv. Str. 28) wie von der Weltesche (Völ. Str. 19) ausgesagt wird, von dort komme der Tau in die tiefen Täler. In dem göttlichen Hain ist der Urquell des geheimnisvollen Naß.

sondern der der drei Nornen[1]). (Die beiden Strophen Völ. 19 und 20[2]) stimmen nicht ganz zueinander und könnten wohl Doubletten sein. Die erste scheint älter, setzt wohl nur Eine Schicksalsgöttin voraus und weiht dieser die Quelle, ohne übrigens über die Wohnung der Urd Näheres auszusagen. Die zweite setzt[3]) drei Nornen voraus; und sie hat bereits an der Quelle im Saal das Weltschicksalregulierungsamt, das wenigstens ich mich nicht entschließen kann für alt zu halten). Ist unser Vorschlag, den goldenen Hain Glasir für den (schon immer relativ jungen) Sitz der Walküren zu halten, berechtigt, so wäre alles leicht erklärt. Die Verwandtschaft von Nornen und Walküren[4]) hätte die Schicksalsschwestern von Odins Gnaden in die selbst ihm überlegenen verwandelt, und so wäre erst Urd, dann in anderer Lesung die Dreiheit an dem Baum gekommen. — Sonst wird in den alten Liedern nur noch ausgesagt, daß (der Baum vor Odins Halle) Yggdrasil bebt, als die Anzeichen des Kampfes nahen[5]) — wie aus dem Rauschen der Bäume prophezeit wurde; und daß es[6]) der beste (d. h. merkwürdigste) der Bäume ist.

3. Endlich aber erreicht der Weltenbaumeister der Grím. das Letzte; wahrscheinlich von Schnitzwerk mit phantastischen Einzelheiten im irischen Stil[7]) mit bestimmt[8]). Nun wird der Weltbaum zu einer Art »Globus«, einer plastischen Darstellung der Weltlage. Man kann sich diese mythologische Weltkarte leicht nachzeichnen. Zunächst werden die drei untergöttlichen Hauptwelten untergebracht: unter einer Wurzel die Unterwelt, unter der anderen die Riesen, unter der dritten die Menschen — also Hel auf gleichem Niveau mit ihnen! Die Götter halten an der Erde nur Gericht; Thor hat dazu einen weiten Weg durch Flüsse hindurch[9]). — Nachdem so die Hauptsache geschehen ist, folgt die dekorative Verschönerung, wie auf alten Atlanten, wo allerlei Landesprodukte den Ernst der Geographie aufheitern. Oben sitzt ein Adler[10]) oder ein goldener Hahn[11]); Snorri hat beide lustig kombiniert, indem er statt des Hahns

---

[1]) Vgl. Völ. Str. 29. 46, die die Nähe von Mimirs Quelle voraussetzen.
[2]) Vgl. Völ. Str. 8.
[3]) Wie allerdings die Völ. überhaupt: Str. 8 (ist es aber sicher, daß die drei Riesentöchter die Nornen sind?).
[4]) Vgl. o. S. 161.   [5]) Völ. Str. 47.
[6]) Grím. Str. 44.
[7]) Vgl. allgemein Olrik, Nord. Geistesleben, S. 86—87.
[8]) Ztschr. f. d. Phil. 38, 172.
[9]) Grím. Str. 29. — Vgl. allgemein über die »Anfänge der Kartographie« Andree, Ethnograph. Parallelen 1, 197f.
[10]) Grím. Str. 32; vgl. Heinzel-Detter z. St.
[11]) *Vidofnir*, Baumschlange; Fjol. Str. 17—18. — Dazu phantastische Arabesken bei Schück, Studier 2, 106f.

## § 27. Einteilung und Ordnung der Welt.

einen Habicht *Vedrfolnir* dem Adler noch zwischen die Augen setzte[1])! Ferner läuft das Eichhorn *Ratatösk* »Nagezahn« am Stamm entlang, und unten liegt der höllische Drache *Nidhögg*, der allein von all diesem Getier auch sonst belegt ist; vier Hirsche mit Namen zum Teil von Zwergen (alle mit D beginnend) nagen an den Ästen, unten verzehren Schlangen mit phantastischen Appellativnamen die Zweige.

All dies soll man für alt halten und die gelehrte Fabel »von der Wildkatze, die zwischen dem Adler auf der Spitze und dem Eber am Fuße des Baumes Unfrieden stiftet[2])«, soll uns nicht an tiefsinniger Ausdeutung hindern! Aber klingt dies alles, gerade auch durch seine allegorische Deutbarkeit, nicht mehr orientalisch[3]) als altgermanisch? Die märchenhafte Ausdeutung ist noch allenfalls begreiflich[4]); aber die christliche[5]) nicht. Wie gut wird aber das ganze Bild erklärlich, wenn man es eben wirklich als ursprüngliches Bild faßt!

Man kann sich ja einige Elemente leicht ableiten: den Adler, der in Odins Baum wohnt[6]); die Wurzeln, die in ihrer Stärke auf der Schnitzerei angedeutet haben, wie tief der Baum gegründet ist[7]). Und die von den Höhlen der ältesten Felszeichner her beliebten äsenden Hirsche und die Schlangen, vielleicht nichts weiter als Schnörkel, sind konisch leicht herzuleiten.

Ich glaube nicht, daß meine Erklärung alle Zweifel löst; aber mindestens scheint sie mir geeignet, uns von einer ganzen Last verschwendeten Tiefsinns zu befreien — was hat nicht allein Schück[8]) aus der »Widofnir-Sage« gemacht! Aber daß die Tempel mit Schnitzereien bedeckt waren, wissen wir, und wie diese etwa aussehen, auch. Vögel und Schlangen, Schlangen und Vögel, das beherrscht die ganze altgermanische Ornamentik. Man sehe sich doch nur Säves Siegfriedbilder darauf an, wie die ornamentale Phantasie in den Vorstellungen des Drachen wuchert! oder man freue sich bei Salin[9]) daran, wie die Löwen des Propheten Daniel beinah zu Schlangen mit Thierköpfen geworden sind! Auf dem Wolfskampf von der Insel Man[10]) darf weder der Vogel noch die Schlangen-

---

[1]) Gylf. cap. 16: Gering S. 311.
[2]) Bei Phädrus; vgl. Heinzel-Detter 2, 185.
[3]) Man denke an die durch Rückert volkstümlich gewordene Fabel von dem **Mann im Syrerland!**
[4]) Vgl. auch Grím. Str. 10.
[5]) v. d. Leyen, Märchen, S. 13f.
[6]) Bei Bugge, Golther, Meyer.
[7]) Noch bei Victor Hugo treffen wir die gleiche Verwandlung: »*les racines qui ont l'air de vipères*« (Mabilleau, V. Hugo, Paris 1907, S. 127.
[8]) a. a. O.
[9]) Die altgerm. Tierornamentik, Stockholm-Berlin 1904, S. 113.
[10]) Olrik, Ragnarok, S. 162.

umringelung fehlen. Und wie viel Gelegenheit gab die Mythologie und Heldensage zu diesen Darstellungen! Die Schlangen zischen in Nástrand und in der Grube Gunnars[1]. Jagdbilder fordern den Habicht und den Hund[2] usw. Je mehr nun klar geworden ist, daß die primitive Ornamentik auf Naturnachahmung ruht[3]), desto begreiflicher wird uns die Häufigkeit der »Schlangenlinien« bei Germanen wie bei Neuseeländern[4]). Sollte eine Ableitung des Gewürms unter der Wurzel von diesem Lieblingsmotiv nicht so einfach sein wie die Erklärung der Varianten Adler, Habicht, Hahn aus dem stilisierten Vogelbild[5])? — Allerdings die Hirsche scheinen in der hieratischen Kunst und daher auch in der ornamentalen seltener als in der urgeschichtlichen[6]); aber der Sonnenhirsch gab auch hierzu Gelegenheit (Eikthyrnir!)[7]).

4. Dieser »Realisierung« der mythologischen Welt steht als notwendige Ergänzung die Mythologisierung der gegebenen Welt gegenüber[8]). Die Erde schwebt im leeren Raum — daraus wird bei Adam von Bremen ein geographischer Begriff, die Grenze des Weltmeers im hohen Norden[9]). Über der Welt steht der Himmel mit den Gestirnen; für diese wird nun eine ganze Mythologie ausgeklügelt[10]). Tag und Nacht werden von zwei Pferden, *Skinfaxi* (mit leuchtender Mähne) und *Hrimfaxi* (mit betauter

[1] Akv. Str. 18; vielleicht schwebte dem Darsteller des Daniel a. a. O. statt der Löwen- eine Schlangengrube vor.
[2] Vgl Olrik, Altnord. Geistesleben, S. 84.
[3] Vgl. z. B. Grosse, Anfänge der Kunst, S. 122.
[4] Schurtz, Urgesch. d. Kultur, S. 528.
[5] Olrik (Om Ragnarok a. a. O.) läßt es z. B. auch einmal unentschieden, ob ein Adler oder ein Rabe gemeint ist — genau wie noch der alte Fontane bei dem Federhalter der Poggenpuhls, Werke 8, 269: »er schloß nach oben hin mit einem Adler ab, der aber auch eine Taube sein konnte . . .«
[6] Vgl. z. B. Hoernes, Urgeschichte der Kunst.
[7] Jagdbilder bilden die ungeheuere Mehrzahl der ältesten figuralen Kunst: Verworn, Anfänge der Kunst, Jena 1909, S. 48; man wird das Dogma vom religiösen Ursprung aller Kunst wesentlich einschränken müssen. Hirsche und Eber dominieren. Mancher ikonische Mythus wird von hier herrühren; so der des Aktäon vielleicht von einer Zeichnung des als Hirsch verkleideten Jägers wie bei den Buschmännern (a. a. O. S. 67). Und wer die beiden Bisons mit in ihre Seiten gezeichneten Speeren aus der Höhle von Niaux (ebd. S. 46) betrachtet, wird darauf verzichten, die Verse aus der Sangaller Rhetorik (MSD. XXVI):
Der heber gât in litun,
tregit sper in situn,
mit J. Grimm (vgl. MSD. Anm. 2, 131) mythologisch zu deuten. Es könnte geradezu die Beschreibung einer riesigen Felsenzeichnung vorliegen.
[8] Golther S. 520, Mogk S. 378.
[9] Golther a. a. O.
[10] Vaf. Str. 12. 14. 25, Sgdr. Str. 3 (?), Gylf. cap. 10: Gering S. 305; vgl Golther S. 522.

## § 27. Einteilung und Ordnung der Welt. 479

Mähne) herangebracht: wie der Tau von dem Gebiß des schnaubenden Pferdes herabtropft, das ist ein schönes Bild, aber seine Deutlichkeit setzt die Naturbeobachtung der Heldendichtung voraus. Außer ihren Rossen erhalten Tag und Nacht auch noch Väter: *Delling* und *Nor* (mit alliterierenden Namen zu *Dag* und *Nótt*). Ebenso erhalten Sonne und Mond einen Vater [1]) und die Sonne eine Tochter und Erbin [2]). — Diese Fährte wird dann wieder, wie es scheint [3]) unter ikonischem Einfluß, ausgeführt: zwei Rosse *Arwakr* »Frühwach« und *Alswid* »Vollkommen weise« (auf die die Hör- und Beobachtungskraft des als Sonnengott aufgefaßten Heimdall verteilt scheinen) [4]) ziehen die Sonne statt des einen Pferdes [5]); vor der Sonne steht der Schild *Swalin,* »der Abkühlende« [6]), wohl einfach der alte Sonnenschild selbst, nun zum Attribut geworden. Snorri setzt dann noch das Tüpfelchen aufs i, indem er die Genealogie zur Erde herüberleitet und noch ein paar Glieder und Namen hinzufindet. — Antike Einflüsse braucht man dazu schwerlich [7]) zu bemühen [8]). Dagegen sind alle Volkssagen über die Mondflecken [9]) und Sonnenfinsternisse [10]) gewiß in die Mischung eingegangen. Ähnlich scheint es mir [11]) auch mit dem Regenbogen zu stehen; mindestens ist seine Deutung als Brücke nicht indogermanisch, und 1. Mos. 8, 14—16 zeigt, welche anderen Deutungen des Himmelsbogens möglich waren. —

Ich glaube, wir sehen hier eine durchaus folgerechte Entwicklung. Beständig nimmt die Neigung zu genauer Bezeichnung und relativer Bestimmung zu; der Systemzwang bringt die seltsamsten Erschließungen und Erfindungen (wie ganz gewiß bei Hesiod auch!), und schließlich haben wir eine lückenlose Himmelskarte mit Stammbaum aller kosmischen Wesen. Da unsere eigene Wißbegier der der alten Theologen gleich ist, machen wir nur zu gern von all ihren Funden Gebrauch. Aber ich glaube, wir müssen noch viel energischer hinter Snorri zurück, als es gewöhnlich geschieht. Wenn wir von ihm ganz absehen würden, wäre das Bild der altnordischen Religion vielleicht treuer, als wenn wir zu viel von ihm annehmen. Auf jeden Fall muß zwischen den »Synoptikern« der altnordischen Mythologie, den Liedern der Edda (von den aller-

---

[1]) Vaf. Str. 23. [2]) Vaf. Str. 47.
[3]) Vgl. o. S. 396 zu den Blasebälgen.
[4]) Vgl. Gylf. cap. 27: Gering S. 320; daher Runen auf 'Arwaks Ohr und auf Alsvinns Huf Sgdr. Str. 15.
[5]) Vgl. den alten Sonnenwagen mit Einem Pferd; S. Müller, Urgeschichte Europas, S. 116.
[6]) Grím. Str. 37—38.
[7]) Mit Golther S. 487.
[8]) Schon W. Müller (Altdeutsche Religion, S. 172) verglich Hesiod.
[9]) Golther S. 524 Anm. 2.
[10]) Ebd. Anm. 3. [11]) Siehe o. S. 471.

spätesten kaum abgesehen) und ihrem vierten Evangelium, der Prosa-Edda, ein scharfer Schnitt gemacht werden; von diesen mythologischen Romanen einfach wie von »Quellen« sprechen, heißt Weltgeschichte auf Gregor Samarows historische Romane bauen!

### Innere Ordnung der Welt.

Auf dieser Erde also walten in leidlich geordneten Kompetenzverhältnissen die überirdischen Wesen. Die Jahreszeiten werden als Ablösung regierender Gottheiten aufgefaßt, die entscheidenden Momente (Sieg, Ernte usw.) als Hoftage der Specialgötter, denen man in großen Opferfesten huldigt.

Jeder Gott und jeder Dämon — denn diese behaupten im Volksglauben ihr ungeschwächtes Ansehen — hat sein Ressort, und man muß sich an den rechten wenden, sonst sind die Gottheiten verletzt. Es geht in der Welt nicht nach Gerechtigkeit, sondern nach Macht und Gunst, und Odin gibt oft dem Schlechteren den Sieg[1]). Schließlich beruhigt sich dieselbe Resignation, die von den unerforschlichen Wegen Gottes spricht, auch mit den souveränen Ratschlüssen des (schon indogermanisch unumschränkten) Schicksalschlusses der Nornen.

Immerhin zeigen sich schon in der mephistophelischen Götterkritik Lokis Ansätze zu einer moralisierenden Auffassung. Im Ganzen herrscht jedoch jene nüchterne Empirie, die auch die Weisheitssprüche der Hávamál kennzeichnet. Die Götter machen es wie die Menschen; treiben sie es, wie Loki, zu toll, so finden auch sie keine Fürsprecher beim Thing[2]) und unterliegen.

Doch wenn auch das Verhältnis zu den Göttern zwar herzliche Vertrautheit (Thordienst) und sogar enthusiastischen Schwung (Odinsverehrung) zeitigt, so werden doch vor allem in den Göttergestalten selbst ideale Tendenzen sichtbar. Odin als der ringende, über sich hinauswachsende Gott, Thor als der kräftig-unbesonnene Schützer der Braven, Frey als der Leuchtend-Milde, Balder als der Fleckenlose — diese Lieblingsgestalten beweisen, daß bei aller Weltklugheit (der einzigen Weisheit primitiver Völker; man denke nur an die »Sieben Weisen« Griechenlands und ihre Sprüche!) die natürliche Freude des Menschen auch an verzehrendem Höhestreben, auch an »heroischer Dummheit« (»ich liebe die Dummheit, wenn sie nur heroisch ist,« rief Gustav Roethe den Berliner Studenten zu), auch an uneigennütziger Freigebigkeit oder weltferner Reinheit nicht zu unterdrücken war.

Aber die Welt ist in beständigem Kampf; selbst die Einherier müssen sich täglich für den letzten großen Krieg üben. Doch einst wird ein

---
[1]) Lok. Str. 22.
[2]) Háv. Str. 25.

## § 27. Einteilung und Ordnung der Welt. 481

erkämpfter Friede nach dem letzten großen Kampf kommen und bleiben. Damit das geschehe, müssen sich die Menschen als Gefolgsleute der Götter bewähren — wenn selbst nur mit Nagelschnitzchen [1]). Vor allem ist es aber die Gemeinschaft vor Ragnarök, nach der die Männer streben. Sie begehren nach Ruhm [2]), und sie wollen in Odins Genossenschaft aufgenommen werden. — Nächstdem sind die höchsten Güter Besitz und Sippe [3]); und das Leben ist ein so hohes Gut [4]), daß diese Meinung auch zu dem Glauben an die Wiedergeburt führen konnte, wie sie Nietzsche zu dem Dogma der Ewigen Wiederkehr gebracht hat. Mit charakteristischer Nüchternheit predigen des Hohen Sprüche die Weisheit Kannitverstans:

> Leben ist besser als Leiche zu sein,
> Wer lebt, der kommt noch zur Kuh;
> Für den Reichen bestimmt sah ich rauchen die Stätte,
> Er selbst lag tot vor der Tür [5]).

Das Leben zu verlängern und reich zu machen wünscht (bei aller Todesverachtung) der germanische Mann, und selbst der heroische Asket Starkad will wenigstens alt werden.

Die Heldensage hat (wie wohl überall) weit stärker idealistischen Charakter als die Göttersage. Gestalten wie Helgi Hjörvardson mit seiner Vereinigung von Edelmut und Tapferkeit fehlen der Mythologie; Balder ist blaß neben Siegfried, und gar die Göttinnen neben Sigrun oder Brynhild oder den Frauen der isländischen Saga. Eine Figur wie Sigyn oder wie Nanna glaubten wir deshalb auf heroischen Einfluß zurückführen zu sollen. Die altgermanischen Götter sind, man möchte sagen, empirische Ideale, nicht moralische oder sonst transszendente; selbst an Thor sind es nur einzelne Seiten, die moralisch musterhaft wirken sollen. Der wahre Idealismus der altgermanischen Mythologie liegt in dem **leidenschaftlichen Ernst**, den Odin im Suchen und Denken, Thor im Handeln darstellt. Einen übermütigen Spaß schließt das bei den Asen so wenig aus wie bei Luther oder Bismarck; man mag Odin sich bei seinen Liebesschwänken vorstellen (die ihm doch erst später zugeschrieben werden) und noch lieber Thor mit der Midgardschlange spielen sehen, wie selbst der Gott des Alten Testaments sein Spiel mit dem Leviathan treibt. Aber selbst Zeus wirkt frivol, Jupiter flach neben diesen Gestalten, auf denen das volle Bewußtsein des menschlichen Schicksals und das ganze Pflichtgefühl der großen Deutschen lastet. Daß die Welt eine ernste ist, voller

---

[1]) Gylf. cap. 51: Gering S. 348.
[2]) Háv. Str. 76—77.
[3]) Ebd. und oft.
[4]) Olrik, Nordisches Geistesleben, S. 17.
[5]) Háv. Str. 70.

Ungeheuer und Gefahren[1]), ist die Grundanschauung: Dürers Ritter zwischen Tod und Teufel könnte schon an der Wand der altgermanischen Halle hängen. So wurden diese Männer erzogen; sie konnten in ihrem leidenschaftlichen Eifer grausam sein wie der heilige Olaf, furchtbar wie Karl der Große, oder auch mild zugleich wie der Angelsachse Alfred und der Däne Kanut; Frivolität aber, leichtsinniges Spiel mit ernsten Dingen hatte sein Abbild in Loki, an dem germanische Strenge so furchtbare Rache nahm für seine Gesinnung — nicht für seine Taten.

Wie es in der Götterwelt zugeht, ist damit im Wesentlichen schon gesagt. Politisch betrachtet ist es ein deutscher Staat aus den Zeiten der Wanderung, eine aristokratische Monarchie. »Über kleinere Fragen beraten die Fürsten, über wichtigere alle[2])« — so bespricht sich Odin mit seinem Ratgeber Mimir oder seiner Gattin, bis die Not zu einem Konzil zwingt[3]). Er ist der Götterfürst, aber mehr durch persönliche Autorität, als der Weiseste, denn durch irgendein Recht. Auch tritt dies Prinzipat fast nur in der Leitung der Versammlungen und der Kriege hervor; wie der deutsche Kaiser hat er allein das Recht, den Krieg zu erklären: durch Speerwurf[4]). Sonst begegnet ihm sein vornehmster Vasall, Thor, recht ungeberdig, allerdings ohne ihn zu kennen (Hárb.), und der Keie seines Hofes, Loki, zeigt ihm gegenüber nicht mehr Respekt als gegenüber den andern, ja er ehrt Thor-Heinrich den Löwen mehr als Odin-Barbarossa. Odins Ehrenrechte, sein Palast, sein Gefolge sind freilich beträchtlich; aber von der Macht, deren sich Zeus in der berühmten Stelle von der goldenen Kette rühmt, ist durchaus nicht die Rede.

Im übrigen leben die Götter eben wie die Menschen: zwischen Pflichten und Neigungen schwankend. Schuldlos bleibt keiner der Hauptgötter, und der Max Piccolomini von Asgard, Balder, erkauft die Schuldlosigkeit durch frühen Tod. Auch zwischen den Göttern spielen Feindschaften, selbst neben dem politischen Gegensatz von Asen und Wanen; Odin und Thor lieben sich nicht, Odin und Frigg intrigieren gegeneinander, Freyja schnaubt Wut über einen Vorschlag Lokis (Thrymskv.); Njord und Skadi leben in unglücklicher Ehe. Dazu kommen die Liebschaften; und wenn wir auch Lokis bösem Maul nicht alles glauben, bleibt genug übrig, um die Schelte des Anaxagoras gegen Homer und Hesiod auch gegen die Eddadichter wenden zu lassen: nichts lehrten sie von den Göttern als Ehebruch, Diebstahl und wechselseitigen Betrug!

[1]) Die uralte Priamel Háv. Str. 83f.; vgl. meine Altgerm. Poesie S. 434.
[2]) Tac. Germ. cap. 11.
[3]) Über die Ratsversammlungen in der Edda vgl. meine Altgermanische Poesie S. 374.
[4]) Völ. Str. 24.

## § 27. Einteilung und Ordnung der Welt.

Wenn so weit der germanische Olymp es dem hellenischen wenig zuvortut — nur den Thor muß die Lokasenna von ihren moralischen Angriffen ausnehmen — so faßt doch Ein Moment sie zu großartiger Geschlossenheit zusammen: **der letzte Kampf**. In der Gigantomachie handelt es sich um die Befestigung der Götterherrschaft, und sie liegt in ferner Vergangenheit — Ragnarok entscheidet über die Existenz der Welt, und liegt noch vor uns. Olrik hat sich[1]) darüber verwundert, daß in diesem Entscheidungskampfe Thor nur einen Augenblick sichtbar wird. Mir scheint das fast von symbolischer Bedeutung. Schon allgemein galt für die Germanen im Gegensatz zu den Römern[2]), daß es mehr auf das Heer ankomme als auf den Heerführer — ein gefährlicher Satz, gefährlich wie die Ungebundenheit der Volksgemeinden, über die der pünktliche Römer spottet. Vor allem aber — nur zu schwer für unser Volk hat sich jener Wunsch des »wohlwollenden Beobachters« erfüllt: »Wenn sie uns nicht lieben können, nun, so mögen sie sich wenigstens untereinander ewig hassen[3])!« Der Individualismus, der Partikularismus, der Eigensinn, Trotz und (wir dürfen es nicht verhehlen!) Neid im deutschen Nationalcharakter hat die Geschichte der meisten germanischen Völker nur zu oft in Zersplitterung und Ohnmacht hinabgeführt, wie er ihre Literatur und Kunst fester Tradition beraubte. Dies alles spiegelt sich in der leicht verworrenen, durcheinanderflutenden Götterwelt ab, die dem Einbruch der Feinde nicht zu wehren weiß. Wie der Dämon der Gewalt und der List ziehen Surt und Loki heran. Da aber, wie 1813, wie 1870 gelingt das Wunder: Einigkeit, Aufgehn im Gesamtwillen, Hingabe an den großen Moment; und der heftige Eigenbrödler Thor, der märkische Bauer, verschwindet hinter dem Volkswillen wie Odin, der schwäbische Ideolog, oder Tyr, der Erbe des alten österreichischen Kriegsruhms, wenn man solches Spiel mit Analogien dulden will — hinter dem wohl doch eine Ahnung dauernder Verhältnisse liegt.

[1]) Altnord. Geistesleben S. 101.
[2]) Tac. Germ. cap. 30.
[3]) Tac. Germ. cap. 33.

## Siebentes Kapitel.
# Geschichte der altgermanischen Religion.

Unsere Auffassung der Entwicklung der altgermanischen Religion haben wir schon wiederholt anzudeuten gehabt. Eine wirkliche Geschichte aber dieser Religion zu schreiben ist es noch zu früh; mindestens ist als unentbehrliche Ergänzung der mythologischen Darstellungsversuche eine Geschichte der altgermanischen Literatur erforderlich. Entworfen hab ich sie längst, auch schon wiederholt vorgetragen; ob gerade ich sie auch als Buch fertig stellen werde, weiß ich nicht. Hier kann es sich nur um einige Umrißlinien handeln; die fast nur schon Gesagtes im Zusammenhang erörtern wollen.

Eine »Geschichte der altdeutschen Religion« versuchte in durchaus verdienstvoller Weise schon Wilhelm Müller[1]). Er hat sich leider durch persönliches Vorgehen wider J. Grimm den Eindruck des Buches verdorben. Aber der Große war auch gegen ihn ungerecht. Aus Müllers antwortendem »Offenen Sendschreiben an Herrn Jakob Grimm« möchte ich wenigstens eine gute Stelle herausschreiben, die auch mich decken soll, wenn man findet, ich hätte nicht genug »neue Belege«. (Neue Quellen hoffe ich wohl »erweckt« zu haben.) »Wollen wir in den historischen Wissenschaften den Grundsatz geltend machen, daß nur derjenige als Schriftsteller auftrete, der durchaus neuen Stoff gesammelt hat, wollen wir alle diejenigen Bücher verdammen, in welchen schon bekannte und von andern einmal benutzte Quellen auf eine selbständige und neue Weise bearbeitet sind, so würden wir über das Sammeln und das erste Verarbeiten nicht hinauskommen, und die Wissenschaft würde immer in ersten Anfängen bleiben[2]).«

Spätere Entwicklungsskizzen gelten fast nur der nordischen Religion, die ja aber von einem frühen Zeitpunkt an fast ausschließlich in Betracht kommt. Die energische schlanke Erzählung von Adolf Noreen[3]) geht

---

[1]) 1844 in seinem Werk »Geschichte u. System der altdeutschen Religion« S. 1 f.
[2]) a. a. O. S. 15.
[3]) Fornnordisk religion, mytologi og teologi; Svensk Tidshrift 1892 S. 172 f.; wieder abgedruckt Spridda Studier, Stockholm o. J.; 1, 19 f,

## § 27. Einteilung und Ordnung der Welt.

im Einzelnen wie im Ganzen von Voraussetzungen aus, die ich nicht zu teilen vermag: ich halte Tyr nicht für »die Sonne oder das Tageslicht« und halte nicht einmal seine indogermanische Vorform dafür[1]) und kann die Mythologie nicht als Zwischenstufe zwischen Religion und Theologie setzen[2]), wenn ich auch den letzten Begriff und seine Anwendung[3]) vollständig billige. — Auch von der Auffassung Axel Olriks[4]) trennt mich manches, z. B. meine Auffassung des Unsterblichkeitsglaubens und der Odinsreligion. Aber wie viel haben wir von der Kunst zu lernen, mit der Olrik die religiösen Entwicklungen in allgemeine kulturelle Zusammenhänge stellt!

Endlich sei noch daran erinnert, daß Chantepie de la Saussaye sein ganzes Werk in anregender Weise nach der inneren Analogie der Erscheinungen zu ordnen sucht. Auch auf die allgemeinen Darstellungen der religiösen Entwicklung, besonders Wundts Völkerpsychologie, sei nochmals hingewiesen, und so auch auf unsern eigenen Versuch[5]). —

An unmittelbaren Zeugnissen besitzen wir nur die Nachrichten über Götterkämpfe; an mittelbaren die Nachweise abnehmender und zunehmender Kulte, verdunkelter »Überlebsel«, und vor allem innere Wahrscheinlichkeit und äußere Analogie. Saxo schreibt schon von einem bestimmten Standpunkte aus Religionsgeschichte, nämlich von euhemeristischen[6]): ein Häuptling, der verbannt wird — Odin, zwei kämpfende Liebhaber: Balder und Hod. Immerhin bleibt es ein staunenswerter Versuch, die Mythologie historisch zu begreifen, wo Snorri nur rein philologisch kombiniert und reproduziert: es ist ein Unterschied fast wie zwischen den antiken Mythologen und denen seit Welcker und Otfrid Müller.

Die größte Schwierigkeit bleibt natürlich der schlimme Mangel bestimmter Chronologie. Wir besitzen über die uralte Religion der Ägypter genaue Jahreszahlen — bei dieser, aber die doch vor weniger als einem Jahrtausend in Blüte stand, sind nur zwei Momente der absoluten Chronologie vorhanden: die Zeit der römischen Berichterstatter und die der Edden — und mit wie vagen Zahlen auch diese! Dazu ein paar datierbare Zufallsfunde wie die Merseburger Sprüche — und im übrigen sind wir der Willkür exakt-prähistorischer Zeitbestimmung wahllos preisgegeben...

[1]) Gegen Sprıdda Studier S. 22.
[2]) S. 25.    [3]) S. 35 f.
[4]) Nordisches Geistesleben S. 31 f., vgl. S. 95 f.
[5]) § 4: »Typische Entwicklung der Mythologie«. — Vgl. z. B. H. Kuenen, Volksreligion und Weltreligion, Berlin 1883; O. Pfleiderer, Religion und Religionen, München 1906; K. Vollers, Die Weltreligionen, Jena 1907. Ferner für die hebräische Religion Giesebrecht, Grundzüge d. israel. Religionsgeschichte, Leipzig 1904; für die römische Religion Wissowa S. 15 f.
[6]) Vgl. Golther S. 70 f.

## Siebentes Kapitel.

### § 28. Religionsgeschichte [1]).

Wir lassen die **Vorstufen** hier beiseite und begnügen uns mit der Annahme, Fetischismus, Animismus, Dämonismus dürften sich bei den Germanen in der gleichen Reihenfolge abgelöst oder vielmehr ergänzt haben wie bei anderen Völkern; denn daß sie sämtlich vorhanden waren, ist sicher, und ein Grund, eine anormale Entwicklung anzunehmen, nicht vorhanden [2]). Auch ihr Fortleben in den höheren Perioden sehen wir einfach als gegeben an; noch in Odin stecken schamanische Züge, noch Frey trägt das primitive Symbol des Phallus. Wir suchen hier nur von dem Beginn des eigentlichen **Götterglaubens** an [3]) die Evolution zu skizzieren und zwar auch wesentlich nur, soweit sie die **Götterwelt** selbst betrifft [4]).

Einer besonderen Untersuchung bedarf noch insbesondere die Frage nach dem Umfang phallischer Elemente in der niederen Mythologie der Germanen. Auch hier darf man nicht schlechtweg aus den stark erotischen Kultgebräuchen der Australier oder Hellenen verallgemeinern; die Germanen waren wohl immer ein weniger sinnliches Volk als etwa die Romanen. Natürlich aber wird mit Frey und phallischen Freys-Symbolen mit Lokis Pantomime vor Skadi u. dgl. das Gebiet der »Anthropophytheia« nicht erschöpft sein [5]).

Wir betrachten zunächst die **urgermanische Zeit**. Es gibt zur Zeit des Tacitus bereits eine größere Anzahl von Göttern: ererbte (Tyr), entlehnte (Nerthus, Terra mater?), neu entwickelte (Wodan, Thor). Indogermanische Gottheiten sind auf dem Weg zur Heroisierung (die Alces); Göttergestalten späterer Epochen (wie Balder) beginnen sich wohl eben zu bilden. Wie man für die fränkische Geschichte von Gundobad Einwirkung der Heldensage angenommen hat [6]), so könnte man auch die Berichte vom Ende des Arminius an die Legende von Balders Tod durch

---

[1]) Vgl. v. d. Leyen, Sagenbuch, S. 245 f.
[2]) Den Totemismus, den wir für die alten Germanen bestreiten, rechnen wir nicht zu den typischen Stufen der religiösen Entwicklung. Er fehlt z. B. auch bei den Hebräern (Wildeboer, Jahvedienst u. Volksreligion, Freiburg 1899, S. 27).
[3]) Vgl. v. d. Leyen S. 242.
[4]) Für das indogermanische Erbe vgl. o. § 5. Auch verweise ich noch allgemein auf Schrader, Sprachvergleichung und Urgeschichte, 3. Aufl. 2, 415 f.; Rez. Much, Mitteilungen d. Anthropol. Ges. Wien XXXVIII. (1908) S. 15 f., und seine erst während des Drucks erschienene wichtige Darstellung *Aryan Religion* in der Encyklopedia of Religion and Ethics, Vol. II, die mir seine Güte zugänglich machte.
[5]) Vgl. z. B. Much, Himmelsgott, S. 275; Phalluskult als Form des Fetischismus siehe o. S. 67.
[6]) Voretzsch, Ztschr. f. d. Alt. 51, 51. 55.

## § 28. Religionsgeschichte.

Bruderhand anlehnen; man hat ja sogar öfters direkt Arminius in Siegfried gesucht! Ich möchte in beiden Fällen für die Geschichtlichkeit der Geschichte plädieren, da leider nicht einmal Peters des Großen Beteiligung an der Tötung seines Sohnes Mythus ist. — Ein eigentlich anerkannter Hauptgott ist noch nicht vorhanden, wohl aber eine Dreiheit: der indogermanische führende Tyr, der spezifisch germanische Wodan, der im Norden zu höchster Verehrung gelangte Thor. Sie mögen wohl der sozialen Lagerung entsprechen: dem altgermanischen Nichts-als-Krieger, wie ihn Tacitus[1]), unzweifelhaft übertreibend, schildert; dem neu aufkommenden Stand erblicher Häuptlinge; der neu einsetzenden Ackerwirtschaft. — Neben diesen, wie es scheint, allgemein anerkannten Hauptgottheiten — von denen Thor vielleicht den Kelten und Germanen gemein war — stehen Hauptgottheiten bestimmter Kultusbezirke, erwählte Patrone politisch-religiöser »Amphiktyonien«. Durch das Mitwirken politischer Momente (man denke an Delphi!) verstärkt, bilden die heiligen Stätten dieser »Landesgötter« den ersten Ansatz zur Zentralisierung des Kultes: hier werden zuerst regelmäßige große Feste gefeiert (Nerthus, Alces, Tanfana?), hier bildet sich zuerst ein eigentlicher Priesterstand (Nerthus), und hier sind auch die ersten Tempel oder tempelartigen Baulichkeiten zu vermuten.

Die gleichen Zustände, wie sie uns für den Kontinent bezeugt sind, dürfen wir für Skandinavien voraussetzen. Wir zitierten schon Olriks Schilderung der »Religion des nordischen Broncealters«[2]): keine festen Götterbilder, höchstens sinnbildliche Opferfiguren; keine eigentlichen Tempel; starke Fortdauer des Animismus im Kult heiliger Steine und anderer Naturgegenstände; Opfermahlzeiten mit symbolischen Opfergaben: Goldschiffchen (für Ing-Frey?), Hammer (für Thor). Denn daß diese ältere bilderlose Religion nicht etwa der Vorstellung persönlicher übernatürlicher Wesen gänzlich entbehrte, hat[3]) R. Much[4]) zutreffend ausgeführt. »Ein Name wie Wodanaz bezeichnet von Haus aus eine Person«; und schon der indogermanische Himmelsgott war persönlich gedacht. Die »adoptionistische« Vorstellung, als kämen die germanischen Götter erst von den Römern, ist entschieden abzuweisen[5]). Aber die Götter standen den gestaltlosen Dämonen noch nahe.

Dennoch fühlte man sich im Gegensatz zu niedriger stehenden Nachbarn (Slawen, Lappen) bereits urgermanisch im Besitz einer gewissen

---

[1]) Germ. cap. 15.
[2]) Danske Studier 1895, S. 40.
[3]) Gegen Sophus Müller.
[4]) Gött. Gel.-Anz. 1909 S. 95.
[5]) So auch Golthers Versuch, Wodan aus Mercurius abzuleiten (S. 295); vgl. Much, Himmelsgott, S. 250.

religiösen Bildung; denn es ist mit Grund vermutet worden, daß das vielumstrittene Wort »Heide« schon in vorchristlicher Zeit einen Barbaren, und zwar »auch im Hinblick auf seine niedrigere religiöse Auffassung« bezeichnet habe [1]), gerade wie die Ägypter auf Syrer und Äthiopier herabschauen [2]).

Die älteste Zeit der Stammessonderung pflege ich die junggermanische Periode zu nennen; sprachgeschichtlich wird sie etwa durch Durchführung des Vernerschen Gesetzes charakterisiert sein. Es beginnt ein Auseinandergehen in drei Religionskreise, die natürlich noch viel gemein haben und dauernd behalten: eine fortschrittlich-synkretistische am Rhein, eine konservative im übrigen Deutschland, eine konservativ-synkretistische im Norden. — Überall weichen die zentralistischen Tendenzen; Ing, Isto, Irmin treten wenigstens mit diesen Namen ganz zurück, die Alces verlieren völlig den göttlichen Charakter, Tanfana verschwindet, Nerthus geht in Njord auf [3]).

In den Rheingegenden tritt unter römischem Einfluß teils wirkliche Aufnahme fremder Gottheiten (Matronae; Nehalennia-Isis?), teils weitgehende Anpassung (Mars Thingsus usw.) hervor. Von hier aus wird auch die Entwicklung des Tempelbaus und der Götterbilder (erst durch Einführung, dann durch Nachahmung; etwa wie bei den Münzen) beschleunigt worden sein.

Hier und jetzt entstand nun auch nach Wimmers Nachweisen die Runenschrift, zunächst vorzugsweise hieratisch verwandt für feierliche Inschriften auf Denksteinen und Weihgaben, Segensformeln u. dgl. Wie man überwiegend und wohl mit Recht annimmt, entstand gleichzeitig auch das »goldene Alphabet« der Runennamen [4]). Die Namen sind paarweise geordnet und für die religiösen Zustände am Entstehungsort eine noch nicht ausgenutzte kostbare Urkunde [5]). Zuerst geht eine Zweiheit des Besitzes: *fé Vieh, Geld* und *úr Stier* — zweierlei Formen des Vermögens ausdrückend, Schatz und Herden. (Die naive Voranstellung — die Buchstaben sind ja hiernach und nicht etwa nach dem nachgebildeten lateinischen Alphabet geordnet — erklärt sich wohl aus dem beliebten Gebrauch der Runen zu Eigentumsmarken) [6]). Dann zwei Kategorien überirdischer Wesen: *thurs* Riese und *áss* Gott — für Anrufungen der Furcht; *reid* Wagen, wohl auf den Gott Ing zu beziehen, als den Gott der

---

[1]) Much, Ztschr. f. d. Wortforschung 4, 217 nach Kluge, ebd. 11, 21 f.
[2]) Erman, Ägypt. Rel., S. 69.
[3]) Über diese Stufe vgl. Loewe-Bethge in Gebhardts Handbuch d. Deutschen Geschichte, 4. Aufl.
[4]) Vgl. meine Runischen Studien II, über Runendichtung, PBB. 32, 67 f.
[5]) Vgl. allgemein meine Altgerm. Poesie S. 22 f.
[6]) Vgl. allgemein Andree, Ethnograph. Parallelen 2, 74 f.

## § 28. Religionsgeschichte.

Fruchtbarkeit, und *kaun*, vielleicht für Heilsprüche um Gesundheit[1]: Gedeihen für Mensch und Vieh oder Saat. — *gjöf* und *ván*, Gabe und Erwartung (der Gegengabe). Die ganze Reihe heißt »Freys Geschlecht« und bezieht sich auf Gedeihen: Besitz, göttliche Gunst, Gesundheit, menschliche Gunst[2]). (Daß auch die drei »Geschlechtsnamen«, die Benennungen der Gruppen nach Frey, Hagal, Tyr, schon urgermanisch seien, läßt sich nicht erweisen; doch ist es schon wegen Tyrs abnehmender Bedeutung wahrscheinlich.) — *hagl* und *naud*, Hagel und Not beziehe ich auf Fern- und Nahkampf, somit zugleich auf Odin und Tyr obwohl dieser noch einmal begegnet. — *pertra* gehört vielleicht auf die Biertafel[3]); der Wortsinn ist nicht erklärt[4]); *elgr* Elch, später *ýr* Pfeil gehören zur Jagd; also männliche Freuden. Mit diesem Paar wird das unmittelbar vorangehende eng zusammenhängen: *îs* Eis und *ár* gute Jahreszeit; ebenso auch *sôl* Sonne, nebst einer anderen Hälfte, deren Bedeutung und Name problematisch ist[5]). — Die Gruppe heißt nach keinem Gott, sondern nach der zuerst genannten Naturerscheinung: Hagels Geschlecht. Im Ganzen: die männlichen »Passionen«, die Ausfüllung der Tage: Krieg, Mahl, Jagd[6]). Man denke an den Edlen der Rigsthula: er schnitzt am Bogen und spitzt die Pfeile[7]), freut sich an stattlichem Mut und erzieht seinen Sohn zu Jagd und Krieg.

Die dritte Reihe heißt nach dem Kriegsgott Tyrs Geschlecht. Ihre Paare sind: Tyr als Siegesgott, der seine eigene Rune hat[8]), und *bjarkan*, zu dem Wort für »Birke« gehörig und nach dem (allerdings späten) skaldischen Gebrauch für alles, was sich auf Frauen bezieht, zu verwenden; *jór* Roß und *madr* Mann, *log* See und *Ing* Name des über die See gekommenen Gottes, *ôdal* erblicher Besitz[9]) und *dagr* Tag, wohl für den Gerichtstag. Wenn die anderen Paare jedem gelten, so dies dem Vornehmen, der Kriegsgewalt und Frauen[10]), Rosse und Mannen, eine Flotte, erbliches Gut und Gerichtsgewalt besitzt, wie Konungr[11]), im Krieg

---

[1]) Vgl. meine Altgerm. Poesie S. 24.
[2]) Vgl. z. B. Háv. Str. 42—43, 70—71 und 76—77.
[3]) Tac. Germ. cap. 22, Háv. Str. 13—14. 19.
[4]) Doch vgl. Altgerm. Poesie S. 25 den Hinweis auf das angelsächsische Runenlied v. 14.
[5]) Wimmer, Die Runenschrift, S. 134f.
[6]) Tac. Germ. cap. 15: »wenn sie nicht im Krieg sind, jagen sie etwas, mehr aber pflegen sie der Muße, des Schlafens und Essens«; vgl. über die Gastmahle cap. 22.
[7]) Ríg. Str. 27.
[8]) Müllenhoff und Liliencron, Zur Runenlehre, S. 36.
[9]) Vgl. Ríg. Str. 36.
[10]) Wie Hjörvard Helgis Vater Helg. Hjörv. Str. 1.
[11]) Ríg. Str. 35.

befehligt, die schneeweiße Tochter heimführt, Hengste reitet, Krieger beschenkt, seinen Landbesitz mehrt und Runen besser als sein Vater kennt. — Ja man könnte alle drei Geschlechter sozial gliedern: Gedeihen will jedermann:

> Ganz elend ist keiner trotz üblen Siechttums:
> Den einen beseligt ein Sohn,
> Den zweiten Verwandtschaft, sein Wohlstand den Dritten,
> Den vierten ein würdiges Werk[1]).

Das gilt schon für den Freien; die Jagd (noch Siegfried jagt ja den Elch!) kommt erst der *nobilitas* zu; die ganze Fülle des Besitzes erst dem *princeps*. Was denn gleich noch für die altertümlichen Grundlagen der als »schematisch« geltenden Rigsthula zeugen würde.

Aber als Urkunde sind die Runennamen nicht bloß k u l t u r e l l wichtig, weil sie den von Tacitus beschriebenen Zustand noch genau innehalten (man könnte fast zu jedem Satz seiner allgemeinen Charakteristik der Germanen ein Runenwort als Motto an den Rand setzen!) — sondern auch m y t h o l o g i s c h. Wie weit ist man noch von der Desideratenliste der Freyja entfernt, die [2]) ihren Günstling den Odin auflehen läßt nicht bloß um Gold und siegreiche Waffen, sondern auch um Weisheit, gewandte Rede, Dichtkunst! — Hier befinden wir uns noch in einem viel engeren Kreise. Von Göttern werden Ing-Frey und Tyr genannt, Odin vielleicht (aber eher nicht) beim Fernkampf mitverstanden; Frigg könnte zu *bjarkan* in Beziehung stehen; aber sie bleiben dann beide im Hintergrund hinter den Schutzgottheiten der Ingvaeonen und Irminonen. Man hat die vielen Fachgottheiten noch nicht nötig; für Sieg und Gedeihen braucht man sie — das andere kann der Dämonen bannende Runenzauber leisten[3]). — Es sind noch Halbnomaden, wenn sie auch den Landbesitz hochschätzen; Krieg und Jagd sind die Hauptgewerbe, das Vieh noch der Hauptreichtum; von den Jahreszeiten und Naturerscheinungen fühlt man sich noch unmittelbar abhängig[4]); die Riesen sind fast wichtiger als die Götter. Die Nähe der römischen Kultur ist gar nicht zu merken — sie drang eben erst ein. Oder doch: die Wichtigkeit F r e y s (durch seinen Wagen, durch das Synonym Ing, und durch die Patenschaft eines »Geschlechts« dreifach vertreten!) beweist den Einfluß der fremden Kultur.

In der Tat: Frey ist der Exponent dieser Stufe, wie Wodan der ersten Phase einer spezifisch germanischen Religion, wie Thor der ersten und

---

[1]) Háv. Str. 69.   [2]) Hyndl. Str. 2—3.

[3]) Über das Verhältnis der in der Edda aufgezählten Arten von Zaubernamen zu den Schlagworten des Runenalphabets vgl. m e i n e Altgerm. Poesie a. a. O.

[4]) Caesar B. G. 6, 21 übertreibend: sie verehren . . . »Sonne und Gewitter (Vulcanum, Thor) und Mond, von den andern haben sie nie gehört«.

## § 28. Religionsgeschichte.

Odin wieder der zweiten Epoche der spezifisch nordischen Religion. Frey ist ein »Kulturgott«. Ein ursprünglicher Vegetationsdämon, noch ganz primitiv durch das Symbol des Phallus bezeichnet, ist zu dem Gott des Gedeihens geworden. Wahrscheinlich wurde er dabei an eine fremde Gottheit angelehnt, an einen »Heilbringer«, der (vom Meer her) zuerst bei den Ostdänen erschienen war und dann mit seinem Wagen weiterzog [1]) — gerade wie schon viel früher Nerthus-Njord vom Meer her zu der Schiffsstätte gekommen und mit ihrem Wagen umhergezogen war. Sie verschmelzen, oder vielmehr Nerthus wird fortgesetzt teils in dem nun mächtig anwachsenden Gott Frey, teils in dem ganz zurücktretenden Gott Njord. Die Zeit der führenden Göttinnen (Nerthus, Terra Mater, Isis; Tanfana?) ist vorbei [2]). Eine interessante Parallele bildet etwa der altmexikanische Kalender, den Seler [3]) bespricht. Der Windgott, der Mondgott, der Regengott, der Erdgott, die Gottheiten der Zeugung, des berauschenden Tranks, der Musik beherrschen die Zeiteinteilung, wie sie das Leben eines auf hoher Ackerbaustufe stehenden Volkes beherrschen. Es ist auch ein »Runenalphabet«; aber ohne einen Frey.

Wir erkennen aber an Freys Gestalt noch einen weiteren fundamentalen Fortschritt der religiösen Entwicklung. Nerthus ist noch an die Stätte ihrer Epiphanie geheftet; ihr Götterbild muß umgeführt werden wie der Santo Bambino von Araceli in Rom. Bei Frey wissen wir von keiner Ortsgebundenheit; kein Noatún ist genannt, wo er zuerst den Ostdänen erschien, kein Hain wird gezeigt, in dem (wie wir annehmen) die Alces herniedersteigen. Man begreift, welchen Fortschritt in der geistigen Auffassung der Gottheit dies bedeutet!

Damit hängt etwas anderes zusammen. Die heiligen Haine der Taciteischen Amphiktyonien tragen einen offiziellen Charakter; wer der Nerthus oder den Alces opfern will, wenigstens wer ihnen ein feierliches großes Opfer bringen will, muß zu der heiligen Insel, oder in den Hain der Semnonen oder Nahanarvalen oder wo eben das Heiligtum sich befindet; wie der Jude in Jerusalem opfern muß und nirgends sonst opfern darf. Und dies scheint naturgemäß die älteste Form der Götterverehrung.

---

[1]) Runenlied v. 68; Golther S. 208. Vgl. für den »Heilbringer« Breysig, Die Entstehung des Gottesgedankens u. der Heilbringer, Berlin 1905, und dagegen Ehrenreich, Ztschr. f. Ethnol. 38, 536f.; Wundt S. 294f.

[2]) Man kann vielleicht, wie Scherer für die deutsche Literaturgeschichte männische und frauenhafte Perioden unterscheidet, sie auch für die Mythologie abgrenzen; für die griechische und römische Religion wäre es nicht undurchführbar. Man denke auch für die christliche Religionsgeschichte an die Epochen der fast mythologischen Verehrung der Ekklesia (vgl. Conybeare, Arch. f. Rel.-Wissensch. 8, 73f.; 9, 373f.) und später wieder des Madonnenkultes.

[3]) Verhandlungen d. Berl. Anthropol. Gesellsch., 28. März 1898; Ztschr. f. Anthropol. S. 173f.

Wir haben auch hier einen beständigen Wechsel von Gebundenheit und Ungebundenheit, eine religiöse »Polarität« im Sinne Goethes. Der Fetisch wie der Augenblicksgott können nur da verehrt werden, wo sie sind — die Dämonen und Geister überall, denn man weiß nicht, wo sie hausen. (Ausgenommen die um die Leiche kreisende Seele des Verstorbenen.) Der Gott aber hat wieder seine bestimmte Stätte, seine Unterlage, einen Sitz im heiligen Baum, oder auf dem »leeren Thron«: er ist nicht, wie der Fetisch, an diese Stätte gebunden, aber will er sich zeigen, so läßt er sich gerade hier nieder; dazu lädt ihn der leere Thron ja ein, oder der Wagen der Nerthus. Hierher muß man kommen, wie man in den Palast gehen muß, um dem König eine Bittschrift zu überreichen, es sei denn, er zöge im Lande umher — wieder wie Nerthus.

Dies also war die Form der Götterverehrung auch in urgermanischer Zeit; die älteste wohl, wenn sie auch von den (überhaupt merkwürdig »lokalistisch« angelegten) Graecolatinern sehr lange, zum Teil dauernd festgehalten wurde. Aber es folgt wieder eine Epoche der Loslösung: der Gott kann überall nicht nur symbolisch verehrt werden (das konnte er natürlich stets), nicht nur mit »Notopfern« fern von seiner Stätte (in Fällen der Bedrängnis, der Schlacht) bedient werden (auch das werden wir für alle Zeit erlaubt halten müssen) — sondern auch mit feierlichem Opfer geehrt werden. Auf dieser Stufe steht der altindische Götterdienst durchweg [1]). Wir müssen sie auch für die germanisch-römische Religion voraussetzen, wegen der vielen Opfersteine; denn wenn auch manche (wie z. B. wahrscheinlich die für die Deae Sandraudiga und Vercana) lokal bedingt waren, können wir das doch durchaus nicht allgemein voraussetzen. Wie sollte sich auch etwa der Mars Thingsus eine feste Stätte geschaffen haben?

Rückblickend müssen wir innerhalb dieser vermuteten »germanisch-römischen Religion« (oder des Neu-Ingvaeonismus) zweierlei unterscheiden: Neuerungen, die zeitlich, und die örtlich bestimmt sind. Die Ungebundenheit der Götter und die der Kultstätten sind religiöse Reifezeugnisse (denen, wie so oft, als Zeugnis höherer Reife wieder ein Umschlag folgt) [2]); die Verehrung eines Kulturgottes steht auf der Grenze; die Anpassung an römische Art [3]) ist lokal bedingt. Daher die verschiedenen Nachwirkungen: was nur von der Nachbarschaft entlehnt war, erlischt — außer natürlich, wenn es gleichzeitig ein (nur beschleunigtes) Entwicklungssymptom war wie Tempelbau und Götterbilder. Denn die Evolution geht unaufhaltsam weiter, und so haben denn die Ingvaeonen ihrerseits den anderen Germanen als Lehrer gedient. Von hier verbreiten sich Tempel und Götterfiguren;

---

[1]) Hillebrandt S. 14; vgl. o. S. 417.
[2]) Siehe u.
[3]) Wir werden uns den Synkretismus viel lebhafter vorstellen müssen, als wir ihn nachweisen können.

## § 28. Religionsgeschichte.

von hier, auf dem Seewege, das übrige Deutschland nur leicht berührend, kommt Ing nach England (schade, daß es nicht nach ihm heißt, was so gut für dies Land und Volk passen würde!) und Frey nach Schweden. Während also die rheinischen Germanen und ihre Nachbarn viel Neues lernen, scheinen die übrigen Deutschen sehr viel konservativer die mythologischen Anschauungen ihrer Vorfahren gehütet zu haben. Statt der Tempel und Götterbilder treffen noch in karolingischer Zeit die Missionäre zumeist heilige Haine, Säulen, Bäume; und die lokale Gebundenheit der Kulte scheint nach der Wichtigkeit, die Bekehrer und Bekehrte den Zertrümmerungen dieser Wohnsitze der Götter beimaßen, noch groß gewesen zu sein. Auch haben Heiligtümer wie die Irminsul noch ganz den offiziellen Charakter der Taciteischen Zentralkultstätten.

Höchst charakteristisch ist aber auch der Stand der Götterwelt. Wir müssen ihre Erscheinungen noch im Fluß begriffen denken. Die auf der Grenze zwischen Dämonentum und Göttlichkeit stehenden heiligen Frauen, die Idisi des Merseburger Spruches, finden wir noch nicht auf der Stufe der völlig in die Götterwelt eingeordneten Walküren, so daß der eine Zweig des Germanentums einheimische »Matronae« anrief, als der andere längst römische »heilige Frauen« zu verehren begonnen hatte. Ing, der Vorläufer Freys, ist ganz zurückgedrängt, und seine neue Entwicklung, eben Frey, spielt keine Rolle. Aber auch Thor hat die führende Stellung verloren, die er innerhalb der Taciteischen Dreiheit annahm. Wie er im Norden mit Odin zu ringen hat, zwei urgermanische Götter in neuer nordischer Entfaltung, so kämpfen in Deutschland die beiden anderen Glieder der beiden urgermanischen Triaden: Isto—Wodan—Mercurius und Irmin—Tiu—Mars, auch sie zwei urgermanische Götter, aber wie es scheint ohne starke spezifische Entwicklung. Wie Frey der Schwedengott wird, nennen sich nach Tyr die Schwaben [1]) Ende des achten Jahrhunderts, nach Saxnôt vielleicht gleichzeitig die Sachsen 772 [2]); nach Irmin benennen sie ihr Haupttheiligtum Irminsul, ebenfalls 772 belegt [3]). Die Nachkommen der alten Tyr-Völker, der Sueben, Marcomannen und Quaden [4]) haben ihm Treue gehalten; aber sein Kult ist vom Semnonenwald weithin gewandert. Auch Propaganda scheinen die Sachsen für ihn gemacht zu haben: ein neuer Aufschwung der Tyr-Verehrung bei den norwegischen Wikingern im neunten Jahrhundert könnte von da kommen [5]).

Aber neben der Tyr-Religion dehnt sich die Wodans-Religion aus. Die Hermunduren verehren Wodan und Tiuz [6]) — etwa wie die vorsichtige Freyja den Ottar mahnt, über Odin Thor nicht zu vergessen [7]).

---

[1]) Vgl. Golther S. 205.   [2]) Ebd. S. 213.
[3]) Ebd. S. S. 210.   [4]) Ebd.
[5]) Golther S. 212 nach Zimmer; vgl. o. S. 188.
[6]) Ebd. S. 210.   [7]) Hyndl. Str. 2—4.

Vor allem aber ist in Norddeutschland hart zur Seite des Tyr-Kultes der Wodansdienst im Aufblühen[1]; Sachsen, Angeln, Jüten verbreiten ihn. Von den Sachsen kommt er im vierten Jahrhundert zu den Langobarden[2], von den Angelsachsen zu den schwedischen Gauten im heutigen Gotland[3] und erobert sich allmählich Dänemark. In Deutschland hat Wodan wohl noch nicht voll seine neue Gestalt erreicht: von einer Verbindung mit dem Unsterblichkeitsglauben (Einherier) oder der Runenfindung ist keine Spur, und die nordischen Zeugnisse verraten den Enthusiasmus einer jungen religiösen Bewegung. Aber der alte Winddämon, der urgermanische Sturmgott war längst zum Heilgott[4] geworden, was doch bei solchen Anfängen eine erstaunliche Weite der Betätigung offenbart. Seine Hauptbedeutung aber, glaube ich, lag in den politischen Verhältnissen. Ich habe nachzuweisen versucht, daß Odin insbesondere der Staatsgott ist: er erzieht und prüft die Fürsten, er leitet die Kriege, ihm werden die Könige bei Landesnot geopfert. Diese Entwicklung wurde vermutlich durch den Speergott[5] vermittelt, der auch schon deutsch war. Für die Völker nun, die in der Entwicklung zu neuen, festeren Ordnungen begriffen waren, mußte dieser Gott damals schon eine solche Wichtigkeit gewinnen wie in Norwegen nochmals, als der Häuptling König wurde. Deutschland ist auf dem Weg zu der festen Staatsbildung, die endlich durch die Franken erreicht wurde. Schon Tacitus bemerkt Symptome zunehmender Vereinheitlichung des Staates in monarchischer Richtung — die sie verfolgten, wie die Langobarden, stellten sich unter Wodans Zeichen, und so auch das einzige germanische Volk mit fester politischer Tradition, das geborene Staatsvolk: die Angelsachsen.

Daß der Kampf nicht bloß metaphorisch ausgefochten wurde, dafür spricht der merkwürdige Umstand, daß nur jetzt (von Freys Benennung als Schwedengott, die auch dem Gegensatz zu dem »Sachsengott« Odin[6] verdankt wird, abgesehen) die Götter landschaftliche oder vielmehr stammheitliche Benennungen erhalten: Odin als *Gaut,* Gotengott[7], *Saxnôt* als Genosse der Sachsen; und daß umgekehrt die Schwaben *Zîuvâri* heißen[8].

Es war also eine mehr politisch als religiös erregte Zeit, etwa wie die der Staufer in Deutschland und Italien, in der auch der kirchliche Gegensatz sich vor allem in den politischen umsetzt: so stehen denn den zentralistischen »Waiblingern« unter Wodans Panier die eifersüchtigen

---

[1] Ebd. S. 297.  [2] Ebd. S. 300.
[3] Ebd. S. 300.  [4] Merseburger Spruch.
[5] Siehe o. S. 181 f.  [6] Golther S. 305.
[7] Ebd. S. 301.
[8] S. 205. Die Benennungen Ingvaeonen, Istvaeonen, Irminonen sind doch von anderer Art.

## § 28. Religionsgeschichte. 495

Hüter alter Eigenart, die »Welfen« (zum Teil auf demselben sächsischen Boden, aber freilich auch auf dem schwäbischen der Hohenstaufen) unter Tius Zeichen gegenüber — und die Hermunduren halten sich in vorsichtiger Neutralität wie der große Landgraf auf der Wartburg. Abseits von den streitenden Göttern steht Balder, von dem uns vielleicht nur der Zufall gerade auch aus Thüringen das Zeugnis des Merseburger Spruches gewahrt hat. Sein Mythus ist noch auf altertümlicher Stufe: das heilige Tier des Gottes (das Sonnenfüllen, ursprünglich der Sonnenhirsch) vertritt bei der Verwundung die Stelle des Gottes; auch im Kolorit ist ein älterer Ton: die Jagd statt der ritterlichen Sportübungen in der Edda. Neben den beiden kriegerischen, wilden Naturen vertritt er das friedliche Element; aber Wodan ist mächtiger auch im Heilen. — Ob Sunna oder Sinthgunt wirklich deklassierte Gestirngottheiten sind, bleibt fraglich. Als einzige Göttin der altdeutschen Religion ist uns jedenfalls Frigg bezeugt, die aber vielleicht auch erst als Wodans Begleiterin zu den Langobarden kam. — Dazu kommt abseits von der großen Entwicklung auf einer freilich unbesuchten Insel der Lokalgott Fosite, dessen Gleichen es wohl aber an manchen Orten gegeben haben wird.

Wir müssen für diesen Kreis der »altdeutschen Religion« einen entwickelten Priesterstand voraussetzen: überall treffen die Missionäre auf Priester, und festen Opferritus erweist der Indiculus superstitionum; sie werden auch zur Verschärfung der Glaubenskämpfe zwischen Tyr und Wodan wie zwischen Heidentum und Christentum das Ihrige beigetragen haben. Ihnen kam auch die Tradition der Segensformeln zu, die in den beiden Merseburger Sprüchen so außerordentlich treu gewahrt ist: ein epischer Bericht, der eine Epiphanie reproduziert (sowohl Balders Ausritt wie die Tätigkeit der Idisi eignen sich durchaus sogar zu mimischer Wiederholung der göttlichen Leistung, zur »heiligen Handlung«) und der in eine uralte Formel ausläuft, uralt nicht nur wegen der in die fernste Zeit herabreichenden Parallelen, sondern auch wegen der Genauigkeit, mit der die begleitende »sympathetische Handlung« durch die Stellung der Worte symbolisch nachgeahmt wird. Ähnliches gilt für andere altdeutsche Zauber- und Segensformeln; bis zum Weingartner Reisesegen hin ist die echte alte Tradition merkwürdig treu bewahrt, an die sich in angelsächsischen Formeln früh mystischer Unsinn, der Sendbote des zaubernden Schamanentums, ansetzt. Man vergleiche nur den inhaltlich so altertümlichen Segen gegen Hexenschuß [1]) mit dem Idisi-Spruch: wie die Walküren oder Schlachtjungfrauen des deutschen Spruches zu Hexen des altenglischen [2])

---

[1]) Wülker, Bibliothek d. angelsächsischen Poesie 1, 317; vgl. Koegel, Gesch. d. d. Lit. 1, 93.
[2]) Vgl. Wülker, Grundriß zur Gesch. d. angelsächsischen Literatur, Leipzig 1885, S. 350.

heruntergekommen sind und wie die wirksame Erzählung bald in der Breite der gehäuften Formeln erstickt! Wir können aus der Verschiedenkeit mit Zuversicht schließen, daß das Zauberwesen bei den Deutschen nicht entfernt dieselbe Ausdehnung gewonnen hatte wie bei den Angelsachsen oder gar den Skandinaviern, was durch andere Erwägungen, z. B. lexikalischer Art, bestätigt wird.

Die gleiche Treue wie bei rituellen Formeln scheint bei dogmatischen vorzuherrschen; wenigstens sind sehr alte Verse vom Chaos und vom letzten Kampf in zwei christliche Dichtungen, das Wessobrunner Gebet und das Muspilli, eingedrungen.

Immerhin scheint auch die angelsächsische Religion, wenn man den Sachsen, Jüten, Angeln nach der Eroberung (seit 441) eine solche zuschreiben will, von der gemeingermanischen sich eben nur durch ein stärkeres Eindringen des Zauberwesens (wie es auch der Norden zeigt) unterschieden zu haben [1]). Ein Einwirken des keltischen Druidentums ist nicht zu beobachten — auffallend, da man ja für spätere Zeit den Kelten auf die nordische Religion einen so starken Einfluß zuschreibt. — Beim Ausgang des Heidentums in England tritt eine Epoche des Synkretismus sehr deutlich hervor: in den christlichen Anfärbungen von Beowulf [2]), der Umdeutung heidnischer Lehrsprüche ins Christliche [3]) oder Hinzufügung christlicher Lehren [4]), der Übernahme der alten Elegie [5]). Doch ist dies alles nur dem Grade nach von Erscheinungen wie dem althochdeutschen Muspilli und Wessobrunner Gebet, dem Schluß der Völ. und Völ. h. sk. verschieden; im Ganzen dauert auf der Insel die »altdeutsche Religion« fort.

Es ist etwa der Stand, den wir für den Norden ebenfalls voraussetzen müssen, ehe fremde Einflüsse und einheimische Art einen ganz neuen Charakter, ein durchaus originales Gepräge einer Religion gaben, die, wie alle stark individuellen Religionen, ihre Eigenheit der energischen Verschmelzung sehr verschiedener Elemente verdankt. Man hat in neuerer Zeit den synkretistischen Charakter des Urchristentums immer stärker betont, immer energischer die Amalgamierung heidnisch-religiöser und antikphilosophischer Elemente nachgewiesen [6]); man betont immer stärker die

---

[1]) Vgl. die Übersicht bei Brandl, Altengl. Lit., S. 949; auch Kögel, Gesch. d. d. Lit. 1, 109.
[2]) Brandl S. 1002.   [3]) Ebd. S. 1087.
[4]) Ebd. S. 960.
[5]) Ebd. S. 1047. Vgl. allgemein Ehrismann, PBB. 35, 235.
[6]) Usener, Dieterich, Reitzenstein; Wendland, Die hellenischrömische Kultur, Tübingen 1901; Schwartz und, von der volkstümlichen Seite her, Deißmann in seinem schönen Werk »Licht von Osten«, Tübingen, 2. Aufl. 1909; Wernle, Die Entstehung unserer Religion, Tübingen, 2. Aufl. 1904. S. 292 f.

## § 28. Religionsgeschichte. 497

brahmanischen Bestandteile im Buddhismus[1]), die vorislamitischen im Islam und die vormosaischen im Judentum[2]); man wird auch für die einheitlichste der germanischen Religionen, die einzige, die das neunte Jahrhundert überlebt, die einzige, die eine große Literatur erzeugt, die einzige, die eine einheimische Theologie gereift hat, das alte Goethische Wort zugestehen müssen: »Kein Lebendiges ist ein Eins, immer ists ein Vieles!«

Die nordische Religion[3]) erlebt ein gut Stück Entwicklung vor unseren Augen und könnte eine der bestbekannten Mythologien sein — wenn die Denkmäler weniger sorgfältig gesammelt wären. Denn eben in der nie genug zu preisenden Tätigkeit der nordischen Sammler, Kritiker und Historiker unserer wichtigsten nationalen Religionsurkunden liegt ja auch die zum Teil unüberwindliche Erschwerung des vollen Verständnisses: wir sind gar zu oft nicht in der Lage, hinter Aristarch zu Homer, hinter Snorri zur religiösen Dichtung, hinter Saxo zu den mythischen Anschauungen des germanischen Nordens zu gelangen! Ein jeder Interpret ist eine Gefahr für das Verständnis — Snorri eine ungeheuere, wenn man ihm zu viel traut, und keine geringe, wenn man sich von ihm zu oft zum Widerspruch reizen läßt.

Wir müssen uns zunächst gegenwärtig halten, daß sich die Schilderung des Tacitus auf Skandinavien nicht erstreckt. Indessen haben wir nicht den geringsten Grund, für jene Zeit an einer weitgehenden Einheitlichkeit des germanischen Wesens zu zweifeln; und was uns für die Deutschen bezeugt ist, würden wir für die Nordmänner etwa erschließen müssen. Auch ihre älteste Religion war stark dämonistisch, besaß noch kein irgendwie geordnetes Göttersystem, verehrte die Götter »in der freien Natur«[4]), kannte höchstens Gelegenheitspriester und jedenfalls noch keinen Priesterstand. Daß unter ihren Göttern Thor und Tyr sich befanden, ist nicht zu bezweifeln: wir sehen keinen Herd der Propaganda, von wo sie eingeführt sein könnten. Für Odin wäre das denkbar; jedenfalls aber ist sein starkes Aufsteigen erst auf fremde, d. h. nichtnordische Anregungen zurückzuführen. — Die Masse der Gräberfunde im Norden läßt vielleicht auf eine intensive Religiosität schließen; vielleicht auch beruht sie nur auf der Gunst der klimatischen Verhältnisse.

Es ist aber anzunehmen, daß die Skandinavier sehr früh ihre Sonderart geltend machten. Die nordischen Götter haben nach S. Müller[5]) in der Zeit der Völkerwanderung ihr spezifisches Gepräge erhalten. Aber

[1]) Pischel.   [2]) Wellhausen.
[3]) Vgl. allgemein über ihr Verhältnis zur gesamtgermanischen Mogk S. 247, Golther S. 39.
[4]) Olrik S. 33.
[5]) Vorgeschichte Europas, S. 186.

vielleicht sollte man zunächst noch gar nicht von »nordischen Göttern« sprechen: eine »nordische Religion« entstand erst durch Union der nordischen Sonderreligionen, die freilich gewiß nahe verwandt waren. Diese regionalen Verschiedenheiten sind früh erkannt worden und schon Uhland billigte sie — in einer Periode, in der er noch Geijers Theorie abwehren mußte, der nordische Götterhimmel sei aus Jöten, Wanen und Asen als Vertretern verschiedener Völker zusammengesetzt[1]).

1. Vom Rhein her war Frey zu den Schweden gekommen, mit ihm Njord — Kulturgötter des Reichtums (der sich abstrakter in Gullveig-Heid verkörpert). Das phallische Element tritt hinter dem der Fruchtbarkeit im vegetativen Sinne zurück. — Die Kulturfortschritte und die damit verbundene Verweichlichung[2]) führen zur Verehrung einer neuen Göttin, Freyja, die im Land des Frey-Kultes entstanden sein muß. Neben der herberen Frigg steht sie fast wie Balder neben Wodan; das erotische Element wird stark betont. Durchaus ist sie die Schöpfung einer »frauenhafteren« Epoche. — Diese Gottheiten bilden den engeren Kreis der Wanen. Frey dominiert entschieden. Er hat große Tempel[3]); ein bestimmter Typus seiner Erscheinung bildet sich früh heraus; er wird gern als Namenspate gewählt. Von ihm schreiben sich die Könige her, wie die Julier von Venus; denn es ist überall dafür gesorgt, daß die Stammbäume in den Himmel wachsen.

2. Nach Dänemark war von den Ingvaeonen her der Wodansglaube gekommen[4]). Der Staats- und Weisheitsgott hatte seine ordnende Kraft auch hier bewahrt: während Frey und gar Thor einsam bleiben, sammelt er um sich eine Götterschar, die Asen, deren Kern vielleicht die heroisierten Fürsten vornehmer Geschlechter bildeten — die Ahnen der gotischen Könige, »Halbgötter, auf gotisch *ansis*«[5]), die Vorläufer des Einheriertums. Eine ganze Götterwelt gruppierte sich allmählich um ihn; Hönir und Loki, uralte Dämonen, traten mit ihm zu einer Dreiheit zusammen; Frigg ward seine Gemahlin; der ehemalige Nebenbuhler Tyr und andere Götter wurden fast seine Vasallen.

Unzweifelhaft war mit diesem Aufschwung auch eine Vertiefung von Odins Wesen verbunden, eine stärkere Betonung der Weisheit, die sich schon äußerlich im Bild des alten erfahrenen Mannes abspiegelt — der

---

[1]) Vgl. Moestue, Uhlands Vorlesung über nordische Sagen, Studien z. vgl. Lit.-Gesch. 9, 226. Neuerdings hat Finnur Jónsson (Ark. f. n. Fil. 13, 243) diese regionalen Verschiedenheiten besonders energisch betont. Allgemein geographische und ethnologische Charakteristik der drei Reiche bei Weinhold, Altnord. Leben, S. 22f.; Olrik, Altnord. Geistesleben, S. 1f.
[2]) Man denke an Starkards spätere Schelte; Olrik S. 89f.
[3]) Auch später noch auf Island; Golther S. 232.
[4]) Über die Kulturwege vgl. Salin, Altgerm. Tierornamentik, Berlin 1904.
[5]) Jordanes cap. 13; Golther S. 93. 193.

§ 28. Religionsgeschichte. 499

deutsche Wodan jagt noch hinter der Windsbraut einher, der nordische Odin erobert die Weiber mit andern Künsten. Doch werden wir die entscheidende Wendung der Odinsreligion noch nicht in diese Zeit setzen dürfen.

3. Norwegen, das jüngste der drei Reiche[1]), hat mit seinem »kleinen Landschaftskönigtum« für den Herrschergott Odin zunächst keinen Platz und sein Boden lockte nicht wie die schwedischen Täler zum Kult Freys. Hier ward der alte Gewitterdämon, der Bauerngott Thor zum Nationalheiligen, und seine Kämpfe mit Riesen und Riesenweibern boten unerschöpflichen Stoff für Mythen. Früh scheint zu ihm der alte Feuerdämon Loki in nahe Beziehungen zu treten, erst freundschaftlicher Art, dann feindlicher. Auch wird der Einfluß der finnischen Zauberei[2]) in Norwegen zuerst sich geltend gemacht haben; oft erscheint Thor geradezu als Schutzherr gegen Hexen und Unholdinnen.

Wie jedermann sich seinen *fulltrúi* wählte, den Gott seines vollen Vertrauens[3]), so hatte jedes nordische Volk sich seinen *fulltrúi* erwählt (Island übernahm später den des Mutterlandes, wie Kolonien zumeist tun). Im übrigen werden wir im Zuschnitt des Kultus, im Ton der Andacht, in der Weltanschauung keine großen Unterschiede vermuten können, nur eine gewisse Abstufung von norwegischer Schroffheit über dänische Gewandtheit zu schwedischer Lebenslust; um starke Worte zu gebrauchen, von Björnson über Ibsen zu Bellman[4]).

Diese Konzentration ermöglicht die Verschmelzung. Frey kommt früh nach Norwegen, von wo schon 876 Auswanderer unter Thors und Freys Schutz nach Island fahren[5]); doch bleibt man sich noch lange bewußt, daß er eigentlich der schwedische Opfergott ist[6]). Wodan kommt vor 800 nach Schweden, wo die »schwedischen Könige, die Söhne Freys[7]«, sich gegen ihn wehren. Ebenso schauen in Norwegen die Thorverehrer mit Mißtrauen auf den (wohl von Adel und Königtum begünstigten) Odin. Dies führt nur zu Streitgedichten; zwischen Wanen und Asen aber, d. h. den Verehrern Freys in Schweden und denen Odins in Dänemark kommt es um 600[8]) zum Religionskrieg: dem Wanenkrieg[9]).

[1]) Olrik S. 3.   [2]) Siehe u.
[3]) Weinhold, Altnord. Leben, S. 462; Olrik S. 33.
[4]) Finnur Jónsson (Ark. f. nord. Fil. 13, 234) bestreitet, daß in Norwegen Thor mehr als Odin verehrt worden sei und glaubt lediglich an eine Verschiedenheit der Wirkungssphären.
[5]) Golther S. 219.   [6]) Ebd. S. 223.
[7]) Ebd.   [8]) Weinhold.
[9]) Vgl. o. S. 388. — Eine ganz andere Deutung des Wanenkriegs als die seit Weinhold und Hoffory übliche möchte Much (Himmelsgott, S. 273) geben, der ihn als einen Kampf zwischen hellenisch-indogermanischer und phönizischer Religion nimmt. Aber er setzt eine viel ausgebildetere, götter-

4. Der Wanenkrieg endet mit einem Kompromiß, dessen Folge die **nordische Religion** ist. Frey wird in den Götterhimmel, dem Odin vorsitzt, rezipiert; Njord offiziell auch, ohne es zu großer Stellung zu bringen. Freyja wird gern aufgenommen und beerbt vielfach Frigg. Thor tritt als erster Vasall neben Odin. Durch diese Vierheit: Odin, Frey, Thor (vielfach gemeinschaftlich in Tempeln verehrt) und Freyja wird der neue Olymp gekennzeichnet.

Natürlich bleiben die alten Patronate doch in Kraft. Hallfred und seine Genossen geloben viel Gold »dem Frey, wenn sie nach Schweden kommen, dem Thor und Odin, wenn sie nach Island kommen«[1]. — Daneben besteht auch weiter die Macht der untergöttlichen Wesen; in der Haddingssaga sieht Olrik[2] den Kampf zwischen Riesen- und Götterglauben.

Eine allgemeine Charakteristik der »voreddischen Religion im Norden« gibt Krohn[3] auf Grund der von ihr stark beeinflußten finnisch-esthnischen Mythologie. Noch immer spielt der Animismus eine große Rolle: Worte wie »der Selige« und »Gespenst« sowie »Totenschmaus« werden entlehnt; ebenso Elfen, Wassermann, Drachen. Von Göttern sind Thor und Frey übernommen[4]. —

Diese nordische Religion besaß längst Tempel und Kultbilder. Und zwar scheint jetzt jener Umschwung eingetreten zu sein, der an Stelle der völligen Ungebundenheit der Kultusstätte wieder eine relative Gebundenheit setzt. Offizielle Tempel im Sinne der Taciteischen Nationalheiligtümer scheint es für die Amphiktyonien Freys, Odins, Thors nicht, oder doch höchstens für die erste in Uppsala gegeben zu haben. Viele Tempel wurden gebaut; denn man war zwar insoweit frei, als man in einem beliebigen Tempel opfern konnte, aber auch soweit gebunden, als man jedenfalls in einem Tempel opfern mußte. Immer von Fällen dringender

reichere indogermanische Religion voraus, als wir annehmen dürfen. — Ganz euhemeristisch deutet ihn auf einen Krieg zwischen Odin (der doch nicht allein steht!) und »mächtigeren Zaubergöttern«, der Zauberin Gullveig und dem Zauberer Mimir Methodin, v. d. Leyen (Sagenbuch, S. 129). Er setzt übrigens (S. 130) drei verschiedene Überlieferungen voraus. — Ähnliche gnostische Umformungen von Religionskriegen zeigt nicht nur die Gigantomachie, sondern vielleicht auch der Krieg mit den Lapithen-Steingöttern, Fetischen (vgl. Trombetti, Indogerman. u. sem. Forschungen, Bologna 1897, S. 50.

[1] Craigie S. 19.
[2] Kilderne til Sakses Oldhistorie 2, 6.
[3] Ztschr. f. d. Alt. 51, 13.
[4] Nur aus volkstümlichen Zeugnissen mit Ausschluß der Dichterbelege sucht W. A. Craigie (The Religion of Ancient Scandinavia, London 1906) diese zu rekonstruieren. — Vgl. allgemein P. Herrmann, Nordische Mythologie, Leipzig 1903 Rez. Finnur Jónsson, Ark. f. nord. Fil. 21, 395.

## § 28. Religionsgeschichte. 501

Not abgesehen. Ja allmählich erhoben sich auch wieder einzelne Tempel wie der zu Uppsala, der zu Leire (unter Mitwirkung politischer Verhältnisse), oder zu Hlade (durch den persönlichen Einfluß des Jarls[1]) zu fast zentraler Bedeutung, dauernd oder auf Zeit. Ein Priestertum bestand gleichfalls schon lange und hatte wohl die Sitte der theophoren Namen großgezogen, die freilich auch auf dem Kontinent begegnen, dort aber häufiger mit allgemeiner Anrufung (*Regin*-Gott, As-, Gud)[2] als mit spezifischer (Frey — für schwedische Bauern, Odin — für jütische Häuptlinge, Thor im ganzen Norden[3]), immer als erster Namensteil).

Diese nordische Religion, befruchtet durch die Begegnung der drei Götterkreise, erfährt nun noch weitere Einflüsse: früh von den niedriger stehenden Finnen, später von den höher stehenden Kelten. Die Finnen haben nicht bloß entlehnt, sondern auch gegeben. Die Übernahme der finnischen Göttin Skadi, die dem Wanen Njord unglücklich vermählt wird, ist nur die äußere Verkündigung dieser Tatsache[4]. Daß aber die ungeheure Ausdehnung des Zauberwesens, das bis in die Spitzen der Götterwelt eingreift (Odin!), das die Zwergsagen umgestaltet und Loki einen neuen Charakter geben hilft, dieser Nachbarschaft ins Schuldbuch zu schreiben ist, wird man kaum bezweifeln können. Wird uns ja doch das Anrufen finnischer Zauberer (wie noch am Hofe Iwans des Grausamen) ausdrücklich bezeugt; und in einem Kult wie Hákon Jarls vor Thorgerd hat Golther schwerlich mit Unrecht eine gewisse Erniedrigung unter die sonstige nordische Art gewittert. Noch heut steht die große Frömmigkeit der Finnen nach dem Urteil eines Theologen »auf dem Standpunkt der Physis (Ekstase usw.), noch nicht auf der Moral«[5].

Merkwürdig ist es, daß eine finnische Lieblingsvorstellung (die in der deutschen Romantik seltsam wieder auflebt) auf die nordische Mythologie nicht gewirkt zu haben scheint: die von dem »Schmieden« lebendiger Wesen oder auch von Naturerscheinungen: Wäinämöinen schmiedet sich ein Pferd[6], eine Ehefrau, Sonne und Mond[7]; Ilmarinen eine Frau[8]. Die mythischen Arbeiten der Zwerge für die Götter, obwohl verwandt, haben doch ein anderes Gepräge. Eher könnte Mökkurkálfi[9] verglichen werden.

[1] Olrik S. 32.
[2] Vgl. Olrik S. 35.
[3] Ebd.
[4] Vgl. über solche Götterehen Bethe, Hektors Abschied, Leipzig 1910, S. 426.
[5] K. Graß, Die russischen Sekten, Leipzig 1909, II, 1 S. 336.
[6] J. Grimm, Kl. Schr. 2, 87.
[7] S. 95.
[8] Ohrt, Kalewala, S. 165.
[9] Skáldsk. cap. 1: Gering S. 359.

## Siebentes Kapitel.

Wie in Finnland die Schamanen, beherrschten in Irland die Druiden das religiöse Leben [1]); sie hatten es schon zu Cäsars Zeit fast so stark wie die ägyptischen Priester regiert. Dieser Einfluß zeigte sich in einer über das Maß des durchschnittlichen Heidentums herausgehenden Betonung des göttlichen Willens [2]). Die Stände der Gesellschaft sollten gottgewollte Kasten sein, wie bei den Brahmanen; ein großes Aufgebot aller Götter sollte die Zukunft der Welt entscheiden. Diese Vorstellungen, meint Olrik mit andern, haben auf die Gestalt des Gottes Ríg und die Rígsthula, haben auf die Mythen von Ragnarök eingewirkt. Es ist wohl möglich; aber schwerlich haben die Kelten diese Mythen erschaffen. Der vom jüngsten Kampf mindestens scheint mir mit Notwendigkeit aus der nordischen Religion herauszuwachsen.

5. Auf eine Epoche der Beruhigung, die wir nach dem Eintreten des intranordischen Synkretismus werden voraussetzen dürfen, folgte nämlich augenscheinlich wieder eine solche lebhafter religiöser Unruhe. Und zwar waren es zwei urewige Probleme, »worüber schon manche Häupter gegrübelt, Häupter in Hieroglyphenmützen, Häupter in Turban und schwarzem Barett, Perückenhäupter und tausend andere arme, schwitzende Menschenhäupter.« Das eine ist das Problem der Vergeltung, das andere das der Unsterblichkeit.

Eine stürmische Unruhe hatte die nordischen Völker und vor allem das nunmehr führende norwegische ergriffen. 793 beginnt die Wikingerzeit, deren Wesen uns Alexander Bugge [3]) ausführlich, Olrik [4]) in knappen Meisterzügen gezeichnet hat. Es ist eine zweite Völkerwanderung — aber mit Wiederkehr in die Heimat. Von einem »diesseitigen Jenseits« träumen die Nordleute, wie um die Mitte des vorigen Jahrhunderts die Deutschen nach Friedrich Kapps Wort, und »Byzantium« wird für sie, was für den glücklichen Sealsfield oder den unglücklichen Lenau Amerika gewesen war: das Land der Erfüllung, das »Land der unbegrenzten Möglichkeiten«, wie man es jetzt so hübsch genannt hat. Gar ihre Götter verpflanzt Saxo in dies Traumland seiner Vorväter. — Welch neue Eindrücke stürmten auf die Auswanderer ein! irisches und byzantinisches Priestertum und Königtum (für den Namen Rig haben Heinzel-Detter auch an den byzantinischen Königstitel erinnert), fremde Küsten, Sprachen, Anschauungen! Vor allem: der Reiz der täglichen Lebensgefahr, des unaufhörlichen Kampfes mit dem tückischen Element (nun entstand neben Ägir, der Verkörperung ästhetischer Freude an dem heiter-stillen Meeresspiegel, Rán, die leibhafte Grau-

---
[1]) Vgl. Olrik S. 79.
[2]) Was sie auch für das Christentum frühreif machte; vgl. ebd.
[3]) Al. Bugge, Die Wikinger, leider übersetzt von H. Hungerland, Halle 1906; vgl. Neckel, Anz. f. d. Alt. 50, 220.
[4]) Altnord. Geistesleben S. 72f.

## § 28. Religionsgeschichte. 503

samkeit des Seetodes [1]); mit den Feinden, die so wenig Pardon gaben wie die Dänen den Iren [2]), auch wohl mit treulosen Führern und verräterischen Gesellen (und nun erhielt Loki neues Lebensblut aus der Anschauung).

Nun entstand eine neue Dichtung. Gewiß mit Recht hat Heusler [3]) bestritten, daß die gesamte eddische Dichtung das Geistesleben der Wikingerzeit atme. Gewiß mit vollem Recht scheidet er drei Perioden: die »gemeingermanisch-heroische«, die wir in mythologischer Hinsicht als die der älteren nordischen Religion bezeichnen würden, vor den großen Religionskämpfen; die »norrön-wikingische«, die von dem Geist der jüngeren nordischen Religion erfüllt ist, und die »isländisch-nachwikingische«. Aber mag die Rígsthula in die erste oder dritte Periode fallen — was vor allem der Edda und so besonders auch ihren Götterliedern den Charakter gibt, gehört doch in die zweite. In diese Epoche, von 800—1000, fallen Lokasenna und Hárbardslied mit ihrem Kampf dort für Thor, hier für Odin; fallen Vafthrúdnismál und Grímnismál, doch schon ans Ende der Periode wie jene beiden an den Anfang, mit ihrer lehrhaften Verarbeitung alten Stoffes; fällt vor allem die Völuspá mit ihrem gnomischen Gegenstück, den Hávamál — die beiden Großtaten altnordischer Lehrdichtung [4]).

Älter mögen Skírnisför und Thrymskvida sein, einfache Ereignislieder, von göttlichen Abenteuern rein episch berichtend; jünger die leere Alvíssmál und die wirren Hyndluljód, die die Aufgabe nicht mehr zu bewältigen wissen, die Grím. und gar Vaf. leidlich gelang. Aber das Schwergewicht liegt doch auf jenen drei Paaren, denen wir die unbedeutendere Vegtamskvida angliedern können. — Was nun ist der gemeinsame Charakter von Harb. und Lok., Völ. und Háv., Vaf. und Grím.? Nichts von dem leichten epischen Fluß der Skírn. und der Thrymskv., dieser Perlen, die allein unter den Götterliedern in Technik, Charakterzeichnung, Sachlichkeit den Prosaerzählungen der Isländer verglichen werden können; aber auch nichts von der rein stofflichen Materialhäufung, durch die die Alv. und gar die Hyndl. sich von den langweiligsten Zwergkatalogen und Riesenkatalogen kaum noch unterscheiden. Sondern ein grüblerischer Geist

---

[1]) Vgl. Heusler und Ranisch Eddica minora S. LXXXVII zu den Meeresstrophen der Frithjofssaga.
[2]) Vgl. Olrik S. 74.
[3]) Arch. f. n. Spr. 116, 281.
[4]) Die treffendste Charakteristik der Hávamál finde ich an entlegener Stelle: »*cette première partie du Hava-Mal* (man verzeihe den Singular!) *est un poème gnomique, dans lequel, sous une forme sentencieuse, sont déposées les idées que se faisaient les anciens Scandinaves de la supériorité intellectuelle et morale*« (J. J. Ampère, Littérature et Voyages, Paris 1833, S. 405).

sucht mannigfache, sich widerstreitende Tatsachen zu ordnen. Die bösen Dinge beunruhigen ihn, die von den Göttern ausgesagt werden — aber Thor bleibt doch der reine Held und Odin doch der überlegene Weise! Das ganze Weltenschicksal stellt sich seinem Auge dar, oder der ganze Verlauf des Menschenlebens mit all seinen Schattierungen nach Besitz, Begabung[1]), Göttergunst. Und wenn in Vaf. und Grím. sich auch bereits theologische Afterweisheit und philologischer Namensprunk breit macht — noch immer steht doch im Hintergrund eine große Konzeption. »Von den alten Geschichten und dem Ende der Götter sprach der Thurs mit todgeweihtem Mund«[2]) — von denselben Dingen, von denen die alten Götter in ihrem Prytaneion reden[3]). Ein Weltbild im größten Sinn wollen die Grímnismál geben, in ihrer Weise so eine Ergänzung zur Völuspá — ein Titel, den die rhapsodische Aneihung wichtiger alter Notizen in der »kurzen Völuspá«[4]) kaum verdient. Und dann: über beiden, zur Besiegelung des tragischen Ernstes, schwebt der Tod: er hängt über dem Riesen, er rückt dem Gott nahe; er bedroht Gagnrád-Odin und ereilt Geirröd.

Das ist der Geist der Wikingerzeit: angestrengter Kampf auch mit den großen Rätseln, denn auch dies Dunkel lockt und zieht; stürmische »Wut« der Odinsdiener auch in der Hingabe an die furchtbaren Geheimnisse; und schließlich Sieg und Triumph, womit all diese Lieder schließen. Daß aber wirklich dieser Geist nicht nur vereinzelten Dichtungen angehört, sondern der Geist der ganzen Epoche ist, hat Finnur Jónsson[5]) aus der Skaldendichtung des 9. Jahrhunderts bewiesen. In ihr herrschen die gleichen mythischen Vorstellungen wie in der Edda[6]). Und übrigens sind diese Dichter, nach Heuslers glücklichem Ausdruck[7]), Bauernsöhne und »Volk« wie ihre Hörer[8])! Natürlich aber richtet sich das Interesse der Hof- und Kriegsdichter nicht in erster Linie auf mythologische Probleme; insofern bilden die Eddalieder eine Klasse für sich, und unter ihnen wieder die angeführten Gedichte eine eigene Gruppe.

Auch in ihrer Technik gehören sie zusammen. Keins gibt einfach einen alten Mythus wieder, wie Skírn. (mag das Gedicht auch aus zweien zusammengeschweißt sein) und Hamarsheimt; keins gibt in ungeschickter Einkleidung nur Denkverse, wie Alv. und Hyndl. Sondern alle verarbeiten altes Material, ganze alte Sammlungen (wie die Háv.) oder

---

[1]) Háv. Str. 53.     [2]) Vaf. Str. 58.
[3]) Völ. Str. 60.     [4]) Hyndl. Str. 30—45.
[5]) Ark. f. nord. Fil. 9, N. F. 5, S. 1 f.; vgl. auch 6, N. F. 2, S. 141 f.
[6]) Odin a. a. O. S. 4, Thor S. 6, Balder, Frey, Tyr, Ull S. 7, Loki S. 9, Riesen ebd., Göttinnen S. 7.
[7]) Ztschr. d. Ver. f. Volksk. 1902 S. 238.
[8]) Vgl. auch F. Jónsson, Ark. f. nord. Fil. 13, 223.

## § 28. Religionsgeschichte. 505

einzelne Sprüche (wie die Völ.), einzelne Legenden (wie Lok. und Hárb.) oder endlich beides (wie Vaf. und Grím.). Alle aber durchdringen diesen Stoff mit einheitlichem Geiste — am mächtigsten die Háv. und vor allem die Völ.

Für mich gehört auch die Rígsthula in diesen Zusammenhang, die nur in der einfachen, stramm sich steigernden Erzählung dicht an die Skírn. (mit der sie die Berührung von Göttern und Menschen teilt) und die Thrymskv. (mit der sie den fröhlichen Maskenton gemein hat) zu rücken scheint, von denen sie sich freilich durch die stärkere Einwirkung des Spielmannsepos (Freude an kulturhistorischem Detail, am Formelwesen) sondert. Die Denkverse, nach denen dann die »Namensliste Rígs« benannt wurde, halte ich für Erweiterungen aus dem Katalogalter, der alexandrinischen Zeit des isländischen Schrifttums. — Doch es bleiben Zweifel. Aber auch hier hätten wir Verarbeitungen alten Materials (wie ich wenigstens glaube) in einheitlichem Geist; freilich statt des pathetischen Ernstes von Völ., Vaf., Grím. und statt der dionysischen Tollheit von Lok. und Hárb.[1]) die feierliche Ironie der Amphitryonfabel; »*Un partage avec Jupiter n'a rien du tout qui déshonore*«. Aber auch hier handelt es sich um ein tiefernstes ewiges Problem, das alle nicht völlig naiven Zeiten beschäftigt hat: die Ungleichheit der Stände, die verschiedene Verteilung der Glücksgüter — gewiß ein Thema für einen grübelnden Wiking!

Und noch ein Gedicht möchte ich hier anreihen, obwohl es schon zur Heldensage gerechnet wird: die Völundarkvida; doch auch der Sammler der Liederedda war hierüber unsicher, wie der Platz zeigt, den er dem wunderbaren Lied gab. Auch hier haben wir die Verschmelzung mehrerer Fabeln (Schwanenjungfrauen — Völunds Gefangenschaft und Rache) in Einem Geiste; auch hier bewegten Ernst, Grausamkeit (wie am Schluß der Thrymskv. und in Skírnis Drohungen, bei denen ich immer an die denken muß, die in Grillparzers »Treuem Diener« Otto von Meran vor Erny ausstößt) neben Weichheit, wie in Freys Liebeswerben oder den Versen, die in der Völ. Balders Ende ankündigen. Und auch hier ein großes Problem: das der Vergeltung! Denn es handelt sich nicht um eine von Sippe und Sitte befohlene Rache, wie bei Wali oder Gudrun-Chriemhild, sondern um ganz eigentliche Strafe des Unrechts. Das Königspaar erhält für den Raub des Ringes die in Silber gefaßten Schädel der Kinder — eine thyestische Rache, grausam, fürchterlich überlegt; und weil König und Königin den Wieland zum Sklaven machten, wird ihrer Tochter die Ehre geraubt.

Damit kommen wir, nach weitem aber unvermeidlichem Umweg durch Geschichte und Dichtung, zur Mythologie der Wikingerzeit zurück.

---

[1]) Die **Vigfusson** einem »Aristophanes der westlichen Inseln« zuschrieb.

Dies sind die Probleme, die ihre große Dichtung erzeugen und erfüllen: das **Problem der Gerechtigkeit**[1]) und das der **Unsterblichkeit**[2]). Oder vielmehr ist es Ein Problem: eben das der Vergeltung. Wie ist es zu erklären, das Odin so oft den schlechteren Mann siegen läßt? aber vielleicht gibt es jenseits eine Entschädigung. Wie können überhaupt die Götter so viel Übles tun und zulassen? Aber vielleicht gibt es auch für sie einst eine Strafe.

So lenkt alles hin — auf den **Unsterblichkeitsglauben**. Er gibt dieser Periode seine Signatur; nicht, glaube ich, wie Olrik meinte, als allgemeine Vorstellung der Wiedergeburt, sondern als Lehre von der Fortdauer der Auserlesenen.

Bei den Angelsachsen führte die gleiche Erregung, die gleiche Sehnsucht nach Fortdauer unmittelbar ins Christentum. König Erwin hat eine Versammlung einberufen, die, wie jenes berühmte Thing auf Island, über die Bekehrung des Volkes entscheiden soll. Der heidnische Oberpriester erklärt sich eifrig für Christus. »Einer der Eldermen aber gab seine Meinung in folgender Form ab: ‚Wenn Du, o König, mit Deinen Grafen und Thanen zur Winterszeit um das Herdfeuer in behaglich erwärmter Halle beim Mahle sitzest, draußen die Stürme heulen, Schnee und Regen peitschen, da kommt es wohl vor, daß ein Sperling schnell die Halle durchfliegt: durch die eine Tür kommt er herein, zur andern geht er heraus. Für den kurzen Augenblick, da er im Saale ist, berührt ihn das Unwetter nicht, aber bald, wenn er Deinen Augen entschwindet, kehrt er wieder in den dunklen Winter zurück. So scheint es mir mit dem Leben der Menschen zu stehen: wir wissen nicht, was ihm voraufgegangen ist, was ihm folgt. Wenn uns die neue Lehre darüber etwas sicheres bringt, so ist sie es wert, daß wir ihr folgen'«[3]). — Die Spartaner hoffen unmittelbar vom Schlachtfeld in die Unsterblichkeit zu gehen, wie die Mohammedaner auch[4]).

Ich wies schon auf analoge Erscheinungen im hellenischen Religionsleben hin. Neben Rohdes historischer Erklärung möchte ich die psychologische von Gomperz[5]) stellen — dem ich darin freilich keineswegs zustimmen kann, daß »in einem Zeitalter oder in einer Lebenssphäre, welche von unbändigen Leidenschaften erfüllt und von unablässigen Kämpfen durchtobt ist,« für Jenseitsträume kein Raum vorhanden sei. Wer hat sich für die Unsterblichkeitsfrage lebhafter interessiert, als die Vollmenschen der Renaissance, die gewaltsam ihr Leben über den Tod hinaus zu verlängern trachteten? Aber den Gegensatz zwischen jenen naiveren Perioden, in denen Achilles lieber als dürftiger Tagelöhner sein Leben fristen denn als König über die Schatten herrschen möchte[6]), und denen einer trüben

---

[1]) Lok., Hárb., Vkv., Ríg.
[2]) Völ., Háv., Vaf., Grím., Veg.
[3]) Fr. Schnürer, Bonifacius, Mainz 1909, S. 16.
[4]) Edv. Lehmann, Gude og helhe, S. 11.
[5]) Griechische Denker, Leipzig 1896; 1, 66 f.
[6]) Vgl. Háv. Str. 71.

## § 28. Religionsgeschichte.

Reflexion hat er glänzend charakterisiert. Solche Hesiodeischen Zeiten durchleben die Vikinge: »Der Zustand der Seelen nach dem Tode erscheint vielfach als der der Verklärung. Verstorbene werden vielfach zu Dämonen erhöht, die über dem Schicksal der Lebenden wachen. Das »elysische Gefilde«, die »Inseln der Seligen« beginnen sich mit Bewohnern zu füllen. Allein durchweg fehlt hier jede dogmatische Bestimmtheit; dieser ganze Vorstellungskreis bleibt lange unklar, schwankend und verschwommen. Und wenn schon bei Homer ein erster Ansatz der Vergeltungslehre zu erkennen ist ..., so vergehen doch viele Jahrhunderte, eher dieser Keim zur vollen Entfaltung gelangt ist ... Und was die Hauptsache ist, in wie mannigfachen Farben auch das Licht des Jenseitsbildes gebrochen erscheint, die Staatsreligion, die als der Ausdruck des Bewußtseins der herrschenden Klassen gelten kann, nimmt von dem Unsterblichkeitsglauben nur geringe Kenntnis; dem Diesseits gilt nach wie vor die überwiegende Sorge des antiken Menschen, mindestens insoweit wir sein Sinnen und Trachten von den öffentlich anerkannten Kulten abnehmen können.«

Das ist genau auch die Signatur der Wikingerzeit — mit der Einschränkung jedoch, daß Ein dem Unsterblichkeitsglauben gehörender Kultus im Norden zur öffentlichen Anerkennung gelangt ist.

Die zunehmende Sorge um das Leben nach dem Tode läßt sich schon äußerlich an einem wichtigen Merkmal ablesen. Zur Zeit des Tacitus gibt es noch keinen Leichenprunk[1]; doch werden die *clari viri*, die Helden und Herrscher, schon mit bestimmten Feierlichkeiten beigesetzt. Allmählich wird das Grab reicher und reicher. Die alten Germanen verachten die schwere Ehrung durch Grabdenkmäler als eine Belastung für den Toten — was frühester Anschauung entsprechen könnte[2]. Aber Dichter und Hörer der Hávamál kennen keine größere Sehnsucht als die nach dem Bautarstein[3], und ihre Zeitgenossen waren unermüdlich darin, toten Freunden Runen zu ritzen.

Dies ist die Stimmung, aus der sich in der zweiten Periode der altnordischen Religion vier Mythenkreise, alle auf alter Grundlage, alle in neuem einheitlichem Geist wie die Völuspá, neu entwickeln, die aber untrennbar zusammenhängen: die neuen Mythen von Loki, von Odin, von Balder, vom Ragnarok. Ich nenne sie in der Folge ihrer vermutlichen Wirkung auf das Volk, die auch wohl die ihrer inneren Chronologie sein mag.

Der Teufel ist der notwendige Träger jeder Theodicee. Das Buch Hiob kann so wenig ohne Satan auskommen wie die Gáthas des Avesta

[1] Germ. cap. 27.
[2] Vgl. Helg. Hund. 2, 44.
[3] Háv. Str. 72, vgl. 76—77.

ohne Daewas und Druggenossen; Christus muß von Lucifer versucht werden wie Buddha von Mara. Das Bedürfnis, die Herrscher zu entlasten, die man lieben will, führt überall zu dem Glauben an Mächte, die ihrem guten Willen hindernd in den Weg treten. — Nun war längst ein Dämon von besonderer Art da, seiner Natur nach, als Geist des Feuers, beweglich: bald nützlich bald höchst schädlich, bald Thors Diener (wenn es brennt, wo er einschlug), bald sein Feind (wenn es die Scheune verzehrt, die er füllen half). Dieser Lieblingsgestalt des Volkes verlieh nun, wie wir vermuteten, üble Erfahrung an untreuen Fahrtgenossen und schlauen Feinden neue Anschaulichkeit. Loki, einst Odins Blutsfreund, fiel so tief wie Lucifer. Er ward der »Teufel«, die Verkörperung des Bösen in der Welt; wo den Göttern etwas mißlingt, steckt er dahinter; er ist der Vater aller Hindernisse. Doch bleibt er ein Gott, den ein Dichter an die Tafel der Asen bringen kann; und nichts ist in ihm von der Feigheit des christlichen Teufels: übermütig fordert er die Götter heraus und ruft so (wie wir glaubten annehmen zu sollen) den letzten Kampf hervor — wobei auf die heroische Schelte vor der Schlacht (die Lokasenna) natürlich wieder die Heldendichtung[1]) eingewirkt hat.

Loki wird nun der Mittelpunkt, um den eine ganze Welt der Gegengötter krystallisiert, wie die der Asen um Odin. Böse Geister waren ja längst in Fülle da, von den ältesten Formationen der Mythologie her. Da war aus der naivsten Naturerklärung der Wolf, der die Sonne verschlingen will, und der riesige Drache, der rings um die Lande gelagert ist und sie oft gleichfalls herunterschlingen will: das Weltmeer, dem wie die alten Germanen der Sage noch die Dithmarschen die Zähne boten: »Nu Trutz di, blanker Hans!« Da war aus der Zeit des Ahnenkults ein anderer schlimmer Drache, der die Leichen frißt (Nidhögg); etwa die frühe Verwesung. Der Dämonismus brachte den Häuptling der Frostriesen, Hrym, und den Dämon des unterirdischen Schadenfeuers, Surt. Dazu kam die verkörperlichte Hel, die Unterwelt, die die Menschen verschlingt. Andere böse Dämonen blieben außen: Hrungnir, wer er auch sei, scheint den Anschluß an dies wilde Heer versäumt zu haben; Hod war ein Ase geworden, weil die Gestalt Balders ihre Umgebung heiligte, und vor allem weil jetzt alle Schuld auf Loki fiel. Überhaupt kam eine straffe Organisation auch hier nicht zustande; über den Kriegsgott der Bösen liefen wohl verschiedene Anschauungen um, so daß der Dichter der Völ. sich durch Teilung der Heerhaufen half. Aber wie nicht der Götterkönig Odin, sondern Thor den täglichen Kampf gegen Hexen und Riesen führt, so ist der eigentlich aktive Geist, die Seele der höllischen Partei Loki, gewandt und schlau, kühn und vorsichtig — ein richtiger Piratenhäuptling!

---

[1]) Helg. Hund. 2, 25; Waltharius.

## § 28. Religionsgeschichte.

Diese Organisation ist immerhin straff genug, um die Götter zu Gegenmaßregeln zu zwingen. Während bisher die Parteien (soweit nicht Thor in Frage kommt, der nicht lange fackelt)[1], leidlich schiedlich, friedlich nebeneinander hergegangen waren oder sich nur auf dem neutralen Boden der Menschheit bekämpft hatten (wie die europäischen Großmächte im Dreißigjährigen Kriege auf dem Leibe Deutschlands!), wird jetzt auch Asgard in Kriegsbereitschaft versetzt — natürlich alles nach heroischem Vorbild. Ein Wächter wird angestellt, Heimdall; eine Burg gebaut, eine Brücke befestigt. Aber man sieht nicht, daß das zu etwas führt; als Heimdall bläst, ist das Schlimmste nicht mehr zu verhüten.

Diese ganze Zweispaltung der Geisterwelt wurde wesentlich erleichtert durch den ungemessenen Zauberglauben der Nordleute. Die Hexen arbeiteten Loki vor. Wenn Starkad ein Neidingswerk tun muß, ist es freilich der Fluch der Götter; aber wenn Hedin eine unselige Tat verübt[2], so genügt eine Hexe zur Erklärung. Die Helgilieder sind von Hexenspuk und Zauber fast so voll wie der Kalewala; fast so voll — wie weite Strecken der Háv.[3]. In Ausdrücken wie »Hexenschuß«[4] führen noch wir diesen altgermanischen Aberglauben fort; in anderen Fällen kennen wir die unsichtbaren Wesen, die ihre Speere schleudernden Bazillen.

Durch diese mächtige Stütze, den Aberglauben im Volk, gewann nun der Dualismus augenscheinlich rasch an Macht. Loki ward immer mehr der mythologische Intrigant, der böse Sibeche der Heldensage; und hundert Volkserzählungen schilderten den Bösen und halfen so den Glauben an die sittliche Weltordnung stützen.

Aber mit dem Gegner wuchs sein Antipode. W o d a n hatte langsam die Führung der Götterwelt erobert. Schon in vorgermanischer Zeit hatte er Tyr vom Thron gestoßen, wie Zeus den Kronos; dann hatte er unter den Dreien die Führung erhalten, hatte in Deutschland Tyr, in Norwegen Thor, in Schweden Frey erfolgreich bekämpft. Er mußte wohl ein starker Gott sein. Er mußte auch so recht ein Gott nach dem Herzen dieses Zeitalters sein: er verstand, zu leiten, Helden zu erziehen, Wunden zu heilen, Speere zu schleudern. Mehr dürfen wir von ihm einstweilen nicht aussagen; aber was brauchen Abenteurer mehr?

Zwischen dem Fürsten und dem Fürstengott hatte sich (wie später wohl mit Heimdall-Rig) ein engeres Verhältnis gebildet. Wir glaubten annehmen zu sollen, daß königliche Helden zu ihm in den Himmel versetzt werden, wie ähnliche Apotheosen uns ja auch sonst bezeugt sind[5]; denn den Zwischenzustand der eigentlichen Halbgötter kennt die ger-

---
[1] Völ. Str. 26.
[2] Helg. Hjörv. Str. 35.     [3] Str. 142 f.
[4] Vgl. den angelsächsischen Zauberspruch; siehe o. S. 495.
[5] Golther S. 93; vgl. o. S. 91.

## Siebentes Kapitel.

manische Mythologie nicht. So entstand ein erstes Gefolge von Heldenseelen um den Kampf- und Fürstengott — erste Beispiele der Unsterblichkeit, wie sie im Alten Testament aus besonderer Göttergunst dem Enoch oder Elisa zuteil wird oder bei den Hellenen den Begnadeten im Elysion [1]).

Nun erwuchs die Sehnsucht nach Unsterblichkeit. Vieles führte dazu, diese Vorstellung zu bejahen. Das Gerechtigkeitsbedürfnis: Odin hat den Besseren auf dem Schlachtfeld fallen lassen? er wollte ihn zu sich holen. (Mehrfach bezeugt; wie christliche Gläubige nach einem Todesfall, besonders auch von Kindern, mit der gleichen Wendung zu trösten suchen.) Der Stolz: tapfere Krieger können nicht verschwinden wie ruhmlose Knechte. Die heroische Analogie: der Gefolgsherr muß bei seinem Vasallen stehen; die Verbindung ist unlösbar. Der Zauberglaube: es muß ein Mittel geben, auch diesen letzten Wunsch zu erfüllen. Endlich die erregte Phantasie abenteuernder Zeiten: nicht Seelen bloß, nein leibhaft gestorbene Helden waren wiedergekehrt [2]).

Wie bei den Hellenen Dionysos, ward so bei den Nordmännern Odin **der Gott, der allein Unsterblichkeit spenden konnte.** Hierin beruht seine neue ungeheure Macht. Wer ihm gehört, den nimmt er zu sich wie die gotischen Könige. (Die Gäste zu holen, wird nun die besondere Funktion der Idisi: sie werden »Walküren«. Sein Haus wird die Halle dieser Toten: »Walhall«.) Aber ein Zeichen muß da sein, daß man ihm gehört. Nur wer das Speereszeichen hat, den erkennt er an. So lassen sich noch Kranke mit dem Speer weihen; eigentlich aber ist das Betrug: wer auf dem Schlachtfelde fällt (wobei zwischen Schwert und Speer wohl nicht ängstlich geschieden wurde), der reitet hinauf zu Odin.

So entsteht der Mythus von den Einheriern. Auf die Unsterblichkeit ist ihr ganzes Wesen gestellt — und auf den Kampf. Der Gedanke der kriegerischen Gefolgschaft, an sich urgermanisch, hat ein Gepräge erhalten, das den Ursprung in heroischen Zeiten verrät: die Aufnahme der Gefolgsleute in den Haushalt des Fürsten, der ausgedehnte, mehrere Paläste umfassende Wohnsitz des Herrn, die Anwerbung neuer Mannschaften (durch die Walküren) [3]), die Betonung sogar der guten Kost, die den *comites* gereicht wird. Als Thormod Kolbrúnarskáld den Pfeil aus der Wunde riß, betrachtete er die daran haftenden Herzfasern und sprach: »Sie sind fett; Olaf war ein guter König, der die Seinen nährte [4])!« Wikinger sind es, denen der Himmel voll Schinken hängt; irischen Einfluß mag man

---

[1] Preller 1, 826f; Berthollet, D. israel. Vorstellungen vom Leben nach dem Tode, Freiburg 1899, S. 30.
[2] Helg. Hund. II.
[3] Helg. Hjörv. Str. 6f.
[4] Weinhold, Altnord. Leben, S. 389.

§ 28. Religionsgeschichte. 511

hier ¹) annehmen — aber christlichen? Mir scheint zwischen dieser naiven Fortsetzung des Erdenlebens und der Verklärung der Seligen doch ein nicht unerheblicher Unterschied obzuwalten. Ja wenn man noch vom Himmel Mohammeds spräche! aber dazu fehlt wieder in Walhall zu völlig das erotische Element, das auch durch die bedienenden Wunschmädchen nicht ausreichend vertreten wird ²).

Die Ausmalungen von Himmel und Hölle aber steigern sich unzweifelhaft gegenseitig in der nordischen Mythologie wie überall. Das Bedürfnis des Kontrastes ³) führt bei Hel wie beim Heervater zu beständigen Neuanschaffungen in den Konkurrenzwirtschaften: in der Ausstattung der Säle, in der Kleidung der Bedienung, in der Wahl der vorgesetzten Speisen.

Das aber wird trotz dieser Gegenüberstellung nirgends ausgesprochen, daß auch denen, die in die Unterwelt eingehen, ewiges Leben, wenn auch in Pein, beschieden sei. Im Gegenteil scheint selbst der uralten Höllenstrafe für die Meineidigen das Zerreißen der Leichen durch das chthonische Ungeheuer ⁴) ein Ende zu machen.

Und so finden wir auch sonst eine allgemeine Fortdauer oder Wiedergeburt, so viel ich sehe, nirgends bezeugt ⁵). Wir haben keine Spur vom Fortleben der Frauen, eine unsichere von dem der Mädchen, eine mehr als zweifelhafte ⁶) von dem der Knechte. Weshalb fürchten die Alten und Kranken den Strohtod? nur, weil sie Saehrimnirs verlustig zu gehen besorgen? Nein; weil sie ohne das Speereszeichen überhaupt verlöschen, nach kurzem Umflattern der Seele in den Berg, in das Wilde Heer, in das gehaltlose Nichts eingehen. Und eben dies macht Odins nun einzige Bedeutung aus: daß er der einzige Gott ist, der Unsterblichkeit zu verleihen vermag.

Scheinbar macht ihm zwar Freyja diese Einzigkeit streitig. — Aber wir vermochten den beiden Zeugnissen, dem der Grim. ⁷) und dem Ausruf der Skáldentochter⁷), kein großes Gewicht beizumessen. Fiele wirklich der Göttin die halbe Lese des Schlachtfeldes zu — welch ein Kampf müßte um den Einzug nach Walhall vor sich gehen! wie wären die betrogen, die zu Odin wollen und nur nach Folkwang kommen! Wie un-

¹) Mit E. H. Meyer siehe o. S. 403.
²) Vgl. allgemein (gegen Al. Bugge und Olrik) Meißner. D. Lit.-Z. 1909, S. 2915.
³) Man denke nur an das althochdeutsche Gedicht »Himmel und Hölle«, MSD. N. XXX.
⁴) Vől. Str. 39.
⁵) Gegen Olrik, vgl. o. S. 84.
⁶) Hárb. Str. 24.      ⁷) Str. 14.
⁸) Golther S. 440.

denkbar ist das alles! und wie einfach ist die falsche Nachricht zu erklären! (Vielleicht stammt sie auch von einem besonders eifrigen Verehrer der Freyja, der ihr vor Frigg ein großes Privileg sichern wollte.) — An sich viel dankbarer ist es, daß alle toten Frauen oder — was mir dann wahrscheinlicher wäre — alle Jungfrauen zu Freyja kämen. Aber auch diese Funktion käme viel eher der Frigg zu; und weitere Zeugnisse fehlen. Die Tochter Thorgerd bildet vielleicht nur zu Egils hartnäckiger Drohung eine Gegendrohung mit eigensinniger Anpassung an den Wortlaut der väterlichen Erklärung.

Jedenfalls: die Unsterblichkeit, die die lebenshungrigen Wikinger begehren, kann einzig Odin gewähren. Und man denke, welche Bedeutung ihm das geben mußte! Ähnliche Privilegien haben die Macht der orphischen Mysterien geschaffen, haben Mithras eine Zeitlang zum ebenmächtigen Nebenbuhler Christi gemacht — der selbst, nach Harnacks eindringendem Nachweis, als »Arzt«, als heilender Gott einen guten Teil seiner Macht über die Seelen gewonnen hatte[1]).

Und so ist denn ein esoterischer Kult oder mindestens eine Weihe, die schon dem Lebenden ein gewisses Anrecht, eine gewisse Aussicht auf die Fortdauer des Lebens sicherte, durchaus wahrscheinlich. Manches deutet auf solche Odinsmysterien. Nur ihm werden schon die Kinder als Diener fürs Leben geweiht, wie katholische Eltern ein Kind dem Kloster verloben[2]). Ein unmittelbares, wenn auch verkleidetes Zeugnis einer solchen mystischen Weihe, allerdings schon des Jünglings oder Mannes, an Odin glaubten wir in der Erzählung von seiner Runenfindung[3]) zu finden — in ihrer Form; über den Inhalt wird noch einiges hier zu bemerken sein. Endlich sind aber noch einige Stellen vorhanden, die aus diesem Zusammenhang ein neues Licht gewinnen könnten. Kein Gott erscheint so oft in Verkleidung, und dennoch kenntlich, wie Odin. Eine ganze Reihe von Legenden läßt ihn noch mit dem großen Bekehrer Olaf als alten einäugigen Mann mit herabhängendem Hut, als blödsichtigen behaarten Mann mit über das Antlitz herabhängendem Hut[4]) zusammentreffen. Oder er kommt einäugig mit breitem Hut und blauem Mantel und schwingt den Speer gegen Sigmund[5]); oder als Mann im blauen Mantel gibt er dem Hord guten Rat[6]) usw. Wir sahen wohl, daß dies mit seinem Wandern, seinem Prüfen der Könige, seinem Fällen der eigenen Lieblinge zusammenhängt. Kann aber diese Häufigkeit der Erscheinungen

---

[1]) Als ein »Wetterleuchten der Auferstehungshoffnung« bezeichnet die «aus Seelennot geborene» Theodicee des Hiob Berthollet, D. israel. Vorstellungen vom Zustand nach dem Tode, Freiburg 1899, S. 27.
[2]) Golther S. 326.   [2]) Háv. Str. 138f.
[4]) Golther S. 342.
[5]) Ebd. S. 330.   [6]) Ebd. S. 335.

§ 28. Religionsgeschichte. 513

Odins nicht durch wirkliche Visionen gefördert worden sein, wie sie zum Bestand jedes Mysteriendienstes gehören? Klingt nicht insbesondere die Rahmenfabel der Grimnismál ganz so, als sei dem Geirröd, der früh der Verehrung Odins gehörte, der Gott, gegen den er frevelt, in Flammen erschienen, mit der ganzen Pracht einer selbstrühmenden Liturgie (wie sie im Veda nicht selten sind) sich offenbarend? — Weiter: auf eine Verbindung des Odin-Rituals mit Zauber deutet jene eigentümliche Sage von der Opferung Wikars durch den in einen Speer verwandelten Rohrstab. Es klingt wie eine feierliche Selbstverwünschung: sollte ich untreu werden, so soll dieser Stab zum Speer werden und mich durchbohren — Formeln, wie sie bei Geheimen Gesellschaften geradezu typisch sind. Die »Vereinigten Irländer« schwören, daß sie sich eher die rechte Hand abhauen und vor die Kerkertür legen lassen wollen, als einen Bruder verraten[1]). Von solcher Formel zu ihrer (wirklichen oder legendarischen) Erfüllung ist nur ein Schritt; auf solche »Erfüllung der Formel« als Mythenquelle wiesen wir[2]) schon gerade bei Geirröds Tod hin. Oder die Strafe wird geradezu, wie bei Wikar, symbolisch vorgenommen: die Carbonari binden bei der Aufnahme neuer Mitglieder zwei alte mit Seidenstricken an ein Kreuz[3]). Sind solche Zeremonien einem religiösen Geheimbund kriegerischer Abenteurer nicht zuzutrauen? — Endlich das letzte und stärkste Argument für einen Geheimdienst Odins: die Häufigkeit der Menschenopfer. Gewiß begegnen sie auch bei anderen Göttern; aber nur bei ihm scheinen sie ein ständiges Element der Opferfeier gebildet zu haben. Derartige blutige Feiern sind aber gerade für Mysterienkulte so charakteristisch, daß man sie selbst da annahm, wo sie am sichersten fehlten: bei der heimlichen Abendmahlsfeier der Urchristen[4])!

Immerhin — ob die Verehrer Odins mystisch initiiert werden oder nicht, ein engeres Verhältnis mußte sich bilden, ja ein gläubiger Enthusiasmus für den Spender des höchsten Gutes[5]). Für dies nicht mehr bloß

[1]) Heckerthorn-Katscher, Geheime Gesellschaften, S. 352.
[2]) Siehe o. S. 21.
[3]) Ebd. S. 297. Ich lasse mich durch diese Seidenstricke übrigens nicht verführen, irgendwelche Beziehung mit der rein märchenhaften Fessel des Wolfs herzustellen, die »glatt und weich wie ein seidenes Band« war (Gylf. cap. 34); noch zu ihrer Doublette, der Fessel aus Narfis Därmen, die zu Eisen wurden (cap. 50: S. 347). Eher könnte man an einen Zusammenhang mit Hods Mistelzweig denken; doch auch nicht an einen unmittelbaren.
[4]) Ebenso hat der Phantast G. Fr. Daumer in seinem »Feuer- und Molochdienst der alten Hebräer« (Braunschweig 1842, S. 209) in der Bundeslade gar die Asche der dem Moloch geopferten Kinder gesucht!
[5]) Unter seinen zahllosen Namen in den Grím. könnten auch hierhergehörige Mysteriennamen sich befinden, wie Dionysos den Mysteriennamen Zagreus führt; vgl. Preller 1, 705.

514  Siebentes Kapitel.

erschlossene Phänomen der Hingebung an Odin[1]) spricht auch gerade der oft beobachtete Abstand zwischen seiner Geltung in den Liedern und im Volksglauben[2]). Und an diese höchste Kunst Odins, den Seinen das ewige Leben zu gewähren, mußten auch besondere Mythen anknüpfen. Wie kam der Gott in den Besitz dieser köstlichen Gabe? Darauf antwortet der orphische Hymnus von seiner Selbstopferung[3]); möglich, daß auch in das junge Gebilde der Mythen vom »Unsterblichkeitstrank« (der nur ein Dichtertrank ist) Elemente solcher ätiologischer Mythen übergegangen sind.

Der Odinskult, zumal in dieser spezifischen Zuspitzung (für die, denke ich, mehr Argumente beigebracht sind und bessere als für die meisten nicht unzweideutig bezeugten Tatsachen der altgermanischen Mythologie!) konnte nicht im weitesten Sinne des Wortes volkstümlich werden, wie die Vorstellung von dem Teufel Loki. Der Menge blieb Odin der gestrenge Fürstengott, mit dem nur die Vornehmen zu schaffen hatten; nur als Gott der Weisheit, der Heilkunst, der Runenanwendung überhaupt ging er weitere Kreise an — und hatte in all diesen Punkten den gefährlichen Mitbewerb der Zauberer auszuhalten, denen sich sogar sein eigenes Bild ein wenig anpaßte. — Eine noch stärkere Verengung des Kreises werden wir bei dem dritten und merkwürdigsten der hierher gehörigen Mythenkreise anzunehmen haben.

Aus dem Unsterblichkeitsbedürfnis und aus der neuerwachten Sehnsucht nach Vergeltung und Gerechtigkeit in zweiter Linie gewann auch der altgermanische Mythus von Balder seine neue, spezifisch nordische Gestaltung.

Balder, der Gott des lichten Tagesglanzes (Baeldaeg), der Gott der Helligkeit, ist von allem Anfang an an die periodische Wiederkehr von Tod und Leben gebunden. Das tägliche Schwinden der Helligkeit, die tägliche Erneuerung des Glanzes konnten mythisch gar nicht anders ausgedrückt werden als wie so viele Völker diese Erscheinungen ausgedrückt haben: der strahlende Held wird getötet und neu zum Leben erweckt.

Als nun aber die neue Göttervorstellung sich festsetzte, mußte die Vorstellung des sterbenden Gottes Bedenken erregen. Vielfach wird eine mildernde Form eingetreten sein, von der Kuhn und Losch ausreichende Proben erbracht haben. Der Gott stirbt nicht, sondern sein Roß wird verwundet, so daß er seinen Ritt nicht fortsetzen kann; aber dann wird es geheilt und der Glanz zieht von neuem über das Himmelsgewölbe. So auch altdeutsch im Merseburger Spruch.

---

[1]) Vgl. o. S. 244 f.
[2]) Vgl. für die Entfernung zwischen Jahvismus und Volksreligion Wildeboer, Jahvedienst u. Volksreligion in Israel, Tübingen 1899, S. 33 f.
[3]) Háv. Str. 138 f.

## § 28. Religionsgeschichte.

Daneben muß die ältere Lehre fortbestanden haben. Daß auch die altdeutsche Fassung im Norden vorkam, dafür sprechen Doubletten wie die Untauglichmachung und Heilung von Thors Bock durch Thjálfi[1]). Aber der Mythus: daß Balder durch den dunklen, »blinden« Hod selbst erschossen wurde, dauerte daneben fort; ohne große Bedeutung vermutlich, etwa wie die verdunkelten Mythen von der Gefangenschaft Thors bei den Riesen, oder von Odins Verbannung. Nun aber mit einemmale gewann der Mythus eine ganz neue Bedeutung! So war zu einer bestimmten Zeit in Ägypten aus mancherlei alten Mythen die neue von Osiris entstanden, den der böse Set tötet und zerstückelt, den aber auf die Klagen der Isis die Götter wieder beleben, wenn er auch sein erstes Leben nicht mehr fortsetzen kann[2]). So war in den wüsten und aufgeregten Zeitverhältnissen der Sullanischen Epoche[3]) dieser Kult in Rom erst heimlich, dann offiziell aufgenommen worden: das Wehklagen der Isis, die Auffindung und Neubelebung der Leiche[4]). Der Mythus, der ursprünglich nur einem periodischen Naturereignis galt, ward symbolisch umgedeutet: in der Wiederbelebung des toten Gottes besaß man die Bürgschaft für die Möglichkeit des Wiederauflebens. (Man beachte wohl: für die Möglichkeit; von einer Selbstverständlichkeit des Fortlebens oder der Wiedergeburt ist durchaus keine Rede, und Osiris selbst wird nur durch das größte der Wunder ins Leben zurückgerufen.) Welch ungeheuren Eindruck mußte dies Zeugnis auf die machen, die die Unsterblichkeit suchten! Im Mittelpunkt der Predigt des Paulus steht die Auferstehung seines Herrn: »Ist aber Christus nicht auferstanden, so ist unsere Predigt vergeblich, so ist auch euer Glaube vergeblich«[5]). Dies ist die Bedeutung Balders für die Germanen der Wikingerzeit.

Ist aber die Sage einmal in diesen religionsgeschichtlichen Zusammenhang gestellt, so verliert der Versuch, die Balderlegende einfach aus dem Christentum abzuleiten, vollends jede Aussicht. Daß die Berichte von Christus mitgewirkt haben, braucht man nicht auszuschließen; sie können aber nur eine Frucht zu schnellerer Reife gebracht haben, die unmittelbar vor der Vollendung stand. Wie die Römer den Tempelbau oder die Kelten den Ragnarokmythus, so mögen die Christen das neue Erwachen Balders beschleunigt haben: mehr nicht. Denn man bedenke doch auch hier die Unterschiede, den vor allem, daß die Himmelfahrt Christi für die Gläubigen eine historische Tatsache ist, die Wiederkunft Balders lediglich eine bestimmte Erwartung! Daß Balder gerettet werden soll, für Christus

---

[1]) Gylf. cap. 44: Gering S. 334; vielleicht war dieser »Diener Thors« (vgl. auch Hárb. Str. 39) ursprünglich Loki selbst.
[2]) Erman, Ägypt. Rel., S. 34. 36.
[3]) Wissowa S. 292.
[4]) Ebd. S. 295.   [5]) 1. Korr. 18, 14.

gerade der Opfertod als der Gipfel des Wirkens angesehen wird! — Vor allem aber sehe und höre man doch, wie um Balder geklagt wird! wie ein ganz persönlicher Ton jede Strophe erfüllt, die von ihm handelt! wie der Mythus sich in allen Bemühungen ergeht, mit denen Liebe den teuren Toten der Unterwelt abzuringen versuchen mag: die Bitte an die Gebieter des Totenreichs, wie in der gleich schönen Sage von Orpheus und Eurydike; der Versuch, durch das Klagen aller Kreatur das Schicksal umzustimmen; zuletzt — der Zauber, das geheimnisvolle Wort Odins, das vielleicht auch seinen sterbenden Mysten ins Ohr geflüstert ward; und mit ihm die sichere Hoffnung, den Geliebten wiederzusehen.

Wer da Entlehnung von Buch zu Buch oder auch nur von Mund zu Mund annimmt, der weiß den Herzschlag eines leidenschaftlich bewegten Herzens, die große Sehnsucht einer im tiefsten erschütterten Zeit von Reminiszenzen nicht zu unterscheiden; der mag denn auch mit Jensen Christus und Paulus für zeilengetreue Abschriften aus dem Babylonischen halten. Denn mit diesen Mythifikationen[5]) hat die Christianisierung altgermanischer Mythen durch Bang, Bugge, E. H. Meyer nur ihre gerechte Strafe erhalten.

Mit dieser leidenschaftlichen Teilnahme an dem Schicksal des Unsterblichkeitsbürgen hängt denn auch für die Stimmung jener Zeiten das Bedürfnis nach sofortiger Rache untrennbar zusammen. Gleich muß sie erfolgen; wie neubekehrte Häuptlinge bedauerten, Christus nicht rächen zu können, so ertragen die Hörer nicht das Los ihres Lieblings. Denn untrennbar mit der Vorstellung der Fortdauer des Lebens für die Besten ist die der Vergeltung verbunden.

Nur als Möglichkeit möchte ich andeuten, daß die Aufnahme fremder Götter in diese Zeit fallen kann. Fosite von Haligoland ist der gerechte Richter, Ull scheint der Hüter des Eides — es wäre nicht undenkbar, daß diese in ihrer Ungerechtigkeit nach Gerechtigkeit hungernde und dürstende Zeit sie adoptiert hätte wie Rom die Isis. Aber sie können auch später aufgenommen sein, und Ull kann auch schon früher zu den nordischen Göttern gehört haben.

Um so wichtiger aber ist der vierte Mythenkreis, der sich an jeden Grundgedanken oder vielmehr an jede Grundfrage anschließt: der von dem **Entscheidungskampf zwischen den Göttern und der Hölle**. Die unmittelbare Verbindung, die schon die Völ. zwischen Balders Tod und Ragnarok herstellt, haben die Forscher mit guten Gründen angezweifelt. Die mittelbare, innere Verbindung scheint mir fest wie die Eisenfesseln des Wolfes — oder hoffentlich fester; denn er löst sich ja doch!

[5]) Drews, Die Christusmythe, Jena 1910; Jensen, Moses, Christus, Paulus, Frankfurt a. M. 1909.

## § 28. Religionsgeschichte. 517

Der Gedanke der Wiederkehr Balders wird mit der Vergeltungsidee in unlöslichen Zusammenhang gebracht. Stand es fest, daß Balder wiedergeboren würde, so mußte, zumal bei seinen leidenschaftlichen Verehrern, die Frage entstehen: Warum kommt er nicht gleich wieder? warum kam er nicht wieder, wie Christus, wie Thor aus der Gefangenschaft, Odin aus der Verbannung? Weil die ganze Luft mit Gift erfüllt ist [1]); weil er zu rein und edel ist für diese Welt, für diese Beilzeit, Schwertzeit, Windzeit, Wolfzeit; für diese Epoche, in der sich die Brüder befehden und keiner den anderen schont [2]). Fühlt man denn nicht auch in diesen Versen und gerade in ihnen durch alles ererbte Formelwesen hindurch die Erregung und Herzensangst eines Dichters, den der Anblick der Gegenwart quält und bekümmert? wie in der Offenbarung Johannis doch alle apokalyptische Geheimsprache die leidenschaftliche Empfindung eines an seiner Zeit krankenden Herzens nicht verdecken kann. Nur in Augenblicken der Verzweiflung an der Gegenwart entspringen die großen Visionen der Zukunft; und nie ist die künftige Herrlichkeit Deutschlands begeisterter gemalt worden als vor 1848.

Aus diesem Gefühl also erwächst beides: die Sehnsucht nach Balder, und die Empfindung: jetzt kann er noch nicht erscheinen. Erst muß die Luft gereinigt werden; erst muß Vergeltung geübt werden: an den Bösen, die das Unheil bringen — und an den Lässigen, die es geschehen lassen [3]). Eine ungeheure »*lustratio*« ist notwendig, um das »*prodigium*« aus der Welt zu schaffen: Schreckenszeichen beweisen, »daß das normale Verhältnis zwischen Gemeinde und Gottheit eine Störung erfahren hat« [4]), und machen eine neue *pax deum*, einen neuen Frieden mit den Göttern [5]) erforderlich. So entsteht der Gedanke des Ragnarok, als unentbehrliche Vorbedingung für die Epoche, da »alles Böse schwindet, denn Balder erscheint« [6]), als unentbehrliche Vorbedingung vor allem für seine Wiedergeburt selbst.

[1]) Wie die Völ. sich an anderer Stelle (Str. 25) ausdrückt.
[2]) Völ. Str. 45; vgl. Olrik, Altnord. Leben, S. 73. — Eine solche Epoche ist auch die vor der Sintflut: Methusalah, der »Mann des Geschosses«, bezeichnet die »Schwertzeit« (Holzinger, Genesis, S. 63). Die epigrammatische Häufung der Namen für die böse Zeit übrigens (Str. 15) wird jung sein; die Strophe drängt wohl den Inhalt mehrerer älterer zusammen. Für die prägnante Benennung der schlimmen Zeit haben wohl die altnordischen Monatsnamen wie Frostmond, Schnittmond (Weinhold, Altnord. Leben, S. 376) als Muster gedient. — Allgemein über »Weltalter« Wundt S. 462. 466.
[3]) Bringt doch noch das christliche Muspilli das Jüngste Gericht in unmittelbare Beziehung zu der Bestechlichkeit der Richter; MSD. III. V. 63 f.; vgl. Anmerkungen 2, 39.
[4]) Wissowa S. 328.
[5]) Vgl. ebd. S. 327.
[6]) Völ. Str. 62.

## Siebentes Kapitel.

Die christliche Eschatologie kann auch hier Hebammendienste geleistet haben; noch mehr hat es Olrik[1]) für die keltische wahrscheinlich gemacht. Aber die Grundlagen sind auch hier altgermanisch, und vor allem ist der sie umbildende Grundgedanke nur aus der schweren Not der Zeit selbst zu verstehen. Daß die Vorstellung eines entscheidenden allgemeinen Kampfes zwischen Himmel und Hölle alt sei, kann nicht nur nicht bewiesen werden, sondern es ist auch beinahe undenkbar[2]), da die ethische Zuspitzung des Gegensatzes der Mächte nicht primitiv ist und die Konzentration der Götterfeinde selbst erst einer verhältnismäßig jungen Periode anzugehören scheint[3]). Aber es waren folgende Elemente vorhanden:

Sagen von Kämpfen der Götter in großer Anzahl, und zwar neben Einzelkämpfen auch solche von kollektivem Charakter. Thor kämpft nicht nur gegen einzelne Unholde, sondern es wird wiederholt betont, daß er gegen »die Riesen« Krieg führt. Vor allem aber ist ein Krieg von Masse gegen Masse der Wanenkrieg, da die Feinde der Asen tatsächlich[4]) als ein Heer vorgestellt werden, mögen wir auch nur drei mit Namen kennen. Hier lag also bereits ein Mythus von einem großen Kampf zwischen den Asen auf der einen, einem feindlichen Heer auf der anderen Seite vor.

Die merkwürdigen Sagen von der Schlacht am Birnbaum[5]) wage ich nicht zu verwerten. Denn so gewiß sie mythische Bestandteile bergen[6]), so stark scheinen sie doch von der Heldensage bedingt, von ihren Völkerkämpfen — die ja gewiß[7]) auch auf Ragnarok eingewirkt haben, hier aber doch den mythischen Kern unberührt ließen. Die Sage vom Kampf um den Birnbaum hat so ausgeprägt nationale Züge, daß ich sie für einen mythologischen Gegensatz nicht ausbeuten möchte; und nichts spricht sonst dafür, daß eine große Götterschlacht im Sinne von Ragnarok auf dem deutschen und englischen Gebiet bekannt war. Die Schlachten des Wilden Heeres und ihre heroische Fortsetzung auf dem Wülpensande[8]) oder sonst[9]) sind ja von Ragnarok fundamental gerade durch ihre ewige Wiederkehr unterschieden, während bei der Götterschlacht eine endgültige Entscheidung die unentbehrliche Pointe bildet. Übrigens scheint gerade auch bei diesem Mythus die spezifisch nordische Lebensunersättlichkeit in dem Motiv der zaubermäßigen Wiederbelebung hervorzutreten[10]) — und wieder vielleicht unter keltischem Einfluß[11]).

[1]) Om Ragnarok.
[2]) Vgl. Grau, Germ. Darstellungen d. Jüngsten Gerichts, Halle 1908.
[3]) Vgl. Macdonell S. 156.
[4]) Völ. Str. 24.
[5]) Zurbonsen, Die Völkerschlacht der Zukunft, Köln 1907.
[6]) Ebd. S. 16.   [7]) Siehe u.
[8]) Doch vgl. Panzer, Hilde-Kudrun, S. 324.
[9]) Ebd. S. 328.   [10]) Panzer S. 329.   [11]) S. 330.

## § 28. Religionsgeschichte.

Sagen vom Eindringen eines Feindes bis vor oder in den Sitz der Götter waren gleichfalls schon im Umlauf. Wir haben den Mythus von der Herausforderung aus den Doubletten von Hrungnir und Loki [1]) zu erschließen gesucht. Für ihn spricht noch die heroische Umwandlung der Beowulfsage; denn ursprünglich war doch wohl der seltsame Festsaal, an den Grendel so keck heranzieht, die Halle der Götter, nach dem Sonnenhirsch benannt, der auf Heervaters Saal steht [2]); was dann zu seltsamen Inkonsequenzen führte, als Heorot die Halle Hrodgars geworden war [3]). Drittens spricht für den von uns erschlossenen Mythus die Analogie der Heldensage: daß ein Ritter vor die feindliche Burg reitet und seine Ausforderung ruft, ist etwas ganz Übliches: so tut es z. B. Hiutegêr vor dem Sarrazenenpalast [4]).

Nicht unmöglich scheint mir eine ältere Variante, wonach der Feind in die Burg schon beinahe eindrang, aber durch die vom Hahnenkraht geweckten Asen verjagt wurde. (Der Name Gullinkambi oder Salgofnir ist natürlich jung.) Hrungnir [5]) kommt durch Versehen in die Burg, was doch wohl nicht ursprünglich ist [6]). Loki erschlägt einen Diener; ehe er in die Halle tritt. Das könnten alte Züge sein. Damit wäre dann Gullinkambi [7]) zu kombinieren, »der in Heervaters Halle die Helden weckt«. Es wäre ein Beispiel jenes Motivs, daß eine Burg durch Tiergeschrei gerettet wird; in den Kapitolinischen Gänsen hat es eine klassische Ausprägung gefunden [8]). — Wenn dagegen der Hahn des Petrus kräht, so ist das natürlich ein »Erfüllungsmythus«: Christus hat prophezeit, ehe der Hahn dreimal gekräht haben werde, d. h. noch vor Anbruch des neuen Tages, werde sein Jünger ihn verleugnet haben; das wird buchstäbliche Wahrheit.

Diese beiden vorhandenen Sagen — Götterkriege und Vordringen der Götterfeinde auf die Götterburg — kristallisieren um den erwarteten Vergeltungskrieg. Der Götterkrieg wird zu einem Kampf aller Götter gegen alle Gegengötter erweitert, mit dem charakteristischen Zug, daß diese angreifend heranziehen; was vermutlich zuerst von Hrym [9]) erzählt wurde, oder von Surt [10]), der allein nicht fährt und das Schwert schwingt. — Die weitere Ausmalung, die pragmatische Einfügung in die gesamte Ge-

---

[1]) Siehe o. S. 295.   [2]) Grím. Str. 24.
[3]) Vgl. Laistner in Wülkers Grundriß zur Gesch. d. ags. Lit. S. 267.
[4]) Parz. 32, 1f.
[5]) Skáldsk. cap. 1: Gering S. 357.
[6]) »Was rühmst du deinen schnellen Ritt? dein Roß ging durch und nahm dich mit!« (Geibel).
[7]) Völ. Str. 43.
[8]) Anders »eine Taube sagt Belagerung an« (Deutsche Sagen 1, 375: hier handelt es sich um den frühen orientalischen Gebrauch der Brieftauben.
[9]) Völ. Str. 50.   [10]) Str. 52.

schichte der Welt, die Verteilung der Einzelkämpfe gehört dann den Einzeldichtern.

Daß der Mythus von Ragnarok in der altgermanischen Mythologie große Spuren hinterlassen hätte, kann man sonst nicht sagen. Noch Balders Draumar erzählen den Baldermythus, ohne den jüngsten Kampf anzuknüpfen. Um so mächtiger ist der Eindruck auf die Folgezeit gewesen; mit Recht, denn die leidenschaftlichen Stimmungen einer Zeit voll wilder Größe haben in diesem eddischen Inferno erschütternden Ausdruck gefunden.

Und damit kehren wir noch einmal zu der Charakteristik jener Dichtungen zurück, die der Götteredda ihr eigentliches Gepräge verleihen. Ehe man uns vorwirft, wir hätten unberechtigt in die Gefühle einer rohen Zeit Grübelei und idealistische Ansprüche hineingetragen, betrachte man diese Dichtungen noch einmal. Sind sie wirklich von naiver Erzählerlust diktiert wie die Thrymskvida? oder von gelehrtem Stoffhunger überfüllt wie die Alvíssmál? Sind es nicht wirklich Problemdichtungen im vollen Sinn des Wortes? Nicht bloß die Völuspá, die ja freilich über den anderen steht »wie die Dolde des Lauches über dürftigem Gras, wie der glänzende Demant das Gold überstrahlt« — zwar kein einheitliches Kunstwerk (wie sie uns vorliegt), aber wie Goethes Faust selbst in ihren Widersprüchen für die Größe der Konzeption zeugend. Aber auch die Hávamál sind keine nüchterne Spruchsammlung; keins von den biblischen Büchern dieser Art, Sirach, Salomonis Weisheit, kann sich der heidnischen Dichtung in dem Versuch, mit Erfahrungen die Welt zu umspannen, vergleichen. Und selbst Veg., Vaf., Grim. — von Rätseln gehen sie aus, die sie lösen wollen. Hinter dieser Poesie liegt ein angestrengtes Suchen; wie hinter den Problemdichtungen der heutigen Magi aus Norden, der Ibsen, Björnson, Strindberg. Mit dem »Fragezeichen« der Ibsenschen Dramen schließen die Vafthrúdnismál; Bedürfnis nach Anbetung kämpft mit titanischem Trotz in der Lokasenna wie bei Strindberg; ein Gedicht von der Versuchung Gottes sind die Grimnismál wie »Über unsere Kraft«. Daher auch überall die einfache Rede, die zu Verkleidungen des Gedankens im Stil der Hymiskvida so wenig Zeit hat wie zu den kunstvollen Formspielen der Thrymskvida und Rigsthula — obwohl gerade das größte Gedicht, die Völuspá, mit ihren Künsten des Gegenrefrains, des Stufenbaues bei Schuld und Sühne der Götter, der mimischen Apostrophe der Virtuosität des Liedes von der Entstehung der Stände unter allen eddischen Gedichten am nächsten kommt.

Was aber den Inhalt jener Probleme selbst angeht, so zeugt für die Möglichkeit des Brütens über solchen Rätselfragen in selbst noch viel primitiveren Zeiten jeder Anfang einer Philosophie, ja jeder ätiologische Mythus. Vor allem aber — ist die Assyriologie auch bisher für die vergleichende Mythologie wie für die Kulturgeschichte ein Danaergeschenk gewesen¹), so hat sie uns doch in dem vielberufenen Gilgamesch das älteste aller Epen geschenkt, und hier schon, 6000 Jahre vor unserer Zeit, grübelt der Held über »Tod und Leben«, wird es sein höchstes Ziel, die Unsterblichkeit zu erlangen — nicht in dem abgeschwächten Sinne des Nachruhms, nein, als greifbaren Besitz, als Befreiung vom Tode. Und wenn die Erzählung vom Sündenfall berichtet, wie der Tod in die Welt kam — offenbart nicht auch dieser Mythus wie die von Methusalems Alter und Enochs Entrückung jene Sehnsucht, die wir als treibende Grundgedanken hinter den Mythen von Odins Einheriern, von Balders Wiederkunft, von dem Verhängnis der Götter am Werk sahen, wie in der »Verteufelung« Lokis den Gedanken der Vergeltung? —

Noch erübrigt es, kurz auf das Verhältnis der Unsterblichkeitslehre zu dem Glauben an die Wiedergeburt²) einzugehen.

Zeugnisse für diesen Glauben sind uns, wenn auch vereinzelt, seit urgermanischer Zeit überliefert³). Als ein äußeres Symptom sieht Olrik die Sitte an, Nachgeborenen den Namen der Vorfahren zu geben; »sie taucht erst in der Völkerwanderung, zunächst bei den Ostgoten, auf und breitete sich stark aus; im Norden drang sie im 7. und 8. Jahrhundert durch«⁴). In der Völuspá findet er diesen »eigentlich heidnischen Unsterblichkeitsglauben« stark verblaßt, »während Seligkeit und Gerechtigkeit die tragenden Gedanken sind«⁵). — Ich suchte schon zu erweisen, daß ein allgemeiner Glaube an die Wiedergeburt nicht bestanden habe, sondern lediglich die Anschauung, die Seele k ö n n e in einem Kinde wiederkehren; wohl möglich, daß die Namengebung dazu einladen, gewissermaßen ein Gefäß bereit stellen sollte. Zu bedenken ist doch aber erstens und vor allem: daß aller Animismus aller Völker gegen die Wiederkehr vielmehr eine tiefe Abneigung zeigt; zweitens: daß in denjenigen Fällen, in denen über eine Wiedergeburt Näheres berichtet wird, die Seele sich selbst meldet und Verkörperung fordert, als etwas Ungewöhnliches, nicht als ein Recht; drittens: daß Fälle wie die Angaben der Helgilieder oder die: »Thorgils ward für den wiedergeborenen Kolbein gehalten«⁶) sich nicht weit über die Metapher erheben; viertens: daß die Durchführung der Namen als adeliges Vorrecht (z. B. in Athen) häufig ist, wo sie wohl nur den Ruhm des privilegierten Namens festhalten soll — wie in dem bekannten *survival* dieser Sitte, daß alle Prinzen der vielen Reußischen Linien sich nur Heinrich nennen dürfen, nach Heinrich von Plauen. Ähnlich ist bei den Schwarzburgern zur Erinnerung an den »Kaiser« der Name Günther

---

¹) Vgl. G u n k e l, Deutsche Lit.-Zeit. 1909 S. 901 f.
²) Vgl. o. S. 84.
³) G o l t h e r S. 96.
⁴) Altnord. Geistesleben S. 17.
⁵) S. 101.   ⁶) G o l t h e r S. 97.

beinahe selbstverständlich. Allerdings wird hier, wie auch bei den Reuß, kein Todesfall oder keine neue Generation abgewartet.

Mir scheint also: die Vorstellung, daß eine Seele sich noch einmal des Lebens erfreuen könne, ist uralt bei den Germanen; und schon zur Zeit des Ariovist galt das als ein erstrebenswertes Glück. Ein Mittel, es sich zu sichern, gab es nicht; eine Neigung, es den Toten zu gewähren, gab es erst recht nicht. Es konnte begegnen, wie die Himmelfahrt des Elias; aber es war eine Gnade. Wer sie spendete? vielleicht Hönir, vielleicht das Schicksal. Darauf ließ sich kein Glaube bauen; der setzt Gesetze voraus und Mittel, das Erwünschte zu erreichen. So mußte denn in der Tat die neue Lehre von der Fortdauer die vom Überspringen in einen anderen Leib verdrängen. Hätte sich ein Glauben an feste Seelenwanderung entwickelt, so wäre sie so wenig durchgedrungen wie in Indien.

Mit diesen Anschauungen etwa scheinen die Norweger, Dänen, Schweden in die Zeit des Christentums eingetreten zu sein. Vorbereitungen lagen in den christlichen Einflüssen, Vorbereitungen vor allem in der ganzen Richtung der Gedanken und Gefühle, gerade wie die Angelsachsen mit ihrer weichen elegischen Stimmung zur Taufe prädestiniert scheinen — »Angeli, nicht Angli!«, jauchzte Papst Gregor —, während ihre Brüder, die Sachsen, noch durchaus nicht zum Abendmahl reif waren. Starke Berührungen mit der Kultur des christianisierten Germanentums taten das Ihrige: Karolus Magnus ward das Ideal nordischer Könige [1]) und »die Annahme des Christentums ist für viele mehr ein Anschluß an das europäische Leben als der Ausdruck einer religiösen Regung« [2]). Ob dann weiter gerade das Heroische des Christentums die Herzen gewann, wie Olrik [3]) andeutet, läßt sich bezweifeln. Klängen wirklich die Lieder von Christus und seinem Siege diesen Ohren wie ein Heldenlied, größer als eines von denen, die man kannte [4])? Wieviel mußte der Dichter des Heliand dazu tun, um aus seinen Aposteln wirklich »Degen« zu machen! Ein König, der sich geißeln läßt? der einen im Sinne des Wikingertums unrühmlichen Tod stirbt? Ich glaube nicht, daß es diese Seite war, die die Treuen Thors und die Gefolgsmänner Odins eroberte. Noch den Bekehrten gegenüber pocht Thor auf seine Macht [5]), Odin auf seine Siegesgewalt, Schönheit, Fertigkeit [6]). Viel eher konnte das in den Verheißungen des Evangeliums bestechen, was die Asen nicht geben konnten, was auch in Hyndlas schönem Gebet an Odin [7]) nicht steht: Gerechte Vergeltung — und ein ewiges Leben für alle. Ward ihnen das geboten, so mochten

---

[1]) Olrik S. 77.  [2]) Ebd. S. 79.
[3]) S. 103f.  [4]) Ebd. S. 105.
[5]) Golther S. 258f.  [6]) Ebd. S. 341f.
[7]) Hyndl. Str. 2—3; vgl. dazu Gests Worte zu Olaf Golther S. 343.

die Bekehrten Odin und Freyja verachten wie Hjallti mit Konvertiteneifer tat [1]).

6. Eine letzte Blüte war aber vor dem letzten Glühen der Opferfeuer der nordischen Religion beschieden: auf I s l a n d. In dogmatischen Fragen wird wohl der Glaube der Isländer sich von dem der Norweger wesentlich nicht unterschieden haben. Sie waren wohl noch frömmer, eifriger im Opfern — deshalb die Kirchspieleinteilung der Godentempel —, der Zauberei etwas weniger ergeben als die Väter im Stammland. Aber das Wesentliche ist, daß bei ihnen die Religion und zwar speziell der Thorkult eine eigentlich p o l i t i s c h e Färbung annimmt. Seit die »Pilgerväter« wie Thorolf [2]) unter Thors Schutz auf die Insel gekommen waren, wird er mit einer Andacht und vor allem einer Bevorzugung verehrt, die allen Freykult der Schweden weit hinter sich lassen. Wohl stehen in den Tempeln auch Odin und Frey; aber in dem persönlichen Bekenntnis, der Namengebung, wird die Anrufung Thors auf Island fast zum »Henotheismus« im Sinne Max Müllers: zur ausschließlichen Verehrung des Einen Gottes bei aller theoretischen Anerkennung anderer Gottheiten. Ihm gehören die Tempel, die Ortschaften und Berge — ihm die Kinder. Selbst wenn es auf Island so viel Frey-Tempel wie Thor-Tempel gegeben haben sollte [3]), wird das mehr als ausgeglichen durch den Umstand, daß ein Gode fast selbstverständlich Tempelvorsteher im Dienste Thors war: die Frey-Goden wurden besonders bezeichnet [4]). — Man muß an Verhältnisse wie in unserer Ostmark denken, wo zu der »polnischen Maria« gebetet wird, um das Durchdringen religiösen und politischen Geistes auf der freien Insel ganz zu verstehen. Nur so ist es auch möglich gewesen, daß nach langer erregter Erörterung der Thing im Jahre 1000 das Ende der letzten altgermanischen Staatsreligion als einen politischen Akt beschließen konnte: Island trat einfach unter das Patronat eines neuen mächtigen Herrn: statt Thors kommt nun Christus *at regindómi*, zur Oberherrschaft [5]). So ward Island untreu aus dem gleichen Grund, dessentwegen es so lange die Treue gehalten hatte: »wer zu den Feinden läuft von euch, der hat mit zweien Herren zugleich den Bund gebrochen!«

Aber schon vor dem Ende des Asenglaubens zeigen sich Verfallerscheinungen. Wie die Verwilderung der althochdeutschen Stabreimdichtung die Endreimpoesie prophezeit, so deuten auch auf religiösem Gebiet schlimme Anzeichen auf das »Verhängnis der Götter«. In Norwegen Sinken der Religion bis zu der finnisch-lappischen vergöttlichten

---

[1]) Ebd. S. 439.   [2]) G o l t h e r S. 248.
[3]) Vgl. T h ü m m e l, PBB. 35, 95.
[4]) Ebd. S. 97.
[5]) Völ. Str. 65; nach H e i n z e l - D e t t e r u. a. interpoliert; wie wir mit andern annehmen, mit Str. 60—61 von dem christlichen Sammler zugesetzt.

## Siebentes Kapitel.

Hexe Thorgerd; bei den Normannen[1]) wüste Menschenopfer für Thor mit Haruspicin; überall Entartung des Bilderdienstes[2]). Umgekehrt besonders auf Island, von der Verstaatlichung der Nationalkirche begünstigt, Religionsspötterei und Freigeisterei, auf die besonders Weinhold hingewiesen hat. Religionsspötterei bei Glum, der bei dem Gelage rief: »Jetzt wollen wir uns Schutzwesen kiesen! ich wähle zuerst; das sind meine Patrone: der erste ist mein Geldbeutel, der zweite mein Beil, der dritte meine Speisekammer[3])!« Freigeisterei wie bei dem edlen Gisli Súrsson um 950, der in Traumgesichten von der Walkyre rein ethische Lehren empfängt[4]). Dazwischen Zweifler; Felix Dahn hat in seinem Büchlein »Sind Götter?« die Geschichte des einen erneuert.

All das sind Erscheinungen, die bewegten Zeiten nicht fehlen können. Dem Admiral Alexanders des Großen, Nearch, legte man ähnliche Äußerungen in den Mund wie dem Vigaglúm; und Euripides hat die Modelle zu dem Kyklopen, der die Götter verachtet und nur seinen Bauch verehrt, so gut im Leben beobachtet wie der Prediger[5]) den Mann, der da meint: »Ists nun nicht besser dem Menschen, daß er esse und trinke und seine Seele guter Dinge sei?«... Solche Betrachtungen kommen mit psychologischer Notwendigkeit, so gut wie die, daß der Mensch wie das Vieh stirbt, die auch ein altgermanischer Denkspruch[6]) nicht aus dem Alten Testament zu entlehnen brauchte[7]). Um zu sehen, daß der Himmel blau ist, sagt Goethe, braucht man nicht um die Welt zu reisen. — Und natürlich kann auch überall Bigotterie in Götterhaß umschlagen, wie bei Grimkell[8]). —

Wir können die altgermanische Religion ein gut Stück lang beobachten. Fast ein Jahrtausend begleiten Zeugnisse, mit langen langen Pausen, mit nur zu großen Vieldeutigkeiten, mit Widersprüchen und Unmöglichkeiten reichlich versehen. Aber zum Skeptizismus sehe ich keinen Grund; und daß wir nichts wissen können, gilt hier nicht mehr als überall: auch bei der Naturforschung sind lange lange Strecken mit Konjekturen und Interpolationen der Forscher ausgestopft.

Wir haben immerhin von der Religion der alten Germanen einen Zeitraum zur Beobachtung, der der bisherigen Dauer der christlich-germanischen Weltanschauung ungefähr gleicht. Wir haben in ihm so manche Evolution vermutet, die der inneren Wahrscheinlichkeit und der

---

[1]) Golther S. 253.  [2]) Vgl. o. S. 435.
[3]) Weinhold, Altnord. Leben, S. 463.
[4]) Olrik, Altnord. Geistesleben, S. 96.
[5]) Pred. 2, 24.
[6]) Vgl. meine Altgerm. Poesie S. 321; Runenstudien, PBB. 32, 67 f.
[7]) Pred. 3, 19: »Denn es geht dem Menschen wie dem Vieh, wie dies stirbt, so stirbt er auch.«
[8]) Golther S. 557.

äußeren Analogie nicht entbehrt. Mancherlei Wechsel der kulturellen, politischen, sozialen Verhältnisse schien uns in religiösen Änderungen abgespiegelt; manche Bewegung in der Volksseele glaubten wir hier ablesen zu können. Einflüsse vieler Art sind zu bemerken: von der Heldensage und vom Christentum; Entlehnungen von den Finnen und den Kelten; Kontaminationen und Loslösungen. Wir haben einen Kosmos von Erscheinungen mancherlei Art, die in den Beziehungen des Menschen zu den höheren Mächten seinen Mittelpunkt finden. Und »wie einer ist, so ist sein Gott«. Wir betrachten die alte Mythologie nicht mehr mit dem Verstandeshochmut der Aufklärer, die nur »Priestertrug« und Volksverdummung sahen, und als deren Schüler noch Goethe, Voltaires Jünger in der Auffassung der Menschengeschichte überhaupt, in der ganzen Kirchengeschichte nichts sah als »Mischmasch von Unsinn und Gewalt«. Wir glauben auch nicht mit den Romantikern, mit Creuzer und Kanne und ihrem sonderbaren rationalistisch-romantischen Nachfahr Wilhelm Jordan an die tiefe geheimnisvolle Weisheit aller Mythen, die Roms bewußte Schändlichkeit verdunkelt habe. Aber wir sehen hier das Ergreifendste, was die Menschengeschichte zeigt: ein großes Volk in seiner geheimen Not, seinem geheimen Hoffen und seiner geheimen Liebe.

## § 29. Systembildung.

Neben dieser naiven volkstümlichen oder von den Zeitverhältnissen bewirkten Entwicklung geht nun eine »gelehrte«, verstandesmäßige einher — die »Theologie« im Sinne von Noreens Dreiteilung (in Mythologie, Religion und Theologie). Sie geht von den Priestern aus und bleibt wohl vorzugsweise in ihren Händen, solange die Religion selbst noch in lebendiger Wirksamkeit ist; doch nehmen auch die Dichter teil, und in beschränktem Maße vielleicht auch andere Laien. Nach dem Absterben der germanischen Religion erreicht die Systembildung erst ihre volle Höhe durch die philologische Arbeit von Gelehrten wie vor allem Snorri.

Die Hauptmittel der Systembildung sind: die Genealogie, die Zählung, die Klassifikation. Schließlich wird dies alles viertens in einer theologischen Kodifikation zusammengefaßt. Ansätze sind sehr früh vorhanden. Genealogische Verbindung von Göttern, die nicht ihrem Wesen nach verwandt zu sein brauchen (wie dies bei den Dioskuren, oder bei den Geschwistern Sonne und Mond der Fall ist) sowie Zählung (freilich in den bescheidenen Grenzen der Dreiheit) treffen wir schon bei Tacitus. Die Unterscheidung von *dei* und *semidei* setzt Jordanes für die alten Goten voraus, allerdings vielleicht mit Unrecht, wenn nicht wirklich die Benennung »Asen« von Odins halbgöttlichem Gefolge auf seine gesamte Umgebung übergegangen ist; das wäre also schon Klassifikation. Und Namenhäufungen wie im Merseburger Spruch weisen früh wenigstens auf den Weg der Sammlertätigkeit, der zur Kodifikation führt. Indessen ist der eigentliche Betrieb erst auf nordischem Boden zu erweisen, von gewissen, praktischen Rücksichten entsprungenen Versuchen in christlichen Abschwörungsformeln und Missionsanweisungen abgesehen. Die Theologie setzt einen festen Priesterstand wohl mit Notwendigkeit voraus, außerdem aber eine gewisse Reife der mythologischen Entwicklung. Ehe die Götterverehrung erreicht ist, kommt sie wohl niemals zustande. Aber auch das scheint nicht zu genügen; vielmehr ist wohl erst ein Gegensatz von Religionsparteien, wie wir sie freilich auch schon in Deutschland (Wodan contra Tiu) treffen, der rechte Nährboden solcher Bestrebungen. Die Priester interessieren sich für Herkunft und Umgebung ihrer Götter, suchen ihnen genealogische Vorrechte, bestimmte Gefolgschaft, eine höhere Stellung zu sichern. Die Nebenbuhlerschaft weckt den Ehrgeiz, was auch schon beim Merseburger Spruch (Wodan als alleiniger Heilgott) mitsprechen konnte.

Ferner wirken die übrigen literarischen Gattungen ein. Die Genealogie bietet von jeher der H e l d e n s a g e die nötigen Scharniere, um verschiedene Sagen zu verbinden; auch hier wird die innerlich geforderte Verwandtschaft (Hildebrand und Hadubrand) durch die künstliche (Helgilieder) weit überboten. — Die Zählung ist ein uraltes Hilfsmittel der G n o m i k: sie sammelt die drei besten oder schlimmsten Dinge usw. Dazu kommt aus dem religiösen Ritus selbst der Gebrauch der heiligen Zahlen. Die Klassifikation hat endlich ihre stärkste Wurzel im praktischen Leben, in der Erfahrung von den verschiedenen Wirkungen und Kräften der Dämonen; auch die Anfänge aller Wissenschaft (z. B. in der Unterscheidung der Heilpflanzen) liegt hier; vor allem aber ist die immer strenger durchgeführte s o z i a l e G l i e d e r u n g [1]) Vorbild.

Die theologischen Bestrebungen greifen naturgemäß auch in die volkstümliche Anschauung über. Vor allem Genealogie und Zählung sind auch dem Laien erwünschte Ordner. Wie die Völuspá die Götterfeinde in drei Heere aufteilt und die Schlacht in Zweikämpfe auflöst, so hat schon die Volkssage aus Loki und Heimdall ein eng verbundenes Feindespaar gemacht; wie die Grímnismál die Heime, die Alvíssmál die Welten aufteilen, so wird die Wendung von den »neun Welten« (ohne bestimmte Unterlage) schon volkstümlich gewesen sein [2]). Aber von hier ist doch noch weit bis zu dem »Abriß der altnordischen Götterlehre in dialogischer Form« [3]), der in das Märchen von Gylfis Verblendung gehüllt ist, oder zu den Noctes Atticae der Bragaroedur! —

---

[1]) Vgl. Heusler, Arch. f. n. Spr. 116, 171.
[2]) Völ. Str. 2, Vaf. Str. 49; vgl. Golther S. 519.
[3]) Gering S. 16.

## § 29. Systembildung. 527

Wir betrachten zuerst die Genealogie. Die Annahme von Verwandtschaften (wozu wir hier auch die Verschwägerungen nehmen) bildet ein uraltes Mittel zur Verbindung und Ordnung der Götter; ich erinnere nur an Hesiod [1]. Wie nahe sie liegt, beweisen die zahlreichen über Kreuz und Quer ohne festes Ergebnis gehenden Götterverwandtschaften im Veda [2]. Auch die hellenische Mythologie hat es zu einer völligen Entwirrung der göttlichen Verwandtsverhältnisse nicht gebracht: Enyo z. B. steht zu Ares in allen überhaupt möglichen Verwandtschaftsbeziehungen [3]. — Innerhalb der nordischen Mythologie steht besonders Thor in unklaren Verhältnissen mit seinem unwahrscheinlichen Vater Odin, zwei Frauen, verschiedenen Kindern.

Zu unterscheiden sind mythologische Verwandtschaften, d. h. solche, die im Mythus selbst begründet sind, und theologische, d. h. konstruierte oder erfundene.

Als ursprüngliche mythologische Verwandtschaftsverhältnisse werden wir ansehen können: Erstens im Mythus enthaltene Verwandtschaften: die Abstammung der drei Stammväter Ing, Isto, Irmin (sie bedingt schon bei Tacitus einen bestimmten in verschiedenen Lesarten vorliegenden Stammbaum, der übrigens nirgends die Mütter nennt); das Brüderpaar der Alces. Zweitens vom Mythus umgeschaffene: vielleicht ist erst durch mythische Fortbildung mythischer Gestalten das Geschwisterpaar Njord-Nerthus (das ja nie innerhalb derselben Epoche begegnet) entstanden — durch Auflösung eines einheitlichen Prinzips wie vielleicht bei Apollo und Artemis. Ferner bringt die Fortdichtung der Baldersage Hod und Wali als seinen Mörder und seinen Bruder in notwendige Beziehungen zu ihm; ebenso wird Odin sein Vater, Frigg seine Mutter. Drittens vom Mythus nachträglich geschaffene Verwandtschaften: Frigg wird Odins Gattin; Frey erhält eine Schwester Freyja; Njord und Skadi werden vermählt. Späterhin: die »Teufelsbrut« Lokis. — Endlich ist an die mystischen Verwandtschaftsverhältnisse der Rígsthula zu erinnern.

Theologische Verwandtschaften sind schon früh entstanden. Mit Odins Prinzipat verbindet sich die Vorstellung, er sei Vater der Götter — was gerade wie bei Zeus zu schwierigen Komplikationen führt. Wir können nicht sehen, daß diese Vaterschaft, außer bei Balder, irgend

---

[1] Vgl. Preller 1, 14f. Sie fiel als mythologische Eigenheit schon den alten Bekehrern auf: Daniel von Winchester an Winfried bei Schnürer, Bonifacius, Mainz 1909, S. 41.
[2] Ein halb Dutzend von Vaterschaften kann Agni aufweisen (Macdonell S. 91; Soma ist Indras Vater oder Bruder (ebd. S. 57) usw. Übrigens wird einmal von den Söhnen von Indras Bruder ebenso undeutlich geredet wie Völ. Str. 63 von den Söhnen der Brüder Tveggis: Macdonell a. a. O.
[3] Preller 1, 338 Anm. 2.

mythologisch zur Geltung käme. Auch wird Frigg keineswegs als allgemeine Göttermutter aufgefaßt.

Rein theologisch erscheint die ganze Sippe des durchaus junggesellenmäßig auftretenden Thor, ausgenommen vielleicht seinen Sohn und Rächer (?) Magni [1]); denn die Vorstellung mit dem großen Wappen [2]) ist ironisch gemeint. So ergibt sich denn auch hier die Verwicklung, daß Thors Mutter Jord auch Odins Tochter sein soll [3]), so daß er gut ödipodeisch seines Feindes Sohn und Enkel zugleich wäre. — Oder Frey wird [4]) zum Sohn des Njord.

Ganz auf Erschließung und Phantasie sind Snorris Genealogien gebaut: Ull Stiefsohn des Thor [5]); Forseti, der gar nicht zu den Asen gehört, Sohn des Balder und der Nanna [6]); die Stammbäume des Loki [7]), bei denen die Kontamination (»außerdem hatte Loki noch andere Kinder«) klar zutage liegt usw.

Bei Saxo treffen wir wieder andere Verwandtschaften, was unter diesen Umständen nicht Wunder nehmen kann; die Verwandtschaft zwischen Balder und Hother ist aufgehoben usw. — Jung scheinen auch Gestalten, die erst spät in den Götterkreis eingehen, genealogisch angeschlossen zu sein: Rán an Ägir, Idun an Bragi. — Isoliert bleiben besonders Tyr und Heimdall, der aber wenigstens neun Mütter hat; die alte Einsamkeit der Götter hat nur der älteste von ihnen gewahrt, Tyr. Denn Hymir als Vater und die anonyme Riesin als Mutter sind gewiß erst späte Erfindungen [8]); die Hym. wollte den anderen göttlichen Drachenbekämpfer dem Thor gesellen und mußte das motivieren.

Über die rein fabulosen Brüder Odins (Wili und Wé) ist oben gesprochen [9]); Hönir und Loki werden seine Blutsbrüder, noch ehe die theologische Ehestifterei in Schwung kam. — Die »Schwestern« des Zweiten Merseburger Spruchs sind vielleicht nur metaphorisch zu verstehen; jedenfalls liegt hier gar kein Akzent auf der Verwandtschaft [10]). —

Auch bei der Zählung [11]) haben wir primäre und sekundäre Zählung wohl zu unterscheiden. Die mythologische Zählung ist von doppelter Art: seltener durch Aufteilung eines einheitlichen Begriffs,

[1]) Skáldsk. cap. 1: Gering S. 360.
[2]) Hárb. Str. 9.     [3]) Golther S. 355.
[4]) Mogk S. 320.
[5]) Gylf. cap. 31: Gering S. 321.
[6]) Ebd. cap. 32.     [7]) cap. 33: S. 323.
[8]) Hým. Str. 5. 8.     [9]) Vgl. o. S. 272.
[10]) Zu einer wahren Wissenschaft hat sich die Genealogie bei den Priesterschaften der alten jüdischen Tempel entwickelt (vgl. Holzinger, Genesis, S. 269 nach Stade).
[11]) Über die Zählung als allgemeines ordnendes Hilfsmittel vgl. o. S. 19, über die Dreiheit und Zweiheit insbesondere Olrik, Ztschr. f. d. Alt. 52, 4f. 5f.

## § 29. Systembildung.

häufiger durch Gruppierung ursprünglich selbständiger Einheiten entstanden.

Die Aufteilung ist wohl selten ganz primitiv. Doch ist die Aufteilung der Menschenschöpfung in das Verleihen von Atem, Seele, Lebenswärme[1]) so alt, daß vielleicht von hier die Dreiheit Odin—Hönir—Lodur abzuleiten ist[2]). Eine analoge Aufteilung liegt in der Dreiheit der Nornen vor, die aber nicht alt ist. Dagegen ist uralt und schon ererbt die Dreiheit Himmel—Erde—Unterwelt, die aber nirgends betont wird. Die Gruppierung ist äußerst beliebt, primitiv jedoch nur bei der Zweizahl[3]) und bei der Dreizahl[4]). Die Drei[5]) wird ursprünglich als »vollkommene und jede Überbietung ausschließende Vielheit« gefaßt. In diesem Sinne ist sie für die Weiterbildung der früheren Religionsstufen wichtig: wir sahen, wie häufig für eine unbegrenzte Zahl von Geistern oder Dämonen symbolisch die Dreizahl eintritt — gleichsam ein zahlenmäßiger Beleg für die Annäherung der primitiven Formlosigkeit an die greifbare Gestaltung reiferer Perioden. Wir treffen sie aber auch auf höherer Stufe, mit verschiedenem Ursprung. Manchmal ist sie aus einfacher Addition tatsächlich nebeneinander bestehender Einheiten entstanden, wie bei den Amphiktyonien (oder griechisch. den drei Horen). Oft scheint sie das Ergebnis eines Kompromisses (wie die Zweizahl, s. u.), so bei den drei großen Opfergöttern Odin, Thor, Frey. Oder sie ist im Sinne der »Andachtsgruppe« gemeint: zwei kleinere Figuren zu beiden Seiten der Hauptfigur[6]), wie bei Moses zwischen Aaron und Hur oder christlichen *Sante Conversazioni;* so im Kult: Thor zwischen Odin und Frey[7]), oder zwischen Thorgerd und Irpa[8]); Mars Thingsus zwischen den Alaisiagen. — Etwas seltener als die Dreizahl ist die Zweizahl. Durch Aufteilung scheint sie bei der Spaltung Ymirs gewonnen zu sein[9]). Sie orientiert sich an dem Dual der menschlichen Gliedmaßen[10]), die durch

[1]) Völ. Str. 18.
[2]) Preller (1, 48) bezeichnet ein solches Zerlegen als »ein sehr gewöhnliches Gesetz der griechischen Mythendichtung«; so seien die verschiedenen Akte des Gewitters, das Leuchten, der Schall und das Einschlagen, auf die drei Glieder der Kyklopen- und Hekatoncheiren-Gruppe verteilt. Vgl. z. B. buddhistisch »Himmel—Erde—Mensch« Arch. f. Rel.-Wissensch. 12, 534.
[3]) Usener, Zwillingsbildung, Strena Helbigiana S. 315: Dioskuren usw.; Olrik S. 5 u. 6.
[4]) Usener, Dreiheit, Bonn 1903 und Rheinisches Museum N. F. LVIII.; Olrik S. 4.
[5]) Usener S. 358.
[6]) Dibelius, Die Lade Jahves, S. 84. 110.
[7]) Siehe o. S. 289.
[8]) Vgl. Golther S. 210.
[9]) Vgl. Janus: Usener S. 321.
[10]) Vgl. Hamd. Str. 15—16.

die häufige mythologische Zerstörung (Odin einäugig, Tyr einhändig) nur noch stärker betont wird. — Hierher gehören wohl auch die Alces mit ihrem Götterdual.

Die Addition ist oft durch Kompromiß gewonnen: Thor und Odin[1]; Odin und Thor[2], Frey und Njord[3], Frigg und Thor[4]. Einen besonders deutlichen Kompromißcharakter trägt die Zweiheit Thor-Odin. Hallfred spielt in seinen Dichtungen nach der Taufe (996) auf seinen früheren Odinskult an; als man aber Verdacht auf sein Heidentum hegt, findet man bei ihm ein Thorsbild. Ebenso spricht Kjartan von Thor und Odin; und ebenso hatte Hallfred selbst schon früher beide als Hauptgottheiten von Island genannt[5]).

Aber selbst Hákon verehrt neben der Thorgerd noch Thor und Odin[6]), was Finnur Jónsson[7]) sogar geneigt ist, für Norwegen und Island allgemein anzunehmen, schwerlich mit Recht: Thors häufigere Nennung sei nur im Stoff der Erzählungen begründet[8]). — Ganz ebenso glaubt Helgi der Magere an Thor und Christus[9]). Es können aber auch zum Teil Aufteilungen sein: die Gottheiten der männlichen und weiblichen Arbeit, des Nah- und Fernkampfes usw.

Höhere Zahlen scheinen unursprünglich, oder nur heilige Zahlen ohne abgezählten Inhalt (wie die neun Welten). Als besonders altertümlich erscheint Gruppierung ohne Zählung, wie bei den drei Scharen der Idisi im ersten Merseburger Spruch. —

Die theologische Zählung ist in beständigem Fortschritt begriffen. Die Zweizahl ist nicht sehr beliebt, kommt aber durch die Wirkungen der Alliteration doch wohl zustande: Wali und Widar, Modi und Magni; oft kleine Sondergruppen, reimend und alliterierend, in den Namenlisten. Die Dreizahl ist Lieblingszahl[10]): drei Riesentöchter[11]), dreimalige Verbrennung[12], drei Welten unter Yggdrasils Wurzeln; schließlich gar die ganz junge, der Dreieinigkeit nachgebildete Dreiheit *Hár, Jafnhár, Thridi,* »der Hohe«, »der Gleich-Hohe«, »der Dritte«[13]). —

[1] Vgl. Golther S. 212; v. d. Leyen, Sagenbuch, S. 100.
[2] Hyndl. Str. 41.
[3] Golther S. 321, Mogk S. 323.
[4] Mogk S. 371.
[5] Vgl. Craigie S. 19.
[6] Finnur Jónsson, Ark. f. nord. Fil. 13, 244.
[7] a. a. O. S. 219f., vgl. bes. S. 246.
[8] S. 235.
[9] Ebd. S. 69; vgl. dazu Heusler, Ztschr. d. Ver. f. Volksk. 1902 S. 237.
[10] Vgl. meine Altgerm. Poesie, S. 83.
[11] Völ. Str. 8.
[12] Str. 21.
[13] Gylf.; Gering S. 299, Golther S. 355.

## § 29. Systembildung. 531

Die heilige Zahl Neun[1]) ist ursprünglich nur eine Potenzierung der Dreizahl, wo sie nicht aus Nachahmung stammt (die neun Nächte Odins den neun Monaten der Schwangerschaft entsprechend): so bei den neun Welten; bei dem Ring Skirnirs, der jede neunte Nacht acht neue gebiert, vereinigen sich beide Momente. — Später versucht man auch diese symbolische Zahl zu einer »ikonischen«, wirklichkeitsnachbildenden zu machen und zählt die Namen von Heimdalls neun Müttern auf.

Den Gipfel der theologischen Zählung bildet die Zwölfzahl der Asen, vielleicht erst bei Snorri[2]), dessen eigene Listen aber 14 Götter und 18 Göttinnen aufweisen[3]). Das antike Muster steht hier völlig fest. Die Grimnismál haben[4]) wirklich 12 Götter, 9 männliche, 3 weibliche — aber Tyr fehlt[5]). Ebenso erwähnten die Hyndl.[6]) die Zwölfzahl: nach Balders Tod sind nur 11 Götter da; aber selbst wenn man die kurze Völ. nicht mit Finnur Jónsson[7]) nach 1150 ansetzt, kann dies von keiner mythologischen Konsequenz begleitete Addieren der verschiedenartigsten Größen nicht alt sein[8]).

Höhere bestimmte Zahlen sind wohl nur durch gelehrte Rechnung zustande gekommen: in den Eddaliedern in dem Panegyrikus auf Odin 540 Tore in Walhöll[9]); 800 Einherier[10]) — etwas viel Tore für etwas wenig Krieger! sogar das berühmte ägyptische Theben wird nur »hunderttorig« genannt. Vielleicht ist die 40 alt, da 4 doch immerhin eine altgermanische Zahl ist[11]); dann würden durch jedes Tor 20 Recken reiten — aber auch 20 ist keine alte Zahl, 500 erst recht nicht. — 100 treffen wir zum Ausmessen des Feldes Wigrid[12]). — Auch die 144 Pfeile auf Ubbo[13]) sind wohl willkürlich.

Altertümlich ist es, daß die Bußen (z. B. für Otrs Tötung in den Reg.) niemals mit Zahlenwerten angegeben werden, sondern ganz primitiv durch

---

[1]) K. Weinhold, D. mythische Neunzahl b. d. Deutschen, Berl. Sitzungsberichte 1897.
[2]) Mogk S. 313.
[3]) Meyer S. 291.   [4]) Ebd.
[5]) Vgl. o. S. 461.   [6]) Str. 30.
[7]) Und Golther S. 199.
[8]) Nachleben in der Heldensage? Vgl. Detter-Heinzel, PBB. 18, 544. In der indischen Religion kommt man auf 33 Götter (Macdonell S. 19) und sogar auf 27 oder 6333 Gandharven (Macdonell S. 136).
[9]) Str. 23; ebenso viel in Bilskírnir, fügt ein Thorverehrer eifrig hinzu.
[10]) Ebd.
[11]) Meine Altgerm. Poesie S. 77; vgl. allgemein W. H. Roscher, Die Tessarakontaden u. Tessarakontadenlehre d. Griechen u. and. Völker, Leipzig 1909. Sehr lehrreich aus neuerer Entwicklung E. Mackel, Über den bildlichen Gebrauch von *quatre*, Arch. f. n. Spr. 123, 145f.
[12]) Siehe o. S. 473.
[13]) Saxo S. 263, Herrmann S. 352.

## Siebentes Kapitel.

Aufwiegen, Bedecken, Umhüllen gegebener Gegenstände[1]); so bei Andvari[2]) oder bei Handwans Lösung[3]). —

Eine gewisse Klassifikation ist ohne weiteres durch die Sprache gegeben: sie unterscheidet belebte Wesen von unbelebten (Neutris) und wieder die belebten in männliche und weibliche; sie schafft Benennungen für jede Klasse von Wesen: Menschen, Riesen, Zwerge, Elfen, Götter. Es ist aber zu bemerken, daß eine allgemeine Benennung für alle übermenschlichen Wesen (»Dämonen«) nicht erreicht worden ist. Stellvertretend kann dafür der Ausdruck »Götter« gebraucht werden[4]).

Eine ethisch begründete Scheidung zwischen guten und bösen Wesen existiert nicht (auch die von Licht- und Dunkelelfen scheint nicht von vornherein ethisch); ein gemeinsamer Begriff für die Götterfeinde existiert ebensowenig[5]). Stellvertretend wird von Riesen und Riesinnen gesprochen (z. B. bei den Unholdinnen, die Thor bekämpft), was deshalb nicht immer wirklich verstanden zu werden braucht: eine »Riesin« wie die, die sich auf der Hadesfahrt Brynhilds aufrichtet, oder die »Riesin« Thökk[6]) braucht nur ein »unheimliches Wesen« zu sein.

Die genauere Einteilung in die verschiedenen Kategorien dämonischer Wesen lebt zwar in der Vorstellung (doch nicht ohne Vermischung besonders von Zwergen und Elfen, Asen und Wanen), wird aber nirgends streng durchgeführt. Gelegentlich finden sich aber einzelne Begriffe auf die Welten verteilt: Nornen für die Asen — Elfen — Zwerge[7]); Runen für die Asen — Elfen — Zwerge — Riesen — (Menschen?)[8]) — beides jüngere Stellen. Ferner in einem alten Lied[9]) die Frage, ob ein Bote zu Elfen — Asen — Wanen gehöre[10]). — Eine systematische Ausbeutung

---

[1]) Vgl. z. B. J. Grimm, Rechtsaltertümer, 4. Aufl. 2, 236f.
[2]) Reg. nach Str. 5.
[3]) Saxo S. 23, Hermann S. 30.
[4]) So auch in lateinischer Wiedergabe: *fas est belligerum bello prosternere divum;* Saxo 66, 23: im Kriege darf man auch einen kämpfenden Gott niederwerfen — die entgegengesetzte Anschauung wie bei Theognis; vgl. meine Altgerm. Poesie S. 457. — Diese einfache Einteilung in Götter und Menschen ist uralt. So scheidet man bei den Hebräern früh die Wohnsitze von Göttern und Menschen (Boehmer, Arch. f. Rel.-Wissensch. 12, 307). — Vedische Ansätze zur Klassifikation der Götter bei Macdonell S. 19.
[5]) Dafür Teilbegriffe wie der »Leute der Hel« Völ. Str. 51.
[6]) Loki; Gylf. cap. 49: Gering S. 346.
[7]) Fáf. Str. 13; vgl. Mogk S. 284.
[8]) Háv. Str. 142.
[9]) Skírn. Str. 17.
[10]) Vgl. u. Häufig sind nachdruckslose Formeln wie »Asen und Elfen« (Skírn. Str. 7; meine Altgerm. Poesie S. 253). Nachklänge dazu noch spät in christlich-altenglischer Dichtung im Wade-Fragment (Brandl S. 1085).

## § 29. Systembildung.

der kosmologischen Klassifikation versucht erst der Dichter der Alvíssmál [1]).

Eine Klassifikation anderer Art besitzen wir in dem Denkvers über die »besten Dinge« in der Götterwelt [2]). Nach dem Muster der Gnomen über die gefährlichen Dinge [3]) werden hier ein paar Kimelien herausgeholt, Götter, Werkzeuge und Tiere in buntem Gewühl. Daß übrigens Bifröst die beste der Brücken sei, ist sogar dem Gangleri [4]) zweifelhaft geblieben.

Eine gewisse Störung der Klassifikation tritt dadurch ein, daß Personen aus einer Welt in die andere übergehen. Zwischen Asen und Wanen (wo Geiseln getauscht werden) ist ja überhaupt keine so scharfe Scheidung. Aber auch zwischen Göttern und Riesen besteht *commercium* und *connubium:* Gerd [5]) ist eine Riesin, wogegen allerdings auch öfters [6]) Mißheiraten zwischen Göttern und Riesen oder Zwergen abgelehnt werden. Riesentöchter sollen die Nornen (?) sein, die [7]) zu den Asen kommen; Mimir, Odins Beirat, ist kein Gott. — Halbgöttliche Wesen wie die Walküren, Freys Diener Byggvir und Beyla, Ägirs Diener Eldir und Fimafeng, Thors Begleiter Thjálfi treffen wir durch alle Perioden hindurch. Auffallend ist aber, daß Freys Diener Skírnir, als ihn Odin ausschickt (der wohl seinen eigenen Boten haben könnte), ein »Mann« heißt [8]). Heinzel-Detter halten ihn auch wirklich [9]) für einen *mennskr maðr*, einen richtigen Menschen [10]). Sie weisen auf Str. 18, wo Skirnir erklärt, er sei weder Elfe noch Asensohn noch Wane — aber deshalb kann er doch zu den Asen gehören, nur eben als ihr Gefolgsmann, wie die Walküren keine Asentöchter sind [11]). Allerdings wendet Skirnir [12]) den Schicksalsspruch auf sich an: auf Einen Tag sei sein Leben bemessen [13]); aber auch göttliche Wesen können sterben [14]), Balder selbst, und durch Ragnarok (das wohl aber zur Zeit dieses Gedichts noch eine schwankende Vorstellung

---

[1]) Über seine Gruppierung vgl. meine Altgerm. Poesie S. 469; über die allgemeineren Grundlagen solcher Einteilungen ebd. S. 43. Daß wirklich nur eine systematisch geordnete »Synonymenlektion« vorliegt, zeigt (gegen Schütte, Indogerm. Forschungen 17, 444f.) Helm, PBB. 32, 103f. 117.
[2]) Grím. Str. 44, auf »der Schiffe bestes« (Str. 43) aufgepackt.
[3]) Háv. Str. 80. 84f. 89.
[4]) Gylf. cap. 13: Gering S. 307.
[5]) Skírn.   [6]) Thrymskv., Alv.
[7]) Völ. Str. 8.
[8]) Gylf. cap. 34: Gering S. 324.
[9]) 2, 199.
[10]) Wie übrigens auch Byggvir und Beyla Lok. Str. 42f.
[11]) Vgl. über die halbgöttliche Gefolgschaft der Götter o. § 15 S. 153f.
[12]) Str. 13.
[13]) Vgl. Heinzel-Detter S. 197.
[14]) Gullveig: Völ. 21.

war) wäre ja allen Göttern des Lebens Ende bestimmt. Doch Skirnir führt sich wohl einfach mit einem geläufigen Sprichwort ein, gerade wie Odin bei Vafthrúdnir [1]. — Endlich weisen Heinzel und Detter selbst [2]) darauf hin, daß von der Riesin Gerd wie von einem Menschenkind gesprochen wird [3]). Mir scheint denn auch jene Annahme unmöglich. Ein Mensch als Jugendfreund eines Gottes [4]) — das widerspricht der germanischen Art, die Rangverhältnisse zu behandeln; bei uns findet sich kein Tantalus, kein Tithonos [5]). Die Analogien unserer Edda-Kommentatoren [6]) zeigen auch nur menschliche Hilfe bei Menschen.

Die stärkste Grenzüberschreitung der Klassen aber berichtet die Rigsthula. Auch hier möchte man zweifeln, ob die naive Vermischung menschlichen und göttlichen Ursprungs in Epochen voller Reflexion noch denkbar war?

Endlich bildet den Gipfel der Klassifikation mit ihren Scheidungen und Berührungen wieder die Weltesche mit ihrer Vergleichung der Wesen und Welten [7]).

[1]) Vaf. Str. 10.   [2]) S. 200.
[3]) Skírn. Str. 26.   [4]) Skírn. Str. 5.
[5]) Preller 1, 441.   [6]) Heinzel-Detter S. 199.
[7]) Auf der Scheidewand zwischen religiöser Systembildung und gelehrter Theologie steht es, wenn besondere Klassen der Kompetenzgötter konstituiert werden wie bei den 14 christlichen Nothelfern und vor allem bei den lateinischen dii indigetes: »*indiges* bezeichnet einen in einer bestimmten menschlichen Handlung, Tätigkeit, in einer bestimmten Sache, Verbindlichkeit usw., und zwar nur in dieser einen und in keiner anderen Handlung usw. wirkenden Gott« (Peter in Roschers Lexikon 2, 1, 133; Verzeichnis S. 134).

# Achtes Kapitel.
## Altnordische Theologie.

Wir sahen die »Theologen« früh am Werk, bei der Entwicklung religiöser Keime, wie bei der Systembildung in all ihren Formen; aber so recht am »sausenden Webstuhl der Zeit« sind sie doch erst auf nordischem Boden tätig gewesen. Bei der religiösen Evolution ist vor allem die Volksseele bestimmend, und ihren Schwankungen darf der Theolog nur mit Vorsicht folgen. Die äußere Entwicklung freilich, die Herstellung von Verwandtschaften, das Zählen, das Klassifizieren ist schon wesentlich Arbeit der Einzelnen, der Priester oder interessierten Laien — eben der »Theologen«; denn kein Druidenstand hat bei uns die Kenntnisse von den Götterverhältnissen eifersüchtig allein behütet. Aber die Führung hat auch hier noch das Volk; die Gläubigen geben das Muster, das die Theologen nur nachbilden und ausbilden.

Gehen wir aber zu den letzten Umformungen des religiösen Stoffes, so neigt sich die Wage immer mehr auf die Seite der Einzelnen. Einzelne haben überall das Heidentum mit ethischem Gehalt erhellt; Zarathustra, Buddha, hebräische Propheten, stoische Philosophen [1]. Noch folgte ihnen das Volk vielfach, ohne die naive Bevorzugung des stärkeren Gottes, mochte er der »bessere« sein oder nicht, ganz aufzugeben. Aber wenn sie sich dann an die eigentliche Gottesgelahrtheit machten, die Grübler und Forscher, wenn sie die Namen und Charaktereigenheiten symbolisch festzustellen suchten oder zu einer vollständigen Sammlung des mythologischen Stoffes fortschritten — dann ließ die Gemeinde die Theologen im Stich und verschob den Dank für diese frommen Bemühungen; er ist denn auch bei den Mythologen und Theologen neuerer Zeit nicht ausgeblieben, die bei aller religiösen Aufgeklärtheit der Mythologie gegenüber es gegenüber den Mythologen an Glauben und frommer Ergebung nie haben fehlen lassen. Und wenn man die Axt an manch Götzenbild

---

[1] Über »Religionsstifter« vgl. Arch. f. Rel.-Wissensch. 10, 101 f. Das beste Beispiel Zarathustra (vgl. Bartholomae, Die Gathas des Awesta, Straßburg 1905, S. 132.

von dieser Art legt, werden zwar auch oft nur Mäuse herauslaufen wie in den Zeiten der christlichen »Götzendämmerung« und Hammerphilosophie; aber auch noch an den Trümmern läßt sich die geschickte Arbeit, der hingebende Fleiß und der gute Wille der altnordischen Theologen erkennen!

## § 30. Moralisierung.

Die Grundzüge der Moralisierung reichen in urgermanische Zeit hinab. Balder muß immer der helle, sympathische, reine Gott gewesen sein, den der dunkle, böse Feind verfolgte. Vor allem: das Dienstverhältnis zwischen Gott und Mensch trägt in sich die Keime einer gegenseitigen Läuterung und Veredlung; Treue, Dankbarkeit, Hilfsbereitschaft wird von beiden Seiten gefordert und geboten.

Schon indogermanisch schien uns Eine moralische Forderung mit der Mythologie verknüpft: über der Heiligkeit des Eides wachen die Götter, und schwere Strafe in der Unterwelt trifft den, der gegen ihre Bürgschaft gesündigt hat. Aber eigentlich ist auch dies nur ein Sonderfall der ältesten Tugendforderung: der nach Treue bei freiwilliger Verpflichtung. (Bei der erzwungenen Verpflichtung, im Krieg oder bei Überlistung, denkt kein naives Gemüt an Treue.) Man hat sich mit einer bestimmten Formel den Göttern (oder einzelnen: den Eidgöttern) verpflichtet; sagt man nun nicht die Wahrheit, so läßt man sie im Stich wie den greisen Beowulf seine feigen Mannen.

Die nächste Stufe zur ethischen Durchdringung der mythologischen Anschauungen schließt unmittelbar an: es ist die Forderung des Rechtes, der Gerechtigkeit. Die orientalischen Völker sehen nicht in politischer Klugheit, kaum in allgemeiner Erkenntnis die Weisheit Salomos oder Harun Al Raschids, sondern in treffenden Richtersprüchen. Die älteste ethische Gottheit des Veda, Varuna, haßt und straft die Lüge und die Falschheit[1]) und ist milde gegen die, die nur aus Gedankenlosigkeit sündigen[2]). Nur auf die Zuverlässigkeit legt umgekehrt der Gläubige bei den Göttern Gewicht[3]) — außer noch natürlich auf ihre Kraft!

Das Zutrauen zu der Gerechtigkeit der Götter liegt *implicite* in ihrer Befragung mit Los und Gottesurteil. Aber wiederum liegt etwas wie Mißtrauen darin, wenn besondere Schützer des Rechts unter ihnen auferstehn, wie in der nordischen Religion Thor und außerhalb der (deshalb wohl rezipierte) Fosite. Und so hören wir ja auch, daß insbesondere Odin den Ansprüchen an Gerechtigkeit nicht genügt, den Schlechteren siegen läßt, treulos seine Lieblinge aufgibt, ja sogar meineidig wird[4]). — Hier setzt dann die spezifisch theologische Kritik ein, die sachkundige

---

[1]) Macdonell S. 26.     [2]) Ebd. S. 27.
[3]) Ebd. S. 19.     [4]) Háv. Str. 109.

## § 30. Moralisierung. 537

Gläubige an fremden, d. h. von ihnen nicht zum *fulltrúi* gemachten Göttern üben. Damit an Odin und Thor[1]) eine so einschneidende moralische Kritik geübt werden konnte, damit der Dichter der Lok. alle Götter auf Tapferkeit, alle Göttinnen auf Sittsamkeit Revue passieren lassen kann, muß man schon lange über anstößige Erlebnisse der hohen Herrschaften diskutiert haben — mit dem Behagen Saxos, mit der Sachlichkeit Snorris, mit der moralischen Entrüstung der Lokasenna. — Bei einigen Gottheiten zeigen sich Ansätze zu rein moralischer Haltung; doch ist die Charakteristik der Snotra[2]) als »fein und weise« erst dem letzten Bearbeiter zuzuschreiben[3]).

Aber indem jenes Bedürfnis nach Gerechtigkeit, nach Vergeltung immer mächtiger ward, sahen wir in dieser Angel die ganze Religion des Nordens sich dröhnend bewegen. Die angesammelte moralische Empfindung krystallisiert um den Gegensatz Balder-Loki und findet überhaupt in Loki die unentbehrliche Verkörperung des negativen Ideals. Und Ragnarök sammelt dann um Odin, der doch selbst Weiber betrog und Könige im Stich ließ, die Guten, um Loki, der einst doch ein hilfreicher Geselle des strengen Thor war[4]), die Bösen. Die Völuspá ist getränkt von ethischen Anschauungen, sie nimmt nicht nur die Spuren früherer moralisierender Mythologie eifrig auf[5]), sondern sie macht den Sündenfall der Götter zum Hebel des ganzen Weltenschicksals[6]).

Snorri vor allem führt dann die Moralisierung weiter, worauf im einzelnen hier nicht weiter eingegangen zu werden braucht. Für Loki hat er statt der heimlichen Sympathie der Volksseele nur Abscheu und kann sich in Höllenstrafen für den armen Teufel nicht genug tun; dagegen sind alle Götter edel[7]). Trotz alledem ist es auch bei ihm nicht gelungen, diese Ethisierung so weit durchzuführen wie in der Heldendichtung, die nach Uhlands schöner Schilderung ganz auf die Zweiteilung in Treue und Untreue gestellt ist. Die altgermanische Mythologie bleibt selbst noch in Snorris Darstellung eine hochstrebende Barbarei, großartig, kraftvoll, aber die Fesseln der Moral zerreißend wie die Miltonischen Ungeheuer des götterfeindlichen Heeres ihre Bande zerreißen.

[1]) Hárb., z. B. Str. 38. 51.   [2]) Golther S. 436.
[3]) Vgl. u.   [4]) Thrymskv.
[5]) Völ. Str. 38; Golther S. 474.
[6]) Aus diesem Bedürfnis nach dem »rechten Recht«, aus der Gerechtigkeitsliebe ist auch bei den Hellenen die stärkste Wurzel aller Moral erwachsen: die Ehrfurcht vor der Wahrheit (vgl. Hirzels schöne Rede zur Feier der akadem. Preisverteilung, Jena 1905, S. 5f.). Bei den Hebräern scheint dagegen das bei Hellenen, Ägyptern, Römern, Germanen (ebd. S. 8) sekundäre Verhältnis der Wahrheit zu den Menschen (ebd. S. 15) primär zu sein; vgl. Gunkel, Genesis, S. 25 über den Baum der Erkenntnis.
[7]) Vgl. u. über die Charakteristiken Snorris.

Natürlich hat das große Tugend so wenig ausgeschlossen wie in irgendeiner Religion auch nur die bedenklichsten Vorschriften sie unmöglich gemacht haben. Edle Männer werden uns geschildert wie jener Gisli Sùrsson [1]). Aber selbst Starkads rauhe und bedenkliche Tugend ist mehr am Busen der heroischen Dichtung genährt als am Vorbild der Götter, und Gestalten wie die der Helgilieder, wie Sigurd, hat kein Gläubiger und kein Priester aus dem wilden Eichenholz der Asen und Wanen zu schnitzen vermocht.

## § 31. Namengebung.

Außer Weinhold [2]) scheint niemand mit der mythologischen Namengebung der Germanen sich systematisch befaßt zu haben; und auch er beschränkt sich auf das Äußerliche, worin sie mit der alten Namengebung überhaupt zusammenfällt: Binden von Namenpaaren durch Stabreim, Endreim, rührenden Reim. Kaum daß die Elemente der Götternamen gestreift werden.

Die Wichtigkeit der Einzelnamen ist nicht nur nie verkannt, sondern sogar zumeist überschätzt worden; auf die generelle Wichtigkeit aber dieser Benennungen hat erst Usener [3]) mit Entschiedenheit hingewiesen.

Für die Namengebung in der germanischen Mythologie lassen sich die wichtigsten Gruppen zeitlich und inhaltlich nicht schwer scheiden. Aus urgermanischer Zeit haben wir drei Gruppen von Götternamen: 1. ererbte oder neue von partizipialer Bedeutung, d. h. gebildet aus einem Verbalstamm mit irgendeinem Suffix für Nomina agentis: Tiuz-Tyr der Strahlende, Wodan der im Sturm daherführt, Thonar der donnert, Balder der Leuchtende. Vermutlich wird auch Nerthus hierher gehören, deren Namen allerdings Noreen und Kögel unter Zustimmung von Mogk und Leitzmann [4]) zu griechisch $\nu \acute{\epsilon} \varrho \tau \epsilon \varrho o \iota$ »untere Götter« stellen. Zwar der Plural könnte bei dem Paar Nerthus: Njörd bestehen; aber lokale Bezeichnung germanischer Gottheiten ist problematisch. 2. Neue Namen (d. h. so viel wir sehen nicht ererbte), die wie Wurzelnomina aussehen und an irgendeine wahrscheinlich nicht verbale Wurzel direkt die Endungen fügen: Ingo, Isto, Alces; vielleicht auch Irmin. Der deutliche Name Mannus (wie die jüngeren Anologien Bur, Buri) kennzeichnet diese Namen als spezifisch gebrauchte alte Nomina: »Mensch«, »Ankömmling«, »Herr« (Irmin?), die freilich von uns zum Teil auch zu Verbis in Beziehung gesetzt werden, bei denen aber ein lebendiges Nebeneinander von Verb und Nomen nicht mehr gefühlt wurde. (Das gilt zwar für die urgermanische Zeit für den ur-

---

[1]) Olrik S. 96.
[2]) Altnord. Leben, S. 265.
[3]) Götternamen, Bonn 1896.
[4]) PBB. 32, 65.

§ 31. Namengebung. 539

sprünglich »partizipialen« Namen Tyr auch.) — Der Verwendung eines Nominalstammes als Titel kommt Frija-Frigg, »die Geliebte«, schon nach.

3. Isolierte Namen mit einem spezifischen Suffix: Tanfana, wohl dem späteren Badu-h-enna, Nehal-ennia (mit Suffixverschiedenheiten, wie sie zwischen dem ost- und westgermanischen Infinitiv bestehen) in der Bildung verwandt; vermutlich Berufsnamen: die sich mit Opfern, Krieg, Schiffen beschäftigen [1]. — Der Unterschied ist inhaltlich der: die erste Gruppe zeigt die Götter in einer bestimmten Tätigkeit; die zweite im Besitz einer bestimmten Eigenschaft oder Fähigkeit; die dritte mit einem bestimmten Amt betraut. — Natürlich bleibt manches unsicher; Baduhenna ist — für so frühe Zeit unwahrscheinlich — als Kompositum, Wodan als Amtsnamen (der die Aufsicht über die »Wode« benannten Geister hat, wie gotisch *thiudans* zu *thiud*) gedeutet worden.

Diese drei Namensklassen kommen überall vor. Verbal, participial scheinen (neben Zeus und Ju-piter) Apollon [2]), Helios [3]), Pan [4]), vielleicht auch Hermes [5]); dazu Cognomina wie Jupiter Pluvius; indisch Pushan [6]), Rudra [7]); in sehr deutlich partizipialer Verwendung Vivasvat [8]) u. a. — Nominale Namen (man verzeihe den Ausdruck!) sind vielleicht Ares [9]) und, der Frigg genau entsprechend, Hera [10]); ähnlich Kore [11]), indisch Mitra »Freund« [12]). — Berufsnamen mit einem n-Suffix: Athena (zu *aith-* brennen) [13]); Varuna, der Herr der Himmelsdecke? [14]); Volcanus [15]); Juno [16]). — Das Suffix ist wohl wirklich identisch mit dem der späteren Amts- und Berufsnamen [17]).

Außer diesen drei indogermanischen Gruppen von Götternamen gibt es nun aber eine Reihe von andern, für die ebenfalls eine ungefähre Chronologie möglich scheint:

4. Für sehr alt können wir eine Reihe von unerklärten Namen ansprechen wie Indra, Rhea [18]), Priapos, Mars, Lar [19]). Überwiegend werden

[1] Vgl. Golther S. 459. 460. 463.
[2] Preller 1, 232.    [3] S. 429.
[4] Der Weidende; S. 738.    [5] S. 385 Anm.
[6] Macdonell S. 37.    [7] S. 77.
[8] Ebd. S. 43.    [9] Preller S. 335, 1.
[10] S. 160.    [11] S. 748.
[12] Macdonell S. 30.    [13] Preller 186, 1.
[14] Vgl. Macdonell S. 28.
[15] Der über das Feuer gesetzt ist: *velgo*, glühen, leuchten (Fick, Indogerm. Wörterbuch 1, 552.
[16] Wissowa S. 115, zu der Wurzel von Juppiter.
[17] Indisch *râjan*, König; lateinisch *caupo*, Gastwirt; griechisch τέκτων, Zimmerer; gotisch *nuta*, Fischer; siehe: Kluge, Stammbildungslehre d. altgerm. Dialekte, Halle 1886, § 15; vgl. für Namen wie Wodanas Jiriczek, Göttinger Gel. Anz. 1909 S. 95.
[18] Preller 1, 638.    [19] Wissowa S. 153.

sie zwar zu dem Typus Alces[1]) gehören; es ist aber gar nicht gesagt, daß sie überhaupt Etyma haben: es können dunkle Eigennamen sein, lautsymbolischer Natur oder durch irgendein Geräusch, das der Götze selbst von sich zu geben schien, oder wie sonst veranlaßt[2]).

5. Sehr alt sind auch Fetischnamen, die die Gottheit unmittelbar nach dem sie umhüllenden Gegenstand benennen: Hestia[3]) = Vesta[4]); Janus[5]); vielleicht auch die römischen Augenblicksgöttinnen der Pest[6]) und des Fiebers[7]), die mit den Abstraktgottheiten[8]) nicht zu verwechseln sind: es gibt nur Eine Themis, aber jeder hat sein persönliches Fieber. Den Unterschied zeigt die lateinische Victoria[9]), Augenblicksgöttin des Einzelsiegs, gegenüber der griechischen Nike[10]), der mit »Zeus untrennbar verbundenen« Siegesgewalt.

6. Nahe verwandt sind die Naturgegenstände, die ebenfalls als Heim göttlicher Kräfte gelten: Eos, Selene, Gaia, Sûrya[11]), Ushas[12]), Prthivi (wie man sieht, griechisch und indisch zum Teil identisch); ferner die wichtigen indischen Gottheiten Agni und Soma.

7. Altertümlich ist auch die Benennung nach Ort oder Attribut: »die mit den Rossen«[13]), »die in der Vorratskammer«[14]), »die in der Höhle«[15]). Diesen sieben Gruppen alter Namen (isolierte Namen: verbale und nominale; sekundäre Amtstitel; Namen vom Sitz der Gottheit im Fetisch; Wurzelnamen; Sitz im Naturgegenstand oder nach einer andern lokalen Bestimmung) schließen sich nun aber drei jüngere an:

8. Komposita, meist genealogischer Natur. Sie gehören bei den Hellenen meist fremdbürtigen Gottheiten: Aphrodite die Schaumgeborene[16]), Dionysos[17]); oder solchen, deren Gestalt erst später voll entwickelt wurde: Persephone[18]), Ganymedes[19]). Bei den Indern gehört hierher der charakteristische Brhaspati[20]). Auch Patronymica wie Dioskuroi und Metronymica wie Adityas[21]) sind hierher zu setzen. Im Veda gibt es eine ganze Gruppe solche zusammengesetzter Namen epithetischer Art[22]).

---

[1]) Siehe o. S. 538.
[2]) Vgl. meinen Aufsatz Isolierte Wurzeln, »Wörter und Sachen 1, 34 f.
[3]) Preller 1, 422.     [4]) Wissowa S. 112.
[5]) Wissowa S. 112.    [6]) Lua; S. 171.
[7]) Febris; S. 197.    [8]) Siehe u.
[9]) Wissowa S. 127.    [10]) Preller 1, 494.
[11]) Macdonell S. 30.  [12]) S. 46.
[13]) Açvins; Macdonell S. 48.
[14]) Penates; Wissowa S. 145.
[15]) Kybele? Preller 1, 640.
[16]) Preller 1, 353.   [17]) Vgl. ebd. S. 660.
[18]) Vgl. S. 755.      [19]) S. 499.
[20]) Macdonell S. 101.
[21]) Ebd. S. 45.       [22]) Ebd. S. 118.

§ 31. Namengebung. 541

9. Neue durchsichtige Benennungen als Nomina agentis[1]) oder Adjektiva [2]).
10. Abstrakta: Themis, Nike, Hebe, Ate, Tyche, Eros und seine Sippe[3]); Fides[4]).

Natürlich kann ein alter Gott einen jungen Namen erhalten, wie wenn der Beiname Silvanus[5]), allzu deutlich gebildet, sich von Faunus löst. Auch das Umgekehrte ist möglich: ein junger Gott kann einen alten Namen erben. Im Ganzen wird es für das Alter eines Gottes ungefähr einen Fingerzeig bieten, ob sein Name der einen oder der andern Schicht angehört. Freilich bleiben nationale Eigenheiten zu beachten; bei den Römern, die mehr altertümlich isolierte Götternamen haben als irgendein anderes indogermanisches Volk, sind daneben die Abstrakta früh eingeführt; bei den Hellenen sind sie später, dann aber überwuchernd beliebt, bei den Indern niemals. — Indogermanische Dämonen haben zumeist Namen vom Partizipialtypus wie der Lichtgott Dyaus oder die Elfen — Ribhus[6]). — Ich möchte diese Art überhaupt für die älteste halten: sie benennt die unbekannte Macht nach ihrer Art, sich kundzugeben. Die Namen mit -n scheinen der ältesten Schicht eigentlicher Götternamen anzugehören: sie umschreiben zuerst eine Kompetenz, Aufsicht über das Feuer, die Schiffe, den Kampf usw — Sehr alt müssen natürlich auch die isolierten Namen sein; sie scheinen alle ursprüngliche Namen von Dämonen, die zum Teil Götter wurden (wie Mars). Ganz so alt werden die Lokal- und Attributnamen nicht sein, die schon eine feste Kultstätte und ein ungefähres Bild voraussetzen. — Die nominalen Eigennamen sind vielleicht alle aus verbalen abzuleiten. Doch entwickelt sich aus ihnen (nach dem Typus Hera—Kore) früh eine neue Kategorie: die Respektnamen.

An die indogermanische Nomenklatur der Götter setzt sich nämlich noch ein zweiteiliger Ast an, der in proethnischer Zeit erst zu keimen, aber noch nicht zu blühen scheint: 11. Aus Beinamen werden Eigennamen, wie Silvanus; besonders oft in griechischen Lokalnamen: Kynthia, Kypris usw. (Es ist der gleiche Vorgang wie wenn Beinamen zu Familiennamen werden: Fairfax, Langbein, oder Franke, Dühring, Sachs.) So häufig bei den Indern[7]). 12. Von den nominalen Benennungen

---

[1]) Der Typus -tr; vgl. Macdonell S. 115; Tvastri; Savitri S. 34.
[2]) Daksha,»Geschickt«; ebd. S. 46.
[3]) Preller 1, 501.
[4]) Wissowa S. 123; vgl. allgemein für den Veda Macdonell S. 118; für den Avesta Bartholomae, Die Gathas des Awesta, Straßburg 1905, S. VII.
[5]) Wissowa S. 175.
[6]) Macdonell S. 133.
[7]) Macdonell S. 118f. — Vgl. allgemein Meillet, Einführung in d. vgl. Gram. d. idg. Sprachen, Leipzig 1902, S. 241.

zweigen sich die Titel ab, ebenfalls zuerst neben dem Namen (wie in Dyauspitá-Juppiter), dann selbständig (wie christlich: der Herr)[1].

Mit diesen sieben Kategorien der ersten, drei der zweiten, zwei der dritten Schicht ist die Klassifikation der Götternamen wohl im wesentlichen gegeben; natürlich können Sonderbildungen besondere Gruppen verlangen, wie z. B. die periphrastischen Namen[2]) sich von den Kompositis abzweigen, oder die Ortsnamen eine besondere Abteilung unter dem selbständig gemachten Beinamen fordern mögen. — Diese Übersicht der zwölf Klassen von indogermanischen Götternamen dient uns nun bei der weiteren Prüfung der germanischen als Voraussetzung.

Aus römisch-germanischer Zeit haben wir Amtsnamen wie Baduhenna, Nehalennia[3]) und neue Abstrakta vom indischen tr-Typus wie Sandraudiga (wenn wir es richtig deuten; zugleich Kompositum), Vercana (griechisch Ἐργάνη, Beiname der Athene) — sie entspringen der menschlichen Arbeitsteilung und sind für die Bildung besonderer Innungen oder Künste charakteristisch.

Beide Klassen deuten auf zunehmende Kompetenzteilung unter den Göttern.

Aus der jüngeren germanischen Periode stammt: Balder, ein Partizipialname. Aus der gleichen Periode alte nordische Namen: Frey, Titel (»Herr«), nachgebildet dazu Freyja; Hofud, wenn dies Heimdalls älterer Name ist, ebenfalls Ehrenname: Haupt, Häuptling; Hönir, Lodur, Hod, wohl alte verbale Namen verdunkelten Ursprungs; ebenso Mimir, vielleicht Ymir, Loki; nominal Bur, Buri; fremden Ursprungs vielleicht Skadi, Ríg.

Die deutschen germanischen Sonderentwicklungen zeigen Komposita wie Saxnót, Sinthgund, und Naturnamen: Sunna; Abstraktnamen: Volla. Im Nordischen ist von den großen Namenkatalogen[4]) zunächst abzusehen. Dann blieben noch zahlreiche neu auftauchende Namen: 1. Dunklen Ursprungs (wahrscheinlich symbolische Namen): Götternamen wie Widar[5]), Rind, Wali[6]); Dämonennamen wie Hrym, Surt[7]); unsicherer Bedeutung Hlyn[8]). 2. Verbal wohl Garm, Hel (eigentlich ein Abstraktum). 3. Nominal vielleicht Ull (Glanz), Sif, Magni, Modi. 4. Berufsnamen mit -n: Hlódyn-Hludana[9]); vielleicht auch Idun; Sigyn? 5. Appellativa: allenfalls könnte man Hel auch hierher

---

[1]) So finnisch *ahti,* »Gott«, als Eigenname (Ohrt, Kalewala, S. 216).
[2]) Indisch Apâm napât; Macdonell S. 69.
[3]) Siehe o. S. 399 f.
[4]) Zwerge Völ. Str. 9 f., Walküren ebd. Str. 31; Nachkommen Rígs in der Rígthula; allerlei Namen in Grím., Vaf., Alv.
[5]) Völ.   [6]) Veg.   [7]) Völ.   [8]) Völ.
[9]) Golther S. 461.

## § 31. Namengebung. 543

stellen. 6. Naturgegenstände: nicht vertreten. 7. Lokalnamen: nicht vertreten. 8. Komposita: als einziger Göttername (wie oft bemerkt) Heimdall; ferner Gullveig [1]); in Grím. Heidrun, Eikthyrnir und viele andere; in der Völuspá noch besonders Yggdrasil, Eggthér. 9. Abstrakta: Heid [8]); die drei Nornen [8]). 10. Neue durchsichtige Bildungen: Nominia agentis wie Forseti (durch Volksetymologie), Eldir, Byggvir, Beyla. 11. Alte Beinamen: nicht vertreten. 12. Titel: Bragi (wenn nicht entlehnter Personenname). —
Wenn für diese Übersicht etwas charakteristisch ist, so ist es die »Systemlosigkeit«. So wenig wie die Völkernamen (wo man es versucht hat), lassen sich die Götternamen mit Einem Schlüssel alle öffnen. Und das ist recht so, wie bei jeder Namengebung. Man betrachte doch nur die so streng geordnete Titulatur unseres Heeres! wie da alle Prinzipien durcheinandergehen: absolute und relative Titel (Oberst — Leutnant), Amts- und Ehrenbezeichnungen (Wachtmeister, Feldwebel — Hauptmann), einfache und zusammengesetzte Worte (Fähnrich — Feldmarschall), deutsche und fremde (Rittmeister — Major) und übersetzte (Gefreiter, was bei den bayrischen Hartschieren noch heut »Exempt« heißt; Marschall, mit Rückwanderung). Und die Logik unterliegt auch, wenn zwar der Major ein gut Teil mehr ist als der Leutnant, aber umgekehrt der Generalleutnant mehr als der Generalmajor; oder bei dem ganz jungen Titel Generaloberarzt, der unter dem Generalarzt steht, obwohl der Oberarzt über dem Arzt steht. — Die Systemlosigkeit ist Beweis historischen Werdens; und wo wir einmal systematische Anordnung treffen (wie bei den Generalstiteln), da haben wir jüngste Klassifikation. Und so ists bei den mythologischen Namen eben auch.

Sonst ist zu der letzten Phase mythologischer Namengebung [4]) noch anzumerken: es fehlen ganz oder fast ganz die an bestimmte Grundlagen geknüpften Namen; Sól ist jung. Ebenso die Abstraktnamen bis auf die der Nornen; also haben die germanischen Götternamen sich immer den Charakter eigentlicher individueller Personennamen gewahrt. Alle Komposita, alle deutlichen Begriffsnamen sind verdächtig, und machen ihre Träger verdächtig, soweit sie nicht erst übertragen sind (Heimdall, Forseti). Und herrschend sind durch die gesamte germanische Religion hindurch die drei Kategorien, die wir schon in der Urzeit fanden, samt der der isolierten Namen (zu denen von den urgermanischen die Alces gehören könnte)!

Also eine große Gleichartigkeit der Namengebung. Echte alte Götter und Dämonen haben isolierte Namen, oder primitive Wurzelnamen, oder

---

[1]) Völ. Str. 21.   [2]) Völ. Str. 22.
[8]) Völ. Str. 29.   [4]) Doch vgl. u.

## Achtes Kapitel.

»Kompetenznamen« mit n-Suffixen. Und alle anderen Kategorien, selbst die der Komposita deuten auf jüngeren Ursprung.

Mit diesem Schlüssel in der Hand betrachte man vorläufig einmal das durch seine Systemlosigkeit noch bestechende Verzeichnis der Asinnen bei Snorri[1]). Da finden wir noch immer alte symbolisch klingende Namen wie Horn, Sýn, Gná; einfache Komposita wie Mardell sind schon bedenklich, so oft man auch gerade für diesen Namen Lanzen gebrochen hat[2]). Daneben Abstrakta wie Fulla (auch althochdeutsch) und Eir, War und Syn; Appellativa wie Hnoss (Schmuck), junge deutliche Bildungen wie Snotra, Sjöfn, Lofn, die fast alle Snorri selbst erklärt. Auch sie können zum Teil dennoch alte Idisi sein, aber aus ihren Funktionen sind dann eben junge Namen herausgezogen; dagegen sind Abstraktnamen wohl für Götter, aber[3]) nicht für dämonische Wesen zu beanstanden; wie denn Fulla noch durch die althochdeutsche Parallele gestützt ist[4]).

Und nun zu der eigentlichen theologischen Namengebung!

Zu den **nordisch-theologischen Götternamen** nehmen wir, wie immer, Namen von Dämonen, göttlichen Tieren, Attributen u. dgl. hinzu.

Ich beginne mit den **Katalogen in Eddaliedern**. Völuspá, Erster Zwergenkatalog Str. 10 f. Systematische Bestandteile sind vorhanden: die Namen der vier Weltrichtungen, Nyi und Nithi die Mondphasen[5]). Daneben zahlreiche Appellativa wie Thekkr, Vitr, Litr und mit Zusammensetzung Nyráthr und Ráthsvithr[6]); Namen, die bei Zwergen (Litr Dainn) und Menschen (A'nn) belegt sind[7]). Mit einem anderen Zwergenkatalog stimmt der unserige großenteils überein. — All das spricht gegen ganz neue Erfindung. Die Theologen haben von überallher Namen gesammelt, die für Zwerge dienten — oder dienen konnten; haben sie mit gehäuften Reimklängen[8]) in Verse gebracht, wie Hesiod oder — Theodor Fontane ihre *nafnathulur*. Kein Zwergname ist beglaubigt, weil er im Dvergatal steht; da aber alte echte Zwergnamen überliefert scheinen, ist auch keiner deshalb allein verdächtig.

---

[1]) Gylf. cap. 35: Gering S. 326.
[2]) Vgl. zuletzt Helm, PBB. 32, 109.
[3]) Vgl. o. S. 540.
[4]) Man muß noch bedenken, daß die Skandinavier eine wahre Leidenschaft für das Namengeben zeigen: nicht nur Schiffe, Rosse, Schwerter werden benannt, sondern auch einzelne Armringe (Weinhold, Altnord. Leben), besonders gute Äcker (»der gewisse Geber«, S. 85); ebenso bei den finnischen Nachbarn jeder einzelne Zauberpfeil (ebd. S. 206).
[5]) Heinzel-Detter S. 20.
[6]) Ebd. S. 21.   [7]) Ebd.
[8]) Vgl. meine Altgerm. Poesie S. 249. 303.

§ 31. Namengebung. 545

Zweiter Zwergkatalog Str. 15 f.: Viele deutliche Appellativa[1]); die meisten kehren in einem anderen Dvergatal wieder. Aber hier haben wir sehr verdächtige Stücke: den Hahn Fjalar, den Ring Draupnir; die späte Bildung mit -thrasir[2]), den Odinsnamen Hár; leicht veränderte Asennamen wie Skirfir (statt Skirnir), Yngvi (statt Ingvi); Komposita wie Hléwangr und das (beiden Listen gemeinsame) Eikinskjaldi. Sicher echt ist hier nicht Ein Name; aber die ganze Liste kann erfunden sein — vielleicht um einer lokalen Zwergensage[3]) eine Unterlage zu geben. — Aber immerhin: eine systematische Namengebung ist auch dies nicht.

Walkürenverzeichnis Str. 31 f.: Es gibt eine ganze Reihe von Namenslisten der Schlachtenjungfrauen[4]). Ursprünglich waren sie namenlos, wie die Idisi des Merseburger Spruches, wie noch Helgis Walküre[5]). Es ist aber kein Zweifel, daß sie früh individualisiert wurden[6]), aus dem Kult wie aus der Heldensage[7]). — In allen Listen finden wir Skoogul und Hild; für das Alter des ersten Namens spricht auch seine metaphorische Verwendung[8]), sowie daß er in unserer Stelle selbst gleich noch als Kompositionsteil — in *Geirskögul* — wiederkehrt. Hild ist freilich ein Abstraktum, was ja aber bei einem nicht göttlichen Wesen kein Bedenken hat[9]). Damit sind denn auch Namen wie *Gud* »Krieg«, wie *Hild* gerechtfertigt; auch der spätere Nornenname *Skuld,* der die Verpflichtung gegen den Kriegsgott, den Schlachtentribut bedeutet. Auffallend ist, daß der gut bezeugte Walkürenname Herfjötur[10]) fehlt; aber er mag lokal sein, oder der Dichter wollte nur zweimal drei Walküren nennen[11]). Wir werden also auch hier entscheiden dürfen: die *thula* beruht auf Sammeln, nicht auf Erfinden. Sonst wäre der Dichter auch nicht bei der kleinen Zahl stehen geblieben.

Dann die G r i m n i s m á l: auf die Namenmache dieses Gedichts haben wir schon wiederholt hinzuweisen gehabt. Hier ist noch einmal das

[1]) Heinzel-Detter S. 24.
[2]) Vgl. ebd.
[3]) Str. 14; vgl. aber Heinzel-Detter z. St.
[4]) Vgl. Heinzel-Detter 2, 42.
[5]) Helg. Hjörv. Str. 6 f.
[6]) Vgl. o. S. 159.
[7]) Sigrdrífa—Brynhild; vgl. Gering zu Faf. Str. 4. 5.
[8]) In *men-skögol;* Gering, Vollständiges Wörterbuch zu d. Liedern d. Edda, Halle 1903, S. 952.
[9]) Genau so hat Ares um sich neben der alten Enyo die Abstrakten Deimos und Phobos, Furcht und Schrecken (Preller 1, 338).
[10]) Golther S. 113.
[11]) Wie zu Helg. Hjörv. Str. 6 ihrer dreimal neun reiten (ebenso sonst in Reihen zu drei, Golther S. 316, der sonderbarerweise die Norne Skuld unter die Walküren einstellt).

durchaus **systematische** Vorgehen bei der Taufe nachzuweisen. Zunächst bei der Benennung der Heime. Gegeben sind Noatún und (als Palast) Walhöll: »Schiffstätte« — wohl nicht mehr etymologisch durchsichtig — und »Halle der Gefallenen«. Nach dem letzten Muster wurden Namen gebildet, die den Sitz nach seinen Bewohnern bezeichnen: Alfheim »Elfenheim«[1]), Thrymheim für die Riesen (der Riesenname Thrym nach beliebtem Skaldengebrauch für den Riesen überhaupt), Folkwang »Volksgefilde« für Freyja, weil auch ihr viel Volks zukommen soll. (Deshalb auch die Halle *Sessrúmnir* »an Sitzen geräumig«, mit Suffix -nir!, deren Übereinstimmung, mit Beinamen Pluton wie $\pi o\lambda v\delta \acute{\epsilon}\varkappa \tau \eta \varsigma$ [2]), daher nichts beweist.) — Oder noch lieber wird der Name aus dem Charakter des Gottes abgeleitet: Thors Heim heißt »Welt der Stärke«, der Bezirk von Walhall »Welt der Freude«, der Balders »weiter Glanz«, der Forsetis (bei dem das Dach aus Gold und Silber motiviert ist)[2]), »der Glänzende«; Heimdall, der Himmelswächter, wohnt in der »Himmelsburg«. — Drittens werden die Namen aus dem allgemeinen Typus der Tempelumgebung gebildet: Sökkvabekk, wo der Bach herabstürzt, *Widi* Waldwiese (?); mit Spezifikation im Sinne der vorigen Gruppe verbunden Ydalir »Eibental«. Endlich aus dem Namensteil von Walhall und dem Hochsitz Hlidskjálf wird der Bau Wálaskjálf aufgebaut. — Absichtliche Benennung scheint hier unmöglich zu verkennen. Es ist ganz dieselbe Art, wie noch heute Romandichter altmodischen Stils die Ortsnamen für ihre Handlung erfinden.

Was die anderen Namensgruppen betrifft, möchte ich wetten, daß man drei Namen wie die auf -hrimnir[3]) nirgends findet, wo echte alte Namengebung vorliegt. (Dagegen ganz von der gleichen Art der Brunnen Hvergelmir, der Urriese Örgelmir und sein Nachkomme Bergelmir[4]).

Deutliche adjektivische oder appellativische Namen mit übereinstimmender Suffixbildung zeigen ferner Freki und Geri, Muni und Hugin (Str. 19—20). Älter könnten die Namen Sköll und Hati (Str. 39) für die Sonnenwölfe sein. — Auch an die reimenden Umschreibungen für den Wolf Fenrir, Thiodvitnir (Str. 21) und Hrodvitnir (Str. 39), der ruchbare Wolf, ist zu erinnern.

Vereinzelte Namen: Thund (Str. 21) für den angeblich Walhall umströmenden Fluß — »die Schwellende« —, fast zu »passend zu dem

---

[1]) Aber warum für Frey? Vgl. Gering zu Str. 5.
[2]) Much, Himmelsgott, S. 269.
[3]) Vgl. o. S. 429.   [4]) Str. 18; vgl. o. S. 455.
[5]) Vaf. Str. 26f.; Gylf. cap. 4f.: Gering S. 300f. Etwas anderes ist natürlich die Bindung mehrerer Gesippter durch den gleichen einfachen Namenbestandteil, z. B. -vulf (meine Altgerm. Poesie S. 197) oder Gerwendill-Horwendill (Saxo S. 86, Hermann S. 110).

§ 31. Namengebung. 547

Folgenden«[1]). — Walgrind, die Totenpforte (Str. 22) zu Walhöll (Str. 23). — Bilskirnir (Str. 24): der milde Reinheit ausstrahlt? später eingeschobene Strophe; der Name vom Typus Glitnir, doch zusammengesetzt. — Heidrún und Eikthyrnir (Str. 25—26)[2]); dazu der Baum Lärád (Schutzspender??). — Hätte der Dichter die Namen erfunden, so hätte er sie durchsichtig gemacht und untereinander in Beziehungen gesetzt[3]). Die Namen werden aus der Zeit stammen, in der die Skalden sich des mythologischen Stoffes bemächtigten: es werden »*kenningar*« sein, poetische Umschreibungen wie Yggdrasil auch. —

Fernere Kataloge: Eine ganze Reihe von »*thulur*«, Namenlisten, erfüllen Grimnirs Gesang im feurigen Ofen. 1. Stromkatalog Str. 27 f.: 20 Götterflüsse, dann Flüsse der Menschen[4]). Einige wenige, wie Slíd, sind auch sonst belegt; andere haben Abstraktnamen wie vielleicht »Verzweiflung« und »Hoffnung«[5]). Auf ein wirkliches Aufsammeln verlorener Flußnamen deutet das sonderbare »zwei Kerlaugflüsse«[6]). Die Flußnamen sind überall besonders mannigfaltig[7]). Im Ganzen haben wir wohl einfach die übliche *thula*: rechte und unechte Namen gehäuft (wieviel Reime und Anklänge sich sogar bei echten Ortsnamen ergeben, zeigen Fontanes Märkische Klänge[8]).

2. Die Rosse der Asen (Str. 30) haben ganz junge Namen[9]).

3. Yggdrasils Bevölkerung: nur der Name Nidhögg scheint so alt wie der von Yggdrasil selbst. *Ratatosk,* »Nagezahn«, ein künstlicher Name, vielleicht einfach eine Kenning für das Eichhörnchen; vier mit D alliterierende Namen für die Hirsche, zum Teil alte Zwergnamen (weshalb

[1]) Heinzel-Detter z. St.
[2]) Vgl. o. S. 463.
[3]) Der Name Heidrún kommt auch althochdeutsch als Chaideruna vor und wird Hyndl. Str. 44f. appellativisch verwandt (Heinzel-Detter 2, 181).
[4]) Heinzel-Detter 2, 182.
[5]) Ebd. nach Falk.
[6]) Str. 29; »Kerlaug heißt sonst Wannenbad« (Heinzel-Detter), also vielleicht Name eines dünnen Flüßchens; in Leipzig pflegten wir nach dem Bad zu sagen: »jetzt geh ich in die Pleiße, um mich abzutrocknen«.
[7]) Kleine Probe bei Noreen, Ortnamnen i Sverge, Uppsala 1909, S. 11.
[8]) Vgl. R. M. Meyer, Euphorion, Erg. H. 8, S. 167. — Ähnlich in 1. Mos. 2, 8f.: »die geographischen Vorstellungen, die diesen Angaben zugrunde liegen, sind so kindlich, daß es gänzlich verfehlt ist, dies Stromsystem in der wirlichen Geographie bestimmen zu wollen . . . Das Weltbild des Verfassers ruht nur zu einem Teil auf der Wirklichkeit, zum anderen Teile aber auf Traditionen, deren Herkunft jedenfalls nicht in wirklichen geographischen Verhältnissen gesucht werden kann.« Gunkel, Genesis, S. 7. — Allgemein vgl. H. Berger, Mythische Geographie, Suppl. 3 zu Roschers Lexikon.
[9]) Nicht genau wiederholt Gylf. cap. 15: Gering S. 310. Eine umfängliche Sammlung von Namen für Pferde bei Weinhold, Altnord. Leben, S. 48.

solche gewählt?); Schlangen mit erfundenen Namen: »Gau- und Steppenbewohner«, »Nagewolf« und »Feldzernager«, »Graurücken«, »Schlingenmacher« und »Einschläferer« (von der betäubenden Macht des Schlangenblicks vgl. das Naturmärchen vom Basilisk) nach Gerings Verdeutschung. — Wir haben kein Recht, hier auch nur Einen Namen für altüberliefert zu halten: es liegt ganz systematische Namengebung vor.

4. Walkürenliste (Str. 36 f.): von der gleichen Art wie die in der Völ.; hier auch Herfjötur. Die Reimspiele noch weiter ausgedehnt.

5. Bezirk der Sonne — Gegenstück zur Weltesche. Erfundene Namen mit durchsichtiger Bedeutung für die Sonnenrosse, den Sonnenschild; noch unbenannt die Blasebälge; alt vielleicht [1]) die Namen der Sonnenwölfe.

6. Katalog der besten Dinge (Str. 44): späte Zusammenstellung meist junger Namen.

7. Verzeichnis von Odins Namen (Str. 46 f.): zumeist echte alte, isolierte Namen (wie Grim, Oski, Omi) oder Beinamen (wie Herblindi, Heerverblender; Siegvater, Hárbard = Graubart). Diese prunkvolle Aufrollung des großen Wappens ist ja die eigentliche Spitze, auf die das ganze Gedicht gearbeitet ist: der verkannte Gott soll sich »in all seiner Furchtbarkeit« [2]) offenbaren, und Geirröd, der ihn nun sieht (Str. 53), stirbt vor Entsetzen wie Semele [3]) oder durch den Fluch Odins (Str. 52) oder durch eine verhängnisvolle Waffe, wie Much [4]) will. Hier denn haben wir eine sicher alte *thula!* Mag auch hier der theologische Sammeleifer interpoliert haben [5]) — im Wesentlichen liegt eine echte priesterliche Prunkliste vor. Jeder dieser Namen bedeutet ja eine Kraft, eine Funktion oder eine Tat Odins: der Gott verweist auf seine Werke wie Jahve bei Hiob [6]). Es ist eine Tafel seiner Trophäen, die dem Zweifler entgegengehalten wird.

Ihren literarischen Ursprung haben diese Ruhmestafeln einerseits in den uralten Selbstberichten der Fürsten [7]), anderseits in den Litaneien, mit denen ganze Götterreihen angerufen werden [8]). Solche» Taten« *(res gestae)* liegen wohl auch dem Hárbardslied zugrunde (Str. 16 f.) [9]). Damit konnten die Priester bei großen Festen und Opfern dem Gott schmeicheln und seine Anhänger betäuben. Ich erinnere etwa an den »Atlas Marianus«, eines Jesuiten, der alle berühmten Wallfahrtsstätten der Jungfrau Maria

[1]) Siehe o. S. 352.
[2]) Müllenhoff.
[3]) Preller 1, 661.
[4]) H. Z. 46, 313.
[5]) Vgl. Finnur Jónsson, Oldnord. Lit. Hist. 1, 146.
[6]) cap. 38.
[7]) Vgl. Misch, Geschichte der Autobiographie, Leipzig 1908; B. I.
[8]) Z. B. sechs Adityas: Geldner und Kaegi, Lieder des Rígveda, S. 21; oder alle Götter: Graßmann, Ríg-Veda 1, 40.
[9]) Vgl. Grím. Str. 49 f., wo jedem Namen eine Anspielung angehängt ist.

## § 31. Namengebung.

verzeichnet; oder an ihre Namenslisten wie in Konrads von Würzburg Goldener Schmiede[1]).

Dies etwa wird der Grundplan der Grimnismál sein: Odin-Grimnir dankt dem Agnar (Str. 1—3), sieht empor zu seinem Heim (Str. 4; die Topographie von Asgard angeknüpft — Str. 17) und schildert die Wonnen der Halle, die ihn und (einst) Agnar erwarten (Str. 19—20; erweitert durch Str. 18, 2—24; echt vielleicht wieder Str. 25—26; angehängt das Flußverzeichnis Str. 27—30), und auch vielleicht die Schilderung von Yggdrasil, durch Str. 30 veranlaßt, Str. 31—35). Hier werden ihn die Walküren empfangen (Str. 36; angehängt eine Kosmographie). Anrufung des Retters (Str. 42; an die Erwähnung des Kessels vielleicht der Katalog der besten Dinge Str. 44 mit Doublette Str. 43 gehängt). Nun folgt die Enthüllung des Antlitzes (Str. 46—50) und die strafende Rede an Geirröd, zu der lobenden an Agnar das unentbehrliche Gegenstück (Str. 51—53; angehängt oder wegen der Nennung »Odin« Str. 53 an falsche Stelle geschoben eine neue nafnathula Odins (Str. 54).

So haben wir erstens ein Lied »von König Hraudungs Söhnen«, wie die alte Überschrift lautet: Odin erscheint bei seinem Pflegesohn, um ihn zu prüfen, wird schlecht aufgenommen und überträgt seinen Segen von Geirröd auf Agnar; zweitens die Grimnismál: Erweiterung dieses alten Liedes zu einem großen Kataloggedicht über die Welt (Str. 31 f.), den Himmel (Str. 37 f.), die Elemente der Erde (Str. 40—41); mit einer detaillierten Schilderung von Walhall (Str. 18 f.) und seiner Umgebung (Str. 4 f.) samt den Himmels-, Unterwelts- und Erdenflüssen (Str. 27 f.). Echt aber und alt sind die Namen, die Odin selbst und seine Walküren in ihrer Pracht zeigen — auch von Reimschmuck bedeckt, aber von dem unsinnigen Klingklang etwa der Zwerglisten frei.

Die Form der Einkleidung der Grimnismál ist der heroischen Dichtung entlehnt: jenen »Rückblicksgedichten«[2]) wie dem Hrókslied: »Ein Held spricht ... an fremdem Hofe von seiner ruhmreichen Vergangenheit und gibt sich zu erkennen«[3]) — fast genau die Formel für unser Gedicht! — Oder ähnlich auch die Liebhaberei, sich im Aufzählen von Fertigkeiten *(ithrôttir)* zu überbieten[4]). — Ich glaube schon deshalb nicht, daß man mit Much[5]) für die Rahmenfabel uralte mythologische Tradition (bis zum Baldermythus hin!) annehmen darf.

---

[1]) Vgl. Salzer, Die Sinnbilder und Beiworte Mariens, Linz 1893.
[2]) Heusler, Arch. f. n. Spr. 116, 252: eine isländische Neubildung; Eddica minora S. XXXII; XLI.
[3]) Ebd. S. XXXIV.
[4]) Weinhold, Altnord. Leben, S. 463.
[5]) Der Sagenstoff der Grímnismál, Ztschr. f. d. Alt. 46, 309.

## Achtes Kapitel.

Die **Vafthrúdnismál** sind von vornherein lehrhaft oder vielmehr **gelehrt** angelegt. Odin berichtet dem Riesen von der Gegenwart, dieser ihm von Vergangenheit und Zukunft der Welt. Auf Kosmogonie und Eschatologie ist es also abgesehen; die Kosmologie steht nur ergänzend dazwischen. Wir betonten wiederholt, daß das Gedicht viel gutes altes Material zu bergen scheint. Wo es aber neue Namen bringt, liegt die systematische Mache noch viel deutlicher als in Grim. zutage. Der Dichter hat seine Lieblingsworte, die er suffixartig zur Bildung korrelater Namen verwendet: *Skinfaxi* und *Hrímfaxi* (Str. 12—14), die Hengste mit leuchtender bzw. bereifter Mähne: die drei Brüller *Bergelmir* (wie ein Bär, Str. 29—35), *Thrúdgelmir* (mit Kraft), *Oergelmir* (mit Macht) brüllend — alle wohl von dem (selbst kaum alten) Hvergelmir (Grím. Str. 26) erzeugt[1]) —; *thrasir* »verlangend«: *Lífthrasir* (Str. 45) »nach dem Leben verlangend«, das er als Lebensgefährtin *Líf* doch schon neben sich hat! *Mögthrasir* (Str. 49) »Söhne verlangend«. — Eine andere Methode ist die gut skaldische, mythische Namen appellativisch als zweite Bestandteile zu verwenden[2]): so bildet er *Hoddmimir* (Str. 45). Oder er plündert sonst die Mythologie; da Nidhögg Leichen frißt, gibt er höchst seltsamer Weise dem Windgott den Namen *Hraeswelg,* »Leichenfresser«: ein Sarkophagos in Adlergestalt am Himmelsrand, wo doch keine Leichen sind! Doch könnte er auch den Namen aus der Eigenschaft des Adlers als Tier des Schlachtfeldes genommen haben; es wäre eine Kenning Name geworden wie (Str. 47)[3]) in *Alfrödul* — »Elfenstrahl« für die Sonne. — Erfunden scheint *Wigrid,* Kampfplatz, wenn es nicht auch einfach eine Umschreibung war. — Bleiben die Namen *Ifing* (Grenzfluß Str. 16), *Delling* und *Nór* (Str. 25, aus dem Stabreim mit Dag, Tag und Nótt, Nacht geboren; *Windswal,* der Windkalte, Vater des Windes; und *Svafud* der Milde, Vater des Sommers (Str. 27). Will man aus all diesem Wust doch Einen Namen retten, so sei es *Ifing* (zu *if,* wenn, wie Idun zu *id* abermals[4]).

Ich glaube, wir haben die Namenfabrikation hier auf frischer Tat erwischt. Bei allem Geschick der Anordnung macht das Gedicht zuweilen einen fast komischen Eindruck; es erinnert an den braven Bauern, dem

---

[1]) Ebenso sind die »willkürlich erfundenen Namen« der Titanen auf den Grundton des Brüllens abgestimmt: Enkelados der Tobende, Lärmende (Preller 1, 69) — auch als Name für Gebirgsbäche wie -gelmir für den Weltstrudel (ebd. Anm. 3) —; Polybotes der Brüller (ebd. S. 70).
[2]) Wiel öl-Gefjon: Golther S. 447, men-Skögul; ebenso Loddfáfnir Háv. Str. 110f.
[3]) Vgl. Skírn. Str. 4; Gering S. 67.
[4]) Wie vielleicht *Vishnu* zu *vi,* fort; vgl. Macdonell S. 28.

## § 31. Namengebung.

weniger imponierte, daß man so viel über die Sterne herausgebracht hat, als daß man erfahren hat, wie sie heißen. Alvíssmál. Die Alvíssmál sind ehrlicher. Sie geben sich wirklich als ein System erfundener Benennungen im poetischen Stil und machen aus »Riesenfeuerung« oder »Feldmähne« (Str. 29) keinen Eigennamen für den Wald, in dem (Völ. Str. 40) die Alte saß. Aber merkwürdigerweise hat gerade dies Gedicht eine Anzahl einfacher »*heiti*«, Benennungen, erhalten, die ursprünglich individuelle Meinung gehabt haben könnten: wie *Sunna*[1]) die Sonne, könnte *Marr* das Eine Meer bedeuten; *Völlr*[2]) scheint wirklich der ursprüngliche Name des Feldes vor Walhall zu sein, wo die Götterschlachten stattfinden[3]) — dies »Feld« hatte schlechtweg so geheißen wie der Campus Martius einfach Campus[4]). Endlich *Fune* »Feuer« könnte ursprünglich das »Zentralfeuer« bedeutet haben, das Feuer an seinem Sitz (später *Muspellsheim*). Aber an dem Wort *Njótt* für Nacht scheitert diese allgemeine Erklärung, die nur für *Völlr* wahrscheinlich bleibt. Es wäre ein »Ehrenname«: wie ein Gott schlechtweg »Herr«, hieße dies wichtigste aller Felder schlechtweg »Feld«. Und weshalb sollte der Mistelzweig nicht gerade diesem Schicksalsboden entsprossen sein[5])?

So können wir die Namensgeschichte der altgermanischen Gottheiten ganz leidlich übersehen: wie sie vom Volk zu den Priestern kam, von den Priestern zu den Dichtern, von den Dichtern zu den Gelehrten. Der Dichter der Grim. ist ein theologischer Sammler und Namenschmied, der der Vafthr. ein theologischer Namenschmied und Sammler. Und wie steht es mit dem mit Götterbildern überdeckten Hauptpfosten des altgermanischen Tempels: mit Snorri?

Seine Namengebung ist von höchster Bedeutung geworden. Im Ganzen liegt ja auf der Hand, daß die Prosa-Edda vor allem Auszüge aus den Liedern verarbeitet; die Texte sind in Gerings Übersetzung der Edda bequem kenntlich gemacht. Die Abhängigkeit ist, wo solche Quellen nachzuweisen sind (die Snorri ja oft selbst als Verse zitiert), meist so groß, daß wir ihm in solchen Fällen wenig Spielraum zutrauen dürfen. Wenn z. B. gleich im Anfang von Gylfis »Augenverblenn n« (um mit Fritz Reuter zu reden) zwölf Namen angeführt werden, die Allvater in Asgard besaß[6]) und diese in Odins Verklärung[7]) nicht alle stehen, so dürfen wir diejenigen, die den dort erhaltenen

---

[1]) In nordischen Gedichten nur hier Helm, PBB. 32, 107.
[2]) Vgl. Vaf. 17, 3; 18, 1. 4.
[3]) Vgl. Völ. Str. 24, 1; 66, 3; Grím. Str. 22, 1; nur Völ. Str. 32, 3 paßt an den von Helm angezogenen Stellen nicht sicher hierher. — Es wäre ein wichtiger Beweis für die guten Quellen der Völ.
[4]) Vgl. Wissowa S. 130.
[5]) Völ. Str. 32.
[6]) Gylf. cap. 3: Gering S. 299.
[7]) Grím. Str. 46f.

völlig gleichartig sind, nicht für erfunden halten: er hat sie in anderen Namenslisten gefunden; bieten doch die Grim. selbst am Schluß eine Doublette. Freilich hat er oft falsch gefolgert und etwa Odins Nebenbuhler [1]) Wili und Wé zu seinen Brüdern gemacht, um wie bei Frey und Freyja die Schuld zu erhöhen. (Immerhin könnte man anführen, daß Wili und Wé früher mit Wodan alliteriert hätten; dann müßten sie wohl mit Hönir und Lodur zusammenfallen.) — Ebenso steht es mit seinen Namenlisten wie (cap. 4) der der Ströme.

Wir halten deshalb viele Namen, die sich nur bei Snorri finden, für echt; so bei der Weltschöpfung (cap. 6) vielleicht Audumla, sicher Bur von dem Bui vielleicht nur eine Variante ist. Bolthorns Tochter Bestla ist wohl aus Háv. Str. 140 aufs Geratewohl geholt. — *Hlidskjálf* (cap. 9) wird nur in den Einleitungen zu Skirn. und Grim. genannt; es bedeutet einfach »Türbank«[2]) und gehört mit Wálaskjálf[3]) zusammen, ist wohl aber älter. (Ach hätten wir erst Edward Schroeders Buch über die Gesetze und die Entwicklung der germanischen Namen!) Narfi (cap. 10) stammt aus Vaf.; daß aber ihr erster Mann Naglfari heißt nach Hryms Schiff Naglfar[4]), spricht für die Deutung dieses Schiffes als »Totenschiff«. Folgen Namen aus vielerlei Quellen; daß uns für Isarnkol (cap. 11) keine solchen erhalten sind, macht Snorri noch nicht zum Lügner. Verdächtig sind zuerst die Namen der Mondphasen und ihrer Geräte: Eimer und Stange, sowie ihres Vaters. Keinen Beleg in Eddaliedern hat weiter die Halle Wingolf (cap. 14); die gewiß nicht volkstümlichen höheren Himmel (aus falscher Deutung von *upphiminn*, Himmel über der Erde, entstanden?) mit ihren wohlfeilen Namen (cap. 17); die sicher erfundenen, aber nicht notwendig eben von Snorri erfundenen Pendantnamen der Böcke Thors (cap. 21; Typus Skinfaxi und Hrimfaxi); der Name Sessrúmnir »an Sitzen reich« für Freyjas Halle in Folkwang (cap. 29), natürlich jung: sie muß viel Plätze für die halbe Wahlstatt haben. Hallinskidi und Gullintanni (cap. 27) sind Kenningar für den Widder, wie auch Heimdall[5]) und auf Heimdall gewiß nicht erst von Snorri übertragen[6]).

Helblindi, wohl[7]) Hod, wird von Snorri zuerst zu Lokis Bruder gemacht, gewiß aber nicht so genannt sein. Ganz sein Konto aber werden die systematisch gewählten allegorischen Namen für Hels Gesinde (cap. 34) belasten. Ebenso wohl all die Requisiten von Lokis Fesselung: die Fesseln Leding, Drómi und Gleipnir[8]); die Insel Lyngwi am See Amswartnir;

---

[1]) Lok. Str. 26.  [2]) Golther S. 324.
[3]) Grím. Str. 6.  [4]) Völ. Str. 50.
[5]) Vgl. Golther S. 360 Anm. 1.
[6]) Eine seltsame Beziehung zwischen dem (Widder-) Fell und (Heimdalls Met, dem) Tau auch bei Gideon (Richter 6, 37—40).
[7]) Siehe o. S. 350.  [8]) Vgl. Kock S. 108.

## § 31. Namengebung.

das Schnurende (!) Gelgja und der Beschwerstein Gjöll sowie der Ankerstein Thuiti; endlich der Speichelfluß Wan (cap. 34). Hier ist doch die Absicht, alles mit Namen zu bestecken, gar zu deutlich. Woher die Namen stammen? Gleipnir, von dem Modetypus Mjölnir—Sleipnir—Glitnir—Skidbladnir · · und wohl auch Leding und Drómi hat er sich vielleicht selbst erlaubt; andere Namen mögen von einer Lokalität stammen, wo Lokis Merlinsgrab gezeigt wurde [1]). — Über die Asinnen (cap. 35) haben wir ausführlich gehandelt; neu ist gewiß Gnás Roß, der »Hufwerfer« Hófwarpnir mit dem neuen Suffix für göttliche Utensilien. Neu ist Gymirs Gattin Aurboda (cap. 37)[2]) und Thjálfis Schwester Röskwa, die Rasche (cap. 44); die allegorischen Namen in Utgard (cap. 45 f.) einschließlich des zu Ymir, Hymir, Gymir so gut passenden Skrymir (?); in der Hymir-Erzählung der Name Himinhrjódr »Himmelbrecher« (vgl. »*skyscraper*« für hohe Häuser in Amerika) für Hymirs Stier (cap. 48), wohl Leistung Snorris wie die Benennung von Balders Leichenschiff Hringhorni (mit rundem Steven? cap. 49); die durchsichtigen Namen von Friggs Eber (»mit goldenen Borsten« oder »mit schlimmem Gebiß«; Snorri gibt die Wahl des Namens frei); die Wächterin Módgud (Walkürenname) am Höllenfluß Gjöll.

Ähnlich in den Bragarödur, wo die gereimten Zwergnamen Fjalar und Galar, die Krüge »Sühne« und »Angebot«[3]), das Vorgebirge Hnitbjörg (die zusammenstoßenden Berge, Symplegaden)[4]) und mit anderen Namen der des Bohrers Rati (cap. 4) neu sind. Und entsprechend werden wir Snorri für Grids Stab Gridarwoll[5]) für die Schwertnamen Hrotti und Refil (cap. 5) verantwortlich machen dürfen — doch da sind wir schon in die Heldensage hineingeraten.

Zusammenfassend dürfen wir sagen: erstens: zwischen den Eddaliedern und Snorri ist der Prozeß der Benennung aller Anonyma weitergegangen; nach Mjölnir war (schon in Veg.) Sleipnir genannt worden, nun kamen dazu viele Namensvettern der Sippe -nir (ich nenne noch Bilskinir, Salgofnir, Vidofnir). Man lokalisierte Lokis Fesselung; man brachte alte Mythen[6]) und Märchen (wie das von Bölverk) zu den Göttern in vielleicht neue Beziehungen. So kamen viele neue Namen in die Prosa-Edda. Zweitens: Snorri selbst ging auf diesem Pfade nur weiter, wo er glaubte, keinen Schaden anstiften zu können bei der durchsichtigen Allegorie

---

[1]) Vgl. die griechischen Unterweltspforten Preller 1, 810f.
[2]) »Die Hingestreckte«? Gering S. 53.
[3]) Vgl. Kock S. 109.
[4]) Gering S. 355.
[5]) Skáldsk. cap. 2.
[6]) Wie vielleicht den von den Symplegaden; vgl. auch Kuhn, Mythol. Studien, S. 135.

der Wirtschaft Hels und bei seiner Liebhaberei, alle Werkzeuge zu taufen: Eimer, Stangen, Stäbe, Fesseln, Krüge, auch Rosse, Stiere und schließlich, nach heroischem Muster in der Heldensage, Schwerter.

Saxo nimmt wieder einen eigenen Standpunkt ein. In den meisten Fällen bedient er sich ja überlieferter Namen [1]), wenn er sie auch gelegentlich volksetymologisch umformt [2]). Auch verletzt ihn Namenlosigkeit nicht [3]), die Snorri so streng vermeidet. Für die Schwerter findet er schon überall Namen vor [4]). Aber einige Namen dürfte auch er erfunden haben. Und dann nimmt er ganz abstrakte wie Scalcus (»Diener«) [5]) — wie sogar ein Slawenkönig heißt [6]); Rostiophus (»Roßdieb«, für einen Finnen) [7]). Weda (Vetka-Zauberin für eine solche) [8]), Thengillus (König) [9]) und Bolwis (Übelweise, für den schlimmen Ratgeber) [10]); Frakki (»Krieger«) [11]). Also reine Appellativa [12]). — Oder er überträgt mythologische Namen: Uggerus, Yggr, Odinsname [13]), Gestiblindi (ebenso) [14]), Eggtherus (Hüter der Unterwelt [15]). —

Anhangweise noch ein paar Worte über die Namen der Götterlieder selbst [16]). Die meisten Gedichte sind so benannt, daß dem Namen der Hauptperson die Art des Gedichtes beigesetzt ist: Vafthrúdnismál, Grimnismál, Alvíssmál: Sprüche des Vafthrúdnir, Grimnir, Alvíss; entsprechend Hávamál, weil sie Hár, d. h. Odin in den Mund gelegt sind; Thrymskvida: Erzählung von Thrym; Hárbardsljód, Lied von Hárbard; Lokasenna — wenn man es kollektiv faßt: Lokis Scheltreden; Rígsthula: Namenverse, an Rigs Person geheftet. Eine Ausnahme machen wenige Gedichte, die nach der Handlung benannt sind: För Skirnis, Skirnirs Fahrt (die Handschrift A hat auch hierfür Skírnismál, die Sprüche des Skírnir); Balders Draumar, Balders Träume (spätere Bezeichnung: Vegtamskvida, die Erzählung von Vegtam); hierher auch Lokasenna, wenn man es als Handlung

---

[1]) Vgl. Olrik, Kilderne 1, 19; über die Namensformen ebd. S. 84.
[2]) Ebd. S. 87: Starkadr als mit »Hader« komponiert.
[3]) Ebd. S. 19.
[4]) Starkads »teutonisches Schwert« Snyrtir S. 69 bez. 82; Uffos Schwert Skrep S. 166 bez. 155; Olos Schwert, das Lögthi hieß, S. 254 bez. 338.
[5]) S. 59. 161f. bez. 77. 215f..
[6]) S. 51 bez. 66.
[7]) S. 78 bez. 100. — Wie etwa Lessings Riccaut »Seigneur de Prêt-au-vol« (Druckfehler: Prêt-au-val) heißt.
[8]) S. 80 bez. 102.    [9]) S. 165 bez. 220.
[10]) S. 232 bez. 309.    [11]) S. 185 bez. 275.
[12]) Vgl. für Skalk Kilderne 2, 53; für Thengill S. 54; für Frakki S. 79. — Anders (gegen Storm) Lathgertha; siehe ebd. S. 105.
[13]) S. 158 bez. 211.
[14]) S. 160 bez. 215; vgl. Olrik a. a. O. S. 57.
[15]) S. 168 bez. 220.
[16]) Vgl. die Übersicht bei Heinzel-Detter I S. VIIIf.

## § 31. Namengebung. 555

nimmt: Lokis Wortstreit, und die späteren Titel: Hamarsheimt, Holen des Hammers, und Oegirsdrecka, Ägirs Mahl; endlich, besonders charakteristisch: Thórr dró Mithgardsorm: wie Thor die Midgardschlange herauszog (in der Arnamagnäanischen Handschrift wieder dafür Hymiskvida, Erzählung von Hymir). Die prosaischen »Hypothesen« haben im Codex Regius R besondere Titel: von den Söhnen König Hrauthungs (vor Grim.), von Ägir und den Göttern (vor Lok.); ebenso »von Völund« (vor dem »von Völund und Nidod« betitelten Gedicht Völundarkvida; A unterscheidet dagegen: »von König Nidhod« die Prosa). — Entsprechend sind die Titel der späteren Stücke: Hyndluljód, Lied von Hyndla, Grogaldr Gróas Zaubergesang, Fjölsvinnsmál die Sprüche des Fjölsvidr; anders nur Grottasöng, Mühlengesang, nach der Örtlichkeit benannt.

Anzumerken ist zunächst: es gibt keine »theophore« Überschrift, d. h. keine, die einen offiziellen Gottesnamen enthält — außer Hávamál und Rigsthula, wo aber eigentlich auch schon ein Verkleidungsname vorliegt. Sonst werden die Götter nach den Namen ihrer Masken benannt: Grimnir, Hárbard, oder die Gegenspieler geben den Titel: Thrym, Hymir, Vafthrúdnir, Alvíss. Anders steht es nur, wo das Gedicht nach dem Inhalt benannt ist: Skírnis Fahrt, Thor zieht die Weltschlange heraus, und eventuell Lokis Wortstreit. Offenbar sollten die Götternamen nur da als Überschrift verwandt werden, wo der Gott allein spricht oder die Handlung führt: Hávamál, Skírnismál. Handelt es sich nur um ein Götterabenteuer, so ist der Name des riesischen (oder zwergischen) Gegenübers charakteristisch. — Dies führt nun zu der nur aus Zitaten bekannten Überschrift Völuspá. An der Echtheit dieses Titels ist nicht (wie bei Aegisdrekka statt Lokasenna) zu zweifeln. Ein halbgöttliches Wesen, eine Seherin, spricht ja den ganzen Inhalt. Zu beachten ist aber, daß trotzdem nicht, wie bei den Hávamál, die Bezeichnung -mál gewählt ist. Diese nämlich wird gebraucht, wenn die vorgetragenen S p r ü c h e als die Hauptsache erscheinen: die Mitteilungen des Vafthrúdnir, Grimnir, Alviss über Welt, Welten, Benennungen; die Weisheitssprüche des Hohen. Und so erschien also den Späteren auch nicht die Fahrt Skirnirs als die Hauptsache, sondern seine Zaubersprüche. Dagegen sind bei den Abenteuern mit Thrym und Hymir die E r l e b n i s s e der Kernpunkt, die Reden Nebensache, und bei Hárbardslied und Lokasenna der Wortstreit selbst, nicht die Reden im Einzelnen. Das ist alles ganz konsequent (für Grimnismál wenigstens in ihrer jetzigen Form). Und wenn also das erste Gedicht »die Verkündigung der Seherin« heißt, so liegt der Akzent auf der Handlung: auf der enthusiastischen Verzücktheit der Prophetin [1]). Die

---

[1]) Auf die ja auch wiederholt hingewiesen wird: Str. 28 f. wird ihre Erinnerung zur Vision; ebenso Str. 35 f. 64 — das Wort »sehen« herrscht in der

556    Achtes Kapitel.

völva schickt ihren Geist zu den fernen Zeiten; diese seine Fahrt ist die Handlung, von der er die Sprüche mitbringt. Und so war es ursprünglich gewiß auch bei Rigs Fahrt (*ár quadu ganga*, »man erzählte einst von seinem Wandeln« vielleicht der ältere Titel) [1]; erst später werden die Denkverse mit den Namen der Standespersonen (wie die Zaubersprüche bei Skírnir) Hauptsache — eine charakteristische Wandlung: vom Epos zum Lehrgedicht [2]).

## § 32. Charakteristik der Götter.

Die Mythen charakterisieren die Götter durch ihre Handlungen [3]). Aber daneben braucht man noch unmittelbare Mittel der Kennzeichnung. Neben der von uns geprüften Benennung ist als eine verwandte Art der Kennzeichnung das Verleihen von Beinamen zu betrachten, d. h. die Charakteristik durch Eigenschaftswörter [4]).

Beinamen sind im Norden ungemein beliebt, was sich schon aus der Häufigkeit der gleichen Namen erklärt; sie führte auch in Deutschland vom 12. bis zum 14. Jahrhundert zu dem Aufblühen der Beinamen, »in welchen großenteils unsere heutigen Zunamen sich entfaltet haben« [5]). Einer reichhaltigen Übersicht bei Weinhold [6]) ließ ein halbes Jahrhundert später Finnur Jónsson seine äußerst sorgfältige erschöpfende Darstellung folgen [7]). Sie sind belegt besonders aus dem 9.—10. und dann wieder aus dem 12.—13. Jahrhundert. Finnur Jónsson nimmt [8]) aber an, daß sie gleichmäßig fortgedauert haben. Sie könnten doch wohl während des Niedergangs der altheimischen Dichtung auch selbst nachgelassen haben. — Es sind weitaus am häufigsten Substantiva, danach Adjektiva und Participia [9]);

zweiten Hälfte (Heinzel-Detter 2, 38). Auch die Arbeit des Besinnens wird vorgeführt: Str. 2. 21. 27. 29; und in dem Refrain »könnt ihr weitres verstehen« — oder besser wohl: »Wollt ihr noch mehr wissen? und was?« (vgl. Heinzel-Detter 2, 37) — Str. 29f. — wird versinnbildlicht, wie die Seherin, gleichsam eine Improvisatorin der Weltkenntnis, ihren Geist auf bestimmte Punkte richtet, als hätte sie die Corona — Str. 1 — befragt.

[1] Heinzel-Detter 1, 169.
[2]) Zum Namen Edda vgl. neuerdings Neckel, Anz. f. d. Alt. 50 (1908) S. 159.
[3]) Vgl. Olrik, Danske Studier 1904, S. 135.
[4]) Über die Berührung von Götternamen und Epithetis vgl. meine Altgerm. Poesie S. 497; vgl. auch o. S. 541. Allgemein über Epithela der Götter vgl. für die Griechen C. F. Bruchmann, für die Römer J. B. Carter in den Supplementbänden von Roschers Lexikon, Leipzig 1902.
[5]) J. Grimm, Kl. Schr. 2, 355.
[6]) Altnord. Leben S. 277f.
[7]) Tilnavne i den islandske Oldliteratur, Kjobenhavn 1908; und in Aarböger for nord. Oldkyndighed 1907.
[8]) S. 369.   [9]) S. 362.

§ 32. Charakteristik der Götter. 557

von verschiedenartigstem Ursprung, nach Herkommen und Alter, körperlicher Eigenheit, Rüstung und Kleidung, geistigen Eigenschaften, Beruf und Stellung gewählt; sie loben oder tadeln, dies noch häufiger. Sehr selten sind sie [1]) aus der Mythologie entlehnt: während deutsch [2]) die entsprechenden Namen aus der Heldensage sehr beliebt sind. — Formell ist zu bemerken, daß der Beiname gern mit dem Hauptnamen alliteriert [3]): *Hrafn hávi*.

Derartige **charakterisierende Beinamen** zu Personennamen fehlen schon der Edda nicht [4]) und sind schon dort fest; auch sie reimen natürlich gern [5]). Aber wie schon hier die Absicht der Kennzeichnung neben der des Rühmens zurücktritt (beide noch vereinigt, wie wenn wir von »Friedrich dem Großen« unterscheidend sprechen), so ist doch gar bei göttlichen Wesen das Epitheton völlig der idealisierenden Stilisierung untertan [6]). Die gewöhnlichen Beinamen geben dem idealisierenden Hauptnamen gern eine realistische Ergänzung [7]): *Henricus dictus Eselescop.* Den Göttern gegenüber aber ist eigentlich jede Nennung schon eine Entwürdigung (weshalb so oft, z. B. bei den Juden, die Nennung des heiligen Namens verboten wird): hier muß also das Beiwort erst recht »epitheton ornans« sein. Wo aber der Gott sich unter die Menschen mischt, da wird auch er charakterisiert; so bleibt in der Hym. insbesondere kein Name ohne kennzeichnendes Beiwort: der weise, starke, mürrische Hymir; der kluge, kühne, gewaltige Thor, die reizvolle Buhle des Riesen [8]) usw. — fast stets aus der Situation heraus. Grím. (besonders in der Nennung der Götter in den Heimen) und Rig. wahren ebenfalls bei enkomiastischer Tendenz noch einen Rest von Charakteristik aus der Situation heraus [9]).

Wichtiger sind indeß für uns diejenigen Epitheta, die einzelne Götter (oder Götterklassen) **nicht** aus einer epischen Situation heraus zu charakterisieren versuchen, sondern aus ihrem allgemeinen Wesen — Beinamen oder Beiworte also, die einigermaßen denen der Sterblichen entsprechen, aber doch eben ohne den für diese charakteristischen Realismus. An sich wäre der ja nicht unmöglich: Odin könnte der einäugige Gott heißen, Tyr der einhändige. Aber das geschieht nicht; denn es sind eben **theologische Epitheta**, d. h. solche, die die Sonderstellung eines Gottes oder einer Götterklasse betonen sollen.

[1]) S. 300. [2]) J. Grimm a. a. O. [3]) S. 368.
[4]) Meine Altgerm. Poesie S. 198.
[5]) *Helgi inn hugumstóri*, der großdenkende Helgi, Helg. Hund. I. 1.
[6]) Meine Altgerm. Poesie S. 491; vgl. Heinzel, Stil d. altgerm. Poesie, S. 32.
[7]) Müllenhoff, Zur Runenlehre, S. 54.
[8]) Str. 27, ironisch, vgl. Str. 8.
[9]) Vgl. u.

## Achtes Kapitel.

Zunächst Epitheta der Götter. Die Götter heißen *ginnheilug god*[1]; es kommt daneben auch die Zusammensetzung *ginnregin* »die hohen Mächte« vor. — Die Worte stehen in einem für die erste Hälfte der Völ. charakteristischen »*Stef*«, einer Halbstrophe, die als Gegenrefrain dient[2]. Vergleicht man die Stellen mit *ginnregin*[3]), so lehren sie, daß beide Bezeichnungen nur verwandt werden, wo es sich um kollektive und auf gemeinschaftlicher Beratung beruhende Dinge handelt. — »*heilag*«, heilig, wird nie für die Götter gebraucht, denn es bedeutet »geheiligt«, für unverletzlich erklärt[4]). So sind Bezirke, Bäume, das ganze Land der Asen wie ihre Tempelpforte »geheiligt«; so auch die Menschen, »die dem heiligen Tempelfrieden unterworfenen Geschlechter«[5]); die Götter aber, von denen diese Unverletzlichkeit ausgeht, können sie nicht besitzen — wer sollte sie ihnen verleihen? (Nicht einmal auf Balder ließe sich der Terminus anwenden.)

Somit bedeutet dies einzige Epitheton der Asen als solcher — nach Hinzutritt der Wanen wird es nicht mehr gebraucht — die heilige Ratsversammlung der Götter: die Götter in einer durch ihre Gemeinschaft, durch den »Tempelfrieden« geheiligten Versammlung — deren Frieden dann eben (Str. 24. 26) die Hauptgötter brechen, die eben auch *considunt armati*[6]), ihre Waffen zum Thing mitbringen.

Verstehe ich also das Beiwort recht, so bezeichnet es die Göttergemeinde als eine geschlossene höhere Instanz über den Einzelgöttern, als solche auch über den Streit zwischen diesen (Asen — Wanen) erhaben. Vielleicht soll mit dem »bis die drei Nornen kommen« (Str. 6) geradezu ausgedrückt werden, daß das Asen-Thing die höchste Instanz war, bis die Schicksalsgöttinnen auch den Göttern ihren Willen aufzwangen. Dann mögen sie noch weiter Runen erfinden[7] — mit der regelmäßigen parlamentarischen Weltregierung ist es aus; die hat nur der goldenen Zeit gehört, als man noch mit goldenen Tafeln spielte[8]).

Die Nornen werden an jener Stelle (Völ. Str. 8) mit dem Epitheton *ámǫttugr* belegt, das sonst[9]) nur den Riesen zukommt: »von Stärke strotzend« übersetzt es Gering. Es soll wohl auch hier nur allgemein

---

[1] Völ. Str. 6. 9. 23. 25; Gering übersetzt »die heiligen Herrscher« (im Vollständ. Wörterbuch S. 337 »hochheilig«).
[2] Vgl. Heinzel-Detter 2, 15; meine Altgerm. Poesie S. 347 f.
[3] Háv. Str. 78 und 142, Hym. Str. 4, auch Lok. Str. 11, Alv. Str. 21. 31.
[4] Vgl. Gering, Vollständ. Wörterbuch, S. 409; charakteristisch auch *gunnheilagr*, jemand, den man im Kampfe zu schonen verpflichtet ist, ebd. S. 364 nach Hamd. Str. 28.
[5] Müllenhoff zu Völ. Str. 1; Gering a. a. O. S. 409.
[6] Tac. Germ. cap. 11.   [7] Háv. a. a. O.
[8] Über die »reichen mächtigen Götter« Thrymskv. Str. 13; vgl. u.
[9] Heinzel-Detter z. St. nach Skírn. Str. 10, Grím. Str. 11.

## § 32. Charakteristik der Götter. 559

ihre riesische Stärke hervorgehoben werden, da in der Situation ein besonderer Grund nicht liegt, sie zu betonen.

Dagegen sind die folgenden Epitheta wieder episch bestimmt: Heid die sinnvolle Zauberin (Völ. Str. 22), die streitbaren Wanen (Str. 24) [1]), Thor voll trotzigen Mutes (Str. 26), der arge Loki (Str. 35), der heitere Eggthér (aus der Unterwelt! Str. 42), während die beiden parallelen Bezeichnungen Widars als »der große Sohn Siegvaters« (Str. 54) und Thors als »der herrliche Sohn der Hlódyn« (Str. 55) mit der epischen Charakteristik eine dankbare Verbeugung vor den Heldengöttern vereinen. Besonders wichtig ist aber (Völ. Str. 32) die proleptische Bezeichnung Balders als des »blutigen Gottes«; verbunden mit der (zur Sache gleichgültigen) des Mistelzweiges als »sehr schön«. Hier ist es durchaus die persönliche Mitempfindung des Dichters, die durchbricht, die das Leiden des Gottes voraussieht nnd selbst den bösen Zweig durch die Verbindung mit ihm geadelt meint, wie wenn ein Hymnendichter von den »glänzenden Pfeilen« im Leib des heiligen Sebastian reden wollte!

Dies ist eine der wenigen Stellen, wo Gerings sonst so treffliche Ubersetzung irre leiten kann. Er setzt zu: »der edle Balder«. Aber abgesehen davon, daß dies Wort leicht zu heroische Vorstellungen erweckt, wird auch die Wirkung verdorben, die die Gegenüberstellung der hohen schönen Mistel mit dem blutig darniederliegenden Gott erzielen soll (vgl. Gud. I. Str. 18).

Theologisch klingt es, wenn (Veg. Str. 2) Odin »der alte Meister« genannt wird [2]): der Gott von Urbeginn. Aber auch hier spielt die Situation mit: daß der Erfahrenste noch die »kluge Hexe« (Str. 4) um Rat fragt.

Ungemein adjektivfroh ist die Thrymskvida; sogar Dinge erhalten Beiworte: der Brustschmuck der Freyja (Str. 12, 14 f.: das breite Schmuckband; dagegen sind die Beiworte für den Hammer Str. 1, den Hof Str. 11 u. a. von Gering zugesetzt). Freyjas Schönheit wird (Str. 11) betont wie (Str. 28 f.) die Schlauheit der »Magd« Loki. — So werden wir in diesem Liede das »mächtige Götter« (Str. 11) als episch auffassen müssen. Wohl sind auch hier die Götter in Beratung; aber der theologische Sinn tritt hinter der Meinung der Situation zurück: alle Asen mit all ihrer Macht ratlos! Deshalb darf man auch (Str. 14) das »*hvítastr ása*« nicht allzusehr pressen: Heimdall ist der »glänzendste der Asen«, weil er die Zukunft erhellt, und eben deshalb gibt er hier Rat.

Nur episch-charakterisierend [3]) sind die Epitheta in der Lok. (auch die Anrede an die Götter Str. 7: »ihr hochmütigen Götter!«): Ebenso in

---
[1]) Was sie durchaus nicht generell charakterisieren könnte!
[2]) »*gautr*«, Schöpfer?, Gering, Veg. Str. 2; »Redner?«, Vollständ. Wörterbuch; übrigens liegt ein Verderbnis vor: Heinzel-Detter 2, 587.
[3]) Über die Arten der Epitheta vgl. meine Deutsche Stilistik, München 1908, S. 46f.

Skirn. (Str. 1—21) Freys Bezeichnung als »klug, tüchtig«, in Vaf. (»der weiseste Riese« Str. 5), in Alv. (Str. 8 höhnisch: »weiser Gast»), in Háv. (Str. 14: der sinnreiche Fjalar, Str. 96 die sonnenhelle Tochter Billings, vgl. Grim. Str. 11 Skadi die schöne Götterbraut) und die Lobworte Rigs (Str. 1, 33 usw.).

Ergebnis: von allen Epithetis sind nur *ginnheilag* für die Götter und vielleicht *aldinn* für Odin theologisch, d. h. zur dauernden Charakteristik der Klasse oder der Individualität bestimmt; alle anderen sind episch, homerisch, Epitheta ornantia oder wie man die Eigenschaftswörter sonst nennen will, die eine bestimmte Situation deutlicher illustrieren.

Und nun vergleiche man mit diesen Anfängen der theologischen Charakteristik Snorris Art, von den Eigenschaftsworten Gebrauch zu machen.

Wir brauchen dazu bloß die Liste der Gylfaginning zu betrachten; die entsprechenden Einzelstellen sind von der gleichen Art. — Völlig deutlich ist es, daß der Verfasser systematisch eine differenzierende Charakteristik der Götter versucht — selbstverständlich im Anschluß an die Texte und zum Teil auch gerade an die dort gebrauchten Bezeichnungen.

1. Odin ist der höchste uud älteste der Asen (cap. 20).
2. Thor ist der stärkste der Asen (und stärker als alle Götter und Menschen; cap. 21).
3. Balder, der gute ..., von ihm ist nur gutes zu berichten. Er ist der beste Gott und alle loben ihn (cap. 22) — ... wie schön sein Haar und sein Körper beschaffen sind. Er ist der weiseste der Asen, versteht am schönsten zu reden und übt am liebsten Barmherzigkeit; doch ist das Eigentümliche dabei, daß keiner seiner Urteilssprüche in Kraft bleibt (ebd.).
4. Njord ... ist so reich und begütert, daß er jedem Land und fahrende Habe geben kann, wem er will (cap. 23).
5. Frey ist einer der trefflichsten unter den Göttern.
6. Freyja ist die ausgezeichnetste der Asinnen (cap. 24).
7. Tyr ist überaus kühn und mutig (cap. 25).
8. Bragi ist ausgezeichnet durch Weisheit, besonders aber durch Redeklugheit und Sprachgewandtheit (cap. 26).
9. Heimdall wird der weise Ase genannt und ist groß und heilig (*mikill ok heilagr;* cap. 26).
10. Hod ist blind, aber außerordentlich stark (cap. 27).
11. Widar nennt man den schweigsamen Asen. Er besitzt einen dicken Schutz und ist beinahe so stark wie Thor (cap. 28).
12. Ali oder Wali ist kühn in den Schlachten und kann vortrefflich schießen (cap. 29).
13. Ull ist im Bogenschießen und im Schlittschuhlaufen so tüchtig, daß niemand darin mit ihm wetteifern kann. Schön ist er von Angesicht und besitzt alle Vorzüge eines Kriegsmanns (cap. 30).
14. Forseti ... hat die beste Gerichtsstätte (cap. 31).
15. Loki ist schön und anmutig von Aussehen, aber böse von Gemütsart und höchst unbändigen Wesens (cap. 32).

## § 32. Charakteristik der Götter.

Man sieht: es genügt Snorri nicht, einfach wiederzugeben, was über die Funktionen der Götter berichtet wird (wofür man Frey oder Ull anrufen soll; was Bragi oder Heimdall unter den Asen leisten). Das ist ihm nicht einmal die Hauptsache: auf Rangordnung und Charakteristik kommt es an. Daß die anderen Götter dem Odin dienen wie Kinder ihrem Vater, daß die Asinnen nicht minder heilig und ihre Macht nicht geringer ist als die der Asen (cap. 20), würde schwer zu beweisen sein; daß Freyja die ausgezeichnetste der Asinnen sei (cap. 24), verträgt sich schlecht mit dem Satz, Frigg sei die höchste (cap. 35; vgl. cap. 20). Aber die Rangordnung ist Snorri so wichtig, daß er lieber zwei höchste Göttinnen ansetzt, als gar keine. Nichts ist bei den alten Theologen von dieser Schärfe der hierarchischen Ordnung zu merken, natürlich von Odins Stellung abgesehen.

Ferner: wir sahen, daß ein allgemeines Epitheton für die Götter als solche früher fehlte. Der Christ Snorri führt »heilig« als allgemeines Prädikat ein: Heimdall ist (wie der Gott der Christen) »groß und heilig«, die Asinnen sind (in charakteristischer Umschreibung) »nicht weniger heilig als die Asen« [1]).

Und wie er die Götter als Klasse mit einem Terminus festlegen will, so jeden einzelnen Gott. (Nur die Götterfrauen Skadi cap. 23 und Idun cap. 26 bleiben ohne Adjektiva; dafür kaum eine der kleinen Asinnen cap. 35: Hnoss ist schön, War weise und wißbegierig, Snotra weise.) Das ist rechte Theologenart: Odin ist der höchste und Frigg die höchste; Thor der stärkste und Widar der zweitstärkste; Balder ist schön, aber Loki auch (was meines Wissens nirgends bezeugt ist; aber es wird schon stimmen: man denke nur, wie Stuck die Sünde malt!). Im Notfall ist ein Gott weise (Bragi), stark (Hod, ganz willkürlich), kühn (Wali, Ullr) oder eben einfach trefflich (Frey). Denn eben, wo Begriffe fehlen, da stellt ein Wort zur rechten Zeit sich ein. — Die ehrliche Bemühung Snorris, sein Versuch eines heidnischen Katechismus sozusagen (»wer ist der stärkste Ase? und nächstdem?«), seine Philologie — und seine Unbehilflichkeit im Ergänzen kommen hier recht deutlich zum Ausdruck. Nebenbei noch die natürliche Sympathie des Christen mit dem am ausführlichsten charakterisierten Balder. Und so ist christliche Schulung, wie in der ganzen Art, so in Einzelheiten durchsichtig.

So die Erklärung der vielen Namen Odins cap. 20: alle Völker hätten seinen Namen nach ihrer Sprache umgemodelt, um selber zu ihm beten zu können. Also der norwegische Adelsgott in einen Universalgott um-

---

[1]) Über die Entwicklung des Wortes »heilig«: Henning, Deutsche Runeninschriften, Straßburg 1889, S. 31; vgl. Delehaye, Sanctus, Bruxelles 1908.

gedichtet. — Die Freude am Märchenhaften wagt sich dagegen fast nur bei Heimdall cap. 27 ausgiebig hervor.

## § 33. Kodifikation.

Die letzte Tätigkeit des Theologen ist die Kodifikation: die Sammlung und Verarbeitung des gesamten Materials. So bereiten bei den Griechen Einzelarbeiten über Lokalsagen, lokale Kultformen, mythologische Grundlagen der Dichtung das Werk des Apollodor über die hellenische Religion vor[1]), und jedes einzelne Gedicht konnte diesem Zweck durch die ὑποθέσεις (seit Aristophanes von Byzanz) dienstbar gemacht werden — Inhaltsangaben mit Bericht über abweichende Sagenformen, gerade wie wir sie in den prosaischen Einleitungen und Schlüssen der Edda (z. B. zu Lok, zu Ríg, zu Heldenliedern; besonders merkwürdig zu Vkv.) auch besitzen[2]). — Bei den Römern geht in charakteristischer Eigenart eine Literatur über die Feste[3]) der antiquarisch-historischen und juristischen Literatur[4]) voraus, während die mythologische Dichtung angeblich für die römische Religionsforschung überhaupt nicht in Betracht kommen soll[5]). Dagegen durchdringen sich bei den Indern[6]) kultische, mythologische, gelehrte Literatur. Bei den Germanen kommen die ersten Ansätze auf fremde Rechnung. Tacitus (und erst recht Cäsar) hat natürlich kein vollständiges Lehrbuch der germanischen Religion geben wollen; immerhin bringt die Germania erstaunlich vielseitige Nachrichten: Götternamen, Mythen, Kosmogonie, Opferberichte, Festnachrichten, Auskunft über Priester, Kultstätten, Riten — völlig läßt sie uns nirgends im Stich. Denn bei ihm verbindet sich mit dem praktischen ein ausgeprägt wissenschaftliches Interesse. — Lediglich praktischen Interessen dient der Götterkatalog des sächsischen, der Opferkatalog des fränkischen Taufgelöbnisses[7]) oder der Indiculus superstitionum[8]). Aber auch die einheimischen Denkverse[9]) sind nur praktisch gemeint.

Eine Richtung auf die Kodifikation hatten wir schon mehrfach zu beobachten: in der Zählung der zwölf Götter (die nicht gelang), in dem Aufbau der Burgen im Heiligen Lande (der verunglückte), in den »Hypothesen« der Lieder, durch die sie dem allgemeinen Zusammenhang eingefügt werden sollen; schließlich in der Einfügung von allerlei Namenslisten in

---

[1]) Preller 1, 20.   [2]) Preller 1, 21.
[3]) Wissowa S. 3.   [4]) Ebd. S. 4f.
[5]) S. 8; doch vgl. Useners allgemeine Abwehr, Keraunos S. 30.
[6]) Macdonell S. 3f.
[7]) MSD. LI—LII.
[8]) Heyne, Kl. niederdeutsche Denkmäler N. 81.
[9]) Brandl, Gesch. d. altengl. Lit., S. 946f.; Heusler, Arch. f. n. Spr. 116, 256; Eddica minora S. XC.

## § 33. Kodifikation.

die erzählenden Gedichte. Die wichtigste Vorarbeit indeß leisteten noch die großen »kosmologischen« Gedichte: Vaf., Veg., Alv., Völ. h. sk., vor allem die Völuspá.

Auf die wichtige literarhistorische Frage, ob derartige Dichtungen auch außerhalb des Nordens vorlagen, kann hier nicht eingegangen werden. Die These ist von Kögel[1]) aufgestellt und von Heusler, Siebs, Seemüller, Golther, Kauffmann, Helm[2]) verworfen, von Schütte[3]) eifrig verteidigt worden — wie auch mir scheint ohne Erfolg, da die Annahme, bestimmte Formeln und Denkverse seien überall vorhanden gewesen[4]), einfacher ist, vollkommen genügt und unserer sonstigen Kenntnis von den Phasen der religiösen Entwicklung bei den Germanen weit besser entspricht. — Aus ähnlichen Ursachen glaube ich das »dritte mythologische Lehrgedicht«[5]) ablehnen zu müssen, das Müllenhoff[6]) aus Grím. Str. 40 f. (für den ersten) und Fáf. Str. 12 f. (für den zweiten Teil) erschloß: es sollte im wesentlichen von Loki und seiner »Gegenschöpfung« handeln. Eine engere Zusammengehörigkeit der beiden Strophengruppen läßt sich meines Erachtens nicht erweisen, wohl aber ihre Verwandtschaft mit anderen Lehrversen. Von dieser Art sind auch die »Spuren einer altfriesischen Kosmogonie«[7]).

Indem nun aber auf all dies Material S n o r r i seine Tätigkeit als »der einzige wirkliche Forscher als Mytholog« stellte[8]), ward er zugleich der Vollender der altnordischen Theologie, deren Bestrebungen auf dem Gebiet der Namengebung, Charakteristik und Kodifikation er glänzend zu Ende führte, und der Begründer der Wissenschaft von der altgermanischen Religion. Seine Snorra-Edda enthält, soweit sie uns hier angeht, drei Teile: G y l f a g i·n n i n g, in Form einer Forschungsreise vom Typus Baldrs Draumar oder Vafthrúdnismál eine zusammenhängende Darstellung der altnordischen Religion auf Grund der Eddalieder, einzelner Skaldengedichte und anderer Überlieferungen gebend[9]); B r a g a r o e d u r, als ein Vortrag des Götterskalden Bragi bei Ägirs Festmahl nach der Erzählung in der Lok. erdacht und eingekleidet, inhaltlich ein Bericht über die Entstehung der Dichtkunst; S k á l d s k a p a r m á l, eine Analyse der Skaldenkunst nach dem

---

[1]) Gesch. d. d. Lit. 1, 32 f. 42 f.
[2]) PBB. 32, 99.
[3]) Idg. Forschungen 17, 444 f.; vgl. Helm a. a. O.
[4]) Siehe u.
[5]) Neben Völ. und Völ. h. sk.
[6]) D. Alt. 5, 159 f. 246 f.
[7]) J. Grimm, Ztschr. f. d. Alt. I. 1 f.; vgl. Koegel a. a. O. S. 42. Analoge angelsächsische Spuren vgl. ebd. S. 132 f. nach MSD. ² S. 271; Kauffmann, Ztschr. f. d. Phil. 25, 401 (nach Daniel von Winchester).
[8]) Olrik, Altnord. Geistesleben, S. 145.
[9]) Die er ergänzte; siehe o.

## Achtes Kapitel.

Ursprung ihrer poetischen Ausdrücke[1]). Diese drei Teile gehören systematisch zusammen: »das Werk soll alles enthalten, was ein Skáld wissen muß«[2]) und der zweite Abschnitt ist als Vermittlung zwischen der »reinen« und der »angewandten« Mythologie[3]) unentbehrlich. Man hat es deshalb aufgegeben, mit Peter Erasmus Müller und Wilken[4]) Snorri als Verfasser der Skálda von den Verfassern von Gylfaginning und Bragaroedur[5]) zu trennen.

An dieser Stelle haben wir es nur mit dem Versuch einer systematischen Darstellung der Mythologie zu tun[6]). Gylfaginning, der älteste und auf Jahrhunderte der einzige Entwurf einer Gesamtdarstellung der neueren nationalen Mythologie, ist rein wissenschaftlich gemeint bis auf eine kurze epische Vorrede und einem ebensolchen Nachklang im märchenhaften Stil von Brentanos Gockel, Hinkel und Gackeleia: »was bleibt zu wünschen übrig, als daß wir alle Kinder wären und die ganze Geschichte ein Märchen, und Alektryo erzählte uns die Geschichte«[7]). Damit soll also nochmals der Trugcharakter der ganzen Asenwelt eingeschärft werden[8]).

Snorri hat augenscheinlich hier die Lieder der Edda exzerpiert[9]), wie für die Skáld. Skáldenlieder[10]). Er hat zur Verarbeitung wiederholt Anlauf genommen, wie die vier verschiedenen Götterlisten[11]) und andere Widersprüche[12]) beweisen. Aber Gylf. ist die endgültige Darstellung, auf deren Einkleidung auch[13]) nicht wenig Mühe verwandt worden ist.

Die Anordnung scheint mir folgende[14]): 1. Odin (*a Jove principium!;* cap. 3); 2. Schöpfung (cap. 4—13); 3. Kosmologie (cap. 14—13; central Yggdrasil cap. 16); 4. die Götter (cap. 20—32); 5. die Gegengötter (cap. 33—34); 6. die Göttinnen (cap. 35—36); 7. Erlebnisse der Götter: a) Frey und Gerd (cap. 37); b) Odin und die Einherier (cap. 39—41); c) Einschub: das beste Roß und das beste Schiff (cap. 42—43); d) Thors Abenteuer (cap. 44—48); e) Balders Schicksal (cap. 49—50); f) Welten-

---

[1]) Eine vollständige Übersicht der gesamten Snorra-Edda bei Wilken, Untersuchungen zur Snorra-Edda, Paderborn 1878, S. 1f.; Keyser, Efterladle Skrifter, Christiania 1866, S. 67 f.
[2]) Golther, Nordische Literaturgeschichte, Leipzig 1905, S. 118.
[3]) Vgl. Olrik a. a. O.     [4]) a. a. O. S. 159.
[5]) Und dem grammatischen Teil Máls listarrit vgl. Wilken S. 2.
[6]) Über Snorris Stellung in der mythologischen Wissenschaft siehe u.
[7]) Vgl. den Schluß der Erzählung von Thor in Utgard cap. 47 S. 342.
[8]) Über den mythologischen Standpunkt der Gylf. vgl. Wilken S. 68 f. und bes. S. 163; das Christentum tritt nicht selten hervor (vgl. ebd. S. 175 Anm. 60).
[9]) Die Zitate bei Wilcken S. 57 Anm. 108; vgl. allgemein S. 136.
[10]) S. 137.     [11]) Ebd. S. 93.
[12]) Vgl. z. B. ebd. S. 161.     [13]) Ebd. S. 169f.
[14]) Anders Wilcken S. 69 f.

§ 33. Kodifikation. 565

schicksal .(cap. 51—53). — Wie man sieht, eine ganz einfache glatte Disposition: am Anfang die Schöpfung, am Ende der Weltuntergang; dazwischen die Welt nach ihrem Bestand; die Götter und ihre Erlebnisse. Wäre die Erzählung von Sleipnir und Skídbladnir besser untergebracht, so wäre alles ganz schön; denn da Loki zu den Asen gerechnet wird, gehört das Kapitel von ihm und den Seinen wirklich vor das von den Asinnen. Was man in jener Zeit von einer Mythologie fordern konnte, war geleistet. Auf Kult und Ritus, auf Tempel und Priester, auf Gebetformeln und Kompetenzfragen systematisch zu achten, lernte erst eine viel spätere Zeit. Das Wichtigste über die zentralen Begriffe jeder Mythologie war gesagt: über Götter, Kosmogonie, Eschatologie, und Verhältnis der Menschen zu den Göttern. Ja sogar Volkssagen und volkstümliche Züge — wie die Benennung eines Krautes nach *Balder — waren berücksichtigt, so daß man selbst in diesem Sinne an J. Grimms Mythologie erinnern dürfte. Wiederum für jeden einzelnen Gott eine kleine systematische Monographie: Name, Genealogie, Charakteristik, Funktion, Heim und Attribute, Anekdotisches; mit leisen Varianten der Reihenfolge (doch stehen die drei ersten Punkte fast stets voran). Quellennachweise fehlen nicht, Varianten werden zuweilen (wie bei Walis Namen cap. 30) angegeben. Der wissenschaftliche Charakter ist streng durchgeführt; und die allgemeine Beurteilung ersetzt die speziellen Kritik: der dreifache Gott Odin hat den Menschen Trugbilder vorgegaukelt; vgl. Grim. Str. 45, von welcher Stelle vielleicht die ganze Fiktion der Gylf. ausging, wie von dem Schluß der Strophe die der Bragaroedur: die Namen Hár und Thridi in der gleichen Strophe, Jafnhár Str. 49.

Dies ist der Höhepunkt der Kodifikation im Norden. Ein Hesiod fand sich nicht; aber wenn dem Snorri auch nicht die Bienen Honig auf die Lippen gelegt hatten (»der größte Skalde während mehrerer Jahrunderte« ward er doch)[1]! — als Gelehrter steht er um so höher[2].

Mit Saxos geistig viel größerer Gewandtheit steht es anders. Sein Auge ist weder auf reine noch auf angewandte Mythologie gerichtet, sondern auf Historie. Schon seine »Trockenheit in religiöser Hinsicht«[3] unterscheidet ihn von dem aus christlicher Demut selbst gegen die Heidengötter frommen Welcker des Altertums, neben dem er wie das Paar Lobeck-Lehrs steht, mit Lobecks rationalistischer Schärfe, mit Lehrs' künstlerischer Auffassung. Er ist ein wirklich bedeutender Historiker mit starkem kulturgeschichtlichen Interesse, ein glänzender Schriftsteller, der

[1] Olrik S. 145.
[2] Vgl. über seine Objektivität Wilken S. 163; doch ebd. S. 175 auch über die Grenzen seines wissenschaftlichen Interesses.
[3] Ebd. S. 162.

alte Verse mit der Eleganz eines Macaulay in seine klassische Sprache bringt; er ist eine bedeutende Persönlichkeit — ein Theolog ist er nicht, nicht einmal so weit, wie es jeder Bearbeiter wissenschaftlicher Mythologie sein muß. Wie es Heusler[1]) teils im Anschluß an Olrik, teils im Widerspruch mit ihm ausgesprochen hat: »seine Mythologie ist die isländische um 1200, vielfach mißverstanden und verderbt«; nur eine Quelle für Geschichte und Kulturgeschichte war ihm die euhemeristisch[2]) umgedeutete Mythologie. Saxo gehört nicht in die Geschichte der mythologischen Entwicklung, sondern in die Geschichte der mythologischen Wissenschaft — Snorri in beide. Und in jene Geschichte gehört er eigentlich nur zufällig hinein, wie etwa der Indiculus superstitionum. Die altnordische Mythologie aber endet mit dem großen Doppeldenkmal der beiden Edden: der Prosa-Edda des Snorri (um 1222—23)[3]), der Lieder-Edda, um 1250 abgeschlossen, mit ihrer systematischen Sammlung und Anordnung, mit ihren kommentierenden Prosastücken, mit ihrer Kritik des Weglassens unser Codex Regius im höchsten Sinne des Wortes!

Lieder, die im Volke umliefen, begann man seit dem 12. Jahrhundert zu sammeln. So entstand vermutlich in der zweiten Hälfte dieses Jahrhunderts[4]) ein erstes »Liederbuch«[5]). Es umfaßte die »kosmologischen Dichtungen«, auf die Snorri seinen Tempel gebaut hat: Völuspá, Vafthrudnismál, Grimnismál, Alvissmál; vielleicht auch die später zum Teil in die Hyndluljód aufgenommene kleine Völuspá[6]). Dies wäre die gemeinschaftliche Quelle für beide Edden[7]). — Es sind vier (oder fünf) Dichtungen des 10. Jahrhunderts, von denen drei[8]) unerschöpfliche Schatzkammern für mythologische Namen bilden, das bedeutendste aber für alle mythologischen Anspielungen die tatsächliche und chronologische Grundlage bietet. In dieser Hinsicht stehen sie völlig allein. Die Veg, sonst vergleichbar, hat wenig Inhalt und fast gar keine Namen; Hárb. und Lok. bieten reichen Stoff, aber in nicht unmittelbar zugänglicher Form. — Einzellieder wie Skirn. (erst in einer Interpolation benutzt), Hym., eventuell die Rig. mußten ausscheiden; denn offenbar sollte schon diese Sammlung dem gleichen

---

[1]) Ztschr. d. Ver. f. Volksk. 1902 S. 238.
[2]) Wie von Saemund und Snorri: ebd.
[3]) Golther a. a. O.; Wilken S. 166 versuchte die Gylf. noch dem 12. Jahrhundert zuzuweisen.
[4]) Vgl. Finnur Jónsson, Oldnord. Lit. Hist., S. 116, der allerdings den ganzen Codex Regius — als Sammlung — so früh ansetzt.
[5]) Ein Ausdruck Müllenhoffs, den Finnur Jónsson (S. 118 Anm. 2) allerdings verwirft.
[6]) Vgl. Wilken S. 58 Anm.
[7]) Finnur Jónsson S. 116.
[8]) Vaf., Grím., Alv.

## § 33. Kodifikation.

Zweck dienen wie später Snorris großes Werk: es sollte ein Hilfsbuch für Skálden sein. Vielleicht ist dies Corpus von »Weltschöpfungsgedichten«[1]) noch in der späteren, umfassenderen Sammlung wiederzuerkennen, für die Finnur Jónsson[2]) Müllenhoffs Prinzip der Anordnung[3]) verwirft. Sie würden den Grundstock des Codex Regius bilden; nur wäre an das erste Hauptgedicht, die Völ., gleich das zweite, die Háv., als das umfassendste angeschlossen — zunächst, was ich[4]) noch immer glaube, weil die Lieder-Edda die allgemein orientierenden Gedichte den speziellen voraussstellt[5]); sodann, weil dies Gedicht die »alte Kunde« tatsächlich zu enthalten schien, von der sowohl in der Völ. gegen Ende (Völ. Str. 60; ursprünglich dem Ende noch näher, ehe die letzten Strophen interpoliert werden!) als die Vaf. im Anfang[6]) erzählen. — Die Alvíssmál wären ans Ende gerückt oder vielmehr alle anderen Götterlieder zwischen sie und das Vierblatt Völ., Háv., Vaf., Grim. eingeschoben worden, weil sie sich sämtlich auf einzelne in Grim. benannte Persönlichkeiten beziehen — Frey, Odin, Thor in der alten Reihenfolge; Loki, Thrym, Walküren — während die Alv. über allgemeine Ausdrücke für Naturgegenstände handelt.

Jedenfalls wird man gut tun, mit Finnur Jónsson eine gemeinschaftliche Grundlage für Snorri und die Lieder-Edda anzunehmen. Hätte Snorri diese schon gekannt, so hätte er sich die Benutzung der Lok. gewiß so wenig entgehen lassen wie er (meiner Ansicht nach) die der einzelnen Strophe von Wili und Wé verschmäht hat, — wenn er deren Inhalt nicht von anderswoher kannte. Hätte umgekehrt der Sammler der Lieder Snorris Buch gekannt[7]), so würde z. B. in der Prosa nach Lok. Kwasir[8]) schwerlich fehlen. Überhaupt aber scheinen mir diese prosaischen Umrahmungen zu Skírn., Lok. Reg. usw. an sich der beste Beweis, daß zu ihrer Zeit ein allgemein orientierendes Werk über die Mythologie, über Lokis Schicksale oder Freys Liebe noch nicht vorhanden war. — Auf das Verhältnis der beiden Edden in bezug auf die Heldensage können wir hier selbstverständlich nicht eingehen[9]).

Aus solchen kleineren Sammlungen stellt ein unbekannter einzelner Sammler[10]) eine große her — natürlich nicht der berühmte Saemund

[1]) Helm, PBB. 32, 107 nach Schütte.
[2]) S. 117f.     [3]) D. Alt. 5, 234.
[4]) Trotz Finnur Jónsson a. a. O. S. 119f.
[5]) Vgl. f. d. Heldenlieder Ztschr. f. d. Alt. 32, 402f.
[6]) Vaf. Str. 1.
[7]) Was Bugge zu erweisen suchte; doch vgl. Finnur Jónsson S. 115f.
[8]) Gylf. cap. 50: Gering S. 346.
[9]) Vgl. z. B. Wilken S. 140f., vor allem aber die Literatur zur Heldensage.
[10]) Finnur Jónsson 1, 118 Anm.

(gest. 1133), dem Bischof Brynjulf Sveinsson 1643 die Edda zuschrieb; schon Schloezer erkannte 1773[1]), daß dieser »Vielkundige« und unsere »Vielkundige« nichts miteinander zu tun haben: vielmehr gehört er als Verfasser der Lieder-Edda in die große, bei Tageslicht verschwindende Walhalla, in der die Büsten Keros, des Verfassers der Benediktinerregel; Heinrichs von Ofterdingen und des Kürnbergers, der Dichter des Nibelungenliedes; Walthers von der Vogelweide, des Autors von Freidankes Bescheidenheit, und Caedmons sowie Cynewulfs in mehrfachem Autorschaftsverdacht stehen. Ebensowenig hat die »*Edda Saemundi multiscii*« ein Recht, eine Edda, d. h. Poetik, zu heißen wie Snorris Buch[2]), und als Ganzes wird sie auch schließlich nicht die »Ältere Edda« heißen dürfen, da sie doch wohl[3]) erst gegen 1250 abgeschlossen wurde.

Aber es ist doch hübsch, daß eine wenn auch falsche Benennung die »beiden Edden« zusammengerückt hat, gleichsam als das Alte und Neue Testament des nordischen Heldentums. Denn wie innerlich Snorris wirkliche Edda, ist äußerlich des Unbekannten angebliche Edda der Triumph der theologischen Sammelkunst der nordischen Philologen. Wir dürfen annehmen, daß der Kanon mindestens so glücklich war wie der, dem wir im Wesentlichen unsere Kenntnis des attischen Dramas verdanken; wir sehen eine kluge Ordnung, und Einleitungen, die zweckdienlich sind, auch wo sie in Wirklichkeit nur aus dem Lied selbst ihre Weisheit schöpfen. Wie arm stehen wir Deutschen da mit unseren zwei »Resten germanischen Heidentums!« und fehlen die Vandilier in dem *libellus aureus* des Tacitus, so sind die Ostgoten dafür die glücklichen Besitzer der beiden anderen Hauptkurkunden altgermanischen Schrifttums: des *Codex argenteus* von Ulfilas' Bibel, und des *Codex Regius*, der größten vorchristlichen Liedersammlung, die irgendwo vaterländischer Eifer und philologisches Geschick einer dankbaren Zukunft gerettet hat.

[1]) Vgl. ebd. S. 114.
[2]) Vgl. z. B. Golther S. 69.
[3]) Trotz Finnur Jónssons Widerspruch; siehe o. S. 566, 4.

# Neuntes Kapitel.
## Geschichte der germanischen Mythologie.

Die Mythologie ist, wie die Medizin, eine der ältesten und eine der jüngsten Wissenschaften. Als praktische Disziplin ist sie von Priestern und Gläubigen schon in einer Zeit geübt worden, in die nur eben noch die (mit ihr zusammenhängenden) Anfänge von Heilkunde, Rechtskunde, Sternenkunde hinabreichen. Als methodische Wissenschaft ist sie so jung, daß nur etwa noch die neuere Literaturwissenschaft ihre jüngere Schwester heißen darf.

An diesem ungeheuren Abstand zwischen Mythologie (als Wissenschaft) im alten und im neuen Sinne liegt es, daß so unendlich viel grundgelehrte, oft sehr gescheite, nicht selten berühmte Werke für uns »nur noch von historischem Interesse« sind, d. h. weder gelesen werden noch gelesen zu werden brauchen. Sie haben innerhalb der Geschichte der deutschen Philologie ihre verdiente Würdigung zu suchen; an dieser Stelle wollen wir nur in kurzen Zügen auf diejenigen Arbeiten hinweisen, die für die moderne Auffassung unmittelbare Bedeutung haben. Wir können dies umso eher, als an vorzüglichen Darstellungen der Geschichte der germanischen Mythologie in weiterem Sinne kein Mangel [1]) ist.

### § 34. Germanische Mythologie vor J. Grimm.

Volkstümliche Tradition ist nur für die Zaubersprüche, Heilformeln u. dgl. vorauszusetzen, die wohl früh von Zauberern und Hexen ge-

---

[1]) E. H. Meyer S. 1 f., Golther S. 1 f., Chantepie S. 7 f., Mogk ² S. 238 f.; E. Symons, De Ontwikkelingsgang der germaansche Mythologie, Groningen 1892. — Allgemein R. v. Raumer, Gesch. d. germ. Phil., München 1870. Als Fortsetzung: Ergebnisse u. Fortschritte d. germanistischen Wissenschaft im letzten Vierteljahrhundert, her. v. B. Bethge, Leipzig 1902 (Mythologie: S. 506 f. von Schullerus). H. Paul, Gesch. d. germ. Phil., in seinem Grundriß d. germ. Phil. 2. Aufl. S. 9 f. — Geschichte der vergleichenden Mythologie: Schrader, Sprachvergleichung u. Urgeschichte, 3. Aufl., S. 415 f.; vgl. auch Lang, La mythologie, S. 13 f.; seit dem Altertum: Hardy, Zur Geschichte d. vergleichenden Religionsforschung, Arch. f. Rel.-Wissensch. 4, 45 f. 97 f. 193 f.

sammelt wurden, wie der Dichter der Háv. Sprüche sammelt zum praktischen Gebrauch. Sie haben sich zum Teil seit unvordenklicher Zeit fortgepflanzt. Für die treue Wahrung der Form ist zu bedenken, daß zur Stütze des Gedächtnisses die symbolische Handlung dient. Werk und Wort hielten sich gegenseitig [1]). Priesterliche Tradition, vermutlich früh mit Aufzeichnung verbunden, hält die wichtigsten Punkte der mythologisehen Dogmatik fest;. so die uralten, feierlich bewahrten Verse über das Chaos [2]). Eine eigentliche Verarbeitung von Material scheinen zuerst in primitiver Form Namensammlungen zu geben, wie sie Háv. Str. 158 voraussetzt:

> Einen vierzehnten (Spruch) kenn ich, wenn dem Volke der Menschen
> Ich die Himmlischen herzählen soll.
> Die Asen alle und Elben kenn ich,
> Nur ein Weiser weiß das so gut.

Ihre praktische Bedeutung liegt in Litaneien, bei denen alle Götter angerufen werden sollen [3]). Sie entwickeln sich im Norden zu einer Spezialität: der *thula*, dem Hersagen möglichst vieler Namen in metrischer Form. Diese »Katalogverse« [4]) gehen bald auch in die geschichtliche und sagenhafte Tradition über, gestützt durch Stammbäume der Könige [5]); Dies sind unsere Pindarischen Dithyramben: das Hyndlalied und ähnliche »Sammelbecken für allerhand Helden- und Götternamen« [6]), wie die in Völ. und besonders Grím. aufgenommenen Verzeichnisse oder die die Ríg. überwuchernden Namenphantasien [7]).

Der unmittelbare praktische Nutzen geht allmählich in einen mittelbaren über: schon die Grím. nennt Jessen [8]) »eine Vorratskammer mytho-

---

[1]) **Meine** Altgerm. Poesie bes. S. 381 f. 388. 494; **Kögel**, Gesch. d. d. Lit., S. 82 f., und in **Pauls** Grundriß 1. Aufl. 2, 165 f.; M. **Müller**, Stilform d. altgerm. Zaubersprüche, Gotha 1901; O. **Ebermann**, Blut- und Wundsegen in ihrer Entwicklung dargestellt, Berlin 1903.
[2]) Wessobruner Gebet Str. 1; Völ. Str. 6; vgl. MSD. S. 252. Vgl. allgemein über solche Memorialverse **Müllenhoff**, D. Alt. 5, 248; altnordisch: **Vigfusson** und **Powell**, Corpus Poeticum Boreale, Oxford 1883, II. § 1 S. 75 f.
[3]) Vgl. o. S. 438.
[4]) Vgl. **Heusler** und **Ranisch**, Eddica minora, Dortmund 1903, S. LXXVIII; **Brandl**, Altengl. Lit., S. 957; über ihre Verwendung in der Saga **Heusler**, Arch. f. n. Spr. 116, 261.
[5]) Vgl. J. **Grimm**, Mythologie 3, 377 f.
[6]) **Heusler-Ranisch** S. XC.
[7]) Für die Litaneien vergleicht **Kögel** (Gesch. d. d. Lit. 1, 31) das römische Arvallied, natürlich nur in der ganzen Anlage; eine Art negativer Litanei ist das sächsische Taufgelöbnis (MSD. LI; vgl. **Kelle**, Gesch. d. altdeutschen Lit. 1, 43; siehe o. S. 60).
[8]) Über die Eddalieder Ztschr. f. d. Phil. 6, 74.

## § 34. Germanische Mythologie vor J. Grimm. 571

logischer Spezialia, die man in solcher Form memorieren wollte«[1]). Denn man darf das Gedächtnis der alten Sänger und Spielleute nicht überschätzen. Hierüber gibt im Anschluß an die Untersuchungen Radloffs über die Lieder der Kirgisen John Meier[2]) interessante Nachrichten. Nur sollte eben neben der schriftlichen Überlieferung die durch bestimmte Katalog- und Registerverse als Hilfsmittel berücksichtigt werden; der Volkssänger «memoriert nicht wie unsere Schauspieler«[3]), aber er memoriert Stichworte — das sind in diesen Dichtungen die Namen. Damit ist die Stufe der dichterischen Verarbeitung erreicht, wie wir sie in den »theologischen Gedichten« Vaf., Veg., Grím., Völ. h. sk., Ríg., ja auch der Völ. finden, bis endlich in den Alv. die Namendichtung wieder zu der ursprünglichen Form zurückkehrt: das Memorieren von Bezeichnungen wird wieder Selbstzweck. — Ein genaueres Eingehen auf diese Stufen und ihre Entwicklung in den uns erhaltenen Resten gehört in die Literaturgeschichte.

Neben diesen poetischen Denkversen hat es gewiß auch prosaische Traditionen gegeben, mythologisch von noch größerer Wichtigkeit, uns aber verloren: rituelle Vorschriften für Gebet und Opfer, Weihen und Sühnen usw., mit Berücksichtigung eng lokaler Verschiedenheiten, wie uns diese Literatur indisch[4]) so überreichlich bewahrt ist. Auf die weiteren Berührungen der theoretischen mit der praktischen Mythologie können wir dann nicht noch einmal eingehn[5]); es ist ja klar, daß ein Bestreben, die richtige Überlieferung festzustellen, eine Kritik an neueren Lesarten, Gebräuchen, Rangordnungen sich einstellen mußte. Gedichte wie Hárb. und Lok. stehen recht eigentlich auf der Grenze zwischen der Verfechtung eines bestimmten Glaubens und der wissenschaftlichen Feststellung seiner Grundlagen. Die letzten Leistungen der Theologie, die Zählung, Charakteristik, vor allem die Kodifikation sind dann schon wirklich wissenschaftliche Großtaten.

So ist in der ersten Hälfte des 13. Jahrhunderts[6]) ein Höhepunkt der germanischen Religionswissenschaft erreicht, wie er erst nach 600 Jahren noch einmal erreicht wurde, nach einer langen, langen Götterdämmerung, nachdem die Kälte der früheren Anhänger, die Hitze der Konvertiten und das natürliche Herabsinken aller Vorstellungen zur Hel die alte Götterwelt zerstört hatte. Endlich kam 1835 der mächtige Herrscher zum

---

[1]) Vgl. über die Anwendungen solcher Hilfsmittel für das Gedächtnis z. B. Weinhold, Altnord. Leben, S. 363.
[2]) Werden und Leben des Volksepos, Halle 1908, S. 51.
[3]) Steinthal, Ztschr. f. Völkerpsychol. 5, 3.
[4]) Vgl. Hillebrandt, Rituallieratur.
[5]) Vgl. o. S. 53f.
[6]) Snorris Edda ca. 1225, Lieder-Edda bis etwa 1250.

## Neuntes Kapitel.

Gericht und zum Wiederaufbau der alten Welt, die er zu schön mit Gold deckte. Aber bis dahin war noch lang; ehe die Erde in frischem Grün aufstieg, kam noch einmal das Chaos, und die Sonne wußte nicht, wo sie Wirkung hatte, der Mond nicht, welche Macht er besaß. — Und da die Feinde von allen Seiten kamen, von Norden, von Osten, von Westen, so müssen wir im folgenden hin und wieder auch die außergermanische Mythologie (worunter wir jetzt immer die mythologische Wissenschaft verstehen) streifen.

Snorri bedeutet den Punkt, an dem die lebendige Entwicklung der Mythologie in tote Wissenschaft übergeht. Er selbst, wie wir schon betonten, steht noch in der Entwicklung: der fromme Christ führt religiöse Tendenzen des Heidentums mit innerem Anteil fort. Saxo dagegen hat keinerlei religiöse Empfindung; er ist ein großer Gelehrter, der die Religion der Vorfahren in seine Dänische Geschichte einfügt.

Unsere jetzige Kenntnis Saxos beruht ganz auf den Arbeiten Olriks[1]). »Wir hören von Saxos Chronik zum erstenmal um das Jahr 1185, und ... erst im Jahr 1216 arbeitet er an der Vorrede zu dem großen Werk«[2]). Saxo schreibt im Auftrag des großen Erzbischofs Absalon[3]), der den »Sohn und Enkel von Adelsleuten, die in Waldemars Heer gekämpft hatten«, seinen Schreiber, geeignet fand, »mit Waffen des Geistes für das Vaterland zu kämpfen«. Seiner Geschichte Dänemarks gab er seinen breiten Unterbau in jenen neun Büchern, die für uns an Wichtigkeit nahe an die Edda heranreichen[4]). Olrik wies nach, daß Saxo für diese neun Bücher durchaus wissenschaftlich verfahren ist. Er sammelte Berichte von zwei Seiten: aus Norwegen und aus Dänemark. Ob nun Olriks Annahme endgiltig ist, für die norrönen Quellen habe er nur Einen Gewährsmann gehabt[5]), stehe dahin. Ich glaube, das Bedürfnis, die Lehrer Saxos von Auge zu Auge zu sehn, hat den unvergleichlichen Meister der Analyse hier zu weit in der Synthese gehen lassen; der Arnald Torvaldsson, dem er[6]) ein so großes Verdienst an Saxos Werk zuschreibt, und der ihm als Vermittler zwischen

---

[1]) Forsög pa en Tvedeling af Kilderne til Sakses Oldhistorie (Versuch einer Zweiteilung der Quellen von Saxos Geschichtswerk) Kopenhagen 1892; als »Tvedeling« zitiert; Sakses Oldhistorier; norröne Sagaer og danske sagn (Norwegische Sagas und dänische Sagen), ebd. 1894, als »Kilderne« zitiert; Danmarks heltekdigtning (Dänische Heldensage), ebd. 1903; dazu Märchen in Saxo Grammaticus, Ztschr. d. Ver. f. Volksk. II. (1902) S. 117f. 252f. 367f.; Altnord. Geistesleben S. 160f.
[2]) Altnord. Geistesleben S. 160.
[3]) Ebd. S. 158f.
[4]) P. Herrmann, Erläuterungen zu den ersten 9 Bücher der Dänischen Geschichte des Saxo Grammaticus I, Leipzig 1901.
[5]) Kilderne S. 275, vgl. S. 286.
[6]) S. 288f. 313.

## § 34. Germanische Mythologie vor J. Grimm.

Norwegen und Dänemark[1]) fast symbolische Bedeutung erhält (obwohl er sich bewußt bleibt, daß er nur der Vertreter einer allgemeinen Strömung ist[2]), mag doch vielleicht das Schicksal anderer großer nur erschlossener Persönlichkeiten teilen, und wenn nicht mit Keysers Thorgeir Afrádskall[3]), doch mit Reichs Philistion[4]) das Glück einer kurzen Unsterblichkeit teilen. Vielleicht hat er nicht mehr zu bedeuten als Lucas der Engländer[5]): ein Berichterstatter wie die des Tacitus gewesen sind; ein Erzähler, nach dem die eigentliche Tat doch erst zu tun war.

Denn in zwei Punkten, glaube ich, hat Olrik durch die Entdeckerfreude des Sagenforschers sich zu weit führen lassen. Er unterschätzt die anderweitigen Quellen Saxos — und noch mehr seine eigene Leistung. Zwar weist er selbst auf Märchen bei Saxo hin und nimmt sie[6]) für die Sigridsage als unmittelbare Quelle an. Auch auf Berührungen mit der Stimmung des Volksliedes weist er[7]) hin. Aber zuerst sucht er doch stets als Vorlage Saxos nur Erzählungen nachzuweisen[8]); können aber nicht Volkslieder unmittelbar vorgelegen haben? Wenn der Goldschmied (ein Stand übrigens, den Starkather — oder auch Saxo besonders gehaßt zu haben scheint, wie Euripides die Herolde; vgl. die Scheltworte des Gedichts!) sich von der edlen Jungfrau die Flöhe suchen läßt[9]), so entspricht dies mehr lebens- als anmutsvolle Detail mehr dem Stil des Volksliedes als der Saga:

> Er spreit sein Mantel in das Gras,
> Er bat sie, daß sie zu ihm saß,
> Er sprach: sie sollt ihm lausen,
> Sein gelbes Haar zerzausen[10]).

Wichtiger indes gerade auch für uns ist die Frage nach Saxos eignem Anteil an der Verarbeitung.

Olrik läßt hier dem Mönch fast nichts übrig. Er spricht ihm allerdings ein besonderes Naturgefühl zu[11]) — gleich aber erklärt er es aus der romantischen Stimmung der Zeit, die auch Volkslieder zeigen. Sollte

[1]) S. 288.   [2]) S. 314.
[3]) Keyser a. a. O. S. 424 f.; widerlegt von Grundtvig.
[4]) A. Reich, Der Mimus, Berlin 1903, I. 2, 427 f. u. ö.
[5]) S. 309.
[6]) Ztschr. d. Ver. f. Volksk. S. 257.
[7]) Kilderne S. 157.
[8]) Einheimische geschriebene Quellen zweifelt er an (Tvedeling S. 117), deutsche läßt er zu (Kilderne S. 313).
[9]) S. 192; Herrmann S. 257.
[10]) Uhland, Volkslieder 1, 142. — »Mit viel Behagen ließen sich die nordischen Männer von ihren Weibern den Kopf krauen und waschen: Egilss. cap. 56 mit Thorkelins Anmerkung«, sagt Weinhold (Altnord. Leben, S. 181) mit gelehrter Naivität.
[11]) Kilderne S. 157. 181.

man dem Patrioten, der die Deutschen verabscheut [1]), nicht auch das Zerrbild des Hildegisil [2]) direkt zuschreiben dürfen [3])? eine Etymologie wie die von Hadersleben [4]) nicht auch? Aber selbst wo die Verantwortlichkeit Saxos sich aufzudrängen scheint, wie bei der Anpassung von Paulus Diaconus' Bericht [5]), bei Sagenversetzungen [6]), bei der Rationalisierung von Märchen [7]) schiebt Olrik sie der »dänischen Überlieferung« zu [8]) oder weicht wenigstens einer unmittelbaren Haftbarmachung Saxos aus.

Ich glaube, der glänzenden Analyse norwegischer und dänischer Quellen müßte noch eine zweite zur Seite treten, die scheidet, 1. was Saxo empfing, 2. was er daraus machte. Und hier darf keine isolierte Betrachtung herrschen. Saxo muß verglichen werden nicht nur mit den Historikern, die ihm als Vorbild dienten, wie Baeda, oder die er bebenutzte, wie Paulus Diaconus (der ihm bei all seiner Naiviät so nah verwandt ist: »wir verdanken ihm die Bewahrung jenes reichen, durch keine spätere Gelehrsamkeit verfälschten Sagenschatzes«, sagt Wattenbach) [9]), nicht nur mit Dudo und Galfred von Monmouth [10]), sondern vor allem auch mit den großen Philologen des Mittelalters. Jene Männer, die in der reproduzierenden Technik die unscheinbaren Vorläufer unserer Brüder Grimm, Lachmann, Uhland waren, hatten eine bestimmte Technik, die an den (freilich sehr verschiedenen Epochen angehörenden) Meistern einmal im Zusammenhang studiert werden sollte: für England an Baeda, für den Norden an Snorri und Saxo, für Deutschland an den »Neidhartdichtern« [11]).

Diese Technik beruht im wesentlichen auf zweierlei Verfahren: Kombinieren und Ausfüllen. Die Kombinationen werden geleitet entweder (häufiger) von den Namen der Hauptpersonen, oder von dem Inhalt der Erzählungen; die Ergänzungen werden von der speziellen Absicht des Sammlers bestimmt.

In dieser Art geht auch Saxo vor. In der Verknüpfung der Sagen [12]) geht er im allgemeinen von einer festen Grundlage aus: der Geschichte der Skjöldungen [13]). Im einzelnen aber benutzt er vielfach äußerliche Mittel. Zwei verschiedene Ebbo verbinden die Geschichte von Sygritha und

---

[1]) »Deutsche Üppigkeit« S. 204, Herrmann S. 273.
[2]) S. 232 bez. 309.   [3]) Gegen Kilderne S. 246.
[4]) Ebd. S. 251.   [5]) Ebd. S. 263.   [6]) Ebd. S. 276.
[7]) Ztschr. d. Ver. f. Volksbildung S. 273.
[8]) Kilderne S. 263.
[9]) Deutschlands Geschichtsquellen, 4. Aufl. 1, 140.
[10]) Kilderne S. 315.
[11]) Vgl. Ztschr. f. d. Alt. 31, 64f. — Vgl. jetzt R. Meißner, Rómveriasaga, Berlin 1910, bes. S. 183 f.
[12]) Vgl. allgemein Kilderne S. 276.
[13]) Ebd. S. 278.

## § 34. Germanische Mythologie vor J. Grimm.

Syritha (S. 224. 225 bez. 298. 299), obwohl der zweite Ebbo nur Vatersname des Helden Otharus ist. Auch Ethascoug, das Versteck des Räubers Gunno, und die Jarlstochter Esa (S. 250. 251, bes. 334. 837) hat vielleicht der ähnliche Klang benachbart gemacht. Öfters verbindet Saxo Erzählungen gleichen Inhalts: von Berserkern (S. 221. 223 bez. 294. 296), von zwei überkeuschen Mädchen (S. 227. 228 bez. 302. 303 [1]) handeln zwei sich folgende Geschichten; oder die eine von einer Verkleidung in Männertracht, die andere in Mädchentracht (S. 228. 232 bez. 304. 309). Der Name Ursa führt vielleicht dazu, das Motiv des Trinkens von Bärenblut anzubringen (S. 55. 56 bez. 72. 73). Dies führt zu den Hauptsache: der Art, wie Saxo ausfüllt.

Offenbar schwebt ihm für die ältere Zeit das Ideal einer kulturhistorischen Schilderung vor. Gern gibt er Notizen über die früheren Zweikämpfe (S. 56 bez. 73), über die Schwertmädchen (S. 230 bez. 306, besonders breit ausgeführt). Oder er verflicht in die Erzählung Kuriosa, die er historisch festlegt mit oder ohne Berechtigung: Einbalsamieren von Leichen (S. 171 bez. 228), Abstufung der Leichenfeier (S. 156 bez. 209), Orakel (S. 181 bez. 242: »in alter Zeit herrschte die Sitte —«), über Schrittschuh (S. 229 bez. 305), Bogenschützen (S. 263 bez. 352), Trunksucht (283 bez. 379), Hungersnot und Abhilfe (S. 284 bez. 281); ebenso über hibernische Tracht und finnische Zauberer (S. 169 bez. 226).

In diesen Zusammenhang nun gehören auch seine mythologischen Darstellungen. Sie sind nicht um ihrer selbst willen da, sondern als Mittel des kulturhistorischen Kolorits — gerade wie in neueren historischen Romanen oder in den gelehrten des 17.—18. Jahrhunderts. So wird das Versprechen von Menschenopfern (S. 263 bez. 352; S. 304 bez. 409) noch unter die kulturhistorischen Momente gestellt werden können; gerade wie die immer wiederkehrenden Sagenzüge: das Abschneiden von Kopf (S. 126 bez. 168; 274 bez. 368) und Nase (S. 58 bez. 76), das Abschlagen von Beinen (S. 149 bez. 200), Bein und Hand (S. 179. 281 bez. 239. 377), rechter Hand (S. 223. 262 bez. 298. 351) — was deshalb Olrik in einem Einzelfall [2]) wohl zu sehr urgiert. Aber ebenso soll auch der häufige Gewitterzauber wirken (S. 128. 327 bez. 170. 440 u. ö.), die Erzählungen vom Festmachen der Menschen (S. 219 bez. 291) und Stumpfmachen der Schwerter (S. 187. 223 bez. 250. 297); die Geschichten von Riesen, die Knaben oder Mädchen rauben (S. 178. 222 bez. 239. 296). Er sucht sie irgendwo auf, im Märchen (wie das Drehen der Schüssel S. 129 bez. 173, das Swinegel-Motiv auf Guwara angewandt S. 148 bez. 198), im Anekdotenschatz (wie die Geschichten

---

[1]) Vgl. Kilderne S. 235. 244.
[2]) Kilderne S. 258.

von Hugleks Geiz S. 185 bez. 248); in der Verbindung beider wie bei Amleths weisen Sprüchen[1]). Da er seine Zettelkästen plündert, wiederholt er sich oft[2]), gerade wie er als richtiger Notizenmensch auch mal eine Hauptsache vergißt[3]). Die Anekdote von dem verschämten Armen wird zweimal vorgebracht (S. 57. 296 bez. 74. 399); ebenso daß Vögel Brand stiften (S. 25. 120 bez. 30. 159); daß die Schiffsplanken durchlöchert werden[4]) Zweimal lassen kluge Feldherren ihre Feinde die ganze Munition verschießen. — In vielen Fällen stammt die Doppelung ja natürlich aus den Quellen; daß sie es immer tut, haben wir kein Recht anzunehmen. Wo ein solches mehrfach gesetztes Motiv (das Durchlöchern des Schiffs begegnet viermal!) nicht nachzuweisen ist, wird er es eben eingefügt haben. Ebenso seine Lieblingsmittel, die Personen zu verbinden: die Pflegeväterschaft[5]); oder die Kriegslisten[6]). Denn daß z. B. Starkadr der deutschen Königin das Band zweimal ins Gesicht geworfen habe (S. 203 207 bez. 295. 297), wird wohl trotz der berühmten Analogie in Hebbels »Herodes und Mariamne« niemand annehmen.

So also entwirft Saxo ein Bild der frühhistorischen Periode. Er kombiniert, er ergänzt; er gebraucht das beliebte Kunstmittel, die Leser sicher zu machen, indem er an unbedeutender Stelle die beiden Überlieferungen nebeneinander stellt (S. 225 bez. 300 — gerade wie Snorri, wenn er zwischen Ali und Wali die Wahl läßt, oder etwa noch Macchiavelli, wenn er über den Namen »Firenze« plötzlich kritische Betrachtungen anstellt[7]).

In diesen kulturhistorischen Hintergrund müssen sich nun auch die Göttergeschichten fügen. Der Euhemerismus, den man gewöhnlich als bezeichnend allein anführt, ist nur Fortsetzung der dänischen Auffassung[8]). Daß er an den von Starkadrs Körper ausgehöhlten Stein nicht glaubt (S. 198 bez. 263), gehört einfach zu seinen beliebten moralisierenden Betrachtungen, diesmal über die Leichtgläubigkeit der Menschen, wie sonst über andere Schwächen. Er selbst glaubt ja an die meisten Wunder, an Sturmzauber, an das wunderbare Totenreich (S. 288 bez. 387) und sogar an das Haar des Utgardaloki mit seinem todbringenden Geruch (S. 296 bez. 398). Manchmal rationalisiert er freilich: Asmund im Grabe (S. 161

---

[1]) Ztschr. d. Ver. f. Volksk. S. 119f.
[2]) Vgl. Herrmann S. 479f.
[3]) Kilderne S. 111.
[4]) Vgl. Herrmann S. 483.
[5]) Vgl. Tvedeling S. 72.
[6]) Die allerdings nur in norrönen Sagen begegnen, wie Olrik entdeckt hat (Kilderne S. 47 Anm.) — wie die falsche Todesnachricht (S. 162. 245 bez. 216. 325 u. ö.).
[7]) Die Florentinische Geschichte, übs. v. Joh. Ziegler (C. F. Meyers Schwiegervater), Karlsruhe 1834, S. 53.
[8]) Tvedeling S. 35.

## § 34. Germanische Mythologie vor J. Grimm.

bez. 216) wurde wohl ursprünglich vom wirklichen Tode erweckt; der Knochen, den Starkader dem Pfeifer gibt (S. 203 bez. 272), war wohl ursprünglich ein Musikinstrument (wie das des Wäinämöinen). Aber hier ist auch wieder er nicht der Erste. Vielmehr deckt sich seine Grundanschauung mit der seiner Zeitgenossen. Die Zeit vor Christus (Ende von Buch V) und die der Christianisierung des Nordens (Ende von Buch IX) ist der späteren gegenüber dunkel und unheimlich — mag sie auch in politischer Hinsicht den Glanzpunkt der dänischen Geschichte vorstellen [1]). Die Asen sind nicht gerade Götter — im Gegenteil, er äußert sich ja gern ironisch über solche Götter und ihre Gattinnen (S. 25 bez. 31). Aber so recht eigentlich Menschen sind sie doch auch nicht — von dem groben Euhemerismus etwa der Adelung und Schlözer [2]) steht er weit ab. Es sind »Zauberer« — Gott hatte die Zügel noch locker gelassen, und die Menschen konnten noch Wunder tun. Es war Blendwerk (S. 70 bez. 88), es waren »Larven« (S. 74 bez. 94); blendende Nebel (S. 215. 281 bez. 291. 377) — aber eigentlich glaubt Saxo sie selbst zu sehen, mehr jedenfalls als der Verfasser der Gylfaginning!

Diesen Standpunkt, glaube ich, muß man immer berücksichtigen. So vor allem in dem wichtigsten Fall: in der Baldersage. Ein Rationalist hätte den Mythus einfach wiedergeben können: Balder erregt durch Schönheit unter seinen Brüdern Neid wie Joseph, wird von den Schlimmsten in die Grube geworfen, aber wieder herausgeholt und vor seinen Vater Odin gebracht u. dgl. Saxo aber ist die Gestalt Balders unheimlich, gerade weil er sie einigermaßen für historisch hält. Sie kommt ihm zu nah ans Christentum heran. Deshalb dreht er resolut die Geschichte zugunsten des Hotherus um, der wenigstens kein böser Zauberer ist, und macht sich aus dem Mythus (nach Goethes Lieblingsausdruck) ein »Gefäß«, um alles Mögliche hineinzustopfen: Walküren (die er besonders liebt [3])). Zaubernahrung, die beliebten Kriege mit wechselndem Ausgang usw., vor allem die Götterschlacht als Parade, damit doch einmal alle Asen vorgeführt werden. Kurz: je näher ein »Gott« dem neueren Begriff, desto stärker ändert er. Othinus bleibt erkenntlich, als Zauberer, Kriegsanstifter, Fürstengönner; über Balder muß ein historisch-mythologischer Roman gedichtet werden [4]).

Soll ich noch versuchen, Saxo als Menschen zu schildern, so erscheint

---

[1]) Tvedeling S. 126.
[2]) Garde Grundtvigs Mytologi, Kopenhagen 1897, S. 6.
[3]) Vgl. Kilderne S. 89.
[4]) Im einzelnen über die Mythologie bei Saxo: die Asen Tvedeling S. 32, Odin S. 30, Walküren S. 52, Kilderne S. 19, Riesen S. 46, Berserker S. 56, das Übernatürliche überhaupt S. 26f.; Hoder und Balder S. 141; Kilderne S. 13f. 45; über Hoder noch ebd. S. 32.

mir der große Gelehrte (das war er) und glänzende Schriftsteller nicht allzu sympathisch. Zurückgedrängte Lüsternheit (S. 80 bez. 102) hat vielleicht auch die Verkleidungen in Mädchen- und Männertracht bei ihm so besonders beliebt gemacht (Frotho S. 41 bez. 52; Odin S. 50 bez. 102; Hagbarth 232 bez. 309; der Trabant S. 253 bez. 339; Alvild S. 225 bez. 304) — die Auswahl stand ihm doch frei! — Sein hochmütiger Spott läßt ihn doch den Wundern der Magie gegenüber nicht frei dastehn, während Snorris frommere Art sich zwar dem »isländischen Rationalismus«[1]) nicht verschließt, aber dadurch die Möglichkeit gewinnt, das »Blendwerk« wie ein historisch gegebenes Bild sachlich vorzuführen. — Sympathisch berührt dagegen sein starker Patriotismus, der gegen Ende der Dänischen Vorgeschichte immer kräftiger hervortritt (S. 169. 267. 275. 285. 305 bez. 226. 357. 369. 383. 410), womit sich naturgemäß einige Abneigung nicht nur gegen die Deutschen[2]) sondern auch gegen die Schweden und Norweger verbindet: von der Flucht der tapfersten Schweden (S. 227 bez. 303) oder der Sklaverei durch den »Hund« (S. 240 bez. 319) erzählt er mit entschiedenem Behagen. — So hat auch seine (von Olrik hervorgehobene) Naturempfindung (S. 87. 102. 285 bez. 112. 134. 383) ein vaterländisches Gepräge: es ist die idyllische dänische Frühlingslandschaft, die ihn bezaubert. Die vorschriftsmäßigen ritterlichen Gefühle[3]) wollen wir ihm dagegen so wenig wie die üblichen moralischen Betrachtungen zum besonderen Verdienst rechnen.

Es bleibt eine starke Persönlichkeit, der wir eine bestimmte Auswahl wohl zutrauen dürfen. Die Heldensage läßt er oft zusammenschrumpfen (ebd. S. 305) — die Novellen (vgl. S. 254. 308) reizen ihn, das Kulturhistorische (nicht das Psychologische Tvedeling S. 38), das »Interessante«[4]), das Merkwürdige in neuerem Sinn. Aber für die alte Religion hat er kein Herz und für die Sage kein Verständnis. So zeigt er den weiten Abstand von Island und Dänemark im 13. Jahrhundert. Ein isländischer Sagamann[5]) hätte sich über diesen Ton wohl entsetzt, der norwegische, den Olrik[6]) als Vorgänger Saxos voraussetzt, hätte doch wohl anders geordnet. Saxo mit seinem Stil (schon fast dem des 14.—15. Jahrhunderts, ebd. S. 292), der Auffassung, mit seiner souveränen Behandlung des Stoffes ist der rechte Totengräber der altgermanischen Mythologie. —

Etwa 400 Jahre lang ruht die Beschäftigung mit der germ. Mythologie vollständig, im Norden wie in Deutschland und England mindestens hat man Spuren von solcher Beschäftigung in dem Zeitraum etwa zwischen 1250 und 1640 nicht aufgedeckt. Das Interesse an der alten Literatur

---

[1]) Olrik, Altnord. Geistesleben, S. 147.
[2]) Siehe o. S. 574, 1.   [3]) Kilderne S. 157.
[4]) Kilderne S. 67.   [5]) Ebd. S. 91.   [6]) Bes. S. 26.

## § 34. Germanische Mythologie vor J. Grimm.

und Kultur erwachte naturgemäß früher als das an den verachteten Resten des Heidentums. Übrigens muß ich gestehen, daß ich auf das Aufsuchen solcher Zeichen persönlich keine Bemühungen verwandt habe.

In der Mitte des 17. Jahrhunderts beginnt man in Dänemark und Island systematisch zu sammeln. Wie für die Beschäftigung mit den alten Sprachdenkmälern die Wiederentdeckung des Codex Argenteus und seine Veröffentlichung durch Franciscus Junius [1]), so macht für die mit den Urkunden der Mythologie Brynjulf Sveinsson mit seiner Entdeckung der »Edda des Saemund« (1643) Epoche. Der Bischof von Skalholt sammelt und sendet seine Handschriften 1662 dem dänischen König; diese Codices regii, verbunden mit der Sammlung des Arni Magnusson (1690—1728) bilden in Kopenhagen den Grundstock der ersten germanischen Fachbibliothek. Zugleich stiftete Arni auch ein noch heut wirkendes großes Legat für diese Studien; noch die letzte große Edda-Ausgabe ist *sumptibus legati Arnimagnaeani* geleistet worden. An jenen Kopenhagener Stock aber setzten sich wichtige Fortsetzungen [2]).

Unmittelbar auf Brynjulfs Fund folgt, fast genau 400 Jahre nach den eddischen Mythologien, die erste deutsche Mythologie: Elias Schedius [3]) schreibt *de diis Germanis sive veteri Germanorum, Britannorum, Vandalorum religione* [4]), erschienen 1648.

Golther charakterisiert das Werk wie folgt: »Trotz des beträchtlichen Umfangs von 505 Seiten steht von echtgermanischem Götterglauben fast nichts in dem Buche. Wir begegnen nur Tuisco und der Irminsäule; zu *dies Mercurii* wird bemerkt, die Niedersachsen und Westfalen würden dafür Wodanstag sagen. Natürlich ist der Verfasser nicht im Stande, hinter die *interpretatio romana* zu schauen. Um so mehr gallische und wendische Götternamen tauchen auf. — Ebenso sind die gelehrten, meist haarsträubender Etymologie entstammenden Götzen der Chronikschreiber des 16. Jahrhunderts berücksichtigt.«

Die Irminsäule hat übrigens auch in Deutschland früh besonderes Interesse erregt; Harsdörffer im *Specimen philologiae Germanicae* (wo bekanntlich der Ausdruck »germanische Philologie« zuerst gebraucht wird, wohl als erster Fachausdruck einer nichtklassischen Philologie), Nürnberg 1646 — zitiert »Meibomius in Irminsula« [5]). Ich weiß nicht, welcher von den vielen, schon durch ihren folkloristischen Namen (Maibaum!) zu solchen Studien prädestinierten Mitgliedern der Helmstedter Gelehrtendynastie [6]) das ist.

---

[1]) 1665; R. v. Raumer S. 118.
[2]) Vgl. Chantepie S. 9.
[3]) Aus Kadan in Mähren 1615—41; vgl. Bolte, ADB. 30, 662.
[4]) Golther S. 2, Chantepie S. 8.
[5]) S. 269.     [6]) ADB. 21, 187f.

Es folgt eine Reihe verwandter Untersuchungen und Darstellungen [1]. In Deutschland versprach J. G. Eccard [2]) in der *Historia studii etymologici lingua Germanicae* 1711 eine deutsche Mythologie [3]), die aber nicht zustande kam. Es wären wohl auch nur Etymologien in Harsdörffers Manier (— *gund* von gönnen: *Hermanngund cui miles favet* S. 257!) geworden. — Den Abschluß dieser rein buchmäßigen Verarbeitungen bildet ein berühmtes Werk, wieder, wie 100 Jahre früher das des Schedius, von einem Ausländer verfaßt: des Genfers Mallet *Monuments de la Mythologie et de la Poesie des Celtes et particulièrement des Anciens Scandinaves 1756* [4]). Mallet hat die Anschauung der nordischen und deutschen Dichter auf ein halbes Jahrhundert beherrscht. Insbesondere geht auf ihn seines Kopenhagener Nachbarn Klopstock teutonische Mythologie zurück [5]), wenn er auch gelegentlich auf des Resenius Edda-Ausgabe (die erste, 1665) zurückgriff [6]). Mit dem in Fällen solcher Entdeckungen nie fehlendem Instinkt für das Unechte [7]) griff er vorzugsweise späte Erscheinungen heraus: die Götter Idun, Bragi und den angeblichen Gott Hermod, die dann von ihm die »Barden« Kretschmann und Denis und von diesen Fr. O. Gräter, der erste eigentliche »Germanist« [8]), übernahm, den Hain Glasir [9]) usw. Mallet selbst hatte trotz älteren richtigen Angaben keltische und germanische Mythologie vollständig zusammengeworfen [10]), wie später Holtzmann — es gibt eine ewige Wiederkehr der wissenschaftlichen Hauptirrtümer [11]).

Außerhalb des germanischen Gebiets waren inzwischen die ersten epochemachenden Taten auf dem Gebiete der wirklichen Religionsforschung geschehen, und zwar durchweg in Frankreich, das im 18. Jahrhundert auch hier so unbestritten an der Spitze der Wissenschaft marschiert wie im 19. Jahrhundert Deutschland. Schon 1676 hatte allerdings auf germanischem Boden Benedictus Spinoza »ein rein historisches, von theologischen Vorurteilen wie von rationaler Willkür sich fernhaltendes Verfahren« gefordert und auf das alte Testament selbst angewandt [12]). Aber eine wissenschaftliche Textkritik beginnt erst mit dem Oratorianer Richard Simon und seiner Historie critique du vieux Testament — 1685 geschrieben, aber nach dem fast einzigen vor der Zensur Bossuets und der feierlichen

---

[1]) Golther S. 3f.
[2]) Vgl. über ihn R. v. Raumer S. 168f.
[3]) Golther S. 4.
[4]) Raumer S. 272, Golther S. 6.
[5]) Fr. Muncker, Klopstock, Stuttgart 1888, S. 377f.
[6]) a. a. O. S. 378.    [7]) Vgl. o. S. 283.
[8]) Vgl. Raumer S. 284f.
[9]) Muncker S. 378.    [10]) Ebd. S. 377.
[11]) Vgl. allgemein Paul in seinem Grundriß 2. Aufl. I. S. 67.
[12]) H. Holzinger, Genesis, Freiburg i. Br. 1898, S. X.

## § 34. Germanische Mythologie vor J. Grimm.

Verbrennung auf dem Scheiterhaufen geretteten Exemplar erst nach einem vollen Jahrhundert 1785 allgemein zugänglich gemacht. Denn noch Tabaraud in der Biographie universelle Michaud[1]) hält das System des Autors für sehr geeignet, »die Gewißheit und Authentizität des ältesten Depots der Offenbarung zu erschüttern«. Simon »hat anerkannt, daß die Entstehung des Pentateuchs ein literarkritisches Problem ist«[2]) — was für die Edda noch vor 150 Jahren nicht anerkannt wurde. — Auf Simon folgte 1753 der Arzt Jean Astruc[3]) mit einer der genialsten religionsgeschichtlichen und literarhistorischen Entdeckungen: der Unterscheidung von Quellen der Genesis nach der Anwendung der Gottesnamen Elohim und Jahve[4]). Ein paar Jahre später machte einer der bedeutendsten Männer der Aufklärungszeit, Charles de Brosses, Mitbegründer der wissenschaftlichen Etymologie[5]), Vorläufer Goethes in der Gesamtwürdigung Italiens, hervorragender Jurist und Beamter, den ersten großen Schritt zu einer allgemeinen und vergleichenden Religionswissenschaft: in dem Buch *Du Culte des dieux fétiches* 1760 stellt er den Fetischismus als eine bestimmte Stufe der religiösen Entwicklung fest und identifiziert Bräuche der ägyptischen Religion mit Neger-Aberglauben[6]).

Für den Rückschritt der Religionsforschung in der Restaurationszeit sind die drei Biographien bei Michaud charakteristisch. Simon hat die Konzilien und Kirchenväter *»de la manière la plus indécente«* behandelt[7]); Astrucs Arbeit gehört[8]) in die »Metaphysik«, und er selbst war »mit einem geraden, aber kalten und wenig erfinderischen Geist begabt«; Brosses umgekehrt hat[9]) eine »*conjecture anti-historique, anti-philosophique*« aufgestellt .... So die Herren Tabaraud, Chaussier und Adelon, Michaud selbst und Foisset der Jüngere. — Auch wenn man nicht gerade ein Jean Astruc oder ein Charles de Brosses ist, bleiben solche religionsgeschichtlichen Parallelen tröstlich; sie beweisen, daß nicht jede Hypothese, die nicht sofort buchstabenmäßig bewiesen werden kann, deshalb schon erledigt ist, weil ein autoritativer Kritiker sie vom hohen Stuhl als »unwissenschaftlich« abtut.

Während so in Frankreich durch Simon die literarischen, durch Astruc die religionsgeschichtlichen Schichten des Alten Testaments und durch de Brosses die mythologischen Schichtungen überhaupt aufgedeckt wurden, stand man in Deutschland noch in dem Zeitalter, da (nach Lichtenbergs Ausdruck) das Wissen am Kopf vorbei aus einem Buch ins andere zog. (Allerdings waren auch der Mediziner Astruc und der Jurist

---

[1]) 39, 374.   [2]) Holzinger a. a. O.
[3]) Bibl. Univ. 2, 343 f.   [4]) Holzinger S. XI.
[5]) Biogr. Univ. 5, 617.   [6]) Ebd. S. 616.
[7]) 39, 355.   [8]) 2, 344.   [9]) 5, 617.

de Brosses Laien; wie die Theologen auch in Frankreich dachten, beweist Bossuet!) Als ein Beispiel aber, auf welchem Standpunkt am Ende des 18. Jahrhunderts in diesen Fragen die deutsche Theologie stand — die ja noch allein für solche Probleme kompetent war — sehe man sich Gottfried Leß' Buch »Über die Religion. Ihre Geschichte, Wahl und Bestätigung« von 1786 an. — Der Verfasser, Kgl. Großbritannischer Konsistorialrat und Primarius der Theologie zu Göttingen, war das Haupt jener berühmten Fakultät der Georgia Augusta, die von Johann Gottfried Herder ein Kolloquium zur Ermittlung seiner Rechtgläubigkeit forderte — von ihrem Standpunkt aus übrigens nicht ohne Berechtigung, denn des wissenschaftlichen Synkretismus war der Autor der »Persepolitanischen Briefe« mindestens so schuldig wie moderne Verfechter des Panbabylonismus. — Der Primarius der Theologie glaubt allerdings, daß es »bessere Begriffe« unter den Aufgeklärteren gab [1]); den großen Haufen aber ließ man in seiner Ignoranz und Aberglauben; »und diese waren in der Tat äußerst traurig« [2]). »Dieser Götzendienst war nicht etwa ein bloß spekulativer Irrtum, sondern mit den schändlichsten und schädlichsten Meinungen und dem quälendsten Aberglauben verbunden.« Folgt ein schauriges Gemälde der Moral und des Aberglaubens selbst bei den feinsten Nationen des Altertums [3]). Die Veden, die Besseres lehren sollen, ist der mit einemmal sehr kritische Autor schon deshalb, weil nicht einmal der Name des Buchs überall gleich geschrieben wird, geneigt überhaupt zu leugnen [4]), was die Annahme einer Entlehnung aus 2. Mos. 19 nicht ausschließt. Aber auch bei den Indern weiß er nur ein paar Klagen über »läppische Fabeln« [5]) anzustimmen. Hierauf fährt er in blumenreicher Sprache fort: »An das fruchtbare und diamantenreiche Indien grenzt das kaufmännische zeremoniöse und betrügerische Sina« und ist abermals verzweifelt, wenn die Jesuiten von der hohen Weisheit der heiligen Bücher der Chinesen reden [6]). — Von den Germanen ist gar nicht erst die Rede.

Dies ist der »historische Sinn« bei einem Theologen, den zwar die ganz strengen Orthodoxen auch schon des Latitudinarismus beschuldigten [7]), der aber zu den »flachen Aufklärern«, über deren Mangel an historischem Sinn man mit soviel Mangel an historischem Sinn klagt, jedenfalls nicht gehört hat [8])!

[1]) 1, 84.    [2]) S. 90.    [3]) S. 92.
[4]) S. 423.    [5]) S. 424.    [6]) S. 428.
[7]) Bertheau, ADB. 18, 445.
[8]) Es ist lehrreich, mit Less' Machwerk eine moderne Arbeit zu vergleichen, wie die Religion der afrikanischen Naturvölker von W. Schneider (später Bischof von Paderborn), Münster 1891, die bei durchaus christlicher Grundanschauung doch sogar die Negerreligion (S. 6f.) gegen »unbillige Beurteilung« verteidigt.

§ 34. Germanische Mythologie vor J. Grimm. 583

Im Norden stand es nicht anders. Finn Jónsson[1]), nach einem Jahrhundert Brynjolfs Nachfolger auf dem nun protestantischen Bischofssitz in Skalholt, »erklärte die Edda für eine Mischung aus christlichen Ideen und skandalösen Erfindungen« (1772).

Im Grunde war das auch noch die Auffassung deutscher Gelehrten: Adelungs, der »die Götterlehre der Edda für eine bloße Erdichtung, für eine Nachbildung christlicher Ideen« erklärte[2]), und Rühs' in seiner »Geschichte der Religion, Staatsverfassung und Kultur der alten Skandinavier« (1801). Golther hebt[3]) mit Recht in den Behauptungen des ersten Berliner Geschichtsprofessors[4]) einen gesunden Kern heraus: Rühs unterscheidet als erster Volksglauben und Kunstdichtung. Nun aber geht er gleich zu weit und löst in seiner Übersetzung der Prosa-Edda[5]) den »größten Teil der mythischen Geschichten« von der Volkstradition ab[6]). Dem widersprach Friedrich Majer, ein Schützling Goethes[7] — aber auch er nahm neben dem volkstümlichen ein fremdes »System« der Mythologie an, das er phantastisch von dem indischen Buddhismus ableitete; noch schlimmer als Rühs, der[8]) doch nur den Namen »Asen« für elne Mönchserfindung hielt, die mit der Lehre von der asiatischen Einwanderung zusammenhänge!

Die nächsten Jahre zeigen nun einen leidenschaftlichen Kampf um die »Echtheit«, d. h. den nationalen Ursprung der Edda und überhaupt der nordischen Mythologie. Rühs[9]) bekämpft die Phantasien von Grundtvig[10]) ungefähr wie Voß[11]) Creuzer bekämpft; aber er übersieht wie dieser, was gesund an der unwissenschaftlich durchgeführten Meinung war. Grundtvig ist einer der ersten Vertreter der deutschfeindlichen Chauvinismus[12]), dessen leidenschaftliche Ausbrüche der deutsche Gelehrte so sachlich wie[13]) die von Rask zurückweist. Aber aus diesem Nationalgefühl erwuchs ihm auch zuerst die Auffassung der Mythologie als einer Einheit, als eines in sich (im Wesentlichen) einheitlichen Ausdrucks nationaler Denkweise und Empfindung[14]).

[1]) Chantepie S. 11.
[2]) 1797; Golther S. 8. [3]) S. 9.
[4]) Pyl, ADB. 24, 624. Rühs war in seinen Anschauungen von seinem Lehrer Schloezer abhängig; vgl. Frensdorff, Von und über Schloezer, Berlin 1909, S. 109.
[5]) Die Edda. Nebst einer Einleitung der nord. Poesie u. Mythologie, 1812.
[6]) S. 280.
[7]) Mytholog. Dichtungen und Lieder der Skandinavier, 1818, S. XII.
[8]) a. a. O. S. 10. [9]) S. 154.
[10]) Nordens Mytologi 1808; vgl. Chantepie S. 11.
[11]) Siehe u. [12]) Vgl. Rühs S. 157. [13]) S. 7 Anm.
[14]) Liebevolle Charakteristik von Axel Garde, Grundtvigs Mytologi, Kopenhagen 1897.

Um diese prinzipielle Frage wurde gekämpft — gerade wie zwischen Bang und Bugge auf der einen, Müllenhoff auf der anderen Seite siebzig Jahre später, nur mit veränderter nationaler Frontstellung: diesmal waren es gerade die Nordleute, die gegen die »Echtheit der Edda« schrieben! Aber auf die Seite von P. E. Müller, dem dänischen gelehrten Bischof, der für die »Echtheit der Asalehre« 1812 gegen Rühs eintrat, stellte sich alsbald auch ein junger deutscher Forscher, durch den jene Anschauung von der nationalen Bedingtheit der Mythologie ein selbstverständliches Besitztum der Wissenschaft werden sollte: J. Grimm[1]).

Handelte es sich hier um einen Streit um die allgemeine **Auffassung**, so begann inzwischen auch der große Kampf um die **Methode** sich vorzubereiten. Im Vordergrund stand der Streit über den Ursprung, der in unseren Tagen ebenfalls so lebhaft erneuert worden ist[2]): einheitlicher oder vielfacher Ursprung oder, mit anderen Worten, geographische oder psychologische Erklärung. Das Problem wurde aktuell, seit Herder auf die Wege der vergleichenden Religionsgeschichte gewiesen hatte. (Vor ihm vielleicht schon Hume, der de Brosses angeregt haben soll.)

Wieder geschah der erste Schritt in Frankreich, höchst voreilig und gewaltsam, aber doch nicht ohne daß ein richtiges »Aperçu« (nach Goethes Terminologie) zugrunde gelegen hätte.

Für den allezeit »simplifizierenden« Geist der Franzosen liegt die monistische Tendenz immer nahe. Er wird immer zentralisieren, immer Einen Mittelpunkt aufsuchen, wie La Rochefoucauld im Eigennutz die Triebfeder aller menschlichen Handlungen sah und Beyle-Stendhal in der Eitelkeit. So schreibt C. F. Dupuis[3]), wieder einer jener vielseitigen Menschen der Aufklärungszeit, Erfinder eines Telegraphen, Mitglied des Konvents, 1794 sein Buch »Origine de tous les Cultes ou Religion Universelle«[4]). Er ging von den Konstellationen aus, kam zu astronomischen Ableitungen zunächst der ägyptischen Religion, dieses liebsten Versuchsobjekts der alten Mythologen, dann zur Verallgemeinerung und deduzierte in jenem Werk, alle Mythen seien Naturmythen. Er zog alle Konsequenzen, erklärte[5]) auch Christus für einen alten Sonnengott, wobei ihm das allegorische Bild des Lammes als Vermittlung diente, und nahm so die neueste Entdeckungen von A. Drews[6]) voraus... Der Schlüssel war,

---

[1]) Seit 1812; vgl. Golther S. 9.
[2]) Vgl. meine Kriterien der Aneignung, Leipzig 1904; vgl. auch o. S. 27.
[3]) 1742—1809; vgl. Biogr. Univ. 12, 51.
[4]) Neudruck Paris 1869.
[5]) Neudruck S. 188f., vgl. S. 250.
[6]) Die Christusmythe, 1909; vgl. über Petrus dens. in der Zeitschrift »Das Freie Wort« 1909 S. 174f. und »Die Petruslegende«, Frankfurt a. M. 1910.

## § 34. Germanische Mythologie vor J. Grimm.

wie jeder Schlüssel, der alle Schlösser öffnen will, ein gefährlicher Dietrich; aber die Einfachheit bestach. Noch am Weihnachtstag 1867 schreibt der hegelianische Philosoph Arnold Ruge an seinen Sohn:»Die Lösung der Geheimnisse der Dogmatik hat Dupuis l'Origine de tous les cultes und Feuerbach im Wesen des Christentums und Hegel in der Phänomenologie gegeben«[1]). Was Wunder, daß die Mythologen von diesem Zauberschlüssel nicht wieder ablassen wollten und nur noch Spezifikationen gestatteten: W. Schwartz deutete alles meteorisch, Max Müller solar[2]) und — wenn man bedeutenden Namen den seinen beifügen darf! — Siecke alles lunar.

Später hat Dupuis seiner universellen Hypothese noch eine geographische hinzugefügt: seine Babylonier waren die Pelasger[3]), von denen man ja auch in der Tat noch viel weniger weiß. Auf Dupuis folgte weniger geistreich, aber gelehrter, 1805 J. Ant. Dulaure (1755—1835), ebenfalls »*conventionnel, archéologue, historien, et l'un des écrivains les plus féconds de notre époque*«[4]) mit dem Buche *Des Divinités génératrices*[5]). Er trieb die Rückkehr zur Natur noch weiter als sein Konventsgenosse und sah überall Lingam — gegenüber den allzu sublimen Vorstellungen deutscher Mythologen vielleicht keine überflüssige Reaktion, aber eben auch fast zur fixen Idee gesteigert; so sieht er denn[6]) auch bei den alten Germanen eigentlich nichts als den Priapus des Frey. Er hält übrigens diesen Gott wie Odin und Thor für Entlehnungen von den Römern: auch hier Annäherung an die geographische Erklärung.

Diese Manier, aus Einem Gott alle abzuleiten, war auch nicht auszurotten. Nicht nur hat C. H. Barth alle möglichen Göttinnen 1835 auf Isis-Hertha zurückgeführt[7]), sondern selbst J. Grimm ist in seiner Konstruktion des germanischen Liebesgottes[8]) weit gegangen, freilich nicht so weit wie Spätere, die aus Einem Himmelsgott, Lichtgott, Waldgott beliebig viele Götter »ableiteten«. In der Regel ward dabei der Begriff »Emanation« eingeschoben, deren Ergebnis man seit Usener mit einem (eigentlich grammatischen) Terminus »Hypostase« nennt. Aber ich glaube die methodische Forderung aufstellen zu dürfen, daß man von solchen Emanationen eines Gottes nur dann sprechen darf, wenn eine greifbare Begründung der Spezialisierung vorliegt. Ein Gott, der unter anderem Heilgott ist, mag einen speziellen Heilgott als seine Hypostase erzeugen, oder der lokale Kult einer Gottheit mag ihr ein neues Gesicht geben;

---

[1]) A. Ruges Briefwechsel und Tagebuchblätter, her. v. P. Nerrlich, Leipzig 1886; 2, 324.
[2]) Vgl. Mogk S. 240.   [3]) Biogr. Univ. S. 52.
[4]) Biogr. Univ. 11, 483.   [5]) Neudruck Paris 1905.
[6]) Neudruck S. 180.   [7]) Nach Chantepie S. 116.
[8]) Kl. Schr. 2, 314.

aber ohne solche umgestaltende Faktoren einfach aus Ähnlichkeit auf Abstammung zu schließen, ist Willkür. Wieviel Emanationsfälle sind denn überhaupt sicher bezeugt? Man sieht, daß mit dem Beginn der Mythenvergleichung gleich auch ihre wichtigsten Fehlerquellen hervorsprangen. Und dazu gehörte vor allem auch die Neigung der Mythologen, ins historische Gebiet überzugreifen.

Man erkannte die Gefährlichkeit dieser Tendenz zur »Mythisierung« sofort. Gegen Dupuis schrieb Jean Baptiste Perès 1827 seine sehr witzige Satire »The Grand Erratum«[1], in dem er Napoleons Nichtexistenz bewies. (Er lehnte sich[2]) an die ältere Satire des berühmten Erzbischofs Whately an, der 1819 gegen Humes Skeptizismus seine »Historischen Zweifel betreffs Napoleon Bonaparte« gerichtet hatte)[3]. Solche Parodien sind seitdem oft geschrieben worden: Fr. H. v. d. Hagen hat 1838 den »Luther-Mythus, Beweis daß Dr. Martin Luther nie gelebt hat« verfaßt[4]); Baethgen hat gegen die Mythisierung Simsons eine von Karl dem Großen gestellt[5]), G. Lasson gegen die Verfechter von »Babel und Bibel« einen Nachweis, daß Kaiser Wilhelm II. eine mythische Gestalt ist[6]). So hat sich die Warnung vor dem »Mythifizieren« immer wieder nötig gezeigt. Denn zwei Fehlschlüsse[7]) suchen immer wieder geschichtliche Gestalten der Mythologie zu gewinnen: erstens: es wird von ihm Mythisches erzählt — folglich ist er eine mythische Person; zweitens: er hat Ähnlichkeit mit einem Gott — folglich ist er ein Gott. Aber jeder Heilige wollte und sollte Christus ähnlich sehen[8]), ohne deshalb eine Hypostase Christi zu sein. Und trotz aller mythischen Berichte ist Buddha[9]) ein Mensch und Zarathustra auch einer[10]).

Dies unbestimmte Schweben zwischen Geschichte und Mythus war nun aber gerade für die junge Wissenschaft der Mythologie verderblich.

---

[1]) Neudruck in Evans The Napoleon Myth, Chicago 1905, S. 11 f.
[2]) Evans S. 5.
[3]) Neudruck: Famoros Pamphlels ed. by G. H. Morley, London 1886; gegen Kalthoff erneuert von Henke, Bremer Beiträge, Okt. 1906, S. 40 f.
[4]) Neudruck Leipzig o. J.
[5]) Vgl. Stahn, Simson, S. 48.
[6]) Kirchliche Wochenschrift, Jan. 1903, Lit. Beiblatt.
[7]) Die in Jensens Moses, Jesus, Paulus (Frankfurt a. M. 1909) so überdeutlich zu Tage treten.
[8]) Vgl. z. B. W. Goetz, Die Quellen zur Geschichte des hl. Franz von Assisi, Gotha 1904, S. 259.
[9]) Den Sénarts höchst gelehrter Essai sur la légende de Buddha, Paris 1875, zu einem Sonnengott machen wollte; vgl. Oldenberg, Buddha, Berlin 1881, S. 73.
[10]) Bartholomae, Die Gâthas des Awesta, Straßburg 1905, S. 133.

## § 34. Germanische Mythologie vor J. Grimm.

Bei den Bahnbrechern der nordischen Religionsgeschichte hatte Saxos Euhemerismus Nachklang gefunden: der ältere Grundtvig hielt zwar nicht Odin für einen König, glaubte aber, ein Dichter habe sich Odins Rolle angemaßt [1]) — der jüngere sollte sich später Müllenhoffs begeisterte Zustimmung verdienen, als er die Bravallaschlacht, die in der Starkardsage eine große Rolle spielt, für mythisch erklärte. Die Unsicherheit, verstärkt durch die nicht wie bei hellenischen Göttern festen und bestimmten Umrisse der Gestalten, war groß genug. Sie wurde noch verstärkt durch die neue romantische Art der Mythenvergleichung.

Wir sahen die Franzosen von der psychologischen Erklärung ausgehen: gewisse Erscheinungen zwingen dem Menschen gewisse mythische Ausdrucksformen auf. Nur subsidiär verwenden Dupuis (Pelasger) oder Dulaure (Römer) die Wanderhypothese. Sie wird dagegen beherrschend bei den deutschen »Symbolikern«.

Aus der Stimmung der Romantik heraus erwuchs die Mythenvergleichung der Creuzer [2]), Görres [3]), Kanne [4]). Sie machten dreierlei Voraussetzungen: erstens: in den Mythen liegt ein geheimnisvoller höherer Sinn verborgen, der zweitens überall wesentlich der gleiche ist und deshalb drittens von einem bestimmten asiatischen Zentrum ausgeströmt sein muß. Häufig spielte dabei noch die Vorstellung von einer geheimen Bewahrung christlicher Uroffenbarung mit, wie denn die »retrospektive Christianisierung« zu den typischen Entwicklungsstufen der Religionsgeschichte zählt [5]).

Man kann nicht leugnen, daß sie es einigermaßen toll trieben. Gegen Creuzer [6]) schrieb J. H. Voß seine Antisymbolik 1824, massiv, äußerst grob, aber im Grunde recht vernünftig. Es war keine jener Auseinandersetzungen, wie später, kaum minder herb, zwischen Eduard Meyer und Rohde, oder zwischen Usener und Wissowa; es standen sich hier wirklich nicht prinzipielle Auffassungen gegenüber, sondern Wissenschaftlichkeit und Phantastik. Voß packt mit sicherer Hand [7]) den Ausgangspunkt auch

---

[1]) Vgl. Rühs S. 156, ähnlich Majer.
[2]) Symbolik und Mythologie, 1810—12.
[3]) Mythengeschichte der asiatischen Welt, 1810.
[4]) Pantheum der Naturphilosophie, 1811; vgl. Chantepie S. 14.
[5]) Kaum war der Zendawesta entdeckt, so erklärte ein so kluger Kopf wie der Abbé Galiani, er sei modern und stecke voll Christentum und Muhamedanismus (Il pensiero dell' abbate Galiani, Bari 1909, S. 176). Den Homer hat Nägelsbach der christlichen Theologie nahegebracht (doch vgl. ADB. 23, 225), den Plato Fr. L. Stolberg zum Mitgenossen einer christlichen Offenbarung gemacht; und wie hat man es gar mit dem Buddhismus bis zu van den Bergh van Eysinga (Indische Einflüsse auf evangelische Erzählungen, Göttingen 1904) erst in diesem, dann freilich auch im umgekehrten Sinn getrieben!
[6]) Vgl. die Charakteristik von C. Preller, Hallische Jahrbücher 1, 801 f.
[7]) S. 41.

von Rohdes umwälzenden Forschungen: das Totenreich; er amüsiert sich[1]) köstlich über »alles mythische Rindvieh, das auf einer symbolischen Au durcheinander hüpft« und über »die gesamte Eselschaft der Mythologie und der Bibel« insbesondere, womit der voreilige Schluß aus dem Attribut auf den Gott und die doktrinäre Annahme von Totems auch bei den Neuesten getroffen wird; er stellt den Sublimitäten Creuzers recht grob, aber gar nicht so unzutreffend den »Göttersultan«[2]) entgegen, stimmt freilich auch der Meinung Blackwells[3]) mit Belegen zu: »Die gemeinste (ja!) und wahrscheinlichste Meinung von den Sirenen ist, daß es liederliche Weibspersonen waren, die sich den Schiffern feilboten.« — Und so merkt er in seinem Haß gegen alles Romantische[4]) denn auch nie, wo Creuzer fruchtbare Ideen äußert, wie über heidnischen Ursprung der Geburtsfeier Christi[5]) — ein Punkt, an den, in ganz anderem Stil freilich, Useners Religionsgeschichtliche Untersuchungen wieder angeknüpft haben. Und schließlich sagt, vielleicht zu lobend, L. Urlichs[6]): »Obgleich die Ausführung der Aufgabe der scharfen Kritik vielfach Blößen darbietet, die philosophische Behandlung teilweise von Schelling, die historische von O. Müller, Welcker überholt worden ist, darf man doch sagen: der neueren Mythologie im weitesten Umfang ist von Creuzer das Ziel gezeigt, die Wissenschaft von ihm begründet worden.«

Man wird wahrscheinlich finden, ich sei auf diese Erscheinungen viel ausführlicher eingegangen, als im Rahmen einer altgermanischen Religionsgeschichte berechtigt sei. Ich glaube dem widersprechen zu dürfen. Für uns hat die merkwürdige Episode der Creuzer-Görresschen Mythensymbolik eine dreifache Bedeutung. Zunächst läßt sie uns völlig J. Grimms Werk verstehen: aus dieser Atmosphäre ganz unmittelbar ging die größte aller mythologischen Leistungen hervor, und nicht bloß an ihren Schwächen ist das zu merken. Zweitens sehen wir in diesem Wirtschaften mit entlegenen Ähnlichkeiten ohne Prüfung der Vermittlungswege, in diesem Ignorieren nationaler Eigenart, in diesem Umdeuten unverständlicher Gebräuche wie im Spiegelbild moderne Verirrungen; denn ob das »mythologische Vieh« sich auf symbolischer Au herumtummelt oder auf folkloristischer, macht keinen großen Unterschied; und ob die abgrundtiefe Gelehrsamkeit, die hinter mythischen Verkleidungen steckt, aus Indien hergebracht ist oder aus Irland, macht auch nicht viel aus. Und drittens gab der Streit zwischen »Symbolikern« und »Philologen« zu der ersten gründlichen methodischen Auseinandersetzung über Wesen und Betrieb der Mythologie Anlaß.

[1]) S. 61. [2]) S. 203.
[3]) S. 297. [4]) S. 353.
[5]) S. 144. [6]) ADB. 4, 595.

## § 34. Germanische Mythologie vor J. Grimm.

Dieser Gedankenaustausch liegt vor in den *Briefen über Homer und Hesiodus vorzüglich über die Theogonie* von G. Herrmann und Fr. Creuzer 1818 [1]). Hier haben wir aus dem Munde des Ritters Herrmann eine Reihe wichtiger Aussprüche: »Ich halte die griechische Mythologie für eine vielartige, zwar ihrem Ursprunge nach verwandte, aber keineswegs ein System ausmachende Masse«[2]); die Anerkennung gelehrter Mythen neben volkstümlichen[3]) und den Begriff einer eigenen »mythologischen Sprache«[4]), die er freilich noch viel zu sehr wie eine willkürliche Geheimsprache ansieht. Auch kündet sich bei ihm die besonders von Müllenhoff so erfolgreich vertretene Anschauung bereits an, Mythen seien nachträglich »an wirkliche Örter und Personen angeknüpft worden«[5]). Demgegenüber nun Creuzer mit seiner gut theologischen Meinung von der »doppelten Ansicht«[6]): «Jeder durchgreifende Nationalmythus hatte bei den ältesten Völkern, schon von frühe, seine **doppelte Ansicht** und ward in **jeder** konsequent gedacht, und fortgepflanzt: eine **innere theologische** (wenngleich im Geiste alter **Naturreligion** hauptsächlich) und eine **äußere, volksmäßige**«[7]). Man sieht: wo Hermann scheidet, wirft Creuzer zusammen, und er würde in dem gelehrten Mythus von Iduns Äpfeln so gut einen volksmäßigen Kern sehen, wie in dem volkstümlichen von den Sonnenwölfen einen theologischen.

Zu diesem fortdauernd wichtigen Gegensatz kommt ein anderer. Hermann, der große Grammatiker, geht von dem Material aus, das ihm das festeste scheint: den Namen der Götter. Er ahnte noch nicht, welch zerbrechlicher Stoff gerade dies ist. (Ebenso hat Virchow gern die archäologischen Funde gegen die Linguisten ausgespielt: »wir Anthropologen haben gern etwas Festes in der Hand« hörte ich ihn in der Anthropologischen Gesellschaft sagen; ja, wenn nur auch die Deutung etwas Festes wäre!) Er erkannte sehr richtig die überwiegend appellative Bedeutung der Götternamen und schloß daraus[8]), diese bedeuteten »Prädikate der Natur«. Damit war der Grundirrtum der vergleichenden Mythologie (erster Stufe) gegeben, die man ohne diese Vorgeschichte nicht richtig verstehen kann. — G. Hermann forderte deshalb genaue Etymologie — ein ungeheurer Fortschritt: denn Creuzer (an der gleichen Stelle, wo er geist-

---

[1]) Vgl. allgemein H. Steinthal, Geschichte d. Mythologie in d. neuern Philologie, Arch. f. Rel.-Wissensch. 3, 297f.; bes. G. Hermann S. 302, Vors S. 307, Creuzer S. 309; über den Briefwechsel S. 311.
[2]) S. 61.    [3]) S. 87.    [4]) S. 86.
[5]) S. 87; über seine mythologische Methode überhaupt S. 59 f.
[6]) Etwa wie Otfried nach den Kirchenvätern eine mehrfache Auslegung der Bibel fordert; vgl. Steinthal S. 309.
[7]) S. 41; Unterstreichungen im Original.
[8]) Vgl. Steinthal S. 303.

reich aus einem Instinkt für die epische Psychologie Gunther mit Kandaules und Rhodope mit Kriemhild vergleicht) erklärt[1]: »Tradition und Mythe müssen zufrieden sein, den Reichtum der Ideen in einer Zahl von Worten wiederzugeben, die eine Ähnlichkeit des Lautes haben.« Ogyges und Gyges — wenn sie nur beide »mit dem Wasser zu tun haben«. — Wie es nun mit der Etymologie von Götternamen nicht nur bei J. Grimm und Simrock, sondern auch bei Bugge (*völva* — Sibylla) und E. H. Meyer steht, das weiß man; und wenn v. Wilamowitz den heutigen Philologen gewünscht hat, sie möchten so viel Griechisch lernen, wie Gottfried Hermann gekonnt hat[2], so wäre es auch weiter wünschenswert, daß sie es beim Etymologisieren nicht nur lexikologisch verwendeten!

Endlich glaubt auch Hermann[3] an Herodots Aussage, die Götter der Griechen stammten von den Barbaren (wie Dulaure und Spätere das allgemein oder speziell gelehrt haben), und kann also so wenig wie Creuzer mit seinem »Ton und Laut der allgemeinen Natursprache«[4] zu einer individuellen Erfassung der nationalen Mythologie gelangen.

Solche allgemeinen Vorstellungen beherrschten auch noch den bedeutendsten Vorarbeiter J. Grimms bei der Mythologie: F. J. Mone[5]) bei seiner *Geschichte des Heidentums im nördlichen Europa* 1822. »Er sucht allerwärts System«, sagt Scherer[6]); er sucht überall die Ideen der spekulativen Philosophie, sagt Chantepie[7]). Immerhin brachte seine Anwendung Creuzerscher Grundsätze auf die germanische Mythologie ein stattliches Material zustande. Und dasselbe Jahr zeigte auch, daß man in Deutschland anfing, sich einem fruchtbaren Einzelstudium mythologischer Tatsachen zuzuwenden; freilich blieb eine Arbeit wie H. Leos »*Über die Verehrung Odins in Deutschland*« 1822[8]) mit ihrem Versuch, die Grenzen der Wodansreligion (wie wir jetzt sagen) zu bemessen, auf lange Zeit vereinzelt — fast bis zu Henry Petersen.

Aber auch der größte Name, den die Geschichte unserer Mythologie neben dem Jacob Grimms zu nennen hat, gehört noch dieser ihrer prähistorischen Periode an. Ludwig Uhland[9]) ist fast gleichzeitig mit Grimms Mythologie mit der ersten großen Spezialuntersuchung über einen germanischen Gott hervorgetreten: dem *Mythus von Thor* 1836. In Vorlesungen hat er vieles gleichzeitig mit ihm behandelt: Odin (erst in den

---

[1] S. 105 Anm.
[2] Homerische Untersuchungen, Berlin 1884.
[3] Vgl. Steinthal S. 305.
[4] S. 97; vgl. Steinthal S. 312.
[5] R. v. Raumer S. 500. 588.
[6] J. Grimm, Berlin 1885, S. 275.
[7] S. 15.   [8] Chantepie S. 23.
[9] Vgl. Golther S. 15, Chantepie S. 23.

## § 34. Germanische Mythologie vor J. Grimm.

Schriften Bd. 6 nach seinem Tode erschienen), Umriß der nordischen Göttersage[1]), älteste Spuren der deutschen Göttersage[2]). Er hat als einer der ersten die nordischen Religionen gesondert, »den Unterschied des norwegischen Thorkultes, des schwedischen Freykultes und endlich auch das Eindringen Odins im Norden«[3]) hervorgehoben; hatte, wie Golther[4]) hübsch hervorhebt, den Einfluß der norwegischen Naturumgebung auf die nordischen Göttergestalten, vortrefflich erfaßt. Seine klare Darstellung, seine kritische Behandlung der Quellen, vor allem seine Kunst einheitlicher Erfassung machen auch aus diesen Studien Meisterstücke wissenschaftlichen Stils. Aber sie haben deshalb nur umsomehr geholfen, den einseitig naturmythologischen Standpunkt zu befestigen. Wenn Chantepie[5]) meint, seine Aufsätze über Thor und Odin seien von der allegorisierenden Tendenz nicht frei, die alles auf der Grundlage der Naturphänomene erklären möchte, und sie schieden die verschiedenen Elemente nicht scharf genug, die in die Formung eines Mythus eintraten, so ist dies wohl noch zu matt ausgedrückt: in Wirklichkeit mußte gerade ein Dichter wie Uhland, ein Mann der Reflexion, des Feilens und Vereinheitlichens für jene Methode die allergefährlichsten Talente mitbringen. Der bestechende Zauber, den die Persönlichkeit des herrlichen Mannes über alle seine Werke breitet, hat diesen Auslegungen jedes Attributs, jedes episch oder psychologisch notwendigen Zuges im Sinne einer künstlichen Mythensprache fortwirkende Kraft selbst da gegeben, wo die gröbere Übersetzung aus der mythischen Anschauung in die atmosphärische Allegorie versagte[6]). — Einen eigentlichen Fortschritt bedeutet Uhlands Mythenforschung für die Zeit, in der er sie trieb (1830 f.) nur durch die Verarbeitung, nicht durch die Interpretation des Materials; denn daß er die Priorität der Dämonen erkannt habe[7]), kann ich nicht finden, und die bessere Individualisierung der Götter[8]) gab er eben nur als der nachfühlende Dichter, der den gesamten Stoff feinsinnig belebt, nicht als individualisierender Forscher wie Henry Petersen. — Für die Zeit, in der sie (außer dem »Thor«) erschienen, haben sie, gerade durch die Vorzüge eines dichterischen Übersetzens und einer klaren Sprache, hemmend gewirkt. Hier war das Größte und Schönste, was die naturmythologische Erklärungsweise leisten konnte; eben darum hat dies Experiment die Unzulänglichkeit der Methode erwiesen. —

Nichts, was wir hier zu verzeichnen hatten, ist für die folgende Zeit bedeutungslos geblieben. Die christliche Tendenz bei Snorri und dem

---

[1]) Ebd. 7, 16 f.     [2]) Ebd. 7, 473.
[3]) Sic; Golther S. 39.     [4]) S. 15.     [5]) S. 24.
[6]) Vgl. z. B. die Auslegung des Kampfes Thors mit Hrungnir: Uhland Schriften 6, 27 f.; Golther S. 269.
[7]) v. d. Leyen, Sagenbuch, S. 25.
[8]) Ebd.: »Uhlands Liebe galt vorzugsweise den einzelnen Göttern«.

**Aufzeichner der Völ**.; die voreilige Autorschaftsverleihung bei Brynjulf; die antiquarische Häufung von Stoff; die falsche Systematisierung; die allzu dichterische Auslegung und Umkleidung bei Grundtvig und Uhland; die allzu rationalistische bei Voß[1]) und Rühs — alles ist wiedergekommen, zum Teil mit Porträtähnlichkeit: den Sämund hat Brynjolf zum Verfasser der Liederedda, E. H. Meyer[2]) wenigstens zu dem der Völuspá gemacht. — Daneben aber sind auch die guten Tendenzen, und sie erst recht, fortwirkend geblieben: die eifrige Hingabe, das patriotische Interesse; der historische Sinn eines Saxo und die philologische Schulung eines Gottfried Herrmann; die große Auffassung eines Grundtvig und das Bedürfnis der Franzosen nach psychologischer Ableitung: die zum Einfühlen in so ferne Kulturen unentbehrliche Anpassung eines Mallet und die dichterische Feinheit eines Uhland. Die Heerscharen waren zum Kampf wider die Mächte der Dunkelheit und Kälte nicht umsonst aufgeboten werden!

§ 35. **Germanische Mythologie seit J. Grimm**[3]).

1. Epoche machte die beschreibende Mythologie: Im Jahre 1835 erschien J. Grimms *Deutsche Mythologie*. Am schönsten hat Scherer[4]) das Werk charakterisiert; auch Chantepie[5]) und v. d. Leyen[6]) wägen die Vorzüge und Mängel gerecht und liebevoll ab, während Golther[7]) eine am Äußerlichen haftende Darstellung von Grimms Methode mit sauersüßer Anerkennung begleitet, wie sie nur dem »epigonsten Epigonen« (um mit Lagarde zu reden) zu Gesichte steht[8]).

J. Grimm wollte eine Deutsche Mythologie geben und nahm das Wort hier nicht (wie in der »Grammatik«) im weiteren Sinne, sondern wirklich im Gegensatz zu »skandinavisch«: »Ich habe unternommen, alles, was von dem deutschen Altertum jetzt noch zu wissen ist, und zwar mit Ausschluß des vollständigen Systems der nordischen Mythologie selbst, zu sammeln und darzustellen.« Die skandinavischen Berichte sollten also, wie man richtig bemerkt hat, zunächst bloß subsidiär herangezogen werden;

---

[1]) Vgl. Steinthal a. a. O.
[2]) Völuspá S. 276 f.
[3]) Vgl. allgemein Mannhardt, Wald- und Feldkulte, Bd. II., S. XIII f.; Schullerus, Ergebnisse u. Forschritte d. germ. Wissensch., S. 508 f.; v. d. Leyen, Sagenbuch, S. 13 f.
[4]) Jacob Grimm S. 276 f.
[5]) S. 19 f.   [6]) Sagenbuch S. 21.   [7]) S. 16 f.
[8]) Wie es denn überhaupt für Golther bezeichnend ist, daß er die Schwäche sachlicher Kritik durch die Stärke der persönlichen wettzumachen suchte: Simrocks Darstellung heißt (S. 24) »unübersichtlich verschroben« und Müllenhoff »tat sich mit groben, polternden Ausfällen gegen die historische Erklärung (!) hervor« (S. 44).

## § 35. Germanische Mythologie seit J. Grimm.

hierzu aber glaubte Grimm sich in weitem Umfang berechtigt, weil er [1]) von der ursprünglichen Einheit überzeugt war und [2]) die Möglichkeit späteren Austausches nicht genügend berücksichtigt — die ja übrigens auch nur bei dem Wodanglauben eine stärkere Rolle spielt, und auch hier nur in der Umformung einer schon urgermanischen Gottheit. — Es ist aber keineswegs zu leugnen, daß J. Grimm die germanische Einheitlichkeit überschätzt, die nationale Ausprägung bei den großen Stämmen unterschätzt hat. Und dies hing mit seiner ganzen Methode zusammen.

Diese Methode nämlich ist bereits in voller Blüte die der »vergleichenden Mythologie«, die durch Kuhn und Schwartz nur eine andere Richtung, nicht eine andere Methode erhalten hat. Der Unterschied ist lediglich der, daß die beiden Dioskuren (sie waren wirklich Schwäger, wie die beiden Grimm bekanntlich Brüder; was jedenfalls mythische Zusammenhänge ahnen läßt!) die Religion der Indogermanen erschließen wollten — wobei der Terminus »Indogermanen« zu seinem vollen Rechte kam, da sie vorzugsweise indische und germanische Mythen verglichen —, J. Grimm aber die urgermanische und deutsche. Also ein Unterschied, wie zwischen der Erschließung der indogermanischen Ursprache, etwa durch Schleicher, und der urgermanischer Formen, wie sie jeder deutsche Philolog mit linguistischer Methode vornehmen muß. Denn die Methode beruht eben darauf, daß man durch Vergleichung bekannter Formen die unbekannte herausrechnet.

Speziell nun auf mythologischem Gebiet war im wesentlichen folgender Tatsachenvorrat gegeben: einmal eine Anzahl von Namen. Wie G. Hermann, stellte J. Grimm sie an die Spitze und ging von ihrer Etymologie aus. Dies wurde bei Kuhn, Schwartz, M. Müller u. a. zu einer gefährlichen Fehlerquelle, weil appellative Götternamen wie »Herrscher«, »der Glänzende« u. dgl. sehr verschiedenen Göttern zukommen können: unter Umständen kann euphemistischerweise sogar der Gegenpart so gut wie der lichte Gott selbst einen lobenden Namen führen; und weil gleiche Götter verschieden benannt sein können, indem aus einem größeren Namenschatz hier dieser, dort jener bevorzugt wird (Ing und Frey); ferner weil verschiedene Götter denselben Namen erhalten können, indem sie in neue Funktionen hereinwachsen. Schließlich kam noch die Gefahr falscher Etymologien hinzu. — Trotz dieser Gefahren und trotz aller Unhaltbarkeit von Hermeias-Sarameyas und — vielleicht! — Uranos-Varuna hätte doch die Etymologie der Mythenvergleichung keine schlechten Dienste erwiesen, wenn sie auch nur die berühmte »Eine Säule« Zeus—Dyaus—Jupiter—Tyr aufgerichtet hätte — eine Irminsul, die den kräftigen Schlägen

[1]) 1, 9.  [2]) Golther S. 18f.

auch der letzten Missionäre wider die vergleichende Mythologie[1]) kräftig widerstanden hat. — Aber auf dem germanischen Gebiet allein war die Etymologie viel weniger bedenklich, da erstens die Namen hier selten ganz so isoliert sind wie dort, und zweitens, wo sie übereinstimmen, die Zusammengehörigkeit viel wahrscheinlicher ist. Wer hat denn auch je die Identität von Wodan und Odin, von Thonar und Thor bezweifelt? und wenn die des althochdeutschen und des nordischen Balder so lange mit Überkritik und zuletzt mit einem gewissen Eigensinn bezweifelt worden ist, so waren derartige Zweifel selbst bei dem schwierigeren Problem Nerthus : Njord unmöglich.

Gegeben war ferner eine bestimmte Anzahl von Berichten über Gottesdienst, Kultgebräuche, Formeln. In viel höherem Grade als die meisten Nachfolger hat J. Grimm auch diesen Dingen seine Aufmerksamkeit zugewandt. Aber gerade hier hat unsere Kenntnis sich durch neuere Forschung und noch mehr durch neuere Vergleichung außerordentlich ausgedehnt; unter den Germanisten hat zuerst Weinhold nachdrücklich auf die Bedeutung dieser Dinge hingewiesen, die für die antike Mythologie schon längst eine beherrschende Stellung einnehmen (und auf die Wissowa gar seine ganze Darstellung der römischen Religion beschränkt). Immerhin war es etwas völlig Neues, daß die Mythologie überhaupt aus fortlebenden Gebräuchen zu lernen suchte. Daß hierfür erst noch eine strengere Methode gefunden werden mußte — und ist sie denn gefunden worden? — darf dem sein Verdienst nicht mindern, der die Scheidewände zwischen Gestern und Heute auch hier, wie in der Grammatik, durchbrach. Die gesamte Volkskunde als Wissenschaft, mit ihr die folkloristische Methode in der Mythologie stammt von Jacob Grimm.

Mythenvergleichung im engeren Sinne hat er verhältnismäßig weniger getrieben; wie sicher er die Grundlinien der typischen Mythensprache erfaßte und deutete, beweist etwa der Abschnitt über den Sonnenuntergang[2]) oder die Beobachtungen über Schlaf und Krankheit der Götter[3]). Wo er aber Mythen vergleicht, wie etwa bei den Nornen[4]), weiß er sofort auch das Unterscheidende hervorzuheben[5]) — was eben die Mythenvergleicher von Beruf fast immer vergessen oder vernachlässigen.

So gut wie neu entdeckt hat J. Grimm die ungemeine Bedeutung der indirekten Zeugnisse: der Orts- und Personennamen, Pflanzennamen, Benennungen von Tagen und Jahreszeiten, und ganz besonders auch der formelhaften Überbleibsel in der Dichtersprache — und vor allem

---

[1]) Bremer; vgl. o. S. 51.
[2]) 2, 616.   [3]) 1, 275.   [4]) 1, 343.
[5]) Sehr fein z. B. bei dem Sitz im Himmel 1, 113.

## § 35. Germanische Mythologie seit J. Grimm. 595

in der **Sprache** selbst. Die grundlegende Bedeutung der volkstümlichen Terminologie, die Fingerzeige der Synonymik, der Wortvorrat überhaupt [1]) wurden ebensoviel reich fließende Quellen der Erkenntnis, die er mit seinem Stabe weckt. Zuletzt, als ein nicht zu unterschätzendes Hilfsmittel, besitzt er eine aus liebevollster, eingehendster Kenntnis gewonnene Vorstellung von Wesen und Art unseres Volkes, seiner Epochen, seiner Sprache — eine Einfühlung in den nationalen Stil des Denkens, die ihn wohl hier und da zu allzu begeisterten Auffassungen führen mag, ihn aber wenigstens vor der Hohlheit leerer Spekulationen sicher schützt. »Vor der Verirrung, die so häufig dem Studium der nordischen und griechischen Mythologie Eintrag getan hat, ich meine die Sucht, über halbaufgedeckte historische Daten philosophische oder astronomische Deutungen zu ergießen, schützt mich schon die Unvollständigkeit und der lose Zusammenhang des Rettbaren. Ich gehe darauf aus, getreu und einfach zu sammeln, was die frühe Verwilderung der Völker selbst, dann der Hohn und die Scheu der Christen von dem Heidentum übrig gelassen haben [2]).«

Natürlich hat J. Grimm zuviel retten wollen. Der Meister jener reproduzierenden Epoche in unserer Wissenschaft, der die ungeheure Aufgabe gestellt war, alles wiederzuschaffen, was bei dem traditionslosesten der Kulturvölker verloren gegangen war: die alte Sprache, Rechtswesen, Sitte, Literatur, Glauben, hat so wenig wie Karl Lachmann beim Volksepos der Versuchung widerstehen können, zuviel zu erschließen. Aber wie tapfer hat er auch hier mit eisernem Besen Kehraus gemacht! Hätte Golther nicht so viel daran gelegen, mit mehr landsmannschaftlichem als historischem Eifer Uhland [3]) gegen J. Grimm auszuspielen, so würde er wohl nicht so höhnisch dessen Charakteristik [4]) gerade mit einigen unglücklichen Hypothesen vermeintlicher Göttinnen geschlossen haben. Wer weiß denn, ob unsere Tanfana so gar sicher eine Göttin ist? und der Hercules Saxanus ist noch in unseren Tagen falsch gedeutet worden. Ebenso hat J. Grimm den Quellen gegenüber eine Kritik nicht immer angewandt, die uns durch die Tätigkeit von Herausgebern und Literarhistorikern erleichtert ist, übrigens allerdings seine stärkste Seite nicht war. Und vor allem hat er von der Überfülle des Stoffs sich auch oft selbst verwirren und beirren lassen. Aber reicher an genialen Vermutungen ist keines seiner Werke; und alle Augenblicke begegnet es, daß man beim Blättern in dem nie auszuschöpfenden Werke Gedanken schon längst ausgesprochen findet, die andere oder auch — man selbst mit Hochgefühl für ganz neue hielt. (Um ein ganz kleines Beispiel für

---

[1]) Z. B. in dem Abschnitt »Zauberei« 2, 861 f.
[2]) 1, 10.   [3]) S. 15 f.   [4]) S. 21.

mich selbst anzuführen, gestehe ich, daß ich mir auf meine Beobachtungen über den Wagen der Götter ein wenig zu gut tat; nachher stand es längst bei Grimm!)
So schuf er in der Mythologie ein Werk, das an Sicherheit der Methode seine Grammatik — die genialste seiner genialen Taten, gerade weil alles scheinbar auf der Hand lag in Materialbeschaffung, Anordnung, Deutung — keineswegs erreicht, sonst aber ihr ruhig zur Seite treten darf. Völlig neu waren in diesem Buche: erstens der unendliche Reichtum des Stoffes, an dem alle Mythologen der Welt zehren. Wie ärmlich und dürftig sind daneben alle Vorgänger und ach! fast alle wir Nachfolger! Dann die große Auffassung, die sich in der vielberufenen »Andacht zum Unbedeutenden« gerade so stark zeigt wie in den Versuchen, die Volksseele selbst zu erfassen; weiter mit beiden untrennbar verbunden die Mannigfaltigkeit der Gesichtspunkte. Welcher Mytholog hat früher so über Götterverhältnisse gehandelt [1])? hat die Anschauungen über den Tod [2]), das Mittel der Personifikation [3]), die Arten des Aberglaubens [4]) wie er einer systematischen Prüfung unterzogen? die sozialen Verhältnisse so gut wie die klimatischen berücksichtigt? Dazu kommt die liebevolle Innigkeit des Einfühlens, die gewiß oft modernisierte, öfter idealisierte, aber aus einem Tal voller Gebeine eine Welt lebender Gestalten und nachzuempfindender Anschauungen machte, und deshalb auch endlich die lebensvolle Darstellung und nie ermüdende Freude am Stoff. J. Grimm ist einer der ganz wenigen großen Gelehrten und genialen Forscher, bei denen es so gut wie keine »toten Stellen« gibt; er durfte es sogar wagen, ein Wörterbuch zu schreiben.

Es ist lange genug an dem wunderbaren Werk herumgemäkelt worden — woran selbst Scherer nicht ganz ohne Schuld ist; seinem kräftigen Tatsachensinn war dieser Hypothesenreichtum unbehaglich. Die Gefahren, die in einer unmittelbaren Nachfolge lagen, sind längst überwunden; die Vorteile, die es bietet, das Buch *nocturna versare manu versare diurna* sind noch nicht erschöpft. So wollen wir uns wieder ungetrübt seiner »lebendig reinen Schöne« erfreuen. —

Als eine Ergänzung von J. Grimms Werk muß mit Dank W. Müllers *Geschichte und System der altdeutschen Religion* genannt werden. J. Grimm wollte geben, was Uhland gab, wenn er über den Minnesang oder das Volkslied schrieb: Beschreibung, Wiedergabe des Vorhandenen in wissenschaftlich geordneter Darstellung. System oder Geschichte zu geben lag deshalb außerhalb des Planes, obwohl die Keime

---

[1]) 1, 263 f.  [2]) 2, 700 f.
[3]) 2, 733 f.  [4]) 2, 925 f.

## § 35. Germanische Mythologie seit J. Grimm.

künftiger Evolutionen öfter hätten aufgezeigt werden können[1]). Aber nun mußte auch systematische Übersicht und historische Entwicklung gegeben werden; und J. Grimm war aus sachlichen und persönlichen Gründen ungerecht gegen dies von einem sorgsamen Bearbeiter angehängte Schlußkapitel seines Werkes[2]).

Als Fortsetzungen und Ergänzungen von Grimms Werk faßt man auch am besten die verdienstlichen Arbeiten einiger nordischer Forscher[3]) auf. W. M. Petersens *Nordisk Mythologi* 1849 sucht die Gestalten der Götter stärker individualisierend herauszuarbeiten[4]) und die nationale Bedeutung der Mythologie als einer Offenbarung der Volksseele[5]) klarzulegen, bleibt aber in seiner übersichtlichen Darstellung — trotz gelegentlicher Hinweise auf Ägypten und die Bibel — allzusehr von den eddischen Berichten abhängig. Henry Petersen dagegen[6]) tut in doppelter Hinsicht einen tüchtigen Schritt vorwärts. Er macht für den Norden ernst mit jener alten Unterscheidung volkstümlicher und gelehrter, künstlicher Mythologie und beweist sie besonders auch[7]) an dem Zurücktreten des in der Edda herrschenden Odin hinter Thor in der Verehrung des Volkes. Auch hat er vielfach neue Hilfsmittel zur Feststellung und Beurteilung von Kulten angewendet: theophore Namen[8]), Runensteine[9]), Gerichtstage[10]) und andere mittelbare Zeugnisse aus dem Volksleben.

Und nicht nur als keine Fortschritte, sogar als Rückschritte müssen die beiden Mythologien zweier übrigens verdienter Männer angesehen werden. Karl Simrock hatte für sein *Handbuch der deutschen Mythologie mit Einschluß der nordischen* (zuerst 1853) einen sehr hübschen Plan: eine Art gelehrter Völuspá schwebte vor, eine epische Erzählung von Welt, Göttern, Gottesdienst. Aber leider kam bei ihm, ganz anders als bei Uhland, der Dichter dem Forscher gar sehr ins Gehege, und »dieser Versuch, die ganze Götterlehre der Edda als eigensten poetischen Besitz unserer Voreltern ,auf den offenen Markt der Nation zu bringen', bezeichnet vielmehr einen entschiedenen Rückschritt gegen J. Grimm, den Simrock durch Mehrung des mythologischen Wissensschatzes, voreilige Deutung und geistige Verwertung überbieten wollte«[11]). — Und Holtzmann, dessen

---
[1]) Gelegentlich ist es, trotz Golthers Leugnen, natürlich geschehen, z. B. im Kapitel vom Tod 2, 705.
[2]) W. Müllers zweites mythologisches Buch, Die Mythologie der Deutschen Heldensage, 1886, hat mit seinem Einen Gedanken, überall heroische Dichtung auf den Mythos zurückzuführen, keine wissenschaftliche Förderung mehr gebracht.
[3]) Golther S. 40f.
[4]) Thor S. 318, die Fylgje S. 143 usw.
[5]) S. 353.
[6]) *Om Nordboernes Gudedyrkelse og Gudetro i Hedenold*, 1876.
[7]) S. 85f.    [8]) S. 41.    [9]) S. 50f.    [10]) S. 67f.
[11]) Edward Schroeder, ADB. 34, 384.

1854—1866 gehaltene Vorlesungen Alfred Holder 1874 herausgab[1]), verdarb durch den Leichtsinn einer prinzipiellen Gleichsetzung von keltischer und germanischer Mythologie (wie Mallet!) alles, was er durch eine sonst noch nicht übliche Vorsicht hätte verdienen können. (»Der Deutung dieser Mythen enthalte ich mich«[2]). »Hermodr... Im Beowulf kommt zwar ein Heremôd vor, kann aber ein anderer sein«[3]). — Daneben kühne Vermutungen, wie daß *Tuistonem* bei Tacitus *Teutonem* zu lesen sei[4]). Beachtung verdient aber, wie bei dem älteren Petersen, die eingehendere Betrachtung der zugrunde liegenden Weltanschauung[5]).

Inzwischen waren längst neue verheißende Pfade eingeschlagen worden. J. Grimms Methode ist, wie wir ausführten, durchaus die der vergleichenden Mythologie. Deren Charakteristika — Betonung der Etymologie, Vernachlässigung der unterscheidenden über den übereinstimmenden Merkmalen, rascher Übergang von der Ähnlichkeit zur Identität — sind nun auch noch den beiden Richtungen eigen, die unmittelbar von J. Grimm selbst ausgehen: eben der spezifisch sogenannten vergleichenden Mythologie selbst, und der Müllenhoffs. Aber wenn J. Grimm von seiner Vergleichung vorzugsweise germanischer, doch auch anderer indogermanischer Zeugnisse einer beschreibenden Reproduktion der deutschen Mythologie zustrebte, so wollen die beiden neuen Richtungen eine Entwicklungsgeschichte geben. Und zwar wiederum auf verschiedenen Wegen: Müllenhoff, indem er von der Heldensage zum Mythus zurückging, Kuhn und seine Schule, indem sie von indogermanischen Mythen der historischen Zeit zu solchen der Urzeit zurückschritten. Das Ziel war also für Müllenhoff (wie für J. Grimm) ein germanistisches: die Evolution der deutschen Mythologie sollte aufgedeckt werden; für Kuhn ein indogermanistisches: der Zustand der proethnischen Mythologie (der Mythologie vor der Trennung der einzelnen indogermanischen Völker) sollte erschlossen werden. Müllenhoff wollte einen historischen Verlauf, durch wirklich geschichtliche Ereignisse festgelegt, darlegen; Kuhn und Schwartz, die allerdings hauptsächlich wieder auf Beschreibung ausgingen, einen prähistorischen Verlauf. Was für den einen Ausgangspunkt war, bildete für die anderen den Zielpunkt; und so gingen sie auch in diesem Sinne, wie in Methode und Gesamtauffassung, nach verschiedenen Richtungen von J. Grimms Deutscher Mythologie aus.

2. So entstand **die historische Mythologie**. Müllenhoff heißt bei Chantepie[6]) »nächst Grimm die imposanteste Persönlichkeit auf dem

---

[1]) Deutsche Mythologie 1874.
[2]) S. 50.    [3]) S. 115.
[4]) Lehre von der Unsterblichkeit S. 195 f.
[5]) S. 37.    [6]) S. 32.

## § 35. Germanische Mythologie seit J. Grimm.

Gebiete der mythologischen Forschung« [1]). Sein großes Hauptwerk, die leider Fragment gebliebene großartige Deutsche Altertumskunde [2]), sollte die Entstehung der deutschen Nationalität darstellen, nach ihren geographischen, ethnologischen, historischen, geistesgeschichtlichen Faktoren. Von diesem Standpunkt aus betrachtete Müllenhoff auch die Mythologie. Sein Vorbild war mehr noch Wilhelm als Jacob Grimm, und die regestenmäßige Anlage von W. Grimms Deutscher Heldensage hat ihm vielfach als Vorbild gedient. Aber dem älteren Bruder glich er mehr in der leidenschaftlichen Großheit seiner Auffassung, der mächtigen Ausdehnung seiner Gelehrsamkeit (unter anderem ist er der beste Linguist unter den Mythologen gewesen, und ein noch größerer Kenner der antiken Quellen als Jacob Grimm), dem hochgespannten Ziel, das wie dieser zu erreichen ihm freilich die heroische Entsagung fehlte, die (nach des amerikanischen Sprachforschers Whitney Wort) weiß, daß jedes Buch nur ein Kompromiß ist zwischen dem, was es werden sollte, und dem, was es werden kann.

Als Leitgedanken Müllenhoffs in seinen mythologischen und heroologischen Arbeiten hebt Schullerus [3]) einen Satz der Vorrede zu Mannhardts Mythologischen Forschungen heraus: »jede Sage sei an dem Ort festzuhalten, an dem man sie finde; — jede Sage sei ein bestimmtes, historisches Produkt, nicht nur von der Seite ihres Ursprunges, sondern auch der ihres Inhaltes betrachtet, und die Anschauung, die sie enthalte und wiedergebe, sei nicht von der Stelle, an die die Überlieferung sie setze, zu verrücken.« Damit war gegenüber der umherflatternden Mythenvergleichung die Ortsgebundenheit der Sage fast zu stark betont. Es kam darauf an, beide in die richtigen Beziehungen zu bringen. Natürlich nicht, indem man einfach alle Heldensage mythisch deutete, wozu nach Mone Uhland neigte [4]) und was Wilhelm Müller durchführte. (Das entgegengesetzte Extrem vertritt v. d. Leyen, nach dessen Ansicht [5]) sich Heldensage und Mythus bei uns selten berühren.)

Müllenhoff hat (seit 1844) in zahlreichen Untersuchungen die Verbindung zwischen Heldensage und Mythologie hergestellt (besonders wichtig außer dem von uns [6]) ausführlich behandelten Aufsatz über das Brisingamen noch das Buch über Beowulf) [7]). Seine Methode ist immer die oben mehrfach charakterisierte: etymologische Deutung des Namens,

---

[1]) v. d. Leyen, Sagenbuch, S. 26; vgl. allgemein W. Scherer, Karl Müllenhoff, Berlin 1896.
[2]) B. V. über die Edda, gegen Bugge.
[3]) Fortschritte d. germ. Wissenschaft, Leipzig 1902, S. 514.
[4]) Vgl. Moestue, Stud. zur vgl. Lit.-Gesch. 9, 232.
[5]) Sagenbuch S. 26.
[6]) Siehe o. S. 215 f.
[7]) Beowulf, Untersuchungen über das angelsächsische Epos, 1882.

der unmittelbar als Aussage genommen wird; Vergleichung der Mythen nach den Hauptbestandteilen der epischen Handlung; Rückführung auf mythische und besonders naturmythische Vorstellungen. In letzterem Punkt ist er vorsichtiger als die meisten unter seinen Mitforschern (etwa Uhland, Schwartz, auch J. Grimm selbst); dagegen tritt die Gefahr der Überschätzung mythologischer Namen bei ihm besonders stark hervor[1]). Auch die Emanationstheorie wird sehr häufig angewandt, besonders so, daß der Sonnengott als zentrale Ausstrahlung erscheint. — Müllenhoff besaß eine so mächtige wissenschaftliche Phantasie, daß mit ihren Vorzügen sich auch Nachteile verbinden mußten. Er sah so stark und deutlich, daß seine eigenen Mythen ihm leicht erschlossene Tatsachen wurden. Aber so glänzende Entdeckungen wie in bezug auf die Alces und ihr Fortleben in der Heldensage, so schöne Deutungen wie die des Sceáf im Beowulf sind kaum noch einem geglückt. Dazu kam eine von seinem zweiten Hauptlehrer, Carl Lachmann, erlernte Meisterschaft der »höheren Kritik«, die wohl auch überscharf sein konnte, aber in den Analysen von Völ. und Háv.[2]) doch etwas für die mythologische Quellenkritik völlig Neues leistete. Von den frühesten Berichterstattern über das neuentdeckte Germanien bis zu den spätesten Skálden standen alle Zeugen deutlich und greifbar vor seinen Augen, aber so auch die Götter und Heroen; eine solche mythologisch-heroische Personenkenntnis wie er hat kein Zweiter besessen. Aber ebenso genau kannte er, was seine Vorgänger und fast alle seine Genossen bis auf die neue Generation der nordischen Forscher vernachlässigten, die sachlichen Quellen: Handschriften, Ausgaben, Sammlungen. Die Wege der Überlieferung zu studieren — der große Gedanke, den für die klassische Philologie der Verwirklichung näher gebracht zu haben Ludwig Traubes unsterbliches Verdienst ist — hat er erst begonnen. Es wird lange dauern, bis der Schatz seiner Anregungen nur annähernd so weit erschöpft ist wie der von J. Grimms Mythologie, und die Erkenntnisse, die wir ihm verdanken, in ähnlichem Maße verarbeitet.

Die Leidenschaftlichkeit des großen Nordalbingiers vermochte wissenschaftliche und moralische Bedenken nicht zu trennen: was ihm unmethodisch schien, war ihm unsittlich. Wie Thor verstand er es nicht, lange zu warten, ehe er zuschlug, und wie Thor hat er durch zu heftiges Zuschlagen die ruhige Entwicklung gefährdet. Es mochte auch wohl einmal von ihm gelten, was Tacitus von den alten Germanen sagt: daß sie Treue nennen, was nur Hartnäckigkeit ist. Aber bedeutete nicht auch das etwas, daß die Auslegung jener von den Gottfried Leß und Finn

---

[1]) Vgl. meine Kriterien der Aneignung S. 34; ferner o. S. 214, 1.
[2]) D. Alt. V.

Jónsson verachteten »lächerlichen Fabeleien« jetzt ein Gegenstand geworden war, um den tiefe und starke Naturen gleich Karl Müllenhoff und Sophus Bugge wie um den Nibelungenhort kämpften? zwei Männer, die beide, und zumal der zweite, in unserer Wissenschaft auch großen Schaden gestiftet haben; aber wer sie nicht beide zu lieben vermag, der ist um eine der höchsten Freuden betrogen, die das Studium gerade auch der deutschen Mythologie bietet: der Freude an dem Anblick großer, reiner Persönlichkeiten, einer Freude, welche den Menschen erhebt, wenn sie den Menschen zermalmt [1]).

Seit Jakob Grimm hat auch niemand die Entwicklung unserer Mythologie in gleichem Grade beeinflußt wie Müllenhoff — ein großer Philolog gewiß in dem Sinn, wie er selbst einen solchen schön beschreibt [2]). Zwar sein »größter und größerer Schüler« [3]), Wilhelm Scherer, hat sich, durch eine natürliche Arbeitsteilung mit dem Meister, mit Mythologie nur wenig beschäftigt; tat er es aber, so beweisen Aufsätze wie der über Mars Thingsus, wie er auch hierzu vorbereitet war. Andere Schüler, wie der Däne Hoffory, den wir so früh verlieren mußten [4]), wie Edward Schroeder, Roediger u. a. haben die charakteristische Verbindung von Philologie im engeren Sinne (linguistische Etymologie, Handschriftenkenntnis, genaue Interpretation) mit Mythologie, und dieser mit Heldensage gewahrt. Allgemein aber ist vor allem diese letztere durch Müllenhoff Gemeingut der Wissenschaft geworden.

3. Ich komme jetzt zur vergleichenden Mythologie und habe schon klargelegt, daß die Mythenvergleichung ein unentbehrliches Hilfsmittel aller Mythologie geworden war. Trotzdem empfindet man die Gruppe, der Adalbert Kuhn, Wilhelm Schwartz, E. H. Meyer in Deutschland, Max Müller in England, Michel Bréal in Frankreich, der viel geringere de Gubernatis in Italien u. a. angehören, mit Recht als eine gesonderte Klasse von Forschern [5]).

Was ihre Sonderstellung schafft, ist in doppeltem Sinne der linguistische Faktor. Einmal nämlich, indem sie unmittelbar der Sprachvergleichung eine analoge Disziplin der Mythenvergleichung zur Seite zu

---

[1]) Den ersten Anstoß zu der neuen Anfechtung der »Echtheit der Asalehre« gab schon 1836 der Däne M. Hammerich, *Om ragnaroksmythen* (vgl. Golther S. 40). Es war die erste in dänischer Sprache erschienene Dissertation, lange ehe eine in deutscher Nationalsprache herauskam (Thomsen, Videnskabens Faellesprog, Köbenhavn 1905, S. 25 Anm. 2); ob man die Meinung im christlichen Sinn rasch verbreiten wollte? — Über Bugge und seine Methode vgl. noch Wundt S. 522.
[2]) D. Alt. 3, 43.
[3]) Wie Hoffory sich ausdrückt.
[4]) Vgl. über ihn Heusler, Ark. for nord. Fil. 10 (1898) S. 206.
[5]) Vgl. v. d. Leyen, Sagenbuch, S. 27.

stellen suchen, die mit etwa denselben Mitteln etwa dasselbe Ziel erreicht: die Erschließung eines indogermanischen Urzustandes (denn das galt damals noch als die Hauptaufgabe der Linguistik), gerade wie gleichzeitig auch die »linguistische Paläontologie«, zum Teil in denselben Händen (J. Grimms, Kuhns, dann Raoul Pictets, Victor Hehns u. a.) eben dies erstrebte. Dann aber, indem sie tatsächlich über der Beschäftigung mit den **sprachlichen Elementen** der Mythologie mehr und mehr die andern, die epischen sowohl wie besonders die realen, aus den Augen verlor. Sie bildeten insofern kollektiv ein Gegenstück zu ihren Vorgängern, den Mythenvergleichern Creuzerscher Richtung, die über dem **Inhalt** der Mythen alles andere vergaßen. Auch die dritte Einseitigkeit durfte später nicht fehlen, für die **Kult und Ritus** den allein berechtigten Kern aller Mythologie ausmachen sollten!

Die Arbeitsweise war in der Regel die, daß man zunächst zu einem mythologischen Namen (als Ausgangspunkt dienten gewöhnlich solche aus den Veden) ein sprachliches Äquivalent suchte; hierauf die Etymologie gab (wobei man sich von einiger Rücksicht auf den Mythus nicht freihalten konnte), alsdann die verschiedenen den betreffenden mythischen Persönlichkeiten geltenden Berichte zu einer möglichst einfachen Formel integrierte, und endlich diese selbst in die Sonnen-, Wetter- oder Mondsprache übersetzte[1]). Während in unseren Alvíssmál nur gefragt wird, welche Synonyma für bestimmte Naturerscheinungen in den verschiedenen »Welten« vorhanden sind, wird hier eine völlig unbegrenzte Zahl symbolischer Benennungen vorausgesetzt. Im übrigen ließ das Verfahren nicht nur in Bezug auf das (jederzeit erreichbare) Ziel Freiheiten. **Adalbert Kuhn**[2]) war nicht bloß der Chronologie nach der Erste unter den Vertretern dieser vergleichenden Mythologie, sondern auch an Kritik und Feinheit den meisten überlegen, der Einzige fast, der auch die unterscheidenden Merkmale methodisch verwertete. **Wilhelm Schwartz**[3]) begann sehr glücklich mit der Unterscheidung der »niederen Mythologie« als allgemeiner Unterlage und der »höheren« als nationalem Hochbau und wußte so J. Grimms Verwendung des Volks- und Aberglaubens methodisch nutzbar zu machen[4]); später vergröberte er die Methode Kuhns, dem er weder an Sprachkenntnis noch an Vermögen des Ein-

---

[1]) Gegen das Allheilmittel solarer und lunarer Deutung z. B. **Wundt** S. 232. 238. 263 und bes. S. 282 und 317. Schon 1868 wehrte sich **Nietzsche** gegen die Aufspürung versteckter Sonnenhelden und ähnliche »Erfindung von Rebus«: Schriften 17, 65 Anm.
[2]) 1812—1882; vgl. über ihn **Leskien**, ADB. 17, 335.
[3]) 1821—1877; vgl. **Golther** S. 26.
[4]) »Der heutige Volksglaube und das Heidentum«, 1849; »Ursprung der Mythologie«, 1860.

fühlens nahe kam, und ward der Hauptvertreter jener mythenforschenden Teleologie, die von jedem Ausgangspunkt rasch und sicher am Gewitterhimmel (oder auf der Sonne usw.) landete.

Der berühmteste Repräsentant der Schule aber ward Max Müller[1]). Die Vornehmtuerei, die der Oxforder Professor sich früh angewöhnt hatte, hat sich an ihm gerächt, indem man jetzt ihn vornehm abzutun liebt. Auch spielt die Abneigung derer, die nie fertig werden, gegen jeden produktiven Geist mit, und Max Müller hat wirklich sehr viel geschrieben. Indessen sollte man auch die Bücher wägen und nicht zählen; sonst kann man schließlich über Gleim und Goethe, über Meiners und J. Grimm zu dem gleichen Urteil kommen. Der Mann, der die große Gesamtausgabe der »Heiligen Bücher des Ostens« durchgeführt hat, sollte nicht nur nach seinen »Schnitzeln aus einer deutschen Werkstatt«[2]) beurteilt werden; um so mehr, als er auch hier seine beiden sympathischsten Eigenschaften entfaltet: den Universalismus neben dem tiefsten deutschen Patriotismus. Max Müller hat mehr noch durch seine Erscheinung, die von dem in England verlachten Typus des »deutschen Professors« (wie hatte man sich doch über Ehrenberg, ja auch über Ranke ihrer Umgangsformen wegen amüsiert!) nichts, ja zu wenig zeigte, als durch seine *»Letters on the War«* 1870 der deutschen Sache, dem deutschen Namen drüben gedient. Wie zu gleicher Zeit Friedrich Siemens deutsche Technik und Aug. Wilhelm Hofmann deutsche Chemie (einst nach dem Ausspruch von Adolphe Wurtz *»une science tout française«!*), hat er deutsche Sprachwissenschaft jenseits des Kanals heimisch gemacht; freilich wohl, ohne an methodischer Sicherheit den beiden gleich zu kommen. Vor allem hat er, ganz besonders durch seine Essays, in der ganzen Kulturwelt ein neues starkes Interesse für religionswissenschaftliche Probleme erweckt, hat durch seine öffentlichen Vorlesungen in England zuerst eine rein wissenschaftliche Behandlung dieser Fragen ermöglicht und durch seine Lehrtätigkeit die bedeutenden englischen Folkloristen, Tylor, Lubbock, Frazer, Hartland teils direkt teils indirekt erzogen. Wir sollten uns hüten, unsere geistigen Kolonien im Ausland so rasch preiszugeben, bloß weil sie von der fremden Sprache und Art zuviel gelernt haben!

In seiner Religionsforschung[3]) setzt er sich als Ziel nicht, wie Kuhn und Schwartz, die Erschließung der indogermanischen Urreligion, sondern er will, wie Dupuis und Dulaure, auf eine allgemeine Grundlage

---

[1]) M. Winternitz, Biogr. Jahrb. 5, 273, Aus meinem Leben, übs. von H. Groschke, Gotha 1902.

[2]) Dies der englische Titel: *»Chips of a German Workshop«;* deutsch als Essays, 4 Bde., 1869f.

[3]) Einleitung in die vergleichende Religionswissenschaft, Straßburg 1874.

aller Religionen kommen¹). Dies war eine nicht nur berechtigte, sondern notwendige Ergänzung der Religionsvergleichung, und ihre Früchte sind eben in den Folkloristen hervorgetreten, die von Max Müller mindestens so stark bedingt sind wie von dem freilich gründlicheren Mannhardt. Und imposant war es doch auch, wie der Mann da auf seinem Hlídskjálf an dem Isis-Flusse saß und von hoher Warte bald über das Studium des Zendavesta in Indien²) berichtete, bald über volkstümliche Geschichten aus dem Nordischen³) oder über Indianer-Mythologie⁴) — immer feinsinnig und geistreich, und immer mit großen Gesichtspunkten. Gewiß gehört er jener Generation von Forschern an, die sich besser auf die Antezipation als auf das Erzwingen von Erkenntnissen verstanden⁵), und die sich auf Programme noch besser verstanden als auf Entdeckung neuer Lautgesetze⁶) (was doch eine Zeitlang eine beinah so leichte Sache schien als das Entdecken neuer urarischer Gottheiten); der Generation der Lazarus⁷) und sogar der Renan. Aber ähnliches hat man von Größeren sagen können, von Bacon, von Herder, von Fr. Aug. Wolf; und wir sind doch sonst gerade heut nicht geneigt, über den Columbus die Toscanellis zu vergessen, treiben sonst sogar einen wahren Kultus mit den »Vorläufern«!

Die wirkliche Bedeutung und auch die Tragik des so berühmten, einflußreichen, glücklichen Mannes aber liegt darin, daß er tatsächlich an der Grenzscheide zweier Epochen stand. Der wirksamste Vorarbeiter der folkloristischen Mythologie ist zugleich, freilich durchaus wider Willen, der Totengräber der alten »vergleichenden Mythologie« geworden. Denn gerade er trieb den linguistischen Standpunkt auf die Spitze und kam schließlich so weit, aus der Entwicklung der Mythen das epische, das ethische, das psychologische Element beinah zu eliminieren und alles auf Pathologie der Sprache zurückzuführen⁸). So wird eine Welt von Gedanken, Anschauungen, Empfindungen zuletzt auf eine kontinuierliche Eulenspiegelei reduziert, auf ein beständiges Wörtlichnehmen der Metaphern und Übertragen der Appellativa. Welches Talent diese Doktrinäre doch haben, luftleere Räume herzustellen, wo eben noch Leben und Bewegung war! Uns schaudert es bei dieser seelenlosen Wortentwicklung wie bei

¹) »Natürliche Religion«, »Physische Religion«, »Anthropologische Religion« 1890, 1892, 1894; »Theosophie oder Psychologische Religion«, 1895; vgl. Winternitz S. 285.
²) Essays 1, 112.   ³) 12, 208.   ⁴) 1, 302.
⁵) Obwohl er selbst ein unermüdlicher Arbeiter war; vgl. Winternitz a. a. O. S. 282.
⁶) Ebd. S. 283.
⁷) »Völkerpsychologie«; vgl. meinen Aufsatz »Wissenschaftliche Repräsentation« Neue D. Rundschau 17, 1326.
⁸) Vgl. bes. den charakteristischen Aufsatz »Vergleichende Mythologie«, Essays 2, 1 f.; »Mythos« = Wort S. 75.

§ 35. Germanische Mythologie seit J. Grimm. 605

den armen kranken Urmenschen, die, wenn sie zum Himmel aufblickten, in ihrer Sonnenblindheit nie etwas anderes als den Mond sahen, oder gar bei den ungeheuren Zeiträumen entleerter Weltgeschichte, in denen die Völker, weil nie ein Moses, Christus, Paulus auftrat, sich immer nur die verwitterte Gilgameschfabel [1]) (wenn auch mit den tollsten Varianten!) wiederzuerzählen wußten. Freilich kann man auf Max Müller im Gegensatz zu manchem Mitforscher den Chiasmus anwenden, unter dessen Schere Fr. D. Strauß Hegel und Schelling nahm: Schwartz' System »war klüger als er«, aber M. Müller, »der war klüger als sein System«. So hat er denn auch selbst in der gerade heut wieder sehr bemerkenswerten Studie »über falsche Analogien in der vergleichenden Theologie« [2]) damals moderne wissenschaftliche Religionsmischerei mit dem Dilettantismus des Vossius (1688) und Huet verglichen; inzwischen aber hat das System der »Ur-Offenbarungen« [3]) neue Orgien gefeiert. Er selbst trat mit seinen »Beiträgen zu einer wissenschaftlichen Mythologie« [4]) noch einmal auf den Plan: »Es gilt ein Heiligtum zu verteidigen«. Seine eigene Richtung bezeichnete er dabei als die der »etymologischen oder genealogischen Schule«; ihr gegenüber sah er die »ethnologische Schule« (wir nennen sie die folkloristische) und die »analogische«, »welch letztere innerhalb des Gebietes verwandter Sprachen, ohne Rücksichtname auf die Identität der Namen, aus der Ähnlichkeit der Schicksale und Taten der Helden auf gemeinschaftliche Quelle und gleichen Sinn schließt: die sagenvergleichende. Er fühlte nicht, wie nah beide seiner eigenen Schule verwandt waren.

Eine besondere Stellung freilich unter den Religionsvergleichern weist Chantepies kluge und kenntnisreiche Einleitung [5]) mit Recht dem fast vergessenen J. G. v. Hahn [6]) zu, dessen »Sagenwissenschaftliche Studien« (1876), »statt die Lösung mythologischer Probleme ausschließlich in Etymologien zu suchen, die Erzählung analysierten, die verschiedenartigen Elemente verglichen und kombinierten und die nahe Verwandtschaft zwischen Göttermythen, Heldensagen und Volksmärchen vollständig anerkannten [7]).« Er ist der Ahnherr jener Schule von stilleren Gelehrten, die in unschätzbarer Arbeit den Gesamtinhalt aller volkstümlichen Literatur vom Mythus der Urzeit bis zum Fliegenden Blatt von heut auf Motive, Verarbeitung und

---

[1]) P. Jensen, Das Gilgamesch-Epos in der Weltliteratur I. 1906; Moses, Jesus, Paulus 1910.
[2]) Religionswissenschaft S. 261 f.
[3]) S. 264.
[4]) 1898; vgl. Schullerus S. 513; O. Gruppe, Arch. f. Rel.-Wissensch. 2, 269.
[5]) S. 27.
[6]) 1811—1869; Fr. v. Halm, ADB. 10, 367.
[7]) Dagegen Mannhardt, Feldkulte 1, XXXI Anm.

Filiation der Elemente, Verbreitung und Verbreitungswege zu analysieren unternahmen. Neben ihm hat vor allem der unvergeßliche Wilhelm Hertz[1]) diese Beziehungen zwischen Mythologie und Sagenkunde verfolgt[2]), während andere, wie der über alle Möglichkeit gelehrte Reinhold Köhler[3]) und sein würdiger Erbe Johannes Bolte neben vielen trefflichen Mitforschern besonders in Deutschland (Felix Liebrecht), England (John Dunlop), Frankreich (Jos. Bédier), Italien (Gius. Petré — um immer je einen Namen zu nennen) vorzugsweise das Gebiet der »niederen Volksliteratur« (wenn man diese so der «höheren« der Mythologie gegenüberstellen darf) mit gesegnetem Fleiß durchackert haben. Zu einer dem Mythologen besonders wichtigen Abteilung dieser Sagenforschung entwickelte sich die Legendenforschung[4]), die dann später von Usener wichtige Impulse empfing. — Die Aushängebogen von v. Hahns »Albanesischen Märchen« (1864) waren das letzte, was J. Grimm auf dem Totenbette las[5]); so knüpft sich auch hier fast mit mythischer Pünktlichkeit Epoche an Epoche[6]).

[1]) 1835—1902; R. Weltrich, W. Hertz, Stuttgart 1902; Otto Günter, Biogr. Jahrb. 10, 291.
[2]) Ges. Abhandlungen, her. v. Fr. v. d. Leyen, Stuttgart 1905; Aus Dichtung und Sage, her. v. K. Vollmöller, Stuttgart 1907.
[3]) 1830—1892; Erich Schmidt. ADB. 51, 317. — Aufsätze über Märchen u. Volkslieder, her. v. J. Bolte und Erich Schmidt, Berlin 1894; Kleinere Schriften zur Märchenforschung, 3 Bde., her. v. J. Bolte, Weimar 1898.
[4]) Delehaye, La légende hagiographique, Bruxelles 1905. H. Günter, Legenden-Studien, Köln 1906. — Eine mythologisch wichtige Einzelstudie z. B. de Kerval, L'évolution et le développement du merveilleux dans les légendes de St. Antoine de Padoue, Paris 1906; methodologisch interessant Vollers, Chidher, Arch. f. Rel.-Wissensch. 12, 234. — Allgemein A. van Gennep, La formation des légendes, Paris 1910.
[5]) Fr. v. Halm a. a. O. S. 368.
[6]) Eine Fortsetzung von J. G. v. Hahns spezifischer Methode der Sagenforschung (im eigentlichen Sinne; v. d. Leyen S. 13f. versteht darunter irreführend die Mythologie) in ihrer Anwendung auf die Mythologie stellen die Arbeiten von Fr. v. d. Leyen dar, insbesondere sein »Deutsches Sagenbuch« (München 1909; Rez. Mogk, D. Lit.-Ztg. 1903 S. 1936). Der allgemeine Standpunkt ist der, daß »die Edda bloß alt ist, unsere Volksmärchen aber sind mehr, sie sind altertümlich« (S. 31). Dieser (vgl. o. S. 64) nicht unbedenklichen Auffassung entspricht aber im Großen die Praxis nicht; an den entscheidensten Stellen urteilt v. d. Leyen nicht anders als wir, glaubt die Fesselung Lokis »mit märchenhaften Beigaben ausgeschmückt« (S. 104) und hält von den Thor-Legenden viele für jung (S. 160). Allerdings stellt er den Volksmärchen die Eddadichter als bewußt schaffende Autoren, die eigentlich erst die höhere Mythologie hervorgebracht haben, gegenüber (S. 203. 226. 234; vgl. dagegen Finnur Jónsson und Heusler; siehe o.), und diesen literarischen Einflüssen schreibt er sogar manches zu, was uns volkstümlich-märchenhaft dünkt, wie die Versuche, Balder zu erlösen (S. 117). — Das anregende Buch läßt sich seiner Tendenz nach

## § 35. Germanische Mythologie seit J. Grimm.

Denn freilich hatte die Vergleichende Mythologie (ich setze immer hinzu: im alten Sinne) abgewirtschaftet; nicht ohne vorher noch das Gift der Ansteckung auf Epigonen der Müllenhoffschen Richtung zu übertragen, etwa auf Ferd. Sander, der in der Schrift »Das Nibelungenlied. Siegfried der Schlangentöter und Hagen von Tronje«[1]), aus einem Gleichnis in einem Lied des Claudianus das Recht herleitete, Regin zum Herrscher des oströmischen Reiches zu machen[2]). Freilich — die Epoche war zu Ende, wie es eben wissenschaftliche Richtungen zu sein pflegen: auf Zeit. Ist die Art Müllenhoffs von Voretzsch u. a. in wissenschaftlichem Sinn erneut worden, so die der Schwartz und Max Müller leider im unwissenschaftlichsten; diese neuesten Leistungen, wo der Mond den Mond verschlingt, infolgedessen den Mond gebiert und nun den Mond heiratet, um den Mond zu erzeugen, wäre auch den Dupuis allzu märchenhaft gewesen, zu viel »mondbeglänzte Zaubernacht«, wo wir Licht verlangen[3]).

Im übrigen wollen wir wie gegen die Verdienste, so auch gegen die Methode der Mythenvergleicher nicht ungerecht sein und die beliebte Manier, mit uns erst die Sonne aufgehen zu lassen, andern überlassen. Das Gebot, daß man Vater und Mutter ehren soll, ist auch für die Geschichte der Wissenschaften geschrieben. Adalbert Kuhn, Wilhelm Schwartz, Max Müller, Michel Bréal haben uns (mit Ratzel zu sprechen) erst die unentbehrliche »Weiträumigkeit« der Mythologie geschaffen, haben auf Grundtatsachen, Hauptmotive, Verknüpfungsformen hingewiesen. Sie haben uns erst gelehrt, Mythen zu vergleichen — auch durch ihre Über-

---

dahin charakterisieren, daß es die neuere folkloristische Richtung durch die Sagenforschung mildert, d. h. ihrer starken Bewertung der Kulthandlungen, Märchen und anderer auf »breitester demokratischer Basis« ruhender Erscheinungen eine fast gleich starke Schätzung der bewußten literarischen Produktion oder doch wenigstens der Erzählung als solcher zur Seite stellt. Die Anschauung: das Volk habe sich die Dämonen geschaffen (»Halbgötter« sagt v. d. Leyen S. 25. 93. 95 weniger gut), aber die Götter kämen fast ganz von den Gebildeten und Gelehrten, nähert sich der adoptionistischen, nur daß hier eine fast als Kaste aufgefaßte Gemeinschaft die Stellung einnimmt, die für Golther die Römer und für Gruppe Ägypter und Babylonier haben. Vgl. auch v. d. Leyen, Die Entwicklung in den Göttersagen der Edda, Germ.-Rom. Monatsschrift 1, 284. — Auch operiert er zu viel mit dem gefährlichen, so leicht anachronistischen Mittel, Ironie oder Spott anzunehmen. In dem gleichen Gedicht (Grfm.) soll es feierlich und verklärt wirken, wenn Odin mit Saga trinkt, Spott aber liegt in dem Trinken Heimdalls (S. 151 bez. 221). Und in dem harmlos-gemütlichen Spiel mit Thors Stärke und Schwäche sieht er (S. 160 u. ö.) immer nur beabsichtigten Hohn. Den hätten die Thorverehrer im Volk schwerlich geduldet, wo er sich nicht (wie in Hárb.) unter den Schutz eines stärkeren Gottes stellte.

[1]) Stockholm 1895.   [2]) S. 91.
[3]) Der »wissenschaftliche Astralkult« wird jetzt von den Ethnologen protegiert; vgl. bes. Ehrenreich, Ztschr. f. Ethnol. 38, 540 f., bei dem alles »der

eilungen. Und selbst ihr Ausgangspunkt — war er methodisch so falsch? Schließlich haben die meisten mythologischen Namen doch tatsächlich eine aussagende Bedeutung, und wenn wir wüßten, wie Heimdall eigentlich hieß, wüßten wir mehr von ihm. Daher kehren Rückwendungen zu der Vergleichenden Mythologie alten Stils auch immer wieder. Die letzte bedeutende Erscheinung dieser Art ist Muchs große Studie über den Germanischen Himmelsgott, eigentlich über die gesamte germanische Götterwelt[1]), mit ihren kühnen Vergleichen nicht nur der Motive, sondern auch der Gestalten bei den Mythen von Dido und Gefjon, Gullveig und Pandora, Wölund und Daidalos, Sigmund und Asklepius; ihren Deutungen germanischer Götter aus isolierten keltischen und slavischen Götternamen; ihrer Auffassung des Wanenkrieges als eines Kampfes zwischen »hellenisch-indogermanischer und phönikischer oder aboriginischer Religion[2]) — um so bedeutsamer, als sie in ihrem nahen Anschluß an Müllenhoff dessen Beziehungen zur Schule J. Grimm-Adalbert Kuhn noch einmal deutlich hervortreten läßt.

4. Aber heute regiert die **Folkloristische Mythologie**[3]). Von der Vergleichenden Mythologie gingen **Wilhelm Mannhardt** und E. H. Meyer aus, die in verschiedener Richtung für die Fortentwicklung unserer Wissenschaft bedeutend werden sollten. Wie die Korrekturbogen von J. G. v. Hahns Werk das letzte waren, was J. Grimm las, so ist die biographische Skizze über Mannhardt das letzte gewesen, was Müllenhoff »geschrieben oder vielmehr seiner Frau diktiert hat«[4]). Wilhelm Mannhardt[5]) wurde für Deutsch-

Hauptsache nach Naturmythe« ist (S. 550) und der einen großen Katechismus der Mondmythologie (S. 555f.) entfaltet, überall das Unbeweisbare voraussetzend; vortrefflich darüber und dagegen A. van Gennep, Moeurs et légendes, Paris 1909, S. 138f. — Ehrenreich hat denn auch solch einen Nachfahren der Mythenvergleichung in Schutz genommen, wie jenen Friedrichs, über dessen »Grundlage, Entstehung u. genaue Einzeldeutung der bekanntesten germ. Märchen, Mythen u. Sagen«, Leipzig 1909, eine glückliche Selbstparodie der lunaren »Methode«, Bolte, Ztschr. d. Ver. f. Volksk. (1909) 19, 459 zu vergleichen ist.

[1]) Abhandlungen zur germ. Phil. S. 189—278; vgl. darüber Heusler, Anz. f. d. Alt. 1909 S. 92.

[2]) S. 273.

[3]) Schullerus S. 508. — Zur Theorie: Hardy, Glaube und Brauch oder Brauch und Glaube?, Arch. f. Rel.-Wissensch. 2, 177, und seine Rez. von Robertson Smith' bahnbrechendem Buch »Die Religion der Semiten« (1899) ebd. 3, 207, auch über Mythus und Kultus Wundt S. 599.

[4]) W. Mannhardt, Mythol. Forschungen, her. v. H. Patzig mit Vorreden v. K. Müllenhoff u. W. Scherer, Straßburg 1889, S. XII.

[5]) 1831—1880; vgl. Müllenhoff u. Scherer a. a. O.; Scherer, ADB. 20, 203; E. H. Meyer, Anz. f. d. Alt. 11, 141; Chantepie S. 27; Golther S. 29f.: v. d. Leyen (Sagenbuch S. 37), der ihn als Begründer der »Allgemeinen Mythologie« bezeichnet; W. Roscher, Vier Briefe Mannhardts — zu den »Wald- und Feldkulten« —, Arch. f. Rel.-Wissensch. 2, 300.

## § 35. Germanische Mythologie seit J. Grimm.

land der eigentliche Begründer der »Volkskunde« als Wissenschaft und überhaupt der folkloristischen Mythologie. Mit den Namen von J. Grimm, Müllenhoff und Usener gehört der des armen kranken Mennoniten als der vierte zusammen: diese haben aus der neueren Mythologie, trotz allen Verdiensten der Engländer, eine »deutsche Wissenschaft« gemacht. Wie v. Hahn mit »Mythologischen Parallelen« (1859) begann er (1858) mit »Germanischen Mythen«, Parallelen zwischen Indra und Donar. Dann ging er bei Müllenhoff in die Schule[1]), und es entstand in ihm der große Plan, die gesamten realen Grundlagen der volkstümlichen Anschauungen systematisch zu studieren — also gerade das, was seine Lehrer Kuhn und Schwartz (nicht so J. Grimm) außer acht gelassen hatten. Wie Müllenhoff aus der Heldensage auf die Mythen, wollte er aus den Volksbräuchen auf die Kulte zurück und zwar, hierin der vergleichenden Schule getreu, auf die der indogermanischen Urzeit. Die »niedere Mythologie« sollte in ihrem vollen Umfang ermittelt werden; sie aber besitzt wenig epische, unendlich viel rituelle Zeugnisse. Dies erkannt und hierauf eine spezielle Mythologie begründet zu haben, ist das erste Verdienst Mannhardts. Er wandte sich speziell dem an Gebräuchen reichsten Gebiet zu, dem des Ackerbaus. Hierfür ersann er eine neue Forschungsart, »ließ massenhaft Frageblätter drucken« und versenden und leitete so zum ersten Mal die ungeheure Aufgabe einer **vollständigen Aufnahme** mythologischer Überlebsel oder Fortsetzungen ein. (Das riesige Material lagert auf der Berliner Bibliothek.) Dies führte ihn auch zu dem Ethnographen, der zuerst systematisch eine solche Aufnahme primitiver Anschauungen und Gebräuche angestrebt hatte: zu Theodor Waitz[2]), in dem sogar die Philosophie für die Völkerkunde fruchtbar geworden war. (Von den Nachfolgern Waitz', die mehr der Ethnologie aus der Mythologie gedient haben, nenne ich besonders R. Andree[3]). Noch fruchtbarer war es, daß 1872 Müllenhoff Mannhardt hinwies auf den bedeutendsten noch lebenden Folkloristen: auf Edward Burnett Tylor in Oxford[4]). Gemeinschaftlich mit Sir John Lubbock, jetzt Lord Avebury[5]), aber wissenschaftlich tiefer grabend als dieser, hatte Tylor aus einem ungeheuern Vorrat ethnologischer Tatsachen eine bestimmte Reihenfolge mythologischer Stufen festzulegen

---

[1]) ADB. S. 204.
[2]) 1821—1864; G. Gerland, ADB. 14, 629; »Anthropologie der Naturvölker« 1869f., ein überaus reichhaltiges Werk.
[3]) Ethnographische Parallelen und Vergleiche, I. Stuttgart 1876, II. Berlin 1889; Die Sintflutsagen, Braunschweig 1891. Vgl. allgemein die Ztschr. f. Völkerpsychologie, her. v. Lazarus und Steinthal, und ihre Fortsetzung, die Ztschr. d. Berl. Ver. f. Volksk., her. von Weinhold, dann von J. Bolte.
[4]) Urgeschichte der Menschheit, Leipzig 1867; Anfänge der Kultur, Leipzig 1873.
[5]) Die urgeschichtliche Zeit, Jena 1874; Die Entstehung der Zivilisation, Jena 1875.

begonnen. Außer den Anregungen Max Müllers mögen wohl Herbert Spencers soziologische Schriften [1]) diese Entwicklung gereift haben, vielleicht auch die geregelte relative Chronologie in der Prähistorie seit dem Durchdringen von Lisch' Dreistufentheorie: Stein, Bronze, Eisen. — Vor allem war es der Unterbau, der Tylor und Lubbock wie Mannhardt fesselte: der aristokratischen Göttermythologie stellte sich die demokratische Geister- und Dämonenmythologie selbstherrlich zur Seite. Müllenhoffs Hinweis auf den »sehr gescheiten und sehr verständigen (im Original unterstrichen, Müllenhoff wußte wohl warum!) Tylor« [2]) schlug sofort bei Mannhardt ein [3]). Seine Hauptwerke, die »Korndämonen« (1868) einerseits, die »Wald- und Feldkulte« (1875/77) anderseits trennt die epochemachende Bekanntschaft. Die englische Religionsforschung zahlte zurück, was sie durch J. Grimm und Max Müller empfangen hatte [4]). Andere sind Tylor gefolgt: Frazer [5]), Andrew Lang [6]); und ebenso ist in Deutschland die Nachfolge reich gewesen: ich nenne außer E. H. Meyer noch H. Pfannenschmidt [7]).

Mannhardt ist von Tylor nicht zu trennen, nur daß er eben die spezielle Mythenvergleichung beibehielt, wo Tylor nur die allgemeinen Formen des primitiven Glaubens aufsuchte: er ging, auch hier gut deutsch, doch noch mehr auf die mythischen Individuen aus, die einzelnen Korndämonen und Waldgeister — der Engländer auf das ganze Volk der Geister und Dämonen. Ferner bleibt Mannhardts besonderes Verdienst

[1]) Vgl. z. B. Andrew Lang, La mythologie, S. 11.
[2]) Mytholog. Forschungen S. XXII.
[3]) Vgl. seine Wald- und Feldkulte II. S. XXII.
[4]) Man könnte in der neueren wissenschaftlichen Mythologie drei Weltreiche unterscheiden. Nachdem lange nur jede Nation für sich mit größerem oder geringerem Eifer antiquarische Mythologie getrieben hatte, übernahm im 17. und 18. Jahrhundert Frankreich auch auf diesem Gebiet die Führung; ihm folgte in der größeren Hälfte des 19. Jahrhunderts Deutschland, um dann durch England abgelöst zu werden (Übergangsfigur Max Müller). Nun scheint sich wieder eine Zerspaltung anzubahnen; wenigstens in Deutschland tritt neben der »englischen Schule« (Preuß, Kauffmann, neuerdings auch Mogk, v. d. Leyen u. a.) eine deutsche (die Useners und Rohdes) kräftig hervor. Frankreich tritt (trotz Hubert und Mauss und van Gennep) neuerdings auffällig zurück. Man könnte auch nach den Lieblingsgöttern einteilen, wobei ein beständiger Wechsel von Todesgott (in Wackernagels Zeit wie in der unsern) und Lichtgott (Max Müller — Kauffmann, Golther und andere *Ziuwâri* —) sich, wie recht ist, ergeben würde.
[5]) The golden bough, London 1890.
[6]) Mythology; mit Zusätzen in der Übersetzung von L. Parmentier: La mythologie, Paris 1886; Custom and Myth, London 1884, und viele andere einflußreiche Schriften; besonders charakteristisch noch The making of religion, London 1900; siehe u.
[7]) Germanische Erntegebräuche, Berlin 1875.

| Name |
|---|
| Straße |
| Ort |
| Tel. |

MAGNUS VERLAG GmbH
Redaktionsbüro/Pressestelle
Im Teelbruch 60

4300 Essen 18

Lieber Leser,

Sie haben diese Karte in einem Buch aus unserem Verlagsprogramm gefunden. Sollten Sie an weiteren Informationen unserer recht umfangreichen Veröffentlichungen interessiert sein, so schicken Sie uns diese Karte unter Angabe Ihrer Interessengebiete einfach zu. Wir dürfen Sie dann laufend und kostenlos über unsere Neuheiten informieren.
Vielen Dank für Ihre Mühe, die sich lohnt.

Ihr

MAGNUS VERLAG
Redaktionsbüro/Pressestelle
Im Teelbruch 60, 4300 Essen 18

Ihre Interessen:

☐ Werke der Weltliteratur
☐ Lyrik/Prosa
☐ Geschichte/Kulturgeschichte
☐ Lexika/Ratgeber
☐ Abenteuerbibliothek
☐ Jugendbücher

Sonstige Anregungen:
_____
_____
_____
_____
_____

## § 35. Germanische Mythologie seit J. Grimm. 611

jene Tendenz auf Vollständigkeit der Aufnahme, und endlich neben Tylors (auch von ihm hervorgehobener) »Nüchternheit« der wärmere Ton, der ihm von der Schule Grimms und Müllenhoffs her geblieben war.

Der folkloristischen Schule eignet eine Methode, die der unserer (von ihr so gern angefeindeten oder verlachten) älteren Mythenvergleicher sehr ähnlich ist; nur die Objekte sind verschieden. Statt von einem Götternamen geht man von einem Kult oder einer Volkssitte aus, sucht dazu Parallelen, deutet sie und kommt von da zu gewissen animistischen oder dämonistischen Grundvorstellungen (z. B. Sündenbock, Austreiben der bösen Geister, sympathetischer Zauber u. dgl.). Die Gefahren sind nicht geringer als bei jener Schule. Denn die Interpretation einer Handlung ist mit nichten unzweideutiger als die eines Namens: dieselben Elemente, Opfer, Tanz, Ekstase, Schmücken oder Zerstören folgen sich auch hier; die Überfülle des Stoffes gibt auch hier zu wilden Vergleichen Gelegenheit.

Schon früh gab diese allzu rasche Mythisierung der Realien Anlaß zu ironischer Polemik. In einem öfter zitierten als beachteten Aufsatz über »die Hündchen von Bretzwil und von Bretten«[1] spottete schon 1856 Wilhelm Wackernagel über das Unwesen, in jedem Hund den »gesteigerten Hund« Cerberus[2] zu sehen und[3] überall den Begriff des Todes als »die festere Grundlage« der historischen gegenüberzustellen[4] — was doch wieder die neueste Leidenschaft geworden ist. Heut blickt wieder v. d. Leyen[5] mit mitleidigem Spott auf die Zeit zurück, in der kein Holzhauer in der Sage mit der Axt Späne vom Holze abschlagen konnte, ohne daß die Axt für Donars Hammer und der Span für einen ursprünglich goldenen, mit der Sonne offenbar zusammenhängenden Span erklärt wurde — aber ich kann nicht finden, daß wir diese Epoche schon überwunden hätten!

Gleich die berühmteste Einzelleistung der Folkloristen, die Deutung des Opfers durch Robertson Smith[6], ist keineswegs unangefochten geblieben und ist wohl sicher viel zu allgemein. Einseitigkeit in der Auffassung ist überhaupt hier so häufig wie dort: wenn Schwartz überall Gewitter sah, so sah Lippert[7] überall Seelen; und welcher Mißbrauch mit der kultischen Erklärung von Mythen getrieben werden kann, hat selbst an

---

[1] Wieder abgedruckt Kl. Schr. 3, 423 f.
[2] S. 424. [3] S. 428.
[4] S. 428, vgl. S. 429.
[5] Sagenbuch S. 21.
[6] Robertson Smith, Religion der Semiten, übs. v. Stübe, Freiburg 1899. Über den Verf. (1846—1894) vgl. J. Bryce, Studies in Contemporary Biography, London 1903, S. 311.
[7] Allgem. Gesch. d. Priestertums, 1883; vgl. Golther S. 33.

Frazers so wertvollem Werk Kauffmanns Weiterführung Frazerscher Ideen[1]) gelehrt. Die Folkloristen leisten das Beste, soweit sie sich wirklich an ganz primitive Verhältnisse halten; in ihrer Ausbeutung modernen Aberglaubens sind sie kaum vorsichtiger als J. Grimm. Man kann das bis ins einzelne in ihren Mythologien verfolgen: Mogk, der die folkloristische mit der historischen Methode vereinigt, ist doch die Darstellung der niederen Mythologie am besten gelungen, E. H. Meyer aber, der ganz zum Folklorismus übergegangen ist, versagt in der Schilderung der Götter oft vollständig. Dies ist auch natürlich, denn die fundamentale Voraussetzung der ganzen Richtung ist die Annahme einer ursprünglichen Gleichheit der menschlichen Natur. An Stelle der geographischen Herleitung ist hier durchaus die psychologische getreten (daher auch gern Exemplifikationen aus der Kinderstube), an Stelle der monogenetischen Hypothese etwa der asiatisierenden Romantiker die polygenetische. Ich glaube, mit vollem Recht; aber eben nur bis zu einem gewissen Punkt, wo die nationale Sonderbildung und Sonderentwicklung einsetzte.

Ja es bleibt sogar immer noch strittig, wie weit die absolute primitive Gleichheit zuzugeben ist[2]). Die alte theologische Meinung schied die Völker der Offenbarung streng von allen anderen; so hebt denn auch z. B. Leß die Juden allein aus seiner Verdammnis der nichtchristlichen Völker heraus. Später macht etwa der starr ultramontane, geistvoll ultradoktrinäre Joseph de Maistre den Unterschied zwischen »Wilden« und »Barbaren«[3]): der »Barbar« ist der primitive Mensch, in dem die zukünftige Erleuchtung schlummert, der »Wilde« (den er mit mehr als Leßschen Farben ins dunkelste Schwarz malt) hat keine Hoffnung. Diese Zweiteilung bildete später Graf Gobineau zu einer ganzen Stufenleiter der Rassenanlagen aus[4]), worin ihm vergröbernd H. St. Chamberlain gefolgt ist. Aber auch aus der vergleichenden Geschichtsbetrachtung her hat man ähnliche Unterscheidungen vorgenommen; so nennt Kurt Breysig[5]) bestimmte Völker die »Völker ewiger Urzeit« — eine geistreich gewählte Benennung für die, die immer primitiv bleiben. Irgendeine solche Unterscheidung wird gewiß auf die Dauer nicht zu vermeiden sein: man wird auf der allereinfachsten Grundlage schon sehr früh differenzierende Momente aufdecken. Aber diese werden eben in die psychologisch notwendige Stufenfolge zu verrechnen sein, die Tatsache einer typischen Entwicklung

---

[1]) Und Muchs Kritik beider; vgl. o. S. 329.
[2]) Vgl. die Darstellungen der primitiven Psychologie bei Fritz Schultze, Vierkandt u. a.; siehe o. S. 73.
[3]) *Entretiens de St. Pétersbourg*, 2. *entretien;* Edition Garnier, Paris o. J.; 1, 84.
[4]) *Essai sur l'inégalité des rasses humaines* 1853; übs. v. L. Schemann 1898.
[5]) Geschichte der Menschheit B. 1, Berlin 1907.

## § 35. Germanische Mythologie seit J. Grimm.

aber (wie sie im welthistorischen Zusammenhange Karl Lamprecht, so auch in seiner Deutschen Geschichte, betont) werden sie schwerlich aufheben.

Die Erkenntnis oder auch nur das Vorgefühl solcher Gefahren bei der neuen Methode führte wiederum zu neuen Entwicklungen. — Wie von J. Grimm, so spalteten von Mannhardt und Tylor zwei Wege ab. Entweder nahm man zu der psychologischen Ableitung die geographische hinzu (S. Bugge, E. H. Meyer), oder die historische (Rohde, Usener); wobei wiederum im letzteren Falle noch ein doppeltes Verfahren möglich blieb: mehr philologisch (Rohde) oder mehr historisch (Usener). — In all diesen Fällen hatte man den Vorteil, die zu große Allgemeinheit der volkskundlichen Typen durch Gebilde von mehr spezifischem Charakter ersetzen zu können; in allen ist es geglückt — außer auf dem Wege einer künstlichen Verbindung der psychologischen mit der geographischen Methode.

Als eine Sonderrichtung innerhalb der folkloristischen Schule betrachtet sich eine Gruppe, die sich der »animistischen« gegenüber als die »dynamische« bezeichnet[1]) und der K. Th. Preuß, Sidney Hartland, Hubert und Mauss, van Gennep angehören. Sie unterscheidet bei den geheimen Kräften solche, die belebt gedacht werden und solche, die rein dynamisch, eben nur als Kräfte wirken. Ferner betont sie die Zauberei so stark, daß van Gennep[2]) geradezu die gesamte »Technik der Religion« als Magie bezeichnet. — Mir scheint praktisch eine große Verschiedenheit zwischen den beiden Gruppen nicht zu bestehen; übrigens würde ich die zweite lieber die »magische« nennen, denn eine »Kraft« ist der »Geist« doch auch; das »belebte« ‚Mana' hört doch durch sein Plus nicht auf eine Macht zu sein!

5. Doch zunächst kam noch einmal die geographische Methode allein zum Wort: in der adaptionistischen Mythologie. O. Gruppe[3]) schrieb eins der selbständigsten und anregendsten Bücher, die auf dem Felde der Mythologie in neuerer Zeit erschienen sind. Alle Schwächen der vergleichenden Mythologie stellt er (S. 79 f., 97 f.) übersichtlich zusammen, und verzeichnet treulich all ihre Mißerfolge; alle Bedenklichkeiten im Verfahren der »Dämonologischen« (S. 184 f.) spürt er auf; gegen die Grundanschauungen Mannhardts (S. 187), Max Müllers

---

[1]) Vgl. z. B. A. van Gennep, Les Rites de Passage, Paris 1909, S. 8; dazu meine Rezension Ztschr. d. Ver. f. Volksk. 1910 S. 117.
[2]) S. 17.
[3]) Die griechischen Kulte und Mythen in ihren Beziehungen zu orientalischen Religionen I. 1887. Mehr nicht erschienen; vgl. Golther S. 35, Chantepie S. 40; vom Standpunkt der griechischen Philologie aus Bethe, D. Lit.-Ztg. 1906, S. 2606.

(S. 200), Andrew Langs (S. 206) bringt er scharfsinnige Einwände. Besonders hat er überall ein scharfes Auge auf die Verwendung der Etymologie, mag es sich nun um griechische (S. 624) oder ägyptische (S. 505) handeln. Den Einfluß der Brüder Grimm und der deutschen Philologie hält er (S. 50) für schädlich; das Auftreten der Religion findet er (S. 194) überall unterschätzt. Überall, wo er kritisiert, ist er sehr zu beachten, oft anzuerkennen. Kommt man nun aber zu seinen eigenen Anschauungen, so findet man selbst Angriffspunkte genug für die Kritik. Daß die Mythen (S. V) schlechterdings nur »Teile der Literatur« seien, ist unrichtig: die Vergleichung der literarisch überlieferten Mythen, die Erschließung aus Andeutungen läßt uns vorliterarische Mythen oft genug erkennen; Mythen gibt es auch bei unliterarischen Völkern. — Daß ein Übergang aus niederer in höhere Mythologie nirgends bewiesen sei (S. 193), ist unrichtig; der dämonische Ursprung gewisser Gottheiten liegt völlig deutlich da in der indischen, hellenischen, nordischen Literatur. — Daß die Kulten und Mythen der einzelnen indogermanischen Völker, ja noch der einzelnen Urvölker mit ihrem Kulturzustand in unlöslichem Widerspruch stehen (S. 151), ist so wenig richtig, daß vielmehr der wilde Urgrund vieler mythologischen Anschauungen noch blutig oder seltsam in späte Kulturepochen hineinragt. — Endlich das Hauptargument, gemein menschlich sei nicht eine bestimmte Religion, auch nicht eine bestimmte religiöse Anlage, sondern eine passive Potenz, eine Empfänglichkeit, nicht eine Kraft (S. 259 vgl. S. 257) schlägt nicht durch, da eben die Empfänglichkeit vollkommen genügt, um überall irgendwelchen Erklärungen und Vorschriften den Weg zu bereiten.

Den eigenen Theorien Gruppes aber, denen wenigstens von der Entstehung der Religion (S. 270 f.), haftet ein zu doktrinäres Gepräge an, als daß sie gegen die Empirie aufkommen könnten; und denen von der Religionsübertragung (S. 262 f.) und der Anpassung an die jedesmaligen Verhältnisse der Entlehnenden (»Adaptionismus« S. 267 f,) steht zweierlei entgegen: erstens: daß eine derartige Gesamtübertragung nun einmal nirgends für frühe Zeiten bezeugt ist, bei denen die Schwierigkeit des Verkehrs, das Mißtrauen gegen Fremde, die sprachlichen Hindernisse sie auch fast undenkbar machen; zweitens: daß kein Grund aufzuweisen ist, weshalb, was in Ägypten oder Vorderasien möglich war, nicht auch sonst hätte entstehen können. — Allerdings hat schon der geistreiche Oscar Peschel [1]) mit einer besonderen »Zone der Religionsstifter« experimentiert — als ob es nicht von Amenophis bis zu Joe Smith und von Zoroaster bis zu Miß Eddy überall von Religionsstiftern wimmelte!; aber — sie umfaßt Gruppes Gebiet gar nicht. — Auch im Einzelnen zeigen sich die Schattenseiten

---

[1]) In seiner »Völkerkunde«, 5. Aufl., Leipzig 1881, S. 304.

## § 35. Germanische Mythologie seit J. Grimm.

von Gruppes literarischem Aktenstandpunkt (»*quod non est in actis, non est in mundo*«), z. B. (wie Golther mit Recht bemerkt) in der Beurteilung der altgermanischen Religionsanfänge[1]). Vor allem aber ist die bei Gruppe mit erstaunlicher Gelehrsamkeit, vielem Geist und großer Umsicht aufgebaute Wanderungshypothese durch ihre neuesten Nachfolger heilloser kompromittiert worden, als Kuhn und Schwartz durch ihre Epigonen: seitdem alles von Babel herstammt, seitdem die Assyriologen die Wege des geistigen Verkehrs auf Eine Straße eingeengt haben, wagt man ein so ernstes Buch wie das Gruppes kaum noch eingehend zu würdigen. —

Nicht, wie Golther[2]) meint, zu Gruppe schnurstracks entgegengesetzten Ergebnissen, sondern zu ganz verwandten kommt das geistreiche, voll hohen Schwungs geschriebene Büchlein von Vodskov *Saeledyrkelse og Naturdyrkelse* (Seelen- und Naturkult) Bd. 1: *Rigveda og Edda*, Kopenhagen 1890 — leider auch in der Unvollständigkeit, im Steckenbleiben jenem Werk verwandt[3]). Freilich schließt er seine glänzende Einleitung[4]) mit der ironischen Grabschrift auf das »wandernde Kulturvolk«, das überall hin »so viele Tonnen Nephrit und Bronce, Weisheit und Kraft« importiert habe; aber an diese Handelsreisenden der Kultur glaubt ja auch Gruppe nicht. Aber Vodskov, genau wie Gruppe, leugnet die Gemeingültigkeit der religiösen Entwicklungsformen; »Ortsgebundenheit« ist sein Hauptwort, die unbedingte Abhängigkeit vom Naturleben[5]) sein Hauptargument. Geographisch ist auch seine Erklärung: jedes Volk hat die Religion, die ihm aus klimatischen und historischen Bedingungen zukommt. Die »hohe Kultur, die die meisten Sprachforscher und alle vergleichenden Mythologen dem indogermanischen Urvolk beigelegt haben«, bestreitet auch er[6]). An die glauben auch wir nicht; aber eine weit fortgeschrittene Präformation der Sonderkulturen scheint uns erwiesen — für den Götterglauben gerade so gut wie z. B. für die älteste Metrik, die gewiß erst nach der Völkertrennung sich festigte, aber ohne proethnische Ansätze zu weitgehenden Übereinstimmungen nur durch »prästabilierte Harmonie« bestehen könnte[7]). Und da nun einmal später große Übereinstimmungen auch zwischen Edda und Veda nachzuweisen sind, so würden sie bei völlig isolierter Entwicklung der Skandinavier und Inder wieder nur durch den künstlichsten, nachträglichen »Adaptionismus« erklärt werden können. —

Unabhängig von Gruppe vertritt die Theorien von Wanderung und Anpassung in spezifischer Anwendung auf die Symbole das bei uns nicht genügend beachtete Werk des Grafen Goblet d'Alviella *La Migration*

---

[1]) S. 180.    [2]) S. 37.
[3]) Rez. Kauffmann, Anz. f. d. Alt. 18, 21 f.
[4]) S. CXLVIII.    [5]) Z. B. S. XLIII.    [6]) S. LXXXIV.
[7]) Vgl. Usener, Altgriechischer Versbau, Bonn 1887.

*des symboles*[1]). Er nimmt einen einheitlichen Stammbaum (S. 86) für das Hakenkreuz an[2]) und zeichnet (S. 328) geographische Hauptwege für die Wanderungen (vgl. S. 266. 270); doch gibt er (S. 208, vgl. 213) abstrakt die Möglichkeit unabhängigen Ursprungs zu. Die Regel aber sieht er in nachheriger Umgestaltung oder Umdeutung bei gleichem Ursprung (S. 109), die durch Anpassung (*transmutation des symboles* S. 217 f., der wichtigste Abschnitt, vgl. S. 108 f.), Verschmelzung (S. 228, vgl. S. 250) und absichtlichen priesterlichen Synkretismus (S. 331) bewirkt wird. Außer der Svâstika (das Kreuz S. 143 f.) behandelt er besonders das Sonnenrad (S. 220 f.), den Heroldstab (S. 280 f.) und namentlich den Lebensbaum (S. 205 f.)[3]).

6. Eine neue Begegnung getrennter Tendenzen schafft die folkloristisch-adaptionistische Mythologie. Golther[4]) lehnt Gruppes Anschauungen bezüglich der niederen Mythologie zwar völlig ab, hält sie aber betreffs der höheren Mythologie im wesentlichen für richtig. Dieser merkwürdige Standpunkt, daß zwar das Einfache, Gemeinverständlichste nicht entlehnt sein könne, wohl aber das Individuelle und Nationale, ist eigentlich überhaupt unbegreiflich. Gerade in Göttergestalten wie Indra, Athene, Thor, gerade in Kulten wie dem Soma-Opfer und der Speerweihe, gerade in »hieratischen Mythen« wie denen von Asklepius oder Brhaspati pflegen wir ja den spezifischen Ausdruck nationaler Eigenart zu sehen. Es ist, als wollte man sagen: die Kinder haben natürlich alles aus sich selbst; aber die Gedanken der Erwachsenen werden wohl geborgt sein. — Indeß, bei Golthers Autoritäten, Sophus Bugge[5]) und E. H. Meyer, steht die Sache anders und verständlicher.

Sophus Bugge ist in seiner Methode durch und durch ein Nachfahr der vergleichenden Mythologie — so sehr, daß ich nicht einmal von einer Beimischung des Folklorismus bei ihm zu sprechen wagen dürfte, wenn er nicht in Einzeluntersuchungen sein Interesse an Volksleben und Volksart

---

[1]) Paris 1891.

[2]) Vgl. dagegen K. v. d. Steinen, Prähistorische Zeichen und Ornamente, Berlin 1896, aus der Bastian-Festschrift; E. Grosse, Anfänge der Kunst, Freiburg 1893, S. 116f.; Verworn, Anfänge der Kunst, Jena 1909, S. 54.

[3]) Unbrauchbar dagegen Aug. Wünsche, Die Sagen vom Lebensbaum und Lebenswasser, Leipzig 1905.

[4]) S. 36.

[5]) 1833—1907; vgl. Axel Olrik u. M. Kristensen, Danske Studier 1907, S. 77f.; Hj. Falk, Ark. f. nord. Fil. 24, 222; E. Mogk, Journal of German Phil. 7, 105. — Bugge, Populaer-videnskabelige Foredrag, Kristiania 1907. 1889 erschienen die Studien über d. Entstehung d. nord. Götter- u. Heldensagen. — Über seine Methode: Mogk Mythologie, S. 245; Schullerus S. 510; Bugge selbst Ark. f. nord. Fil. 19, 91; v. d. Leyen, Sagenbuch, S. 40; Chantepie S. 37 f.; Golther S. 44 f.

bewiesen hätte. Vor allem aber erstrecken sich seine Forschungen nur auf die höhere Mythologie, lassen also hier die im Norden damals wohl schon allgemein geltende folkloristische Anschauung unberührt. Wie die Mythenvergleicher, ging Bugge zunächst von der Etymologie aus, die er noch kühner als jene handhabt (selbst Golther [1]) gibt seine Wortableitungen preis!) und die Betrachtung von Fremdworten u. dgl. spricht bei ihm (wie bei einigen späteren nordischen Forschern, z. B. Schytte) jederzeit eine besondere Rolle. Ferner ist seine Art, von der Edda aus in der Mythologie aller Perioden und Völker herumzugreifen und dann zwei unvereinbare Berichte auf eine übereinstimmende Formel zu bringen, völlig die von Max Müller oder — Schlimmeren. Endlich ist auch die Interpretation in einem durch bestimmte Grundanschauungen beeinflußten Sinne durchaus im Geiste jener Schule. Ja, die Art, wie er urchristliche, altjüdische, gelehrt-antike Einzelmotive von zum Teil abgelegensten Gebieten her an Odin und Balder heranholte, konnte oft wie ein Atavismus in die Zeit Creuzers und Görres' zurückweisen [2]).

Was nun aber Bugge zu diesen Anschauungen brachte, war gerade das von seinen Vorgängern in der vergleichenden Mythologie vernachlässigte nationale Element. Bei liebevollster Versenkung in die Eddadichtung hatte der große Kenner der gesamtnordischen Eigenart mancherlei Züge bemerkt, die ihm zu dem allgemeinen Bild der germanischen Mythologie nicht zu stimmen schienen, das J. Grimm entworfen und seine Nachfolger nicht verändert hatten. Ja, sie schienen sogar aus dem Ton herauszufallen, den unter den Händen der Vergleichenden die gesamte indogermanische Mythologie angenommen hatte. Hierin nun täuschte sein feiner Sinn sich gewiß nicht; es lagen wirklich an jenen Stellen höchst eigenartige Sonderentwicklungen vor, deren ethische und intellektualistische Färbung wohl an christliche und gelehrte Einflüsse denken lassen konnten. Sie waren aber doch wieder mit diesen viel schwerer als mit dem Gesamthabitus der nordischen Mythologie in Übereinstimmung zu bringen; der Odin, der neun Tage am Baum hängt als ein Opfer und dann alle Weisheit besitzt, stand dem Odin, der mit Mimirs Kopf spricht oder zu Vafthrúdnir fährt, gewiß näher als dem gewiß nicht um der Gewinnung von Weisheit willen und auch nicht »sich selbst« geopferten Christus. — Aber die vergleichende Mythologie hatte eben über das ganze Gebiet, das sie mit ihren Parallelen beherrschte, eine so gleichmäßige Färbung gebreitet, daß man eine so eigenartige Evolution von innen heraus nicht anzunehmen wagte. So ward Bugge in doppeltem Sinne ein Opfer der vergleichenden

---

[1]) S. 44.
[2]) Die im Norden sonst so heftig abgewehrte Anschauung von christlichem Einfluß auf die Edda hatte für die Eschatologie schon 1836 M. Hammerich (Om Ragnaroksmythen) behauptet; siehe o. S. 601, 1.

Mythologie. Es mußte nun also Entlehnung angenommen werden und zwar von einem außerhalb des indogermanischen Mythenkreises stehenden Bezirk (oder deren mehreren). Und nun ward er weiter ein Opfer seiner Gelehrsamkeit und eines (wie bei so vielen Mythenvergleichern) durch kein genügendes Unterscheidungsvermögen kontrollierten Kombinationstalentes.

Nun aber mußten doch Wege für die Übermittlung des fremden Gutes gesucht werden, gerade weil es sich um Import von fremden Kulturkreisen handelte. Hier nun wiesen ihn seine historischen Studien auf die Beziehungen der Wikinger zu Irland. Gewiß ein wichtiges Moment: sein Sohn Alexander Bugge, daneben Axel Olrik haben in der Tat irische Einflüsse auf die nordische Sage und Dichtung wahrscheinlich gemacht: auf das Gedicht von Ríg, die Götterschlacht, die Schilderung von Thors Asenzorn. Aber immer sind das Einflüsse von Volk zu Volk. Daß die irischen Mönche die Belesenheit, die Bugge ihnen in Unterschätzung seiner eigenen ganz exzeptionellen Gelehrsamkeit zutraut, fahrenden Kriegern hätten übermitteln können, bleibt so gut wie undenkbar. Wären selbst statt der zusammenhanglos von Bugge verbundenen Einzelheiten größere Entlehnungen anzunehmen — diese Wikinger, die am meisten nordischen Nordmänner, waren gewiß nicht reif, auch diese griechisch-römischen Schatzkammern zu plündern!

Dem Drama fehlte nicht das Satyrspiel: Carus Sterne[1]) leitete als umgekehrter Bugge alle griechischen Sagen und Mythen aus nordischen Quellen ab«[2]). Später hat dann diese Reaktion bis zu der Leugnung der Existenz Christi geführt; und der neue Hardouin wird nicht ausbleiben, der da nachweist, alle Antike sei überhaupt nur eine Fälschung der Mönche[3]).

Auch Elard Hugo Meyer[4]) kam von der vergleichenden Mythologie her. Er hat J. Grimms Mythologie neu herausgegeben und hat in zwei Bänden Indogermanischer Mythen[5]) die Kentauren mit den indischen Ghandarven verglichen und[6]) den Peleus- und Achilleusmythus auf eine indogermanische Grundform[7]) zurückzuleiten versucht. — Bald darauf

---

[1]) Eigentlich Ernst Krause: Die Trojaburgen Nordeuropas, 1893, u. a.; vgl. Hantzsch, Biograph. Jb. 8, 307.

[2]) Schullerus S. 518.

[3]) Jean Hardouin, 1646 geb., Jesuit, suchte zu erweisen, daß bis auf Cicero, Plinius, die Georgica Virgils, die Satiren und Episteln des Horaz alle antiken Schriftsteller untergeschoben seien (Biogr. Univ. 18, 450).

[4]) Gest. 1908; Nekrolog von Kluge, Münchener Allg. Ztg. 1908, Beilage S. 631; Roediger, Ztschr. d. Ver. f. Volksk. 18, 237. — Golther S. 47; Schullerus S. 509.

[5]) Berlin I. 1883, II. 1887.

[6]) 2, 569 f.     [7]) 2, 654.

gelangt er, unabhängig von Bugge [1]), zu ähnlichen Ergebnissen wie dieser [2]). Allerdings ist sein Ausgangspunkt ein anderer. E. H. Meyer lebte vor allem in der Anschauung der »niederen Mythologie«; hierfür haben seine beiden Mythologien Vortreffliches geleistet; und später hat er sich, mit dem schönsten Erfolg, ausschließlich der Volkskunde gewidmet [3]). Von dieser Gewöhnung aus kam ihm jede mythische Gestaltung, die systematisch aussah, verdächtig vor — wo Bugge der Inhalt stutzig machte, ward er durch die Form beunruhigt. Unzweifelhaft war auch dies ein berechtigter Ausgangspunkt. Wie wird nun aber die Lösung des Problems durchgeführt! welche Unmasse abstrakter Gelehrsamkeit haben die armen eddischen Dichter schlucken müssen! Und wieder die wilden Etymologien: aus μελανίππος, schwarzes Pferd, ist — ein »Reifmähne« mit *meldropum*, Tautropfen, geworden [4]), wo also glücklich die Silbe *mel* stimmt! Und welches wüste Arbeiten mit ungefähren Anklängen! und welche Logik, wo dann wieder [5]) etwas unecht ist, weil es »die Tendenz hat, die heidnische Färbung zu verdächtigen«! — Das Beste, oder auch das allein Brauchbare sind hier die dämonistischen Deutungen [6]). In seiner Dämonologie sehe ich überhaupt [7]) sein größtes mythologisches Verdienst, und positiv ein großes. Chantepie hält die Herleitung der Götter aus Dämonen nicht für erwiesen. Aber wo sollen sie denn überhaupt herkommen, da Chantepie ja nicht [8]) Gruppes Theorie annimmt? Spätere Götter können gewiß unmittelbar entstanden sein, wenn das Bild einmal gegeben war — die frühesten mußten sich aus niederen Stufen entwickeln. Mit dieser Anschauung haben auch schon vor E. H. Meyer z. B. Hoffory in der germanischen Mythologie, viele in der griechischen gearbeitet; und bei Gestalten wie Rudra, Pan, Loki glaubt man die Entwicklung aus dem Dämon förmlich vor Augen zu sehen [9]).

7. Eine andere Verbindung besitzen wir in der **folkloristisch-historischen Mythologie**. Wiederholt hatte man schon den Versuch

---

[1]) Völuspá S. II.
[2]) Völuspá, Berlin 1889; Die eddische Kosmogonie, Freiburg i. Br. 1891; vgl. die Besprechungen von Detter, Ark. f. nord. Fil. 7, 89f. bez. 8, 304; für die Völuspá noch Niedner, Ztschr. f. d. Alt. 41, 34.
[3]) Deutsche Volkskunde, Straßburg 1898; Badisches Volksleben im 19. Jahrhundert, ebd. 1900.
[4]) Kosmogonie S. 105.        [5]) Völuspá S. 134.
[6]) Z. B. ebd. S. 176.        [7]) Gegen Chantepie S. 714.
[8]) Wie E. H. Meyer z. T.: ebd. S. 43.
[9]) Vgl. für diese Gruppe noch z. B. Mogk, Menschenopfer, S. 621. Auch Sophus Müller in seiner trefflichen Urgeschichte Europas (übs. v. Jiriczek, Straßburg 1908) steht wesentlich auf dem Standpunkt der Anpassungshypothese und läßt den Germanen die Götter von den Römern zukommen (vgl. dagegen Much, Gött. Gel.-Anz. 1909 S. 95f.

gemacht, auf der Grundlage der vergleichenden Mythologie nationale Mythologien entstehen zu lassen. Dies war der Grundgedanke Adolf Bastians, der in unendlich wirren Deduktionen den »Völkergedanken« als spezifischen Faktor die allgemein menschlichen Vorstellungen nationalisieren ließ. Dieser Anschauung näherte sich auch Karl Weinhold[1]). Er ging von J. Grimm aus und suchte in seinen Hauptwerken[2]) wie Uhland und Grimm beschreibende Kulturgeschichte zu geben. In seinen mythologischen Arbeiten[3]) versuchte er die spezifischen klimatischen und kulturellen Verhältnisse der Nordländer als differenzierenden Faktor einzuführen. Wieviel mehr hätte darin ein solcher Kenner der Volkskunde tun können! aber es ist merkwürdig, wie isoliert alles bei diesem vielseitigen Gelehrten blieb. Wie er, etwas pedantisch, seinen Schreibtisch jeden Abend abräumte und jedes Buch wieder an Ort und Stelle einschob, so war auch der Folklorist kaum noch zu merken, wenn der Mytholog das Wort hatte[4]).

So blieb der Ruhm, diesen Weg eingeschlagen zu haben, den klassischen Philologen und Historikern.

Den ersten Rang nimmt der letzte der großen Mythologen ein: Hermann Usener[5]). In einer langen Reihe von Arbeiten[6]) hat Usener Ein Ziel klar und fest im Auge behalten. Mehr als ein Früherer erkannte er, daß die Mythologie nichts Festes ist, sondern ein ewiges Fließen, eine »energia«, wie es für W. v. Humboldt zuerst die Sprache, für Savigny zuerst das Recht war[7]). Als echter Historiker wollte er das Werden der Mythen beobachten — nicht vereinzelt, wie das jeder Mythenvergleicher und fast jeder ernsthafte Mytholog anstreben muß, sondern generell. Die typischen Stufen des religiösen Empfindens, die Phasen der mythologischen Evolution waren ihm nur Hilfsmittel, um diese beständigen Umformungen

---

[1]) 1823—1901; Fr. v. d. Leyen, Biogr. Jahrb. 6, 47.

[2]) Altnordisches Leben, 1855; Die deutschen Frauen in dem Mittelalter, 1851, stark umgestaltet 1882.

[3]) Golther S. 39; Chantepie S. 33: Die Riesen im germ. Mythus, 1858; Der Mythus vom Wanenkrieg, 1870 u. a.

[4]) Ähnlich Heusler. Ark. f. nord. Fil. 19, 197.

[5]) 1834—1905; P. Wendland, Preuß. Jahrb. 122 (1905) S. 373; Albert Dieterich, Arch. f. Rel.-Wissensch. 8, 1 f. — Vorträge und Aufsätze, Leipzig 1902.

[6]) Legenden der heiligen Pelagia, Bonn 1879; Das Weihnachtsfest, Bonn 1889, dazu sehr charakteristisch P. de Lagarde, Altes und Neues über das Weihnachtsfest, Göttingen 1891; Götternamen, Bonn 1896; Die Sintflutsagen, ebd. 1899; Dreiheit, ebd. 1903; Aufsätze im Rheinischen Museum, im Arch. f. Rel.-Wissensch. u. a.

[7]) Auf dem Wege zu dieser Anschauung war besonders Müllenhoff; vgl. Much, Himmelsgott, S. 189; ferner Mannhardt, sein Schüler, der die Bedeutung der »mythenbildenden Kraft« (v. d. Leyen, Sagenbuch, S. 33, vgl. S. 90) hervorhob und in der Entwicklung der Mythen ihr eigentliches Leben finden wollte (ebd. S. 33), bei dem es aber auch mehr Theorie blieb.

## § 35. Germanische Mythologie seit J. Grimm.

festzuhalten, in denen er als Erster das Wesen der Mythologie erblickte. — Hierzu nun schuf er sich ein eigenes Werkzeug. Wie die indogermanische Sprachwissenschaft die romanische Philologie vor sich hat, in der die dort nur postulierte Ursprache mit dem Vulgärlatein tatsächlich gegeben ist, so besitzen wir umgekehrt in einem nicht geringen Teil des christlichen Legendenschatzes das Ergebnis einer greifbaren Umgestaltung antiker Mythen, in einem nicht geringen Teil des katholischen Ritus die im Einzelnen festzustellende Umbildung römischer oder griechischer Riten (z. B. der Wasserweihe). Hier also setzte Usener ein von der Pelagia bis zu dem posthumen Heiligen Tychon[1]). Nicht die Herleitung der einzelnen Legende war Selbstzweck, sondern die Ermittlung der Gesetze der Umwandlung. Ebenso ist auch z. B. Useners merkwürdige Entdeckung der »Augenblicksgötter« oder »Sondergötter« (in den »Götternamen«) nur deshalb für ihn von Bedeutung, weil hier einmal der mythenbildende Akt unmittelbar vorzuliegen scheint.

Von einem allgemeinen »Adaptionismus« ist nicht die Rede, sondern diese Christianisierung ist nur ein methodisch besonders wichtiger Einzelfall der auch im nationalen Innenleben unvermeidlichen Umbildung. Sie hat Usener in den wichtigen, noch keineswegs genügend ausgebeuteten Aufsätzen wie »Keraunos« und »Heilige Handlung« erforscht. Dabei kam das nationale und historische Moment zu seinem selbstverständlichen Recht, gerade wie die alten Hilfsmittel auch: Etymologie, Mythenvergleichung.

Usener war eine leuchtende Natur, die die funkelnde Arbeitsfreude und Entdeckerfreude fast mit der Frische eines J. Grimm in seine Schriften trug; ein großer Philolog, was vor ihm von allen Mythologen, die wir hier zu nennen hatten, außer J. Grimm nur Gottfried Hermann gewesen war; ein Meister fesselnder Darstellung. Von seinen Schülern nenne ich nur die beiden bedeutendsten: Hermann Diels[2]) und Albert Dieterich[3]). Weiterhin sind z. B. Friedrich Kauffmann innerhalb der germanischen Philologie, Gelehrte wie Wendland, Reitzenstein, Deißmann und die meisten Vertreter der neueren philologischen Bibel- und Religionsgeschichte von dem herrlichen Mann mittelbar oder unmittelbar beeinflußt.

Eduard Meyer ging in seiner Geschichte des Altertums[4]) weiter. Ihm galt es, die Mythologie in die Gesamtheit der nationalen Lebensäußerungen einzureihen; dadurch wurde die nationale und historische Sonderentwicklung ohne weiteres gefordert. Er stellte sich wesentlich auf den Boden der vergleichenden Mythologie in ihrer durch die neuere Kritik

---

[1]) Leipzig 1907.
[2]) Sibyllinische Blätter, Berlin 1890.
[3]) 1866—1908; Wünsch, Arch. f. Rel.-Wissensch. 11, 161. — Mutter Erde, Leipzig 1907.
[4]) 1884; der Einleitungsband in der 2. Aufl. als »Anthropologie«, Leipzig 1909.

eingeschränkten Form, betonte aber mehr als die früheren Mythologen den unmittelbaren Einfluß von Staat und Priesterstand und wirkte erfrischend durch die gesunde Nüchternheit, mit der er moderne Einseitigkeiten abwehrte[1]). Zu den Entwicklungsmythologen ist auch er zu zählen, obwohl die Darstellungsweise ihn öfter den älteren Forschern nähert, denen die einzelnen Stufen zum Selbstzweck werden.

Erwin Rohde[2]) gab das erste große Beispiel einer **mythologischen Entwicklungsgeschichte** in seiner »Psyche« (1890). Der allmähliche Wandel der Vorstellungen von Seele, Tod und Unsterblichkeit auf hellenischem Boden wird mit philologischer Gründlichkeit, umfassender Gelehrsamkeit, psychologischem Feinsinn und dichterischer Kunst des Einfühlens verfolgt. Mit diesem großen und ertragreichen Beispiel war der Sieg der neuen Richtung endgültig entschieden. Gerade auch auf die germanische Mythologie hat Rohdes Psyche mächtig eingewirkt; wie sehr freilich auch hier die Unsterblichkeitsfrage den Angelpunkt der Entwicklung bildet, scheint mir noch nicht genügend anerkannt.

Eine Sonderstellung unter den Vertretern dieser Richtung nimmt noch Ulrich v. Wilamowitz-Möllendorff ein. Ich möchte ihn als den Bahnbrecher der **stilkritischen Mythologie** bezeichnen, die eben eine Unterform der philologisch-folkloristischen ist. Der folkloristischen Methode müssen wir den Schüler von Usener und Wellhausen trotz seines gelegentlichen Ärgers über »Eskimo-Philologie« zuweisen. Dahin gehört sein starkes Betonen des novellistischen Elements in der Sage[3]), seine frühe Erkenntnis der Einwirkungen der Heldensage auf die Mythologie[4]), vor allem seine Art, religiöse Vorstellungen in allgemeine kulturelle Zusammenhänge einzubetten[5]) und seine, freilich bei den klassischen Philologen nicht seltene, starke Betonung des Kultus, der dämonistischen Vorformen, der Beziehungen zu anderen Übungen der volkstümlichen Phantasie, z. B. in der Kunst. Der Schüler Useners aber zeigt sich noch besonders in der Betonung der unaufhörlichen Entwicklung; »Auch für die Sage ist die Ruhe der Tod. Sie ist ein Strom geschmolzenen Metalls. Es rinnt dahin, verzehrend und einschmelzend, was in seinen Weg kommt, Schlacken abstoßend, Blasen werfend, bis die Hitze verflogen ist: dann liegt es starr und kalt und tot: aber es bewahrt nur in dieser Starrheit seine Form. — So können wir die Sage nur in dem erstarrten Zustande erfassen, der ihr ermöglichte, zu

---

[1]) Vgl. meine Rez. Ztschr. d. Ver. f. Volksk. 1909 S. 328.
[2]) 1845—1898; O. Crusius, Erwin Rohde, Tübingen 1902; E. Weber, Biogr. Jahrb. 6, 450.
[3]) Hippolytos, Berlin 1891, S. 35.
[4]) Z. B. Herakles, Berlin 1889; 1, 100.
[5]) Z. B., schon vor Rohdes Buch, die Unterweltsvorstellungen: Homerische Untersuchungen, Berlin 1884, S. 204f.

dauern, während sie, so lange sie lebte, dem Wechsel unterworfen war«[1]). Was er hier von der Heldensage verkündet (und fast mit denselben Worten hat es Max Burckhardt sehr hübsch in seinem sonst völlig wertlosen Büchlein über die Nibelungensage ausgeführt), das gilt natürlich erst recht für den Mythus, wo es zu Gruppes rein literarischer Auffassung, dem letzten Nachklang des alten Haftens am Buchstaben der Aufzeichnung, den denkbar kräftigsten und willkommensten Gegensatz bildet. Freilich ist nicht zu bezweifeln, daß wir von der Heldensage her demnächst einen neuen Einbruch der aktenmäßigen Auffassung in die Mythologie erleben werden: was Voretzsch und besonders Bédier (von Boer nicht zu reden, der alle Fühlung mit ungeschriebenen Realitäten längst verloren hat) mit gesunder Reaktion gegen die allzu luftigen Zwischenführungen betont haben, was ähnlich in gleichem Gegensatz John Meier für das Volkslied zu erhärten sucht und neuerdings auf das Volksepos ausdehnt[2]) — das wird in kurzem von weniger bedeutenden, weniger urteilsfähigen Nachbetern in die Religionsforschung übertragen werden und wir werden eine Zeitlang hören, Mythologie und Religion entwickle sich nur von Buch zu Buch, und die Geschichte der Konzilien und zumal der symbolischen Bücher der protestantischen Kirche sei für das Verständnis der Edda weit wichtiger als die aller Volksüberlieferungen. Denn welcher Irrweg wäre uns je erspart geblieben?

Aber zu diesen ererbten und erlernten Anschauungen kommt bei Wilamowitz etwas Drittes. Vertiefen wir uns in seine größte mythologische Leistung, die Geschichte des Herakles[3]), so finden wir etwas stark entwickelt, was bei den Früheren nur leise anklang (bei Welcker, bei Lehrs, bei Usener): das Stilgefühl als methodologisches Hilfsmittel. Gewiß, er spricht[4]) von einer Heraklesreligion wie wir von Thors- und Odinsreligionen; aber selbst hier charakterisiert er sie nach stilistischen Werten: als archaisch, als groß und einfach in der Gedankenhaltung — als pindarisch.

Es ist noch gar nicht lange her, daß bei uns die Bedeutung des Stils für Untersuchungen zur Heldensage erkannt ist — ich meine natürlich des Stils der Konzeption selbst, nicht bloß der literarischen Formgebung. Der Engländer W. P. Ker[5]) und, ihn fortführend, Andreas Heusler[6]) haben hier vor allem Epoche gemacht[7]). Eine wirklich fruchtbare An-

---

[1]) Herakles a. a. O.
[2]) Werden und Leben des Volksepos, Halle 1909.
[3]) a. a. O. S. 259f.    [4]) S. 327.
[5]) Epic and romance, London 1897.
[6]) Lied und Epos in germ. Sagendichtung, Dortmund 1905; meine Bedenken Arch. f. n. Spr. 115, 403; vgl. auch Panzer, D. Lit.-Ztg. 1908 S. 133.
[7]) Vgl. ferner bes. Panzer, Das altdeutsche Volksepos, Halle 1903; Märchen, Sage und Dichtung, München 1905; Bethe, Mythus, Sage, Märchen,

wendung des Begriffs der »inneren Form« auf die Mythen, eine Stilistik der Mythologie in diesem Sinne, eine Formenlehre der religiösen Anschauungen bleibt ein Wunsch an die Zukunft. Möge die Aufgabe nicht, wie bei uns so viele große Aufgaben, einem trocken registrierenden wissenschaftlichen Bürokraten oder gar einem kompilierenden Schneidergesellen zufallen!

8. Noch bleibt die psychologische Mythologie. Damit kommen wir zu einer letzten, noch recht schwach vertretenen »Richtung«. Fast der Einzige, der innerhalb der germanischen Mythologie bisher in größerem Maße von der Psychologie auszugehen versuchte, war der feinsinnige und liebenswürdige Ludwig Laistner (1845—1896)[1]). In echt dichterischer Weise versetzt er sich in die Stimmung, aus der im Nebel oder unter dem Druck des Alps Mythen entstehen; nur daß auch er hier dem monistischen Fluch nicht entging und in dem zweiten Buch fast alles aus Einer Wurzel aufschießen ließ.

Die Völkerpsychologie, die Ableitung bestimmter Anschauungen aus der Volksseele ist, wie wir sahen, viel älter. Auch fehlte es lange an Hilfsmitteln, die die Psychologie des Durchschnittsmenschen für die Religionswissenschaft hätten fruchtbar machen können; dürftige Zusammenstellungen wie Sullys »Illusionen«[2]) oder Ribots »Phantasie«[3]) konnten nicht genügen.

Als wichtige religionspsychologische Probleme der altgermanischen Religionsgeschichte nenne ich die häufigen Visionen in Dichtung[4]) und Sage (Odin und Thor erscheinen den Bekehrten); die Konversionen selbst; die geringe Rolle des phallischen Elements und der berauschenden Getränke; das Verhältnis der Verehrer Odins zu ihrem Gott; die Wandlungen des Unsterblichkeitsglaubens. Das interessanteste Problem auch in diesem Sinne bietet die Entstehung der Völuspá: die Mischung von Gelehrsamkeit und wirklicher Vision, etwa wie in den glücklichsten Momenten bei Milton und Klopstock[5]). — Auch hier ist die vergleichende

Leipzig 1905; W. Wundt, Märchen, Sage und Legende als Entwicklungsformen des Mythus, Arch. f. Rel.-Wissensch. 11, 200; vgl. auch Kauffmann, Arch. f. Rel.-Wissensch. 11, 110.

[1]) Nebelsagen, 1879; Das Rätsel der Sphinx, 1889; Golther S. 14.
[2]) Leipzig 1884.
[3]) Übs. v. W. Mecklenburg: Die Schöpferkraft der Phantasie, Bonn 1903; ferner E. Lucka, Die Phantasie, Wien 1908.
[4]) Walküren: Helg. Hjörv. Str. 6; Helg. Hund. I. Str. 15—16; Walkürenlied aus der Njálssaga: Eddica minora S. L; Verstorbene: Helg. Hund. II. Str. 39f.; eine Erscheinung Odins wird erwartet in den Bjarkamál (vgl. Eddica minora S. XXII); u. a.
[5]) Das Problem hat schon die alten Angelsachsen beschäftigt, wie die Legenden von Caedmon (vgl. Brandl, Altengl. Lit., S. 1030) und von Godric (S. 1096) — in christlicher Zeit — beweisen.

## § 35. Germanische Mythologie seit J. Grimm.

Religionsgeschichte am Werk: Holzinger[1]) konstatiert das Überwiegen **nächtlicher** Theophanien beim Elohisten (während z. B. die Vision von Damaskus bei Tage stattfindet). Von Amerika kam eine starke Strömung. Die empirische Religionspsychologie wurde geschaffen[2]). Früher hatte man nur die Höhepunkte sorgfältiger studiert[3]). Nun begann man, die gesamte innere Welt des religiösen Menschen zu studieren, gerade auch die intermittierenden »Trockenheitszustände« (deren klassische Vertreterin in unserer Dichtung Annette v. Droste war), gerade auch die langsamen Wandlungen.

Diese Wege hatte Wilhelm Wundt schon früher mit der Kollektivpsychologie zusammengeführt, und in seinem großen Werk »Völkerpsychologie«[4]) versuchte er, einen vollständigen Kosmos des zu geistigen Äußerungen bewegten Menschen zu geben. Das bedeutsame Werk leidet an einer gewissen rechnerischen Methode, die zu gern aus den gegebenen Daten mittlere Linien zieht, und daneben an der philosophischen Neigung zu »vollständigen« Entwicklungen; aber vor allem, wo es sich um Berührungen mehrerer Ausdrucksformen — wie Kunst und Mythus — handelt, wird man die Enzyklopädie der Volksseele nie ohne Ertrag aufschlagen. Um für unsere Zwecke vollkommen nutzbar zu sein, müßte Wundt von Müllenhoffs oder Laistners Gabe der mythologischen Anschauung mehr besitzen, als dem gelehrtesten aller Philosophen gegeben ist. Wer eine treffliche Logik schreiben kann, ist zum rechten Mythologen schon verdorben[5]). —

Zum Schluß ein **Umblick**. Suchen wir uns über den gegenwärtigen Betrieb der Mythologie klar zu werden, so wird allgemein die Herrschaft der folkloristischen Richtung mit historischen Tendenzen anzuerkennen sein. Der Versuch, aus einer durchweg angenommenen wesentlichen Gleichheit der Primitiven eine übereinstimmende niedere Mythologie abzuleiten und aus dieser in historischer Entwicklung die national gestaltete höhere Mythologie aufsteigen zu lassen, charakterisiert vor allem die maßgebend gewordene semitische Mythologie unserer Tage: von Robertson Smith und Wellhausen zu Stade und Gunkel[6]). Diesem

---

[1]) Genesis S. 177.
[2]) W. James, Die religiöse Erfahrung, übs. v. G. Wobbermin, Leipzig 1907; E. D. Starbuck, Religionspsychologie B. I., Leipzig 1909, mit einer Einleitung vom Übersetzer, die nur in Übersetzung verständlich wäre.
[3]) Huguet, Célèbres conversions contemporains, Paris 1882; vgl. W. A. Heidel, Die Bekehrung im klass. Altertum, Ztschr. f. Rel.-Psychol. 3, 377; Achelis, Die Ekstase, Berlin 1902; vgl. auch M. Buber, Ekstatische Konfessionen, Jena 1909.
[4]) Leipzig 1900 f.
[5]) Auch an Pfleiderers Religionspsychologie auf geschichtlicher Grundlage (Berlin 1898) kann erinnert werden.
[6]) Genesis, 1901.

Typus entsprechen auch die Lehrbücher der **germanischen** Mythologie, die an Stelle von Simrocks zu lange herrschendem Handbuch getreten sind; nur daß bei E. H. Meyer in konsequenter und bei Golther in inkonsequenter Weise das »adaptionistische« Element, die Wanderungshypothese hinzutritt, während Mogk und Chantepie de la Saussaye sich auf durchaus folkloristischem Standpunkt halten, der erstere mit stärkerer Betonung der spezifisch historischen Entwicklung. Von einer Würdigung dieser Bücher[1]) möchte ich an dieser Stelle absehen, kann übrigens für Golther und E. H. Meyer auf frühere Rezensionen[2]) verweisen[3]). Persönlich fühle ich mich der Hilfe Mogks am meisten verpflichtet, habe aber auch von Golthers übersichtlicher, reicher Stoffsammlung und von E. H. Meyers anschaulicher Schilderung zumal der niederen Psychologie dankbar viel gelernt.

So glänzende Namen wie die orientalische und die klassische Mythologie haben wir jetzt nicht aufzuweisen. Das Beste ist in neuerer Zeit auf Gebieten geschehen, die unsere allgemeine Darstellung nicht berühren konnte: in der Kritik und Interpretation der Quellen, wo vor allem Olriks Name glänzt und die von Jessen[4]) und Finnur Jónsson[5]) neben denen der ausgezeichneten Edda-Herausgeber Grundtvig, Bugge, Sijmons und der Edda-Erklärer Lüning, Müllenhoff, Hoffory, Heusler, Heinzel und Detter, Niedner, sowie des Edda-Übersetzers Gering mit besonderem Dank zu nennen wären; dann in der Erörterung wichtiger Einzelfragen[6]); endlich in den Übersichten, die Kauffmann zum Archiv für Religionswissenschaft beisteuert. Als ein Beweis, wie sich eine allgemeine Methode dieser Disziplin herausbildet, ist gerade diese (nach Achelis' unzulänglichen Anfängen) von Usener und Dieterich neugegründete Zeitschrift auch für die germanische Mythologie wichtig; während die Zeitschrift für Religionspsychologie (seit 1907) noch nicht leistet, was wir glaubten erwarten zu dürfen.

Soll ich mir endlich auch ein **Urteil** über den gegenwärtigen Betrieb unserer Wissenschaft erlauben, so wäre es das beunruhigte, daß wir wieder

---

[1]) Vgl. **Chantepie** S. 42 für **Mogk**, S. 45 für **Golther**, S. 27 für E. H. **Meyer**.
[2]) Vgl. für E. H. **Meyer** Anz. f. d. Alt. 30 (1905) S. 1; für **Golther** Zs. Ver. Volksk. 1896 S. 87 f.
[3]) Für **Chantepie** sei auf die Besprechung von **Olrik**, Ark. f. nord. Fil. 20, 97, hingewiesen (wo noch S. 99 besonders auf die bibliographischen Verdienste des Buches hingewiesen wird); für **Mogk** auf **Jiriczek**, Arch. f. Rel.-Wissensch. 5, 274.
[4]) Über die Eddalieder, 1871.
[5]) Den oldnordiske og oldislandske Literaturs Historie, Kopenhagen 1894 f.
[6]) **Chadwick**, The cult of Odin, Oxford; v. d. **Leyen**, Märchen in der Edda, Berlin, beide 1899; **Siebs**, Der Gott Fosite und sein Land, 1910, PBB. 35, 535.

## § 35. Germanische Mythologie seit J. Grimm.

einmal unter dem Zeichen der Übergescheitheit zu stehen scheinen[1]). Jene »Furcht vor dem Trivialen«, die unsere Romantiker ruiniert hat, schädigt nur zu viel unsere Untersuchungen[2]). Man hat zu selten den Mut, einer unbedenklichen Aussage einfach zu trauen. Wie einst Müllenhoff hinter einem bedeutungsvollen Namen zu rasch etwas Mythisches witterte, wie wir dann eine Zeitlang mit jedem runden Kuchen ein Sonnensymbol und mit jedem Kringel *allegorice* den Mond verzehrten, so steht jetzt das Gespenst der Kulthandlung über allem vergangenen Leben. Und wenn zwei sich ohrfeigen, ist es eine symbolische Handlung; und wenn zwei sich küssen, vollziehen sie einen Zauberritus.

> Nun ist die Luft von diesem Spuk so voll,
> Daß niemand weiß, wie er ihn meiden soll.

Wie jene andern Doktrinäre die ganze Historie weghauchen, so weit sie nicht Gilgamesch ist, so überfüllen diese sie mit Mythologie. Aber auch in dem geheimnisvollsten Mythus ist nicht alles mythisch, und auch an der künstlichsten Legende nicht alles legendarisch.

Ich habe dies Ausweichen vor dem Einfachen vor kurzem an einer vielbelobten kleinen Studie zur mittelalterlichen Religionsgeschichte geprüft, an Karl Wencks Vortrag »Die heilige Elisabeth«[3]). Es wird berichtet, die Landgräfin Sophie sei ihrer Schwiegertochter Elisabeth feindlich gesinnt gewesen. Solcher Aussage zu mißtrauen, liegt gar kein Grund vor; denn trotz ihrer Häufigkeit im Lustspiel und Witzblatt kommen böse Schwiegermütter auch in der Wirklichkeit vor, und muß alles buchmäßig bewiesen werden, so sei dafür auf Otto Schraders Schriftchen mit dem verfänglichen Titel »Schwiegermutter und Hagestolz«[4]) verwiesen. Aber Wenck muß überall Legende sehen. Weil die alte Landgräfin eine wohltätige Stiftung gemacht hat, weil sie ihres Gatten in — durchaus typischen — Gebeten gedenkt — deshalb kann sie nicht nur nicht Elisabeths Gegnerin gewesen sein, sondern war sogar wahrscheinlich ihre besondere Freundin und Lehrerin[5])! Ist es wirklich angebracht, in dieser Weise an Stelle unbedenklicher Berichte modernste Legenden zu setzen? Denn natürlich gilt nun die »Sage von der bösen Landgräfin« als »novellistisches Motiv«, und wir haben dafür den Mythus von der Erziehung Elisabeths durch Sophie anzunehmen.

Es gilt auch hier Lachmanns großes Wort: »Sein Urteil befreit nur, wer sich willig ergeben hat!«; es gilt bis zu einem gewissen Grad sogar

---

[1]) Háv. Str. 54. — Daneben fehlt es nicht an Skeptikern wie Meillet, Einführung in die vergleichende Grammatik, Leipzig 1900, S. 246. 247.
[2]) Vgl. z. B. Kauffmann, Arch. f. Rel.-Wissensch. 11, 109 gegen Negelein.
[3]) Tübingen 1908; vgl. meine »Wissenschaftlichen Moden«, Nord und Süd 1910, 34, 43 f.
[4]) Leipzig 1904. [5]) a. a. O. S. 4—6.

Tertullians paradoxes »*credo ut intelligam*«: ich glaube, um begreifen zu können. »Nicht zu voreilig im Glauben, nicht zu voreilig im Unglauben,« sagte der alte Zöllner in Leipzig — ein Wort, daß deshalb nicht weniger wahr ist, weil er es zur Verteidigung des Spiritismus sagte. Wer sich in überlieferte Verhältnisse nicht erst einmal andächtig hineindenken kann, bis ihm zuletzt der Hammer Thors und die Luftfahrt der Walküren die natürlichsten Dinge von der Welt scheinen, der wird draußen bleiben wie die gescheitesten Aufklärer. Und dann: wenn die Ästhetik uns immer wieder (mit Recht) versichert, was wahr ist, brauche nicht wahrscheinlich zu sein, so sollten wir Mythologen und Geschichtskritiker öfter bedenken, daß, was nicht wahrscheinlich ist, wahr sein kann (und was »allzu wahrscheinlich« ist, auch!). Womit ich keinem frommen Wunderglauben, keinem kindlichen Märchenglauben das Wort geredet haben will; ich wiederhole nur meinen alten Satz: Gründlichkeit ist Respekt vor den Tatsache. Was kommt nicht alles vor! Das Leben der sechs »großen Victorianischen Poeten« nimmt von Tennysons Geburt bis zu Swinburnes Tod genau ein Jahrhundert ein: 1809—1909 [1]). Die rundeste aller Zahlen kann eben auch einmal genau sein. Oder: wenn uns die Geschichte von Goethes »Werther« aus dem Altertum überliefert wäre — wer von uns würde daran glauben, daß Goethes Werther gerade Goethes Albert um die Pistole zu der »vorhabenden Reise« gebeten hat? Wir würden alle behaupten, dieser Zettel sei erst nachträglich an Kestner addressiert worden, als der Roman Goethe und Jerusalem zusammengebracht hatte. (Ausgenommen Boer; der würde beweisen, daß nur Jerusalems Zettel die echte Grundlage sei, daß also dieser wirklich nur eine Reise vorhatte, und daß erst die Literaten die üblichen Motive, Liebe, verfehlten Ehrgeiz usw. auf den braven Sekretär übertragen hätten.) Und was hätte E. H. Meyer aus dem Namen Jerusalem gemacht! und ein rechter Sagenforscher aus der Duplizität der Lotten! Es ist wirklich auch im Leben nicht alles Legende oder künstlerische Absicht [2]).

Handelt es sich hier um eine Mode oder, sagen wir höflicher, eine Stimmung, die sich der gesamten Geschichtsforschung unserer Tage bemächtigt hat (die Philologie ist mit Wilamowitz schon wieder viel konservativer geworden), so sind noch einige spezifisch mythologische Neigungen unserer Tage zu kennzeichnen.

Obenan steht die ganz begreifliche Überschätzung der **niederen Mythologie**. Wenn Olrik in seiner Besprechung von Kauffmanns Mythologie [3]) noch klagte, die Mythologie sei zu sehr »Götterlehre«, so

---

[1]) Mackail, Swinburne, Oxford 1909, S. 5.
[2]) Andere Beispiele in meinen »Kriterien der Aneignung«, bes. S. 42f.
[3]) Ark. f. nord. Fil. 11, 210.

## § 35. Germanische Mythologie seit J. Grimm. 629

fängt sie bereits an, es zu wenig zu sein. Auch die neue »vergleichende Mythologie« vergißt über dem Unterbau die Kuppel und über den allgemein menschlichen Übereinstimmungen die nationalen und historischen Verschiedenheiten.

Speziell gilt das noch von der Überschätzung des Zaubers[1]). Insbesondere haben die höchst verdienstlichen Forschungen von Preuß nicht nur ihn, sondern selbst so ruhige Sachkenner wie Mogk (in seiner Untersuchung über germanische Menschenopfer) zu Folgerungen verführt, deren kühne Allgemeinheit an die Zeit vor hundert Jahren erinnert. Wären Namenscherze nicht so streng verpönt — obwohl die Mythologie es stets geliebt hat, mit Namen zu spielen! —, ich könnte es mir unmöglich versagen, zu bemerken, daß wir bald keine Germanische, Römische, Griechische Mythologie mehr haben werden, sondern nur Eine Preußische. Dabei sind die Unterschiede in dem Ausmaß zauberischer Betätigung doch in historischer Zeit so deutlich vorhanden! Wenn selbst für die keineswegs zauberfremden Norweger die Lappen das eigentliche Zauberervolk blieben — man holte sich von ihnen Zauberer wie heut aus Deutschland Generäle —, so werden wir wohl auch die religiösen Zustände der Mexikaner nicht einfach als typisch ansehn dürfen — eines Volkes, das so wenig primitiv war wie die alten Ägypter der vollen Priester- und Zaubererzeit!

Wiederum eine Konsequenz dieser Grundanschauung ist die Neigung, überall chthonische Gottheiten zu finden; als ob Lipperts Zurückführung aller Religion auf Ahnenkult nicht längst aufgegeben wäre. Man kann es noch verstehen, wenn Wodan und Nerthus, Freyja und Loki für ursprüngliche Totengottheiten erklärt werden, obwohl schon diese starke Vertretung der Unterwelt im Himmel stutzig machen sollte; aber es liegen da überall schwierige Verhältnisse vor und doch einige Anhaltspunkte für die chthonische Auffassung. Aber nun sollen nach L. v. Schroeder u. a. gar Rudra[2]) und die Maruts[3]), bei denen sich der Wind sozusagen mit Händen greifen läßt, Seelendämonen sein! Dabei ist meines Wissens noch nicht Einmal mit Sicherheit nachgewiesen worden, daß eine Unterweltsgottheit aufsteigt (behauptet hat man's hundertmal!). Wann sind Pluton und Persephone, Hod oder Rán je zu mächtigen Gottheiten auf Erden und im Himmel darüber geworden, wie Wodan und Freyja es geworden sein sollen[4])?

---

[1]) Arch. f. Rel.-Wissensch. 9, 418f.; 10, 88f.
[2]) Macdonell S. 77.
[3]) Ebd. S. 81.
[4]) Doch vgl. Wide, Arch. f. Rel.-Wissensch. 10, 257f., wo mir aber das Aufsteigen von Hera und den Dioskuren keineswegs so sicher scheint wie S. 258 Zeus' Herabsteigen zur Unterwelt; vgl. bes. S. 267.

Es ist nur eine Frage der Zeit, daß man in Helios den ursprünglichen Unterweltsgott erkennen wird[1]: fährt er doch täglich hinab[2]). Ein Musterbeispiel dieser Verirrungen in der folkloristischen Mythologie scheint mir Schonings entschieden geistreiche Studie über das nordische Totenreich zu sein — alles chthonisch; alle späteren Berichte allein altertümlich; schließlich auch ein selten fehlendes Kennzeichen des extremen Folkloristen — der Verfasser *lector unius libri:* zwar in der heimischen Mythologie ist er wohl bewandert, von den deutschen Schriften aber zitiert er sehr gern Dieterichs allerdings wertvolle Nekyia — scheint aber Rohdes Psyche nicht zu kennen! Schoning spricht denn auch[3]) das folkloristische Fundamentaldogma von der allgemeinen Gleichheit des Denkens schneidend aus — griechische oder nordische Atmosphäre, das soll keinerlei Unterschied machen!

Auch sonst ist man mit naturmythologischen und folkloristischen Deutungen zu rasch bei der Hand. Selbst Mars soll ein Ackerbaugott sein[4])! Auch die Sonnengötter sind noch in beständiger Vermehrung begriffen; unter andern beliebigen Naturdeutungen (Windgott usw.) hat man den Janus[5]) auch zu einem Sonnengott gemacht. — Dabei pflegt man noch gewisse mythologische, keineswegs identische Funktionen zusammenzuwerfen: den Sonnengott, den Himmelsgott, neben denen sogar noch besondere Gottheiten der Wärme, des Lichts gelegentlich auftauchen, vielleicht auch die aufgehende Sonne[6]), die sich bergende Sonne[7]).

Mit der folkloristischen Freude am Greifbaren, an den »Realien« hängt eine gefährliche Neigung zusammen, einzelnen Gegenständen ein zu großes Gewicht zu geben. Wir haben, wie in der Zeit der Schicksalstragödie, eine wahre Requisitenmythologie bekommen, und Tyrfings Schwert, von Hand in Hand vererbt, ist nicht nur Bugges berühmtem Widersacher Rydberg verhängnisvoll geworden. Es gibt eben in Mythus und Sage mehr als Ein verhängnisvolles Schwert, und wenn alle Helden, die durch die eigene Waffe fallen, identisch wären, wäre es schließlich Cato von Utica mit dem Banditen Schweizer aus Schillers »Räubern«.

---

[1]) Wie umgekehrt Surt nach F. Magnussen ein gefallener Lichtgott ist; vgl. Ark. f. nord. Fil. 21, 17.

[2]) Was ich hier nur im Scherz als Konsequenz der Mode postulierte, ist wirklich auch geschehen, wie ich nachträglich bemerke: Stengel, Arch. f. Rel.-Wissensch. 8, 204, hat Helios für einen chthonischen Gott erklärt! vgl. Ada Thomson, Arch. f. Rel.-Wissensch. 12, 481. — Vgl. für Übertragungen des Totenkults ebd. S. 489.

[3]) S. 18.

[4]) Vgl. dagegen Wissowa S. 130.

[5]) Dagegen Wissowa S. 95.

[6]) Vivasvat, Macdonell S. 43.

[7]) Vishnu, ebd. S. 39.

§ 35. Germanische Mythologie seit J. Grimm. 631

Und so muß denn überhaupt vor der Art gewarnt werden, wie wieder, wie in der bösen alten Zeit, einzelne Züge von überall hergeholt werden, überall aus dem Zusammenhang gerissen, überall hineingepaßt, als hätte Müllenhoff nie jene goldene Regel gesprochen[1]). Deutet man nicht oft wieder alle germanischen Namen aus dem gefälligen Keltisch der Sagensprache, statt zunächst nach heimischen Wurzeln zu graben?

Die Zeit ist wohl vorbei, in der Noreen[2]) bekaupten konnte, es verginge keine Woche oder gewiß kein Monat, ohne daß eine mythologische Arbeit erscheint. Aber auch heut noch gibt es zu viel Mythologen — und zu wenig. Denn wie man mit Recht von einem historischen Sinn, einem prähistorischen Auge spricht, so gibt es auch einen besonderen mythologischen Blick; und wenn es auch nicht gerade angenehm ist, hier Creuzer zitieren zu müssen — recht hatte er doch, als er sagte, ein Mytholog müsse geboren sein. Virchow bezeichnete Morgagni als den Begründer des »anatomischen Denkens«; und wer hat in Deutschland vor Jakob Grimm mythologisch zu denken verstanden? Mythologische Anschauungskraft, die den Kern des Mythus unter dem Beiwerk heraus erfaßt, die das Wesen einer Göttergestalt unter allen Verwandlungen erkennt, die den Sinn eines Ritus durch alles angewachsene Brimborium hindurch findet — solche mythologische Anschauung hat die Jakob Grimm und Adalbert Kuhn, die Rohde und Usener, die Müllenhoff und Olrik groß gemacht. Man kann ein großer Gelehrter sein wie Sophus Bugge und Friedrich Kauffmann und dieser Fähigkeit völlig ermangeln; man kann ein geistreicher Literarhistoriker wie Schück, ein ausgezeichneter Kritiker wie Gruppe sein und sie nirgend beweisen. Oder sie ist einem Forscher nur für einzelne Seiten gegeben, wie E. H. Meyer für die niedere Mythologie; oder auch wieder: sie ist ihm im Übermaß gegeben, so daß er selbst zum Mythendichter wird, wie Laistner und zuweilen auch Müllenhoff. Wer sie aber gar nicht besitzt, der zwingt dem Mythus und dem Ritus mit Hebeln und Schrauben sein Geheimnis nicht ab.

Ich weiß wohl, wie gefährlich es ist, solche Rede zu führen, wenn man sich selbst in dies Labyrinth hineingewagt hat. Was hilft es? dies Buch beweist ja doch, daß ich mir mythologischen Sinn zutraue. Vielleicht beweist es auch, daß ich mich geirrt habe. Aber lieber als nach Háv. Str. 6. habe ich mich nach Háv. Str. 16 richten wollen. Der »Mut des Fehlens« hat mir nie gemangelt; und die »ganz Exakten«, die sich entsetzen, mögen es sich schließlich gesagt sein lassen, daß man auch ohne diesen Mut zu fehlen imstande ist. Ich habe dieses Buch mit großer Freude geschrieben;

---

[1]) Vgl. o. S. 599.
[2]) Fornordisk Mytologi S. 1.

es ist wohl möglich, daß sie unberechtigt war — aber ich habe keine Angst, daß ich dies dann nicht erfahren werde!

> Wer kennt sich selbst? Wer weiß, was er vermag?
> Hat nie der Mutige Verwegnes unternommen?
> Und was du tust, sagt erst der andre Tag,
> War es zum Schaden oder Frommen.

## § 36. Chronologie.

Ich gebe im Folgenden eine Reihe der wichtigsten Daten zur Geschichte der germanischen Mythologie und der von ihr handelnden Wissenschaft. Die Verantwortlichkeit muß ich zumeist auf die Gewährsmänner abwälzen. Die ältesten Daten sind nach Eduard Meyers Geschichte des Altertums 2. Aufl. I. Bd. 2. Hälfte[1]) gegeben, die ältesten germanischen Daten nach O. Bremer, Ethnographie der germanischen Stämme[2]), die Datierungen der Eddalieder nach Finnur Jónssons Literaturgeschichte, außer wo ich damit durchaus nicht übereinstimmen konnte. Für die Datierung der Eddagedichte sind besonders noch zu vergleichen Jessen[3]), Vigfusson und Powell[4]), Heusler[5]), Neckel[6]).

### A. Prähistorische Zeit.

Um 5000 v. Chr. Beginn der menschlichen Kultur[7]).
Um 2500 v. Chr. Loslösung der Indogermanen und Beginn ihrer Ausbreitung[8]).
Um 2000 v. Chr. Einzug der Arier in Indien und Persien; Trennung von Ost- und Westindogermanen[9]).
2000—1500 Entstehung der germanischen Nationalität[10]).
Um 1500 die ältesten Hymnen des Rigveda[11]).
Anfang des 14. Jahrhunderts werden die arischen Götternamen Mitra und Varuna genannt[12]).
Um 1000 v. Chr. das indogermanische Gebiet in drei große Gruppen geteilt, von denen Germanen, Kelten und Lettoslawen die dritte bilden[13]).

---

[1]) Stuttgart 1909.
[2]) In Pauls Grundriß, 2. Aufl.; 3, 735 f.
[3]) Über die Eddalieder Ztschr. f. d. Phil. B. VI, und selbständig erschienen 1871.
[4]) Corpus Poeticum Boreale, Oxford 1883.
[5]) Heimat und Alter der Eddalieder, Arch. f. n. Spr. 116, 249.
[6]) Beiträge zur Eddaforschung, Dortmund 1909.
[7]) Meyer S. 842.   [8]) Ebd. S. 765.
[9]) Ebd. S. 807.   [10]) Bremer S. 762. 768.
[11]) Meyer S. 807.   [12]) Ebd. S. 580. 802.
[13]) Ebd. S. 795.

## § 36. Chronologie.

Um 1000 v. Chr. der Sonnenwagen aus Seeland[1]).
Um 320 v. Chr. entdeckt Pytheas von Massilia die Germanen.

### B. Historische Zeit.
#### 1. Urgermanische Periode.

52 v. Chr. schreibt Caesar über die Germanen.
Im 1. Jahrhundert n. Chr. verdrängt Wodan, zuerst am Rhein, den Tyr aus seiner Stellung als oberster Gott; im 3.—4. Jahrhundert erobert er diesen Rang bei den Niederdeutschen[2]) und kommt von da in den Norden. In Süddeutschland hat er noch im 8. Jahrhundert den Widerstand der Tyr-Verehrer zu überwinden[3]).
98 n. Chr. die Germania des Tacitus.
Um 115 n. Chr. die Annalen des Tacitus.
2. Jahrhundert Denkstein für Requalivahanus[4]).
222—235 (Regierung des Alexander Severus) Altar für Mars Thingsus.
2.—5. Jahrhundert Entwicklung der hochdeutschen und anglofriesischen Sprache[5]).
Anfang des 3. Jahrhunderts Entstehung der Runenschrift am Rhein.
449 f. Eroberung Englands durch die Angelsachsen.
Um 500 wandert die Wodansreligion nach dem Norden; etwa gleichzeitig vielleicht, vermittelt durch die Haruden, der Nerthuskult aus Dänemark nach Norwegen und Schweden[6]).

#### 2. Gemeingermanische Periode.

Gegen 600 hört die unmittelbare Verbindung zwischen Skandinaviern und Westgermanen auf[7]).
Um 600 der »Wanenkrieg« zwischen dänischen Wodanverehrern und schwedischen Freyverehrern.
7. Jahrhundert die Nordendorfer Spange (Anrufung von Wodan und Thonar[8]).
Zwischen 690 und 714 der hl. Willibrord vor dem Tempel Fosites auf Helgoland[9]).
Um 700 Beowulf[10]).

---

[1]) S. Müller, Urgesch. Europas, S. 116.
[2]) Vgl. Golther S. 297 f.
[3]) Vgl. ebd. S. 205. [4]) Golther S. 405.
[5]) Vgl. Bremer S. 926.
[6]) Mogk, Menschenopfer, S. 684.
[7]) Müllenhoff, Ztschr. f. d. Alt. 10, 177; vgl. D. Alt. 5, 58.
[8]) Golther S. 245 Anm.
[9]) Ebd. S. 387 Anm. 2.
[10]) Zusammenstellung der mythischen Elemente bei Brandl in Pauls Grundriß, 2. Aufl.; 2, 991 f.

### 3. Altdeutsche Periode.

743 Indiculus superstitionum et paganiarum [1]).
Karl der Große zerstört 772 die Irminsul auf dem Eresberg in Westfalen [2]).
Nach 772 Aufzeichnung des Wessobrunner Gebets [3])?
Nach 787 Paulus Diaconus Historia Langobardorum (Wodan und Frigg).
Gegen 800 Sächsisches Taufgelöbnis (Thuner ende Wôden ende Saxnôt).
800—850 Ibn Fadhlan berichtet über Riten der Germanen.
Nach 825 Aufzeichnung des Muspilli.
Vor 850 angelsächsisches Runengedicht (Ing) [4]).
10. Jahrhundert Aufzeichnung der Merseburger Sprüche.

### 4. Altnordische Periode.

Seit 783 Wikingerzeit.
Um 800 Bragi der Alte [5]).
Von 800 ab älteste Skaldenpoesie (mythologische Zeugnisse) [6]).
Nach 800 Besiedelung Islands.
Um 875 die Loddfáfnismál der Havamál [7]).
Gegen 900 entstanden Skírnismál, Thrymskvida; Völundarkvida? [8]).
890—920 Rígsthula [9]).
Anfang des 10. Jahrhunderts Ljódatal der Hávamál [10]).
927 alte isländische Eidformel (Frey, Njord, Thor) [11]).
930 Hárald Hárfagr gefallen.
Nach 940 die Eiriksmál (Odin und die Einherier [12]), Balder) [13]).
Gegen 950 H. Hund. II und Helg. Hjörv. [14]).
Um 950 Ingjaldslied (Starkad) [15]).
Nach 950 Lokasenna [16]), Harbardslied [17]).
970—995 Hákon Jarl, der Verehrer der Thorgerd Hölgabrud.
980—990 Húsdrápa (bespricht Balders Beisetzung) [18])

[1]) Myth. 3, 403.   [2]) Ebd. S. 210.
[3]) Kögel, Gesch. d. d. Lit. 1, 270.
[4]) Brandl in Pauls Grundriß, 2. Aufl.; 2, 964.
[5]) Golther S. 403.
[6]) Vgl. Jónsson, Ark. f. nord. Fil. 9, 1 f.
[7]) Jónsson S. 289.
[8]) Jónsson S. 175. 148 u. 164. S. 148. — S. 212.
[9]) Ebd. S. 193; nach 1200: Heusler S. 278.
[10]) Jónsson S. 243.   [11]) Golther S. 231.
[12]) Golther S. 317.   [13]) Ebd. S. 369.
[14]) Jónsson S. 258 u. 251.
[15]) Olrik, Altnord. Geistesleben, S. 91; vgl. 190 f.
[16]) Jónsson S. 186.
[18]) Welches Jónsson S. 152 auf 900 ansetzt.
[18]) Golther S. 369.

## § 36. Chronologie.

Ende des 10. Jahrhunderts Völuspá[1]), Vafthrúdnismál und Grímnismál[2]);
Baldrs Draumar[3]), Kleine Völuspá[4]).
1000 Übertritt der Isländer zum Christentum.
Anfang des 11. Jahrhunderfs Alvíssmál[5]), Hymiskvida[6]).
1017—1030 Olaf der Heilige bekehrt Norwegen.
Nach 1050 Gedicht von der Brawallaschlacht, das die alte mythologische heroische Tradition abschließt[7]).
Um 1069 Adam von Bremen im Tempel von Uppsala.
Um 1150 Erik der Heilige vollendet die Bekehrung Schwedens.
1150—1200 Abfassung der wichtigsten Sagas[8]).
1185—1216 Saxos Gesta Danorum[9]).
ca. 1225 Snorris Prosa-Edda abgeschlossen.
1241 Snorri getötet.
ca. 1250 Abschluß der Liederedda.

### 5. Neue Zeit.

1643 Brynjulf Sveinsson findet die Liederedda.
1648 Elias Schedius' erste germanische Mythologie.
1755 Mallet, Introduction.
1801 Rühs, Geschichte der Religion, Staatsverfassung und Kultur der alten Skandinavier.
1808 Grundtvig, Nordens Mytologi.
1812 P. E. Müller, Echtheit der Asalehre.
1822 Mone, Geschichte des Heidentums.
1835 J. Grimm, Deutsche Mythologie.
1836 Uhland, Der Mythus von Thor.
1842 N. N. Petersen, Nordisk Mytologi.
1844 W. Müller, Geschichte und System der altdeutschen Religion.
1844 f. K. Müllenhoffs Aufsätze.
1853 Simrock, Handbuch der germanischen Mythologie.
1866 f. W. Mannhardts folkloristische Epoche.
1874 Holtzmann, Deutsche Mythologie.
1876 Henry Petersen, Nordboernes gudedyrkelse.

[1]) Jónsson S. 135: etwa 935.
[2]) 10. Jahrhundert: Jónsson S. 141. 145; 930 950: Sijmons; 1030 1050: Heusler S. 270.
[3]) ca. 900: Jónsson S. 148.
[4]) 950—975: Jónsson S. 204.
[5]) Jónsson S. 167: 900—950; Heusler S. 266: um 1200.
[6]) Ende d. 10. Jahrhunderts: Jónsson S. 159; 12.—13. Jahrhundert: Jessen.
[7]) Olrik, Ark. f. nord. Fil. 13, 228; anders Heusler, Arch. f. n. Spr. 116, 257 f.
[8]) F. Jónsson, Ark. f. nord. Fil. 13, 228.
[9]) Vgl. Olrik, Altnord. Geistesleben, S. 160.

1889 Sophus Bugge, Studien über die Entstehung der nordischen Götter- und Heldensage.
1889 E. H. Meyer, Völuspá.
1891 K. Müllenhoff, Deutsche Altertumskunde Bd. V.
1891 E. H. Meyer, Eddische Kosmogonie.
1891 ders., Germanische Mythologie.
1891 Mogk, Mythologie (in Pauls Grundriß 1. Aufl.).
1894 Finnur Jónsson, Den oldnorske og oldislandske Litteraturs Historie.
1895 Golther, Handbuch der germanischen Mythologie.
1899 Chadwick, The cult of Odin.
1899 v. d. Leyen, Märchen in der Edda.
1900 Chantepie de la Saussaye, Religion of the Teutons.
1902 Kauffmann, Balder.
1909 v. d. Leyen, Deutsches Sagenbuch.

# Nachträge und Berichtigungen.

S. 20. Zu den »ätiologischen« oder »explikativen« Mythen vgl. jetzt A. van Gennep, La formation des légendes, Paris 1810, S. 69 f.

S. 21. Zu den etymologischen Mythen Thurneysen, Sagen aus dem alten Island S. 21.

S. 103. Zur Verehrung der Flußwirbel: Skylla, »der personifizierte Meeresstrudel«, Preller 1, 617.

S. 113. Schwanenjungfrauen: interessante Parallelmythen in großer Zahl bei Frobenius, Zeitalter des Sonnengottes, Berlin 1904, S. 304 f.

S. 193. Zum Mythus von Sceáf macht mich H. Greßmann freundlichst auf eine höchst merkwürdige Parallele aufmerksam. Von Tamus heißt es:

> In seiner Jugend lag er in einem untergehenden Schiffe,
> Als Erwachsener war er im Getreide untergetaucht und lag darin.

Greßmann, Altorientalische Texte und Bilder zum Alten Testamente, Tübingen 1905, 1, 95). Ist unter dem »untergehenden Schiff« gar noch ein »steuerloses« zu verstehen?

S. 196. Frey als jüngere Form der Nerthus (und Freyja als Zwischenstufe) aufgefaßt: Chadwick, The origin of the English Nation, Cambridge 1907, S. 247.

S. 204 f. Über den Kult des Nerthus Chadwick a. a. O. S. 234 f., leider nicht mit der gleichen methodischen Schärfe wie im »Cult of Odin«. (Seeland als Insel des Nerthus, ebd. S. 267).

S. 231. Ich bin in meinen Bedenken gegen das »Sonnenauge« unzweifelhaft zu weit gegangen und bedauere insbesondere den Ausdruck von der »ins Gesicht geklemmten Sonne«; mit Recht weist mich Greßmann auf die »Grenzen der Anschauung« in der Mythologie hin.

S. 246. Der Tod des Eisens (wie bei Odinsverehrern der Speertod) von anderen Fällen des Schlachttodes auch im Gilgamesch-Epos geschieden: Greßmann, Texte S. 61.

S. 285. Zur Heilung von Thors Böcken vgl. das orientalische Verbot des Knochenzerbrechens, Arch. f. Rel.-Wiss. 13, 153: die Kuh kann sonst nicht wiederbelebt werden.

S. 296. Der Stein in Thors Schädel: vgl. die Legende von Conchobars Tod, Thurneysen, Sagen aus dem alten Island S. 71.

S. 301. Die liturgische Formel vom Nahen der Götter vielleicht auch babylonisch; vgl. Greßmann, Texte 1, 83 am Schluß der Anrufung.

S. 307. Zu Hludana war noch besonders Kauffmann, PBB. 18, 134 f. anzuführen.

S. 341, 6. Die **dreistufige Belebung** auch im Märchen; vgl. z. B. van Gennep, Formation des légendes S. 59.
S. 349, 13. Solche Gestalten wie **Sigyn** und **Rizpa** haben gewiß lebendige Modelle; vgl. z. B. die Gattin des Kaisermörders Rudolf v. Wart und ihre Wacht am Rad, auf das er geflochten war (Davidsohn, »Das Wissen für Alle«, 10, 70).
S. 395. **Sol und Luna** auch römisch erst spät: Wissowa S. 260.
S. 401. Allerlei **Fach- und Werkzeuggötter** babylonisch: Ziegelgott zur Erneuerung der Häuser, Zimmermannsgott, Schmiedegott, Steinschneidegott: Greßmann, Texte 1, 25.
S. 404. Zu den **angeblichen Gottheiten Hulda**: vgl. Kauffmann, PBB. 18, 145.
S. 439. Die **Kultmythen** der Griechen sind besonders wichtig: die Musen anfänglich Hüterinnen des Kultgesanges, Preller 1, 489; die Telchinen Verfertiger der Kultbilder, ebd. 606 f.
S. 541. **Appellativ wird Eigenname**: Dea Dia, Wissowa S. 161.

# Verzeichnis der besprochenen Stellen.

## I. Eddagedichte.

**1. Völuspá** (Gering S. 3).
Über das Gedicht: S. 442f. 455f. 503f. 551, 3. 555. — Str. 1: S. 360, 9. 410, 11. Str. 5: S. 453, 5. Str. 7: S. 425, 8. 439, 6. 472, 12. Str. 8: S. 156, 5. 449, 3. 476, 2. Str. 17: S. 302, 6. Str. 18: S. 249, 5. 339, 7. 340f. 368f. 529, 1. Str. 19: S. 475, 4. Str. 20: S. 156, 6. Str. 24: S. 183, 8. 483, 4. 518, 4. Str. 25: S. 517, 1. Str. 26: S. 293. 344. Str. 29: S. 230, 1. 476, 1. Str. 32f.: S. 316. 329, 4. Str. 34: S. 260, 2. 274. Str. 35: 349, 6. 449, 4. Str. 38: S. 537, 5. Str. 39: S. 394, 8. 407, 5. 511, 4. Str. 40: S. 352, 1 u. 12. 471, 11. Str. 41: S. 357, 17. Str. 42: S. 470, 11. Str. 45: S. 17. 517. Str. 46: S. 476, 1. Str. 50: S. 357, 6. 471, 5. Str. 51: S. 350, 11. Str. 52: S. 354, 10. Str. 53: S. 203. Str. 54: S. 373, 16. Str. 58: S. 373, 7. Str. 59: S. 343, 6. Str. 60: S. 505, 3. Str. 62: S. 171, 7. 316. 370, 4. 517, 6. 523, 5. Str. 63: S. 344. Str. 64: S. 316, 7. 428, 12. Str. 65: S. 378, 2. Str. 72f.: S. 507.

**2. Baldrs Draumar oder Vegtamskvida** (Gering S. 15).
Über das Gedicht: S. 503f. — Str. 2—7: S. 466. Str. 4—5: S. 252. Str. 11: S. 309, 2. 376, 3.

**3. Thrymskvida oder Hamarsheimt** (Gering S. 18).
Über das Gedicht: S. 283. 301. 503; vgl. S. 16. — Str. 3: S. 162, 9. 212, 9. Str. 14: S. 359, 3. 368, 2. 388, 6. Str. 30: 276, 9. 287, 4—5.

**4. Hymiskvida** (Gering S. 23).
Über das Gedicht: S. 302. 557. Hymir S. 123. — Str. 7: S. 470, 1. Str. 16: S. 295, 5. Str. 37: S. 314, 2.

**5. Lokasenna oder Aegisdrekka** (Gering S. 29).
Über das Gedicht: S. 290. 503f. — Str. 9: S. 231, 4. 249. Str. 10: S. 373, 15. Str. 11: S. 211, 11. 273, 11. Str. 11—16: S. 384. Str. 17: S. 384, 11. 387, 2. Str. 19: S. 345, 3f. Str. 20: S. 278, 4. Str. 22: S. 253. 480, 1. Str. 23: S. 347, 2. Str. 26: S. 308, 7. 552, 1. Str. 27—28: S. 316. Str. 30. 32: S. 214, 6. 222, 9. Str. 36: S. 223, 1. Str. 37: S. 198, 8. Str. 38: S. 188, 5. Str. 40: S. 188, 6. Str. 42: S. 199, 3. 356, 1. Str. 43—46. 56: S. 203. Str. 47: S. 356, 8. Str. 50: S. 212, 1. Str. 52: S. 295, 9. Str. 54: S. 306, 4. Str. 59: S. 294, 6. Str. 60f.: S. 291. 297. Str. 61: S. 295, 4. Schluß: S. 349, 9.

**6. Hárbardslied** (Gering S. 32).
Über das Gedicht: S. 503f. — Str. 3: S. 280, 14. Str. 9: S. 528, 2. Str. 14: S. 295, 3. Str. 15: S. 295, 6. Str. 16f.: S. 548. Str. 19: S. 293, 3. 294, 8. Str. 20: S. 271, 4.

Str. 21: S. 269, 12. Str. 23: S. 334, 3. Str. 24: S. 248, 8. 250. 511, 6. Str. 25: S. 255, 14. Str. 29: S. 470, 5. 471, 9. Str. 55: 469, 12. Str. 60: S. 255, 8.

7. Skírnismál (Gering S. 52).
Über das Gedicht: S. 503. Gerd: S. 108. Skírnir: S. 533. — Str. 9: S. 199. Str. 12: S. 122. Str. 15: S. 203, 1. Str. 16: S. 202, 16. Str. 19: S. 202, 11. 203, 2. Str. 21: S. 202, 9. Str. 37: S. 134. 136.

8. Vafthrúdnismál (Gering S. 59).
Über das Gedicht: S. 503 f. 550. — Str. 16: S. 470, 14. Str. 17—18: S. 551, 2. Str. 26: S. 396, 2. Str. 43: S. 467. Str. 45: S. 445, 5. Str. 47: S. 352, 10. 395, 12. Str. 51: 305, 4. 373. Str. 54—55: S. 314, 6. 324. Str. 58: S. 446, 5.

9. Grímnismál (Gering S. 68).
Über das Gedicht: S. 460 f. 503 f.; vgl. S. 260. 271. 545 f. — Einleitung S. 255. Str. 5: S. 378, 5. 379. Str. 7 (nicht: 2): S. 259, 7. 269. Str. 8 f.: S. 268, 7. Str. 12: S. 316. Str. 13: S. 251, 6. 471, 1. Str. 14: S. 213. 250 f. Str. 15: S. 240, 5. 381, 2. Str. 18: S. 213, 1. 237. 458, 8. Str. 19: S. 236, 6. Str. 23: S. 269, 9. Str. 24: S. 286, 4. 519, 2. Str. 25 f.: S. 474. Str. 29: S. 471, 10. Str. 30: S. 233, 4. 359, 6. Str. 32: S. 476, 10. Str. 37—38: S. 479, 6. Str. 38: S. 357, 12. Str. 44: S. 359, 7. 471, 6. Str. 45: S. 392, 10. Str. 46—50. 54: S. 236. Str. 49: S. 548. Str. 53: S. 380, 6.

10. Alvíssmál (Gering S. 68).
Über das Gedicht: S. 503. 551.

11. Hávamál (Gering S. 87).
Über das Gedicht vgl. S. 277, 8. — Str. 25: S. 480, 2. Str. 73: S. 367, 10. Str. 76: S. 481. Str. 83 f.: S. 254: 482. Str. 95 f.: S. 264, 6. 269. Str. 106: S. 264, 3. Str. 128: S. 158, 9. Str. 138: S. 240. 257 f. Str. 140: S. 260, 4. 265, 6. Str. 141: S. 135. Str. 142: S. 258, 11. Str. 144: S. 139, 4. Str. 149: S. 158, 11. Str. 152: S. 249, 8. Str. 153: S. 210, 4. Str. 154: S. 125. Str. 156: S. 90.

12. Rígsthula (Gering S. 110).
Über das Gedicht: S. 363 f. 505. — Str. 1: S. 363, 1. Str. 15: S. 231, 2. Str. 21: S. 285, 1. Str. 27: S. 489, 7. Str. 35: S. 489, 11. Str. 36: S. 254, 10. 489. 9.

13. Hyndluljód mit »kleiner Völuspá« (Gering S. 17).
Über das Gedicht: S. 213. 503. — Str. 2: S. 267. 318, 2. Str. 2—3: S. 490, 2. 493, 7. 522, 7. Str. 3: S. 249, 6. Str. 6: S. 213, 3. Str. 20: S. 331, 7. Str. 23: S. 397, 9. Str. 27: S. 241, 9. Str. 30—31: S. 316. Str. 31: S. 293, 4. 453, 2. Str. 38: S. 360, 11. Str. 39—40: S. 364, 13. Str. 40: S. 360, 4. Str. 42: S. 347, 6. 350, 1.

14. Grógaldr (Gering S. 127).
Str. 6: S. 309, 3. Str. 4: S. 469, 11.

15. Fjölvinnsmál (Gering S. 130).
Str. 13—14: S. 475. Str. 25—26: S. 348. Str. 38: S. 276, 2.

16. Völundarkvída (Gering S. 141).
Über das Gedicht: S. 505; vgl. S. 164 f. — Str. 1: S. 356, 14.

Verzeichnis der besprochenen Stellen. 641

17. Heldenlieder.
Helgakvida Hjövards Sonar (Gering S. 149).
Str. 6—7: S. 421, 6. 511. 545, 11. S. 7: S. 406, 3. Str. 30: S. 434, 6. Str. 31:
S. 414, 4. 416, 4. Str. 35: S. 509, 2.
Helgaskvida Hundingsbana I (Gering S. 160).
Str. 2f.: S. 158. Str. 52: S. 356, 14.
Helgakvida Hundingsbana II (Gering S. 171): 511, 2.
Dag: vgl. S. 244, 13. Str. 29: S. 140. Str. 44: S. 248. 507, 2.
Sinfjötlalok (Gering S. 183).
Vgl. S. 250, 3.
Reginsmál (Gering S. 195).
Einleitung: S. 342. 368, 8. Str. 5: S. 103. 221, 11. 532, 2 Str. 16f.: S. 249, 7.
Str. 18: S. 268, 2. Str. 31: S. 230, 6.
Fáfnismál (Gering S. 202).
Str. 13: S. 155, 10. Str. 15: S. 471, 5. 473, 11.
Sigrdrifumál (Gering S. 210).
Str. 6: S. 188, 2. 238, 14. Str. 15—17: S. 259. Str. 31: S. 107.
Helreid (Gering S. 238): S. 467.
Str. 1: S. 467. Str. 7: S. 163, 5.
Oddrúns Klage (Gering S. 351).
Str. 23: S. 356, 34.
Hamdismál (Gering S. 290).
Str. 10: S. 529, 10.

II. Angelsächsische Dichtung.
Runenlied v. 14: S. 489, 4.

III. Althochdeutsche Poesie und Prosa.
1. Das Wessobrunner Gebet (MSD. I): vgl. S. 51.
2. Muspilli (MSD. III): S. 444. 476.
3. Erster Merseburger Spruch (MSD. IV. 1).
Über das Gedicht: S. 137, 1. Interpretation: S. 158.
4. Zweiter Merseburger Spruch (MSD. IV. 2).
Interpretation: S. 311; vgl. S. 324, 1. 331.
5. Straßburger Blutsegen (MSD. IV. 6).
S. 125. 200, 8. 312, 1.
6. Der heber gât in lîtun (MSD. XXVI): S. 116, 8.
7. Himmel und Hölle (MSD. XXX): S. 390f.
8. Meregarto (MSD. XXXII): vgl. S. 371, 14.
9. Taufgelöbnisse (MSD. LI—LII). S. 562.

# Verzeichnis der besprochenen Mythen und Motive.

Mythische Schemata S. 16f. 20f. 55.
1. Trauer der Natur S. 18. 315, 2.
2. Relative Unverwundbarkeit S. 18f. 318f.
3. Der dienende Gott S. 18; vgl. S. 161. 270.
4. Unsterblichkeitstrank S. 40. 261f.
5. Land der Götter S. 41.
6. Dämonenkämpfe S. 41. 518.
7. Himmel und Erde S. 51.
8. Schöpfungsmythen S. 56. 452f.
9. Kampf um den Lichtschatz S. 56. 325f.
10. Werbung um die Sonne S. 56.
11. Heilbringer S. 59. 192f.
12. Seelentier S. 76.
13. Das wilde Heer S. 81.
14. Bergentrückung S. 82; vgl. S. 161.
15. Aktäon S, 116, 8.
16. Riesenbaumeister S. 124.
17. Tarnkappe S. 126, 2.
18. Kampf zweier Zauberer S. 149, 8.
19. Scheingötter S. 188, 5.
20. Schöpfung des Weibes S. 191, 9.
21. Steuerloses Schiff S. 193, 7.
22. Umfahrt S. 205.
23. Heilige Ehe S. 205.
24. Der leere Thron S. 205, 5.
25. Das erzwungene Lachen S. 211. 349, 1.
26. Dioskuren S. 215f.
27. Der ungetreue Brautwerber S. 218, 11.
28. Sonnenauge S. 231.
29. Vögel als Boten S. 235.
30. Königsopfer S. 254.
31. Runenfindung S. 257f. 289, 1.
42. Mischgeburten S. 265, 8.
33. Asenkraft S. 284, 5.
34. Götterschelte S. 290.
35. Der tragende Gott S. 294.
36. Sturm auf die Götterburg S. 293. 295. 519.
37. Nahen der Götter S. 301.
38. Gott als Mädchen verkleidet S. 301.
39. Gegengötter S. 332f.
40. Der gefesselte Unhold S. 335, 4.
41. Erklärung der Erdbeben S. 337, 5.
42. Dreiheit bei der Menschenschöpfung S. 341, 6.
43. Verderbliche Macht des Goldes S. 343.
44. Wunderrosse S. 351, 2.
45. Leichenfresser S. 351, 12.
46. Verschlingungsmärchen S. 353, 3.
47. Götterjugend S. 250.
48. Wächtergötter S. 362.
49. Erwachen aus der Dumpfheit S. 368, 12.
50. Zauberzweige S. 369, 8.
51. Schöpfung aus dem Feuchten S. 372.
52. In das Drachenmaul treten S. 374.
53. Göttermahl am Meeresstrand S. 393.
54. Götterlieblinge S. 440.
55. Der Unheil bringende Schuß S. 448, 4.
56. Vorzeichen des Jüngsten Gerichts S. 450, 8.
57. Der Urmensch S. 456, 11.
58. Verstecknamen-Rätsel S. 462.
59. Die düstere Fahrt S. 469, 10.
60. Wächter der Unterweit S. 470.
61. Lokale Beinamen der Gottheiten S. 473.
62. Lokale Gebundenheit des Kultes S. 491.
63. Theodicee und Teufel S. 507.
64. Mysterienglaube S. 510.
Emanationen S. 185.

# Register.

(Autorennamen sind nur bei näherer Besprechung angeführt.)

Aegir 103. 392.
Afliae 402.
Ahnen 32.
Ahnengeister 86 f.
Ahnenkult 90 f.
Alagabiae 402.
Alatervae 402.
Alces 217 f. 399 f.
Alp 112.
Alpreiter 128.
Alvíss 304.
Altnordische Mythologie 58.
Amphiktyonien 189 f. 195.
Amulette 71.
Angrboda 349.
Animismus 31. 50.
Annaneptiae 402.
Anpassung 49.
Anschaulichkeit 15.
Apotheose 91.
Arvagastis 402.
Asenkraft 284.
Asgard 466.
Astruc 581.
ätiologische Mythen 20.
Attribut 12. 173.
Attributmärchen 17.
Aufaniae 402.
Augenblicksgötter 30. 49. 66.
Aurvandil 293.
Ausdrucksformen der Mythologie 13. 15.

Baduhenna 159. 399.
Balder 310 f. 514 f. 577.
Barth 585.
Bäume 69.
Beisetzung 87.
Bergentrückung 82.
besitzerklärende Mythen 21.
Berggeister 101.
Berserker 130.
Berufen 139.
Beschwörung 148.
Besessene 151.
Beyla 263.
Bifröst 471.

Bil 277.
Bilwis 131.
Blumengeister 97.
Bolte 606.
böser Blick 150.
Bragi 383 f.
Bragaroedur 563.
Brísingamen 215 f.
de Brosses 581.
Brunnengeister 107.
Bugge 327. 617.
Byggwir 203.
Byleipt 350.

Chantepie de la Saussaye 485.
Christentum 2. 59.
Creuzer 587 f.

Dämonen 111 f.
Dämonenkämpfe 41. 51.
Dämonismus 36.
Darstellungen der Mythologie 65.
Denkverse 571.
Detter 329.
Diels 621.
dienender Gott 18. 164.
Diener der Götter 42.
Dieterich 621.
Dioskuren s. Alces.
Drews 584.
Dulazre 585.
Dupuis 34. 584.

Eccard 580.
Edda 61. 567 f. 579.
Eid 408. 536.
Eir 276.
Elfen 115 f.
»Emanation« 585.
Entwicklung der Mythologie 26 f. 29 f.
Entwicklung der germanischen Mythologie 58.
Epitheta 557 f.
Eostra 404.
Erde 51.
Erdgöttin 308.
Erfüllungsmythen 21.
Erinnerungsfeste 90.

Ethisierung 37. 43. 54. 536 f.
Etymologie 580. 593. 601 f.
etymologische Mythen 21.
Euhemerismus 45.
Fárbauti 354.
Feldgeister 108.
Fenriswolf 351.
Fensalir 274.
Feste 423.
Fetisch 30.
Fetischismus 30. 50. 67.
Feuer 52. 93.
Finnen 59. 281. 501.
Fjorgynn 307.
folkloristische Mythologie 27. 608 f.
Formeln, rituelle 54.
Forseti 332. 381 f.
Fortuna 404.
Fosite s. Forseti.
Frazer 610.
Frey 196 f.
Freyja 212 f. 251. 511.
Frigg 271 f.
Fulla 275.
fylgja 79.

Gabiae 278.
Garmengabis 278. 403.
Gavadiae 402.
Gebet 406 f.
Gefjon 224. 277.
Gefn 279.
Gegengötter 332 f.
Genealogie 526.
Geirröd 299.
geographische Richtung 27.
Gerechtigkeit 536.
Germanen 1. 57.
germanisch 2.
Gespenster 83.
Gestaltentauscher 131.
Gestirne 52. 104.
Gewitter 52.
Gewittergeist 99.
Gná 276.
Gobineau 612.
Goblet d'Alviella 615.
Goden 425.

## Register.

Goldscheu 343.
Golther 626.
Görres 587.
Gott und Priester 46.
Götter 152 f. 168 f.
Götterbilder 37 f. 430 f.
Götterdiener 42. 203.
Götternamen 217, 1. 589.
Götterschlachten 48. 447.
Götterthron 205.
Göttertrank 261 f.
Gottesurteil 421.
J. Grimm 584. 592 f.
O. Gruppe 27. 613.
Gylfaginning 563 f.
v. Hahn 605.
Hain 70. 424.
hamingja 80.
Hammer, heiliger 71.
Hariasa 159. 403.
Harimella 159. 403.
Harsdörffer 579.
Hati 532.
Hausgeister 109.
Heilbringer 59.
Heilige 440.
Heiligkeit 53.
Heimat der Götter 40.
Heimdall 346. 358.
Hel 351. 390 f. 464 f.
Helblindi 350.
Heldensage 13. 23 f. 481. 518:
Henotheismus 39, 4.
Herfjötur 159.
Heroen 153.
G. Herrmann 589.
Hertz 606.
Heusler 623.
Hexen 131 f.
Himmel 510,
Historisierung 45.
Hjuki 276.
Hlin 277.
Hlodyn 307.
Hlora 395.
Hod 325. 335. 387 f.
Holden 114.
Holtzmann 597.
Hönir 341. 368.
Horn 279.
Hraesvelg 357.
Hrungnir 295.
Hymir 302. 357.
»Hypostase« 585.
Idealismus 13.
Idise 158.
Idun 385 f.
ikonische Mythen 21.
Indogermanen 47.
indogermanische Religion 48 f.

Ingo 192.
Insignien 72.
Interpretation 25.
Irmin 192.
Irpa 394.
Island 523.
Isto 194.
Jahreszeitmythen 56.
Jarnsaxa 305.
Jensen 605.
Jörmungard 353.
Jünglingsweihe 421.
Kainszeichen 241, 1.
Kanne 587.
Kataloge 562. 570.
Kauffmann 329.
Kelten 59. 281. 501.
Ker 623.
Klassifikation 532.
Klopstock 580.
Kodifikaiion 42. 562 f.
R. Köhler 606.
Kontrast 20.
Körperteile 72.
kosmogonische Mythen 56.
Kosmos 459.
Kräfte 8 f. 10 f.
Kuhn 602.
Kult 5. 53. 405 f.
Kulthandlungen 5.
Kultmythen 438.
Kultstätten 53.
Laistner 34. 624.
Lang 43.
Legendenforschung 606.
Leiche 87.
v. d. Leyen 606 Anm.
Leß 582.
Lippert 611. 629.
Lodur 339.
Lofu 275.
Loki 212. 335 f. 387 f. 508.
Los 421.
Lopt 333.
Lubbock 609.
Magni 305.
Mallet 580.
Mannhardt 608.
Märchen 14. 17.
Mars Thingsus 186.
Meergeister 101.
Meiti 305.
Meineid 391.
Menschenopfer 237. 289, 412 f.
Ed. Meyer 621.
El. H. Meyer 618. 631.
Midgard 468.
Midgardsorm 353.

Mimir 167. 325.
Mitodin 223.
Módi 305.
Mogk 422 626.
Mone 590.
Moralisierung 536.
Müllenhoff 29. 215 f. 251, 7. 599 f. 610.
M. Müller 34. 484. 503·
P. E. Müller 584.
W. Müller 596.
Múspell 356.
Die Mütter 401.
Myrkwid 356.
Mythen 55.
Mythendeutung 26.
Mythenvergleichung 587 f. 601 f.
Mythologie 3 f. 6 f.
Mythus 9.
Name 31.
Namengebung 421. 538 f.
Namenzauber 125.
Nanna 331.
Naturgeister 33. 93 f.
Nehalennia 399.
Nersithenae 402.
Nerthus 204 f.
Nidhögg 355.
Nixe 103.
Njord 204 f.
Nornen 154. 558.
Notfeuer 417.
Novellistik 57.
Odin 181 f. 425. 548; vgl. u. Wodan.
Odinsreligion 238 f. 244.
Olrik 29. 63, 485. 572.
Opfer 407 f.
Opferzeiten 422.
Orientierung 426.
Paradoxie, mythologische 12.
Parodien 586.
Pères 586.
Periodisierung der Opferfeste 46.
Personifikation 9.
Petersen 63. 596.
Pfähle 69.
Phallus 68.
Poesie 13 f.
Präexistenz der Seele 85.
Preuß 629.
Priester 53. 435 f.
Psychologie 625.
Psychologie der Götter 10.
Psychologische Richtung 25. 27.
Quellen 60 f.

## Register. 645

Ragnarok s. u. Weltuntergang.
Rán 104. 392.
Rangzeichen, mythologische 11. 17.
— der Götter 38.
Rausch 78.
Recht 59.
Religion 5 f. 54.
Religionsgeschichte 6. 484 f.
Religionsstifter 59.
Requalivahanus 403.
Riesen 119 f. 334.
Riesenkämpfe 291.
Rinda 270. 309.
Ritus 5. 418 f.
Rohde 248. 622.
Römer 59.
Rune 133.
Runenfindung 257 f.
Runennamen 490.
Rückblicksgedichte 549.
Rühs 583.
Saga 259.
Saitcharnae 149. 402.
Sandraudiga 401.
Saxnôt 196.
Saxo 554. 565 f. 572 f.
Sceäf 193.
Schutzgeister 110.
Schedius 579.
Scheingötter 168, 5.
Schemata, mythologische 16.
Schiffsgeister 110.
Schlaf 77.
Schloezer 583, 4.
Schneegeister 104.
W. Schneider 582.
Schoning 121.
Schrader 49.
Schück 330.
Schwanenjungfrauen 104. 162.
Schwartz 34. 602.
Schwert 72.
Schwerttanz 185.
Seele 31. 73 f.
Seelenwanderung 85.
Segen und Fluch 138.
Siecke 34.
Sif 306 f.
Skírnir 203.
Sigyn 345.
Skudi 209 f.
Skáldskaparmál 563.
Skoll 352.
R. Smith 61. 608 f.
Snorri 551. 560. 563 f.
Snotra 277.

Sól 276. 395.
R. Simon 580.
Simrock 597.
Sonne und Mond 51. 105.
Sonnenwagen 209, 1.
Spannung 19.
Spinoza 580.
Sprache der Götter 40.
Sprache, poetische 13.
Steigerung 19.
Steine 68.
Stil des Mythus 15.
Stimmungsgötter 115, 7.
Suleviae 402.
Sumpfgeist 104.
Surt 355.
Symbolische Handlungen 19.
Syn 276.
Syr 279.
Tabu 53.
Tacitus 205, 1.
Tag und Nacht 107.
Tanfana 309. 399. 404.
Technik, poetische 19.
Tempel 423 f.
Thjálfi 291.
Thor 100. 279 f. 345 f.
Thorgerd 158. 393 f.
Thrud 305.
Thrym 301.
Tiergeister 35. 111 f.
Tiergestalt 39, 1. 76.
Tieropfer 414.
Totemismus 33. 92.
Totenklage 88.
Totenkult 32. 89 f.
Tradition 33.
Trankopfer 416.
Traum 77.
Traumgeister 112.
Tylor 699.
Tyr 178 f. 192. 196.
Ueberschriften d. Gedichte 554.
Uhland 590.
Ullr 378.
Umbildungen 44.
Umgebungsgötter 153.
Umzug 429.
Unsterblichkeitsglaube 506.
Unsterblichkeitstrank 40.
Unterwelt 121.
Unverwendbarkeit, relative 18.
Usener 25. 29. 620.
Utgard 297.
Vagdaverkustis 403.
Var 276.

Vapthiae 402.
Vatviae 402.
Vercana 401.
Vergleichende Mythologie 43.
Vermenschlichung 39.
Verstümmelung 41.
Victoria 404.
Vihansa 159. 403.
Vingnir 305.
Vodskov 615.
Volksmythologie 22.
Völsi 67.
Völuspá 442 f.
Vör 276.
Vorzeichen des jüngsten Gerichts 15.
Voß 587 f.
Wackernagel 611.
Waffen 70. 182.
Wagen 40.
Th. Waitz 609.
Waldgeister 94.
Walküren 157. 545.
Walhöll 268. 463.
Wali 376.
Wanen 198. 388 f.
Wanenkrieg 388. 494.
Wassergeister 101.
Weihen 53.
Weinhold 620.
Weissagung 141.
Weltanschauung 441 f.
Weltschöpfung 452. 476. 509 f.
Weltschöpfungsgedichte 567.
Weltuntergang 444. 476. 516.
Werwolf 128.
Widar 372.
Wiedergeburt 84.
Wilamowitz 622.
Wildes Heer 81.
Windgeister 97.
Wotan 224 f.
Wode 227.
Wölund 164.
Wolkengeister 100.
Wundt 14. 625.
Yggdrasil 69. 474 f. 547 f.
Zählung 19. 528.
Zauberei 54. 145 f.
Zauberer 133 f.
Zauberhandlung 137.
Zauberlied 125.
Zaubermenschen 127 f.
Zauberspruch 127.
Zeiten, heilige 78.
Zwerge 125 f.